DER GROSSE MUSIKFÜHRER

Musikgeschichte in Werkdarstellungen

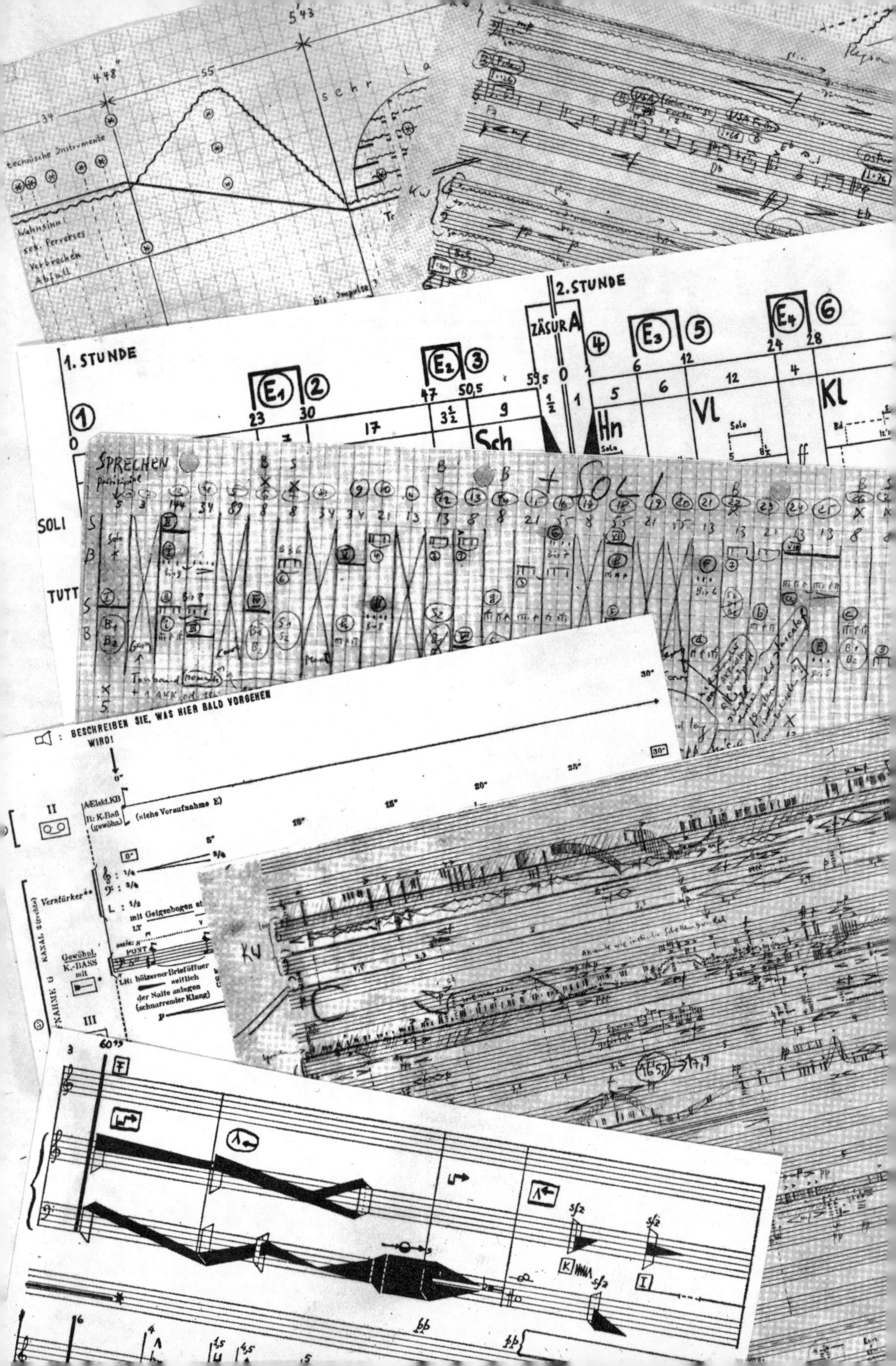
technische Instrumente
Wahnsinn
sex. Perverses
Verbrechen
Abfall
sehr
bis Impulse
1. STUNDE
2. STUNDE
ZÄSUR A
Hn
Vl
Kl
Sch
Solo
SPRECHEN
SOLI
Tonband
BESCHREIBEN SIE, WAS HIER BALD VORGEHEN WIRD!
(siehe Voraufnahme E)
Verstärker
Gewöhnl. K.-BASS mit
mit Geigenbogen
LH: hölzerner Brieföffner seitlich der Saite anlegen (schnarrender Klang)

ALFRED BAUMGARTNER

Musik
des 20. Jahrhunderts

KIESEL VERLAG

Schutzumschlag: Herbert Schiefer
ISBN 3 7023 4005 X

Inhalt

Vorwort

Die Musikgeschichte hat für die Musik, die der Romantik folgte, den Epochenbegriff »Die Moderne« geprägt, allerdings zu einer Zeit, in der diese »Moderne« noch modern war. Seitdem hat sich die Palette der Stilgattungen, der Kompositions- und Interpretationstechniken der Musik ungeheuer vergrößert, ja der Musikbegriff selbst stark erweiterten, so daß es nicht mehr möglich ist, eine auch nur einigermaßen zutreffende Epochenbezeichnung dafür zu finden; das muß kommenden Zeiten überlassen werden, in denen ohnehin alles, was wir darüber zu wissen glauben und aussagen, in einem völlig veränderten Licht gesehen und betrachtet werden wird. Schon die nomologische Aussage der Nomenklaturen älterer Musikepochen mußte in den vorangehenden Bänden mit einer mehr oder weniger willkürlichen zeitlichen Abgrenzung ergänzt werden, um eine brauchbare Begriffsbestimmung zu gewinnen; für den vorliegenden Band blieb nur mehr die Möglichkeit, sich auf die reine Zeitangabe zu beschränken und die vorgeführten Komponisten, die nach Gustav Mahler, mit dem der Band »Musik der Romantik« abschließt, geboren wurden, und ihre Kompositionen unter die blasse Bezeichnung »Musik des 20. Jahrhunderts« zu subsumieren. Es wäre auch nahe gelegen, den Titel »Musik der Gegenwart« zu wählen; dieser hätte jedoch mit dem Ablauf unseres Jahrhunderts seine Gültigkeit verloren.

Damit steht dieser Band, der Gegenwart und jüngste Vergangenheit behandelt, in einem gewissen Gegensatz zu den bereits erschienenen, in denen Komponisten der Vergangenheit und ihr Werk besprochen und gewürdigt werden, was einige strukturelle Änderungen involvierte.

Die Wertung eines Komponisten und seiner Werke begegnete argen Schwierigkeiten. Mit einiger Sicherheit konnte sie nur bei den Meistern gewagt werden, die bereits im verflossenen Jahrhundert geboren wurden, weil viele davon inzwischen aufgrund allgemeinen Konsenses ihren festen Platz in der Musikgeschichte zugewiesen erhalten haben, wobei allerdings die Frage offen blieb, wie lange diese eingelebten Wertungen Bestand haben werden. Aber man muß sich wie in vielen ähnlichen Fällen damit abfinden, daß manches Gesagte und anscheinend Gesicherte nur für die Gegenwart und vielleicht noch für die allernächste Zukunft Geltung hat. Für die in unserem Jahrhundert Geborenen jedoch kann es nur subjektive Einschätzungen geben, denen keine Allgemeingültigkeit zukommt und noch weniger eine Zukunftsgeltung. Es war daher auch nicht möglich, wie bei den vorangehenden vier Bänden die Entwicklung der Musik in der abgegrenzten Epoche zu deren Höhepunkt und abschließende Vollendung hinaufzubegleiten – die »Alte Musik« schloß mit Claudio Monteverdi ab, die »Barock-Musik« mit Johann Sebastian Bach, die »Musik der Klassik« mit Ludwig van Beethoven und die »Musik der Romantik« mit Gustav Mahler. Denn für die »Musik des 20. Jahrhunderts« konnte kein anderes Charakteristikum statuiert werden als eben der Zeitraum, in dem sie sich abspielte; somit wurde der letzte zu nicht mehr als zum letzten in der zeitlichen Reihe; daß gerade er in den Augen eines zukünftigen Chronisten zum abschließenden Höhepunkt seiner Epoche werden wird, ist sehr unwahrscheinlich und entzieht sich jedenfalls unserer Beurteilung; daß er für alle, denen die Perzeptionskapazität jeder Änderung eingealteter Regeln und Formen gegenüber abgeht, einen der zahlreichen »kaum mehr zu unterbietenden Tiefpunkte« bildet, mit denen die ständig Gestrigen die Entwicklung der Musik im Verlauf der Jahrhunderte bis heute ausschmückten, ist ohnehin unvermeidbar.

Der Band »Musik der Romantik« setzte Gustav Mahler nicht an sein Ende, weil dieser als »letzter Romantiker« angesehen werden darf – dieses Epitheton wurde sowohl ihm wie auch einigen späteren Meistern fälschlich verliehen –, sondern weil er, obschon man ihn zu den bedeutendsten Repräsentanten der Epoche zählen muß, in seinem Werk die Brüchigkeit und Fragwürdigkeit der gesamten Romantik deutlich werden ließ. Parallel zu seinem Leben und Wirken setzte eine neue »romantische« Welle, die Spätromantik, ein, innerhalb der neben hervorragenden Meistern eine Vielzahl von Epigonen dem Konzertpublikum versicherten, daß die Welt noch immer heil und gut sei oder zumindest bis vor kurzem gewesen sei, und wenn man angesichts der harten Realitäten schon nicht daran glauben wolle, es notwendig sei, davon zu träumen. Begünstigt und genährt wurde diese neue Romantik, die sich bis in unsere Tage ununterbrochen fortsetzt, durch den Anschluß einer Anzahl von Völkern an die abendländische Musiklandschaft, der in jedem Fall nahezu stereotyp über Folklore und der sich daraus ergebenden Romantik erfolgte, gefördert weiterhin auch von staatsführenden Kräften, weil die romantischen Vorstellungen über Patriotismus, Heldentum und Opfersinn sich leicht als Herrschaftsinstrument mißbrauchen ließen; ein Romantiker wurde nie zum Revolutionär im echten Sinn des Wortes. Neben der Spätromantik jedoch bildete sich ein neuer Kunststil, der Impressionismus, der sich von der literarischen Struktur des romantischen Tongedichts abwandte und dafür die konturenlose, irisierende Bildhaftigkeit zeitgenössischer Maler adoptierte und ein breites Publikum ansprach. Rein impressionistische Komponisten gab es allerdings nicht sehr viele, dafür ist aber ein großer Teil nachfolgender Musik von seinen nahezu narkotisch wirkenden Klängen und Farben infiltriert. Ihm gegenüber entstand der Expressionismus, der die Tonalität entthronte und überhaupt alle tradierten Strukturen außer Kraft setzte, Atonalität, Polytonalität, Polyharmonik, Polyrhythmik, Dissonanzenhäufungen, Engführungen bis zur Bildung von Tontrauben und Adoption sämtlicher erdenkbarer Geräusche als essentielles Kompositionselement, jeder Art, oft der Musik primitiver Völker entnommenen Schlagwerks als Träger der Thematik, und geballten Lärms bis zum Bruitismus an die Stelle von Melodik und Harmonie. Dodekaphonik und Serialismus gehören in diesen Rahmen, »die die Angst der Menschen in den Bunkern beschrieben, ehe das Bombenflugzeug erfunden war«.

Als Reaktion gegen Impressionismus und Expressionismus kam es zum Neuklassizismus, der gleichzeitig eine Gegenbewegung zur Spätromantik und deren Monumentalität, ihrer Chromatik und Alterationsharmonik als Merkmale einer übersteigerten, komplexen und ausdrucksüberladenen Musiksprache darstellte. Es handelt sich dabei um einen Sammelbegriff, der für stark verschiedene Werke verwendet wird, denen nur der Versuch gemeinsam ist, durch bewußten Rückgriff formale, satztechnische Elemente mit einer gemäßigten, zumeist freitonalen Harmonik und einer traditionellen Rhythmik zu gewinnen, die im Gegensatz zu anderen Stilgattungen eine »objektive« Musik bietet. Natürlichkeit und Vermeidung aller Klangexzesse und Ballungen heterogener Elemente führten nicht selten zu einem trockenen Akademismus, der kaum Emotionen erweckte; auch der sozialistische Realismus der Russen gehört hierher.

Neben den drei angeführten Stilgattungen, die nur unscharf gegeneinander abgegrenzt waren, liefen echte Rückgriffe auf ältere Formen, auf modale Strukturen und gregorianische Melodik. Das Weiterschreiten, wenn auch oft auf engem Pfad, konnte aber nicht aufgehalten werden, weil es dem trotz Diktaturen, trotz Kriege, trotz Massenmorde unausrottbaren Freiheitsdrang der Menschen des Jahrhunderts entsprach. Viele Seitenwege wurden beschritten, viele rein persönliche Stilgattungen geformt, führend blieb der Expressionismus, für den immer neue Ausdrucksmethoden gefunden wurden. Man zog den Klang des gesprochenen Worts, auf Tonbändern neben den Klängen konventioneller Instrumente aufgenommen und bis zur Unkenntlichkeit verfremdet, heran, man konstruierte elektronische Klang- und Geräuscherzeuger, die gemischt und verformt neue, bisher nie gehörte Geräusche und Töne liefern. Das »Prepared piano« brachte Geräusche mit bestimmten Tonhöhen, weil sie von adaptierten Klaviersaiten erzeugt werden; hiermit war ein weiteres Betätigungsfeld für den Komponisten erarbeitet wie durch die immer mehr verwendete Aleatorik, die weite Strecken eines Musikstücks den ausführenden Musikern, vom Komponisten nicht oder nur teilweise kontrolliert, überläßt. Das Einbeziehen der Interpreten in den Kompositionsprozeß wird auch auf das Publikum ausgedehnt, das sibilierend, sprechend, summend, schreiend und kreischend gestaltend und wiedergebend mitwirkt.

Die Experimente mit Tonbändern führten zur musique concrète, bei der im Gegensatz zu der zunächst aufgenommenen Musik von konventionellen Instrumenten oder von elektronischen Klangerzeugern das Material aus dem Gesamtbereich des Hörbaren geschöpft wird: musikalischen und außermusikalischen Schallquellen, also auch Naturlauten, werden fragmentarische Elemente entnommen und neu zusammengesetzt und gemischt. Man ging dabei vom Gedanken aus, daß der musikalische Wert jener Elemente und der durch ihre neue Zusammensetzung erarbeiteten Klänge und Geräusche von ihrer Herkunft vollständig abgelöst und unabhängig beurteilt werden, weil sie lediglich der Kritik der unmittelbar Hörenden unterworfen sind. Diese neugewonnenen Schallphänomene haben der Elektronischen Musik voraus, daß sie Dauer, Tonhöhe und Intensität in einem weit größeren Ausmaß charakterisieren und profilieren können und infolgedessen eine unendliche Vielfalt an Farbe, Dichte, Dynamik und Variabilität dem Komponisten zur Verfügung stellen. Wenn diese Tonband-Musik anfänglich nur interpoliert und illustrativ eingesetzt wurde, kam es bald zu vollständigen Werken, deren Eigenart viel Zustimmung und ebensoviel Widerstand erregte. Ausschlaggebend war dabei wohl, wie und wozu diese neuen Klänge Verwendung fanden. Wurden Stücke mit musique concrète verfaßt, weil es diese eben gab, so blieb es beim experimentellen Spiel ohne künstlerische Substanz, auch wenn die Kommentare diese mit tönenden Worten reklamierten. Kam aber ein echter Komponist, in dessen imaginativen und emotionalen Gehalt seines in ihm entstehenden Werks sich die Töne fügten, dann wurden sie zum Bestandteil eines Kunstwerks und fanden damit ihre Rechtfertigung, ein Vorgang, der sich bei jedem im Verlauf der Musikgeschichte neu »erfundenen« oder »konstruierten« Instrument immer gleich abspielte. Denn immer trat zuerst die künstlerische Idee mit der Notwendigkeit ihres Ausdrucks auf, für den das Klangmaterial gesucht und gefunden werden mußte. Die bald einsetzenden Bestrebungen, die musique concrète von allen Klangquellen unabhängig zu gestalten, indem man sie auf das Tonband »zeichnet«, würde zwar die unmittelbare Beziehung zwischen »Komponisten« und seinem »Werk« um vieles verstärken und zugleich die Möglichkeit bieten, Klänge zu erzeugen, die es »nicht gibt und nie gab«. Die bisherigen Ergebnisse der Bemühungen darum lassen jedoch noch keine Schlüsse über deren Gelingen zu. Aber auch falls es unmöglich sein sollte, völlig neuartige Schallphänomene zu erzeugen, wie glaubhaft versichert wird, daß es außer jedem Bereich liege, Farben oder Formen zu erfinden, die in unserer Natur nicht bereits vorhanden sind, darf man den Gedanken nicht ausschließen, daß eine zukünftige Musik vielleicht nicht mehr mit Klangerzeugern irgendwelcher Art »gespielt« wird, sondern graphisch konstruiert. Wiederum muß dabei bemerkt werden, daß jede Ausdrucksform künstlerisch bewertbar ist, solange der Künstler und sein künstlerischer Ausdruckswille dominierend dahinter steht; handelt es sich aber nur um reine technische Erfolge, bleibt es eben bei der Technik allein. Die Frage, ob man das noch Musik nennen darf, ist überflüssig, weil Nomenklaturen immer das bedeuten, was man darunter verstehen will. Selbstverständlich wurde auch hier die Grundfrage aufgeworfen, ob so nicht alle Grenzen der Musik weit überschritten werden. Das muß davon ausgehend beurteilt werden, wo man diese Grenzen ziehen will, und auch, ob solche Grenzen überhaupt existieren. Die Idee des Gesamtkunstwerks ist schon alt.

Eine Neuigkeit stellt eine solche Kombination nicht dar, denn unsere Musik hat sich bekanntlich daraus entwickelt. »Musiké« bedeutete in der klassischen Antike »künstlerisches Verhalten«, das aus Singen, Spielen, Tanzen und Deklamieren bestand, bis sich die einzelnen Kunstgattungen verselbständigten. Ebensowenig ist die Grenzüberschreitung in die Richtung zum Sakralen neu, sondern nur eine Rückerinnerung an die wichtigste Zweckbestimmung der Musik überhaupt.

Eine stark angefeindete »Grenzüberschreitung« ist auch das »Lingual«, das Sätze – Zitate, Gebete, Parolen – zumeist in mehreren Sprachen zugleich entweder artikuliert oder lallomanisch vortragen läßt und damit, von Klängen und Geräuschen begleitet oder ohne diese, einen akustischen Effekt anstrebt. Das Zusammenklingen verschiedensprachiger Wörter gleichen Sinns erzeugt neben der Klangwirkung auch massenpsychologische Emotionen und kann damit wieder zu künstlerischen Tatbeständen führen, die man unter Musik subsummieren kann oder nicht. Auch die Überschichtung verschiedener Zeitwerte, die Darbietung verschiedener Musik in mehreren Räumen, die vom Publikum durchwandert werden, und - wenn man so will - die rein mimische Musik, bei der die Ausführenden Spielen und Singen nur andeuten, ohne einen Laut zu erzeugen, darf man heranziehen, wenn man das weite Feld der Gegenwartsmusik vorstellt.

Entwicklungsrichtungen und Ausgangsplattformen stehen jedenfalls der Zukunft reichlich zur Verfügung. Welche davon von den künftigen Meistern vorgezogen, ausgebaut und zu neuen Zielen geführt werden, kann nicht gesagt werden. Eines ist aber sicher: Zurückdrehen läßt sich die Uhr nicht, denn das Leben der Menschen geht weiter und damit ihre Musik. Eingangs des Gesamtwerks »Der große Musikführer«, dessen fünfter Band nunmehr vorliegt, wurde erklärt, daß die Geschichte der Musik mit der Geschichte der Menschheit begann. Dem ist hinzuzufügen, daß die Musik erst mit dem Ende der Menschheitsgeschichte verstummen wird und nicht eher.

Wie in den vorangehenden vier Bänden wurden die entwicklungsgeschichtlich wichtigsten und interessantesten Meister, die jünger waren oder sind als Gustav Mahler in der chronologischen Reihe ihrer Geburtstage vorgeführt und biographisch und werkgeschichtlich besprochen. Essentielle zeitgeschichtliche Fakten und deren offensichtlicher Einfluß auf Leben und Wirken der einzelnen Komponisten wurden in die Biographien oder Werkbesprechungen einbezogen.

Die dem Band vorangestellte »Zeittafel« zeigt das wichtigste Zeitgeschehen auf, das parallel zur fortschreitenden Musikgeschichte ablief. Das »Kurzlexikon zur Musik des 20. Jahrhunderts« dient der Erklärung aller vorkommender Fachausdrücke der Musik, soweit sie nicht ohnehin allgemein bekannt sind. Das Kreuzregister soll die lexikalische Verwendbarkeit des Bandes erweitern.

Die Oper als theatralische Kunst wurde auch in diesem Band nur insoweit in die Erörterungen einbezogen, wie sie mit ihrer Musik entwicklungsgeschichtlich von Bedeutung war.

Die Daten aus Ländern, die zur Zeit eines datierten Ereignisses dem Julianischen Kalender folgten, sind original gegeben und nicht gemäß dem Gregorianischen Kalender umgerechnet.

Dieser Band wie das Gesamtwerk ist allen Meistern der abendländischen Musikgeschichte aller Epochen als Dank für ihre künstlerische Leistung, ihre Anstrengung und ihre Selbstentäußerung gewidmet, mit der sie Millionen von Menschen und mir Vergnügen, Unterhaltung, Freude, Genuß und zuweilen auch Trost im reichsten Maß geboten haben.

DDDr. Alfred Baumgartner

Zeittafel zur Musik des 20. Jahrhunderts

Zeit	*Allgemeine Geschichte*	*Musikgeschichte*
1856–1860	1859 Italienischer Befreiungskrieg; Österreich verliert die Lombardei 1860 A. Lincoln Präsident der USA; Bauernaufstand in Rußland	1856 »Ungarische Rhapsodie« von F. Liszt; R. Schumann gestorben; S. Tanejew geboren 1857 G. Verdi: »Simone Boccanegra«; M. Glinka gestorben 1858 G. Puccini und R. Leoncavallo geboren 1859 »Tristan und Isolde« von R. Wagner uraufgeführt 1860 G. Mahler und H. Wolf geboren
1861–1865	1861 Viktor Emanuel II. wird König des vereinigten Italiens 1862 Vergeblicher Aufstand der Polen gegen Rußland; Sezessionskrieg in den USA 1865 Ende des Sezessionskriegs; Abschaffung der Sklaverei in den USA	1861 A. Arenski und W. Suk geboren 1862 F. Delius und C. Debussy geboren; F. Halèvy gestorben; Konservatorium in St. Petersburg gegründet 1863 F. Weingartner geboren 1864 R. Strauss geboren; G. Meyerbeer gestorben 1865 C. Nielsen, J. Sibelius und A. Glasunow geboren; Erste große russische Sinfonie von N. Rimski-Korsakow; Erstes deutsches Sängerfest in Dresden

Zeit	*Allgemeine Geschichte*	*Musikgeschichte*
1866–1870	1866 Krieg Preußens gegen Österreich und Deutschen Bund; Trennung Österreichs von Deutschland 1869 L. Tolstoi: »Krieg und Frieden« 1870 Beginn des Deutsch-Französischen Kriegs; Napoleon III. wird gefangengenommen	1866 E. Satie und F. Busoni geboren 1867 A. Toscanini geboren 1868 M. Hauptmann gestorben; J. Brahms: »Ein deutsches Requiem« 1869 H. Pfitzner, A. Halm und A. Roussel geboren; H. Berlioz gestorben 1870 V. Novák geboren
1871–1875	1871 Frankreich wird Republik; Wilhelm I. zum deutschen Kaiser ausgerufen; Rom wird italienische Hauptstadt 1873 Drei-Kaiser-Bündnis (Deutschland/Österreich/Rußland); T. Storm: »Pole Poppenspäler«	1871 A. Zemlinsky und A. Skrjabin geboren; G. Verdi: »Aida« 1872 H. Alfvén, R. Vaughan Williams und S. Diaghilew geboren 1873 S. Rachmaninow, M. Reger und der Tenor E. Caruso geboren; A. Bruckner: »Messe Nr. 3« 1874 A. Schönberg und F. Schmidt geboren; M. Mussorgski: »Boris Godunow« 1875 M. Ravel geboren
1876–1880	1877 Königin Viktoria von England wird Kaiserin von Indien; L. Tolstoi: »Anna Karenina«	1876 P. Casals und M. de Falla geboren; Eröffnung des Bayreuther Festspielhauses 1877 Brüder Schrammel gründen in Wien ihr berühmtes Quartett; T. A. Edison erfindet den Walzen-Phonographen 1879 O. Respighi geboren

Zeit	*Allgemeine Geschichte*	*Musikgeschichte*
1881–1885	1881 Zar Alexander II. wird ermordet 1882 Dreibund zwischen Deutschland, Italien, Österreich 1884 Beginn der deutschen Kolonialpolitik; Russifizierung von Kurland, Livland und Estland; F. Nietzsche: »Also sprach Zarathustra«	1881 B. Bartók geboren; M. Mussorgski gestorben 1882 I. Strawinsky geboren; R. Wagner: »Parsifal«; Gründung des Berliner Philharmonischen Orchesters 1883 A. Webern geboren; R. Wagner gestorben; Metropolitan Opera eröffnet 1884 B. Smetana gestorben 1885 A. Berg geboren
1886–1890	1887 Das Grammophon kommt auf den Markt 1888 Wilhelm II. wird deutscher Kaiser 1889 Brasilien wird Republik	1886 F. Liszt gestorben 1888 E. Grieg: »Peer-Gynt-Suite« 1889 A. Henselt gestorben; R. Strauss: »Don Juan«; G. Mahler: »Sinfonie Nr. 1« 1890 B. Martinů, F. Martin und der Tenor B. Gigli geboren; C. Franck, N. W. Gade und L. Delibes gestorben
1891–1895	1891 Gründung des »Internationalen Friedensbüros« in der Schweiz; Ende der Indianerkriege in den USA 1892 G. Hauptmann: »Die Weber« 1894 Nikolaus II. wird letzter Zar von Rußland 1895 S. Freud begründet die Psychoanalyse	1891 S. Prokofjew geboren 1892 D. Milhaud und A. Honegger geboren 1893 C. Gounod und P. Tschaikowski gestorben; J. Sibelius: »Karelia«; A. Dvořák: »Sinfonie Nr. 9« 1895 P. Hindemith und C. Orff geboren

Zeit	*Allgemeine Geschichte*	*Musikgeschichte*
1896–1900	1896 Erste Olympische Spiele der Neuzeit in Athen 1899 1. Haager Friedenskonferenz; Burenkrieg (bis 1902); Russifizierung Finnlands 1900 Vittorio Emmanuele III. wird Nachfolger des ermordeten Umberto II. in Italien	1896 A. Bruckner gestorben 1897 J. Brahms und W. Bargiel gestorben 1898 G. Gershwin geboren 1900 E. Křenek, A. Copland und K. Weill geboren; Z. Fibich gestorben; E. Caruso beginnt Schallplatten-aufnahmen
1901–1905	1901 Eduard VII. wird König von Großbritannien; T. Mann: »Die Buddenbrooks« erschienen 1902 Südafrika wird britische Kolonie 1904 Russisch-Japanischer Krieg (bis 1905) 1905 Demonstration in St. Petersburg wird blutig niedergeschlagen	1901 W. Egk geboren; G. Verdi gestorben 1902 Urheberrecht an literarischen und musikalischen Werken gesetzlich geschützt 1903 B. Blacher und A. Chatschaturjan geboren; H. Wolf gestorben 1904 L. Dallapicolla geboren; A. Dvořák gestorben 1905 K. A. Hartmann geboren
1906–1910	1907 2. Haager Friedenskonferenz; Allgemeines Wahlrecht in Österreich 1908 Deutschland wird nach Groß-britannien stärkste Seemacht 1910 Portugal wird Republik; Georg V. wird König von Großbritannien; S. Freud: »Vorlesungen zur Einführung in die Psychoanalyse«	1906 D. Schostakowitsch geboren; A. Arenski gestorben 1907 E. Grieg und J. Joachim gestorben 1908 O. Messiaen geboren; N. Rimski-Korsakow gestorben 1910 R. Liebermann geboren; M. Balakirew gestorben; I. Strawinsky: »Feuervogel«

Zeit	*Allgemeine Geschichte*	*Musikgeschichte*
1911–1915	1911 Gründung des »Blauen Reiters« 1912 Balkankrieg; G. B. Shaw: »Pygmalion« 1914 Ausbruch des Ersten Welt-kriegs	1911 G. Mahler und F. Mottl gestorben 1912 J. Massenet gestorben; G. Mahler: »Sinfonie Nr. 9« Urauff. 1913 B. Britten geboren; F. Draeseke gestorben 1915 S. Tanejew, K. Goldmark und A. Skrjabin gestorben
1916–1920	1917 Revolution in Rußland 1918 Ausrufung der Republik Österreich 1919 Verträge von Saint Germain und Versailles; Gründung des Völkerbundes – Weimarer Republik (bis 1933)	1916 M. Reger gestorben 1917 M. Reinhardt, H. v. Hofmannsthal und R. Strauss begründen die Salzburger Festspiele 1918 G. v. Einem, B. A. Zimmermann und L. Bernstein geboren; Z. Kjui und C. Debussy gestorben 1919 R. Leoncavallo gestorben
1921–1925	1922 Faschismus unter Mussolini in Italien; Putsch Hitlers nieder-geschlagen; Proklamation des Freistaates Irland; K. Kraus: »Die letzten Tage der Menschheit«; Gründung des PEN-Clubs 1923 Regelmäßige Rundfunksendungen in Deutschland 1924 Beginn der Herrschaft Stalins nach Lenins Tod; 1. deutsche Funkausstellung in Berlin	1921 C. Saint-Saëns und E. Caruso gestorben; S. Prokofjew: »Die Liebe zu den drei Orangen« 1922 Der Dirigent A. Nikisch gestorben; 1923 D. Milhaud: »La Création du monde« 1924 F. Busoni, G. Fauré, G. Puccini und X. Scharwenka gestorben; G. Gershwin: »Rhapsody in Blue« 1925 G. Klebe geboren; E. Satie gestorben

Zeit	*Allgemeine Geschichte*	*Musikgeschichte*
1926–1930	1926 Festigung der Diktatur in Italien; Militärputsch in Portugal 1927 F. Kafka: »Das Schloß« 1929 Weltwirtschaftskrise; Errichtung der Diktatur in Jugoslawien; B. Brecht: »Aufstieg und Fall der Stadt Mahagony«; Erste Versuche der Ausstrahlung von farbigen Fernsehbildern 1930 (bis 1943) R. Musil: »Der Mann ohne Eigenschaften«	1926 H. W. Henze geboren; A. Berg: »Wozzeck«; B. Bartók: »Klavierkonzert Nr. 1« 1927 A. Honegger: »Antigone«; I. Strawinsky: »Oedipus rex«; A. Hába: »Neue Harmonielehre« 1928 K. Stockhausen geboren; D. Schostakowitsch: »Sinfonie Nr. 1«; A. Copland: »Sinfonie Nr. 1«; M. Ravel: »Bolero«; K. Weill und B. Brecht: »Dreigroschenoper«; I. Strawinsky: »Apollon musagète« 1929 S. Diaghilew gestorben 1930 A. Previn geboren; I. Strawinsky: »Psalmen-Sinfonie«
1931–1935	1931 C. Zuckmayer: »Der Hauptmann von Köpenick« 1932 Höhepunkt der Weltwirtschaftskrise 1933 Hitler wird Reichskanzler; Bücherverbrennung unerwünschter Autoren; Parlamentarische Verfassung in Österreich durch Staatsstreich aufgehoben 1934 Putschversuch der Nationalsozialisten in Österreich; Treffen Hitler–Mussolini 1935 »Nürnberger Gesetze« gegen Juden	1931 Mauricio Kagel geboren; C. Nielsen und V. d'Indy gestorben 1932 E. d'Albert gestorben 1933 K. Penderecki geboren; M. de Falla und W. Suk gestorben 1934 F. Delius gestorben; P. Hindemith: »Mathis der Maler« 1935 A. Berg gestorben; G. Gershwin: »Porgy and Bess«; A. Honegger: »Johanna auf dem Scheiterhaufen«; Hammond-Orgel in den USA entwickelt

Zeit	*Allgemeine Geschichte*	*Musikgeschichte*
1936–1940	1936 Spanischer Bürgerkrieg (bis 1939) 1938 Besetzung Österreichs durch Deutschland; Erster Höhepunkt der nationalsozialistischen Judenverfolgung 1939 Ausbruch des Zweiten Weltkriegs 1940 Russisch-Finnischer Krieg	1936 O. Respighi und A. Glasunow gestorben; W. Egk: »Die Zaubergeige«; S. Prokofjew: »Peter und der Wolf« 1937 M. Ravel, G. Gershwin und A. Roussel gestorben; C. Orff: »Carmina Burana« 1938 Der Bassist F. Schaljapin gestorben 1940 S. Prokofjew: »Romeo und Julia«; B. Bartók: »Mikrokosmos«
1941–1945	1941 Rußlandfeldzug 1942 Große Erfolge der deutschen U-Boote; Beginn der Massenaussiedlung von Juden nach dem Osten und ihrer Ermordung 1943 Kapitulation der Stalingrad-Armee; Zusammenbruch des italienischen Faschismus; Aufstand im Warschauer Getto 1944 Mißglücktes Attentat auf Hitler; Syrien erlangt Unabhängigkeit; Island wird Republik 1945 Selbstmord Hitlers; Mussolini erschossen; Bedingungslose Kapitulation Deutschlands; Atombomben auf Hiroshima und Nagasaki; Gründung der Vereinigten Nationen; Wiederherstellung der Unabhängigkeit Österreichs	1942 F. Weingartner und A. Zemlinsky gestorben 1943 S. Rachmaninow gestorben 1944 R. Strauss: »Die Liebe der Danae« (Generalprobe; Uraufführung 1952); A. Copland: »Appalachischer Frühling« 1945 B. Bartók und A. Webern gestorben; R. Strauss: »Metamorphosen«

Zeit	*Allgemeine Geschichte*	*Musikgeschichte*
1946–1950	1946 Beginn des »Kalten Krieges« zwischen der UdSSR und den USA; Proklamation der Republik Ungarn 1947 Friedensverträge von Paris; Unabhängigkeitserklärung Indiens; Erste Zusammenkunft der »Gruppe 47« 1948 Proklamation der Republik Israel; Ausbruch des arabisch-israelischen Kriegs 1949 Spaltung Deutschlands; Proklamation der Volksrepublik China; 1. Indochinakrieg (bis 1954); G. Orwell: »1984« 1950 Krieg in Korea (bis 1953)	1946 P. Hindemith: »Requiem für die Gefallenen« 1947 W. Egk: »Abraxas«; G. v. Einem: »Dantons Tod«; C. Orff: »Die Bernauerin«; A. Schönberg: »Ein Überlebender aus Warschau« 1948 Moskauer Musiker-Konferenz verurteilt Werke von D. Schostakowitsch, S. Prokofjew, A. Chatschaturjan und N. Mjaskowski als formalistisch; Langspielplatten aus Kunststoff 1949 H. Pfitzner, R. Strauss und V. Novák gestorben; O. Messiaen: »Turangalîla-Sinfonie«; C. Orff: »Antigonae« 1950 K. Weill gestorben
1951–1955	1951 Rußland proklamiert Übergang vom Sozialismus zum Kommunismus 1952; Polen wird Volksrepublik; Elizabeth II. wird Königin von England 1953 Aufstände in der DDR 1954 Teilung in Nord- und Südvietnam; Mao Tse-tung wird Vorsitzender der Volksrepublik China 1955 Abschluß des Österreichischen Staatsvertrages; Neutralitätserklärung Österreichs	1951 A. Schönberg gestorben; P. Dessau: »Die Verurteilung des Lukullus«; I. Strawinsky: »The Rake's Progress« 1952 B. Blacher: »Preußisches Märchen«; R. Liebermann: »Leonore 40/45« 1953 S. Prokofjew gestorben 1954 Die Dirigenten C. Krauss und W. Furtwängler gestorben 1955 A. Honegger gestorben

Zeit	*Allgemeine Geschichte*	*Musikgeschichte*
1956–1960	1956 Nahostkrieg; Aufstand in Ungarn 1957 Beginn des Vietnamkriegs; B. Pasternak: »Doktor Schiwago« 1958 Erste auf dem Mond aufschlagende Rakete der USA 1959 G. Grass: »Die Blechtrommel« 1960 Höhepunkt der Unabhängigkeitsbewegung in Afrika	1956 H. W. Henze: »König Hirsch« 1957 J. Sibelius, A. Toscanini und der Tenor B. Gigli gestorben; W. Fortner: »Bluthochzeit«; P. Hindemith: »Die Harmonie der Welt« 1958 R. Vaughan Williams gestorben; Nach vierjähriger Entwicklung Stereo-Schallplatten 1959 B. Martinů gestorben 1960 H. Alfvén gestorben; H. W. Henze: »Der Prinz von Homburg«
1961–1965	1961 Konstruktion des Gammastrahlteleskops für die Astronomie 1963 H. Höll: »Ansichten eines Clowns«; Erster Radarkontakt mit dem Planeten Merkur; 1965 US-Sonde fotografiert den Planeten Mars	1962 B. Britten: »War Requiem« 1963 P. Hindemith und K. A. Hartmann gestorben 1964 G. Klebe: »Messe für 18 Bläser«; R. Liebermann: »Sinfonie für 156 Büromaschinen« 1965 B. A. Zimmermann: »Die Soldaten«
1966–1970	1966 2. Indochinakrieg (bis 1975) 1967 »6-Tage-Krieg« 1968 »Prager Frühling« endet mit Invasion der UdSSR 1969 Beginn des Bürgerkriegs Großbritannien–Nordirland; Erster Mensch betritt den Mond	1966 K. Penderecki: »Lukas-Passion« 1967 K. Stockhausen: »Ensemble« 1968 H. W. Henze: »Das Floß der Medusa« 1970 B. A. Zimmermann gestorben

Zeit	*Allgemeine Geschichte*	*Musikgeschichte*
1971–1975	1971 Vietnamkrieg erreicht Höhepunkt 1973 Yom-Kippur-Krieg; 4. Nahostkrieg; Monarchie in Griechenland beendet 1974 Terroranschläge in Dublin 1975 Unruhen im Libanon weiten sich zum offenen Bürgerkrieg aus	1971 I. Strawinsky gestorben; L. Bernstein: »Messe« 1973 P. Casals gestorben 1974 D. Milhaud und F. Martin gestorben 1975 B. Blacher, L. Dallapicolla und D. Schostakowitsch gestorben
1976–1980	1976 Mao Tse-tung gestorben 1979 Ägyptisch-israelischer Friedensvertrag unterzeichnet; Ausbruch des 3. Indochinakriegs; Beginn des irakisch-iranischen Kriegs 1980 Beginn von Unruhen in Polen; Josip Tito gestorben; Militärputsch in der Türkei; Republikaner Ronald Reagan wird Präsident der USA	1976 B. Britten gestorben 1979 A. Chatschaturjan gestorben 1980 M. Kagel: »Die Erschöpfung der Welt«
1981–1985	1981 Kriegsrecht in Polen (bis 1983); Attentat auf Papst Johannes Paul II. 1982 Falkland-Krieg 1983 Große Friedensdemonstration gegen NATO-Nachrüstung 1984 Wiederwahl Ronald Reagans; Ermordung der indischen Ministerpräsidentin Indira Gandhi	1982 C. Orff und K. Böhm gestorben 1983 W. Egk gestorben; K. Penderecki: »Konzert für Violoncello und Orchester«; H. W. Henze: »Die englische Katze«; H. Winbeck: 1. Sinfonie 1984 H. Lachenmann: »Mouvement« 1985 Wiedereröffnung des Dresdner Opernhauses nach 40 Jahren

Luis Sambucetti (1860–1926)

LEBEN

Luis Sambucetti wurde am 29. 7. 1860 in Montevideo geboren. Nach seiner Ausbildung in der Heimat wurde er in Paris Schüler des Violinpädagogen Hubert Léonard (1819–90) sowie der Komponisten Jules Massenet (1842–1912) und Léo Delibes (1836–91). In seinen Geburtsort zurückgekehrt, wirkte er als Dirigent, Violinist und Musiklehrer; er gründete das Instituto Verdi als Musikschule, ein Streichquartett, eine Konzertgesellschaft und 1908 das Nationalorchester, das sich bald zu einem Klangkörper von Niveau entwickelte. Er starb am 7. 9. 1926 in Montevideo als eine der bedeutendsten Musikerpersönlichkeiten von Uruguay.

Jules Massenet

WERKE

Von Luis Sambucetti, der zu den Begründern des modernen Musiklebens in Uruguay zählte, sind neben einer Operette und einer Zarzuela die sinfonische Dichtung »San Francisco d'Assisi« und weitere Orchesterwerke bekannt geworden; besondere Beliebtheit errang sein Kammermusikwerk »Meditación religiosa« für Flöte, Streichquartett, Harmonium und Klavier. Er verfaßte außerdem zahlreiche Streichquartette, Klavier- und Violinstücke, Chorwerke und Lieder. Sein Stil war der französischen Spätromantik verhaftet.

Alberto Franchetti (1860–1942)

LEBEN

Alberto Franchetti wurde am 18. 9. 1860 in Turin geboren. Seine Ausbildung erhielt er an den Konservatorien in München und Dresden bei Joseph Rheinberger (1839–1901) und bei Felix Draeseke (1835–1913). Darauf wirkte er in verschiedenen oberitalienischen Städten als freier Komponist und Musiklehrer. Von 1926 bis 1928 leitete er das Konservatorium in Florenz. Er starb am 4. 8. 1942 in Viareggio.

Alberto Franchetti

WERKE

Die 10 Opern von Alberto Franchetti, die zum größten Teil mit Erfolg über die Bühnen gingen, lehnten sich an die lyrischen Opern Frankreichs an. Seine übrigen Werke – eine Sinfonie in e-Moll, eine Hymne für Soli, Chor und Orchester, mehrere sinfonische Dichtungen und einige Kammermusik – sind Kinder der deutschen Romantik des ausgehenden 19.

Jahrhunderts und etwas eklektisch. Die Epoche der »modernen« Musik war für viele Meister jener Zeit noch nicht angebrochen.

Johannes Merkel (1860–1934)

Leben

Johannes Gottfried Merkel wurde am 25.9. 1860 in Leipzig geboren. Er besuchte Konservatorium und Universität seiner Geburtsstadt und war durch einige Zeit Schüler von Franz Liszt (1811–86). Von 1888 bis 1892 unterrichtete er an der Musikschule in Riga, anschließend durch zwei Jahre am Eichelbergschen Konservatorium in Berlin und ab 1898 am Konservatorium in Leipzig, wo er am 13.5. 1934 starb.

Werke

Von Johannes Merkel sind eine Klaviersonate und eine Anzahl Klavierstücke erschienen. Außerdem schrieb er eine Sinfonie, eine Konzertouvertüre, ein Klavierkonzert, ein Streichquartett und weitere Klavierstücke, die kontrapunktisch gearbeitet wurden. Er verfaßte einige didaktische Werke. Sein Stil war betont konservativ.

Felix Woyrsch (1860–1944)

Leben

Felix Woyrsch wurde am 8.10.1860 in Troppau (Opava) geboren und in Hamburg ausgebildet. Er wirkte darauf in Altona ab 1887 als Leiter der Liedertafel, ab 1893 als Dirigent des Kirchenchors, ab 1895 als Direktor der Singakademie und als Organist; ab 1903 leitete er die Sinfoniekonzerte der Stadt bis zu seinem Tod am 20.3.1944.

Werke

Von Felix Woyrsch sind 3 Opern und 6 Sinfonien aufgeführt worden, weiters ein Violinkonzert »Skaldische Rhapsodie« und die Chorwerke »Die Geburt Jesu«, »Deutscher Heerbann«, »Passions-Oratorium«, »Sapphische Ode an Aphrodite«, »Totentanz«, »Da Jesus auf Erden ging«, und »Der Vandalen Auszug«, außerdem für Männerchor und Orchester eine »Ode an den Tod«. Auch seine Kammermusik, Balladen und Lieder bewegten sich ausschließlich in Bahnen der Romantik und waren auf Vollklang ausgerichtet. Seine Kompositionen wurden sehr geschätzt.

Ignacy Paderewski (1860–1941)

Leben

Ignacy Jan Paderewski wurde am 6.11.1860 in Kurilowka, Ukraine, geboren. Seine Ausbildung zum Pianisten und Komponisten erhielt er ab 1872 am Konservatorium in Warschau, wo er von 1878 bis 1883 als Klavierlehrer wirkte. Nach kurzem Studium bei Friedrich Kiel (1821–85) in Berlin bereitete er sich von 1884 bis 1887 beim Klavierpädagogen Teodor Leszetycki (22.6.1830, Lancut, Ukraine, bis 14.11.1915, Dresden) auf seine Virtuosenlaufbahn vor. Er unternahm ausgedehnte Konzertreisen, bis er sich 1913 in Paso Robles, Calif., niederließ. Im Jahr 1915 unterbrach er seine Konzerttätigkeit, um sich für die Gründung eines unabhängigen Polens einzusetzen. Von 1918 bis 1919 war er polnischer Botschafter in Washington und von 1919 bis 1920 1. Vorsitzender des Ministerrates und Außenminister der Republik Polen. Darauf nahm er seine Konzertreisen erneut auf. Im Jahr 1940 wurde er Präsident der polnischen Exilregierung. Er starb am 29.6.1941 in New York.

Werke

Sowohl als Interpret wie als Komponist bekannte sich Ignacy Paderewski vorbehaltlos zur Romantik. Während seines langen Lebens, Wirkens und Schaffens blieb er von aller stilistischen und technischen Neuerung, von Impressionismus und Expressionismus, von Neuklassizismus, Dodekaphonik, serieller Struktur, Polytonalität, Atonalität und jeder Art von Ton- und Klangverfremdung unberührt. Er füllte bis in sein hohes Alter mit seinem hinreißenden Spiel, wie seinerzeit Franz Liszt, mit vorwiegend der Romantik entnommenen Programmen und eigenen stark konservativen Kompositionen, stets die größten

Konzertsäle und erreichte bereits um die Jahrhundertwende den Ruf eines der bedeutendsten Pianisten seiner Zeit. Sein kompositorisches Schaffen bestand aus einer noch heute viel aufgeführten Sinfonie, einem sehr klangreichen Klavierkonzert, einer Fantasie über polnische Volksweisen für Klavier und Orchester, zahlreichen Klavierstücken, darunter »6 Humoresken« mit dem berühmten Menuett in G-Dur, und einer Anzahl Lieder. Seine konservative Grundhaltung knüpfte bei Frédéric Chopin (1810–49) und Pjotr Tschaikowski (1840–93) an; seine einzige Oper lehnte sich an Richard Wagner (1813–83) an.

Sinfonie in h-Moll, »Polonia«, Opus 29, 3 Sätze, entstanden 1907

Ursprünglich waren 4 Sätze geplant, aber das Scherzo gedieh nur bis zu einer unorchestrierten Skizze. Die Sinfonie wurde zum vierzigjährigen Gedenken des vergeblichen Aufstandes der Polen gegen die zaristische Regierung (1863/64) komponiert und trägt programmatischen Charakter. Der 1. Satz soll die heroische Geschichte des polnischen Volks darstellen. Es sind dafür 3 Sarusophone und ein »Tonitruon« (ein vom Komponisten selbst konstruiertes Schlaginstrument, das aus einer aufgehängten Zinnplatte besteht und angeschlagen einen geheimnisvollen düsteren Klang von sich gibt) vorgeschrieben. Polnische Volksmusik ist ebenso wenig verwendet wie im 2. Satz, dessen lyrische Haltung Trauer und Wehmut des unfreien Volks ausdrückt. Der 3. Satz, in dem Fragmente der polnischen Nationalhymne (»Noch ist Polen nicht verloren«) variiert und transformiert, aber doch deutlich genug aufklingen, führte zum Verbot des Werks in Rußland und in Deutschland; in Österreich-Ungarn, wo der polnische Adel einen starken Einfluß ausübte, durfte es gespielt werden. Der Satz endet mit sieghaften Klängen, die die Befreiung des Volks von jeder Fremdherrschaft vorausnahmen.

Klavierkonzert in a-Moll, Opus 17, 3 Sätze, entstanden 1888

Dieses bis zu den ersten Jahrzehnten des 20. Jahrhunderts außerordentlich beliebte Konzert wurde vom Komponisten in erster Linie zum eigenen Gebrauch geschrieben. Das Soloinstrument steht ständig im Mittelpunkt des musikalischen Geschehens; klangreiche Passagen, bravouröse Soli und farbige Instrumentierung sicherten der Sinfonie, die viel polnisches Volksliedgut verarbeitete, ihre Publikumserfolge. Es hat auch heute seinen besonderen Reiz nicht verloren, sondern wird noch immer gern gehört.

LITERATUR

H. Opieński, Ignacy Jan Paderewski, Krakau 1960.

Hans Fährmann (1860–1940)

LEBEN

Ernst Hans Fährmann wurde am 17.12.1860 in Beicha bei Lommatzsch geboren. Er wirkte von 1890 bis 1926 als Kantor und Organist an der Johanniskirche in Dresden, wo er ab 1891 am Konservatorium Unterricht im Orgelspiel gab und am 29.6.1940 starb.

WERKE

Von Hans Fährmann sind ein Oratorium »Heimkehr«, ein »Heldenrequiem« für Soli, achtstimmigen Chor und Orchester, eine Sinfonie in C-Dur, ein Orgelkonzert, ein Streichquartett, 3 Klaviertrios, 14 Orgelsonaten, eine Klaviersonate und weitere Kammermusik, Orgelstücke und Lieder überliefert. Der Stil dieses ausgezeichneten Organisten gehört der deutschen Hochromantik an.

Alexander Fielitz (1860–1930)

LEBEN

Alexander von Fielitz wurde am 28.12.1860 in Leipzig geboren. Er war in Dresden Schüler von Julius Schulhoff (1825–98) und Edmund Kretschmer (1830–1908). Darauf wirkte er als Theaterkapellmeister in Zürich, Lübeck und Leipzig. Nach einer mehrjährigen Lehrtätigkeit am Sternschen Konservatorium in Berlin wurde er in Chicago 1905 Lehrer am von Florent Ziegfeld (10.6.1841 in Jever, Oldenburg, bis 20.5.1923, Chicago) 1867 gegründeten Konservatorium und 1906 Dirigent des Sinfonieorchesters. Im Jahr 1908 nahm er in Berlin seine Tätigkeit am Sternschen Konservatorium erneut auf und wurde 1915 Leiter dieses Instituts. Er starb am 29.7.1930 in Bad Salzungen.

WERKE

Von Alexander Fielitz sind 2 Opern aufgeführt worden. Außerdem verfaßte er eine schöne Romanze für Klavier und Violine sowie zahlreiche Lieder, von denen die »Toskanischen Lieder« am meisten bekannt geworden sind. Seine Kompositionen bewegten sich noch im Schatten von Robert Schumann (1810–56).

Camillo Horn (1860–1941)

LEBEN

Camillo Horn wurde am 29.12.1860 in Reichenberg (Liberec), Böhmen, geboren, war in Wien Schüler von Anton Bruckner (1824–96) und wirkte als Musikreferent von Zeitungen und von 1918 bis 1931 als Professor für Harmonielehre am Konservatorium in Wien. Er starb dort am 3.9.1941.

WERKE

Von Camillo Horn sind 2 Sinfonien, ein Scherzo für Orchester, ein Quintett für drei Violinen, Bratsche und Cello, die Gesangsszenen mit Orchester »Thusnelda« »Wallada«, »Wenn noch ein Funke«, mehrere Melodramen, begleitete und unbegleitete Chöre, Duette, Lieder und weitere Kammermusik überliefert. Er ist den vielen Spätromantikern zuzuzählen, die einen großen Teil der Musiklandschaft Österreichs und Deutschlands in der ersten Hälfte des 20. Jahrhunderts beherrschten.

Heinrich Noren (1861–1928)

LEBEN

Heinrich Suso Johannes Noren (eigentlich Gottlieb) wurde am 5.1.1861 in Graz geboren. Er studierte ab 1878 in Brüssel bei Henri Vieuxtemps (1820–81) und ab 1883 bei Joseph Massart (1811–92), wirkte anschließend als Konzertmeister in Belgien, Spanien, Rußland und Deutschland. In Berlin setzte er sodann sein Musikstudium bei Friedrich Gernsheim (1839–1916) und dem Musiktheoretiker Ludwig Bußler (26.11.1838, Berlin, bis 18.1.1901, Berlin) fort und ergänzte es, nachdem er in Krefeld 1895 ein Konservatorium gegründet hatte, mit Kontrapunktstudien beim Komponisten und Musikschriftsteller Otto Adolf Klauwell (7.4.1851, Langensalza, bis 11.5.1917, Köln). Im Jahr 1902 wurde er Mitglied des Lehrkörpers des Sternschen Konservatoriums in Berlin. Er starb am 6.6.1928 in Kreuth-Oberhof, Bayern.

WERKE

Seine geschmeidige Melodik und farbenreiche Harmonik rückten Heinrich Noren in die Nähe des Spätromantikers Richard Strauss. Er schrieb eine Sinfonie in h-Moll, eine glänzende Serenade für großes Orchester, eine Orchestervariation »Kaleidoskop« über ein Thema aus dem »Heldenleben« von Richard Strauss, ein Violinkonzert in a-Moll, ein Ave Maria für Sopran, Violine und Orgel, vorzügliche Kammermusik, Männerchöre, Lieder und Klavierstücke. Besonders die Orchestermusik dieses ausgezeichneten Vertreters der Spätromantik würde es verdienen, aufgeführt zu werden.

Charles Martin Loeffler (1861–1935)

LEBEN

Charles Martin Loeffler wurde am 30.1.1861 in Mulhouse (Mülhausen) geboren. Er war Schüler von Hubert Léonard und Joseph Massart in Paris und von Joseph Joachim (1831–1907); Komposition studierte er bei Ernest Guiraud (1837–92) und Friedrich Kiel. Nachdem er in Paris, Nizza und Lugano als Orchesterviolinist gewirkt hatte, ging er 1881 in die USA und spielte von 1882 bis 1903 im Boston Symphony Orchestra. Sodann widmete er sich bis zu seinem Tod am 19.5.1935 in Medfield, Mass., dem Unterricht und der Komposition.

WERKE

Mit Recht wird Charles Martin Loeffler als einer der wichtigsten Vertreter des impressionistischen Stils in den USA bezeichnet. Allerdings zeigen seine Tondichtungen »Der Tod des Tintagiles« für zwei Viole d'amore und Orchester, »Tanz des Teufels« für Orchester und Orgel, »Erinnerung an meine Kindheit«,

»Das gute Lied« und »Ein heidnisches Gedicht« mit ihrer Programmatik deutliche romantische Züge, obwohl auch sie trotz des literarischen Gehalts sich stark der »malerischen« Darstellung nähern. Völlig impressionistisch sind seine Sinfonie »Hora mystica« (Mystische Stunde), seine »Musik für 4 Streicher«, sein »Canticum Fratris Solis« (Gesang des Sonnenbruders) für Singstimme und Kammerorchester, die Partita für Violine und Klavier, die Vertonung des 137. Psalms für vierstimmigen Frauenchor, Orgel, Harfe, zwei Flöten und Cello und sein interessantes Streichquartett. Er brachte auch 2 Opern heraus. Mit seinen Werken verlieh er der Musikentwicklung Nordamerikas starke Impulse, so daß sie neben den noch lang gepflegten romantischen Fakturen rasch zum Expressionismus vorrückte.

A Pagan Poem (Ein heidnisches Gedicht), Tondichtung für Klavier, Oboe, 3 Trompeten und Orchester, Opus 14, ein Satz, entstanden 1901

Das Stück fußt auf der 8. Ekloge von Publius Vergilius Maro (70–19 v. Chr.) und schildert, wie es einem Mädchen aus Thessalien gelang, den untreuen Liebhaber durch Zauberei zurückzugewinnen. Die Soloinstrumente bilden zeitweilig ein Concertino wie bei einem Concerto grosso, das mit dem Orchester als Tutti konzertiert. Die Trompeten sind anfangs außerhalb des Konzertpodiums postiert und nähern sich im Verlauf des Stücks dem Orchester, bis sie dort am Ende ihren Platz einnehmen, um in den Triumph der Liebe und der Zauberkünste einzustimmen.

LITERATUR

C. Engel, Charles Martin Loeffler, in: Musical Quaterly XI, 1925, und XXII, 1936.

Anton Averkamp (1861–1934)

LEBEN

Anton (Anthonius Josephus) Averkamp wurde am 18.2.1861 in Langerak, Niederlande, geboren. Er war in Amsterdam Schüler von Daniel de Lange (1841–1918), in Berlin von Friedrich Kiel und in München von Joseph Rheinberger und wiederum in Amsterdam Schüler des Sängers und Gesangspädagogen Johannes Martinus Messchaert (22.8.1857, Hoorn, bis 9.9.1922, Zürich). Er wirkte als Chordirigent und ab 1919 als Direktor der Musikschule der Maatschappij tot Bevordering der Toonkunst (Gesellschaft zur Förderung der Tonkunst) in Utrecht. Er starb am 1.6.1934 in Bussum.

WERKE

Von Anton Averkamp sind eine einsätzige Sinfonie in F-Dur, eine sinfonische Dichtung »Elaine und Lancelot«, eine Violinsonate in D-Dur, Chorwerke mit Orchester und a cappella sowie Lieder erschienen. Seine Oper blieb unaufgeführt. Er bewegte sich mit seinen Kompositionen noch im Rahmen der deutschen Romantik.

Pierre Onfroy de Bréville (1861–1949)

LEBEN

Pierre Onfroy de Bréville wurde am 21.2.1861 in Bar-le-Duc, Meuse, geboren. Er wurde in Paris von Théodore Dubois (1837–1924) und César Franck (1822–90) ausgebildet. Durch eine Reihe von Jahren wirkte er als Kontrapunktlehrer an der Pariser Schola Cantorum; von 1914 bis 1918 war ihm die Leitung der Kammermusikklasse des Conservatoire anvertraut. Er starb am 23.9.1949 in Paris.

WERKE

Das kompositorische Schaffen von Pierre Onfroy de Bréville nahm eine Übergangsstellung von Romantik zum Impressionismus ein. Seine Chorwerke für Soli und Orchester »Das Fest von Kenwarch« und »Medeia«, die »Hymne an die Venus« für zwei Singstimmen, Bläser und Harfe und die »Mystische Szene der Rose von Lima« für Soli, Chor und Orchester lassen die Lehrer des Komponisten ebenso deutlich erkennen wie seine dreistimmige Messe mit Chor und Blasorchester, die Messe für eine Singstimme und Orgel sowie die Motetten. Die Bühnenmusiken, die 2 Sonaten in Cis-Dur für Violine und Klavier, die Sonate für Oboe und Klavier und die Klaviersonate, die Werke für Cello und Klavier und das Stück für Flöte und Klavier sind um vieles in die Richtung zum Impressionismus weiter entwickelt. Auch die Orgel- und Klavierstücke rücken weit von der Romantik ab. Pierre Onfroy de Bréville wurde ebenso durch seine musikschriftstellerische Tätigkeit bekannt.

Marco Enrico Bossi (1861–1925)

LEBEN

Marco Enrico Bossi wurde am 25.4.1861 in Salò geboren. Er war von 1871 bis 1873 Schüler des Liceo filarmonico in Bologna, dann studierte er am Konservatorium in Mailand bei Amilcare Ponchielli (1834–86), Polibio Fumagalli (1830–1900) und Carlo Boniforti (1818–79). Er wirkte nach seiner ersten Konzertreise als Orgelvirtuose in London (1879), von 1881 bis 1900 als Domorganist in Como und sodann bis 1895 am Konservatorium in Neapel als Theorie- und Orgellehrer. Anschließend leitete er bis 1902 das Liceo Benedetto Marcello in Venedig, darauf bis 1912 das Liceo musicale in Bologna, sodann von 1916 bis 1923 das Liceo musicale di Santa Cecilia in Rom. Er starb am 20.2.1925 bei einer Konzertreise nach New York auf hoher See.

Sein Bruder Costante Adolfo Bossi (25.12.1876, Morbegno, bis 4.1.1953, Mailand) erhielt am Konservatorium in Mailand seine Ausbildung zum Organisten und wurde anschließend dort Domorganist. Gleichzeitig wirkte er von 1914 bis 1941 als Kontrapunktlehrer am Konservatorium und von 1924 bis 1929 als Orgel- und Kompositionslehrer an der Scuola Pontifica di Musica Sacra (Päpstliche Schule sakraler Musik) in Mailand.

Sein Sohn Rinaldo Renzo Bossi (9.4.1883, Como, bis 2.4.1965, Mailand) besuchte das Liceo musicale in Venedig und war von 1902 bis 1904 in Leipzig Schüler des Dirigenten Arthur Nikisch (1855–1922), des Organisten Paul Joseph Maria Homeyer (26.10.1853, Osterrode, Harz, bis 27.7.1908, Leipzig) und des Pianisten Joseph Pembaur (20.4.1875, Innsbruck, bis 12.10.1950, München), wirkte sodann als Theaterkapellmeister in Altenburg und Lübeck. Von 1913 bis 1916 war er Orgel- und Kompositionslehrer am Konservatorium in Parma und anschließend bis 1954 am Konservatorium in Mailand.

WERKE

Neben den bedeutenden Leistungen auf dem Gebiet der Oper nahmen im Italien des 19. Jahrhunderts die übrigen musikalischen Gattungen einen sehr bescheidenen Platz ein. Das traf im vollen Maß auch für die Orgelmusik zu, die wohl im Stil der großen Meister früherer Epochen gelehrt und gespielt wurde, aber sich nicht weiterentwickelt hatte. Wer sich der Orgelmusik annehmen wollte, mußte seine Vorbilder im Ausland suchen und für Italien völlig neue Wege beschreiten. Daher darf Marco Enrico Bossi mit Recht als Begründer der modernen italienischen Organistik angesehen werden. Mit seinen Orgelkonzerten, Orgelsuiten, Orgelsonaten und Charakterstücken für Orgel überraschte er sein Publikum mit einem Stil, der weit über die Romantik hinausragte; auch sein Oratorium, seine Chorkantaten schlossen sich den gleichzeitigen Leistungen in Frankreich und Deutschland an wie seine Kammermusik – Klaviertrio, Violinsonaten –, seine Klavierstücke und Lieder.

Von Costante Adolfo Bossi sind 2 Opern, Stücke für Streichorchester, ein Streichquartett in c-Moll und mehrere ausgezeichnete Messen, darunter seine berühmte »Christnachtsmesse« für vierstimmigen Chor, Orgel und Glocken, und die viel aufgeführte »Messa solenne« sowie ein achtstimmiges Requiem, außerdem vorzügliche Orgel- und Klavierstücke erwähnenswert.

Rinaldo Renzo Bossi schrieb 4 Opern, eine Funkoper und Ballette, eine Sinfonie in a-Moll, ein Violinkonzert in C-Dur, mehrere Tondichtungen und ein Streichquartett in A-Dur und zeigte sich den zeitgenössischen Stilwandlungen gegenüber zwar nicht unaufgeschlossen, aber doch sehr zurückhaltend.

Konzertstück in c-Moll für Orgel, Streichorchester, Blechbläser und Pauken, Opus 130, 3 Sätze, entstanden 1908

Mit diesem Werk trat Marco Enrico Bossi aus dem Reich der Romantik endgültig heraus und schuf sich einen höchstpersönlichen Stil, der sich dem Klassizismus näherte, jedoch dessen matte Klangarmut vermied. Das Eingangsthema des 1. Satzes zieht sich wie ein Leitmotiv durch das gesamte Stück. Hier wird es forte mit kraftvollen Akzenten vorgetragen, während es im 2. Satz zum choralartig weiterentwickelten Rezitativ gestaltet ist und im 3. Satz aufgestückelt wie eine vage Reminiszens zerflattert.

LITERATUR

F. Mompellio, Marco Enrico Bossi, Mailand 1952.

Georgi Katuar (1861–1926)

LEBEN

Georgi Lwowisch Katuar (Catoir, Catoire) wurde am 27.4.1861 in Moskau geboren. Er studierte von 1885 bis 1887 an der vom Pianisten Karl Klindworth (1830–1916) gegründeten »Klavierschule« in Berlin und sodann in Rußland bei Anatoli Ljadow (1855–1914), Aleksandr Tanejew (1850–1918) und Antoni Arenski. Von 1916 bis zu seinem Tod am 21.5.1926 wirkte er als Professor am Konservatorium in Moskau.

WERKE

Von Georgi Katuar sind eine Sinfonie in c-Moll, eine sinfonische Dichtung, ein Klavierkonzert, ein Klavierquintett, ein Klavierquartett, ein Streichquartett, ein Trio, 2 Violinsonaten, eine Kantate, Frauenchöre, Lieder und Klavierstücke erschienen. Seine Musik steht unter dem Einfluß von Richard Wagner und Pjotr Tschaikowski, weist aber einen eigenartig gepflegten Stil auf.

LITERATUR

W. Beljajew, Georgi Catoir, Moskau 1926.

Arthur Whiting (1861–1936)

LEBEN

Arthur Batelle Whiting, Neffe des bedeutenden amerikanischen Organisten und Komponisten George Elbridge Whiting (14.9.1840, Holliston bei Boston, bis 14.10.1923, Cambridge, Mass.), wurde am 20.6.1861 in Cambridge, Mass., geboren. Er war in Boston Schüler von William Hall Sherwood (31.1.1854, Lyons, N. Y., bis 7.1.1911, Chicago) und George Whitefield Chadwick (13.11.1854, Lowell, Mass., bis 4.4.1931, Boston). Nach seiner gründlichen Ausbildung zum Organisten nahm er seine Studien in München bei Joseph Rheinberger, Hans Bußmeyer (1853–1930) und dem Violinisten Ludwig Abel (14.1.1834, Eckartsberga, Thüringen, bis 13.8.1895, Pasing bei München) auf. Anschließend lebte er bis 1895 in Boston und sodann in New York als Pianist, Dirigent und Komponist. Er starb am 20.7.1936 in Beverly, Mass.

WERKE

Von Arthur Whiting sind eine Konzertouvertüre, eine Suite für Streicher und vier Hörner, ein Klavierkonzert in d-Moll, eine Fantasie für Klavier und Orchester, zahlreiche Kammer- und Klaviermusik bekannt geworden. Er gab als Dirigent viele Konzerte alter Musik und ließ dabei das Cembalo und das Clavichord als Konzertinstrumente erneut aufleben, so daß er zu einem der ersten nachklassischen Musiker wurde, der das erwachende Interesse für alte Musikinstrumente und Musik einleitete.

Theodor Gerlach (1861–1940)

LEBEN

Theodor Heinrich Gerlach wurde am 25.6.1861 in Dresden geboren. Er studierte ab 1879 am Konservatorium in Dresden bei Franz Wüllner (1832–1902) und Jean Louis Nicodé (1853–1919), war Kapellmeister in Sondershausen, Coburg und Kassel und wirkte von 1904 bis 1910 als Leiter der Musikbildungsanstalt in Karlsruhe, sodann als Theaterdirektor in Kaiserslautern und Regensburg und schließlich bis zu seinem Tod am 11.12.1940 als Direktor des Konservatoriums in Kiel.

WERKE

Im deutlichen Bestreben, sich vom Erbe der »neudeutschen« Romantik zu befreien und sich zeitgenössischen Meistern anzuschließen, fand Theodor Gerlach das »gesprochene Lied«, eine Art Melodram, bei dem anstelle epischer Texte Lyrik vorgetragen wurde. Er versuchte es auch mit einer »gesprochenen Oper«, die er allerdings dann umarbeitete, damit sie aufgeführt wurde; diese Kompositionsgattung wurde später von Arnold Schönberg mit Erfolg aufgegriffen. Er verfaßte außerdem eine sechssätzige Serenade für Streichorchester, eine »Miniatur-Suite« für Streichquartett, das »Vaterlandslied« für Männerchor und Bläser, Stücke für Horn und Klavier, eine Orgelsonate, zahlreiche gesungene Lieder und feine Klavierstücke, die impressionistische Züge aufweisen. Er gehörte zu den Meistern des Übergangs der Romantik zur Modernen.

Antoni Arenski (1861–1906)

LEBEN

Antoni Stepanowitsch Arenski wurde am 30.6.1861 in Nowgorod geboren. Er studierte von 1879 bis 1882 am Konservatorium in St. Petersburg unter Nikolai Rimski-Korsakow (1844–1908) und wurde anschließend Kompositionslehrer am Konservatorium in Moskau. Im Jahr 1895 erhielt er die Leitung der Hofsängerkapelle in St. Petersburg. Er starb am 12.2.1906 in Terioki, Finnland (heute Zelenogorsk, UdSSR).

WERKE

Obschon Antoni Arenski Schüler des nationalrussischen Nikolai Rimski-Korsakow war und damit dem von diesem Meister, von Mili Balakirew (1836–1910), Aleksandr Borodin (1833–87), Zesar Kjui (1835–1918) und Modest Mussorgski (1839–81) vertretenen »Mächtigen Häuflein« nahestand, entfernte er sich bald von den Idealen dieser »Jungrussen« und schloß sich immer mehr dem Stil von Pjotr Tschaikowski, Anton Rubinstein (1829–94) und den Vertretern der deutschen Romantik an. Das russische Element verwendete er in seiner Komposition sehr oberflächlich, um ihnen Farbe zu verleihen; in Wahrheit war er »westlich« orientiert. Seine Werke: 3 Opern, ein Ballett, 2 Sinfonien, ein Intermezzo für Streichorchester, ein Klavierkonzert, ein Violinkonzert, eine Fantasie über russische Themen für Klavier und Orchester, ein Klavierquintett, 2 Streichquartette, ein Klaviertrio, mehrere Kantaten, Chöre und Lieder und über 100 Klavierstücke sind stark eklektisch, aber sehr liebenswürdig und klangreich und erhalten sich zum Teil deswegen noch auf Spielplänen, denn sie bieten Musik, die man gerne hört.

Fantasie über russische Themen für Klavier und Orchester, Opus 48, entstanden 1900

Das Hauptthema dieses Stückes verwendete der Komponist bereits in allen drei Sätzen seines Klavierkonzertes Opus 2. Es wird jedoch hier eindringlicher, färbiger und reicher variiert vorgetragen und fasziniert vor allem durch seine frische Melodik und ausdrucksvolle Harmonik, so daß die Fantasie allenthalben immer noch besonders in Osteuropa gespielt wird.

Trio für Klavier, Violine und Cello in d-Moll, Opus 32, 4 Sätze, entstanden 1894

Faktur, Form und die Art des Scherzos sind von Felix Mendelssohn-Bartholdy (1809–47) bezogen. Schon der 1. Satz dieses noch in unseren Tagen nicht selten aufgeführten Stücks bringt das »russische Thema«, das bereits das Klavierkonzert beherrscht, wenn auch hier weniger ausgeführt. Der 3. Satz ist das Herzstück; seine schöne Kantilene wird von Musikern und Publikum unvermindert hochgeschätzt. Das Finale ist äußerst einfallsreich und originell.

LITERATUR

G. M. Tsipin, Antoni Stepanowitsch Arenski, Moskau 1966.

Wilhelm Berger (1861–1911)

LEBEN

Wilhelm Reinhard Berger wurde am 9.8.1861 in Boston geboren und ab 1878 in Berlin von Friedrich Kiel und Ernst Rudorff (1840–1916) ausgebildet. Er war ab 1888 Lehrer am Klindworth-Scharwenka-Konservatorium und ab 1903 bis zu seinem Tod am 15.1.1911 in Jena Hofkapellmeister in Meiningen.

Anfang eines unvollendeten Requiems von Wilhelm Berger, Autograph

Werke

Von Wilhelm Berger sind 2 Sinfonien in B-Dur und h-Moll, Variationen und Fuge für Orchester, »Sonnenhymnus« für Bariton, Chor und Orchester, »Meine Göttin« für Männerchor und Orchester, »3 Balladen« für Bariton und Orchester, ein Klavierquintett, ein Streichquintett, ein Klavierquartett, ein Klaviertrio, ein Streichtrio, 3 Violinsonaten, eine Klaviersonate und weitere Chöre, Lieder und Klavierstücke erschienen. Seine Musik bewegt sich im Fahrwasser der Romantik.

Literatur

G. Ernest, Wilhelm Berger, Berlin 1931.

João Arroyo (1861–1930)

Leben

João Marcellino Arroyo wurde am 4. 10. 1861 in Lissabon geboren. Er war ab 1885 Universitätsprofessor für Rechtswissenschaft, ab 1890 Unterrichtsminister von Portugal und später Außenminister. Daneben war er nicht nur selbst musikalisch tätig, sondern kümmerte sich auch um das Musikgeschehen seiner Heimat. Er starb am 18. 5. 1930 in Colares bei Lissabon.

Werke

Die stark unter dem Einfluß Richard Wagners stehende Oper von João Arroyo ist auch in deutscher Sprache in Hamburg herausgebracht worden. Er verfaßte außerdem eine zweite Oper, 4 sinfonische Orchestersuiten, die wohl konservativ, aber sehr ansprechend sind, einige Klavierwerke und Lieder. Sein gesamtes Werk schließt sich an die deutsche Romantik an.

Wjatscheslaw Suk (1861–1933)

Leben

Wjatscheslaw Iwanowitsch Suk (Vaša Suk) wurde am 16. 11. 1861 in Kladno, Böhmen, geboren. Er war Schüler von Zdeněk Fibich (1850–1900) in Prag und spielte von 1879 bis 1881 als Violinist im Konzertorchester in Warschau. Anschließend war er Dirigent am Kaiserlichen Theater in Kiew und Moskau sowie an verschiedenen Provinzbühnen; ab 1906 dirigierte er an der Oper in Moskau und von 1924 bis 1932 gleichzeitig am Stanislawski-Studio. Als erster Ausländer wurde er 1925 zum »Nationalkünstler« der Russischen Republik ernannt. Er starb am 12. 1. 1933 in Moskau.

Werke

Das Wirken von Wjatscheslaw Suk in Rußland stand im Zeichen des Wiedererwachens des Opern- und Konzertlebens der Republik nach Revolution und Bürgerkrieg. Von seinem kompositorischen Schaffen sind eine in Charkow und Prag aufgeführte Oper, eine sinfonische Dichtung »Jan Hus«, eine Serenade für Streichorchester und zahlreiche Klavierstücke und Lieder bekannt geworden. Sein Stil lehnt sich an die Romantik seiner böhmischen Heimat an.

Ludwig Thuille (1861–1907)

LEBEN

Ludwig Wilhelm Andreas Maria Thuille wurde am 30. 11. 1861 in Bozen geboren. Er studierte von 1877 bis 1879 beim Vokalkomponisten Joseph Pembaur dem Älteren (23. 5. 1848, Innsbruck, bis 19. 2. 1923, Innsbruck) und darauf in München bei Joseph Rheinberger und bei dem Pianisten Karl Bärmann (1839–1913). Von 1883 bis zu seinem Tod am 5. 2. 1907 wirkte er als Klavier-, Harmonie- und Kompositionslehrer an der Königlichen Musikschule in München.

WERKE

Die von Alexander Ritter (1833–96) gegründete Tafelrunde in München, der Ludwig Thuille angehörte, pflegte zwar den »neudeutschen Stil« im Sinne von Franz Liszt, wandte sich jedoch von der zur Formelhaftigkeit erstarrten Konvention der Wortbedeutung bestimmter musikalischer Wendungen und Färbungen der Programmusiker ab und leitete so zur Münchner Schule der »Neu- oder Spätromantiker« über. Durch Unterricht und kompositorisches Schaffen wurde Thuille zu einem der Begründer dieser Stilrichtung, die bis in die Mitte des 20. Jahrhunderts einen breiten Teil der Konzertprogramme einnahm. Er schrieb 3 Opern, eine Sinfonie in F-Dur, eine »Romantische Ouvertüre«, ein Sextett für Klavier und Bläser, ein Klavierquintett, 2 Violinsonaten, eine Cellosonate, eine Orgelsonate, Männer- und Frauenchöre, darunter die vierstimmige »Traumsommernacht« mit Violine und Harfe, ungefähr 40 Lieder und zahlreiche Klavierstücke.

LITERATUR

F. Munter, Ludwig Thuile, München 1923.

Edward MacDowell (1861–1908)

LEBEN

Edward Alexander MacDowell wurde am 18. 12. 1861 in New York geboren. Dort erhielt er seine erste Ausbildung bei der venezolanischen Pianistin Teresa Carreño (22. 12. 1853, Caracas, bis 12. 6. 1917, New York). Ab 1876 studierte er mehrere Jahre in Paris bei Antoine François Marmontel (1816–98) und Marie Gabriel Augustin Savard (21. 8. 1814, Paris, bis 7. 6. 1881, Paris), bei Louis Ehlert (1825–84) in Wiesbaden, bei Joachim Raff (1822–82) und Karl Heymann (6. 10. 1854, Filehne [Wieleń], Posen, bis 12. 11. 1922, Haarlem). Nachdem er ein Jahr am Darmstädter Konservatorium als Klavierlehrer gewirkt hatte, kehrte er 1888 in die USA zurück, lebte in Boston und trat 1896 eine Professur an der Columbia Universität in New York an. Er starb am 23. 1. 1908 in New York.

WERKE

Der folkloristischen Tendenz seiner Zeit folgend, verwendete Edward MacDowell, der zu den prominentesten Vertretern der amerikanischen Romantik zu zählen ist, in seinen Kompositionen Melodien der Indianer und Neger. Er schrieb 2 Klavierkonzerte in a-Moll und d-Moll, die Tondichtungen »Elaine und Lancelot«, »Lamia« und »Hamlet und Ophelia«, 2 Orchestersuiten, 4 programmatische Klaviersonaten: »Tragica«, »Eroica«, »Norse«, »Keltic«, viele Klavierstücke, Chöre und Lieder.

Klavierkonzert Nr. 2 in d-Moll, Opus 23, 3 Sätze, entstanden 1885

Dieses im Traditionsschatten der deutschen Romantik entstandene Stück scheint sich an das erste Konzert von Sergei Rachmaninow anzulehnen, wurde aber sieben Jahre früher geschrieben. Der volle rhapsodische Klaviersatz, der akkordische Melodik mit virtuoser Umspielung variiert, die farbige Orchestrierung, die das Klavier profiliert und untermauert, sind ein Erbe von Franz Liszt. Dazu treten jedoch viele harmonische Freiheiten, die den Amerikaner verraten, so daß trotz aller Abhängigkeit ein originelles und interessantes Werk vorliegt.

Suite Nr. 2, »Die indianische«, Opus 48, 5 Sätze, entstanden 1895

In dieser Suite verarbeitete der Komponist melodisches Material, das er der Publikation des Musikforschers Theodore Baker (3.6.1851, New York, bis 13.10.1934, Dresden), »Über die Musik der nordamerikanischen Wilden«, entnommen hatte. Das Thema des 1. Satzes, das die einstmalige Größe der sterbenden Rasse ausdrückt, zieht sich durch das gesamte Stück; Melodien der Irokesen und Chippewa sind darin verwoben. Der 2. Satz »Liebeslied« zieht eine weiche Kantilene der Iowa heran. Der 3. Satz »Kriegszeiten« verwertet Themen von am Atlantik wohnenden Stämmen und ähnelt dem irokeischen Skalp-Tanz. Im 4. Satz »Totenklage« ist ein Trauergesang der Frauen der Kiowa zu einem ergreifenden Grablied geformt. Der 5. Satz »Dorffest« ist fröhlich und ausgelassen; er endet mit einer Wiederholung des Themas des 1. Satzes gleichsam als abschließende Huldigung für das gesamte indianische Volk.

Literatur

J. F. Porte, A Great American Tone Poet, Edward MacDowell, London 1922.

Fritz Volbach (1861–1940)

Leben

Fritz Volbach wurde am 17.12.1861 in Wipperfürth, Rheinland, geboren. Nach Philosophiestudium in Heidelberg und Bonn nahm er bei Eduard Grell (1800–86) in Berlin Kompositionsunterricht. Ab 1887 wirkte er dort als Lehrer am Institut für Kirchenmusik und als Chordirigent. Im Jahr 1892 wurde er in Mainz Dirigent des Oratorienchors, 1907 in Tübingen akademischer Musikdirektor, 1918 Professor an der Universität Münster und 1925 dort Dirigent der Konzerte der Stadt. Er starb am 30.11.1940 in Wiesbaden.

Werke

Neben einer komischen Oper verfaßte Fritz Volbach das szenische Oratorium »Auferstehung«, eine Sinfonie in h-Moll, die sinfonische Dichtung für Orgel und Orchester »Ostern« und die Tondichtungen »Es waren zwei Königskinder« und »Alt-Heidelberg, du feine«, außerdem Kammermusik und Vokalwerke. Sein Stil könnte als klassiknahe Romantik bezeichnet werden. Auch seine kirchenmusikalischen Werke sind sehr konservativ.

Josef Reiter (1862–1939)

Leben

Josef Reiter wurde am 19.1.1862 in Braunau am Inn geboren. Er wirkte von 1886 bis 1907 als Musiklehrer, Chor- und Orchesterdirigent in Wien und anschließend bis 1911 als Direktor des Mozarteums in Salzburg; von 1917 bis 1918 war er Kapellmeister des Wiener Hofburgtheaters. Er starb am 2.6.1939 in Bad Reichenhall.

Werke

Von Josef Reiter sind eine Goethe-Sinfonie, ein Requiem für Soli, Chor und Orchester und weitere Kirchenmusik und Kantaten, zahlreiche Chöre, Kammermusik, Klavierstücke und Lieder bekannt geworden. Er verfaßte die Bühnenmusik zu »Der Bauer als Millionär« von Ferdinand Raimund (1770–1836) und 4 Opern. Seine Kompositionen hielten sich an den Stil der deutschen Romantik.

Frederick Delius (1862–1934)

Leben

Frederick Delius (Fritz Albert Theodor) wurde am 29.1.1862 in Bradford, Yorkshire, geboren. Er bildete sich in Florida, wo er eine Orangenplantage bewirtschaftete, autodidaktisch zum Komponisten aus und wurde 1886 in Danville, Va., Musiklehrer. Von 1886 bis 1888 war er Schüler von Salomon Jadassohn (1831–1902) und Carl Reinecke (1824 bis 1910) am Konservatorium in Leipzig. Anschließend lebte er als freier Komponist in Paris und in Grez-sur-Loing, Seine-et-Marne, wo er am 10.6.1934 starb.

Werke

Es ist den Bemühungen des englischen Dirigenten Thomas Beecham (29.4.1879, St. Helens, Lancashire, bis 8.3.1961, London) zu verdanken, daß das kompositorische Werk

Frederick Delius

von Frederick Delius aufgeführt wurde und noch heute zum Großteil lebendig ist, obschon es von den Zeitgenossen stets kühl aufgenommen wurde, denn für den Engländer war die durch das Medium des Intellekts gebrochene Bildhaftigkeit zu kompliziert; die mit naiven Augen geschaute und wiedergegebene Natur lag ihm näher. Er schrieb 6 Opern, von denen »Romeo und Julia auf dem Dorfe« nach Gottfried Kellers (1819 bis 1890) Novelle am bekanntesten wurde. Der großen Kantate »Eine Messe des Lebens«, Text nach »Also sprach Zarathustra« von Friedrich Nietzsche (1844–1900), für Soli, Chor und Orchester, zweifellos sein bedeutendstes Werk, schließen sich das »Requiem« mit ähnlicher Besetzung, das »Idyll« für Sopran, Bariton und Orchester, die »Sonnenuntergangslieder« und eine Reihe weiterer Kantaten an. Reine Orchesterwerke sind die 2 Tanzrhapsodien, die Florida-Suite, das Klavierkonzert, das Violinkonzert, das Cellokonzert, das Konzert für Violine und Cello und mehrere rhapsodische Werke. Die Kammermusik ist mit 2 klangvollen Streichquartetten, 2 Sonaten für Violine und Klavier, einer für Bratsche und Klavier und einer für Cello und Klavier, vertreten.

Requiem zum Gedenken aller im Krieg gefallenen jungen Künstler, für Sopran, Bariton, Chor und Orchester, 2 Teile, entstanden 1922

Es handelt sich um kein Requiem im landläufigen Sinn, sondern um eine persönliche Klage des Komponisten über die sinnlos geopferten jungen Künstler und über die Sinnlosigkeit des menschlichen Lebens überhaupt, aus der uns niemand befreit. Die Texte sind Bibelsprüchen nachgeformt.

Florida-Suite, Tropische Szenen für Orchester, 4 Sätze, entstanden 1888–90

Das Stück besteht aus 4 Stimmungsbildern. Mit feinen aneinander- und übereinandergeschobenen Farben stellt der Komponist den Eindruck dar, den er bei »Tagesanbruch«, »An einem Fluß«, bei »Sonnenuntergang«‘ und »In der Nacht« in Florida empfing. Die Suite ist ein herrliches Beispiel des frühen Impressionismus.

Konzert für Cello und Orchester in D-Dur, 5 Sätze, entstanden 1921

Herbstliche Stimmung liegt über diesem Konzert, in dem weit gespannte Melodielinien von der leisen Trauer über das dem Winter zulaufende Jahr singen und in den letzten beiden Sätzen die Gewißheit ausdrücken, daß die Natur wiederkehrt, im Gegensatz zum Menschen, der endgültig vergeht. Diese Kontemplation wird so deutlich vermittelt, daß kein gesungenes Wort erforderlich ist, obwohl keine »sinfonische Dichtung« vorliegt, sondern eine unmittelbare Übertragung einer Stimmung ohne gegenständliche Vorstellung auf den empfänglichen Zuhörer.

LITERATUR

T. Beecham, Frederick Delius, London 1959.

Fernand Leborne (1862–1929)

LEBEN

Fernand Leborne (le Borne) wurde am 10.3. 1862 in Charleroi geboren. Er war am Conservatoire in Paris Schüler von Jules Massenet, Camille Saint-Saëns (1835–1921) sowie César

Franck und lebte nach seiner Ausbildung als Korrespondent und Pressereferent verschiedener Blätter und als freier Komponist bis zu seinem Tod am 15.1.1929 in Paris.

WERKE

Von Fernand Leborne sind 8 Opern aufgeführt worden. Er brachte außerdem 2 Ballette heraus. Seine Orchesterwerke bestehen aus 2 Sinfonien, 2 Ouvertüren und aus kleineren Stücken – Suite intime, Scènes de ballett, Aquarelles, Temps de guerre (Kriegszeit), Fête bretonne (Bretonisches Fest) –, einem Poème légendaire für Violine und Orchester und einem Symphonie-Concerto für Klavier, Violine und Orchester. Er schrieb ferner ein Streichquartett in c-Moll, ein Klaviertrio in d-Moll, je eine Sonate für Violine, Cello, Oboe, Klarinette und Flöte mit Klavier, Klavierstücke, 5 Kantaten für Singstimmen und Orchester, 2 Messen, Orchestergesänge und Lieder. Sein Stil ist noch der Romantik verhaftet, neigt aber deutlich zur bildhaften Darstellung.

Carl Busch (1862–1943)

LEBEN

Carl Reinhold Busch wurde am 29.3.1862 in Bjerre, Dänemark, geboren. Er war Schüler des Konservatoriums in Kopenhagen und studierte anschließend bei Benjamin Godard (1849–95) in Paris. Im Jahr 1887 ließ er sich in Kansas City nieder, wo er als Dirigent und Musiklehrer bis zu seinem Tod am 19.12.1943 wirkte. Von 1912 bis 1918 dirigierte er das Kansas City Symphony Orchestra.

WERKE

Von Carl Busch sind eine Sinfonie in C-Dur, die sinfonische Dichtung »Minnehaha's Vision«, 2 Orchestersuiten, ein sinfonischer Prolog, eine Elegie für Streicher, zahlreiche Kantaten, Anthems und Chöre, ein Streichquartett, Violinstücke und Lieder mit indianischen Themen erschienen. Die sinfonische Dichtung und die Verwendung folkloristischer Melodien kennzeichnen ihn als Romantiker.

Eduard Behm (1862–1946)

LEBEN

Eduard Behm wurde am 8.4.1862 in Stettin (Szczecin) geboren. Er war dort Schüler von Carl Adolf Lorenz (1837–1923), in Leipzig von Carl Reinecke und in Berlin von Friedrich Kiel. Anschließend erhielt er die Direktion des Schwantzerschen Konservatoriums in Berlin. Ab 1901 war er als Lehrer und Begleiter tätig. Er starb am 6.2.1946 in Bad Harzburg.

WERKE

Von Eduard Behm sind eine Sinfonie, ein Klavierkonzert, ein Violinkonzert, ein Streichsextett mit Violotta, ein Klarinettenquintett, ein Klaviertrio, 3 Violinsonaten, Männerchöre und Lieder aufgeführt worden. Er schrieb außerdem 3 Opern. Sein Stil gehörte der deutschen Romantik an.

Maurice Emmanuel (1862–1938)

LEBEN

Marie François Maurice Emmanuel wurde am 2.5.1862 in Bar-sur Aube geboren. Er bildete sich am Conservatoire in Paris bei Augustin Savard (15.5.1861, Paris, bis 6.12.1942, Lyon), Théodore Dubois, Léo Delibes, und Louis Albert Bourgault-Ducoudray (1840–1910) zum Musikologen und Komponisten aus. Von 1904 bis 1907 wirkte er als Kapellmeister an Ste-Clotilde und anschließend bis 1936 als Lehrer für Musikgeschichte am Conservatoire in Paris, wo er am 14.12.1938 starb.

WERKE

Bekannt und geschätzt war Maurice Emmanuel wegen seiner Tätigkeit als Lehrer und Autor der Musikgeschichte. Daß er kompositorisch tätig war, drang erst gegen Ende seines Lebens in die Öffentlichkeit. Er schrieb 3 Opern über antike Stoffe, 2 Sinfonien, eine sinfonische Dichtung »Le Poème du Rhône« (Gedicht der Rhone), eine »Suite française« für Orchester, eine Ouvertüre, das Charakterstück »Zingaresca« für Streichorche-

Maurice Emmanuel

ster, zwei Klaviere, zwei Flöten und Pauken, 2 Streichquartette, ein Trio für Klavier, Klarinette und Flöte, eine Violinsonate, eine Cellosonate, ein Violinstück, 6 Sonatinen für Klavier und Vokalwerke. Er schuf sich, wohl beeinflußt von seinen musikgeschichtlichen Studien, einen klassizistischen Stil, der sehr ansprechend ist, obwohl er wegen der vielen modalen Wendungen weit über die Klassik zurückgreift.

LITERATUR

Béclard-d'Harcourt, L'œvre musical de Maurice Emmanuel, in: Revue Musicale XVI, 1935.

Henry Holden Huss (1862–1953)

LEBEN

Henry Holden Huss wurde am 21.6.1862 in Newark, N. J., geboren. Er war Schüler von Otis Bardwell Boise (1845–1912) und darauf in München bis 1885 bei Joseph Rheinberger. Danach lebte er als Musiklehrer und Konzertpianist bis zu seinem Tod am 17.9.1953 in New York, wo er von 1897 bis 1932 an der Masters School unterrichtet hatte.

WERKE

Die zahlreichen Instrumental- und Vokalwerke von Henry Holden Huss müssen zur amerikanischen Neu- oder Spätromantik gereiht werden, denn wenn er auch Schüler Rheinbergers war, so hat die »Münchner Neuromantik« ihm einiges mitgegeben. Er schrieb ein sehr berühmt gewordenes Ave Maria für Soli, Frauenchor, Streicher, Orgel und Harfe, eine beliebte Rhapsodie in C-Dur für Klavier und Orchester, ein Klavierkonzert in H-Dur, ein »In memoriam« für Orchester, »Kleopatras Tod« für Sopran und Orchester, ein Sanctus für Chor, Orchester und Orgel, ein Violinkonzert, 2 Streichquartette, ein Klaviertrio, eine Violinsonate, eine Cellosonate und viele Klavierstücke, Chöre und Klavierlieder.

Claude Debussy (1862–1918)

LEBEN

Achille-Claude Debussy wurde am 22.8.1862 in St.-Germain-en-Laye, Seine-et-Oise, geboren. Er studierte von 1873 bis 1884 am Conservatoire in Paris bei Alexandre Jean Albert Lavignac (1846–1916), bei Marie Auguste Durand (1830–1909), Antoine François Marmontel, Ernest Guiraud und César Franck. Im Jahr 1884 erhielt er den Rompreis. Nach seiner Rückkehr aus Italien ließ er sich in Paris als Komponist, Dirigent, Pianist und Musikschriftsteller nieder. Eine feste Stellung bekleidete er nie. Er starb am 25.3.1918 in Paris.

WERKE

Obschon sich Claude Debussy immer dagegen wehrte, als Impressionist angesprochen zu werden, weil diese Bezeichnung zu seinen Zeiten im pejorativen Sinn verwendet wurde, galt und gilt er als bedeutendster Vertreter dieser Stilrichtung, die sich in Paris im Bereich der

Malerei – Edouard Manet (1832–82), Alfred Sisley (1839–99), Paul Cézanne (1839–1906), Claude Monet (1840–1926), Auguste Renoir (1841–1919) – und der Literatur – Charles Baudelaire (1821–67), Stéphane Mallarmé (1842 bis 1898), Paul Verlaine (1844–96), Arthur Rombaud (1854–91) – entwickelt hatte und auf die Musikepoche übertragen wurde. Die Literaten hatten sich vom Gegenständlichen losgelöst und verschwebenden freien Rhythmen den Wortklang in den Vordergrund gerückt und die Maler die Farben im Wechselspiel des Lichts oder Schattens um ihrer selbst willen unbekümmert um alle überkommenen zeichnerischen Gesetze aufgetragen; die Form war zur Nebensache geworden, die Wiedergabe des Eindrucks der Vorgänge und Bilder der Umwelt zum Ziel. Bei Debussy, der zu den bedeutendsten Sinfonikern Frankreichs gehört und selbst stets als französischer Komponist verstanden werden wollte, bildet der universale Charakter seiner Musik eines ihrer Hauptmerkmale. Was die Musikgeschichte an Stilrichtungen, Techniken, Klängen und Rhythmen je geboten hat, vom Organum der Notre-Dame-Musik bis zum Gamelan Ostasiens, von Barock und Klassik bis zum ungefesselten Ausdruck eines Modest Mussorgski, die Empfindsamkeit und Ornamentik des Rokoko, die polytonale Chromatik des »Tristan« und die süße Melodik der Pariser Oper, wurde verarbeitet und neu schattiert, um die vielen auf das feinste differenzierten Farbwerte zu gewinnen, die sein Werk auszeichnen. Exotische Tonleiter, Quartenakkordik, übermäßige Dreiklänge, unaufgelöste Vorhalte, nebeneinander- und sich überlagernde Tonarten, modale Harmonik und klassische Tonalität, alles diente dem Klang. Die Thematik verzichtete auf sinfonische Entwicklung, die Spannung trat hinter die Augenblickswirkung zurück, die Rhythmen wurden zerpflückt und verästelt. Universal war auch das Ergebnis. Debussy wurde zum Wegbereiter der französischen Musik des 20. Jahrhunderts, aber sein Einfluß befruchtete die Komposition der gesamten Alten und Neuen Welt bis in unsere Gegenwart, obgleich er selbst es immer abgelehnt hatte, eine Schule zu begründen, weil nach seiner Ansicht Schulen immer Stillstand

Die Werke Claude Debussys nehmen im Repertoire des italienischen Pianisten Benedetti Michelangeli eine zentrale Rolle ein

bedeuteten, die Musik aber wie jede Kunst sich im stetigen Fluß weiterentwickeln müsse. Die Stilentwicklung des Komponisten selbst verläßt bald die musikalische Umwelt des 19. Jahrhunderts und betont ein unpathetisches Musizieren; seine Musik wurde zur sinnlichen Klang- und Farbkunst; alle zeichnerischen Umrisse verwischen sich, es wird nichts ausgesagt, sondern nur unscharf dargestellt. Erst später traten zeichnerische Elemente wieder deutlicher hervor und kündigten die nachfolgende Stilepoche des Expressionismus an, die der Komponist nicht mehr adoptierte. Alles, was Claude Debussy geschaffen hat, gehört mit wenigen Ausnahmen zum Programm unserer Konzertsäle oder Bühnen. Seine Oper »Pelléas et Mélisande« wird als einzigartiges Werk seiner Art noch viel gespielt. Auch sein »Martyrium des heiligen Sebastian« für Soli, Chor und Orchester erweckt wegen seiner Ausdruckskraft ungemindertes Interesse, wie – vor allem anderen – »Präludium zum Nachmittag eines Fauns«, »3 Nokturnen«, »Bilder für Orchester«, »Das Meer«, »König Lear« (unvollendet), »Tänze für Harfe mit Orchester«, das Streichquartett, die Sonaten für Saxophon, für Klarinette, für Cello und für Violine mit Klavier. Einen breiten Raum nimmt die Klaviermusik ein, die bei Virtuosen und Publikum auch heute nichts an Beliebtheit eingebüßt hat. Sie wirkt improvisatorisch, obwohl sie bis zur letzten Note

Friedrich Gulda

genau durchgedacht ist. Es handelt sich durchwegs um Stimmungsbilder, deren Inhalt die Aufschriften anzeigen; sie scheinen in manchen Fällen durch die Aufschriften erst erzeugt zu sein. Seine Ballette erscheinen nur noch selten auf den Bühnen, auch seine Lieder hört man nicht oft, obschon wahre Juwele darunter sind.

Jeux (Spiele), Ballettmusik, ein Satz, entstanden 1912
Die choreographische Handlung des Balletts stellt das Liebesspiel zwischen zwei Mädchen und einem jungen Mann beim Tennisspiel mit einer belanglosen Handlung dar, die an die Naivität der Schäferromane erinnert. Man trennte die Musik bald davon ab, ihre Konzertfassung entstand 1914. Dieses letzte Orchesterwerk des Komponisten stellt sich als freies Rondo vor, dessen Thema mehrfach variiert wird. Das Thema selbst ist wenig profiliert, gleicht eher einer Arabeske und hat keine formbildende Funktion. Es bildet aber Anlaß zu einem Bewegungsspiel mit zahlreichen Nuancen immer neuer melodischer Ornamente, fein getönten Klangfiguren und Ballungen, die entstehen und wieder entgleiten. Fallweise erklingt ein beschwingter Walzer. Der Ballethandlung entsprechend gibt es kaum emotionale Steigerungen, und auch die zeitweiligen Ausbrüche wirken nicht ernst, sondern eben, wie es der Titel vorschreibt, spielerisch.

Prélude à l'après-midi d'un faune (Präludium zum Nachmittag eines Fauns) für Flöte und Orchester, ein Satz, entstanden 1894
Dieses erste impressionistische Orchesterstück der Musikgeschichte bietet kein »Programm«, sondern eine Paraphrase zu einem Gedicht des impressionistischen Dichters Stéphane Mallarmé, die dessen Stimmung wiedergibt und vertieft. Das Flimmern warmer, schwüler Sommerluft, eine Landschaft im prallen Sonnenlicht, ein Flöte blasender Faun und das Locken der Nymphen werden nicht dargestellt, sondern nur die Stimmungen vermittelt, die diese Vorstellungen erzeugen.

Trois Nocturnes (3 Nokturnen) für Orchester und Frauenchor, 3 Teile – Wolken, Feste, Sirenen –, entstanden 1899
Der Komponist schreibt zu seinem Werk: »Der Titel Nocturnes will hier in einem allgemeineren, vor allem dekorativeren, Sinn verstanden werden. Es handelt sich also nicht um die gewohnte Form der Nokturne, sondern um all das, was dieses Wort an besonderen Impressionen und Beleuchtungen einschließt. Wolken – das ist das ewige Bild des Himmels mit dem langsamen und melancholischen Zug der Wolken, der in einem zartweiß getönten Grau erstirbt. Feste – das ist die Bewegung, der tanzende Rhythmus der Atmosphäre mit dem Aufflammen greller Lichter; darin auch die Episode eines Aufzuges (eine glänzende und geisterhafte Vision); der Zug durchquert das Fest und verliert sich dann darin. Aber die Hauptsache bleibt immer das Fest und sein Gewoge von Musik und tanzenden Lichtern in einem alles umfassenden Rhythmus; aus den vom Mondschein silbern überglänzten Wellen ertönt, sacht und verweht, der geheimnisvolle Gesang der Sirenen, den im 3. Teil ein Chor aus 16 Frauen mit Vokalisen repräsentiert.«

Bilder für Orchester, 3 Teile, entstanden 1906–12
Der 1. Teil »Gigues« wird mit den Klängen einer Oboe d'amore eingeleitet. Der ganze Satz ist voll Angst und Traurigkeit. Der 2. Teil »Iberia«, der zuweilen als gesondertes Konzertstück aufgeführt wird, besteht aus 3 Abschnitten, dessen erster »Auf Straßen und Wegen« Bilder und Szenen bringt, denen ein Wanderer durch die spanische Landschaft und ihre Städte und Dörfer begegnet: Schalmei der Hirten, Tanz zu Tamburin, Trommel und Kastagnetten, sonnenbestrahlte Wege, dunkle Nächte, Freuden und Ängste. Im zweiten

Aus Claude Debussys »Trois Nocturnes«, Autograph

Abschnitt »Düfte der Nacht« werden die schweren Blumendüfte aus den spanischen Gärten spürbar. Der dritte Abschnitt »Der Morgen eines Festtages« nimmt deskriptiven Charakter an. Festzüge marschieren in Marschrhythmen, Posaunenklänge mischen sich mit Glockengeläute, ein Tanz und der ausgelassene Trubel eines Volksfestes in Spanien schließen den Teil ab, in dem sich der Komponist zu schärferer Konturierung des musikalischen Geschehens verstand. Der 3. Teil »Rundgang im Frühling« ist voll visionärer Poesie, in der das stürmische Erwachen des Frühlings nicht selbst dargestellt wird, aber sich in der Freude des Menschen widerspiegelt.

Streichquartett in g-Moll, 4 Sätze, entstanden 1892
Obwohl das Quartett die überkommene Form seiner Gattung wahrt, warf ihm die zeitgenössische Kritik »allgemeine Formlosigkeit« vor, vermutlich durch neue harmonische Verknüpfungen erschreckt. In Wahrheit ist das Stück nahezu formstreng. Der 1. Satz hat echte Sonatenstruktur. Ein energisches Hauptthema eröffnet ihn, ein lyrisches träumerisches Thema wird ihm entgegengeführt. Die Verarbeitung mündet in eine schnelle brillante Coda. Der 2. Satz weist graziöse Pizzicatopassagen auf; er hat 3 Trios und eine Coda. Der 3. Satz ist dreiteilig. Die Eckteile bringen sordinierte Berceusen, der Mittelteil ist geradezu konservativ und erinnert an César Franck. Das Finale wächst aus einer langsamen Einleitung zu einem stürmischen Triumph an.

LITERATUR

F. Lesure, Claude Debussy, Genf 1975.

Alphons Diepenbrock (1862–1921)

LEBEN

Alphons J. M. (Alphonsus Johannes Maria) Diepenbrock wurde am 2.9.1862 in Amsterdam geboren. Er lebte dort nach mehreren Jahren Schuldienst und autodidaktischer Ausbildung als Musiklehrer, Musikschriftsteller und Komponist bis zu seinem Tod am 5.4.1921.

WERKE

Von Alphons Diepenbrock sind zahlreiche ausgezeichnete Lieder und Chöre auf niederländische, französische und deutsche Texte erschienen. Er schrieb unter anderem 2 »Hymnen an die Nacht«, »Vondel's vaart naar Agrippina« (Vondels Reise nach Agrippina), »Im großen Schweigen«, »Die Nacht«, »Lydische Nacht« für Singstimme und Orchester, weiters ein Stabat mater für Männerchor, eine Messe für Tenor, Männerchor und Orchester, eine »Hymne aan Rembrandt« für Sopran, Frauenchor und Orchester, mehrere Schauspielmusiken und »Zegeklanken« (Siegesklang) für Glockenspiel. Sein Stiel ist stark chromatisch, zielt aber auf genaues Wortverständnis und gehört der Romantik an.

Georgi Konius (1862–1933)

LEBEN

Georgi Eduardowitsch Konius (Conus, Konjus) wurde am 18.9.1862 in Moskau geboren. Er war am Konservatorium in Moskau Schüler von Sergei Tanejew (1856–1915) und von Antoni Arenski. Von 1891 bis 1899 unterrichtete er selbst an diesem Institut, von 1902 bis 1912 an der Musikschule der Moskauer Philharmonischen Gesellschaft, anschließend bis 1920 am Konservatorium in Saratow und darauf wiederum am Konservatorium in Moskau bis zu seinem Tod am 29.8.1933.

Sein Bruder Julji Eduardowitsch Konius (1869, Moskau, bis 1942, Moskau) war Violinist, ging nach Paris, kehrte aber 1938 in seine Heimat zurück.

Dessen Sohn Sergei Konius (5.10.1902, Moskau) studierte ab 1920 bei den Pianisten Isidore Philipp (2.9.1863, Budapest, bis 20.2.1958,

Sergei Tanejew

Paris) und Alfred Denis Cortot (26.9.1877, Nyon am Genfer See, bis 15.6.1962, Lausanne), lebte anschließend als Pianist in Jugoslawien, Bulgarien, Polen, Frankreich und Marokko und lehrte ab 1959 am Konservatorium in Boston.

WERKE

Von Georgi Konius sind ein Ballett, eine Kantate, eine Serenade für sieben Bläser, weitere Orchesterwerke, Klavierstücke und Lieder überliefert. Er hatte den Stil seiner Lehrer übernommen.

Julji Konius schrieb neben didaktischen Werken ein sehr ansprechendes Violinkonzert in e-Moll.

Sergei Konius verfaßte eine Sinfonie, ein Klavierkonzert, 24 Praeludien und zahlreiche andere Stücke für Klavier.

Léon Boëllmann (1862–97)

LEBEN

Léon Boëllmann wurde am 25.9.1862 in Ensisheim, Haut-Rhin, geboren. Er war in Paris Schüler des Organisten Eugène Gigaut (1844 bis 1925) und wirkte bis zu seinem Tod am 11.10. 1897 an St-Vincent-de-Paul.

WERKE

Trotz seines frühen Ablebens hat Léon Boëllmann 68 Kompositionen herausgebracht. Er schrieb eine Sinfonie in F-Dur, sinfonische Variationen für Cello und Orchester, eine Fantasie für Orgel mit Orchester, ein Klavierquartett, ein Klaviertrio, eine Cellosonate, eine Rhapsodie für Klavier zu vier Händen, eine »Gotische Suite« für Orgel, 100 kleinere Orgelstücke unter dem Titel »Mystische Stunden« und Chormusik. Sein Stil neigte sich dem Neuklassizismus zu.

Johan Wagenaar (1862–1941)

LEBEN

Johan Wagenaar wurde am 1.11.1862 in Utrecht geboren. Er war Schüler von Richard Hol (1825–1904), Samuel de Lange (1840–1911) sowie Heinrich Herzogenberg (1843–1900) und wirkte ab 1888 als Organist an der Kathedrale in Utrecht. Im Jahr 1904 wurde er Dirigent des Chorvereins in Utrecht, ab 1908 auch in Arnheim und ab 1910 in Leiden. Von 1919 bis 1937 war er Direktor des Konservatoriums in Den Haag, wo er am 17.6.1941 starb.

Sein Sohn Bernard Wagenaar (18.7.1894, Arnheim, bis 19.5.1971, York, Me.) war von 1921 bis 1923 Violinist des Philharmonic Orchestra und von 1927 bis 1968 Lehrer für Komposition, Kontrapunktik und Instrumentation an der Juilliard School of Music in New York.

WERKE

Johan Wagenaar, der zu den bedeutendsten niederländischen Komponisten seiner Zeit zählte, schrieb 3 Opern, ein Vaudeville, eine Sinfonietta, die sinfonischen Dichtungen »Levenszomer« (Lebenssommer), »Saul en David«, »Elverhoi«, die Ouvertüren »Koning Jan«, »Cyrano de Bergerac«, »De getemde feeks« (Der gezähmte Drache), »Driekonigenavond« (Dreikönigabend), »De philosophische Prinses« (Die philosophische Prinzessin), die Kantaten »De schipbreuk« (Der Schiffbruch), »Ode aan de Vriendschap« (Ode an die Freundschaft). Seine stilistischen Vorbilder waren Hector Berlioz (1803–69) und Richard Strauss.

Bernard Wagenaar schrieb 2 Opern, 2 Melodramen mit Orchester, 4 Sinfonien, eine Sinfonietta, 2 Divertimenti, eine »Fantasietta on British-American Ballads«, die sinfonische Dichtung »Niobe«, eine Konzertouvertüre, ein Tripelkonzert für Flöte, Harfe, Cello und Orchester, 5 »Tableaux« für Cello und Orchester, ein Violinkonzert, ein Concertino für acht Instrumente, 4 Streichquartette, eine Violinsonate, eine Sonatine für Cello und Klavier, 4 Vignetten für Harfe, eine Klaviersonate, eine »Eclogue« für Orgel, Lieder und Chöre. Sein Stil ist stark eklektisch.

Alberto Williams (1862–1952)

LEBEN

Alberto Williams wurde am 23.11.1862 in Buenos Aires geboren. Nach seiner Grundausbildung in seinem Geburtsort war er von 1882 bis 1889 Schüler von César Franck in Paris. Dann kehrte er nach Argentinien zurück und wirkte dort als Klavierlehrer, Pianist und Dirigent. Er gründte 1893 das Conservatorio de música de Buenos Aires und leitete es bis 1940, in welcher Zeit etwa 100 Zweigstellen davon in Argentinien geschaffen wurden. Er machte sich auch durch die Gründung einer Musikzeitschrift und als Präsident der Comisión Nacional de Bellas Artes sowie der Asociación Argentina de Conciertos sehr verdient, so daß er mit Recht »Vater der argentinischen Musik« genannt wurde. Er starb am 17.6. 1952 in Buenos Aires.

WERKE
Die 9 Sinfonien von Alberto Williams tragen zum Großteil programmatische Titel. Auch seine sinfonische Dichtung, seine 2 Ouvertüren und die 2 Orchestersuiten weisen ihn als Schüler der Hochromantik aus, zumal er viel folkloristisches Melodiengut aufnahm. Er schrieb ferner ein Klaviertrio und zahlreiche Klavierstücke, Chöre und Lieder – insgesamt 136 Opuszahlen.

Friedrich Klose (1862–1942)

LEBEN
Friedrich Klose wurde am 29.11.1862 in Karlsruhe geboren, wo er Schüler von Vinzenz Lachner (1811–93) war. Er studierte anschließend bei Anton Bruckner in Wien. Ab 1906 wirkte er als Lehrer am Konservatorium in Basel und von 1907 bis 1919 als Kompositionslehrer an der Akademie der Tonkunst in München. Anschließend lebte er als freier Komponist in der Schweiz. Er starb am 24.12. 1942 in Ruvigliano bei Lugano.

WERKE
Der Nach- oder Spätromantiker Friedrich Klose, der völlig unter dem Einfluß der »Neudeutschen« stand, schrieb die Tondichtungen »Loreley«, »Das Leben ein Traum« für Orchester, Orgel und Chor, »Jeanne d'Arc«, »König Elf«, »Das Märchen«, eine Doppelfuge für Orgel und Bläser, eine Messe in d-Moll für Soli, Chor, Orchester und Orgel, eine Kantate für Frauenchor, Tenor und Orchester, eine Motette, eine Elegie für Violine, Chorwerke, Lieder und Klavierstücke.

Edward German (1862–1936)

LEBEN
Edward German Jones wurde am 17.2.1862 in Whitchurch, Shropshire, geboren. Er war ab 1880 Orgelschüler der Royal Academy of Music in London, wechselte aber nach einem Jahr zur Violine über. 1887 wurde er Violinist eines Operettentheaters und 1888 Dirigent am Globe Theatre in London, wo er am 11.11. 1936 starb.

WERKE
Von Edward German stammen mehrere Operetten und viele Bühnenmusiken. Er schrieb ferner 2 Sinfonien, eine sinfonische Dichtung »Hamlet«, sinfonische Suiten, eine »Welsh Rhapsody«, ein Variationenwerk und über 80 Lieder. Seine Kompositionen zeichnen sich durch lebendige Rhythmen und helle Akkordklänge aus. Sein Stil ist romantisch.

Alexander Friedrich von Hessen (1863–1945)

LEBEN
Alexander Friedrich Landgraf von Hessen wurde am 25.1.1863 in Kopenhagen geboren. Obwohl er 1888 Chef seines Hauses wurde, setzte er seine in Frankfurt am Main begonnenen Musikstudien bei Heinrich Herzogenberg, Joseph Joachim, Max Bruch (1838–1920), Felix Weingartner, Felix Draeseke und Gabriel Fauré (1845–1924) fort. Er war von Kindheit an blind, bildete sich aber mit zähem Fleiß zu einem Komponisten von Rang aus. Er starb am 26.3.1945 in Fronhausen an der Lahn.

WERKE
Von Alexander Friedrich von Hessen sind eine Sinfonie in C-Dur, ein Klavierkonzert, eine Große Messe für Chor und Orgel, ein

Quintett für Klavier, Violine, Bratsche, Cello und Horn, mehrere Streichquartette, Trios mit verschiedener Besetzung, viele Chöre und Lieder aufgeführt worden. Die Kompositionen sind trotz eines gewissen Eklektizismus sehr originell.

Mieczysław Sołtys (1863–1929)

LEBEN
Mieczysław Sołtys wurde am 7.2.1863 in Lwiw (Lemberg) geboren. Er war in Wien Schüler des Organisten und Musiktheoretikers Franz Krenn (1816–97) und in Paris von Eugène Gigaut. Er wirkte von 1899 bis zu seinem Tod am 11.11.1929 in Lwiw als Leiter des Konservatoriums und als Dirigent.
Sein Sohn Adam Sołtys (4.7.1890, Lwiw, bis 6.7.1968, Lwiw) absolvierte von 1912 bis 1916 das Konservatorium seiner Geburtsstadt und studierte anschließend bis 1921 Musikwissenschaft und Komposition in Berlin. Nach seiner Rückkehr wirkte er als Lehrer und von 1930 bis 1939 als Direktor des Konservatoriums in Lwiw. Im Jahr 1945 trat er diese Stelle erneut an und dirigierte gleichzeitig die Philharmonie der Stadt bis zu seinem Tod.

WERKE
Von Mieczysław Sołtys sind 3 Opern, 2 Oratorien und weitere sinfonische Werke, weiters ein Klavierkonzert, Orgel- und Klavierstücke, Chöre und Lieder aufgeführt worden. Sein Stil ist sehr konservativ.
Adam Sołtys schrieb 2 Sinfonien, eine Suite über slawische Motive, eine Festouvertüre, 3 sinfonische Dichtungen, eine Ballade für Orchester, ein Streichquartett und Klavierstücke.

Emánuel Moór (1863–1931)

LEBEN
Emánuel Moór wurde am 19.2.1863 in Kecskemét, Ungarn, geboren, in seinem Geburtsort, in Prag, Wien und Budapest zum Komponisten, Organisten und Pianisten ausgebildet und unternahm von 1885 bis 1897 weite Konzertreisen bis in die USA. Er erfand ein Doppelklavier (Duplex-Coupler Grand Pianoforte) mit zwei übereinanderliegenden Manualen, die durch Pedale gekoppelt werden konnten. Er starb am 20.10.1931 in Chardonne, Vaud, Schweiz.

WERKE
Neben 5 Opern schrieb Emánuel Moór 8 Sinfonien, 4 Klavierkonzerte, 4 Violinkonzerte, 2 Cellokonzerte, ein Bratschenkonzert, ein Harfenkonzert, ein Tripelkonzert für Violine, Cello und Klavier, Kammermusik, viele Klavierstücke, eine Sonate für vier Harfen, ein Requiem für Soli, Chor und Orchester und andere Kirchenmusik sowie ungefähr 50 Lieder. Sein Stil gehörte der Spätromantik an.

Hugo Kaun (1863–1932)

LEBEN
Hugo Kaun wurde am 21.3.1863 in Berlin geboren und bildete sich dort bei Oskar Raif (31.7.1847, Zwolle, bis 29.7.1899, Berlin) zum Pianisten aus; Kompositionsunterricht nahm er bei Friedrich Kiel. Von 1887 bis 1901 wirkte er als Pianist und Klavierlehrer in Milwaukee. Da er wegen einer Handverletzung nicht mehr Klavier spielen konnte, widmete er sich nach seiner Rückkehr nach Berlin nur mehr dem Unterricht und der Komposition. Ab 1922 war er Kompositionslehrer am Klindworth-Scharwenka-Konservatorium in Berlin, wo er am 2.4.1932 starb.

WERKE
Als Spätromantiker knüpfte Hugo Kaun bei Richard Wagner und Johannes Brahms (1833 bis 1897) an und hielt treu an der überkommenen Satzkunst fest; er beharrte bei der Methode der Wort- und Bildausdeutung. Seine Musik ist klangschön und handwerklich ausgezeichnet gearbeitet, sie vermeidet alle Extravaganzen, verirrt sich selten und dann nur mäßig in chromatische Gefilde, und falls das musikalisch Dargestellte Leidenschaft verlangt, werden Dissonanzen aufgeklebt, die sich nicht

integrieren und daher oft sinnlos wirken. Er schrieb 3 Sinfonien in D-Dur, c-Moll und e-Moll, 2 Klavierkonzerte in es-Moll und c-Moll, mehrere Orchestersuiten, zahlreiche Kantaten und Balladen mit Orchester, ein Oktett in F-Dur, 4 Streichquartette, ein Klavierquintett, 2 Klaviertrios, eine Violinsonate, eine Suite für Altsaxophon und Klavier, ein Requiem, Lieder und Klavierstücke. Er schrieb außerdem 4 Opern und ein Oratorium »Mutter Erde«.

Feliks Blumenfeld (1863–1931)

Leben

Feliks Michailowitsch Blumenfeld wurde am 7.4.1863 in Kowaljowka bei Cherson geboren. Er studierte von 1881 bis 1885 am Konservatorium in St. Petersburg bei Nikolai Rimski-Korsakow. Von 1885 bis 1905 und von 1911 bis 1918 wirkte er als Klavierlehrer am Konservatorium in St. Petersburg (Petrograd), anschließend bis 1822 als Lehrer und Direktor am Konservatorium in Kiew und sodann bis zu seinem Tod am 21.1.1931 als Lehrer am Konservatorium in Moskau. Bis 1918 war er auch Operndirigent in Petrograd.

Werke

Von Feliks Blumenfeld sind eine Sinfonie in c-Moll, ein Allegro für Klavier und Orchester in A-Dur, ein Streichquartett in F-Dur, zahlreiche Klavierstücke und Lieder überliefert. Sein Stil ist der in den letzten Jahrzehnten des 19. Jahrhunderts gebildete, bei dem die russische Musik sehr lange stehenblieb.

Ernst Heuser (1863–1942)

Leben

Ernst Heuser wurde am 9.4.1863 in Elberfeld geboren. Er studierte am Konservatorium in Köln bei Ferdinand Hiller (1811–85) und Gustav Jensen (25.12.1843, Königsberg, bis 26.11.1895, Köln), außerdem bei Franz Wüllner, Franz Liszt und bei Jean Louis Nicodé. Ab 1887 gab er Klavierunterricht am Kölner Konservatorium und dirigierte die Konzerte des Richard-Wagner-Vereins. Er starb am 12.6.1942 in Köln.

Werke

Die zahlreichen Instrumental- und Vokalwerke von Ernst Heuser folgten der Stilrichtung der »Neudeutschen«. Erwähnenswert davon sind die Kantate »Der Blumen Rache« für Sopran, Frauenchor und Orchester, die Stimmungsbilder »Um Mitternacht« und »Wolken am Meer« für Chor und Orchester, mehrere Orchesterstücke, über 100 Männerchöre und viele Klavierstücke. Er verfaßte auch eine Oper.

George John Bennett (1863–1930)

Leben

George John Bennett wurde am 5.5.1863 in Andover, Hampshire, geboren. Er studierte von 1879 bis 1884 an der Royal Academy of Music in London bei Charles Steggall (3.6. 1826, London, bis 7.6.1905, London) und George Alexander Macfarren (1813–87). Darauf nahm er in Berlin bei dem Pianisten Heinrich Barth (12.7.1847, Pillau bei Königsberg [Baltisk, UdSSR], bis 23.12.1922, Berlin) und Friedrich Kiel und in München bei Joseph Rheinberger und Hans Bußmeyer Unterricht. Im Jahr 1888 wurde er Lehrer für Harmonielehre und Kontrapunktik an der Royal Academy of Music, ab 1890 übernahm er zugleich mehrere Organistendienste, bis er 1895 Organist und Chordirektor der Kathedrale, 1896 Dirigent der Musical Society und der Orchestral Society in Lincoln wurde, wo er am 20.8.1930 starb.

Werke

Von George John Bennett sind eine Orchestersuite in d-Moll, 2 Ouvertüren »Jugendträume« und »Cymbeline«, ein Klaviertrio in E-Dur, zahlreiche Klavier- und Orgelstücke, Lieder und Chöre, außerdem eine Messe in b-Moll, ein »Festliches Abendservice«, ein Te Deum und eine Osterhymne bekannt geworden. Sein Stil war von der deutschen Romantik abhängig.

Charles Smulders (1863–1934)

LEBEN

Charles Anton Smulders wurde am 8. 5. 1863 in Maastrich geboren. Er war Schüler von Théodore Radoux (1835–1911) am Konservatorium in Lüttich, wo er selbst 1887 Lehrer für Solfeggio und Harmonielehre wurde. Er starb am 21. 4. 1934 in Lüttich.

WERKE

Von Charles Smulders sind 3 sinfonische Dichtungen »Abschied, Abwesenheit, Heimkehr«, »Liebeslied«, »Morgen, Tag, Dämmerung«, 2 Klavierkonzerte, Paraphrase zum Roschhaschana-Gebet und Jom Kippur für Cello und Klavier, 2 Sonaten für Violine und Klavier, eine Anzahl Männerchöre, Klavierstücke und Lieder erschienen. Sein Stil ist romantisch.

Camille Erlanger (1863–1919)

LEBEN

Camille Erlanger wurde am 25. 5. 1863 in Paris geboren. Er war Schüler des Conservatoires in Paris unter Léo Delibes und erhielt den Rompreis. Nach seiner Rückkehr aus Italien lebte er in seinem Geburtsort als Pianist und Bühnenkomponist bis zu seinem Tod am 24. 4. 1919.

WERKE

Neben 8 erfolgreichen Opern verfaßte Camille Erlanger die dramatische Legende »Saint Julien l'Hospitalier«, ein Requiem für Doppelchor und Orchester, die Orchesterstücke »Phantastische Jagd« und »Karnevalsserenade«, die sinfonische Dichtung »Herr und Diener«, zahlreiche Klaviermusik und Lieder. Seine Musik bewegt sich im Reich der Romantik.

Felix Weingartner (1863–1942)

LEBEN

Felix Paul von Weingartner, Edler von Münzberg, wurde am 2. 6. 1863 in Zara, Dalmatien (heute Zadar, Kroatien), geboren. Er war in Graz Schüler von Wilhelm Mayer (1831–98) und studierte sodann in Leipzig am Konservatorium und an der Universität. Im Jahr 1883 ging er nach Weimar zu Franz Liszt und

Felix Weingartner, Lothar von Wellerstein und Jenö Hubay

wurde ein Jahr darauf Kapellmeister in Königsberg (Kaliningrad). Von da führte ihn seine Dirigentenkarriere nach Danzig (Gdańsk), Mannheim, Berlin, München und Wien, wo er von 1880 bis 1911 als Direktor und Dirigent der Hofoper wirkte. Nach seiner Dirigententätigkeit in Hamburg und Darmstadt leitete er von 1919 bis 1924 die Wiener Volksoper und bis 1927 die Philharmonischen Konzerte. Seine nächste Station war Basel. Nach einem Jahr als Musikdirektor der Wiener Hofoper zog er 1936 nach Interlaken. Er starb am 7.5.1942 in Winterthur.

WERKE
Als Komponist war Felix Weingartner »wagnerisch«, und wenn er sich im Verlauf seines Lebens einen eigenen Stil bildete, so blieb die Nachfolge Richard Wagners und Franz Liszts deutlich. Er brachte 7 Opern auf die Bühnen, die sich eine Zeitlang hielten, und verfaßte 7 Sinfonien – die letzte mit Soli und Chor –, die sinfonischen Dichtungen »König Lear«, »Das Gefilde der Seligen« und »Frühling«, eine Sinfonietta, 2 Ouvertüren, ein Violinkonzert, ein Oktett, ein Klaviersextett, ein Klavierquintett, ein Streichquintett, 4 Streichquartette, 2 Violinsonaten, mehrere Klavierstücke, »Traumnacht und Sturmhymnus« für achtstimmigen gemischten Chor und Orchester, »Freiheitsgesang« für Männerchor und Orchester und viele Lieder mit Klavier oder Orchester. Er publizierte eine Reihe musiktheoretischer Werke; seine »Ratschläge für die Aufführung der Sinfonien Beethovens« fanden keinen Anklang.

Arthur Somervell (1863–1937)

LEBEN
Arthur Somervell wurde am 5.6.1863 in Windermere geboren. Er war Schüler von Charles Stanford (1852–1924), Friedrich Kiel und Woldemar Bargiel (1828–97). Im Jahr 1894 wurde er Lehrer am Royal College of Music in London und 1901 Inspektor (1920 Oberster Inspektor) für Musikerziehung. Er starb am 2.5.1937 in London.

WERKE
Von Arthur Somervell, der in seiner Zeit als einer der erfolgreichsten Liederkomponisten angesehen wurde, schrieb eine Sinfonie in d-Moll »Thalassa« (Das Meer), ein Klavierkonzert, ein Konzertstück für Violine und Orchester, ein Klarinettenquintett, das Oratorium »The Passion of Christ«, 2 Kantaten, eine Elegie für Chor und Orchester und mehrere Liederzyklen. Er gehörte der Spätromantik an.

Jāzeps Vītols (1863–1948)

LEBEN
Jāzeps Vītols (Joseph Wihtol) wurde am 26.7. 1863 in Valmiera (Wolmar), Lettland, geboren. Er war von 1880 bis 1886 Schüler von Nikolai Rimski-Korsakow am Konservatorium in St. Petersburg und wurde dort Lehrer für Musiktheorie und Harmonielehre, von 1908 bis 1918 leitete er an dem Institut die Kompositionsklasse. Darauf wurde er Direktor der Oper in Riga; 1919 gründete er dort das Staatliche Konservatorium und leitete es. Im Jahr 1944 übersiedelte er nach Deutschland. Er starb am 24.4.1948 in Lübeck.

WERKE
Von Jāzeps Vītols sind eine Sinfonie, eine sinfonische Dichtung, eine dramatische Ouvertüre, eine Ouvertüre, eine Orchestersuite über lettische Volksweisen, Fantasie über lettische Volkslieder für Violine und Orchester, ein Streichquartett, eine Klaviersonate, Variationen, zahlreiche Klavierstücke, die Kantate »Das Lied« für Sopran, gemischten Chor und Orchester, »Lettische Volksweisen« für Gesang und Orchester. Seine Musik ist romantisch.

Arpád Szendy (1863–1922)

LEBEN
Arpád Szendy wurde am 8.11.1863 in Szarvas, Ungarn, geboren. Er war Schüler von Franz Liszt und von Hans Koessler (1853–1926) an der Musikakademie in Budapest, wo er ab

1890 selbst als Klavierlehrer wirkte. Er starb am 10.9.1922 in Budapest.

WERKE
Von Arpád Szendy sind 2 Orchesterstücke, ein Klavierkonzert, eine Konzertfantasie für Klavier und Orchester, 2 Streichquartette, zahlreiche Klavierstücke und Lieder bekannt geworden, die dem national-ungarischen, von seinen Lehrern gepflegten Stil folgten.

Gabriel Pierné (1863–1937)

LEBEN
Henri Constant Gabriel Pierné wurde am 16.8.1863 in Metz geboren. Am Conservatoire in Paris studierte er unter Antoine François Marmontel, Alexandre Jean Albert Lavignac, Émile Durand (16.2.1830, St. Brieuc, Côtes-du-Nord, bis 6.5.1900, Nancy), César Franck, Jules Massenet und erhielt den Rompreis. Von 1890 bis 1898 wirkte er als Organist an Ste-Clotilde und von 1903 bis 1932 als Dirigent an dem von Édouard Colonne (23.7.1838, Bordeaux, bis 28.3.1910, Paris) 1873 gegründeten »Concert National« (Concerts Colonne). Er starb am 17.7.1937 in Ploujean, Finistère.
Sein Cousin Paul Pierné (30.6.1874, Metz, bis 24.3.1952, Paris) war am Conservatoire in Paris Schüler des Musikpädagogen Georges Yvelines Caussade (20.11.1873, Port-Louis, Mauritius, bis 5.8.1936, Chanteloup-les-Vignes, Yvelines) und von Charles Lenepveu (4.10.1840, Rouen, bis 16.8.1910, Paris); er erhielt 1904 den Rompreis. Er war Organist an St-Paul-St-Louis in Paris.

Gabriel Pierné

WERKE
Neben 6 Opern verfaßte Gabriel Pierné eine Anzahl Ballette und Pantomimen sowie Bühnenmusiken. Er schrieb ferner die Oratorien »Die Weihnachtsnacht 1870«, »Die Kinder in Bethlehem« und »Der heilige Franziskus von Assisi« sowie zahlreiche Chor- und Sologesänge mit Klavier- oder Orchesterbegleitung, eine Serenade für Streichorchester, ein Konzertstück für Violine und Orchester, ein sinfonisches Gedicht für Harfe und Orchester, eine »Fantaisie basque« für Violine und Orchester und weitere Orchesterwerke, Kammermusik und Stücke für Orgel, für Harfe und Klavier. Er war ein typischer Spätromantiker, der sich von neuen Formen fernhielt, aber im Rahmen seines Stils höchste Vollendung erreichte.
Paul Pierné schrieb 2 Sinfonien, ein sinfonisches Gedicht, ein Konzert für Oboe, Cello und Orchester, eine Messe, ein Oratorium, Chorwerke, Kammermusik, Klavier- und Orgelstücke, mehrere Ballette und 2 Opern. Auch sein Stil fußte in der Romantik.

Dora Estella Bright (1863–1951)

LEBEN
Dora Estella Bright wurde am 16.8.1863 in Sheffield geboren. Sie studierte von 1881 bis 1888 an der Royal Academy in London und wirkte anschließend in London als Konzertpianistin. Als Interpretin alter Musik genoß sie großen Ruf. Sie starb am 16.11.1951 in Babington, Somerset.

WERKE

Von Dora Estella Bright sind 3 Opern, mehrere Ballette, einige Orchesterwerke, 2 Klavierkonzerte, ein Klavierquartett, eine Suite für Klavier und Violine, ein Duo für zwei Klaviere und mehrere Lieder bekannt geworden. Ihr Stil hielt sich im Rahmen der Romantik.

Horatio Parker (1863–1919)

LEBEN

Horatio William Parker wurde am 15.9.1863 in Auburndale, Mass., geboren. Er war in Boston Schüler von Stephen Albert Emery (1841–91) und George Whitefield Chadwick. Im Jahr 1881 ging er nach München, um bei Joseph Rheinberger Unterricht zu nehmen. Anschließend wirkte er in New York als Organist und Chordirektor, außerdem als Lehrer am National Conservatory of Music; 1893 wurde er Organist und Chordirektor in Boston; ein Jahr darauf berief man ihn an die Yale University in New Haven, Conn., wo er das Symphonic Orchestra gründete und leitete. Er starb am 18.12.1919 in Cedarhurst, N. Y.

WERKE

Von Horatio Parker sind 84 Opuszahlen bekannt geworden. Neben 2 Opern schrieb er ein Oratorium, eine Reihe Chorwerke mit Orchester und A-cappella-Chöre, Orchester- und Klavierlieder, eine sinfonische Dichtung, ein Concertino mit Orgel und weitere Orchesterwerke, einige Kammermusik, Orgel- und Klavierstücke. Viele seiner Kompositionen sind programmatisch, sein Stil ist stark von Rheinberger beeinflußt.

Eugène Samuel-Holeman (1863–1942)

LEBEN

Eugène Samuel-Holeman wurde am 3.11.1863 in Brüssel geboren. Nach einem Studium der Philosophie wurde er Schüler des Konservatoriums in Gent. Darauf wirkte er als Pianist in Paris und wurde 1897 Orchesterleiter in Monte Carlo. Er starb am 25.1.1942 in Brüssel.

WERKE

Das kompositorische Schaffen von Eugène Samuel-Holeman war dem Impressionismus stark angenähert und ging sogar weit darüber hinaus. Er war einer der ersten Komponisten, die sich in das Gebiet der Atonalität wagten. Er verfaßte neben einigen nicht aufgeführten lyrischen Opern eine Sinfonie, ein Konzert für Harfe und Orchester, ein Te Deum, mehrere Lieder. Sein Mimodrama »Das junge Mädchen am Fenster« war für seine Entstehungszeit (1914) ausgesprochen avantgardistisch.

Gellio Coronaro (1863–1916)

LEBEN

Gellio Benvenuto Coronaro wurde am 30.11. 1863 in Vicenza geboren. Er war Schüler des Liceo filarmonico in Bologna und wandte sich darauf mit Erfolg der Opernkomposition zu. Er starb am 26.7.1916 in Mailand.

Sein Bruder Antonio Coronaro (29.6.1851, Vicenza, bis 24.3.1933, Vicenza) wirkte als Lehrer und Organist in seinem Geburtsort.

Sein zweiter Bruder Gaetano Coronaro (18.12.1852, Vicenza, bis 5.4.1908, Mailand) war am Konservatorium in Mailand Schüler von Franco Faccio (8.3.1840, Verona, bis 21.7.1891, Monza) und wurde anschließend Theorie- und Kompositionslehrer an diesem Institut.

Sein Neffe Arrigo Coronaro (6.8.1880, Vicenza, bis 7.10.1906, Vicenza) war Organist in seinem Geburtsort.

WERKE

Von Gellio Coronaro sind 5 Opern aufgeführt worden. Er verfaßte ferner 2 Messen, ein Streichquartett, Klavierstücke und Lieder.

Antonio Coronaro schrieb 2 Opern, einige Kirchenwerke, Klavierstücke und Lieder.

Gaetano Coronaro verfaßte 3 Opern, ein Chorwerk, eine Sinfonie und einige Kammermusik.

Arrigo Coronaro brachte eine Oper auf die Bühne.

Der Stil aller Genannten gehört der italienischen Romantik an.

Pietro Mascagni (1863–1945)

Leben

Pietro Mascagni wurde am 7.12.1863 in Livorno geboren. Er war am Konservatorium in Mailand Schüler von Amilcare Ponchielli. Dann führte er als Dirigent einer Operettentruppe ein Wanderleben, bis er sich in Cerignola als Klavierlehrer und Kapellmeister der städtischen Musikkapelle niederließ. Dort schrieb er seinen Welterfolg, die Oper »Cavalleria rusticana«, die 1890 preisgekrönt wurde. Von 1895 bis 1902 wirkte er als Direktor des Liceo musicale von Pesaro und darauf als Direktor der Scuola Nazionale di Musica in Rom bis zu seinem Tod am 2.8.1945. Er trat öfters als Opern- und Konzertdirigent auf.

Werke

Den Erfolg seiner preisgekrönten Oper konnte Pietro Mascagni mit keiner seiner 15 Opern wiederholen; er schrieb außerdem auch eine Operette, ferner eine Kantate für Sopran und Orchester, eine Trauermesse, das Zwischenspiel zu einem Schauspiel, eine Filmmusik, eine sinfonische Dichtung, ein Klavierstück und Kammermusik. Sein Opernschaffen war veristisch, das übrige lief im Fahrwasser des zu seiner Zeit üblichen romantischen italienischen Stils.

Literatur

D. Cellmare, Pietro Mascagni, Rom 1965.

Hartmann An der Lan-Hochbrunn (1863–1914)

Leben

Hartmann (Paul) von An der Lan-Hochbrunn wurde am 21.12.1863 in Salurn geboren. Er war in Innsbruck Schüler von Joseph Pembaur. Im Jahr 1893 wurde er Organist in Jerusalem und 1895 in Rom, wo er die Scuola musicale cooperativa leitete. Von 1906 bis zu seinem Tod am 5.12.1914 lebte und wirkte er als Kirchenmusiker, unterbrochen durch einen einjährigen Aufenthalt in New York, in München.

Werke

Von Hartmann An der Lan-Hochbrunn sind ein Te Deum, mehrere Messen, Orgelstücke, Kammermusik und Lieder bekannt geworden. Aufsehen erregten seine vorzüglichen Oratorien »St. Petrus«, »St. Franciscus«, »Das letzte Abendmahl«, »Der Tod des Herrn« und »Die letzten sieben Worte Christi am Kreuz«. Sein Stil war konservativ, aber von prächtiger Klangwirkung.

Miina Härma (1864–1941)

Leben

Miina Härma (Hermann) wurde am 28.1.1864 in Tartu (Dorpat), Estland, geboren. Sie war von 1883 bis 1890 Schülerin des Konservatoriums in St. Petersburg. Anschließend gab sie in den baltischen Staaten und in Deutschland Orgelkonzerte. Im Jahr 1894 gründete sie in Tartu einen Chor, mit dem sie Konzertreisen unternahm. Von 1904 bis 1924 wirkte sie als Musiklehrerin in Kronschtadt. Sie starb am 16.11.1941 in Tartu.

Werke

Von Miina Härma sind eine Kantate, eine Schauspielmusik und eine große Anzahl Chorlieder im Stil der Liedschule der deutschen Romantik bekannt geworden, außerdem viele Chorbearbeitungen.

Literatur

A. Haava, Miina Härma, Tallinn 1934.

Ricardo Castro (1864–1906)

Leben

Ricardo Castro wurde am 7.2.1864 in Durango, Mexico, geboren. Er war Kompositionsschüler von Melesio Morales (1838–1908) und Klavierschüler von Julio Ituarte (15.5.1845, México-Stadt, bis 15.5.1905, México-Stadt). Ab 1882 unternahm er zahlreiche Konzertreisen, die ihn auch nach Europa führten. Er starb am 27.11.1906 in México-Stadt.

WERKE

Von Ricardo Castro sind 4 Opern aufgeführt worden. Er verfaßte ferner 2 Sinfonien, ein Klavierkonzert, ein Cellokonzert und zahlreiche Klavierstücke. Die mexikanische Folklore wurde dabei wenig herangezogen. Die Kompositionen gehören dennoch der Romantik an.

Alfred Bachelet (1864–1944)

LEBEN

Alfred Georges Bachelet wurde am 26.2.1864 in Paris geboren. Er war am Conservatoire in Paris Schüler von Ernest Guiraud und erhielt den Rompreis. Er wirkte als Chordirigent und von 1914 bis 1918 als Kapellmeister an der Opéra und ab 1919 als Direktor des Konservatoriums in Nancy, wo er am 10.2.1944 starb.

WERKE

Stilistisch stand Alfred Bachelet zwischen Spätromantik und Impressionismus. Er verfaßte 4 Opern, ein lyrisches Gedicht »Sûryâ« für Tenor und Orchester, eine vedische Hymne für Soli, Chor und Orchester, die lyrische Szene »Der Traum der Sulamith«, ein sinfonisches Gedicht für Tenor, Frauenchor und Orchester, »Noël« (Weihnachten) für zwei Frauenstimmen und Orchester, eine Ballade für Violine und Orchester, ein »Lamento« für Cello und Streichorchester.

Johan Halvorsen (1864–1935)

LEBEN

Johan August Halvorsen wurde am 15.3.1864 in Drammen, Norwegen, geboren. Er war in Stockholm Violinschüler von Carl Johan Lindberg (8.3.1837, Lemo, Finnland, bis 21.12.1914, Stockholm) und Theorieschüler von Johan Conrad Nordquist (11.4.1840, Vänersborg, bis 16.4.1920, Charlottenlund); in Leipzig studierte er bei Adolf Brodsky (1851–1929). Darauf ging er als Konzertviolinist auf Reisen und wirkte durch 3 Jahre als Lehrer am Konservatorium in Helsinki, von 1892 bis 1898 als Theaterkapellmeister und zugleich ab 1893 als Dirigent der Sinfoniekonzerte in Bergen. Von 1899 bis 1929 war er Kapellmeister am Nationaltheater in Oslo, wo er am 4.12.1935 starb.

WERKE

Von Johan Halvorsen sind 3 Sinfonien in c-Moll, d-Moll und C-Dur oft aufgeführt worden. Er schrieb außerdem 2 Norwegische Rhapsodien, 9 Orchestersuiten, ein Violinkonzert, alte Tänze für Hardanger Fidel, ungefähr 40 Bühnenmusiken, eine Krönungskantate und weitere Chorwerke, ferner 3 Suiten für Violine und Klavier und andere Kammermusikwerke sowie Lieder. Berühmt wurde sein »Einzugsmarsch der Bojaren« aus 1895. Er war noch Vertreter der norwegischen Romantik.

Hjalmar Borgstrøm (1864–1925)

LEBEN

Hjalmar Borgstrøm wurde am 23.3.1864 in Kristiania (Oslo) geboren. Er studierte bei Johan Svendsen (1840–1911) und bei Ludvig Mathias Lindeman (1812–87) und am Konservatorium in Leipzig. Ab 1901 wirkte er als Musikreferent verschiedener Zeitungen in Oslo, wo er am 5.7.1925 starb.

WERKE

Von Hjalmar Borgstrøm sind 2 Opern aufgeführt worden. Er schrieb 2 Sinfonien, die sinfonischen Dichtungen »Der Gedanke«, »Jesus in Gethsemane«, »John Gabriel Borckman« und – für Klavier und Orchester – »Hamlet«, eine »Reformationskantate«, ein Klavierkonzert, ein Violinkonzert, ein Klavierquintett, mehrere Streichquartette, Violinsonaten, Klavierstücke und Lieder. Er ist als Spätromantiker einzustufen.

Louis Glass (1864–1936)

LEBEN

Louis Christian August Glass wurde am 23.3. 1864 in Kopenhagen geboren. Er war Sohn und Schüler des Komponisten und Begründers des Konservatoriums von Kopenhagen, Christian Hendrik Glass (18.5.1821, Kopenhagen, bis 12.8.1893, Kopenhagen). Er studierte ferner bei Niels Wilhelm Gade (1817 bis 1890) und in Brüssel bei den Pianisten Juliusz Zarębski (28.2.1854, Schitomir, Ukraine, bis 15.9.1885, Schitomir) sowie Józef Wieniawski (1837–1912). Von 1915 bis 1918 wirkte er als Dirigent des Dänischen Konzertvereins, dann leitete er das Konservatorium und den Musikpädagogischen Verein in Kopenhagen, wo er am 22.1.1936 starb.

WERKE

Von Louis Glass, dessen Vorbilder César Franck und Anton Bruckner waren, sind ein Ballett, 6 Sinfonien, eine Orchestersuite »Sommerliv« (Sommerleben), die Ouvertüren »Der Volksfeind« und »Dänemark«, ferner eine Fantasie für Klavier und Orchester, ein Oboenkonzert, ein Streichersextett, ein Klavierquintett, 4 Streichquartette, Klavierstücke und Lieder bekannt geworden. Er war ein später Vertreter der national-dänischen Romantik.

Peter Griesbacher (1864–1933)

LEBEN

Peter Griesbacher wurde am 25.3.1864 in Egglham, Bayern, geboren. Er studierte in Passau. Im Jahr 1886 wurde er Musikpräfekt in Regensburg und 1911 Kanonikus und Lehrer für Kontrapunktik und Stillehre an der Kirchenmusikschule. Er starb am 28.1.1933 in Regensburg.

WERKE

Von Peter Griesbacher sind 318 Kompositionen bekannt geworden. Darunter waren 40 Messen, von denen einige – Emmeram-Messe, Benedictus-Messe, Missa Stella maris, Canisius-Messe – große Verbreitung erfuhren, wie auch seine Requiem, das Te Deum, das Stabat mater, eine Anzahl seiner vielen Motetten, Litaneien und Gradualien. Er verfaßte auch einige Singspiele, profane Kantaten und Liederzyklen. Seine Werke zeichneten sich durch eine farbenfrohe Harmonik und klangreiche Instrumentation aus.

Eugen d'Albert (1864–1932)

LEBEN

Eugen Francis Charles d'Albert wurde am 10.4.1864 in Glasgow als Sohn des Komponisten Charles Louis Napoléon d'Albert (1809 bis 1886) geboren. Er studierte in London bei Ernst Pauer (1826–1905), in Wien bei Hans Richter (4.4.1843, Györ, Ungarn, bis 5.12. 1916, Bayreuth) und Franz Liszt in Weimar, wo er einige Zeit als Opernkapellmeister wirkte. Seine Virtuosenlaufbahn schränkte er bald zugunsten der Opernkomposition ein. Er starb am 3.3.1932 in Riga.

WERKE

Von den 20 Opern, die Eugen d'Albert herausgab, brachte nur »Tiefland«, in dem der Komponist italienischen Verismus mit deutscher Opernstruktur meisterhaft kombinierte, einen Dauererfolg. Er schrieb außerdem eine Sinfonie in F-Dur, 2 Klavierkonzerte in h-Moll und E-Dur, ein Cellokonzert in C-Dur, die Ouvertüren »Esther« und »Hyperion«, eine Orchestersuite, eine Klaviersuite, eine Klaviersonate und weitere Klavierstücke, 2 Streichquartette in a-Moll und Es-Dur, 4 Gesänge für Sopran und Orchester und das sechsstimmige Chorwerk »Der Mensch und das Leben«. Er war Spätromantiker.

Richard Strauss (1864–1949)

LEBEN

Richard Georg Strauss wurde am 11.6.1864 in München als Sohn des Ersten Hornisten des Münchener Hoforchesters und der Josephine Pschorr (10.4.1837, München, bis 16.5.1910, München) geboren. Er wuchs in musikalischer Atmosphäre auf und zeigte früh eine starke Neigung zur Musik, die vom Vater sehr gefördert wurde. Ab seinem 5. Lebensjahr erhielt er regelmäßigen Klavierunterricht, als Sechsjähriger schrieb er seine ersten Kompositionen, im 10. Jahr begann sein Violin- und Theorieunterricht. Während seiner Gymnasialzeit wurden im Elternhaus seine ersten Kompositionen gespielt. Nach einem Universitätsjahr, in dem er Philosophie und Ästhetik hörte, widmete er sich völlig der Musik. Durch die Vermittlung des Dirigenten Hans von Bülow (1830–94) wurde er 1885 Kapellmeister in Meiningen, wo er selbst seine f-Moll-Sinfonie dirigierte – seine erste in d-Moll war bereits 1884 von Theodore Thomas (11.10. 1835, Esens bei Hannover, bis 4.1.1905, Chicago) gegeben worden. Von da beginnt sein Aufstieg als Komponist und zugleich seine Hinwendung zu Hector Berlioz, Franz Liszt und Richard Wagner. Zwischen 1886 und

Das Geburtshaus von Richard Strauss in der Münchner Altstadt, das 1960 abgebrochen wurde

1889 dirigierte er an der Oper in München, hierauf bis 1894 an der Hofoper in Weimar und sodann abermals in München als Generalmusikdirektor. Nun entstanden seine ersten Opern; große Reisen als Gastdirigent und seine Verehelichung mit der Hauptinterpretin seiner Lieder, Pauline de Ahna (1862, Ingolstadt, bis 13.5.1950, Garmisch) fielen in jene Zeit. Im Jahr 1898 wurde er Erster Hofkapellmeister in Berlin. Neuerlich kam es zu ausgedehnten Konzertreisen als Dirigent eigener und fremder Werke und als Begleiter seiner Frau bei ihren Liederabenden; 1904 führten ihn diese Reisen in die USA. Nachdem er aus dem Verband der Berliner Oper ausgeschieden war, wirkte er von 1919 bis 1924 als Direktor der Staatsoper in Wien. Hernach ging er keine berufliche Bindung mehr ein. Er lebte nunmehr abwechselnd in Garmisch und in Wien und wirkte als Komponist und Gastdirigent. Nach dem Ende des Zweiten Weltkrieges übersiedelte er in die Schweiz, kehrte 1949 nach Garmisch zurück, wo er am 8.9. desselben Jahres starb, tief betrauert von seiner großen Gemeinde aus Bewunderern und Verehrern, die sich bewußt waren, daß wieder einmal ein ganz Großer der abendländischen Musik uns verlassen hatte. »Wir alle wissen, daß wir einen Größeren nicht mehr sehen werden«, sagte Joseph Gregor (1888–1960) in seiner Trauerrede.

Sein Vater Franz Joseph Strauss (26.2.1822, Parkstein, Pfalz, bis 31.5.1905, München) war Erster Hornist des Münchener Hoforchesters und Lehrer an der Akademie der Tonkunst in München.

Werke

»Er hat gelernt, daß die Musik nicht nur bis in alle Ewigkeit unsere Nächte erhellen solle, sondern daß sie wie die Sonne sein müsse. Ich kann Ihnen versichern, daß in Richard Strauss' Musik Sonne ist«, schrieb Claude Debussy. In seinem Werk erreichte die sinfonische Dichtung noch nach dem Ende der romantischen Musikepoche ihren letzten Höhepunkt. Hector Berlioz stand mit seinen sinfonischen Werken am Beginn einer Entwicklung der Musik, die den Prioritätskonflikt zwischen Ton und Wort in der Form löste, daß dem Ton die

Richard Strauss und Franz Schalk

Funktion des Worts zugeteilt wurde. Die Musik hatte sich von ihrer Stellung im Dienst des sakralen oder profanen Worts, der kultischen, politischen oder auch rein privaten Vorgänge, die auszuschmücken waren, freigemacht, wurde zur »absoluten« (soweit es das überhaupt jemals gab) und geriet in das Dilemma, daß sie im Gegensatz zu den anderen Künsten »nichts« oder »nichts Erfaßbares« darstellte. Die Dichtkunst und die Dramatik berichteten, bis zu einem gewissen Maß auch der Tanz, die Maler, Bildhauer und Baumeister ließen etwas sehen, die Musik hingegen vermittelte nur unbestimmte Vorstellungs- und Gefühlsinhalte, abgesehen von etlichen konventionell entstandenen Anschauungsformen wie das »Hoch« und das »Tief« der Stimmlagen – obwohl es bei der Musik kein »Oben« oder »Unten« gibt –, den Marschschritt des durch zwei teilbaren Taktmaßes und das Tänzerische anderer Rhythmen. Daß das nicht genügte, zeigten die Versuche des 18. Jahrhunderts, außermusikalische Effekte – Schüsse, Donner, Tierstimmen – einzufügen. Dann erhielten Kompositionen oder deren Unterteilungen Aufschriften programmatischen Inhalts, die den Vorstellungs- oder Gefühlsvorwurf des Komponisten anzeigten und für das Publikum unverbindlich waren. Von da war der Schritt zur »echten Programmusik« nicht mehr weit, die einen Handlungsablauf oder eine Ereignisreihe durch ihre Ausdrucksmittel darstellte, und zwar so deutlich, daß das Wort überflüssig wurde, so daß auch die Musik zur »darstellenden« Kunst wurde und zugleich zur Literatur. Daß damit eine Ausweitung und Bereicherung der musikalischen Ausdrucksmittel Hand in Hand ging, war eine natürliche Folge; die Klangfarbe der verschiedenen Instrumente und deren Mischungen wurden zum dritten Element des Musikgeschehens neben Ton und Rhythmus und entwickelte sich vom Charakter eines Kolorits zum essentiellen Bestandteil der Komposition. Es ist daher kein Wunder, daß die grundlegende Instrumentationskunde des 19. Jahrhunderts von Hector Berlioz stammte und diese von Richard Strauss bearbeitet wurde. Eine weitere Folge war der allmähliche Abbau der überkommenen Formen zugunsten einer freien Konzeption. Das Komponieren wurde anscheinend leichter. Man stürzte sich nun auf die Literatur und beutete alle dramatischen, epischen und lyrischen Werke der Dichtkunst aus; dabei kam die Musik selbst oft zu kurz. Die Programmusik eines Berlioz blieb aber Musik auch für den, der ihr Programm nicht kannte, die Sinfonien von Liszt sind von ihrem Programm ohne Schwierigkeit trennbar und bieten dennoch echte klangreiche Musik. Und Richard Strauss, der diese Musikgattung zur Vollendung entwickelte, brachte nicht nur eine Verdeutlichung seiner Programme, sondern wahre unvergängliche Musik. Er sagte selbst: »Auch Programmmusik ist nur da möglich und nur dann in die Sphäre des Künstlerischen gehoben, wenn ihr Schöpfer vor allem ein Musiker mit Einfalls- und Gestaltungsvermögen ist. Sonst ist er ein Scharlatan, denn selbst in der Programmusik ist die erste und wichtigste Frage immer die nach der Werthaftigkeit und Stärke des musikalischen Einfalls.« Seine Jugendsinfonien in d-Moll und f-Moll stehen auf der Linie Felix Mendelssohn-Bartholdy – Johannes Brahms und weisen entwickelte Themen auf. Der Weg zum Strauss-Stil bahnte sich erst mit der sinfonischen Fantasie »Aus Italien« an und kam in der Tondichtung »Don Juan« voll zum Durchbruch; in den folgenden Tondichtungen »Macbeth«, »Tod und Verklärung«, »Till Eulenspiegels lustige Streiche«, »Also sprach Zarathustra«, »Don Quixote« »Ein Heldenleben« und »Symphonia domestica« prägte sich die Programmusik, wie sie Strauss verstand, voll aus. Für die Eröffnung des Wiener Konzerthauses schrieb er 1913 ein »Festliches Präludium« für großes Orchester und Orgel. Die Tondichtung »Eine Alpensinfonie« war seine letzte für ein gigantisches Orchester geschriebene Komposition. Die Suite »Der Bürger als Edelmann« hat wie die »Tanzsuite aus Klavierstücken von François Couperin« kammermusikalische Besetzung. Die »Metamorphosen« sind für Streichorchester geschrieben. Einzelne Instrumentalkonzerte stammen aus seiner Frühzeit, wie die Suite für dreizehn Bläser und die Serenade mit gleicher Besetzung, die Cellosonate, das Violinkonzert, das Hornkonzert Nr. 1, die »Burleske für Klavier und Orchester« und mehrere Lieder und Klavierstücke, andere wie das Hornkonzert Nr. 2, das Oboenkonzert, die »Festmusik für den Trompeterchor der Stadt Wien«, seine 2 Sonatinen für Bläser und das »Concertino für Klarinette und Fagott mit Streichern und Harfe« aus seinen letzten Schaffensjahren; Chor- und Kammermusik sind nur mit einzelnen Stücken vertreten. Dafür liegt ein umfangreiches Liedschaffen – mehr als 150 Orchester- und Klavierlieder –, das mit seinen »Vier letzten Liedern« einen unvergleichlichen Abschluß fand, vor. Von seinen 15 Opern beherrschen mehr als die Hälfte die Spielpläne der Opernhäuser der Welt. Das Ballett »Josephs-Legende« wird noch häufig getanzt und auch konzertant aufgeführt, während das Ballett »Schlagobers« nahezu vergessen ist.

Bernd Gellermann, Erster Geiger des Berliner Philharmonischen Orchesters, ist in der Richard-Strauss-Forschung tätig

Alle diese Kompositionen sind mit wenigen Ausnahmen unbedingt lebensbejahend und stellen im großen und ganzen stets das Schöne und Gute in den Vordergrund. Der Glanz der von ihm erdachten Klänge ist für ihn und für seine Anhänger der Abglanz eines positiven Lebens, wie es sich die meisten Menschen erträumen. Er mußte aber von seiner ursprünglichen Position als »Neutöner« und »Neuerer« im Strom der stürmischen Entwicklung der Kunst und insbesonders der Musik des 20. Jahrhunderts in die Nachhut der Konservativen geraten, weil er zu den neuen Stilgattungen und Techniken, die nach der Romantik entstanden, keine Beziehung aufnahm. Wenn Romain Rolland (1866–1944) meinte, daß

Maria Cebotari, Josef Krips, Janet Gibson Gordon (v. l. n. r.)

Richard Strauss »das letzte europäische Ereignis in der Musik« sei, so konnte das nur für seinen Gesichtskreis Geltung haben. Es hat neben Strauss und nach ihm auch andere »musikalische Ereignisse« gegeben und es wird sie im Fluß der Zeiten immer wieder geben. Das schmälert aber nicht die Tatsache, daß Wirken und Schaffen von Richard Strauss zum gewaltigen Erbe der Musik des 20. Jahrhunderts gerechnet werden muß.
Franz Joseph Strauss schrieb 2 Hornkonzerte in c-Moll und Es-Dur, die sehr konservativ gehalten wurden, aber die Schönheiten des Instruments voll ausschöpften.

»Aus Italien«, Sinfonische Fantasie in G-Dur, Opus 16, 4 Sätze, entstanden 1887

Dieses erste programmusikalische Werk des Komponisten weist die klassische Satzeinteilung auf, hält sich aber an die Linie Berlioz-Liszt und besteht »in Empfindungen beim Anblick der herrlichen Naturschönheiten Roms und Neapels, nicht in Beschreibungen derselben.« Der 1. Satz »Auf der Campagna« erinnert schwermütig an die große Vergangenheit der Landschaft. Dann schwingt eine Melodie der Violinen und Celli weit aus; mit leuchtenden Farben und frischen Rhythmen werden die Erinnerungsbilder verdeutlicht, bis der Satz ruhig abschließt. Der 2. Satz »In Roms Ruinen« bietet eine Fülle thematischen Materials. Der Komponist erläutert: »Phantastische Bilder entschwundener Herrlichkeit, Gefühle der Wehmut und des Schmerzes inmitten sonnigster Gegenwart«. Innige Melodien, schroffe Einwürfe lassen den Klangzauber ahnen, den spätere Kompositionen erfüllen. Im 3. Satz »Am Strande von Sorent« entfesseln sich alle Klangfarben des Orchesters und schildern den Zauber der Landschaft. Im 4. Satz »Neapolitanisches Volksleben« wird der Gassenhauer »Funicolì-Funicolà« meisterhaft interpretiert und variiert; mit weiteren fröhlichen Themen verbunden vermittelt er ein plastisches Bild von Stadt und Volk Neapels.

»Don Juan«, Tondichtung nach Nikolaus Lenau, Opus 20, ein Satz, entstanden 1889

Das gleichnamige Fragmet von Nikolaus Lenau (1802–50) ist Programm und Leitgedanke des Werks, dessen Musik keine Illustration der Verse, sondern eine Parallelschöpfung darstellt. Der Held des Gedichts wird mit einem kühn ansteigenden Thema eingeführt. Stürmische Klanggestalten charakterisieren den Abenteurer; eine Kantilene der Solovioline schildert uns die schöne Frau, die dem Verführer verfällt. Das Bild einer neuen Liebesszene schiebt sich vor, ein zweites Don-Juan-Thema erklingt in den Hörnern, dann »...ward die Welt mir wüst umnachtet... und kalt und dunkel ward es auf dem Herd«. Doch der fahle Abschluß bringt keine Katastrophe für den Helden, sondern nur ein Atemholen zu neuen Erlebnissen.

»Macbeth«, Tondichtung nach Shakespeare, Opus 23, ein Satz, entstanden 1886–88, überarbeitet 1890

Die beim Komponisten seltene dunkle tragische Grundstimmung beherrscht das gesamte Stück, das die Königstragödie nachempfindet. Die Baßtrompete beginnt mit dem Macbeth-Thema, den Machthunger und Ruhmsucht zum Königsmord treiben. Im Furioso des Orchesters drängt die Entwicklung auf die Katastrophe zu. Im Schlußteil wird die Sühne für das Verbrechen dargestellt. Macbeth erkennt seinen Irrweg und nimmt seinen Untergang mit »königlicher Haltung« hin.

»Tod und Verklärung«, Tondichtung, Opus 24, ein Satz, entstanden 1890

Es ist unbekannt, welche Vorstellungen und Ereignisse dem Komponisten bei diesem Werk vorschwebten, ob die Krankheit, die er überstanden hatte, in ihm den Gedanken an den Tod erzeugt hatte oder ob es sich um unbeeinflußte Phantasie handelte. Stockende Pulsschläge, Fieberwahn und Todeskampf scheinen daraus deutlich zu werden. Das große Verklärungsthema entfaltet sich hymnisch und feiert den Sieg des Sterbenden über den Tod hinaus.

»Till Eulenspiegels lustige Streiche«. Nach alter Schelmenweise in Rondoform, Opus 28, ein Satz, entstanden 1895

Die Bilder, die das Rondo deutlich macht, beginnen mit dem Keifen der Marktfrauen, denen Till die Töpfe umwarf und zerbrach. Darauf zieht Till als Wanderprediger die Landstraße entlang und narrt alle Leute; er verliebt sich und wird abgewiesen; er verhöhnt die trockenen Männer der Wissenschaft. Dann holen ihn die Verspotteten und Genarrten ein und stellen ihn vor Gericht, das ihn peinlich verhört und zum Tod durch den Strang verurteilt. Mit dem letzten Flötentriller verhaucht er sein Leben. Dann aber klingt sein Thema erneut auf: er ist wieder da, denn Till Eulenspiegel ist ewig und kann nicht aus der Welt vertrieben werden.

»Also sprach Zarathustra«, Tondichtung, frei nach Nietzsche, Opus 30, 8 Teile, entstanden 1896

Es handelt sich um keinen Kommentar zu Nietzsches Philosophie, der Komponist entnahm dem Werk des Dichter-Philosophen nur das Dichterische, den Drang zur Freiheit, die Sehnsucht nach einem besseren Dasein, die Lebensbejahung und den Protest gegen Mittelmaß und Rückständigkeit. Der Tondichtung stellte der Komponist den Hymnus an die Sonne aus Zarathustra voran mit dem Kernsatz: »Zu lange hat die Musik geträumt; jetzt wollen wir wachen. Nachtwandler waren wir, Tagwandler wollen wir werden.« Die Einleitung ist von Sonnenaufgangsstimmung beherrscht. Der folgende Teil handelt von den »Hinterweltlern« – die hinter der realen Welt eine zweite suchen. Darauf intoniert die Orgel ein Magnificat, Harfenakkorde und rasche Läufe des Orchesters sprechen »Von der großen Sehnsucht«, Violinen und Posaunen singen »Von den Freuden und Leidenschaften«. Das anschließende »Grablied« nimmt von allen Jugendträumen Abschied, eine parodistische Fuge bildet den Teil »Von den Wissenschaften«. Nach dem Abschnitt erklingen die Rhythmen des »Tanzlieds«, dann ertönt der erste Schlag der Mitternachtsglocke; »Das Nachtwandlerlied« (später vom Komponisten in »Das trunkene Lied« umbenannt) beginnt und führt zum verklärten Schluß.

»Don Quixote«. Phantastische Variationen über ein Thema ritterlichen Charakters, Opus 35, 12 Teile, entstanden 1898

Der klassische spanische Stoff wird mit allen musikalischen – und zum Teil auch außermusikalischen – Mitteln drastisch in Szene gesetzt. Der Illustration ist mehr Raum gewährt als bei den anderen Tondichtungen, dennoch setzt sich überall die Erfindungskunst des Komponisten durch, so daß auch ohne Kenntnis des spanischen Romans und der Bezüge darauf ein großartiges Tongemälde vorliegen würde. Das Solocello soll Don Quixote und die Solobratsche Sancho Pansa darstellen, aber die charakteristischen Themen wären auch ohne diese Relationen interessant und äußerst reizvoll, weil an jeder Stelle die Musik so stark im Vordergrund steht, daß man auf jeden Hintergrund verzichten könnte. Die Einleitung stellt den »Ritter von der traurigen Gestalt« mittels des Cello vor, darauf zeichnen Baßklarinette, Tube und Solobratsche Sancho Pansa. Variation Nr. 1 schildert den Ausritt des seltsamen Paares, Nr. 2 den siegreichen Kampf gegen Windmühlen und Hammelherde. In Nr. 3 wird das Königreich verheißen, in dem Sancho Pansa zu hohen Würden kommen soll; Nr. 4 stellt das Abenteuer mit der Büßerprozession dar; in Nr. 5 steigt das Bild der erträumten Dulcinea auf, die Quixote in der Bauerndirne zu erkennen glaubt; Nr. 7 zeichnet den Ritt durch die Luft, Nr. 8 die Fahrt im Zauberboot, Nr. 9 den Überfall auf zwei harmlose Mönche und Nr. 10 das Duell mit Samson Carrasco, den früheren Freund. Im Finale nimmt der Held von uns Abschied; seine Abenteuer waren nur ein Ausfluß seiner Phantasie, in Wahrheit ist für ihn die Welt grau und ereignislos.

»Ein Heldenleben«, Tondichtung, Opus 40, 6 Abschnitte, entstanden 1899

Das pompöse Stück ist ein Zeitdokument der Jahrhundertwende; es soll zumindest zum Teil eine Abrechnung des Komponisten mit seinen Kritikern, die ihm den Aufstieg erschwerten, darstellen, dürfte aber mehr den Prototyp des »Helden« jener Zeit, der sich gegen seine Widersacher kraft seiner Persönlichkeit durchsetzt, porträtieren. Aber auch hier überwiegt das rein Musikalische so sehr, daß man alle diese Überlegungen ohne weiteres beiseite lassen kann. Der Komponist stellt im 1. Abschnitt den »Helden« vor und im 2. Abschnitt »Des Helden Widersacher«, die ihm jedoch mit ihrem Gezeter nichts anhaben können. Im 3. Abschnitt charakterisiert die Solovioline »Des Helden Gefährtin«, kokett, kompliziert, wandelbar und doch treu. Im 4. Abschnitt geht es auf »Des Helden Walstatt«; der Held geht aus dem Kampf gegen die Feinde siegreich hervor. »Des Helden Friedenswerk« schließt sich an; Strauss läßt seine bisherigen kompositorischen Leistungen anklingen. Und im letzten Teil »Des Helden Weltflucht und Vollendung« zieht sich der Held mit seiner Gefährtin in die Weltflucht zurück. Die Kämpfe sind vorüber, die Welt kann dem Helden nichts mehr bieten.

»Symphonia domestica«, Opus 53, 4 Abschnitte, entstanden 1903

Der 1. Abschnitt dieser »Häuslichen Sinfonie« stellt die drei Themen des Tongedichts vor; den Mann, leichtlebig, verträumt und stolz, die Frau, lebhaft, fröhlich und zierlich, das Kind, ruhig »vom Weibe herkommend, dem Manne zustrebend«. Der 2. Abschnitt stellt in einem Scherzo das Glück der Eltern, das Spielen des Kindes dar; die Uhr schlägt sieben Uhr, ein Wiegenlied folgt. Das Adagio des 3. Abschnittes bringt »Taten und Gedanken«, eine Liebesszene, »Träume und Sorgen«. Das Erwachen am Morgen, mit einer Doppelfuge einen lustigen Ehedisput schildert der 4. Abschnitt und führt zu einem fröhlichen Ausklang. Bis zu 40 Einzelthemen sind in diesem Tongemälde feststellbar; sie wurden vom programmsüchtigen Publikum spitzfindig ausgedeutet (Kind im Bad, der Milchmann usw.). In jener Zeit bestand das Vergnügen an der Musik zu einem großen Teil aus solchen Identifikationen, man fühlte sich dadurch dem Künstler ebenbürtiger. Uns berühren sie peinlich, daher vergessen wir gern das kleinbürgerliche Familienidyll über die prunkvolle Klangentfaltung des Stücks und die technisch grandiose Themenverflechtung, die uns diese farbensatte Tondichtung bietet.

»Eine Alpensinfonie«, Opus 64, ein Satz, entstanden 1914

Das Werk ist ein mit strahlenden Farben koloriertes Gemälde eines »Tages im Hochgebirge«, das die Zugspitze und das Wettersteingebirge dem Komponisten in seiner Villa in Garmisch darbot, eine naturalistische Zustandsschilderung ohne erkennbare geistige Reflexionen. Nach dem feierlichen Vorspiel folgen »Nacht und Sonnenaufgang«, »Anstieg und Eintritt in den Wald«, »Auf der Alm«, »Auf dem Gipfel«, »Ausklang« mit einer Serie von Untertiteln – »Stille vor dem Sturm«, »Gewitter und Sturm« usw. Im ganzen sind über 60 Themen verarbeitet und fallweise mit außermusikalischen Mitteln – Windmaschine, Kuhglocken usw. – illustriert; der Abstieg vom Gipfel ist auch dadurch gekennzeichnet, daß die Themen des »Aufstiegs« im Krebsgang verarbeitet sind, was allerdings vom Publikum kaum wahrgenommen wird.

»Josephs-Legende«, Ballettpantomime, Opus 63, ein Akt, entstanden 1914

»Ich wollte den Tanz erneuern«, schrieb Richard Strauss. »Den Tanz, so wie er, Mutter der heutigen Künste, gleichsam vermittelnd zwischen ihnen steht. Tanz als Drama und Tanz als Tanz.« Es war für den Komponisten, der als ausschließlich diesseitiger Mensch dem Christentum sehr fern stand, nicht leicht, sich mit der Gestalt des Joseph zu befassen: »So ein Joseph, der Gott sucht, dazu muß ich mich höllisch zwingen. Na, vielleicht liegt in irgendeinem atavistischen Schnörkel in mir noch eine fromme Melodie für den braven Joseph.« Aber es gibt wenig »fromme Melodien« in dem Stück, dafür mehr sinnlich rauschende Klänge zum Fest am Hof des Potiphar, zu den Verführungsversuchen seiner schönen Frau, zu den ekstatischen Tänzen des gottsuchenden Hirtenknaben Joseph, der am Ende vom Erzengel zu einem musizierenden himmlischen Chor entführt wird. Orgiastische und verklärende Tonfarbenmischungen erreichen einen so starken Effekt, daß das Ballett auch als Konzertstück ohne Choreographie sehr wirkungsvoll ist.

»Der Bürger als Edelmann«, Orchestersuite, Opus 60, 9 Teile, entstanden 1918

Das Stück ist aus der Bühnenmusik zu »Bürger als Edelmann« von Jean Baptiste Molière (1622–73) gebildet (1912); es ist kammermusikalisch besetzt, kapriziös und amüsant, dem Spätbarock und dem Rokoko verpflichtet, aber sehr färbig. Der 1. Teil – Ouvertüre – »Jourdain der Bürger« stellt ihn vor: reich, protzig und lächerlich mit seinem Versuch, ein echter Edelmann zu sein. Im 2. Teil nimmt Jourdain Tanzunterricht und im 3. Teil, »Der Fechtmeister«, Fechtunterricht. Im 4. Teil führen vier Schneider dem »Edelmann« ein Prunkkleid vor. Die Solovioline charakterisiert einen Schneider, der »nach Art vornehmer Herren auf und ab stolziert«. Im 5. Teil »Menuett des Lully« wird ein vom Komponisten modernisiertes Stück von Jean Baptiste Lully (1632–87) vorgeführt. Im 6. Teil »Courante« erklingt eine ebenfalls modernisierte Courante. Im 7. Teil »Auftritt des Cleonte« tritt der in Aussicht genommene Schwiegersohn mit Grandezza auf. Im 8. Teil »Vorspiel zum 2. Aufzug« werden zwei besonders vornehme Gäste erwartet, Jourdain bereitet sich mit Bücklingen und Kratzfüßen vor dem Spiegel darauf vor. Im 9. Teil »Das Diner« werden die Gäste zur Tafel geleitet und prächtig bewirtet; der Gastgeber wird betrunken und macht einer Tischdame eine stürmische Liebeserklärung, aber es kommt zu keiner Mißstimmung, weil aus einer riesigen Schüssel ein kleiner Küchenjunge springt und den abschließenden Walzer tanzt.

Tanzsuite aus Klavierstücken von François Couperin, 8 Tänze, ohne Opuszahl, entstanden 1923

Bearbeitung von Tänzen (Pavane, Courante, Carillon, Sarabande, Gavotte, Wirbeltanz, Allemande und Marsch) François Couperins (1668 bis 1733) für Kammerorchester mit wenig Blech.

Metamorphosen, Studie für 23 Solostreicher, ohne Opuszahl, 3 Sätze, entstanden 1945

Richard Strauss verfaßte diese »Studie« als Abschied von seinem Schaffen und der zusammenge-

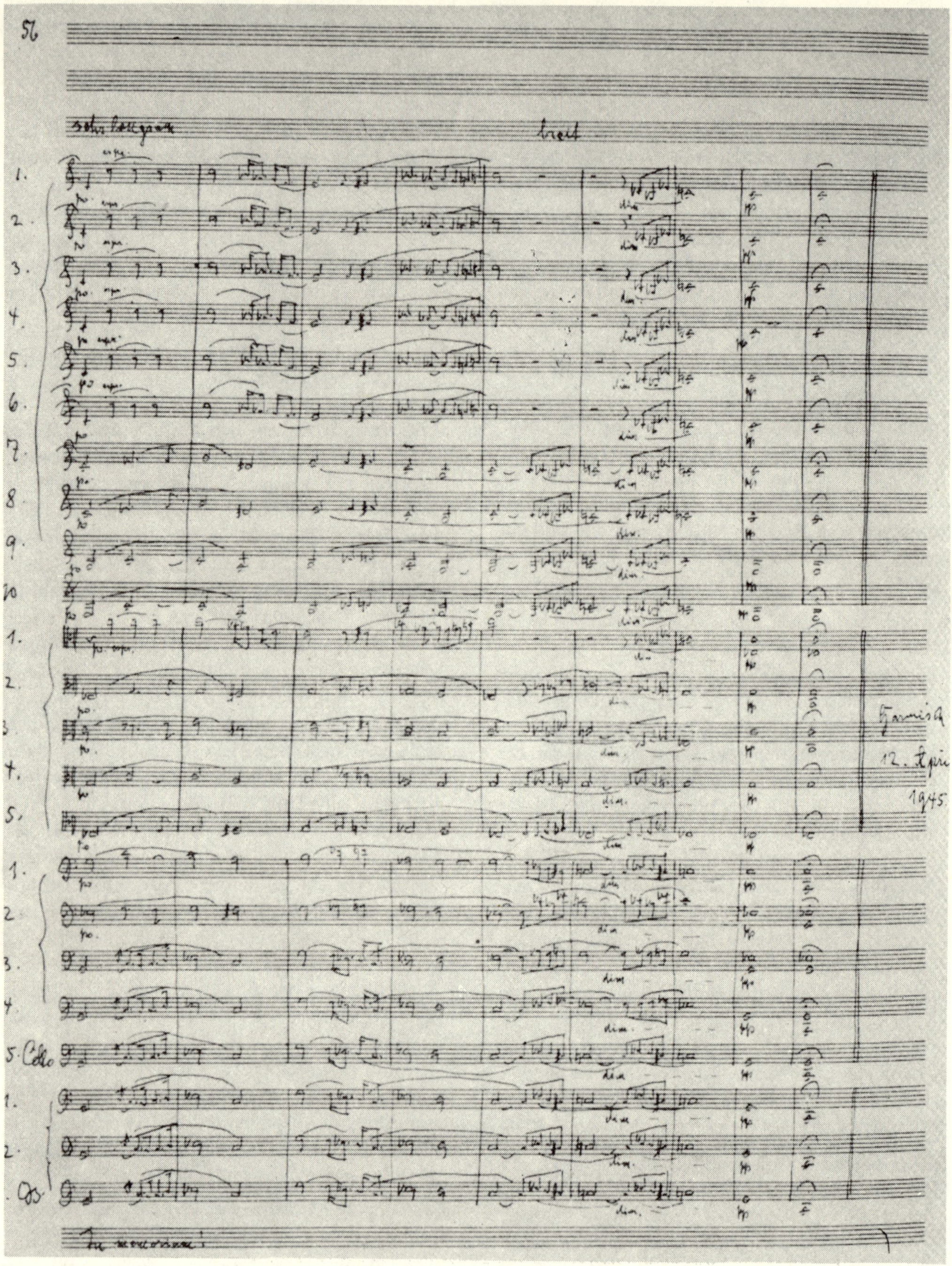

Letzte Seite aus den »Metamorphosen« von Richard Strauss, Autograph

brochenen Welt. Er schrieb an Joseph Gregor: »Ich bin in verzweifelter Stimmung! Das Goethehaus, der Welt größtes Heiligtum, zerstört! Mein schönes Dresden–Weimar–München, alles dahin!« Das Stück bringt in miteinander verknüpften Sätzen, Adagio – Rascher – Adagio, eine breite sinfonische ununterbrochen variierte Bewegung über drei Themengruppen. In den letzten Takten klingt in den Bässen der Trauermarsch der Eroica von Ludwig van Beethoven (1770–1827) mit.

Sonate für Cello und Klavier in F-Dur, Opus 6, 3 Sätze, entstanden 1882

Dieses Frühwerk des Komponisten schloß sich an die Romantik des frühen 19. Jahrhunderts an. Es strahlt lyrische Wärme aus wie zahlreiche Werke des Meisters. Der 1. Satz bringt gegeneinander geführte Sätze und eine Durchführung, aber es kommt zu keiner dramatischen Auseinandersetzung. Der 2. Satz ist voll gedankenschwerer Trauer. Der 3. Satz ist ein liebenswürdiges Scherzo.

Konzert für Violine und Orchester in d-Moll, Opus 8, 3 Sätze, entstanden 1882

Dieses Stück ist durch und durch traditionell gehalten, klassisch in Anlage und romantisch in Melos und Harmonik. Man merkt dabei noch wenig von der Diktion des späteren »Strauss« außer dem weiten Melodiebogen und ihrem herrlichen Klang. Es ist elegant, virtuos und sehr ansprechend. Die »Klaue des Löwen« machte sich bereits bemerkbar.

Hornkonzert Nr. 1 in Es-Dur, Opus 11, 3 Sätze, entstanden 1883

Dieses im Schatten des Vaters Franz Joseph Strauss verfaßte Hornkonzert ist völlig im klassizistisch-romantischen Geist geschrieben, verrät aber doch schon das starke Talent des Komponisten. Weite Melodiebogen und die aparte Behandlung des Begleitorchesters fallen sofort auf. Die Sätze gehen ohne Pause ineinander über. Höhepunkt des Werks ist die Hornkantilene des 2. Satzes. Der 3. Satz bringt einen eleganten Abschluß des Konzerts.

Hornkonzert Nr. 2 in Es-Dur, ohne Opuszahl, 2 Sätze, entstanden 1942

Dieses Konzert wird als wehmütige Rückschau des Komponisten auf seine Jugend bezeichnet, es scheint jedoch vielmehr der Freude am konzertanten Spiel entsprungen zu sein. Der Unterschied zum Konzert Nr. 1 ist augenfällig. Das um 60 Jahre früher verfaßte Stück fußt zwar in der erlernten Tradition, drängt jedoch bereits nach neuen Ausdrucksformen. Dieses weist die abgeklärte Virtuosität der Reife auf. Das Orchester ist lebhaft am thematischen Ablauf beteiligt, es hat zuweilen den Anschein, als würde der Solist in den Hintergrund gedrängt. Im 1. Satz überwiegen Lyrik und Kantabilität, »Die Jagdidylle« im 2. Satz ist voll Dreiklängen, harmonisch und rhythmisch außerordentlich geistvoll und stellt an den Hornisten hohe Anforderungen. Am Ende bläst das Solohorn das Thema gemeinsam mit den beiden Orchesterhörnern im feierlichen Fortissimo.

Günter Högner, Erster Hornist der Wiener Philharmoniker

Burleske für Klavier und Orchester in d-Moll, Opus 15, ein Satz, entstanden 1886

Das anscheinend unbekümmerte, etwas skurrile reizende Werk beginnt mit vier Paukenschlägen, denen das Orchester ein Terzenmotiv entgegensetzt. Das Paukenmotiv kehrt in diesem tänzerischen spritzigen Konzert immer wieder. Das Seitenthema, eine weit ausholende Kantilene, wird vom Klavier entwickelt; das dritte Thema ist lyrisch. Das Stück rechtfertigt im ganzen Verlauf die Bezeichnung »Burleske« in jeder Beziehung; es nimmt den schalkhaften Humor des »Till« voraus.

Konzert für Oboe und kleines Orchester in D-Dur, ohne Opuszahl, 3 Sätze, entstanden 1945

»Ich arbeite nicht, ich amüsiere mich«, schrieb der Komponist, als er dieses Werk komponierte. Die drei Sätze fließen über Kadenzen ineinander, bringen eine vergeistigte Musik im Sinne Mozarts und verzichten auf häufige Chromatik. Der 1. Satz ist von einer rollenden Streicherfigur durchsetzt, die auch im Mittelsatz mit seinem reizenden Oboenthema aufscheint. Das Finale bringt ein keckes scherzoähnliches Vivace. Die Virtuosität des Solisten muß sich mehr bei der Tonbildung als in der Grifftechnik zeigen.

Duett-Concertino für Klarinette und Fagott mit Streichorchester und Harfe, ohne Opuszahl, 3 Sätze, entstanden 1947

Es handelt sich um eine Programmusik, der das Märchen von Hans Christian Andersen (1805 bis 1875) »Von der Prinzessin und dem Bären« zugrunde liegt. Im 1. Satz erscheint die Prinzessin tänzelnd auf dem Plan, dann tritt der Bär auf, der tolpatschig um sie wirbt und sie ungestüm drängend verfolgt. Sie ist zuerst erschreckt und fluchtbereit, dann läßt sie sich im 2. Satz herbei, mit dem Werber zu tanzen. Im Finale verwandelt sich der Bär in einen Prinzen. Das liebenswürdige Duett der zwei sehr verschiedenen Holzblasinstrumente ist auch ohne die Kenntnis der Legende ein reizendes Orchesterstück.

Klavierquartett in c-Moll, Opus 13, 4 Sätze, entstanden 1884

Dieses preisgekrönte Jugendwerk des Komponisten stellt eine reizvolle Mischung von Brahms und Strauss dar; zuweilen klingt auch Mendelssohn-Bartholdy an. Die Streicher beginnen den 1. Satz unisono, dann stellt das Klavier das Hauptthema vor. Ein Seitenthema tritt hinzu, dessen Melodie bereits die Faktur des Komponisten aufweist. Der 2. Satz ist ein eiligst dahinhuschendes Scherzo mit einem kantablen Trio. Das Andante des 3. Satzes ist eine stimmungsvolle Nachtmusik, und das Finale, das mit einem wilden Hauptthema beginnt, bringt ein melodisches Gesangsthema, dem ein temperamentvoller Abschluß folgt.

Christa Ludwig

Vier letzte Lieder für Singstimme und Orchester, entstanden 1949

Dieser Zyklus aus den Liedern »Frühling«, »September«, »Beim Schlafengehen« von Hermann Hesse (1877–1962) und »Im Abendrot« von Joseph von Eichendorff (1788–1857) ist die letzte vollendete Komposition von Richard Strauss, der damit in leiser Wehmut, aber doch lächelnd und zufrieden mit seinem Werk und seinem Leben als Künstler und Mensch Abschied nahm.

Literatur

F. Grasberger, Richard Strauss, Hohe Kunst, erfülltes Leben, Wien 1965.

Guy Ropartz (1864–1955)

Leben

Joseph Guy Marie Ropartz wurde am 15.6. 1864 in Guingamp, Côtes-du-Nord, geboren. Er war am Conservatoire in Paris Schüler von Théodore Dubois, Jules Massenet und César Franck. Von 1894 bis 1919 war er Direktor des Konservatoriums und Dirigent der Sinfoniekonzerte in Nancy und wirkte anschließend bis 1929 in gleicher Eigenschaft in Straßburg; dann lebte er bis zu seinem Tod am 22.11.1955 zumeist in Lanloup-par-Plouha, Côtes-du-Nord.

Werke

Die Werke von Guy Ropartz sind häufig durch bretonische Volksweisen beeinflußt. Er stand auch sonst der französischen Spätromantik sehr nahe, obwohl er sich bemühte, für sich einen eigenen Stil zu schaffen, indem er Elemente des Impressionismus aufnahm. Er schrieb eine Oper, Bühnenmusik, 2 Legenden, 2 Ballette, 5 Sinfonien, davon eine mit Soli und Chor, 6 sinfonische Dichtungen, 2 Divertissements, Konzertstücke mit Orchester für Violine, für Cello, für Oboe, für Trompete, 6 Streichquartette, ein Streichtrio, ein Klaviertrio, ein Quintett für Flöte, Violine, Bratsche, Cello und Harfe, eine Flötensonate, 3 Messen, ein Requiem, ein De Profundis für Solostimme, Chor und Orchester und eine Reihe kleinerer Werke.

Nikolai Kotschetow (1864–1925)

Leben

Nikolai Rasumnikowitsch Kotschetow wurde am 26.6.1864 in Oranienbaum (heute Lomonosow) geboren. Er studierte in Moskau Rechtswissenschaft, ging sodann zur Musik über und trat ab 1886 als Komponist, Dirigent und Musikkritiker hervor. Ab 1906 wirkte er als Lehrer für Musikgeschichte, im Jahr 1921 wurde er Mitglied des Staatlichen Instituts für Musikwissenschaft. Er starb am 3.1.1925 in Moskau.
Sein Sohn Wadim Nikolajewitsch Kotschetow (10.11.1898, Moskau, bis 31.7.1951, Moskau) wirkte in seiner Geburtsstadt als Musiklehrer und Komponist.

Werke

Von Nikolai Kotschetow sind eine Oper, 2 Sinfonien, eine Orchestersuite, Klavierstücke und Lieder bekannt geworden. Sein Stil war national-russisch konservativ.
Wadim Kotschetow schrieb 2 Kinderopern, 2 Orchestersuiten, Kammermusik, Theater- und Filmmusiken. Er setzte den Stil seines Vaters fort.

Anton Beer-Walbrunn (1864–1929)

Leben

Anton Beer-Walbrunn wurde am 29.6 1864 in Kohlberg, Pfalz, geboren. Er wirkte zunächst als Lehrer und Domorganist in Eichstätt, war sodann von 1888 bis 1891 Schüler von Joseph Rheinberger, Hans Bußmeyer und Ludwig Abel in München und wurde 1901 Lehrer für Kontrapunktik, Komposition, Harmonielehre und Klavier an der Akademie in München, wo er am 22.3.1929 starb.

Werke

Anton Beer-Waldbrunn, dessen auf Robert Schumann zurückgehender und von seinen Lehrern vertretener Stil sich dem der Münchner Schule näherte, schrieb 4 Opern, 2 Schauspielmusiken, eine Sinfonie in E-Dur, die Orchesterfantasie »Künstlerleben«, 3 Burlesken für Orchester »Wolkenkuckucksheim«, eine Lustspielouvertüre, ein Violinkonzert, ein Klavierquintett, ein Klavierquartett, 5 Streichquartette, eine Violinsonate, eine Violinfantasie, eine Cellosonate, eine Ode für Cello und Klavier, eine Orgelsonate, 5 Orgelfugen, eine »Fantasie-Sonate« und »Reisebilder« für Klavier, eine »Deutsche Suite« für Klavier vierhändig, 2 Kantaten für Chor und Orchester und eine für Bariton und Orchester, 10 Sonette nach Shakespeare und Lieder. Seine elegante, klangreiche Musik ist zu Unrecht vergessen.

Alberto Nepomuceno (1864–1920)

Leben

Alberto Nepomuceno wurde am 6.7.1864 in Fortaleza do Ceará, Brasilien, geboren. Er genoß seine Ausbildung in Rom, Berlin und Paris und wurde 1895 Orgellehrer am Instituto Nacional de Música in Rio de Janeiro, das er von 1902 bis 1916 leitete; gleichzeitig unterstand ihm ab 1896 das Orchester der Gesellschaft für Volkstümliche Konzerte. Er starb am 16.10.1920 in Rio de Janeiro.

Werke

Durch die häufige Aufnahme brasilianischer Volksmusik in seine Kompositionen stellte sich Alberto Nepomuceno in die Reihe der südamerikanischen Meister, die die Basis für die Entwicklung der südamerikanischen Musik für ihren heutigen Stand schufen. Er verfaßte 3 Opern, eine Sinfonie in g-Moll, eine »Suite brasileira« für Orchester, ein Klaviertrio in fis-Moll, zahlreiche Klavierstücke und Lieder.

Michel-Gaston Carraud (1864–1920)

Leben

Michel-Gaston Carraud wurde am 20.7.1864 in Le Mér-sur-Seine, Seine-et-Marne, geboren. Er war Schüler des Conservatoire in Paris und erhielt den Rompreis. Anschließend betätigte er sich neben der Komposition als Musikkritiker namhafter Pariser Zeitungen. Er starb am 15.6.1920 in Paris.

WERKE

Von Michel-Gaston Carraud sind eine Sinfonie für Soli, Chor und Orchester, eine Ouvertüre, eine sinfonische Dichtung und eine Messe bekannt geworden. Sein Stil ist eklektisch, neigte sich aber stark dem Impressionismus zu.

Henry Woollett (1864–1936)

LEBEN

Henry Woollett wurde am 13.8.1864 in Le Havre geboren. Er war Klavierschüler von Stéphane Raoul Pugno (23.6.1852, Montrouge bei Paris, bis 3.1.1914, Moskau) und Kompositionsschüler von Jules Massenet in Paris. Anschließend war er bis zu seinem Tod am 9.10. 1936 in Le Havre als Musiklehrer und als Leiter der Philharmonischen Gesellschaft tätig.

WERKE

Von Henry Woollett, der der französischen Spätromantik angehörte, sind ein Bühnengedicht, 3 Orchesterstücke, ein Konzertstück für Cello und Orchester, ein Streichquartett, 2 Violinsonaten, eine Bratschen-, eine Flöten- und eine Cellosonate, ein Chanson für Oboe, eine Pastorale für Klarinette und zahlreiche Stücke für Klavier sowie Lieder bekannt geworden. Er veröffentlichte mehrere didaktische Werke.

Aleksandr Gretschaninow (1864–1956)

LEBEN

Aleksandr Tichonowitsch Gretschaninow (Alexandre Gretchaninoff) wurde am 13.10. 1864 in Moskau geboren. Er studierte an den Konservatorien in Moskau und St. Petersburg und unterrichtete anschließend von 1896 bis 1922 an der Musikschule der Philharmonischen Gesellschaft in Moskau. Im Jahr 1925 ließ er sich in Paris nieder, 1939 in Detroit und 1940 in New York, wo er am 4.1.1956 starb.

WERKE

Von Aleksandr Gretschaninow sind 3 Opern und 3 Kinderopern aufgeführt worden. Er schrieb ferner 5 Sinfonien, ein Violinkonzert, ein Cellokonzert, ein Flötenkonzert und weitere kleinere Orchesterwerke, 4 Liturgien des Johannes Chrysostomos mit Orchester (in der orthodoxen Liturgie nicht zugelassen), eine Missa oecumenica für Soli, Chor, Orchester und Orgel, 3 römische Messen, 2 Klaviersonatinen, eine Klaviersonate, viele Klavierstücke zu zwei und vier Händen, 4 Streichquartette, 2 Klaviertrios, 2 Sonaten für Klavier und Violine, je eine Sonate für Klavier und Cello, für Klavier und Klarinette, für Klavier und Balalaika. Er legte auch in Amerika den in Rußland erlernten national-russischen Stil nicht ab.

Dionysios Lavrangas (1864–1941)

LEBEN

Dionysios Lavrangas wurde am 17.10.1864 in Argostoli, Griechenland, geboren. Er wurde von 1882 bis 1885 am Konservatorium in Neapel und darauf bis 1894 am Conservatoire in Paris ausgebildet. Nach kurzer Tätigkeit in Frankreich als Dirigent, Pianist und Cellist kehrte er nach Griechenland zurück und wurde Leiter der Philharmonischen Gesellschaft in Athen. Er starb am 18.7.1941 in Razata.

WERKE

Von Dionysios Lavrangas wurden 8 Opern aufgeführt. Er schrieb ferner 2 Suiten, eine Introduktion und Fuge, eine Orientalische Ouvertüre, 2 Messen, Chöre und Lieder. Er war einer der Begründer des national-griechischen Stils und der griechischen Oper.

Franco Leoni (1864–1949)

LEBEN

Franco (Francesco) Gaetano Antonio Maria Leoni wurde am 24.10.1864 in Mailand geboren, wo er bei Amilcare Ponchielli studierte. Von 1892 bis 1914 lebte er in London, kehrte sodann nach Mailand zurück. Nach dem Ersten Weltkrieg ging er erneut nach London und starb dort am 8.2.1949.

WERKE
Von Franco Leoni wurden 10 Opern in Italien und in England mit durchschnittlich gutem Erfolg aufgeführt, obwohl er stilistisch sehr konservativ blieb. Außerdem verfaßte er für London die Oratorien »Sardanapalus«, »The Gate of Life« (Das Tor des Lebens), »Golgotha« und zahlreiche Lieder.

Alexandre Levy (1864–92)

LEBEN
Alexandre Levy wurde am 10.11.1864 in São Paulo geboren. Er studierte in Paris bei Émile Durand und wirkte anschließend als Musiklehrer und Komponist in seiner Geburtsstadt, wo er am 17.1.1892 starb.

WERKE
Während seiner kurzen Schaffenszeit verfaßte Alexandre Levy eine preisgekrönte Sinfonie, eine »Suite brasileira« für Orchester mit Verwendung brasilianischer Volksmusik, Kammermusik und mehrere Klavierwerke.

LITERATUR
G. Pimenta, Alexandre Levy, São Paulo 1911.

Adolf Sandberger (1864–1943)

LEBEN
Adolf Sandberger wurde am 19.12.1864 in Würzburg geboren. Er studierte in Würzburg, München und Berlin, wurde 1894 Privatdozent an der Universität München und 1909 ordentlicher Professor. An seiner Universität zählte er zu den großen Persönlichkeiten der Musikgeschichtswissenschaft. Er starb am 14.1.1943 in München.

WERKE
Hinter den zahlreichen, äußerst wertvollen wissenschaftlichen Publikationen traten die Kompositionen von Adolf Sandberger weit zurück. Er schrieb 2 Opern – eine unvollendet –, einige Orchesterwerke, 2 Streichquartette, ein Klaviertrio, eine Triosonate, eine Violinsonate, Klavierstücke, Chöre und Lieder. Sein Stil war konservativ.

Stephanos Elmas (1864–1937)

LEBEN
Stephanos Elmas wurde am 24.12.1864 in Smyrna geboren. Er studierte am Konservatorium der Musikfreunde in Wien Klavier bei Anton Door (20.6.1833, Wien, bis 7.11.1919, Wien) und Komposition bei Franz Křenn. Ab 1886 unternahm er Konzertreisen als Pianist und ließ sich sodann in Genf nieder, wo er am 11.8.1937 starb.

WERKE
Der Kompositionsstil von Stephanos Elmas hatte wenig Beziehung zur gleichzeitigen Musikentwicklung in seiner Heimat. Er schrieb 4 Klavierkonzerte, ein Klavierquartett, ein Klaviertrio, 4 Klaviersonaten und einige Salonstücke.

Joseph Lauber (1864–1952)

LEBEN
Anton Joseph Lauber wurde am 27.12.1864 in Ruswil, Luzern, geboren. Er war am Konservatorium in Zürich Schüler von Karl Gustav Weber (30.10.1845, Münchenbuchsee, Schweiz, bis 12.6.1887, Zürich) und Friedrich Hegar (1841–1927), in München von Joseph Rheinberger, in Paris von Jules Massenet. Er lebte in Neuchâtel und ab 1901 in Genf, wo er 2 Jahre Theaterkapellmeister war und 1907 Lehrer für Komposition und Instrumentation wurde. Er starb am 28.5.1952 in Genf.

WERKE
Außer einer Oper schrieb Joseph Lauber 6 Sinfonien, 5 Orchestersuiten, mehrere sinfonische Dichtungen und Ouvertüren, 2 Klavierkonzerte, 2 Violinkonzerte, ein Oktett, 2 Klaviersextette, 2 Klavierquintette, ein Klavierquartett, 4 Violinsonaten, ein Bläserquintett, ein Bläserquartett, eine Klaviersonate,

weitere Klavierstücke, die Kantate »Sappho« für Sopran, Frauenchor und Orchester, die Chorwerke »Wellen und Wogen«, »Te Deum« und »Ode lyrique«, die Festspielmusik »Neuchâtel Suisse« und die Oratorien »Saulus auf Tarsos«, »Ad gloriam Dei« (Zum Ruhme Gottes), »Sempach« für Sopran und Orchester, »Vestalieder« für Alt, Streichquartett und Harfe und »Le Paradis perdu« (Das verlorene Paradies) für Soli, Frauenchor und Orchester. Er war Spätromantiker mit klassizistischem Einschlag.

Federico Olmeda de San José
(1865–1909)

Leben
Federico Olmeda de San José wurde 1865 in El Burgo de Osma, Sória, geboren. Er wurde in Burgos in Violinspiel und Musiktheorie ausgebildet, war 1887 Organist an der Kathedrale von Tudela, 1888 in Burgos, wo er 1893 Leiter der städtischen Musikakademie und 1894 künstlerischer Leiter der Liedertafel (»Orfeón Burgalés«) wurde. Ab 1903 wirkte er als Kapellmeister an der Kathedrale von Burgos und ab 1908 als Chorleiter im Kloster der Descalzas Reales in Madrid, wo er am 11.2.1909 starb.

Werke
Von den ungefähr 350 Werken – zum größten Teil sakrale Kompositionen und Volksmusikbearbeitungen –, sind 4 Sinfonien, ein Streichquartett, eine Klaviersonate, eine Messe, ein Salve regina und seine Orgelfugen bemerkenswert. Er gehörte zu den Wegbereitern der spanischen Musik des 20. Jahrhunderts.

Giuseppe Ferrata (1865–1928)

Leben
Giuseppe Ferrata wurde am 1.1.1865 in Gradoli, Romagna, geboren. Er studierte am Liceo musicale der Accademia di Santa Cecilia in Rom bei Giovanni Sgambati (1841–1914), sodann 1885 bei Franz Liszt. Bis 1890 gab er in Italien Klavierkonzerte, 1892 ging er in die USA und wirkte dort an verschiedenen Unterrichtsanstalten als Klavierlehrer, bis er 1916 die Leitung der Abteilung Klavier und Kompositionslehre an der Universität von New Orleans erhielt, wo er am 28.3.1928 starb.

Werke
Von Giuseppe Ferrata sind ein Klavierkonzert in d-Moll, eine Sinfonie für Orchester und Chor in Des-Dur, 3 Streichquartette, »12 italienische Frühlingsmelodien« für Violine und Klavier, eine »Méditation religieuse« für Violine und Klavier, eine Suite für Violine und Klavier, eine Messe für Soli, Chor und Orchester oder Orgel, eine Messe für Männerchor und Orgel, ein Requiem für gemischten Chor, ein Dies irae für achtstimmigen Chor, ein »Tota pulchra es« für gemischten Frauenchor und Orgel und mehrere Klavierstücke bekannt geworden. Seine 3 Opern sind Manuskript geblieben.

Jean Paul Ertel (1865–1933)

Leben
Jean Paul Ertel wurde am 22.1.1865 in Poznan (Posen) geboren. Er war Liszt-Schüler und lebte als Musiklehrer und Musikkritiker in Berlin, wo er am 11.2.1933 starb.

Werke
Von Jean Paul Ertel sind die sinfonischen Dichtungen »Maria Stuart«, »Der Mensch«, »Die nächtliche Heerschau«, »Hero und Leander«, »Pompeji«, die programmatische »Harald-Sinfonie«, 2 Streichquartette in d-Moll und h-Moll (mit hebräischen Melodien), eine Suite für Violine und Klavier und eine Violinsonate in c-Moll aufgeführt worden. Er schrieb außerdem 2 Opern. Sein Stil war »neudeutsch«.

Harvey Worthington Loomis
(1865–1930)

Leben
Harvey Worthington Loomis wurde am 5.2.1865 in New York geboren. Er studierte am

National Conservatory bei Antonín Dvořák (1841–1904). Neben seiner zeitweisen Lehrtätigkeit widmete er sich hauptsächlich der Komposition. Er starb am 25.12.1930 in Boston.

WERKE
Neben 5 Opern, mehreren Pantomimen und Schauspielmusiken schrieb Harvey Worthington Loomis 2 Melodramen, eine Violinsonate und Klavierstücke. Besonders geschätzt sind seine Kompositionen für Kinderchöre, Duette und Lieder. Er veröffentlichte außerdem 2 Hefte mit Indianerliedern, die er bei seinem intensiven Studium der Musik der nordamerikanischen Indianer gesammelt hatte. Er gehörte der Spätromantik an.

Margaret Henriette Glyn (1865–1946)

LEBEN
Margaret Henriette Glyn wurde am 28.2.1865 in Ewell, Surrey, geboren. Neben ihren Kompositionen beschäftige sie sich intensiv mit dem Studium der Elisabethanischen Virginalmusik. Sie starb am 3.6.1946 in Ewell.

WERKE
Von Margaret Henriette Glyn sind 6 Sinfonien, 2 Ouvertüren, 6 Orchestersuiten, Orgelstücke und Lieder erschienen. Sie veröffentlichte kritisch bearbeitete Sammlungen von Virginalkompositionen der Elisabethanischen Epoche.

Stewart Macpherson (1865–1941)

LEBEN
Stewart Macpherson wurde am 29.3.1865 in Liverpool geboren. Er war an der Royal Academy of Music in London Schüler von George Alexander Macfarren und Walter Cecil Macfarren (1826–1905) und sodann von 1887 bis 1931 Lehrer für Harmonie und Komposition. Gleichzeitig wirkte er als Musikprofessor von 1903 bis 1920 am Blindeninstitut, als Professor an der Universität London, wo er am 27.3. 1941 starb.

WERKE
Neben zahlreichen sehr wertvollen didaktischen und theoretischen Publikationen brachte Stewart Macpherson eine Sinfonie in C-Dur, Ouvertüren, eine Ballade und ein Notturno für Orchester, ein Violinkonzert, eine Messe in D-Dur für Soli, Chor und Orchester, eine Romanze für Oboe und Klavier, mehrere Services, Klavierstücke und Lieder heraus. Sein Stil ist konservativ und etwas steif.

Axel Raoul Wachtmeister (1865–1947)

LEBEN
Carl Axel Raoul Georg Henrik Wachtmeister wurde am 2.4.1865 in London geboren. Er studierte am Konservatorium in Leipzig und an der Schola Cantorum in Paris. Im Winter lebte er in Paris, im Sommer in Schweden und einige Zeit auch in New York. Einen musikalischen Beruf übte er nicht aus. Er starb am 12.12.1947 in Paris.

WERKE
Die Kompositionen von Axel Raoul Wachtmeister – eine Oper, ein Opernoratorium, eine sinfonische Dichtung, mehrere Chorwerke, ein Klavierkonzert, ein Violinkonzert und 4 Streichquartette – sind noch der Hochromantik zuzurechnen.

Enric Morera Viura (1865–1942)

LEBEN
Enric Morera Viura wurde am 22.5.1865 in Barcelona geboren. Er studierte dort bei Isaac Albéniz (1860–1909) und Felipe Pedrell (1841 bis 1922), darauf in Brüssel bei Paul Gilson. Er lebte als Komponist und Musiklehrer bis zu seinem Tod am 11.3.1942 in Barcelona.

WERKE
Von Eric Morera Viura, der zu den bedeutendsten Initiatoren der Gegenwartsmusik in Katalonien zählte, sind 6 Opern, zahlreiche Zarzuelas, mehrere Schauspielmusiken, ungefähr 40 Sardanas für Chor, ein Cellokonzert,

viele Lieder und Klavierstücke und Bearbeitungen katalanischer Volkslieder erschienen.

Albéric Magnard (1865–1914)

Leben
Lucien Denis Gabriel Albéric Magnard wurde am 9. 6. 1865 in Paris geboren. Er war am Conservatoire in Paris Schüler von Théodore Dubois und Jules Massenet und nahm noch bei Vincent d'Indy (1851–1931) Kompositionsunterricht. Einen musikalischen Beruf übte er neben seiner kompositorischen Tätigkeit nicht aus. Er starb am 3. 9. 1914 bei Baron, Oise.

Werke
Obwohl Albéric Magnard seine stilistische Abhängigkeit von Vincent d'Indy in seinen Werken deutlich zeigte, versuchte er doch, der dramatischen Ausdruckskraft von Ludwig van Beethoven nachzueifern. Er schrieb 3 Opern, 4 Sinfonien, eine Ouvertüre, eine Orchestersuite »im alten Stil«, 2 Hymnen und eine Trauerklage für Orchester, ein Quintett für Holzbläser und Klavier, ein Streichquartett, ein Klaviertrio, eine Violinsonate, eine Cellosonate, Lieder und Klavierstücke.

Carl Nielsen

Carl Nielsen (1865–1931)

Leben
Carl August Nielsen wurde am 9. 6. 1865 in Nørre Lyndelse bei Odense, Insel Fünen, geboren. Mit 14 Jahren trat er in eine Militärkapelle in Odense als Trompeter und Posaunist ein, mit 18 fand er bei dem von Niels Wilhelm Gade geleiteten Konservatorium in Kopenhagen Aufnahme. Im Jahr 1891 erhielt er an der Königlichen Kapelle die Stelle eines Zweiten Violinisten, 1908 wurde er ihr Dirigent. Von 1915 bis 1927 wirkte er als künstlerischer Leiter des Kopenhagener Musikvereins, von 1918 bis 1925 dirigierte er auch neben Wilhelm Stenhammar die Konzerte in Göteborg, ab 1915 wirkte er als Kompositionslehrer am Konservatorium in Kopenhagen, dessen Leitung ihm 1931 anvertraut wurde. Er starb jedoch bereits am 3. 10. desselben Jahres in Kopenhagen.

Werke
Die Werke von Carl Nielsen, der unbestreitbar einer der hervorragendsten Komponisten des gesamten nordischen Musikschaffens war, wurden zu seinen Lebzeiten außerhalb seiner Heimat kaum zur Kenntnis genommen. Seine der Zeit weit vorausgreifende Musik konnte das von den Klangorgien der Spätromantiker faszinierte Publikum nicht gewinnen. Erst unsere Gegenwart wandte sich wie bei Gustav Mahler (1860–1911), dessem nordischen Gegenstück, das auf die neuere Musik Skandinaviens einen bedeutenden Einfluß ausgeübt hat, das Interesse zu, das ihm gebührte. Vor allem setzte sich Leonard Bernstein für sein Werk ein. Nielsen war vor allem Sinfoniker. Seine Fakturen gehen weit über den Impres-

sionismus hinaus. Polytonalität, unaufgelöste Dissonanzen, Quartenakkorde, Polyharmonik bestimmen den Klang seiner Kompositionen. Von seinen 6 Sinfonien tragen zwar 4 programmatische Titel, sind jedoch von jeder Programmusik weit entfernt. Die Titel deuten nur einen poetischen Stimmungsgehalt an. Die Nummern 3 bis 6 werden am häufigsten gespielt. Er schrieb ferner mehrere Orchesterfantasien, Ouvertüren und Suiten, ein Violin-, ein Flöten- und ein Klarinettenkonzert, ein Bläserquintett, eine »Serenata in vano« (vergebliche Serenade) für Klarinette, Fagott, Horn, Cello und Kontrabaß, 4 Streichquartette, 2 Sonaten für Violine und Klavier, 2 Suiten und eine Chaconne für Klavier, 29 »Kleine Präludien« und ein »Commotio« (Bewegung) für Orgel. Von seinen Chorwerken sind der lateinische »Hymnus amoris«, »Der Schlaf« und »Finnischer Frühling« am bekanntesten. Er verfaßte außerdem 2 Opern und mehrere Schauspielmusiken.

Sinfonie Nr. 1 in g-Moll, Opus 7, 4 Sätze, entstanden 1892

Dieses Werk ist architektonisch noch von Johannes Brahms abhängig. Es trägt auch im Gegensatz zu den folgenden Sinfonien eine Tonartbezeichnung, obwohl es in C-Dur beginnt und endet. Die Themen sind typisch dänisch, aber es fehlt jede Sentimentalität. Man könnte sagen, daß die volkstümlichen Wurzeln der Musik blank und realistisch dargestellt sind. Für den Komponisten war Kunst »eine menschliche Angelegenheit, und die menschliche Geisteskultur und all das, was wir persönlichen Geschmack nennen, der Bestimmung durch die Wirklichkeit unterworfen.«

Sinfonie Nr. 2, »Die vier Temperamente«, Opus 16, 4 Sätze, entstanden 1902

Nach seiner eigenen Mitteilung wurde der Komponist zu diesem Werk von einer bis in das Groteske übertriebenen Darstellung der »Vier Temperamente« angeregt. Er hatte dabei seine Abhängigkeit von der Tradition abgestreift; es fehlen auch schon die Tonart bestimmende Vorzeichen. Der 1. Satz, »Allegro collerico«, setzt mit einer ungestümen Phrase ein, Fanfaren, rasende Streichpassagen, Dissonantenhäufungen, dramatische Engführungen, kennzeichnen den »Koleriker«. Im 2. Satz, »Allegro comodo e flemmatico«, tritt der »Phlegmatiker« auf, den nichts aus seiner tatenlosen Ruhe reißen kann. Der 3. Satz, »Andante melancolico«, ist voll elegischer Trauer, die streckenweise auf zweiter harmonischer Ebene von überlegenem Hohn begleitet ist. Das Finale, »Allegro sanguineo«, beginnt mit einem energischen, scharf rhythmisierten, stark dissonanten Marsch, in dem einige harte Einwürfe die fallweisen Mißerfolge des vorwärtsstürmenden Sanguinikers kennzeichnen; diese werden jedoch vom Optimismus überspielt. Es handelt sich im ganzen Stück um keinerlei Programmusik, sondern um realistische Darstellungen ohne poetische Verbrämung.

Sinfonie Nr. 3, »Sinfonia espansiva«, Opus 27, 4 Sätze, entstanden 1911

Der 1. Satz gibt dem Werk mit seinem Allegro espansivo Namen und Gestalt. Mit weit ausholender Melodik und energischem Rhythmus drängt die Musik von Spannungsfeld zu Spannungsfeld, die Themen werden weiträumig ausgesponnen bis zu einem breiten Abschluß. Der 2. Satz bringt ein pastorales Naturbild. Dem Orchester sind Sopran- und Baritonvokalisen beigegeben, gleichsam um zu betonen, daß auch der Mensch ein Bestandteil der Natur ist. Der heitere 3. Satz besteht aus einem Tanz aus der Heimat des Komponisten. Im 4. Satz ist das Hauptthema volkstümlich intoniert und gehalten, um der Sinfonie ein liedhaftes Ende zu verleihen.

Sinfonie Nr. 4, »Das Unauslöschliche«, Opus 29, 4 Sätze, entstanden 1916

Das Werk, während des Ersten Weltkriegs geschrieben, ist ein musikalischer Ausdruck des unbedingten Willens, zu leben und zu überleben: »Musik ist Leben, unauslöschlich wie dieses.« Schon im 1. Satz kommt es zu einer explosiven Konfliktspannung, einem Kampf zwischen formbildenden und zerstörenden Elementen. Ein kammermusikalisches Holzbläserintermezzo leitet zum 2. Satz, der selbst nur einen Ruhepunkt vor dem gewaltigen 3. Satz bildet, in dem barocke Musikformen in grandioser Polyphonie gebracht werden. Im 4. Satz wird an den Krieg erinnert, die beiden Paukenpaare dröhnen wie Kanonendonner, aber mit einer Blechbläserhymne wird am Ende die Unzerstörbarkeit des unauslöschlichen Lebens triumphal verkündet.

Sinfonie Nr. 5, Opus 50, 2 Sätze, entstanden 1920

Der 1. Satz entwickelt in freier Tonalität über ein langes Bratschentremolo eine Fagottmelodie, die von einem Duo der Flöten und Hörner abgelöst wird. Dann übernehmen die Bratschen die Führung, die Ersten Violinen treten hinzu und am Ende die Kleine Trommel. Hartnäckige Ostinati, extrem hoch geführte Holzbläser und reichliches Schlagwerk bieten ein eigentümliches faszinierendes Klangbild, das in ein polyphones Adagio non troppo übergeht. Rücksichtslos läuft »ein Kampf zwischen der wilden Üppigkeit der Natur und der ordnenden Macht der Kultur« auf zwei verschiedenen musikalischen Ebenen ab, die sich erst am Ende zu einer mächtigen Klangballung vereinen. Im 2. Satz ist auf Schlagwerk verzichtet. Das kräftige Eröffnungsthema wird zerlegt, der Streicherchor durch nahezu unspielbare Passagen gejagt, eine Fuge zerfällt, ermattet durch die ständig störenden Einwürfe, bis es zu einer neuen fünfstimmigen Fuge im Andante un poco tranquillo kommt, die geordnet und strahlend ausklingt.

Sinfonie Nr. 6, »Sinfonia semplice«, ohne Opuszahl, 3 Sätze, entstanden 1925

Dieses Werk sollte nach der Ansicht des Komponisten einen »ganz idyllischen Charakter, ganz fern von zeitbedingtem Geschmack und Mode«, enthalten, doch trifft das höchstens für den 1. Satz zu. Es handelt sich keineswegs um eine »Sinfonia semplice« (einfache Sinfonie), sie ist im Gegenteil äußerst differenziert und problembeladen angelegt; das geplante Divertissement wandelt sich bald zur Tragödie, zum burlesken und grimmigen Ausdruck völliger Desillusionierung und des Wissens um die völlige Nutzlosigkeit jedes Bemühens. Schon der 1. Satz deutet an, daß der Komponist jeden Kampf für sinnlos und vergebens ansieht. Seine schneidenden Dissonanzen klingen anfangs wie Scherze, sie weichen aber bald der Resignation und münden in grotesken, blutigen Humor. Der 2. Satz ist mit »Humoreske« überschrieben und wird von einem Kammerensemble – Pikkolo, zwei Klarinetten, zwei Fagotte, Glockenspiel, Triangel, Kleine Trommel, gestopfte Posaune – gebracht. Böser Humor, ätzende Satire schrecken vor keiner klanglichen Provokation zurück. Der 3. Satz, »Proposta seria« (ernsthafter Vorschlag), hat strenge Linienführung und bringt in einer Variationenreihe einen vagen Ausblick auf kommende bessere Zeiten, die allerdings in weiter Ferne liegen.

Violinkonzert, Opus 33, 2 Sätze, entstanden 1911

Die Absicht, ein Violinkonzert zu schreiben, stürzte den Komponisten nach seinem eigenen Bekenntnis in das Dilemma, auf der einen Seite dem Publikum und den Interpreten zuliebe die alte Form des Konzerts mit Kantilenen, virtuosen Wendungen, Kadenzen und klingenden Mehrfachgriffen zu wahren, auf der anderen seinen persönlichen Stil nicht aufzugeben. Dies ist ihm aber im höchsten Maß gelungen. Das Werk, dessen zwei Sätze mit einer langsamen Einleitung versehen sind, bringt schöne sangliche Melodien, sein Schwierigkeitsgrad könnte kaum noch überboten werden, so daß viele Violinisten sich nicht heranwagten, und dabei ist es so expressiv wie alle Musik des Meisters. Es ist eines der interessantesten Violinkonzerte seiner Zeit geworden.

Flötenkonzert, ohne Opuszahl, 2 Sätze, entstanden 1926

»Sein Umfang ist nicht groß, aber voll liebenswürdiger Wendungen, wie zum Beispiel die Dialoge zwischen Flöte und Pauken und Fagott. Es ist reizvoll, fließend und nicht ohne Humor«, urteilte Arthur Honegger über das Werk. Dem ist hinzuzufügen, daß das Konzert eine wertvolle Bereicherung der Flötenliteratur darstellt. Der Ausdruckskraft des Orchesters ist der Flötenpart als liebenswürdige Geste beigegeben, so daß das Werk trotz der neuartigen Faktur gut aufgenommen wurde.

Klarinettenkonzert, Opus 57, 3 Sätze, entstanden 1928

Zur Klarinette tritt als zweites Soloinstrument eine Kleine Trommel. Der Klarinettenpart ist außerordentlich schwierig und schöpft alle Möglichkeiten des Instruments voll aus. Das Werk ist in freie Fugenform gefaßt, in der klassische Elemente mit völlig neuer Konzeption glücklich verschmolzen sind. Der rondoförmige Schlußsatz wirkt volkstümlich musikantisch und klingt kantabel und friedlich aus.

Serenata in vano für Klarinette, Fagott, Horn, Cello und Kontrabaß, ohne Opuszahl, 3 Teile, entstanden 1914

Dieses Stück kommt der Programmusik nahe. Es handelt sich um einen liebenswürdigen Scherz. Die Musikanten spielen vor dem Haus einer Schönen eine kavalereske Serenade, um die Dame auf den Balkon zu locken. Sie erscheint nicht. Nun versuchen sie es mit sehnsuchtsvollen, einschmeichelnden Weisen, aber auch das ist vergebens. Darauf geben es die Spieler auf und machen zu ihrem Trost für sich selbst Musik. Mit einem Marsch treten sie den Rückzug an.

Commotio für Orgel, Opus 58, 4 Teile, entstanden 1931

Der Komponist schrieb zu seinem Werk: »Ich habe versucht, den einzig echten und sachgerechten Orgelstil neu zu beleben, eine polyphone Musik, die auf dieses Instrument zugeschnitten ist, das so lange fälschlich für eine Art Orchester gehalten wurde.« Der Stil des Werks könnte als »neubarock« angesprochen werden, aber die Handschrift des Komponisten wird in jeder Zeile deutlich. Es beginnt mit einem freien einleitenden Adagio, darauf folgt die erste Fuge; ein langsamer Satz führt zur zweiten, grandios in C-Dur ausgearbeiteten Fuge, die in eine prächtige Coda mündet.

LITERATUR
T. Meyer und F. Schandorf Petersen, Carl Nielsen, Kopenhagen 1947/48.

Auguste Sérieyx (1865–1949)

LEBEN
Auguste Kean Maria Charles Sérieyx wurde am 14.6.1865 in Amiens geboren. Er war Schüler von André Gédalge (27.12.1856, Paris, bis 5.2.1926, Paris) und Vincent d'Indy an der Schola Cantorum, an der er ab 1900 eine Kompositionsklasse leitete. Im Jahr 1914 ließ er sich in Veytaux-Chillon bei Montreux als Musiklehrer nieder. Er starb am 19.2.1949 in Montreux.

WERKE
Neben seinen didaktischen Publikationen schrieb Auguste Sérieyx 2 Messen, ein Klavierquartett, 12 Motetten, Stücke für Klavier, für Violine und für Orgel, eine Kantate für Gesang und Orchester und Lieder. Sein Stil war sehr fortschrittlich.

Paul Gilson (1865–1942)

LEBEN
Paul Gilson wurde am 15.6.1865 in Brüssel geboren. Nach autodidaktischer Ausbildung studierte er von 1886 bis 1889 am Konservatorium seiner Vaterstadt, an dem er von 1899 bis 1909 als Harmonielehrer tätig war; ab 1904 wirkte er zugleich auch als Lehrer am Konservatorium in Antwerpen. Anschließend wurde er Inspektor des Musikunterrichts in Belgien. Er starb am 3.4.1942 in Brüssel.

WERKE
Das kompositorische Werk von Paul Gilson, das stark von Richard Wagner und den Russen abhängig und wegen seiner farbenprächtigen Instrumentierung zu seiner Zeit sehr geschätzt war, hat viel zum Profil der belgischen Gegenwartskomposition beigetragen. Er schrieb 2 Opern, 2 Schauspielmusiken, 3 Ballette, eine Kantate »Francesca da Rimini«, die Sinfonie »Das Meer«, »Schottische Rhapsodie«, »Kanadische Rhapsodie«, 3 sinfonische Dichtungen, 8 Suiten, 3 Ouvertüren, Stücke für Streichorchester und für Militärkapellen, 2 Quartette, ein Trio für Oboe, Klarinette und Klavier, Stücke für Violine, für Cello, für Harfe und für Harmonium, Suiten für Klavier und kleinere Klavierstücke.

Robert Kahn (1865–1951)

LEBEN
Robert Kahn wurde am 21.7.1865 in Mannheim geboren. Er war dort Schüler von Vinzenz Lachner, in Berlin von Friedrich Kiel und in München von Joseph Rheinberger. Von 1890 bis 1893 wirkte er in Leipzig als Dirigent eines Frauengesangvereins und von 1897 bis 1930 als Kompositionslehrer der Hochschule für Musik in Berlin. Er emigrierte, lebte ab 1937 in England und starb am 29.5. 1951 in Biddenden, Kent.

WERKE
Die Kompositionen von Robert Kahn, besonders sein Liedschaffen, standen unter dem Einfluß von Johannes Brahms. Außer seinem Liederspiel »Sommerabend« schrieb er für Chor und Orchester »Mahomets Gesang«, »Sturmlied«, »Festgesang«, ein Klavierkonzert, ein Violinkonzert, Klavierquintette, Klavierquartette, Klaviertrios, ein Streichquartett, ein Klarinettentrio, eine Serenade für Klavier, Oboe und Horn, eine Klaviersonate, 3 Violinsonaten, 2 Cellosonaten, eine Suite für Violine und Klavier, gemischte Chöre, Frauenchöre und Lieder.

Aleksandr Glasunow (1865–1936)

LEBEN
Aleksandr Konstantinowitsch Glasunow wurde am 29.7.1865 in St. Petersburg geboren. Mit 9 Jahren erhielt er den ersten Musikunterricht, im 13. Lebensjahr begann er zu komponieren, im 16. schrieb er seine erste Sinfonie, die Franz Liszt 1884 mit Erfolg in Weimar aufführte. Er wurde von Mili Balakirew, Nikolai Rimski-Korsakow und Aleksandr

Tanejew sehr gefördert, galt bald als große Hoffnung der russischen Musik und war bereits in jungen Jahren berühmt. Im Jahr 1905 wurde er Direktor des Konservatoriums von St. Petersburg, an dem er bereits ab 1899 als Lehrer für Partiturenspiel und Instrumentation gewirkt hatte. Die Universitäten Cambridge und Oxford verliehen ihm den Doktorgrad für Musik, die Accademia di Santa Cecilia in Rom ernannte ihn zum Ehrenmitglied; 1922 wurde er Volkskünstler der Sowjetunion. Ab 1928 lebte er in Paris. Am 21.3. 1936 starb er in Neuilly-sur-Seine, Seine.

WERKE

Das russische Musikleben in den letzten Jahrzehnten des 19. Jahrhunderts und in den ersten des folgenden war von Fakturen von Pjotr Tschaikowski, Anton Rubinstein, Nikolai Rubinstein (1835–81), Nikolai Rimski-Korsakow und Sergei Tanejew beherrscht. Die zeitgenössischen Komponisten verfolgten die nationale Linie mit vielen Konzessionen an den allgemein europäischen Geschmack oder lehnten sich offen an westliche, vorwiegend deutsche Vorbilder an. Ihre Klangwelt war neuromantisch, die Melodik stark folkloristisch, die Harmonik tonal und bewegte sich im großen und ganzen innerhalb des Dur-Moll-Systems konsonant; Dissonanzen wurden aufgelöst, Chromatik war wenig gefragt. Auch Aleksandr Glasunow machte sich diesen epigonalen eklektischen Stil zu eigen. Da er seine Werke außerordentlich farbig zu orchestrieren verstand, erntete er als Komponist in seiner Heimat wie im Ausland ebensoviel Beifall wie als Dirigent eigener und fremder Kompositionen. Seine Diktion wurde wurde von den zyklischen Formen des 19. Jahrhunderts und der kontrapunktischen Durchdringung des Satzes bedingt; das nationale Element zog er nur zur Farbgebung heran. Darin liegt auch die Ursache, daß viele seiner Werke, die – wie Igor Strawinsky berichtete – jedes wie eine Offenbarung erwartet und mit Begeisterung aufgenommen wurden, bald nach seinem Tod nur mehr wenig auf den Konzertprogrammen erschienen. Das Ballett »Raymonda« ist noch lebendig, auch die 2 weiteren, »Die Jahreszeiten« und »Liebeslist«, werden noch getanzt. Er schrieb außerdem 9 Sinfonien – die letzte blieb unvollendet –, 4 sinfonische Gedichte »Stenka Rasin«, »Der Kreml«, »Der Frühling«, »Karelische Legende«, 6 Orchestersuiten, 4 Fantasien für Orchester, »Der Wald«, »Das Meer«, »Fantasie«, »Finnische Fantasie«, 5 Ouvertüren »Ouvertüre auf 3 griechische Themen«, »Karneval«, »Feierliche Ouvertüre« (mit Orgel), »Schicksalslied«, »Epische Ouvertüre« und 24 andere sinfonische Werke, ferner ein Violinkonzert, 2 Klavierkonzerte, ein Cellokonzert und ein Saxophonkonzert. An Kammermusik liegen vor: ein Streichquintett, 7 Streichquartette, ein Saxophonquartett, ein Blechbläserquartett, eine Suite für Streichquartett, 5 Novelletten für Streichquartett, eine Meditation für Violine und Klavier, eine Konzertballade für Cello und Klavier, 2 Klaviersonaten und viele weitere Klavierstücke, Orgelstücke, zahlreiche Lieder und Chöre.

Aleksandr Glasunow und Nikolai Rimski-Korsakow

Raymonda, Ballett in 3 Akten, Opus 57, entstanden 1897

Mit diesem Stück setzte der Komponist die von Pjotr Tschaikowski initiierte Form des russischen Balletts fort. Der romantische Inhalt des Werks berichtet von der Nichte der Gräfin Sibylie de Boris, Raymonda, die mit dem Ritter Jean de Brien verlobt ist. Der Ritter befindet sich auf einem Kreuzzug. Auf dem Schloß der Gräfin werden Vorbereitungen zur Geburtstagsfeier Raymondas getroffen; Boten kommen, die die Heimkehr des Ritters nach siegreicher Schlacht verkünden. Der maurische Ritter Abderachman kommt in das Schloß, ist von Raymondas Schönheit überwältigt, gesteht ihr seine Liebe und wird abgewiesen. Er beschließt, das Mädchen zu entführen. Nachts erscheint Raymonda ihre Schutzherrin, die Weiße Dame, von der sie in den nebelverhüllten Park geführt wird. Im Nebel erscheint ihr die Gestalt des Verlobten; das Mädchen nähert sich, um ihn zu umarmen, aber er verwandelt sich plötzlich in den Mauren; Raymonda wird ohnmächtig. Während der Geburtstagsfeier erscheint Abderachman mit seinen Mannen, um die Angebetete zu rauben. Es kommt zum Kampf, in dem der inzwischen heimgekehrte Jean de Brien den Mauren besiegt. Dann wird eine glänzende Hochzeit gefeiert. Die Tänze, besonders die Walzer, sind den Balletten Tschaikowskis nachgebildet, erreichen aber trotz ihres eigenartigen Reizes nie den Schwung der Vorbilder.

Die Jahreszeiten, Ballett in 4 Szenen, Opus 67, entstanden 1900

Die Zeiten des Jahres bilden nur einen Rahmen für eine Suite von Divertissements. Die Attribute der einzelnen Jahreszeiten werden choristisch und musikalisch dargestellt. In der 1. Szene treten in einer winterlichen Landschaft Frost, Eis, Schauer und Schnee auf und tanzen, bis zwei Zwerge den Einzug des Frühlings verkünden. Zephyr, Vögel und Blumen beherrschen die 2. Szene. In der 3. Szene wird der Sommer mit dem Walzer der Korn- und Mohnblumen und einer Barkarole gefeiert. Der Herbst beginnt mit einem Bacchanal, an dem sich alle Jahreszeiten beteiligen. Dann schließt das Stück mit einer Apotheose.

Liebeslist, Ballett in einem Akt, Opus 61, entstanden 1900

Für ihre Tochter hat die Herzogin den armen Marquis auserwählt, will aber überprüfen, ob er das Mädchen wirklich liebt. Ihm wird die Kammerzofe als »Braut« vorgestellt, die ihm so sehr gefällt, daß er auf die reiche Heirat verzichten und das Mädchen nehmen will. Damit hat er die Probe bestanden. Das musikalisch reizende Stück wird heute noch gegeben.

Sinfonie Nr. 3 in D-Dur, Opus 33, 4 Sätze, entstanden 1890

Als Hauptthema des 1. Satzes tragen die Violinen über Staccati der Holzbläser eine Kantilene im Dreivierteltakt vor, die harmonisch wechselvoll ausgestattet und rhythmisch zerlegt wird. Das Scherzo des 2. Satzes ist ein russischer Elfenspuk, der dem Orchester virtuoses Spiel abverlangt. Der langsame 3. Satz ist im Sinn der klassischen Sinfonie polyphon strukturiert und straff gearbeitet. Das reiche thematische Material des Finales wird logisch entwickelt, der üppige Orchestersatz bleibt elastisch und durchsichtig.

Sinfonie Nr. 4 in Es-Dur, Opus 48, 3 Sätze, entstanden 1893

Der 1. Satz dieses sehr bildhaften Werks beginnt mit einem elegischen Thema des Englischhorns. Russische Liedhaftigkeit und orientalische Ornamentik verbinden sich zu einem volkstümlichen Klangbild. Der 2. Satz bringt ein Scherzo, das pastoral gefärbt ist. Im Mittelteil kommt es zu Walzerelementen. Das Finale ist kompliziert gestaltet. Es fängt mit einer Andanteeinleitung an, die den langsamen Satz ersetzt. Alle Themen sind miteinander verwandt, es sind auch Wendungen der vorangehenden Sätze herangezogen; alles ist kontrapunktisch und harmonisch breit entwickelt und zu einer Einheit verbunden.

Sinfonie Nr. 5 in B-Dur, Opus 55, 4 Sätze, entstanden 1895

Der 1. Satz ist feierlich und pathetisch. Das Fanfarenthema klingt wie eine Heldenehrung. Daran schließt sich ein volkshaftes Thema. Das Scherzo des 2. Satzes ist launisch und leicht, der Mittelteil zeichnet eine ländliche Szene. Im 3. Satz wird die ausdrucksvolle Lyrik durch düstere Klänge der Posaunen mehrmals unterbrochen, die wie eine Mahnung des Schicksals klingen. Das Finale bringt Bilder aus den Zeiten des alten Rußland und klingt festlich aus.

Sinfonie Nr. 6 in c-Moll, Opus 58, 4 Sätze, entstanden 1896

Der 1. Satz ist voll Dramatik, die sofort einsetzt. Erst allmählich nähert sich ein zartes zweites Thema. Im 2. Satz wird ein schlichtes Thema variiert. Der 3. Satz ist ein elegisches Intermezzo. Der 4. Satz hat den Charakter eines Volksfestes wie der Abschluß zahlreicher russischer Sinfonien.

Sinfonie Nr. 7 in F-Dur, »Pastorale«, Opus 77, 4 Sätze, entstanden 1903

Im 1. Satz werden durch eine Reihe Volksmelodien Szenen aus dem russischen Landleben vorgeführt. Das Andante des 2. Satzes – etwas theatralisch und unecht – beinhaltet östliche Schwermut. Das folgende Scherzo ist eine Folge fröhlicher Tänze, und im Finale erklingt ein breiter Hymnus auf das Vaterland des Komponisten.

Sinfonie Nr. 8 in Es-Dur, Opus 83, 4 Sätze, entstanden 1906

Der 1. Satz dieses großangelegten Werks ist wie das Finale mit reicher Kontrapunktik, kühner Harmonik und Instrumentation, die im Dienst eines leidenschaftlichen Ausdruckswillens steht, ausgestattet. Der 2. Satz ist ein schmerzerfüllter Trauergesang wegen des Todes des Förderers des

Komponisten, des Musikverlegers Mitrofan Petrowitsch Beljajew (10.2.1836, St. Petersburg, bis 28.12.1903, St. Petersburg). Im 3. Satz rast ein unheimlicher »Totentanz« über das Orchesterpodium.

»Stenka Rasin«, Sinfonische Dichtung, Opus 13, ein Satz, entstanden 1885

Mit dem Volkslied »Ej uchnjem« wird die Weite der Wolga symbolisiert, den der Kosakenataman Stenka Rasin mit seiner Schar befuhr. Ein zweites, orientalisch gefärbtes Thema stellt die persische Prinzessin dar, die Stenka geraubt hatte. Die Durchführung folgt ihrem Traum: »Nicht günstig war der Traum, den ich sah; der Ataman wurde erschossen, die Kosaken, die Ruderer, brachte man in den Turm, und ich ertrank in den Fluten der Wolga.« Mit dem gleichen Wolgalied stürzt sich die Schar Rasins auf die Russen und geht mit dem Ataman unter.

Klavierkonzert Nr. 1 in f-Moll, Opus 92, 2 Sätze, entstanden 1911

Der 1. Satz ist heroisch und stürmisch. Der 2. Satz bringt acht sehr interessante Variationen und schließt mit der neunten als Finale ab.

Klavierkonzert Nr. 2 in H-Dur, Opus 100, ein Satz, entstanden 1917

Das Stück gliedert sich in vier Teile, die ein geschlossenes Ganzes darstellen. Der erste Teil ist lyrisch-romantisch, der zweite träumerisch und bewegt. Im dritten Teil erklingt ein »Scherzando«, im vierten ein grandios ausgebautes Finale.

Violinkonzert in a-Moll, Opus 82, 2 Sätze, entstanden 1904

Der 1. Satz ist ein Moderato, in das ein kantables Andante eingebettet ist. Weite und Brillanz der melodischen Geste sind hinreißend für jeden, wie immer er auch zur Musik des Komponisten eingestellt ist. Eine einfallsreiche Kadenz führt zum 2. Satz, einem prachtvollen Rondo, das alle nur möglichen Orchestereffekte entfaltet und an den Solisten hohe Anforderungen stellt.

Saxophonkonzert in Es-Dur, Opus 109, ein Satz, entstanden 1934

Dieses für Altsaxophon und Streichorchester geschriebene Werk stellte zu seiner Zeit eine sehr seltene Klangkombination dar. Es bietet dem Solisten Gelegenheit, alle Klangschattierungen und rhythmischen Finessen seines Instruments auszuschöpfen. Die Streicherbegleitung bildet für den Samtton des Saxophons einen vorzüglichen Hintergrund, so daß ein einheitliches makelloses Klangbild entsteht. Das thematische Material erzeugt keine Konflikte, sondern einen einheitlichen konzentrierten, zuweilen nachdenklich-elegischen melodischen Fluß.

Quartett für vier Saxophone in B-Dur, Opus 109, 3 Sätze, entstanden 1933

Dieses für Sopran-, Alt-, Tenor- und Baritonsaxophon geschriebene Werk stellt in Divertimentoform die rhythmischen und klanglichen Möglichkeiten der Saxophonenfamilie dar und erzeugt eine überraschende emotionelle Wirkung. Das Kolorit des Quartetts ist frisch und farbenreich, die schmiegsamen Töne der Instrumente bringen bisher nicht gehörte Klangmischungen. Jeder der drei Sätze ist mit speziellen Themen ausgestattet, die wohl stark voneinander differieren, aber dennoch auf ihre Art die gleiche Absicht, die Schönheit ihres Instruments vorzuführen, deutlich werden lassen.

Literatur

G. Fjoderowa, Aleksandr Konstantinowitsch Glasunow, Moskau 1947.

Paul Dupin (1865–1949)

Leben

Paul Dupin wurde am 14.8.1865 in Roubaix, Nord, geboren. Er gab eine gute Stellung in der Industrie auf, um Musiker zu werden, und ging mit 22 Jahren nach Paris, wo er bei Marie Auguste Durand einigen Unterricht in Harmonielehre erhielt und sich sodann autodidaktisch weiterbildete. Er starb am 6.3.1949 in Paris.

Werke

Von Paul Dupin, der sich einen originellen volkstümlichen Stil gebildet hatte, sind eine Oper, ein Oratorium, eine Sinfonie, 40 »Gedichte« für Streichquartett, ein Klaviertrio, eine Klaviersuite, Skizzen für Klavier, Klaviersonaten, Violinsonaten und zahlreiche Vokalwerke, darunter ungefähr 500 Kanons für drei bis zwölf Stimmen, bekannt geworden.

Giacomo Orefice (1865–1922)

Leben

Giacomo Orefice wurde am 27.8.1865 in Vicenza geboren. Er war am Liceo musicale in Bologna Schüler von Luigi Mancinelli (1848 bis 1921) und Alessandro Busi (28.9.1833,

Bologna, bis 8.7.1895, Bologna). Ab 1909 wirkte er als Kompositionslehrer am Conservatorio Giuseppe Verdi in Mailand, wo er am 22.12.1922 starb.

WERKE
Außer 9 Opern und einem Ballett schrieb Giacomo Orefice 2 Sinfonien, die sinfonischen Suiten »Sinfonie des Waldes«, »Anakreon« und »Franzeskanische Lauden«, ein Klavierquintett, ein Klaviertrio, 2 Violinsonaten, eine Cellosonate, Klavierstücke und Lieder. Stilistisch gehörte er der Romantik an.

Adolphe Marty (1865–1942)

LEBEN
Adolphe Marty wurde am 29.8.1865 in Albi, Tarn, geboren. Er war von Geburt an blind, wurde in Paris im Institut für junge Blinde erzogen, studierte am Conservatoire bei César Franck und Ernest Guiraud und erhielt den Ersten Orgelpreis. Im Jahr 1888 wurde er Orgellehrer am Blindeninstitut, sodann Organist an St-Paul in Orléans und sodann an St-François-Xavier in Paris. Er starb am 28.10. 1942 in Valence d'Albigeois, Tarn.

WERKE
Neben einem lyrischen Drama, einem Oratorium, Kammermusik, Motetten und Liedern sind von Adolphe Marty zahlreiche Orgelwerke bekannt geworden, die zur Prägung des französischen Orgelstils des 20. Jahrhunderts viel beigetragen haben. Seine Kompositionen werden noch heute viel gespielt.

Paul Dukas (1865–1935)

LEBEN
Paul Dukas wurde am 1.10.1865 in Paris geboren. Er war am Conservatoire in Paris Schüler von Théodore Dubois und Ernest Guiraud und erhielt den Rompreis. Anschließend lebte er in Paris als Komponist, Musiklehrer und Kritiker. Von 1928 bis zu seinem Tod am 17.5.1935 wirkte er als Leiter einer Kompositionsklasse am Conservatoire.

Paul Dukas

WERKE
Von Paul Dukas sind außer mehreren erfolglosen Opern eine Sinfonie (eine zweite, eine sinfonische Dichtung, ein sinfonisches Drama und mehrere Ballette vernichtete er), eine Tanzdichtung »La Péri« und eine Einleitungsfanfare dazu und das Orchesterstück »Der Zauberlehrling«, das rasch weltberühmt wurde, bekannt geworden. Er schrieb ferner eine Villanelle für Horn und Klavier, ein »Elegisches Praeludium auf den Namen Haydn« für Klavier, »Die von ferne klingende Klage eines Fauns« für Klavier zum Andenken für Claude Debussy und eine Sonnette für Gesang und Klavier. Er gehörte zu den Vertretern des französischen Impressionismus.

»La Péri«, Tanzgedicht in einem Bild, entstanden 1912

Stoff dieses Balletts ist das Märchen von dem Fabelwesen, der Péri, die dem jungen Perser, der nach der Blume der Unsterblichkeit sucht, den Tod bringt. Die außerordentlich farbige Musik des impressionistischen Stücks zieht orientalisches Kolorit heran. Es ist voll tonalitätsfremder Wendungen, die an Bitonalität grenzen.

»Der Zauberlehrling«, Scherzo in einem Satz, entstanden 1897

Diese sinfonische Dichtung nach der Tradition der »Neudeutschen Schule« folgt Vers für Vers der gleichnamigen Ballade von Johann Wolfgang von Goethe (1749–1832) mit meisterhafter Instrumentation, die den Handlungsablauf mit ungeheurer Bildhaftigkeit darstellt.

LITERATUR

G. Favre, Paul Dukas, Paris 1948.

Jean Sibelius (1865–1957)

Jean Sibelius

LEBEN

Jean Sibelius (Johan Julius Christian) wurde am 8. 12. 1865 in Hämeenlinna (Tavastehus), Finnland, geboren. Er erhielt früh Musikunterricht, nahm während seines Jurastudiums in Helsinki bei Martin Wegelius (1846–1906) Violin- und Theorieunterricht und widmete sich bald ausschließlich der Musik. In Berlin waren Albert Becker (1834–99) und Woldemar Bargiel und in Wien Robert Fuchs (1847–1927) und Károly Goldmark (1830–1915) seine Lehrer. Im Jahr 1893 kehrte er nach Finnland zurück, wurde über Vermittlung von Robert Kajanus (1856–1933) mit einer Lehrtätigkeit am Musikinstitut und an der Orchesterschule von Helsinki betraut und erreichte mit seinen ersten Werken bald den Ruf als national-finnischer Komponist. Der Staat gewährte ihm ein lebenslanges Stipendium, damit er sich ganz der kompositorischen Tätigkeit widmen konnte. Sein Ruf verbreitete sich rasch in ganz Europa, seinen ständigen Aufenthalt nahm er 1904 in Järvenpää unweit von Helsinki. Nach dem Ersten Weltkrieg schränkte er seine bisher sehr intensive Tätigkeit als Dirigent und Komponist stark ein, 1921 reiste er zum letzten Mal nach England, 1924 trat er ein letztes Mal als Dirigent auf und vollendete im selben Jahr seine letzte Sinfonie; ab 1929 erschienen keine weiteren Kompositionen von seiner Hand. Was er ab jenem Zeitpunkt bis zu seinem Tod am 20. 9. 1957 in Järvenpää skizziert hatte, ist nicht überliefert.

WERKE

»Es herrscht die irrige Ansicht, daß meine Themen oft Volksmelodien seien. Aber bis jetzt habe ich nie ein Thema verarbeitet, das nicht meine eigene Erfindung gewesen wäre«, erklärte Jean Sibelius selbst. Ebenso wehrte er sich gegen den Vorwurf, die Tradition der Programmusik in der Art Franz Liszts fortzusetzen: »Seit Beethovens Zeit sind alle die sogenannten Sinfonien, mit Ausnahme die von Johannes Brahms, sinfonische Gedichte gewesen. In manchen Fällen haben uns die Komponisten ein Programm gegeben oder wenigstens angedeutet, was sie gedacht haben; aus anderen Fällen geht klar hervor, was sie sich vorgenommen haben zu schildern oder zu illustrieren, sei es eine Landschaft oder Bildreihe. Das ist nicht mein Ideal einer Sinfonie. Meine Sinfonien sind Musik, erdacht und ausgearbeitet als Ausdruck der Musik, ohne irgendwelche literarische Grundlage. Ich bin kein literarischer Musiker, für mich beginnt die Musik da, wo das Wort aufhört. Eine Sinfonie soll zuerst und zuletzt Musik sein. Natürlich kommt es vor, daß ein seelisches Bild unfreiwillig bei einem musikalischen

Satz, den ich geschrieben habe, haftengeblieben ist; aber meine Sinfonien sind bei ihrer Entstehung immer rein musikalisch gewesen.« Er knüpfte mit seinen Sinfonien an der Tradition der Klassik und an Anton Bruckner an und verschmolz dieses Erbe mit seinem eigenen epischen Stil zu neuen Formen. Er schrieb aber dennoch keine Musik nur um der Musik willen, sondern »es sind ja meine Sinfonien Glaubensbekenntnisse.« Gehobene Poesie und deutlich betonte ethische Linie können aber nicht verhehlen, daß aus allen seinen Werken seine Heimat, das Land der tausend Seen und der tiefen Wälder, mitklingt. Seine 7 Sinfonien werden heute noch immer viel gespielt, am meisten allerdings, abgesehen von den nordischen Ländern, in Westeuropa und in den USA. Von den sinfonischen Dichtungen, die ebenfalls keine Programmusik im landläufigen Sinn, sondern nur die Wiedergabe der Stimmung und des ethischen Gehalts des behandelten Stoffes sind, genießen »En Saga«, »Tapiola« und vor allem »Finlandia« den Vorzug, aber auch die anderen, »Frühlingslied«, »Die Dryade«, »Pohjolas Tochter«, »Pan und Echo«, »Nächtlicher Ritt und Sonnenaufgang«, »Der Barde«, »Die Oceaniden« und die »Vier Legenden«, finden sich immer wieder auf Konzertprogrammen wie auch die Orchestersuiten »Karelia«, »Historische Szenen«, »Suite caractéristique« und »Kuolema«, aus der »Valse triste«, weltberühmt geworden ist, und eine Anzahl weiterer Orchesterstücke. Das Violinkonzert gehört seit seinem Entstehen zum Repertoire der Virtuosen; beliebt sind auch die 2 Violinserenaden und die Humoresken für Violine und Orchester. Für Streichorchester verfaßte er die Suite »Pelléas et Mélisande«, »Der Liebende«, eine »Romanze«, eine »Canconetta«, eine »Suite mignonne« mit zwei Flöten und eine »Suite Champêtre«. Außerdem liegen vor: 2 Streichquartette, eine Sonatine und 20 kleinere Stücke für Violine und Klavier, eine Sonate, 3 Sonatinen und ungefähr 100 Stücke für Klavier allein. Von den zahlreichen Chorwerken ist die »Kullervo-Sinfonie« das bekannteste; dazu kommen mehrere Deklamationen mit Orchesterbegleitung und viele Lieder und Chöre in verschiedener Besetzung. Er schrieb überdies eine einaktige Oper – eine zweite blieb unvollendet – und eine Reihe Schauspielmusiken.

Kullervo-Sinfonie für Mezzosopran, Bariton, Männerchor und Orchester, Opus 7, 5 Sätze, entstanden 1892, vom Komponisten trotz großen Erfolgs zurückgezogen und erst wieder 1958 erneut vollständig aufgeführt

Der 1. Satz »Einleitung« hat Sonatenform und erinnert mit seinem Aufbau an Anton Bruckner. Sein heroischer Klang stellt den Recken der Kalevala Kullervo vor. Der 2. Satz ist Pjotr Tschaikowski verpflichtet; in hellen Farben wird die Jugend des Helden geschildert. Im 3. Satz »Kullervo und seine Schwester«, dem wichtigsten und längsten der sinfonischen Kantate, setzt ein Männerchor ein, der mit dem Mezzosopran (die Schwester) und dem Bariton (Kullervo) im opernhaften Wechselgesang die Dramatik der unglücklichen Liebe des Helden zur Schwester darstellt. Der 4. Satz »Kullervo geht zur Schlacht« ist ein rein instrumentales Bild des Schlachtengetümmels. Im 5. Satz »Kullervos Tod« besingt der Chor den Selbstmord des Helden mit den Versen der Runo XXXVI der Kalevala.

Sinfonie Nr. 1 in e-Moll, Opus 39, 4 Sätze, entstanden 1899

Im 1. Satz gibt eine melancholische Klarinettenmelodie über Paukentremolo die Vorstellung einer öden, einsamen Landschaft. Dann tritt ein kämpferischer Zug in das Geschehen; den Kontrast hiezu bildet ein lyrisches Seitenthema. Der langsame 2. Satz hat Rondoform und enthält eine der schönsten Melodien des Komponisten; Violinen und Celli zaubern Waldesrauschen und Vogelgesang, das gegen Ende des Satzes im Wind verklingt. Der 3. Satz ist ein konventionelles Scherzo mit schönen Einfällen; das Trio fällt durch reiche Chromatik auf. Das Finale bringt die Klarinettenmelodie des 1. Satzes. Im rondoartigen Allegro sind zwei Themen verarbeitet; die Coda klingt pathetisch und stark dynamisch aus, als wolle sie eine entschlossene Kampfansage betonen.

Sinfonie Nr. 2 in D-Dur, Opus 43, 4 Sätze, entstanden 1902

Die Stimmung des Werks ist freudig und leicht, man merkt sofort, daß es in Italien konzipiert wurde, wenngleich es durch und durch finnisch ist. Der 1. Satz hat Sonatenform, aber mit drei Themen, von denen das erste, von den Holzbläsern intoniert, eine pastorale Stimmung bringt, die auch den anderen Themen lebhafte Züge verleiht. Im 2. Satz verdüstern Paukenwirbel, Streicherpizzicati und Fagottmelodien die Heiterkeit des vorangehenden. Tiefem Seelenschmerz wird im 2. Satz deutlicher Ausdruck verliehen. Das Scherzo des 3. Satzes wirbelt eilig dahin, im Trio erklingt eine kantable Oboenmelodie. Nach der Reprise setzt hymnisch das Finale ein, das mit einem strahlenden Bläserchoral, dem trotz aller Lebensfreude immer noch etwas von der Melancholie der finnischen Landschaft anhaftet, endet.

Sinfonie Nr. 3 in C-Dur, Opus 52, 3 Sätze, entstanden 1907

Klassische Straffung, formale Korrektheit und Verzicht auf breites Pathos kennzeichnen dieses Werk. Die zwei Themen des 1. Satzes stehen in keinem Widerspruch, sondern ergänzen einander. Daher birgt auch ihre Durchführung keine Konflikte; sie werden nach der gerafften Reprise hymnisch entfaltet. Der lyrische 2. Satz bringt Variationen eines von den Flöten vorgetragenen volksliedhaften Themas. Anstelle eines Scherzosatzes bietet das Finale eine Gruppe scherzoähnlicher Motive, die sich zu einem von vierfach geteilten Bratschen gespielten marschartigen Thema verdichten.

Sinfonie Nr. 4 in a-Moll, Opus 63, 4 Sätze, entstanden 1911

Eigenes Schicksal – eine schwere Erkrankung –, die Unterdrückung der Heimat durch Rußland und möglicherweise auch ein Vorgefühl der drei Jahre später ausbrechenden Weltkatastrophe dürften die tragische Stimmung dieses Werks erzeugt haben. Dazu trat die Abneigung des Komponisten gegen die Entwicklung der Musik zur Auflösung aller überkommenen Regeln (»Immerhin kann ich nicht anders helfen als durch Arbeit; ich arbeite an meiner neuen Sinfonie«, erklärte er, und: »Ich schrieb die Sinfonie als Protest gegen die gegenwärtigen Kompositionen, nichts, absolut nichts von Circus um sie!«). Formstrenge, klare Logik, konzentrierte Gestaltung ohne Aufwand und Prunk sollen Protest und Verzweiflung deutlich werden lassen. Die synkopierte, von Kontrabässen, Celli und Fagotten am Beginn des 1. Satzes vorgetragene Melodie bewegt sich innerhalb einer übermäßigen Quart und bildet den Ausgangspunkt für die Thematik des gesamten Werks. Das Solocello führt sodann das Hauptthema des Satzes aus und wird von grellen Bläserakkorden abgelöst, die jede Hoffnung ersticken. Diese Spannung bleibt im 2. Satz erhalten, dessen heiterer Beginn von Schmerzausbrüchen zurückgedrängt wird. Im 3. Satz vermitteln solistisch auftretende Instrumente ein unruhiges, vergebliches Grübeln, und im 4. Satz kommt es durch polytonale Passagen zur äußersten Steigerung der Tragik. Die Sinfonie wurde in Göteborg ausgepfiffen und in den USA als ultramodern, dissonant und öde abgelehnt. Arturo Toscanini (1867–1957) beantwortete die Kritik mit einer sofortigen Wiederaufführung.

Sinfonie Nr. 5 in Es-Dur, Opus 82, 3 Sätze, entstanden 1915

Die erste Fassung der Sinfonie war viersätzig, die Umarbeitungen der Jahre 1916 und 1918/19 zogen die ersten beiden Sätze zu einem zusammen. Der Komponist äußerte sich zu seinem Werk: »Ich war unsicher, ob ich die fünfte Sinfonie beginnen sollte. Ich habe überhaupt viel darunter zu leiden gehabt, daß ich darauf beharrte, Sinfonien zu schreiben in einer Zeit, als nahezu alle Tonsetzer sich anderen Ausdrucksformen zuwandten.« Jedenfalls bestrebte sich diese seine beliebteste Sinfonie, das Erbe der Klassik unter neuen Bedingungen fortzusetzen, »sie ist ein Bekenntnis kraftvollen, unter Schmerzen erkämpften Optimismus in arger Zeit, ein erhabenes Zeugnis für einen unüberwindlichen Glauben an die ewig erneuernde Kraft des Lebens«. Diese lebensbejahende Grundhaltung wird im 1. Satz mit einem langsamen Sonatensatz ausgedrückt, der die Züge eines Scherzo erhält und über einen Orgelpunkt aus 90 Takten ein befreiendes Finale erreicht. Den 2. Satz bildet ein kantables Thema, das mehrfach variiert wird. Im Finale werden die in den vorangehenden Sätzen nur angedeuteten Themen voll ausgeführt und zu einem triumphierenden Abschluß gebracht.

Sinfonie Nr. 6 in d-Moll, Opus 104, 4 Sätze, entstanden 1923

Das Werk ist stilistisch zwischen der elegischen vierten und der pathetischen fünften Sinfonie einzuordnen. Das Kopfthema des 1. Satzes ist pastoral; es wird von den Holzbläsern vorgetragen. Dann wird ein in Terzen geführtes Thema verarbeitet, wohl um die Liebe des Komponisten zur Natur, die einen nie enttäuscht, zu bekunden. Anstelle eines langsamen Satzes folgt ein Allegretto moderato mit synkopierten Flöten- und Fagottpassagen, phantasievoll und sehr kantabel. Das Scherzo des 3. Satzes hat Rondoform, der trochäische Rhythmus des ersten Themas durchzieht den ganzen Satz, in dem Holzbläser und Streicher im Spiel abwechseln. Auch das Finale ist ein Rondo, das heiter und gelöst ausklingt.

Sinfonie Nr. 7 in C-Dur, Opus 105, ein Satz, entstanden 1924

Zu diesem Werk, das ursprünglich »Fantasia sinfonica« heißen sollte, notierte der Komponist: »Siebente Sinfonie – Lebensfreude und Lebenskraft mit appassionato-Zutaten. Drei Sätze – der letzte ein hellenisches Rondo.« Es wurde jedoch einsätzig mit langsamen Abschnitten am Beginn und am Ende; dazwischen liegen ein mäßig rascher Teil und ein Scherzo. Das Hauptthema ist eine Posaunenmelodie, die »Freude und Lebenskraft« verkündet. Die Gesamthaltung des Stücks, das der sechsten Sinfonie stark ähnelt, ist lyrisch, aber erfüllt vom unentwegten Glauben an die Schönheit des menschlichen Daseins.

Vier Legenden für Orchester, Opus 22, 4 Teile, entstanden 1895

Der 1. Teil »Lemminkäinen und die Jungfrauen von Saari« folgt der Runo XXXIX der Kalevala. Lemminkäinen, der Don Juan der finnischen Volkssage, kommt in das Land Saari und hält um die Hand eines Mädchens namens Kylliki an. Er wird von den Frauen des Landes freundlich aufgenommen, aber Kylliki weist ihn ab. Er bleibt im Land. Bei einem Tanz der Mädchen raubt er Kylliki und führt sie auf seinem Schlitten in seine Heimat. Die Musik hat rhapsodischen Charakter. Der 2. Teil »Der Schwan von Tuonela« wird oft gesondert aufgeführt. Die Partitur erklärt: »Tuonela, die Hölle der finnischen Mythologie, ist von einem breiten Fluß mit schwarzem Wasser und reißendem Lauf umgeben, auf dem der Schwan von Tuonela majestätisch dahinschwimmt und traurig singt.« Die Englischhornmelodie des Satzes ist weltberühmt geworden. Der 3. Teil »Lämminkäinen in Tuonela« stellt Dunkelheit und Qual der »Hölle« dar, in die der Held gekommen war, weil er den schwarzen Schwan getötet hatte; ein Feind aus seiner Heimat ermordete ihn am Fluß durch Gift einer Natter und warf die Leiche in das Wasser, das sie in die Hölle schwemmte. Im 4. Teil »Lemminkäinens Heimkehr« wird er aus Tuonela entlassen und reist in das Land seiner Kindheit; auf dem Weg dahin hat er zahlreiche Abenteuer zu bestehen, die von der Musik plastisch dargestellt werden.

Finlandia, Tongedicht, Opus 26, ein Satz, entstanden 1899, 1900 überarbeitet

»Wir haben 600 Jahre lang für unsere Freiheit gekämpft, und ich durfte der Generation angehören, die sie errungen hat«, sagte der Komponist. »Finlandia! Meine Finlandia erzählt davon, sie war unser Kampflied, das zur Siegeshymne wurde.« Das Stück gehörte ursprünglich zu einer Reihe »Lebende Bilder« mit gelesenen Texten und Musik, die anläßlich einer Demonstration zugunsten der unterdrückten finnischen Presse veranstaltet und von der zaristischen Regierung unterdrückt wurde. Es ist in dem Werk sehr wenig spezifisch finnisch-folkloristisches Material verarbeitet, damit »alle Völker und alle Menschen es auf ihre Lage beziehen können«.

»En Saga«, Sinfonisches Gedicht, Opus 9, ein Satz, entstanden 1892, umgearbeitet 1901

»En Saga« (Eine Sage) ist ein strahlendes Orchesterabenteuer ohne programmatische Unterlagen, ein Rittergedicht voll klingendem Spott mit einander beißenden Rhythmen und Motiven, ein funkelndes Feuerwerk, bei dem es Sibelius Spaß gemacht hat, ganz frei und unbekümmert zu malen.« Das Stück ist als Sonatensatz gearbeitet. Von den drei Themen der Exposition werden das zweite und dritte umfangreich ausgeführt. In der Reprise sind die Themen stark verändert.

Tapiola, Sinfonische Dichtung, Opus 112, ein Satz, entstanden 1926

Tapiola ist die Wohnstätte des Gottes der Wälder Tapio. Dem Stück ist das Motto vorangestellt: »Da dehnen sich des Nordlands düstre Wälder, uralt – geheimnisvoll in wilden Träumen; in ihnen wohnt der Wälder großer Gott, Waldgeister weben heimlich in dem Dunkel.« Die Tondichtung ist nicht illustrierend, sondern gibt nur das Wesen des finnischen Waldes wider. Das Kernmotiv bewegt sich innerhalb einer Quarte; von da aus werden alle weiteren Themen entwickelt, die einander stets in derselben Tonart ablösen, bis es am Ende zu einem großartigen Klangausbruch des gesamten Orchesters kommt.

Rakastava (Der Liebende), Suite für Streichorchester, Opus 14, 3 Sätze, entstanden 1911

Das ursprünglich für gemischten Chor mit Verwendung von drei altfinnischen Gedichten gesetzte Werk wurde für Streicher, Triangel und Pauken umgeschrieben. Der 1. Satz »Wo ist meine Liebste?« gleicht einem langen Rezitativ, das harmonisch luxuriös ausgestattet ist. Im 2. Satz herrscht ländliche Stimmung. Mit heiteren Wendungen wird »Der Weg zur Geliebten« geschildert und die Vorfreude des Liebenden mit Triangelklängen markiert. Das Finale trägt den Titel »Guten Abend ... Lebewohl!« Die Solovioline besingt das Wiedersehen mit der »Geliebten«, ein Agitato schildert ihre Leidenschaft und ein rascher Schluß den Abschied.

Violinkonzert in d-Moll, Opus 47, 3 Sätze, entstanden 1903

Das Werk gehört zu den Standardstücken seiner Gattung. Im 1. Satz trägt der Solist das Thema vor, dann erscheint nach einer brillanten Kadenz ein lyrisches Seitenthema. Darauf bringt das Orchester einen dritten musikalischen Gedanken, der mit den vorangehenden ausdrucksreich verarbeitet wird. Im 2. Satz erklingt ein Adagio voll nordischer Melancholie. Im Finale vereinigen sich tänzerische Rhythmen mit hinreißendem Schwung.

LITERATUR

N.-E. Ringbom, Jean Sibelius, Helsinki 1948.

Wasili Kalinnikow (1866–1900)

LEBEN

Wasili Sergejewitsch Kalinnikow wurde am 1. 1. 1866 in Woina, Gouvernement Orlow, geboren. Er war von 1884 bis 1892 Schüler von Pawel Blaramberg (1841–1907) an der Musikschule der Philharmonischen Gesellschaft in Moskau und sodann ein Jahr Zweiter Dirigent an der Italienischen Oper der Stadt. Anschließend lebte er aus Gesundheitsgründen in Südrußland und starb am 29. 12. 1900 in Jalta.

WERKE

Die 2 Sinfonien von Wasili Kalinnikow setzten die russisch-nationale Sinfonik im Sinn Aleksandr Borodins fort. Auch seine weiteren Werke – 2 Tondichtungen, eine Suite und 2 Intermezzi für Orchester, eine Ballade (»Rusalka«) für Soli, Chor und Orchester, eine Kantate, eine Bühnenmusik, ein Streichquartett, Klavierstücke und Lieder – halten diese Stilrichtung ein.

Sinfonie Nr. 1 in g-Moll, 4 Sätze, entstanden 1895

Nach Aufführungen in Rußland wurde dieses Werk in Wien, Berlin, Paris und London mit großem Erfolg gespielt. Der 1. Satz beginnt mit einer melancholischen Melodie der Streicher, die von den Holzbläsern übernommen wird. Eine zweite, ebenso kantable, wird herangeführt. Mit frischen reichen Klängen mündet die Durchführung in eine optimistische Coda. Der erste Teil des 2. Satzes schildert tiefe Nacht, Stille und Einsamkeit, der zweite bringt eine orientalische Oboenmelodie, während der dritte auf das Kopfthema des 1. Satzes zurückgreift. Das Scherzo ist etwas konventionell, sein Trio verarbeitet eine Volksmelodie. Das Finale setzt mit Brillanz ein, die sich über Episoden hinweg zum Triumph der Lebensfreude steigert.

Sinfonie Nr. 2 in A-Dur, 4 Sätze, entstanden 1897

Majestätisch beginnt der 1. Satz, dann erklingen lyrische Partien und bringen Fröhlichkeit und Optimismus in das Geschehen. Im 2. Satz erklingt eine Kantilene des Englischhorns mit diskreter Begleitung, dem eine etwas kräftigere Passage folgt. Am Ende nimmt das Soloinstrument seinen Gesang wieder auf. Der 3. Satz ist ein lustiges Scherzo, dessen Trio pastoralen Charakter aufweist. Der 4. Satz hat die Form eines Sonatenallegro. Eine langsame Einleitung weist den Weg zum energischen Hauptthema, dem ein zweites voll Poesie folgt. Die Durchführung bringt prächtigen Orchesterklang, in dem man Frühlingsglocken zu vernehmen glaubt; das Stück endet voll Daseinsfreude und Hoffnung.

LITERATUR

W. Passchalow, Wasili Sergejewitsch Kalinnikow, Moskau 1951.

Rossetter Gleason Cole (1866–1952)

LEBEN

Rossetter Gleason Cole wurde am 5. 2. 1866 in Clyde, Mich., geboren. Er war Schüler des amerikanischen Musikpädagogen Calvin Brainerd Cady (21. 6. 1841, Barry, Ill., bis 29. 5. 1928, Portland, Oreg.). Von 1890 bis 1892 studierte er in Berlin bei Max Bruch. Anschließend bekleidete er Musiklehrerstellen in verschiedenen Städten der USA, bis er sich in Chicago als Komponist, Kompositionslehrer und Musikschriftsteller niederließ. Er starb am 18. 5. 1952 in Lake Bluff, Ill.

WERKE

Neben einer Oper schrieb Rossetter Gleason Cole ein »Sinfonisches Präludium«, eine Ouvertüre, ein »Heroisches Stück« für Orgel und Orchester, eine Ballade für Cello und Orchester, 2 Kantaten, darunter die berühmte »Helden der Freiheit«, eine Orchestersuite aus seiner Oper, viele Klavier- und Orgelstücke sowie Lieder. Sein Stil bewegte sich im Rahmen der deutschen Romantik.

Bror Beckman (1866–1929)

LEBEN

Bror Beckman wurde am 10.2.1866 in Kristinehamn, Schweden, geboren. Er studierte in Stockholm, wurde dort 1904 Mitglied der Musikakademie, 1910 Direktor des Konservatoriums und wirkte von 1915 bis 1923 als Inspektor des Schulmusikunterrichts. Er starb am 22.7.1929 in Ljungskile.

WERKE

Der Spätromantiker Bror Beckman verfaßte eine Sinfonie in F-Dur, die sinfonischen Dichtungen für Streichorchester »Vom Glück« und »Sommernächte«, »Flußlieder« für Singstimme und Orchester, eine Ballade für Bariton und Orchester, eine Sonate für Violine und Klavier, Klavierstücke und Lieder.

Ferruccio Busoni (1866–1924)

LEBEN

Ferruccio Benvenuto Busoni wurde am 1.4.1866 in Empoli bei Florenz geboren. Bereits mit 8 Jahren trat er in Triest als Pianist auf. Er war in Graz Schüler von Wilhelm Mayer. Im Jahr 1881 wurde er Mitglied der Accademia Filarmonica in Bologna und begab sich darauf als Klaviervirtuose auf Konzertreisen. Ab 1888 übernahm er Lehrerstellen an den Konservatorien von Helsinki, Moskau und Boston, 1894 ließ er sich in Berlin nieder. Nach einem Jahr Lehrtätigkeit am Wiener Konservatorium (1907/08) wirkte er weiterhin in Berlin, bis er 1913 Direktor des Liceo musicale in Bologna wurde. Ab 1915 hielt er sich in Zürich auf, 1920 kehrte er nach Berlin zurück, wo er bis zu seinem Tod am 27.7.1924 als Lehrer einer Meisterklasse für Komposition an der Akademie der Künste tätig war.

Ferruccio Busoni

WERKE

»Die Bühne zeigt vom Leben die Gebärde«, heißt es in der von Ferruccio Busoni unvollendet hinterlassenen Oper »Doktor Faust«. Aber auch ihm zeigte die musikalische Umwelt und Tradition nicht mehr. Alte Formenstrenge, gegenwärtige Formenfreiheit wiesen ihm nur die Oberflächen, die sich wohl verschmelzen ließen, aber wie positive und negative Werte einander aufhoben, weil die Tiefen nicht erfaßt wurden. Bei der Interpretation am Klavier ergänzten sie einander sehr oft, aber nie bei der Schöpfung neuer Werke; es wurden blasse Gebilde daraus, die man als neue Klassizistik bezeichnete. Die Transkriptionen gelangen besser. Bach, Beethoven, Brahms, Chopin, Cornelius, Cramer, Goldmark, Liszt, Mozart, Schönberg, Wagner und Weber wurden herangezogen, in fremde Kleider gesteckt und schonungslos transkribiert oder zum Kern eigener Kompositionen gemacht. So war es auch mit den alten Regeln und Grundsätzen; sie wurden modernisiert, aber nicht weiterentwickelt. Und seine neuen revolutionären Ideen wurden propagiert, aber nie angewendet. Von seinen 4 Opern findet nur »Doktor Faust« noch Beachtung, von seinen Orchesterwerken – Orchestersuite »Turandot«, »Suite symphonique«, »Geharnischte Suite«, Lustspielouvertüre, Berceuse élégiaque, Nocturne symphonique, Rondo arlecchinesco, Tanzwalzer, Concertino – wird nichts mehr gespielt. Mehr Interesse erwecken noch wegen ihres virtuosen Satzes die Stücke »Concerto« für Klavier, Orchester und Chor, »Indianische Fantasie« für Klavier und Orchester, Violinkonzert, Flötenkonzert und Klarinettenkonzert. Die Kantate »Sonnabend auf dem Dorf« für Soli, Chor und Orchester, die verschiedenen Chöre und Lieder sind ebenfalls vergessen. Die Kammermusik ist mit

2 Streichquartetten und 2 Violinsonaten vertreten, die zeitweise aufgeführt werden. Von seinen zahlreichen Klavierwerken – originalen Stücken, Bearbeitungen und Transkriptionen – ist nur mehr das Studienwerk »Fünf kurze Stücke zur Pflege des polyphonen Spiels« bekannt; alles andere ist der Vergessenheit anheimgefallen. Er verlangte zwar »die Meisterung, die Sichtung und Ausbeutung aller Errungenschaften vorausgegangener Experimente, ihre Hineintragung in feste und schöne Formen« ist aber selten über die Transkription fremder Werke hinausgekommen. Er propagierte auch Musik mit Drittel- und Sechsteltönen und schuf damit theoretisch eine neue Skala aus 18 Tönen, setzte jedoch seine Ideen nie in die Praxis um.

Indianische Fantasie für Klavier und Orchester, Opus 44, ein Satz, entstanden 1913

Dieses Konzertstück ist eine Mischung von virtuosen und konzertanten Bestandteilen indianischer Melodien und Kirchenmelodik. Rhapsodische Kadenzen leiten zwischen den marschartigen und tänzerischen Abschnitten über.

Klavierkonzert in D-Dur mit Männerchor, Opus 39, 5 Sätze, entstanden 1906

Dieses schwierige Kolossalwerk ist nicht konzertant, sondern sinfonisch mit obligatem Klavier. Der 1. Satz nimmt das Thema des Schlußchores präludierend voraus. Der 2. Satz ist ein Scherzo mit heiteren Passagen, der 3. Satz pathetisch; der 4. Satz »All'Italia« bringt eine feurige Tarantella als Huldigung der italienischen Heimat, im 5. Satz besingt ein verdeckter Männerchor die ewige Kraft Allahs.

»Turandot«, Orchestersuite, Opus 41, 8 Teile, entstanden 1906

Die einzelnen Teile charakterisieren die Figuren der Handlung und ihre Vorgänge. Stellenweise treten chinesische Farbgebungen, die den Charakter des Stücks bestimmen, auf. Die Überschriften geben den programmatischen Inhalt bekannt: 1. Die Hinrichtung, das Stadttor, der Abschied. 2. Truffaldino (Haremswächter). 3. Altoum (Aufmarsch des Kaisers). 4. Turandot (Erscheinen der Rätselprinzessin). 5. Das Frauengemach (Haremsszene). 6. Tanz und Gesang. 7. Nächtlicher Walzer. 8. Trauermarsch und türkisches Finale.

Sonate für Violine und Klavier Nr. 1 in e-Moll, Opus 29, 3 Sätze, entstanden 1889

Der 1. Satz ist kraftvoll und bringt zwei gespannte melodische Bogen. Im 2. Satz dominiert das Klavier; er beginnt mit einer markanten Baßfigur und mündet in eine langsame, ernste Kantilene. An seinem Ende erhält die Violine das Wort zu eindrucksvollen Passagen. Der 3. Satz ist mit seinem bravourösen Themen für die Violine und das Klavier Johannes Brahms verpflichtet.

Sonate für Violine und Klavier Nr. 2 in e-Moll, Opus 36a, 3 Sätze, entstanden 1899

Die 3 Sätze des Werks sind eng miteinander verknüpft, so daß man von einer einsätzigen Struktur sprechen könnte; es zeichnen sich aber dennoch 3 Abschnitte deutlich ab, von denen der 1. nach akkordischer Einleitung wie ein Motiv über geschmeidiger Begleitung dahinfließt, ein zweites auf der tiefsten Violinsaite zu spielen ist und das dritte über aufgesplitterte Klavierakkorde liegt. Der 2. Abschnitt bringt das dritte Motiv in Tarantellaform. Im 3. Abschnitt werden alle drei Motive herangezogen. Der Choral von Johann Sebastian Bach »Wie wohl ist mir«, dem das erste Motiv entstammt, erklingt nun in seiner originalen Fassung. Es folgen mehrere tonal und metrisch stark komplexe Variationen, die etwas von der »Zukunftsmusik« ahnen lassen, die der Komponist in seinen Schriften propagierte.

LITERATUR

E. Debusmann, Ferruccio Busoni, Wiesbaden 1949.

William Edmondstoune Duncan

(1866–1920)

LEBEN

William Edmondstoune Duncan wurde am 22.4.1866 in Sale, Cheshire, geboren. Er studierte in London am Royal College of Organists und am College of Music, darauf noch bei George Alexander Macfarren. Nach mehrjähriger Tätigkeit als Musikkritiker wirkte er bis zu seinem Tod am 26.6.1920 in seinem Geburtsort.

WERKE

Von William Edmondstoune Duncan sind eine Oper, eine Ouvertüre, 2 Oden für Chor und Orchester, ein Sonett für Sopran und Orchester, eine Messe, ein Klaviertrio, Klavier- und Orgelstücke erschienen. Er gehörte zu den englischen Spätromantikern.

Joseph Liebeskind (1866–1916)

LEBEN

Joseph Liebeskind wurde am 22.4.1866 in Leipzig geboren. Er war zunächst Schüler von Eduard Bernsdorf (25.3.1825, Dessau, bis 27.6.1901, Leipzig) und Wilhelm Rust (1822 bis 1892), sodann am Konservatorium von Friedrich Hermann (1828–1907), Hans Sitt (1850–1922), Carl Reinecke und Salomon Jadassohn und wirkte in seiner Geburtsstadt bis zu seinem Tod am 10.8.1916 als Komponist und Herausgeber älterer Kompositionen.

WERKE

Von Joseph Liebeskind sind eine Sinfonie, 2 Streichquartette, ein Klaviertrio, Chöre und Klavierlieder bekannt geworden. Sein Stil war sehr konservativ.

Ottokar Nováček (1866–1900)

LEBEN

Ottokar Eugen Nováček wurde am 13.5.1866 in Fehértemplom, Ungarn (heute Bela Crkva, Vojvodina), geboren. Er war von 1880 bis 1883 in Wien Schüler des Violinisten Jakob Dont (1815–88) und anschließend von Adolf Brodsky am Konservatorium in Leipzig. Dann wirkte er als Zweiter Violinist und später als Bratschist am Leipziger Gewandhausorchester und im Brodsky-Quartett. Ab 1891 spielte er im Bostoner Symphony Orchestra, sodann im Orchester der Metropolitan Opera in New York, wo er am 3.2.1900 starb.

WERKE

Von Ottokar Nováček sind ein Klavierkonzert, ein »Perpetuum mobile« für Violine und Orchester, 3 Streichquartette, 8 Capricen, ein Air und Bulgarische Tänze für Violine und Klavier, 2 Capricen für Klavier und 6 Lieder bekannt geworden. Sein Stil gehörte der Spätromantik an.

Erik Satie (1866–1925)

LEBEN

Alfred Erik Leslie Satie wurde am 17.5.1866 in Honfleur, Calvados, geboren. Im Jahr 1879 kam er nach Paris und wurde am Conservatoire Schüler von Félix Alexandre Guilmant (1837–1911). Er verließ aber das Institut sehr bald und wurde Pianist in Cafés am Montmartre (Chat noire, Auberge de Clou). Seine ersten Klavierkompositionen brachten ihn in freundschaftliche Verbindung mit Claude Debussy, der seine Genialität bald erkannte und schätzte. Er nahm Beziehungen zum mystischen Schriftsteller Joséphin Péladan (1859 bis 1918) auf und bewegte sich eine Zeitlang im Kreis der Rosenkreuzer, was ihn der mittelalterlichen Musik (Gregorianik, Gotik) nahe brachte. In der Absicht, den unterprivilegierten Volksschichten näherzukommen, gab er seinen Wohnsitz auf dem Montmartre auf und siedelte sich in der Pariser Vorstadt Arcueil an, wo sich um ihn ein Zentrum moderner künstlerischer Bewegung bildete; der Maler Pablo Ruiz Picasso (1881–1973), der Schriftsteller Jean Cocteau (1889–1963), die Ballettmeister Sergei Diaghilew (1872–1929) und Leonid Fedorowitsch Massin (1896–1979) wurden seine Freunde. Die 1918 gegründete Gruppe der »Six« – Darius Milhaud, Arthur Honegger, Georges Auric, Francis Poulenc, Louis Durey, Germaine Tailleferre – wählte ihn zu ihrem Leiter. Die Komponisten Henri Sauguet, Darius Milhaud und der Dirigent Roger Désormière (13.9.1898, Vichy, bis 25.10.1963, Paris) sammelten 1923 die Anhänger von Satie zur »École d'Arcueil«, um den Komponisten, der den meisten nur wegen seiner ungewöhnlichen Lebensführung bekannt war, zu ehren. Er starb am 1.7.1925 in Paris.

WERKE

Das Programm der französischen Komponistengruppe der »Six«, die Erik Satie leitete, bekannte sich zur »Reinigung der Musik von hypertrophen Formen, Rückkehr zur Klassik (Joseph Haydn, Jean-Philippe Rameau), Verbannung der Romantik zugunsten eines französischen Klassizismus, Verzicht auf Chromatismus und Wiederkehr der diatonischen Harmonik«. Damit wurde auch der Impressionismus verabschiedet. Mit der Vertonung von drei Fragmenten aus den Dialogen von Plato (437–347 v. Chr.) »Sokrates« setzte der Komponist diese Grundsätze in die Tat um; in diesem bedeutenden Werk des französischen Klassizismus sind durch die Reduktion der Mittel – Melodik, Harmonik, Rhythmik – auf ihre einfachste Form Pathos und Gefühlsüberschwang überwunden und ist die Antike dargestellt, wie sie wirklich war, hart, kalt und karg ohne die »stille Einfalt und Größe«, die Johann Joachim Winckelmann (1717–68) darin zu finden vermeint hatte. Mit seinen beiden Balletten »Parade« und »Relâche« eröffnete sich ein neues Zeitalter der französischen Musik. Dazu sind die kleine Marionettenoper »Geneviève de Brabant«, »Die Falle der Medusa« und die »Messe der Armen« zu reihen. Klavierstücke und Klavierlieder waren die Hauptformen seines kompositorischen Schaffens. Von den Klavierwerken sind »Trois Gymnopédies«, »Trois Gnossiennes«, »Danses gothiques«, »Pièces froides« (Kalte Stücke), »Pièces en forme de poire« (Stücke in Form einer Birne, mit denen er dem Vorwurf der »Formlosigkeit« begegnete), »Les pantins dansent« (Die Schlittschuhe tanzen) noch lebendig wie zahlreiche Klavierlieder und Chansons, darunter ein »Ballett chrétien«, in dem er mittelalterliche Musik in seine Gegenwart setzte. Er hatte keine Schüler im gewöhnlichen Wortsinn, dafür aber begeisterte Freunde von hohem künstlerischem Rang. In irgendeiner Form waren jedoch zahlreiche französische und ausländische Komponisten und Vertreter anderer Kunstgattungen seine Schüler, weil sie seine Ästhetik übernahmen. Und die von ihm angewendeten Stilmittel sind im Verlauf des 20. Jahrhunderts so geläufig geworden, daß wir das Neue, das Unerhörte, ja kaum das Satirische daran noch verspüren. Neben Neuklassizismus, Expressionismus fanden Futurismus, Surrealismus und ähnliche Bewegungen ihre Wurzeln auch in den Werken von Satie. In der Musik war es vor allem der Maler und Komponist Luigi Russolo (1.5.1855, Portogruaro, bis 6.2.1947, Cerro), der das Geräusch in die Musik zu integrieren versuchte und mit elektrischen Geräuschinstrumenten – Intonarumori – experimentierte. Seine Kompositionen wie »Stelldichein der Automobile und Flugzeuge« oder »Erwachen einer Stadt« erregten zu ihrer Zeit starkes Aufsehen. Er konstruierte 1929 das »Rurarmonio« oder »Russolophon«, das sieben verschiedene Geräusche auf 12 Stufen wiedergeben konnte.

Erik Satie, »La Balançoire« aus »Sports et Divertissements«, Autograph 1914

»Socrate«, Sinfonisches Drama mit Singstimme in drei Teilen für Kammerorchester, entstanden 1918

»Erik Saties Sokrates kann mit keinem anderen Werk in Verbindung gebracht und ebenso wenig verglichen werden. Auch in den vorangehenden Werken des Komponisten findet sich nicht der geringste Anklang daran. Und in den folgenden Werken oder deren Teilen ist keinerlei Beziehung dazu spürbar. Es muß festgestellt werden, daß Sokrates in der gesamten Musikgeschichte einzig dastehend ist.« (Milhaud.) Die Texte sind Dialogen Platos entnommen, und zwar »Die Darstellung des Philosophen Sokrates« dem »Symposion«, »An den Ufern des Illissos« dem »Phaidros« und »Der Tod Sokrates'« dem »Phaidon«. Die melodischen Linien entsprechen mit ihrer Einfachheit und Reinheit dem klassischen Ideal, so daß man Musik aus dem alten Griechenland zu vernehmen glaubt, die Begleitung untermalt diskret und schließt das Werk mit einem Akkord ohne Terz außerhalb jeder Tonalität.

Geneviève de Brabant, Spiel für zwei Singstimmen, Chor, Orchester und Sprecher, 3 Teile, entstanden 1899

Der Sprecher trägt die Legende um die heilige Genoveva vor. Nach einer musikalischen Einleitung wird die Legende von Marionetten gespielt;

Chor und Solisten singen den Text. Ironisierte Pathetik und religiöser Ernst sind eng verwoben und von der Musik mit allen Ausdrucksschattierungen dargestellt.

Messe der Armen für Chor und Orgel, 7 Teile, entstanden 1895

Dieses sakrale Werk besteht aus »Kyrie eleison«, »Dixit Domine«, »Gebet der Orgeln«, »Profaner Gesang«, »Himmlischer Gesang«, »Gebet der Reisenden und Schiffer in Todesgefahr zur Mutter Gottes«, »Gebet um das eigene Seelenheil«. Die Musik ist eine im mittelalterlichen Geist verfaßte »Neugregorianik« mit modaler Tonalität, Reihung in Melodik und Rhythmik, Zusammensetzung größerer Formen aus wenigen Elementen und emotionslos wie die alten Vorbilder. Ironische Wendungen und tiefgründiger Ernst wechseln ständig, kaum erkennbar, ab. Wie alle Stücke des Komponisten ein Werk ganz besonderer Art.

Parade, Ballett, 3 Teile, entstanden 1916

Nach der Einleitung tritt ein chinesischer Jongleur auf und vollführt mehrere Kunststücke. Im 2. Teil erscheint ein amerikanisches Mädchen, das einen Ragtime tanzt. Im 3. Teil erscheinen die Akrobaten. Das Stück ist voll ungewöhnlicher Geräuscheffekte: klingende Flaschen, Schlagen auf schwere Eisenpfeiler, Schreibmaschinengeklapper, Motorenlärm. Es sollte ein »kubistisches Manifest« darstellen. Nachdem die aggressive Wirkung schon längst überholt war, blieb noch immer ein reizendes, originelles Musikstück bestehen.

Literatur

P.-D. Tamplier, Eric Satie, Paris 1932.

Rudolf Buck (1866–1952)

Leben

Rudolf Buck wurde am 18.5.1866 in Burgsteinfurt, Westfalen, geboren. Er war in Köln Schüler von Franz Wüllner und in Berlin von Albert Martin Robert Radecke (1830–1911). Anschließend wirkte er in Berlin als Kritiker bis 1906, dann wurde er Kapellmeister der Internationalen Niederlassung in Shanghai, das er 1919 infolge der politischen Veränderungen verlassen mußte. Im Jahr 1921 ließ er sich in Tübingen als Komponist nieder, wo er am 12.5.1952 starb.

Werke

Von den vielen äußerst beliebten Männerchören waren »Gotenzug«, »Wilde Jagd«, »Karfreitag«, »Heldenfriedhof«, »Im Maien« und »Lied der Freude« feste Nummern auf den Programmen der Gesangvereine. Er schrieb auch wirkungsvolle Lieder – alles im traditionellen Vokalstil des 19. Jahrhunderts.

Wladimir Rebikow (1866–1920)

Leben

Wladimir Iwanowitsch Rebikow wurde am 19.5.1866 in Krasnojarsk, Sibirien, geboren. Er war in Moskau Theorieschüler von Nikolai Semjonowitsch Klenowski (1857, Odessa, bis 6.7.1915, Petrograd). Nach kurzer Lehrtätigkeit in Berlin und Wien lebte er von 1901 bis 1919 als Komponist und Musiklehrer in Moskau. Er starb am 4.8.1920 in Jalta.

Werke

Die Kompositionen von Wladimir Rebikow folgten anfänglich dem Stil von Pjotr Tschaikowski, dann verwendete er die Ganztonleiter und schuf sich neue Formen. Er verfaßte 6 Opern, mehrere Pantomimen, 2 Suiten für Orchester, Kirchenmusik, darunter eine Liturgie des Johannes Chrisostomos, zahlreiche »Melomomiken« (kleine lyrische Szenen mit Musik und Mimik ohne Text) und »Musikpsychologien« (musikalisch dargestellte psychische Vorgänge und Tatbestände ohne Text). Er war einer der wenigen russischen Komponisten der Zeit, die eine Weiterentwicklung der Musik anstrebten.

Nicolas Daneau (1866–1944)

Leben

Nicolas Adolphe Gustave Daneau wurde am 17.6.1866 in Binche, Heinaut, geboren. Er war am Konservatorium in Gent Schüler von Adolphe Abraham Samuel (11.7.1824, Lüttich, bis 11.9.1898, Gent) und erhielt den Rompreis. Von 1896 bis 1918 leitete er die Musikakademie in Tournai und anschließend bis 1931 das Konservatorium in Mons. Er starb am 12.7.1944 in Brüssel.

Seine Tochter Suzanne Daneau (17.8.1901, Tournai, bis 29.11.1971, Tournai) war Schülerin ihres Vaters und des Komponisten Paul Gilson. Sie wirkte als Pianistin.

WERKE
Von Nicolas Daneau sind 3 Opern, eine sinfonische Legende, eine Suite für Orchester, eine »Caprice Wallon« für Orchester, Kammermusik, Klavierstücke, Chöre und Lieder – alles sehr konservativ gehalten – bekannt geworden.
Suzanne Daneau schrieb 2 Ballette, eine Sinfonietta für Streicher, Variationen für vier Bratschen, Kammermusik, Klavierstücke und Lieder.

Francesco Cilea (1866–1950)

LEBEN
Francesco Cilea wurde am 23.7.1866 in Palmi, Kalabrien, geboren. Er war am Konservatorium in Neapel Schüler von Benjamino Cesi (6.11.1845, Neapel, bis 19.1.1907, Neapel) und Paolo Serrao (1830, Filadelfia, Catanzaro, bis 17.3.1906, Neapel) und sodann dort von 1890 bis 1892 Klavierlehrer. Von 1896 bis 1904 wirkte er als Theorielehrer am Istituto Musicale in Florenz, von 1913 bis 1916 als Leiter des Konservatoriums in Palermo und darauf in gleicher Eigenschaft in Neapel bis 1935. Er starb am 20.11.1950 in Varazze, Savona.

WERKE
Die Orchester- und Kammermusikwerke von Francesco Cilea reichten bei weitem nicht an seine 6 Opern heran, von denen mindestens 3 noch heute auf italienischen Bühnen gegeben werden.

Tor Aulin (1866–1914)

LEBEN
Tor Aulin wurde am 10.9.1866 in Stockholm geboren. Er war in Berlin Schüler von Emile Sauret (1852–1920) und Ludwig Philipp Scharwenka (1847–1917). Von 1889 bis 1902 wirkte er als Konzertmeister an der Oper seines Geburtsorts, ab 1902 dirigierte er den Stockholmer Konzertverein und ab 1909 das Sinfonieorchester in Göteborg. Er gründete ein geschätztes Streichquartett (»Streichquartett Aulin«) und trat häufig als Violinvirtuose auf. Er starb am 1.3.1914 in Saltsjöbaden bei Stockholm.
Seine Schwester Laura Valborg (9.1.1860, Gävle, bis 11.1.1928, Örebro) war Pianistin und Komponistin.

WERKE
Von Tor Aulin sind 3 Violinkonzerte, eine Orchestersuite, eine vorzügliche Violinsonate und zahlreiche kleinere Violinstücke – Suiten, Idyllen, Romanzen – bekannt geworden.
Laura Valborg trat mit reizenden Klavierstücken und Klavierliedern hervor.
Beider Stil gehörte der schwedischen Spätromantik an.

Gustave Doret (1866–1943)

LEBEN
Gustav Doret wurde am 20.9.1866 in Aigle, Schweiz, geboren. Er war in Berlin Violinschüler von Joseph Joachim und in Paris von Martin Pierre Joseph Marsick (9.3.1848, Jupille bei Lüttich, bis 21.10.1924, Paris). Komposition studierte er bei Théodore Dubois, Jules Massenet und Camille Saint-Saëns. Von 1893 bis 1895 wirkte er in Paris als Zweiter Dirigent der Concerts Harcourt, die der Komponist Eugène d'Harcourt (2.5.1859, Paris, bis 4.3.1918, Locarno) begründet hatte, sodann als Orchesterchef der Société nationale de musique und ab 1907 auch als Dirigent der Opéra-Comique. Im Jahr 1914 kehrte er in die Schweiz zurück, wo er an verschiedenen Orten lebte und wirkte. Er starb am 19.4.1943 in Lausanne.

WERKE
Neben 6 Opern verfaßte Gustave Doret 7 Schauspielmusiken, ein Oratorium (»Die sieben Worte Christi«), eine protestantische Liturgie für Soli, Chor und Orgel, eine Messe für A-cappella-Chor, mehrere Festspielmusiken, eine »Suite Tessinoise«, ein Klavierquin-

tett, ein Streichquartett, Chöre und etliche Lieder. Sein Stil weist viele romantische Züge auf.

Edouard Combe (1866–1942)

LEBEN

Edouard Combe wurde am 23.9.1866 in Aigle, Schweiz, geboren. Er war in Paris Schüler von Félix Alexandre Guilmant. Von 1895 bis 1896 wirkte er als Dirigent in Kairo, sodann wurde er Instrumentationslehrer am Konservatorium in Genf. Von 1902 bis 1914 war er Dozent für Musikgeschichte in Lausanne. Er starb am 21.11.1942 in Genf.

WERKE

Von Edouard Combe sind die sinfonische Dichtung »Les Alpes«, eine Tell-Ouvertüre, eine »Suite de la grotte aux fées« (Suite über die Feengrotte), ein »Adagio symphonique«, eine Kantate »Ernte« für Chor und Orchester, Sologesänge und Männerchöre bekannt geworden. Sein Stil war spätromantisch.

Learmont Drysdale (1866–1909)

LEBEN

George John Learmont Drysdale wurde am 3.10.1866 in Edinburgh geboren. Er wirkte bereits während seines Architekturstudiums als Organist an der Parochialkirche von Greenside und ab 1887 als Suborganist an All Saints' in Kensington. Im Jahr 1888 trat er in die Royal Academy of Music ein und leitete von 1906 bis 1907 den Glasgow Select Choir. Sodann lebte er in Edinburgh als Komponist, wo er am 18.6.1909 starb.

WERKE

Von Learmont Drysdale sind mehrere ausgezeichnete Kantaten und Chorballaden, Orchesterstücke, eine Konzertouvertüre, zahlreiche Klavierstücke und Lieder, außerdem eine Anzahl Opern erschienen. Er bearbeitete viele schottische Lieder.

Clarence Lucas (1866–1947)

LEBEN

Clarence Lucas wurde am 19.10.1866 in Niagara, Kanada, geboren. Seinen ersten Musikunterricht erhielt er in Montreal, wo er bei einer Militärkapelle als Posaunist und als Zweiter Violinist beim städtischen Orchester wirkte. Dann studierte er in Paris bei Georges Marty (16.5.1860, Paris, bis 11.10.1908, Paris) und Théodore Dubois. Ab 1889 war er Lehrer am College of Music in Toronto und ab 1891 am Konservatorium in Utica, N. Y. Im Jahr 1893 übersiedelte er nach London, wo er als Musikkritiker und einige Zeit als Dirigent der Westminster Orchestral Society tätig war. Er starb am 1.7.1947 in Paris.

WERKE

Neben 7 Opern, 4 Oratorien und Kantaten schrieb Clarence Lucas Ouvertüren zu drei Stücken von William Shakespeare (1564–1616), ungefähr 40 Klavierstücke und zahlreiche Lieder verschiedener Art. Er war Spätromantiker.

Georg Schumann (1866–1952)

LEBEN

Georg Alfred Schumann wurde am 25.10.1866 in Königstein, Sachsen, geboren. Er war in Dresden Schüler von Carl August Fischer (1828–92) und am Konservatorium in Leipzig von 1882 bis 1888 von Carl Reinecke und Salomon Jadassohn. Von 1890 bis 1896 wirkte er als Dirigent der Singakademie in Danzig (Gdańsk), sodann der Philharmonie in Bremen und ab 1900 der Berliner Singakademie. Im Jahr 1913 wurde er Leiter einer Meisterklasse für Komposition an der Akademie der Künste Berlin und 1934 ihr Präsident. Er starb am 23.5.1952 in Berlin.

Sein Bruder Camillo Schumann (10.3.1872, Königstein, bis 29.12.1946, Gottleuba) studierte am Konservatorium in Leipzig und in Berlin bei Woldemar Bargiel. Er wirkte von 1896 bis 1913 als Organist an der Hauptkirche in Eisenach.

WERKE

Polytonale und atonale Musik, Auflösung der überkommenen Dur-Moll-Tonalität, Zertrümmerung des Melos, Expressionismus mit allen Zwischenformen bis zum Dadaismus, teils von Meistern zu neuen Höhen entwickelt, teils von Scharlatanen verwendet, um interessant zu wirken, breiteten sich auf dem Gebiet der gesamten Kunst Mitteleuropas immer stärker aus und riefen naturgemäß konservative Kräfte auf den Plan, die den Gang der Entwicklung zum Stehen bringen oder in die Vergangenheit zurückleiten wollten. Georg Schumann versuchte, durch seine Unterrichtstätigkeit und durch sein kompositorisches Werk wie manche andere »das Abendland vor dem Zerfall der Tonkunst zu retten« und fand viel Zustimmung, wenngleich er außer krassem Eklektizismus wenig bot. Er schrieb 2 Sinfonien, mehrere Ouvertüren, eine sinfonische Dichtung »Im Ringen um ein Ideal«, eine Suite, eine Serenade, 4 Chorwerke mit Orchester »Amor und Psyche«, »Sehnsucht«, »Ruth«, »Das Tränenkrüglein«, mehrere Variationen, Kammermusik, Orgelmusik (eine Passacaglia über b-a-c-h, Choralvorspiele), Chöre und Lieder.

Camillo Schumann verfaßte 6 Kantaten, Chöre, Orgelmusik – darunter 5 Orgelsonaten –, Kammermusik, Klavierstücke und Lieder.

Frank Limbert (1866–1938)

LEBEN

Frank L. Limbert wurde am 17.11.1866 in New York geboren. Er studierte am Hochschen Konservatorium in Frankfurt am Main und darauf bei Joseph Rheinberger in München. Von 1895 bis 1898 dirigierte er den Oratorienverein in Hanau, wirkte sodann als Musiklehrer in Frankfurt am Main und wurde 1901 als Leiter eines Gesangvereins nach Düsseldorf berufen. 1906 übernahm er die Leitung des Frankfurter Liederkranzes, wirkte als Kompositionslehrer am Raff-Konservatorium. Schließlich übernahm er 1913 erneut die Leitung des Oratorienvereins und eine Lehrstelle am Konservatorium in Hanau, wo er am 19.11.1938 starb.

WERKE

Von Frank Limbert sind ein Klavierkonzert, eine Violinsonate, eine Bratschensonate, Variationen für Orchester, ein Streichquartett, Klavierstücke, Gesänge, Lieder, Duette und Chöre erschienen. Sein Stil war konservativ.

Guido Peters (1866–1937)

LEBEN

Guido Peters wurde am 29.11.1866 in Graz geboren. Er studierte am Konservatorium in Wien, lebte sodann als Musiklehrer in München und von 1905 bis zu seinem Tod am 11.1.1937 in Wien.

WERKE

Von Guido Peters sind 3 »Ländliche Sinfonien«, ein »Sinfonisches Vorspiel zu einer Tragikomödie«, einige Kammermusik, Lieder und Chöre bekannt geworden. Sein Stil bewegte sich in der Nachfolge von Johannes Brahms.

Waldemar Bausznern (1866–1931)

LEBEN

Waldemar Edler von Bausznern (Baußnern) wurde am 29.11.1866 in Berlin geboren. Er studierte an der Hochschule seiner Geburtsstadt bei Friedrich Kiel und Woldemar Bargiel. Im Jahr 1891 wurde er Dirigent des Musikvereins und des Lehrergesangvereins in Mannheim, 1895 der Liedertafel in Dresden, 1896 daneben des Bach-Vereins und später des Chorvereins, 1903 Lehrer am Konservatorium in Köln, 1908 Direktor der Musikschule in Weimar und 1916 des Hochschen Konservatoriums in Frankfurt am Main; 1923 erhielt er ein Lehramt an der Akademie für Kirchen- und Schulmusik in Berlin. Er starb am 20.8.1931 in Potsdam.

Sein Enkel Dietrich Edler von Bausznern (19.3.1928, Rastenburg, Ostpreußen [Kętrzyn], bis 20.1.1980, Kirchzarten), war

Schüler von Ottmar Gerster und von Harald Genzmer, wo er von 1963 bis 1969 als Musiklehrer wirkte. Anschließend wurde er Dozent am Richard-Strauss-Konservatorium in München.

WERKE

Die Vielfalt der einander folgenden oder auch nebeneinander gepflegten Stilgattungen der Jahrhundertwende spaltete sich zwar in Gruppen gleichgesinnter Meister, einzelne scherten aber aus, verfolgten ihre eigene Linie, die in den meisten Fällen nicht wiederholbar und ebensowenig weiterführbar war. Diese zumeist interessanten Außenseiter lassen sich schwer registrieren, so daß sie zumeist falsch eingeordnet wurden. So erging es auch Waldemar Bausznern, der als Programmusiker abgestempelt wurde, weil er seinen Sinfonien Titel voranstellte, und zum Spätromantiker, weil er dem Klassizismus und der Dodekaphonik auswich. Seine Kompositionen sind in einem schwer analysierbaren polyphonen Stil gehalten, der von der Romantik sehr weit entfernt stand. Es ist alles tonal, was er schrieb, aber in einer Form und mit einer Klangwirkung, die eine polytonale Konzeption vortäuscht. Daher klingt alles sehr zeitnah. Seine 9 Sinfonien tragen Titel wie »Jugend«, »Leben«, »Heldensinfonie«, Himmlische Idyllen«, die eine Kammersinfonie ist. Es handelt sich aber um echte Sinfonien und keine Tongedichte. Auf Konzertprogrammen erscheinen sie allerdings nur mehr selten. Er schrieb ferner »Passacaglia und Fuge« für Orchester, die Orchestersuite »Dem Land meiner Kindheit«, die Ouvertüre »Champagner«, 4 Kantaten, 2 Motetten, 4 Streichquartette, 3 Fugen für Streichquartett, 2 Klavierquintette, ein Streichsextett, ein Quintett für zwei Violinen, zwei Celli und Harfe, ein Quintett für zwei Violinen, Flöte, Oboe und Harfe, 2 Klaviertrios, 3 Triosonaten, 2 Violinsonaten, eine Cellosonate, mehrere Suiten mit verschiedener Besetzung, Klavierstücke, Orgelwerke, Lieder und Chöre, außerdem 5 Opern.

Dietrich Bausznern schrieb 2 Opern, ein Concertino, 7 geistliche Konzerte, mehrere Kantaten und Motetten, Variationen für Streichquartett, Orgelwerke, Chöre und Choräle.

Georges Martin Witkowski
(1867–1943)

LEBEN

Georges Martin Witkowski wurde am 6.1. 1867 in Mostaganem, Algerien, geboren. Er war an der Schola Cantorum in Paris Kompositionsschüler von Vincent d'Indy. Im Jahr 1902 gründete er in Lyon einen Chorverein und 1905 eine Société des Grandes Concerts. Von 1924 bis 1941 wirkte er als Dirigent dieser Konzertvereinigung und des Konservatoriums in Lyon, wo er am 12.8.1943 starb.

WERKE

Außer einer Oper schrieb Georges Martin Witkowski 2 Sinfonien, ein Klavierkonzert und ein Violinkonzert, ferner ein Klavierquintett, ein Streichquartett, eine Sonate und Klavierstücke. Am eindrucksvollsten ist seine Kantate für Soli, Chor und Orchester, bei der er eine kühne, etwas exzentrische Kontrapunktik anwendet, die sich dem Expressionismus nähert.

Herbert Bedford (1867–1945)

LEBEN

Herbert Bedford wurde am 23.1.1867 in London geboren. Er erhielt seine musikalische Ausbildung an der 1879 in London gegründeten Guildhall School of Music. Anschließend lebte er in seiner Geburtsstadt ohne berufliche Bindung als freier Komponist und als gesuchter Miniaturenmaler. Er starb am 13.3.1945 in London.

WERKE

Neben einer Oper schrieb Herbert Bedford eine Ouvertüre, eine Orchestersuite, eine sinfonische Fantasie, ein konzertantes Intermezzo für Violine und Orchester, ein Divertimento für Klavier und Streichorchester, eine Szene für Sopran und Orchester, 6 Gesänge mit Steichquartett, 8 unbegleitete Gesänge, ein Klavierquintett, ein Notturno für Horn und kleines Orchester und ein Wiegenlied für kleines Orchester. Sein Chorsatz fiel durch starke deklamatorische Wirkung auf.

Richard Wickenhauser (1867–1936)

Leben

Richard Wickenhauser wurde am 7.2.1867 in Brünn geboren. Er genoß seine Ausbildung in Brünn, Leipzig und Wien, wurde 1895 Leiter eines Gesangvereins in Brünn, 1902 künstlerischer Direktor des Steiermärkischen Musikvereins, 1907 der Wiener Singakademie und 1911 Musiklehrer der Staatlichen Lehrer-Bildungsanstalt in Wien, wo er am 1.7.1936 starb.

Werke

Neben zahlreichen ausgezeichneten Chorliedern, die allerdings sehr konservativ gehalten sind, hinterließ Richard Wickenhauser »Sinfonische Variationen«, eine Suite für Streichorchester, Orchesterlieder, »Sang fahrender Schüler« für Chor und Orchester, 2 Klaviersonaten, Klavier- und Orgelstücke sowie Sololieder.

Antonio Ricci-Signorini (1867–1965)

Leben

Antonio Ricci-Signorini wurde am 22.2.1867 in Massalombarda, Ravenna, geboren. Er war Schüler von Giuseppe Martucci (1856–1909) am Liceo musicale in Bologna, wo er anschließend bis zu seinem Tod am 10.3.1965 als Komponist und Musiklehrer lebte.

Werke

Von den zahlreichen Kompositionen von Antonio Ricci-Signorini sind bemerkenswert: ein Mysterium »Die Ägypterin«, die Tondichtungen »Juda von Kerioth«, »Daphne und Cloe«, »Die Jagd des Verucchio«, 2 Suiten für großes Orchester, 2 Suiten für Streichorchester, eine Ouvertüre, mehrere Stücke für Soloinstrumente und Ochester, »Legende« für Klaviertrio, eine »Fantasia burlesca« für fünf Bläser, eine Messe, ein Requiem, die Kantate »Die Traurigkeit des Teufels« für Bariton, Bläser, Pauke und Klavier. Er schrieb außerdem viele Klavierstücke und Lieder.

Wilhelm Mauke (1867–1930)

Leben

Wilhelm Mauke wurde am 25.2.1867 in Hamburg geboren. Er war Schüler von Hans Huber (1852–1921) in Basel und studierte anschließend an der Akademie der Tonkunst in München, wo er als Musikreferent einer Zeitung und als Musiklehrer tätig war. Er starb am 24.8.1930 in Wiesbaden.

Werke

Außer 6 musikalischen Bühnenwerken schrieb Wilhelm Mauke mehrere sinfonische Dichtungen im spätromantischen Stil, eine dramatische Szene »Ora pro nobis« (Bitte für uns) für Sopran und Orchester, eine »Romantische Sinfonie«, ein Oratorium »Die Vertreibung aus dem Paradies«, ein Klavierkonzert, ein Klaviertrio und zahlreiche Lieder, die die deutsche Liedform des 19. Jahrhunderts aufweisen.

Wilhelm Peterson-Berger (1867–1942)

Leben

Olof Wilhelm Peterson-Berger wurde am 27.2.1867 in Ullången, Schweden, geboren. Nach seiner Ausbildung in Stockholm und Dresden wirkte er von 1896 bis 1908 in Stockholm als Musikkritiker, sodann bis 1911 als Regisseur der Oper und darauf erneut als Kritiker. Im Jahr 1930 zog er sich nach Frösö, Jämtland, zurück, wo er am 3.12.1942 starb.

Werke

Neben 4 Opern und einer dramatischen Kantate verfaßte Wilhelm Peterson-Berger 5 Sinfonien, 2 weitere Orchesterstücke, ein Violinkonzert, eine Romanze für Violine und Orchester, 2 Sonaten und eine Suite für Violine und Klavier, Klavierstücke, Lieder und Chöre. Er gehörte der schwedischen Spätromantik an.

Gustav Strube (1867–1953)

LEBEN

Gustav Strube wurde am 3.3.1867 in Ballenstedt, Harz, geboren. Er war am Konservatorium in Leipzig Schüler von Adolf Brodksy. Im Jahr 1891 ging er in die USA und wirkte bis 1913 als Erster Violinist im Sinfonieorchester in Boston und als Dirigent der Musikfeste von Worester, Col. Darauf wurde er Violinlehrer am Konservatorium in Baltimore, Md., das er von 1916 bis 1946 leitete. Von 1916 bis 1930 war er auch Leiter des Sinfonieorchesters der Stadt, wo er am 2.2.1953 starb.

WERKE

Von den zahlreichen Kompositionen von Gustav Strube sind neben seinen 2 Opern zu erwähnen: 2 Sinfonien, 3 Ouvertüren, 2 sinfonische Dichtungen »Sehnsucht« mit Bratschensolo und »Harzgebirge«, eine Orchesterrhapsodie, 2 Violinkonzerte, 2 Streichquartette, ein Bläserquintett und ein Klaviertrio. Er muß den Spätromantikern zugezählt werden, wenngleich sein Satz sehr frei ist.

Iwan Krischanowski (1867–1924)

LEBEN

Iwan Iwanowitsch Krischanowski wurde am 8.3.1867 in Kiew geboren. Er studierte neben Medizin bei Otakar Ševčík (22.3.1852, Horaždovice, bis 18.1.1934, Pisek) und Nikolai Rimski-Korsakow Musik. 1923 erhielt er eine Professur am Konservatorium in Leningrad, wo er am 9.12.1924 starb.

WERKE

Von Iwan Krischanowski, dessen Stil völlig von Rimski-Korsakow abhängt, sind 2 sinfonische Dichtungen, ein Klaviertrio, eine Suite für Orgel, eine Cellosuite und zahlreiche Violinwerke, Klavierstücke und Lieder bekannt geworden.

Ferruccio Cattelani (1867–1932)

LEBEN

Ferruccio Cattelani wurde am 28.3.1867 in Parma geboren. Er studierte von 1879 bis 1885 in Parma Violine und Komposition und wurde sodann Konzertmeister in Rio de Janeiro, in Montevideo, Buenos Aires und Santiago de Chile. Ab 1897 lebte er in Buenos Aires als Violinist, Konzertunternehmer und Dirigent. Er starb am 16.4.1932 in Mailand.

WERKE

Neben einer Oper schrieb Ferruccio Cattelani eine Sinfonie, 2 Violinkonzerte und eine Anzahl Violinstücke, ferner eine Kantate zur Hundertjahrfeier der Unabhängigkeit Argentiniens.

Ernest Bryson (1867–1942)

LEBEN

Robert Ernest Bryson wurde am 31.3.1867 in Liverpool geboren. Obwohl er zeitlebens den Beruf eines Kaufmannes ausübte, bildete er sich ernsthaft zum Musiker aus und nahm am Musikleben seiner Vaterstadt lebhaften Anteil. Er starb am 20.4.1942 in St. Briavels, Gloucestershire.

WERKE

Formal hielt Ernest Bryson klassische Fakturen ein, integrierte aber vorwiegend romantische Elemente und bildete daraus einen individuellen, sehr interessanten Stil. Er schrieb eine Oper, 2 Sinfonien, verschiedene Stücke für großes Orchester und für Streichorchester, 2 Streichquartette, Klavier- und Orgelstücke und zahlreiche Chorwerke.

William Edwin Haesche (1867–1929)

LEBEN

William Edwin Haesche wurde am 11.4.1867 in New Haven, Conn., geboren. Er war Schüler des Violinisten Bernhard Friedrich Wilhelm Listemann (28.8.1841, Schlotheim, Thüringen, bis 11.2.1917, Chicago), von Ernst Perabo (1845–1920) und Horatio Parker. Er war Mitbegründer und Violinist des Sinfonieorchesters in New Haven, ab 1903 Instrumentationslehrer an der Yale University und darauf Theorielehrer am Hollins College in Virginia. Er starb am 26.1.1929 in Roanoke, Va.

WERKE
Von William Edwin Haesche sind eine Sinfonie, eine Sinfonietta, 3 sinfonische Dichtungen – »Wald-Idyll«, »Fridtjof und Ingeborg«, »Der Süden« –, mehrere Ouvertüren, eine dramatische Kantate »Die verwunschene Eiche von Nannau«, ein Frauenchor, Kammermusik, weitere Chöre und Lieder erschienen. Sein Stil ist romantisch.

William Orchard (1867–1961)

LEBEN
William Arundel Orchard wurde am 13.4. 1867 in London geboren. Nach seiner Ausbildung in London und in Durham ging er 1903 nach Australien, wo er das Sydney Symphony Orchestra und die Sydney Madrigal Society leitete. Von 1923 bis 1934 leitete er das New South Wales State Conservatory, an dessen Ausbau er maßgebend beteiligt war. Anschließend wirkte er als Lehrer an der University of Tasmania. Er starb am 7.4.1961 auf hoher See.

WERKE
Von William Orchard wurde eine Oper aufgeführt. Er schrieb außerdem ein Violinkonzert, ein Streichquartett, ein Streichquintett, Chöre und Lieder, ferner das Chorwerk »Ullen the Bowman« (Ullen der Bogenschütze). Sein Wirken war für die Musikentwicklung im australisch-neuseeländischen Raum von großer Bedeutung.

Lluis Millet (1867–1941)

LEBEN
Lluis (Luis) Millet wurde am 18.4.1867 in Masnou bei Barcelona geboren. Er war Schüler von Felipe Pedrell. Mit dem Komponisten vieler Zarzuelas, Amadeo Vives (18.11.1871, Collbató, Barcelona, bis 2.12.1932, Madrid), gründete er den gemischten Chor Orfeó Català, den er durch viele Jahre dirigierte und zu einem wichtigen Zentrum des katalonischen Musiklebens entwickelte. Er starb am 7.12. 1941 in Barcelona.

WERKE
Von Lluis Millet sind zahlreiche Chorgesänge und Lieder auf katalanische Texte bekannt geworden. Er schrieb außerdem zahlreiche Orchesterfantasien auf Volkslieder aus Katalonien.

Karel Navrátil (1867–1936)

LEBEN
Karel (Karl) Navrátil wurde am 24.4.1867 in Prag geboren. Er war in Wien Schüler des Musikforschers Guido Adler (1.11.1855, Eibenschitz [Ivančice], bis 15.2.1941, Wien) und des Violinlehrers František Ondříček (29.4.1857, Prag, bis 12.4.1922, Mailand). Ab 1915 lebte er als Privatmusiklehrer und freier Komponist in Prag, wo er am 23.12.1936 starb.

WERKE
Außer 2 Opern schrieb Karel Navrátil eine Sinfonie, 5 sinfonische Dichtungen, 2 Klavierkonzerte, ein Violinkonzert, Kammermusik, Klavierstücke, Chöre und Lieder. Er war Spätromantiker.

Giocondo Fino (1867–1950)

LEBEN
Giocondo Fino wurde am 3.5.1867 in Turin geboren. Er war dort Schüler des Komponisten Giovanni Bolzoni (14.5.1841, Parma, bis 21.2.1919, Turin) und studierte zugleich Theologie. Er lebte als Priester, Lehrer und Komponist in Turin, wo er am 19.4.1950 starb.

WERKE
Abgesehen von seinen 6 Opern schrieb Giocondo Fino die Oratorien »Noemi und Ruth« und »Vierzehn Kreuzwegstationen«,

zahlreiche Messen, Motetten, Orchester- und Kammermusik, Orgel- und Klavierstücke, ferner Musik zu religiösen Filmen. Sein Stil ist einfach, klar und klassiknahe.

Dynam Victor Fumet (1867–1949)

LEBEN

Dynam Victor Fumet wurde am 4.5.1867 in Toulouse geboren. Er studierte ab 1885 am Conservatoire in Paris bei César Franck und Ernest Guiraud und wurde darauf Zweiter Organist an Sainte-Clotilde. Nach einer Tätigkeit als Kapellmeister des Cabaret »Chat Noir« wirkte er als Organist in Lescar, Basses-Pyrénées, und ab 1910 an Sainte-Anne in Paris bis zu seinem Tod am 2.1.1949.

WERKE

Der Stil von Dynam Victor Fumet ist zwar traditionsgebunden, mutet jedoch durch viele eigenwillige melodische und harmonische Wendungen sehr modern an, obwohl er von den Zeitströmungen wenig beeinflußt war. Er schrieb das Oratorium »Sainte-Geneviève«, ein Requiem, mehrere Motetten, Chöre und Lieder, ferner 5 Orchesterwerke, die zwar Titel tragen, aber mit Programmusik nichts zu tun haben, sondern sehr eigenartige Stimmungsschilderungen sind, sodann einige Kammermusik, Orgel- und Klavierstücke. Sein Werk wird zu Unrecht völlig vernachlässigt.

Désiré Pâque (1867–1939)

LEBEN

Marie Joseph Léon Désiré Pâque wurde am 21.5.1867 in Lüttich geboren und studierte am Konservatorium seiner Geburtsstadt, wo er anschließend als Klavier- und Orgellehrer wirkte. Sodann verlegte er seine Lehrtätigkeit nach Sofia, wo er 1897 ein Konservatorium gründete, sowie nach Athen, Lissabon und Genua. Im Jahr 1914 ließ er sich, nach Aufenthalten in der Schweiz, in Deutschland und England, als Lehrer und Komponist in Paris nieder. Er starb am 20.11.1939 in Bessancourt.

WERKE

Stilistisch schritt Désiré Pâque über seine Zeitgenossen weit hinaus; er verließ die thematische Einheitlichkeit und näherte sich stark der Atonalität Arnold Schönbergs. Er schrieb eine Oper, eine Bühnenmusik zu »Die Jungfrau von Orleans« von Friedrich von Schiller (1759–1805), weiters 8 Sinfonien, 2 Klavierkonzerte, ein Cellokonzert, ein Sextett für zwei Violinen, zwei Bratschen, zwei Celli, 3 Klavierquintette, ein Klavierquartett, 9 Streichquartette, eine Kleine Suite für Klarinette, Flöte, Oboe und Klavier, 5 Suiten für Violine und Bratsche, 3 Klaviertrios, eine Sonate für Klavier und Bratsche, 4 Sonaten für Klavier und Violine, eine Orgelsinfonie und weitere Orgelstücke, »Zehn atonale Stücke für die Jugend« für Klavier, 5 Klaviersonaten und zahlreiche weitere Klavierstücke. An Vokalmusik liegen vor: ein Requiem für Soli, Chor, Orchester und Orgel, 3 Messen, Chöre und Lieder.

Česlovas Sasnauskas (1867–1916)

LEBEN

Česlovas Sasnauskas wurde am 19.6.1867 in Kapčiamiestis, Litauen, geboren. Nach seiner Ausbildung in Warschau wirkte er als Organist in Vilkaviškis und ab 1894 in St. Petersburg (Petrograd), wo er am 5.1.1916 starb.

WERKE

Vom kompositorischen Werk von Česlovas Sasnauskas sind vor allem seine Chorwerke und Orgelstücke von Interesse, in die überall litauisches Volksliedgut verarbeitet ist. Er schrieb unter anderem ein schönes Requiem für Soli, gemischten Chor und Orgel, eine Reihe von Kantaten für Soli und Chor, ein Praeludium und Fuge, ein Largo mit Fuge, eine Kyriefuge und ein Postludium mit Fuge für Orgel, ferner eine Sammlung eigener Lieder im Volkston und Bearbeitungen von litauischen Volksliedern. Wie bei allen Musiklandschaften, die sich zu seiner Zeit der abendländischen anschlossen, waren auch hier romantische Fakturen vorherrschend.

Ewald Sträßer (1867–1933)

LEBEN

Ewald Sträßer wurde am 27.6.1867 in Burscheid im Bergischen Land geboren. Er studierte am Konservatorium in Köln, an dem er ab 1892 als Harmonie- und Kontrapunktlehrer wirkte. Im Jahr 1921 wurde er Dozent an der Kölner Universität und im selben Jahr Kompositionslehrer an der Musikhochschule in Stuttgart, wo er am 4.4.1933 starb.

WERKE

Johannes Brahms bildete den Leitstern für die Kompositionen von Ewald Sträßer. Er schrieb eine Oper, 2 Sinfonien, eine Ouvertüre, das sinfonische Stück »Frühlingsbilder«, ein Klavierkonzert, einige Kammermusik, Klavier- und Orgelstücke, Chöre und Lieder.

Enrique Granados (1867–1916)

LEBEN

Enrique Granados y Canpiña wurde am 27.7. 1867 in Lérida geboren. Er war in Barcelona Schüler von Felipe Pedrell und ab 1887 in Paris von Charles Wilfrid de Bériot (1833 bis 1914). Anschließend widmete er sich zunächst der Pianistik und der Komposition. Im Jahr 1900 gründete er sodann in Madrid eine Sociedad de conciertos clásicos und dirigierte sie; 1901 übernahm er die Academia de Música – ab nun Academia Granados – in Barcelona. Er starb am 24.3.1916 auf hoher See.

WERKE

Außer 3 Opern und 5 Kurzopern schrieb Enrique Granados 2 Sätze einer viersätzig geplanten Tondichtung »Dante«, 4 Orchestersuiten, ein Quintett, ein Klaviertrio, ein »Madrigal« für Cello und Klavier und 12 Liebeslieder im »alten Stil« zu Klavierbegleitung. Den breitesten Raum seines Schaffens nahmen jedoch seine zahlreichen Klavierstücke ein, die er zum Teil in Gruppen zusammenfaßte: »Goyescas« – 6 Stücke; »Escenas poéticas (I. und II.) – 7 Stücke; »Escenas románticas« – 6 Stücke; »Danzas españoles« – 12 Stücke; »Praeludium und sechs Stücke über spanische

Enrique Granados

Volkslieder« – 7 Stücke; weiters verfaßte er viele Einzelstücke, jedes davon ein Meisterwerk romantischer Klavierkomposition, die Robert Schumann, Frédéric Chopin und Edvard Grieg (1843–1907) zum Vorbild hatten.

Goyescas, o los majos enamorados (Goyescas oder die verliebten jungen Vornehmen), Suite aus 6 Klavierstücken, vollendet 1911

Die 6 Stücke sind Phasen einer Liebesgeschichte, die im 18. Jahrhundert in der von Francisco de Goya (1746–1828) dargestellten Gesellschaft der Granden mit ihrer verfeinerten Höflichkeit, ihrer eleganten Kleidung und überspitzten Empfindlichkeit spielt. Im 1. Stück »Schmeicheleien« umspielen zwei Themen einander kokett und liebenswürdig. Das 2. Stück bringt ein »Gespräch des Paares am Fenster.« Im »Fandango bei Laternenschein« des 3. Stückes entbrennt das Paar in Liebe zueinander. Das 4. Stück »Klage des Mädchens und die Nachtigall« bringt einen der schönsten melodischen Einfälle des Komponisten. Das 5. Stück »Die Ballade von Liebe und Tod« bringt den äußersten Kampf feindlicher Elemente gegen diese Verbindung, der mit dem Tod des jungen Mannes endet. Im 6. Stück »Epilog« feiern die Seelen der Toten ihre jenseitige Vereinigung. Die Suite wurde 1916 zu einer Oper umgearbeitet.

LITERATUR

A. del Campo, Enrique Grenados, Madrid 1966.

Umberto Giordano (1867–1948)

LEBEN

Umberto Giordano wurde am 27.8.1867 in Foggia geboren. Er studierte am Konservatorium in Neapel und lebte dann in verschiedenen italienischen Städten als freier Komponist. Er starb am 12.11.1948 in Mailand.

WERKE

Von den 11 Opern von Umberto Giordano reihte sich »Andrea Chenier« (1896) als »letzte Sängeroper« den großen, bleibenden Welterfolgen des Repertoires des 19. Jahrhunderts zu; die anderen blieben weit zurück. Er schrieb außerdem ein Ballett, ein sinfonisches Werk, Klavierstücke und Lieder.

Amy Marcy Cheney (1867–1944)

LEBEN

Amy Marcy Cheney (Mrs. H. H. A. Beach) wurde am 5.9.1867 in Henniker, N. H., geboren. Sie war in Boston Schülerin von Ernst Perabo. Anschließend wirkte sie als Konzertpianistin und Komponistin in Boston und in New York, wo sie am 27.12.1944 starb. Von 1910 bis 1914 hielt sie sich als Pianistin in Europa auf.

WERKE

Außer einer Oper schrieb Amy Marcy Cheney eine »Gaelische Sinfonie« in e-Moll, 2 Klavierkonzerte, ein Klavierquintett, ein Klaviertrio, eine Violinsonate, Variationen für Flöte und Streichquartett, mehrere Violinstücke, zahlreiche Klavierstücke, eine Suite für zwei Klaviere, eine Messe und weitere Kirchenmusik sowie große Chorwerke mit Orchester.

Franciszek Brzeziński (1867–1944)

LEBEN

Franciszek Ksawery Brzeziński wurde am 6.9.1867 in Warschau geboren. Er war in Warschau Klavierschüler des Pianisten Jan Kleczyński (8.6.1837, Wolhynien, bis 15.9. 1895, Warschau). Er studierte in Tartu (Dorpat), Estland, Jurisprudenz, wirkte bis 1903 als Rechtsanwalt, wurde Musiker und studierte in Paris und am Konservatorium in Leipzig. Er lebte ab 1916 als Komponist und Musikreferent in Warschau, wo er am 6.8.1944 starb.

WERKE

Von Franciszek Brzeziński sind ein Klavierkonzert, eine Violinsonate, ein »Thema mit Variationen« für Klavier, eine »Polnische Suite«, eine »Toccata«, eine »Polonaise-Ballade«, eine Fantasie »Weihnachten in Polen« und zahlreiche weitere Klavierwerke bekannt geworden. Er gehörte zur polnischen Spätromantik.

Joaquín Cassadó (1867–1926)

LEBEN

Joaquín Cassadó wurde am 30.9.1867 in Mataró bei Barcelona geboren. Er war dort Chordirektor an Nuestra Señora de la Merced, dann Organist an San José und Dirigent der Capilla Catalana, eines von ihm gegründeten Chorvereins in Barcelona, wo er am 25.5. 1926 starb.

Sein Sohn Gaspar David Ramón Cassadó y Morlu (30.9.1897, Barcelona, bis 24.12.1966, Madrid), Schüler von Pau Casals, war einer der berühmtesten Cellovirtuosen des 20. Jahrhunderts. Er wirkte als Professor der Accademia Musicale »Chigiana« in Siena.

WERKE

Außer einer Oper und einiger Kirchenmusik schrieb Joaquín Cassadó eine »Sinfonía dramá-

tica«, mehrere sinfonische Dichtungen und eine Fantasie »Hispania« für Klavier und Orchester.
Gaspar Cassadó verfaßte ein vorzügliches Cellokonzert in d-Moll, kleine Stücke und Sonaten für Cello, 3 Streichquartette, ein Klaviertrio, eine Violinsonate und ein Oratorium über zwei Psalmen Davids. Beide sind der Spätromantik verhaftet.

Siegfried Kallenberg (1867–1944)

Leben
Siegfried Garibaldi Kallenberg wurde am 3. 11. 1867 in Bad Schachen bei Lindau geboren. Er war Schüler des Konservatoriums in Stuttgart und der Akademie der Tonkunst in München. Im Jahr 1892 übernahm er die Leitung einer Privatmusikschule in Stettin (Szczecin), war sodann in Königsberg (Kaliningrad) tätig und ließ sich 1910 in München als Musiklehrer und Komponist nieder. Er starb am 9. 2. 1944 in München.

Werke
Von Siegfried Kallenberg sind 4 Opern aufgeführt worden. Er schrieb außerdem 2 Pantomimen, 3 Sinfonien, eine Sinfonietta, eine »Konzertante Fantasie« für Klavier und Orchester, eine Vertonung des 90. Psalms für achtstimmigen Chor und Orgel, ein Requiem für Chor und Orgel und eine Reihe von Kantaten, ferner Kammermusik, Klavierwerke und ungefähr 300 Lieder und Duette. Sein Stil war spätromantisch.

Ilmari Krohn (1867–1960)

Leben
Ilmari Henrik Reinhold Krohn wurde am 8. 11. 1867 in Helsinki geboren. Er war Schüler des Organisten Friedrich Richard Faltin (5. 1. 1835, Danzig [Gdańsk], bis 1. 6. 1918, Helsinki) in Helsinki und von 1886 bis 1890 von Gustav Schreck (8. 9. 1849, Zeulenroda, bis 22. 1. 1918, Leipzig) am Konservatorium in Leipzig. Er habilitierte an der Universität Helsinki in Musikwissenschaft und wirkte dort von 1918 bis 1935 als Professor. Von 1894 bis 1905 war er Organist in Tampere und von 1911 bis 1944 in Helsinki. Er war gleichzeitig Mitglied der Choralkommission und der Gesangbuchkommission seiner Heimat. Er starb am 25. 4. 1960 in Helsinki.

Werke
Hinter die organisatorische und umfangreiche publizistische Tätigkeit auf dem Gebiet der Kirchenmusik und seine anderen vielseitigen musikwissenschaftlichen Publikationen trat die kompositorische von Ilmari Krohn weit zurück. Er schrieb 2 Oratorien, eine Johannes-Passion, eine Klaviersonatine, mehrere Liederzyklen und eine Oper. Er nahm in der finnischen Musikwissenschaft einen bedeutenden Rang ein.

Paul Gerhardt (1867–1946)

Leben
Paul Friedrich Ernst Gerhardt wurde am 10. 11. 1867 in Leipzig geboren und studierte am Konservatorium seiner Geburtsstadt bei Salomon Jadassohn, Paul Joseph Maria Homeyer und Adolf Ruthardt (9. 2. 1849, Stuttgart, bis 12. 9. 1934, Leipzig), wirkte von 1893 bis 1898 als Organist der Marienkirche in Leipzig-Plagwitz und anschließend bis 1933 als Kirchenmusikdirektor in Zwickau. Er starb am 23. 9. 1946 in Oberhohndorf bei Zwickau.

Werke
Von Paul Gerhardt sind eine »Heldenfeier und Totenklage« für großes Orchester, eine sinfonische Fantasie »Ein feste Burg« für großes Orchester und Orgel, eine »Legende« für Violine und Orchester, ein »Requiem« für Blasorchester, Harfe und Orgel, ein Klavierquintett, eine »Deutsche Passion« für Alt, kleines Orchester, gemischten Chor und Orgel, eine Fantasie und Fuge für Orgel, Choralvorspiele und Praeludien für Orgel, viele Klavierwerke, Kantaten, Motetten, Chorsätze und Lieder erschienen. Er war Spätromantiker.

Margaret Ruthven Lang (1867–1972)

LEBEN
Margaret Ruthven Lang wurde am 27. 11. 1867 in Boston als Tochter des Pianisten und Komponisten Benjamin Johnson Lang (28. 12. 1837, Salem, Mass., bis 3. 4. 1909, Boston) geboren. Sie war in München Violinschülerin von Ludwig Abel und in Boston Kompositionsschülerin von John Knowles Paine (1839–1906), James Cutler Dunn Parker (1828–1916) und George Whitefield Chadwick. Sie wirkte in Boston als freie Komponistin und Musiklehrerin bis zu ihrem Tod am 29. 5. 1972.

WERKE
Besondere Erfolge erreichte Margaret Ruthven Lang mit ihren über 200 Liedern und den Klavierstücken, von denen die Rhapsodie in e-Moll und die Suite »Kleiner Roman in sechs Kapiteln« hervorragen. Sie schrieb ferner 3 Ouvertüren, zahlreiche Gesänge mit Orchester, eine Kantate für Bariton, Männerchor und zwei Klaviere und weitere A-cappella-Werke für gemischten Chor, Männerchor und Frauenchor, ein Streichquartett und einige Violinstücke.

Charles Koechlin (1867–1950)

LEBEN
Charles Koechlin wurde am 27. 11. 1867 in Paris geboren. Er war am Conservatoire seiner Geburtsstadt Schüler von Antoine Taudou (1846–1925), Jules Massenet, André Gédalge und Gabiel Fauré. Er entwickelte eine intensive Unterrichts- und Vortragstätigkeit, die ihn dreimal in die USA führte. Kompositorisch war er auf allen Gebieten der Musik wirksam. Er starb am 31. 12. 1950 in Le Canadel, Var.

WERKE
Modale, tonale, polytonale und atonale Fakturen waren für Charles Koechlin nicht grundsätzlich verschieden, sondern nur veränderte Aspekte derselben musikalischen Sprache, die vom jeweiligen Ausdruck erfordert wurden. Er selbst zog die alten Formen, die nach seiner Meinung von Klassik und Romantik verschüttet worden waren, vor und integrierte sie häufig ganz neuen Fakturen. Er schloß sich aber keiner Stilrichtung an. »Sein Stil war die Stillosigkeit. Er wollte seine Musik keinen stilistischen Zwängen unterwerfen, sondern den Stil aus der jeweiligen Musik entwickeln.« Der Impressionismus Gabriel Faurés schlug oft durch, wurde aber ebenso häufig von expressionistischen Wendungen abgelöst. Das verlieh allen seinen Kompositionen eine interessante Eigenart, die durchaus »modern« wirkt. Es ist daher wenig verständlich, daß sein Werk zu seinen Lebzeiten wenig Beachtung fand und nachher nahezu völlig vergessen wurde. Seine Renaissance würde der Musiklandschaft des 20. Jahrhunderts neuen Glanz verleihen. Sein kompositorisches Schaffen ist sehr umfangreich. Für die Bühne schrieb er 3 ausgezeichnete Ballette, ein biblisches Pastorale und mehrere Schauspielmusiken, dazu einige sehr eindrucksvolle Filmmusiken. Ferner verfaßte er 2 Sinfonien, zahlreiche sinfonische Suiten und Dichtungen, eine Partita für Kammerorchester, Stücke für Soloinstrumente und Orchester, 3 Streichquartette, ein Quintett für Flöte, Violine, Bratsche, Cello und Harfe, ein Bläserseptett, Stücke und Sonaten für einzelne Instrumente mit Klavier, viele Klavierstücke, einige Orgelstücke, eine Anzahl Lieder und viele äußerst klangvolle Kantaten für Singstimmen, Chor, Orchester und Orgel, von denen einzelne als singuläre Meisterwerke anzusprechen sind, so daß man nur hoffen kann, daß früher oder später das Interesse der Musikwelt dafür erwacht.

Fini Henriques (1867–1940)

LEBEN
Fini Valdemar Henriques wurde am 20. 12. 1867 in Kopenhagen geboren. Er war Schüler von Johan Svendsen und Joseph Joachim und wirkte von 1892 bis 1896 als Violinist im Hoforchester in Kopenhagen, dann als unabhängiger Solist und Komponist. Er starb am 27. 10. 1940 in Kopenhagen.

WERKE
Von Fini Henriques sind 2 Opern, 2 Ballette und zahlreiche Bühnenmusiken aufgeführt worden. Er schrieb außerdem 2 Sinfonien, 3 sinfonische Dichtungen, eine Romanze für Violine und Streicher, ein »Andante und Fuge« für Streicher, 2 Streichquartette, ein Quartett für Flöte, Violine, Cello und Klavier, ein »Kindertrio« für Violine, Cello und Klavier, viele Stücke für eine und zwei Violinen mit Klavier, Klavierstücke und Lieder. Sein Stil behielt die romantische Faktur seiner Lehrer bei.

Hermann Bischoff (1868–1936)

LEBEN
Hermann Bischoff wurde am 7. 1. 1868 in Duisburg geboren. Er war am Konservatorium in Leipzig Schüler von Salomon Jadassohn und wirkte anschließend als Komponist und Musiklehrer in München und Berlin, wo er am 25. 1. 1936 starb.

WERKE
Der Einfluß, den Richard Strauss auf Hermann Bischoff ausübte, ist bei allen seinen Kompositionen, die rückhaltlos der Spätromantik zuzuschreiben sind, deutlich merkbar. Er schrieb 2 Sinfonien, eine sinfonische Dichtung »Pan«, eine »Introduktion und Rondo« für Orchester und Lieder.

Fredrik Wilhelm Gomnaes (1868–1925)

LEBEN
Fredrik Wilhelm Gomnaes wurde am 4. 4. 1868 in Ringerike, Norwegen, geboren. Er war Schüler von Iver Holter (1850–1941) und studierte anschließend an der Hochschule in Berlin. Nach einigen Jahren Tätigkeit als Cellist im Theaterorchester in Kristiania (Oslo) wirkte er ab 1898 als Militärkapellmeister und Leiter von Männergesangvereinen in Hamar, Bergen und Oslo, wo er am 28. 8. 1925 starb.

WERKE
Die Musik von Fredrik Wilhelm Gomnaes weist eine stark nationale Färbung auf und ist in ihrer Gesamtheit der norwegischen Spätromantik zuzurechnen. Er schrieb eine ausgezeichnete Sinfonie in a-Moll, zahlreiche Stücke für Männerchor, Lieder, Fugen für Orgel und Militärmärsche.

John Blackwood McEwen (1868–1948)

LEBEN
John Blackwood McEwen wurde am 13. 4. 1868 in Hawick, Roxburghshire, geboren. Nach seinem Studium an der Universität in Glasgow war er am Royal College of Music in London Schüler von Frederick Corder (26. 1. 1852, London, bis 21. 8. 1932, Hampstead), Tobias Augustus Matthay (19. 2. 1858, London, bis 15. 12. 1945, High Marley bei Haslemere, Surrey) und Ebenezer Prout (1835 bis 1909). Nach einer dreijährigen Tätigkeit als Kirchenmusiker und Klavierlehrer in Glasgow wirkte er von 1898 bis 1924 als Harmonie- und Kompositionslehrer an der Royal Academy of Music in London und anschließend bis 1936 als deren Direktor. Er starb am 14. 6. 1948 in London.

WERKE
Von John Blackwood McEwen, dem Spätromantiker schottischer Prägung, sind 5 Sinfonien, 4 Suiten, 3 Balladen und ein Bratschenkonzert aufgeführt worden. Das Hauptgewicht seines kompositorischen Schaffens lag bei der Kammermusik: ein Streichquintett, 17 Streichquartette, 6 Streichtrios, ein Klaviertrio, ein Bläserquintett, 7 Violinsonaten und Stücke für Violine und für Cello. Er schrieb außerdem eine Sonate und eine Sonatine für Klavier, eine Anzahl Gesänge, »Vierzehn Gedichte für Sprechgesang und Klavier« und 2 Opern. Er publizierte mehrere didaktische Werke.

Francisco Braga (1868–1945)

LEBEN
Francisco Braga wurde am 15. 4. 1868 in Rio

de Janeiro geboren. Er war am Conservatoire in Paris Schüler von Jules Massenet. Nach Aufenthalten in Deutschland, wo er unter den Einfluß der Musik Richard Wagners geriet, und in Italien kehrte er 1900 nach Brasilien zurück. Dort erhielt er eine Lehrstelle am Instituto Nacional de Música und leitete von 1908 bis 1933 das Orchester der Sociedade de Concertos Sinfonicos. Er starb am 14.3.1945 in Rio de Janeiro.

WERKE
Außer 3 Opern schrieb Francisco Braga klangvolle Orchesterstücke mit »neudeutschen« Fakturen: »Marabá«, »Brasilianische Variationen«, »Hymne an das Vaterland«, »Das weite Land«, »Nächtliche Angst«, außerdem Kammermusik, Klavierstücke und Lieder.

Charles Silver (1868–1949)

LEBEN
Charles Silver wurde am 16.4.1868 in Paris geboren. Er war am Conservatoire in Paris Schüler von Jules Massenet und Théodore Dubois und erhielt den Rompreis. Nach seiner Rückkehr aus Italien wirkte er an diesem Institut als Professor für Harmonielehre. Er starb am 10.10.1949 in Paris.

WERKE
Für die Bühne schrieb Charles Silver 6 Opern und 2 Ballette. Seine Orchesterstücke »Sizilianische Rhapsodie«, »Karnevalsgedicht«, »Garten des Paradieses«, »Polarlandschaft«, »Siebenbürgische Suite« sind spätromantisch wie sein Oratorium »Tobias« und die Kantate »Naïs« für Soli, Chor und Orchester. Er schrieb außerdem Chöre, Lieder und Filmmusik.

Max Schillings (1868–1933)

Max Schillings

LEBEN
Max von Schillings wurde am 19.4.1868 in Düren geboren. Er studierte in Bonn bei Karl Joseph Brambach (1833–1902) und dem Violinlehrer Otto Friedrich von Königslöw (13.11. 1824, Hamburg, bis 6.10.1898, Bonn). In München, wo er an der Universität studierte, kam er mit Richard Strauss in Kontakt, der ihn bewog, sich ganz der Musik zu widmen. Ab 1892 wirkte er als musikalischer Assistent der Festspiele in Bayreuth, 1908 wurde er Generalmusikdirektor in Stuttgart. Von 1919 bis 1925 war er Intendant der Staatsoper in Berlin, ab 1926 leitete er die Waldfestspiele von Zoppot (Sopot) und erhielt 1933 die Ernennung zum Generalintendanten der Städtischen Oper in Berlin, wo er am 24.7.1933 starb.

WERKE
Aus dem Kreis der Verwalter und Pfleger des gewaltigen von Richard Wagner hinterlassenen Erbes, den Sängern, Musikern und Dirigenten, den Kommentatoren und Kritikern, entstanden die Epigonen, die ihre Erfolge dadurch erreichten, daß sie »schrieben wie Richard Wagner«. Max Schillings muß dazugestellt werden. Seine 4 Opern – insbesonders die erfolgreiche »Mona Lisa« – und seine 4 Melodramen für Sprecher und Orchester verwenden vorwiegend die Harmonik der

Opern seines Vorbildes. Das gleiche gilt von den sinfonischen Dichtungen »Meergruß«, »Seemorgen«, und »Ein Zwiegespräch«, den Bühnenmusiken und Prologen, dem Violinkonzert, dem Streichquintett und dem Streichquartett. Er verfaßte außerdem eine Anzahl sehr klangreicher Kantatenwerke für Singstimmen, Soloinstrumente, Chor und Orchester und für Männerchöre. Außer dem Violinkonzert ist davon nahezu alles vergessen wie die meisten Werke der Spätromantiker, die ihre Vorbilder nicht weiterentwickelten.

Feliks Starczewski (1868–1945)

LEBEN
Feliks Starczewski wurde am 27.5.1868 in Warschau geboren. Er studierte in Warschau, Berlin und Paris. Ab 1894 wirkte er als Klavierlehrer am Konservatorium in Warschau, wo er am 29.11.1945 starb.

WERKE
Neben einer Oper schrieb Feliks Starczweski mehrere Orchesterstücke mit ziemlich freier Tonalität, 2 Klaviersonaten, Klaviervariationen, eine Violinsonate und einige Lieder. Sein Stil ist vom üblichen spätromantischen weit entfernt.

Frédéric d'Erlanger (1868–1943)

LEBEN
Frédéric d'Erlanger wurde am 29.5.1868 in Paris geboren. Er studierte in Paris und darauf in London, wo er durch viele Jahre einer der Mitdirektoren von Covent Garden war. Er starb am 23.4.1943 in London.

WERKE
Außer 4 Opern verfaßte Frédéric d'Erlanger eine Suite symphonique, ein Andante symphonique für Cello und Orchester, ein Violinkonzert, ein Klavierkonzert, ein Klavierquintett, ein Streichquartett und eine Violinsonate. Sein Stil gehört noch der Spätromantik an, obwohl darin die gleichzeitig entstehende »Moderne« bereits anklingt.

Henning Mankell (1868–1930)

LEBEN
Ivar Henning Mankell wurde am 3.6.1868 in Härnösand, Schweden, geboren. Er war in Stockholm Klavierschüler bei Lennart Arvid Lundberg (29.9.1863, Norrköping, bis 27.7. 1931, Karlshamn) und lebte sodann als Musiklehrer in der schwedischen Hauptstadt, in der er am 8.5.1930 starb.

WERKE
Von seinem dem Impressionismus zugeneigten Lehrer Lundberg und den Zeitgenossen Claude Debussy und Aleksandr Skrjabin nahm Henning Mankell deutlich erkennbare Elemente in seine spätromantischen Kompositionen auf. Er schrieb eine Kantate für Bariton und Orchester, ein Klavierkonzert, 6 Fantasien, 3 Sonaten und 8 Balladen für Klavier, ein Klavierquintett, 3 Streichquartette, ein Klaviertrio und Lieder.

LITERATUR
M. Söderberg, Henning Mankell, en bortglömd kompositör, in: Musikkultur, XXX, 1966.

Max Oberleithner (1868–1935)

LEBEN
Max von Oberleithner wurde am 11.7.1868 in Mährisch-Schönberg (Šumperk) geboren. Er studierte an der Wiener Universität und nahm bei Anton Bruckner Musikunterricht. Im Jahr 1895 wurde er Theaterkapellmeister in Teplitz (Teplice) und 1896 in Düsseldorf. Ab 1897 lebte er in Wien als freier Komponist. Er starb am 5.12.1935 in Teplitz.

WERKE
Neben einer Anzahl Opern schrieb Max Oberleithner 4 Sinfonien, die mehr von Johannes Brahms abhingen als von seinem Lehrer, und ungefähr 50 Lieder.

Thorvald Otterstrom (1868–1942)

LEBEN
Thorwald Otterstrom wurde am 17.7. 1868 in Kopenhagen geboren. Er war in St. Petersburg Schüler der Pianistin Sophie Menter (29. 7. 1846, München, bis 23.2.1918, Stockdorf bei München). Er lebte von 1892 bis zu seinem Tod am 16.8.1942 als Klavierlehrer und Komponist in Chicago.

WERKE
Von Thorvald Otterstrom sind »Kanon, Choral und Fuge für Orchester«, ein Klavierquintett, 24 »Praeludien und Fugen« und 7 Konzertstudien für Klavier, 11 »Kanons und Fuge« auf ein Thema von Edvard Grieg, 11 symmetrische Doppelkanons und zahlreiche andere Klavierstücke, eine Violinsonate, eine Cellosonate, 43 für vierstimmigen Chor harmonisierte Negerlieder und 27 als Klavierlieder arrangierte Indianerlieder erschienen.

Granville Bantock (1868–1946)

LEBEN
Granville Bantock wurde am 7.8.1868 in London geboren. Er studierte an der Royal Academy of Music bei Frederick Corder. Anschließend war er journalistisch und als Kapellmeister an verschiedenen Theatern in London und in der Provinz tätig. Im Jahr 1897 wurde er Leiter der Birmingham and Midland Institute School of Music, 1907 wurde er Professor an der Universität Birmingham. Er starb am 16.10.1946 in London.

WERKE
Die Werke von Granville Bantock sind äußerst farbig und lehnen sich an Hector Berlioz, Pjotr Tschaikowski und Edvard Grieg an. Als Themen für seine programmatische Musik wählte er mit Vorliebe keltische oder exotische Stoffe. Das trifft auch für seine 3 Opern und 2 Ballette (eines davon ist ein Chorballett) zu. Er verfaßte 3 Sinfonien, davon eine »keltische« für Streicher und sechs Harfen, 6 Tondichtungen, 3 Suiten, 2 Ouvertüren und kleinere Orchesterstücke, Schauspielmusiken, 2 Melodramen, Kammermusik, Klavierstücke und viele Lieder. Das Hauptgewicht seines Schaffens lag auf breit angelegten Chorwerken mit Orchester. Er schrieb auch 3 »Chorsinfonien« a cappella, deren Harmonik besonders interessant ist, weil sie sich von romantischen Fakturen deutlich abheben, und mehrere Suiten für Männerchor.

Leone Sinigaglia (1868–1944)

LEBEN
Leone Sinigaglia wurde am 14.8.1868 in Turin geboren. Er war Schüler von Giovanni Bolzoni und des Musikforschers Eusebius Mandyczewski (18.8.1857, Tschernowitz, Bukowina [heute Tschernowci, Ukraine], bis 13.7.1929, Wien). Er lebte in seiner Geburtsstadt als Musiklehrer und Komponist und starb dort am 16.5.1944.

WERKE
Johannes Brahms und Antonín Dvořák waren die geistigen Protektoren der Kompositionen von Leone Sinigaglia, der ihnen durch die Integration piemontesischer Melodien einen besonderen Reiz verlieh. Er schrieb »Danze piemontesi« für Orchester, eine Orchestersuite »Piemonte«, eine »Rapsodia piemontese« für Violine und Orchester, Variationen für Streichquartett über ein Thema von Brahms, ein Streichquartett in D-Dur, eine Romanze und ein Rondo für Violine und Orchester, eine Cellosonate und eine Anzahl leichtere Stücke.

Charles Sanford Skilton (1868–1941)

LEBEN
Charles Sanford Skilton wurde am 16.8.1868 in Northampton, Mass., geboren. Er war von 1891 bis 1893 in Berlin Schüler von Woldemar Bargiel. Anschließend wirkte er in Salem, N. C., als Musiklehrer bis 1896 und von 1898 bis 1903 in Trenton, N. J. Dann trat er dem Lehrkörper der Universität in Kansas City bei. Er starb am 12.3.1941 in Lawrence, Kans.

Werke

Die Erforschung und Dokumentation der Musik der nordamerikanischen Indianer setzte um die Wende zum 20. Jahrhundert mit großer Intensität ein. Eine Anzahl Komponisten der USA interessierten sich für die weiträumige Melodik der Ureinwohner, integrierten sie ihren Werken und bearbeiteten die nahezu gänzlich homophonen Gesänge, was zumeist gute Resultate brachte, denn diese Melodien standen den abendländischen um einiges näher als etwa die der Neger. Charles Sanford Skilton baute in seine sinfonische Dichtung »A Carolina Legend«, in die Orchestersuite »East and West«, in die Orchesterstücke »Herbstnacht«, »Indianischer Jagdtanz«, »Sioux Flute Serenade« und »Zwei Indianertänze« mit viel Geschmack Eingeborenenweisen ein. Er schrieb außerdem 3 Opern, eine Schauspielmusik, Kammermusik – Sonaten – und Chorwerke, darunter das berühmte »Tochter der Hexe«, bei dem er eine Ganztonskala verwendete.

Jan Brandts Buys (1868–1933)

Leben

Jan Willem Frans Brandts Buys wurde am 12.9.1868 in Zutphen geboren. Sein Vater Marius Adrianus Brandts Buys (31.10.1840, Deventer, bis 13.1.1911, Eerbeck) war Organist und Komponist in Zutphen, sein Onkel Henry François Joseph Brandts Buys (20.4. 1850, Deventer, bis 16.10.1905, Ede) Chordirigent und Komponist in Amsterdam, sein Großvater Cornelis Alexander Brandts Buys (3.4.1812, Zaltbommel, bis 18.11.1890, Deventer) Organist und Komponist in Zaltbommel. Er selbst war bereits mit 13 Jahren Organist, dann studierte er am Raff-Konservatorium in Frankfurt am Main, lebte darauf in Wien bis 1910, sodann bis 1920 in Bozen und zuletzt bei Ragusa (Dubrovnik). Er starb am 7.12.1933 in Salzburg.

Werke

Von den 8 Opern von Jan Brandts Buys ist »Die Schneider von Schönau« sehr bekannt geworden. Er schrieb ferner ein Ballett, mehrere sinfonische Dichtungen, 3 Klavierkonzerte, eine Suite für Streicher, Harfe und Horn, das Konzertstück »Tancred« für Cello und Orchester, ein Streichsextett für drei Violinen, zwei Bratschen und Cello, 4 Streichquartette, ein Flötenquintett, ein Klaviertrio, Klavierstücke und Lieder. Sein Stil grenzt an den Expressionismus.

Henry Gilbert (1868–1928)

Leben

Henry Franklin Belknap Gilbert wurde am 26.8.1868 in Somerville, Mass., geboren. Er war in Boston Schüler von George Elbridge Whiting und Edward MacDowell. Zunächst wirkte er als Violinist an verschiedenen Unterhaltungsorchestern. Er beschäftigte sich viel mit Volksmusik und wirkte als Musikschriftsteller bis zu seinem Tod am 19.5.1928 in Cambridge, Mass.

Werke

Das intensive Studium der Indianer- und Negermusik schlug sich bei den Kompositionen von Henry Gilbert nieder; sie erhielten dadurch jenes Kolorit, das die Werke seiner Zeit auszeichnete. Er schrieb für Orchester: »Zwei Episoden – ›Legende‹ und ›Neger-Episode‹ «, »Lustspielouvertüre auf Negerthemen«, »Americanesque« mit drei »Spirituel-Themen«, »Neger-Rhapsodie«, »Sechs indianische Skizzen«, »Sinfonisches Ballett« auf kreolische Themen, »Nokturne«, »Sinfonisches Stück«. Er verfaßte das Chorwerk »America«, zahlreiche Lieder und Klavierstücke und gab ungefähr 100 Volksmelodien heraus.

Giacomo Setaccioli (1868–1925)

Leben

Giacomo Setaccioli wurde am 8.12.1868 in Corneto Taquinia geboren. Er studierte an der Accademia di Santa Cecilia in Rom, wirkte ab 1922 dort als Theorielehrer und ab 1925 als Direktor des Konservatoriums in Florenz. Er starb am 5.12.1925 in Siena.

Werke
Von Giacomo Setaccioli stammen 4 Opern. Er schrieb eine Sinfonie, mehrere sinfonische Dichtungen und weitere Orchesterwerke, ein Requiem, das Chorwerk »Cantica«, vier- bis achtstimmige Motetten a cappella, Kammermusik, Orgel- und Klavierstücke und Lieder. Sein Stil war konservativ.

Peter Faßbaender (1869–1920)

Leben
Peter Faßbaender wurde am 28.1.1869 in Aachen geboren. Er studierte am Konservatorium in Köln unter Gustav Jensen, Franz Wüllner und Isidor Wilhelm Seiss (23.12.1840, Dresden, bis 23.9.1905, Köln). Im Jahr 1880 wurde er Dirigent in Saarbrücken, 1895 städtischer Musikdirektor, Leiter der Sinfoniekonzerte und der Musikschule in Luzern und 1911 Dirigent des Männerchors »Harmonie« in Zürich, wo er am 22.2.1920 starb.

Werke
Von Peter Faßbaender sind 8 Sinfonien, 3 Klavierkonzerte, 2 Violinkonzerte, ein Cellokonzert, 3 Streichquartette, Sonaten für Violine solo und für Violine und Klavier, 2 Messen, Klavierstücke, viele Chöre und Lieder, außerdem 4 Opern aufgeführt worden. Trotz mancher moderner Züge in seinen Werken war er Spätromantiker.

Wasili Kalafati (1869–1942)

Leben
Wasili Pawlowitsch Kalafati wurde am 29.1.1869 in Jewpatorija, Krim, geboren. Er studierte am Konservatorium in St. Petersburg unter Nikolai Rimski-Korsakow. Von 1907 bis 1924 unterrichtete er an derselben Anstalt Musiktheorie und Komposition. Er starb am 20.3.1942 in Leningrad.

Werke
Von Wasili Kalafati sind eine Sinfonie in a-Moll, eine Ouvertüre und eine Polonaise für Orchester, ein Klavierquintett, 2 Sonaten und kleinere Stücke für Klavier, Lieder und eine Oper erschienen. Sein Stil kann als Vorläufer der Fakturen seiner Schüler Aleksandr Skrjabin und Igor Strawinsky angesehen werden.

Albert Roussel (1869–1937)

Leben
Albert Charles Paul Marie Roussel wurde am 5.4.1869 in Tourcoing, Nord, geboren. Nachdem er seine Absicht, Marineoffizier zu werden, aufgegeben hatte, wurde er Schüler von Eugène Gigaut und Vincent d'Indy an der Schola Cantorum in Paris, wo er selbst von 1902 bis 1913 eine Kontrapunktklasse leitete. Im Jahr 1909 unternahm er eine ausgedehnte Reise nach Indien und Kambodscha. Während des Ersten Weltkrieges diente er in der französischen Armee. Hernach ließ er sich in Perros-Guirec, Côtes-du-Nord, und 1922 in Royan, Charente-Maritime, als Komponist nieder, wo er am 23.8.1937 starb.

Werke
Die Stilgattungen, die in rascher Folge ab dem letzten Jahrzehnt des 19. Jahrhunderts neben der noch lange gepflegten Spätromantik entstanden – Impressionismus, Expressionismus, Neuklassizismus, Polytonalität –, wurden von Albert Roussel wie von allen anderen Tonsetzern mit starker Eigenpersönlichkeit zwar berücksichtigt, aber nicht übernommen, so daß er sich jedem Katalogisierungsversuch entzieht. Er schuf sich seine Fakturen unabhängig von den Zeitströmungen. Als erster nahm er Skalen exotischer Völker in seine Kompositionen auf. Er unterwarf sich keiner Stilregel, sondern nur dem eigenen künstlerischen Willen und Einfall. Er verfaßte 4 Sinfonien, eine Sinfonietta für Streicher und weitere sinfonische Stücke, ein Klavierkonzert, ein Violinkonzert, ein Concertino für Cello und Orchester, mehrere Suiten, weiters ein Streichquartett, ein Klaviertrio, ein Streichtrio, ein Divertissement für fünf Bläser und Klavier, eine Serenade für Flöte, Harfe, Violine, Bratsche und Cello, ein Trio für Flöte, Bratsche und Cello, mehrere Violinsonaten, über 10 Werke für Klavier solo oder mit anderen Instrumen-

ten und ungefähr 4 Lieder, außerdem 3 Opern, 3 Ballette und Bühnenmusiken sowie Chorwerke.

Sinfonie Nr. 1, »Das Lied vom Wald«, Opus 7, 4 Sätze, entstanden 1906

Es handelt sich um ein sinfonisches Gedicht ohne narrativen Charakter, es gibt nur Stimmungen wieder. Der 1. Satz »Winterwald« malt die Trostlosigkeit der Landschaft und die Sehnsucht der Menschen nach Licht und Wärme; frostige Stürme rasen durch klirrende Baumwipfel. Im 2. Satz »Lenz« erwacht die Natur. Vogelrufe mischen sich in das erwartungsvolle Klangbild. Im 3. Satz »Sommerabend« stellt sich der Reichtum der Natur mit ihren Farben dar. Im 4. Satz »Faune und Dryaden« bringt ein ausgelassenes Treiben, an dessen Ende man an das Nahen des Winters gemahnt wird.

Sinfonie Nr. 3 in g-Moll, Opus 42, 4 Sätze, entstanden 1930

Trotz unbedingter Eigenständigkeit wahrt dieses Werk die große klassische Tradition der Sinfonie. Das Kopfthema des 1. Satzes ist lebhaft, knapp und nahe volkstümlich. Das zweite Thema ist lyrisch. In der Durchführung tragen die Bläser ein eigenes Motiv vor, auf das spätere Teile des Werks zurückkommen. Eine klassische Reprise schließt den Satz ab. Der 2. Satz ist dreiteilig. Ein lebhafteres Thema setzt sich dem langsamen Hauptthema entgegen und erzeugt ein anmutiges, typisch französisches Klima. Das Scherzo des 3. Satzes ist ein lebhafter spielerischer Tanz. Den 4. Satz beginnt ein leichtes, munteres Thema, ein lyrisches tritt hinzu und ein drittes bringen die Bläser wie einen Tusch. Eine lange Coda schließt das Werk mit prächtigen Klängen ab.

Sinfonie Nr. 4 in A-Dur, Opus 53, 4 Sätze, entstanden 1934

Der 1. Satz beginnt mit einem Lento, dem ein scharf rhythmisiertes Allegro folgt. Der 2. Satz bringt eine langsame lyrische Kantilene. Dem folgt ein kapriziöses Scherzando als 3. Satz. Das Finale strahlt ungetrübte Fröhlichkeit aus.

»Das Festmahl der Spinne«, Sinfonische Suite, Opus 17, 5 Sätze, entstanden 1912

Das Stück bringt die wichtigsten Abschnitte des »Tierballetts«, folgt aber nicht dem Ablauf der Handlung. Im »Prélude« werden die handelnden Personen der Pantomime in einem heiter ruhenden Garten vorgeführt. Im 2. Satz defilieren die Ameisen im Parademarsch. Darauf folgt der Tanz der Schmetterlinge, der im Netz der Spinne endet wie der Aufmarsch der Ameisen. Im 4. Satz tummelt sich eine Eintagsfliege, die sich ihres kurzen Lebens freut; ermattet fällt sie am Ende der Spinne anheim. Ihr zu Ehren erklingt im 5. Satz ein Trauermarsch.

Streichquartett in D-Dur, Opus 45, 4 Sätze, entstanden 1932

Der 1. Satz ist ein stark konzentriertes Sonatenallegro, dessen erstes Thema energische Rhythmen aufweist; das zweite Thema ist sehr melodisch. Nach einer vom ersten Thema beherrschten Durchführung und der Reprise schließt eine rasche Coda den Satz ab. Das folgende Adagio bringt eine gefühlvolle, weit ausgreifende Melodie mit einem sehr komplexen polytonalen Mittelteil. Das Scherzo ist kurz und kompliziert; sein Trio wird vom Cello in den höchsten Lagen angeführt. Der 4. Satz ist sehr umfangreich, er besteht aus einer großen Fuge, der sich ein lebhafter Abschnitt und eine glänzende Coda anschließen.

LITERATUR

M. Pincherle, Albert Roussel, Genf 1957.

Zygmunt Stojowski (1869–1946)

LEBEN

Zygmunt Stojowski wurde am 8.4.1869 in Strehlitz (Strzelce) geboren. Er war Schüler von Władysław Żeléński (1837–1921), Louis Diémer (1843–1919), Ignacy Paderewski, Théodore Dubois und Jules Massenet. Er trat in Frankreich, Belgien, England und in Polen als Klaviervirtuose auf und ließ sich sodann 1906 als Klavierlehrer in New York nieder, wo er am 5.11.1946 starb.

WERKE

Von Zygmunt Stojowski sind eine Sinfonie, eine Orchestersuite, ein Klavierkonzert, ein Violinkonzert, ein Cellokonzert, eine »Polnische Rhapsodie« für Klavier und Orchester, eine Romanze für Violine und Orchester, Etüden und andere Stücke für Klavier, Kammermusikwerke, Chöre und Lieder erschienen. Stilistisch folgte er der Romantik seiner Lehrer.

Hans Pfitzner (1869–1949)

LEBEN

Hans Erich Pfitzner wurde am 23.4.1869 in Moskau geboren. Er war in Frankfurt am Main Schüler des Musikpädagogen Iwan Knorr (3.1.1853, Mewe [Gniew], Westpreußen, bis 22.1.1916, Frankfurt am Main) und des Pianisten James Kwast (23.11.1852, Nijkerk, Niederlande, bis 31.10.1927, Berlin) und in Wiesbaden von Hugo Riemann (18.7. 1849, Großmehlra bei Sondershausen, Thüringen, bis 10.7.1919, Leipzig). Ab 1892 wirkte er als Lehrer am Konservatorium in Koblenz, ab 1894 als Theaterkapellmeister in Mainz, von 1897 bis 1907 als Kompositionslehrer am Sternschen Konservatorium in Berlin, sodann nach einjähriger Tätigkeit als Dirigent in München bis 1918 in Straßburg als Städtischer Musikdirektor und Leiter des Konservatoriums, von 1920 bis 1929 als Leiter der Meisterklasse für Komposition der Berliner Akademie der Künste und von 1929 bis 1934 in gleicher Eigenschaft an der Akademie der Tonkunst in München. Hernach war er ohne feste Bindung als Dirigent, Opernregisseur und Pianist tätig, lebte aber weiterhin in München. Erst kurz vor seinem Tod übersiedelte er nach Wien und sodann nach Salzburg, wo er am 22.5.1949 starb. Er wurde in Wien in einem Ehrengrab beigesetzt.

Hans Pfitzner

WERKE

Es wird immer Künstler geben, deren Werke »romantisch« sind, weil sie selbst in ihrem Wesen Romantiker sind, wie Hans Pfitzner, der die Tochter seines Lehrers Kwast entführte und in England heiratete; das hat mit der zeitlich willkürlich abgegrenzten romantischen Kunstepoche nichts zu tun. Sie sind daher weder Vor- oder Frühromantiker noch Spät- oder Nachromantiker, weil sie die Technik ihrer Gegenwart verwenden und Gehalt und Ausdrucksform nicht von den »Romantikern«, sondern von der Vorstellungswelt entnehmen, die ihr Gefühl aufbaut. Sie können daher auch keine Programmusik schreiben, denn so »romantisch« ein Programm, vom literarischen Standpunkt aus gesehen, auch sein mag, es bildet für diese Musiker eine Realität, die logische Folgerungen hat; ihre »romantische« Musik wird vom musikalischen Einfall gestaltet und nicht vom literarischen. Es ist daher unrichtig, Hans Pfitzner als »Letzten Romantiker« zu preisen und abzutun, denn das würde heißen, ihn den »Romantikern« des 19. Jahrhunderts anzureihen; er war jedoch ein Künstler des 20. Jahrhunderts, der die in seiner Epoche zur Verfügung stehenden Ausdrucksmittel heranzog, wie es ihm notwendig erschien. Ebenso unrichtig ist es, seiner Musik bestimmte Aussagen und Ziele anzudichten. Anhänger und Gegner vermögen sich anscheinend schwer vorzustellen, daß eine künstlerische Idee, eine Gedichtzeile, eine musikalische Phrase vom Einfall allein diktiert und somit absichtslos sein kann. Die Meinung, daß sich jeder Künstler bei der Schöpfung seiner Werke »etwas gedacht« haben muß, ist offenbar seit dem 19. Jahrhundert unausrottbar, und falls der Künstler behauptet, darüber nichts sagen zu können, weiß man es besser und schreibt ihm vor, »was er sich gedacht« haben muß. Das wäre nur humoristisch, wenn nicht daraus ein völliges Verkennen des Kunstwerks und seines Schöpfers entstünde, und wenn dieses Mißverstehen nicht nur das Publikum, son-

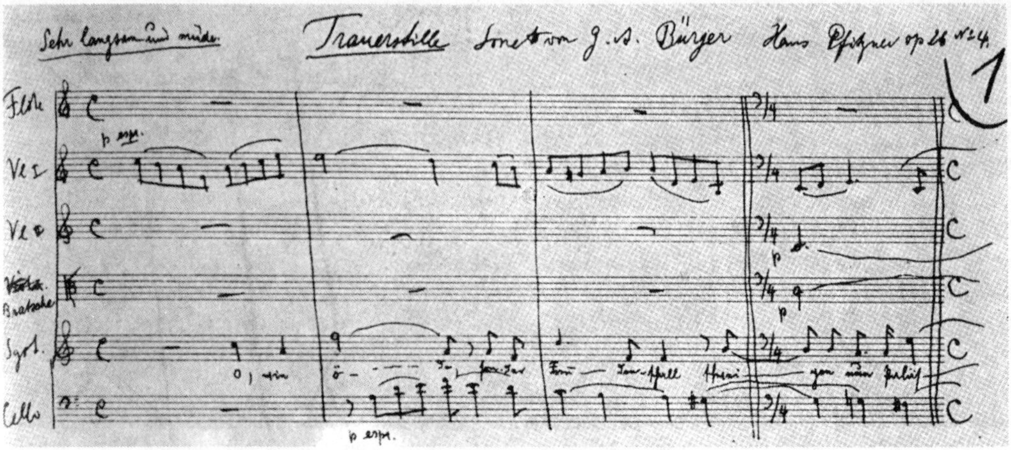

Beginn des Liedes »Trauerstille« von Hans Pfitzner, Autograph

dern auch Interpreten leitete. Der Künstler wird als »schwer verständlich« zur Seite gelehnt und dem Publikum vorenthalten. Es ist gleicherweise verkehrt, Pfitzner zu beschuldigen, daß er rückwärts gewendet und fortschrittsfeindlich gewesen sei. Einige Schuld daran trägt wohl auch sein literarischer Kampf gegen Ferruccio Busoni, den er als »Futuristen« bezeichnete, obwohl dieser nur Zukunftswege wies, aber nie selbst beschritt, und Hans Pfitzner selbst »futuristisch« im wahren Sinn des Worts war, weil er zeit seines Lebens ein Zukünftiger war und wohl noch längere Zeit bleiben wird. Seine Kompositionen sind alle noch lebendig, sie werden nur verhältnismäßig selten gespielt. Die Sinfonien in cis-Moll, G-Dur (für kleines Orchester) und C-Dur, die Fantasie für Orchester (letztes Orchesterwerk), die Ouvertüre zu »Käthchen von Heilbronn« mit ihrer überraschenden Harmonik und glänzenden Instrumentation, das Klavierkonzert, das Violinkonzert, die 2 Cellokonzerte stehen fallweise auf Konzertprogrammen. Mehr Beachtung finden seine Kammermusikwerke: ein Klaviersextett, ein Klavierquintett, 3 Streichquartette und ein Klaviertrio. Zahlreiche Chöre und über 100 Lieder nahmen einen breiten Raum im Schaffen des Komponisten ein. Die Krone seiner Vokalkompositionen ist die Kantate »Von deutscher Seele«. Zu wenig Aufmerksamkeit wird seiner Chorfantasie »Das dunkle Reich« gewidmet. Seine Kantate »Fons salutifer« (Heilbringende Quelle) wurde von Robert Rehan (geboren 13.3.1901, Kiel) vollendet. Von seinen 5 Opern errang die musikalische Legende »Palestrina« Welterfolg und einen festen Platz im Programm aller Opernhäuser.

Walter Berry

Von deutscher Seele. Eine romantische Kantate auf Texte von Joseph von Eichendorff für vier Soli, gemischten Chor, Orchester und Orgel, Opus 38, 3 Teile, entstanden 1921

Zum Werk schrieb der Komponist: »Was diese Entstehung anbelangt, so wollte ich vor allen Dingen nichts damit, nichts anstreben oder sagen oder einer Weltanschauung Ausdruck geben, sondern das Werk ist entstanden wie alles andere, was ich bisher gemacht habe, aus einem Gestaltungstrieb, der im Grund nichts als ein höherer Spieltrieb ist... Wer also an mein neues Werk herantritt mit dem Weltanschauungs- oder Entwicklungsstandpunkt, dem werde ich hier schwer Auskunft geben können, weil ich über diese Dinge nichts weiß...« Was Eichendorff an »Nachdenklichem, Übermütigem, Tiefernstem, Kräftigem und Heldischem« als charakteristisch für die deutsche Seele empfand, sollte sich in dem Werk widerspiegeln; und das gelang dem Komponisten bei der Vertonung der tiefempfundenen Verse des Dichters in einer nahezu greifbaren Anschaulichkeit, ohne naturalistische Effekte heranzuziehen. Der 1. Teil »Mensch und Natur« handelt von Leben und Tod, Sonnenschein und Sturm, Morgenlicht und Nacht. Nach Spruch 1 und 3 aus »Wandsprüche« erklingt das Orchesterstück »Tod des Postillion« mit einem dämonischen Furioso. Darauf folgen Spruch 2 und 5 und das Orchesterintermezzo »Abend« – »Nacht«, Spruch 4, ein Lied aus »Wanderlieder«, Spruch 6 und 7 und »Nachtgruß« vollenden den 1. Teil. Den 2. Teil »Leben und Singen« leitet das Orchester ein. Dann tragen Chor und Soli »Werktag«, »Der Umkehrende« und »Trost« aus »Geistliche Gedichte« und Spruch 2 aus »Sängerleben« vor. Der 3. Teil »Liederteil« bringt »Der alte Garten« aus »Romanzen«, Spruch 1 aus »Sängerleben«, »Die Nonne und der Ritter«, wieder aus »Romanzen« und »Intermezzo« und Spruch 3 aus »Sängerleben« und »Der Friedensbote« aus »Zeitlieder«. Mit »Schifferspruch« aus »Geistliche Lieder« schließt das Werk ab.

Das dunkle Reich, Chorfantasie mit Orchester, Orgel, Sopran- und Baritonsolo, Opus 38, 8 Teile, entstanden 1930

Der Gedanke an den Tod als unvermeidliches Ende des Daseins zieht sich durch alle Teile dieser Kantate auf Texte von Johann Wolfgang von Goethe, Conrad Ferdinand Meyer (1825–98), Michelangelo Buonarotti (1475–1564) und Richard Dehmel (1863–1920), eines »Deutschen Requiems« jenseits aller religiöser Tradition. Es setzt mit Nr. 1 dem Chor der Toten ein: »Wir Toten sind größere Heere als ihr auf der Erde, als ihr auf dem Meere.« Das Schnitterlied »Chor der Lebenden« schließt sich als Nr. 2 an. Nach dem Orchesterstück »Tanz des Lebens« stimmt Nr. 4 den Chorspruch an: »Es ist ein Brunnen, der heißt Leid.« Als Sopransolo folgt Goethes »Gretchen vor der Mater dolorosa«. In Nr. 6 trägt der Chor nach einem Orgelsolo die Betrachtung: »Alles endet, was entstehet« vor. Der Bariton bittet in Nr. 7 »Scheiden im Licht« um einen Tod im frühen Morgenlicht. In Nr. 8 ist der Chor der Toten wiederholt, schließt jedoch im strahlenden Dur ab.

Hermann Prey

Sinfonie in cis-Moll, Opus 36a, 4 Sätze, entstanden 1932

Das Werk ist aus dem Streichquartett in cis-Moll, Opus 36, aus dem Jahre 1925 gebildet und kammermusikalisch gehalten. Ein kurzes unpathetisches Motiv ist für alle Sätze maßgebend. Der 1. Satz hat gründlich durchgearbeitete Sonatenform. Das Scherzo schließt sich ohne Pause an und huscht wie gejagte Schemen gespenstig vorüber. Der 3. Satz ist langsam und kantabel. Eine Überleitung führt zum Finale, in dem das Themenmaterial der vorangehenden Sätze in komplizierter Form polyphon verarbeitet wird.

Kleine Sinfonie in G-Dur, Opus 44, 4 Sätze, entstanden 1939

Mit äußerst sparsamer Besetzung werden in diesem Werk interessante Klangbilder erzeugt, die an klassische Vorbilder denken lassen, obwohl die Sätze pausenlos ineinander übergehen. Der »gemächliche« 1. Satz bringt ein kontrapunktisches Spiel der Streicher, sein zweites Thema mahnt an Robert Schumann, dann führt ein Fanfarenmotiv zum Scherzo, das Schumanns Geist ganz deutlich beschwört. Der 3. Satz, von sordinierten Violinen vorgetragen und von den Holzbläsern respondiert, ist ein unmittelbarer reizender Einfall des Komponisten. Eine Flötenkadenz leitet zum Finale, das humorvoll und liebenswürdig wie eine Sinfonie von Joseph Haydn (1732–1809) das Werk abschließt.

Sinfonie in C-Dur, Opus 46, 3 Sätze, entstanden 1940

Drei kurze Sätze gehen ineinander über. Der 1. Satz »Allegro« ist in Sonatenform gefaßt, der Mittelsatz bringt eine Romanze mit einer vom Englischhorn vorgetragenen kantablen Melodie. Das Finale »Presto« ist voll Schwung und schließt das Werk mit dem Hauptthema des 1. Satzes triumphierend ab.

Klavierkonzert in Es-Dur, Opus 31, 4 Sätze, entstanden 1923

Das Werk steht auf der Linie Ludwig van Beethoven – Robert Schumann – Johannes Brahms. Der 1. Satz beginnt »pomphaft, mit Kraft und Schwung« mit dem Klavier. Das Thema bringt einen »sehr empfindungsvollen, schweren und ernsten Hauptgedanken«, den der Solist rhapsodisch verziert. Dann kehrt das erste Thema nach klassischem Muster wieder. Der 2. Satz schließt eng an, es kommt zu einem anmutigen Dialog zwischen Pianisten und den Bläsern. Der 3. Satz ist ruhig und versonnen. Plötzlich setzt das Finale »ungeschlacht und launig« ein; die Idylle wird zerrissen und die Schlußkadenz nicht virtuos, sondern in streng fugierter Form angefügt.

Violinkonzert in h-Moll, Opus 34, ein Satz, entstanden 1924

Das erste der vier Themen des Werks ist rein konzertant, das zweite eine weitgespannte kantable Melodie, das dritte, stark chromatisch, ähnelt dem ersten und wird in sieben Variationen vorgetragen. Eine Kadenz leitet zum langsamen Teil über, in dem die Erste Oboe das Wort erhält. Dann schließt sich nach einer Kadenz des Solisten das Schlußrondo an, in dem das vierte Thema liebenswürdig, ohne Sprödigkeit, und humorvoll das Werk beendet.

Cellokonzert Nr. 2 in a-Moll, Opus 52, 4 Sätze, entstanden 1944

Das Hauptthema des 1. Satzes spannt einen weiten melodischen Bogen, ein Jugendthema des Komponisten ist als Zitat eingebaut, eine Doppelkadenz des Solisten und der Ersten Klarinetten schließt sich an. Der 2. Satz ist ein Intermezzo, im 3. Satz klingt ein Thema aus einem frühen, nie aufgeführten Cellokonzert erneut auf, das auch im Finale verwoben ist.

Sextett in g-Moll für Klarinette, Violine, Bratsche, Cello und Klavier, Opus 55, 5 Sätze, entstanden 1945

Die Satzfolge beginnt mit einem Allegro con passione, das erregt vorwärtsdrängt, aber von einem liedhaften Seitenthema beruhigt wird. Der 2. Satz hat tänzerischen Charakter, sein Trioteil erinnert an Franz Schubert (1797–1828). Im ersten Teil des 3. Satzes »Rondoletto« schweigt das Klavier, seine Thematik ist scherzoähnlich. Auch der 4. Satz ist anfänglich lebhaft und filigran, bringt sodann viel Ausdruck und Bewegung und leitet schließlich zum Finale, das von einem gemächlichen und einem energischen Thema beherrscht ist.

Klavierquintett in C-Dur, Opus 23, 4 Sätze, entstanden 1908

Im 1. Satz erklingt über einen Orgelpunkt des Cello ein schlichtes Thema, aus dem sich ein vielverzweigtes interessantes Klangbild entwickelt. Der 2. Satz beginnt »mit ruhiger Grazie« und bringt heitere Klänge plastischer Motive. Das Adagio des 3. Satzes besteht aus einer weitreichenden expressiven Kantilene mit phantastischen Klangeffekten. Nach einer Kadenz der Violine schließt sich das Finale unmittelbar in entspannter Stimmung an.

Streichquartett Nr. 1 in D-Dur, Opus 13, 4 Sätze, entstanden 1903

Der 1. Satz beginnt »in mäßig gehender Bewegung« mit einem gesanglichen Thema der Ersten Violine, das mit hinzutretenden energischen Motiven zu einem dicht verwobenen Bild verarbeitet wird. Das folgende Scherzo hat Rondoform. Der 3. Satz »Adagio« malt Einsamkeit und Stille, während das Rondofinale in heiterem Reigentempo tanzt.

Streichquartett Nr. 2 in cis-Moll, Opus 36, 4 Sätze, entstanden 1925

Der 1. Satz ist nach ruhigem Beginn leidenschaftlich bewegt. Der unmittelbar anschließende 2. Satz ist tänzerisch und steigert sich zu höchster Erregung. Der kantable langsame 3. Satz bringt erst eine Beruhigung der Gedanken, führt aber zu einem stark expressiven Finale.

Streichquartett Nr. 3 in c-Moll, Opus 50, 4 Sätze, entstanden 1942

Die Sätze des Werks gehen pausenlos ineinander über. Das Thema des 1. Satzes ist ruhig, es erhebt sich nur gegen das Ende zu leidenschaftlichem Ausdruck. Im 2. Satz erklingen Variationen über ein Thema mit Rokokofaktur. Der 3. Satz ist ernst: sein ruhiges Hauptthema steht im interessanten Gegensatz zu einem ausdrucksreichen

Nebenthema. Das Finale ähnelt einem klassischen Sonatensatz.

LITERATUR

H. Rutz, Hans Pfitzner, Wien 1949.

Carl Prohaska (1869–1927)

LEBEN

Carl Prohaska wurde am 25.4.1869 in Mödling, Niederösterreich, geboren, und zwar in dem Haus, in dem Ludwig van Beethoven seine »Missa solemnis« geschrieben hat. Er war Klavierschüler von Eugen d'Albert und Kompositionsschüler von Franz Krenn (1816–97), Eusebius Mandyczewski und Heinrich Herzogenberg. Von 1894 bis 1895 unterrichtete er am Konservatorium in Straßburg, von 1901 bis 1905 wirkte er als Dirigent der Philharmonie in Warschau und ab 1908 als Klavier- und Theorielehrer am Konservatorium in Wien, wo er am 28.3.1927 starb.

WERKE

Die Kompositionen von Carl Prohaska sind sehr stark von Johannes Brahms, mit dem er befreundet war, beeinflußt. Die stilistische Entwicklung der Musik seiner Zeit fand darin keinerlei Niederschlag. Er schrieb eine Oper, mehrere Orchesterstücke – eine Serenade, eine Passacaglia –, ein Streichquartett, ein Klaviertrio, ein Quintett für zwei Violinen, Bratsche, Cello und Kontrabaß, Klavierwerke und Orgelstücke, außerdem Chorwerke mit Klavier, Orgel oder Orchester.

Geburtshaus von Carl Prohaska, in welchem Ludwig van Beethoven seine »Missa solemnis« schrieb

Francisco de Lacerda (1869–1934)

LEBEN

Francisco de Lacerda wurde am 11.5.1869 auf São Jorge, Azoren, geboren. Er studierte in Lissabon und Paris, war als Assistent bei den Festspielen in Bayreuth tätig und absolvierte Dirigentenkurse bei Arthur Nikisch und Hans Richter. Anschließend war er als Dirigent in Paris, Nantes, Montreux und Marseille tätig. Er starb am 18.7.1934 in Lissabon.

WERKE

Von Francisco de Lacerda sind 2 sinfonische Dichtungen, Klavier- und Orgelstücke, der Liederzyklus »Trovas« (Liebeslieder) für Singstimme und Klavier sowie Ballette bekannt geworden. Er sammelte über 500 portugiesische Volksmelodien und veröffentlichte den größten Teil davon.

Siegfried Wagner (1869–1930)

LEBEN

Siegfried Helferich Richard Wagner wurde am 6.6.1869 in Tribschen bei Luzern als Sohn Richard Wagners geboren. Nach seinem Architekturstudium war der Musikschüler von Engelbert Humperdinck (1854–1921) und des Kapellmeisters Julius Kniese (21.12.1848, Roda, Thüringen, bis 22.4.1905, Dresden). Darauf betätigte er sich in Deutschland, Österreich, Italien und England als Dirigent, wirkte ab 1894 als Hilfsdirigent und ab 1896 als Mitdirigent und Regisseur bei den Bayreuther Festspielen mit, deren Gesamtleitung er 1908 übernahm und bis zu seinem Tod am 4.8.1930 innehatte.

Siegfried Wagner

Werke

Außer seinen 17 Opern, davon 3 unvollendet, die wohl aufgeführt wurden, sich jedoch nicht hielten, schrieb Siegfried Wagner 2 sinfonische Dichtungen, ein Scherzo für Orchester, ein Violinkonzert, ein Flötenkonzert, eine Kantate für Männerchor, Orgel und Orchester und einige Kammermusik.

Armas Järnefelt (1869–1958)

Leben

Edvard Armas Järnefelt wurde am 14.8.1869 in Viipuri, Finnland (heute Wiborg, Sowjetunion), geboren. Er war der Schwager von Jean Sibelius und Schüler von Martin Wegelius und von Ferruccio Busoni in Helsinki und studierte außerdem bei Albert Becker in Berlin und Jules Massenet in Paris. Zunächst war er als Korrepetitor in Magdeburg und Düsseldorf tätig, sodann als Dirigent in Viipuri (heute Wiborg, UdSSR) und schließlich als Kapellmeister in Stockholm und Helsinki. Er starb am 23.6. 1958 in Stockholm.

Werke

Von Armas Järnefelt sind mehrere Orchesterwerke, darunter 2 Tongedichte, bekannt geworden, die als typisch nordisch anzusprechen sind, außerdem eine Bühnenmusik, 12 Kantaten, Männerchöre, Klavierstücke und ungefähr 50 Lieder. Er ist als Spätromantiker einzustufen.

Franz Bölsche (1869–1935)

Leben

Franz Bölsche wurde am 20.8.1869 in Wegenstedt, Anhalt, geboren. Er studierte an der Berliner Musikhochschule und wurde 1896 Theorielehrer am Konservatorium in Köln. Er starb am 23.10.1935 in Bad Oeynhausen.

Werke

Von Franz Bölsche sind eine Sinfonie, 4 Ouvertüren, 2 Streichquartette, ein Klaviertrio, 2 Klaviersonaten, eine Motette und Lieder erschienen. Sein Stil war sehr konservativ und neigte zu klassischen Formen.

Alfred Andersen-Wingar (1869–1952)

Leben

Alfred Nikolai Andersen-Wingar wurde am 15.10.1869 in Kristiania (Oslo) geboren. Er war Schüler von Johannes Hårklou (1847 bis 1925) in seinem Geburtsort sowie von Jules Massenet und André Gédalge in Paris. Er wirkte anfangs als Violinist, sodann als Bratscher. Von 1911 bis 1918 war er Dirigent der Volkssinfoniekonzerte und 1921/22 Bratschist im Philharmonischen Orchester in Kristiania. Er starb am 21.4.1952 in Oslo.

Werke

Neben mehreren Opern und Operetten schrieb Alfred Andersen-Wingar 3 Sinfonien, 2 Violinkonzerte, Ouvertüren, Bühnenmusiken, Orchesterfantasien, Orchestersuiten und Lieder. Er gehörte zu den norwegischen Spätromantikern.

August Halm (1869–1929)

Leben

August Otto Halm wurde am 26.10.1869 in Großaltdorf, Württemberg, geboren. Er studierte in Tübingen bei dem damaligen Musikdirektor Emil Kauffmann (23.11.1836, Ludwigsburg, bis 18.6.1909, Tübingen), der ihn mit Hugo Wolf (1860–1903) bekannt machte. Dann besuchte er noch die Musikhochschule in München. Im Jahr 1894 wurde er Musiklehrer in Heilbronn und unterrichtete von 1903 bis 1906 in Haubinda und darauf in Wickersdorf bei Saalfeld an der Freien Schulgemeinde, an der Musik als Gegenstand eines Kultes betrieben wurde. Ab 1910 war er Liedertafeldirigent in Ulm, ab 1913 Musikkritiker in Stuttgart und ab 1920 wiederum bis zu seinem Tod am 1.2.1929 in Saalfeld Lehrer in Wickersdorf.

Werke

Von seinem Vorbild Hugo Wolf rückte August Halm bald ab, um eine Art »pädagogische Musik« zu schreiben, und überschritt damit die Grenzen der Musik, indem er ihr eine erzieherische Funktion zuwies, ein Vorgehen,

August Halm

das in nächster Zukunft extensiv praktiziert wurde. Er schrieb 2 Sinfonien, mehrere Praeludien und Fugen für Streicher, ein Klavierkonzert, mehrere Schauspielmusiken, 8 Streichquartette, 3 Serenaden und 3 Suiten für Streichtrio, Praeludien und Fugen, Suiten und Sonaten für Klavier und Chormusik. Er war als vielseitiger Musikschriftsteller tätig.

Arthur Hinton (1869–1941)

Leben

Arthur Hinton wurde am 20.11.1869 in Beckenham, Kent, geboren. Er war Schüler von Prosper Philippe Catherine Sainton (1813 bis 1890), Émile Sauret und Francis William Davenport (1847–1925) an der Royal Academy of Music in London und von Joseph Rheinberger in München. Nach einer Tätigkeit als Theaterkapellmeister an verschiedenen Bühnen und Aufenthalten auf dem Kontinent wurde er Theorie- und Kompositionslehrer der Academy in London. Er starb am 11.8. 1941 in Rottingdean, Sussex.

Werke

Von Arthur Hinton sind 2 Sinfonien, eine dramatische Romanze, eine Orchesterfantasie, eine Orchesterszene, ein Klavierkonzert, eine Romanze für Cello und Orchester, eine Szene für Mezzosopran und Orchester, ein Klavierquintett, ein Klaviertrio, eine Violinsonate, eine Suite für Violine und Klavier, Klavierstücke, Lieder, eine Oper und Operetten erschienen. Seine Strukturen verlassen den Raum der Romantik nicht.

Henryk Opieński (1870–1942)

Leben

Henryk Opieński wurde am 13.1.1870 in Krakau geboren. Er war in seinem Geburtsort Schüler von Władysław Żeleński und in Paris von Vincent d'Indy. Nach einem Studienaufenthalt in Berlin wirkte er in Warschau als Dirigent und Kritiker sowie als Lehrer an der Musikschule. Im Jahr 1920 wurde er Leiter des Konservatoriums in Poznan (Posen); 1926 ließ

er sich als Leiter des Chorvereins »Motet et Madrigal« in Morges am Genfer See nieder, wo er am 21.1.1942 starb.
Seine Frau Lydia Barblan-Opieńska (geboren 12.4.1890, Morges) war nach dem Studium in Freiburg im Breisgau, Paris, Brüssel und Basel Gesanglehrerin in Basel, Freiburg, Poznan, Lausanne und Neuchâtel. Sie gründete mit ihrem Mann 1916 die Chorvereinigung »Motet et Madrigal«.

WERKE
Neben 2 Opern, mehreren Bühnenmusiken und Chorwerken schrieb Henryk Opieński 3 sinfonische Dichtungen, »Lyrische Szenen für Streichquartett«, Klavierstücke, Violinstücke und Lieder. Er veröffentlichte zahlreiche polnische Volkslieder. Sein Stil war spätromantisch und schöpfte die Melodien aus der polnischen und kaschubischen Folklore. Er verfaßte mehrere musikhistorische Werke.
Lydia Barblan-Opieńska schrieb eine Kantate, Klavierstücke, Chöre und Lieder.

Guillaume Lekeu (1870–94)

LEBEN
Jean Joseph Nicolas Guillaume Lekeu wurde am 28.1.1870 in Heusy bei Verviers geboren. Er war Schüler von César Franck und Vincent d'Indy. Für eine beim Konservatorium Brüssel 1891 eingereichte Kantate erhielt er den Rompreis. Er starb am 21.1.1894 in Angers.

WERKE
In seiner kurzen Schaffenszeit schrieb Guillaume Lekeu eine Fantasie für Orchester, »Introduktion und Adagio« für Harmoniemusik und Tubasolo, eine »Burleske« für Oboe, Klarinette, Fagott, Horn und Streicher, ein »Adagio« für Streicher, 2 sinfonische Etüden, ein »Hochzeitslied« für Streichquintett, drei Posaunen und Orgel, ein Streichquartett, ein Klaviertrio, eine Sonate für Violine und Klavier, eine Sonate für Cello und Klavier, die als sein bestes Werk gilt, mehrere Klavierstücke, Orchesterlieder, Chöre mit Orchester und Klavierlieder. Er war Spätromantiker.

Charles Tournemire (1870–1939)

LEBEN
Charles Arnaud Tournemire wurde am 22.1.1870 in Bordeaux geboren. Er studierte bei César Franck und Charles-Marie Widor (1844 bis 1937) in Paris und wirkte ab 1898 als Organist an Ste-Clotilde. Im Jahr 1919 erhielt er eine Kammermusikklasse des Conservatoire. Er starb am 3.11.1939 in Arcachon.

WERKE
Von Charles Tournemire sind 4 Opern, ein Oratorium und mehrere Chorwerke mit Orchester aufgeführt worden. Er schrieb ferner 8 Sinfonien – die 6. mit Soli, Chor, Orgel und Orchester –, mehrere sinfonische Dichtungen, darunter eine Trilogie »Faust – Don Quijote – Franz von Assisi« und Kammermusik; ferner zahlreiche Orgelwerke: Orgelsinfonien, Orgelsonaten, Orgelkonzerte und kleinere Stücke – 255 Stücke für jeden Sonntag des Kirchenjahres, bestehend aus Praeludium, Offertorium, Wandlung, Offertorium, Finale. Er zählt zu den bedeutendsten Orgelkomponisten seines Landes.

Suite Évocatrice, Opus 74, 5 Teile, entstanden 1938
Die »Erinnerung« gilt dem französischen Hochbarock und beginnt mit einem »Grave« akkordisch nach Art der alten Cembalisten. Im 2. Teil erklingt im »Kornett« ein weitgespanntes Solo in Tenorlage, dem ein Solo des »Krummhorns« folgt; der 3. Teil bringt eine kurze Fantasie für Flötenregister. Im 4. Teil werden alle sanften Stimmen zusammengefaßt. Das Finale beginnt mit einem dreistimmigen Fugato, rauschende Arpeggi leiten zu schönen Duopartien über, und eine erweiterte Kadenz beendet das interessante Stück.

Cornelis Dopper (1870–1939)

LEBEN
Cornelis Dopper wurde am 7.2.1870 in Stadskanaal bei Groningen geboren. Er studierte von 1887 bis 1890 am Konservatorium in Leipzig und wirkte von 1908 bis 1931 als Zweiter Dirigent des Concertgebouw-Orkest in Amsterdam, wo er am 18.9.1939 starb.

WERKE

Von Cornelis Dopper sind 4 Opern aufgeführt worden. Er schrieb 7 Sinfonien, zum Teil mit programmatischen Titeln wie »Rembrandt«, »Amsterdam«, »Zuiderzee« und weitere Orchesterwerke, außerdem ein wertvolles Cellokonzert, ein Streichquartett, mehrere Violin- und Cellosonaten, Chorwerke, Lieder und Klavierstücke. Seine Kompositionen sind spätromantisch und sehr publikumswirksam.

Louis Coerne (1870–1922)

LEBEN

Louis Adolphe Coerne wurde am 27.2.1870 in Newark, N. J., geboren. Er war an der Harvard University in Boston Schüler von John Knowles Paine und des Violinisten Franz Kneisel (26.1.1865, Bukarest, bis 26.3.1926, New York) und in München von Joseph Rheinberger. Anschließend wirkte er als Kapellmeister in Buffalo, N. Y., Columbus, O., Northampton, Mass., Boston und Madison, Wis. Nach zweimaligem Aufenthalt von je zwei Jahren in Deutschland wurde er Musiklehrer in New London, Conn. Er starb am 11.9.1922 in Boston.

WERKE

Von den mehr als 500 Kompositionen von Louis Coerne sind ungefähr 300 im Druck erschienen. Er schrieb 4 Opern, eine sinfonische Dichtung, Ouvertüren, Schauspielmusiken, Märsche, zahlreiche Kantaten und Hymnen, ein Morgen- und Abendservice, eine Messe, ein Streichquartett, 3 Klaviertrios, ein Trio für Flöte, Harfe und Cello, ein Violinkonzert, zahlreiche Lieder, Anthems, Chöre und Quartette, Klavier-, Orgel- und Violinstücke. Alles bewegte sich im Rahmen der Romantik.

Joseph Ryelandt (1870–1965)

LEBEN

Joseph Victor Marie Ryelandt wurde am 7.4.1870 in Brügge geboren und von Edgar Tinel (27.3.1854, Sinay, Flandern, bis 28.10.1912, Brüssel) ausgebildet. Von 1929 bis 1939 wirkte er als Kontrapunktlehrer am Konservatorium in Gent und bis 1945 als Leiter des Konservatoriums in Brügge, wo er am 29.6.1965 starb.

WERKE

Außer einer Oper schrieb Joseph Ryelandt 5 Oratorien, 7 Kantaten, zahlreiche Kirchenmusik, Choräle und Lieder. Dagegen treten seine Instrumentalwerke weit zurück; sie sind zum größten Teil unveröffentlicht geblieben.

Óscar da Silva (1870–1958)

LEBEN

Óscar da Silva wurde am 21.4.1870 in Paranhos bei Porto geboren. Er war in Leipzig Schüler von Carl Reinecke und in Frankfurt am Main von Clara Schumann (1819–96). Sodann wirkte er als Klavierlehrer in Porto und machte mehrere Konzertreisen in die USA, nach Brasilien, Südafrika und Ägypten. Von 1932 bis 1952 lebte er in Rio de Janeiro als Pianist und Lehrer. Er starb am 6.3.1958 in Porto.

WERKE

Neben einer Oper schrieb Óscar da Silva eine sinfonische Dichtung, 2 Streichquartette, ein Klavierquartett, zahlreiche Klavierstücke und Lieder. Sein Stil war spätromantisch.

Hermann Suter (1870–1926)

LEBEN

Hermann Suter wurde am 28.4.1870 in Kaiserstuhl am Rhein, Schweiz, geboren. Er war Schüler von Karl Gustav Weber in Zürich, von Jacob Burkhardt (25.5.1818, Basel, bis 8.8.1897, Basel), Selmar Bagge (30.6.1823, Coburg, bis 16.7.1896, Basel) und Hans Huber in Basel. Von 1888 bis 1891 schloß er seine Ausbildung an den Konservatorien in Stuttgart und Leipzig ab und wirkte von 1892 bis 1902 in Zürich als Musiklehrer, Organist und Chordirigent, sodann als Dirigent der Sinfoniekonzerte der Allgemeinen Musikgesellschaft, des Gesangvereins und der Liedertafel. Von 1918 bis 1921 leitete er auch das Konservatorium in Basel, wo er am 22.6.1926 starb.

Werke

Von Hermann Suter, der zu den bedeutendsten Persönlichkeiten der Musikgeschichte der Schweiz zählt, sind eine Sinfonie, eine sinfonische Dichtung, ein Streichsextett, 3 Streichquartette, eine Festspielmusik, das Chorwerk »Die Lauden des heiligen Franziskus von Assisi«, das sein berühmtestes Werk geworden ist, eine Anzahl weiterer hervorragender Chorwerke, Heimatlieder und drei- bis vierstimmige Frauen- und Kinderchöre erschienen. Alle seine Kompositionen, die der Spätromantik angehören, wurden meist in seiner Heimat aufgeführt.

Literatur

W. Merian, Hermann Suter, Basel 1936.

Franz Lehár (1870–1948)

Leben

Franz Lehár wurde am 30.4.1870 in Komárom, Ungarn, geboren. Er wurde in Prag zum Violinisten ausgebildet, wirkte sodann als Militärkapellmeister in verschiedenen Garnisonsorten Österreich-Ungarns, zuletzt in Wien. Nach seinem ersten großen Operettenerfolg widmete er sich ausschließlich der Komposition und der Aufführung seiner Werke. Er starb am 24.10.1948 in Bad Ischl, Oberösterreich.

Franz Lehár als Kapellmeister im k.u.k. Infantrieregiment Nr. 26, 1900

Werke

Außer seinen 2 Opern und seinen 28 Operetten, von denen eine Anzahl mehrmals umgearbeitet und umbenannt wurde, schrieb Franz Lehár 2 Violinkonzerte, einige Violinsonaten und zahlreiche Lieder, Tänze und Märsche und einige Filmmusik. Er hörte zu den bedeutendsten Vertretern der sogenannten »silbernen« Operette. Durch Straffung der Dialoge rückte er seine Operetten dem Singspiel und der komischen Oper nahe. Seine Welterfolge erzielte er durch eine überaus starke Kantabilität seiner Arien und durch farbensatte Instrumentation. Er war einer der ersten, der seine Gesangsnummern mit Tanzevolutionen abschloß.

Franz Xaver Müller (1870–1948)

Leben

Franz Xaver Müller wurde am 10.5.1870 in Dimbach, Oberösterreich, geboren, war ab 1880 Sängerknabe in St. Florian, Oberösterreich, wo er Chorherr wurde. Er war Schüler von Johannes Evangelista Habert (1833–96) in Gmunden und von Josef Venantius Wöß (13.6.1863, Cattaro, Dalmatien [Kotor, Kroatien], bis 22.10.1943, Wien) in Wien. Er wirkte ab 1904 als Stiftsorganist, von 1906 bis 1924 als Regens chori in St. Florian und anschließend bis 1943 als Domkapellmeister in Linz, wo er am 3.2.1948 starb.

Werke

Von Franz Xaver Müller sind eine Sinfonie, ein Oratorium »Der heilige Augustinus«, die Kantaten »Die Geburt Christi« für Frauenchor, Streichquintett und Klavier und »Herr, Du bist groß« für Frauenchor und Harmonium, außerdem 7 Messen, ein Requiem und

4 deutsche Messen, darunter eine Festmesse, bekannt geworden. Er hatte den klangvollen Stil von Habert adoptiert und war damit für die österreichische Messenkomposition maßgebend und richtungweisend geworden.

Adolf Gerhard Brune (1870–1935)

LEBEN
Adolf Gerhard Brune wurde am 21. 6. 1870 in Backum, Hannover, geboren. Nach seiner Ausbildung in Osnabrück wirkte er von 1889 bis 1894 als Organist in Peoria, Ill., und ging sodann nach Chicago, wo er bei Emil Liebling (12. 4. 1851, Pleß [Pszczyna], Schlesien, bis 20. 1. 1914, Chicago) Klavier und bei Bernhard Ziehn (20. 1. 1845, Erfurt, bis 8. 9. 1912, Chicago) Komposition studierte und darauf von 1898 bis 1917 als Musiklehrer tätig war. Er starb am 21. 4. 1935 in Chicago.

WERKE
Von Adolf Gerhard Brune sind 3 Sinfonien, eine sinfonische Fantasie, 2 sinfonische Dichtungen, 5 Streichquartette, ein Streichquintett, ein Klaviertrio, ein Klavierquintett, eine Violinsonate, Klavier- und Orgelstücke sowie Chöre nicht nur in den USA, sondern auch in Deutschland bekannt geworden.

Ernest Walker (1870–1949)

LEBEN
Ernest Walker wurde am 15. 7. 1870 in Bombay geboren. Er erhielt seine Ausbildung am Balliol College in Oxford, wo er von 1901 bis 1925 als Musikdirektor neben seiner Tätigkeit als Harmonielehrer an der Universität Oxford wirkte. Er starb dort am 21. 2. 1949.

WERKE
Neben einigen Orchesterwerken verfaßte Ernest Walker eine »Fantasia« für Streichquartett, Variationen über ein Thema von Joseph Joachim für Violine und Cello, eine Cellosonate und weitere Kammermusik, weiters 10 Praeludien für Orgel, Klavierwerke, 3 größere Chorwerke und viele weitere Chöre, Lieder, Duette und Quartette für Singstimmen. Er war auch als Musikschriftsteller tätig.

Ludvík Vítězslav Čelanský
(1870–1931)

LEBEN
Ludvík Vítězslav Čelanský wurde am 17. 7. 1870 in Wien geboren. Er studierte am Konservatorium in Prag und war darauf als Theaterkapellmeister in Pilsen (Plzeň), Zagreb und Prag tätig. Er dirigierte auch in Lemberg (Lwiw), Kiew und Paris und zuletzt erneut in Prag, wo er am 27. 10. 1931 starb.

WERKE
Von Ludvík Vítězslav Čelanský sind eine Oper, eine Sinfonie, eine sinfonische Trilogie »Adam-Noe-Mojžís«, ein prächtiges Te Deum und eine sinfonische Dichtung »Hymne an die Sonne« bekannt geworden. Er war Spätromantiker.

Edmond Malherbe (1870–1963)

LEBEN
Edmond Henry Paul Malherbe wurde am 21. 8. 1870 in Paris geboren. Er war am Conservatoire in Paris Schüler von Jules Massenet und Gabriel Fauré und erhielt den Rompreis. Nach seiner Heimkehr aus Rom war er als Musiklehrer, Dirigent und Komponist tätig und starb am 7. 3. 1963 in Corbeil-Essonnes, Seine-et-Oise.

WERKE
Neben 3 Opern schrieb der Spätromantiker Edmond Malherbe die Oratorien »Auferstehung« und »Himmelfahrt«, 10 Tondichtungen nach berühmten Gemälden, mit denen er sich von der »literarischen« zur »bildhaften« Darstellung des Impressionismus entwickelte, und einige Kammermusik.

Florent Schmitt (1870–1958)

LEBEN

Florent Schmitt wurde am 28.9.1870 in Blâmont, Meurthe-et-Moselle, geboren. Er war am Conservatoire in Paris Schüler von Alexandre Jean Albert Lavignac, André Gédalge, Jules Massenet und Gabriel Fauré und erhielt den Rompreis. Nach ausgedehnten Reisen durch ganz Europa und den Vorderen Orient wirkte er von 1922 bis 1924 als Harmonielehrer am Konservatorium in Lyon. Von 1929 bis 1939 redigierte er den Musikteil der Tageszeitung »Le Temps«. Im Jahr 1957 erhielt er den Großen Musikpreis der Stadt Paris. Er starb am 17.8.1958 in Neuilly-sur-Seine.

WERKE

Mit seinem umfangreichen kompositorischen Werk, das Elemente der Klassik und der Romantik sowie auch ältere Formen verarbeitete, stieß Florent Schmitt bis zu den äußersten Grenzen der Tonalität vor und gewann dadurch neue originelle Klangeffekte und Melodielinien, schloß sich jedoch keiner der Bewegungen der »Neuen Musik« an, sondern schrieb seinen eigenen Stil. Ihn als Spätromantiker einzustufen, ist nur eine Verlegenheitslösung, falls man glaubt, unbedingt jeden Meister etikettieren zu müssen. Für Orchester verfaßte er eine Sinfonie, eine »Konzertante Sinfonie« für Klavier und Orchester sowie Rhapsodien, zahlreiche Suiten und Stücke für großes Orchester, Streichorchester oder Harmonie, zumeist mit programmatischen Titeln, Filmmusiken, Schauspielmusiken, 4 Ballette und Tänze, für Kammerensembles ein Doppelstreichquintett, ein Klarinettensextett, eine große Anzahl Quintette, Quartette und Trios mit verschiedener Besetzung, zahlreiche Klavierstücke zu zwei und vier Händen, ferner Vokalstücke für Soli, Chor und Orchester, Chöre, begleitet und unbegleitet, ferner profane und sakrale Gesänge verschiedenster Art.

LITERATUR

E. Bondeville, Florent Schmitt, Paris 1970.

Florent Schmitt

Louis Vierne (1870–1937)

LEBEN

Louis Victor Jules Vierne wurde am 8.10.1870 in Poitiers geboren. Er war am Conservatoire in Paris Schüler von César Franck und Charles-Marie Widor, dessen Substitut er an dessen Klasse anschließend wurde. Ab 1900 wirkte er als Organist an Notre-Dame in Paris bis zu seinem Tod am 2.6.1937, unterbrochen von einem Aufenthalt in der Schweiz von 1916 bis 1920. Ab 1911 hatte er an der Schola Cantorum unterrichtet.

WERKE

Das kompositorische Werk von Louis Vierne war stilistisch von seinen beiden Lehrern und Gabriel Fauré abhängig, trug aber zur Vertiefung und Ausgestaltung der französischen Organistik des 20. Jahrhunderts viel bei. Die Orgelkompositionen stehen daher an der Spitze seiner Leistungen. Er schrieb 6 Orgelsinfonien und ein Allegretto, 24 Stücke im »freien Stil«, ein Triptychon, eine Messe und ein Requiem. Für Orchester verfaßte er eine Sinfonie und ein Tongedicht für Violine und Orchester.

Die Kammermusik ist durch ein ausgezeichnetes Streichquartett vertreten. Für Klavier liegen 3 Nokturnen, 12 Praeludien und weitere Stücke vor, außerdem je eine Sonate für Violine und Klavier und Cello mit Klavier. Er hinterließ ferner 2 sinfonische Gedichte und einige Balladen für Chor und Orchester, außerdem Lieder und Gesänge.

Sinfonie Nr. 3 für Orgel, Opus 28, 5 Sätze, entstanden 1911

Der 1. Satz bringt zwei Themen, die wie in einem Sonatensatz durchgeführt werden. Im 2. Satz wird eine Liedmelodie von Akkorden untermalt. Im Satz Nr. 3 erklingt ein dreiteiliges Scherzo. Nach dem 4., langsamen Satz beendet ein großartiges Finale mit virtuosem Schwung das Werk.

LITERATUR

B. Gavoty, Louis Vierne, Paris 1943.

August Brunetti-Pisano (1870–1943)

LEBEN

August Brunetti-Pisano wurde am 24.10. 1870 in St. Gilgen, Salzburg, geboren. Er studierte in München an der Akademie der Tonkunst bei Joseph Rheinberger und am Konservatorium in Wien. Er lebte als Musiklehrer und Komponist in Salzburg, wo er am 1.9.1943 starb.

WERKE

Von August Brunetti-Pisano sind 4 Opern, eine Schauspielmusik, 5 Rhapsodien für Orchester, eine »Venezianische Sinfonie«, Chöre, Klavierstücke und Lieder bekannt geworden. Sein Stil war konventionell und konservativ.

Santos Cifuentes (1870–1932)

LEBEN

Santos Cifuentes wurde am 1.11.1870 in Bogotá geboren und ausgebildet. Nach seiner Lehrtätigkeit in Kolumbien wurde er 1910 Professor am Konservatorium in Santiago de Chile und ließ sich 1913 als Komponist und Lehrer in Buenos Aires nieder, wo er am 1.9. 1932 starb.

WERKE

Von Santos Cifuentes sind eine Sinfonie, ein Klavierkonzert, ein Violinkonzert, eine Sonate für zwei Celli und Klavier, ein Solo für Kontrabaß, 2 Fugen für Streichquartett, Klavierstücke, Gesänge und Chorwerke erschienen. Er folgte dem zu seiner Zeit in Südamerika herrschenden romantischen Stil mit folkloristischen Entlehnungen.

Howard A. Brockway (1870–1951)

LEBEN

Howard A. Brockway wurde am 22.11.1870 in Brooklyn, N. Y., geboren. Von 1890 bis 1895 studierte er in Berlin bei Otis Bardwell Boise und Heinrich Barth Pianistik und Komposition. Hernach wirkte er in New York als Komponist und Lehrer, von 1903 bis 1910 als Klavierlehrer am Konservatorium in Baltimore und anschließend in gleicher Eigenschaft erneut in New York, wo er am 20.2. 1951 starb.

WERKE

Von Howard A. Brockway sind eine Sinfonie, eine Suite, mehrere sinfonische Balladen, eine Violinromanze, ein Klavierkonzert, ein Klavierquintett, eine Suite für Cello und Orchester, Klavierstücke, einige Chöre und Lieder erschienen. Sein Stil bewegte sich im Rahmen der deutschen Spätromantik.

Vítězslav Novák (1870–1949)

LEBEN

Vítězslav Novák wurde am 5.12.1870 in Kamenitz (Kamenice nad Lipou) geboren. Er studierte in Prag an der Universität und am Konservatorium unter Josef Jiránek (24.3. 1855, Ledce, Böhmen, bis 9.1.1940, Prag), Karel Stecker (22.1.1861, Kosmanos, bis 13.3.1918, Jungbunzlau [Mladá Boleslav]) und Antonín Dvořák; 1909 wurde ihm die Meisterklasse für Komposition an derselben Lehranstalt übertragen, deren Leitung von 1920 bis 1922 in seinen Händen lag. Er starb am 18.7. 1949 in Skuteč, Slowakei.

WERKE

Man darf Vítězslav Novák ohne Einschränkung zu den bedeutendsten tschechischen Komponisten der ersten Hälfte des 20. Jahrhunderts stellen. Sein Stil wurde stark von mährischer und slowakischer Volksmusik beeinflußt, er gehörte noch zur Spätromantik, obschon er deutliche impressionistische Züge aufwies. Er schrieb die sinfonischen Dichtungen »In der Tatra«, »Von ewiger Sehnsucht«, »Toman und die Waldfee«, »Slowakische Suite«, »Südböhmische Suite«, »De profundis«, »Pan«, »Maisinfonie«, eine Suite, Serenaden für Kammerorchester, 3 Ouvertüren, 4 Opern, 2 Ballette, die Chorkantaten »Der Sturm«, »Die Totenbraut«, »Herbstsinfonie«, Orchesterlieder, ein Klavierquintett, ein Klavierquartett, 3 Streichquartette, ein Klaviertrio, eine Violinsonate, eine Cellosonate, 3 Violinstücke, ferner für Klavier Sonaten, Tänze, Balladen, Barkarolen, Eklogen, Suiten, Sonatinen, ein Triptychon für Orgel und Klavierlieder. Er gab slowakische Volkslieder heraus.

In der Tatra, Tondichtung, Opus 26, entstanden 1902

Wie die meisten sinfonischen Dichtungen des Komponisten ist dieses Stück rein deskriptiv und nicht narrativ. Es schildert den Morgennebel über den Bergen der Tatra, durch den allmählich die aufgehende Sonne bricht. Das Licht des Tages erhellt nun auch die tiefen Täler, so daß die gesamte Gebirgslandschaft im hellen Sonnenlicht strahlt, bis der Abend anbricht, die letzten Strahlen der untergehenden Sonne die Bergspitzen vergolden und sich schließlich das Dunkel der Nacht über die Berge senkt.

LITERATUR

G. Garrit, Vítězslav Novák, The Monthly Musical Record LXX, 1950.

Paul Büttner (1870–1943)

LEBEN

Paul Büttner wurde am 10.12.1870 in Dresden geboren, wo er am Konservatorium bei Felix Draeseke studierte. Er wirkte an dieser Anstalt von 1896 bis 1907 als Lehrer und von 1924 bis 1933 als Artistischer Direktor; als Kritiker und Komponist war er hernach bis zu seinem Tod am 15.10.1943 in Dresden tätig.

WERKE

Neben 2 Opern verfaßte Paul Büttner 4 Sinfonien, die Fantasien »Der Krieg«, »Über ein deutsches Volkslied«, Praeludium, Fuge und Epilog »Vision«, »Das Wunder der Isis«, weiters »Saturnalia« für Bläser und Pauken, ein Streichquartett, 3 Violinsonaten und mehrere Chorwerke. Sein Stil war sehr konservativ.

Alfred Hill (1870–1960)

LEBEN

Alfred Francis Hill wurde am 16.12.1870 in Melbourne geboren. Seine Ausbildung zum Violinisten erhielt er am Konservatorium in Leipzig, wo er anschließend durch 2 Jahre im Gewandhausorchester tätig war. Hernach ging er nach Wellington, Neuseeland, und wurde dort 1892 zum Leiter der Orchestergesellschaft ernannt. Ab 1897 wirkte er in Sydney als Orchester- und Chordirigent und bis 1934 als Leiter des Orchesters des Konservatoriums. Im Jahr 1935 gründete er seine eigene Musikakademie. Er starb am 30.10.1960 in Darlinghurst bei Sydney, New South Wales.

WERKE

Von den 12 Sinfonien von Alfred Hill basieren 11 auf früher komponierten Kammermusikwerken. Er schrieb außerdem die sinfonischen Dichtungen »Der verlorene Jäger« und »Maori Rhapsodie«, eine Sonate für Posaune, 2 Maori-Streichquartette und 14 weitere Quartette, ein Klavierquintett, 2 Klaviertrios, mehrere Sonaten und Sonatinen für Violine und Klavier, Violinsoli, maorische und andere Lieder, außerdem 10 Opern und Kantaten über Maori-Legenden. Er brachte den in Leipzig erlernten deutschen Stil der zweiten Hälfte des 19. Jahrhunderts nach Australien, in den er fallweise Maori-Musik integrierte.

Sinfonie Nr. 2 »Lebensfreude«, 5 Sätze, entstanden 1940

Der 1. Satz deutet ernst und feierlich das unlösbare Rätsel des Lebens an. Im 2. Satz kommt die Kraft des Lebens zum Ausdruck, im 3. Satz Trauer und Sorgen als seine Schattenseite. Der 4. Satz rät zu unbekümmerter Lebenslust, und im Finale fordern Solisten, Chor und Orchester mit einem »Gloria in excelsis« die Menschheit zur Brüderlichkeit auf.

Arseni Koreschtschenko (1870–1921)

LEBEN

Arseni Nikolajewitsch Koreschtschenko wurde am 18.12.1870 in Moskau geboren. Er war am Konservatorium in Moskau Klavierschüler von Sergei Tanejew und Kompositionsschüler von Antoni Arenski. Anschließend wurde er selbst Lehrer an diesem Institut. Er starb am 3.1.1921 in Charkow.

WERKE

Außer 3 Opern, einem Ballett und Schauspielmusiken schrieb Arseni Koreschtschenko eine Sinfonie, eine »Barcarolle«, eine »Armenische Suite« und »Scènes nocturnes« für Orchester, eine »Fantasie« für Klavier und Orchester, ein Streichquartett, eine Kantate sowie armenische und grusinische Lieder.

Johannes Kötzschke (1870–1957)

LEBEN

Johannes Kötzschke wurde am 31.12.1870 in Dresden geboren. Er war am Konservatorium seiner Geburtsstadt Schüler von Felix Draeseke, Hans Fährmann und Eugen Krantz (13.9. 1844, Dresden, bis 26.5.1898, Gorisch bei Königstein). Sodann wirkte er an dieser Unterrichtsanstalt als Orgellehrer und gleichzeitig als Organist und Musikreferent. Er starb am 16.12.1957 in Dresden.

WERKE

Neben 2 Opern schrieb Johannes Kötzschke 5 Sinfonien, ein Flötenkonzert, 2 Streichquartette, 3 Klaviertrios, eine Sonate für zwei Violinen und Klavier, 4 Violinsonaten, 2 Cellosonaten, eine Sinfonie für Orgel und Orchester über »Ein feste Burg«, ein Chorwerk »Weltschöpfung« und eine Kantate »Mysterium Jesu«. Sein Stil war konservativ.

Frederick Shepherd Converse

(1871–1940)

LEBEN

Frederick Shepherd Converse wurde am 5.1. 1871 in Newton, Mass., geboren. Nach seinem Studium an der Harvard University war er von 1896 bis 1898 Schüler von Joseph Rheinberger in München. Ab 1899 wirkte er als Theorielehrer am Konservatorium in Boston und ab 1901 bis 1907 als Kompositionslehrer an Harvard. Nach seiner Tätigkeit als Vizepräsident der Operngesellschaft gab er von 1921 bis 1938 Kompositionsunterricht am Konservatorium. Er starb am 8.6.1940 in Westwood bei Boston.

WERKE

Das kompositorische Schaffen von Frederick Shepherd Converse war spätromantisch. Ab dem zweiten Jahrzehnt des 20. Jahrhunderts jedoch bemühte er sich um einen eigenen »amerikanischen« Stil, der sich zwar wenig deutlich ausprägte, aber als Vorstufe zur heute in den USA gepflegten Faktur angesehen werden kann. Er schrieb 5 Opern, ein Oratorium »Job«, 7 Sinfonien, eine Fantasie für Klavier und Orchester, 2 Orchestersuiten, das Orchesterstück »Der zehnmillionste Fordwagen«, ein Orchesterlied, 3 Streichquartette und weitere Kammermusik, Klavierstücke und Lieder.

Eduardo López-Chavarri y Marco

(1871–1970)

LEBEN

Eduardo López-Chavarri y Marco wurde am 29.1.1871 in Valencia geboren. Er war Schüler von Felipe Pedrell und studierte gleichzeitig Rechtswissenschaft. Darauf erhielt er die Stelle eines Lehrers für Musikästhetik und Musikgeschichte am Konservatorium in Valencia, wo er am 28.10.1970 starb. Im Jahr 1903 hatte er dort ein Kammerorchester gegründet.

WERKE

Von Eduardo López-Chavarri y Marco sind eine Orchestersuite, 2 Stücke für Streichorchester, ein Konzert für Klavier und Streichorchester, 2 Streichquartette, Klavierstücke, eine »Legende« für Chor und Orchester, Chöre und Lieder bekannt geworden. Sein Stil war traditionell.

Wilhelm Stenhammar (1871–1927)

LEBEN

Karl Wilhelm Eugen Stenhammar wurde am 7.2.1871 in Stockholm geboren. Nach seiner Ausbildung in Stockholm war er in Berlin Schüler von Heinrich Barth. Im Jahr 1897 wurde er Dirigent in Stockholm, von 1907 bis 1922 wirkte er in gleicher Eigenschaft in Göteborg. Er starb am 20.11.1927 in Stockholm.
Sein Vater Per Ulrik Stenhammar (20.2.1828, Törnvalla, bis 8.2.1875, Stockholm) lebte als Komponist in Stockholm.

WERKE

Die Kompositionen von Wilhelm Stenhammar bewegten sich im Rahmen der nordischen Spätromantik. Sie wiesen ein deutliches Kolorit seiner Heimat auf. Er schrieb 2 Opern, 2 Sinfonien und mehrere kleinere Orchesterstücke, 2 Klavierkonzerte, 7 Streichquartette, eine Violinsonate, 3 Fantasiestücke und eine Sonate für Klavier sowie mehrere sehr beliebte Chorwerke.
Per Ulrik Stenhammar schrieb ein Oratorium »Saul und David«, geistliche Chorwerke und Psalmen.

Klavierkonzert Nr. 2 in d-Moll, Opus 23, 4 Sätze, entstanden 1907

Nach einem balladenartigen 1. Satz mit schönen folkloristischen Anklängen folgt ein Scherzo, das die Erinnerung an Felix Mendelssohn-Bartholdy wachruft. Der 3. Satz bringt ein langsames reizendes Thema, das von Choralklängen mehrmals unterbrochen wird. Das Finale ist grandios wie bei allen großen romantischen Konzerten.

Streichquartett Nr. 5 in C-Dur, »Serenade«, Opus 39, 4 Sätze

Dieses Werk stellt eine Synthese von Wiener Klassik und schwedischer Spielmannsmusik dar. Es ist reich an kühner Kontrapunktik. Das Finale bringt eine großangelegte Fuge. Doch überall, besonders im 2. Satz »Ballata« und im 3. »Scherzo«, klingen musikantische Wendungen mit, als höre man aus dem Hintergrund schwedische Spielleute.

Arthur Fickenscher (1871–1954)

LEBEN

Arthur Fickenscher wurde am 9.3.1871 in Aurora, Ill., geboren. Er studierte in München und lebte sodann als Pianist und Musiklehrer in Oakland, Calif., und Charlottesville, Va. Von 1911 bis 1914 wirkte er als Gesanglehrer in Berlin, 1917 ließ er sich in New York nieder. Ab 1920 war er Musikdirektor der Universität von Virginia. Er starb am 15.4.1954 in San Francisco.

WERKE

Bekannt wurde Arthur Fickenscher durch die Konstruktion eines Tasteninstruments, dessen Oktaven aus 60 Tönen bestanden (»Polytone«), mit denen er eine Intonation zu erreichen suchte, die genauer war als die übliche Temperatur. Er schrieb ein Mimodrama, Orchestervariationen »Im mittelalterlichen Stil«, ein »Dies irae« für Kammerorchester und weitere Tongedichte, »Visionen« für Singstimme und Orchester, ein Quintett, Kirchenmusik, Chöre und Lieder.

Martin Lunssens (1871–1944)

LEBEN

Martin Lunssens wurde am 16.4.1871 in Molenbeck-Saint-Jean, Belgien, geboren. Er war am Konservatorium in Brüssel Schüler von Joseph Dupont (3.1.1838, Ensival, bis 21.12.1899, Brüssel), Gustave Huberti (1843 bis 1910), Hubert Ferdinand Kufferath (1818 bis 1896) und François Auguste Gevaert (1828 bis 1908) und erhielt den Rompreis. Ab 1911 wirkte er als Harmonielehrer am Konservatorium in Brüssel, 1921 wurde er Direktor der Musikschule in Löwen und 1924 Direktor des Konservatoriums in Gent. Er starb am 1.2.1944 in Etterbeck.

WERKE
Neben mehreren Bühnenmusiken schrieb Martin Lunssens im spätromantischen Stil 4 Sinfonien, 4 sinfonische Dichtungen, 3 Violinkonzerte, ein Bratschenkonzert, ein Cellokonzert, mehrere Sextette, Streichquartette, Violinsonaten und Lieder.

Leo Blech (1871–1958)

LEBEN
Leo Blech wurde am 21.4.1871 in Aachen geboren. Er war in Berlin Schüler von Ernst Rudorff und Woldemar Bargiel. Von 1893 bis 1899 wirkte er als Theaterkapellmeister in Aachen, sodann in Prag und ab 1906 an Berliner Opernhäusern. Als Emigrant ging er nach Riga und von dort als Hofkapellmeister an die Oper in Stockholm. Von 1949 bis 1953 war er Generalmusikdirektor in Berlin, wo er am 24.8.1958 starb.

Leo Blech

WERKE
Mit seinen 6 Opern und einer Operette erwies sich Leo Blech als Nachfolger von Engelbert Humperdinck, dessen Schüler er zeitweilig war. Er schrieb außerdem 3 Tondichtungen, 2 Streichquartette, Klavierstücke, Chöre und Lieder. Er war Spätromantiker.

Ákos Buttykay (1871–1935)

LEBEN
Ákos von Buttykay wurde am 27.7.1871 in Halmi, Ungarn, geboren. Er war Schüler von Victor von Herzfeld (8.10.1856, Preßburg, bis 20.2.1920, Budapest), István Thomán (4.11.1862, Homonna, Ungarn, bis 22.9.1940, Budapest) und Bernhard Stavenhagen (25.11.1862, Greiz, bis 26.12.1914, Genf). Von 1907 bis 1923 war er Klavierlehrer an der Musikhochschule in Budapest. Er starb am 26.10.1935 in Debrecen.

WERKE
Außer einer Oper, einer Bühnenmusik und 5 Operetten schrieb Ákos Buttykay 2 Sinfonien, eine sinfonische Dichtung, ein Scherzo, eine Suite im ungarischen Stil, eine »Ungarische Rhapsodie«, ein Tongemälde »Erzählung einer Sommernacht«, eine Fantasie für Klavier und Orchester, ein Violinkonzert, 2 Violinsonaten, Klavierstücke und Lieder; alles im spätromantischen Stil mit ungarischer Färbung.

Sachari Paliaschwili (1871–1933)

LEBEN
Sachari Petrowitsch Paliaschwili wurde am 4.8.1871 in Kutaisi, Grusinien, geboren. Nach seiner Ausbildung in der Heimat studierte er bei Nikolai Semjonowitsch Klenowski und bei Michail Ippolitow-Iwanow (1859–1935) sowie am Konservatorium in Moskau bei Sergei Tanejew. Von 1903 bis 1917 unterrichtete er in Tbilisi (Tiflis) an der Musikschule und anschließend bis 1930 am Konservatorium. Er starb am 6.10.1933 in Tbilisi.

WERKE
Mit seiner Oper »Abesalom da Eteri« (Absalom und Eteri) begründete Sachari Paliaschwili 1919 die grusinische Nationaloper. Neben 2 weiteren Opern verfaßte er eine »Grusinische Suite« für Orchester, eine Festkantate für Soli, Chor, Orchester und Harmoniemusik und zahlreiche Chorlieder und Romanzen. Er bearbeitete Volkslieder der Grusinen und anderer georgischer Völker.

LITERATUR
P. Chutschua, Sachari Paliaschwili, Tiflis 1972.

Oscar Fried (1871–1941)

LEBEN
Oscar Fried wurde am 10.8.1871 in Berlin geboren. Er studierte bei Engelbert Humperdinck und bei Ludwig Philipp Scharwenka. Von 1904 bis 1910 wirkte er als Dirigent des Sternschen Gesangvereins und ab 1907 der Gesellschaft der Musikfreunde; 1925 wurde er Dirigent des Berliner Sinfonieorchesters. Er mußte emigrieren und war in Tbilisi (Tiflis) als Operndirigent tätig. Er starb am 5.7.1941 in Moskau.

WERKE
Von Oscar Fried sind »Praeludium und Doppelfuge« für großes Streichorchester, »Adagio und Scherzo« für dreizehn Bläser, Pauken und zwei Harfen, Fantasie über »Hänsel und Gretel« von Engelbert Humperdinck, Chorwerke, Kantaten und 7 vierhändige Klavierstücke bekannt geworden. Sein Stil gehörte der Spätromantik an.

Ruben Liljefors (1871–1936)

LEBEN
Ruben Mattias Liljefors wurde am 30.9.1871 in Uppsala geboren. Er war dort Schüler von Ivar Eggert Hedenblad (27.7.1851, Torsång, Dalarne, bis 16.6.1909, Ronneby), in Leipzig von Salomon Jadassohn, in Dresden von Felix Draeseke und Hermann Ludwig Kutzschbach (30.8.1875, Meißen, bis 9.2.1938, Dresden). Von 1902 bis 1911 wirkte er als Chordirigent in Göteborg und von 1912 bis 1931 als Musiklehrer und Dirigent des Landesorchesters in Gävle. Er starb am 4.3.1936 in Uppsala.
Sein Sohn Ingemar Kristian Liljefors (geboren 13.12.1906, Göteborg) ist Kompositionslehrer der Musikhochschule in Stockholm.

WERKE
Die Kompositionen von Ruben Liljefors haben starken volkstümlichen Einschlag, bewegen sich jedoch im Rahmen der nordischen Spätromantik. Er schrieb eine Sinfonie, eine Konzertouvertüre, eine Festouvertüre, eine Orchestersuite, ein Klavierkonzert und eine Violinsonate.
Ingemar Liljefors verfaßte eine Sinfonie, 2 Intermezzi und 3 Divertimenti für Streichorchester, ein Klavierkonzert, ein Concertino für Klavier und Orchester, eine Rhapsodie für Klavier und Orchester, ein Violinkonzert, ein Streichquartett, 3 Klaviertrios und andere Kammermusik, Klavierstücke, Lieder und eine Oper; ferner eine Sonatine für Violine und eine für Cello mit Klavier, eine Kantate und Chöre.

Alexander Zemlinsky (1871–1942)

LEBEN
Alexander von Zemlinsky (Zemlinszky) wurde am 14.10.1871 in Wien geboren. Er war Schüler von Anton Door, Franz Krenn, Johann Nepomuk Fuchs (1842–99) und Robert Fuchs. Ab 1899 wirkte er in Wien als Kapellmeister am Carltheater und von 1904 bis 1911 an der Volksoper; ab 1920 leitete er an der Deutschen Musikakademie in Prag die Meisterklasse für Komposition, von 1927 bis 1930 wirkte er als Kapellmeister an der Kroll-Oper und sodann bis 1933 als Gastdirigent an der Staatsoper und zugleich als Lehrer an der Musikhochschule in Berlin. Dann mußte er Deutschland verlassen und ging zurück nach Wien. Dort mußte er 1938 emigrieren und ließ sich in den USA nieder, wo er am 15.3.1942 in Larchmont, N. Y., starb.

Alexander Zemlinsky

Werke

Außer 8 Opern und einem Ballett schrieb Alexander Zemlinsky 3 Sinfonien, eine Sinfonietta, eine Ouvertüre, eine Suite und eine Fantasie für Orchester, ein Streichquintett, 4 Streichquartette, ein Klavierquartett, ein Klaviertrio, eine Cellosonate, eine Suite für Violine und Klavier, Klavierstücke und zahlreiche Chöre sowie Lieder mit verschiedener Besetzung und Begleitung. Sein Stil verband klassizistische Tradition mit neudeutscher Harmonik.

Streichquartett Nr. 2, Opus 15, 4 Sätze, entstanden 1911

Dieses kammermusikalische Hauptwerk des Komponisten wurde als »einsätziges Monumentalquartett wechselnder Tonart bezeichnet«. Das im 1. Satz vorgestellte erste Motiv durchzieht das gesamte Werk wie eine »Idée fixe«. Der Satz ist dicht, nahezu sinfonisch angelegt, besteht aus drei Themen und ist sonatenartig strukturiert. Das Adagio führt das Material durch wie auch das Scherzo mit Trio. Das Rondofinale rekapituliert die Gedanken des 1. Satzes mit rhythmischem Elan.

Literatur

H. Weber, Alexander Zemlinsky, Wien 1977.

Aleksandr Spendiarow (1871–1928)

Leben

Aleksandr Afanasiewitsch Spendiarow (Spendiarjan) wurde am 20. 11. 1871 in Kachowka bei Cherson geboren. Er wurde in St. Petersburg und Moskau ausgebildet, lebte sodann in Simferopol, Jalta und Sudak und ließ sich sodann in Jerewan als Musiklehrer nieder, wo er am 7. 5. 1928 starb.

Werke

Auf Grund seines Studiums des armenischen Volksliedes versuchte Aleksandr Spendiarow eine spezifisch armenische Musik zu schaffen. Seine Kompositionen waren Vorläufer der bedeutenden Werke armenischer Meister der nächsten Komponistengeneration. Neben seiner sehr beliebten Oper »Almast«, aus der er auch eine sinfonische Suite für Orchester bildete, schrieb er eine Anzahl »Sinfonische Bilder« wie »Drei Psalmen«, »Skizzen aus Jerewan«, »Skizzen aus dem Kaukasus«, die ohne Handlungsablauf reine Naturschilderungen bringen, einige Cello-, Violin- und Klavierstücke und zahlreiche Lieder und Gesänge auf armenische und russische Texte.

João Gomes de Araújo (1871–1963)

Leben

João Gomes de Araújo wurde am 23. 10. 1871 in Pindamonhangaba, São Paulo, Brasilien, geboren. Er genoß seine Ausbildung am Konservatorium in Neapel und darauf in Paris. Anschließend wirkte er als Musikpädagoge in São Paulo bis zu seinem Tod am 19. 7. 1963.
Sein Vater João Gomes de Araújo (5. 8. 1846, Pindamonhangaba, bis 8. 9. 1943, São Paulo),

gründete nach seiner Ausbildung in Rio de Janeiro und Mailand das Conservatorio Musical de São Paulo und gab bis zu seinem Tod dann Unterricht.

WERKE
Von João Gomes de Araújo dem Jüngeren sind ungefähr 600 Kompositionen bekannt geworden. Darunter befinden sich 3 Opern, 5 Sinfonien, 6 sinfonische Suiten, 8 Streichquartette und viele Klavierwerke und Vokalstücke.
João Gomes de Araújo der Ältere schrieb 4 Opern, 5 Sinfonien, 2 sinfonische Dichtungen, 6 Messen, Kammermusik und Lieder.

Ricardo Villa (1871–1915)

LEBEN
Ricardo Villa wurde am 23.10.1871 in Madrid geboren. Nach seiner Ausbildung am Konservatorium seiner Vaterstadt wirkte er als Dirigent und Violinist am Königlichen Theater. Im Jahr 1909 gründete er ein städtisches Orchester in Madrid, das er bis zu seinem Tod am 18.4.1915 leitete.

WERKE
Neben einer Oper und 2 Zarzuelas schrieb Ricardo Villa 2 sinfonische Dichtungen, »Cantos regionales« für Orchester, eine »Fantasia espagnola« für Klavier und Orchester, eine »Rapsodia asturiana« für Violine und Orchester, »Escenas montañesas« (Gebirgsszenen) für Chöre und Männerstimmen und eine »Misa solemne«. Sein Stil war spätromantisch.

Henry Kimball Hadley (1871–1937)

LEBEN
Henry Kimball Hadley wurde am 20.12.1871 in Sommerville, Mass., geboren. Er war in Boston Schüler von Benjamin Dwight Allen (1831–1914), Stephen Albert Emery und George Whitefield Chadwick. Er studierte außerdem bei Eusebius Mandyczewski in Wien. Von 1896 bis 1904 war er Organist in Garden City, Long Island, wirkte sodann bis 1909 in Europa als Kapellmeister, leitete darauf bis 1911 die Sinfoniekonzerte in Seattle, Wash., und später die des Orchesters von San Francisco. Er kehrte nach New York zurück und war dort von 1929 bis 1932 Dirigent des Manhattan Symphony Orchestra. Er starb am 6.9.1937 in New York.

WERKE
Außer 6 Opern schrieb Henry Kimball Hadley 4 Sinfonien mit programmatischen Titeln, eine sinfonische Fantasie, eine Orchesterrhapsodie, 2 sinfonische Gedichte, mehrere Ouvertüren, ein Cellokonzert, ein Klavierkonzert, 2 Streichquartette, ein Klavierquintett und 4 große Chorwerke. Alles gehört der Spätromantik an.

Aleksandr Skrjabin (1871–1915)

LEBEN
Aleksandr Nikolajewitsch Skrjabin wurde am 25.12.1871 in Moskau geboren. Nach etlichen Jahren in einer Kadettenschule studierte er am

Aleksandr Skrjabin

Konservatorium in Moskau unter Sergei Tanejew, Antoni Arenski und Wasili Iljitsch Safonow (25.1.1852, Stanica Ischtscherkaja, Kaukasus, bis 27.2.1918, Kilslowodsk, Kaukasus). Sodann bereiste er als Konzertpianist einige russische und westeuropäische Städte und wurde 1898 Klavierlehrer am Konservatorium in Moskau. Im Jahr 1904 legte er diese Stelle nieder und widmete sich nur mehr dem Klavierspiel sowie der Komposition; 1906/07 trat er auch in den USA auf. Er starb am 14.4. 1915 in Moskau.

WERKE

Bis 1906 war Aleksandr Skrjabin in seinem kompositorischen Schaffen zumindest teilweise von der deutschen Romantik abhängig, dann entwickelte er sein eigenes Tonsystem und gab die funktionale Tonalität auf; er leitete alle melodische und harmonische Gestaltung aus einem mehrtönigen, chromatisch modifizierbaren und auf alle 12 Stufen transponierbaren Klangzentrum (»Mystischer Akkord«) ab, das aus einem Dominantseptnonenakkord mit freien Vorhalten besteht und als Konsonanz zu verstehen ist. Er sollte den philosophischen, ästhetischen und religiösen Vorstellungen Rußlands entsprechen, die, aus theosophischen und orientalischen Mythen gemischt, weite Kreise des Landes erfaßt hatten. Starke Impulse gingen auch von dem Schriftsteller Dmitri Sergejewitsch Mereschkowski (1865–1941), dem Propagator eines neuchristlichen Symbolismus, und dem den Nazarenern nahestehenden Maler Aleksandr Andrejewitsch Iwanow (1806–58) aus. Daß gerade in Rußland versucht wurde, der Musik irreale Funktionen zuzuweisen, ist geographisch bedingt. Die Vorstellung, daß gewisse Klanggruppen oder Wortverbindungen außerrationale Wirkungen erzeugen, ist ein Bestandteil des Weltbildes vieler Völker des Ostens. Die ersten 2 Sinfonien sind noch auf eine Tonart ausgerichtet, die 3. entfernt sich bereits von der Tonalität wie die sinfonischen Dichtungen »Ekstatisches Gedicht« und »Prometheus«; die sinfonische Dichtung »Träumerei« ist hingegen noch ein Kind der Tristan-Chromatik. Das Klavierkonzert – erstes Orchesterstück des Komponisten – stand noch im Schatten von Frédéric Chopin. Er schrieb außerdem ein Scherzo und ein Andante für Streichorchester. Auch seine 24 Praeludien und 23 Etüden folgen den Spuren Chopins. Die beiden »Poèmes« bilden eine Überleitung zu den 12 Sonaten, von denen nur die ersten 4 tonal gehalten sind. Bei den nächsten gibt es keinen Grundton mehr. Mit ihren Tontrauben, Trillern und weiten Spannungen sind sie für jeden Pianisten ein ernstes Problem. Die 5 Préludes sind um vieles weniger extensiv, aber technisch ebenso schwer zu bewältigen wie die Sonaten. Dazu kommen noch viele verschiedenartige Klavierstücke – Fugen, Albumblätter, Scherzi, Impromptus, Polonaisen, Walzer, Mazurkas, Nokturnen, Kanons usw. Skrjabin erweist sich durch sein Werk als einer der ersten Repräsentanten der »Neuen Musik«.

Sinfonie Nr. 1 in E-Dur, Opus 26, 6 Sätze, entstanden 1900

Der 1. Satz eröffnet das Werk mit einem nachdenklichen Lento, dann folgt das Allegro drammatico des 2. Satzes. Der 3. Satz erinnert an Pjotr Tschaikowski. Der prächtig orchestrierte 4. Satz bringt ein interessantes Vivace, dem sich der 5. Satz mit einem Allegro in Sonatenform anschließt. Im 6. Satz wird die Kunst von einem Tenor und einem Mezzosopran gepriesen, bis der Chor Ruhm und Triumph der Muse im fugierten Abschluß verkündet.

Sinfonie Nr. 2 in c-Moll, Opus 29, 5 Sätze, entstanden 1901

Dieses Werk erreichte bereits die Grenzen der Tonalität. Unruhe und Drang nach Befreiung von den Fesseln der Tradition prägen sich aus, wenn auch in allen Sätzen die überkommenen Formen beachtet wurden. Das Maestoso des 5. Satzes klingt wie eine Verheißung, die alten Formen zu zerbrechen und durch eine neue Ordnung zu ersetzen.

Sinfonie Nr. 3 in c-Moll, »Göttliches Gedicht«, Opus 43, 3 Sätze, entstanden 1904

Dem 1. Satz ist ein musikalisches Motto vorangestellt, das Kraft und Selbstbehauptungswillen bekundet und sich als »Leitmotiv« durch das gesamte Werk zieht. Dann wird der Konflikt unter dem Titel »Kämpfe« zwischen zwei kontrastierenden Themen schon zum Teil atonal ausgetragen und siegreich beendet. Der 2., eng anschließende Mittelsatz »Genüsse« schwelgt in Liedform in den »Freuden der heiteren Welt«, prächtige

Klangillustrationen malen Waldstimmung, Liebesfreude und Lebensglück. Der 3. Satz »Göttliches Spiel« feiert das schöpferische Handeln des freien Menschen, das ihn auf die Stufe eines Gottes hebt.

»Ekstatisches Gedicht«, Tondichtung, Opus 54, ein Satz, entstanden 1907

Unter »Ekstase« verstand der Komponist Tatendrang und keine tranceähnliche Entrückung. Das Werk stellt »die göttliche Kraft des freien Willens« in seiner Selbstverwirklichung durch die Tat dar. Diese Absicht wird mit sieben Themen erreicht, deren Verarbeitung der »Mystische Akkord« allein ohne Tonalität zugrunde gelegt ist. Das erste »Thema der Sehnsucht« hat passive Haltung wie das zweite Thema: »Traum«. Das »Thema der entstandenen Geschöpfe« klingt mit einem schönen Violinsolo an die Prometheus-Thematik an. Das »Thema der Unruhe« leitet zum »Thema des Willens« und zum »Thema des Protestes« über; das »Thema der Selbstbehauptung« schließt das Stück ab.

»Prometheus, Gedicht des Feuers«, Tondichtung, Opus 60, für großes Orchester mit Orgel, Klavier und vierstimmigem gemischtem Chor, ein Satz, entstanden 1911

Anstelle der Terzenakkordik verwendet dieses Werk Quartenakkorde; unerwartete Auflösungen, rasche Harmoniewechsel erzeugen eine intensiv angespannte Klangfolge. Die Partitur des Kolossalorchesters verlangt ein »Farbenklavier«, um dem Ideal des Komponisten, alle Künste mit Philosophie und Religion zu vereinen, zu entsprechen. Solche Aufführungen sind mit negativen Erfolgen versucht worden, weil die Farbassoziationen des Komponisten nicht denen des Publikums entsprachen; auch die aufgestellte Klang-Farben-Tabelle war nutzlos. Aber auch ohne »Farben« ist das Werk eines der interessantesten am Beginn unserer Gegenwartsmusik. Sein Inhalt spannt sich vom »Urnebel« über die Entstehung von »Individualitäten« bis zum Triumph des menschlichen Willens, der den Göttern das Feuer entreißt und vom Orchester und dem Chor triumphal verkündet wird.

Träumerei, Sinfonisches Gedicht in e-Moll, Opus 24, ein Satz, entstanden 1898

Dieses frühe Werk tritt noch im Kleid der Romantik auf, weist aber durch starken Gefühlsausdruck, Klangreichtum und kühne Modulationen trotz der deutlichen Tristan-Chromatik auf den kompositorischen Weg hin, den der Komponist in seinen weiteren Werken beschritt.

Klavierkonzert in fis-Moll, Opus 20, 3 Sätze, entstanden 1897

Dieses Frédéric Chopin verpflichtete Werk stellt den fein gearbeiteten Klavierpart in den Vordergrund; dem Orchester fällt eine begleitende Rolle zu. Der Mittelsatz ist am schönsten, seine vier Variationen jagen mit vehementer Rasanz über die Tasten.

LITERATUR

L. W. Danilewitsch, Aleksandr Skrjabin, Leipzig 1954.

Paul Graener (1872–1944)

LEBEN

Paul Graener wurde am 11. 1. 1872 in Berlin geboren. Er war zunächst Theaterkapellmeister in Bremerhaven, Königsberg (Kaliningrad), Berlin und London, wo er einige Zeit an der Academy of Music als Lehrer wirkte; ab 1908 unterrichtete er am »Neuen Konservatorium« in Wien, leitete von 1910 bis 1913 das Mozarteum in Salzburg, lebte sodann bis 1920 in München und wurde darauf Kompositionslehrer am Konservatorium in Leipzig. Ab 1930 war er Direktor des Sternschen Konservatoriums in Berlin und lebte schließlich in Salzburg, wo er am 13. 11. 1944 starb.

WERKE

Von Paul Graener sind 7 Opern aufgeführt worden. Er schrieb ferner für Orchester eine Sinfonie, Orchestervariationen über ein russisches Volkslied, »Bukolische Landschaft«, eine Comedietta, »Turmwächterlied«, die Suite »Die Flöte von Sanssouci«, »Vorspiel, Intermezzo und Arie« für Gesang, Gambe und Kammerorchester, ein Klavierkonzert, ein Violinkonzert, ein Cellokonzert und weitere Stücke, 6 Streichquartette und eine Flötenmusik neben anderen Kammermusikwerken, ferner Klavierstücke, mehrere Chorwerke, Männerchöre und zahlreiche Lieder. Er war einer der wenigen deutschen Komponisten, die fallweise impressionistische Fakturen anwendeten.

Henri Busser (1872–1974)

LEBEN
Paul Henri Busser wurde am 16. 1. 1872 in Toulouse geboren. Seine Ausbildung begann an der Maîtrise der Kathedrale von Toulouse unter Aloys Kunc (1832, Cintegabelle, Haute-Garonne, bis 1896, Toulouse). Im Jahr 1885 trat er in Paris in die Niedermeyer-Schule ein und 1889 in das Conservatoire, wo César Franck und Charles-Marie Widor seine Lehrer waren; Komposition studierte er bei Ernest Guiraud und bei Charles Gounod (1818–93) sowie bei Jules Massenet. Er erhielt den Rompreis. Nach seiner Rückkehr nach Paris wurde er Kapellmeister am Théâtre du Château d'eau, an der Opéra-Comique und an der Großen Oper. Ab 1921 leitete er eine Kompositionsklasse des Conservatoire. Er starb am 30. 12. 1974 in Paris.

WERKE
Außer 5 Opern, einem Ballett und mehreren Bühnenmusiken schrieb Henri Busser etliche ausgezeichnete sinfonische Dichtungen und Orchestersuiten, 6 Messen, 33 Motetten, ein Magnificat, Orgel- und Klavierstücke, Chorwerke und Klavierlieder. Er verfaßte eine Reihe didaktischer Schriften. Sein Stil ist von der Romantik nur mehr wenig beeinflußt.

Paul Juon (1872–1940)

LEBEN
Paul Juon (Pawel Fjodorowitsch Juon) wurde am 23. 2. 1872 in Moskau geboren. Er war dort Schüler des Violinisten Jan Hřimalý (13. 4. 1844, Pilsen [Plzeň], bis 11. 1. 1915, Moskau) und von Sergei Tanejew und Antoni Arenski und in Berlin von Woldemar Bargiel. Im Jahr 1896 wurde er Theorie- und Violinlehrer am Konservatorium in Baku, kehrte jedoch nach einem Jahr nach Berlin zurück, wo er ab 1906 an der Hochschule für Musik als Kompositionslehrer wirkte. Er starb am 21. 8. 1940 in Vevey, Schweiz.

WERKE
Von den 4 Sinfonien von Paul Juon sind zwei für Kammerorchester. Er schrieb außerdem ein Klavierkonzert, 3 Violinkonzerte, »Mysterien« und »Burletta« für Violine und Orchester, ferner »Épisodes concertants« für Violine, Cello, Klavier und Orchester, ein Oktett, 2 Sextette, ein Bläserquintett, 2 Klavierquintette, 2 Klavierquartette, 3 Streichquartette, 5 Klaviertrios, 4 Hefte mit »Silhouetten für zwei Violinen und Klavier«, zahlreiche Sonaten für Violine, für Bratsche, für Cello, für Klarinette und Klavier und Stücke für Soloklavier, ein Ballett und Lieder. Besonders in der Kammermusik lehnte er sich stark an Johannes Brahms an, stand aber mit seinen Fakturen bereits am Ende der Romantik.

Willi Moellendorff (1872–1934)

LEBEN
Willi von Moellendorff wurde am 28. 2. 1872 in Berlin geboren und studierte dort bei Woldemar Bargiel und Philipp Spitta (1841–94). Er war eine Zeitlang als Theaterkapellmeister und Pianist tätig, dann widmete er sich nur mehr der Komposition und der Musikschriftstellerei. Am bekanntesten wurde er mit seinen Arbeiten über Vierteltonmusik; bei seinen Vorträgen führte er das von ihm erfundene bichromatische Harmonium mit Vierteltönen vor. Er starb am 27. 4. 1934 in Stettin (Szczecin).

WERKE
Außer 3 Opern, einem Ballett, 4 sinfonischen Dichtungen, 2 Sinfonien, Kammermusik, Orchestergesängen, vielen Chören und Liedern schrieb Willi Moellendorff »Fünf kleine Stücke«, »Andante religioso orientale« mit Cello und »Drei Gesänge« mit Vierteltonharmonium. Er vermochte mit seinem Experiment ebensowenig weitere Kreise zu interessieren wie seine Nachfolger in diesem gewiß nicht uninteressanten musikalischen Neuland.

Felix Borowski (1872–1956)

LEBEN
Felix Borowski wurde am 10. 3. 1872 in Burton-

upon-Trent, England, geboren. Er studierte am Konservatorium in Köln. Ab 1897 wirkte er am Musical College in Chicago als Kompositionslehrer und ab 1916 auch als Präsident; ab 1925 leitete er die Chicago Civic Association und von 1937 bis 1942 unterrichtete er an der North Western University in Evanston, Ill. Er starb am 7.9.1956 in Chicago.

WERKE

Neben einer Oper, 2 Ballettpantomimen und einem Ballett schrieb Felix Borowski 3 Sinfonien, mehrere sinfonische Dichtungen, weitere Orchesterstücke – Triumphmarsch, Valse Pathétique, Tongemälde –, ein Klavierkonzert, ein Konzert für Orgel und Orchester, Stücke für Streichorchester, Streichquartette, Sonaten und Suiten für Orgel, ungefähr 60 verschiedene Klavierstücke, zahlreiche kleinere Violinstücke, eine Motette für sechsstimmigen Chor, Cello und Orgel und über 20 Lieder. Die Loslösung von spätromantischen Fakturen ist auch bei ihm bereits bemerkbar.

Sergei Wasilenko (1872–1956)

LEBEN

Sergei Nikiforowitsch Wasilenko wurde am 18.3.1872 in Moskau geboren. Nach seinem rechtswissenschaftlichen Studium wurde er 1896 in Moskau Schüler von Sergei Tanejew, Michail Ippolitow-Iwanow und Wasili Iljitsch Safonow. Er war bis 1917 als Dirigent und zugleich von 1906 bis 1950 als Kompositionslehrer am Konservatorium in Moskau tätig, wo er am 11.3.1956 starb.

WERKE

Außer 6 Opern, 2 Operetten und 8 Balletten verfaßte Sergei Wasilenko 5 Sinfonien, 3 sinfonische Dichtungen, 8 Orchestersuiten, ein Violinkonzert, ein Trompetenkonzert, 3 Streichquartette, ein Klaviertrio, Chöre, Gesänge, Lieder, Volksliedsätze und volkstümliche Musik, wie »10 russische Volkslieder« für Gesang, Oboe, Balalaika, Akkordeon und Klavier und »Konzert für Balalaika und Orchester«. Sein Stil ist stark vom französischen Impressionismus beeinflußt.

Bernhard Sekles (1872–1934)

LEBEN

Bernhard Sekles wurde am 20.3.1872 in Frankfurt am Main geboren. Er studierte am Hochschen Konservatorium seines Geburtsorts, war sodann als Theaterkapellmeister in Heidelberg und Mainz tätig und wurde 1896 am Konservatorium in Frankfurt am Main Theorielehrer. Von 1923 bis 1933 leitete er die Lehranstalt allein. Er starb am 8.12.1934 in Frankfurt am Main.

WERKE

Inmitten der breiten Schar von deutschen Spätromantikern, die das 19. Jahrhundert bis zur Hälfte des folgenden fortsetzten und die Augen vor den Realitäten, die die Zeit brachte, verschlossen wie ihr Publikum, öffnete Bernhard Sekles die Türen seines Klassenzimmers für alle Neuerungen; er ließ als Direktor des Konservatoriums sogar Jazz-Unterricht erteilen. Neben seinen erfolgreichen 4 Bühnenstücken schrieb er eine Sinfonie, 2 sinfonische Dichtungen, ein Vorspiel und mehrere kleinere Stücke für Orchester, eine Passacaglia für Orgel und Orchester, 15 kleine Kammerstücke für Flöte, Klarinette, Bratsche, Cello und Schlagzeug, eine Serenade für 11 Instrumente, 3 Streichquartette, ein Klaviertrio, Chöre, Klavierstücke und Lieder. Er näherte sich mit manchen Werken dem Impressionismus.

Arthur Farwell (1872–1952)

LEBEN

Arthur George Farwell wurde am 23.4.1872 in Saint Paul, Minn., geboren. Er war in Boston Schüler von Homer Albert Norris (4.10.1860, Wayne, Me., bis 14.8.1920, New York), in Berlin von Engelbert Humperdinck und Hans Pfitzner und in Paris von Félix Alexandre Guilmant. Nach einer Lehrtätigkeit in Ithaca, N. Y., gründete er in Newton Centre, Mass., einen Musikverlag zur Veröffentlichung von Werken, die Melodik der Indianer und Neger integrierten. Von 1915 bis 1918 war er Leiter des Music School Settlement in New York, sodann ein Jahr Vorstand der Musikabteilung der Universität in Berkeley, Calif., und von 1921 bis 1925 der Music and Art Association in Pasadena, Calif.; von 1927 bis 1939 leitete er die Abteilung Musiktheorie am Michigan State College in East Lansing, Mich. Er starb am 20. 1. 1952 in New York.

WERKE
Das kompositorische Werk von Arthur Farwell gehörte der Spätromantik an; er verarbeitete aber darin viel indianisches Melodiengut. Außer 2 Bühnenspielen mit indianischen Themen schrieb er mehrere sinfonische Werke, eine Sonate für Violinsolo, mehrere Chorwerke mit Orchester, ein Klavierquintett, Klavierstücke, Chöre und Lieder. Er gehörte zu den Baumeistern des modernen amerikanischen Stils.

Eyvind Alnaes (1872–1932)

LEBEN
Eyvind Alnaes wurde am 29. 4. 1872 in Fredriksstad, Norwegen, geboren. Er war in Oslo Schüler von Iver Holter und in Leipzig von Carl Reinecke. Von 1895 bis 1907 wirkte er als Organist in Drammen und lebte darauf als Organist und Chordirigent in Oslo, wo er am 24. 12. 1932 starb.

WERKE
Von Eyvind Alnaes sind 2 Sinfonien, »Variations symphoniques«, ein Klavierkonzert, Klavierstücke, Chöre und Lieder, alles im Rahmen der nordischen Spätromantik, bekannt geworden.

Hugo Alfvén (1872–1960)

LEBEN
Hugo Emil Alfvén wurde am 1. 5. 1872 in Stockholm geboren, wo er von 1887 bis 1891 am Konservatorium und später bei Karl Adolf Lingren (14. 3. 1846, Trosa, bis 8. 2. 1905, Stockholm) studierte. Er ergänzte seine Ausbildung in Deutschland, Frankreich und schließlich bei César Thomson (17. 3. 1857, Lüttich, bis 21. 8. 1931, Lugano) in Brüssel. Nach seiner Kapellmeistertätigkeit in Dresden wurde er Kompositionslehrer am Konservatorium in Stockholm und war von 1910 bis 1939 Director musices der Universität Uppsala und zugleich bis 1947 Dirigent des Studentenchors. Er starb am 8. 5. 1960 in Falun.

WERKE
Der Spätromantiker blieb während seiner langen Schaffenszeit vom stetigen Wechsel der Musikstile des 20. Jahrhunderts unbeeinflußt. Daher ließ das Interesse an seinen Kompositionen, obwohl er zu den führenden schöpferischen Musikern seines Landes gezählt hatte, immer mehr nach. Allgemein gespielt wird eigentlich nur mehr seine Orchestersuite »Midsommarvaka«. Er schrieb außerdem 5 Sinfonien, mehrere sinfonische Dichtungen, Rhapsodien, Kantaten, Gesänge für Singstimme und Orchester, eine Violinsonate, eine Violinromanze, eine Elegie für Horn und Orgel, Klavierwerke verschiedener Art, viele Lieder und Schauspielmusiken.

»Midsommarvaka« (Sonnwendnacht), Orchesterfantasie, Opus 45, ein Satz, entstanden 1904
Mit ungeheurer Farbigkeit und nordischen Tanzrhythmen wird das schwedische Fest der Sonnenwende und die unbändige Freude des Volkes über den Beginn des Sommers plastisch dargestellt.

LITERATUR
S. E. Svensson, Hugo Alfvén, som människa och konstnär. Uppsala 1946.

Eduardo Torres (1872–1934)

LEBEN
Eduardo Torres wurde am 7. 7. 1872 in Albeida, Valencia, geboren. Er wirkte zunächst als Chordirektor an der Kathedrale von Tortosa und ab 1910 an der in Sevilla, wo er am 23. 12. 1934 als einer der namhaftesten Vertreter der modernen spanischen Kirchenmusik starb.

WERKE
Mit seinen zahlreichen Messen, anderen sakralen Chorwerken und mit seiner Orgelmusik

leitete Eduardo Torres die moderne Kirchenmusik Spaniens ein. Er stand sehr unter dem Einfluß von Manuel de Falla und der französischen Kirchenmusiker der Wende zum 20. Jahrhundert.

Déodat de Séverac (1872–1921)

LEBEN

Joseph-Marie Déodat de Séverac wurde am 20.7.1872 in Saint-Félix de Caraman, Haute-Garonne, geboren. Nach seiner ersten musikalischen Ausbildung in Toulouse von 1897 bis 1907 studierte er in Paris bei Vincent d'Indy und an der Schola Cantorom bei Charles Marie Anne Bordes (12.6.1863, La Roche-Corbon, Indre-et-Loire, bis 8.11.1909, Toulouse), Félix Alexandre Guilmant und Albéric Magnard. Einen musikalischen Beruf übte er nicht aus, sondern widmete sich allein der Komposition. Er starb am 24.3.1921 in Céret, Pyrénées-Orientales.

WERKE

Das Hauptgewicht des kompositorischen Schaffens von Déodat de Séverac lag auf dem Gebiet der Pianistik. Trotz seiner konservativen Ausbildung trat er für fortgeschrittene Stilgattungen ein und formte für sich selbst einen eigenartigen volksnahen, aber nicht volkstümlichen Stil. Er verwendete keine Volksmusik, aber viele seiner Werke schienen Volksmusik zu sein. Er verfaßte 4 Opern, eine musikalische Szene und ein Ballett, 3 sinfonische Dichtungen und eine Hymne, eine Suite für doppeltes Streichquintett und eine Suite für Oboe, Streichquintett und Klavier und zahlreiche Lieder. Für Klavier schrieb er eine Sonate und eine beträchtliche Anzahl Klavierstücke, die wegen ihrer einfühlsamen Stimmungsmalerei sehr beliebt wurden.

LITERATUR

B. Selva, Déodat de Séverac, Paris 1930.

»Chez les Godebski« (v. l. n. r.: Florent Schmitt, Déodat de Séverac, Calvocoressi, Cipa Godebski und sein Sohn, Albert Roussel, Ricardo Viñes, Maurice Ravel)

Rubin Goldmark (1872–1936)

LEBEN

Rubin Goldmark wurde am 15.8.1872 in New York als Neffe von Károly Goldmark geboren. Er studierte von 1889 bis 1891 in Wien bei Johann Nepomuk Fuchs und Robert Fuchs Komposition und bei Anton Door Klavier, darauf bis 1893 noch in New York bei Raffael Joseffy und Antonín Dvořák. Anschließend gab er am National Conservatory der Stadt Klavierunterricht, wirkte von 1895 bis 1901 als Direktor des Konservatoriums in Colorado Springs, Calif. Dann lebte er in New York als Komponist und Musiklehrer. Im Jahr 1924 wurde er Lehrer an der Juilliard School of Music. Er starb am 6.3.1936 in New York.

WERKE

Für Orchester schrieb Rubin Goldmark »Thema und Variationen«, eine Ouvertüre, 2 sinfonische Dichtungen, eine »Negro Rhapsody«, ferner einige Kammermusik und Klavierstücke. Er war Spätromantiker.

Siegmund von Hausegger (1872–1948)

LEBEN

Siegmund von Hausegger wurde am 16.8.1872 in Graz geboren. Er war dort Schüler von Erich Wolf Degner (8.4.1858, Hohenstein-Ernstthal, Sachsen, bis 18.11.1908, Berka bei Weimar) und Universitätsstudent. Nach kurzer Dirigententätigkeit an der Oper in Graz übernahm er die Leitung der Volkssinfoniekonzerte in München und 1903 die Museumskonzerte in Frankfurt am Main. Ab 1910 wirkte er als Dirigent der Philharmonischen Konzerte in Hamburg. Von 1920 bis 1934 war er Präsident der Akademie der Tonkunst in München und dirigierte zugleich bis 1938 Konzerte des Konzertvereins. Er starb am 10.10.1948 in München.

WERKE

Als später Prototyp eines »neudeutschen« Musikers durfte sich Siegmund von Hausegger des Wohlwollens des nationalsozialistischen Regimes erfreuen; er war der Schwiegersohn des »neudeutschen« Alexander Ritter. Er schrieb eine »Dionysische Phantasie« für Orchester, eine »Natursinfonie« mit Schlußchor, 2 sinfonische Dichtungen, »Sinfonische Variationen über ein Kinderlied«, mehrere Männerchöre mit Orchester, gemischte Chöre mit Orchester, Orchestergesänge und Lieder.

Rafael J. Tello (1872–1961)

LEBEN

Rafael J. Tello wurde am 5.9.1872 in Mexiko-Stadt geboren. Er war dort am Konservatorium Schüler von Ricardo Castro. Ab 1888 wirkte er als Konzertpianist und ab 1902 unterrichtete er am Konservatorium Musikerziehung, Komposition und Pianistik. Im Jahr 1917 gründete er ein »Freies Konservatorium« und leitete es. Er starb am 20.12.1961 in Mexiko-Stadt.

WERKE

Außer 4 Opern schrieb Rafael J. Tello 2 Sinfonien, ein Sextett für Flöte, Oboe, Klarinette, Fagott, Horn und Klavier, ein »Drama en Música« für Streichquartett, 11 Streichquartette, Klavierstücke, Lieder, 4 Messen und Motetten.

Edward Burlingame Hill (1872–1960)

LEBEN

Edward Burlingame Hill wurde in Cambridge, Mass., geboren. Er besuchte bis 1894 die Harvard University und war Schüler von John Knowles Paine, Frederick Field Bullard (21.9.1864, Boston, bis 24.6.1904, Boston), Margaret Ruthven Lang, George Elbridge Whiting in Boston, von Charles-Marie Widor in Paris und nochmals in Boston von George Whitefield Chadwick. Im Jahr 1908 wurde er Musiklehrer an der Harvard University. Er starb am 9.7.1960 in Francestown, N. H.

WERKE

Aus dem umfangreichen kompositorischen

Schaffen von Edward Burlingame Hill sind 4 Sinfonien, 4 sinfonische Dichtungen, 2 Suiten, eine Sinfonietta, 2 Klavierkonzerte, ein Violinkonzert, ein Englischhornkonzert, ein Sextett für Klavier und Bläser, ein Klarinettenquintett, ein Klavierquartett, ein Streichquartett, eine Flötensonate, 2 Klarinettensonaten, eine Sonate für zwei Klaviere, »Jazz Studies« für zwei Klaviere, eine Chor-Ode, eine Kantate und 2 Orchesterpantomimen bemerkenswert. Trotz starker spätromantischer Neigung steuerte diese Musik auf eine typisch amerikanische Faktur zu.

Ralph Vaughan Williams (1872–1958)

Leben

Ralph Vaughan Williams wurde am 12.10. 1872 in Down Ampney, Gloucestershire, geboren. Er erhielt seine Ausbildung am Trinity College in Cambridge vor allem von Charles Wood (15.6.1866, Armagh, bis 12.7.1926, Cambridge) und an der Royal Academy of Music in London von Charles Hubert Parry (1848–1918) und von Charles Stanford. Zur Ergänzung begab er sich nach Berlin zu Max Bruch. Von 1896 bis 1899 wirkte er als Organist in London, hielt anschließend in Oxford Vorlesungen und beschäftigte sich intensiv mit der Sammlung von Volksliedern und deren Veröffentlichung. Im Jahr 1919 wurde er Kompositionslehrer am Royal College of Music in London. Er starb am 26.8.1958 als einer der bedeutendsten englischen Komponisten seiner Zeit in London.

Ralph Vaughan Williams

Werke

Weder seine Lehrer in Cambridge und in London noch Max Bruch waren für den Kompositionsstil von Ralph Vaughan Williams bestimmend. Auch ein Besuch der Festspiele in Bayreuth löste auf ihn keine Wirkung aus. Erst als er begann, sich mit englischer Volksmusik zu beschäftigen und das im Volkslied entdeckte Material verarbeitete, fand er seinen Stil, der wohl tonal blieb, aber sich mit keiner zeitgenössischen Stilgattung vergleichen läßt. Formal knüpfte er bei Maurice Ravel an, Melos und Harmonik folgten jedoch eigenen Intuitionen, je nach den Erfordernissen des jeweiligen Werks. Er setzte sich nur langsam durch und blieb immer mehr in Musikerkreisen geschätzt als beim Publikum. Seine Werke werden fallweise auch heute noch aufgeführt, vorwiegend in England und in Amerika; in Mitteleuropa spielt man ihn nahezu überhaupt nicht, aber es scheint sicher zu sein, daß man auch da auf ihn noch zurückgreifen wird. Er schrieb 9 Sinfonien, die als Juwelen der englischen Musikgeschichte angesprochen werden müssen, eine Fantasie über ein Thema von Thomas Tallis, eine Fantasie über das Volkslied »Lieber Johann«, eine Suite über »Die Wespen von Aristophanes«, eine Partita für Streichorchester, eine »Charterhouse-Suite«, 3 »Norfolk-Rhapsodien«, ein Klavierkonzert, ein Oboenkonzert, ein Violinkonzert, »Die aufsteigende Lerche« für Violine und Orchester, ein Konzert für Tuba und Orchester, ein Streichquintett, 2 Streichquartette, 3 Praeludien für Orgel, zahlreiche profane und sakrale Vokalwerke, ein Oratorium, 6 Opern und 3 Ballette.

Sinfonie Nr. 1 »Eine See-Sinfonie« für Sopran, Bariton, Chor und Orchester, 4 Sätze, entstanden 1910

Der 1. Satz »Gesang für alle Meere, alle Schiffe« rühmt nach einer Blechfanfare die Meere, die stolzen darauf fahrenden Schiffe mit ihren Flaggen und alle Seeleute. Der 2. Satz »Nachts allein am Strand« singt vom Schlüssel zum Universum und von der Unendlichkeit der Zeit und des Raumes. Das Scherzo »Die Wogen« schildert Wellen und Wind. Eine langsame Melodie zeichnet ein stattliches gegen die stürmische See kämpfendes Schiff. Der 4. Satz »Die Entdecker« erinnert an die kühnen Entdeckungsfahrten auf allen Weltmeeren.

Sinfonie Nr. 2 »Eine Londoner Sinfonie« für Orchester, 4 Sätze, entstanden 1914

Das Werk stellt ein Klangbild der Großstadt dar, ist aber nicht deskriptiv, sondern gibt nur ihre Impression wieder. Der 1. Satz zeichnet das Erwachen der Stadt am Morgen; man hört von der Harfe das Schlagen des Big Ben und den Verkehr auf Straßen und Brücken. Im 2. Satz spürt man den Novembernebel, der alle Geräusche dämpft; der Himmel ist grau und verhangen. Der Nebel weicht im 3. Satz, der Verkehr wird lebhafter und lauter. Im Finale ertönen erneut die Glockentöne des Big Ben. Es wird Abend, allmählich schläft die große Stadt ein.

Sinfonie Nr. 3 »Pastoral-Sinfonie« für Sopranstimme und Orchester, 4 Sätze, entstanden 1916

Es handelt sich trotz des Titels um absolute Musik, die eine pastorale Stimmung erzeugt. Sie ist durch die Parallelführung von Moll- und Durdreiklängen und einer modalen Pentatonik gekennzeichnet. Im 1. Satz malen pastorale Melodien einen kompliziert verflochtenen Hintergrund. Ein romantisches Hornsolo leitet den 2. Satz ein, der mit seinen feinen Melodien einen nahezu kammermusikalischen Eindruck erweckt. Der 3. Satz bringt schwere Tanzrhythmen mit vielen Auszierungen. Im 4. Satz setzt der Sopran ein, der die Impression eines auf einem Feld singenden Mädchens erzeugt und am Ende des Werks in der Ferne verklingt.

Sir Georg Solti

Sinfonie Nr. 5 in D-Dur für Orchester, 4 Sätze, entstanden 1943

Mit diesem Werk hat der Komponist eines der am meisten für die englische Musik des 20. Jahrhunderts charakteristischen Stücke geschaffen. Ein ernstes Thema eröffnet den 1. Satz »Preludio«, das zweite ist myxolydisch wie das erste; in der Durchführung tritt ein phrygisches Motiv hinzu, wodurch interessante melodische und akkordische Wendungen entstehen. Das folgende »Scherzo« hat Rondoform und wird harmonisch und melodisch von Pentatonik beherrscht. Der 3. Satz »Romanze« hat äolischen Charakter. Das Finale ist eine hinreißende Passacaglia, in der dorische und äolische Formen kontrastieren.

Sinfonie Nr. 7 »Sinfonia antartica« für Sopran, Frauenchor und Orchester, 5 Sätze, entstanden 1953

Diese Sinfonie ist aus einer Filmmusik »Scott in der Antarctic« entstanden. Der Kampf um den Südpol, Schrecken und Faszination der Eislandschaft, Nebel, Eisregen und Orkane werden im 1. Satz mittels Vibraphon, Celesta, Klavier und Windmaschine dargestellt, tiefe Glocken warnen vor tödlichen Gefahren, und am Ende verkündet eine Fanfare, daß der Mensch die Herausforderung annimmt. Der 2. Satz »Scherzo« schildert den Aufbruch der Expedition; das Schiff durchpflügt die Wellen, begegnet Walen und Delphinen, im Trio treten Pinguine auf. Der Frauenchor begleitet wie im 1. Satz die Szenen mit Vokalisen. Im 3. Satz »Landschaft« breitet sich die Eisregion aus, Lawinen, Gletscherbrüche, herabstürzende Eisblöcke erfüllen das Land mit Getöse. Im 4. Satz verheißen milde Harfenklänge und Oboenpassagen das Ende der Gefahren und den Sieg, den die Fanfaren des 5. Satzes ankündigen. Das Ziel ist erreicht, aber die Naturgewalten sind nicht unterjocht, mit neuer Gewalt beherrschen sie die Szene, der Eissturm sucht sich sein Opfer: Robert Falcon Scott selbst.

Sinfonie Nr. 5 von Ralph Vaughan Williams, Autograph

Sinfonie Nr. 9 in e-Moll für Orchester, 4 Sätze, entstanden 1958

Den 1. Satz leiten Posaunen und Tuba ein, dann tritt das übrige Blech auf die Szene, ein zweites Thema kommt hinzu, die Verarbeitung führt weit durch alle Tonarten, bis eine Saxophonkadenz den Satz abschließt. Die Themen des 2. Satzes scheinen keine Beziehung zueinander zu finden, so daß man ein Programm vermutet, aber es gibt keines. Die Musik, die mit einem Flügelhorn beginnt, muß für sich selbst sprechen. Es folgt Episode auf Episode, deren Bedeutung sich das Publikum selbst bilden muß. Drei Saxophone mit Kleiner Trommel eröffnen das Scherzo des 3. Satzes; eine Fülle von Motiven tritt auf und formt sich zu Themen; Choräle unterbrechen die Melodien, die sich wieder behaupten, bis das Tongeflecht in eine Kantilene des Ersten Saxophons mündet, die von der Kleinen Trommel begleitet ist. Dann verstummt das Blasinstrument und die Trommel kommt nach einigen Schlägen ebenfalls zum Schweigen. Die Violinen beginnen das Finale mit einer langen Kantilene, darauf melden sich alle Instrumente zum Wort, 3 Themen erscheinen und bilden eine Episode nach der anderen, die die Saxophone beruhigend abschließen.

LITERATUR

U. Vaugham Williams, Ralph Vaugham Williams, London 1964.

Richard Walthew (1872–1951)

LEBEN

Richard Henry Walthew wurde am 4.11.1872 in London geboren. Seine Lehrer am Royal College of Music waren Charles Hubert Parry und Charles Stanford. Von 1900 bis 1904 wirkte er als Musikdirektor in Passmore Edwards Settlement, darauf als Lehrer an der Guildhall School of Music und ab 1907 am Queen's College in Finsbury. Er starb am 14.11.1951 in East Preston, Sussex.

WERKE

Neben 2 Operetten, mehreren Orchesterstücken, einem Klavierkonzert, einem »Caprice Impromptu« für Violine und Orchester, 4 Kantaten, Duetten und Liedern schrieb Richard Walthew ausgezeichnete Kammermusik: ein Klavierquintett, ein Quintett für Klavier, Violine, Bratsche, Cello und Kontrabaß, ein Klarinettenquartett, ein Klavierquartett, 3 Streichquartette, 6 »Lyrische Stücke« für Streichquartett, ein Klaviertrio, 5 Divertimenti für Streichtrio, eine Violinsonate, eine Cellosonate und Stücke für Klarinette und Klavier. Er war auch schriftstellerisch auf dem Gebiet der Kammermusik tätig.

Lorenzo Perosi (1872–1956)

LEBEN

Lorenzo Perosi wurde am 21.12.1872 in Tortona, Piemont, geboren. Er wurde 1898 zum Dirigenten des Chors der Sistina ernannt. Aus gesundheitlichen Gründen zog er sich 1915 von dieser Stelle zurück, nahm sie aber 1923 erneut auf und betreute sie bis zu seinem Tod am 12.10.1956 in Rom.

Sein Bruder Marziano Perosi (20.10.1875, Tortona, bis 21.2.1959, Rom) war Schüler von Franz Xaver Haberl (1840–1910) in Regensburg und Hugo Riemann in Leipzig. Von 1906 bis 1908 war er Kirchenkapellmeister in Zürich und anschließend bis 1912 in Wien, sodann in Berlin und schließlich Organist der Päpstlichen Kapelle von Valle di Pompei, sodann am Dom zu Mailand.

WERKE

Mit seinen kirchenmusikalischen Werken gelang es Lorenzo Perosi, den »Neu-Palestrina-Stil« mit jüngeren Fakturen elegant zu verbinden; wirkliche Meister bewähren sich auch innerhalb von Beengungen und Beschränkungen. Seine Messen gelten noch heute in Italien und Spanien als Vorbild für Kirchenmusiker. Er verfaßte ungefähr 40 Messen, ein dreistimmiges Requiem, ein Te Deum, ein Stabat mater für Soli und Orchester, eine »Vespertina oratio«, ungefähr 150 ein- bis vierstimmige Psalmen und Motetten, 13 Oratorien und einige Kammermusik.

Marziano Perosi schrieb eine Oper, eine geistliche Elegie, 2 Kantaten und 3 Sinfonien für Orgel und Orchester.

LITERATUR

M. Rinaldi, Lorenzo Perosi, Rom 1967.

Lucien Capet (1873–1928)

LEBEN

Lucien Capet wurde am 8.1.1873 in Paris geboren. Von 1888 bis 1893 war er Schüler des Conservatoire in Paris; 1896 wurde er SolovioIinist im Orchester Lamoureux, 1899 Violinlehrer am Konservatorium in Bordeaux und 1907 Leiter der Kammermusikklasse des Conservatoire in Paris, wo er am 18. 12. 1928 starb.

WERKE
Von Lucien Capet sind eine sinfonische Dichtung, eine Vertonung des XXIII. Psalms, eine Kantate für Singstimme und Orchester, ein »Prélude religieux« für Orchester, ein »Poème« für Violine und Orchester, eine »Aria« für Violine, Bratsche und Klavier, 5 Streichquartette und 2 Violinsonaten bekannt geworden. Er setzte sich stark für die Aufführung klassischer Streichquartette ein.

François Rasse (1873–1955)

LEBEN
François Rasse wurde in Helchin bei Tournai geboren. Er studierte am Konservatorium in Brüssel bei Eugène Auguste Ysaye (1858 bis 1931), François Auguste Gevaert und Gustave Huberti und erhielt den Rompreis. Nach seiner Rückkehr aus Italien wirkte er als Dirigent am Kapitoltheater in Toulouse, an den Opernhäusern in Amsterdam, Brüssel, Gent und im Kursalon von Ostende. Im Jahr 1920 wurde er Harmonielehrer am Konservatorium in Brüssel, von 1925 bis 1938 leitete er das Konservatorium in Lüttich. Er starb am 4. 1. 1955 in Brüssel.

WERKE
Von François Rasse wurden ungefähr 200 Werke gedruckt. Er schrieb 2 Opern, ein Ballett, 3 Sinfonien – Symphonie Romantique, Mélodique, Rythmique –, 4 Suiten, 6 Tänze, einen Militärmarsch, eine Romanze für Violine und Orchester, ein Tongedicht für Klavier und Orchester, ein Streichquintett, 2 Streichquartette, Trios, Sonaten für Violine und für Cello mit Klavier und 3 Sammlungen Klavierstücke, außerdem mehrere Liederzyklen und zahlreiche einzelne Lieder. Sein Stil steht an der Schwelle zur »Neuen Musik«.

Gaspar Agüero y Barreras (1873–1951)

LEBEN
Gaspar Agüero y Barreras wurde am 15. 2. 1873 in Camagüey, Cuba, geboren. Er studierte an der Universität von Habana und wirkte von 1902 bis 1907 als Professor am Konservatorium der Stadt; er war Leiter des Orfeón Catalán (Katalanischer Gesangverein) in Habana und trat häufig als Konzertpianist auf. Er starb am 18. 5. 1951 in Habana.

WERKE
Neben 10 erfolgreichen Zarzuelas schrieb Gaspar Agüero y Barreras eine sinfonische Ballade, eine sinfonische Skizze, Klavierstücke, 2 dreistimmige Messen mit Kinderchor und Orchester. Er integrierte Negermusik in seine Kompositionen, die der Spätromantik angehörten.

Wasili Solotarjow (1873–1964)

LEBEN
Wasili Andrejewitsch Solotarjow wurde am 24. 2. 1873 in Taganrog geboren. Er war in St. Petersburg Schüler von Mili Balakirew, Anatoli Ljadow und Nikolai Rimski-Korsakow. Nach Lehrtätigkeiten in St. Petersburg, Rostow, Moskau, Jekaterinodar (Krasnodar), Odessa, Swerdlowsk und Minsk ließ er sich 1941 in Moskau nieder, wo er am 25. 5. 1964 starb.

WERKE
Neben mehreren Opern schrieb Wasili Solotarjow ein Ballett, 7 Sinfonien, eine »Moldauische«, eine »Usbekische« und eine »Weißrussische« Suite, ein Cellokonzert und 6 Streichquartette. Seine Kompositionen stehen im Schatten seiner Lehrer. Er veröffentlichte auch didaktische Werke.

Vinzenz Goller (1873–1953)

LEBEN
Vinzenz Goller wurde in St. Andrä bei Brixen geboren. Nach seiner Ausbildung bei Joseph

Pembaur dem Älteren in Innsbruck war er Schüler von Franz Xaver Haberl in Regensburg. Ab 1910 war er Leiter der Kirchenmusikalischen Abteilung der Wiener Akademie der Tonkunst in Klosterneuburg, Niederösterreich. Er starb am 11.9.1953 in St. Michael im Lungau, Salzburg.

WERKE

Von Vinzenz Goller sind weit über 100 kirchliche Werke für kleinere Kirchenchöre erschienen – Messen, Requiem, Offertorien, Prozessionsgesänge, Kommunionlieder –, die noch heute wegen ihrer ansprechenden Melodik und Harmonik und wegen ihrer verhältnismäßig leichten Aufführbarkeit viel gesungen werden. Er schrieb auch eine Anzahl profaner Lieder und Chöre.

Max Reger (1873–1916)

LEBEN

Johann Baptist Joseph Max (Maximilian) Reger wurde am 19.3.1873 in Brand, Oberpfalz, geboren, wo sein Vater Joseph Reger (1847 bis 1905) Hauptlehrer war. Seine Mutter Philomena Reichenberger (1852–1911) stammte aus Grötschenreuth. Seine erste musikalische Ausbildung erhielt er von den Eltern und dem jungen Lehrer und Organisten Adalbert Lindner (1860–1946). Er selbst bereitete sich auf den Lehrerberuf vor, wirkte aber bereits in den Jahren 1886 bis 1889 als Organist an der katholischen Kirche in Weiden, ging sodann 1890 mit dem Entschluß, Musiker zu werden, nach Sondershausen zu Hugo Riemann und folgte diesem ein Jahr darauf nach Wiesbaden. Im Jahr 1901 übersiedelte er, nachdem er schon eine Reihe Orgel- und Kammermusikwerke veröffentlicht hatte, nach München, wo er sich als Pianist und Musiklehrer durchschlug. Er setzte sich nur schwer durch, weil er sich weder den »Neudeutschen« noch den »Klassikern« im Sinn von Johannes Brahms anschloß, und wurde viel angegriffen und angefeindet. Der Pianist und Akademielehrer August Schmid-Lindner (15.7.1870, Augsburg, bis 21.10.1959, Auerberg, Oberbayern) war einer der wenigen, die sich für ihn einsetzten, wie Philipp Wolfrum (17.12.1854, Schwarzenbach, Oberfranken, bis 8.5.1919, Samaden, Schweiz). Seine Orgelkompositionen wurden von seinem Freund Karl Straube (6.1.1873, Berlin, bis 27.4.1950, Leipzig), dem späteren Thomasorganisten, häufig gespielt, so daß zumindest dieser Sektor seines kompositorischen Schaffens Beachtung fand. Er wurde 1907 Universitäts-Musikdirektor und Kompositionslehrer am Konservatorium in Leipzig; 1911 wurde er zum Hofkapellmeister in Meiningen und 1913 zum Generalmusikdirektor ernannt. Seiner geschwächten Gesundheit wegen trat er 1914 von seinem Posten zurück, schlug 1915 seinen Wohnsitz in Jena auf und starb in Leipzig am 11.5.1916. Er wurde in München beigesetzt.

Max Reger, Gemälde von L. Nauer

WERKE

Man hat Max Reger nachgesagt, daß er komponierte, weil er es konnte, und nicht, weil er es mußte. Das war falsch und böswillig von Persönlichkeiten, die es auf alle Fälle nicht konnten. In dem früh Heimgegangenen war – man kann sich des Gedankens nicht erwehren – noch so viel Musik aufgestaut, daß kaum ein langes Leben ausgereicht hätte, sie niederzuschreiben. Er war voller Schaffensdrang, als er starb; er wollte seine »Erste Sinfonie« schreiben, ein großes Oratorium, eine große Messe und ein Te Deum, und er wußte selbst, daß er dazu imstande gewesen wäre. Aber eines war ihm nicht bewußt: Ebenso wenig wie der von ihm verehrte Johann Sebastian Bach (1685–1750) seine eigene Bedeutung nie abzuschätzen in der Lage war, vermochte es Max Reger; er war vielmehr der Meinung, daß er noch viel zu leisten und zu schaffen habe, um der Prophezeiung seines Lehrers Riemann: »Wenn Sie wollen, können Sie ein zweiter Bach werden« einigermaßen nahe zu kommen. Er wäre auch kein zweiter Bach geworden, sondern geblieben, was er bereits geworden war, nämlich ein ganzer Reger mit einer künstlerischen Ausstrahlung, deren Wirkung sich über das gesamte 20. Jahrhundert erstreckt. Die große Zahl seiner bedeutenden Schüler beweist das. Er entschloß sich verhältnismäßig spät zur sinfonischen Musiksprache, seine Sinfonietta stammt aus dem Jahr 1905. Dann folgten »Serenade für zwei Streichergruppen«, die »Hiller-Variationen«, der »Symphonische Prolog zu einer Tragödie«, die »Lustspielouvertüre«, das »Konzert im alten Stil«, die »Romantische Suite«, »Vier Tondichtungen nach Arnold Böcklin«, ein Violin- und ein Klavierkonzert sowie an Kammermusik eine Serie von Stücken für Violine solo, Bratsche solo und Cello solo, Duetten mit zwei Violinen, 7 Sonaten für Klavier und Violine, 4 für Klavier und Cello, 3 für Klavier und Klarinette, 2 Streichtrios, 2 Klaviertrios, 2 Trios für Flöte, Violine und Bratsche, 6 Streichquartetten, 3 Klavierquintetten, einem Klarinettenquintett und einem Streichsextett. Seine umfangreiche Klaviermusik wird stark vernachlässigt; davon müssen »Variationen und Fuge über ein Thema von Beethoven«, »Introduktion, Passacaglia und Fuge h-Moll« – beides für zwei Klaviere – hervorgehoben werden. Die Orgelwerke begründeten den Ruhm des Komponisten. Es liegen 35 Stücke vor, bei denen alle Farbenmixturen und Klanggegensätze der Instrumente ausgenützt sind. (»Seit Bach ist kaum etwas ähnlich Orgelgerechtes geschrieben worden.«) Seinen zahlreichen Chorwerken ist »Der 100. Psalm« voranzustellen. »Requiem« und »Der Einsiedler« werden seltener gesungen. Sein umfangreiches Liedschaffen ist zu Unrecht heute in den Hintergrund getreten. Der Stil aller dieser Werke unterscheidet sich grundsätzlich von allen zeitgenössischen und vergangenen Fakturen. Obwohl er die Tonalität nicht verläßt, wirkte er unbedingt »modern«. Seine dicht verflochtenen bis in das kleinste Detail ausgezierten melodischen Linien, die kühne Kontrapunktik, die überraschenden Modulationen und die oft originelle Harmonik machen seine Musik für das breite Publikum schwer zugänglich, aber die Gemeinde ihrer Freunde vermehrt sich zusehends, was erwarten läßt, daß sich im Bewußtsein der Musikliebhaber die Position Max Regers als einen der bedeutendsten Meister immer mehr festigt.

»Der 100. Psalm« für gemischten Chor, Orgel und Orchester, Opus 106, 4 Sätze, entstanden 1909

Mit einem mächtigen Unisono beginnt der 1. Satz »Maestoso«, ein lyrisches Seitenthema tritt hinzu; im Wechselspiel werden beide Themen zu einem gewaltigen Satzschluß geführt. Der 2., langsame Satz entwickelt sich aus Akkorden im Pianissimo zu harten erregenden Dissonanzen, die sodann wieder von weichen Klängen abgelöst werden. Der 3. Satz ist pastoral, nahezu kultisch-tänzerisch, der 4. Satz steigert die Komposition zu einem grandiosen polyphonen Ausklang.

Sinfonietta in A-Dur, Opus 90, 4 Sätze, entstanden 1905

Der 1. Satz, in freie Sonatenform gefaßt, hat Serenadencharakter. Das Scherzo ist lustig-polternd. Der 3. Satz – Larghetto – ist ausgesprochen volksliedhaft, und der 4. Satz verläuft in ausgelassener Fröhlichkeit.

Serenade in G-Dur, Opus 95, 4 Sätze, entstanden 1906

Die Streicher des Orchesters sind in zwei Teile geteilt, von denen einer mit Dämpfer spielt, so daß

»Phantasie für Orgel über den Choral Wachet auf, ruft uns die Stimme«, Autograph von Max Reger

laufend reizende Klangbilder entstehen. Der 1. Satz bringt ein besonders schönes echtes Serenadenthema, das auch im Scherzo Verwendung findet. Im 3. Satz erklingt ein melodisches Andante, das durch leidenschaftliche Ausbrüche unterbrochen wird. Im Finale erscheint das Serenadenthema erneut in prächtiger Instrumentierung.

Variationen und Fuge für Orchester über ein lustiges Thema von J. A. Hiller, Opus 100, 11 Variationen, entstanden 1907

Das Thema ist dem Singspiel von Johann Adam Hiller (1728–1804) »Der Erntekranz« aus 1772 entnommen. Für jede der 11 Variationen ist ein besonders charakteristisches Motiv erfunden, das mit dem Thema von Hiller zu einem geschlossenen Ganzen verbunden wird. Gegen die Mitte des Stücks entfernen sich die Variationen immer mehr vom Thema und kehren in der 11. Variation zu dessen einfachen Vortrag zurück.

Symphonischer Prolog zu einer Tragödie, Opus 108, ein Satz, entstanden 1908

Das mit großem Orchesteraufwand in Sonatenform gefaßte Werk zerfällt in vier Themengruppen. Nach einer spannungsreichen Einleitung setzt der Hauptgedanke energisch ein, ein Seitenthema und eine kontrastierende Episode sorgen für Belebung. Die zweite Themengruppe ist kürzer und kontrastärmer. Ein weitgespannter lyrischer Melodiebogen kann sich aber gegen das tragische Hauptmotiv nicht durchsetzen. Die dritte Themengruppe ist eine Variation der ersten, und die vierte bezieht sich deutlich auf die zweite. Darauf werden alle Motive gekoppelt und zu zwei großen Steigerungen geführt, von denen die zweite den Höhepunkt des Werks darstellt. Schließlich kommt es zu einer Wiederholung der Themen und zum Ausklang im Pianissimo.

Konzert im alten Stil, Opus 123, 3 Sätze, entstanden 1912

In diesem Werk ließ der Komponist die alte »Concerto-grosso-Form« wiederaufleben, indem er eine kleine Solistengruppe (Concertino) dem Orchester (Tutti) gegenüberstellte. Der Satz ist archaisierend, aber nicht nachahmend, Reger zeigte damit nur, »daß er es auch konnte«. Der 1. Satz ist lebhaft und schnell. Hörner, Trompeten und Solivioline konzertieren mit dem Tutti. Pathetische Klänge beschließen den Satz. Ein schöner, langsamer Orchestersatz bestreitet mit klanglich ausgewogener Pracht den 2. Satz. Hinreißend ist der 3., rasche Satz und führt mit Trompetengeschmetter zu einer breiten, machtvollen Krönung dieses grandiosen Werks.

Eine romantische Suite, Sinfonische Dichtung, Opus 125, 3 Sätze, entstanden 1912

Die »Romantik« des Werks wird durch die jedem Satz vorangestellten Eichendorff-Verse gekennzeichnet. Die Musik steht aber dem Impressionismus mit seinen irisierenden, verwischten Farben nahe. Der 1. Satz »Notturno« (»Hörst du nicht die Quellen gehen zwischen Stein und Blumen weit«) bringt reine poetische Stimmungsmalerei. Der 2. Satz »Scherzo« ist voll des geheimnisvollen Zaubers einer Sommernacht (»Johanneswürmchen erleuchten den Saal, die Heimchen spielen zum Tanz«). Im 3. Satz steigt die »Sonne auf die Höh'n! Schauer wehn, und die Erde bebt vor Wonne«.

Vier Tondichtungen nach Arnold Böcklin, Opus 128, 4 Teile, entstanden 1913

Der 1. Teil »Der geigende Eremit« hat Liedform. Die Solovioline trägt eine Kantilene vor, die Harmonik hat modalen Charakter, die Stimmung ist die eines Gebets. Der 2. Teil »Im Spiel der Wellen« ist dreigeteilt und hat spielerischen Charakter, ohne naturmalerisch zu wirken. Der 3. Teil »Die Toteninsel« vermittelt das Gefühl der Trauer und Verlassenheit und schließlich die Hoffnung auf Erlösung. Eine Fanfare eröffnet den 4. Teil »Bacchanal«. Das gesamte Orchester rauscht auf, ein chromatisches Thema erklingt und verbindet sich mit dem Fanfarenthema zu einem Fugato, bis es zu einem wahrhaft bacchantischen Abschluß kommt.

Eine Ballettsuite, Opus 130, 6 Sätze, entstanden 1913

Diese äußerst kunstvolle Unterhaltungsmusik wurde auch als Ballettpantomime aufgeführt. Im 1. Satz führen Marschrhythmen die Masken in den Ballsaal. Im 2. Satz tritt eine verliebte Columbine auf, im 3. Satz ein Harlekin. Solocello und Oboe charakterisieren im 4. Satz Pierrot und Pierrette und führen ein verliebtes Gespräch. Dann mischt sich das Paar unter die fröhlichen Ballgäste, die die schwungvolle Valse d'amour tanzen. Mit einem spritzigen Presto endet das reizende Werk.

Variationen und Fuge über ein Thema von Mozart, Opus 132, 9 Teile, entstanden 1914

Zu dieser seiner letzten größeren Orchesterkomposition schrieb der Komponist: »Ich kann nicht immer schweren Bordeaux trinken – so ein klarer Mosel ist doch auch sehr schön!« Das Thema stammt aus der Klaviersonate KV 331 von Wolfgang Amadeus Mozart (1756–91). Ähnlich den »Hiller-Variationen« entfernt sich diese Variationenreihe mit der fünften am weitesten vom Thema und endet in der neunten mit einer großangelegten Schlußfuge.

Violinkonzert in A-Dur, Opus 101, 3 Sätze, entstanden 1908

Das Konzert ist stark sinfonisch und wenig konzertant, sonst jedoch Johannes Brahms verpflichtet. Im 1. Satz ist vielfältiges thematisch-melodisches Material verarbeitet; seine Kadenz stammt vom Komponisten selbst. Der 2. Satz ist ernst und grüblerisch. Den 3. Satz kommentiert der Meister selbst als »...eine Photographie von Teufels Großmutter, als selbige würdige Dame noch jung war, auf alle Hofbälle ging, sich da unglaublich satanisch benahm. Das Ding wird gut, froh und frech. Sollen sich alle degenerierten Gehirnfatzken ärgern!«

Klavierkonzert in f-Moll, Opus 114, 3 Sätze, entstanden 1910

Es handelt sich um kein konzertantes Stück, so daß man es besser »Sinfonie mit obligatem Klavier« nennen sollte. Es fehlen die Kadenzen, der Klavierpart ist auch sonst keineswegs virtuos gehalten. Der 1. Satz bringt ein erregtes Hauptthema, dem ein besinnliches Seitenthema gegenübergestellt ist; seine Anlage ist streng klassisch. Religiöse Versunkenheit vermittelt der langsame Mittelsatz. Die Verwendung des una-corda-Pedals verleiht dem Thema verklärten Klang. Die verschiedenen Choralzitate vertiefen die Stimmung. Es kommt auch stellenweise zu interessanten Dialogen zwischen Solisten und Orchester. Das Finale führt wieder zur Wirklichkeit des Daseins zurück, weist einige humorvolle Stellen auf und beendet das Werk nach etlichen Reminiszenzen an die vorangehenden Sätze sinnvoll.

Sextett für zwei Violinen, zwei Bratschen, zwei Celli in F-Dur, Opus 118, 4 Sätze, entstanden 1910

Dieses Werk ist außerordentlich polyphon verdichtet, so daß es mehr einer Sinfonie als einem Kammermusikstück gleicht. Aber gerade der Vollklang verleiht ihm seine allseitige Beliebtheit. Der 1. Satz ist von ungeheurer Vitalität und täuscht ein großes Streichorchester vor, das Scherzo ist ebenso orchestral massiert, so daß man Bläser zu vernehmen meint. Im 3. Satz versenkt sich eine Kantilene in ein frommes Gebet. Das Finale schließt das Stück mit sich überstürzender Fröhlichkeit ab.

Streichquartett in g-Moll, Opus 54,1, 4 Sätze, entstanden 1901

Der 1. Satz beginnt mit einem bewegten Thema mit weiten Intervallen; das Nebenthema ist eher einfach. Der dreiteilige 2. Satz ist durch und durch markant. Im 3. Satz – Largo mesto – werden alle Gedanken mit starkem Pathos vorgetragen. Das Finale bringt eine großartige Doppelfuge, die dem gesamten Werk seinen Glanz verleiht.

Streichquartett in A-Dur, Opus 54,2, 3 Sätze, entstanden 1901

Auch dieses Werk ist harmonisch prall, aber klanglich ausgezeichnet nuanciert. Der 1. Satz ist außerordentlich dynamisch, vital und voll Ausdruckskraft; es nimmt viel von den Fakturen des 20. Jahrhunderts voraus. Der Mittelsatz bringt knappe, flüssige Variationen und wirkt wie eine Ruhepause vor dem Finale, das wuchtig und überschäumend, zuweilen humorvoll fesselnd, abschließt.

Streichquartett in d-Moll, Opus 74, 4 Sätze, entstanden 1904

»Ein tolles Stück Musik«, lobt der Komponist sein eigenes Werk, und hatte damit recht. Wild und pathetisch setzt der 1. Satz in jagendem Tempo ein, das erst durch die hinzutretende Kantilene besänftigt wird. Das durch ein kurzes Arioso zweigeteilte Scherzo ist durch motorisch klopfende Achtel charakterisiert. Dann folgen Thema und 11 Variationen des 3. Satzes, dem schönsten und interessantesten des Werks. Das Finale ist rasch und heiter.

Streichquartett in Es-Dur, Opus 109, 4 Sätze, entstanden 1909

Dieses beliebteste und wohl auch bedeutendste Quartett setzt mit zwei sehr ansprechenden Themen ein, die geschmeidig nebeneinanderlaufen. Das Scherzo entnimmt sein Thema der Tonleiter in eilenden Bewegungen. Der 3. Satz bringt schön differenzierte Harmonik mit einer Fülle Melismen. Das Finale beschließt das Werk mit einer großräumigen Doppelfuge.

Trio für Violine, Bratsche und Cello in a-Moll, Opus 77b, 4 Sätze, entstanden 1904

Mit kräftiger Aussage beginnt der 1. Satz, der sich stark an Johann Sebastian Bach orientiert. Der 2. Satz ist voll harmonischen Reichtums und vermeidet sorgsam die Klischees der Klassik, an die sich das Scherzo allerdings deutlich anlehnt. Das Finale hat Rondoform und erzeugt früh-expressionistische Wirkungen.

Suite in e-Moll für Orgel, Opus 16, 4 Sätze, entstanden 1895

»Den Manen Joh. Seb. Bachs«, lautet die Überschrift dieses Werks. Sein 1. Satz setzt mit einem dissonanten Akkord ein. Dann erklingt nach kurzen Takten die »Fuga«, die sich über zwei Themen erstreckt. Im 2. Satz werden im Mittelsatz zwei Choralthemen verarbeitet, nachdem eine solistische Oberstimme über Begleitfiguren Melismen vorgetragen hat. Der 3. Satz ist ein Intermezzo im raschen Tempo. Eine dreiteilige Passacaglia schließt das weiträumige Werk ab.

Introduktion, Passacaglia und Fuge für Orgel in e-Moll, Opus 127, 5 Sätze, entstanden 1913

Dieses mächtige Werk wurde zur Einweihung der Orgel in der Jahrhunderthalle in Breslau (Wrcław) komponiert. Der 1., einleitende Satz, besteht aus Akkorden, Läufen, dynamischem Wechsel, alles auf knappem Raum. Darauf setzt mit dem 2. Satz das Ostinato-Thema der Passacaglia ein. Es folgen nun 12 Variationen, die ständig bewegter, rascher und dichter werden; die nächsten 4 Variationen sind pianissimo gehalten, und die letzten 10 nehmen die Steigerungen erneut auf. Der 3. Satz bringt eine Fuge mit großer Durchführung; die Fuge des 4. Satzes bleibt ohne Durchführung. Im Finale kommt es zu einer Vereinigung beider Fugenthemen.

LITERATUR

E. Otto, Max Reger, Sinnbild einer Epoche, Wiesbaden 1957.

Sergei Rachmaninow (1873–1943)

LEBEN

Sergei Wasiljewitsch Rachmaninow wurde am 20.3.1873 in Oneg, Gouvernement Nowgorod, geboren. Nach einem dreijährigen Studium am Konservatorium in St. Petersburg nahm er auf Anraten seines Cousins, des Liszt-Schülers Aleksandr Iljitsch Siloti (27.9.1863, bei Charkow, bis 8.12.1945, New York), in Moskau bei Sergei Tanejew und Antoni Arenski Klavierunterricht. Im Jahr 1893 wurde er Klavierlehrer und 1897 Dirigent einer Privatoper in Moskau, wo er dann von 1904 bis 1906 am Bolschoi-Theater dirigierte. Anschließend lebte er als Klaviervirtuose in Dresden. Von 1910 bis 1917 war er erneut in seiner Heimat tätig. Dann hielt er sich zunächst in Paris und später abwechselnd am Vierwaldstätter See, Schweiz, und in New York als Konzertpianist und Komponist auf. Er starb am 28.3. 1943 in Beverly Hills, Calif.

Sergei Rachmaninow

WERKE

Neben 4 Opern, von denen eine unvollendet blieb, schrieb Sergei Rachmaninow 3 Sinfonien, eine Fantasie »Der Felsen«, ein »Caprice bohémien«, »Drei sinfonische Tänze« für Orchester, eine Tondichtung »Die Toteninsel«, 4 Klavierkonzerte, eine »Rhapsodie über ein Thema von Paganini für Klavier und Orchester«, die Kantaten »Der Frühling« und »Die Glocken«, 2 Streichquartette, ein Klaviertrio, mehrere Stücke für Violine und Klavier, eine Cellosonate, ferner für Klavier 2 Sonaten, 15 Préludes, 3 Nokturnen, Romanzen und Fantasien, verschiedene Variationen, Moments musicaux, Serenaden und weitere Stücke für zwei, vier und sechs Hände und für zwei Klaviere. An Vokalmusik liegen vor »Das große Abend- und Morgenlob« (Russische Oster-Vesper), »Liturgie des heiligen Johannes Chrysostomos« und weitere verschiedene Chöre, außerdem zahlreiche Lieder. Stilistisch war Rachmaninow ein »Westler«, der stark unter dem Einfluß von Tschaikowski stand, als Pianist spielte er neben eigenen Werken vor allem Frédéric Chopin und Franz Liszt.

Das große Abend- und Morgenlob, Russische Oster-Vesper für gemischten Chor, Opus 37, 15 Teile, entstanden 1915

Die Teile 1, 3, 6, 7, 10, 11 bringen frei erfundene Melodien des Komponisten, die anderen sind der einstimmigen Sammlung der Synode entnommen. Der 1. Teil bringt das Invitatorium, der 2. Teil den 103. Psalm und der 3. den 1. Psalm. Im 4. Teil beginnt der »Abendhymnus« und mit dem 7. Teil der »Morgenhymnus«, der im 12. Teil zum Höhepunkt des Werks, der »Großen Doxologie«, im 14. Teil zum Auferstehungstropus und im 15. zum feierlichen Schlußgesang – Hymne an die Gottesmutter – führt.

Die Glocken, Chorsinfonie für Soli, gemischten Chor und Orchester, Opus 35, 4 Sätze, entstanden 1910

Der Sinfonie ist ein gleichnamiges Gedicht von Edgar Allan Poe (1809–49) zugrunde gelegt. Sie schildert im 1. Satz mit silbernem Glockengeklingel den Eintritt des Menschen in das Leben. Goldene Hochzeitsglocken begleiten den zweiten Lebensabschnitt. Scharfe Töne kündigen im 3. Satz die Widrigkeiten des Lebens an, und im 4. Satz läutet die Todesglocke über des Menschen unvermeidlichem Ende.

Sinfonie Nr. 1 in d-Moll, Opus 13, 4 Sätze, entstanden 1895

Das »Leitmotiv« des Werks bildete eine russische Kirchenmelodie, die in allen 4 Sätzen in eine Fülle melodischer Linien, kraftvoller, zum Großteil ernster Akkorde und markanter Rhythmen eingebettet ist. Glockengeläute – feierlich und festlich oder ängstlich warnend, brillante Intonationen und elegante Satzschlüsse zeichnen die Sinfonie aus, die zu Lebzeiten des Komponisten nur einmal – ohne Erfolg – aufgeführt wurde und erst ab 1945 die Beachtung fand, die sie verdient.

Sinfonie Nr. 2 in e-Moll, Opus 27, 4 Sätze, entstanden 1907

Die breit ausladende, balladeske Melodie, mit der der 1. Satz beginnt, bildet die Quelle aller Themen und Motive des Werks. Das Seitenthema ist lyrisch und verstärkt den ernsten Charakter des Satzes. Im Scherzo wechseln Fröhlichkeit und Trauer ab. Der 3. Satz bringt eine elegische Kantilene, der im 4. Satz zündende Freudenausbrüche folgen.

Sinfonie Nr. 3 in a-Moll, Opus 44, 3 Sätze, entstanden 1936

»Die Musik eines Komponisten soll den Geist seines Landes ausdrücken«, äußerte sich der Komponist kurz vor seinem Ableben. »Sie soll Produkt der ganzen Summe seiner Lebenserfahrung sein.« Die russische Intonation dieses Werks setzt bereits im 1. Satz ein. Das Scherzo des Mittelsatzes ist grotesk und skurril und mit Jazzelementen durchsetzt. Das Finale zitiert das »Dies irae« der katholischen Liturgie, endet aber trotzdem betont festlich und optimistisch, als wäre der Tod besiegt.

Rhapsodie über ein Thema von Paganini in a-Moll, Opus 43, 24 Variationen, entstanden 1934

Das Thema dieser Variationenreihe bildete »Caprice in a-Moll« von Niccolò Paganini (1782 bis 1840). Die 1. Variation erklingt noch vor dem Thema in Form einer Passacaglia. Dann folgen die weiteren in drei großen Abschnitten, von denen die erste eine Art Disposition darstellt. Die 7. Variation bringt das vom Komponisten öfters herangezogene Dies-irae-Thema. Die 11. Variation leitet zum nächsten Abschnitt, der scherzoartig an einen Sonatensatz erinnert. Von der 18. Variation führen lyrische Passagen noch einmal zum »Dies irae«, das Blechbläser in der letzten Variation vortragen.

Sinfonische Tänze, Opus 45, 3 Teile, entstanden 1940

Der 1. Teil in c-Moll beginnt mit einem langsamen russischen Thema, das von leidenschaftlichen Volkstanzrhythmen abgelöst wird. Der Mittelteil wird von elegischen Oboen und Klarinetten eingeleitet und bringt eine nachdenkliche Kantilene des Saxophons. Der 2. Teil besteht aus einem sinfonisch stilisierten Konzertwalzer. Der 3. Teil hat den Charakter eines sinfonischen Finalsatzes.

Der Felsen, Fantasie für Sinfonieorchester, Opus 7, ein Satz, entstanden 1893

»Dem verehrten und hoch geschätzten Antoni Pawlowitsch Tschechow, dem Verfasser der Erzählung ›Auf dem Weg‹, deren Inhalt für dieses Musikstück als Programm gedient hat«, setzte der Komponist 1898 auf die Partitur dieses Werks, mit dem er einen gewaltigen Felsen und die darüberhängenden Wolken vorstellt. Träume und Gedanken, Ängste und Hoffnungen, Licht und Dunkel werden von diesem Stück Natur, das vom Dichter umd vom Tonsetzer belebt wird, symbolisiert.

Klavierkonzert Nr. 1 in fis-Moll, Opus 1, 3 Sätze, entstanden 1891

Schwungvoll setzt der 1. Satz mit einem kraftvollen Thema ein. Mit jugendlicher Frische wird es weiterentwickelt bis zu einer groß angelegten Solokadenz. Der 2. Satz wirkt durch seine ausdrucksstarke Harmonik, die dem Zeitgeschmack entsprach. Das Finale weist in dem turbulenten Geschehen einzelne Passagen besinnlicher Gedankengänge auf.

Klavierkonzert Nr. 2 in c-Moll, Opus 18, 3 Sätze, entstanden 1901

Man hat mit Recht dieses Konzert als reifstes Werk des Komponisten bezeichnet. Es wird von zwei musikalischen Gedanken beherrscht, von denen einer energische, betont rhythmische Klänge bringt, der andere in schwärmerischen Kantilenen verströmt. Beide verschmelzen sich im Hauptthema des 1. Satzes, das von schweren Glockenschlägen untermalt wird. Dann spielt das Klavier das fröhliche Seitenthema. Der 2. Satz führt eine Elegie zu ausdrucksvollen Höhepunkten. Das Finale ist virtuos und klingt freudig aus.

Klavierkonzert Nr. 3 in d-Moll, Opus 30, 3 Sätze, entstanden 1909

Der 1. Satz bringt einen metrisch unregelmäßigen breiten Gesang über einer marschähnlichen Be-

Alfred Brendel

gleitung. Die Polyphonie ist sehr unübersichtlich, vermittelt jedoch einen großartigen Eindruck. Der Mittelsatz ist voll freier, oft seltsamer Harmonik, die sehr reizvoll wirkt. Das Finale brilliert mit pathetischen Höhepunkten und einem virtuosen Klaviersatz.

Klavierkonzert Nr. 4 in g-Moll, Opus 40, 3 Sätze, entstanden 1926

Der 1. Satz bringt nach einer orchestralen Einleitung ein weitgespanntes Thema. Das zweite ist sehr sanglich und wird vom Soloklavier vorgetragen. Die Durchführung beinhaltet viel Spannung und Erregung. Der langsame Mittelsatz wird von einer traurigen, düsteren Kantilene bestritten, deren Melancholie durch nichts erhellt wird. Das Finale ist lang und virtuos mit zahlreichen neuen Motiven.

Literatur

N. D. Baschanow, Rachmaninow, Moskau 1974.

Rudolf Tobias (1873–1918)

Leben

Rudolf Tobias wurde am 17.5.1873 in Käona, Estland, geboren. Er studierte ab 1897 am Konservatorium in St. Petersburg bei Nikolai Rimski-Korsakow und war sodann in der russischen Hauptstadt als Organist, Chordirigent, Musiklehrer und Korrepetitor bis 1904 tätig, später in gleicher Eigenschaft bis 1908 in Tartu (Dorpat) und darauf in Leipzig. Ab 1910 war er Lehrer am Sternschen Konservatorium in Berlin, wo er am 29.10.1918 starb.

Werke

Von Rudolf Tobias sind eine Ouvertüre, ein »Rhapsodisches Capriccio«, eine »Burleske«, ein Konzertstück für Klavier und Orchester, 2 Streichquartette, ein Klaviertrio, Klavier- und Orgelstücke, 2 Oratorien, 2 Kantaten und 2 unvollendete Melodramen mit Orchester auf Texte aus dem estnischen Nationalepos »Kalevipoeg« bekannt geworden.

Witold Maliszewski (1873–1939)

Leben

Witold Maliszewski wurde am 8.7.1873 in Mogilew, Ukraine, geboren. Er war am Konservatorium in St. Petersburg Schüler von Nikolai Rimski-Korsakow, leitete von 1908 bis 1921 das Konservatorium in Odessa, ging sodann in seine polnische Heimat und wirkte in Warschau als Leiter der Chopin-Musikschule und ab 1931 als Kompositionslehrer am Konservatorium. Im Jahr 1933 gründete er das Chopin-Institut in Warschau. Er starb am 18.7.1939 in Zalesie bei Warschau.

Werke

Von Witold Maliszewski sind 5 Sinfonien, eine Fantasie für Orchester, ein Klavierkonzert, eine Suite für Cello und Orchester, ein Streichquintett, 3 Streichquartette und weitere Kammermusik, eine »Missa Pontificalis« und ein Requiem bekannt geworden. Sein Stil war von seinem Lehrer abhängig; er entwickelte ihn aber durch Aufnahme polnischer Volksmusik weiter.

LITERATUR

E. Wrocki, Witold Maliszewski, Warschau 1932.

Ettore Pozzoli (1873–1957)

LEBEN

Ettore Antonio Modesto Pozzoli wurde am 22.7.1873 in Seregno bei Mailand geboren. Er war am Konservatorium in Mailand Schüler von Vincenzo Ferroni (17.2.1858, Tramutola, Potenza, bis 11.1.1934, Mailand) und Luca Fumagalli (1837–1908) und wurde 1899 selbst an diesem Institut Lehrer für Theorie und Solfège. Er starb am 9.11.1957 in Seregno.

WERKE

Von den Orchesterwerken von Ettore Pozzoli sind »Thema mit Variationen«, sein Klavierkonzert und sein Konzertallegro für Klavier und Orchester erwähnenswert. An Kammermusik schrieb er ein Streichquartett, ein Klaviertrio und mehrere Stücke für Violine und Klavier. Außerdem verfaßte er eine Anzahl interessante Klavierwerke, Orgelstücke und Stücke für Ziehharmonika, weiters ein Oratorium, eine Messe, Motetten und Lieder. Er war Spätromantiker, stieß aber mit einzelnen Werken bis über den Impressionismus hinaus. Er veröffentlichte didaktische und theoretische Werke.

Alfred Brüggemann (1873–1944)

LEBEN

Alfred Brüggemann wurde am 26.7.1873 in Aachen geboren. Er war Schüler von Engelbert Humperdinck. Neben seiner kompositorischen Tätigkeit machte er sich als Übersetzer der Libretti von 6 Puccini-Opern einen Namen. Er starb am 27.9.1944 in Bad Nauheim.

WERKE

Gleich manchen anderen Komponisten, versuchte auch Alfred Brüggemann mit einem Opern-Zyklus den weltweiten Erfolg des »Ring des Nibelungen« zu wiederholen. Er wählte den Faust-Stoff – »Der Doktor Faust«, »Gretchen«, »Faust und Helena«, »Fausts Verklärung« –, blieb aber damit erfolglos. Mehr Beachtung fanden seine im spätromantischen Stil verfaßten 2 Sinfonien, das Violin- und das Klavierkonzert, seine Kammermusik und Lieder.

William Henry Bell (1873–1946)

LEBEN

William Henry Bell wurde am 20.8.1873 in London geboren. Er studierte an der Royal Academy of Music und wirkte von 1903 bis 1912 am selben Institut als Professor für Harmonielehre. Anschließend wurde er Leiter des Konservatoriums in Kapstadt und 1919 Professor für Musik an der Universität der Stadt. Er starb am 13.4.1946 in Gordonsbaai.

WERKE

Von William Henry Bell sind 6 Opern, die Musik zu 5 japanischen Nô-Spielen und eine Schauspielmusik aufgeführt worden. Er schrieb 5 Sinfonien, sinfonische Variationen und Dichtungen. »Arcadian Suite« für kleines Orchester, »Maria Assumpta« für Singstimmen, Doppelchor, Knabenchor und Orchester (sein bedeutendstes Werk), weitere Chorwerke, ein Bratschenkonzert, 3 Violinsonaten, eine Bratschensonate, Gesänge und Lieder. Sein Stil muß trotz mancher moderner Wendungen der Spätromantik zugerechnet werden.

Ole Hjellemo (1873–1938)

LEBEN

Ole Hjellemo wurde am 22.3.1873 in Dovre, Norwegen, geboren. Er war Schüler von Iver Holter und wirkte von 1919 bis 1932 als Theorie- und Violinlehrer am Konservatorium in Oslo, wo er am 18.9.1938 starb.

WERKE

Von Ole Hjellemo sind 3 Sinfonien, eine »Norwegische Rhapsodie« für Militärmusik, ein Violinkonzert, ein Rondo für Violine und Orchester, ein Rondo capriccioso für Chor und Orchester, ein Streichquartett und weitere Kammermusik, Klavierstücke und Lieder bekannt geworden. Er gehörte der nordischen Spätromantik an.

Henri Rabaud (1873–1949)

LEBEN

Henri Rabaud wurde am 10.11.1873 in Paris geboren. Er studierte am Conservatoire bei André Gédalge und Jules Massenet und erhielt den Rompreis. Von 1908 bis 1918 wirkte er als Dirigent der Opéra, sodann durch ein Jahr als Leiter des Symphony Orchestra in Boston und von 1920 bis 1940 als Direktor des Conservatoire in Paris, wo er am 11.9.1949 starb.

WERKE

Sowohl die 5 Opern wie seine 2 Sinfonien neigten zum Neuklassizismus vieler seiner zeitgenössischen Komponisten in Frankreich. Auch seine sinfonische Dichtung, sein »Divertissement sur des chansons russes«, »Prélude et Toccata« für Klavier und Orchester, das Oratorium »Job« und die Vertonung des 4. Psalms für Soli, Chor und Orchester zeichnen sich durch klare, elegante klassiknahe Musik aus. Er schrieb auch mehrere Bühnenmusiken und – als einer der ersten – Filmmusiken.

Daniel Gregory Mason (1873–1953)

LEBEN

Daniel Gregory Mason wurde als Enkel von Lowell Mason (1792–1872) am 20.11.1873 in Brookline, Mass., geboren. Er studierte an der Harvard University bei John Knowles Paine, in Boston bei Percy Goetschius (30.8.1853, Paterson, N. J., bis 29.10.1943, Manchester, N. H.) und George Whitefield Chadwick und ab 1913 bei Vincent d'Indy in Paris. Er war bis 1942 Professor für Musik an der Columbia University in New York. Er starb am 4.12. 1953 in Greenwich, Conn.

WERKE

Die 3 Sinfonien und die kleineren Orchesterwerke von Daniel Gregory Mason bieten einen spätromantisch-eklektischen Stil wie seine Kammermusik: ein Klavierquartett, 2 Streichquartette – eines mit Negermelodien –, eine Violinsonate, eine Klarinettensonate, Klavier- und Orgelstücke, Gesänge und Lieder. Der Wille, einen typisch amerikanischen Stil zu schreiben, ist auch hier bereits merkbar. Er verfaßte mehrere musikhistorische und musiktheoretische Werke.

Dirk Schäfer (1873–1931)

LEBEN

Dirk Schäfer wurde am 25.11.1873 in Rotterdam geboren. Nach seiner Ausbildung an der Musikschule in Rotterdam und am Konservatorium in Köln wirkte er von 1895 bis 1904 als Musiklehrer und Pianist in Den Haag und anschließend bis zu seinem Tod am 16.2.1931 in Amsterdam.

WERKE

Von Dirk Schäfer sind eine »Rhapsodie javanaise« und eine »Suite pastorale« bekannt geworden. Große Beliebtheit errangen einzelne seiner Klavierstücke wie die »Sonate inaugurale«, die Suite »In der Stilte« (In der Stille) und »Valse de bravoura«. Sein Stil folgte der Spätromantik.

Cesare Dobici (1873–1944)

LEBEN

Cesare Dobici wurde am 11.12.1873 in Viterbo geboren. Er war zunächst Kapellmeister in seinem Geburtsort, sodann Lehrer an der Chorschule Giosuè Carducci und schließlich Lehrer an der Höheren Schule für Kirchenmusik in Rom, wo er 1911 Kontrapunktlehrer am Konservatorium wurde. Er starb am 25.4.1944 in Rom.

WERKE

Von Cesare Dobici sind 5 Messen für Chor und Orgel, ein achtstimmiges Requiem für König Umberto, ein »Tota pulchra es« für zwölf Stimmen und drei Orgeln, zahlreiche Psalmen, Hymnen, sakrale und profane Lieder bekannt geworden. Er schrieb auch einige Kammermusik und eine Oper. Sein Stil war konservativ.

Blagoje Bersa (1873–1934)

LEBEN
Blagoje Bersa wurde am 21. 12. 1873 in Dubrovnik (Kroatien) geboren. Er studierte in Zagreb und Wien und wirkte anschließend als Kompositionslehrer an der Musikakademie in Zagreb, wo er am 1. 1. 1934 starb.

WERKE
Aus dem kompositorischen Schaffen von Blagoje Bersa sind die sinfonischen Dichtungen »Die Sonnenfelder« und »Die Gespenster«, ein Klaviertrio, eine Ballade in d-Moll besonders bemerkenswert. Er verfaßte auch eine Anzahl Sologesänge. Sein Stil gehörte der Spätromantik an.

LITERATUR
M. Kuntarić, Blagoje Bersa, Zagreb 1959.

Harry Waldo Warner (1874–1945)

LEBEN
Harry Waldo Warner wurde am 4. 1. 1874 in Nordhampton geboren. Er wurde in London an der Guildhall School of Music von George Alfred Gibson (27. 10. 1849, Nottingham, bis 21. 5. 1924, Mentone) zum Violinisten ausgebildet. Er trat als Violinvirtuose auf, wechselte sodann zur Bratsche über. Von 1907 bis 1928 war er Mitglied des London String Quartet, das ausgedehnte Konzertreisen in den USA und bis nach Honolulu unternahm. Er starb am 1. 6. 1945 in London.

WERKE
Von Harry Waldo Warner sind 5 Streichquartette, ein Klaviertrio, eine Rhapsodie für Bratsche mit Streichquartett, mehrere Sonaten für Violine, für Bratsche, für Cello, für Klavier, außerdem ungefähr 100 Lieder und Gesänge bekannt geworden. Seine Orchesterstücke waren leichterer Natur; sie wurden bei Promenadenkonzerten aufgeführt.

Josef Suk (1874–1935)

LEBEN
Josef Suk wurde am 4. 1. 1874 in Křečovice, Böhmen, geboren. Er war Schüler und Schwiegersohn von Antonín Dvořák, wirkte ab 1892 als Zweiter Violinist im Böhmischen Streichquartett und wurde 1922 Kompositionslehrer am Konservatorium und 1930 dessen Direktor. Er starb am 29. 5. 1935 in Benešov bei Prag.

WERKE
Bis zum Tod seines Schwiegervaters wurde der Kompositionsstil von Josef Suk im großen und ganzen von diesem bestimmt. Hernach und besonders nach dem Tod seiner Frau Ottilie (1905) ging er zu polyrhythmischen und polytonalen Fakturen über. Seine »Dramatische Ouvertüre«, die »Fantasie für Violine und Orchester«, die »Serenade für Streichorchester«, das »Phantastische Scherzo« und die Sinfonie in E-Dur folgten den Spuren Dvořáks, die sinfonische Tetralogie in c-Moll »Asrael«, die sinfonischen Dichtungen »Praga«, »Ein Sommermärchen«, die »Reife« und die »Legende von den toten Siegern« und auch die Messe von Křečovice sind tiefernste Auseinandersetzungen mit Tod und Leben mit den kompositorischen Mitteln seiner Gegenwart. Er schrieb 2 Streichquartette und eine Meditation für Streichorchester über den altböhmischen Choral »Svatý Václave«, außerdem eine Anzahl Bühnenmusiken, Kantaten, Chöre, Lieder und Klavierstücke.

Meditation über den tschechischen Choral »Heiliger Wenzel«, Opus 35, entstanden 1914
Die Wiedergabe des alten Chorals mit der Bitte »Laß uns und die Kommenden nicht untergehen« ist vom Ausbruch des Ersten Weltkriegs und der Sorge um die Zukunft des Volks angeregt. Der vierstimmige Satz ist klar und einfach und gerade dadurch überaus plastisch und ausdrucksstark.

LITERATUR
J. Berkovec, Josef Suk, Prag 1956.

José Barberá Humbert (1874–1947)

LEBEN
José Barberá Humbert wurde am 27.1.1874 in Barcelona geboren. Er war dort Schüler des Conservatorio del Liceo und von Felipe Pedrell. Im Jahr 1924 wurde er Kompositionslehrer an dieser Anstalt, die er von 1931 bis 1938 als Direktor leitete. Er starb am 19.2.1947 in Barcelona.

WERKE
Von den Orchesterwerken von José Barberá Humbert sind eine Sinfonie, 2 Tondichtungen, eine Sinfonietta für Streichorchester und Klavier, mehrere Klavierstücke, Chöre und Lieder zu erwähnen. Sein Stil war sehr konservativ.

Robert Lach (1874–1958)

LEBEN
Robert Lach wurde am 29.1.1874 in Wien geboren. Er studierte von 1893 bis 1899 am Konservatorium der Gesellschaft der Musikfreunde in Wien und an der Universität bei Richard Wallaschek (16.11.1860, Brünn, bis 24.4.1918, Wien), Heinrich Rietsch (22.9. 1860, Falkenau an der Eger [Sokolov], bis 12.12.1927, Prag) und Guido Adler. Im Jahr 1911 trat er in die Wiener Hofbibliothek ein und leitete dort bis 1920 die Musikabteilung. Er wurde Professor für vergleichende Musikwissenschaft, Psychologie und Ästhetik der Tonkunst. Er starb am 11.9.1958 in Salzburg.

WERKE
Die Bedeutung von Robert Lach lag auf dem Gebiet der Musikwissenschaft. Hinter seinen zahlreichen zum Teil grundlegenden Publikationen treten seine 150 Kompositionen weit zurück. Er war Spätromantiker und schrieb außer einigen Bühnenwerken 10 Sinfonien, ein Dezett, ein Nonett, ein Oktett, ein Septett, ein Sextett, ein Quintett für Bläser und Klavier, 8 Streichsextette, 14 Streichquintette, 3 Klavierquintette, 3 Klavierquartette, 3 Klaviertrios, 25 Streichquartette und zahlreiche Sonaten mit verschiedener Besetzung.

Emīlis Melngailis (1874–1954)

LEBEN
Emīlis Melngailis wurde am 3.2.1874 in Igate, Lettland, geboren. Er war von 1896 bis 1897 in Dresden Schüler von Felix Draeseke und von 1898 bis 1901 in St. Petersburg von Andrei Rimski-Korsakow (5.10.1878, St. Petersburg, bis 23.5.1940, Leningrad). Von 1902 bis 1904 wirkte er als Musikkritiker in St. Petersburg, sodann von 1906 bis 1920 als Sprachlehrer in Taschkent. Anschließend ließ er sich in Riga nieder, wo er einen Chor gründete, mit dem er viel konzertierte. Er starb am 20.12.1954 in Riga.

WERKE
Neben einem Ballett schrieb Emīlis Melngailis 2 sinfonische Dichtungen, ein Streichquartett, ein »Lettisches Requiem« für Chor a cappella, 10 Sammelbände mit Chorliedern, ferner Kammermusik, Klavierstücke und Sololieder. Er bearbeitete zahlreiche lettische Volkslieder für Instrumental- und Vokalensembles. Außerdem sammelte und veröffentlichte er nahezu 5000 lettische Volksmelodien wie auch litauische, kirgisische und jüdische. Er veröffentlichte auch Werke über lettische Volksmusik.

David Evans (1874–1948)

LEBEN
David Evans wurde am 6.2.1874 in Resolven, Glamorganshire, geboren. Er studierte in Oxford und wirkte von 1900 bis 1903 als Organist in London. Anschließend war er an verschiedenen Colleges von South Wales, Monmouthshire und Cardiff tätig. Er starb am 17.5.1948 in Rhos-on-Sea bei Wrexham.

WERKE
David Evans schrieb eine Orchestersuite, eine Kantate auf walisischen Text und eine weitere auf englischen, 2 walisische Oden, Chöre, Anthems und Services. Sein Stil ist spätromantisch. Er war die führende Kraft der walisischen Komposition der ersten Hälfte des 20. Jahrhunderts.

Fritz Hart (1874–1949)

LEBEN

Fritz Bennicke Hart wurde am 11.2.1874 in London geboren. Nachdem er als Chorknabe an Westminster Abbey gesungen hatte, war er von 1893 bis 1896 am Royal College of Music Schüler von Charles Stanford. Er wirkte zunächst als Theaterkapellmeister, ging sodann 1908 nach Australien und erhielt 1915 die Leitung des »Albert Street Conservatory« in Melbourne, wo er 1928 auch Dirigent des Sinfonieorchesters wurde. Von 1932 bis 1949 dirigierte er das Honolulu Symphony Orchestra, von 1936 bis 1942 wirkte er als Professor an der Universität von Hawaii. Er starb am 9.7.1949 in Honolulu.

WERKE

Von Fritz Hart sind über 10 Opern aufgeführt worden. Er schrieb ferner eine Sinfonie, 2 Suiten, eine Ouvertüre, 3 Orchesterfantasien und mehrere andere Orchesterstücke, 3 Balladen für Chor und Orchester, 2 Streichquartette, 3 Violinsonaten, eine Suite für Violine und Klavier, viele Klavierstücke und Lieder, außerdem Volksliedbearbeitungen. Sein Stil verließ die romantischen Strukturen nicht.

Henri Marteau (1874–1934)

LEBEN

Henri Marteau wurde am 31.3.1874 in Reims geboren. Er war in Paris Schüler des Violinpädagogen Hubert Léonard und studierte nach dessen Tod noch am Conservatoire bis 1893. Nach einer Reisetätigkeit als Virtuose wirkte er von 1900 bis 1907 als Lehrer am Konservatorium in Genf und anschließend bis 1915 an der Musikhochschule von Berlin. Sodann war er bis 1920 Zweiter Kapellmeister in Göteborg und darauf bis 1924 Lehrer an der deutschen Akademie in Prag. Ab 1926 unterrichtete er ein Jahr am Konservatorium in Leipzig und nachher am Dresdener Konservatorium. Er starb am 4.10.1934 in Lichtenberg, Oberfranken.

WERKE

Neben einer Oper schrieb Henri Marteau eine »Sinfonische Gloria naturae« (Zum Ruhm der Natur), 2 Violinkonzerte, eine Szene für Sopran, Chor und Orchester, ein Streichquintett, ein Klarinettenquintett, 3 Streichquartette, 8 Lieder mit Streichquartett, eine Chaconne für Bratsche und Klavier, eine »Sonata fantastica« für Solovioline, ein »Vater unser« für gemischten Chor und zahlreiche Stücke, Etüden und Bearbeitungen für Violine. Er stand trotz mancher Modernismen in seinen Werken noch im Bann der Spätromantik.

Julius Bittner (1874–1939)

LEBEN

Julius Bittner wurde am 9.4.1874 in Wien geboren. Er war Schüler von Josef Labor (29.6.1842, Hořovice, Böhmen, bis 26.4.1924, Wien) und wirkte zugleich bis 1920 als Richter in Wien, wo er am 9.1.1939 starb.

WERKE

Von Julius Bittner sind 9 Opern mit durchschnittlich gutem Erfolg aufgeführt worden. Außerdem schrieb er 2 Sinfonien, 2 sinfonische Dichtungen, 2 Streichquartette, eine Cellosonate, Klavierstücke und Lieder. Seine Musik war romantisch mit einzelnen expressionistischen Passagen.

Richard Stöhr (1874–1967)

LEBEN

Richard Stöhr wurde am 11.6.1874 in Wien geboren. Er studierte zunächst Medizin und wurde sodann Schüler von Robert Fuchs. Von 1903 bis 1938 war er Professor für Musiktheorie am Konservatorium in Wien, dann mußte er auswandern und setzte seinen Unterricht bis 1942 in Philadelphia, darauf für ein Jahr in Cincinnati, O., und sodann bis 1950 in Winooski, Vt., fort. Er starb am 11.12.1967 in Montpelier, Vt.

WERKE

Von Richard Stöhr sind 3 Opern aufgeführt

worden. Er schrieb außerdem 4 Sinfonien, eine »Vermont-Suite« für Orchester, eine Kammersinfonie für Streichorchester, Holzbläser und Harfe, ein Trompetenkonzert, ein Orgelkonzert, Kammermusik- und Klavierwerke, Männerchöre mit Orchester, gemischte Chöre, Lieder und Duette. Er veröffentlichte mehrere didaktische Werke. Er war Spätromantiker.

Georg Göhler (1874–1954)

LEBEN

Karl Georg Göhler wurde am 29.6.1874 in Zwickau geboren. Er studierte in Leipzig an der Universität und am Konservatorium. Im Jahr 1897 wurde er Dirigent des von Karl Riedel (1827–88) gegründeten gemischten Chors (Riedel-Verein), 1903 Hofkapellmeister in Altenburg und 1907 Hofkapellmeister in Karlsruhe; 1909 wurde ihm die Leitung der Orchesterkonzerte der Musikalischen Gesellschaft in Leipzig übertragen, 1913 ging er als Musikalischer Leiter der Neuen Oper nach Hamburg. Von 1915 bis 1918 dirigierte er die Sinfoniekonzerte in Lübeck, von 1922 bis 1927 die Opern am Landestheater in Altenburg und bis 1927 auch die Philharmonischen Konzerte in Halle. Er starb am 4.3.1954 in Lübeck.

WERKE

Durch sein frühes Eintreten als Kritiker für Gustav Mahler machte sich Georg Göhler sehr bekannt. Er schrieb eine Spieloper, 3 Sinfonien, eine Orchestersuite, ein Klavierkonzert, ein Violinkonzert, 2 Streichquartette, zahlreiche Klaviermusik, sehr geschätzte Lieder und Männerchöre. Mit seinen Kompositionen stieß er bis zu den Grenzen der Tonalität vor. Er machte sich auch als Herausgeber älterer Musik verdient.

Johan Lunde (1874–1958)

LEBEN

Johan Backer Lunde wurde am 6.7.1874 in Le Havre geboren. Er war Schüler der norwegischen Liederkomponistin Agathe Ursula Backer-Gröndahl (1.12.1847, Holmestrand, bis 16.6.1907, Ormoen bei Kristiania) und Iver Holter in Kristiania. In Berlin studierte er noch bei Ferruccio Busoni. Er wirkte als Pianist und Begleiter in seiner norwegischen Heimat, in England und in Deutschland. Er starb am 4.11.1958 in Oslo.

WERKE

Mit mehr als 200 Klavierliedern und weiteren zahlreichen Orchesterliedern ist Johan Lunde den bedeutendsten norwegischen Liedkomponisten zuzureihen. Er bemühte sich, den nationalen Stil durch allgemein europäische Fakturen zu ersetzen. Seine Orchesterwerke sind von geringerer Bedeutung. Er schrieb außerdem eine Reihe sehr ansprechender Klavierstücke.

Arne Oldberg (1874–1962)

LEBEN

Arne Oldberg wurde am 12.7.1874 in Youngstown, O., geboren. Er war von 1893 bis 1895 Schüler des Klavierpädagogen Teodor Leszetycki in Wien und von Joseph Rheinberger in München. Von 1899 bis 1941 wirkte er als Leiter der Klavierklasse der Northwestern University Evanston, Ill., wo er am 17.2.1962 starb.

WERKE

Von Arne Oldberg sind 5 Sinfonien und weitere Orchesterwerke, außerdem mehrere Klavierkonzerte, Kammermusik und Klavierstücke bekannt geworden. Er folgte dem klassiknahen romantischen Stil seines Lehrers in München.

Tristan Klingsor (1874–1966)

LEBEN

Tristan Klingsor (Pseudonym für Arthur Justin Léon Leclère) wurde am 8.8.1874 in La Chapelle-aux-Pots, Oise, geboren. Er war Dichter, Maler und Komponist; seine Lektüre der romantischen Schriftsteller Aloysius Bertrand (1807–41) und Gérard de Nerval (1806 bis 1855) brachte ihm die Phantastik der romantischen Vorstellungswelt nahe, der er in den drei von ihm gepflegten Kunstgattungen Ausdruck verlieh. Er starb am 3.8.1966 in Paris.

WERKE
Neben einigen unbedeutenden Instrumentalwerken schrieb Tristan Klingsor eine große Anzahl Chansons, mit denen er die Ära der Troubadours wiedererwecken wollte. Sein Stil hatte zwar mit dem seiner Vorbilder wenig zu tun, war jedoch in seiner singulären Eigenart sehr interessant.

Friedrich Fouqué (1874–1944)

LEBEN
Friedrich Freiherr de la Motte Fouqué, Enkel des gleichnamigen Dichters (1777–1843), wurde am 23.8.1874 in Hannover geboren. Er studierte in Karlsruhe und in Berlin, wo er bis 1944 lebte. Er starb am 4.6.1944 in Brünn.

WERKE
Max Reger war das Vorbild der Kompositionen von Friedrich Fouqué. Er schrieb unter anderem eine Sinfonie in cis-Moll, ein Streichquartett, ein Streichtrio, eine Violinsonate und Zigeunerlieder. Ein Großteil seiner Werke wurde im Krieg zerstört, gedruckt wurde davon nichts.

Franjo Dugan (1874–1948)

LEBEN
Franjo Dugan wurde am 11.9.1874 in Krapina, Kroatien, geboren. Nach seinem Mathematik- und Physikstudium in Zagreb studierte er an der Hochschule in Berlin Musik. Er wirkte als Musiklehrer in Zagreb und Osijek, sodann als Domorganist und Lehrer an der Musikakademie in Zagreb, wo er am 12.12.1948 starb.

WERKE
Von Franjo Dugan sind 4 Streichquartette, eine Sonate für Violine und Klavier, Orgelstücke, sakrale und profane Chöre, außerdem ein Andante für Orchester bekannt geworden. Sein Stil stand der deutschen Spätromantik sehr nahe.

Heinrich Kaspar Schmid (1874–1953)

LEBEN
Heinrich Kaspar Schmid wurde am 11.9.1874 in Landau an der Isar geboren. Er war an der Akademie in München Schüler von Ludwig Thuille, Berthold Kellermann (5.3.1853, Nürnberg, bis 14.6.1926, München) und Hans Bußmeyer. Nach einer kurzen Lehrtätigkeit am Odeon in Athen und einer Konzertreise als Pianist wurde er Lehrer an der Münchner Akademie. Im Jahr 1921 erhielt er die Leitung des Konservatoriums in Karlsruhe und 1924 an der Musikschule in Augsburg. 1933 wurde er Erster Vorsitzender des Münchner Tonkünstler-Vereins, zog sich aber im selben Jahr nach Geiselbullach bei München zurück. Er starb am 8.1.1953 in München.

WERKE
Von Heinrich Kaspar Schmid, der einer der am meisten geschätzten Komponisten der Münchner Schule war, sind eine Sinfonie, ein Cellokonzert, eine Messe für gemischten Chor, Orchester und Orgel, ferner eine Messe für gemischten Chor, ein Liederzyklus für hohe Stimme und Orchester, ein »Altenglisches Schlummerlied« für Frauenstimmen und kleines Orchester, an Kammermusik, die sich stark an Hans Pfitzner anlehnte, ein Bläserquintett, eine Violinsonate, eine Cellosonate, 10 Miniaturen für Cello und Klavier, zahlreiche Klavierwerke, Chöre und Lieder bekannt geworden. Seine Werke würden es verdienen, auch noch heute aufgeführt zu werden.

Nicholas Gatty (1874–1946)

LEBEN
Nicholas Comyn Gatty wurde am 13.9.1874 in Bradfield bei Sheffield geboren. Er studierte am Royal College of Music in London und wirkte anschließend als Organist und als Diri-

gent an Covent Garden. Ab 1907 war er als Musikkritiker an Londoner Zeitungen tätig. Er starb am 10.11.1946 in London.

WERKE
Von Nicholas Gatty sind 6 Opern aufgeführt worden. Er schrieb ferner 4 Oden für Chor und Orchester, ein Anthem, Orchestervariationen, eine Suite für Streichorchester, Variationen für Streichquartett und ein Klaviertrio, außerdem Stücke für Violine und Klavier, Cello und Klavier, Klavierwerke und eine Anzahl Lieder. Sein Stil war von Edward Elgar (1857–1934) beeinflußt.

Arnold Schönberg (1874–1951)

LEBEN
Arnold Franz Walter Schönberg (Schoenberg) wurde am 13.9.1874 in Wien geboren. Er begann sehr früh Violine zu spielen und ging bald daran, sich autodidakt theoretisch auszubilden, denn eine Möglichkeit, Musikunterricht zu nehmen, bot sich ihm nicht; nur sein zukünftiger Schwager Alexander Zemlinsky gab ihm einige Anleitungen. Wenige Komponisten haben mit so wenig Unterricht zu komponieren begonnen. Er gab seine Stellung bei einer Bank auch sehr bald auf, um sich der Musik allein zu widmen, und mußte sich durch Instrumentation und Arrangements von Operetten und Schlagermusik durchbringen. Im Jahr 1901 erhielt er endlich in Berlin die Stelle als Musikalischer Leiter des von Ernst von Wolzogen (1855–1934) gegründeten satirischen Kabaretts »Überbrettl« und durfte gleichzeitig über die Vermittlung von Richard Strauss am Sternschen Konservatorium gegen bescheidenes Honorar als Lehrer wirken. Zwei Jahre darauf kehrte er nach Wien zurück und lebte dort durch 8 Jahre als Lehrer, Dirigent und Komponist; zusätzlich betätigte er sich als Maler. Er versuchte, auch seine inzwischen entstandenen Kompositionen auf das Konzertpodium zu bringen. Obwohl er sich damit vom Zeitgeschmack wenig entfernte, erntete er nur Ablehnung. Allein die 1911 vollendeten »Gurrelieder« wurden einigermaßen freundlich aufgenommen. Nachdem er

Arnold Schönberg

kurze Zeit als Leiter von Kompositionskursen an der Wiener Musikakademie gewirkt hatte, übersiedelte er ein zweites Mal nach Berlin und unternahm von dort mehrere Konzertreisen als Dirigent; er konnte dabei sogar einige seiner Werke mit Erfolg aufführen, wie »Pelléas und Mélisande« 1912 in Amsterdam. Während des Ersten Weltkriegs wurde er zweimal vorübergehend zum Militärdienst eingezogen und ließ sich 1918 erneut in Wien nieder, wo er den »Verein für musikalische Privataufführungen« gründete, zu dessen Konzerte nur die Mitglieder Zutritt erhielten. Es wurden dabei nicht nur störungslos seine Werke, sondern auch solche anderer Avantgardisten zur Diskussion gestellt. Auf allgemeines Publikum wurde verzichtet. Im Jahr 1925 wurde ihm eine Meisterklasse an der Berliner Akademie der Künste angeboten. Er behielt diese Stellung, bis er 1933 Deutschland verlassen mußte. Er ging zunächst nach Paris, dann in die USA, deren Staatsbürger er wurde; er änderte seinen Namen in Schoenberg, um ihm den deutschen Klang zu nehmen. Bis 1941 war er als Lehrer an der University of

South California tätig und widmete sich darauf einem privaten Schülerkreis und der Komposition. Er starb in Los Angeles am 13.7. 1951 als Begründer und Ausgangspunkt einer Musikepoche, für die die Musikgeschichte ein neues Kapitel beginnen mußte. Es wäre daher überflüssig, seine Schüler aufzuzählen, es gibt nur wenige Komponisten der folgenden Generation, die nicht mehr oder weniger von ihm beeinflußt wurden. Seine Zeitgenossen waren es insoweit, wie sie ihn als Zerstörer der Musik ablehnten oder sich mit fanatischer Gefolgschaftstreue um ihn scharten. Zu seinem Verdruß wurde er mit wenigen Ausnahmen von keiner Seite verstanden. »Das Verständnis für meine Musik leidet noch immer darunter, daß mich die Musiker nicht als einen normalen, urgewöhnlichen Komponisten ansehen, der seine mehr oder weniger guten Themen und Melodien in einer nicht allzu unzureichenden musikalischen Sprache darstellt..., sondern als einen modernen Zwölftonexperimentierer.« Er wehrte sich stets dagegen, als »Revolutionär« zu gelten (...»denn ich bin keiner«), es kränkte ihn, daß seine Anhänger sich bemühten, sein System zu durchdringen, statt seine Musik wie Musik zu hören, und ihn als unromantischen Intellektuellen bezeichneten, dessen Werk höchstens intellektuell begriffen werden kann, weil er nach seinen eigenen Worten immer schrieb, was er in seinem Herzen fühlte. Er sah auch mit Sorge, daß seine Jünger und Nachfolger in den Fehler eines Dogmatismus verfielen und die Vorwürfe zum Teil verdienten, die ihm selbst gemacht wurden, daß sie das Beherrschen der Zwölftontechnik als Ersatz für den fehlenden kompositorischen Einfall hielten. Anläßlich einer Geburtstagsgratulation in seinen letzten Lebensjahren wollte man ihm mit der Mitteilung eine Freude machen, daß sich bereits eine hohe Anzahl Komponisten der Dodekaphonik verschrieben hätten. Er erwiderte mit der Frage: »Und machen die Herren auch Musik?«

WERKE

Anton Bruckner und Johannes Brahms waren tot, die Partisanen der beiden ohne ihren Willen in Gegensatz geratenen Meister knurrten einander immer noch an, aber es wirkte schon weniger überzeugend, denn die Epigonen holten sich von beiden Seiten ihre Muster. In Deutschland hätte es Max Reger gegeben, in Frankreich Claude Debussy und Maurice Ravel, aber Wien hielt wenig von Importen, es fand die Musik von Pjotr Tschaikowski »stinkend«; man freundete sich höchstens zögernd mit Richard Strauss an; man verstand auch seine sinfonischen Gedichte, die literarischen Erklärungen konnten den Programmheften entnommen werden. Gustav Mahler blieb unverstanden, denn er erfüllte die Aufgabe, die der Musik von der Gesellschaft gestellt wurde, nicht, obwohl man diese Zweckbestimmung für legitim ansah. Dereinst diente die Musik sakralen Vorgängen, dann wurde sie zum Schmuck der Paläste; die Musiker steckten lange im Dienerlivree, sie hatten Genuß für die Ohren zu liefern wie die Köche für den Gaumen. Wie es Gourmets gab, fanden sich auch immer Kenner und Förderer der Musik. Nachdem der Adel seine elitäre Stellung eingebüßt hatte, wurden Konzertsäle und Opernhäuser für den Bürger gebaut, der dafür bezahlte, daß er gerührt, erbaut, jedenfalls unterhalten wurde. Die Musik entstand für das zahlende Publikum und mußte dem Geschmack des Publikums entsprechen. Wenn die Wechselbeziehung zwischen Musik und Publikum auch im Einzelfall weit komplizierter, vielschichtiger und vielgestaltiger war, so darf sie, im großen gesehen, auf diese einfache Formel reduziert werden. Das zeigte sich jedesmal, wenn ein Künstler mit seinem Werk vor das Publikum trat, mit dem er dessen Durchschnittsgeschmack nicht traf. Als Arnold Schönberg das Dur-Moll-System verließ, weil er in der Tristan-Chromatik und im Impressionismus nicht mehr die Ausdrucksform seiner Ideen fand und eine neue Technik für Melodik und Harmonie anwendete, wurde er vom Publikum verlacht und angefeindet. Skandale gab es bereits, als er nur atonale und polytonale Musik schrieb, mit der Pentatonik jedoch verscherzte er sich jede Gunst der Konzertbesucher, aber nun war er es, der sich abwandte. Er hatte die Musik zur unabhängigen Kunst gewandelt, die lebt und sich weiterentwickelt, unabhängig davon, ob sie ein

Publikum findet oder nicht. Das Publikum darf sich diese Musik anhören, aber von seiner Zustimmung wird ihre Gestaltung nicht mehr abhängig gemacht. Diese Wandlung, diese Befreiung von Zeit und Umwelt, ist das Neue in der von Arnold Schönberg geschaffenen Musik; sie führte auch einen bleibenden Zustand herbei, der sich bis heute erhalten hat. Das Musikantentum hatte sein Ende gefunden. Das Verhältnis zwischen Kunst und Publikum ist zur Beziehung zwischen gleichwertigen Größen geworden; das Publikum kann auf die Musik verzichten, aber sie bleibt durch diesen Verzicht unberührt; ob die Musik akzeptiert oder abgelehnt wird, ist für das Kunstwerk unerheblich geworden. Daß dieses Lösen vom Zwang des Publikums der Musikentwicklung förderlich war, ja diese überhaupt noch ermöglichte, zeigt sich bereits heute. Denn wenn sich für neue Techniken, neue Stile anfänglich wenig Interessenten fanden, es wurden zwangsläufig immer mehr, die das neue Kunsterlebnis suchten; so setzte sich die Dodekaphonik doch zögernd durch. Aber Arnold Schönberg hatte mit seiner Voraussage recht: »Die Zeit ist ein großer Eroberer. Sie wird meinen Werken das Verständnis bringen.«

Ungefähr die Hälfte seiner Kompositionen ist nicht dodekaphonisch. Neben 4 Bühnenstücken schrieb er die sinfonische Dichtung »Pelléas und Mélisande«, 2 Kammersinfonien, »Fünf Orchesterstücke«, das Zwölftonwerk »Variationen für großes Orchester«, »Drei Orchesterstücke«, eine Suite für Streichorchester, »Variationen für Blasorchester oder großes Orchester«, ein Violinkonzert, ein Klavierkonzert, ein Streichsextett »Verklärte Nacht« – auch für Streichorchester gefaßt –, 4 Streichquartette, ein Streichtrio, eine Fantasie für Violine und Klavier, ein Bläserquintett, eine Serenade für Klarinette, Baßklarinette, Mandoline, Gitarre, Streichtrio und Bariton, eine Violinfantasie. An Vokalwerken liegen vor: »Pierrot lunaire«, »Gurrelieder«, das unvollendete Oratorium »Die Jakobsleiter«, »Ode an Napoleon«, die Kantate »Ein Überlebender aus Warschau« und 3 religiöse Chöre. Die Klaviermusik ist mit »Drei Klavierstücke«, »Sechs kleine Klavierstücke«, »Fünf Klavierstücke« und einer Suite mit altklassischen Sätzen vertreten. Seine zahlreichen Lieder umfassen alle seine Stilperioden. Er verfaßte eine Reihe theoretischer Werke, die für Technik und Stil der Musik des 20. Jahrhunderts grundlegend sind.

»Pierrot lunaire«, Melodram für Sprechstimme, Klavier, Flöte, Klarinette, Baßklarinette, Violine, Bratsche, Cello, Opus 21, 3 Teile mit je 7 Gedichten, entstanden 1912

Der Text stammt vom belgischen Dichter Albert Giraud (1860–1929) und besteht aus 21 lyrischen Gedichten visionären Inhalts. Die Sprechstimme ist an gewisse Tonhöhen und Rhythmen gebunden.

»Gurrelieder«, Kantate für Soli, Chor und Orchester, 3 Teile, 19 Lieder, vollendet 1911

Diese Liedfolge nach der Dichtung von Jens Peter Jacobsen (1847–85) bedient sich einer sehr reichen Besetzung; ein Sprecher, 5 Solisten, 3 vierstimmige Männerchöre, ein sechsstimmiger gemischter Chor, ein großes Orchester mit zehn Hörnern, sieben Trompeten, sieben Posaunen, einer Kontrabaßtuba, zehnfach geteilten Violinen, achtfach geteilten Bratschen und Celli, und bewegt sich im Stilbereich des romantischen Oratorium; von späteren Fakturen des Komponisten – Dodekaphonik, Atonalität – ist darin nichts zu bemerken. Sie behandelt die Liebe des Dänenkönigs Waldemar (14. Jahrhundert) zur schönen Tove, die im Auftrag der Königin Helvig ermordet wird. Waldemar hadert mit Gott, weil er dies zuließ, und verliert die ewige Ruhe. Er und seine Mannen jagen als wildes Geisterheer um die inzwischen verfallene Burg Gurre. Erst die Morgensonne des Frühlings vertreibt den Spuk.

»Die Jakobsleiter«, Oratorium für 8 Solisten, fünffach geteilten gemischten Chor und Orchester, als Fragment entstanden 1918, von Winfrid Zillig 1955 vollendet

In diesem Werk ist das alttestamentarische Traumsymbol der Stufenreihe menschlicher Entwicklungszustände dargestellt; ein Berufener, ein Aufrührerischer, ein Ringender, ein Auserwählter und ein Mönch legen vor dem Engel Gabriel, dem Richter, Rechenschaft ab. Ein Sterbender naht und muß in das Dunkel der Erde zurückkehren. Die Musik ist atonal, große Abschnitte des Chorsatzes und der Solopassagen sind in festgelegtem Rhythmus und notierter Tonhöhe zu sprechen. Der Schlußteil ist ekstatisch, vier in der Höhe und in der Ferne postierte Sänger- und Instrumentengruppen treten zum übrigen Klangkörper.

»Ein Überlebender aus Warschau«, Orchesterstück mit Sprecher und Männerchor, Opus 46, ein Satz, entstanden 1947

In diesem Melodram erinnert sich der Sprecher, wie er, bewußtlos geschlagen und als Toter beiseitegeschafft, aus seiner Ohnmacht erwachte und Ohrenzeuge einer Szene im Getto von Warschau war, in der Leidensgenossen zum Abtransport in die Gaskammer abgezählt wurden und die Opfer vor ihrem grauenvollen Tod das altjüdische Glaubensbekenntnis »Schma Yisroel« anstimmten. Mit einem grellen Trompetensignal beginnt die Szene, ein übermäßiger Dreiklang symbolisiert das Grauen, und kleine Sekunden drücken die Seufzer aus. Farbige konstrastreiche Harmonien und hektische Rhythmen begleiten den gesprochenen Text.

Kammersinfonie Nr. 1, Opus 9, 4 Teile, entstanden 1906

Dieses Werk weicht mit der zwischen Scherzo und langsamem Satz eingeschobenen großen Durchführung und dem fehlenden neuen thematischen Material im Finale von der üblichen Sinfonieform ab. Das Finale ist eine Art Reprise der früheren Themen in anderer Reihenfolge. Man könnte daher die Sinfonie als ersten Sinfoniesatz auffassen, weil seine 4 Teile ohne Zäsur ineinander übergehen. Das Werk ist tonal, seine Dissonanzen werden aufgelöst, stehen jedoch an entscheidenden Stellen und gewinnen dadurch architektonische Funktion. Die Musik ist jedenfalls wenig eingängig und schwierig; mehrmals werden zwei verschiedene melodische Gedanken gleichzeitig entwickelt. Sie muß strukturell verstanden werden und eröffnet sich sodann in ihrer ganzen Tiefe und Schönheit.

Kammersinfonie Nr. 2, Opus 38, 3 Sätze, entstanden 1939

Zwei Drittel des Werks wurden bereits 1906 verfaßt, es ist daher tonal. Es handelt sich zum Großteil um ein Zwillingswerk zur Kammersinfonie Nr. 1. Interessant ist der 2. Satz, der sich auf zwei Zeitebenen bewegt. Der 3. Satz ist ein Epilog, der resignierend ausklingt.

»Fünf Orchesterstücke«, Opus 16, entstanden 1909

Es handelt sich um 5 kurze Stücke ohne zyklischen Zusammenhang; sie sind nicht symphonisch und weisen weder Struktur noch Aufbau auf, sondern bringen nur einen ununterbrochenen Wechsel von Farben, Rhythmen und Stimmungen. »Man könnte hier vielleicht von einer Prosa der Musik reden« (Anton Webern). Das 1. Stück, »Vorgefühle«, ist atonal, völlig unsymmetrisch und reprisenlos, dissonant mit wilden Ostinati ausgestattet und soll »Vorgefühle der Angst und der Katastrophe« ausdrücken. Das 2., »Vergangenes«, ist formal traditionell und in Liedform gehalten. Stück 3, »Farben«, bringt einen unverwechselbaren, merkwürdig schillernd klingenden Akkord, der in gleichen Zeitabständen immer wieder erscheint, aber zugleich zwischen zwei verschiedenen Klangspektren wechselt. »Durch diesen sich durch das ganze Stück hinziehenden Farbenwechsel des Akkords entsteht ein eigentümlich schimmernder Klang, vergleichbar mit dem immer wechselnden Farbeneindruck einer mäßig bewegten Seeoberfläche« (Anton Webern). Das 4. Stück, »Peripetie«, läßt die im 1. Stück vorausgeahnte Katastrophe ausbrechen. Stück 5, »Das obligate Rezitativ«, besteht aus einem schmerzlichen, völlig deformierten Walzer.

Variationen für Orchester, Opus 31, 12 Abschnitte, entstanden 1928

Dieses Werk ist rein dodekaphonisch. Das Thema wird im 2. Abschnitt nach der Introduktion von den Celli vorgetragen, sodann neunmal trotz der extremen Ausdrucksform streng nach klassischen Begriffen variiert. Raffinierte Klangfarben werden durch unübliche Instrumente wie Mandoline, Tamburin und Flexaton gewonnen. In der ersten Variation spielen Holzbläser und Kontrabässe einzelne Bestandteile des Themas, in der zweiten gibt es einen Kanon der Oboe und Solovioline, in der dritten sind zwei Hörner und dann drei Posaunen führend, in der vierten erklingt vor einem Hintergrund aus Harfe, Celesta und Mandoline ein Walzer, die fünfte ist rasch bewegt, die sechste nur sparsam kammermusikalisch besetzt, die siebente zerlegt das Thema in einzelne Punkte, die achte und neunte spalten das Thema auf und verteilen es auf verschiedene Kanonstimmen. Das Finale besteht aus mehreren Unterabschnitten und bezieht sich auf verschiedene Themen der Variationen, bringt aber auch Neubildungen und schließlich als Apotheose das B-A-C-H-Motiv als Huldigung für den Meister Johann Sebastian.

Violinkonzert, Opus 36, 3 Sätze, entstanden 1936

Der Virtuose Sascha Heifetz (geboren 2.2.1901, Vilnius) bezeichnete das Werk als »unspielbar«. (Dazu Schönberg: »Ich freue mich, ein weiteres unspielbares Werk ins Repertoire gebracht zu haben. Ich will, daß dieses Konzert schwierig ist und der kleine Finger länger wird. Ich kann warten ...«.) Der Themenreichtum macht es auch für das Publikum schwierig, doch seine kühne Tonsprache ist faszinierend und überbietet alles, was bislang für Violine komponiert worden ist. Der 1. Satz bringt die Töne der Zwölftonreihe in einem ernst klingenden Stufengang auf Solovioline, Bratschen und Celli verteilt. Auf der großen

Septime beginnt der 2. Satz, der dreiteilige Liedform aufweist. Das Finale ist ein Marschrondo.

Klavierkonzert, Opus 42, 4 Sätze, entstanden 1942
Die 4 Sätze sind pausenlos miteinander verbunden. Das Stück ist dodekaphonisch mit tonalen »Freiheiten«. Der 1. Satz bringt ein vom Solisten vorgetragenes langes Thema, das sich im Verlauf des gesamten Konzerts entfaltet. Der 2. Satz ist ein Scherzo mit Haupt- und Seitenthema, Trio und Themenwiederholungen. Im 3. Satz erklingt ein Orchesteradagio mit einem Largo des Klaviers als Seitenthema. Im Rondofinale werden alle Themen der vorangehenden Sätze wiederholt; eine rasche Stretta schließt das durch und durch fröhliche Werk ab.

»Pelléas und Mélisande«, Sinfonische Dichtung, Opus 5, 4 Sätze, entstanden 1903
Hier bewegte sich der Komponist noch innerhalb der Tristan-Chromatik; »wagnerisch« ist auch die Verwendung von Leitmotiven. Der 1. Satz hat Sonatenform und schildert, wie Golo Mélisande im Wald vorfindet, sie in das väterliche Schloß bringt und heiratet. Mélisande lernt dort den jüngeren Bruder ihres Mannes Pelléas kennen. Der 2. Satz ist ein dreiteiliges Scherzo. Pelléas, Golo und Mélisande treffen einander am Springbrunnen, beim Schloßturm und in den unterirdischen Gewölben. Im 3. Satz kommt es zur Abschieds- und Liebesszene zwischen Pelléas und Mélisande. Golo erschlägt den Bruder. Der 4. Satz berichtet mit aller Ausdruckskraft den Tod der Frau.

Arnold Schönberg, »Verklärte Nacht«, Autograph 1899

»Verklärte Nacht« für Streichorchester (ursprünglich 1899 für Sextett komponiert), Opus 4, 2 Teile, entstanden 1917, revidiert 1943

Diese einzigartige Tondichtung für Kammermusik folgt dem gleichnamigen Gedicht des Lyrikers Richard Dehmel, das die leidenschaftliche Selbstanklage der Frau bringt: »Ich trag ein Kind, und nit von Dir, ich gehe in Sünde neben Dir«, und die tröstliche Antwort des Mannes: »Das Kind, das Du empfangen hast, sei Deiner Seele keine Last.« Ein ungeheuer dicht verwobener Streicherklang macht die Poesie des Themas nicht schildernd, sondern nur einfühlend deutlich. Das Werk ist ein Hymnus auf eine alles verklärende Liebe, die ihre Umwelt verzaubert und vergeistigt: »Zwei Menschen gehn durch hohe, helle Nacht.«

Streichquartett Nr. 1 in d-Moll, Opus 7, 4 Sätze, entstanden 1905

Dieses Werk ist noch tonal konzipiert, die einzelnen Sätze sind zu einem einheitlichen Stück zusammengefaßt. Der 1. Satz hat freie Sonatenform mit allen Erfordernissen, aber ohne Reprise. Das folgende Scherzo weist ein eigenes Thema auf. Der 3. Satz ist ein episodisches Adagio, dem als Finale ein Rondo folgt; in seiner Coda erscheint der Kopfsatz neuerlich.

Streichquartett Nr. 2 in fis-Moll, Opus 10, 4 Sätze, entstanden 1908

Es liegt kein eigentliches Streichquartett vor, denn im 3. und 4. Satz trägt ein Sopran die Gedichte »Litanei« und »Entrückung« von Stefan George (1868–1933) vor. Die Tonalität des Stücks ist gelockert. Der 1. Satz ist noch traditionell. Er klingt lyrisch und elegisch wie ein wehmütiger Abschied des Meisters von der Klangwelt der Romantik. Der 2. Satz – ein bizarres Scherzo – erinnert rhythmisch und harmonisch an Claude Debussy, den Impressionisten. Der zweite Teil des Satzes zitiert voll Bitterkeit und Sarkasmus das Wiener banale Trinklied: »O du lieber Augustin«. Die folgenden Sätze sind Lieder, die müde Ratlosigkeit und Hoffnungslosigkeit verdeutlichen.

Streichquartett Nr. 3, Opus 30, 4 Sätze, entstanden 1927

Bei diesem Werk sind die Grundsätze der Dodekaphonik sehr frei angewendet, das »Wiederholungsverbot« (Es soll kein Ton wiederholt werden, ehe alle Töne der Reihe gekommen sind) ist aufgehoben, die Mittelstimmen sind zwanglos behandelt. Das Quartett ist gedanklich und klanglich sehr kompliziert und nicht leicht faßlich.

Streichquartett Nr. 4, Opus 37, 4 Sätze, entstanden 1936

Die Struktur dieses Werks deckt sich nahezu mit der des Quartetts Nr. 3. Nach dem Allegro molto folgt als 2. Satz ein Menuett, dem sich ein mächtiges Largo anschließt. Der 4. Satz ist technisch sehr streng aufgebaut. Für beide Quartette gilt aber das Wort des Komponisten: »Ich kann nicht oft genug davor warnen, diese Analysen zu überschätzen, da sie ja doch nur zu dem führen, was ich immer bekämpft habe: zur Erkenntnis, wie es ›gemacht‹ ist; während ich immer erkennen geholfen habe: was es ›ist‹. Meine Werke sind Zwölfton-Kompositionen, nicht Zwölfton-Kompositionen.«

LITERATUR

H. H. Stuckenschmidt, Arnold Schönberg, Zürich 1957.

Gustav Holst (1874–1934)

LEBEN

Gustav Theodore Holst wurde am 21.9.1874 in Cheltenham geboren. Nach häuslichem Unterricht in Klavier- und Orgelspiel studierte er am Royal College of Music in London bei Charles Stanford und William Smith Rockstro (5.1.1823, North Cheam, Surrey, bis 2.7.1895,

Gustav Holst

London) Komposition und Theorie. Bis 1903 war er als Orchesterposaunist tätig, sodann als Musiklehrer an verschiedenen Instituten und schließlich von 1919 bis 1923 als Kompositionslehrer am Royal College of Music in London und als Musikdirektor der Universität in Reading. Er starb am 25.5.1934 in London.

WERKE

Die Kompositionen von Gustav Holst standen unter dem Einfluß der jungen Franzosen und von Igor Strawinsky, weisen aber eine deutliche Eigenart auf. Von der Romantik war er bereits weit entfernt. Er schrieb 6 Opern und 2 Chorballette, ferner für Orchester »A Somerset Rhapsody«, »St. Paul's Suite«, »Japanese Suite«, »Die Planeten«, eine »Fugal Ouverture«, eine »Brook Green Suite« und ein »Fugal Concerto« für Flöte, Oboe und Streicher, ein Konzert für zwei Violinen und Orchester, einen »Lyric Movement« für Bratsche und kleines Orchester, weiters an Chorwerken: »King Estmere«, »Chorhymnen aus der Rig Veda«, eine »Chorsinfonie«, eine »Jesus-Hymne« für zwei gemischte Chöre und einen Frauenchor, »Hekubas Klage«, »Hymne an Dionysos«, einen »Trauergesang für zwei Veteranen«, 3 Festchöre, eine »Chorfantasie« und mehrere weitere Chöre. Seine Kammermusik ist mit einem Quintett für Klavier und Bläser, einem Bläserquintett, einem Terzett für Flöte, Oboe und Bratsche, die Klaviermusik mit einer Toccata, einer Nokturne und weiteren Stücken vertreten.

Chorsinfonie für Solosopran, Chor und Orchester, Opus 41, 4 Teile, entstanden 1925

Der Text des Werks besteht aus vom Komponisten zusammengestellten Dichtungen von John Keats (1795–1821). Der 1. Teil beginnt nach einer Anrufung des Gottes Pan mit einer melancholischen Klage des Soprans, die von einem Bacchanal abgelöst wird. Der Taumel steigert sich bis zu einem wilden Aufschrei. Dann setzt der 2. Teil »Ode an eine griechische Urne« ein. Die Musik drückt die Ruhe und Ereignislosigkeit der »nicht durchlebten« Jahrhunderte aus, seit die Gestalten auf der Urne am Leben teilgenommen hatten, das für sie still steht wie ein frosterstarrter Wald. Fröhlichkeit und das Lied eines Narren füllen den 3. Teil aus. Ein unbegleitetes Preislied auf den Geist der Poesie leitet das Finale ein. Der Chor rühmt dankbar die großen Dichter der Welt und setzt mit einer Hymne auf Apollo fort. Das Werk schließt mit einem Gesang zu Ehren aller Seelen im Himmel, die »als ehemals Erdgeborene zu den Sterblichen sprechen«, ab.

Die Planeten, Suite für Orchester und Frauenchor, Opus 32, 7 Teile, entstanden 1916

Der Reihe nach werden »Mars, der Bringer des Krieges«, »Venus, die Bringerin des Friedens«, »Merkur, der geflügelte Bote«, »Jupiter, der Bringer des Frohsinns«, »Saturn, der Bringer der Alten Zeit«, »Uranus, der Zauberer« und »Neptun, der Mystiker« mit plastischer Ausdruckskraft bildhaft dargestellt.

LITERATUR

I. Holst, The Music of Gustav Holst, London 1951.

Charles Ives (1874–1954)

LEBEN

Charles Edward Ives wurde am 20.10.1874 in Danbury, Conn., geboren und erhielt früh Klavier- und Orgelunterricht, so daß er bereits mit 14 Jahren eine Organistenstelle betreuen konnte. Von 1894 bis 1898 studierte er an der Yale University bei Horatio Parker, Harry Rowe Shelley (geboren 2.6.1858, New Haven, Conn.) und bei Dudley Buck (10.3.1839, Hartford, Conn., bis 6.10.1909, Orange, N.J.) Komposition und Orgelspiel. Er wurde Versicherungskaufmann und widmete seine Freizeit der Musik. Da er finanziell völlig unabhängig war, kümmerte er sich nicht darum, seine Kompositionen aufzuführen, so daß er auch für die USA lang ein Unbekannter blieb. Um das Jahr 1921 stellte er wegen Krankheit seine kompositorische Tätigkeit ein, arbeitete aber ab 1927 an der von Henry Dixon Cowell gegründeten New Music Society mit. Nachdem er sich 1930 auch von seinen Geschäften zurückgezogen hatte, starb er am 19.5.1954 in New York; er hatte, solange er selbst komponierte, mit dem zeitgenössischen Musikgeschehen nie viel Kontakt gehalten. Dennoch hat er »Anspruch darauf, als Amerikas bedeutendster Komponist zu gelten, nicht bloß wegen der Originalität und Vitalität seiner

Charles Ives

Musik, sondern weil er auf dem Gebiet der Musik die wertvollsten Züge des Amerikanismus repräsentiert« (Křenek).

WERKE

Von den 5 Sinfonien von Charles Ives muß die 5. als Suite bezeichnet werden, weil die einzelnen Sätze volle Selbständigkeit haben und auch einzeln gespielt werden. Die 6. – Univers Symphony – blieb Fragment. Er schrieb außerdem 2 Orchestral Sets, »Ragtime Pieces«, mehrere Ouvertüren und einzelne Stücke für Streichorchester, außerdem zahlreiche Stücke für Kammerorchester, zum Teil mit Singstimme, ein Klavierquintett, 2 Streichquartette, ein Klaviertrio, ein Trio für Violine, Klarinette und Klavier, ein Set für Streichquartett, 4 Violinsonaten, 3 Klaviersonaten, Vierteltonmusik für Violine und für Klavier, viele Klavier- und Orgelstücke und nahezu 200 Lieder und Chöre.

Arnold Schönberg hat als erster erkannt, daß Kunst auf Beifall verzichten kann und auch muß. Daher gründete er den Verein für Privataufführungen, zu denen außer den Mitgliedern niemand Zutritt erhielt. Er hat als erster eingesehen, daß sich Kunst erst dann frei entfalten kann, sobald sie sich dem Diktat des Publikums entzieht. Für ihn war dieser Schritt schwierig, weil die materielle Grundlage hiezu nicht leicht beschaffbar war. Charles Ives hatte es leichter. Er war finanziell unabhängig und konnte auf Zustimmung und Beifall verzichten. Schönberg stellte ihn vor: »Es lebt ein großer Mann in diesem Land – ein Komponist. Er hat das Problem gelöst, wie man sein Selbst erhalten und dennoch wirken kann. Mißachtung begegnet er mit Verachtung. Er ist nicht gezwungen, Lob oder Tadel hinzunehmen. Sein Name ist Charles Ives.«

Sinfonie Nr. 1 in d-Moll, 4 Sätze, entstanden 1897, Erstaufführung 1965

Mit einem einfachen Thema überträgt der Komponist im 1. Satz die Naturverbundenheit Antonín Dvořáks auf die Landschaft Neuenglands, aber in den hymnischen Passagen zeigt er bereits seine Eigenart. Das Satzende bringt Erinnerungen an Johannes Brahms. Im 2. Satz erklingt ein amerikanisches Thema im Englischhorn, ähnlich der Sinfonie »Aus der Neuen Welt« von Dvořák. Das Scherzo ist polyrhytmisch; das Finale setzt kraftvoll ein und bringt einen Sonatensatz mit äußerst komplizierter Harmonik.

Sinfonie Nr. 2, 5 Sätze, entstanden 1901, Erstaufführung 1951

Auch dieses Werk ist zum Teil der europäischen Sinfonik verpflichtet. Anklänge an die Fünfte von Ludwig van Beethoven und an Dvořáks Schaffen mischen sich mit amerikanischen Zitaten. Es beginnt mit einem Kirchenlied, dann reiht sich in allen Sätzen entlang ein musikalisches Bild Amerikas, in dem die Erinnerung an die Alte Welt nicht fehlen darf.

Sinfonie Nr. 3 »The Camp Meeting« (Das Lagertreffen), 3 Sätze, entstanden 1904, Erstaufführung 1947

Dieses Werk stellt eine Reminiszenz an die Organistentätigkeit des Komponisten dar. Der 1. und der letzte Satz waren ursprünglich für Soloorgel geschrieben und wurden erst später orchestriert. Die Sätze tragen die Titel: »Versammlung alter Leute« – »Kindertag« – »Kommunion«. Dem entsprechend sind die Ecksätze Serien von Kirchenmusik – Hymnen, Anthems –, die von sieben Bläsern, Glocken und Streichern vorgetragen werden; nur der Mittelsatz ist lebhafter.

Sinfonie Nr. 4 für Chor und großes Orchester, 4 Sätze, entstanden 1916, Erstaufführung 1965

Der 1. Satz dieses größten und bedeutendsten Werks des Komponisten ist für Kammerorchester geschrieben. Es verwendet außer einer Flöte und einer Posaune keine Bläser und neben Pauken, Großer Trommel und Zimbal nur Celesta, Klavier, Streicher und den Chor. Der große 2. Satz erfordert neben normaler Bläserbesetzung drei Trompeten, zwei Kornetts, vier Posaunen, Tuba, Celesta, Streicher, acht Schlagwerker, ein Soloklavier und ein vierhändig gespieltes Orchesterklavier. Der 3. Satz schreibt neben den Streichern eine Orgel vor, außerdem nur eine Flöte, eine Klarinette, Horn und Pauken. Am stärksten besetzt ist der 4. Satz mit zusätzlich drei Klavieren, vier Hörnern, sechs Trompeten, drei Posaunen, Tuba, Celesta und zwei unabhängig voneinander spielenden Schlagzeuggruppen. Die Wiedergabe ist nur mit einem Hilfsdirigenten möglich, weil einzelne Instrumentengrupen völlig getrennt voneinander mit verschiedenen Rhythmen spielen.

Holydays Symphony (Festtagssinfonie), 4 Teile, entstanden 1913, Erstaufführung 1953

Der 1. Teil, entstanden 1909, trägt den Titel »Washington's Birthday« (Washingtons Geburtstag) und bringt eine Montage verschiedener aufeinander gebauter Melodien und Harmonien, die kaleidoskopartig Szenen des Volksfests gleichzeitig darstellen. »Decoration Day« (Heldengedenktag) lautet die Überschrift des 2. Teils. An einem Frühlingsmorgen marschieren zwei Musikbands auf, die zugleich zwei verschiedene Märsche zur Parade spielen. Die Feier endet mit einem Gottesdienst, in dem gedämpfte Trommeln und ein Trauergesang der toten Vaterlandsverteidiger gedenkt. Dem »Vierten Juli« ist der 3. Teil gewidmet, der als Kinderfest dargestellt wird und mit einem grandiosen Feuerwerk abschließt; jede dabei übliche patriotische Feierlichkeit ist unterdrückt. Im 4. Teil »Thanksgiving Day« (Dankgebetstag) steht die religiöse Feier im Vordergrund. Die Kontrapunktik des Chorsatzes ist so polytonal, daß man mehrere Chöre zugleich zu hören glaubt.

Orchestral Set Nr. 1 »Three Places in New England« (Drei Orte in Neuengland), 3 Teile, entstanden 1914, Erstaufführung 1930

Das »St.-Gaudens-Reiterstandbild in Boston Common (Oberst Shaw und sein farbiges Regiment) ist Thema des 1. Teils. Über einem langsam pulsierenden Baß hält eine lange Streichermelodie, die die Weite Amerikas symbolisiert, einen marschähnlichen Nachruf für den Oberst und seine Männer. Im 2. Teil »Putnams Lager in Redding, Connecticut« spielen Blaskapellen verschiedene Märsche. Ein Junge entfernt sich in den Wald und hofft, einigen Soldaten General Putnams zu begegnen. Er schläft ein und träumt von der Freiheitsgöttin, die die Soldaten auffordert, für die gerechte Sache zu kämpfen. Alte Märsche erklingen und mischen sich mit den zum Picknick auf dem Lager spielenden Kapellen. Der 3. Teil bringt ein Tongemälde des Flusses »Housatonic bei Stockbridge«. Ein stetiges Durcheinanderwogen der Stimmen schildert den Verlauf des Gewässers »über Wasserfälle und durch Sandbänke bis zum abenteuerlichen Meer«.

Orchestral Set Nr. 2, 4 Teile, entstanden 1915, Erstaufführung 1951

In diesem Werk kommt eine völlige Freiheit im Rhythmus und in der Phrasierung zur Geltung, so daß auch verschiedene Tempi gleichzeitig zu hören sind, desgleichen verschiedene melodische und tonartliche Partien, die übereinandergeschichtet werden. Volkslieder und Kirchenmelodien sind ständig eingeschmolzen. Im 3. Teil wird durch ein Fernorchester die Musik zum räumlichen Erlebnis.

Central Park in the Dark (Central Park im Dunkeln), ein Satz, entstanden 1906, Erstaufführung 1954

Einer kontinuierlichen Klangfläche werfen solistische Bläser Melodien ein. Das Erste Klavier stimmt einen Ragtime an, der von Bläsern, Schlagzeug mit dem Klavier fortgesetzt und auf mehrgleisige Linien zu einem Höhepunkt geführt wird.

The Unanswered Question (Die unbeantwortete Frage), ein Satz, entstanden 1906, Erstaufführung 1941

Die Methode des Komponisten, mehrere selbständige musikalische Schichten übereinanderzulagern, ist hier durch das gesamte Werk durchgeführt. Gedämpfte Streicher spielen hinter dem Podium ein Klangband reiner Dreiklänge. Die gestopfte Solotrompete intoniert sechsmal die »ewige Seinsphrase«, die Holzbläser geben dissonant eine geschwätzige Antwort. Dann wird die Frage zum siebten Male gestellt, aber die Antwort bleibt aus, während die Streicher noch eine Weile nachklingen.

Streichquartett Nr. 1, 4 Sätze, entstanden 1896, Erstaufführung 1961

Der 1. Satz ist eine Fuge in C-Dur und bearbeitet dissonanzenreich zwei Hymnen. Im 2. Satz – in der gleichen Tonart – erklingt ein Tanzthema ländlichen Charakters; er endet lustig mit einer Pizzicatopassage der Bratsche. Der 3. Satz wechselt zu D-Dur und bringt ein expressives Thema. Dann verschiebt sich die Tonart zu Gis-Dur und landet bald wieder bei der ursprünglichen; auch die Rhythmik unterliegt mehreren sehr abrupten Änderungen, so daß ein für die Entstehungszeit des Werks sehr »modernes« Klangbild entsteht. Der Hymnus des 4. Satzes, der bei G-Dur bleibt, wird im Marschtempo nahezu militant vorgetragen. Gegen das Ende kommt es zu einer auffälligen Polyrhythmik.

Streichquartett Nr. 2, 3 Sätze, entstanden 1913, Erstaufführung nach 1960

In diesem Werk treten alle vier Instrumente selbständig auf, es ist daher polytonal und teilweise auch polyrhythmisch. Der 1. Satz »Diskussion« stellt die Zweite Violine traditionelle Melodien den »fortschrittlichen« Partnern gegenüber, setzt sich aber nicht durch. Die Auseinandersetzung wird im 2. Satz »Argumente« heftig fortgesetzt; Volksmusik erhält ihr Recht. Schließlich beschließen die Partner im 3. Satz »Der Ruf der Berge« einen gemeinsamen Aufstieg auf die Berge, um das weite Land gemeinsam zu überblicken; Hymnen begleiten sie.

LITERATUR

H. und S. Cowell, Charles Ives, New York 1955.

Elmérico Fracassi (1874–1930)

LEBEN

Elmérico Fracassi wurde am 19. 12. 1874 in Lucito, Campobasso, geboren. Er kam als Kind nach Argentinien, wurde aber am Konservatorium in Neapel bei Nicola d'Arienzo (23. 12. 1842, Neapel, bis 25. 4. 1915, Neapel) ausgebildet. Nach Konzertreisen als Pianist in Italien und Argentinien wurde er 1904 Leiter des Konservatoriums von Almagro Buenos Aires. Im Jahr 1922 gründete er ein eigenes Konservatorium in Buenos Aires, wo er am 12. 10. 1930 starb.

WERKE

Neben 4 Opern schrieb Elmérico Fracassi ein Klavierkonzert, eine Suite für Klavier und Orchester, eine Violinsonate und Etüden für Chöre. Sein Stil war spätromantisch.

Franz Schmidt (1874–1939)

LEBEN

Franz Schmidt wurde am 22. 12. 1874 in Preßburg geboren. Er studierte von 1890 bis 1896 in Wien bei Ferdinand Hellmesberger (24. 1. 1863, Wien, bis 15. 3. 1940, Wien), Robert Fuchs und Anton Bruckner. Anschließend wirkte er bis 1911 als Cellist im Hofopernorchester. Ab 1901 war er Cellolehrer am Konservatorium, ab 1914 Professor für Klavierspiel an der Akademie für Musik und ab 1922 für Kontrapunktik und Komposition. Er starb am 11. 2. 1939 in Perchtoldsdorf, Niederösterreich, als einer der großen österreichischen Meister des 20. Jahrhunderts.

WERKE

Johannes Brahms hat seine 5. Sinfonie nicht mehr geschrieben, die 9. Sinfonie von Anton Bruckner blieb unvollendet. Die Tradition der klassisch-romantischen Sinfonie schien brüsk unterbrochen zu sein, die Anhänger dieses gewohnten Stils fühlten sich verwaist. Es vergingen jedoch nur wenige Jahre, bis ein Mann aus Preßburg die Tradition weiterführte, indem er sich in die Reihe der großen Sinfoniker stellte, so daß sie erst mit ihm abschloß. Trotzdem bedeutete seine Musik einen großen Schritt nach vorne, wie die der Avantgarde neben ihm. Er blieb zwar im Rahmen der Tonalität, ging aber bis hart an ihre Grenzen und wirkt

Franz Schmidt

für uns und vielleicht noch mehr für die, die nach uns kommen, moderner und fortschrittlicher als viele seiner Zeitgenossen, die mühsam und verschämt zur Tonalität zurückzukommen versuchten, weil sie erkannten, daß ihre Möglichkeiten noch lange nicht ausgeschöpft waren. Franz Schmidt war vor allem Sinfoniker und für Österreich und die gesamte Musikentwicklung ebenso wichtig wie Max Reger in Deutschland. Er teilte mit dem deutschen Meister das nur mäßige Interesse der näheren Umwelt und das völlige Desinteresse des Auslands. Er ähnelt ihm auch darin, daß er wie Max Reger noch heute zu wenig ausgeschöpft und unrichtig eingeordnet wird. Beide sind für uns noch ebenso Zukünftige wie für ihre Zeitgenossen, und man kann nur hoffen, daß auch für sie die Zeit anbrechen wird, in der ihre verinnerlichte Musik endlich volles Verständnis findet.

Er schrieb 2 Opern. Von seinen 4 Sinfonien werden die 3. und die 4. am meisten, aber viel zu selten gespielt, sein Klavierkonzert für die linke Hand allein für den einarmigen Virtuosen Paul Wittgenstein (5.11.1887, Wien, bis 3.3.1961, Manhasset, N. Y.), die »Variationen über ein Thema von Beethoven« für Klavier und Orchester sind nahezu vergessen wie seine Chaconne für Orchester; öfter stehen die »Variationen über ein Husarenlied« auf den Konzertprogrammen. Die Kammermusik ist mit 2 Quintetten für Klarinette, Violine, Bratsche, Cello und Klavier, einem Klavierquintett, 2 Streichquartetten, einer Toccata für Klavier oder Cembalo und 3 kleinen reizenden Fantasiestücken für Violine und Klavier vertreten. Er schrieb eine Reihe vorzüglicher Orgelwerke, die die Orgelliteratur des 20. Jahrhunderts bereichern. Sein Hauptwerk stellt jedoch das Oratorium »Das Buch mit sieben Siegeln« dar, das zu den bedeutendsten Chor-Orchesterwerken unserer Zeit zählt. Seine Kantate »Deutsche Auferstehung« blieb unvollendet.

Das Buch mit sieben Siegeln, Oratorium für 6 Solostimmen, gemischten Chor, Orgel und Orchester, 3 Teile, entstanden 1936

Der Text ist der Offenbarung von Johannes (Apokalypse) entnommen. Johannes tritt wie in den Barockoratorien als Narrator auf; er wird am Beginn des 1. Teils von der »Stimme des Herrn« berufen zu zeigen, »Was nachher geschehen muß«. Er berichtet: »Und ich sah in der rechten Hand des, der auf dem Throne saß, ein Buch, beschrieben inwendig und auswendig und versiegelt mit sieben Siegeln.« Das Lamm nimmt das Buch, um es zu öffnen. Ein großes Zwischenspiel der Orgel leitet zum 2. Teil, in dem sechs Siegel geöffnet und alle Schreckensbilder offenbar werden, die dem Ende der Zeiten vorausgehen. Mit ungeheurer Dramatik wird der Weltuntergang dargestellt. Ein Orgelpraeludium geht der Öffnung des siebenten Siegels im Himmel voran. Die höllischen Heerscharen werden von den himmlischen besiegt, die Posaunen des Gerichts ertönen, eine Chorfuge stellt die Schrecken des Jüngsten Tages dar. Nun wird das Buch des Lebens aufgeschlagen, eine neue Menschheit singt ein Alleluja zu einer von Pauken vorgetragenen Baßmelodie. Anstelle einer Amenfuge, die man erwartet, singt der Männerchor eine psalmodierende Danksagung. Mit der Erklärung des Narrators: »Ich bin es, der all dies sah und hörte und der es euch nun offenbart«, schließt das gewaltige, nahezu überdimensionale Werk ab.

Sinfonie Nr. 3 in A-Dur, 4 Sätze, entstanden 1928

Das Werk lehnt sich strukturell an Anton Bruckner und Franz Schubert an, verarbeitet eine Fülle melodischen Materials und überrascht durch kühne, an die Grenzen der Tonalität reichende Modulationen. Der 1. Satz hat Sonatenform, seine

Wolfgang Sawallisch

Durchführung ist sehr ungebunden. Das Adagio des 2. Satzes bringt eine schöne Kantilene und interessante Nebenthemen. Das Scherzo ist voll Munterkeit. Der 4. Satz beginnt langsam, gleichsam um Atem zu holen für den rasanten Ablauf des Finales, in dem Reminiszenzen aller Sätze anklingen.

Sinfonie Nr. 4 in C-Dur, ein Satz, entstanden 1933
Das Werk ist symmetrisch aufgebaut und weist Sonatenform auf, seine Sätze sind zu einem einzigen eng verschmolzen; anstelle eines Finales wird das Eingangsthema wiederholt. Es beginnt mit einem unbegleiteten Trompetensolo und endet in gleicher Art. Nach der Exposition und der Durchführung erklingt ein Trauermarsch, darauf ein kurzes Scherzo mit offenbar erzwungenem Humor. Im Adagio bringt das Solocello eine herrliche Kantilene voll Wehmut. Das Trompetensolo, das diese Sinfonie voll Trauer und Tragik abschließt, klingt wie ein schmerzlicher Abschied von der Musik und vom Leben.

Variationen über ein Husarenlied, entstanden 1931
In diesem allseitig beliebten Stück klingt die ungarische Heimat des Komponisten (Preßburg war bis 1918 ungarisch) mit. Aus einer langen, langsamen Einleitung löst sich das Liedthema, das anfänglich in deutlich voneinander abgegrenzten Abschnitten durchvariiert wird, dann fließen die Variationen immer mehr sinfonisch ineinander, bis das reizende Werk im ungarischen Rhythmus endet.

Quintett für Klarinette, Klavier, Violine, Bratsche und Cello Nr. 1 in B-Dur, 3 Sätze, entstanden 1932
Der 1., langsame Satz hat Sonatenform. Das Cello trägt das Hauptthema vor. Die Motorik des Satzes beginnt erst mit dem Einsatz der Violine. Spannungsreiche Engführungen und eigenartige Harmonik, die ständig zwischen Dur und Moll schwankt, erzeugen ein fesselndes Klangbild, das in eine breit angelegte Coda mündet. Ein Klaviersolo steht am Beginn des 2. Satzes. Eine tieftraurige Melodie der Klarinette, die wie eine Anklage an das Schicksal klingt, zieht sich durch den ganzen Satz und ist durch Einwürfe der übrigen Instrumente nicht zu besänftigen. Erst im 3. Satz wird die trübe Stimmung von Fröhlichkeit abgelöst. Tänzerische Rhythmen durchtoben das Rondofinale. Dieses Mal ist es die Trauer, die sich nicht durchsetzt. Zuversichtlicher Lebenswille behält die Oberhand.

Quintett für Klarinette, Klavier, Violine, Bratsche und Cello Nr. 2 in A-Dur, 5 Sätze, entstanden 1938
Den 1. Satz beginnt die Klarinette nach etlichen Einleitungstakten mit einer pastoralen Melodie, die immer wieder im Verlauf der Durchführung aufscheint und auch in der Coda das Geschehen beherrscht. Der 2. Satz ist für Klavier solo geschrieben. Es handelt sich um ein ernstes Adagio in Form eines Rondo. Der 3. Satz bringt ein lebhaftes Scherzo. Der 4. Satz stellt ein schönes Adagio voll tiefer Gefühlskraft dar. Der 5. Satz ist eine Variation eines Themas von Josef Labor, des Lehrers Paul Wittgensteins, für den der Klavierpart dieses Quintetts komponiert wurde.

Quintett für Klavier, zwei Violinen, Bratsche und Cello in G-Dur, 4 Sätze, entstanden 1926
Ein kurzes synkopisches Motiv stellt das Hauptthema des 1. Satzes dar, dem nach längerer Verarbeitung ein zweites, sehr schönes beigefügt wird. Die Durchführung erzeugt intensive harmonische Wirkungen. Der Satz endet nach der Reprise pianissimo. Der 2. Satz hat Rondoform, sein Mittelteil bringt ein schmerzerfülltes Thema voll Verzweiflung. Der 3. Satz ist ein Scherzo, das mit einer Fuge beginnt, dann jedoch die strenge Form verläßt. Der 4. Satz ist ein siebenteiliges Rondo, das mit einer wirkungsvollen Stretta endet.

Streichquartett Nr. 1 in A-Dur, 4 Sätze, entstanden 1925
Der Komponist erläutert sein Werk selbst: »Der 1. Satz hat Sonatenform; ohne Einleitung, mit dem Hauptsatz beginnend, es folgen Überleitungssatz, Seitensatz, Schlußsatz und Anhang in engster Verbindung. Die Exposition wird wiederholt. Die Durchführung verarbeitet Motive aller Themen. Reprise; hier wäre zu bemerken, daß die Coda unmittelbar an den Seitensatz anschließt und vor Schlußsatz und Anhang steht. Der 2. Satz, Adagio, hat gleichfalls Sonatenform; doch fehlen die Überleitungssätze. Der 3. Satz, Scherzo, hat als Hauptsatz ein Fugato, dem als Mittelsatz zwei Trios gegenübergestellt sind. Die Form ist ein unvollendetes Rondo mit drei Themen. Der 4. Satz ist ein Variationssatz, dem eine kurze Einleitung vorangestellt ist.«

Streichquartett Nr. 2 in G-Dur, 4 Sätze, entstanden 1929
Der 1. Satz ist ein voll ausgebauter Sonatensatz. Sowohl Thema wie Harmonisierung sind äußerst kompliziert und erschließen sich erst bei mehrmaligem Hören in ihrer ganzen Schönheit. Der 2. Satz beginnt mit einem seelenvollen Adagiothema der Ersten Violine, das mit mehreren Motiven kunstvoll durchgeführt wird. Das Scherzo des 3. Satzes ist schwermütig monoton. Das erste Trio ist voll sommerlicher Pracht, das zweite eine innige Kantilene. Der 4. Satz hat erneut Sonatenform mit einem heiteren Thema, das interessant kontrapunktisch verarbeitet wird.

Fantasie und Fuge in D-Dur für Orgel, 2 Teile, entstanden 1924

Bei diesem Werk sind die Begriffe »Fantasie« und »Fuge« kunstvoll verflochten. Es beginnt mit einem choralartigen Thema, das chromatische Zwischenspiele durchbrechen. Dann werden die einzelnen Verse des Chorals fantasieähnlich verarbeitet, bis die Fuge einsetzt. Der 2. Teil beginnt mit einer Choralvariation, der zwei weitere folgen. Dann wird die Fuge transponiert wiederholt, der sich als Schluß der Choral anschließt.

Praeludium und Fuge in Es-Dur für Orgel, 2 Teile, entstanden 1924

Dieses längste Orgelwerk des Komponisten beginnt mit einem idyllischen Praeludium in Sonatenform. Auch die Fuge im 2. Teil verarbeitet ein pastorales Thema. Eine kurze Coda schließt das grandiose klangfreudige Werk ab.

Chaconne in Cis-Dur für Orgel, 2 Teile, entstanden 1925

Dieses großräumig und monumental angelegte Werk bringt vier Variationen in je einer Kirchentonart - aeolisch, lydisch, dorisch, jonisch. Dramatische Passagen wechseln mit poetischen Stimmungen; brillant und farbenreich weist die Chaconne den Komponisten als souveränen Meister der Orgelkomposition aus.

LITERATUR

C. Nemeth, Franz Schmidt, Wien 1957.

Max Ettinger (1874–1951)

LEBEN

Max Ettinger wurde am 27.12.1874 in Lemberg (Lwiw) geboren. Nach einem Jahr Unterricht in Harmonie in Berlin trat er 1900 in das Konservatorium in München ein. Im Jahr 1930 übersiedelte er nach Berlin, das er 1933 verlassen mußte. Er lebte in Ascona und starb am 19.7.1951 in Basel.

WERKE

Neben 6 Opern verfaßte er die Oratorien »Das Lied von Moses«, »Königin Esther«, »Jiddisch Lebn«, »Jiddisch Requiem«, eine Suite für großes Orchester, 3 Lieder ohne Worte für großes Orchester, die Kantate »Weisheit des Orients« für Soli, Chor und Orchester, ein Quintett für vier Holzbläser und Klavier, ein Streichquartett, eine Violin- und eine Cellosonate. Seine Kompositionen lagen im Fahrwasser der deutschen Spätromantik.

Reinhold Glier (1874–1956)

LEBEN

Reinhold Moritzowitsch Glier (Glière) wurde am 30.12.1874 in Kiew als Sohn eines Belgiers geboren. Seine musikalische Ausbildung erhielt er in Kiew von Otakar Ševčík, sodann am Konservatorium in Moskau von Sergei Tanejew, Antoni Arenski, Georgi Konius, Jan Hřímalý und Michail Ippolitow-Iwanow. Von 1905 bis 1907 nahm er Dirigierunterricht in Berlin. Ab 1900 unterrichtete er in St. Petersburg, 1913 wurde er Professor für Komposition am Konservatorium in Kiew, das er ab 1914 als Direktor leitete, ab 1920 wirkte er in gleicher Eigenschaft am Konservatorium in Moskau. Er erhielt den Titel eines Volkskünstlers der Sowjetunion, 1939 wurde er Präsident des Sowjetischen Komponistenverbandes. Er beschäftigte sich viel mit der Musik verschiedener Völker der UdSSR. Er starb am 23.6.1956 in Moskau.

WERKE

Von Reinhold Glier sind 6 Opern aufgeführt worden. Er schrieb 3 Sinfonien, mehrere Ballette, 3 Tondichtungen, ein Cellokonzert, ein Hornkonzert, ein Konzert für Koloratursopran, ein Streichoktett, 3 Streichsextette, 4 Streichquartette, Klavierstücke, Bühnen- und Filmmusiken.

Sinfonie Nr. 3 in h-Moll »Muromez«, Opus 42, 4 Sätze, entstanden 1911

Das Werk schildert Leben und Taten des sagenhaften ukrainischen Helden Ilja Muromez, der zum Führer der Ritter des Kiewer Fürstentums wird und mit ihnen auch in allen Kämpfen mit den mit Zauberkräften ausgestatteten Heiden siegt. In ihrem Übermut fordern die Ritter ein »himmlisches« Heer heraus und werden zur Strafe in Felsen verwandelt. Das Märchenthema wird melodisch und harmonisch klangreich in einem an Nikolai Rimski-Korsakow angelehnten Stil bearbeitet.

John Singer Sargent, Skizze zu »El Jaleo«

Gustav Klimt, Musica I

Albert Roussel,
Gemälde von M. Muter

Igor Strawinsky,
Gemälde von P. Gartmann

Claude Debussy,
Gemälde von M. Baschet, 1884

Manuel de Falla,
Gemälde von I. Zuloaga

Hans Pfitzner, Gemälde von W. Geiger

Henri Matisse, La danza

LITERATUR
I. Belza, Reinhold Moritzowitsch Glier, Moskau 1955.

Julián Carillo (1875–1965)

LEBEN
Julián Carillo (Carrillo) wurde am 28.1.1875 in Ahualulco, San Luis Potosí (später ihm zu Ehren Ahualulco del Sonido trece benannt), geboren. Er lebte in Mexiko-Stadt als Musiklehrer und Komponist und beschäftigte sich sehr mit neuen Tonsystemen, denen er die Bezeichnung »Sonido trece« (»Ton dreizehn« als Symbol für eine Teilung der Oktave in mehr als 12 Töne) verlieh. Er konstruierte mehrere neue Instrumente für seine Skala (Oktavina – Dritteltonklavier) und gründete ein Orchester, in dem alle Instrumente Mikrointervalle spielen konnten. Er starb am 9.9. 1965 in Mexiko-Stadt.

WERKE
Neben einer Reihe theoretischer Abhandlungen über seine neuen Tonsysteme und der Herausgabe einer Zeitschrift »Sonido 13« verfaßte Julián Carillo »Preludio a Colón« (Praeludium für Kolumbus), »Sonata casi fantasia« (Fantasie in Sonatenform) und »Concertino« für Violine, Cello, Gitarre, Oktavina, Horn, Harfe und Orchester, die Tondichtung »Horizontes« für Violine, Cello, Harfe und Orchester und ein »Concertino« für Klavier und Orchester sowie ein Konzert für Cello und Orchester. Bei diesen Werken verwendeten nur die Solisten Drittel- und Sechzehnteltöne. Er schrieb ferner eine »Misa de la restauración a S. S. Juan XXII« (Messe zur Genesung des Johannes XXII.) in Vierteltönen für Männerstimmen a cappella. Seine Bemühungen um die Mikrointervalle erreichten ebensowenig ein allgemeines Interesse wie die anderer Komponisten und Theoretiker.

Raymond Moulaert (1875–1962)

LEBEN
Raymond Moulaert wurde am 4.2.1875 in Brüssel geboren. Er studierte am Konservatorium in Brüssel unter Arthur de Greed (10.10. 1862, Löwen, bis 29.8.1940, Brüssel) Klavier und unter Joseph Dupont dem Jüngeren und Edgar Tinel Theorie. Von 1896 bis 1939 wirkte er als Theorielehrer an diesem Institut und von 1913 bis 1938 zugleich als Leiter der Musikschule in Saint-Gilles bei Brüssel. Er starb am 18.1.1962 in Brüssel.

WERKE
Der Stil von Raymond Moulaert knüpfte beim französischen Impressionismus an, nahm aber auch Barockelemente auf. Er schrieb eine »Symphonie de valses« (Walzersinfonie) und eine »Symphonie de fugues« (Fugensinfonie), ein Klavierkonzert, Variationen für Orchester, ein Konzert für Flöte, Oboe, Klarinette, Horn, Fagott und Harfe, einige Kammermusik, eine Sonate, eine Toccata und Paganini-Paraphrasen für Klavier, eine Sonate, 3 »Biblische Gedichte« und »Prélude et Choral« für Orgel, verschiedene Lieder, Chorwerke und eine nicht aufgeführte Oper.

Erkki Melartin (1875–1937)

LEBEN
Erkki Gustav Melartin wurde am 7.2.1875 in Käkisalmi, Finnland (heute Priozjorsk, Sowjetunion), geboren. Er studierte am Musikinstitut in Helsinki unter Martin Wegelius von 1895 bis 1898, anschließend bis 1901 in Wien bei Robert Fuchs und einige Zeit auch in Berlin und Rom. Dann wurde er Theorielehrer am Musikinstitut in der finnischen Hauptstadt, das er, nach zweijähriger Kapellmeistertätigkeit in Viipuri (heute Wiborg, Sowjetunion), von 1911 bis 1920 leitete. Er starb am 14.2.1937 in Pukinmäki.

WERKE
Von den 8 Sinfonien von Erkki Melartin sind die letzten zwei unvollendet geblieben. Er schrieb weiters 3 Orchestersuiten, mehrere sinfonische Dichtungen, ein Violinkonzert, einige Kammermusik, ungefähr 350 Klavierstücke, darunter eine Sonate, und mehr als

300 Lieder, außerdem eine Anzahl Orchestergesänge, Chorlieder und Kantaten, ein Ballett, mehrere Schauspielmusiken und eine Oper. Sein Stil lehnte sich an Sibelius an.

Walter Courvoisier (1875–1931)

LEBEN
Walter Courvoisier wurde am 7.2.1875 in Riehen bei Basel als Neffe des Violinisten und Gesanglehrers Karl Courvoisier (12.11.1846, Basel, bis 31.1.1908, Liverpool) geboren. Er wurde zunächst Arzt, nahm sodann Musikunterricht bei Selmar Bagge und bei Ludwig Thuille in München, wo er anschließend als Theorielehrer, Dirigent und schließlich als Kompositionsprofessor an der Akademie der Tonkunst wirkte. Er starb am 27.12. 1931 in Locarno.

WERKE
Obwohl Walter Courvoisier der Münchner spätromantischen Schule angehörte, übernahm er häufig modernere, vor allem impressionistische Fakturen, um der elegischen Stimmung seiner Werke Ausdruck zu geben; für das Lied und die Kammermusik bevorzugte er archaistische Wendungen. Er schrieb einen Sinfonischen Prolog, eine Anzahl Chor-Orchesterwerke, mehrere Klavierstücke, Suiten für Violine solo, Chöre a cappella und eine Oper.

Letzte Seite aus dem Musikdrama »Lanzelot und Elaine« von Walter Courvoisier, Autograph

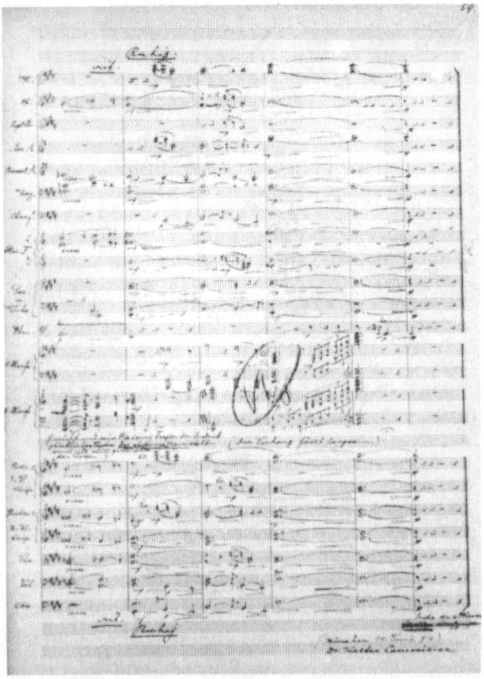

Richard Wetz (1875–1935)

LEBEN
Richard Wetz wurde am 26.2.1875 in Gleiwitz (Gliwice) geboren. Nach kurzem Studium am Konservatorium in Leipzig wurde er Privatschüler des Musiklehrers Richard Hofmann (30.4.1844, Delitzsch, bis 30.11.1918, Leipzig) und Ludwig Thuilles in München. Er wirkte darauf zwei Jahre als Theaterkapellmeister in Leipzig und erhielt 1906 die Leitung des Musikvereins und der Singakademie in Erfurt. Von 1911 bis 1921 lehrte er dort am Konservatorium Kompositon und Musikgeschichte und war gleichzeitig von 1913 bis 1915 als Dirigent des Leipziger Riedel-Vereins, ab 1916 als Lehrer an der Musikschule in Weimar und ab 1918 als Leiter eines Madrigalchors tätig. Er starb am 16.1.1935 in Erfurt.

WERKE
Sowohl mit seinen 2 Opern wie mit den 3 Sinfonien überschritt Richard Wetz die Stilgrenzen der Münchner neu- oder spätromantischen Schule nie. Auch seine Kleist-Ouvertüre, seine Chorwerke – Weihnachtsoratorium, Vertonung des 3. Psalms, Hyperion, Requiem, Gesang des Lebens, Traumsommernacht – nützten zwar das weite Feld der Tonalität bis zum äußersten aus, gingen aber nicht weiter. Seine Kammer- und Klaviermusik, seine Orgelkompositionen, Lieder und Chöre bewegten sich jedoch im konventionellen Fahrwasser.

Aleksandr Goldenweiser (1875–1961)

LEBEN
Aleksandr Borisowitsch Goldenweiser wurde

am 26.2.1875 in Kischinjow geboren. Er war von 1889 bis 1897 am Konservatorium in Moskau Klavierschüler von Aleksandr Iljitsch Siloti und Pawel Awgustowitsch Pabst (27.5. 1854, Königsberg [Kaliningrad], bis 28.5.1897, Moskau) und Kompositionsschüler von Sergei Tanejew, Michail Ippolitow-Iwanow und Antoni Arenski. Im Jahr 1904 wurde er Professor an der Schule der Philharmonischen Gesellschaft und 1906 am Konservatorium in Moskau, das er von 1922 bis 1924 und von 1939 bis 1942 leitete. Er starb am 26.11.1961 in Moskau.

WERKE

Außer 3 Opern, die Manuskript geblieben sind, schrieb Aleksandr Goldenweiser 2 Orchestersuiten, eine Dante-Ouvertüre, ein Streichquartett, ein Klaviertrio, eine Sonate und Fugen für Klavier, eine Revolutionskantate und Lieder. Sein Stil verließ den am Konservatorium in Moskau gelehrten nicht.

Viliam Figuš-Bystrý (1875–1937)

LEBEN

Viliam Figuš-Bystrý wurde am 28.2.1875 in Banská Bystrica (Neusohl), Slowakei, geboren. Er war dort Organist und Musiklehrer bis zu seinem Tod am 11.5.1937.

WERKE

Neben seiner ersten slowakischen Nationaloper (Preßburg, 1928) schrieb Viliam Figuš-Bystrý mehrere Orchesterwerke, Kammermusik, eine Kantate für Soli, Chor und Orchester, Klavier- und Violinstücke und Lieder. Er beschäftigte sich intensiv mit der Sammlung slowakischer Volkslieder, harmonisierte sie und gab weit über 1000 davon in mehreren Bänden heraus.

Maurice Ravel (1875–1937)

LEBEN

Joseph Maurice Ravel wurde am 7.3.1875 in Ciboure bei St-Jean-de-Luz, Basses-Pyrénées, geboren. Er begann bereits mit 6 Jahren Klavier zu spielen. Ab 1889 war er am Conservatoire in Paris Klavierschüler von Charles Wilfrid de Bériot, Harmonieschüler von Émil Louis Fortuné Pessard (1843–1917), Kontrapunktschüler von André Gédalge und Kompositionsschüler von Gabriel Fauré. Er bewarb sich viermal um den Rompreis, seine inzwischen entstandenen unorthodoxen Kompositionen fanden jedoch bei den Akademiemitgliedern keinen Gefallen. Kritiker und Publikum gewann er erst 1908 mit seiner »Rapsodie espagnole«. Ab da bestand sein weiteres Leben nur aus Aufführungs- und Erscheinungsdaten seiner Werke. Er lebte zurückgezogen seinen Werken. Als Pianist trat er nur als Interpret eigener Kompositionen hervor, als Dirigent seiner Musik reiste er nach Amsterdam, Venedig, Schweden, England, Schottland und Amerika. Er wurde im Ausland sogar früher berühmt als in Frankreich, aber bald fiel die Führungsrolle der Komponisten Frankreichs in seiner Epoche, vorerst neben Claude Debussy, dann nach dessen Tod unbestritten ihm allein zu. Er starb

Maurice Ravel

am 28.12.1937 in Paris als neben Claude Debussy bedeutendster und beliebtester französischer Komponist des 20. Jahrhunderts. Sein Einfluß auf die französische Musik und auf die des gesamten Abendlandes wirkte weiter bis in unsere Gegenwart.

Werke

»Mit Claude Debussy verkörpert Maurice Ravel an der Schwelle des 20. Jahrhunderts eine zugleich erlesene und ergreifende Seite unserer Sensibilität. Doch so erlesen er war, er verfiel niemals in Affektiertheit oder Preziosität und, um uns zu ergreifen, fand er bis zum letzten Tag den natürlichen Ausdruck«, schrieb ein Pariser Blatt nach dem Tod des Komponisten und polemisierte gegen die Ansicht, daß er ein Epigone von Claude Debussy gewesen sei. Er wies darauf hin, daß zwischen beiden Meistern zwar Ähnlichkeiten der Harmonik und Färbung bestanden, aber sonst grundsätzliche Abweichungen voneinander vorlagen. Bei Debussy war die Form vom rhythmischen, harmonischen und melodischen Material abgeleitet; er wollte »die Ordnung in der Freiheit suchen«. Ravel übernahm vorgeprägte Formen wie Menuett, Pavane, Habanera, Bolero und ebenso Blues und Foxtrott und ahmte sie nach, kopierte sie jedoch nicht, sondern entdeckte an ihnen neue Eigenarten und bereicherte sie durch seine eigenen vielfältigen Einfälle. In einem jedoch war er ein echter »Epigone«. Wie durch das Auftreten von Debussy verlagerte sich durch die Konzerte von Ravel das Schwergewicht des musikalischen Geschehens eindeutig von der Oper in den Konzertsaal. Die Komponisten mußten nicht mehr unbedingt Opern verfassen, um auch im Konzertleben Beachtung zu finden. Diese Befreiung der Sinfonik, die mit ihrem impressionistischen Gepräge dem Einfluß Richard Wagners Gleichwertiges entgegenzuhalten imstand war, rief eine Reihe von Talenten auf den Plan, die das künstlerische Gedankengut von Debussy aufnahmen, nach eigener Individualität verwerteten und weiterbildeten. Einer der ersten, die sich vom damaligen Impressionismus lösten, war unbestreitbar Maurice Ravel, der seine Kollegen um mindestens 20 Jahre überholte. Man hat ihn einen »Geometer der Töne« genannt und ihm kühle Berechnung ohne künstlerische Notwendigkeit vorgeworfen. Das war aus Verständislosigkeit entsprungene Bosheit; wie die Behauptung, er mische die Farben der Instrumente mit raffiniertem Vorbedacht ohne emotionale Intuition. Es ist richtig, daß der Komponist über Impressionismus und Expressionismus hinweg sehr bald zu klassizistischer Allgemeingültigkeit gelangte, die aber weder konstruiert noch gekünstelt war, sondern durch Verallgemeinerung der persönlichen Aussage. Er stand hinter seinem Werk, aber jederzeit sichtbar und spürbar. Besonders entwickelt war bei ihm seine Instrumentationskunst. Sein Orchesterklang entstand nicht durch Verschmelzung einzelner Instrumente, sondern aus der Schichtung von Mischklängen. Er instrumentierte eigene und fremde Klavierstücke vollendet. Zu seinen Meisterleistungen zählt die Instrumentation von »Bilder einer Ausstellung« von Modest Mussorgski. Trotz seiner Vorliebe für differenzierte Klangfarben schrieb er wenig Orchesterstücke, und auch von diesen besteht ein Teil nur aus instrumentierten Klavierkompositionen. »Rapsodie espagnole« ist original für Orchester verfaßt, während »Ma mère l'oye« ursprünglich ein Klavierstück war. Das choreographische Poem »La valse« war als Ballett geplant, »Boléro« ist Ballettmusik wie »Daphnis und Chloé« und zugleich das umfangreichste Orchesterstück des Komponisten, der die kleine Form sonst stets vorzog. »Le Tombeau de Couperin« war ursprünglich ein Tanzstück für Klavier; auch »Valses nobles et sentimentales« wurde ursprünglich für Klavier geschrieben. Von der Kammermusik werden das Streichquartett, das Klaviertrio und die Violinsonate oft gespielt. Die Klaviermusik war und ist immer noch eine Herausforderung für viele Pianisten, weil sie – technisch und musikalisch sehr problemreich – immer ein begeistertes Publikum findet. »Wasserspiele«, »Spiegelungen« und die »Sonatine« sind wegen ihrer faszinierenden Farbigkeit am beliebtesten. An der Spitze der Vokalmusik stehen »Shéhérazade« und »Zwei hebräische Melodien« für Singstimme und Orchester; aber seine anderen zahlreichen Lieder und Chöre figurieren im-

»Jeux d'eau« von Maurice Ravel, Autograph 1901

mer wieder auf Konzertprogrammen. Von seinen 2 Klavierkonzerten ist eines für die linke Hand geschrieben. Für die Bühne verfaßte Ravel außer den genannten Balletten »Adelaide oder die Sprache der Blumen«, die Kantaten »Myrrha«, »Alcyone«, »Alyssa«, sodann »Die spanische Stunde« und »Das Kind und der Zauberer«. Er schrieb auch mehrere theoretische Werke.

»Rapsodie espagnole« (Spanische Rhapsodie) für großes Orchester, 4 Sätze, entstanden 1907

Bei der Uraufführung 1908 in Paris war der Komponist bereits so sehr bekannt, daß die Aufnahme beim Publikum »normal« war: Begeisterung auf der »Gallerie« und hochmütige kühle Skepsis »unten«, wo man mit Indignation den Zuruf von Florent Schmitt quittierte: »Spielt es noch einmal für die da unten, die es nicht verstanden haben!« Der 1. Satz »Prolog zur Nacht« ist ein spanisches Nachtstück: Nächtliche Stille, Sehnsucht, Wolken, Sternenlicht, ein leichter Wind, der Duft der Nachtblumen sind in Klänge sublimiert – aber auf keinen Fall dargestellt –, die über dem Umweg des Gefühls diese Vorstellungen erzeugen. Die »Malagueña« des 2. Satzes ist ein andalusischer Tanz. Die »Habanera« des 3. Satzes ist ein orchestriertes Stück des Komponisten für vier Hände. Der 4. Satz bringt ein buntfarbiges Karnevalstreiben, bei dem das Orchester alle Klangmischungen und Tonballungen ertönen läßt, die möglich sind.

»Ma mère l'oye« (Meine Gänsemutter) für mittelgroßes Orchester, 7 Sätze, entstanden 1912

Das Ballett wurde 1908 in Form von 5 Kinderstücken nach den der Märchensammlung von Charles Perrault (1628–1703) entnommenen Geschichten als Suite für Klavier verfaßt, dann orchestriert und erweitert. Der 1. Satz bringt die Einleitung, der 2. Satz den »Tanz des Spinnrads«, der 3. Satz die Pavane »Dornröschen«, der 4. Satz das »Gespräch der Schönen mit dem Ungeheuer«, der 5. Satz den »Kleinen Däumling«, der 6. Satz »Laideronette, die Kaiserin der Pagoden« und der 7. Satz den »Zaubergarten«.

Daphnis und Chloé, Ballett, 3 Teile, entstanden 1912

Das Ballett handelt von der Liebe des Schäferpaars Daphnis und Chloé, die von Piraten entführt wird. Gott Pan rettet sie, und zu seinen Ehren tanzt das Paar eine Pantomime von der Nymphe Syrinx, die in ein Schilfrohr verwandelt wird, um der Nachstellung des Gottes zu entgehen; Pan schnitt sich aus dem Rohr eine Hirtenflöte, um seine Enttäuschung in der Musik zu überwinden.

La valse, Choreographisches Poem für großes Orchester, ein Satz, entstanden 1920

Das Stück war als eine Art Apotheose des Wiener Walzers geplant, wurde aber unter dem Eindruck, den Wien nach dem Ersten Weltkrieg bot, zur traurigen Reminiszenz an schönere Zeiten. Es gehört zu den am meisten gespielten Werken des Komponisten.

Claudio Abbado

Boléro für großes Orchester, ein Satz, entstanden 1928

»Es ist ein Tanz in sehr gemäßigter Bewegung und stets gleichförmig sowohl in der Melodie und der Harmonie wie in seinem Rhythmus, den die Trommel unaufhörlich markiert. Das einzige Element der Abwechslung bringt hier das orchestrale Crescendo«, schrieb der Komponist. Der große Reiz und psychologische Effekt liegt, abgesehen vom unaufhörlichen Ostinato, im Hinzutreten der einzelnen Instrumente und deren Kombinationen sowie in der ständig sich steigernden Verstärkung der Rhythmusgruppe. Es ist für Dirigenten sehr schwierig, das betont langsame Grundzeitmaß durchzuhalten, aber: »Wenn man das Stück schnell spielt, so scheint es lang, wenn man es aber langsam spielt, scheint es kurz« (Furtwängler).

Klavierkonzert in G-Dur, 3 Sätze, entstanden 1931

Es »ist ein Konzert im strengsten Sinn des Worts und im Geist der Konzerte von Mozart und Saint-Saëns geschrieben«, erklärte der Komponist. Im 1. Satz wird nach einer knappen Disposition und einer gedrängten Durchführung ein breites melodisches Seitenthema herangeführt, das Jazzelemente aufweist. Im 2., langsamen Satz trägt das Soloinstrument eine ausgedehnte Kantilene vor, die nach dem Bekenntnis des Komponisten »Takt für Takt unter Zuhilfenahme des Klarinettenquintetts von Mozart entstanden ist«. Das Finale ist knapp, brillant und von jazzartigen Akzenten unterbrochen.

Klavierkonzert in D-Dur für die linke Hand, ein Satz, entstanden 1931

Das Werk ist für den einarmigen Pianisten Paul Wittgenstein geschrieben. »Das Konzert für die linke Hand ist von ziemlich abweichendem Charakter; es hat nur einen Satz mit vielen Jazzeffekten, und seine Schreibweise ist etwas komplizierter«, erklärte der Komponist. Trotz der Einsätzigkeit wird die Einteilung in drei große Abschnitte deutlich. Die hochgetriebene Leidenschaftlichkeit des Konzerts läßt keine Besinnlichkeit zu. Im Mittelteil kommt es zu intensiven Jazzepisoden verschiedener Instrumentengruppen. Eine große lyrische Kadenz leitet zum in scharfen Rhythmen gehaltenen Schluß.

Tzigane, Konzertrhapsodie für Violine und Orchester, ein Satz, entstanden 1924

In diesem Stück hat der Komponist wesentliche Elemente der Zigeunermusik erfaßt und eine mit technischen Schwierigkeiten überhäufte Form gebracht, vermutlich um das bedeutende violinistische Können vieler Zigeuner zu kennzeichnen. Es gehört zu den schwierigsten Stücken der Violinliteratur überhaupt.

Streichquartett in F-Dur, 4 Sätze, entstanden 1903

Der Stil dieses Werks ist eindeutig impressionistisch. Das Thema des 1. Satzes ist äußerst filigran und pentaphon und wird von Terzenketten begleitet. Interessante Seitenmotive werden herangeführt; zu einer eigentlichen Durchführung kommt es nicht; alles bleibt verwischt und konturenlos. Das Scherzo des 2. Satzes ist mit Pizzicati ausgestattet. Spanische Wendungen klingen auf. Das rhapsodische Trio ist langsam und verträumt. Der 3. Satz – sehr langsam – wechselt dauernd Tonalität und Rhythmus, er schwebt wie unwirklich zwischen nicht erkennbaren Schwerpunkten. Der 4. Satz ist ein Rondo in Sonatenform mit wechselnden Rhythmen. Eine Stretta schließt ihn elegant ab.

Trio für Klavier, Violine und Cello in a-Moll, 4 Sätze, entstanden 1914

Dieses Stück bringt echte absolute Musik, die nicht erklärt werden kann. Seine Harmonik ist außertonal, die Rhythmik apart, die Instrumentation willkürlich wechselnd und das Melos überaus feinsinnig. Es ist schwer zu entscheiden, ob es sich um Impressionismus oder Neuklassizismus handelt, diese Musik scheint entmaterialisiert zu sein. Der Schluß erhebt sich mit ungeheurer instrumentaler Eskalation zu ekstatischem Ausbruch.

Sonate für Violine und Klavier, 3 Sätze, entstanden 1927

Der 1. Satz fällt durch seinen verhaltenen Gefühlsausbruch und seine kühle Distanzierung auf, als handle es sich um ein Werk des 18. Jahrhunderts. Der 2. Satz bringt einen melancholischen Blues. Im 3. Satz rast ein Perpetuum mobile vorbei, gleichsam um die Kühle und Trauer der vorangehenden Sätze vergessen zu lassen.

Shéhérazade, drei Gedichte von Tristan Klingsor für Singstimme und Orchester, 3 Teile, entstanden 1903

Der Komponist wählte aus den mit subtiler Sensibilität und feiner Sprachkunst ausgestatteten lyrischen Gedichten, die der Autor unter dem Titel »Shérézade« veröffentlicht hatte, drei zur kongenialen Vertonung aus, und zwar als Nr. 1 »Asie«, einen Hymnus auf die vielfältigen Schönheiten Asiens, als Nr. 2 »Die bezaubernde Flöte«, die Schilderung der unerfüllten Sehnsucht einer jungen Sklavin, die mit Entzücken und Wehmut dem von fern erklingenden Flötenspiel ihres Geliebten lauscht, während ihr Herr schläft, und als Nr. 3 »Der Unbekümmerte«, die Enttäuschung über einen achtlos vorbeigehenden Fremden, der jede freundliche Einladung überhört und nicht einmal zu erkennen gibt, ob er Frau oder Mann ist.

LITERATUR

P. Petit, Ravel, Paris 1970.

Martin Shaw (1875–1958)

LEBEN

Martin Edward Fallas Shaw wurde am 9.3. 1875 in London geboren. Er war Schüler von Charles Stanford und wirkte von 1908 bis 1920 als Organist und Chorleiter an St. Mary-the-Virgin, Primrose Hill, anschließend bis 1924 als Musikdirektor an St. Martin-in-the-Fields, Cambridge, und von 1935 bis 1944 in Chelmsford. Er starb am 24.10.1958 in Southwold, Suffolk.

Sein Bruder Geoffrey Turton Shaw (14.11. 1879, Clapham, bis 14.4.1943, London) war Schüler von Charles Wood und Charles Stanford und wirkte als Nachfolger seines Bruders als Musikdirektor an St. Mary-the-Virgin.

WERKE

Mit Ralph Vaughan Williams bemühte sich Martin Shaw um die Befreiung der englischen Kirchenmusik von ihrer eingerissenen Sentimentalität und um die Erneuerung des kirchlichen Chorgesangs. Er verfaßte mehrere Bühnenwerke, eine Fantasie für Klavier und

Orchester, einige Kammermusik, Klavierstücke, 2 Liederzyklen für Bariton, Klavier und Streichquartett, ein Oratorium, zahlreiche Services, Kantaten, Chöre und Lieder. Geoffrey Turton Shaw schrieb eine Oper, mehrere Chorwerke, Kirchenmusik, Klavier- und Violinwerke.

Julio Garreta (1875–1925)

LEBEN
Julio Garreta wurde am 12.3.1875 in San Feliu de Guixols, Gerona, geboren. Er war Autodidakt und lebte als Organist und Musiklehrer in seinem Geburtsort, wo er am 2.12. 1925 als einer der bedeutendsten Vertreter der katalanischen Musik des 20. Jahrhunderts starb.

WERKE
Außer einer großen Reihe von Sardanas für Cobla und für Orchester verfaßte Julio Garreta 2 Orchesterstücke – »Impressions sinfóniques« (Sinfonische Impressionen) und »Preludi mediterrani« (Mittelmeerpraeludien) –, 2 sinfonische Dichtungen, ein Violinkonzert, ein Klavierquartett, eine Sonate für Cello und Klavier, eine Klaviersonate und zahlreiche katalanische Lieder. Sein Stil bewegte sich im Rahmen der Romantik.

Guido Alberto Fano (1875–1961)

LEBEN
Guido Alberto Fano wurde am 18.5.1875 in Padua geboren, wo er Musikschüler von Cesare Pollini (13.6.1858, Padua, bis 26.1.1912, Padua) wurde. Er studierte in Bologna Jurisprudenz und bei Giuseppe Martucci Musik. Anschließend wirkte er dort als Klavierlehrer am Liceo musicale. Ab 1905 war er Leiter des Konservatoriums in Parma, sodann ab 1912 in Neapel und ab 1917 in Palermo. Von 1921 bis 1938 unterrichtete er Klavierspiel am Konservatorium in Mailand. Er starb am 14.8.1961 in Tauriano di Spilimbergo, Udine.

WERKE
Von Guido Alberto Fano sind eine sinfonische Dichtung, mehrere Orchesterwerke, ein Konzertstück für Klavier und Orchester, ein Klavierquintett, eine Klaviersonate, eine Cellosonate, Klavier- und Violinstücke, Lieder mit Orchester- und Klavierbegleitung, außerdem eine musikdramatische Trilogie bekannt geworden. Er bewegte sich trotz mancher Modernismen im Rahmen der Romantik.

Arturo Luzzati (1875–1959)

LEBEN
Arturo Luzzati wurde am 24.5.1875 in Turin geboren. Er war am Konservatorium in Mailand Schüler von Alfredo Catalani (1854–93). Nach mehrjähriger Tätigkeit in den USA, wo er unter anderem von 1912 bis 1913 das Boston Opera House leitete, wurde er Leiter des Orchesters des Teatro Colón und mehrerer anderer Orchester in Buenos Aires. Er wirkte auch als Lehrer des Konservatoriums der argentinischen Hauptstadt, wo er am 26.6.1959 starb.

WERKE
Neben 2 Opern und einem Ballett schrieb Arturo Luzzati 2 Sinfonien, 3 sinfonische Dichtungen, ein Klavierkonzert, ein Violinkonzert, mehrere Werke für Soli, Chor und Orchester, 6 Streichquartette, ein Klavierquintett, viele Klavierstücke und Klavierlieder. Der Romantizismus seines Lehrers in Mailand prägte sich in seinen Kompositionen stark aus.

Stan Golestan (1875–1956)

LEBEN
Stan Golestan wurde am 26.5.1875 in Vaslui, Rumänien, geboren. Er studierte in Paris bei Vincent d'Indy, Albert Roussel und Paul Dukas und lebte sodann dort als Kritiker und Kompositionslehrer an der École Normale bis zu seinem Tod am 22.4.1956.

WERKE

Von dem kompositorischen Werk von Stan Golestan sind eine Sinfonie, eine »Rumänische Rhapsodie«, eine sinfonische Ouvertüre, ein Klavierkonzert, ein Cellokonzert, eine »Rapsodie concertante« für Violine und Orchester, 2 Streichquartette, eine Violinsonate, »Thème, variations et danses« für Klavier und »Zehn rumänische Volkslieder« bemerkenswert. Sein Stil bewegte sich, abgesehen von häufigen folkloristischen Anklängen, im Schatten seiner Lehrer in Paris.

Johannes Conze (1875–1946)

LEBEN

Johannes Conze wurde in Lippstadt, Westfalen, geboren. Er war an der Kirchenmusikschule in Aachen Schüler von Franz Nekes (13.2.1844, Bottrop bei Essen, bis 6.5.1914, Aachen), studierte 1905 in Berlin bei Heinrich van Eyken (19.7.1861, Elberfeld, bis 28.8.1908, Berlin) Theorie und bei Carl Krebs (5.2.1857, Königsberg [Kaliningrad], bis 9.2.1937, Berlin) Musikgeschichte. Er lebte anschließend als Gesang- und Theorielehrer in Berlin, wo er am 9.1.1946 starb.

WERKE

Von Johannes Conze sind mehrere Orchesterwerke, 4 Messen, ein Klavierquartett, 3 Streichquartette, eine Cellosonate, eine Violinsonate, eine Anzahl Orgelwerke, Männerchöre und Lieder erschienen. Er war Spätromantiker.

Camille Zeckwer (1875–1924)

LEBEN

Camille Zeckwer wurde am 26.6.1875 in Philadelphia geboren. Er war von 1893 bis 1895 in New York Schüler von Antonín Dvořák und anschließend von Ludwig Philipp Scharwenka in Berlin. Darauf ließ er sich in seiner Geburtsstadt nieder und leitete die Musikakademie. Er starb am 7.8.1924 in Southampton, N. Y.

Sein Vater Richard Zeckwer (30.4.1850, Stendal, bis 30.12.1922, Philadelphia) studierte am Konservatorium in Leipzig und ließ sich 1870 in Philadelphia als Organist und Musiklehrer nieder. Er unterrichtete von 1876 bis 1917 an der Musikakademie der Stadt.

WERKE

Von Camille Zeckwer sind eine Oper, ein sinfonisches Gedicht, ein Klavierkonzert, eine »Schwedische Phantasie« für Violine und Orchester, ein Klavierquintett, ein Klavierquartett, ein Streichquartett, ein Klaviertrio, eine Serenade für Violine, Cello und Klavier, eine Suite für Klavier und Violine, 2 Violinsonaten, verschiedene Klavierstücke, Chöre und Lieder überliefert.

Richard Zeckwer schrieb 2 Ouvertüren, ein Streichquartett, eine Violinsonate, 4 Klaviersonaten, viele Klavierstücke und Lieder.

Alles bewegte sich im Rahmen der Romantik.

Wladimir Senilow (1875–1918)

LEBEN

Wladimir Aleksandrowitsch Senilow wurde am 27.7.1875 in Wjatka (heute Kirow), Rußland, geboren. Er studierte in St. Petersburg bei Nikolai Rimski-Korsakow und Aleksandr Glasunow am Konservatorium. Er war als Jurist und als privater Musiklehrer tätig. Als Komponist trat er kaum hervor, so daß die meisten seiner Werke ungedruckt blieben, obwohl sie größtes Interesse verdienten. Er starb am 18.9. 1918 in Petrograd.

WERKE

Von Wladimir Senilow sind eine Sinfonie, 4 Tongedichte, eine Ouvertüre und ein Variationenwerk für Orchester, 3 Streichquartette, eine Kantate und eine Anzahl Chor- und Klaviermusik handschriftlich überliefert, ferner ein Scherzo für Flöte und Klavier und ein »Gedicht« für Cello und Klavier. Sein Stil wurde durch seine Lehrer geprägt, war aber neuen Formen nicht verschlossen. Er verfaßte auch mehrere Werke für die Musikbühne.

Donald Francis Tovey (1875–1940)

LEBEN

Donald Francis Tovey wurde am 17.7.1875 in Eton geboren. Er war Schüler von Walter Parratt (10.2.1841, Huddersfield, bis 27.3. 1924, Windsor) und Charles Hubert Parry und studierte ab 1894 in Oxford. Er widmete sich intensiv dem Kammermusikwesen, gab in London, Berlin und Wien Konzerte und gründete 1906 in London »The Chelsea Concerts«, das ausschließlich Kammermusikreihen aufführte. Im Jahr 1914 wurde er Reid Professor of Music an der Universität Edinburgh, gründete dort 1917 das Reid Symphony Orchestra und leitete es. Er starb am 10.7.1940 in Edinburgh.

WERKE

Neben zahlreichen musiktheoretischen und musikhistorischen Werken und einer Oper verfaßte Donald Francis Tovey eine Sinfonie, ein Klavierkonzert, ein Cellokonzert, 2 Streichquartette und weitere Kammermusik, Klavierstücke und Chorwerke. Er gab eine Reihe Kirchenmusik aus dem 16. Jahrhundert und die »Kunst der Fuge« von Johann Sebastian Bach heraus. Seine Kompositionen waren konservativ und etwas doktrinär.

Alexandre Denéréaz (1875–1947)

LEBEN

Alexandre Denéréaz wurde am 31.7.1875 in Lausanne geboren. Er studierte in Dresden und wurde 1897 in seiner Vaterstadt Organist an St-François, nachdem er bereits seit 1886 als Theorielehrer am Konservatorium gewirkt hatte. Gleichzeitig leitete er mehrere Chorvereinigungen. Er starb am 25.7.1947 in Lausanne.

WERKE

Von Alexandre Denéréaz sind 4 Sinfonien – darunter eine mit Orgel –, mehrere sinfonische Dichtungen, ein Klavierkonzert, ein Violinkonzert, ein Cellokonzert, mehrere Streichquartette, Kantaten und Männerchöre, Orgel- und Klavierstücke sowie Lieder bekannt geworden. Er veröffentlichte eine Anzahl musiktheoretische und didaktische Werke. Stilistisch war er Anhänger der Spätromantik.

Italo Montemezzi (1875–1952)

LEBEN

Italo Montemezzi wurde am 4.8.1875 in Vigasio bei Verona geboren. Nach einem technischen Studium war er bis 1900 Schüler des Konservatoriums in Mailand. Dann widmete er sich allein der Komposition. Von 1939 bis 1949 lebte er als Emigrant in den USA. Er starb am 15.5.1952 in Vigasio.

WERKE

Von den 6 Opern des italienischen Spätromantikers Italo Montemezzi war »Die Liebe der drei Könige« am erfolgreichsten. Er schrieb ferner 2 sinfonische Dichtungen, ein Chorwerk »Das Hohe Lied« und eine Elegie für Cello und Klavier.

Marcel Labey (1875–1968)

LEBEN

Jean Marcel Labey wurde am 6.8.1875 in Le Vésinet, Seine-et-Oise, geboren. Er war Schüler von Vincent d'Indy an der Schola Cantorum und von René Lenormand (1846–1932) in Paris. Anschließend wirkte er an der Schola als Lehrer und Dirigent, von 1924 bis 1931 leitete er eine eigene Musikschule in Vernon, Normandie; darauf war er als Vizedirektor der Schola Cantorum tätig. Er starb am 25.11. 1968 in Nancy.

Seine Frau Charlotte Sohy-Labey (17.7.1887, Paris, bis 19.12.1956, Paris) war Schülerin von Georges Marty, Félix Alexandre Guilmant, Louis Vierne und Vincent d'Indy.

WERKE

Außer einer Oper schrieb Marcel Labey 4 Sinfonien, eine Fantasie, eine Ouvertüre, eine Suite, 2 Streichquartette, Klavierwerke und Lieder. Er gehörte der französischen Spätromantik an.

Charlotte Sohy-Labey schrieb eine Sinfonie,

3 Messen, eine Variation für Violine und Klavier, 2 Streichquartette, Klaviermusik und ein Bühnenstück.

Reynaldo Hahn (1875–1947)

Leben

Reynaldo Hahn wurde am 9.8.1875 in Caracas, Venezuela, geboren. Er wuchs in Frankreich auf und studierte am Conservatoire in Paris bei Théodore Dubois, Alexandre Jean Albert Lavignac und Jules Massenet. Er war als Dirigent und als Kritiker tätig; im Jahr 1945 wurde er Direktor der Opéra. Er starb am 28.1.1947 in Paris.

Werke

Neben 6 Opern, 2 Ballettpantomimen, 2 musikalischen Komödien, 4 Operetten und zahlreichen Bühnenmusiken schrieb Reynaldo Hahn ein Mysterium »Weihnachtspastorale«, eine Kantate, eine sinfonische Dichtung und andere Orchesterwerke, ein Klavierkonzert, ein Violinkonzert, ein Cellokonzert, mehrere Klavierquintette und ein Streichquartett, Klavierwerke und Liederzyklen. Er lehnte sich stilistisch an Camille Saint-Saëns an.

Samuel Coleridge-Taylor (1875–1912)

Leben

Samuel Coleridge-Taylor wurde am 15.8.1875 in London geboren. Er wurde 1890 Schüler des Royal College of Music und trat 1893 in die Kompositionsklasse von Charles Stanford ein. Im Jahr 1898 wurde er an diesem Institut selbst Violinlehrer und 1904 Dirigent an der Handel Society. Er starb am 1.9.1912 in London.

Werke

Das Bestreben von Samuel Coleridge-Taylor, auf Grund afrikanischer Volksmusik einen neuen Stil aufzubauen, muß als gescheitert bezeichnet werden, weil seine Kompositionen zu wenig Originalität aufwiesen und deutlich auf den Werken europäischer Komponisten fußten. Er schrieb eine Sinfonie, eine Ballade und ein »Feierliches Praeludium« für Orchester, »Sinfonische Variationen über eine afrikanische Melodie«, ein Violinkonzert, ein Nonett für Streich- und Blasinstrumente, ein Klavierquintett, ein Streichquartett, ein großes Chorwerk »Song of Hiawatha« für Soli, Chor und Orchester und weitere Kantaten, ein Oratorium, Schauspielmusiken, Anthems, ein Service, Violin-, Klavier- und Orgelstücke.

Henriette Renié (1875–1956)

Leben

Henriette Renié wurde am 18.9.1875 in Paris geboren. Sie war Schülerin des Harfenlehrers Alphonse Jean Hasselmans (Lüttich, 5.3.1845, Lüttich, bis 19.5.1912, Paris) und erhielt bereits mit 12 Jahren den Ersten Preis im Harfenspiel des Pariser Conservatoire. Später war sie Kompositionsschülerin von Théodore Dubois und Charles Lenepveu. Sie unternahm zahlreiche Konzertreisen, regte eine Anzahl zeitgenössischer Komponisten an, für Harfe zu schreiben, und bildete viele Schüler aus. Sie starb am 1.3.1956 in Paris.

Werke

Von Henriette Renié sind ein Harfenkonzert, eine Elegie für Harfe und Orchester, Trios für Harfe, Violine und Cello und für Harfe, Flöte und Fagott, zahlreiche Solostücke und Bearbeitungen älterer und neuer Klaviermusik für die Harfe bekannt geworden. Sie verfaßte eine Methode des Harfenspiels.

Mikolajus Konstantinas Čiurlionis (1875–1911)

Leben

Mikolajus Konstantinas Čiurlionis wurde am 22.9.1875 in Varėna, Litauen, geboren. Er lebte als Kind in Druskininkai, spielte einige Zeit in einem Privatorchester und besuchte die Orchesterschule in Plungė. Von 1894 bis 1899 studierte er am Konservatorium in Warschau unter Zygmunt Noskowski (1846–1909) und anschließend bis 1902 in Leipzig bei Carl Reinecke und Salomon Jadassohn. Hernach wirkte er in Warschau und in Vilnius als Chorleiter. Von 1904 bis 1906 besuchte er die Kunstschule in Warschau, um sich zum Maler auszubilden. Ab 1909 lebte er in St. Petersburg. Er starb am 10.4.1911 in Pustelnik bei Warschau.

WERKE

Die beiden sinfonischen Gedichte »Im Wald« und »Das Meer« sind die bekanntesten Werke von Mikolajus Konstantinas Čiurlionis. Er schrieb außerdem eine Ouvertüre, ein Streichquartett, eine Kantate, Orgelstücke und Klavierwerke. Er veröffentlichte eine Anzahl Bearbeitungen litauischer Volkslieder. Einzelnen seiner Gemälde gab er musikalische Titel wie »Praeludium und Fuge«, »Frühlingssonate«, um die von ihm statuierte Verbundenheit von Musik und Malerei zu dokumentieren. Er gilt als Begründer der modernen litauischen Musik. Sein Stil ist spätromantisch. Bei seinen Klavierwerken verwendete er die von ihm ersonnenen »tonalen Grundgestalten« – vorgeprägte Ostinatobässe und Zwölftonreihen.

Im Wald, Sinfonisches Gedicht, entstanden 1901
»Das Gedicht beginnt mit sanften breiten Akkorden wie das Rauschen der Föhren Litauens«, schrieb der Komponist. Es verwendet die traditionellen romantischen Ausdrucksformen und besticht durch spontane Wendungen. Die Sehnsucht nach der Heimat und die fanatische Liebe zur Natur werden mit jedem Ton deutlich.

Das Meer, Sinfonisches Gedicht, entstanden 1907
»Ich wollte die Sinfonie des Schlagens der Wellen, der geheimnisvollen Sprache der uralten Wälder, das Flimmern der Sterne, der Lieder und meiner unendlichen Traurigkeit schaffen«, schrieb der Komponist. Das Stück hat freie Sonatenform und ist voll von überraschenden Bildern und Gedanken; die Themen haben leitmotivischen Charakter und kontrapunktieren einander, die ganze Konzeption ist einheitlich und groß angelegt.

LITERATUR

B. Leman, Nikolai Konstantin Tschurljonis, St. Petersburg 1912.

William Hurlstone (1876–1906)

LEBEN

William Martin Yeates Hurlstone wurde am 7.1.1876 in London geboren. Er studierte an der Royal Academie of Music bei Charles Stanford, bei Algernon Bennet Langton Ashton (9.12.1859, Durham, bis 10.4.1937, London) und Edward Georg Dannreuther (1844 bis 1905). Seine Fähigkeiten als Pianist konnte er wegen einer Erkrankung nicht auswerten, so daß er sich allein der Komposition widmete. Er starb am 30.5.1906 in London.

WERKE

Mit seinen Orchestervariationen über ein schwedisches Lied lenkte William Hurlstone die Aufmerksamkeit des Londoner Publikums auf sich. Er schrieb ferner eine Märchensuite »Der Zauberspiegel« für Orchester, ein Klavierkonzert, ein Quintett für Klavier und Blasinstrumente, ein Klavierquartett, ein Streichquartett, ein Klaviertrio, eine Violin-, eine Cello-, eine Klarinetten- und eine Fagottsonate, Stücke für Klavier und Violine, Chöre und Lieder. Er war Spätromantiker.

LITERATUR

R. Nettel, William Martin Hurlstone and his work. – In: Music Times XCIX (1958).

Armande de Polignac (1876–1962)

LEBEN

Armande de Polignac wurde am 8.1.1876 in Paris geboren. Sie studierte bei Eugène Gigaut, Gabriel Fauré und Vincent d'Indy und lebte sodann als Komponistin in Neauphle-le-Vieux, Seine-et-Oise, wo sie am 29.4.1962 starb.

WERKE

Außer 2 Opern schrieb Armande de Polignac eine Sinfonie »Tausend und eine Nacht«, die als Ballett aufgeführt wurde, 4 weitere Ballette, ein Quintett, eine Suite für Streichquartett, eine Violinsonate und mehrere Liederzyklen. Die außerordentlich ansprechenden Kompositionen bewegten sich im Rahmen der französischen Romantik.

Ermanno Wolf-Ferrari (1876–1948)

LEBEN

Ermanno Wolf-Ferrari wurde am 12. 1. 1876 in Venedig geboren. Nach anfänglichen Studien an Malerakademien und autodidakter Vorbereitung wurde er in München Schüler von Joseph Rheinberger, dann 1897 in Mailand Leiter eines deutschen Chors und 1902 übernahm er die Direktion des Konservatoriums in Venedig. Ab 1909 lebte er als freischaffender Komponist in Neubiberg bei München, übersiedelte 1943 nach Venedig, wo er am 21. 1. 1948 starb.

WERKE

Von den 15 Opern von Ermanno Wolf-Ferrari folgen ungefähr 14 einem vom Komponisten selbst geschaffenen Stil, den man als »neubarock« bezeichnen könnte; eine Oper jedoch ist veristisch und spätromantisch. Er schrieb ferner für Orchester ein »Trittico«, ein »Divertimento«, »Arabesken«, eine »Symphonia brevis«, ein »Concertino« für Oboe solo, Streicher und zwei Hörner und eines für Fagott solo, Streicher und zwei Hörner, eine Suite für kleines Orchester, ein »Kleines Konzert« für Englischhorn, Streicher und zwei Hörner, ein Violinkonzert, ein Cellokonzert, ein Klavierquintett, ein Streichquintett, ein Streichquartett, ein Klaviertrio, 2 Violinsonaten, eine Anzahl Klavierstücke, 2 Oratorien, eine Passion, Kantaten, Chöre a cappella, ein »Italienisches Liederbuch« mit 44 Klavierliedern und weitere Gesänge, außerdem eine Streicherserenade. Sein Stil steht der italienischen Spätromantik nahe, weist aber sehr viel Eigenart und Klang auf. Einzelne Opern von ihm werden noch heute fallweise gespielt.

Ermanno Wolf-Ferrari

Serenade für Streichorchester in Es-Dur, 4 Sätze, entstanden 1892

Dieses Werk gehört zu den frühesten des Komponisten und schwimmt im Fahrwasser der Münchner Schule. Mit zwei sanglichen Themen wird der 1. Satz bestritten, deren Durchführung keine Konflikte bringt. Das Andante besteht aus einem vielgliedrigen Thema, dem ein energisches, markantes Thema gegenübergestellt wird. Das Scherzo ist kapriziös und überraschenderweise polyrhythmisch; das Trio besteht aus reizvollen harmonischen Wendungen. Das Finale kombiniert eine Fuge mit einer Rondosonate und ist ausgezeichnet durchgearbeitet. Der Komponist hat um vieles kompliziertere und vielseitigere Kompositionen von hohem künstlerischem Wert geschrieben, aber schon dieses Jugendwerk weist, wenn auch noch skizzenhaft, deutlich auf die Entwicklungslinie des Meisters hin.

LITERATUR

A. C. Grisson, Ermanno Wolf-Ferrari, Regensburg 1941.

Józef Hofmann (1876–1957)

LEBEN

Józef Kasimierz (Joseph Casimir) Hofmann wurde am 20. 1. 1876 in Podgorze bei Krakau geboren. Er studierte in Berlin bei Moritz Moszkowski (1854–1925) und in Dresden bei Anton Rubinstein und Eugen d'Albert. Dann begab er sich als Pianist auf Konzertreisen durch Europa und die USA. Von 1924 bis 1938 war er in Philadelphia Direktor des

Curtis Institut of Music und Leiter der Klavierklassen des Konservatoriums. Er starb am 16.2.1957 in Los Angeles.

WERKE
Von Józef Hofmann sind eine Sinfonie, eine »Sinfonische Erzählung«, 5 Klavierkonzerte, ein »Dialog« für Klavier und Orchester und zahlreiche kleinere Klavierstücke bekannt geworden. Der Stil seiner Lehrer wurde in seinen Kompositionen deutlich.

Ludolf Nielsen (1876–1939)

LEBEN
Ludolf Nielsen wurde am 29.1.1876 in Nørre-Tvede, Dänemark, geboren. Er studierte am Konservatorium in Kopenhagen. Nach Aufenthalten in Berlin und Leipzig wirkte er als Solobratschist und Vizedirigent des Tivoli- und Palaisorchesters bis 1907, dann vollendete er seine Ausbildung in Deutschland, Österreich und Italien. Darauf lebte er in Kopenhagen als Musiklehrer bis zu seinem Tod am 11.5.1939.

WERKE
Von Ludolf Nielsen sind 3 Sinfonien, 3 sinfonische Dichtungen, 4 Suiten, 3 Streichquartette, 2 Ballette, Chöre und zahlreiche Lieder, außerdem mehrere Opern, von denen zwei aufgeführt wurden, bekannt geworden. Er verfolgte noch die Linie der nordischen Spätromantik.

Havergal Brian (1876–1972)

LEBEN
William Havergal Brian wurde am 29.1.1876 in Dresden, Staffordshire, England, geboren. Er war Autodidakt und wirkte in verschiedenen Stellungen als Organist und Cellist. Er starb am 28.11.1972 in Shoreham-by-Sea, Sussex.

WERKE
Von Havergal Brian sind 6 Opern aufgeführt worden. Er schrieb außerdem 32 Sinfonien, eine Anzahl »Englische Suiten«, 2 sinfonische Dichtungen, ein Orchester-Praeludium, ein Violinkonzert, ein Cellokonzert, ein Requiem, eine Vertonung des Psalms 137, eine Kantate, einige Chöre a cappella, zahlreiche Klavierstücke und Lieder. Sein Stil näherte sich stark dem Expressionismus; er galt um 1910 als einer der fortschrittlichsten englischen Komponisten.

John Alden Carpenter (1876–1951)

LEBEN
John Alden Carpenter wurde am 28.2.1876 in Park Ridge, Chicago, geboren. Er war in Rom Schüler von Edward Elgar und in Chicago von Bernhard Ziehn. Sein Beruf war der eines Großindustriellen, seine Kompositionen schuf er als Amateur. Er starb am 26.4. 1951 in Chicago.

WERKE
Von den 2 Pantomimen von John Alden Carpenter ist eine »Crazy Cat« (Verrückte Katze) für Jazzorchester geschrieben. Außerdem schrieb er ein Ballett, 2 Sinfonien, mehrere Orchestersuiten, ein Concertino für Klavier und Orchester, ein Violinkonzert, ein Klavierquintett, ein Streichquartett, Chorwerke, 2 Liederzyklen für Mezzosopran und Kammerorchester und viele Lieder. Sein Stil wies fortschrittliche Tendenzen auf.

Franco Alfano (1876–1954)

LEBEN
Franco Alfano wurde am 8.3.1876 in Posilipo bei Neapel geboren. Er war am Konservatorium in Neapel Schüler von Camillo De Nardis (26.5.1857, Orsogna bei Lanciano, bis 5.8. 1951, Neapel) und Paolo Serrao; darauf studierte er in Leipzig unter Salomon Jadassohn und Hans Sitt. Nach Aufenthalten in Leipzig und Paris wurde er Kompositionslehrer und Direktor am Liceo musicale in Bologna, sodann 1923 Direktor des Liceo musicale in Turin. Von 1939 bis 1942 war er Intendant des Teatro Massimo in Palermo; von 1947 bis

1950 leitete er das Konservatorium in Pesaro. Er starb am 27.10.1954 in San Remo.

WERKE

Außer 9 Opern schrieb Franco Alfano eine Funkoper und vollendete die Oper »Turandot« von Giacomo Puccini (1858–1924), ferner mehrere Ballettpantomimen für die Folies-Bergère in Paris. Er verfaßte weiters 3 Sinfonien, 2 Streichquartette, eine Violinsonate, eine Cellosonate und Klavierlieder. Sein Stil befand sich noch im Rahmen der italienischen Spätromantik.

Carl Ruggles (1876–1971)

LEBEN

Carl (Charles) Sprague Ruggles wurde am 11.3.1876 in Marion, Mass., geboren. Er studierte bei Albert Spalding (15.8.1888, Chicago, bis 26.5.1953, New York) und John Knowles Paine. Von 1908 bis 1912 leitete er das Symphony Orchestra in Minneapolis, Minn., hielt sich sodann in Arlington, Tex., auf und wurde 1937 Lehrer für moderne Komposition an der Universität in Miami, Fla. In den letzten Jahrzehnten seines Lebens widmete er sich vorwiegend der Malerei. Er starb am 24.10.1971 in Bennington, Vt.

WERKE

Die wenigen Werke von Carl Ruggles sind in einem sehr persönlichen, eigenwilligen Stil, der dem Expressionismus nahe steht, geschrieben. Er gehört zu den Pionieren der modernen amerikanischen Musik. Im einzelnen schrieb er die sinfonischen Suiten »Men and Angels« (Männer und Engel) für fünf Trompeten und eine Baßtrompete – später umgearbeitet in »Angels« für Blechbläser oder Streicher – und »Men and Mountains« (Männer und Berge), ein Stück für Streichorchester, ferner für Orchester »Sun-Treader« (Sonnengang) und »Organum«, »Polyphonic Compositions« für drei Klaviere und 4 »Evocations« für Klavier. Er hat seine Werke mehrmals umgearbeitet und verschieden orchestriert.

Sun-Treader für großes Orchester, ein Satz, entstanden 1931

Dieses bedeutendste Werk des Komponisten bringt lange kontrapunktische Linien, die in zahlreichen Klangfarben – zuweilen fein und zart, dann wieder hart und schrill – eingebettet sind und voll atonaler Chromatik ein drängendes Vorwärtsstreben und Zurückkehren zwar nicht darstellen, aber erfühlen lassen.

Jan Ingenhoven (1876–1951)

LEBEN

Jan Ingenhoven wurde am 19.5.1876 in Breda geboren. Er studierte bei Felix Brandts-Buys (20.11.1847, Deventer, bis 29.6.1917, Velp) und Felix Mottl (24.8.1856, Wien, bis 2.7.1911, München). Er wirkte von 1905 bis 1919 als Chordirigent in München und lebte anschließend bis zu seinem Tod am 20.5.1951 in Apeldoorn vorwiegend in der Schweiz.

WERKE

Die 3 »Sinfonischen Tonstücke« und die »Sinfonische Fantasie« für kleines Orchester von Jan Ingenhoven gewinnen durch polytonale

Felix Mottl

Schichtungen, atonale Chromatik interessante Klangwirkungen. Feine orchestrale Klänge zeichnen seine 4 Streichquartette und das Bläserquintett aus. Seine Chöre und Lieder sind weniger avantgardistisch.

LITERATUR

D. Ruyneman, De componist Jan Ingenhoven, Amsterdam 1938.

Hakon Børresen (1876–1954)

LEBEN

Aksel Ejnar Hakon Børresen wurde am 2.6. 1876 in Kopenhagen geboren. Er studierte bei Johan Svendsen. Von 1924 bis 1949 fungierte er als Vorsitzender der Dänischen Tonkünstlervereinigung, als Vorstandsmitglied des Dänischen Komponistenvereins und der Gesellschaft zur Herausgabe älterer dänischer Musik, fallweise auch als Dirigent. Er starb am 6.10.1954 in Kopenhagen.

WERKE

Von Hakon Børresen sind 3 Sinfonien und weitere Orchesterwerke, ein Streichsextett, 2 Streichquartette, ein Violinkonzert, Klavier- und Orgelstücke und zahlreiche Lieder, eine Oper und ein Ballett bekannt geworden. Er pflegte, von seinem Lehrer beeinflußt, einen internationalen spätromantischen Stil und wich allen Neuerungen aus.

Narciso Garay (1876–1953)

LEBEN

Narciso Garay wurde am 12.6.1876 in Ciudad de Panamá, Panama, geboren. Seine Ausbildung erhielt er zunächst am Instituto Musical in Cartagena, Spanien, sodann bei Martin Pierre Joseph Marsick, Vincent d'Indy und Gabriel Fauré in Paris. Von 1904 bis 1918 leitete er in Panamá die Escuela Nacional de Música, ging sodann in den diplomatischen Dienst. Er starb am 27.3.1953 in Panamá.

WERKE

Das Hauptanliegen von Narciso Garay bestand aus der Sammlung, Erforschung und Bearbeitung des Volksmusikgutes seiner panamaischen Heimat. Er schrieb ferner eine Fuge für Streichquartett, eine Sonate für Violine und Klavier, zahlreiche Klavierwerke und Klavierlieder. Sein Stil lehnte sich an die französische Romantik an.

Frits Ehrhardt Adrian Koeberg
(1876–1961)

LEBEN

Frits Ehrhardt Adrian Koeberg wurde am 15.7.1876 in Den Haag geboren. Nach seinem Studium am Konservatorium seines Geburtsortes von 1890 bis 1899 studierte er bei Xaver Scharwenka (1850–1924) in Berlin. Darauf lebte er als freier Komponist in Den Haag bis zu seinem Tod am 9.11.1961.

WERKE

Von Frits Ehrhardt Adrian Koeberg sind 3 Sinfonien, 9 programmatische Orchesterwerke, eine Oper und eine Operette bekannt geworden. Sein Stil zeigt ein deutliches nationales Gepräge, eine Anzahl seiner Melodien wurde durch Bearbeitungen für Militärkapellen und Carillon populär.

Xaver Scharwenka

Mortimer Wilson (1876–1932)

LEBEN

Mortimer Wilson wurde am 6.8.1876 in Chariton, Java, geboren. Er war in Chicago Schüler von Wilhelm Middelschulte (3.4.1863, Heeren, Werve, Westfalen, bis 4.5. 1943, Werve) und Frederic Gran Gleason (17.12.1848, Middletown, Conn., bis 6.12.1903, Chicago). Von 1901 bis 1907 war er Theorielehrer an der Universität in Lincoln, Neb., dann hielt er sich bis 1911 in Leipzig vorerst als Schüler von Hans Sitt und Max Reger, sodann als Lehrer auf. Darauf wurde er Orchesterdirigent in Atlanta, Ga., und unterrichtete ab 1916 in Gainesville, Ga., und verschiedenen anderen Städten, bis er an die National Academy of Music in New York kam, wo er am 27.1.1932 starb.

WERKE

Neben einem Concerto grosso, mit dem Mortimer Wilson auf eine Barockform zurückgriff, schrieb er 5 Sinfonien, eine Suite »Ländliche Hochzeit« für Streicher, eine Ouvertüre »New Orleans«, ein Violinenquartett, ein Trio, »Acht Miniaturen für Klaviertrio«, 3 Sonaten für Violine und Klavier, mehrere Klaviersuiten, Orgelstücke und viele Lieder. Sein Stil zeigte den Einfluß seines Studiums in Leipzig.

Alfonso Broqua (1876–1946)

LEBEN

Alfonso Broqua wurde am 11.9.1876 in Montevideo geboren. Er war Schüler der Schola Cantorum in Paris unter Vincent d'Indy, lebte darauf als Musiklehrer in seinem Geburtsort, bis er sich als freier Komponist in Paris niederließ, wo er am 24.11.1946 starb.

WERKE

Von Alfonso Broqua sind 2 Opern aufgeführt worden. Er wurde mit einer Kantate für Singstimme und Orchester bekannt und schrieb außerdem zahlreiche Gesänge, Lieder und Klavierstücke. Sein Stil wurde von seinem französischen Lehrer geprägt. Er stand am Beginn der Musikentwicklung in Uruguay, die sich von der in den anderen lateinamerikanischen Staaten wenig unterscheidet.

Flor Alpaerts (1876–1954)

LEBEN

Flor (Florent) Alpaerts wurde am 12.9.1876 in Antwerpen geboren. Er studierte am Konservatorium seiner Vaterstadt bei Jan Blockx (25.1.1851, Antwerpen, bis 26.5.1912, Antwerpen) und wurde an dieser Anstalt 1903 Lehrer für Solfège und 1924 für Kontrapunktik und Fuge; von 1919 bis 1951 wirkte er daneben als Konzertdirigent, von 1933 bis 1941 hatte er die Leitung des Konservatoriums inne. Er starb am 5.10.1954 in Antwerpen.

WERKE

Das bedeutendste Werk von Flor Alpaerts ist unbestritten seine James-Ensor-Suite, bei der es ihm gelungen ist, die expressiv-visionäre grelle Farbgebung des belgischen Malers James Ensor (1860–1949) in Töne zu übersetzen. Er schrieb eine weitere vom Schriftsteller Stijn Streuvels (1871–1969) inspirierte Suite, 4 sinfonische Gedichte, ein sinfonisches »Poème« für Flöte und Orchester, Kantaten, Klavierwerke und Lieder, außerdem 2 Bühnenmusiken und eine Oper. Sein Stil näherte sich dem Expressionismus.

Eugeniusz Morawski (1876–1948)

LEBEN

Eugeniusz Morawski (Morawski-Dabrowa) wurde am 2.11.1876 in Warschau geboren, wo er bei Zygmunt Noskowski studierte. Im Revolutionsjahr 1905 mußte er Polen verlassen und wurde in Paris Schüler von André Gédalge und Camille Chevillard (14.10.1859, Paris, bis 30.5.1923, Chatou, Seine-et-Oise); er besuchte auch Lehrgänge für Plastik und Malerei. Im Jahr 1930 erhielt er die Leitung des Konservatoriums in Poznan und wurde 2 Jahre darauf Rektor des Konservatoriums in Warschau, welches Amt er 1939 infolge des

Kriegs verlor. Er starb am 23.10.1948 in Warschau.

WERKE
Von den 5 Opern von Eugeniusz Morawski blieben 2 unvollendet. Er verfaßte außerdem 6 Sinfonien, 6 sinfonische Dichtungen, 2 Klavierkonzerte, ein Violinkonzert, 8 Streichquartette, 8 Klaviersonaten, 2 Violinsonaten, 4 Ballette, 2 Schauspielmusiken und Lieder. Die Musik dieses Spätromantikers ist äußerst klangvoll und farbenreich und wird wohl zu Unrecht wenig beachtet.

Rudolf Weis-Ostborn (1876–1962)

LEBEN
Rudolf von Weis-Ostborn wurde am 8.11.1876 in Graz geboren, wo er am Konservatorium und an der Universität studierte. Von 1913 bis 1919 war er Dirigent der Philharmonischen Gesellschaft in Ljubljana, sodann bis 1958 Domchordirektor in Graz, wo er am 18.12. 1962 starb.

WERKE
Das Hauptgewicht des kompositorischen Schaffens von Rudolf Weis-Ostborn lag auf dem Gebiet der sakralen Musik. Er schrieb ein Oratorium »Christophorus«, 8 Messen, 3 Deutsche Messen a cappella und eine Anzahl kleinere Kirchenwerke; ferner »Melodie« für Streicher, »Epilog« für zwei Hörner und Fagott, eine Sonatine für Klavier, Chöre und Lieder, außerdem Volksliedbearbeitungen.

Manuel de Falla (1876–1946)

LEBEN
Manuel María de Falla y Matheu wurde am 23.11.1876 in Cádiz geboren. Er studierte am Konservatorium in Madrid unter Felipe Pedrell. Im Jahr 1905 wurde seine Oper »La vida breve« (Ein kurzes Leben) preisgekrönt, 1907 übersiedelte er nach Paris, brachte sich dort als Musiklehrer durch und konnte mit der damaligen Elite der französischen Komposition Fühlung aufnehmen. 1914 kehrte er nach Spanien zurück und ließ sich in Granada nieder. Von einer Konzertreise nach Argentinien kam er wegen des Bürgerkriegs und der nachfolgenden politischen Zustände nicht mehr in seine Heimat zurück. Er starb am 14.11.1946 in Alta Gracia, Córdoba, Argentinien, als einer der hervorragendsten Gestalten des spanischen Kulturlebens, der der spanischen Musik Weltgeltung verliehen und die Komponisten anderer Länder auf die Folklore Spaniens hingewiesen hatte. Sein Leichnam wurde nach Cádiz zurückgebracht und dort in der Domgruft beigesetzt.

WERKE
Neben seiner Oper, das Puppenspiel »Meister Pedro's Puppenspiel«, dem Ballett »Zauberin Liebe« und der Pantomime »Der Dreispitz« begründete vor allem das Klavierkonzert »Nächte in spanischen Gärten« den Weltruf

Manuel de Falla

von Manuel de Falla. Sein »Konzert für Cembalo, Flöte, Oboe, Violine und Cello« führte das Cembalo in die moderne Musik ein. Die »Fantasía baética« für Klavier wurde für Artur Rubinstein (28.1.1887, Łódz, bis 20.12.1982, Genf) geschrieben, wie viele andere seiner Klavierstücke. Er schrieb ferner Kompositionen für Gitarre, ein Klavierquintett, ein Andante und Scherzo für Klavierquartett und ein Stück für Cello und Klavier, zahlreiche Lieder und Chöre mit verschiedener Begleitung, außerdem ein großangelegtes Oratorium »Atlàntida« für Soli, Chöre und Orchester.

Atlàntida, Oratorium für Soli, 2 Chöre und Orchester, 3 Teile, Text nach dem (unvollendeten) Gedicht des katalanischen Dichters Jacint Verdaguer i Santaló (1845–1902) mit Zusätzen.

Der 1. Teil beginnt mit einem »Hymnus Hispanicus«. Dann schildern der Narrator und der gemischte Chor die Untat des dreiköpfigen Monsters Geryon, das die Königin Pyrene ihres Throns beraubte und mit brennenden Wäldern umgibt. Alcides (Herkules) kommt zu spät, um sie zu retten; er kann sie nur mehr bestatten und rächen. Er verfolgt das Ungeheuer in dessen Reich südlich der Berge. Er besiegt im 2. Teil Geryon, der sich ihm unterwirft und erklärt, daß im Süden ein bei weitem größeres und schöneres Reich bereit liegt: Atlantis. Alcides betritt dieses Reich und kommt in den Garten der Hesperiden, wo ein Drache einen Orangenbaum bewacht. Auch dieses Untier wird überwunden. Alcides kommt nach mehreren Abenteuern nach Gades, wo er vernimmt, daß die Bewohner von Atlantis wegen ihres Übermuts der Strafe Gottes verfallen sind. Atlantis versinkt vor seinen Augen. Im 3. Teil tritt ein Pilger aus Genua (Kolumbus) auf, der der Prophezeiung gemäß über den Ozean setzen und ein neues großes Reich für Spanien gewinnen wird.

Der Komponist konnte dieses gewaltige Werk nicht vollenden, Ernesto Halffter schuf die endgültige Fassung.

El amor brujo (Zauberin Liebe), Ballett für Orchester und Mezzosopran, entstanden 1915

Die Fabel stellt in 13 Abschnitten dar, wie das Zigeunermädchen Candelas von ihrem verstorbenen Liebhaber verfolgt wird, indem dieser stets als Gespenst auftaucht, wenn sie ihren neuen Liebhaber Carmelo küssen will. Da das Mädchen weiß, daß der Verstorbene einem schönen Gesicht nicht widerstehen kann, lädt sie zu ihrem Stelldichein mit Carmelo die schöne Lucia ein. Das Gespenst erscheint, wendet sich aber sofort Lucia zu, so daß Candelas und Carmelo einander endlich ungestört küssen dürfen. Die Konzertfassung rafft die Szenen, die Singstimme wird instrumental gebracht. Der Höhepunkt des Konzerts ist der Feuertanz mit bitonaler Struktur.

El sombrero de tres picos (Der Dreispitz), Ballett, 2 Teile, entstanden 1915

Die Fabel handelt vom Corregidor, der als Zeichen seiner Würde einen Dreispitz trägt. Er verliebt sich in die schöne Müllerin, die sich mit ihrem Mann über den hohen Beamten lustig macht. Diesem ist es aber möglich, den Müller aufgrund einer erfundenen Anklage festnehmen zu lassen. Dem Müller gelingt es jedoch, aus der Haft zu entkommen. Als er in seine Mühle kommt, findet er die Kleider des Corregidors vor, der sich ausziehen mußte, weil er bei der Verfolgung der Müllerin in den Mühlbach gefallen war. Der Müller zieht die Kleider des Beamten an, um so seiner Frau, von der er sich betrogen glaubt, den Hof zu machen. Der Corregidor muß nun mit den Kleidern des Müllers vorlieb nehmen und wird von seinen Häschern, die dem entflohenen Müller nachgesetzt waren, festgenommen. Das Volk läuft herbei, alles klärt sich auf, im Verlauf des allgemeinen Freudentanzes wird der unbeliebte Beamte mit einer Decke mehrmals in die Höhe geworfen und wieder aufgefangen. Die aus der Ballettmusik gebildete Suite faßt drei stilisierte Tänze des 2. Teils zusammen. Eine zweite Suite wurde aus Szenen und Tänzen des 1. Teils gebildet.

Noches en los jardines de España (Nächte in spanischen Gärten), Sinfonische Impressionen für Klavier und Orchester, 3 Sätze, entstanden 1916

Das Konzert war ursprünglich als Suite von 3 Nokturnen für Klavier geplant. Der 1. Satz »En el Generalife« (Im Generalife) schildert die Gärten der ehemaligen arabischen Residenz bei Granada mit kunstvollen Wasserspielen. Das Klavier, das nie solistisch eingesetzt ist, ahmt reizend den Klang von Gitarren nach. Der Mittelsatz »Danza lejana« (Ferner Tanz) bringt andalusische Folklore. Die Tanzrhythmen klingen zunächst aus der Ferne, kommen sodann näher und steigern sich zu ekstatischen Ausbrüchen. Das Finale »En los jardines de la Sierra de Córdoba« (In den Gärten der Sierra de Córdoba) bringt schwungvolle Tanzrhythmen, die verträumt ausklingen.

Konzert für Cembalo, Flöte, Oboe, Klarinette, Violine und Cello, 3 Sätze, entstanden 1926

Mit diesem Konzert tritt das durch viele Jahrzehnte völlig vernachlässigte Cembalo als gleichberechtigtes Instrument in das Konzertleben wieder ein. Frisch und energisch wird im 1. Satz die Klangfülle des Cembalos ausgenützt. Der 2., langsame Satz erinnert mit seinem feierlich schreitenden Rhythmus und mit scharfen Dissonanzen an eine Prozession. Das Finale weckt den Gedanken an gewisse Sonaten von Domenico Scarlatti (1685 bis 1757), dessen Musik in Spanien immer lebendig geblieben ist.

Literatur

A. Sagardía, Vida y obra de Manuel de Falla, Madrid 1967.

Mieczysław Karłowicz (1876–1909)

Leben

Mieczysław Karłowicz wurde am 11.12.1876 in Wiszniewo, Litauen, geboren. Er studierte in Warschau, Berlin und Leipzig und wurde 1904 Direktor der Musikgesellschaft in Warschau. Ab 1906 lebte er als freier Komponist in Zakopane, Polen, wo er am 10.2.1909 starb.

Werke

Das gesamte kompositorische Werk von Mieczysław Karłowicz war spätromantisch und stand im Schatten von Richard Strauss. Er schrieb eine Sinfonie, die sinfonischen Dichtungen »Wiederkehrende Wellen«, »Drei uralte Lieder«, »Litauische Rhapsodie«, »Stanisław und Anna Oświecim«, »Traurige Mär« und »Ein Drama auf der Maskerade« (unvollendet), eine Serenade für Streichorchester, ein Violinkonzert, Stücke für Violine und für Cello mit Klavier, ein Praeludium und Doppelfuge für Klavier, eine Klaviersonate und viele Lieder.

Drei uralte Lieder, Sinfonisches Gedicht, Opus 10, 3 Teile, entstanden 1906

Es liegt das seltene Beispiel eines zyklischen Tongedichts vor. Der 1. Teil »Lied der immerwährenden Sehnsucht« besteht aus zwei Themen, von denen das erste vom Englischhorn intoniert, das zweite von den Posaunen vorgetragen wird. Jenes zweite Thema bildet auch die Klimax des 2. Teiles »Lied von Liebe und Tod« und des 3. Teiles »Lied des ewigen Seins«. Das Werk schließt mit einem feierlichen Choral ab.

Litauische Rhapsodie, Sinfonisches Gedicht, Opus 11, entstanden 1906

Dieses Stück, das die Eindrücke der litauischen Landschaft wiedergibt, basiert nicht auf litauischer, sondern auf weißrussischer Volksmusik. Es beginnt mit einer von Flöten geblasenen Melodie. Anschließend erklingt eine von Fagotten vor dem Hintergrund der Streicherbegleitung vorgetragene Volksmelodie. Das dritte Thema ist ein lyrisches Wiegenlied, das in Tanzrhythmen mündet.

Stanisław und Anna Oświecim, Sinfonisches Gedicht, Opus 12, entstanden 1907

Das Stück beruht auf einer polnischen Legende, nach der Stanisław seine Schwester Anna erst kennenlernte, als beide erwachsen waren, und sich in sie verliebte. Er pilgerte nach Rom und erreichte vom Papst die Genehmigung zur Heirat, traf jedoch Anna bei seiner Heimkehr nur mehr als Tote an. Er überlebte das Mädchen nur kurze Zeit und wurde an ihrer Seite bestattet. Die Musik hat nur zum Teil erzählenden Charakter, sie gibt zumeist nur die Stimmung der einzelnen Szenen der Legende wieder.

Violinkonzert in A-Dur, Opus 8, 3 Sätze, entstanden 1902

Das Konzert ist nach klassischem Muster aufgebaut. Der 1. Satz ist ein energischer Sonatensatz mit deutlich kontrastierenden Themen. Im 2. Satz erklingt eine lyrische Kantilene, das Finale schließt das Werk brillant und fröhlich ab. Es stellt an den Virtuosen hohe Anforderungen und ist prächtig orchestriert.

Literatur

A. Chybiński, Karłowicz, Krakau 1947.

Alessandro Bustini (1876–1970)

Leben

Alessandro Bustini wurde am 24.12.1876 in Rom geboren und war dort am Liceo musicale di Santa Cecilia Schüler von Stanislao Falchi (29.1.1851, Terni, bis 14.11.1922, Rom) und Giovanni Sgambati, anschließend wirkte er bis 1940 an dieser Anstalt als Lehrer für Fuge und Komposition. Von 1952 bis 1964 leitete er sie als Präsident. Er starb am 23.6.1970 in Rom.

Werke

Neben 3 Opern schrieb Alessandro Bustini 2 Sinfonien – eine mit Orgel –, eine sinfonische Dichtung, mehrere Streichquartette, eine »Kleine Suite« für Klavier, ein »Notturno e Capriccio« für Violine, eine Violinsonate, eine

Bratschensonate, einen Balladenzyklus und eine Totenmesse. Sein Stil gehörte, abgesehen von häufigen archaischen Wendungen, der italienischen Romantik an.

Enrico Mainardi

Pau Casals (1876–1973)

LEBEN

Pau (Pablo) Casals wurde am 29.12.1876 in Vendrell, Katalonien, geboren. Er war Schüler von José García Robles (2.7.1835, Olot, bis 28.1.1910, Barcelona), sodann von Jesús de Monasterio (1836–1903), dessen Kammermusikklasse er am Konservatorium in Madrid absolvierte. Von 1895 bis 1898 wirkte er als Solocellist an der Opéra in Paris und sodann als Cellolehrer am Konservatorium in Barcelona, wo er 1919 das Orquestra Pau Casals gründete. Nach dem Ende des spanischen Bürgerkriegs verließ er Spanien für immer und siedelte sich in Prades, Pyrénées-Orientales, an, wo er jährliche Festspiele veranstaltete. Im Jahr 1956 übersiedelte er nach Puerto Rico, wo er in San Juan die Festspiele, das Sinfonieorchester und das Konservatorium ins Leben rief; 1970 dirigierte er in New York zum letzten Mal. Er starb am 22.10.1973 in Puerto Rico als weltbekannter und berühmter Cellist, hochgeehrt als Dirigent, Komponist und Lehrer.

Pau Casals

WERKE

Neben seiner umfangreichen Tätigkeit als Cellovirtuose, Dirigent und Veranstalter von Festspielen und Einzelkonzerten schrieb Pau Casals die sinfonische Dichtung »La Vision de Fray Martín« für Orgel, Soli, Chor und Orchester, mehrere Sardanas und verschiedene sakrale Chorwerke, aus denen das Oratorium »El Pessebre« (Die Krippe) hervorragt.

El Pessebre, Weihnachtsoratorium für Soli, Chor und Orchester, entstanden 1943

Ein auf katalanischen Text im Volkston einfach orchestriertes Krippenspiel bis zum Erscheinen der Heiligen Drei Könige von eindringlicher Innigkeit. Die Erstaufführung fand 1960 in Fort San Diego, Acapulco, unter der Leitung des Komponisten statt.

Literatur

R. v. Tobel, Pablo Casals, Zürich 1943.

Kathleen Bruckshaw (1877–1921)

Leben

Kathleen Bruckshaw wurde am 5.1.1877 in Islington, England, geboren. Sie trat bereits mit 12 Jahren als Pianistin öffentlich auf. Hernach wurde sie Schülerin von Bernhard Stavenhagen in Weimar und später noch von Ferruccio Busoni. Sie spielte in Berlin und München und in allen großen Städten Englands, wobei sie ihre Kompositionen vortrug. Sie starb am 10.10.1921 in London.

Werke

Alle Kompositionen von Kathleen Bruckshaw wurden für Klavier geschrieben. Am bemerkenswertesten darunter sind ein Klavierkonzert, eine Sonate für Klavier und Violinen, ein Quintett für Streicher mit Klavier und zahlreiche Stücke für Klavier solo wie mehrere Romanzen und Impressionen.

Sigfús Einarsson (1877–1939)

Leben

Sigfús Einarsson wurde am 30.1.1877 in Eyrarbakki, Island, geboren. Er war Autodidakt und wirkte als Gesanglehrer, Dirigent und Domorganist in Reykjavík bis zu seinem Tod am 10.5.1939.

Werke

Mit seinen klangreichen Chören mit Soli und Klavier, den Frauen- und Männerchören, Liedern und Klavierstücken, die isländische Volksmusik verarbeiteten, wurde Sigfús Einarsson zu einem der frühesten Vertreter eigenständiger isländischer Musik. Sehr bekannt geworden ist seine Festkantate.

Sergei Bortkjewitsch (1877–1952)

Leben

Sergei Eduardowitsch Bortkjewitsch wurde am 16.2.1877 in Charkow (Charkiw) geboren. Er war von 1896 bis 1899 in St. Petersburg Schüler von Anatoli Ljadow und von 1900 bis 1902 in Leipzig von Alfred Reisenauer (1.11.1863, Königsberg [Kaliningrad], bis 3.10.1907, Liepāja, Lettland), Karl Piutti (1846 bis 1902) und Salomon Jadassohn. Von 1904 bis 1914 lebte er in Berlin als Klavierlehrer, darauf bis 1920 in Rußland und bis 1922 in Istanbul, anschließend bis zu seinem Tod am 25.10.1952 in Wien.

Werke

Vom umfangreichen kompositorischen Werk von Sergei Bortkjewitsch sind 2 Sinfonien, 3 Klavierkonzerte, eine sinfonische Dichtung, eine Ballettsuite, eine jugoslawische Suite, eine Österreichische Suite, ein Cellokonzert, ein Violinkonzert, eine Klaviersonate, eine Violinsonate, zahlreiche Klavierstücke und eine Oper bemerkenswert. Er pflegte einen sehr melodiösen spätromantischen Stil.

Petar Krstić (1877–1957)

Leben

Petar Krstić wurde am 18.2.1877 in Belgrad geboren. Er war in Wien Schüler von Robert Fuchs und Guido Adler. Darauf wirkte er in Belgrad als Kapellmeister und Musiklehrer und schließlich als musikalischer Leiter des Senders. Er starb am 21.1.1957 in Belgrad.

Werke

Das kompositorische Werk von Petar Krstić ist auf die serbische Volksmusik aufgebaut. Er schrieb neben einer Oper unter anderem mehrere Schauspielmusiken, eine vorzügliche Suite für Streicher, 2 Ouvertüren, verschiedene Kammermusik, eine Kantate »Morgen der Freiheit«, eine Liturgie für gemischten Chor, weitere Chöre und Lieder sowie Klavierstücke.

Louis Aubert (1877–1968)

LEBEN

Louis François Marie Aubert wurde am 12.2. 1877 in Paramé, Ille-et-Vilaine, geboren. Er studierte am Conservatoire in Paris bei Alexandre Jean Albert Lavignac, Louis Diémer, Paul Vidal (16.4.1863, Toulouse, bis 9.4.1931, Paris) und Gabriel Fauré. Im Jahr 1956 wurde er Mitglied des Institut de France. Er starb am 10.1.1968 in Paris.

WERKE

Einen Namen machte sich Louis Aubert bereits durch seine kongeniale Instrumentation von Werken von Gabriel Fauré, Claude Debussy und Frédéric Chopin. Auch seine eigenen Kompositionen sind impressionistisch. Er schrieb für Orchester: »Suite brève« (Kurze Suite), »Habanera«, »Dryade«, »Feuilles d'images« (Porträts), »Offrande« (Gabe), »Le Tombeau de Chateaubriand« (Das Grabmal Chateaubriands), ferner Fantasie für Klavier und Orchester und Caprice für Violine und Orchester; für Klavier: 3 Skizzen, 2 Mazurkas, eine Sonate und weitere Stücke; außerdem zahlreiche Lieder und Chansons, eine Kantate für Solo, Chor und Orchester und eine für Jazzkapelle, Chöre und Sinfonieorchester.

Aleksandr Goedicke (1877–1957)

LEBEN

Aleksandr Fjodorowitsch Goedicke (Gedike) wurde am 20.2.1877 in Moskau geboren, wo er am Konservatorium bei Wasili Iljitsch Safonow Klavierspiel, bei Antoni Arenski und Georgi Konius Komposition studierte. Von 1909 bis zu seinem Tod am 9.7.1957 wirkte er als Professor des Konservatoriums in Moskau.

WERKE

Die 4 Opern von Aleksandr Goedicke blieben Manuskript. Er schrieb außerdem 3 Sinfonien, 6 Orchesterimpressionen »Im Kriege«, 4 Ouvertüren zu staatlichen Festlichkeiten, ein Violinkonzert, ein Hornkonzert, ein Klavierquintett, 2 Streichquartette, 2 Klaviertrios, eine patriotische Kantate, 6 Hefte russischer Volkslieder für Singstimme und Klaviertrio. Er gab 21 Hefte mit gesammelter Blasmusik heraus. Sein Stil war durch seine Lehrer geprägt und wurde nicht weiterentwickelt.

Rudolph Ganz (1877–1972)

LEBEN

Rudolph Ganz wurde am 24.2.1877 in Zürich geboren. Er studierte in Zürich, Lausanne, Straßburg und Berlin und trat bereits mit 12 Jahren als Cellist und mit 16 als Violinist auf. Nach mehreren Auftritten in Berlin erhielt er 1901 die Leitung der höheren Klavierklassen des Musical College in Chicago. Von 1906 bis 1915 bereiste er als Klaviervirtuose Europa, die USA, Kanada und Kuba, von 1921 bis 1927 wirkte er als Dirigent des Sinfonieorchesters in St. Louis, Mo., 1928 wurde er künstlerischer Leiter des Musical College in Chigago, dem er sodann von 1933 bis 1954 als Präsident vorstand. Von 1920 bis 1953 trat er in allen großen Städten der USA und in Paris, London, Toronto und Habana als Gastdirigent auf. Er starb am 2.8.1972 in Chicago.

WERKE

Außer einer in Berlin herausgebrachten Sinfonie schrieb Rudolph Ganz eine Orchestersuite und 4 weitere Orchesterstücke, Variationen über ein Thema von Johannes Brahms, ein Klavierkonzert, ein Konzertstück für Klavier und Orchester, Klavierstücke und ungefähr 200 Lieder und Chöre. Als Pianist propagierte er in den USA die französische Klaviermusik der ersten Hälfte des 20. Jahrhunderts.

Albert Dupuis (1877–1967)

LEBEN

Albert Dupuis wurde am 1.3.1877 in Verviers geboren, wo er am Konservatorium studierte. Er war darauf Schüler von Vincent d'Indy und Félix Alexandre Guilmant an der Schola Cantorum in Paris; seine Ausbildung schloß er am Konservatorium in Brüssel ab, wo er den Rompreis erhielt. Von 1907 bis 1947 war er Leiter des Konservatoriums von Verviers. Er starb am 19.9.1967 in Brüssel.

WERKE

Von Albert Dupuis sind 13 Opern und 3 Ballette aufgeführt worden. Er schrieb außerdem 2 Sinfonien, ein Cellokonzert, ein Violinkonzert, ein Klavierkonzert, ein Hornkonzert, ein Doppelkonzert für Cello und Klavier, Kammermusik und Lieder, ferner 3 Chorwerke.

LITERATUR

R. Michel, Un grand musicien belge méconnu Albert Dupuis, Verviers 1967.

Tiberiu Brediceanu (1877–1968)

LEBEN

Tiberiu Brediceanu wurde am 20.3.1877 in Lugoj, Rumänien, geboren. Er studierte in Blaj und in Braşov. Dann übersiedelte er nach Bukarest, wo er Generaldirektor der Oper wurde und am 19.12.1968 starb.

WERKE

Neben 2 lyrischen Szenen für die Bühne schrieb Tiberiu Brediceanu »Sinfonische Tänze«, »Doinas«, Lieder und Balladen nach Volksmelodien für Gesang und Klavier. Er war Folklorist, publizierte mehrere wertvolle Werke über das rumänische Volkslied und gab eine Sammlung mit 170 Volksmelodien heraus.

Ludwig Heß (1877–1944)

LEBEN

Ludwig Heß wurde am 23.3.1877 in Marburg geboren. Er studierte von 1895 bis 1900 in Berlin und anschließend in Mailand, dann wirkte er als Konzertsänger, Chordirigent und Gesanglehrer in verschiedenen Städten, bis er 1924 Professor an der Staatlichen Akademie für Kirchen- und Schulmusik in Berlin wurde. Im Jahr 1933 verlor er diese Stellung, konnte sich aber weiterhin der Komposition widmen. Er starb am 5.2.1944 in Berlin.

WERKE

Von Ludwig Heß sind 5 Opern aufgeführt worden. Er schrieb ferner 2 Sinfonien, ein Klaviersextett, die schönen Chorwerke »Ariadne«, »Te Deum«, »Weihnachtsidyll«, Gesänge für Frauenchor, Chorlieder, Orchester- und Klavierlieder. Sein Stil war konservativ, aber sehr klangreich und gut rhythmisiert.

Eugène Cools (1877–1936)

LEBEN

Eugène Cools wurde am 27.3.1877 in Paris geboren. Er studierte am Conservatoire in Paris bei André Gédalge, Gabriel Fauré und Charles-Marie Widor. Von 1907 bis 1923 wirkte er als Assistent von Gédalge am Conservatoire und von 1919 bis 1928 als Musiklehrer. Er starb am 5.8.1936 in Paris.

WERKE

Neben mehreren Opern und Balletten, einer Bühnenmusik und einigen Orchesterwerken verfaßte Eugène Cools ein Streichquartett, eine Flötensonate, eine Violinsonate und ein sehr beliebtes Klavierquintett, außerdem eine Anzahl prächtiger Klavierstücke.

Lucien Haudebert (1877–1963)

LEBEN

Lucien Louis Jean Haudebert wurde am 10.4.1877 in Fourgères, Ille-et-Vilaine, geboren. Er studierte bei Gabriel Fauré und nach längerer, durch Krankheit bedingter Unterbrechung bei Jacques Pillois (14.2.1877, Paris, bis 3.1.1935, New York) und lebte anschließend als freier Komponist in Paris, wo er am 24.2.1963 starb.

WERKE

Seine vor 1916 entstandenen Kompositionen zog Lucien Haudebert zurück. Er schrieb darauf 2 Sinfonien, 2 Orchesterstücke »Das Opfer Abrahams«, »Reise in den Bergen«, ein Streichquartett, ein Bläserquartett, Stücke für Violine und Klavier, Gesänge und Lieder mit

Kammermusik- oder Orchesterbegleitung, eine Psalmvertonung für Soli, Chor, Orchester und Orgel, ein Requiem, ein Te Deum, ein Oratorium und eine Oper. Seine sehr reizvolle Musik fand wohl zu Unrecht wenig Beachtung.

Roderich Mojsisovics-Mojsvár
(1877–1953)

LEBEN
Ladislaus Anton Julius Roderich Mojsisovics, Edler von Mojsvár, wurde am 10.5.1877 in Graz geboren. Er studierte bei Erich Wolf Degner, Otto Adolf Klauwell, Franz Wüllner in Köln und bei Ludwig Thuille in München, war von 1903 bis 1905 Dirigent des Männergesangvereins in Brünn und von 1912 bis 1931 Direktor des Steiermärkischen Musikvereins. Nach seiner Tätigkeit als Lektor am Konservatorium in Berlin und Musikkritiker in München sowie als Dozent an der Musikhochschule in Mannheim kehrte er 1944 nach Graz zurück, wo er am 30.3.1953 starb.

WERKE
Von Roderich Mojsisovics-Mojsvár sind 3 Opern, 2 Ballette, ein Marionettenspiel und 2 Melodramen aufgeführt worden. Er schrieb ferner 5 Sinfonien, 2 Ouvertüren, 2 Orchesterserenaden, 2 Klavierkonzerte, ein Violinkonzert, 3 Streichquartette, ein Streichtrio, eine Sonate für Bratsche und Klavier, eine Sonate für Violine solo, Klavier- und Orgelstücke, Lieder und Chöre. Er stand der Münchner Schule nahe.

Blair Fairchild (1877–1933)

LEBEN
Blair Fairchild wurde am 23.6.1877 in Belmont geboren. Er war an der Harvard University Schüler von John Knowles Paine und in Florenz von Giuseppe Buonamici (1846 bis 1914). Nach kaufmännischer und dann diplomatischer Tätigkeit wandte er sich 1903 ganz der Musik zu, studierte noch in Paris bei Charles-Marie Widor und lebte als freier Komponist abwechselnd in New York und in Paris, wo er am 23.4.1933 starb.

WERKE
Der diplomatische Dienst in Istanbul und Teheran hat Blair Fairchild den orientalischen Legendenschatz nähergebracht. Er schrieb 2 sinfonische Dichtungen nach persischen Legenden; auch die Skizze für Orchester »Tamineh« verarbeitet persisches Sagengut. Er verfaßte außerdem eine weitere sinfonische Dichtung, eine »Sinfonische Etüde« für Violine und Orchester, ein Kammerkonzert für Violine, Klavier und Streichquartett, 2 »Novelletten« für Streichquartett, ein Klavierquintett, ein Streichquartett, ein Klaviertrio, 2 Violinsonaten, Stücke für Cello und Klavier, für Klarinette und Klavier, für Violine und Cello und für Klavier solo, ferner Orgelstücke, ein Requiem, Kantaten und Lieder mit verschiedener Begleitung. Er war Spätromantiker.

David Stanley Smith (1877–1949)

LEBEN
David Stanley Smith wurde am 6.7.1877 in Toledo, O., geboren. Er studierte bei Horatio Parker an der Yale University, sodann bei Ludwig Thuille in München und Vincent d'Indy in Paris. Nach New Haven, Conn., zurückgekehrt, wurde er Theorielehrer an der School of Music und 1916 Professor. Im Jahr 1920 erhielt er die Leitung der Schule und des Sinfonieorchesters der Stadt. Er starb am 17.12.1949 in New Haven.

WERKE
Von David Stanley Smith sind 4 Sinfonien, Rhapsodien, Impressionen und andere Orchesterstücke, 10 Streichquartette, 2 Violinsonaten, eine Oboensonate, eine Cellosonate, verschiedene Chorwerke, Anthems, Liederzyklen und einzelne Gesänge bekannt geworden. Sein Stil war spätromantisch.

Ernö von Dohnányi (1877–1960)

Ernö von Dohnányi

LEBEN

Ernö (Ernst) von Dohnányi wurde am 27.7. 1877 in Preßburg geboren. Er war von 1893 bis 1897 an der Musikakademie in Budapest Schüler von István Thomán und Hans Koessler. Dann trat er, nachdem er bereits in Preßburg und Budapest mit einigen Kompositionen Aufsehen erregt und noch bei Eugen d'Albert studiert hatte, in Berlin mit großem Erfolg als Klaviervirtuose auf. Von 1910 bis 1915 wirkte er als Klavierlehrer an der Berliner Musikhochschule, sodann am Konservatorium in Budapest, dessen Direktor er 1919 wurde, darauf bis 1944 als Dirigent der Philharmonischen Gesellschaft mit einer Unterbrechung von zwei Jahren, die er in Amerika verbrachte. Im Jahr 1948 ließ er sich in Tucumán, Argentinien, nieder, ab 1949 war er Lehrer an der Florida State University in Tallahassee. Er starb am 9.2.1960 in New York.

WERKE

Stilistisch gehört das kompositorische Werk von Ernö von Dohnányi der Spätromantik an und ist vor allem Johannes Brahms verpflichtet. Von ihm sind 3 Opern aufgeführt worden. Er schrieb weiters eine Pantomime, 3 Sinfonien, eine Orchestersuite, eine Festouvertüre, eine Rhapsodie, 3 Klavierkonzerte, Variationen über ein Kinderlied für Klavier und Orchester, sein berühmtestes Werk, 2 Violinkonzerte, ein Cellokonzert, ein Concertino für Harfe und Orchester, ein Sextett für Klarinette, Horn, Streicher und Klavier, 2 Klavierquintette, 3 Streichquartette, ein Streichtrio, eine Cellosonate, mehrere Klavierstücke, eine Messe, eine Kantate, ein Stabat mater, 3 Orchesterlieder, Klavierlieder.

Variationen über ein Kinderlied, Opus 25, entstanden 1914

Mit einer pompösen Orchestereinleitung beginnt das Stück, dann wird das Thema – ein bekanntes Kinderlied – vom Pianisten unbegleitet vorgetragen. In den folgenden 6 Variationen kommt es zu interessanten Dialogen zwischen dem Klavier und verschiedenen Orchestergruppen. In der 7. und 8. Variation erklingen ein Wiener Walzer und ein Marsch, die 9. ist voll orchestraler Effekte, die 10. bringt eine Passacaglia. Der folgende Choral ist eine Auseinandersetzung zwischen Bläsern und Klavier und Harfe, wobei plötzlich Ganztonskalen erklingen; ein Fugato schließt sich an. Dann kehrt das Originalthema wieder und wird noch einmal phrasiert. Eine rasche Coda klingt mit einem Klavierglissando über sechs Oktaven aus.

Petar Stojanović (1877–1957)

LEBEN

Petar Lazar Stojanović wurde am 25.8.1877 in Budapest geboren. Er war Schüler von Jenö Hubay (1858–1937) und Robert Fuchs. Er gründete in Wien eine »Violinschule für höhere Ausbildung«. Ab 1925 war er Direktor, Erster Violinlehrer und Kompositionslehrer am Konservatorium in Belgrad, wo er am 11.9.1957 starb.

WERKE

Von Petar Stojanović sind 2 ungarische Opern und 3 Operetten aufgeführt worden. Er schrieb außerdem 2 Ballette, eine sinfonische Dichtung, 7 Violinkonzerte, 2 Bratschenkonzerte, ein Flötenkonzert, ein Hornkonzert, außerdem Kammermusik und didaktische Werke. Sein Stil gehörte der Spätromantik an.

Jesús Castillo (1877–1946)

Leben

Jesús Castillo wurde am 9. 9. 1877 in San Juan Ostuncalco, Departamento Quezaltenango, Guatemala, geboren. Sein kompositorisches Werk stand unter dem Einfluß indianischer Musik, die er zeitlebens sammelte und bearbeitete. Er starb am 23. 4. 1946 in Quezaltenango.

Werke

Neben 2 Opern schrieb Jesús Castillo 5 »Eingeborenen-Ouvertüren«, 2 »Eingeborenen-Suiten« und eine Reihe von Stücken, in denen Eingeborenenmusik verarbeitet wurde. Er zählt zu den frühesten guatemaltekischen Komponisten.

Elisabeth Kuyper (1877–1953)

Leben

Elisabeth Kuyper wurde am 13. 9. 1877 in Amsterdam geboren. Sie war Schülerin von Max Bruch an der Musikhochschule in Berlin, wo sie selbst von 1908 bis 1920 als Theorie- und Kompositionslehrerin wirkte. Sie gründete 1910 das Tonkünstlerinnen-Orchester und leitete es, dirigierte die Sängerinnen-Vereinigung des Deutschen Lyzeumklubs; in London begründete sie 1922 das Women's Symphony Orchestra und in New York 1923 einen gleichartigen Klangkörper. Sie starb am 26. 2. 1953 in Lugano.

Werke

Von der Pianistin Elisabeth Kuyper sind eine Sinfonie, eine Orchesterserenade, ein Violinkonzert, ein Klaviertrio, 2 Violinsonaten, Kantaten, Chöre und Lieder bekannt geworden. Ihr Stil läßt den ihres Lehrers erkennen.

Jean Huré (1877–1930)

Leben

Jean Huré wurde am 17. 9. 1877 in Gien, Loiret, geboren. Er wurde in Angers und sodann in Paris zum Organisten, Pianisten und Komponisten ausgebildet. Er wirkte als Organist an Notre-Dame-des-Blancs-Manteaux, darauf an St-Martin-des-Champs und ab 1926 an St-Augustin. Er starb als zu seiner Zeit sehr angesehener Organist und Komponist am 27. 1. 1930 in Paris.

Werke

Neben mehreren Opern und einem Ballett schrieb Jean Huré 3 Sinfonien – die 1. mit Chor und Orgel –, ein Violinkonzert, ein Klavierquintett, 2 Streichquartette, 3 Sonaten für Cello und Klavier, eine Sonate und eine Sonatine für Violine und Klavier, 2 Klaviersonaten, einige Orgelstücke, mehrere Messen, ein Te Deum und Gesänge. Er veröffentlichte eine Anzahl musikwissenschaftlicher Werke. Aus unerfindlichen Gründen ist seine Musik heute völlig vergessen.

Ernst Mielck (1877–99)

Leben

Ernst Leopold Christian Mielck wurde am 24. 10. 1877 in Viipuri, Finnland (heute Wiborg, Rußland), geboren. Er wurde in St. Petersburg und in Berlin ausgebildet. Wegen einer schweren Erkrankung mußte er seinen Wohnsitz in ein mildes Klima verlegen und starb am 22. 10. 1899 in Locarno.

Werke

Trotz seiner kurzen Schaffenszeit hat sich Ernst Mielck mit seinen Werken einen hohen Rang in der Reihe der finnischen Komponisten seiner Zeit erworben. Besonders seine »Finnische Sinfonie«, sein Konzertstück für Violine und Orchester und seine 2 Klavierkonzerte weisen eine stark kompositorische Begabung auf. Er schrieb ferner eine »Finnische Suite« für Orchester, eine »Macbeth-Ouvertüre«, eine »Dramatische Ouvertüre«, ein Streichquintett, ein Streichquartett, Gesänge und Klavierstücke.

Balfour Gardiner (1877–1950)

LEBEN
Henry Balfour Gardiner wurde am 7.11.1877 in London geboren. Er war in Frankfurt am Main Schüler von Iwan Knorr und Lazzaro Uzielli (4.2.1861, Florenz, bis 8.10.1943, Bonn). Anschließend studierte er am New College in Oxford und in Sondershausen. Nach kurzer Tätigkeit als Schulmusiklehrer in Winchester widmete er sich ausschließlich der Komposition. Er starb am 28.6.1950 in Salisbury.

WERKE
Von Balfour Gardiner sind eine Sinfonie, ein »English Dance«, ein »Shepherd's Dance«, eine Fantasie für Orchester, eine Ballade für Chor und Orchester, ein Streichquintett, ein Streichquartett, mehrere Gesänge mit Orchester, Klavierstücke und Lieder bekannt geworden. Seine Musik gehörte noch der Romantik an.

Sigfrid Karg-Elert (1877–1933)

LEBEN
Sigfrid Karg-Elert (eigentlich Sigfrid Karg) wurde am 21.11.1877 in Oberndorf am Neckar geboren. Er studierte am Konservatorium in Leipzig, wurde Lehrer am Konservatorium in Magdeburg und wirkte ab 1919 als Lehrer für Klavier und Komposition am Konservatorium in Leipzig bis zu seinem Tod am 9.4.1933.

WERKE
Der Name Sigfrid Karg-Elert ist mit zahlreichen Kompositionen für Harmonium, das sein bevorzugtes Instrument war, und für Harmonium und Klavier verbunden. Er schrieb außerdem eine »Symphonia brevis« (Kurze Sinfonie), eine Orchestersuite, ein Klavierkonzert, ein Requiem a cappella, eine Passionskantate für Sopran, Englischhorn und Orgel, ein Bläserquintett, ein Klaviertrio, ein Trio für Violine, Flöte und Klavier, viele groß angelegte Orgelstücke, eine Cellosonate, 2 Klarinettensonaten, eine Sonate für Flöte solo und für Violine solo, sakrale Gesänge für Orgel und Violine sowie Lieder. Er war anfangs Parteigänger der Musik seiner Gegenwart, wandte sich aber später einem konservativen harmonisch-polyphonen Stil zu. Er veröffentlichte außer einigen musiktheoretischen Werken didaktische Abhandlungen über das Harmoniumspiel.

LITERATUR
P. Schenk, Sigfrid Karg-Elert, Leipzig 1927.

Paul Benner (1877–1953)

LEBEN
Paul Benner wurde am 7.11.1877 in Neuchâtel, Schweiz, geboren. Er war am Konservatorium in Frankfurt am Main Schüler von Iwan Knorr und Bernhard Ernst Scholz (1835 bis 1916) und wirkte darauf in seiner Heimatstadt als Organist, Chordirigent und Kompositionslehrer am Konservatorium bis zu seinem Tod am 29.3.1953.

WERKE
Außer einiger Kammermusik schrieb Paul Benner ausschließlich Chorwerke, die einen hohen Beliebtheitsgrad erreichten. »Die Erlösung«, »Requiem«, »Gedichte des Meeres«, »Die Taufe von Bourdon«, eine Messe in d-Moll, ein Te Deum und zahlreiche A-cappella-Chöre zählen zum festen Programm schweizerischer Chorvereinigungen.

Louis Dumas (1877–1952)

LEBEN
Louis Dumas wurde am 24.12.1877 in Paris geboren. Er studierte am Conservatoire unter Xavier Leroux (11.10.1863, Velletri, bis 2.2.1919, Paris) und Charles Lenepveu und erhielt den Rompreis. Ab 1919 leitete er das Konservatorium von Dijon, wo er am 9.5.1952 starb.

WERKE
Von Louis Dumas sind eine Sinfonie, eine Fantasie für Klavier und Orchester, eine

Rhapsodie für Cello und Orchester, ein Klavierquintett, mehrere Streich- und Klavierquartette, ein Klaviertrio, 3 Violinsonaten und eine Cellosonate bekannt geworden. Sein Stil bewegte sich noch im Rahmen der Spätromantik.

Emil Adamič (1877–1936)

LEBEN
Emil Adamič wurde am 25.12.1877 in Dobrova bei Ljubljana geboren. Er erhielt seine Ausbildung an den Konservatorien in Triest und Ljubljana, wo er als Musiklehrer und Komponist bis zu seinem Tod am 6.12.1936 lebte.

WERKE
Von den ungefähr 100 Kompositionen sind seine Orchesterwerke »Tatarische Suite«, »Scherzo«, »Aquarelle aus Ljubljana«, die Chorwerke »Die schöne Vida«, »Die Teufelsbraut«, »Kaiser Samuels Tod«, außerdem die Sologesänge »Bauernwinterlied« und »Nachtgesänge« am bemerkenswertesten. Er verwertete häufig slowenische Volksmusik.

LITERATUR
L. M. Škerjanc, Emil Adamič, Ljubljana 1937.

Otto Gauß (1877–1970)

LEBEN
Otto Gauß wurde am 29.12.1877 in Dorfmerkingen, Württemberg, geboren. Er war als Theologiestudent in Tübingen von 1897 bis 1900 Schüler von Emil Kauffmann. Von 1931 bis 1969 wirkte er als Diözesanpräses des Caecilien-Vereins der Diözese Rottenburg. Er starb am 12.2.1970 in Rottweil, Baden-Württemberg.

WERKE
Neben der Publikation umfangreicher Sammlungen von Orgelkompositionen und einem Kompendium der katholischen Kirchenmusik verfaßte Otto Gauß 22 Messen, zahlreiche Gradualien, Offertorien, Hymnen, Psalmen, Kirchengesänge und eine deutsche Passion, außerdem eine Anzahl profaner Chöre und Liederbücher.

Johanna Müller-Hermann (1878–1941)

LEBEN
Johanna Müller-Hermann wurde am 15.1.1878 in Wien geboren. Sie war Schülerin von Karel Navrátil (7.10.1836, Wien, bis 6.4.1914, Wien), Guido Adler, Alexander Zemlinsky und Josef Bohuslav Foerster (1859–1951) in Wien, wo sie ab 1918 am Konservatorium Musiktheorie unterrichtete. Sie starb am 19.4.1941 in Wien.

WERKE
Obwohl Johanna Müller-Hermann mit ihren Kompositionen der Spätromantik folgte, unterlag sie dennoch auch dem Einfluß der reichen Harmonik des frühen Arnold Schönberg und adoptierte die farbensatte Instrumentation von Franz Schreker. Sie schrieb eine sinfonische Fantasie, eine Ouvertüre, ein Klavierquintett, ein Streichquintett, ein Streichquartett, eine Sonate für Klavier und Violine, eine Sinfonie für Soli, Chor und Orchester, ein Oratorium, 2 Chorwerke mit Orchester, Klavierwerke und Lieder.

Rutland Boughton (1878–1960)

LEBEN
Rutland Boughton wurde am 23.1.1878 in Aylesbury geboren. Er war nach längerer Tätigkeit in einer Konzertagentur Schüler von Charles Stanford und John David Davis (22.10.1867, Edgbaston, bis 20.11.1942, Estoril, Portugal) am Royal College of Music in London und wirkte von 1902 bis 1904 am Haymarket Theatre. Anschließend war er bis 1911 Lehrer am Midland Institut in Birmingham und widmete sich darauf bis zu seinem Tod am 24.1.1960 in London ausschließlich der Komposition und seinem Projekt, in Glastonbury Festspiele mit Werken aus dem Sagenkreis um König Artus (um 500), der angeblich dort begraben liegt, einzurichten. Er hielt sich durch viele Jahre dort auf, sein Vor-

haben kam jedoch über einige Konzerte nicht hinaus.

WERKE

Von Rutland Boughton, der rückhaltlos der Spätromantik verbunden war und für die Stilrichtungen seiner Zeit kein Interesse aufbrachte, sind 3 Volkstänze für Streicher, 2 Streichquartette, eine Sonate für Violine und Klavier, 4 sinfonische Gedichte für Chor und Orchester, 3 Lieder für Singstimme und Streichquartett, eine Anzahl unbegleiteter Chorwerke, Klavierlieder und eine Anzahl Opern und Ballette bekannt geworden. Er zählte in England zu den angesehensten Komponisten seiner Zeit.

Selim Palmgren (1878–1951)

LEBEN

Selim Palmgren wurde am 16.2.1878 in Pori, Finnland, geboren. Von 1895 bis 1899 war er Schüler des Konservatoriums in Helsinki, darauf von Ferruccio Busoni, Conrad Ansorge (15.10.1862, in Liebau [Lubawka], Schlesien, bis 13.2.1930, Berlin) und Wilhelm Berger in Berlin. Von 1923 bis 1926 wirkte er als Klavier- und Kompositionslehrer in Rochester, N. Y. Ab 1936 war er Professor an der Sibelius-Akademie in Helsinki, wo er am 13.12.1951 starb.

WERKE

Das folkloristische Element spielte bei den Kompositionen von Selim Palmgren eine bevorzugte Rolle. Außer 3 Opern schrieb er mehrere programmatische Orchesterwerke, 5 Klavierkonzerte, eine Fantasie für Violine und Orchester, Männerchöre mit Orchester, Klavierstücke und Lieder. Die Werke zeichnen sich durch fließende, sehr ansprechende Melodik und Harmonik aus und müssen als spätromantisch angesprochen werden.

Franz Schreker (1878–1934)

LEBEN

Franz Schreker wurde am 23.3.1878 in Monaco geboren. Er war in Wien Schüler von Robert Fuchs, Karl Graedener (1812–83), Sigismund Bachrich (23.1.1841, Zsambokreth, Ungarn, bis 16.7.1913, Wien) und Arnold Rosé (24.10.1863, Iași, bis 25.8.1946, London). Im Jahr 1908 gründete er in Wien den Philharmonischen Chor und leitete ihn ab 1911, von 1912 bis 1920 wirkte er als Kompositionslehrer an der Akademie für Tonkunst. Anschließend war er Direktor der Musikhochschule in Berlin und übernahm dort 1932 die Meisterklasse für Komposition an der Preußischen Akademie der Künste, von welcher Stelle er 1933 von der neuen Regierung entlassen wurde, die auch die Aufführung seiner Werke verbot. Er starb am 21.3.1934 in Berlin.

WERKE

Die größten Erfolge errang Franz Schreker mit seinen 10 Opern, mit deren orgiastischen Klangfülle, so daß es nahezu unverständlich ist, daß ihre seinerzeitige Ächtung praktisch noch immer aufrechterhalten bleibt. Er schrieb außerdem 2 Ballette, 2 Ouvertüren, eine Pan-

Franz Schreker

tomime, eine Kammersinfonie für 23 Instrumente, ein Intermezzo für Streicher, eine »Kleine Suite« für Kammerorchester, das Chorwerk »Der 116. Psalm«, Orchesterlieder, ein Ave Maria für Singstimme und Orgel sowie Klavierlieder.

LITERATUR

G. Neuwirth, Franz Schreker, Wien 1959.

Antun Dobronić (1878–1955)

LEBEN

Antun Dobronić wurde am 2.4.1878 in Jelsa auf Hvar, Kroatien, geboren. Er studierte bei Vítězslav Novák in Prag. Von 1921 bis 1939 wirkte er als Lehrer am Konservatorium in Zagreb, wo er am 12.12.1955 starb.

WERKE

Neben 13 Opern und 6 Balletten schrieb Antun Dobronić, der zu den führenden Persönlichkeiten der kroatischen Musik seiner Zeit zählte, 8 Sinfonien, eine Sonate für Harfe und Streicher, zahlreiche Kammermusik, Chöre, Kantaten und Lieder. Seine Melodik stützt sich auf Volksmusik. Sein Stil gehörte der Spätromantik an.

Carl Ehrenberg (1878–1962)

LEBEN

Carl Emil Theodor Ehrenberg wurde am 5.4.1878 in Dresden geboren, wo er am Konservatorium unter Felix Draeseke studierte. Anschließend wirkte er als Kapellmeister in Dortmund, Würzburg, Posen (Poznan), Augsburg, Metz und Lausanne. Im Jahr 1922 wurde er Staatsopernkapellmeister in Berlin. Von 1925 bis 1935 leitete er eine Orchesterklasse an der Musikhochschule in Köln und bis 1945 an der Akademie der Tonkunst in München, wo er am 26.2.1962 starb.

WERKE

Außer einer Oper schrieb Carl Ehrenberg 2 Sinfonien, »Sinfonische Skizzen«, 2 Orchestersuiten, eine Ouvertüre, eine Tondichtung, Männerchöre mit Orchester, ein Cellokonzert, eine Sinfonietta, 6 Streichquartette, ein Bläserquartett, ein Streichtrio, eine Violinsonate, Schauspielmusiken, Lieder und Gesänge. Seine Musik ist spätromantisch, sehr gefällig mit wenig Tiefgang und ist bald aus den Konzertprogrammen verschwunden.

Theodore Holland (1878–1947)

LEBEN

Theodore Samuel Holland wurde am 25.4.1878 in London geboren, wo er an der Academy of Music unter Frederick Corder und an der Berliner Hochschule für Musik bei Joseph Joachim und Robert Kahn studierte. Er wirkte von 1927 bis zu seinem Tod am 29.10.1947 als Lehrer für Harmonielehre und Komposition an der Academy in London.

WERKE

Von Theodore Holland sind neben einigen Bühnenstücken die Orchesterwerke »Abend an einem See«, »Frühlingssinfonietta«, »Gavotte pastorale«, ein Stück für Cello und Orchester, ein Konzert für Bratsche und Orchester, eine Threnodie für Cello und Orchester, 2 Streichquartette, 2 Klaviertrios, Kantaten, Chöre, Lieder und Klavierstücke bekannt geworden. Er war Spätromantiker und von keinerlei neuerer Musik beeinflußt.

Harry Farjeon (1878–1948)

LEBEN

Harry Farjeon wurde am 6.5.1878 in Hohokus, N. J., geboren. Er studierte von 1895 bis 1901 an der Royal Academy of Music in London und wirkte an derselben Anstalt einige Jahre als Lehrer, ehe er ausschließlich als Pianist und Komponist tätig war. Er starb am 29.12.1948 in London.

WERKE

Neben einer Oper, 2 Operetten, 2 Melodramen und einem Ballett schrieb Harry Farjeon eine Orchestersuite, 2 Klavierkonzerte, 2 Streichquartette, 2 Cellosonaten, eine Messe, zahlreiche Klavier- und Orgelstücke, außerdem einige Stücke für Violine und Bratsche und Lieder. Seine Stärke lag auf dem Gebiet der Klavierkomposition. Sein Stil gehörte der Spätromantik an, erlaubt sich jedoch zeitweilige Ausflüge in das Gebiet der neueren Musik.

Adam Carse (1878–1958)

Leben

Adam von Ahn Carse wurde am 19.5.1878 in Newcastle-on-Tyne geboren. Er war an der Royal Academy of Music in London Schüler von Frederick Corder. Von 1908 bis 1940 wirkte er am Winchester College als Musiklehrer und anschließend bis 1940 an der Academy of London. Er starb am 2.11.1958 in Great Missenden, Buckinghamshire.

Werke

Von Adam Carse wurde eine Oper aufgeführt. Er schrieb ferner 2 Sinfonien, 2 sinfonische Dichtungen, eine »Sinfonia«, Variationen und 2 Skizzen für Streichorchester sowie weitere Variationen und Suiten für Orchester, eine »Norwegische Fantasie« für Violine und Orchester, Kantaten, Kammermusik, Chöre, Lieder, Violin- und Klavierstücke, außerdem zahlreiche didaktische Kompositionen. Er veröffentlichte eine Anzahl Lehrwerke und musikhistorische Abhandlungen. Sein Stil war konservativ und einigermaßen trocken.

Albert Siklós (1878–1942)

Leben

Albert Siklós wurde am 26.6.1878 in Budapest geboren. Er studierte an der Musikakademie seiner Geburtsstadt unter Hans Koessler. Im Jahr 1918 wurde er Professor für Komposition, Ästhetik und Chorgesang an der Akademie, 1928 Ministerialkommissär am Konservatorium in Budapest, wo er am 3.4. 1942 starb.

Werke

Außer einer Oper und einer Pantomime schrieb Albert Siklós 2 Sinfonien, eine Sinfonie für 12 Kontrabässe, 4 Suiten für kleines Orchester, ein Scherzo, 2 Cellokonzerte, ein Klavierkonzert, ein Violinkonzert. Er verfaßte mehrere musikalische Lehrwerke und ein ungarisches Musiklexikon. Sein Stil war sehr fortschrittlich und entfernte sich von der Spätromantik.

Joseph Holbrooke (1878–1958)

Leben

Joseph (Josef) Holbrooke wurde am 5.7.1878 in Croydon, Surrey, geboren. Er studierte unter Frederick Corder an der Royal Academy of Music in London. Ab 1896 bis zu seinem Tod am 5.8.1958 wirkte er in London als Pianist und als Dirigent eigener und fremder Kompositionen.

Werke

Von Joseph Holbrooke sind 7 Opern aufgeführt worden, darunter eine keltische Trilogie mit den »Dimensionen, aber nicht mit den Proportionen« des Ring von Richard Wagner, außerdem 3 Ballette. Er verfaßte eine Chorsinfonie, 9 sinfonische Gedichte – zum Teil mit Singstimmen –, 5 Sinfonien, ein Klavierkonzert, ein Violinkonzert, ein Saxophonkonzert, eine Sinfonietta für Kammerorchester, 4 Sextette mit verschiedener Besetzung,

Aus Joseph Holbrookes sinfonischer Dichtung »The Raven«, Autograph 1900

2 Klarinettenquintette, ein Klavierquintett, 5 Streichquartette, 2 Klavierquartette, eine Serenade für fünf Saxophone und Bläser, ein Horntrio, ein Notturno für Klavier, Bratsche und Klarinette, Klavierstücke, Chöre und Lieder. Seine Musik ist spätromantisch, sehr klangreich, oft auch sehr volkstümlich.

Henri Zagwijn (1878–1954)

LEBEN
Henri Zagwijn wurde am 17.7.1878 in Nieuwer-Amstel, Niederlande, geboren. Er war Autodidakt und wurde 1916 Lehrer am Konservatorium in Rotterdam. Im Jahr 1918 gründete er in Dresden eine Vereinigung moderner niederländischer Komponisten. Er starb am 23.10.1954 in Den Haag.

WERKE
Von Henri Zagwijn sind 2 sinfonische Dichtungen, 2 Klavierkonzerte, ein Harfenkonzert, ein Flötenkonzert, ein Streichsextett, ein Quintett für Flöte und Orchester, ein Bläserquintett, 2 Streichquartette und 3 Chorwerke bekannt geworden. Sein Stil ist impressionistisch und ideologisch von der Anthroposophie inspiriert.

Constantino Gaito (1878–1945)

LEBEN
Constantino Gaito wurde am 3.8.1878 in Buenos Aires geboren. Er wurde am Konservatorium in Neapel zum Komponisten, Dirigenten und Pianisten ausgebildet und kehrte 1900 nach einer längeren Konzertreise durch Italien in seine Heimatstadt zurück, wo er sich bis zu seinem Tod am 14.12.1945 als Musiklehrer, Pianist und Komponist betätigte.

WERKE
Von Constantino Gaito sind ungefähr 10 Opern mit Erfolg aufgeführt worden. Er verfaßte außerdem ein Ballett. Von seinen zahlreichen Orchesterwerken sind 4 sinfonische Dichtungen, 3 Suiten, 5 Ouvertüren am bemerkenswertesten. Er schrieb ferner viele Kammermusikwerke, Klavierstücke und Lieder, außerdem ein Oratorium und verschiedene Lehrwerke für den Klavier- und Gesangunterricht.

Elisabeta Oddone Sulli-Rao
(1878–1972)

LEBEN
Elisabeta Oddone Sulli-Rao (Pseudonym Eliodd) wurde am 13.8.1878 in Mailand geboren, wo sie am Konservatorium studierte. Neben der Komposition beschäftigte sie sich intensiv mit der Sammlung und Herausgabe italienischer Volkslieder und wurde von der Accademia filarmonica in Florenz zum ordentlichen Mitglied ernannt. Sie starb am 3.3.1972 in Mailand.

WERKE
Neben 3 Opern schrieb Elisabeta Oddone Sulli-Rao 2 Oratorien, ein Klavierquartett, ein Streichquartett und zahlreiche sehr beliebte Lieder. Sie veröffentlichte einige sehr wertvolle Sammlungen von ihr bearbeiteten italienischen Volksliedern.

Fritz Brun (1878–1959)

LEBEN
Fritz Brun wurde am 18.8.1878 in Luzern geboren. Er war am Konservatorium in Köln Schüler von Franz Wüllner und wirkte 1902 am Konservatorium in Köln als Theorie- und Klavierlehrer und ab 1903 als Klavierlehrer an der Musikschule in Bern, wo er von 1909 bis 1943 die Sinfoniekonzerte leitete und als Dirigent des Caecilien-Vereins und der Liedertafel tätig war. Er starb am 29.11.1959 in Grosshöchstetten bei Bern.

WERKE
Fritz Brun ist mit seinen 10 Sinfonien als einziger Schweizer bekannt geworden, der noch echte Sinfonien verfaßt hat. Er schrieb ferner 2 sinfonische Dichtungen, ein Klavierkonzert, Variationen für Klavier und Streicher, ein Violinkonzert, ein Cellokonzert, 2 Kantaten,

4 Streichquartette, 2 Sonaten für Violine und Klavier, eine Sonate für Klarinette und Klavier, Chöre und Lieder. Er war Spätromantiker.

Adolphe Piriou (1878–1964)

LEBEN

Adolphe Piriou wurde am 7.8.1878 in Morlaix, Finistère, geboren. Er studierte bei Vincent d'Indy in Paris, wo er vorwiegend als freier Komponist lebte und am 3.2.1964 starb.

WERKE

Von Adolphe Piriou sind 3 Sinfonien, »Trois Contes« (Drei Erzählungen) für Klavier und Orchester, ein Streichquartett, eine Sonate für Violine und Klavier, ein Oratorium für Chor, Bläser und Orgel, ein gesungener Dialog, eine Kantate, eine Oper, Chöre und Lieder bekannt geworden. Sein Stil ist stark von seinem Lehrer abhängig.

Vincenzo Tommasini (1878–1950)

LEBEN

Vincenzo Tommasini wurde am 17.9.1878 in Rom geboren. Er war dort Schüler von Stanislao Falchi und in Berlin von Max Bruch. Neben seiner kompositorischen Tätigkeit war er ständiger Mitarbeiter der Rivista Musicale Italiana. Er starb am 23.12.1950 in Rom als einerder bedeutendsten italienischen Komponisten seiner Zeit.

WERKE

Neben mehreren Orchesterwerken verfaßte er ein Konzert für Streichquartett und Orchester, ein Violinkonzert, ein Klavierkonzert, ein Requiem und weitere Chorwerke, Kammermusik, Klavierstücke, Lieder und Filmmusik, außerdem 3 Opern, 3 Ballette, darunter das berühmte Ballett »Le donne di buon umore« (Fröhliche Frauen) nach Sonaten von Domenico Scarlatti.

Achille Philip (1878–1959)

LEBEN

Achille Philip wurde am 22.10.1878 in Arles geboren. Seine Ausbildung erhielt er von Félix Alexandre Guilmant in Paris und Charles Lenepveu in Marseille. Anschließend wirkte er in Paris als Organist an verschiedenen Kirchen und als Lehrer an der Schola Cantorum. Ab 1951 war er Organist an St-Aphrodise, in Béziers, Hérault, wo er am 12.1.1959 starb.

WERKE

Von Achille Philip wurde eine Oper aufgeführt. Er schrieb außer einer Bühnenmusik 6 sinfonische Dichtungen, eine Sonate für Violine, 3 Messen, 45 Motetten – teils a cappella, teils mit Orgel – und andere Chorwerke, 30 Klavierlieder und Klavierstücke. Er war einer der bedeutendsten französischen Organisten seiner Zeit.

André Caplet (1878–1925)

LEBEN

André Caplet wurde am 23.11.1878 in Le Havre geboren, wo er bereits mit 12 Jahren als Violinist im Theaterorchester spielte. Ab 1896 studierte er am Conservatoire in Paris unter Charles Lenepveu, Xavier Leroux und Paul Vidal und erhielt 1901 den Rompreis. Er war bis 1910 Dirigent der Concerts Colonne und anschließend bis 1914 der Boston Opera Company. Durch eine Kriegsverletzung war er gezwungen, seine Dirigentenlaufbahn aufzugeben und widmete sich nur noch der Komposition. Er starb am 22.4.1925 in Neuilly-sur-Seine.

WERKE

Das kompositorische Werk von André Caplet stand unter dem Einfluß von Claude Debussy, von dessen Klavierwerken er einige orchestrierte. Er schrieb eine Orchestersuite nach persischen Motiven, ein Harfenkonzert, ein Cellokonzert, ein Quintett für Harfe und Streicher, ein Septett für Streichquartett und drei Frauenstimmen, ein Quintett für Bläser, mehrere Stücke für Cello und Klavier, für

Flöte und Klavier, für Harfe solo und Klavier solo, sakrale Stücke für Singstimmen und Orgel, Orchesterlieder und zahlreiche Chansons mit verschiedener Begleitung. Bei manchen Werken schritt er über den Impressionismus in die Richtung des Neuklassizismus hinaus.

Arrigo Pedrollo (1878–1964)

LEBEN
Arrigo Pedrollo wurde am 5.12.1878 in Montebello Vicentino geboren. Nach seinem Studium am Konservatorium in Mailand wirkte er als Dirigent, unter anderem von 1922 bis 1929 in Vicenza, und anschließend bis 1934 bei den Rundfunksendern Mailand und Turin. Ab 1931 unterrichtete er am Konservatorium in Mailand und leitete von 1939 bis 1959 das Liceo musicale in Padua und ab 1942 gleichzeitig das Liceo musicale in Vicenza, wo er am 23.12.1964 starb.

WERKE
Außer 10 Opern und mehreren Schauspielmusiken schrieb Arrigo Pedrollo 2 Ballette, eine Sinfonie, eine sinfonische Dichtung, eine »Elegie« für Streichorchester, ein Konzertallegro für Klavier und Orchester, ein Concertino für Oboe und Orchester, ein Klavierquartett, eine Violinsonate und mehrere Chorwerke. Er gehörte stilistisch noch der italienischen Spätromantik an.

Natanael Berg (1879–1957)

LEBEN
Carl Natanael Berg wurde am 9.2.1879 in Stockholm geboren. Er bildete sich zunächst als Autodidakt aus, sodann am Konservatorium in Stockholm und bei Johan Lindegren (7.1.1842, Ullared, bis 8.6.1908, Stockholm). Seine kompositorische Tätigkeit entfaltete er neben seinem Hauptberuf als Tierarzt bis 1939 und widmete sich ihr erst dann ausschließlich. Er starb am 14.10.1957 in Stockholm.

WERKE
Neben 5 Opern und 3 Balletten verfaßte Natanael Berg 5 Sinfonien, mehrere sinfonische Dichtungen, ein Klavierkonzert, ein Violinkonzert, eine Serenade für Violine und Orchester, ein Klavierquintett, 3 Chorwerke mit Orchester, Balladen für Singstimme und Orchester, Klavierlieder und Klavierstücke. Sein Stil war spätromantisch.

Louis Thirion (1879–1966)

LEBEN
Louis Thirion wurde am 13.2.1879 in Baccarat, Meurthe-et-Moselle, geboren. Er studierte am Konservatorium in Nancy unter Guy Ropartz und wirkte dort als Professor für Orgel und Klavier von 1898 bis 1949. Er starb am 4.7. 1966 in Nancy.

WERKE
Von Louis Thirion sind 2 Sinfonien, ein Streichquartett, ein Klaviertrio, eine Cellosonate mit Klavier, eine Violinsonate mit Klavier und mehrere Klavierstücke bekannt geworden. Er bewegte sich noch im Rahmen der Spätromantik.

Alfred Kowalsky (1879–1943)

LEBEN
Alfred Kowalsky wurde am 17.2.1879 in Luxemburg geboren. Er war in Paris Schüler von Charles-Marie Widor, sodann in Berlin von Richard Strauss und Georg Schumann. Im Jahr 1926 wurde er Direktor des Städtischen Konservatoriums in Esch, Luxemburg. Er starb am 12.5. 1943 in Metz.

WERKE
Neben 3 Opern schrieb Alfred Kowalsky eine Sinfonie, »Zwei indische Bilder« für Flöte, Oboe, Englischhorn und Klavier, »Poème und Variationen« für Cello und Klavier, eine Sonate für Solovioline, 4 Messen und Lieder. Er war Spätromantiker, überschritt aber zuweilen die Grenzen der Tonalität.

Otakar Ostrčil (1879–1935)

Leben

Otakar Ostrčil wurde am 25.2.1879 in Prag geboren. Er war Schüler von Zdeněk Fibich und wurde 1901 Professor an der Handelsakademie in Prag. Nachdem er bereits ab 1909 als Dirigent tätig gewesen war, wurde er 1920 Leiter des Nationaltheaters in Prag, wo er am 20.8.1935 starb.

Werke

Von Otakar Ostrčil sind ungefähr 10 Opern auf die Bühnen gekommen. Er schrieb außerdem eine Sinfonie, ein Impromptu, eine Sinfonietta, ein Stimmungsbild, Variationen für Orchester, ein Streichquartett, eine Sonatine für Violine, Bratsche und Klavier, 5 Melodramen mit Orchester, Kantaten, Orchester- und Klavierlieder. Sein Stil ist deutlich von Gustav Mahler beeinflußt. Ostrčils Einfluß auf die Entwicklung der tschechischen Musik war sehr nachhaltend.

Frank Bridge (1879–1941)

Leben

Frank Bridge wurde am 26.2.1879 in Brighton geboren. Er studierte in London an der Royal Academy of Music unter Charles Stanford. Sodann wirkte er als Bratschist und Dirigent in Theatern und Konzertsälen; 1923 war er Gastdirigent in Boston, Detroit, Cleveland und New York. Er starb am 10.1.1941 in Eastbourne.

Werke

Für Orchester komponierte Frank Bridge 4 Tongedichte, 2 Suiten, eine Tanzrhapsodie. Ferner schrieb er ein Streichsextett, ein Klavierquintett, 7 Streichquartette, 2 Klaviertrios, eine Klaviersonate und zahlreiche weitere Klavierstücke, 7 Stücke für Violine und Klavier, 3 für Cello und 2 für Bratsche und Klavier, Orgelstücke, mehrere Chorwerke mit Orchester und Lieder.

Joseph Haas (1879–1960)

Leben

Joseph Haas wurde am 19.3.1879 in Maihingen, Bayern, geboren. Er war von 1904 bis 1908 in München und Leipzig Schüler von Max Reger. Er wirkte ab 1911 als Kompositionslehrer am Konservatorium in Stuttgart und von 1921 bis 1950 an der Akademie für Tonkunst in München. Ab 1925 war er Vorstand der Abteilung für Kirchenmusik der Akademie und leitete nach 1945 den Wiederaufbau der Hochschule. Er war ein außerordentlich gesuchter Lehrer und wurde mit vielen Ehrungen und Preisen ausgezeichnet. Er starb am 30.3.1960 als allseitig verehrter und geachteter Senior seines Standes in München.

Werke

Von seinen zahlreichen in Nachfolge Max Regers geschriebenen Werken seien hier genannt: 2 Opern, die Oratorien »Die heilige Elisabeth«, »Christnacht«, »Das Lebensbuch Gottes«, »Das Lied von der Mutter«, »Das Jahr im Lied«, »Die Seligen«, viele Messen auf lateinischen und deutschen Text, zum Teil mit Volksgesang, wie »Deutsche Singmesse«, »Speyerer Domfest-Messe«, »Christ-König-Messe« für einstimmigen gemischten Chor

Joseph Haas

und Orgel, »Deutsche Weihnachtsmesse«, eine große Anzahl Motetten, Vespern, ein Te Deum, über 100 Lieder, zumeist unter einheitlichen Gesichtspunkten gruppiert wie »Krippenlieder«, »Lieder des Glücks«, »Heimliche Lieder der Nacht«, »Schelmenlieder«, »Christuslieder«, »Lieder des Lebens«, »Lieder der Reife und Ernte«, »Franziskuslieder«, »Gesänge an Gott«, und andere mehr, viele Klavierstücke, häufig in Gruppen zusammengefaßt, mehrere Orgelwerke, ein Streichquartett, Trios und Duos für verschiedene Instrumente, zum Teil der Hausmusik angenähert, 5 kleinere Orchesterwerke. Obwohl sein eigener Kompositionsstil spätromantisch war, förderte er die ersten Donaueschinger Kammermusik-Aufführungen und leitete einen Teil davon.

LITERATUR

K. Laux, Joseph Haas, Düsseldorf 1954.

Jean Cras (1879–1932)

LEBEN

Jean Émile Paul Cras wurde am 22.5.1879 in Brest geboren. Er war Marineur und brachte es zum Contreadmiral und Generalmajor. Daneben studierte er bei seinem Freund Henri Duparc (1848–1933) Musik und komponierte. Er starb am 14.9.1932 in Brest.

Jean Cras

WERKE

Neben einer in Paris preisgekrönten Oper schrieb Jean Cras ein Klavierquintett, ein Quintett für Harfe, Flöte und Streicher, ein Streichquartett, 2 Trios, 2 Orchestersuiten, ein Klavierkonzert, »Elegien« für Gesang und Orchester, »Die Panflöte« für Gesang, Streichtrio und Panflöte, mehrere Lieder und Kirchenwerke. Sein Stil war spätromantisch und ging zu César Franck zurück.

Philippe Gaubert (1879–1941)

LEBEN

Philippe Gaubert wurde am 4.7.1879 in Cahors geboren. Er war Schüler des Flötenlehrers Claude Paul Taffanel (16.9.1844, Bordeaux, bis 22.11.1908, Paris), des Musikpädagogen Georges Caussade, von Xavier Leroux und Charles Lenepveu am Conservatoire in Paris und erhielt 1905 den Rompreis. Im Jahr 1919 wurde er Dirigent der Konzerte des Konservatoriums und Flötenlehrer des Instituts. Er starb am 8.7.1941 in Paris.

WERKE

Außer einer Oper und 2 szenischen Legenden schrieb Philippe Gaubert 4 Ballette, eine Sinfonie, 2 konzertante Sinfonien, ein Violinkonzert, ein Cellokonzert, sinfonische Suiten, eine Rhapsodie, ein Trio für Flöte, Violine und Klavier, 3 Sonaten, eine Sonatine und eine Suite für Flöte und Klavier, außerdem zahlreiche Stücke und Transkriptionen für Flöte und Klavier, für verschiedene Blas- und Streichinstrumente mit Klavier, eine »Legende« für Soli, Frauenchor und Orchester und zahlreiche Lieder. Er verfaßte mehrere didaktische Werke für das Flötenspiel. Sein Stil war klassizistisch.

Jacob Weinberg (1879–1956)

Leben

Jacob Weinberg wurde am 7.7.1879 in Odessa geboren. Er studierte am Konservatorium in Moskau und in Wien bei Teodor Leszetycki. Er wirkte als Konzertpianist und von 1915 bis 1921 als Klavierlehrer am Konservatorium in Odessa. Sodann emigrierte er und ließ sich als Klavierlehrer des College of Music in New York nieder, wo er am 2.11.1956 starb.

Werke

Neben einer Oper schrieb Jacob Weinberg 2 Oratorien, eine Ode für Chor und Orchester, eine »Sabbath-Liturgie« für Bariton, Chor und Orgel, ein Klavierkonzert, mehrere Kammermusik, Klavierwerke, Chöre und Lieder.

Ottorino Respighi

Ottorino Respighi (1879–1936)

Leben

Ottorino Respighi wurde am 9.7.1879 in Bologna geboren. Er studierte von 1891 bis 1899 in Bologna am Liceo musicale Violine und Bratsche und bei Luigi Torchi (7.11.1858, Mordano, Bologna, bis 18.9.1920, Bologna) und Giuseppe Martucci Komposition und anläßlich seines Wirkens als Erster Bratschist der italienischen Opernstagione in St. Petersburg noch bei Nikolai Rimski-Korsakow. Nach mehrjähriger Tätigkeit als Quartettspieler wurde er Kompositionslehrer am Konservatorium in Rom, das er von 1924 bis 1926 leitete. Als Pianist und Gastdirigent bereiste er ganz Europa, Nord- und Südamerika. Er starb am 18.4. 1936 in Rom als einer der bekanntesten italienischen Komponisten der ersten Hälfte des 20. Jahrhunderts.

Seine Frau Elsa Olivieri Sangiacomo-Respighi (geboren 24.3.1894, Rom) studierte am Konservatorium in Rom bei Giovanni Sgambati und ihrem späteren Mann und trat neben ihrer kompositorischen Tätigkeit als Konzertsängerin auf.

Werke

Von den 10 Opern von Ottorino Respighi wird die eine oder andere zuweilen in Italien aufgeführt, ebenso seine Bearbeitungen von »Orfeo« und »Lamento d'Arianna« von Claudio Monteverdi (1567–1643). Von seinen 3 Balletten hat sich der »Zauberladen« nach Musik von Gioacchino Rossini (1792 bis 1868) bis in unsere Gegenwart auf den Bühnen erhalten. Seine Orchesterwerke »Römische Brunnen«, »Römische Pinien«, »Römische Feste«, »Kirchenfenster«, »Brasilianische Impressionen«, »Triptychon von Botticelli« und »Die Vögel« haben weltweit seinen Ruf begründet. Er schrieb außerdem eine »Dramatische Sinfonie«, die Orchestersuite »Antike Tänze und Arien für die Laute«, »Metamorphosen«, 2 Klavierkonzerte, eine »Fantasie und Toccata« für Klavier und Orchester, 2 Violinkonzerte, ein Cellokonzert, ein Konzert für Violine, Oboe, Trompete, Kontrabaß, Klavier und Streicher, 3 Streichquartette, 11 Stücke für Violine und Klavier, ein Klavierquintett, Klavierstücke, 4 Kantaten und Lieder.

Elsa Olivieri Sangiacomo-Respighi schrieb 3 Opern, 3 Orchesterlieder, 3 Chöre, eine Kantate, eine sinfonische Dichtung, ein

Elsa Respighi

»Romantisches Intermezzo« für Bratsche, Flöte und Harfe sowie Klavierlieder.

Die Musik von Ottorino Respighi ist spätromantisch, enthält jedoch viele moderne Züge, insbesonders polytonale und polyrhythmische Passagen.

Le Fontane di Roma (Römische Brunnen), Sinfonische Dichtung, 4 Teile, entstanden 1916

Mit diesem Werk gibt der Komponist Empfindungen und Vorstellungen wieder, die in ihm bei vier römischen Brunnen aufsteigen: der 1. Teil, Fontana in Valle Giulia im Morgengrauen, erzeugt die Vision einer Hirtenlandschaft am Morgen; der 2. Teil, La Fontana del Tritone am Vormittag, zaubert Najaden und Tritonen herbei, die inmitten der Wasserstrahlen einen Tanz aufführen; Teil 3, La Fontana di Trevi zu Mittag, zeigt Neptun, der auf einem von Seepferdchen gezogenen Wagen mit einem Gefolge aus Sirenen und Tritonen vorüberzieht; Teil 4, La Fontana di Villa Medici am Abend, vermittelt die Stimmung des Sonnenuntergangs und des Anbruchs der Nacht.

I Pini di Roma (Römische Pinien), Sinfonische Dichtung, 4 Teile, entstanden 1924

Der Komponist bemerkt zum 1. Teil »I pini di villa Borghese«: »Zwischen den Pinien der Villa Borghese spielen Kinder. Sie tanzen Ringelreihen, führen militärische Märsche und Schlachten auf und berauschen sich an ihrem eigenen Geschrei wie Schwalben am Abend; dann laufen sie davon . . .«; zu Teil 2, »Pini presso una catacomba«: »Unvermutet wechselt die Szene. Zum Schatten der Pinien rings um den Eingang einer Katakombe erklingt aus deren Tiefe ein wehmütiger Gesang, erhebt sich zur feierlichen Hymne und verklingt dann wieder«; zum 3. Teil, »I pini del Gianicolo«: »Ein Zittern geht durch die Luft; in klarer Vollmondnacht wiegen die Pinien des Janiculus sanft ihre Wipfel. In den Zweigen singt eine Nachtigall«; zu Teil 4, »Pini della Via Appia«: »Morgennebel über der Via Appia. Einsame Pinien stehen Wacht in der tragischen Landschaft der römischen Campagna. Undeutlich, aber immer wieder glaubt man den Rhythmus zahlloser Schritte zu hören. Man sieht im Geist uralten Ruhm wieder aufleben. Unter dem Geschmetter der Buccinen naht ein Konsul mit seinen Legionen, um im Glanz der aufgehenden Sonne zur Via sacra und zum Tempel auf dem Kapitol zu ziehen.«

Feste Romane (Römische Feste), Sinfonische Dichtung, 4 Teile, entstanden 1928

Teil 1: Circenses. Das Volk erwartet im Circus Maximus die Spiele; die eisernen Tore werden geöffnet, man hört einen Choral und zugleich das Brüllen der wilden Tiere; der Gesang der Märtyrer schwillt an, bis er im Tumult untergeht. Teil 2: Giubilio (Das Jubiläum). Betende Pilger ziehen auf der Straße dahin. Endlich erblicken sie vom Monte Mario aus die heilige Stadt, Rom. Zum Geläute aller Kirchenglocken brechen die Pilger in eine jubelnde Hymne aus. Teil 3: L'ottobrata (Herbstfest). In den römischen Kastellen, Jagdsignale, Pferdeschellen, Liebeslieder, von ferne erklingt eine Serenade. Teil 4: La Befana (Epiphanie). Feier auf der Piazza Navena, Gassenhauer, Drehorgeln, Ausrufer, buntes Treiben, Gegröle Betrunkener.

Vetrate di chiesa (Kirchenfenster), Sinfonische Dichtung, 4 Teile, entstanden 1927

Teil 1: Die Flucht nach Ägypten. Eine Karawane mit dem Jesuskind. Teil 2: Erzengel Michael mit dem Flammenschwert gegen die revoltierenden Engel. Teil 3: Der Morgen der heiligen Clara. Diese Heilige des 13. Jahrhunderts wird auf wunderbare Weise in eine kleine Kirche entrückt, um am Frühgottesdienst teilnehmen zu können. Teil 4: Gregor der Große. Der Papst segnet in seinem Ornat eine Volksmenge.

Trittico Botticelliano (Triptychon von Botticelli), Sinfonisches Gedicht, 3 Teile, entstanden 1927

Der Komponist gibt den Eindruck wieder, den drei Bilder des florentinischen Renaissancemalers Sandro Botticelli (1444–1510) auf ihn ausübten. Teil 1: »Frühling«. Ekstatische Triller mit fröhlichen Hornrufen schildern die Jahreszeit. Das Trio bestreiten Oboe, Klarinette und Fagott im antiken Stil, dann setzt das Jubilieren der Triller erneut ein. Drauf tragen Holzbläser, Streicher, Celesta und das mit äußerster Farbigkeit eingesetzte Klavier ein tänzerisches Thema vor, das im Krebsgang wiederholt wird. Teil 2: »Die Anbetung der Weisen«. Das Fagott und darauf die Oboe spielen eine liebliche Siciliana, dann setzt das gesamte Orchester mit herrlicher Farbgebung fröhlich ein. Der Teil schließt aber in pastoraler Ruhe ab. Teil 3: »Die Geburt der Venus«. Ein Dialog von Flöte und Klarinette wird von Streichern piano begleitet. Dann blüht die Musik ekstatisch auf und mündet in einen ruhigen, verklärten Abschluß.

Rossiniana, Suite, 4 Sätze, entstanden 1925
Der Komponist entnahm die Themen zu diesem reizenden Stück den Kompositionen, die Gioacchino Rossini »Sünden seines Alters« nannte, und zwar aus der Sammlung zahlreicher kleiner Klavierstücke »Einige Nichtigkeiten für das Album«. Der 1. Satz, »Capri e Teormina«, beschwört den Zauber des italienischen Südens herauf. Der 2. Satz, »Lamento«, beginnt mit drei Tam-tam-Schlägen, dann tragen Celli und Bratschen eine ausdrucksreiche Melodie vor. Nach einer Harfenkadenz erklingt ein kurzes Zwischenspiel, das mit einer Kadenz der Klarinette endet. Darauf setzt erneut das traurige Thema ein, das schließlich mit drei leisen Tam-tam-Schlägen abschließt. Der 3. Satz, »Intermezzo«, bringt zartes tänzerisches Spiel. Der 4. Satz ist eine leidenschaftliche »Tarantella«, die im Mittelteil von einer frommen Prozession unterbrochen wird.

Die Vögel, Suite, 5 Teile, entstanden 1927
Das Stück fußt wie mehrere andere Werke des Komponisten auf alten Arien und Tänzen, und zwar Nr. 1: »Praeludium« auf einer Komposition von Bernardo Pasquini (1637–1710), Nr. 2: »Die Taube« auf einem Werk des Lautenisten und Komponisten Jacques de Gallot (nach 1600, bis um 1690), Nr. 3: »Die Henne« auf einem berühmten Stück für Tasteninstrumente von Jean-Philippe Rameau (1683–1764), Nr. 4: »Die Nachtigall« auf einem Werk eines anonymen englischen Komponisten des 17. Jahrhunderts, Nr. 5: »Der Kuckuck« auf ein weiteres Stück von Bernardo Pasquini. Die Suite klingt mit einer Coda aus melodischen Fragmenten der verwendeten Themen aus.

LITERATUR

J. Krejn, Ottorino Respighi, Schweizerische Musikzeitung XXIV, 1960.

Alfrēds Kalniņš (1879–1951)

LEBEN

Alfrēds Kalniņš wurde am 11.8.1879 in Cēsis, Lettland, geboren. Er studierte am Konservatorium in St. Petersburg. Darauf wirkte er als Organist von 1911 bis 1915 in Liepāja, Lettland, anschließend bis 1918 in Tartu, Estland, und darauf in Riga. Von 1944 bis 1948 war er Lehrer und Leiter des Konservatoriums von Riga, wo er am 23.12.1951 starb.

WERKE

Mit seinen 2 Opern schuf Alfrēds Kalniņš die ersten lettischen Nationalopern. Er verfaßte ein Ballett, eine Suite nach lettischen Volksthemen für Orchester, 6 Kantaten, Chorwerke und Klavierstücke. Sein spätromantischer Stil stützte sich auf das lettische Volksmusikgut.

John Ireland (1879–1962)

LEBEN

John Nicholson Ireland wurde am 13.8.1879 in Inglewood, Bowden, Cheshire, geboren. Er war am Royal College of Music in London Schüler von Frederick Cliffe (2.5.1857, Lowmoor bei Bradford, bis 19.11.1931, London) und Charles Stanford. Er lebte als Lehrer und als freier Komponist und starb am 12.6.1962 in Washington, Kent.

WERKE

Seine bis 1908 geschriebenen Kompositionen zog John Ireland als »zu wenig repräsentativ« zurück; die auf keinen Fall wertlosen Werke waren im traditionellen Stil der englischen, dem Klassizismus angenäherten, Spätromantik gehalten. Auch die späteren verlassen die Tonalität selten und kehren immer zu ihr zurück; ihr modernes Gesicht erhalten sie zumeist nur durch Hinzufügen zusätzlicher Töne zur Akkordik der Kadenz. Er schrieb für Orchester eine »Sinfonische Rhapsodie«, 3 Ouvertüren, ein Klavierkonzert und eine Legende für Klavier und Orchester, ein »Concertino pastorale« für Streichorchester, 3 Klaviertrios, eine Klaviersonate, 2 Violinsonaten, eine Cellosonate, eine Klaviersonatine, eine

Kantate, Chöre, zahlreiche Lieder und Liederzyklen, verschiedene Klavierstücke und Kirchenmusik.

Cyril Scott (1879–1970)

LEBEN

Cyril Meir Scott wurde am 27.9.1879 in Oxton, Cheshire, geboren. Mit 12 Jahren begann er in Frankfurt am Main am Hochschen Konservatorium bei Iwan Knorr Klavierspiel und Komposition zu studieren. Im Jahr 1898 kehrte er nach England zurück und wirkte einige Jahre in Liverpool als Pianist und Klavierlehrer. Sodann widmete er sich ausschließlich der Komposition. Er starb am 31.12.1970 in Eastbourne, Sussex.

WERKE

Obwohl Cyril Scott die überkommenen äußeren Kompositionsformen beibehielt, verließ er bald die Romantik und näherte sich dem Impressionismus eines Claude Debussy, bildete aber einen höchstpersönlichen Stil von größter Ausdruckskraft. Seine ersten Werke, 2 Sinfonien, eine Suite für Orchester, 2 Ouvertüren und ein Klaviertrio, die noch der Spätromantik verhaftet waren, zog er zurück. Er schrieb für Orchester »Drei sinfonische Tänze« als Neufassung seiner zweiten Sinfonie, 2 weitere Ouvertüren, ein Klavierkonzert, ein Violinkonzert, ein Cellokonzert, ein Oboenkonzert, ein Harfenkonzert, 2 Passacaglien, ein Konzert für zwei Klaviere und Kammerorchester, eine Rhapsodie für Flöte, Violine, Bratsche, Cello und Harfe, ein Klavierquintett, ein Klarinettenquintett, 5 Streichquartette, ein Klavierquartett, 2 Streichtrios, 4 Violinsonaten, eine Sonate für zwei Violinen, eine Flötensonate, ein Rondo für Viola d'amore, zahlreiche Klavierstücke, Orchestergesänge, mehr als 100 Lieder, Kirchenmusik und 3 Opern, ein Ballett und eine Bühnenmusik. Er veröffentlichte dichterische Werke und Abhandlungen über verschiedene Wissensgebiete – Musik, Literatur, Philosophie und Medizin.

Alberto Gasco (1879–1938)

LEBEN

Alberto Gasco wurde am 3.10.1879 in Neapel geboren. Er war Schüler von Vincent d'Indy in Rom und wirkte als Musikkritiker. Er starb am 10.7.1938 in Rom.

WERKE

Außer 2 Opern schrieb Alberto Gasco ein Oratorium, ferner die von Gemälden angeregten Werke »Schlafende Venus« für Streichquartett, »Die Vision der heiligen Orsola« für Violine und Klavier, »Florentinischer Frühling« für Klavier, »Die Tänzerinnen von Jodhpur« für Klavier, sodann ein Scherzo für Orchester, eine sinfonische Dichtung, eine Ouvertüre, Stücke für Violine und Klavier und für Klavier allein. Sein Stil schwankte zwischen Spätromantik und Impressionismus.

Halfdan Cleve (1879–1951)

LEBEN

Halfdan Cleve wurde am 5.10.1879 in Kongsberg, Norwegen, geboren. Er war Schüler von Otto Winter-Hjelm (8.10.1837, Kristiania, bis 3.5.1931, Oslo) in Kristiania und von Ludwig Philipp Scharwenka und Xaver Scharwenka in Berlin. Er wirkte als Pianist und Musiklehrer und starb am 6.4.1951 in Oslo.

WERKE

Von Halfdan Cleve sind 5 Klavierkonzerte, eine Violinsonate, Orchestergesänge und über 100 Klavierstücke bekannt geworden. Sein Stil war von seinen Berliner Lehrern abhängig.

Peter van Anrooij (1879–1954)

LEBEN

Peter Gijsbert van Anrooij wurde am 13.10.1879 in Zaltbommel, Niederlande, geboren. Er studierte in Utrecht bei Johan Wagenaar, in Moskau bei Willem Kes (16.2.1856, Dordrecht, bis 22.2.1934, München) und Sergei Tanejew. Im Jahr 1901 wirkte er als Violinist in Glasgow, ab 1902 als Zweiter Dirigent in

Amsterdam, ab 1905 als Dirigent in Groningen, ab 1910 in Arnhem, ab 1917 leitete er das Residentie-Orkest in Den Haag bis 1935. Er starb am 31.12.1954 in Den Haag.

WERKE
Von Peter van Anrooij sind eine Rhapsodie für Orchester, 3 Ouvertüren, eine Ballade für Violine und Orchester, ein Klavierquintett und 2 Kantaten bekannt geworden. Er war Spätromantiker.

Grzegorz Fitelberg (1879–1953)

LEBEN
Grzegorz (Gregor) Fitelberg wurde am 18.10. 1879 in Dünaburg (Daugavpils), Lettland, geboren. Er studierte am Konservatorium in Warschau, wo er als Konzertmeister seine Karriere begann und im Jahr 1908 Kapellmeister der Philharmonie wurde. Von 1914 bis 1921 war er Opern- und Konzertdirigent in Petrograd und Moskau und anschließend Kapellmeister der Philharmonie in Warschau bis 1934. Ab 1935 war er Leiter des Sinfonieorchesters des Polnischen Rundfunks in Warschau, während des Zweiten Weltkriegs dirigierte er in Portugal und Amerika und kehrte 1947 nach Katowice zurück, wo er am 10.6. 1953 starb.
Sein Sohn Jerzy Fitelberg (20.5.1903, Warschau, bis 25.4.1951, New York) wurde in Moskau, Warschau und Berlin ausgebildet. Er lebte in Paris und ab 1940 bis zu seinem Tod in New York.

WERKE
Von Grzegorz Fitelberg sind 2 Sinfonien, 3 sinfonische Dichtungen, 2 Ouvertüren, 2 »Polnische Rhapsodien«, ein Violinkonzert, ein Klaviertrio, 2 Violinsonaten und mehrere Lieder bekannt geworden. Er gehörte zu den Vorkämpfern der modernen polnischen Musik.
Jerzy Fitelberg schrieb ein Violinkonzert, ein Cellokonzert, ein Klavierkonzert, 3 Orchestersuiten, ein Bläseroktett, eine Rhapsodie für vier Klaviere, 5 Streichquartette, Klaviermusik und ein Ballett.

Grzegorz Fitelberg

Joseph Canteloube (1879–1957)

LEBEN
Marie-Joseph Canteloube (Canteloube de Malaret) wurde am 21.10.1879 in Annonay, Ardèche, geboren. Er wurde 1901 an der Schola Cantorum in Paris Schüler von Vincent d'Indy. Neben seiner Komposition beschäftigte er sich mit der Sammlung und Bearbeitung französischer Volkslieder. Er starb am 4.11. 1957 in Gridny, Seine-et-Oise.

WERKE
Von Joseph Canteloube sind 2 Opern aufgeführt worden. Er schrieb ferner eine sinfonische Dichtung, ein Klavierkonzert, ein Violinkonzert, ein Bläsertrio, Klavierstücke, Gesänge und Lieder. Sein Stil war spätromantisch mit Annäherungen an moderne Diktionen.

Conrado del Campo y Zabaleta
(1879–1953)

Leben

Conrado del Campo y Zabaleta wurde am 28.10.1879 in Madrid geboren. Er studierte am Konservatorium in Madrid bei Emilio Serrano y Ruiz (1850–1939) und Ruperto Chapí y Lorente (1851–1909) und leitete anschließend die Harmonie- und Kompositionsklassen desselben Instituts. Er starb am 16.3.1953 in Madrid.

Werke

Von Conrado del Campo y Zabaleta sind 17 Opern aufgeführt worden. Er schrieb außerdem 3 sinfonische Dichtungen, eine orientalische Fantasie, 2 Chorwerke mit Orchester, 14 Streichquartette, kleinere Stücke und sakrale Werke. Sein Stil stand der deutschen Spätromantik nahe.

Johanna Senfter (1879–1961)

Leben

Johanna Senfter wurde am 27.11.1879 in Oppenheim, Rheinhessen, geboren. Sie studierte am Hochschen Konservatorium in Frankfurt am Main bei Iwan Knorr, Adolf Rebner (21.11.1876, Wien, bis 19.6.1967, Baden-Baden) und Carl Friedberg (18.9.1872, Bingen am Rhein, bis 8.9.1955, Meran) und von 1908 bis 1910 in Leipzig bei Max Reger. Nach umfangreicher kompositorischer Tätigkeit starb sie am 11.8.1961 in Oppenheim.

Werke

Von den zahlreichen Werken von Johanna Senfter sind 9 Sinfonien, 26 Orchesterwerke mit Gesang- oder Instrumentalsoli, Kammermusikstücke, Orgelwerke, eine Anzahl Chöre und Lieder bemerkenswert. Ihr Stil war spätromantisch.

Hamilton Harty (1879–1941)

Leben

Hamilton Harty wurde am 4.12.1879 in Hillsborough, Irland, geboren. Er leistete bereits mit 12 Jahren in Magheracoll, Belfast und in Dublin Organistendienst, wo er von Michele Esposito (29.9.1855, Castellammare di Stabia, bis 23.11.1929, Florenz) im Klavierspiel und theoretisch ausgebildet wurde. Im Jahr 1900 ging er nach England, wo er zum beliebten Begleiter und Dirigenten wurde. Von 1920 bis 1933 wirkte er als ständiger Dirigent des Hallé Orchestra in Manchester und der British National Opera Company. Hernach bereiste er als Gastdirigent Amerika, Spanien und Australien. Er starb am 19.2.1941 in Hove.

Werke

Das irische Volkslied war für Hamilton Harty Grundlage und Ausgangspunkt für sein kompositorisches Schaffen. Er schrieb eine »Irische Sinfonie«, die Tondichtungen »Mit den wilden Gänsen« und »Die Kinder Lirs«, eine Lustspielouvertüre, eine Fantasie für Orchester, ein Violinkonzert, »Der mystische Trompeter« für Bariton, Chor und Orchester, »Ode an die Nachtigall« für Sopran und Orchester, ein Klavierquintett, ein Trio, 3 Stücke für Oboe und Klavier, Stücke für Violine und für Cello und Klavier sowie Lieder. Er ist den Spätromantikern zuzureihen.

Armen Tigranjan (1879–1950)

Leben

Armen Tigranowitsch Tigranjan wurde am 14.12.1879 in Aleksandropol (heute Leninakan) geboren. Er studierte von 1898 bis 1902 in Tbilisi unter Nikolai Semjonowitsch Klenowski und gründete darauf in seinem Geburtsort einen armenischen Nationalchor. Ab 1913 war er als Dirigent, Musiklehrer und Kritiker in Tbilisi tätig, wo er am 10.2.1950 starb.

Werke

Außer mehreren Opern, von denen »Anusch« 1912 als erste armenische Oper aufgeführt wurde, schrieb Armen Tigranjan eine Tanzsuite für Orchester, eine Kantate »Fünfzehn Jahre Sowjet-Armenien« für Chor und Orchester, Bühnenmusik, Chöre und Lieder. Er zählt zu den Begründern der modernen armenischen Musik.

LITERATUR

R. Atanjan und M. Muradjan, Armen Tigranjan, Moskau 1966.

Paul Corder (1879–1942)

LEBEN

Paul W. Corder wurde am 14. 12. 1879 in London geboren und von seinem Vater ausgebildet. Er wirkte ab 1907 als Lehrer für Harmonie und Komposition an der Royal Academy of Music in London, wo er am 6. 8. 1942 starb. Sein Vater Frederick Corder studierte an der Royal Academy of Music in London und sodann bei Ferdinand Hiller in Köln, wurde darauf Kapellmeister in Brighton und wirkte ab 1888 als Kompositionslehrer an der Royal Academy of Music.

WERKE

Neben mehreren Opern und Balletten schrieb Paul Corder eine gälische Orchesterfantasie, mehrere Kantaten und Klavierwerke.
Frederick Corder verfaßte eine Oper, einige Operetten und Melodramen, für Orchester eine Suite, ein Notturno, eine Ouvertüre, ein Tongedicht »Abend an der Küste«, außerdem eine Elegie für vierundzwanzig Violinen und Orgel und mehrere Kantaten.
Beide waren Spätromantiker.

Stanislaw Ljudkewitsch (1879–1979)

LEBEN

Stanislaw Filippowitsch Ljudkewitsch wurde am 24. 12. 1879 in Jarosław, Galizien, geboren. Er war Schüler des Konservatoriums in Lemberg (Lwiw) und studierte dann in Wien bei Hermann Graedener (1844–1929) und Alexander Zemlinsky. Im Jahr 1910 wurde er Leiter des Musikvereins »Bojan« in Lemberg und des von ihm gegründeten Lysenko-Konservatoriums, 1939 Professor am Konservatorium und Mitarbeiter am Ethnologischen Institut in Lemberg, wo er am 10. 9. 1979 starb.

WERKE

Sein größtes Verdienst erwarb Stanislaw Ljudkewitsch durch die Herausgabe von 1500 ukrainischen Volksliedern. Er schrieb 2 Opern, 7 Tondichtungen, 3 Klavierkonzerte, ein Violinkonzert, einen sinfonischen Tanz, Variationen für Klavier und Orchester, 2 Klaviertrios, mehrere Kantaten, Chöre und Lieder. Er verfaßte einige didaktische Werke und zahlreiche Essays.

Nikolai Medtner (1879–1951)

LEBEN

Nikolai Karlowitsch Medtner wurde am 24. 12. 1879 in Moskau geboren. Er war Klavierschüler von Wasili Iljitsch Safonow und Kompositionsschüler von Antoni Arenski und Sergei Tanejew und wurde bald in Rußland und Deutschland als Pianist und Komponist bekannt. Im Jahr 1909 erhielt er die Ernennung zum Professor des Konservatoriums in Moskau, legte die Stelle jedoch ein

Nikolai Medtner, nach einer Zeichnung von J. Milkinen

Jahr später zurück, nahm sie aber für die Jahre 1915 bis 1921 erneut auf. Darauf ging er nach Berlin, konzertierte in den USA, in England und in Frankreich und ließ sich sodann in Enghien-les-Bains, Seine-et-Oise, nieder. Ab 1935 lebte er in London, wo er am 13.11.1951 starb.

WERKE

Das kompositorische Schaffen von Nikolai Medtner war in erster Linie dem Klavier gewidmet. Er schrieb dafür zahlreiche Stücke: 10 »Märchen«, »Stimmungsbilder«, 3 Hefte »Vergessene Weisen«, 3 »Hymnen an die Arbeit«, 4 Hefte »Romantische Skizzen«, 15 Sonaten, 3 Nokturnen, 3 Klavierkonzerte, ein Klavierquintett, 3 Sonaten und 2 Kanzonen für Violine und Klavier, 2 Vokalisen mit Klavier, außerdem 102 Lieder. Er war Spätromantiker und verteidigte seinen Stil auch durch eine Schrift, »Die Muse und die Mode«.

Klavierkonzert Nr. 3 in e-Moll, »Ballade«, Opus 60, 3 Sätze, entstanden 1943

Der 1. Satz beginnt wie feierliches Glockengeläute das von breiten, heroischen Rhythmen abgelöst wird. Das sangliche Nebenthema führt zu einem rhapsodischen Abschnitt, der mit einem Hornmotiv, das bereits in der Einleitung aufgeklungen war, kulminiert. Eine kurze Kadenz leitet zum 2. Satz »Zwischenspiel« über, dem ein großartiges Finale folgt, das nahezu tänzerisch abschließt.

Epische Sonate in e-Moll für Violine und Klavier, Opus 57, 4 Sätze, entstanden 1936

Mit gedämpften Akkorden beginnt der 1. Satz. Diese düstere Stimmung wird aber bald von einem scharf rhythmisierten Thema abgelöst, zu dem ein marschähnliches Seitenthema tritt. Die Durchführung ist durch die parallelen Rhythmen beider Themen sehr interessant gestaltet. Der 2. Satz schäumt von Heiterkeit über, die nur vorübergehend getrübt wird. Die Violine führt, das Klavier begleitet polkaähnlich. Der 3. Satz bringt weit ausgreifende sangliche Melodien von seltener Schönheit und geht sodann ohne Pause in das Finale über, in dem der vollgriffige Klaviersatz mit der Violine zu einem grandiosen Klangbild verdichtet ist.

LITERATUR

J. Dolinskaja, Nikolai Karlowitsch Medtner, Moskau 1966.

Julius Weismann (1879–1950)

LEBEN

Julius Weismann wurde am 26.12.1879 in Freiburg im Breisgau geboren. Er studierte bei Joseph Rheinberger, Hans Bußmeyer, Heinrich Herzogenberg und Ludwig Thuille. Von wiederholten Aufenthalten in der Schweiz unterbrochen, lebte er als Komponist in seinem Geburtsort, wo er am 22.12.1950 starb.

WERKE

Neben 6 Opern, 5 Ballettmusiken, 2 Schauspielmusiken verfaßte Julius Weismann 3 Sinfonien, eine Symphonia brevis, 2 Sinfonietta und kleinere sinfonische Stücke, weiters 3 Klavierkonzerte und 4 Violinkonzerte, zahlreiche weitere konzertante Werke, 11 Streichquartette, 5 Violinsonaten, zahlreiche Klavierwerke zu zwei und vier Händen oder für zwei Klaviere, eine Orgelfuge, Melodramen mit Klavier, 5 Chorwerke mit Orchester, A-cappella-Chöre, Gesänge mit Orchester und viele Lieder. Er stand im Lager der Spätromantik, unberührt von der Musikentwicklung seiner Zeit.

Balilla Pratella (1880–1955)

LEBEN

Francesco Balilla Pratella wurde am 1.2.1880 in Lugo, Romagna, geboren. Er war Schüler von Antonio Ricci-Signorini und Pietro Mascagni. Ab 1910 leitete er das Liceo musicale in Lugo und von 1927 bis 1945 das Liceo musicale in Ravenna, wo er am 17.5.1955 starb.

WERKE

Der italienische Schriftsteller Filippo Tommaso Marinetti (1876–1944) formulierte das Programm des Futurismus als »radikalen Bruch mit der Vergangenheit« und der Erklärung der »technifizierten Welt zum einzig kunstwürdigen Gegenstand«. Der Maler und Musiker Luigi Russolo konstruierte verschiedene mechanische und elektrische Geräuschinstrumente für ein futuristisches Orchester, und Ballila Pratella schloß sich, zumindest theoretisch, fanatisch dieser Richtung an. In seiner »Musica futurista« (Hymne des Lebens) setzte er sich das Ziel, »der Masse, den großen Industriebetrieben, den Autos und Flugzeugen ihre musikalische Seele zu geben und den großen innersten Motiven der Tondichtung das Reich der Maschine hinzuzufügen«. Es ist offensichtlich nicht hier und auch nicht bei seinen 6 Opern, den Schauspielmusiken, den anderen Orchesterwerken, der Kammermusik, seiner Sonate für Orgel oder Harmonium und den Klavierstücken sowie den Gesängen gelungen. Aber die Zeiten, in denen das Geräusch an sich als musikalisches Element und nicht mehr als außermusikalischer Effekt mit bestimmter Bedeutung, wie Schlachtenlärm, Donner, Tierlaute usw. integriert wurde, waren nicht mehr fern.

LITERATUR

A. Chigi, Francesco Balilla Pratella, Ravenna 1929.

Eric de Lamarter (1880–1953)

LEBEN

Eric de Lamarter wurde am 18.2.1880 in Lansing, Mich., geboren. Er war bereits mit 15 Jahren Chorleiter in Kalamazoo, Mich. Von 1900 bis 1936 wirkte er als Organist an verschiedenen Kirchen in Chicago und gleichzeitig als Musikkritiker und als Hilfsdirigent des Sinfonieorchesters. Er starb am 17.5 1953 in Orlando, Fla.

WERKE

Außer 3 Balletten schrieb Eric de Lamarter 4 Sinfonien, eine Ballettsuite, mehrere Orchesterouvertüren und weitere Suiten, 2 Orgelkonzerte, eine Vertonung des 144. Psalms für Chor, Kammermusik, sakrale Werke und Klavierstücke. Er war der Spätromantik, die dazumal in den USA sehr beliebt war, stark verhaftet; Ansätze zu einer Weiterentwicklung sind kaum merkbar.

Arthur Shepherd (1880–1958)

LEBEN

Arthur Shepherd wurde am 19.2.1880 in Paris, Id., geboren. Er war in Boston Schüler von Percy Goetschius und George Whitefield Chadwick. Von 1897 bis 1908 wirkte er als Dirigent in Salt Lake City, von 1910 bis 1917 als Lehrer am New England Conservatory in Boston, von 1920 bis 1926 als Zweiter Dirigent des Cleveland Symphony Orchestra und anschließend bis 1950 als Professor für Musik an der Universität in Cleveland, wo er am 12.1.1958 starb.

WERKE

Von Arthur Sheperd sind 2 Sinfonien, mehrere Ouvertüren und andere Stücke für Orchester, ein Klavierkonzert, ein Violinkonzert, Kantaten, Gesänge und Lieder erschienen. Sein Stil neigte zum Neuklassizismus.

Guillermo Uribe Holguín (1880–1971)

LEBEN

Guillermo Uribe Holguín wurde am 17.3.1880 in Bogotá, Kolumbien, geboren. Er studierte an der Academia Nacional in Bogotá, sodann ab 1903 in New York und ab 1907 in Paris bei Vincent d'Indy an der Schola Cantorum. Von 1910 bis 1935 wirkte er als Direktor und Orchesterleiter des Konservatoriums in Bogotá; sodann widmete er sich dort ausschließlich der Komposition bis zu seinem Tod am 26.6.1971.

WERKE

Von Guillermo Uribe Holguín ist eine Oper aufgeführt worden. Er schrieb 11 Sinfonien, 2 Sinfoniette für Klavier und Orchester, eine sinfonische Dichtung, 3 sinfonische Skizzen, ein Konzert für Streicher, 2 Violinkonzerte, ein Cembalokonzert, ein Bratschenkonzert, weitere sinfonische Stücke, Tänze und Märsche, eine Toccata für Flöte, Klarinette, Fagott, zwei Trompeten und Klavier, 10 Streichquartette, 2 Klavierquintette, 2 Streichtrios, 2 Klaviertrios, 7 Violinsonaten, eine Kantate, sakrale Musik, Klavierwerke, Chöre und Lieder.

Guillermo Uribe Holguín war die bedeutendste Persönlichkeit des kolumbianischen Musiklebens im 20. Jahrhundert. Er verband nationales Kolorit mit modernen Kompositionstechniken.

Franz Joseph Moser (1880–1939)

LEBEN

Franz Joseph Moser wurde am 20.3.1880 in Wien geboren. Er studierte am Konservatorium seines Geburtsorts, wirkte von 1901 bis 1904 an verschiedenen Theatern als Kapellmeister, spielte von 1904 bis 1926 und von 1929 bis 1932 bei den Wiener Philharmonikern Kontrabaß; von 1926 bis 1929 war er Chordirigent der Staatsoper. An der Musikakademie unterrichtete er Klavier und Gesang. Er starb am 27.3.1939 in Wien.

WERKE

Neben 4 Sinfonien schrieb Franz Joseph Moser eine bemerkenswerte Serenade für 15 Bläser und eine Suite für 17 Bläser, außerdem ein Streichsextett, ein Klavierquintett, 2 Streichquartette, Klavierstücke, Chöre und Lieder. Sein Stil war sehr konservativ.

Mihkel Lüdig (1880–1958)

LEBEN

Mihkel (Michael) Lüdig wurde am 27.4.1880 in Reiu, Pärnu, Estland, geboren. Er studierte bis 1904 am Konservatorium in St. Petersburg. Im Jahr 1918 gründete er in Tallinn (Reval) die estnische Musikschule, aus der das Konservatorium hervorging, und leitete sie bis 1922. Von 1925 bis 1928 wirkte er in Buenos Aires als Chorleiter und Musiklehrer und von 1934 bis zu seinem Tod am 7.5.1958 in gleicher Eigenschaft in Vändra, Pärnu.

WERKE

Von Mihkel Lüdig sind ein sinfonisches Bild »Johannisnacht«, 3 Orchestersuiten, 2 Ouvertüren, Chöre und Sololieder bekannt geworden. Seine Musik ist stark national gefärbt.

Karl Bleyle (1880–1969)

LEBEN

Karl Bleyle wurde am 7.5.1880 in Feldkirch, Vorarlberg, geboren. Er war Schüler von Samuel de Lange in Stuttgart und von Ludwig Thuille in München. Von 1923 bis zu seinem Tod am 5.6.1969 lebte er als freier Komponist in Stuttgart.

WERKE

Von Karl Bleyle sind 2 Opern aufgeführt worden. Er schrieb ferner 2 Sinfonien, ein Cellokonzert, eine Suite, eine Ouvertüre, ein sinfonisches Gedicht »Der Taucher« für Vierteltonharmonium und Orchester, 2 Streichquartette, 2 Violinsonaten, 2 Partiten für Soloviolinе, eine Kantate für Männerchor und Orchester, 4 Lieder mit Streichquartett und weitere Orchester-, Kammer- und Chorwerke sowie Lieder. Er hielt eine volkstümliche Diktion ein und gewann ein breites Publikum durch die Frische und Problemlosigkeit seiner Kompositionen.

Ermend Bonnal (1880–1944)

LEBEN

Ermend Bonnal wurde am 1.7.1880 in Bordeaux geboren. Er war am Conservatoire in Paris Schüler von Félix Alexandre Guilmant, Louis Vierne und Charles Tournemire. Nach einer Reihe verschiedener Organistenposten wurde er 1940 Organist an Ste-Clotilde in Paris. Er starb am 14.8.1944 in Bayonne.

WERKE

Von Ermend Bonnal sind eine Chorsinfonie, eine Orgelsinfonie, eine sinfonische Dichtung, ein Ballett, ein Oratorium und zahlreiche Orgelwerke, darunter die »Baskischen Landschaften«, bekannt geworden. Seine in England sehr häufige Verwendung der Orgel für profane Werke war in Frankreich noch selten.

Ernest Bloch (1880–1959)

LEBEN

Ernest Bloch wurde am 24.7.1880 in Genf geboren, wo er Schüler von Émile Jaques-Dalcroze (6.7.1865, Wien, bis 1.7.1950, Genf) war. Anschließend studierte er bei Eugène Auguste Ysaye und François Rasse in Brüssel und sodann bei Iwan Knorr in Frankfurt am Main und Ludwig Thuille in München. Nach mehrjährigem Aufenthalt in Paris wirkte er ab 1909 als Dirigent in Lausanne und Neuchâtel und bis 1915 als Kompositionslehrer in Genf. Im Jahr 1917 siedelte er sich als Musiklehrer in New York an. Von 1920 bis 1925 leitete er das Institut of Music in Cleveland, O., darauf bis 1930 das Konservatorium in San Francisco, wo er nach einem achtjährigen Europaaufenthalt wiederum bis 1941 wirkte. Sodann hielt er sich in Agate Beach, Oreg., auf. Er starb am 15.7.1959 in Portland, Oreg.

WERKE

»Ich habe keine der mehr oder minder authentischen und häufig von anderen Völkern entlehnten jüdischen Melodien verwendet und ebenso wenig orientalische Wendungen, Rhythmen oder Intervalle«, sagte Ernest Bloch. »Ich habe auf eine innere Stimme gehorcht, die sich bei der Lektüre bestimmter Bibelstellen erhob und als uraltes Erbe in meiner Musik zum Klingen kam.« Er suchte eine national-jüdische Musik zu verwirklichen, ohne folkloristische Grundlage aus dem Geist seines Volks. Er schrieb 2 Opern, 5 Sinfonien, 5 sinfonische Dichtungen, 3 Orchestersuiten, eine Rhapsodie »Amerika« mit amerikanischen Themen, 2 Concerti grossi, 2 Violinkonzerte, ein Klavierkonzert, 2 Bratschenkonzerte, 2 Cellokonzerte, ein Flötenkonzert, 2 Klavierquintette, 9 Streichquartette, eine Suite für Flöte und Streicher, »Vier Episoden« für Kammerorchester, 2 Violinsonaten, eine »Hebräische Suite« für Bratsche und Klavier, »Hebräische Meditation« und »Drei Skizzen aus dem jüdischen Leben« für Cello und Klavier, »Mystisches Poem« für Violine und Klavier, 2 Skizzen für Solovioline, eine Skizze für Solobratsche, eine Klaviersonate, »Fünf Skizzen« für Klavier und weitere Klavierstücke, eine Sabbath-Morgenfeier für gemischten Chor und Orchester.

Ernest Bloch

Stimme in der Wildnis, Tongedicht für Orchester mit obligatem Cello, 6 Sätze, entstanden 1936

Diesem Tongedicht liegt kein Programm zugrunde, es bringt eine Serie Meditationen, vermutlich über das menschliche Schicksal; es vermittelt keine Bilder, sondern lediglich Gedanken. Der 1. Satz fordert ruhig zum Nachdenken auf. Der 2. Satz mit östlichem Kolorit ist voll bitterer Gedanken. Der 3. Satz beschäftigt sich lebhaft damit. Der 4. Satz bildet ein Intermezzo und erinnert wieder an Musik des Ostens. Im 5. Satz gibt das Cello mit einer unbegleiteten Kadenz einen resignierten Kommentar. Dennoch bringt der 6. Satz nach langen Auseinandersetzungen etwas Hoffnung.

Schelomo, Hebräische Rhapsodie für Cello und Orchester, ein Satz, entstanden 1916

Das Stück gründet sich auf Salomons Buch der Predigten. Das Cello spricht anstelle des Königs und bringt eine Vision seiner Macht, des Reichtums und des Glanzes seines Hofs, die Tänze der Frauen, die Rufe der Krieger und Sklaven und zugleich die Weisheit: »Ich habe alle Werke gesehen, die unter der Sonne getan werden, und siehe, alles ist eitel.«

Violinkonzert, 3 Sätze, entstanden 1938

Der 1. Satz bringt eine Reihe indianischer Themen, die nahezu rhapsodisch das weite Land Amerikas vor Augen rufen und in eine äußerst virtuose und klangvolle Kadenz enden. Der 2. Satz verarbeitet hebräische Themen, und der 3. Satz greift wieder auf Indianermusik zurück. Das Werk ist mit großen Kompositionen des 20. Jahrhunderts dieser Art in eine Reihe zu stellen.

LITERATUR

R. Strassburg, Ernest Bloch, Los Angeles 1977.

Clarence Cameron White (1880–1960)

LEBEN

Clarence Cameron White wurde am 10.8.1880 in Clarksville, Tenn., geboren. Er studierte am Oberlin Conservatory in Ohio, in London bei Samuel Coleridge-Taylor und in Paris bei Raoul Laparra (13.5.1876, Bordeaux, bis 4.4. 1943, Paris). Ab dem Jahr 1912 wirkte er an verschiedenen Orten als Violin- und Kompositionslehrer. Er starb am 30.6.1960 in New York.

WERKE

Außer einer Oper schrieb Clarence Cameron White für Orchester eine »Elegie«, ein »Poeme« und eine »Tanzrhapsodie«, 4 Negro Spirituals, Skizzen für Violine und Orchester, Klavierstücke und 40 Spirituals mit Klavier und Chöre.

Edouard Flament (1880–1958)

LEBEN

Edouard Flament wurde am 27.8.1880 in Douai, Nord, geboren. Er studierte am Conservatoire in Paris unter Georges Caussade, Charles Lenepveu, Paul Vidal und Francis Planté (2.3.1839, Orthez, Basses-Pyrénées, bis 19.12.1934, Saint-Avit, Landes) und wirkte hierauf als Konzertdirigent und als Kapellmeister an den Opernhäusern von Nantes, Angers, Algier, Lille und Monte Carlo. Von 1930 bis 1939 dirigierte er verschiedene Rundfunkorchester. Er starb am 27.12.1958 in Bois-Colombes, Hautes-de-Seine.

WERKE

Neben mehreren Bühnenwerken schrieb Edouard Flament 7 Sinfonien, davon 3 mit Chor, mehrere sinfonische Dichtungen, 4 Klavierkonzerte, viele weitere Orchesterwerke, Kammermusik, kleinere Instrumentalstücke, Chöre, Lieder und Unterrichtsmaterial für Fagott und Klavier.

Désiré-Émile Inghelbrecht (1880–1965)

LEBEN

Désiré-Émile Inghelbrecht wurde am 17.9. 1880 in Paris geboren. Er studierte am Conservatoire in Paris. Im Jahr 1908 dirigierte er am Théâtre-des-Arts, 1912 am Théâtre-des-Camps-Elysées, von 1919 bis 1923 wirkte er als musikalischer Leiter des schwedischen Balletts in Paris, 1924 wurde er Musikdirektor der Opéra-Comique in Paris und 1927 an der Opéra, die er 1933 wieder verließ. Seit 1934 war er am französischen Rundfunk tätig und dirigierte dort das von ihm gegründete Orchestre National, von 1945 bis 1950 dirigierte er auch an der Opéra. Er starb am 14.2.1965 in Paris.

WERKE

Maurice Ravel und Claude Debussy, mit dem Désiré-Émile Inghelbrecht befreundet war, übten einen starken Einfluß auf dessen kompositorisches Schaffen aus. Sein Stil stand zwischen Impressionismus und Neuklassizismus mit häufigen Neigungen zum Expressionismus. Neben einer Anzahl Opern, Operetten und Balletten schrieb er für Orchester eine Sinfonie, 2 Skizzen – »Erster Schneetag im alten Japan«, »Frühlingsrhapsodie« –, 3 Tänze, 6 Schwedische Tänze, eine Variation, »Irische Ballade« für Harfe und Orchester, ein Violinkonzert, eine sinfonische Suite, ein Streichquartett, ein Requiem, mehrere Kantaten für Rezitation, Singstimme, Chor und Orchester, Chöre und Lieder. Er veröffentlichte einige theoretische Werke.

Ildebrando Pizzetti (1880–1968)

LEBEN

Ildebrando Pizzetti wurde am 20.9.1880 in Parma geboren. Seinen Klavierunterricht erhielt er von seinem Vater, dem Pianisten Odoardo Pizzetti (30.6.1853, Parma, bis 3.8. 1926, Parma); sodann studierte er von 1895 bis 1901 am Konservatorium bei Giovanni Tebaldini (7.9.1864, Brescia, bis 11.5.1952, San Benedetto del Tronto) Komposition und wurde 1908 selbst Kompositionslehrer am Konservatorium in Florenz, dessen Leitung er 1917 übernahm; im Jahr 1924 übertrug man ihm die Leitung des Konservatoriums in Mailand, ab 1936 wirkte er als Kompositionslehrer an der Accademia Nazionale di Santa Cecilia in Rom, als deren Präsident er von 1948 bis 1951 fungierte. Er starb am 13.2.1968 in Rom.

WERKE

Gemeinsam mit den italienischen Komponisten Alfredo Casella und Gian Francesco Malipiero gehört Ildebrando Pizzetti zu den Begründern der neueren Musik seines Landes. Sein Stil entwickelte sich deutlich auf den Neuklassizismus zu, obwohl er anfänglich impressionistische Strukturen bevorzugte. Er schrieb 13 Opern, die dadurch bemerkenswert sind, daß sie im diametralen Gegensatz zum Verismus stehen und durch besondere Berücksichtigung des Sprachrhythmus und der Textausdeutung eine neue Kantabilität bringen, die den Gegensatz zwischen Dramatik und Lyrik aufhebt. Weiters verfaßte er zahlreiche Bühnenmusiken, eine Sinfonie, ein Klavierkonzert, 2 Violinkonzerte, ein Cellokonzert, ein Harfenkonzert, 2 Streichquartette, ein Klaviertrio, »Drei Kanzonen« für Singstimme und Streichquartett, Stücke für Violine oder für Cello und Klavier und für Soloklavier, ein Requiem, ein De profundis, Gesänge, Lieder und Chöre.

Ildebrando Pizzetti

Stanko Premrl (1880–1965)

LEBEN

Stanko Premrl wurde am 28.9.1880 in Vid bei Vitava, Slowenien, geboren. Er studierte Orgelspiel und Komposition am Konservatorium in Wien. Von 1909 bis 1939 war er Regens chori am Dom und von 1919 bis 1945 Orgellehrer am Konservatorium in Ljubljana. Er starb am 14.3.1965 in Ljubljana.

WERKE

Von Stanko Premrl sind eine »Weihnachtssuite«, eine Sinfonietta, ein Scherzo, ein Bläseroktett, ein Streichquartett, ein »Thema mit Variationen« für Klavier und weitere Klavierwerke, eine Kantate für Soli, Chor, Orgel und Orchester bekannt geworden. Er schrieb zahlreiche Kirchenmusik – Messen, Requiem, Offertorien, Passionen, Magnificat, Te Deum – und gilt als Erneuerer der slowenischen Kirchenmusik, die er völlig aus der Bindung an den Caecilianismus löste.

James Simon (1880–1944)

LEBEN

James Simon wurde am 29.9.1880 in Berlin geboren. Er studierte dort bei Max Ansorge (1.10.1862, Striegau [Strzegom], Schlesien, bis 12.5.1940, Namslau [Namysłow], Schlesien) und Max Bruch. Er mußte 1934 Deutschland verlassen und lebte zunächst als Musiklehrer in Zürich und darauf in Amsterdam, von wo er am 12.10.1944 in das Konzentrationslager Auschwitz deportiert wurde.

WERKE
Neben einer Oper schrieb James Simon eine Sinfonie, eine »Rhapsodie und Ländliche Suite« für Orchester, 2 Klavierkonzerte, ein Sextett für Klavier und Bläser, 2 Streichquartette, Chorwerke und Lieder.

Jaime Pahissa (1880–1969)

LEBEN
Jaime Pahissa wurde am 7.10.1880 in Barcelona geboren. Er war Architekt, studierte sodann in Barcelona Musik und ging 1935 nach Buenos Aires, wo er als Lehrer, Komponist und Schriftsteller wirkte. Er starb am 27.10. 1969 in Buenos Aires.

WERKE
Neben 3 Opern und einem Ballett schrieb Jaime Pahissa 2 Sinfonien, 3 sinfonische Dichtungen, 4 Ouvertüren, »Kinderträume« für Streichorchester und Klavier, 6 katalanische Volkslieder für Streichorchester, ein Bläserquintett, ein Streichquartett, ein Klaviertrio, eine Violinsonate, mehrere Schauspielmusiken, Chöre und Lieder. Er war auch als Musikschriftsteller tätig.

Raffaele Casimiri (1880–1943)

LEBEN
Raffaele Casimiro Casimiri wurde am 3.11. 1880 in Gualdo Tadino, Umbrien, geboren. Er war in Padua Schüler von Luigi Bottazzo (9.7.1845, Presina, Padua, bis 29.12.1924, Padua). Er wirkte ab 1899 als Lehrer am Seminar in Nocera Umbra und ab 1903 als Kapellmeister verschiedener Kirchen, zuletzt an San Giovanni in Laterano in Rom. Ab 1912 unterrichtete er an der Hochschule für Kirchenmusik in Rom Komposition und Kirchenmusik. Mit seiner 1919 gegründeten »Società Polifonica Romana« bereiste er Europa und Amerika. Er starb am 15.4.1943 in Rom.

WERKE
Neben zahlreichen sehr wertvollen kirchenmusikgeschichtlichen Werken und der Herausgabe älterer Kompositionen schrieb Raffaele Casimiri zahlreiche Kirchenwerke wie Messen, Litaneien, Motetten, Offertorien und weitere Proprien und Gesänge, die seinem Bestreben, konservative Kirchenmusik neu zu erwecken, entsprachen. Ferner verfaßte er 2 Oratorien und »Madrigali e Scherzi« für gemischten Chor. Er gründete und leitete auch zwei angesehene kirchenmusikalische Zeitschriften.

LITERATUR
F. Vatielli, Ricordo di Raffaele Casimiri, in: Rivista Musicale Italiana 47, 1943.

Rudolf Karel (1880–1945)

LEBEN
Rudolf Karel wurde am 9.11.1880 in Pilsen (Plzeň) geboren. Er war einer der letzten Schüler Antonín Dvořáks. Er lebte zunächst in Prag, wirkte eine Zeitlang als Lehrer an der Musikschule in Taganrog und am Konservatorium in Rostow. Von 1923 bis 1941 war er Lehrer für Komposition und Orchestrierung am Konservatorium in Prag. Verlor sodann die Stellung und wurde verhaftet. Er starb am 6.3.1945 im Konzentrationslager Theresienstadt (Terezin).

WERKE
Neben 3 Opern – eine vierte blieb unvollendet – schrieb Rudolf Karel 2 Sinfonien, 2 sinfonische Dichtungen, eine »Auferstehungssinfonie« für Soli, Chor und Orchester, und weitere Orchesterwerke, ein Capriccio, ein Violinkonzert, ein Nonett, ein Klavierquartett, 3 Streichquartette, eine Violinsonate, Klavierstücke und Lieder.

Maurice Reuchsel (1880–1968)

LEBEN

Louis Joseph Maurice Reuchsel wurde am 22.11.1880 in Lyon geboren. Er war Schüler seines Vaters, studierte darauf am Conservatoire in Paris und reiste als Violinist und Virtuose auf der Viola d'amore durch Westeuropa. Von 1900 bis 1950 wirkte er als Musiklehrer und als Musikkritiker in Lyon, wo er am 12.7.1968 starb.

Sein Bruder Amédée Reuchsel (21.3.1875, Lyon, bis 10.7.1931, Montereau, Loiret) war in Brüssel Schüler von Edgar Tinel und Joseph Dupont und in Paris von Gabriel Fauré. Er wirkte als Organist an St-Denis in Paris.

Sein Vater Pierre-Léon Reuchsel (11.2.1840, Vesoul, Haute-Saône, bis 11.8.1915, Lyon), Sohn des Theaterkapellmeisters in Würzburg, Johannes Reuchsel (28.3.1791, Bettenhausen bei Meiningen, bis 15.3.1871, Lyon), war von 1861 bis 1915 Organist an St-Bonaventura und Dirigent des Caecilien-Vereins in Lyon.

WERKE

Von Maurice Reuchsel sind ein Ballett, ein Konzertstück, eine Suite italienne für Violine und Orchester, ein Konzertstück für Saxophon und Orchester, mehrere Kammermusik, 3 Psalmen, Motetten, eine Messe für gemischten Chor und Lieder bekannt geworden. Sein Stil war neuromantisch.

Amédée Reuchsel schrieb eine Oper, ein Oratorium, ein Cellokonzert, ein Klavierquartett, ein Streichquartett, ein Klaviertrio, ein Bläsersextett mit Klavier, eine Cellosonate, 2 Violinsonaten, 3 Orgelsonaten, Klavierstücke, Männerchöre und Lieder.

Pierre-Léon Reuchsel schrieb Messen, Motetten und Kantaten.

Die zahlreichen Kompositionen von Johannes Reuchsel wurden nicht veröffentlicht.

Healy Willan (1880–1968)

LEBEN

Healy Willan wurde am 12.10.1880 in Balham bei London geboren. Er erhielt seine musikalische Ausbildung als Chorschüler an St. Saviour's in Eastbourne und war anschließend als Organist tätig. Im Jahr 1913 übernahm er die Stelle eines Leiters der Theorieabteilung am Konservatorium in Toronto. Neben dem Unterricht wirkte er als Organist und Musikdirektor an St. Mary-Magdalene und ab 1932 als Universitätsorganist bis 1964. Er starb am 16.2.1968 in Toronto.

WERKE

Außer 2 Opern schrieb Healy Willan 2 Sinfonien, ein Klavierkonzert, »Passacaglia und Fuge« für Orchester, eine Hymne für Sprecher und Orchester, 30 Praeludien und eine Fugentrilogie für Orgel, 5 große Chorwerke, 18 Magnificat und Nunc dimittis und 14 Messen. Sein Stil war sehr konservativ. Er veröffentlichte ein zwei- und ein siebenbändiges didaktisches Klavierwerk.

Howard Carr (1880–1960)

LEBEN

Howard Carr wurde am 26.12.1880 in Manchester geboren. Er wirkte zunächst in London als Musiklehrer und Dirigent, sodann von 1928 bis 1938 in Sydney als Kontrapunktlehrer am Konservatorium und als Leiter der Philharmonischen Gesellschaft. Er starb am 16.11.1960 in London.

WERKE

Von Howard Carr sind 2 Sinfonien, eine Orchestersuite, mehrere Ballettsuiten und andere Orchesterwerke, eine Ode für Bariton, Männerchor und Orchester, Klavierskizzen und Filmmusiken bekannt geworden. Er nahm in der Musiklandschaft Australiens in der ersten Hälfte unseres Jahrhunderts einen bemerkenswerten Rang ein.

Janko Binenbaum (1880–1956)

LEBEN

Janko Binenbaum wurde am 28.12.1880 in Adrianopel (heute Edirne, Türkei) geboren. Er war in München Schüler von Joseph Rheinberger und wurde 1903 Opernkapellmeister in

Regensburg, sodann in Hamburg und in Berlin. Er starb am 4.2.1956 in Chevreuse, Seine-et-Oise.

Werke
Das Komponieren sah Janko Binenbaum als eine rein private Tätigkeit an und trat mit seinen Werken äußerst selten an die Öffentlichkeit. Er schrieb eine Oper, ein Ballett, 3 Sinfonien, 2 Ouvertüren, 2 Violinkonzerte, ein Streichoktett, ein Klavierquintett, 5 Streichquartette, ein Klaviertrio, 2 Violinsonaten, eine Klaviersonate, Chöre und Lieder. Der Konservativismus seines Lehrers prägte sich auch in seinen Werken aus.

Wilhelm Knöchel (1881–1959)

Leben
Wilhelm Knöchel wurde am 3.1.1881 in Krefeld geboren. Er war in Köln Schüler von August von Othegraven (2.6.1864, Köln, bis 11.3.1946, Wermelskirchen) und Friedrich Wilhelm Franke (21.6.1861, Barmen, bis 3.4.1832, Köln) und in Krefeld von Robert Laugs (21.2.1875, Saarbrücken, bis 9.1.1942, Kassel) und Theodor Müller-Reuter (1.9.1858, Dresden, bis 11.8.1919, Dresden). Im Jahr 1912 gründete er in Moers, Niederrhein, eine Musikschule, setzte sein Musikstudium 1921 in Berlin bei Wilhelm Klatte (13.2.1870, Bremen, bis 12.9.1930, Berlin) fort und wirkte als Dirigent und Komponist, bis er sich 1949 in Moers niederließ, wo er am 12.12.1959 starb.

Werke
Hermann Ritter (16.9.1849, Wismar, bis 25.1.1926, Würzburg) konstruierte nach Quellen des 18. Jahrhunderts eine »Viola alta«, eine Altviolíne mit Bratschenstimmung, die jedoch wegen ihres umfangreicheren Corpus einen pastosen Klang hatte; sie entsprach der »Viola medicea«, die Antonio Stradivari (1644–1737) gebaut hatte. Dazu baute er eine »Viola tenore«, deren doppelte Violinmensur den Klangraum zwischen Bratsche und Cello ausfüllte, und eine »Viola bassa« mit Cellostimmung und doppeltem Ausmaß der Viola alta. Er wollte dadurch den Stimmumfang im Streichquartett unter der Violine symmetrischer aufteilen. Wilhelm Knöchel verfaßte als einer der wenigen Komponisten seiner Zeit ein Klavierquintett für »Ritter-Instrumente«. Er schrieb außerdem ein Oratorium, eine Symphonia brevis, 2 Streichquartette, ein Streichtrio und Männerchöre.

Karl Weigl (1881–1949)

Leben
Karl Weigl wurde am 6.2.1881 in Wien geboren. Er studierte dort am Konservatorium bei Alexander Zemlinsky und an der Universität bei Guido Adler. Nach einer Tätigkeit als Repetitor an der Hofoper lehrte er ab 1918 am Konservatorium und ab 1930 an der Universität Musiktheorie. Im Jahr 1938 mußte er Österreich verlassen und wirkte in den USA in Boston und Philadelphia als Musiklehrer. Er starb am 11.8.1949 in New York.
Seine Frau Vally Weigl (11.9.1894, Wien, bis 1983, New York) war seine Schülerin. Sie unterrichtete in Wien und Salzburg, verließ 1938 Österreich und wirkte in New York als Musiktherapeutin.

Vally Weigl

Werke

Von Karl Weigl sind 6 Sinfonien, Ouvertüren und andere Orchesterstücke, ein Violinkonzert, ein Streichsextett, 8 Streichquartette, 2 Violinsonaten, Klavierstücke, Orgelstücke, 2 Chorwerke, eine achtstimmige Hymne a cappella und weitere Chöre, Gesänge und Lieder bekannt geworden.

Vally Weigl schrieb eine Hymne a cappella, eine Suite für Klarinette, Cello und Klavier, eine »Lyrische Suite« für tiefe Stimme, Flöte, Cello und Klavier, ein Bläserquintett, Chorwerke und Lieder.

Alle Werke sind neuklassizistisch.

Armin Knab (1881–1951)

Leben

Armin Knab wurde am 19.2.1881 in Neuschleichach, Landkreis Haßfurt, geboren. Er studierte in Würzburg und München Rechtswissenschaft und Musik und wurde zunächst Richter. Im Jahr 1934 wandte er sich ausschließlich der Musik zu und wurde Lehrer an der Hochschule für Musikerziehung und Kirchenmusik in Berlin. Ab 1943 lebte er in Würzburg. Er starb am 23.6.1951 in Bad Wörishofen.

Armin Knab

Werke

Die 150 Klavierlieder, die Armin Knab schrieb, erinnern an die Berliner Liederschule. Auch er strebte Sangbarkeit, Einfachheit, klaren melodischen Textausdruck bei einem Minimum an Harmonik an und suchte Volkslied und Kunstlied zu verschmelzen. Dennoch ist keine seiner Kompositionen zum echten Volkslied geworden. Sie machen oft einen gezwungenen Eindruck. Er schrieb bei 40 Kinderlieder, Chorwerke a cappella oder mit Begleitung, Lautenlieder, Duette, Dialoge, Kantaten, Hymnen, Melodramen, Bühnenmusiken, Märchenspiele, eine Suite für Streichorchester, Streichquartette, Blasmusik, Sonaten für Klavier solo oder mit Blockflöte, für Cembalo und andere Instrumente. Er veröffentlichte über 100 Essays.

Arthur Willner (1881–1959)

Leben

Arthur Willner wurde am 5.3.1881 in Teplitz-Turn (Teplice-Trnovany), Böhmen, geboren. Er erhielt seine Ausbildung in Leipzig und München, wirkte von 1904 bis 1924 als Kompositionslehrer am Sternschen Konservatorium in Berlin, ging sodann als Berater der Universal-Edition nach Wien, das er 1938 verlassen mußte. Er starb am 6.4.1959 in London.

Werke

Klavier- und Kammermusik bildeten den Hauptteil des kompositorischen Schaffens von Arthur Willner. Er schrieb 5 Streichquartette, ein Klavierquartett, eine Sonate für zwei Violinen, 4 Violinsonaten, 3 Violinsonatinen, eine Violinsuite, Variationen für Cello und Klavier, 4 Klaviersonaten, Variationen, Fugen, Tanzweisen, Skizzen und andere Stücke für Klavier, ferner Variationen für zwei Klaviere, einige Orchesterwerke und Konzerte, Frauen- und Männerchöre sowie Lieder. Sein Stil neigte dem Neuklassizismus zu.

Paul le Flem (1881–1984)

LEBEN

Paul le Flem wurde am 18.3.1881 in Lézardrieux, Côtes-du-Nord, geboren. Er studierte an der Schola Cantorum und dem Conservatoire in Paris unter Albert Roussel, Vincent d'Indy, Alexandre Jean Albert Lavignac und Amédée Gastoué (13.3.1873, Paris, bis 1.6. 1943, Clamart bei Paris). Im Jahr 1924 wurde er Chormeister der Opéra-Comique und wirkte von 1925 bis 1939 als Dirigent der Chanteurs de Saint-Gervais und gleichzeitig als Kontrapunktlehrer an der Schola Cantorum; er war auch als Musikkritiker tätig. Er starb am 1.8. 1984 in Paris.

WERKE

Von Paul le Flem sind 4 Bühnenwerke aufgeführt worden. Er schrieb außerdem 3 Sinfonien, ein sinfonisches Triptychon »Für die Toten«, ein Scherzo, eine Feenparade, eine Fantasie für Klavier und Orchester, ein Konzertstück für Violine und Orchester, ein Klavierquintett, eine Sonate für Violine und Klavier, Klavier- und Harfenstücke, Chöre a cappella und mit Klavierbegleitung sowie Lieder.

Béla Bartók (1881–1945)

LEBEN

Béla Victor János Bartók wurde am 25.3.1881 in Nagy Szent-Miklós, Ungarn (heute Sinnicolau, Rumänien) geboren. Nach einer Grundausbildung durch seine Mutter erhielt er in Preßburg von László Erkel (1844–96) Kompositionsunterricht. An der Musikakademie in Budapest war er Klavierschüler von István Thomán und Kompositionsschüler von Hans Koessler; er entwickelte sich zum Klaviervirtuosen. Seine kompositorische Tätigkeit, die er bereits in Preßburg aufgenommen hatte, intensivierte sich um das Jahr 1905. Er orientierte sich anfänglich an Franz Liszt, verließ aber bald die Tonalität, so daß scharfe Gegensätze zu Kritik und Publikum nicht ausblieben. Er erhielt zwar 1907 eine Klavierprofessur, die Aufführung seiner Kompositionen wurde aber verhindert. Sein Plan, mit einigen jungen Komponisten eine neue Musikgesellschaft zu gründen, verwirklichte sich nicht, daher zog er sich 1912 von jeder öffentlichen Tätigkeit zurück und widmete sich neben seinen Konzertreisen als Pianist nur mehr der Komposition und der Volksliedforschung, indem er echtes ungarisches Volksgut sammelte und bearbeitete – was bisher als »ungarisch« angesehen wurde, waren zumeist rumänische oder slawische Weisen, die die Zigeuner spielten. Seinen Wohnsitz in Budapest behielt er vorläufig bei, als aber 1940 der Expansionskrieg Deutschlands im vollen Gang war, und ein großer Teil der bedeutenden Künstler Mitteleuropas die Heimat bereits verlassen hatte, soweit es ihnen noch gelungen war, ging er in die USA. Es fiel ihm schwer, sich in der neuen Heimat durchzusetzen, weil er zu stark in der alten verwurzelt war, um sich neuen Verhältnissen anzupassen. Er erhielt einige Konzert-, Kompositions- und Forschungsaufträge, aber sein Gesundheitszu-

Béla Bartók

stand hinderte ihn an einer intensiven Arbeit. Er starb am 26.9.1945 in New York als eine der größten Gestalten der Musik des 20. Jahrhunderts.

WERKE

»Es ist nicht zu leugnen, daß die enorme geistige Sprengkraft, die im Kern der modernen Kunst steckt, als geistiges Ekrasit verwendet werden kann«, sagte ein bekannter Kunsthistoriker, der nachzuweisen versuchte, daß es die moderne Kunst eigentlich nicht geben dürfte, sie aber ebenso wenig behindern konnte wie den Ablauf der Zeit; er wollte damit jedenfalls die Künstler davor warnen, diese Sprengkraft zur Wirkung kommen zu lassen. Die Diktatoren des 20. Jahrhunderts erkannten das ebenso klar und fühlten, daß der Künstler die Wirkung seiner Werke nicht regulieren kann, weil das einmal in die Welt gesetzte Werk als selbständiger Faktor funktioniert. Sie vernichteten daher die Werke und verboten, weitere zu schaffen, sie verhinderten die Künstler mit äußerster Gewalt, solche Werke zu erarbeiten. In den Epochen des Feudalismus und des Absolutismus war es die Wissenschaft, die verfolgt wurde, weil der Antagonismus zwischen dem dogmatischen System, das die angemaßten Rechte der Machthaber sanktionierte, und dem Rationalismus die Throne zum Wanken zu bringen drohte. Später hatten sich die Diktatoren die Wissenschaft dienstbar gemacht, aber die Künstler, die sie gewinnen konnten, waren in Wahrheit keine. Die echten Künstler konnte man wohl zum Schweigen bringen, konnte man vertreiben oder töten, man konnte sie zu Unpersonen machen, aber alle waren nie erreichbar, so daß immer einzelne weiterwirkten und die Diktatoren sogar überlebten. Es war zum Qualitätskriterium geworden, ob ein Kunstschaffender von den Machthabern geduldet wurde oder nicht. Das sah auch Béla Bartók. Er schrieb, als man in Berlin offenbar zögerte, ihn zu verbieten, zumal er doch kein Jude und Angehöriger des mehr oder weniger freiwillig befreundeten Ungarns war, daß er es als Diskriminierung empfände, nicht unter die »Entarteten« eingereiht zu werden. Das Verbot, seine Werke in nationalsozialistischen Ländern aufzuführen, sprach er selbst aus.

Das Lebenswerk Bartóks gliedert sich in drei Stilphasen. Die spätromantisch-impressionistische Phase endete mit seiner einzigen Oper »Herzog Blaubarts Burg« im Jahr 1911; sie lag auf der Linie Franz Liszt–Richard Strauss–Claude Debussy. Die folgende expressionistische Phase reichte ungefähr bis zum Jahr 1930 und zeichnete sich durch die Verwendung vielfältiger Stilmittel aus: Kirchentonarten, Pentatonik, Bitonalität, Chromatik, kontrapunktische Imitation neben völliger Atonalität, höchst vitale und an östlichen Metren orientierte Rhythmen, explosive Klangschichtungen, die eine Brücke zu Arnold Schönberg und Igor Strawinsky darstellten. In der letzten Phase zogen wieder eindeutigere Dur-Moll-Beziehungen ein, die Musik wurde klassizistisch und verlor ihren aggressiven Charakter, blieb jedoch unverkennbar auf der Linie des vom Komponisten eingeschlagenen künstlerischen Wegs. Die Tondichtung »Kossuth-Sinfonie«, die »Rhapsodie für Klavier und Orchester«, die 2 Orchestersuiten, das Violinkonzert Nr. 1 gehören der romantischen Epoche an wie die »Zwei Porträts«, die »Zwei Bilder«. Diese klangvollen, farbenprächtigen Stücke zog der Komponist später zurück, weil sie seinen künstlerischen Vorstellungen nicht mehr entsprachen. Mit den »Vier Orchesterstücken« setzte der »echte« Bartók ein. Die Oper war bereits stark expressionistisch. Die Pantomimen »Der holzgeschnitzte Prinz« und »Der wunderbare Mandarin«, die »Tanzsuite«, die »Musik für Saiteninstrumente, Schlagzeug und Celesta« vertieften diesen Stil, während das »Divertimento für Streichorchester«, das »Konzert für Orchester«, bereits dem Spätstil angehörten. Von den 3 Klavierkonzerten sind die ersten zwei hochexpressiv, das dritte (nachgelassene) bewegte sich in ruhigeren Bahnen wie das ebenfalls posthume Bratschenkonzert. Das Violinkonzert Nr. 2 wurde als das beste seit Johannes Brahms angesehen. Die Kammermusik verteilte sich auf alle Schaffensperioden des Komponisten. Das Klavierquintett bewegte sich im Stilbereich von Johannes Brahms. Seine 6 Streichquartette sind in der Zeit zwischen 1908 und 1937 entstanden. Er verfaßte weiters 2 Sonaten und 2 Rhapsodien für Violine und Klavier, 44 Duos für zwei

Skizzen zur Rhapsodie Nr. 1 von Béla Bartók, Autograph

Violinen, eine Sonate für zwei Klaviere und Schlagzeug, »Kontraste für Violine, Klarinette und Klavier«, eine Anzahl Chorlieder. Vom Klavierwerk war das »Allegro barbaro« mit seinen maschinenartig geschlagenen Oktaven und Akkorden zu seiner Zeit eine Sensation

(1911). Die dreisätzige Sonate ist noch heute ein beliebtes Konzertstück. Volkstänze, Variationen über Bauernlieder, Rondos, eine Sonatine bilden nur eine Auswahl seiner vielen Klavierstücke. Der »Mikrokosmos« stellte mit seinen 153 Stücken ein Lehrwerk dar, enthält aber eine Reihe pianistischer Kostbarkeiten, die daran erinnern, daß Béla Bartók selbst ein hervorragender Klaviervirtuose war. Seine Gesangwerke bestehen aus Klavierliedern, zahlreichen ungarischen Volksliedern; die »Fünf Dorfszenen« sind für Gesang und Klavier oder Frauenchor und Kammerorchester erschienen. Dazu kommt eine Fülle von Bearbeitungen von ungarischen, slowakischen, rumänischen und auch arabischen Volksliedern. Er veröffentlichte eine große Anzahl Abhandlungen, die sich vorwiegend mit Volksmusik beschäftigten.

Cantata profana für Tenor, Bariton, Chor und Orchester, 3 Teile, entstanden 1930

Die Kantate erzählt von einem Vater, der seine neun Söhne ausschließlich für die Jagd in den Bergen erzog. Eines Tages verfolgten die Söhne ein »wundersames Tier«, verirrten sich in einem dunklen Wald und wurden selbst in Hirsche verwandelt. Als ihr Vater, der ihnen nachging, die neun Hirsche bei einer Quelle sichtete, wollte er auf sie schießen. Der älteste der Brüder begann zu sprechen und warnte den Vater, auf sie zu schießen, weil er mit den Brüdern ihn mit den Geweihen an der Felswand zerschmettern würde. Der Vater bat sie, nach Hause zur beladenen Tafel und zu den gefüllten Gläsern zu kommen, wo sie von der Mutter angstvoll erwartet würden. Aber der älteste Sohn erklärte ungerührt, sie würden nicht heimkehren, weil sie mit den Geweihen nicht durch das Tor kämen und ihre Körper keine Kleider tragen könnten, sondern nur grünes Waldlaub, und sie nur klares Wasser von der Quelle trinken wollten. Der Komponist wollte mit dieser Geschichte seinen Drang nach unbedingter Freiheit kundgeben. Die 3 Teile gehen ineinander über. Die Musik folgt der Handlung mehr deliberativ als deskriptiv, nur die Jagdszene ist mit aller Farbenpracht dargestellt.

Der wunderbare Mandarin, Pantomime, Opus 19, 6 Teile, entstanden 1925

Die Premiere dieses Stücks 1926 in Köln war einer der lärmendsten Skandale im Leben des Komponisten. Konservative Kreise mit kirchlichen Würdenträgern an der Spitze richteten scharfe Angriffe gegen das »unsittliche« Werk, der Oberbürgermeister verbot weitere Aufführungen. Die Handlung der Pantomime gab Bartók wie folgt wieder: »In einer Apachenbehausung zwingen drei Strolche ein schönes junges Mädchen, Männer an sich zu locken, die diese dann ausrauben wollen. Der erste Gast ist ein armer Junge, der zweite ebenso, nur der dritte ein reicher Chinese. Dieser Fang scheint vorteilhaft zu sein; das Mädchen unterhält den Mandarin durch Tänze, erweckt in ihm eine heftige Liebe. Dem Mädchen graut aber vor dem Mann. Die Strolche überfallen, plündern, würgen ihn mit dem Bettzeug und durchstechen ihn mit einem Säbel, doch vergebens, sie vermögen dem Mann nichts anzutun, der verliebt und sehnsuchtsvoll das Mädchen anblickt. Die weibliche Invention kommt zu Hilfe: Das Mädchen erfüllt den Wunsch des Mandarin, der darauf tot hinstürzt.« Der Gestenreichtum der Musik Bartóks entfaltet sich in diesem Werk mit seiner ganzen Pracht, er ist aber nicht begleitend, sondern erklärend und beurteilend. Das Grundmotiv, das sich durch das ganze Ballett zieht, stellt die Stadt und den sozialen Kreis dar, in dem die Szenen ablaufen. Man könnte sagen, daß hier der Komponist mit seiner Musik die Gesellschaftskritik des Werks zum Ausdruck bringt.

Der holzgeschnitzte Prinz, Pantomime, entstanden 1916

Die Handlung spielt im Märchenland, in dem es zwei Hügel mit zwei kleinen Schlössern, einen Wald und einen Fluß gibt. Die Prinzessin aus dem einen Schloß spielt und tanzt unter der Aufsicht der Feen im Wald. Der Prinz aus dem zweiten Schloß versucht, das Mädchen zu erreichen, doch die Feen wollen das verhindern, indem sie die Bäume beleben, die ihn abhalten, sodann den Fluß anschwellen lassen, doch der Prinz läßt von seinem Vorhaben nicht ab. Um die Aufmerksamkeit der Prinzessin auf sich zu lenken, verfertigt er eine hölzerne Puppe, die er mit seinen Kleidern und Haaren ausstattet. Die Prinzessin hat nur für den Prinzen aus Holz Interesse und beachtet den wirklichen Prinzen überhaupt nicht. Nun greifen die Feen zu seinen Gunsten ein, statten den Prinzen wieder mit seinen Kleidern und Haaren aus, so daß die Prinzessin sich wieder ihm zuwendet und mit ihm tanzt. Der Komponist drückt mit seiner Musik den Sinn des Stückes aus, das zeigen will, daß die Menschen alles nur nach dem Äußeren beurteilen, wenn ihnen keine Feenhand die Augen für tiefere Erkenntnisse öffnet. Bartók formte aus der Musik der Pantomime eine Suite.

Zwei Porträts für großes Orchester, Opus 5, 2 Teile, entstanden 1908

Beide Teile stellen dieselbe Persönlichkeit dar, ideal und verzerrt. Der 1. Teil besteht aus einer Umarbeitung des Violinkonzerts Nr. 1, das erst posthum bekannt wurde. Der 2. Teil ist ein rascher, aufgepeitschter Tanz mit grotesken und schrillen Farben.

Zwei Bilder für großes Orchester, Opus 10, 2 Teile, entstanden 1910

Es werden zwei Landschaften gegeneinandergestellt. Im 1. Teil »In voller Blüte« wird ein zartes, poetisches Klangbild vermittelt, im 2. Teil »Dorftanz« gibt es Freude und Lustbarkeit, die mit steigendem instrumentalem Glanz den Menschen in der Landschaft verdeutlicht.

Bilder aus Ungarn für mittleres Orchester, 5 Sätze, entstanden 1931

Die 5 Sätze verarbeiten 5 ältere kleine Klavierstücke: Der 1. Satz, »Abend auf dem Lande«, entstammt den »10 leichten Klavierstücken« aus 1908 und ist eine ländliche Idylle. Der 2. Satz, »Bärentanz«, ist derselben Sammlung entnommen und bringt fünfmal eine alte Volksweise; eine ostinate Rhythmik, Dissonanzen und bitonale Führung verleihen dem Satz das »Bärenhafte«. Der 3. Satz, »Melodie« – den »Vier Klageliedern« aus 1909 entnommen –, bringt eine verhaltene, elegische Melodie in dynamischer und instrumentaler Verstärkung. Eine Gegenstimme drängt sich dagegen, dann führt das Hauptthema zum Höhepunkt, wonach der Satz leise verklingt. Der 4. Satz, »Etwas angeheitert«, stammt aus »Drei Burlesken«, 1911, und schildert das Selbstbewußtsein eines betrunkenen Bauern, das in Traurigkeit umschlägt. Der 5. Satz, »Üröger Hirtentanz«, ist der Reihe »Für Kinder« aus 1908 entnommen und bringt eine alte Volksmelodie für Dudelsack (»Grillenhochzeit«), der mit Orgelpunkt und Quintenklängen nachgeahmt wird.

Tanz-Suite für großes Orchester, 6 Teile, entstanden 1923

Das Stück wurde anläßlich des Jubiläums der Vereinigung der Städte Buda und Pest uraufgeführt und trägt daher stark nationalen Charakter. Der 1. Teil beginnt mit einem Fagotthema, von dem eine elegische Melodie (»Ritornell«) zum stampfenden 2. Teil führt, in dem die Klarinette das Ritornell wiederholt. Mit einem heiteren ungarischen Thema folgt der 3. Teil. Der 4. Teil ist eine lyrische Episode. Darauf leitet der 5. Teil tänzerisch zu einem lebhaften Finale mit einem Zitat aus dem Ritornell, ehe das Stück mit einem hinreißenden Wirbel fröhlicher Klänge endet.

Musik für Saiteninstrumente, Schlagzeug und Celesta mit zwei Streichergruppen, zwei Kleinen Trommeln (eine mit Schnarrsaite), zwei normalen und zwei kleinen Becken, Tamtam, Großer Trommel, Pauken, Xylophon, Celesta, Harfe, Klavier, 4 Sätze, entstanden 1936

Der 1. Satz bringt eine Fächerfuge (ein von einem Ton sich nach oben und nach unten bis zum entferntesten Ton ausbreitendes Stimmengewebe) mit starker dynamischer Steigerung, die wie ein Schmerzensschrei klingt. Dann wird die Fuge rückläufig und verklingt. Das Hauptthema des 2. Satzes geht auf ungarische Volksmusik zurück. In der Durchführung kehrt das eigentümlich zerrissene Fugenthema wieder. Im 3. Satz klingt der klagende Ton des 1. Satzes erneut auf. Drei Themen werden nacheinander vorgeführt und wieder verabschiedet. Der 4. Satz bringt einen Tanz mit kinderliedartigen Seitenthemen.

Divertimento für Streicher, 3 Sätze, entstanden 1939

Der 1. Satz dieses relativ leicht zugänglichen Werks bringt Tanzrhythmen; drohende Dissonanzen schalten sich ein, und ein warnendes Signalmotiv weist auf den 2. Satz, in dem sich eine schmerzliche Klage über einer schweren, harten Klangvision, gleich einem bösen Traum, erhebt. Der 3. Satz verscheucht diese Stimmung mit packenden Tänzen.

Konzert für Orchester, 5 Sätze, entstanden 1943

Der 1. Satz (Introduzione) beginnt mit einem pentatonischen Quartenmotiv, eine Flöte bringt einen elegischen Einwurf, dann setzt das Hauptthema mit einem Sonatenallegro ein, aus dem ein Posaunenruf hervorsteigt. Nach einer breiten polyphonen Durchführung, die mit einem Blechbläserchor ihren Höhepunkt erreicht, und einer gekürzten Reprise schließt der Satz mit einer Wiederholung des Posaunenthemas. Im 2. Satz (Spiel der Paare) stellen sich je zwei Bläser in verschiedenen Intervallen gekoppelt im lustigen Spiel vor. Der Choral der Posaunen klingt wie Hochzeitsmusik. Der 3. Satz (Elegia) bringt ein Klagelied der Oboe über ein düsteres Quartenmotiv. Das Thema breitet sich variiert über das ganze Orchester aus. Aber es kommt zu keiner Aufhellung. Der Satz beharrt auch an seinem Ende in seiner traurigen Stimmung. Im 4. Satz (Unterbrochenes Zwischenspiel) wagen sich hinkende Tanzweisen vor, ein Gassenhauer der Klarinette erklingt, aber alles wird hart unterbrochen. Es kann keine Fröhlichkeit aufkommen. Erst im Finale kommt es zu einem großen abschließenden Tanzbild. Das Werk klingt wie ein lebensfrohes Volksfest aus.

Klavierkonzert Nr. 1, 3 Sätze, entstanden 1926

In diesem Konzert fällt dem Klavier eine doppelte Funktion zu, es ist Melodie- und Schlaginstrument. Der 1. Satz ist voll Spannung und Bewegung, die Rhythmen sind der Volksmusik abgelauscht. Der langsame 2. Satz wird vom Klavier und den Schlaginstrumenten bestritten; die Bläser setzen erst später ein; das Klavier dient nahezu nur als Schlaginstrument und trägt nur einmal überraschend eine weiche Melodie vor; dann verstummen die Bläser, das Schlagzeug beschließt den Satz. Im 3. Satz herrschen ostinate, gehämmerte Töne vor und zeichnen ein Tanzthema; ein zweites Thema ist volksliedhaft, einzelne Rhythmen sind Volkstänzen entnommen; am Ende kommt es zu einem breiten polyphonen Anschluß.

Klavierkonzert Nr. 2, 3 Sätze, entstanden 1931

»Mein zweites Klavierkonzert ist in der klassischen Sonatenform gehalten«, schreibt der Komponist. »Erster Satz: Exposition, Durchführung, Reprise, dritter Satz: Rondo, wobei nur die Durchführung dem Rondomuster folgt . . . Der zweite Satz ist ein in ein Adagio eingebautes Scherzo . . . Ich möchte noch bemerken, daß das Konzert nicht für Klavier mit Orchesterbegleitung geschrieben ist, sondern für Klavier und Orchester. Ich wollte den Solisten mit dem Orchester völlig gleichstellen.«

Klavierkonzert Nr. 3, 3 Sätze, entstanden 1945

Dieses Konzert ist ein Musterbeispiel klassischer Einfachheit und Klarheit. Im 1. Satz bringt das Soloinstrument das Hauptthema, das Seitenthema klingt heiter und spielerisch aus dem Orchester. Es kommt zu keiner Auseinandersetzung, sondern zu einer einheitlichen Steigerung des Materials. Der 2. Satz hat Choralcharakter; in der Satzmitte dringt ein geheimnisvolles Notturno ein, der Choral kehrt zwar wieder, führt aber zu keinem Ruhepunkt. Dann braust das Klavier auf und beginnt das Finale, das mit einer schwungvollen Tanzmelodie einsetzt und mit ungebrochener Lebensbejahung abschließt.

Konzert für zwei Klaviere und Orchester, 3 Sätze, entstanden 1940

Das Werk ist eine vom Komponisten selbst vorgenommene Bearbeitung seiner Sonate für zwei Klaviere und Schlagzeug aus 1937. Der 1. Satz ist der längste des Konzerts und entwickelt sich in der Einleitung im gewaltigen Crescendo, dann setzt ein rhythmisch markantes Thema ein; ein Zwischenspiel führt zum nächsten Themenkomplex, der in der Reprise neben dem Hauptthema variiert wird; schließlich wird in der Coda das Zwischenspielthema fugiert. Der 2. Satz ist in Liedform angelegt. Im Mittelteil stören Sechzehntelquintolen die Idylle, dann klingt die Kantilene, vom Klavier vorgetragen, aus. Der 3. Satz ist nach Bartók »eine Verbindung von Rondo- mit Sonatenform«. Die Schlaginstrumente werden konzertant eingesetzt, der kecke Tanz löst sich am Ende in verklingende Trommelrhythmen auf.

Violinkonzert Nr. 1, 2 Sätze, entstanden 1907

Der Komponist widmete und schenkte dieses Konzert der Violinistin Stefi Geyer (23.6.1888, Budapest, bis 11.12.1956, Zürich), so daß es für die Öffentlichkeit bis zu seiner Erstaufführung im Jahr 1956 in Basel verschollen war. Der 1. Satz ist offenbar ein Porträt der Widmungsträgerin; der Komponist selbst nannte dieses Thema »Geyer-Motiv«. Der 2. Satz ist ein romantisches, etwas ironisches Selbstporträt, zum Teil grotesk und doch voll ansprechender Lyrismen.

Violinkonzert Nr. 2, 3 Sätze, entstanden 1939

Das energische Hauptthema des 1. Satzes steht im scharfen Gegensatz zu den anderen Motiven. In der Kadenz sind vierteltönige Leittonschritte vorgeschrieben. Der 2. Satz bringt ein zartes Gesangthema, aus dem in sechs freien Variationen starke Kontraste gewonnen werden. Im Schlußsatz ist das Thema des 1. Satzes umgeformt. Es endet im virtuosen Glanz der Blechbläser.

Bratschenkonzert, 3 Sätze, posthum, uraufgeführt 1949

Der Komponist hat das Werk unvollendet hinterlassen, es wurde vom ungarischen Dirigenten und Komponisten Tibor Serly nach Skizzen Bartóks vollendet. Der 1. Satz hat Sonatenform. Der Solist setzt in der Durchführung improvisatorisch ein; eine Kadenz folgt; in der Reprise werden Gedanken der folgenden Sätze vorausgenommen. Eine rezitierende Überleitung führt zum Adagio religioso des 2. Satzes, dessen Stimmung ängstlich und resignierend wirkt. Das Hauptmotiv des 1. Satzes klingt erneut auf und führt zum 3. Satz, der an folkloristische Tanzmelodik erinnert. Als zweites Thema tritt eine Dudelsackmelodie auf, dann setzt das Hauptthema wieder mit siegender Macht ein und führt den Satz, der an den Solisten beträchtliche Anforderungen stellt, zum Schluß.

Quintett für Streichquartett und Klavier, 4 Sätze, entstanden 1904

Das Werk gehört noch der spätromantischen Schaffensperiode des Komponisten an. Die langsame Einleitung des 1. Satzes bringt eine thematische Disposition des ganzen Werks. Zwei Themen bestreiten den Satz: das energische Hauptthema klingt an die Faust-Sinfonie von Franz Liszt an, das liebliche Klarinettenthema erinnert an die Werbungsmusik der Romantik.

Der 2. Satz bringt ein orientalisches, dann ein lebhaftes Scherzo und darauf einen Walzer. Der 3. Satz wiederholt das Thema des 1. Satzes im Ganztonsystem. Anschließend erklingen erneut Werbungsmusik und Cymbalmusik im Klaviersolo. Der ohne Pause angehängte 4. Satz ist vom Feuer der Werbungsmusik erfüllt und sprüht im abschließenden Teil wie eine Rhapsodie von Liszt.

Streichquartett Nr. 1 in a-Moll, Opus 7, 3 Sätze, entstanden 1908

In diesem Werk gibt es zwar noch Zusammenklänge in herkömmlicher Art, aber die lineare Polyphonie setzt sich bereits unbekümmert um Härten durch. Der 1. Satz ist als Fuge angelegt, mündet aber in einen synkopierten Nachsatz. Der zweite Teil bringt ein leidenschaftliches Bratschensolo. Die Fuge wird rekapituliert, darauf schließt der 2. Satz unmittelbar an, dessen erstes Thema aus drei Motiven besteht. Das lyrische Seitenthema wird von der Zweiten Violine und der Bratsche eingeführt. Die Durchführung verarbeitet alle Themengruppen, und ein breites Ritardando schließt den Satz ab. Das erste Thema des Finales ist ungarisch gefärbt. Ein ausdrucksvolles Adagio unterbricht den melodischen Fluß. Nach einem graziösen Bratschenthema entwickelt sich eine Fuge, deren Tempo sich zum Presto steigert.

Streichquartett Nr. 2 in a-Moll, Opus 17, 3 Sätze, entstanden 1917

Der 1. Satz ist lyrisch-kantabel und hat Sonatenform. Die vom Komponisten häufig angewendete reine Quart in Harmonik und Melodik setzt sich auch hier durch. Der 2. Satz ist ein Rondo und stellt eine Quartettvariante des Allegro barbaro aus dem Klavierwerk des Meisters dar. Mit harten Sekundenreibungen beginnt der 3. Satz. Im gedämpften Streicherton und mit durchsichtiger Linienführung wird das Stück – von auswegloser Melancholie überschattet – zu Ende geführt.

Streichquartett Nr. 3, 2 Sätze, entstanden 1927

Eine Tonart ist nicht mehr angegeben, weil der Komponist in diesem Stück die Tonalität verlassen hat. Auch die Opuszahl fehlt; Bartók war von der Zählung seiner Werke abgekommen, und eine Neuregistrierung hat sich noch nicht durchgesetzt. Die reine Quart als bevorzugtes Intervall beherrscht das ganze Stück. Die beiden Sätze gehen unmittelbar ineinander über. Das Hauptthema des 1. Satzes setzt mit einem verhaltenen Akkord ein. Es wird in linear polyphoner Struktur verarbeitet. Nach einer Generalpause erklingt das zweite Thema über polytonalen Bässen. Ein Quartenmotiv leitet zum Satzende. Der 2. Satz basiert auf einem in Dreiklangreihen harmonisierten Cellothema, das von der Ersten Violine rhapsodisch ungarisierend umgeformt wird. Dann kommt es zu einer Rekapitulation des 1. Satzes, die derart verändert ist, daß man von einem 3. Satz sprechen könnte. Eine virtuose Stretta mit Doppelgriffen, Tremoli, Glissandi und gehämmerten Fortissimo-Akkorden beschließt das Werk.

Streichquartett Nr. 4, 5 Sätze, entstanden 1928

Das Stück hat zyklische Form; der 1. Satz entspricht dem 5. Satz, der 2. dem 4., und um den 3. Satz gruppiert sich das ganze Geschehen. Im 1. Satz stehen zwei kontrastierende Themen einander gegenüber, in der Durchführung werden zuerst das erste, sodann das zweite Thema verwendet. Nach der Reprise beendet eine ausgedehnte Coda den Satz. Der mit Dämpfern gespielte 2. Satz entwickelt sich von Sekundenreibungen kontrapunktiert vom Baß aufwärts. Nach einem ausgedehnten Trio wird der Hauptsatz wiederholt. Der 3. Satz beginnt mit einer ungarisch-rhapsodischen Cellofigur. Eine flimmernde Wendung der Ersten Violine schließt sich an, dann erklingt das erste Thema erneut. Der Satz endet mit einer Coda. Im 4. Satz sind durchwegs Pizzicati verwendet. Anstelle der chromatischen Tonleiterpassage erscheint eine diatonische; auch das Trio bezieht sich auf den 2. Satz. Im Finale erklingen asymmetrisch akzentuierte Achtel. Das Trio ist graziös. Der Satz schließt nach der Rekapitulation mit Varianten des ersten Themas des 1. Satzes.

Streichquartett Nr. 5, 5 Sätze, entstanden 1934

Der 1. Satz bringt ein aus drei Elementen bestehendes Thema, ein lyrisches Seitenthema tritt hinzu. Die Durchführung verarbeitet das Hauptthema und die Überleitung, die Reprise das Seitenthema. Eine stürmische Stretta beendet den Satz fortissimo. Ein polytonales Thema über leisen Akkorden beginnt den 2. Satz und wird von einer ausdrucksstarken Kantilene abgelöst. Die Wiederholung reiht die Themen umgekehrt. Bulgarische Rhythmen erklingen im 3. Satz. Der 4. Satz ähnelt dem 2. in Thematik und Form. Im Finale entsteht aus dem Einleitungsmotiv des 1. Satzes ein Fugenthema. Es schließt mit grotesk mechanischen Akkorden ab.

Streichquartett Nr. 6, 4 Sätze, entstanden 1939

Das Hauptthema des 1. Satzes bildet das Kopfthema aller Quartettsätze; es wird von der Bratsche solistisch vorgetragen. Im 2. Satz erscheint das Thema zweistimmig und im 3. Satz dreistimmig als »Burletta«, deren Humoristik durch die Verwendung von Vierteltönen erhöht wird. Vierstimmig erklingt das Thema im 4. Satz, der gelassen ausklingt.

»Im Freien«, Suite für Klavier, 5 Sätze, entstanden 1926

Dieses Juwel der Klavierkompositionen Bartóks beginnt mit einem rein rhythmischen Spiel »Mit Trommeln und Pfeife«. Eine poetische Barcarolle folgt. Die »Musette« bringt eine überraschende melodische Ornamentik. Der 4. Satz »Die Nachtmusik« bringt ein Notturno mit seltsamen Vogelschreien, Flügelschlagen und Rascheln dürren Laubes. Und der 5. Satz »Die Jagd« stürmt geradezu panisch über die Tasten.

LITERATUR

L. Lesznai, Béla Bartók, Leipzig 1961.

Carol Bérard (1881–1942)

LEBEN

Carol Bérard wurde am 5.4.1881 in Marseille geboren und war in Barcelona Schüler von Isaac Albéniz. Er befaßte sich mit chinesischer, arabischer und afrikanischer Musik und versuchte, Geräusche des täglichen Lebens für die Musik zu verwerten. Er starb am 23.6. 1942 in Paris.

WERKE

Vom Schaffen des Carol Bérard ist nahezu nichts veröffentlicht worden. Er schrieb eine »Tanzsinfonie«, eine »Sinfonie mechanischer Kräfte«, 4 Suiten, Bühnenmusik, ein Ballett »Die Liebenden von Tong-ho«, Klavierstücke und Lieder. Er verteidigte seine Theorien über Geräuschmusik in mehreren Abhandlungen.

Nikolai Mjaskowski (1881–1950)

LEBEN

Nikolai Jakowlewitsch Mjaskowski wurde am 8.4.1881 in Nowo-Georgiewsk bei Warschau geboren. Er studierte bei Reinhold Glier und Iwan Krischanowski und schließlich bei Anatoli Ljadow; Instrumentation lernte er bei Nikolai Rimski-Korsakow. Im Jahr 1921 wurde er Professor für Komposition am Konservatorium in Moskau, wo er am 8.8.1950 starb.

WERKE

Die 27 Sinfonien, die Nikolai Mjaskowski verfaßte, lehnen sich an die russische Tradition an, ohne diese weiter zu entwickeln. Er schrieb außerdem 3 Sinfonietten, 2 sinfonische Dichtungen, 2 Ouvertüren, ein lyrisches Concertino, eine Slawische Rhapsodie, eine »Pathetische Suite«, ein Divertimento, ein Violinkonzert, ein Cellokonzert, 13 Streichquartette, 2 Cellosonaten, 9 Klaviersonaten und ungefähr 90 weitere Klavierstücke, 2 Kantaten, 125 Romanzen, 17 Lieder und Chorwerke.

Sinfonie Nr. 3 in a-Moll, Opus 15, 2 Sätze, entstanden 1914

Das »Schicksalsthema«, das den 1. Satz einleitet und seinen tragischen und pathetischen Gehalt bestimmt, ist für das gesamte Werk maßgebend. Es erklingt erst am Ende des Satzes in gemilderter Fassung, um die Spannung, die den Satz beherrscht, etwas zu lösen. Heftigen Kampf mit der »satten, selbstgenügsamen Welt« drückt der 2. Satz aus. Es kommt zum Sieg, doch der Trauermarsch, der das Werk abschließt, deutet auf die ungeheuren Opfer dieses Sieges.

Sinfonie Nr. 5 in D-Dur, Opus 18, 4 Sätze, entstanden 1918

Das Kopfthema des 1. Satzes erzeugt eine pastorale Stimmung. Ein schweres episches Thema beherrscht anschließend das gesamte Orchester. Doch am Ende behält das ländliche Milieu die Oberhand. Der 2. Satz bleibt bei der Romantik, er ruft die Erinnerung an eine nächtliche Landschaft wach. Die Melodie eines Wiegenlieds wird von unruhigen Motiven bedroht, verklingt aber gegen das Ende friedlich in der Nachtluft. Der 3. Satz ist ein Scherzo mit Tanzrhythmen. Das Finale ist von festlichem Jubel erfüllt. Es klingt wie der 3. Satz an Sinfonien von Aleksandr Borodin und Aleksandr Glasunow an und endet mit dem epischen Thema des 1. Satzes.

Sinfonie Nr. 6 in es-Moll, Opus 23, 4 Sätze, entstanden 1923

In diesem Werk drückt sich der Widerhall der revolutionären Ereignisse aus, die zur Gründung und Festigung der Sowjetunion geführt haben; sein Motiv nannte der Komponist selbst: »Opfer für die Revolution«. Der 1. Satz rollt Bilder des angespannten Kampfes auf, bis nach einer Generalpause ein lyrisches Thema der Opfer gedenkt. Im 2. Satz setzt sich der Kampf fort und wird nur einmal von pastoraler Stimmung unterbrochen. Der 3. Satz beginnt mit poetischen Lyrismen, dann kommt es zur Revolutionsfeier. Das Thema der »Carmagnole« klingt auf und das französische »Ça ira«. Dann setzt der Chor mit seinem Trauergesang, der den Toten gewidmet ist, ein und schließt mit einer Apotheose ab.

Sinfonie Nr. 21 in fis-Moll, Opus 51, ein Satz, entstanden 1940

Es handelt sich um ein lyrisches Gedicht mit Bildern aus der Heimat des Komponisten, deren unendliche Weite und Schönheit. Russische Volksmusik bildet das Material für die Komposition. Schon die Einleitung ist liedhaft-poetisch. Dann reihen sich Volksliedintonationen mit farbensatter Instrumentation an, die die Größe und Macht des Landes darstellen, bis das Werk in pastoraler Landschaftsstimmung endet.

Sinfonie Nr. 22 in h-Moll, Opus 54, 3 Sätze, entstanden 1942

Es liegt eine sinfonische Ballade vor, die im Kaukasus geschrieben wurde. Sie spiegelt die melancholische Landschaft dieses Gebirges, die dunklen Mythen und Bräuche ihrer Bewohner und auch ihre Heldenhaftigkeit wider: Es handelt sich um kein spezielles balladeskes Geschehen, denn »der Kaukasus ist eine Ballade für sich«, aber der übliche Ablauf einer Heldenballade: Aufbruch zum Kampf gegen finstere Mächte, Sorge der Frauen, schrecklicher Kampf, endlicher Sieg und Jubel, Trauer wegen der im Kampf Gefallenen können aus dem Ablauf der Musik abgelesen werden, wenn man offen läßt, daß viele Varianten möglich sind.

Sinfonie Nr. 23 in a-Moll, Opus 56, 3 Sätze, entstanden 1942

Trotz des starken Aufgebots an Bläsern – verdoppelte Holzbläser, vermehrtes Blech, verstärktes Schlagwerk mit Xylophon – blieb die bei zeitgenössischen Werken übliche Färbigkeit aus. Die Instrumentierung wirkt erklügelt und nicht intuitiv. Das mag davon kommen, daß das Werk zuerst in Klavierfassung vorlag. Es handelt sich um absolute Musik. Die düstere Haltung ist vermutlich nicht von den Zeitereignissen beeinflußt, sondern die übliche Stimmung aller Sinfonien des Komponisten. Es liegt aber dennoch ausgezeichnete Musik vor, die so viele melodische und harmonische Schönheiten bringt, daß man von einer Überraschung zur anderen gerät.

Sinfonie Nr. 27 in c-Moll, Opus 85, 3 Sätze, entstanden 1949

Dieses Werk wurde vor allem wegen seines liedhaften Wohlklanges gerühmt, und das mit Recht. Bereits der 1. Satz beginnt mit einer Kantilene, die zu seinem Hauptthema wird. Auch das zweite Thema ist lyrisch und fließt wie ein Volkslied dahin. Der 2. Satz beginnt hymnisch-feierlich, dann folgt eine blühende liedhafte Melodie, die in der Mitte von einer konfliktbeladenen Episode unterbrochen wird, darauf aber weiterläuft und den Satz in ruhiger Schönheit beendet. Ein finsteres Moll-Thema kennzeichnet den 3. Satz. Diese Stimmung wird jedoch überwunden. Ein an Volksgesang anklingender Triumphmarsch beendet das Werk mit strahlendem Glanz.

Literatur

T. N. Liwanowa, Mjaskowski, Moskau 1954.

Sem Dresden (1881–1957)

Leben

Sem (Samuel) Dresden wurde am 20.4.1881 in Amsterdam geboren. Er studierte in Amsterdam bei Bernard Zweers (18.5.1854, Amsterdam, bis 9.12.1924, Amsterdam) und in Berlin bei Hans Pfitzner. Im Jahr 1919 wurde er Lehrer für Komposition und Musiktheorie am Konservatorium in Amsterdam, von 1937 bis 1945, unterbrochen durch die Zeit der deutschen Besetzung der Niederlande, wirkte er als Leiter des Konservatoriums in Den Haag. Er starb am 30.7.1957 in Den Haag.

Werke

Das kompositorische Schaffen von Sem Dresden war stark von Claude Debussy beeinflußt. Von seinen zahlreichen Kompositionen sind ein Oratorium, »Thema und Variationen« für Orchester, 2 Violinkonzerte, ein Klavierkonzert, ein Oboenkonzert, ein Flötenkonzert, ein Orgelkonzert, eine Sinfonietta für Klarinette und Orchester, »Chorus tragicus« für gemischten Chor, Blechbläser und Schlagzeug, »Chorus sinfonicus« für Soli, Chor und Orchester, »99. Psalm« für Chor, vier Posaunen und Orgel, »84. Psalm« für Soli, Chor und Orchester, und 3 weitere Kantaten zu nennen. Er schrieb ferner 3 Sextette für Bläser und Klavier, ein Streichquartett, ein Klaviertrio, 2 Cellosonaten, Sonate für Flöte und Harfe und kleinere Klavierstücke. Im Verlauf seiner Schaffenszeit neigte er immer mehr dem Neuklassizismus zu.

Marco Frank (1881–1961)

LEBEN

Marco (Marcus) Frank wurde am 24.4.1881 in Wien geboren. Er studierte am Konservatorium in Neapel. Hernach wirkte er als Bratschist in einem Streichquartett und an der Wiener Volksoper. Im Jahr 1938 mußte er emigrieren. Nach seiner Rückkehr aus den USA wurde er Bratschenlehrer am Konservatorium der Stadt Wien. Er starb dort am 29.4. 1961.

WERKE

Außer 6 Opern schrieb er 3 Sinfonien, 2 Klavierkonzerte, ein Violinkonzert, 4 Streichquartette und andere Kammermusik, ein Requiem, ein Stabat mater, Klavierstücke und Lieder. Seine vom französischen Impressionismus beeinflußten Kompositionen sind wegen ihrer glanzvollen Instrumentierung sehr beliebt geworden.

Prospero Bisquertt (1881–1959)

LEBEN

Prospero Bisquertt wurde am 8.6.1881 in Santiago de Chile geboren. Er war von 1940 bis 1945 Leiter des Instituto de Extensión Musical der Universität der chilenischen Hauptstadt und nahm als Komponist, Dirigent, Pianist und Lehrer am chilenischen Musikleben intensiv teil. Er starb am 8.2.1959 in Santiago de Chile.

WERKE

Von Prospero Bisquertt sind eine Zarzuela und eine lyrische Komödie aufgeführt worden. Er verfaßte eine Reihe von programmatischen Orchesterwerken. Auch seine Klavierkompositionen waren Programmusik, aber – wie die Instrumentalmusik – nicht episch berichtend, sondern bildhaft schildernd.

George Enescu (1881–1955)

LEBEN

George Enescu (in Paris nannte er sich Georges Enesco) wurde am 7.8.1881 in Liveni-Vîrnav (heute George Enescu, Botoşani) geboren. Er war zunächst am Konservatorium in Wien Schüler von Sigismund Bachrich, Joseph Hellmesberger (1855–1907) und Robert Fuchs. In Paris studierte er anschließend Violine bei Martin Pierre Joseph Marsick und Komposition bei André Gédalge, Jules Massenet und Gabriel Fauré. Er ging darauf mit größten Erfolgen als Violinvirtuose und als Dirigent auf Reisen. Seinen Wohnsitz schlug er in Paris auf, wo er am 4.5.1955 starb.

WERKE

Den zahlreichen Kompositionen von George Enescu sind seine 3 »Rumänische Rhapsodien« voranzustellen, von denen die erste zum Welterfolg wurde. Sie waren wie alle früheren Werke des Komponisten melodisch nicht der

George Enescu

rumänischen Folklore entnommen, sondern verwendeten Zigeunermusik. Erst die späteren Werke integrierten echtes rumänisches Musikgut – rumänische Bauernmusik wie bei Béla Bartók. Aus der Fülle seiner Werke sind 5 Sinfonien – die 3, mit Chor und Orgel –, ein sinfonisches Gedicht, eine Konzertouvertüre, eine Kammersinfonie, eine konzertante Sinfonie mit Cello, 3 Orchestersuiten, 2 Intermezzi für Streicher, ein Dezett für Bläser, ein Oktett für Streicher, 2 Klavierquintette, 2 Streichquartette, 2 Klavierquartette, Trios mit verschiedener Besetzung, Sonaten für Violine, Cello und Klavier, Suiten und Variationen für Klavier, Tänze mit verschiedener Besetzung und Chansons zu vermerken. Er schrieb eine Oper und zählt auch noch heute zu den bekanntesten und bedeutendsten rumänischen Komponisten.

Rumänische Rhapsodie Nr. 1 in A-Dur, Opus 11,1, entstanden 1901

Das Eröffnungsthema dieser außerordentlich beliebten, hinreißenden Rhapsodie ist einem volkstümlichen Trinklied entnommen, die übrigen Themen klingen an Tanzweisen der Karpathenzigeuner an. Das musikalische Geschehen ist vom ständigen Wechsel des Zeitmaßes, dem Auftürmen der sich in der Ausdruckskraft steigernden Themen und den häufigen Verschiebungen des Klangcharakters des Orchesters beherrscht.

Literatur

G. Bălan, George Enescu, Bukarest 1964.

Hermann Zilcher (1881–1948)

Leben

Hermann Karl Joseph Zilcher wurde am 18.6. 1881 in Frankfurt am Main geboren. Er erhielt den ersten Klavierunterricht von seinem Vater und sodann von 1897 bis 1901 am Hochschen Konservatorium seiner Vaterstadt, an der er selbst von 1905 bis 1908 als Klavierlehrer wirkte. Von 1920 bis 1944 war er Direktor des Konservatoriums in Würzburg, wo er am 1.1. 1948 starb.

Sein Vater Johann Paul Zilcher (9.7.1855, Frankfurt am Main, bis 23.8.1943, Frankfurt am Main) war Komponist und Klavierpädagoge. Er gründete eine Klavierschule in Offenbach am Main.

Werke

Neben 2 Bühnenwerken schrieb Hermann Zilcher 4 Sinfonien, 3 Suiten, eine Tanzfantasie, 2 Violinkonzerte, eine Sinfonie für zwei Klaviere und andere Klavierwerke, 3 Chorwerke, Gesänge, Lieder und mehrere Bühnenmusiken. Er verfaßte als erster neue Musik für Akkordeon: 2 Solostücke, eine Suite für Akkordeonorchester und ein Akkordeonkonzert. Er strebte eine Synthese des Brahms-Stils mit impressionistischer Farbgebung an.

Johann Paul Zilcher schrieb leichte Klavier- und Kammermusik.

Edvin Kallstenius (1881–1967)

Leben

Edvin Kallstenius wurde am 29.8.1881 in Filipstad, Värmland, geboren. Nach naturwissenschaftlichem Studium in Lund war er von 1904 bis 1907 in Leipzig Schüler des Musikologen Stephan Krehl (5.7.1864, Leipzig, bis 9.4.1924, Leipzig). Er wirkte als Musikkritiker und Musikarchivar des Rundfunks in Stockholm, wo er am 22.11.1967 starb.

Werke

Von Edvin Kallstenius, der klassisch-romantische Formen bevorzugte, diese aber mit modernen harmonischen Strukturen verschmolz, sind 5 Sinfonien, die letzte auf ein Zwölftonmotiv, 5 Sinfonietten – Nr. 3 und 4 mit Zwölftonthemen, Nr. 5 »halbseriell« –, eine Suite, ein »Prologo seriale«, ein »Allegro sinfonico«, eine Serenade, eine Passacaglia, »Drei Tanzstudien«, ein Klavierkonzert, ein Stück für Streichorchester, eine Sonate für Cello und kleines Orchester, ein Klavierkonzert, eine »Kavatine« für Bratsche und Orchester, ein Bläserquintett, ein Klarinettenquintett, 8 Streichquartette, die letzten 2 dodekaphonisch, ein Trio für Violine, Bratsche und Flöte, ein serielles Trio für Flöte, Englischhorn und Klarinette, ein Trio für Klarinette, Horn und Cello, eine Suite für Klarinette,

Saxophon und Cello, ein Streichtrio, Violin- und Cellosonaten, Kantaten, Chöre, Lieder und ungefähr 30 Hörspielmusiken bekannt geworden. Er war einer der ersten Vertreter der modernen schwedischen Musik.

Otto Leonhardt (1881–1961)

Leben

Johann Otto Leonhardt wurde am 8.10.1881 in Hildesheim geboren. Er war am Konservatorium in Leipzig Schüler von Max Reger. Darauf wirkte er in Hannover ab 1910 als Musiklehrer und als Kritiker und von 1928 bis 1932 als Leiter der Opernschule. Er starb am 16.10.1961 in Düsseldorf.

Werke

Von Otto Leonhardt sind 8 Sinfonien, eine sinfonische Dichtung und weitere Orchesterwerke, 3 Streichquartette, 2 Klaviertrios, Orgelstücke, Chöre und Lieder bekannt geworden. Sein Stil war von seinem Lehrer abhängig.

Peder Gram (1881–1956)

Leben

Peder Gram wurde am 25.11.1881 in Kopenhagen geboren. Er war am Konservatorium in Leipzig Schüler von Stephan Krehl, Arthur Nikisch und Hans Sitt. Von 1908 bis 1913 dirigierte er in Kopenhagen eigene Sinfoniekonzerte, von 1918 bis 1932 die der Dansk Koncertforening; von 1937 bis 1951 leitete er die Musikabteilung von Radio Kopenhagen. Er starb am 4.2.1956 in Kopenhagen.

Werke

Von Peder Gram sind 3 Sinfonien, eine sinfonische Fantasie, ein Tongedicht, 2 Ouvertüren, ein Violinkonzert, ein Bläserquintett, 3 Streichquartette, eine Cellosonate, eine Anzahl größerer Klavierwerke, Gesänge und Lieder bekannt geworden. Er näherte sich der modernen Musik sehr zurückhaltend.

Ladislav Vycpálek (1882–1969)

Leben

Ladislav Vycpálek wurde am 23.2.1882 in Vršovice bei Prag geboren. Nach Philologiestudium an der Universität Prag und Musikstudium bei Vítězslav Novák von 1908 bis 1912 wirkte er in der Musikabteilung der National- und Universitätsbibliothek in Prag bis 1942. Er starb am 9.1.1969 in Prag.

Werke

Von Ladislav Vycpálek sind 2 Variationsfantasien, zahlreiche Kammermusik, darunter ein vorzügliches Streichquartett, und Kantatenwerke, von denen sein »Tschechisches Requiem« hervorzuheben ist, Chöre und Lieder mit verschiedener Begleitung bekannt geworden. Die Kompositionen sind stark von seinem Lehrer beeinflußt.

Gian Francesco Malipiero (1882–1973)

Leben

Gian Francesco Malipiero wurde am 18.3.1882 in Venedig geboren. Er studierte in Bologna bei Marco Enrico Bossi und in Berlin bei Max Bruch. Im Jahr 1921 wurde er Kompositionslehrer am Konservatorium in Parma und 1932 am Liceo Musicale in Venedig, das er von 1939 bis 1953 leitete. 1946 übernahm er die Leitung des Institutes »Antonio Vivaldi«, das das Gesamtwerk dieses Komponisten herausgibt; er veröffentlichte auch die Instrumentalwerke von Giovanni Battista Bassani (um 1647–1716), Girolamo Frescobaldi (1583–1643) und Alessandro Stradella (1644–82). Als einer der bedeutendsten Altmeister der zeitgenössischen Musik Italiens starb er am 1.8.1973 in Treviso.

Werke

In seinen Kompositionen streifte Gian Francesco Malipiero den Einfluß der Impressionisten bald ab und bewegte sich auf ein klassizistisches Schönheitsideal zu, das die Meister, deren Werke er herausgab, zum Vorbild nahm, aber sich davon dadurch unterschied, daß jene eine ihrer Zeit adäquate Musik schrie-

Gian Francesco Malipiero

ben, während im 20. Jahrhundert ein etwas blutleerer Ästhetizismus daraus werden mußte, auch wenn alle Stilmittel der Gegenwart reichlich herangezogen wurden. Daher wandelten sich trotz der oft archaisch anmutenden Grundthematik die Werke in moderne Musik, die zur Entwicklung der Musik in Italien erheblich beitrugen, und dies auch vermochten, zumal die Diktatur in Italien Künstler, besonders Musiker, in der Regel unbehelligt arbeiten ließ. Die angeborene Achtung des Volkes für die Kunst und ihre Vertreter konnte durch keine Ideologie aufgehoben werden. Von Malipiero sind über 20 Bühnenwerke aufgeführt worden. Er schrieb außerdem 7 Oratorien: »Der heilige Franziskus«, »Das Abendmahl«, »Die Passion«, »Die Erde«, »Virgils Äneis«, »Heroische Sinfonie«, »Prinzessin Ulalia«; ferner 10 Sinfonien, von denen die meisten Aufschriften tragen, aber von jeder Programmusik weit entfernt sind: »Jahreszeitensinfonie«, »Elegische Sinfonie«, »Glockensinfonie«, »In Memoriam«, »Echosinfonie« mit zwei Klavieren, »Streichersinfonie«, »Liedersinfonie«, »Tierkreissinfonie«, eine große Zahl verschiedener Orchesterwerke – Rhapsodien, Suiten, Inventionen, Ricercari, Variationen, Passacaglien, Fantasien –, 6 Klavierkonzerte, 4 Konzerte für zwei Klaviere, ein Violinkonzert, 8 Streichquartette, Trios und viele weitere Stücke für Kammerorchester, zahlreiche Chorwerke und Gesänge mit verschiedener Begleitung. Er brachte auch eine Anzahl musiktheoretischer Werke heraus.

Gino Marinuzzi (1882–1945)

Leben

Gino (Giuseppe) Marinuzzi wurde am 24.3. 1882 in Palermo geboren. Er wirkte als Dirigent in Catania, Mantua, Palermo, Mailand, Madrid, Paris, Buenos Aires und Monte Carlo, von 1915 bis 1918 als Direktor des Liceo musicale in Bologna, dirigierte sodann in Rom, Chicago, Turin und zuletzt an der Scala in Mailand, wo er am 17.8.1945 starb.

Werke

Neben 3 erfolgreichen Opern schrieb Gino Marinuzzi eine »Suite Siciliana« und ein Requiem von beachtlicher Qualität. Farbensatte Instrumentation, polytonale Passagen und polyrhythmischer Aufbau erzeugten faszinierende Klangbilder.

Mary Howe (1882–1964)

Leben

Mary Howe wurde am 4.4.1882 in Richmond, Va., geboren. Sie war Klavierschülerin von Richard Burmeister (7.12.1860, Hamburg, bis 19.2.1944, Berlin) in Dresden und Kompositionsschülerin von Nadia Juliette Boulanger (16.9.1887, Paris, bis 22.10. 1979, Paris) in Paris und von Gustav Strube in Baltimore. Sie erwarb sich in den USA bald einen Namen als Pianistin und Komponistin. Sie starb am 14.9.1964 in Washington.

Werke

Der Kompositionsstil von Mary Howe entsprach den Formen, die sich in der ersten Hälfte des 20. Jahrhunderts in den USA herausgebildet hatten. Sie schrieb rasante Orchestermusik wie »Agreeable Ouverture«, »Rock«, eine Suite für Klavier und Streichquartett, 4 Stücke für Bläserquintett, mehrere Streichquartette, ein Klaviertrio, eine Violinsonate, mehrere Werke für zwei Klaviere und sehr ansprechende Chöre und Lieder.

Artur Schnabel (1882–1951)

LEBEN
Artur Schnabel wurde am 17.4.1882 in Lipnik, Polen, geboren. Er war in Wien von 1888 bis 1897 Schüler von Teodor Leszetycki und Eusebius Mandyczewski. Von 1925 bis 1933 wirkte er als Professor an der Staatlichen Hochschule für Musik in Berlin, nachdem er bereits weite Reisen als Klaviervirtuose in Amerika, Australien und im Nahen Osten absolviert hatte. Dann emigrierte er nach England; ab 1939 lebte er in New York. Er starb am 15.8.1951 in Morschach, Schwyz.

WERKE
Neben seiner Tätigkeit als Virtuose und als berühmter Pädagoge schrieb Artur Schnabel eine Sinfonie, eine Rhapsodie für Orchester, ein Klavierkonzert, mehrere Streichquartette und Streichtrios, eine Violinsonate, Solosonaten für Violine und für Cello, 7 Klavierstücke und zahlreiche Gesänge. Er war auch schriftstellerisch tätig.

LITERATUR
C. Saerchinger, Artur Schnabel, Westport, Conn., 1973.

Joseph Marx (1882–1964)

LEBEN
Joseph Rupert Rudolf Marx wurde am 11.5. 1882 in Graz geboren. Er war Schüler von Erich Wolf Degner und studierte Musikwissenschaft an der Universität seiner Geburtsstadt. Ab 1914 wirkte er in Wien als Professor für Komposition und Musiktheorie an der Akademie für Musik und darstellende Kunst, ab 1947 als Professor für Musikwissenschaft an der Universität Graz, wo er am 3.9.1964 starb.

WERKE
Das kompositorische Werk von Joseph Marx ist durch eine impressionistisch-farbenreiche Harmonik gekennzeichnet; erst in späteren Jahren neigte er zur Nachbildung klassischer Formen. Seine kompositorischen Werke sind durch eine »Herbstsinfonie«, eine »Sinfonische Nachtmusik«, ein »Concertino«, eine »Nordlands-Rhapsodie«, eine »Frühlingsmusik«, eine »Festliche Fanfarenmusik«, »Feste im Herbst«, ein Klavierkonzert »Castelli romani« (Römische Kastelle), mehrere Suiten, Klavierquartette, 3 Streichquartette, Trios, Sonaten für Violine und Klavier und für Cello und Klavier, zahlreiche Chöre und Chöre mit Orchesterbegleitung sowie über 100 Lieder mit Klavier oder Orchester repräsentiert. Seine Lieder, auf denen das Schwergewicht seines Schaffens lag, waren zumindest anfänglich stark von Hugo Wolf beeinflußt.

LITERATUR
E. Werba, Joseph Marx, Wien 1964.

Eduardo Fabini (1882–1950)

LEBEN
Eduardo Fabini wurde am 18.5.1882 in Solís de Mataojo, Departamento Lavalleja, Uruguay, geboren. Seine Ausbildung erhielt er in Montevideo und Brüssel. Im Jahr 1907 beteiligte er sich an der Gründung des Konservatoriums von Uruguay und der »Kammermusikvereinigung«, an der er als Violinsolist mitwirkte. Er ging fallweise als Violinvirtuose in Südamerika auf Konzertreisen. Er starb am 17.5.1950 in Montevideo.

WERKE
Man bezeichnet Eduardo Fabini als Begründer der nationalen uruguayischen Musik. Er schrieb ein Ballett, 3 sinfonische Dichtungen, eine Fantasie für Violine und Orchester, die Kantate »Die alte Heimat« für Sopran, Sprecher, Frauenchor und Orchester, Stücke für

Violine und Klavier, für Klavier solo und für Gitarre, ferner Chöre und Lieder.

Melcher Melchers (1882–1961)

LEBEN
Henrik Melcher Melchers wurde am 30. 5. 1882 in Stockholm geboren. Er war Kompositionsschüler von Johan Lindegren und studierte außerdem von 1908 bis 1912 am Conservatoire in Paris. Ab 1920 wirkte er als Musikreferent einer Tageszeitung in Stockholm, ab 1926 als Lehrer am Konservatorium und ab 1932 als Mitglied der Musikakademie. Er starb am 9. 4. 1961 in Stockholm.

WERKE
Von Melcher Melchers sind eine Sinfonie, 3 sinfonische Dichtungen, 2 Klavierkonzerte, ein Violinkonzert und »Acht Zigeunerlieder« für Männerstimmen und Orchester bekannt geworden. Er trat als Kritiker wie als Komponist für einen gemäßigten Fortschritt ein.

Erwin Lendvai (1882–1949)

LEBEN
Erwin Peter Lendvai wurde am 4. 6. 1882 in Budapest geboren. Er war Schüler von Hans Koessler. Seine Ausbildung vervollständigte er in Italien und lebte ab 1906 in Deutschland, wo er von 1914 bis 1920 Kompositionslehrer am Klindworth-Scharwenka-Konservatorium in Berlin war. Nach verschiedenen Stellungen als Lehrer und als Dirigent mußte er 1933 Deutschland verlassen und wurde Musiklehrer in Kenninghall bei Norwich, England. Er starb am 21. 3. 1949 in London.

WERKE
Außer einer Oper verfaßte Erwin Lendvai eine Sinfonie, ein Orchesterscherzo, »Archaische Tänze« und eine Suite für Kammerorchester, ein Bläserquintett, ein Streichquartett, zahlreiche begleitete und unbegleitete Chöre und Gesänge sowie viele Lieder. Sein Stil war spätromantisch.

Igor Strawinsky (1882–1971)

LEBEN
Igor Fjodorowitsch Strawinsky (Strawinski) wurde am 5. 6. 1882 in Oranienbaum (heute Lomonosow) geboren. Den ersten Musikunterricht erhielt er im Elternhaus; während seines Studiums der Rechtswissenschaft in St. Petersburg nahm er bei Nikolai Rimski-Korsakow privaten Musikunterricht. Schon 1908 fiel er durch eine seiner frühen Kompositionen, die Orchesterfantasie »Feuerwerk«, dem Ballett-Impressario und Leiter des »Russischen Balletts«, Sergei Diaghilew, auf und erhielt den Auftrag zur Komposition des Balletts »Der Feuervogel«, das den internationalen Ruhm des Komponisten begründete. Er verließ noch während dieser Arbeit Rußland, wohin er – von zwei Besuchsfahrten abgesehen – nicht mehr zurückkehrte. Er lebte ab nun abwechselnd in Frankreich und in der Schweiz. Den Ersten Weltkrieg überlebte er am Schweizer Ufer des Genfer Sees; darauf

Igor Strawinsky

Ernest Ansermet

übersiedelte er gänzlich nach Paris, wo er sich, unterbrochen von vielen Reisen und langen Abwesenheitsfristen, bis zum Ausbruch des Zweiten Weltkrieges aufhielt. Im Jahr 1936 wurde er französischer Bürger. Mit Ausnahme der Sowjetunion, wo seine Werke verboten wurden, trat er als Pianist und Dirigent eigener Werke in allen europäischen Ländern auf, darunter bis zum Jahr 1933 häufig auch in Deutschland. In den USA war er 1925 zum erstenmal, dann wiederholt, bis er sich 1939 in Hollywood niederließ, weil er wegen des ausgebrochenen Krieges nicht mehr nach Paris zurückkehren konnte. Nach Kriegsende reiste er – nun ab 1945 Bürger der USA – mehrmals nach Europa, um Konzerte zu geben und am neuerwachten Musikleben teilzunehmen. Seine kompositorische Tätigkeit hielt bis 1968 an. Er starb am 6.4.1971 in New York als nahezu legendäre Persönlichkeit der Musik des 20. Jahrhunderts, an deren Ausprägung er namhaften Anteil genommen hatte, im 89. Jahr eines erfüllten Lebens.

Werke

Künstlerbiografien weisen, was die Darstellung des jeweiligen Stils anlangt, sehr oft eine starke Ähnlichkeit auf. Der Künstler lehnt sich am Beginn seiner Laufbahn an den Stil älterer Vorgänger an, macht sich allmählich davon frei und bildet seinen eigenen Stil heraus, dem er dann bis zum Ende seiner Schaffenszeit mehr oder weniger treu bleibt. Ist das Leben des Künstlers nicht sehr lang, geht diese Entwicklung mit dem anderer Zeitgenossen parallel – von etwaigen Nachzüglern oder Avantgardisten abgesehen –, aber falls ihm eine lange Lebenszeit beschieden ist und er nicht wie Jean Sibelius sein künstlerisches Schaffen lang vor seinem Tod abbricht, gerät er in das Hintertreffen, weil ihn später Geborene einholen und überholen; er gleitet mit seinem Stil, der einmal fortschrittlich oder zumindest zeitentsprechend war, in das Feld der Konservativen und Reaktionären, und falls seine Werke nicht derart überragend waren, daß sie als Zeugnisse einer verflossenen Kunstepoche lebendig blieben, verschwinden sie aus den Augen der Umwelt und werden vergessen. Es tritt damit der Fall ein, daß ein Künstler seine Werke überlebt, von denen schließlich nur anläßlich seines Todes einiges hervorgeholt und ihm zu Ehren dem Publikum vorgestellt wird, als Akt der Pietät, so daß die Totenfeier zur Gedenkfeier für eine Persönlichkeit wird, die künstlerisch bereits seit geraumer Zeit tot war. Gerade in unserer und in der jüngst vergangenen Zeit tritt dieses Phänomen sehr häufig auf, weil die Stilrichtungen rascher wechseln und einander ablösen, so daß sich die Zahl derer, die ihren Stil »gefunden« haben und sehr bald damit als Denkmale ihrer selbst inmitten der Nachdrängenden das Prädikat der Fortschrittlichkeit abgeben müssen, vergrößert. Ihre Namen verblassen und erhalten erst durch die Nekrologe etwas neuen Glanz, der nicht lang anhält. Wenn es nun einen gibt, der ständig mitgeht, ständig neu und für alles zugänglich und bereit ist, sich fortdauernd zu wandeln, der nie ein Vergangener wird, sondern bis in sein hohes Alter ein Gegenwärtiger bleibt, wird er wegen seiner »Inkonsequenz« getadelt; man rechnet ihm nach, was er vor Jahren gesagt und geschaffen hat, aber seine Konsequenz liegt eben in der ständigen Inkonsequenz, mit der er sein Künstlertum ständig erneuert, seine eigene Entwicklung stetig dem Gang der Umwelt anpaßt und unaufhörlich gewillt ist, Neues aufzunehmen und Neues zu geben. Wenn auf einen Musiker unserer Zeit dieses Kriterium zutrifft, so ist es unbestreitbar Igor Strawinsky, der bei Rimski-Korsakow begann und sich im hohen Alter für elektronische und konkrete Musik interessierte, der sich einmal scharf gegen die Dodekaphonik wandte und sie später anwandte, der Impressionist, Expressionist, Neuklassiker war und was noch immer möglich war, der in der Schweiz mit sieben Soloinstrumenten ein prächtiges Kunstwerk schuf, weil nicht mehr verfügbar waren, der Amerika, wo es ungeheuer viele Blasensembles gibt, die beste Musik für Bläser schenkte, die es je erhalten hat, der Russe war, Franzose und schließlich Amerikaner wurde und von den Systematikern irritiert den Kosmopoliten zugereiht wurde, der mit Vergnügen das vom Dritten Reich an viele Spitzenkünstler verliehene Gütezeichen der »Entartung« entgegennahm, der lachte, als man ihn als russischen Bolschewiken bezeichnete, obwohl Stalin seine Musik in der Sowjetunion verboten hatte, aber nach dessen Tod eine Einladung in seine alte Heimat annahm und sehr oft nach Deutschland kam, als dort die echte »Entartung« ihr Ende genommen hatte, der eben als Mensch und als Künstler unwandelbar gegenwartsbezogen und immer jung blieb, so alt er auch wurde, und dessen Tod uns überraschte, weil wir vergaßen, daß auch solche überragende Gestalten einmal von uns gehen müssen. »Er weiß, daß ein Künstler, der immer in dem gleichen Kostüm auftritt, aufhört, uns zu interessieren. Daher verwandelt er sich, er wechselt seine Haut und erscheint immer als Neuer, unkenntlich für jene, die ein Kunstwerk nur nach seiner Außenseite beurteilen.« Dieser Ausspruch von Jean Cocteau, der zu verstehen geben will, daß Strawinskys künstlerische Aussage in ihrem Kern immer dieselbe geblieben sei, trifft insoweit daneben, als der Komponist den »Kostümwechsel« nicht wegen seines Publikums vorgenommen hatte, sondern weil das dem Wesen seiner Persönlichkeit entsprach. Jean Cocteau hätte wissen müssen, daß ein wahrer Künstler nie »will« oder »kann«, sondern nur »muß«. Das nahezu alle musikalischen Genres umfassende kompositorische Schaffen Strawinskys in ein System zu bringen, ist unmöglich; es gibt keinen gemeinsamen Aspekt. Die Zeit der Bindung an die russische Tradition wurde bereits mit dem »Feuervogel« beendet, der bis zur Spitze getriebene Expressionismus hatte thematisch bald nur mehr mit der Musik der Heimat zu tun. Ungefähr mit dem Ende des Ersten Weltkriegs setzte eine neuklassische Epoche ein, in der alte Stilmittel verwertet wurden. Um 1950 wurden Dodekaphonik und Serialismus herangezogen. Diese Einteilung ist aber wenig befriedigend, weil nahezu jedes Werk des Komponisten seinen eigenen Stil bringt und nur gewaltsam mit einem anderen in eine Linie gebracht werden kann.

Von seinen Bühnenwerken sind »The rake's progress« (Der Wüstling), »Renard« (Fuchs) und »Mavra« Opern im echten Sinn des Worts. »The flood« (Die Flut) ist ein Mirakelspiel, »Persephone« ein Melodram, »Die Geschichte des Soldaten« eine Pantomime, »Oedipus Rex« ein Oratorium, »Pulcinella«, »Apollon musagète« (Apollo, der Musenführer), »Orpheus«, »Kartenspiel«, »Agon«, »Der Kuß der Fee«, »Der Feuervogel«, »Petruschka«, »Das Frühlingsopfer« sind Ballette, von denen einige zu Suiten verarbeitet wurden. An Orchesterwerken schrieb er 3 Sinfonien, »Sinfonien für Bläser«, ein sinfonisches Gedicht, 2 Suiten, Orchestervariationen, Konzert für Streichorchester, ein »Fantastisches Scherzo«, »Gesang der Wolgaschiffer« für Blasorchester und Schlagwerk, »Russische Bauernhochzeit«, 4 Etüden für Orchester, 2 Kammerkonzerte, »Circus-Polka« für Blasorchester, »Ebony-Concerto« für Jazzband, eine »Ode«, »Vier norwegische Impressionen«, an Solokonzerten ein Klavierkonzert, ein Capriccio für Klavier und Orchester, »Movements« für Klavier und Orchester, ein Violinkonzert. Die Kammermusik ist mit »Ragtime für elf Instrumente«, einem Bläseroktett, einem Septett für Streicher, Bläser und Klavier, einem Quintett für Violine und Bläser, 5 Streichquartetten, einem Trio für Flöte, Klarinette und Harfe, einer Suite und einem Tango für Violine und Klavier, einer Fanfare für zwei Trompeten und 3 Stücken für Klarinette solo vertreten. Seine Klaviermusik besteht aus 4 Etüden, einer »Piano-Rag-Music«, einer Sonate, einer Serenade, einem Konzert und einer Sonate für zwei Klaviere, außerdem aus dem Stück »Die fünf Finger«. Ferner verfaßte er die Kantaten »Sternenantlitz«, »Babel«, »Cantata«, »Canticum sacrum«, »Lamentationen«, »Zwölftonkantate«, eine »Psalmen-Sinfonie«, eine Messe, ein Requiem. Von seinen Liedern und Sologesängen sind »Faun und Schäferin«, »Pastorale« für Sopran-Vokalisen mit vier Holzbläsern und zahlreiche mit verschiedener Begleitung bemerkenswert, von denen die reizenden »Katzenwiegenlieder« für Alt und drei Klarinetten hervorzuheben sind. Diese Aufzählung der Werke ist keinesfalls erschöpfend. Der Komponist hat außerdem eine beträchtliche Menge kleinerer Werke aller Kategorien geschrieben, von denen keines – und das ist das Erstaunliche daran – künstlerisch schwächer ist als die genannten. Neben seinen Kompositionen entfaltete er eine beachtliche schriftstellerische Tätigkeit.

Psalmen-Sinfonie für vierstimmigen Chor und Orchester, 3 Teile, entstanden 1930

Der 1. Teil dieses Meisterwerks sakraler Musik: Gebet – 38. Psalm, Vers 13 und 14, beginnt mit einem wiederholt angeschlagenen Moll-Dreiklang, dann intoniert der Alt, vom Chor respondiert, ein einfaches Thema. Erst darauf setzt das Orchester ein. In der Coda tragen Soprane und Tenöre das Motiv vor, bis eine kadenzierte Wendung den Teil abschließt. Der 2. Teil: Dank – 39. Psalm, Vers 2, 3 und 4, hat die Form einer Doppelfuge. Der 3. Teil: Lobeshymne – 150. Psalm, fängt mit einem Alleluja-Ruf an, dann ertönt der Lobgesang auf einem auf und ab schreitenden Baß.

Persephone, Melodram für eine Sprecherin, Tenor, gemischten Chor, 3 Teile, entstanden 1933

Das nach einem Gedicht von André Gide (1869 bis 1951) komponierte Werk besteht aus homophonen Chören, Arien, Tänzen, Interludien und Rezitativbegleitungen ohne sinfonische Entwicklung. Der 1. Teil, »Raub der Proserpina«, wird durch einen Gesang des Dichters Eumolpos eingeläutet, der Demeter anruft und ihr berichtet, daß ihre Tochter Persephone ausgezogen sei, der Welt den Frieden zu bringen. Die Nymphen singen und feiern den frischen Frühlingsmorgen. Eumolpos nennt die Narzisse als die Blüte, durch die man in das Reich der Toten blickt, wenn man sich über sie beugt. Persephone bricht die Blume und sieht die Schatten der Unterwelt. Eumolpos fordert sie auf, hinabzusteigen und unten als Königin zu herrschen. Im 2. Teil, »Persephone in der Unterwelt«, erzählt Eumolpos, daß Persephone geraubt worden sei. Persephone hat Mitleid mit den Schatten, man bietet ihr auch kostbare Steine an, aber sie sehnt sich nach den Blumen der Oberwelt. Im 3. Teil, »Persephone kehrt zurück«, illustrieren Bläser den Kampf der winterlichen Schattenwelt gegen den Frühling. Die Unterwelt öffnet sich, Persephone zieht wieder in ihr Frühlingsreich ein.

Pulcinella, Ballett mit Gesang nach Giovanni Battista Pergolesi, 8 Bilder, entstanden 1920

Der Komponist verwendet Arien aus den Opern »Der verliebte Mönch«, »Flaminio« und »Adriano in Siria« und Melodien aus zwei Cembalosuiten, aus der Streichersuite Nr. 6 und von sechs der vierzehn Triosonaten von Giovanni Pergolesi (1710–36). Er formte 1949 aus dem Ballett eine Suite mit 9 Sätzen, die lauten: Sinfonie, Serenata, Scherzino, Tarantella, Toccata, Gavotta, Vivo, Minuetto, Finale.

Die Geschichte des Soldaten, Pantomime in 2 Teilen für Violine, Kontrabaß, Klarinette, Fagott, Trompete, Posaune, Schlagzeug, entstanden 1918

Der Teufel handelt einem Soldaten dessen einzigen Besitz, eine Violine, ab, gibt ihm dafür ein Buch, das ihn zu einem reichen Mann machen wird, und fordert von ihm, daß der ihn binnen drei Tagen das Spielen lehrt. Als der Soldat heimkehrt, sind nicht drei Tage, sondern viele Jahre vergangen. Er ist reich, aber einsam. Er nimmt dem Teufel die Violine ab, sie gibt keinen Ton mehr her; er zerreißt das Buch und ist wieder arm. Er hört von einer Prinzessin, die erkrankt ist, entreißt dem Teufel neuerlich die Violine und macht die Prinzessin mit seinem Spiel gesund. Der Teufel warnt ihn, er solle sich nicht nach Hause wagen, aber das Heimweh läßt ihn die Warnung mißachten; er begibt sich in sein Dorf, wo ihn der Teufel in die Hölle treibt. Der Komponist formte 1923 aus der Musik der Pantomime eine Suite. Jazzeinflüsse sind darin deutlich merkbar.

Apollon musagète (Apollo, der Musenführer), Ballett für Streichorchester, entstanden 1928

Der Komponist nennt als Thema: Apollo inspiriert jede der Musen zu ihrer besonderen Kunst. »Die Geburt Apollos« wird von der »Variation des Apollo« (Apollo und die Musen) abgelöst. Im nächsten Teil erhalten die Musen ein Geschenk des Gottes. Darauf zeigen sie ihre Kunst: Kalliope zierlich, Polyhymnia strahlend, Terpsichore tänzerisch, die nach einem Pas de deux mit Apollo den Ehrenplatz erhält. In der Coda werden alle drei Musen zu den Klängen einer Apotheose auf den Parnaß geführt. Das Ballett wird auch als Konzertstück gespielt.

Jeu de cartes (Kartenspiel), Ballett, 3 Teile, entstanden 1937

Die Hauptkarten eines Pokerspiels sind die handelnden Personen. In jeder Runde wird die Situation durch die Arglist des perfiden Jokers verwickelter, weil er sich in jede beliebige Karte verwandeln kann. In der dritten Runde wird er geschlagen. Die Musik enthält Anklänge an Gioacchino Rossini, Johann Strauß, Pjotr Tschaikowski, Léo Delibes und Maurice Ravel. Das Ballett wird auch als Konzertstück gespielt.

Orpheus, Ballett in 3 Teilen, entstanden 1948

Teil 1: Orpheus' Klage, Tanzweise, Tanz des Todesengels, Zwischenspiel. Teil 2: Furientanz, Tanzweise, Zwischenspiel und Tanzweise; Orpheus gewinnt Euridike zurück, Tanz, Tod Euridikes, Zwischenspiel, die Bacchantinnen zerreißen Orpheus. Teil 3: Apotheose Orpheus'.

Agon, Ballett für 12 Tänzer, 3 Teile, entstanden 1957

Tanzsuite nach Tänzen, die am Hof Ludwigs XIII. (1601–43) und Ludwigs XIV. (1638–1715) getanzt wurden. Es handelt sich um eine reine Folge von 17 Tänzen ohne Libretto.

Der Kuß der Fee, Ballett, 4 Teile, entstanden 1928

Dem Libretto liegt die Erzählung »Das Schneemädchen« von Hans Christian Andersen zugrunde. Der Komponist verarbeitete melodisches Material von Pjotr Tschaikowski, den er von allen russischen Meistern am höchsten schätzte.

Der Feuervogel, Ballett, entstanden 1909

Dieses Stück, das den Weltruhm des Komponisten begründete, folgt dem russischen Märchen vom Prinz Iwan, der im Zaubergarten des Menschenfressers Kaschtei den Feuervogel einfängt und gegen Überlassung einer Feder freigibt. Im mondbeschienenen Park tanzen Prinzessinnen. Iwan verliebt sich in eine davon und folgt ihr in das Schloß. Kaschtei will ihn zu Stein verwandeln. Iwan ruft mittels der Feder den Feuervogel herbei und erfährt das Lebensgeheimnis des Menschenfressers, so daß er diesen töten kann und alle seine Gefangenen und Verzauberten frei werden. Die Prinzessin, der er gefolgt ist, ist eine Zarentochter, die er heiratet. Die in drei Fassungen daraus entnommene Suite hat 7 Teile, von denen der 1. (Introduktion) den Zaubergarten und den Vogel darstellt, der 2. (Feuervogel und der Prinz) die Begegnung des Prinzen mit dem Feuervogel, der 3. (Spiel der Prinzessinnen) die verzauberten Prinzessinnen, der 4. (Reigen der Prinzessinnen) die Liebe des Prinzen zur schönsten Prinzessin schildert; im 5. (Höllentanz des Fürsten Kaschtei) bannt der Zauberer alles in seine Macht, der 6. (Wiegenlied) stellt die Zaubermacht des Feuervogels dar, der 7. (Hymne) läßt das Märchen majestätisch ausklingen.

Petruschka, Ballett, 4 Teile, entstanden 1911

Der 1. Teil »Der Jahrmarkt« spielt auf dem Platz der Admiralität in St. Petersburg während der Faschingswoche: Jahrmarkttreiben – Volksweisen, Leierkasten- und Spielwerksmusik, Flötenspiel eines Gauklers, Russischer Tanz. Der 2. Teil »Bei Petruschka« stellt dessen erfolgloses Werben um die Ballerina dar. Der 3. Teil »Bei dem Mohren« schildert einen Auftritt der Ballerina und Petruschkas Eifersucht. Der 4. Teil »Jahrmarkt und Tod Petruschkas« bringt den Tanz der Ammen, die Szenen Bauer und Tanzbär, Zigeuner und Händler, Tanz der Kutscher, Maskerade, Mohr und Petruschka, Petruschkas Tod, Polizei und Gaukler, Himmelfahrt Petruschkas. Die 1947 entstandene Suite bringt daraus einzelne Szenen.

Das Frühlingsopfer, Bilder aus dem heidnischen Rußland, Ballett, 2 Teile, entstanden 1913

Teil 1 »Anbetung der Erde«: Introduktion, Vorboten des Frühlings, Tanz der Jünglinge, Entführungsspiel, Frühlingsreigen, rivalisierende Stämme, Auftritt der Weisen, Anbetung der Erde, Der Weise, Tanz der Erde. Teil 2 »Das Opfer«: Introduktion, mystischer Reigen der Mädchen, Verherrlichung der Auserwählten, Anrufung der Ahnen, Rituelle Handlung der Ahnen, Opfertanz der Auserwählten. Der Komponist erklärt: »Als die Auserwählte erschöpft niedersinkt, ergreifen sie die Ahnen und heben sie zum Himmel empor. Der Zyklus der Kräfte, die wieder geboren werden, um zu vergehen und sich in der Natur aufzulösen, ist erfüllt und in diesen wesenhaften Rhythmen vollendet.«

Gesang der Nachtigall, Sinfonische Dichtung, 3 Teile, entstanden 1917 aus der Oper »Die Nachtigall« (1914)

Der 1. Teil stellt das »Fest im Palast des Kaisers in China« dar. Der darin enthaltene »chinesische Marsch« ist pentatonisch. Der 2. Teil »Die beiden Nachtigallen« bringt Charakteristika echter Nachtigallen mit viel Chromatik und Rubato und künstlichen mit schnurrenden Figurationen. Der 3. Teil »Krankheit und Genesung des Kaisers von China« läßt einen Trauermarsch der Höflinge und einen fernen Gesang der Fischer erklingen.

Bauernhochzeit, russische Tanzszenen mit Gesang und Musik, 2 Teile, entstanden 1923

Die Besetzung des Stücks besteht aus vier Gesangsolisten, gemischtem Chor, vier Klavieren und reichlichem Schlagzeug mit sechs Spielern. Im 1. Teil flechten Mutter und Brautjungfern die Haare der Braut und sprechen ihr Mut zu; der Bräutigam trifft mit seinen Freunden Vorbereitungen; die Braut verabschiedet sich und verläßt mit den Gästen das Elternhaus. Die zurückbleibenden Mütter des Paares beklagen den Verlust ihrer Kinder. Im 2. Teil erklingen rund um die Hochzeitstafel Lieder und Scherze. Das Paar wird getraut und zieht sich zurück, das Fest geht weiter, aus der Ferne klingt das Liebeslied des Bräutigams.

Sinfonien für Blasinstrumente, ein Satz, entstanden 1920, erweiterte Fassung 1947

Choralmusik »Zum Gedenken an Claude Debussy«, bei der meist bitonale Akkorde verbunden sind. Bei der Neufassung wurden 8 mosaikartig wechselnde Episoden vorangestellt.

Sinfonie in C-Dur, 4 Sätze, entstanden 1940

Der 1. Satz hat Sonatenform, sein erstes Thema wird von der Oboe, das zweite vom Horn vorgetragen. Der 2. Satz bringt ein großes Oboensolo. Im 3. Satz markieren Sforzati kräftige Akzente; eine Episode mit drei Posaunen wird in enggesetzter tiefer Lage von einem Fagott begleitet. Das Finale wiederholt die heitere Stimmung des 1. Satzes.

Sinfonie in drei Sätzen für Orchester mit Klavier und Harfe, 3 Sätze, entstanden 1946

Der 1. Satz kommt einem Klavierkonzert nahe, das an den Solisten hohe Anforderungen stellt. Der 2. Satz ist ein Harfenkonzert. Erst im Finale ordnen sich die beiden Soloinstrumente in das Orchester ein. »Der Sinfonie liegt kein Programm zugrunde, doch es ist möglich, daß der Eindruck unserer schwierigen Zeit mit ihren heftigen und wachsenden Ereignissen, ihrer Verzweiflung und Hoffnung, ihrer unausgesetzten Peinigung, ihrer Spannung und schließlich ihrer Entspannung Spuren in dieser Sinfonie zurückgelassen hat«, erklärte der Komponist.

Concerto für Klavier und Bläser, 3 Sätze, entstanden 1924

Der 1. Satz hat Toccatencharakter; eine virtuose Klavierkadenz mündet mit interessanten Rhythmen in das Largo des 2. Satzes, dessen Hauptthema von Klavier und Orchester wiederholt wird. Im Mittelteil treten zwei kontrastierende Themen auf. Der 3. Satz beginnt mit einer Kadenz, der ein straffes Fugato folgt, sodann werden ein Marsch intoniert und ein neues Thema fugiert, bis sich die Coda mit überraschender Themenballung anschließt.

Capriccio für Klavier und Orchester, 3 Sätze, entstanden 1929, revidiert 1949

Das erste Thema des 1. Satzes wird vom Solisten und dem Orchester fortissimo und langsam vorgetragen, das zweite ist leise und rasch und wird von einem Soloquartett gespielt, das zuweilen wie bei einem Concerto grosso hervortritt. Nach der Reprise konzertiert das Klavier, in freier Rondoform werden die Themen durchgeführt; nach einer Wiederholung der Introduktion führt eine Coda zum 2. Satz mit einem bemerkenswerten Klaviersatz. Im Finale kommt es zu einem heftigen Dialog zwischen Klavier und Orchester, dann bringt der Solist das Hauptthema. In der Durchführung erscheinen die gleichen rhythmischen Muster wie im 1. Satz.

Der ungarische Pianist Deszö Ránki ist einer der führenden Interpreten der Klavierwerke Bartóks und Strawinskys

Concerto in Es-Dur für Kammerorchester, 3 Sätze, entstanden 1938

In diesem Konzert sind barocke Formmodelle angewendet; es ist für fünfzehn Instrumente geschrieben. Der 1. Satz ist konzis kontrapunktisch aufgebaut und mündet in ein Fugato. Der 2. Satz ist dreiteilig und sehr transparent angelegt. Das Finale ist impulsiv, zum Teil marschartig mit rasch wechselnden Rhythmen.

Concerto in D-Dur für Streichorchester, 3 Sätze, entstanden 1946

Dieses Stück entspricht einem italienischen Concerto grosso. Der 1. Satz ist rhythmisch sehr interessant gegliedert, der 2. Satz bringt ein kantables Duett zwischen Violinen und Celli, das an Verdi-Melodien anklingt. Ein temperamentvolles und virtuoses Rondofinale schließt das Werk beschwingt ab.

Violinkonzert in D-Dur, 4 Sätze, entstanden 1931

Der 1. Satz – Toccata – wird von der Violine eröffnet; das Orchester fällt mit einer Variante des Hauptthemas ein; ein Seitenthema weitet den Tonraum nach oben aus. Darauf bringt das Orchester eine kantable Linie. Die Reprise variiert den ersten Teil des Satzes. Der 2. Satz (Aria I) beginnt mit einer weitgespannten Kantilene der Violine; er ist kammermusikalisch instrumentiert. Der 3. Satz (Aria II) ist sehr melodiös und sangbar. Der 4. Satz (Capriccio) hat freie Rondoform und steigert die Toccata durch rasches Zeitmaß. Die technischen Ansprüche an den Solisten sind enorm, obwohl der Komponist das Gegenteil behauptete. Das Prinzip des Miteinanderspielens von Soloinstrument und Orchester – anstelle eines Gegenspielens – ist beeindruckend durchgeführt. Es handelt sich um eines der bedeutendsten Violinkonzerte unseres Jahrhunderts.

Oktett für Blasinstrumente, 3 Sätze, entstanden 1923

Das Werk ist unter dem Einfluß der Musiktradition des 18. Jahrhunderts geschrieben und so exakt den Vorbildern gemäß gebaut, daß die Zeitgenossen es als Ausdörrung und Verlust der Strawinskyschen Farben bezeichneten. Interessant ist der 2. Satz wegen seines Variationensatzes mit Schlußfugato.

Septett, 3 Sätze, entstanden 1953

Das Stück ist eine serielle Motivarbeit in freier Adaption; im 3. Satz hat jedes Instrument eine eigene »Reihe« von Tönen. Die Passacaglia des Mittelsatzes besteht aus acht kanonischen Variationen.

Messe für Solostimmen und Orchester, 5 Teile, entstanden 1948

Der 1. Teil – Kyrie – ist mit großer Schlichtheit angelegt. Der 2. Teil – Gloria – weist koloraturartige Wendungen auf und wirkt sehr klangreich. Dafür ist der 3. Teil – Credo – gänzlich schmucklos und gerade dadurch sehr eindringlich. Der 4. Teil – Sanctus und Benedictus – wird zum Teil in Blockdeklamationen des Chores vorgetragen. Der 5. Teil – Agnus – ist ebenso schlicht wie das Kyrie. Dennoch ist das Werk alles eher als kalt, seine Musik steigert sich zuweilen zur Leidenschaft ekstatischer Inspiration.

Canticum sacrum für Tenor und Bariton, Chor und Orchester, 5 Sätze, entstanden 1955

Der Text dieser Kantate zu Ehren des heiligen Markus besteht aus Worten des Alten und Neuen Testaments in der Fassung der Vulgata. Es ist im Wesentlichen dodekaphonisch. Nach der von den Solisten gesungenen »Dedicatio« an die Stadt Venedig verkünden der 1. wie der 5. Satz mit Worten des Markus-Evangelium den apostolischen Auftrag des Geehrten. Der 2. und der 4. Satz bringen eine Stelle des »Hohen Lieds« und die Worte Jesu zum Vater des fallsüchtigen Kindes und sind vorwiegend den Solisten zugeteilt. Im 3. Satz werden die drei Kardinaltugenden Liebe, Hoffnung und Glaube gerühmt. Das Werk schließt mit einem vierstimmigen Kanon.

Threni, für Soli, gemischten Chor und Orchester, 3 Teile, entstanden 1958

Diese Lamentationen des Propheten Jeremias beginnen mit einem Vorspruch, dann setzt als 1. Teil die Lamentatio (Klage) mit dem Aufstellen eines orchestralen Zwölftonkomplexes ein und wird vom Chor in rhythmisiertem Sprechgesang angestimmt. Der Gesang wird zweimal von zweistimmigen Solotenören unterbrochen. Der zweite Abschnitt des Teiles wird nur von Männerstimmen bestritten, wobei ein »Basso profondo« nach russischer Art als Vorsänger auftritt. Der 2. Teil »Sensus spei« (Hoffnung) ist außerordentlich klangvoll, eine freie Entfaltung siegt über den Zwang der Zwölftonmethodik. Der 3. Teil »Solacium« (Tröstung) wird von Solosopran und Soloalt angestimmt und von den anderen Solisten und dem Chor weitergesponnen. Ein Schlußchor beendet das Werk.

Literatur

R. Siohan, Stravinsky, Paris 1971.

Percy Grainger (1882–1961)

Leben

Percy Aldridge Grainger wurde am 8.7.1882 in Brighton/Melbourne geboren. Nachdem er schon als Kind Konzertreisen als Pianist absolviert hatte, studierte er von 1895 bis 1901 bei James Kwast in Frankfurt am Main und 1903 noch bei Ferruccio Busoni in Berlin. Er setzte darauf seine Konzertreisen in Australien, Neuseeland und Skandinavien fort, wurde im Ersten Weltkrieg Militärmusiker in den USA und ließ sich sodann in White Plains, N. Y., nieder, wo er am 20.2.1961 starb.

Werke

Neben einer Anzahl ausgezeichneter Werke für großes Orchester, für Streichorchester, für Militärmusik, für Klavier oder Orgel mit Orchester schrieb Percy Grainger einen weltberühmten Chorzyklus nach »Jungle Book«

von Rudyard Kipling (1865–1936). Sein Stil ist sehr vom Impressionismus beeinflußt. Er sammelte zahlreiche englische, isländische und irische Volkslieder und bearbeitete sie. Er experimentierte mit Achteltönen und baute eine Musikmaschine für eine »Free Music« mit Mikrointervallen und vollständiger rhythmischer Freiheit der einzelnen Stimmen.

Lincolnshire Posy, Suite für Bläser, 6 Sätze, entstanden 1937

Der 1. Satz des »Blumenstraußes aus Lincolnshire« bringt ein Seemannslied. Im 2. Satz wird eine Lokaltragödie »Die Geizige und ihr Mann« vorgetragen. »Die Wilddiebe im Rufford Park« stellt der 3. Satz vor. Die Geschichte des jungen Seemannes, der heimkehrt um zu heiraten, erzählt der 4. Satz. Im 5. Satz erklingen das Kriegslied »Lord Melbourne« und ein Tanzlied im Finale. Die sechs Volkslieder werden von der Bläsermusik so plastisch wiedergegeben, daß eine Textierung überflüssig ist.

Stanisław Kazuro (1882–1961)

Leben

Stanisław Kazuro wurde am 1.8.1882 in Teklinapol geboren. Er war Schüler der Musikhochschule in Warschau, der Accademia Nazionale di Santa Cecilia in Rom und der Sorbonne in Paris. Er wurde anschließend Kapellmeister und Chorleiter der Philharmonie in Warschau und 1916 Professor für Solfège, Chor, Kontrapunktik und Sologesang am Konservatorium. Von 1945 bis 1951 wirkte er als Rektor der Musikhochschule in Warschau, wo er am 30.11.1961 starb.

Werke

Außer 2 Opern schrieb Stanisław Kazuro 3 Oratorien, eine Sinfonie für Sopran, Chor und Orchester, eine sinfonische Dichtung, ein Notturno für Orchester und zahlreiche weitere Orchesterwerke und Chorkompositionen. Er war noch Spätromantiker.

Segundo Luis Moreno (1882–1972)

Leben

Segundo Luis Moreno wurde am 3.8.1882 in Cotacachi, Provinz Imbabura, Ecuador, geboren. Er studierte am Conservatorio Nacional in Quito, wo er selbst von 1909 bis 1913 Theorieunterricht gab, war von 1915 bis 1937 Militärkapellmeister an verschiedenen Orten und wirkte dann als Leiter des Conservatorio Nacional de Música in Cuenca und von 1945 bis 1952 des Konservatoriums in Guayaquil. Im Rahmen seiner Bemühungen um die Erforschung und Erhaltung der Eingeborenenmusik veranstaltete er zwischen 1942 und 1948 mehrere Festivals für indianische Tänze. Er starb am 18.12.1972 in Quito.

Werke

Außer zahlreichen Stücken für Blasorchester schrieb Segundo Luis Moreno ein sinfonisches Praeludium, 2 Ouvertüren, 3 Suiten, eine Orchester-Elegie und eine Kantate. Seine Versuche, indianische Musik in modernen Formen zu integrieren, müssen als geglückt bezeichnet werden. Er veröffentlichte mehrere Abhandlungen über Musik und Tänze der Eingeborenen Ecuadors, insbesonders der Inkas.

Literatur

Ch. Sigmund, Segundo Luis Moreno, Minn. 1971.

Karl Herrmann (1882–1973)

Leben

Karl Herrmann wurde am 23.8.1882 in Wien geboren. Er bildete sich im Klavier- und Orgelspiel sowie theoretisch aus und wirkte als Musiklehrer in Wien, wo er am 30.1.1973 starb.

Werke

Das kompositorische Schaffen von Karl Herrmann umfaßte ungefähr 300 Werke. Davon sind 6 Sinfonien, 2 Klavierkonzerte, Kammermusik jeder Gattung, 10 Klavierwerke, einige Chöre und Lieder bekannt geworden. Er orientierte sich am traditionellen Wiener Stil.

Jaroslav Křička (1882–1969)

Leben

Jaroslav Křička wurde am 27. 8. 1882 in Kelč, Mähren, geboren. Er studierte am Konservatorium und an der Universität in Prag, sodann in Berlin. Von 1906 bis 1909 wirkte er als Kompositionslehrer in Jekaterinoslaw (heute Dnjepropetrowsk, Ukraine), von 1911 bis 1920 leitete er den Prager Gesangverein Hlahol und ab 1922 den Philharmonischen Chor. Von 1919 bis 1945 war er Professor des Konservatoriums, das er ab 1942 als Direktor leitete. Darauf lebte er nur mehr der Komposition. Er starb am 23. 1. 1969 in Prag.

Werke

Die Werke von Jaroslav Křička standen unter dem Einfluß der russischen Romantik und von Vítězslav Novák. Er schrieb mehrere Opern, Bühnen- und Filmmusiken, ferner 2 Sinfonien, eine Serenade für Streicher, ein Violinkonzert, ein Concertino für sieben Instrumente, 2 Streichquartette, ein Klaviertrio, eine »Kleine Suite für Klavier und zwei Violinen«, eine Violinsonate, eine Partita für Violine solo, Klavierstücke, Chorwerke mit Orchester, Chöre und Kinderlieder.

John Powell (1882–1963)

Leben

John Powell wurde am 6. 9. 1882 in Richmond, Va., geboren und in Klavier- und Harmonielehre ausgebildet. Darauf studierte er an der University of Virginia in Charlottesville und ab 1904 in Wien bei Teodor Leszetycki und bei Karel Navrátil. Nach ausgedehnten Konzertreisen durch Europa kehrte er 1912 in die USA zurück und konzertierte dort in verschiedenen Städten mit größtem Erfolg. Er starb am 15. 8. 1963 in Charlottesville, Va.

Werke

Von den zahlreichen Kompositionen von John Powell sind 2 Sinfonien, eine Ouvertüre, 2 Orchesterstücke, eine »Rapsodie nègre« für Klavier und Orchester, ein Violinkonzert, ein Streichquartett, eine Sonate für Klavier und Violine, eine Klaviersuite und einige weitere Klavierstücke, Chöre und Lieder sowie Volksliedbearbeitungen bemerkenswert. Sein Stil ist wenig progressiv.

Mart Saar (1882–1963)

Leben

Mart Saar wurde am 16. 9. 1882 in Vastemõisa, Estland, geboren. Er war Schüler des Konservatoriums in St. Petersburg unter Nikolai Rimski-Korsakow und Anatoli Ljadow. Er wirkte von 1908 bis 1920 als Musiklehrer in Tartu und von 1943 bis 1956 als Professor für Komposition am Konservatorium in Tallinn, wo er am 28. 10. 1963 starb.

Werke

Mit seinen auf volkstümlicher Melodik aufgebauten Kompositionen prägte Mart Saar einen estnischen Musikstil, der in Geltung blieb. Er verfaßte eine Reihe Orchesterwerke – zum Teil mit Chor –, verschiedene Klavierwerke – mehrere Suiten, etwa 40 Praeludien –, Kantaten a cappella, Klavierlieder und Chorlieder.

Literatur

K. J. Lejchter, Mart Saar, Tallinn 1964.

Karol Szymanowski (1882–1937)

Leben

Karol Szymanowski wurde am 24. 9. 1882 in Timoschewka, Ukraine, geboren. Nach häuslicher musikalischer Erziehung wurde er in Warschau Schüler von Zygmunt Noskowski. Mit anderen Schülern dieses gesuchten Lehrers gruppierte er eine Vereinigung junger polnischer Komponisten, um die im 19. Jahrhundert begründete Eigenständigkeit der polnischen Musik auszubauen und zu vertiefen. Seine eigene kompositorische Tätigkeit setzte früh ein; seine Erfolge waren zwar anfänglich nicht groß, doch bald wurde erkannt, daß mit ihm ein Meister heranreifte, der über die Grenzen Polens hinaus Weltgeltung erreichen wird. Er lebte von 1906 bis 1908 in Berlin, von 1912 bis 1914 in Wien, sodann bis 1917 in sei-

Karol Szymanowski

nem Geburtsort und anschließend in Jelisawetgrad (heute Kirowograd) und ab 1920 in Warschau, wo ihm 1926 die Leitung des Konservatoriums übertragen wurde. Er trat davon jedoch nach drei Jahren zurück, weil er mit seinen Reformversuchen auf zu starken Widerstand stieß; im Jahr 1930 übernahm er diese Stellung ein zweites Mal und gab sie nach zwei Jahren aus den gleichen Gründen wieder auf. Seine letzten Jahre verbrachte er mit Konzertreisen im Ausland und in verschiedenen Kurorten, wozu ihn seine fortschreitende Erkrankung zwang. Er starb am 29.3.1937 in Lausanne als einer der bedeutendsten Komponisten Polens, der nach seinen eigenen Worten »nicht für gestern, sondern für heute und morgen zu schaffen suchte«.

WERKE

Die betont nationale Ausrichtung der Musik ist seit dem 19. Jahrhundert in Polen nahezu zur Selbstverständlichkeit geworden. Und da Nationalismus nicht ohne Feindbild lebendig bleiben kann, wurde dieser, den politischen Zuständen entsprechend, vor allem im zaristischen Rußland gesehen, unter dessen Herrschaft der größte Teil des Volkes leben mußte. Die Abgrenzung der polnischen Musik gegen die russische wurde für sehr wichtig gehalten, wenn auch der eine oder andere Musiker sich seine Ausbildung in Moskau oder St. Petersburg holte oder auf russischem Territorium geboren und erzogen wurde. Unmittelbare Einflüsse der russischen Musik auf die Polens fanden sehr selten statt, sie langten in manchen Fällen nur über Mitteleuropa in Polen ein. Den nachhaltigsten Einfluß auf die neuere polnische Musik übte der französische Impressionismus aus, so daß die Romantik zurückwich, allerdings nicht ohne eines ihrer Hauptelemente, die Integration der heimischen Folklore, zurückzulassen. Karol Szymanowski, das unbestrittene Haupt der Musikergeneration Polens nach der Spätromantik, übernahm und steigerte ihn bis zu den äußersten Grenzen, verläßt aber die Tonalität dabei nur selten; in seiner Oper »Hagith«, bei der noch die Spätromantik dominierte, neigte er sogar zu Atonalität, während seine zweite Oper, »König Roger« rein impressionistisch ist. Er schrieb eine Bühnenmusik und 2 Ballette, von denen »Harnasie« den größten Erfolg errang. Er verfaßte 4 Sinfonien, eine Konzertouvertüre, 2 Violinkonzerte, mehrere Chorwerke, von denen das Stabat mater hervorragt, 2 Streichquartette, ein Klaviertrio, 2 Stücke für Violine und Klavier, zahlreiche Klavierstücke – 3 Sonaten, 20 Mazurken, Variationen – und viele Lieder.

Stabat mater, Oratorium für 3 Solisten, gemischten Chor und Orchester, Opus 53, 6 Teile, entstanden 1929

Es handelt sich um kein typisches Oratorium, sondern eher um eine Kantate, die volkstümliche Lyrismen glänzend verarbeitet und die Bedeutung jedes Satzes des polnischen Textes profiliert. Das Werk vermittelt den Eindruck einer erlebten religiösen Volkstrauer.

Sinfonie Nr. 2 in B-Dur, Opus 19, 3 Sätze, entstanden 1910, überarbeitet 1934

Der 1. Satz dieser sehr konservativ gehaltenen Sinfonie wird von der Ersten Violine mit einer grandiosen Kantilene intoniert, deren Thema für den ganzen Satz bestimmend ist. Seitenthema, Durchführung und Reprise laufen nach altem nahezu klassischem Muster ab. Im 2. Satz erklingen neun Variationen zu einem gegebenen Thema, darauf ein schönes Adagio und als Abschluß eine prächtige Fuge.

Sinfonie Nr. 3, Opus 27, ein Satz, entstanden 1916

Diese »Sinfonie« ist für großes Orchester, Tenorsolo und gemischten Chor geschrieben und hat daher den Charakter einer Kantate. Der Text stammt vom persischen Dichter Dschelal ed-Din Rumi (1207–73) und preist die Nacht als Zeit der Medidation. Der Aussage der Dichtung entsprechend hat das Werk stark orientalisches Kolorit. Auf die langsame, von einer Violine in hoher Lagevorgetragene Einleitung folgt als Mittelteil ein ekstatischer Tanz. Die vielschichtige Konzeption mit gleichzeitig erklingenden verschiedenen Tonflächen und Metren sprengen nahezu den Rahmen der Tonalität, ergeben jedoch ein farbenprächtiges, leuchtkräftiges Tonbild, das sich zu hymnischen Ausmaßen ausweitet.

Sinfonie Nr. 4, »Symphonie concertante«, Opus 60, 3 Sätze, entstanden 1932

Diese Sinfonie, die ein obligates Soloklavier vorschreibt, ist in Wahrheit ein Klavierkonzert. Der 1. Satz verrät deutliche Anklänge an die Volksmusik der Bewohner der Tatra. Im 2. Satz erklingt eine weit gespannte Kantilene, die die volkstümliche Konzeption verstärkt. Der 3. Satz hat Rondoform und ist voll Mazurkawendungen.

Violinkonzert Nr. 1, Opus 35, ein Satz, entstanden 1916

Die Behandlung der Violine in diesem Werk wurde als »Violinimpressionismus« bezeichnet, weil der musikalische Ausdruck nahezu ausschließlich diesem Instrument übertragen war. In sehr hohen Lagen beginnt die Violine ihr poetisches Lied, dem das Orchester ergriffen zu lauschen scheint. Einschmeichelnd klingen die Doppelgriffe im Mittelteil. Dann steigert sich die Melodie von komplizierten Doppeltrillern in Terzen zu einer strahlenden Coda, an der das Orchester farbenschönen Anteil nimmt.

Violinkonzert Nr. 2, Opus 61, entstanden 1933

Dieses letzte größere Werk des Komponisten ist auf das Wesentliche reduziert; Ausschmückungen, Formenvielfalt und »Glanzlichter« fehlen ebenso wie orientalische Anklänge. Dafür sind Integrationen der volkstümlichen Melodien aus der Tatra um so augenfälliger. Es klingt, als hätte sich der Meister damit von der polnischen Landschaft, die er am meisten liebte, verabschiedet.

LITERATUR

S. Golachowski, Karol Szymanowski, Krakau 1956.

Robert Nathaniel Dett (1882–1943)

LEBEN

Robert Nathaniel Dett wurde am 11. 10. 1882 in Drummondville, Quebec, Kanada, geboren. Er wurde in New York, in Cambridge, Mass., und in Paris bei Nadia Boulanger ausgebildet, wirkte sodann an verschiedenen Colleges als Musikdirektor und arbeitete viel auf dem Gebiet der amerikanischen Negermusik. Er starb am 2. 10. 1943 in Battle Creek, Mich.

WERKE

Von Robert Nathaniel Dett sind neben vielen Bearbeitungen von Negro Spirituals 2 Chorkantaten mit Orchester, eine Klaviersuite und zahlreiche Motetten und Lieder bekannt geworden.

Imre Kálmán (1882–1953)

LEBEN

Imre (Emmerich) Kálmán wurde am 24. 10. 1882 in Siófok, Ungarn, geboren. Er studierte in Budapest bei Hans Koessler. Anschließend ließ er sich als Operettenkomponist in Wien

Imre Kálmán

nieder, von wo er 1938 emigrieren mußte. Er ging nach Paris und 1940 in die USA. Ab 1945 lebte er erneut in Paris, wo er am 30.10.1953 starb.

WERKE
Von Imre Kálmán sind mehr als 17 Operetten auf die Bühne gekommen; einige davon wurden zu Welterfolgen. Eine Anzahl weist ungarisches Kolorit auf. Er vermied opernhafte Fakturen, sondern schuf »echte« Operetten. Trotz vieler Lyrismen dominierte in seinen Werken die Rhythmik. Man zählt ihn neben Franz Léhar zu den bedeutendsten Vertretern der »silbernen« Operette.

Lazar Saminski (1882–1959)

LEBEN
Lazar Semjonowitsch Saminski (Lazare Saminsky) wurde am 27.10.1882 in Wale-Gozulowo bei Odessa geboren. Er studierte bei Nikolai Rimski-Korsakow, Nikolai Tscherepnin und Anatoli Ljadow. Von 1915 bis 1918 dirigierte er das Sinfonieorchester in Tbilisi und unterrichtete am dortigen Konservatorium. Im Jahr 1919 verließ er Rußland und ließ sich 1920 in New York nieder, wo er 1924 Musikdirektor der Synagoge Emanu-El wurde. Er starb am 30.6.1959 in Port Chester, N. Y.

WERKE
Neben 4 Opern verfaßte Lazar Saminski 5 Sinfonien mit programmatischen Titeln – die letzte mit Chor –, ein sinfonisches Triptychon, ein Orchesterstück »Nach einer neuen Welt«, eine Suite für Violine und Orchester, ein Requiem, sakrale Musik, Gesänge, Lieder und Klavierstücke.

Manuel Ponce (1882–1948)

LEBEN
Manuel Maria Ponce wurde am 8.12.1882 in Fresnillo de González Echevarría geboren. Er war in Bologna Kompositionsschüler von Marco Enrico Bossi und Klavierschüler von Martin Krause (17.6.1853, Lobstädt, Sachsen, bis 2.8.1918, Plattling, Bayern). Im Jahr 1906 wurde er Lehrer am Konservatorium in Mexiko-Stadt, lebte darauf in Habana, New York und Paris und ab 1925 als Komponist und Dirigent wieder in Mexiko-Stadt, wo er am 24.4.1948 starb.

WERKE
Neben einer Reihe von Orchesterwerken, bei denen er anfänglich folkloristische Elemente verarbeitete, aber später klassizistische Linien einhielt, verfaßte Manuel Ponce ein Klavierkonzert, ein Gitarrenkonzert, ein Violinkonzert, Orchesterlieder, 4 Miniaturen für Streichquartett, »Eine kleine Suite im antiken Stil« für Streichtrio, eine Sonate für Violine und Bratsche, Klavier- und Gitarrenwerke sowie viele Lieder.

LITERATUR
D. L. Alonso, Manuel Maria Ponce, Mexiko 1950.

Joaquín Turina (1882–1949)

LEBEN
Joaquín Turina wurde am 9.12.1882 in Sevilla geboren. Nach Klavierstudium in Madrid wurde er in Paris Schüler von Moritz Moszkowski und Vincent d'Indy. Im Jahr 1914 kehrte er nach Spanien zurück und wirkte in Madrid als Komponist, Dirigent, Musiklehrer und Kritiker. Er starb am 14.1.1949 in Madrid.

WERKE
Von Joaquín Turina sind 2 Opern und mehrere Bühnenmusiken aufgeführt worden. Er schrieb außerdem 3 sinfonische Dichtungen, eine »Sinfonía Sevillana«, eine choreographische Fantasie, ein Klavierkonzert, ein Sextett für Bratsche, Klavier und Streichquartett, ein Klavierquintett, 3 Streichquartette, ein Klavierquartett, 3 Klaviertrios, 2 Sonaten und andere Stücke für Violine und Klavier, viele Stücke für Klavier, für Orgel und für Gitarre, außerdem Lieder und einige Kirchenmusik. Er gehörte mit Manuel de Falla zu den vorzüg-

José Carreras

lichsten Vertretern der jüngeren spanischen Schule, erhielt wie dieser seine Anregungen vom französischen Impressionismus und entnahm seine Melodik der andalusischen Volksmusik.

LITERATUR

F. Sopeña, Joaquín Turina, Madrid 1943.

Zoltán Kodály (1882–1967)

LEBEN

Zoltán Kodály wurde am 16. 12. 1882 in Kecskemét geboren. Er war ab 1900 Kompositionsschüler von Hans Koessler in Budapest. Nach Aufenthalten in Berlin und Paris wurde er 1907 Theorielehrer und dann Kompositionslehrer an der Budapester Hochschule. Neben seiner Lehrtätigkeit und der Komposition beschäftigte er sich vorwiegend mit der Erforschung und Bearbeitung ungarischer Volkslieder, von denen er über 3500 sammelte. Er setzte sich als Komponist sehr rasch durch. Da er die Tonalität und die überkommenen Formen nur äußerst selten verließ, sondern in den gegebenen Grenzen eine neue äußerst vitale Musik schuf, die, interessant instrumentiert, sehr klangreich und doch expressiv konzipiert ist, erweckte er überall Begeisterung. Er blieb, von ausgedehnten Konzertreisen abgesehen, ständig in Budapest und erreichte bei seinem Volk einen so hohen Bekanntheits- und Beliebtheitsgrad, daß seine Persönlichkeit weder von den verschiedenen Arten der Diktaturen noch durch die kriegerischen und revolutionären Ereignisse angetastet wurde. Er starb am 6. 3. 1967 in Budapest als großer alter Mann der ungarischen Musik.

WERKE

Alle Kompositionen von Zoltán Kodály sind heute noch ebenso lebendig wie zu seinen Lebzeiten. Neben 2 Liederspielen schrieb er für Orchester »Tänze aus Marosszék« (auch für Klavier allein), »Tänze aus Galánta«, Variationen über ein Volkslied, eine Sinfonie, ein »Konzert«, eine sinfonische Dichtung. Die Kammermusik ist mit 2 Streichquartetten, einem Streichtrio, einer Trioserenade, einer Sonatine und einem Adagio für Cello und Klavier, einem Capriccio für Cello solo, einem Duo für Violine und Cello vertreten. An Chorwerken liegen der »Psalmus Hungaricus«,

Zoltán Kodály

das »Budvári Te Deum« und eine »Missa brevis« vor. Er schrieb ferner viele Klavierstücke, begleitete und unbegleitete Chöre sowie Lieder. Sein Hauptanliegen waren die Sammlung von Volksliedern Ungarns und der Nachbarländer, an der er gemeinsam mit Béla Bartók arbeitete, und die Musikerziehung der ungarischen Jugend. »Seine Musik ist ein Glaubensbekenntnis an den ungarischen Geist«, sagte Béla Bartók. »Eine äußere Erklärung dafür ist, daß die Tätigkeit Kodálys als Komponist ganz besonders im Nährboden der ungarischen Volksmusik verwurzelt ist, die innere Ursache aber ist Kodálys unerschütterlicher Glaube an die aufbauende schöpferische Kraft seines Volkes und sein Vertrauen auf die Zukunft.« Der Komponist nahm aber auch viele Anregungen aus früheren Musikepochen und übernahm mit Vorliebe impressionistische Klangfarben, so daß ihm eine prächtige Synthese westeuropäischer Kunst- und ungarischer Volksmusik gelang. Er veröffentlichte auch eine Anzahl musiktheoretischer Werke, die vorwiegend der Volksmusik und dem Musikunterricht gewidmet sind.

Psalmus Hungaricus, Kantate für Tenor, gemischten Chor und Orchester, Opus 13, entstanden 1923

Den Text der Kantate zum Fünfzig-Jahr-Jubiläum der Vereinigung der Sädte Pest, Buda und Óbuda zur ungarischen Hauptstadt Budapest bildet eine freie Übersetzung des 55. Psalms aus dem 16. Jahrhundert mit poetischen Zusätzen, die die Zeit beklagten. Nachdem das Vorspiel mit scharfen Septimakkorden und einer Mischung von Moll- und Durklängen den harmonischen Stil des Werks festgelegt haben, setzt der Chor ein. Der Tenor intoniert Davids Klage, die nach einem weiteren Chorsatz mit verstärktem Ausdruck wiederholt wird. Nach einer Generalpause verkündet Harfenklang und Solovioline Zuversicht; ein Chorsatz bekräftigt das Vertrauen auf Gerechtigkeit und beendet strahlend das Werk.

Missa brevis für Soli, Chor und Orchester, 7 Teile, entstanden 1944

Dieses Werk geht auf die 1942 komponierte »Stille Messe« für Orgelsolo zurück. Nach einem orchestralen Introitus. Das Kyrie wird von Alt und Baß intoniert, wonach drei Solosoprane das Christe zu Holzbläserbegleitung erklingen lassen. Das Gloria ist gregorianisch angelegt; auch das Credo bringt gregorianische Anklänge. Das sordiniert begleitete Incarnatus mündet in einen gewaltigen Ausbruch aller Stimmen. Harmonisch ausgewogen und andächtig klingt das seelenvolle Sanctus; das Benedictus ist feierlich getragen und wiederholt das Osianna des Sanctus in erweitertem Ausmaß. Das Agnus bringt Elemente des Gloria; das Qui tollis erinnert an das Kyrie. Von der Tradition abweichend ist das Ite Missa est auskomponiert wie das Deo gratias, dem die inbrünstige Friedensbitte »Dona nobis pacem« angefügt ist.

Háry-János-Suite, Opus 15, 6 Sätze, entstanden 1927

Die Suite bringt 6 charakteristische Stücke aus dem Singspiel des Komponisten gleichen Namens aus 1926. Im 1. Satz »Das Märchen beginnt« sitzt der ausgediente Soldat Háry János in der Dorfschenke und gibt seine Lügengeschichte zum besten. Der 2. Satz »Das Wiener Glockenspiel« verlegt den Schauplatz der Erzählung in die Wiener Hofburg. Im 3. Satz »Lied« erklingt ein Duett, das Háry mit seinem geliebten Mädchen singt; die Melodie entstammt einem altungarischen Volkslied. Der 4. Satz »Schlacht und Niederlage Napoleons« schildert die Ereignisse, wie sie Háry in seiner Erzählung darstellt. Der 5. Satz »Intermezzo« ist eine Zwischenaktmusik aus dem Singspiel. Mit dem 6. Satz »Einzug in den kaiserlichen Hof« geht die Suite klangreich zu Ende.

Sinfonie in C-Dur, 3 Sätze, entstanden 1961

Dieses letzte größere Werk des Komponisten stellt ein deutliches Bekenntnis zur Tonalität dar, mit der er als thematisches Material ungarisches Volksliedgut verbindet. Der 1. Satz hat Sonatenform; das Kopfthema ist folkloristisch, das zweite Thema wird von zwei Klarinetten – zumeist in Terzen – vorgetragen, das dritte – ebenfalls folkloristisch – akkordisch von den Streichern. Die Reprise bringt alle drei Themen und führt sie zu einer dramatischen Coda. Der 2. Satz ist eine Variationenreihe. Das Finale stellt eine wahre Apotheose der ungarischen Volksmusik dar, die alte Pentatonik zu neuem Leben erweckt.

Concerto, ein Satz, entstanden 1919

Dieses Orchesterwerk greift auf vorklassische Formgebung zurück. Durch das Einschmelzen ungarischer Volksmelodien erhält es ungeheure Frische und Lebendigkeit. Das Werk besteht strukturell aus drei Teilen wie die italienischen Orchesterkonzerte um 1700. Es beginnt mit einem energischen pentatonischen Thema der Streicher. Die Wiederholung durch die Holzbläser und die Quartenintervalle der Melodieführung sind ungarisches Erbe. Als zweiter Abschnitt schließt sich eine Passacaglia an, während der dritte alle Themen zu einer Einheit verbindet.

Tänze aus Marosszék, ein Satz, entstanden 1930
Das Stück bringt eine Reihe altungarischer Tänze aus Siebenbürgen in mehreren Episoden in ungeheuer farbiger Instrumentation, so daß es trotz der alten Melodik wie moderne Musik klingt. Es beginnt mit einem lebhaft rhythmisierten Tanzthema. Die zweite Episode bringt eine reich ausgezierte, getragene Melodie, in die ein volkstümliches Flötenthema integriert ist. Die dritte Episode läßt Dudelsackmusik erklingen, und die letzte wiederholt, um die Rondoform zu wahren, das Thema der ersten, reichert es aber mit viel neuem Material an. Das Stück klingt mit einem wirbelnden Hajdú-Tanz aus.

Tänze aus Galánta, entstanden 1933
Dieses Stück bringt in mehreren Episoden aus einer alten Sammlung von den Zigeunern in Galánta gespielter Tänze. Es handelt sich um Verbunkos des 18. Jahrhunderts. Nach einer langsamen Einleitung erklingt das Hauptthema von der Klarinette. Die zweite Episode bringt Dudelsackmusik. Dann setzt die Coda mit einer Fülle von thematischem Material ein, zu dem auch ein feuriger Sporentanz tritt.

Variationen über das ungarische Volkslied »Der Pfau flog«, Thema, 16 Variationen, Finale, entstanden 1939
Das Thema weist uralte melodische Wendungen einer pentatonischen Leiter mit Quintenwechsel auf. Die Einleitung, die ersten 10 Variationen und die letzten zwei weisen folkloristische Elemente auf, während die restlichen 4 wie eine Art Trio sich in fremden Regionen bewegen. Das Thema wird von der Oboe vorgetragen; die ersten 3 Variationen sind konzertant, die folgenden 3 melodisch-besinnlich. Die Nummern 7, 8, 9, 10 bilden ein Scherzo. Dann beginnt eine Gruppe lyrischer Tonbilder bis Nummer 14 – Nummer 13 ist ein Trauermarsch –, dann folgt ein Springtanz und ein feierliches Finale. Eine bewegte Coda schließt das Werk, mit dem das echte ungarische Volkslied weltweit bekannt wurde, ab.

Streichquartett Nr. 1, Opus 2, 4 Sätze, entstanden 1909
Der 1. Satz hat Sonatenform und wird, gleichsam als Programm, von einer Volksliedmelodie eingeleitet, aus dessen Motiven sich der Satz aufbaut. Der 2. Satz bringt ein langsames lyrisches Thema mit einem Fugato als Mittelteil. Der 3. Satz ist schwungvoll mit einem reizenden Trio. Das Finale bringt ein Thema mit Variationen, das die klassischen Regeln nirgends überschreitet.

Streichquartett Nr. 2, Opus 10, 2 Sätze, entstanden 1917
Bei diesem Werk tritt die Volksmusik nicht in der Form von Zitaten auf, es ist völlig davon durchdrungen, als hätte sich der Komponist mit seinem Volk bedingungslos identifiziert. Der 1. Satz ist sonatenförmig. Der 2. Satz ist sehr komplex und bringt sechs verschiedene prachtvolle Themen, die in einer dreigliedrigen Verschmelzung der Sonaten- und Rondoformen vorgetragen werden.

LITERATUR

I. Martinow, Kodály Zoltán, Moskau 1970.

Walter Braunfels (1882–1954)

LEBEN

Walter Braunfels wurde am 19. 12. 1882 in Frankfurt am Main geboren. Er war in seinem Geburtsort Schüler von James Kwast und in Wien von Teodor Leszetycki und Karel Navrátil, sodann in München von Ludwig Thuille. Im Jahr 1925 wurde er Direktor der Musikhochschule in Köln. Im Jahr 1933 erfolgte das Verbot seiner Werke und seine Entlassung. Von 1945 bis 1950 war er Präsident der Hochschule in Köln, wo er am 19. 3. 1954 starb.

WERKE

Neben 5 Opern, 5 geistlichen Chorwerken, 4 Kantaten zu kirchlichen Feiertagen schrieb Walter Braunfels eine Sinfonia brevis, eine schottische Fantasie, verschiedene orchestrale Variationen, ein Klavierkonzert und 2 weitere Konzertstücke und Tänze, ein Streichquintett und 3 Streichquartette. Sein Stil war spätromantisch mit starker Neigung zu klassizistischen Formen.

Michail Gnessin (1883–1957)

LEBEN

Michail Fabianowitsch Gnessin wurde am 21. 1. 1883 in Rostow geboren. Er war 1899 in Moskau Schüler von Georgi Konius und von 1901 bis 1909 in St. Petersburg von Nikolai Rimski-Korsakow, Anatoli Ljadow und Aleksandr Glasunow. Nach einem Deutschlandaufenthalt wirkte er von 1911 bis 1913 an der Musikschule in Jekaterinodar (heute Krasnodar) und von 1913 bis 1921 als Musiklehrer in

Rostow. Von 1921 bis 1923 hielt er sich in Palästina auf und war sodann von 1923 bis 1935 Kompositionslehrer an der von seiner Schwester gegründeten Musikschule und parallel dazu ab 1925 Theorielehrer in Moskau. Anschließend unterrichtete er bis 1944 am Konservatorium in Leningrad. Dann kehrte er nach Moskau an die Privatschule zurück, wo er noch bis 1951 wirkte. Er starb am 5.5. 1957 in Moskau.
Seine Schwester Jelena Fabrianowna Gnessina (18.5.1874, Rostow, bis 4.6.1967, Moskau) gründete 1893 mit ihren Schwestern eine Musikschule in Moskau, an der sie Klavier unterrichtete.

WERKE
Außer seinen »Trauertänzen« hat Michail Gnessin nahezu keine Werke für Orchester solo verfaßt. Er schrieb neben einer Ballade für Cello und Orchester ein »Sinfonisches Monument« für Chor und Orchester, einen Dithyrambos für Singstimme und Orchester, ein Klavierquintett, ein »Requiem«, »Variationen über ein hebräisches Volkslied« für Streichquartett, »Lied eines fahrenden Ritters« für Harfe und Streichquartett, »Elegie pastorale« und »Ballade« für Klaviertrio, Chorkantate »Der Roten Armee«, eine Suite für Streichquartett, eine Violinsuite, Klavierstücke, Chöre und Lieder, außerdem Schauspielmusiken und Volksliedbearbeitungen. Die frühen Werke zeigen romantisches Gepräge, dann strebten sie Monumentalität an. Gnessin gehörte zu den bedeutendsten Vertretern des jüdischen Nationalstils in Rußland.
Jelena Gnessina schrieb Etüden und andere Stücke, besonders Kinderstücke für Klavier.

Paul Klenau (1883–1946)

LEBEN
Paul August von Klenau wurde am 11.2.1883 in Kopenhagen geboren. Er studierte von 1902 bis 1904 bei Karel Halíř (1.2.1859, Hohenelbe [Vrchlabí], Böhmen, bis 21.12. 1909, Berlin) Violine und bei Max Bruch Komposition und anschließend in München noch bei Ludwig Thuille. Er begann seine Karriere 1907 als Kapellmeister in Freiburg im Breisgau; ein Jahr darauf wirkte er in gleicher Eigenschaft in Stuttgart, wo er nebenbei bei Max Schillings studierte, und dann ab 1914 erneut in Freiburg. Von 1920 bis 1926 wirkte er als Dirigent der Philharmonischen Gesellschaftskonzerte in Kopenhagen, wo er am 31.8.1946 starb.

WERKE
Als Dirigent suchte Paul Klenau dem dänischen Publikum zeitgenössische Musik aus allen Ländern nahezubringen, als Komponist war er bestrebt, die dänische Musikentwicklung aus der Umklammerung seitens nationaler Sentiments zu lösen und an die allgemeineuropäische anzuschließen. In der eigenen Komposition kam es zu einer chromatisch funktional bleibenden Zwölftonmusik und erreichte damit eine dem Impressionismus nahe Farbigkeit des Klangbilds. Er schrieb 7 Sinfonien, eine sinfonische Dichtung, eine sinfonische Fantasie, eine Ballade für Bariton und Orchester, ein Chorwerk »Die Weise von Liebe und Tod des Kornetts Rilke«, »Gespräche mit dem Tod« für Alt und Orchester, 7 Opern, ein Tanzspiel »Klein Idas Blumen«, das heute noch auf die Bühnen kommt, einige Kammermusik, Klavierstücke und Lieder.

Licinio Refice (1883–1954)

LEBEN
Licinio Refice wurde am 12.2.1885 in Patrica bei Rom geboren. Er war am Liceo di Santa Cecilia in Rom Schüler von Ernesto Boezi (11.2.1856, Rom, bis 30.12.1946, Rom) und Stanislao Falchi und wirkte sodann von 1910 bis 1950 als Lehrer an der Scuola Pontifica Superiore di Musica Sacra (Päpstliche höhere Lehranstalt für Kirchenmusik) und zugleich als Dirigent an Santa Maria Maggiore in Rom. Er starb am 11.9.1954 in Rio de Janeiro.

WERKE
Von Licinio Refice sind 2 Opern aufgeführt worden. Er schrieb außerdem 2 Oratorien, 2 Chorwerke, 3 Kantaten, mehrere Messen, von denen die sechsstimmige Missa Jubilei be-

rühmt geworden ist, Requiem, Te Deum, Stabat mater, Psalmen und zahlreiche Motetten. Er war Anhänger des traditionellen römischen Stils, erreichte jedoch trotz strenger Fakturen erstaunliche Klangwirkungen.

Juan Manén (geboren 1883)

Leben

Juan de Manén wurde am 14.3.1883 in Barcelona geboren. Er reiste als klavier- und violinspielendes Wunderkind, wurde sodann ein bedeutender Violinvirtuose, der in der ganzen Welt auftrat. Später ließ er sich als Komponist in Barcelona nieder.

Werke

Außer 5 Opern und einer Reihe von Kompositionen für den eigenen Konzertgebrauch schrieb Juan Manén 2 Ballette, 2 Sinfonien, ein Concerto grosso mit zwei Soloviolinen, 3 Konzerte und 3 Capricen für Violine, Cello, Oboe, Flöte und Klavier mit Orchester, einige Kammermusik, Lieder und Chöre. Seine Kompositionen lehnten sich an Richard Strauss an.

Joseph Hauer (1883–1959)

Leben

Joseph Matthias Hauer wurde am 19.3.1883 in Wiener Neustadt geboren. Seine musikalische Ausbildung erhielt er an der Lehrerbildungsanstalt seines Geburtsorts und ergänzte sie als Autodidakt. Neben seiner Tätigkeit als Lehrer wirkte er sodann als Chorleiter und Organist. Im Jahr 1919 ging er in den Ruhestand und widmete sich ganz der Musik und der Musiktheorie. Er starb am 22.9.1959 in Wien.

Werke

Mit seiner »Tropenlehre« versuchte Joseph Hauer, die Dodekaphonik von ihrer reinen Funktion als Kompositionstechnik zu einer Theorie und schließlich zu einem Stil auszubauen. Er beanspruchte auch für die Zwölftontechnik die Priorität und dürfte damit sogar zumindest Arnold Schönberg gegenüber

Joseph Hauer

im Recht gewesen sein; daß sie bereits früher anderswo ohne großes Aufsehen angewandt wurde, blieb dabei unberücksichtigt. Aber er unterließ es auf jeden Fall, seine auf mystischen Grundlagen aufgebaute Theorie musikalisch zu entfalten. Der Verzicht auf Dynamik und Agogik allein verlieh seinen Kompositionen spannungslose Statik. Dazu kam noch die Feststellung, daß er den gesamten Satz einer Komposition im Material der zugrunde gelegten Trope – jeweilig eine der 44 Verwendungsgruppen aus 6 Tönen, denen alle 479,001.600 möglichen Zwölftonreihen zugeordnet sind – vorgeprägt fand und somit jede Profilierung einer Stimme oder Klanggruppe ausschloß. Mit der Weiterentwicklung zum »Zwölftonspiel, der Herz und Verstand befriedigenden Offenbarung der Weltordnung als Religion« überschritt er die Grenzen, die der Musik als Kunstgattung gezogen sind, in bedenklichem Ausmaß. Er lehnte es allerdings in späteren Jahren ab, als Komponist bezeichnet zu werden; er wollte nur der einzige »Deuter des Melos« sein. Er schrieb eine Oper und ein Singspiel, 3 Sinfonien, 2 Kammeroratorien, eine Messe und zahlreiche Lieder, weiters für Orchester eine »Romantische Fantasie«, eine Sinfonietta, ein Klavierkonzert, ein Vio-

Joseph Hauer, »Salmbo«, Opus 60, Autograph

linkonzert, 7 Tanzfantasien, 2 Tanzsuiten, 5 Streichquartette, »Chinesisches Streichquartett«, 2 Tänze für zwei Violinen, zwei Bratschen und Klavier, Musik für Klavier und Harmonium, Klavierstücke und ungefähr 1000 Zwölftonspiele.

Karl Hasse (1883–1960)

LEBEN

Karl Hasse wurde am 20.3.1883 in Dohna bei Dresden geboren. Er war Alumnus der Thomasschule in Leipzig und am dortigen Konservatorium Schüler von Stephan Krehl, Arthur Nikisch, Karl Straube und Adolf Ruthardt und an der Universität von Hermann Kretzschmar (19.1.1848, Olbernhau, Erzgebirge, bis 12.5.1924, Groß-Lichterfelde bei Berlin) und zuletzt in München von Max Reger und Felix Mottl. Von 1907 bis 1909 wirkte er als Dirigent, Organist und Pianist in Heidelberg, wurde sodann Kantor und Organist in Chemnitz (Karl-Marx-Stadt), 1910 Städtischer Musikdirektor in Osnabrück, 1919 Universitätsmusikdirektor in Tübingen und 1935 Direktor der Staatlichen Hochschule für Musik in Köln, wo er am 31.7.1960 starb.

WERKE

Für großes Orchester schrieb Karl Hasse »Variationen und Fuge über Prinz Eugen«, für Streichorchester eine Serenade und eine Suite, er verfaßte außerdem ein »Klavierkonzert und Toccata«, »Passacaglia und Fuge« für Klavier und Orchester, 2 Streichquartette, eine Sonate für Cello und Klavier, »Variationen und Fuge« für zwei Klaviere, 3 Elegien und weitere Stücke für Klavier, mehrere Orgelstücke, eine Anzahl Kantaten für Soli, Chor und Orchester, eine Messe, zahlreiche Motetten und andere Gesänge. Seine Musik stellte zum Teil eine Nachfolge Max Regers dar.

Oscar Pander (1883–1968)

LEBEN

August Heinrich Gerhard Peter Oscar von Pander wurde am 31.3.1883 in Ogre, Lettland, geboren. Nach seiner Ausbildung bei Rudolf Louis (30.1.1870, Schwetzingen, bis 15.11.1914, München) und Friedrich Gernsheim von 1908 bis 1912 und längerer Dirigententätigkeit wirkte er als Musikreferent in Frankfurt am Main und München, wo er am 2.2.1968 starb.

WERKE

Neben einer Oper schrieb Oscar Pander eine »Tragische Ouvertüre«, 2 Orchestersuiten, ein Klavierkonzert, ein Balalaikakonzert, 4 Streichquartette, 2 Klaviertrios, eine Cellosonate, eine Klavierballade, ein Oratorium, eine Goethe-Kantate, »Lieder alter Gauner« für Bariton und Orchester, und Klavierlieder. Er publizierte eine Anzahl musikwissenschaftlicher Traktate.

Władimir Kenig (1883–1929)

LEBEN

Władimir Kenig wurde am 1.4.1883 in Suwałki geboren und am Konservatorium in Warschau ausgebildet. Er studierte darauf in München bei Friedrich Klose und Hans Bußmeyer. Er wirkte als Erster Dirigent der Philharmonie und als Ministerialbeamter in Warschau. Er starb am 4.5.1929 in Pułtusk.

WERKE

Von Władimir Kenig sind 3 Sinfonien, 2 sinfonische Dichtungen, Violin- und Cellostücke und zahlreiche Lieder bekannt geworden. Er bewegte sich noch im Rahmen der polnischen Spätromantik.

Aleksandr Aleksandrow (1883–1946)

LEBEN

Aleksandr Wasilijewitsch Aleksandrow wurde am 1.4.1883 in Plachino bei Rjasan, Rußland, geboren. Er war Schüler des Konservatoriums in St. Petersburg unter Anatoli Ljadow und Aleksandr Glasunow und studierte in Moskau bei Sergei Wasilenko. Er wirkte zunächst als Musiklehrer in Twer (jetzt Kalinin), darauf am Konservatorium in Moskau; ab 1928 oblag ihm die Leitung des Gesang- und Tanzensembles der Roten Armee. Er starb am 8.7.1946 in Berlin.

WERKE

Von Aleksandr Aleksandrow sind eine Oper, eine Sinfonie, eine sinfonische Dichtung, kleinere Instrumentalstücke, Chorwerke und

Volksliedbearbeitungen bekannt geworden. Sein Stil wurde von seinen Lehrern geprägt.

Josip Mandić (1883–1959)

Leben

Josip (Josef) Mandić wurde am 4.4.1883 in Triest geboren. Er studierte in Fiume (Rijeka), Zagreb und Wien und wurde Rechtsanwalt in Triest. Später nahm er Musikunterricht bei Franje Vilhar (5.1.1852, Senožeče, bis 4.3. 1928, Zagreb) in Zagreb und bei Hermann Graedener in Wien. Er übersiedelte nach Prag, wo er am 5.10.1959 starb.

Werke

Von Josip Mandić sind 4 Sinfonien, eine Orchestersuite, sinfonische Variationen, ein Nonett, ein Bläserquintett, ein Streichquartett, eine kroatische Messe, eine Motette und 3 Opern bekannt geworden. Sein Stil gehörte noch der Romantik an.

Petar Konjović (1883–1970)

Leben

Petar Konjović wurde am 5.5.1883 in Čurug, Vojvodina, geboren. Er war am Konservatorium in Prag Schüler von Vitězslav Novák. Darauf wurde er Chorleiter und Professor in Zemun (heute Teil Belgrads) und Lehrer an der Musikschule in Belgrad. Von 1921 bis 1926 leitete er die Oper in Belgrad, anschließend die Theater von Osijek, Split und Novi Sad und von 1933 bis 1939 das Nationaltheater in Zagreb. Bis 1950 lehrte er sodann an der Musikakademie in Belgrad, wo er am 1.10. 1970 starb.

Werke

Außer 6 Opern schrieb Petar Konjović eine Sinfonie, ein sinfonisches Triptychon, eine Tondichtung, sinfonische Variationen, ein Violinkonzert, ein Capriccio, »Drei Psalmen« für Streichorchester, eine Suite für Bläserquintett, 2 Streichquartette, Stücke für Violine und für Cello und Klavier, Klavierstücke, 100 jugoslawische Volkslieder für Singstimme und Klavier sowie Liederzyklen. Sein Werk trug viel zur Begründung einer national-serbischen Musikentwicklung bei, sein Stil war spätromantisch.

Franz Ledwinka (1883–1972)

Leben

Franz Ledwinka wurde am 27.5.1883 in Wien geboren. Bis 1907 reiste er als Konzertpianist und Begleiter, dann wirkte er bis 1949 als Klavierlehrer am Mozarteum in Salzburg, wo er am 21.5.1972 starb.

Werke

Von Franz Ledwinka sind mehr als 200 Kompositionen bekannt geworden, darunter eine Oper, ein Melodram, eine Sinfonietta für Orchester und zahlreiche kleinere Instrumentalstücke, 6 Messen, ein Requiem und ungefähr 150 Lieder. Er bevorzugte den konservativen Wiener Stil.

George Dyson (1883–1964)

Leben

George Dyson wurde am 28.5.1883 in Halifax geboren. Er war Schüler des Royal College of Music in London und wirkte sodann als Musikdirektor an verschiedenen Colleges. Im Jahr 1921 wurde er Lehrer am Royal College of Music, das er von 1938 bis 1952 leitete, nachdem er von 1924 bis 1937 Musikdirektor in Winchester gewesen war. Er starb am 28.8. 1964 in Winchester.

Werke

Von George Dyson sind eine Sinfonie, eine Orchestersuite, »Prelude, fantasy and chaconne« für Cello und Orchester, ein Violinkonzert, ein »Concerto da camera« und ein »Concerto da chiesa« für Streicher, ein »Concerto leggiero» (Leichtes Konzert) für Klavier und Streicher und Kirchenmusik, außerdem 7 große Chorwerke, Kammermusik, Chöre und Lieder bekannt geworden. Stilistisch stand diese Musik noch in der Romantik.

Riccardo Zandonai (1883–1944)

LEBEN
Riccardo Zandonai wurde am 30.5.1883 in Sacco bei Rovereto geboren. Er war von 1898 bis 1901 Schüler von Pietro Mascagni in Pèsaro. Anschließend trat er an bedeutenden Opernbühnen als Dirigent auf und leitete fallweise auch Konzerte. Er starb am 5.6.1944 in Pèsaro.

WERKE
Die Erfolge von Riccardo Zandonai lagen vor allem auf dem Gebiet der Opern, von denen er 11 schrieb. Außerdem verfaßte er 3 sinfonische Dichtungen, ein »Concerto romantico« für Violine und Orchester, eine »Serenata medievale« (Mittelalterliche Serenade), ein »Concerto andaluso« für Cello und kleines Orchester, ein Requiem für Chor a cappella. Sein Stil wurde stark vom Verismus seines Lehrers beeinflußt, weist aber deutlich impressionistische Züge auf.

Alexandru Zirra (1883–1946)

LEBEN
Alexandru Zirra wurde am 14.6.1883 in Roman geboren. Er war von 1902 bis 1905 Schüler des Konservatoriums in Iaşi, sodann in Mailand von Carlo Gatti (19.12.1876, Florenz, bis 3.2.1965, Mailand). Mit Unterbrechungen lehrte er von 1907 bis 1925 Musiktheorie am Konservatorium in Iaşi. Im Jahr 1925 gründete er in Cernăuţi (heute Tschernowci, Ukraine) ein Institut für Musik und Theater, das er bis 1931 leitete, darauf wirkte er erneut am Konservatorium in Iaşi und anschließend bis 1941 als Direktor der rumänischen Staatsoper in Bukarest. Er starb am 26.3.1946 in Sibiu.

WERKE
Von Alexandru Zirra sind 2 Opern aufgeführt worden. Er schrieb ferner 3 Sinfonien mit programmatischen Titeln, 5 sinfonische Dichtungen, ein Bläserquintett, 2 Streichquartette, eine Violinsonate, eine Kantate, Chöre und Lieder. Seine Musik lehnte sich an italienische Formen an, integrierte aber gleichzeitig viel Folklore.

Alexandre Cellier (1883–1968)

LEBEN
Alexandre Cellier wurde am 17.6.1883 in Molières-sur-Ceze, Garde, geboren. Er studierte bei Louis Diémer, Xavier Leroux, Félix Alexandre Guilmant und Charles-Marie Widor. Ab 1910 wirkte er als Organist und Chorleiter an der Église Réformée de l'Étoile und gleichzeitig von 1912 bis 1939 als Organist der Bach-Gesellschaft in Paris. Er starb am 4.3.1968 in Paris.

WERKE
Von Alexandre Cellier sind 2 sinfonische Suiten für Orgel, ein Klavierquintett, 2 Streichquartette, eine Sonate für Cello und Klavier und eine für Bratsche und Klavier, Fantasie für zwei Klaviere und eine Anzahl kleinere Orchesterwerke bekannt geworden. Er publizierte mehrere musikwissenschaftliche Werke.

José Rolón (1883–1945)

LEBEN
José Rolón wurde am 22.6.1883 in Ciudad Guzman, Mexiko, geboren. Er studierte von 1903 bis 1907 bei Moritz Moszkowski Klavier, bei Paul Dukas und Nadia Boulanger Komposition. Nach seiner Heimkehr wurde er Kompositionslehrer am Konservatorium von Mexiko-Stadt, wo er am 2.3.1945 starb.

WERKE
Von José Rolón sind eine Sinfonie, 2 sinfonische Gedichte, ein Klavierkonzert, ein Klavierquartett und zahlreiche Klavierstücke und Lieder bekannt geworden. Seine Kompositionen stützen sich auf mexikanische Volksmusik.

Próspero López Buchardo (1883–1964)

LEBEN

Próspero López Buchardo wurde am 2.7.1883 in Buenos Aires geboren. Er bildete sich vorwiegend autodidaktisch zum Cellisten und Komponisten aus. Eine Zeitlang studierte er in Paris Malerei, dann war er in Buenos Aires als Cellist und Musiklehrer tätig. Er starb am 8.3.1964 in Buenos Aires.

WERKE

Neben 2 Bühnenwerken schrieb Próspero López Buchardo eine sinfonische Dichtung, eine Suite für Klavier und Orchester, ein Streichquartett, ein Saxophonquartett, eine »Cantata« für vier Saxophone, ein Stück für Blasinstrumente und Klavier, ein sinfonisches Triptychon für Chor und Orchester, Lieder und Klavierstücke. Mit den Werken von López Buchardo war der Prozeß der Loslösung südamerikanischer Musik und der Bildung eines autochthonen Stils bereits weit fortgeschritten.

Toivo Kuula (1883–1918)

LEBEN

Toivo Kuula wurde am 7.7.1883 in Vaasa, Finnland, geboren. Er war Schüler des Konservatoriums in Helsinki, sodann von Marco Enrico Bossi in Bologna, von Hans Sitt in Leipzig und Marcel Labey in Paris. Ab 1910 wirkte er als Orchesterdirigent in Oulu, ab 1913 als Hilfsdirigent des Philharmonischen Orchesters in Helsinki und zuletzt in Viipuri (heute Wiborg), wo er am 18.5.1918 starb.

WERKE

Mit seinen »Österbottnischen Suiten« folgte Toivo Kuula der Tendenz, die Volksmusik als Kompositionsmaterial stark heranzuziehen, aber bereits sein Klaviertrio und die Violinsonate verlassen den nationalen Separatismus zugunsten der allgemeinen abendländischen Musikentwicklung. Er schrieb mehrere Vokalwerke mit Orchester, ein Stabat mater, größere Chöre a cappella, viele Lieder und Klavierstücke.

LITERATUR

T. Elmgren-Heiboren, Toivo Kuula, Elämäkerta, Helsinki 1928.

Franz Ippisch (1883–1958)

LEBEN

Franz Ippisch wurde am 18.7.1883 in Wien geboren. Er war Schüler von Franz Schmidt, wirkte von 1903 bis 1933 als Cellist an der Wiener Volksoper und anschließend als Militärkapellmeister in Salzburg. Im Jahr 1938 mußte er Österreich verlassen und wurde in Guatemala Generaldirektor der Militärkapellen und 1952 Theorieprofessor am Conservatorio Nacional von Guatemala, wo er am 20.2.1958 starb.

WERKE

Von Franz Ippisch sind 5 Sinfonien, eine Suite für Streichorchester, 2 Violinkonzerte, ein Klavierkonzert, ein Fantasiestück für Cello und Kammerorchester, eine Ouvertüre, 12 Streichquartette und weitere Kammermusik, eine »Deutsche Messe«, eine Hymne für Soli, Chor und Orchester, ein Te Deum für Chor und Orgel und viele Lieder und Gesänge bekannt geworden. Der Stil seines Lehrers ist bei ihm deutlich erkennbar.

Alfredo Casella (1883–1947)

LEBEN

Alfredo Casella wurde am 25.7.1883 in Turin geboren. Er war am Conservatoire in Paris Klavierschüler von Louis Diémer und Kompositionsschüler von Gabriel Fauré. Anschließend wirkte er als Pianist und ab 1912 als Dirigent der Concerts Populaires des Trocadéro; gleichzeitig unterrichtete er Klavierspiel am Conservatoire. Von 1915 bis 1923 lehrte er am Liceo musicale di Santa Cecilia in Rom. Er war bei verschiedenen Blättern als Musikkritiker tätig; 1917 gründete er die Società Italiana di Musica Moderna, aus der 1823 die Corperazione di Musiche Nuove wurde. Von Rom aus unternahm er zahlreiche Gastspielreisen als Dirigent. Er starb am 5.3.1947 in Rom.

Alfredo Casella

WERKE

Die Schöpfung eines modernen italienischen Stils mit europäischer Geltung, der sich auf die italienischen Meister des 17. und 18. Jahrhunderts stützt, war das Hauptanliegen von Alfredo Casella, der zu den reformfreudigsten italienischen Musikern seiner Zeit zählte. Er lehnte sich eng an alle zeitgenössischen Strömungen – Impressionismus, Futurismus, Folklorismus, Neoklassizismus – ebenso an, wie er die Rückbesinnung an die Tradition nie außer acht ließ. Er schrieb 3 Sinfonien, eine Rhapsodie »Italia«, eine »Elegia eroica«, eine »Paganiniana« für Orchester, weiters für Klavier und Orchester eine Partita, ein Konzert, »Scarlattiana«, außerdem »Concerto romano« für Orgel, drei Trompeten, drei Posaunen, Streicher und Schlagzeug, ein Violinkonzert, ein Konzert für Violine, Cello, Klavier und Orchester, eine Sinfonia für Klarinette, Trompete, Klavier, eine Serenade für Klarinette, Fagott, Trompete, Violine und Cello, Concerto für Streichquartett, »Siciliana« für Violine, Cello und Klavier, Sonaten für Violine und Klavier, zahlreiche Klavierstücke jeder Art, eine Missa solemnis, mehrere Kantaten und Gesänge und Klavierlieder, ferner 4 Ballette, 3 Opern. Er veröffentlichte mehrere theoretische Abhandlungen.

Andrei Paschtschenko (1883–1972)

LEBEN

Andrei Filippowitsch Paschtschenko wurde am 3.8.1883 in Rostow geboren, wo er seine erste musikalische Ausbildung erhielt. Während seiner Tätigkeit als Bibliothekar des Hoforchesters und späteren Leningrader Philharmonie studierte er von 1914 bis 1917 bei Maksim Osejewitsch Steinberg (4.7.1883, Vilnius, bis 6.12.1946, Leningrad) Komposition. Er starb am 16.11.1972 in Moskau.

WERKE

Neben 17 Opern, zahlreichen Schauspiel- und Filmmusiken schrieb Andrei Paschtschenko 15 Sinfonien, 4 Sinfoniettas, 8 sinfonische Dichtungen, eine Anzahl kleinere Orchesterstücke, ein Violinkonzert, ein Cellokonzert, 9 Streichquartette, ein Oratorium, eine Anzahl Kantaten, Oden, Chöre, Lieder und Volksliedbearbeitungen.

Francesco Santoliquido (1883–1971)

LEBEN

Francesco Santoliquido wurde am 6.8.1883 in San Giorgio a Cremano, Neapel, geboren. Er studierte am Liceo musicale di Santa Cecilia in Rom, lebte ab 1912 in Hammâmèt, Tunesien, und ab 1933 in Anacapri, wo er am 26.8.1971 starb.

WERKE

In den Werken von Francesco Santoliquido sind stellenweise Elemente arabischer Volksmusik aufgenommen; im großen und ganzen folgen sie dem französischen Impressionismus. Er schrieb außer 4 Opern und einem Mimodram eine Sinfonie, eine Reihe programmatischer Orchesterstücke, 2 Bläserquintette, ein Streichquartett, Stücke für Violine und Klavier, Klavierstücke, eine Messe für Chor und Orgel, eine Kantate und Gesänge.

Carlos Lavín (1883–1962)

Leben

Carlos Lavín wurde am 10. 8. 1883 in Santiago de Chile geboren. Er studierte in Valparaíso und in Santiago, ging 1922 nach Paris, wo er bei André Caplet studierte, und war 1931 in Berlin Schüler von Erich Moritz von Hornbostel (25. 2. 1877, Wien, bis 28. 11. 1935, Cambridge). Nach längerem Aufenthalt in Barcelona kehrte er 1942 nach Santiago zurück und widmete sich der Musikforschung und der Organisation von Forschungsinstituten. Im Jahr 1959 ließ er sich erneut in Barcelona nieder, wo er am 27. 8. 1962 starb.

Werke

Neben 2 Opern und 3 Balletten sind von Carlos Lavín eine »Fiesta araucana«, in der er Melodien der Araukaner verwendete, 3 araukanische Gesänge für Alt und Orchester, »Waldgesänge« für Klavier, Klarinette und Gesang über Araukanermotive, Klavierstücke, Gesänge und Lieder bekannt geworden. Auch seine theoretischen Publikationen sind zum Großteil der Erforschung der Eingeborenenmusik gewidmet.

Aleksandr Krejn (1883–1951)

Leben

Aleksandr Abramowitsch Krejn wurde am 8. 10. 1883 in Nischni Nowgorod (heute Gorki) geboren. Er war Schüler des Konservatoriums in Moskau und bildete sich auch autodidaktisch aus. Von 1918 bis 1927 wirkte er in der Musikabteilung des Staatsverlags in Moskau. Als Komponist gehörte er neben Michail Gnessin zu den führenden Kräften der national-jüdischen Musikbewegung in Rußland. Er starb am 21. 4. 1951 in Staraja Rusa bei Moskau.

Sein Bruder Grigori Abramowitsch Krejn (6. 3. 1879, Nischni Nowgorod, bis 6. 1. 1955, Komarowo bei Leningrad) war in Moskau Schüler von Jan Hřimalý, Paul Juon und Reinhold Glier. Von 1905 bis 1908 studierte er bei Max Reger in Leipzig. Er lebte als Violin- und Theorielehrer zumeist in Moskau, von 1926 bis 1934 in Paris, von 1941 bis 1943 in Taschkent.

Werke

Außer einer Oper, 3 Balletten und mehreren Bühnenmusiken schrieb Aleksandr Krejn 2 Sinfonien, »Hebräische Skizzen« für Klarinette und Streichquartett, eine Klaviersonate, ein »Kaddisch« und 2 weitere Werke für Chor und Orchester.

Grigori Krejn verfaßte eine Sinfonie, ein Violinkonzert, eine Konzertfantasie für Violine und Orchester, »Drei sinfonische Episoden«, eine »Hebräische Rhapsodie« für Klavier, Klarinette und Streichquartett und ein Quartett für Klarinette und Klaviertrio. Auch er hatte sich der jüdischen Musikbewegung Rußlands angeschlossen.

Arnold Bax (1883–1953)

Leben

Arnold Edward Trevor Bax wurde am 8. 11. 1883 in London geboren. Er war an der Royal Academy of Music Klavierschüler von Tobias Augustus Matthay und Kompositionsschüler von Frederick Corder. Er lebte darauf als freier Komponist und gelegentlicher Dirigent in London. Er starb am 3. 10. 1953 in Cork, Irland.

Werke

Neben 2 Balletten und 2 Filmmusiken schrieb Arnold Bax 7 Sinfonien, zahlreiche sinfonische Dichtungen, Ouvertüren und kleinere Orchesterstücke, ein Cellokonzert, ein Violinkonzert, ferner ein Nonett für Bläser, Harfe und Streicher, ein Oktett für Horn, Streicher und Klavier, mehrere Quintette mit verschiedener Besetzung, 3 Streichquartette, ein Trio für Flöte, Bratsche und Harfe, ein Concerto für Fagott, Harfe und Streicher, 4 Klaviersonaten und mehrere andere Klavierstücke, 3 Violinsonaten, eine Cellosonate, eine Harfensonate, eine Bratschensonate, eine Klarinettensonate und mehrere Stücke für Klarinette und Klavier, eine Reihe Chorwerke, Carols und Motetten, Sologesänge mit Orchester und zahlreiche Lieder. Sein Stil war spätromantisch. Er verwendete viele irische Motive in seinen Kompositionen.

Anton Webern (1883–1945)

Leben

Anton Webern wurde am 3.12.1883 in Wien geboren. Er studierte an der Universität in Wien unter Guido Adler, dann privat bei Arnold Schönberg. Von 1908 bis 1913 wirkte er als Theaterkapellmeister in Wien, Teplitz (Teplice), Danzig (Gdánsk) und Stettin (Szczecin). Im Jahr 1922 übernahm er die Leitung der Arbeiter-Sinfoniekonzerte und 1923 des Arbeiter-Singvereins in Wien, ab 1926 wirkte er als ständiger Berater für Neue Musik beim Österreichischen Rundfunk. Er wurde auch mehrmals als Gastdirigent nach London eingeladen. Alle diese Verdienstmöglichkeiten wurden ihm 1933 entzogen, 1938 erhielt er als »Entarteter« Berufsverbot. Er starb am 15.9. 1945 in Mittersill, Salzburg, als ein der breiten Öffentlichkeit völlig unbekannter, dafür von seinem Lehrer Schönberg und einem kleinen Kreis Gleichgesinnter hochgeschätzter Komponist, der erst Jahre nach seinem Tod Beachtung fand, aber dann zu einer der wichtigsten Persönlichkeiten der Musik des 20. Jahrhunderts wurde.

Anton Webern

Werke

Der schon etwas fahle Glanz der letzten Jahrzehnte der Donaumonarchie, deren soziale Oberschicht ahnungslos und genußfreudig die Feste feierte, wie sie fielen, harte Auseinandersetzungen der Nationen, die nur auf deren Verschärfung schließen ließen, soziale Kämpfe der stetig anschwellenden Massen, die im Schatten jenes Glanzes zu leben gezwungen waren, dazu eine verhältnismäßig weitgreifende individuelle Freiheit jedes Menschen, nach seinen Wünschen und Möglichkeiten zu leben oder zu sterben: das war die Zeit, in der Anton Webern studierte und als Dirigent wirkte. Diese Zustände hielten, abgesehen vom Nationalitätenstreit, auch noch ein Jahrzehnt nach dem Ersten Weltkrieg an. Dann allerdings würgten die einander ablösenden Diktaturen Freiheit und Lebensmöglichkeit ab; Webern lebte bis zu seinem einsamen Tod nahezu kontaktlos und isoliert. Nach etlichen Jahren jedoch erwachte er zu neuem Leben als Komponist, als Lehrmeister der seriellen Musik, die er aus der Dodekaphonik entwickelt hatte, als Wegweiser für die Zukunftsmusik. Er wurde entdeckt, gelobt, bewundert oder abgelehnt. Die Avantgardisten machten ihn zu ihrem Ahnherrn und Ratgeber, sie glaubten, alle Neuerungen durch Webern legitimieren zu dürfen, und mißbrauchten ihn nicht selten als Alibizeugen. Karlheinz Stockhausen sagte: »Ein Mißverständnis ist entstanden. Wenn Weberns Werke analysiert werden, so sagen die aufgezeigten Dinge nichts darüber aus, ›wie man's heute macht‹. In dem Augenblick, in dem man dem Grund der Webernschen Musik nahekommt, erreicht man auch den Grad der Einsicht in ihre Einmaligkeit und Abgeschlossenheit und ihre Empfindlichkeit gegen jede Reproduktion. Man muß etwas ganz anderes Eigenes machen und Courage besitzen, wenn man nach seiner Musik noch eine Note schreiben will.« Selbst erklärte Webern: »Das oberste

Prinzip der Darstellung eines musikalischen Gedankens ist Faßlichkeit.« Es ging ihm also um die Genauigkeit der musikalischen Aussage und die radikale Ausmerzung alles Entbehrlichen und Beiläufigen. Daher sind seine 31 Werke, die man insgesamt innerhalb von drei Stunden abspielen könnte, in die knappste Form gefaßt. »Er blieb unerschütterlich dabei, seine Diamanten zu schleifen, von deren Minen er eine so vollkommene Kenntnis hatte« (Igor Strawinsky). Sein längstes Werk dauert 10 Minuten und 30 Sekunden, sein kürzestes 19 Sekunden. In seiner ersten Stilperiode (bis 1909) streifte er die Tonalität ab, dann drang er zu einer höchstmöglichen Verdichtung vor, ohne jemals aphoristisch zu werden (1914). Bis 1926 beschäftigte er sich nur mit Vokalwerken. Dann dehnte er die Dodekaphonik auf Tondauer, Tonstärke und Klangfarbe aus; zuweilen teilte er jedem Instrument nur einen einzigen Ton zu, worauf ein anderes mit anderer Klangfarbe mit ebenfalls auch nur einem Ton folgte, so daß die Melodielinie zu einer Reihe verschiedener Farbpunkte wurde. Sein Ziel aber blieb das gleiche wie bei Schönberg: die lückenlose Einheit des kompositorischen Werks. Für Orchester schrieb er: Passacaglia, »Sechs Stücke für großes Orchester«, »Fünf Stücke für Orchester«, Sinfonie für kleines Orchester, Variationen für Orchester und eine Fassung der »Fünf Sätze für Streichquartett«. Weitere Kammermusik ist mit »Sechs Bagatellen für Streichquartett«, Quartett für Violine, Klarinette, Tenorsaxophon und Klavier, einem Streichquartett, einem Streichtrio, »Vier Stücken für Violine und Klavier«, »Drei kleinen Stücken für Cello und Klavier« und Variationen für Klavier vertreten. Seine Vokalwerke – eine Anzahl Liedergruppen, Chöre – sind von verschiedenen Instrumentengruppierungen begleitet. Anton Weberns Werk wird von der Umwelt zwar heute zur Kenntnis genommen, aber noch selten verstanden, weil man vielfach in ihm ein Kompositionsprinzip sieht und nicht den überragenden Künstler, der nach der Forderung seines Lehrers Schönberg »Musik gemacht« und »seine Zeit durch Unvergängliches in die folgende hinübergerettet hat«.

Passacaglia für Orchester, Opus 1, enstanden 1908

Eine achttönige Linie wird vierundzwanzigmal variiert und teilweise wie eine Reihe behandelt, indem nicht das Thema, sondern die Tonhöhenklasse festgehalten wird. Gegenthemen werden herangeführt und dem Hauptthema vorgezogen, das sich nach der 20. Variation überhaupt auflöst. Nach einem Fortissimoausbruch sind überhaupt nur mehr die Gegenthemen gegenwärtig.

Sechs Stücke für großes Orchester, Opus 6, revidierte Fassung für mittelgroßes Orchester aus 1928

»Sie stellen kurze Liedformen dar, meist im dreiteiligen Sinn. Ein thematischer Zusammenhang besteht nicht«, erklärte der Komponist. Die einzelnen Stücke sind lyrisch. Das 1. Stück erwartet ein Unheil, das im 2. zur Gewißheit wird, das 3. leitet zum 4., einem Trauermarsch, über; die Stücke 5 und 6 kennzeichnen die Ergebung in das Unvermeidliche.

Fünf Stücke für Flöte, Oboe, zwei Klarinetten, Horn, Trompete, Posaune, Schlagwerk, Xylophon, Harmonium, Celesta, Harfe, Mandoline, Gitarre, Streichquartett, Opus 10, entstanden 1913

Es handelt sich um zarte Sätze von nur wenigen Takten, die nach Anweisung des Komponisten »kaum hörbar« sein dürfen und zu Ende sind, kaum daß sie begonnen haben. »Einen Roman durch eine einzige Geste, ein Glück durch ein einziges Aufatmen auszudrücken, solche Konzentration findet sich nur, wo Wehleidigkeit in entsprechendem Maß fehlt.« Die, nicht in der Partitur stehenden, Titel lauten: 1. Urbild, 2. Verwandlung, 3. Rückkehr, 4. Erinnerung, 5. Seele.

Sinfonie für Klarinette, Baßklarinette, zwei Hörner, Harfe, Streichquartett, Opus 21, 2 Sätze, entstanden 1928

Der 1. Satz hat Sonatenform, in der zwei zweistimmige Gegenbewegungskanons verschachtelt sind; die Symmetrie des Reihenmaterials ist horizontal und vertikal. Der 2. Satz besteht aus einem Thema und 7 Variationen mit Coda und stellt einen vierstimmigen Doppelkanon in Gegenbewegung – vertikal und horizontal gebaut – dar. Ein 3. Satz war geplant.

Variationen für kleines Orchester, Opus 30, entstanden 1940

Webern sagte darüber: »Das Thema der Variationen reicht bis zum ersten Doppelstrich; es ist periodisch gedacht, hat aber einleitenden Charakter. Es folgen sechs Variationen, die erste das Hauptthema der Ouvertüre in voller Entfaltung bringend, die zweite die Überleitung, die dritte den Seitensatz, die vierte die Reprise des Hauptthemas, die fünfte Einleitung und Überleitung wiederholend zur Coda der sechsten Variation führend.« Das gesamte Tonmaterial ist in den ersten beiden Takten gegeben.

Fünf Sätze für Streichquartett, Opus 5, entstanden 1909

Dieses aus der expressionistischen Schaffensperiode des Komponisten stammende Werk weist bereits die Verdichtung der Form auf, die alle seine späteren Kompositionen auszeichnet. Beim 1. Satz sind noch die Umrisse der Sonatenform feststellbar. Die restlichen Sätze sind zu Miniaturen zusammengedrängt. Die Fassung für Streichorchester schachtelt die musikalischen Keimzellen des Stücks nach allen Dimensionen ineinander. Die Anschlagsarten sind systematisiert und strukturell eingesetzt, so daß ein fein verästeltes reiches Klangbild entsteht.

Streichquartett, Opus 28, entstanden 1936

Das Werk ist sehr kunstvoll, doch streng seriell und nahezu abstrakt gestaltet und stellt geradezu ein Musterbeispiel serieller Technik dar.

LITERATUR

H. u. R. Moldenhauer, Anton von Webern, Freiburg 1979.

Manolis Kalomiris (1883–1962)

LEBEN

Manolis Kalomiris wurde am 14.12.1883 in Izmir geboren. Er studierte in Athen, Wien und St. Petersburg. Von 1906 bis 1910 wirkte er als Klavierlehrer am Konservatorium in Charkow, ab 1911 als Lehrer am Konservatorium in Athen, das er von 1919 bis 1926 als Direktor leitete; dann gründete er selbst das Nationalkonservatorium in Athen, dem er bis zu seinem Tod am 3.4.1962 vorstand.

WERKE

Das kompositorische Werk von Manolis Kalomiris war von den russischen Romantikern, aber auch von Richard Wagner beeinflußt. Er schrieb 4 Opern, mehrere Bühnenmusiken, 3 Sinfonien – die ersten zwei mit Chor, die dritte mit Rezitation –, ein Klavierkonzert, ein Violinkonzert und weitere Orchesterstücke, ein Klavierquintett mit Singstimme, ein Quartett für Harfe, Flöte, Englischhorn und Bratsche, ein Klaviertrio, eine Violinsonate, Klavierstücke und Lieder. Er veröffentlichte mehrere musikpädagogische Traktate.

Otakar Hřimalý (1883–1945)

LEBEN

Otakar Hřimalý wurde am 20.12.1883 in Czernowitz (damals Bukowina, Österreich, heute Tschernowzy, Ukraine) als Sohn von Vojtěch Hřimalý (30.7.1842, Pilsen [Plzeň], bis 17.6.1908, Wien), Dirigent und Violinist, und als Neffe von Jan Hřimalý geboren. Er studierte bis 1908 in Wien, wirkte sodann als Lehrer in Moskau, ab 1922 in Černăuti (damals Rumänien), und ab 1939 in Prag, wo er am 10.7.1945 starb.

WERKE

Neben einer Oper schrieb Otakar Hřimalý 2 Ballette, 7 Sinfonien, eine Anzahl sinfonische Dichtungen, 2 Klavierkonzerte, ein Violinkonzert, ein Cellokonzert, einige Kammermusik und Lieder.

Edgar Varèse (1883–1965)

LEBEN

Edgar Victor Achille Charles Varèse wurde am 22.12.1883 in Paris geboren. Er studierte in seiner Vaterstadt zunächst Mathematik und Naturwissenschaften, sodann an der Schola Cantorum unter Albert Roussel und Vincent d'Indy und schließlich am Conservatoire bei Charles-Marie Widor. Ab 1908 hielt er sich in Berlin auf und lernte dort Ferruccio Busoni und dessen Vorstellung über »Zukunftsmusik« kennen. Er war dann einige Zeit Gastdirigent in Prag, ging darauf nach New York, wo er 1919 das New Symphony Orchestra und 1921 als erste Komponistenvereinigung Amerikas zur Pflege zeitgenössischer Musik die International Composers' Guild gründete. Durch seine Kompositionen wurde er bald als klanglich aggressivster Tonsetzer der Neuen Musik bekannt. Seine Erforschung der Möglichkeiten elektronischer Klänge setzte 1929 ein. Er starb am 6.11.1965 in New York.

Edgar Varèse

WERKE

Die vielgestaltigen Kompositionen von Edgar Varèse werden naturgemäß nicht sehr häufig aufgeführt, es finden sich aber immer mehr Interessenten dafür, zumal sie ihre anfängliche schockierende Wirkung schon seit geraumer Zeit verloren haben. Er setzte die Forderung des von Balilla Pratella 1911 veröffentlichten »Manifest der futuristischen Musik«, die die Welt der Geräusche der Musik integrierte, in die Tat um, weil »ganze Sinfonien von neuen Tönen in der neuen industriellen Welt aufgekommen sind und einen Teil unseres täglichen Bewußtseins bilden.« Er ging über den Bruitismus der Futuristen weit hinaus, weil ihm bereits das Tonband, die Montage und die elektronische Klangerzeugung zur Verfügung standen, und brachte neue Musik mit Tönen, die die alten Instrumente nicht liefern konnten. Er schrieb »Amériques« für großes Orchester, »Hyperprism« und »Intégrales« für kleines Orchester und Schlaginstrumente, »Offrandes« für Sopran und Kammerorchester, »Octandre« für sechs Bläser und Kontrabaß, »Arcana« für großes Orchester, »Ionisation« für dreizehn Schlagzeuger, »Ecuatorial« für Chor aus Baßstimmen und Instrumente, »Density 21,5« für Flöte, »Déserts« für Orchester und Tonband-Interpolationen, »Poème électronique« für drei Tonbandgeräte, 425 Lautsprecher und 20 Verstärkerkombinationen, »Nocturnal« für Singstimmen und Orchester. Der Einfluß aller dieser Werke auf die Musik der Gegenwart war sehr stark.

Hyperprism für Bläser und Schlagzeug (Peitsche, Amboß und Sirene), entstanden 1923

»Gemessen am damaligen Entwicklungsstand erscheint dieses Werk als der gewaltigste Schritt nach vorn, dank seines Verzichts auf jegliche Thematik und dank seines Reliefs variabler Tempi« (Pierre Boulez). Themen und Periodenbildung sind durch geschlossene Klangkomplexe ersetzt.

Octandre für Bläser und Kontrabaß, 3 Sätze, entstanden 1924

Der Titel bedeutet: »Für acht Männer«. Der 1. Satz ist langsam und getragen, der 2. Satz rasch und unruhig und geht in die Fugenexposition des 3. Satzes über, deren Themeneinsätze rituell und steif wirken.

Intégrales für Bläser und Schlagzeug, entstanden 1925

Es handelt sich um »räumliche Musik«, worunter der Komponist einen fortwährenden Veränderungsprozeß verstand, die mehrere Dimensionen einer Klanggestalt erfaßt und diese unterschiedlich rasch gegeneinander verschiebt.

Arcana für sehr großes Orchester (119 Musiker, davon 12 Schlagzeuger), entstanden 1927

Trotz der Titelwahl »Geheimnisse« liegt keine Programmusik vor, sondern die durch das Riesenorchester durchgeführte Gestaltung eines sehr sparsamen thematischen Vorwurfes aus elf Tönen.

Ionisation für 37 Schlaginstrumente, entstanden 1931

Obwohl nur Schlagzeug verwendet wird, werden traditionelle Formkategorien beachtet, denn es gibt zwei Themenbezirke mit Wiederholungen, Überleitungs- und Durchführungsepisoden und eine Coda mit Instrumenten in fixierten Tonhöhen. Der Titel hat keine programmatische Bedeutung, sondern soll nur die außerordentliche Energieentfaltung kennzeichnen.

Déserts für Bläser, Klavier, 47 Schlaginstrumente und Tonband, entstanden 1952

Es liegen vier Instrumentalsätze mit drei Einschaltungen präparierter Klangpartien vor, von denen die erste und die dritte auf industriellen Geräuschen basieren, die zweite das Schlagwerkensemble heranzieht.

LITERATUR

F. Quellette, Edgar Varèse, Paris 1966.

Hans Pless (1884–1966)

LEBEN

Hans Pless (Pischinger) wurde am 18.1.1884 in Wien geboren. Er studierte in Wien an der Universität und am Konservatorium bei Robert Fuchs. Ab 1908 war er Opernkapellmeister in Breslau (Wrocław), Czernowitz (heute Tschernowzy, Ukraine) und Detmold, ab 1919 in Ostrava, dann wirkte er als Konzertdirigent in Wien, wo er von 1945 bis 1952 Lehrer am Konservatorium war und am 30.4. 1966 starb.

WERKE

Außer 4 Opern schrieb Hans Pless 2 Sinfoniettas und ein Scherzo für Orchester, ein Quintett für Streicher und Harfe, ein Klavierquartett, ein Streichquartett, ein Klaviertrio, eine Fantasie für Violine und Klavier, Klavierstücke, Kantaten, Chöre, Duette, Lieder und Bühnenmusiken. Sein Stil war konservativ.

York Bowen (1884–1961)

LEBEN

Edwin York Bowen wurde am 22.2.1884 in London geboren. Er war Schüler an der Royal Academy of Music in London, an der er ab 1905 als Klavierlehrer wirkte. Er starb am 23.11.1961 in London.

WERKE

Von York Bowen sind 2 Sinfonien und mehrere andere Orchesterwerke, 3 Klavierkonzerte, ein Violinkonzert, ein Bratschenkonzert, zahlreiche Kammermusik- und Klavierwerke sowie Lieder bekannt geworden. Seine Kompositionen erfreuten sich wegen ihrer originellen Instrumentation und Klangfreudigkeit großer Beliebtheit.

Léon Jongen (1884–1969)

LEBEN

Léon-Marie-Victor-Justin Jongen wurde am 2.3.1884 in Lüttich geboren. Er studierte am Konservatorium seiner Geburtsstadt und erhielt zwei Rompreise. Ab 1934 wirkte er als Lehrer am Konservatorium in Brüssel, das er von 1939 bis 1949 leitete. Er starb am 18.11. 1969 in Brüssel.

Sein Bruder Joseph-Marie-Alphonse-Nicolas Jongen (14.12.1873, Lüttich, bis 12.7.1953, Sart-les-Spa) studierte am Konservatorium in Lüttich, wirkte von 1892 bis 1898 als Lehrer für Harmonie und Kontrapunktik an dieser Anstalt, wurde nach Aufenthalten in Frankreich, Deutschland und Italien 1903 Harmonie- und Kontrapunktikprofessor in Lüttich und Organist am bischöflichen Seminar sowie an der Jakobskirche. Die Jahre 1914 bis 1918 verbrachte er in England, dann wurde er Lehrer für Fuge und Kontrapunktik am Konservatorium in Brüssel, das er von 1925 bis 1939 als Direktor leitete.

WERKE

Außer 3 Opern und einer Operette verfaßte Léon Jongen 2 Ballette, ein Violinkonzert, eine »Psalmentrilogie« für Chor und Orchester, Kammermusik, Klavierstücke, Chöre und Lieder.

Violinkonzert in D-Dur, 3 Sätze, entstanden 1962

Der 1. Satz beginnt ruhig, gestaltet sich aber bald lebhafter und wird von Zwischenspielen durchsetzt. Die verschiedenen Themen wandern von einem Instrument zum anderen bis zum kräftigen Ende. Der 2. Satz ist heiter; der Solist spielt ständig kompliziert ausgeschmückte Melodielinien. Ein Zwischenspiel leitet den 3. Satz ein; dann erklingt eine Kadenz, die in ein rustikales Motiv übergeht. Ein brillantes Finale schließt das Werk schwungvoll ab.

Joseph Jongen schrieb eine unvollendete Oper, ein Ballett, eine Sinfonie, 4 sinfonische Dichtungen, ein Violinkonzert, ein Klavierkonzert, ein Harfenkonzert, ein Cellokonzert, eine Suite für Bratsche und Orchester, ein sinfonisches Stück für Klavier und Blasorchester, eine konzertante Sinfonie für Orgel und Orchester, ein Concertino für Cello und Orchester, ein Quintett für Flöte, Violine, Bratsche, Cello und Harfe, 2 Bläserquintette, ein Klavierquartett, 3 Streichquartette, ein Saxophonquartett, 2 Klaviertrios, ein Concertino für Klarinette und Klavier, eine Sonate für Violine und Cello, 2 Violinsonaten, eine Cellosonate, Klavier- und Orgelstücke, Lieder und Chöre. Sein Stil ist stark von Claude Debussy beeinflußt.

Javier Rengifo (1884–1958)

Leben

Javier Rengifo wurde am 17.3.1884 in Santiago de Chile geboren. Er studierte an seinem Geburtsort, gründete 1925 ein Konservatorium, wurde 1928 Leiter der Musikakademie und des Kammerorchesters. Er starb am 26.10. 1958 in Santiago de Chile.

Werke

Von Javier Rengifo sind 2 Opern, eine Zarzuela und eine Ballettpantomime aufgeführt worden. Er schrieb ferner die Orchesterwerke »Pastorales Gedicht«, »Suite española« und ein sinfonisches Bild, an Kammermusik eine Sonate und eine Ballade für Cello und Klavier und an Vokalwerken eine Hymne für Soli, Chor und Orchester, eine Hymne für Chor und Streichorchester und eine Kantate für Solostimme und Orchester. Er machte als einer der ersten Südamerikaner den Schritt von lokalgebundener Folkloristik zu internationalen Strukturen.

Franco Vittadini (1884–1948)

Leben

Franco (Francesco) Vittadini wurde am 9.4. 1884 in Pavia geboren. Er war Schüler des Konservatoriums in Mailand, sodann Kapellmeister in Varese und erhielt schließlich die Leitung des Instituto Musicale in Pavia, wo er am 30.11.1948 starb.

Werke

Neben 5 Opern und 4 Balletten schrieb Franco Vittadini eine sinfonische Dichtung, 2 Oratorien, 17 Messen, Motetten und Orgelstücke.

Felipe Boero (1884–1958)

Leben

Felipe Boero wurde am 1.5.1884 in Buenos Aires geboren, wo er bei Arturo Berutti (27.3. 1862, San Juan, Argentinien, bis 3.1.1938, Buenos Aires) ausgebildet wurde. Von 1912 bis 1914 studierte er am Conservatoire in Paris bei Gabriel Fauré und Paul Vidal. Er wirkte sodann vorwiegend als gefeierter Opernkomponist in Buenos Aires, wo er am 9.8.1958 starb.

Werke

Das Hauptgewicht des Wirkens von Felipe Boero lag auf dem Gebiet der Oper; aus seiner Hand stammt die erste national-argentinische Oper. Es sind 5 seiner Opern auf die Bühnen gekommen. Außerdem verfaßte er ein Oratorium, eine Messe und viele Lieder.

Arthur Meulemans (1884–1966)

Leben

Arthur-Jozef-Ludovicus Meulemans wurde am 19.5.1884 in Aarschot, Brabant, geboren. Er war Schüler von Edgar Tinel. Darauf wurde er Harmonielehrer für Kirchenmusik am Institut in Mechelen und Leiter der Orgel- und Singschule in Hasselt. Von 1930 bis 1942 wirkte er als Dirigent in Brüssel, dann widmete er sich nur mehr seinem kompositorischen Werk. Er starb am 29.6.1966 in Brüssel.

Werke

Von Arthur Meulemans sind 6 Opern und mehrere Schauspielmusiken aufgeführt worden. Er schrieb ferner 15 Sinfonien, 3 Sinfoniettas, 6 weitere programmatische Orchesterwerke, 2 Concerti grossi, 2 Concertini, eine Suite für vier Klarinetten und Orchester, 3 Klavierkonzerte, 2 Orgelkonzerte, 3 Violinkonzerte, 2 Hornkonzerte, Rhapsodie für vier Klarinetten und Altsaxophon, ein Konzert für Horn, Trompete, Posaune und Orgel, 5 Streichquartette, ein Holzbläserquartett, 4 Bläsertrios, eine Sonate für Trompete und Klavier, eine Toccata für Carillon, Sonaten und andere Stücke für Klavier, 4 Oratorien,

10 Messen, 5 Chorkantaten, 3 Te Deum und kleinere Kirchenwerke, weitere Chöre und Lieder. Er publizierte mehrere theoretische Werke. Sein Stil stand zwischen Spätromantik und Impressionismus.

Enrique Soro Barriga (1884–1954)

LEBEN

Enrique Soro Barriga wurde am 15.7.1884 in Concepción, Chile, geboren. Seine Ausbildung erhielt er von 1898 bis 1904 in Mailand. Er wirkte sodann am Conservatorio Nacional, dessen Leitung er von 1919 bis 1928 hatte, in Santiago de Chile, wo er am 2.12.1954 starb.

WERKE

Von Enrique Soro Barriga sind eine Sinfonía romántica, 2 sinfonische Suiten, »Danza fantástica«, »Andante appassionato«, sinfonische Variationen, 3 sinfonische Praeludien, »Drei chilenische Lieder«, eine »Suite im alten Stil«, 2 Klavierkonzerte, Kammermusik, Klavierstücke, Chöre und Lieder bekannt geworden. Er bewegte sich noch im Rahmen der Spätromantik.

Boris Asafjew (1884–1949)

LEBEN

Boris Wladimirowitsch Asafjew (Pseudonym Igor Globow) wurde am 17.7.1884 in St. Petersburg geboren. Er war am Konservatorium seiner Geburtsstadt Kompositionsschüler von Anatoli Ljadow. Im Jahr 1910 wurde er Ballettkorrepetitor, ab 1921 führte er die Musikabteilung des Staatlichen Instituts für Kunstgeschichte, 1925 gründete er die Musikwissenschaftliche Fakultät des Konservatoriums in Leningrad, 1943 wurde er Leiter des Kunsthistorischen Institus in Moskau, wo er am 27.1.1949 starb.

WERKE

Von Boris Asafjew sind 10 Opern und 21 Ballette aufgeführt worden. Er schrieb außerdem 3 Sinfonien, 2 Kantaten und etliche Lieder. Er publizierte auch zahlreiche musikhistorische, musiktheoretische und kunstwissenschaftliche Werke.

Louis Grünberg (1884–1964)

LEBEN

Louis Grünberg wurde am 3.8.1884 in Brest-Litwosk, Polen (heute Brest, Weißrußland), geboren. Er wurde in New York, Berlin und Wien zum Pianisten ausgebildet und trat in Deutschland und später in den USA als Klaviervirtuose auf. Er starb am 9.6.1964 in Los Angeles.

WERKE

Von Louis Grünberg sind 12 Opern, eine Operette und eine Anzahl Ballette bekannt geworden. Er schrieb außerdem 4 Sinfonien, 2 Klavierkonzerte, ein Violinkonzert, ein Cellokonzert, eine Jazzsuite, verschiedene Kammer-, Klavier- und Vokalmusik, Jazzmusik und eine Kantate »Lied des Glaubens« für Sprecher, Stimmen, Chor, Orchester und eine Tanzgruppe. Er integrierte Jazzelemente mit modernen Strukturen.

Emerson Whithorne (1884–1958)

LEBEN

Emerson Whithorne (eigentlich Whittern) wurde am 6.9.1884 in Cleveland, O., geboren. Er wurde in seiner Geburtsstadt im Klavierspiel ausgebildet und trat bereits mit 15 Jahren als Pianist auf. Darauf studierte er in Wien bei Teodor Leszetycki und Robert Fuchs und von 1905 bis 1907 noch bei Artur Schnabel in Berlin. Von 1907 bis 1915 war er Musiklehrer und Kritiker in London, von 1915 bis 1920 Herausgeber einer Kunstzeitschrift in St. Louis und lebte sodann als Komponist in New York. Er starb am 25.3.1958 in Lyme, Conn.

WERKE

Neben Ballett- und Bühnenmusik schrieb Emerson Whithorne 2 Sinfonien, die Orchesterstücke »Der Regen« und »Der Aeroplan« als erste Musik über eine Maschine, »New

York bei Tag und bei Nacht«, 5 sinfonische Dichtungen, ein Violinkonzert, ein Klavierkonzert, ein Klavierquintett, mehrere Streichquartette, verschiedene Klavierstücke, Orchester- und Klavierlieder. Er hatte sich schon weit von der Romantik entfernt.

Floro Ugarte (1884–1975)

Leben

Floro Meliton Ugarte wurde am 15.9.1884 in Buenos Aires geboren. Nach seiner Ausbildung in seinem Geburtsort wurde er in Paris Schüler von Alexandre Jean Albert Lavignac, Émile Louis Fortuné Pessard und Félix Fourdrain (3.2.1880, Nizza, bis 22.10.1923, Paris). Ab 1913 wirkte er am Aufbau des Konservatoriums seiner Vaterstadt mit und lehrte daran bis 1955 Komposition. Gleichzeitig unterrichtete er von 1948 bis 1955 an der Universität in La Plata und leitete durch mehrere Jahre das Teatro Colón in Buenos Aires, wo er am 11.6. 1975 starb.

Werke

Außer einer Oper schrieb Floro Ugarte eine Tanzlegende, eine Sinfonie, eine sinfonische Dichtung, eine Suite und weitere Orchesterwerke, ein Violinkonzert, verschiedene Kammermusik, Klavierstücke, eine Sonatine für Bandoneon und Klavierlieder. Sein Stil war stark folkloristisch.

Robert Müller-Hartmann (1884–1950)

Leben

Robert Müller-Hartmann wurde am 11.10. 1884 in Hamburg geboren. Er war in Berlin Schüler des Sternschen Konservatoriums und von Eduard Behm. Ab 1913 wirkte er in Hamburg als Theorielehrer am Bernuthschen Konservatorium und von 1923 bis 1933 an der Universität. Dann mußte er Deutschland verlassen und ließ sich in England nieder. Er starb am 15.12.1950 in Dorking, Surrey.

Werke

Neben einigen Schauspielmusiken schrieb Robert Müller-Hartmann eine Sinfonie, 2 sinfonische Variationen, eine sinfonische Ouvertüre, 2 Suiten, eine Suite für Streichorchester, eine Sinfonietta für Kammerorchester, ein Streichquartett, 2 Violinsonaten, verschiedene Klavierstücke und eine Sonate, eine Passacaglia und 24 Praeludien für Orgel.

Gerhard Wehle (1884–1973)

Leben

Gerhard Fürchtegott Wehle wurde am 11.10. 1884 in Paramaribo, Niederländisch-Guayana (heute Surinam), geboren. Er genoß seine Ausbildung in Leipzig und Berlin, wirkte ab 1910 als Musikkritiker und von 1939 bis 1944 als Improvisationslehrer an der Musikhochschule und von 1947 bis 1951 als Lektor für Musik an der Universität in Berlin, wo er am 15.10.1973 starb.

Werke

Neben seiner dichterischen, schriftstellerischen und didaktischen Tätigkeit verfaßte Gerhard Wehle einige Werke für die Musikbühne, 3 Sinfonien, ein Konzert für Klavier, Cello und Orchester, eine Passacaglia für zwölf Bläser, das Quintett »Die Bremer Stadtmusikanten« für Violine, Cello, Oboe, Fagott und Klavier, Klaviermusik, ein Oratorium und 26 sinfonische Kantaten.

Ludomir Różycki (1884–1953)

Leben

Ludomir Różycki wurde am 6.11.1884 in Warschau geboren. Er studierte am Konservatorium seines Geburtsorts bei Zygmunt Noskowski und in Berlin von 1904 bis 1908 bei Engelbert Humperdinck. Von 1908 bis 1912 war er Kapellmeister und Konservatoriumslehrer in Lemberg (Lwiw), lebte nach Reisen durch die Schweiz, Italien und Frankreich mehrere Jahre als freischaffender Komponist in Berlin, dann ab 1919 in Warschau und ab 1945 in Kattowitz (Katowice), wo er am 1.1. 1953 als einer der wichtigsten jungpolnischen Komponisten starb.

WERKE
Von Ludomir Różycki sind 7 Opern, 2 Ballette und mehrere Schauspielmusiken aufgeführt worden. Er schrieb außerdem mehrere programmatische Orchesterwerke, einige Kammermusik, Klavierstücke und Lieder. Seinem Stil haftete trotz moderner Strukturen viel Romantik an.

Ture Rangström (1884–1947)

LEBEN
Anders Johan Ture Rangström wurde am 30.11.1884 in Stockholm geboren. Er war von 1903 bis 1904 Schüler von Johan Lindegren in Stockholm, vom Gesangpädagogen Julius Hey (29.4.1832, Irmelshausen, Franken, bis 22.4. 1909, München) in München und von Hans Pfitzner in Berlin. Von 1907 bis 1942 wirkte er als Musikreferent mehrerer schwedischer Zeitungen, von 1922 bis 1925 als Dirigent des Orchestervereins in Göteborg und gleichzeitig als Gesanglehrer in Stockholm, wo er am 11.5.1947 starb.

WERKE
Seine zahlreichen Lieder machten Ture Rangström auch außerhalb seiner Heimat sehr bekannt. Er schrieb 3 Opern, mehrere Bühnenmusiken, 4 Sinfonien mit programmatischen Titeln, 4 sinfonische Dichtungen, Ouvertüren, 3 sehr beliebte Suiten, 2 Stücke für Streichorchester, eine Ballade für Klavier und Orchester, eine Partita und ein Capriccio für Violine und Orchester, »Zwei Melodien« für Klarinette und Streichorchester, einige Kammermusik, eine Sonatine, Klavierstücke, Chorwerke und Lieder mit Orchester oder Klavier. Er war ein hervorragender Repräsentant nordischer Musik seiner Zeit.

Juozas Gruodis (1884–1948)

LEBEN
Juozas Gruodis wurde am 8.12.1884 in Rakėnai, Litauen, geboren. Er war von 1915 bis 1916 Schüler des Konservatoriums in Moskau und hielt sich darauf in Jalta auf. Von 1920 bis 1924 ergänzte er seine Ausbildung in Leipzig bei Paul Graener. Von 1924 bis 1927 wirkte er als Dirigent der Oper und als Lehrer am Konservatorium in Kaunas, wo er am 16.4.1948 starb.

WERKE
Das kompositorische Werk von Juozas Gruodis gehört der Spätromantik an, wenn darin auch einige Vorstöße in die Richtung moderner Musikentwicklung auffallen. Er schrieb 2 sinfonische Dichtungen, 2 Orchestersuiten, ein Streichquartett, 2 Klaviersonaten, Solo- und Chorlieder, Schauspielmusiken und ein Ballett, ferner Volksliedbearbeitungen. Er war einer der Begründer der modernen litauischen Musik.

Marcel Orban (1884–1958)

LEBEN
Laurent François Marcel Orban wurde am 13.11.1884 in Lüttich geboren. Er studierte am Konservatorium in Lüttich bei Charles Smulders und in Paris an der Schola Cantorum bei Vincent d'Indy und Albert Roussel. Anschließend war er in Lüttich als freier Komponist, Musiklehrer und Maler tätig. Er starb am 7.11.1958 in Wimereux, Pas-de-Calais.

WERKE
Von Marcel Orban sind 3 Sinfonien und mehrere andere Orchesterstücke, eine Sinfonie für Streicher, 3 Streichquartette, ein Trio, eine Violinsonate, Stücke für Blasinstrumente, Klavierstücke, Chorwerke und Lieder bekannt geworden. Er neigte zu modernen Fakturen.

Karl Heinrich David (1884–1951)

LEBEN
Karl Heinrich David wurde am 30.12.1884 in St. Gallen geboren. Er erhielt seine Ausbildung am Konservatorium in Köln und in München bei Ludwig Thuille. Er war von 1910 bis 1914 als Theorielehrer am Konservatorium in Basel, von 1915 bis 1917 in Berlin tätig; ab 1918

wirkte er als Kritiker und Musikreferent in Zürich. Er starb am 17.5.1951 in Nervi.

WERKE
Die zahlreichen Kompositionen von Karl Heinrich David verlassen zwar die Tonalität nur selten, sind aber sehr modern gehalten. Er verfaßte 3 Opern, eine Sinfonie, eine Sinfonietta, ein »Prélude et Scherzo«, 2 Serenaden, ein »Ballett«, ein »Sinfonisches Stück«, eine Partita für Streichorchester und Pauken, ein Konzert für Kammerorchester, 2 Violinkonzerte, ein Bratschenkonzert, ein Cellokonzert, ein Klavierkonzert, ein Konzert für Saxophon und Streicher, ein Concertino für Fagott und Streicher, 2 Streichsextette, ein Streichquintett, 5 Streichquartette, ein Quartett für Flöte und Streichtrio, 2 Quartette für Altsaxophon, Violine, Cello und Klavier, ein Duo für Flöte und Gitarre, ein Duo für Horn und Klavier, eine Violinsonate, 2 Stücke für zwei Klaviere und neun Bläser, Klavier- und Orgelstücke, 2 Festspiele, 3 Kantaten und Lieder.

LITERATUR
W. Schuh, Karl Heinrich David, Schweizerische Musikzeitung XCI, 1951.

Łucjan Kamieński (1885–1964)

LEBEN
Łucjan Kamieński wurde am 7.1.1885 in Gniezno (Gnesen) geboren. Er studierte an der Hochschule in Berlin bei Max Bruch Komposition und bei Hermann Kretzschmar und Johannes Wolf (17.4.1869, Berlin, bis 25.5.1947, München) Musikwissenschaft. Von 1909 bis 1919 wirkte er als Musikredakteur in Königsberg (Kaliningrad), 1920 wurde er Zweiter Direktor des Konservatoriums in Poznan und 1922 Professor an der dortigen Universität. Von 1949 bis 1957 wirkte er als Lehrer an der Musikschule in Toruń, dann lebte er als freischaffender Komponist in Kanada. Er starb am 27.7.1964 in Toruń.

WERKE
Neben einer Oper, einer Operette und einem Singspiel schrieb Łucjan Kamieński eine »Symphonia Paschalis«, 2 sinfonische Stücke und weitere Orchesterwerke, eine Violinsonate, Klavierstücke, Chöre und Lieder. Er bemühte sich um das Volksliedgut in Pommern und Posen.

Dmitri Melkich (1885–1943)

LEBEN
Dmitri Michejewitsch Melkich wurde am 31.1.1885 in Moskau geboren. Er studierte in Moskau und unterrichtete anschließend am Konservatorium Musiktheorie bis 1925, dann lebte er als Komponist, Musikschriftsteller und Musiklehrer in Moskau, wo er am 22.2.1943 starb.

WERKE
Der späte Impressionismus und der zu seiner Zeit aufkommende russische Modernismus waren für den Stil von Dmitri Melkich bestimmend. Er schrieb »Sinfonische Skizzen«, eine sinfonische Dichtung, ein Epitaph, 3 Sinfonien, 4 Streichquartette, Klaviersonaten und einen Liederzyklus für Gesang und Orchester.

Alban Berg (1885–1935)

LEBEN
Alban Maria Johannes Berg wurde am 9.2.1885 in Wien geboren. Er war für die Beamtenlaufbahn bestimmt, gab diese aber auf, als er 1904 Schüler und bald auch Freund von Arnold Schönberg wurde. Im Jahr 1910 schloß er seine Lehrzeit ab und bestritt seinen Lebensunterhalt durch Anfertigung von Klavierauszügen und durch Privatunterricht. Seine kompositorische Tätigkeit war vorerst unergiebig. Den Krieg 1914–1918 verbrachte er als Soldat in Ungarn. Im Jahr 1924 zog er durch eine Aufführung von Bruchstücken seiner Oper »Wozzeck« und ein Jahr darauf durch eine vollständige Wiedergabe des Werks in Berlin die Aufmerksamkeit der Musikwelt auf sich. Die Oper wurde bis Ende 1936 in 29 Städten 166mal gegeben. Berg selbst lebte sehr zurückgezogen in Wien ohne feste Stellung und widmete sich der Komposition und dem Musik-

Alban Berg

unterricht, bis er am 14.12.1935, von der Öffentlichkeit völlig unbeachtet, starb. Seine überragende Bedeutung für die Musik unseres Jahrhunderts, die man im Ausland bereits in den letzten Jahren seines Lebens vielfach erkannt hatte, wurde nach dem Zweiten Weltkrieg weltweit und auch in seiner Heimat gewürdigt.

WERKE

»In vielen musikalischen Kreisen, die der Zweiten Wiener Schule im allgemeinen und besonders ihrem theoretischen Denken widerstrebend entgegenstehen, hat man Berg als das einzige Genie betrachtet, das genügend ›Musiker‹ war, um ›Musik‹ zu schreiben«, erklärte Pierre Boulez. »Das scheinbar Traditionelle in Bergs Partituren ist jedoch, wie eine genaue Werkanalyse ergibt, nur ein jeweiliger Kontrapunkt zu den musikalischen Bildern des Entsetzens, auf dessen Darstellung der Komponist nie verzichtete, wie nahezu bei allen seinen Opusnummern feststellbar ist.« Er ist zwar bereits im zweiten Jahr der diktatorischen Regierung in seiner Heimat gestorben, wurde aber durch die Verfehmung seiner Musik hart getroffen. »Es geht mir nicht gut«, schrieb er an Schönberg. »Pekuniär nicht, gesundheitlich nicht. Schließlich geht es mir auch moralisch nicht gut, was sich von einem, der plötzlich entdecken mußte, daß er in seinem Vaterland nicht bodenständig ist, nicht wunder nehmen wird.« Seinen Ausschluß aus der Berliner Akademie der Kunst und das Verbot seines Werks, die ein Beweis für den hohen Wert seiner Leistungen waren, faßte er noch als Kränkung auf, weil er nicht erleben mußte, was in den Jahren nach seinem Tod vor sich ging. Das Gesamtwerk Alban Bergs ist nicht umfangreich, weil er sehr langsam und sorgfältig arbeitete, dennoch erreichte er, in absoluten Zahlen berechnet, bis heute von den drei Hauptvertretern der Zweiten Wiener Schule – Schönberg, Webern, Berg – die höchste Aufführungszahl, weil er einer »überströmenden Wärme des Fühlens Ausdruck verleihen konnte« (Theodor Adorno). Neben seinen beiden Opern, »Wozzeck« und »Lulu« (unvollendet und von Friedrich Cerha kongenial ergänzt), von denen aus Bruchstücken je ein Konzertstück hergestellt wurde, die »3 Orchesterstücke«, das Kammerkonzert für Violine und Klavier mit dreizehn Bläsern, die »Lyrische Suite für Streichquartett«, aus der 3 Sätze für Streichorchester gearbeitet wurden, die Konzertarie »Der Wein« für Sopran und Orchester und besonders das »Violinkonzert« stehen ständig auf den Spielplänen Europas und Amerikas, weil dem Meister der vom

Karl Böhm

Musikologen Willi Reich (27. 5. 1898, Wien, bis 1. 5. 1980, Zürich) verliehene Titel »Klassiker der Modernen Musik« in voller Bedeutung des Worts zukommt. Weniger häufig werden »4 Stücke für Klarinette und Klavier«, seine Klaviersonate, die »5 Orchesterlieder«, die »2 Lieder«, die »4 Lieder« und das Streichquartett gegeben. Er hinterließ eine Menge musikliterarische Arbeiten.

Drei Orchesterstücke, Opus 6, entstanden 1914, überarbeitet 1929

Stück 1, Praeludium, steigert sich von geräuschhaften Anfängen zu gewaltiger Ballung und fällt sodann symmetrisch zurück. Stück 2, Reigen, gruppiert symmetrisch verschiedene Walzerfragmente. Stück 3, Marsch, ist außerordentlich kompliziert, weil die einzelnen Anfangselemente ständig ruhelos, oft heftig oszillierend transformieren.

Lyrische Suite für Streichorchester, 3 Sätze, entstanden 1928

Es handelt sich um eine Bearbeitung für Streichorchester des 2., 3. und 4. Satzes der sechssätzigen »Lyrischen Suite« aus 1926. Der 1. Satz verbindet Rondo- mit Sonatenform. Ihm ist eine Allintervallreihe zugrunde gelegt (bei der nicht nur die 12 Töne der Reihe, sondern auch alle 11 Intervalle der Reihe einmal vorkommen). Der 2. Satz hat aggressiven Charakter. Der Mittelteil bringt heftige Ausbrüche. Der letzte Teil bringt das Thema des ersten im Krebsgang. Der 3. Satz bringt ein Thema des Widmungsträgers Alexander Zemlinsky und ist expressiv und kompliziert angelegt.

Karl Richter

Kammerkonzert für Soloklavier, Solovioline und 13 Bläser, 3 Sätze, entstanden 1925

Der 1. Satz bringt ein langes Thema mit fünf Variationen, von denen die erste das Thema vorträgt, worauf Krebs, Umkehrung und Krebsumkehrung folgen, während die fünfte Variation das Thema in seiner Grundgestalt wiederholt. Im 2. Satz wird der Vorderteil in gleicher Ausdehnung in seiner rückläufigen Version wiederholt. Am Beginn des 3. Satzes begegnen die beiden Soloinstrumente einander. Dann folgt ein Rondo ritmico mit Coda und Stretta, worin die vorangehenden Sätze im Übereinander und im Nacheinander kunstvoll geführt gebracht werden.

Violinkonzert, 2 Sätze, entstanden 1935

Das »Dem Andenken eines Engels« gewidmete Werk, das den Tod der achtzehnjährigen Manon Gropius, Tochter Alma Mahlers, betrauert, wird im 1. Satz von einem Quintenmotiv eingeleitet. Dies und die ansteigende Terzenkette der Zwölftonreihe sind für den ersten Teil des Satzes bestimmend; im zweiten klingt eine Kärntner Volksweise in Ländlermelodik an. Der 2. Satz ist hochdramatisch und schließt mit dem Choral von Johann Sebastian Bachs »Es ist genug...« aus der Kantate »O Ewigkeit, du Donnerwort« (BWV 60).

Fünf Orchesterlieder für Sopran und Orchester, Opus 4, entstanden 1912

In 5 Sätzen werden aphoristische Impressionen von Peter Altenberg (1859–1919) als Liedzyklus präsentiert. Lied 1 wird figurativ expandiert, Lied 2 hat Intermezzoform. Aufgefächerte Klangfarben bringt Lied 3. Nach dem Intermezzo des Liedes 4 bringt Lied 5 eine Passacaglia mit variativer Reihung.

»Der Wein«, Konzertarie für Singstimme und Orchester, 3 Teile, entstanden 1929

Dem Werk liegen 3 Gedichte aus der Gruppe »Le vin« – Bestandteil der »Fleurs du mal« (Blumen des Bösen) von Charles Baudelaire in freier Nachdichtung von Stefan George zugrunde, und zwar: »Die Seele des Weines«, »Der Wein der Liebenden«, »Der Wein der Einsamen«. Die beiden Ecksätze sind langsam mit Tangoeinschüben, der Mittelabschnitt ist leicht bewegt und läuft in sich symmetrisch ab.

Alban-Berg-Quartett

Lyrische Suite für Streichquartett, 6 Sätze, entstanden 1926

Der 1. Satz ist eine leichte heitere Intrada. Seine Reihe wird auch in den folgenden Sätzen mit leichten Veränderungen verwendet. Der idyllische 2. Satz ist ein Rondo mit drei Themen, von denen das erste behaglich, das zweite tänzerisch und das dritte leicht drohend klingt. Der 3. Satz weist Scherzocharakter auf, der durch die Verwendung von Dämpfern und col-legno-Spiel eine gespenstige Stimmung erzeugt. Die Mittelpartie ist voll Ausdruckskraft. Im 4. Satz erklingt eine breite, sehr expressive Kantilene. Im 5. Satz kommt es erneut zu einem etwas spukhaften Scherzo, dessen Mittelteil sehr dunkle Töne anschlägt. Der 6. Satz beginnt pizzicato, dann trägt die Erste Violine einen Trauergesang vor. Die Stimmung des Satzes schwingt zwischen tiefer Verzweiflung und Resignation. Am Ende verstummen die Instrumente nacheinander, die letzten trostverheißenden Töne spielt die Bratsche.

Streichquartett, Opus 3, 2 Sätze, entstanden 1910

Der 1. Satz hat Sonatenform, der 2. Satz Rondoform. Die Haltung des Werks ist stark expressionistisch mit lebhaften Ausbrüchen und Stellen voll inniger Lyrik. Die Dissonanzenhäufung weist auf spätere Stücke des Komponisten hin. Schon die Sextolen, mit dem das Kopfthema einsetzt, prophezeien den stilistischen Entwicklungsgang Bergs. Das Quartett wird zu Unrecht stark vernachlässigt.

Klaviersonate, Opus 1, ein Satz, entstanden 1908, umgearbeitet 1920

Das Werk weist die Form eines Sonatensatzes mit Exposition, Durchführung, Reprise und Coda auf. Es ist trotz der ausgewiesenen Tonart h-Moll panchromatisch und von einer Fülle von chromatischen Schritten und Quartenakkorden durchsetzt; enharmonische Verwechslungen und Alterationen lösen einander ständig ab. Dieses Erstlingswerk erweckt bereits die eigentümliche Ausdruckskraft, die im Gesamtwerk Bergs gegenwärtig ist.

LITERATUR

W. Reich, Alban Berg, Wien 1937. H. F. Redlich, Alban Berg, Wien 1957.

Marc Delmas (1885–1931)

LEBEN

Marc Delmas wurde am 28.3.1885 in Saint-Quentin geboren. Er studierte am Conservatoire in Paris unter Xavier Leroux, Georges Caussade, Charles Lenepveu und Paul Vidal. Im Jahr 1919 erhielt er den Rompreis und später eine Reihe von Preisen für seine Kompositionen. Er lebte in Paris als freier Komponist und starb dort am 30.11.1931.

WERKE

Neben 7 Opern und einer Operette schrieb Marc Delmas eine Reihe sonfinischer Stücke mit programmatischen Titeln: »Die zwei Wege«, »In Wallonien«, »Der Dichter und die Fee«, »Vom Traum zur Erinnerung«, »Das Narrenschiff«, »Penthésilée«, außerdem eine Rhapsodie für Cello und Orchester, ein Streichquartett, ein Trio, Klavierstücke und ein Oratorium. Er stand dem Impressionismus nahe.

Dimitrie Cuclin (1885–1978)

LEBEN

Dimitrie Cuclin wurde am 5.4.1885 in Galaţi geboren. Er studierte am Konservatorium in Bukarest, sodann in Paris bei Charles-Marie Widor und bei Vincent d'Indy. Von 1922 bis 1930 wirkte er in New York als Musiklehrer. Dann lehrte er am Konservatorium in Bukarest Harmonielehre, Kontrapunktik und Komposition. Er starb am 7.2.1978 in Bukarest.

WERKE

Außer 4 Opern schrieb Dimitrie Cuclin 18 Sinfonien, ein sinfonisches Scherzo, eine Ouvertüre mit Chor, ein Klaviertrio, Suiten und Sonaten für Violine und für Cello, Klavierstücke und Lieder. Er muß noch zu den Spätromantikern gestellt werden.

Carlos Salzedo (1885–1961)

LEBEN

Carlos León Salzedo wurde am 6.4.1885 in Arcachon, Gironde, geboren. Er wurde zunächst in Bordeaux ausgebildet und studierte sodann am Conservatoire in Paris bei Charles Wilfrid de Bériot Klavier und bei Alphonse Jean Hasselmans Harfe. Von 1909 bis 1913 war er Harfenist an der Metropolitan Opera in New York; 1921 gründete er mit Edgar Varèse die International Composers' Guild zur Pflege der Gegenwartsmusik, wurde sodann 1934 Professor am Curtis Institut in Philadelphia und gründete 1931 in Camden, Me., von Harfenisten der ganzen Welt besuchte Sommerkurse für Harfenspiel. Er starb am 17.8.1961 in Wateville, Me.

WERKE

Zahlreiche Kompositionen von Carlos Salzedo sind der Harfe gewidmet; er forderte von den Interpreten schwer zu bewältigende Klangeffekte. Sein Stück »Wirbelwind« ist voll schwieriger Glissandi. Außerdem schrieb er ein Konzert für Harfe und sieben Bläser, ein Harfenkonzert, eine sinfonische Dichtung, »Schwanengesang« für Singstimme, Harfe und Cello und weitere Lieder und Chöre. Er veröffentlichte mehrere didaktische Werke für den Harfenunterricht. Sein Stil war sehr den modernsten Diktionen angenähert.

Tobias Wilhelmi (1885–1944)

LEBEN

Johan Tobias Jakob Wilhelmi wurde am 7.4. 1885 in Amsterdam geboren. Er war Verwandter des Violinisten August Emil Daniel Ferdinand Viktor Wilhelmj (21.9.1845, Usingen, bis 22.1.1908, London). Er studierte in Amsterdam und Köln und wirkte als Konzertmeister in Bonn, Leipzig und Riga. Von 1915 bis 1921 war er Konzertmeister des Konzertvereins und sodann der Königlichen Kapelle in Stockholm; gleichzeitig dirigierte er das Kammerorchester in Stockholm, wo er am 24.10.1944 starb.

WERKE

Von Tobias Wilhelmi sind 2 Sinfonien, eine sinfonische Dichtung, eine Orchestersuite, ein Violinkonzert, eine Ballade für Violine und Orchester, eine Suite für Oboe und Orchester, ein Trio und weitere Kammermusik sowie Lieder bekannt geworden. Sein Stil war wenig fortschrittlich.

Leó Weiner (1885–1960)

LEBEN

Leó Weiner wurde am 16.4.1885 in Budapest geboren. Er war dort von 1901 bis 1906 Schüler von Hans Koessler und wirkte anfangs als Korrepetitor an der Oper und ab 1908 als Professor für Komposition und Kammermusik an der Musikhochschule. Er starb am 13.9. 1960 in Budapest.

WERKE

Für Orchester schrieb Leó Weiner die Stücke »Fasching«, »Serenade«, »Soldatenspiel«, eine Ungarische Volkstanzsuite, 5 Divertimenti, »Variationen über ein ungarisches Volkslied«, eine sinfonische Dichtung, ein Concertino für Klavier und Orchester, eine Passacaglia, außerdem verfaßte er 3 Streichquartette und Klavierwerke. Er bearbeitete ältere Musik für Klavier und publizierte didaktische Werke.

Wallingford Riegger (1885–1961)

LEBEN

Wallingford Constantin Riegger wurde am 29.4.1885 in Albany, Ga., geboren. Seine Ausbildung erhielt er in New York und Berlin. Er war anschließend an verschiedenen Opernhäusern als Cellist tätig und unterrichtete von

1918 bis 1922 Theorie und Cellospiel an der Universität von Iowa. Von 1930 bis 1956 wirkte er in einem Musikverlag und unterrichtete an verschiedenen Colleges in New York, wo er am 2.4.1961 starb.

WERKE
Außer 4 Sinfonien, einer Orchesterrhapsodie, einem »Kanon mit Fuge«, einem Tanzstück und Variationen für Klavier und Orchester schrieb Wallingford Riegger zahlreiche Stücke mit den verschiedensten Instrumentalbesetzungen, zum Teil auch für Jazzensembles und für Tanzkapellen. Die Kammermusik ist durch ein Nonett für Bläser, ein Klavierquintett, ein Holzbläserquintett, 2 Streichquartette vertreten, zu denen eine Reihe kleinerer Werke mit vielgestaltiger Besetzung kommen. Ein großer Teil davon nähert sich der Dodekaphonik; es sind auch die meisten modernen Stilarten - Atonalität, Polytonalität, Polyrhythmik - verarbeitet; manches ist sehr expressionistisch, alles aber auf alle Fälle auf exquisite Klangwirkung abgezielt.

Emilios Riadis (1885–1935)

LEBEN
Emilios Riadis (eigentlich Khu-Elefteriadis) wurde am 13.5.1885 in Saloniki geboren. Er studierte in Griechenland, dann in München bei Felix Mottl und in Paris bei Gustave Charpentier (1860–1956) und Maurice Ravel. Im Jahr 1915 wurde er Professor für Klavierspiel und 1918 Vizedirektor des Konservatoriums in Saloniki, wo er am 17.7.1935 starb.

WERKE
Von Emilios Riadis sind 3 Opern aufgeführt worden. Er schrieb außerdem ein Tongedicht, einige Kammermusik und Klavierstücke, darunter 3 griechische Tänze, ferner eine Byzantinische Messe. Er arrangierte eine Vielzahl griechischer Volksmelodien.

Julio Fonseca (1885–1950)

LEBEN
Julio Fonseca wurde am 22.5.1885 in San José, Costa Rica, geboren. Er studierte in Mailand und in Brüssel, dann lebte er als Musiklehrer an verschiedenen Institutionen, als Organist und Komponist in San José, wo er am 22.6. 1950 starb.

WERKE
Neben einer Operette und einer Kinderkomödie schrieb Julio Fonseca für Orchester eine Fantasie, eine Suite, eine Ouvertüre, ein Klavierkonzert, ein Klaviertrio, 2 Stücke für Violine und Klavier und eine Reihe von Klavierwerken, die auch Eingeborenenmelodien verwendeten, weiters 5 Messen, mehrere Kantaten, darunter »Indianische Totenklage«, Orchesterlieder und Klavierlieder. Er war einer der ersten Vertreter der costaricanischen Musik unseres Jahrhunderts.

Stevan Hristić (1885–1958)

LEBEN
Stevan Hristić wurde am 19.6.1885 in Belgrad geboren. Er war von 1904 bis 1908 in Leipzig Kompositionsschüler von Stephan Krehl und Dirigierschüler von Arthur Nikisch. Seine Ausbildung vollendete er anschließend in Rom, Moskau und Paris. Von 1912 bis 1935 wirkte er als Kapellmeister und später als Direktor des Nationaltheaters und von 1947 bis 1950 als Professor der Musikakademie in Belgrad, wo er am 21.8.1958 starb.

WERKE
Das Hauptgewicht des kompositorischen Schaffens von Stevan Hristić lag auf dem Gebiet der Vokalmusik. Er schrieb 2 Stücke für die Musikbühne und ein Ballett, ein Oratorium, eine Kantate, eine sinfonische Dichtung, eine Orchestersuite, eine Rhapsodie für Klavier und Orchester, eine sinfonische Fantasie für Violine und Orchester, Chöre, Kirchenmusik, Filmmusik, Klavierwerke und Lieder. Er verarbeitete häufig serbische Volksmusik.

Alfredo Schiuma (1885–1963)

LEBEN

Alfredo Luigi Schiuma wurde am 1.7.1885 in Spinazzola, Bari, geboren. Er gründete in Buenos Aires eine Musikschule, die er bis zu seinem Tod am 24.7.1963 leitete.

WERKE

Von Alfredo Schiuma sind 8 Opern mit großem Erfolg in Argentinien und in anderen südamerikanischen Staaten aufgeführt worden. Er schrieb ferner 4 Sinfonien, ein sinfonisches Scherzo, Kammermusik und sehr beliebte Orchesterlieder. Er ließ die Romantik bereits weit hinter sich, verwendete wenig Volksmelodien, sondern nur ihre Rhythmen.

Andrei Pachtschenko (geboren 1885)

LEBEN

Andrei Filippowitsch Pachtschenko wurde am 3.8.1885 in Rostow geboren. Von 1913 bis 1917 studierte er am Konservatorium in Petrograd unter Maksim Osejewitsch Steinberg. Er spielte im Musikleben seiner Geburtsstadt als Komponist und Lehrer eine beachtliche Rolle.

WERKE

Von Andrei Pachtschenko sind 9 Opern aufgeführt worden. Er schrieb 9 Sinfonien, 3 Sinfoniettas, 3 sinfonische Gedichte, ein Oratorium »Lenin«, ein Requiem, eine Kantate, 2 Streichquartette, Romanzen und Lieder. Sein Stil gehörte dem »Russischen nationalen Realismus« an und war außerdem von Aleksandr Skrjabin und dem französischen Impressionismus beeinflußt.

Useir Gadschibekow (1885–1948)

LEBEN

Useir Abdul Hussein ogly Gadschibekow wurde am 5.9.1885 in Agdschabedy, Aserbeidschan, geboren. Er erhielt von 1911 bis 1914 in Moskau und in St. Petersburg seine musikalische Ausbildung. Nach anfänglicher literarischer Tätigkeit widmete er sich dem Musikleben seines Volks durch Gründung einer Musikschule, die 1949 als Konservatorium seinen Namen erhielt, eines Sinfonieorchesters und eines Volksinstrumentenorchesters in Baku, wo er am 23.11.1948 starb.

Sein Neffe Sultan Ismail ogly Gadschibekow (geboren am 8.5.1919, Schuscha, Aserbeidschan) studierte in Baku. Er wurde Lehrer am Konservatorium und 1955 Direktor der aserbeidschanischen Philharmonie.

WERKE

Von den 7 Opern von Useir Gadschibekow war »Lejli i Medschnun« die früheste aserbeidschanische Oper. Er verfaßte außerdem 2 Ouvertüren, Kammermusik, Klavierstücke, Kantaten, Lieder und Massenchöre. Er integrierte viel folkloristisches Melodiengut. Auch seine theoretischen Publikationen waren die ersten eines Aserbeidschaners.

Sultan Gadschibekow schrieb eine Operette, ein Ballett, 2 Sinfonien, ein sinfonisches Bild, ein Violinkonzert, ein Orchesterkonzert, ein Streichquartett, eine Kantate, Klavierwerke, Lieder, Bühnen- und Filmmusik. Er kombinierte Volksmusik mit russischer Romantik.

Artur Lemba (1885–1963)

LEBEN

Artur Lemba wurde am 12.9.1885 in Tallinn geboren. Er war am Konservatorium in St. Petersburg Schüler von Aleksandr Glasunow und Nikolai Rimski-Korsakow. Im Jahr 1908 wurde er selbst Lehrer an diesem Institut. Nach einer kurzen Lehrtätigkeit in Helsinki wirkte er von 1922 bis zu seinem Tod am 21.11.1963 als Professor am Konservatorium in Tallinn.

WERKE

Neben 4 Opern schrieb Artur Lemba 2 Sinfonien, eine sinfonische Dichtung, 2 Ouvertüren, 5 Klavierkonzerte, eine Rhapsodie für Klavier und kleines Orchester, ein Oktett für Blechbläser und Klavier, eine Suite für Bläserquintett, für Klavier 2 Sonaten, 2 Sonatinen und andere Stücke, ferner 3 Kantaten, Chöre und einige Lieder.

Franz Hasenöhrl (1885–1970)

LEBEN

Franz Hasenöhrl (Pseudonym Franz Höhrl) wurde am 1.10.1885 in Maria-Lanzendorf, Niederösterreich, geboren. Er war in Wien Schüler von Robert Fuchs und Guido Adler. Bis 1938 war er als Volksschullehrer tätig. Darauf wirkte er in Wien als freier Komponist und als Musiklehrer bis zu seinem Tod am 13.12.1970.

WERKE

Von Franz Hasenöhrl sind 3 Sinfonien, ein Klavierkonzert, ein Violinkonzert, ein Bratschenkonzert, eine Suite für Flöte und Kammerorchester, ein Divertimento für vier Klarinetten und zwei Fagotte, 3 Streichquartette, ein Streichtrio, ein Gitarrenduo, Klavier-, Orgel- und Gitarrenstücke, Kantaten, Chöre, a cappella und begleitet, sowie Lieder bekannt.

Egon Wellesz (1885–1974)

LEBEN

Egon Joseph Wellesz wurde am 21.10.1885 in Wien geboren. Er studierte bei Guido Adler und Arnold Schönberg und wirkte ab 1913 als Dozent und ab 1929 als Professor für Musikwissenschaft an der Wiener Universität. Im Jahr 1938 mußte er emigrieren. Er hielt Vorlesungen am Royal College of Music und an der Universität in Cambridge, wurde 1939 Mitglied des Lincoln College in Oxford, wo er bis 1956 über byzantinische Musik las. Gleichzeitig war er für mehrere Institute für Musikgeschichtsforschung tätig. Er starb am 9.11.1974 in Oxford.

WERKE

So hoch das kompositorische Werk von Egon Wellesz auch geschätzt werden muß, es steht doch hinter seinen hervorragenden epochemachenden Leistungen auf dem Gebiet der byzantinischen Musik, des frühchristlichen

Egon Wellesz

Kirchengesangs und der mittelalterlichen Musik des Ostens wie des Westens weit zurück; ihm ist die Deutung der byzantinischen Neumenschrift des 13. bis 15. Jahrhunderts zu verdanken. Er publizierte zahlreiche äußerst wertvolle und zum Teil bahnbrechende Werke über dieses Forschungsgebiet. An Orchestermusik schrieb er 9 Sinfonien, ein Klavierkonzert, ein Violinkonzert, das Konzertstück »Prosperos Beschwörung«, ein Oktett, ein Klarinettenquintett, 9 Streichquartette, ein Streichtrio, Klavier- und Orgelmusik, 4 Messen, Kantaten, geistliche Chorwerke, Orchestergesänge, zahlreiche Lieder mit Klavier oder anderen Instrumenten, 4 Ballette und 6 Opern. Stilistisch ging er von Gustav Mahler und Arnold Schönberg aus und gelangte zu einer eindrucksvollen archaischen Tonsprache.

Lothar Windsperger (1885–1935)

LEBEN

Lothar Windsperger wurde am 22.10.1885 in Ampfing, Bayern, geboren. Er studierte in

München bei Rudolf Louis und Joseph Rheinberger und wirkte ab 1913 als Lektor eines großen Musikverlags. Ab 1933 war er Direktor der Städtischen Musikschule in Mainz. Er starb am 30.5.1935 in Frankfurt am Main.

WERKE
Neben einer Sinfonie schrieb Lothar Windsperger eine Konzertouvertüre, ein Dramenvorspiel und das Konzertstück »Lumen amoris«, ein Klavierkonzert, ein Violinkonzert, Musik für Hörner, ein Streichquartett, ein Klaviertrio, Sonaten für Violine und Orgel, für Cello und Orgel, für Violine und Klavier, für Solovioline, für Solocello, für Solobratsche, eine Suite für Orgel, Klavierwerke, eine Messe, ein Requiem, Chöre und Lieder. Sein Stil war konservativ, doch sehr ansprechend.

Juan Bautista Massa (1885–1938)

LEBEN
Juan Bautista Massa wurde am 29.10.1885 in Buenos Aires geboren. Er wurde in seiner Vaterstadt ausgebildet und gründete ein privates Konservatorium in Rosario, Santa Fé, wo er am 7.3.1938 starb.

WERKE
Außer 3 Opern, einem biblischen Drama, einer Zarzuela und einem Ballett schrieb Juan Bautista Massa eine sinfonische Dichtung »Tod des Inka«, eine kleine Suite, ein Stück für Orchester und Sprecher, 2 Streichquartette, ein Duett für Violine und Klavier, Klavierstücke, »Drei Eingeborenengesänge« für Gesang, Harfe, Flöte, Englischhorn, Cello und Indianertrommel, Lieder und Chöre a cappella.

Marios Varvoglis (1885–1967)

LEBEN
Marios Varvoglis wurde am 10.12.1885 in Athen geboren. Er wurde ab 1904 in Paris am Conservatoire und an der Schola Cantorum ausgebildet und wirkte ab 1924 als Professor für Komposition und Musikgeschichte am Konservatorium in Athen, das er ab 1937 gemeinsam mit Antiochos Evangelatos leitete. Er starb am 30.7.1967 in Athen.

WERKE
Von Marios Varvoglis sind 2 Orchesterstücke, eine Suite für Streicher, eine »Griechische Caprice« für Cello und Orchester bekannt geworden. Er schrieb außerdem Kammermusik, Klavierstücke, Gesänge, Bühnenmusik und eine Oper.

Deems Taylor (1885–1966)

LEBEN
Joseph Deems Taylor wurde am 22.12.1885 in New York geboren. Er war Autodidakt, wirkte anfänglich als Musikkritiker und widmete sich ab 1925 nahezu ausschließlich der Komposition. Er starb als hochgeschätzter Komponist am 3.7.1966 in New York.

WERKE
Von Deems Taylor sind 5 Opern gegeben worden. Er schrieb außerdem eine Tondichtung, eine Orchestersuite und weitere Orchesterwerke, ein Streichquartett, eine Pantomime für zwei Klaviere und andere Klavierstücke, 2 Kantaten und Lieder. Er war Spätromantiker, der von der stürmischen Entwicklung der zeitgenössischen Musik keine Notiz nahm. Er veröffentlichte mehrere literarische Werke.

Kurt Striegler (1886–1958)

LEBEN
Kurt Striegler wurde am 7.1.1886 in Dresden geboren. Er war Schüler des Konservatoriums seiner Geburtsstadt. Von 1905 bis 1955 wirkte er als Solorepetitor der Dresdner Oper, war ab 1912 daneben Kapellmeister und später auch Stellvertretender Direktor des Hauses, außerdem von 1905 bis 1945 Lehrer am Konservatorium. Dann übersiedelte er nach München und wirkte als Gastdirigent des Bayerischen Rundfunks. Er starb am 4.8.1958 in Wildthurn bei Landau an der Isar.

WERKE
Neben 5 Opern schrieb Kurt Striegler 6 Sinfonien, ein Violinkonzert und ein Scherzando für Violine und Orchester, ein Scherzo capriccio für sieben Solopauken und Orchester, ein Rondo für Kontrabaß und Orchester und ein Requiem. Sein Stil war spätromantisch, aber zuweilen etwas exzentrisch.

José Antonio de Donostia (1886–1956)

LEBEN
José Antonio de Donostia (Ordensname für José Gonzalo Zulaica y Arregui) wurde am 10. 1. 1886 in San Sebastián geboren. Nachdem er im Colegio der Kapuziner in Lecároz ausgebildet worden war, wurde er selbst dort Organist. Seine Arbeit für das katholische Theater führte ihn nach Madrid, Barcelona und Paris. Wegen des Spanischen Bürgerkriegs ging er 1936 nach Toulouse und 1939 nach Paris; von 1941 bis 1943 war er Organist und Chorleiter in Bayonne. Er beschäftigte sich intensiv mit baskischer Volksmusik und leitete ab 1943 die folkloristische Abteilung des Instituto Español de Musicología. Er starb am 30. 8. 1956 in Lecároz.

WERKE
Die zahlreichen Kompositionen von José Antonio de Donostia für Orgel, Violine, Cello, Streichquartett, für unbegleitete und begleitete Singstimmen und Chöre integrierten als erste Elemente der baskischen Volksmusik. Neben einer Anzahl Bühnenwerke für Chor und Orchester, einem Stück für vier Ondes Martenot und Klavier, einem bekannten Requiem und vielen anderen sakralen Werken veröffentlichte er 4 Hefte mit »baskischen Praeludien« für Klavier. Sein Stil stand unter dem Einfluß von Maurice Ravel.

John J. Becker (1886–1961)

LEBEN
John J. Becker wurde am 22. 1. 1886 in Henderson, Ky., geboren. Er studierte am Wisconsin Conservatory in Milwaukee, Wis., unter Wilhelm Middelschulte und Alexander Fielitz. Er wirkte an verschiedenen Colleges, leitete mehrere Chorvereinigungen und Kammerorchester und starb am 21. 1. 1961 in Wilmette, Ill.

WERKE
Von John J. Becker sind 3 Opern aufgeführt worden. Er schrieb ein Ballett, eine Bühnenmusik, mehrere Sinfonien, eine Chorsinfonie, ein Klavierkonzert, ein Konzert für zwei Flöten und Orchester, ein Violinkonzert, einige Kammermusik, 2 Chormessen und eine Passionsmusik. Sein an sich spätromantischer Stil enthält viele folkloristische Wendungen.

Hans Stieber (1886–1969)

LEBEN
Hans Albert Oskar Stieber wurde am 1. 3. 1886 in Naumburg geboren. Er studierte an den Konservatorien in Sondershausen und Leipzig und wirkte als Korrepetitor und Dirigent in Dessau, Koblenz, München, Kiel, Halle, war ab 1922 Chordirigent in Hannover, von 1937 bis 1945 in Leipzig und wurde 1947 Professor und Abteilungsleiter der Meisterklassen Komposition, Dirigieren und Operndramaturgie an der Musikhochschule in Halle, wo er am 18. 10. 1969 starb.

WERKE
Neben 8 Bühnenwerken schrieb Hans Stieber 4 sinfonische Orchesterstücke, ein Violinkonzert, ein Klavierkonzert, eine Suite für Gitarre und Kammerorchester und 2 weitere Stücke für Kammerorchester, ein Sextett für Klarinette, Baßklarinette und Streichquartett, ein Klarinettenquintett, 3 Streichquartette, ein Streichtrio, ein Trio für Flöte und Cello, ein Duo für Bratsche und Laute, ein Duo für Violine und Bratsche, 9 Kantaten, 5 Oden mit verschiedener Besetzung und Bühnenmusik. Er war noch stark der Spätromantik verhaftet, neigte aber zum Neuklassizismus.

Alfons Schlögl (1886–1926)

Leben

Alfons Schlögl wurde am 10.3.1886 in Sellrain, Tirol, geboren. Er erhielt seine Ausbildung in Innsbruck und Wien und wirkte als Musiklehrer in Salzburg. Er starb am 28.12. 1926 in Telfs, Tirol.

Werke

Von Alfons Schlögl, der als vorzüglicher Kontrapunktiker bekannt war, sind seine Proprien für das gesamte Kirchenjahr sehr beliebt geworden. Er schrieb ferner 7 Messen, ein Oratorium, Motetten, Lieder, Orgelstücke und Choralbearbeitungen. Er bemühte sich um einen konservativen Stil, den er »Neu-Palestrinismus« nannte, aber mit sehr viel Romantik ausstattete.

Michel Brusselmanns (1886–1960)

Leben

Michel Brusselmanns wurde am 12.2.1886 in Paris geboren. Er studierte am Konservatorium in Brüssel und später privat bei Vincent d'Indy und bei Paul Gilson. Er erhielt den Rompreis und wirkte fallweise als Dirigent und Lehrer in Brüssel bis zu seinem Tod am 21.9.1960.

Werke

Von Michel Brusselmanns sind 2 Sinfonien, eine Sinfonietta, eine sinfonische Dichtung, 2 Ouvertüren, »Flämische Skizzen«, 2 Suiten, eine »Flämische Rhapsodie«, »Breughel-Szenen«, »Provenzalische Szenen« und »Fünf flämische Tänze« bekannt geworden. Er schrieb ferner eine Rhapsodie für Horn und Orchester, ein Orgelkonzert, eine Violin- und eine Cellosonate, »Praeludium und Fuge« für acht Bläser, kleinere Instrumentalstücke, Chöre und Lieder mit Klavierbegleitung. Sein Stil ist impressionistisch, aber dennoch deutlich flämisch.

Henri Gagnebin (1886–1977)

Leben

Henri Gagnebin wurde am 13.3.1886 in Lüttich geboren. Er studierte in Lausanne, Genf, Berlin und an der Schola Cantorum in Paris Komposition und Orgel. Er wirkte von 1910 bis 1916 als Organist an der lutherischen Kirche »De la Rédemption« in Paris, dann bis 1925 in Lausanne an Saint-Jean, wo er auch am Konservatorium Musikgeschichte las; von 1923 bis 1925 war er Professor am Konservatorium in Neuchâtel; sodann leitete er bis 1957 das Konservatorium in Genf, wo er am 1.6.1977 starb.

Werke

Neben 2 szenischen Kantaten und einem Ballett schrieb Henri Gagnebin 4 Sinfonien, »Drei sinfonische Bilder«, 2 Suiten nach Hugenotten-Psalmen und eine weitere, ein Klavierkonzert, ein Oktett, ein Bläsersextett, eine Rhapsodie für vier Klarinetten, eine für Flöte, Violine, Cello und Klavier, ein Divertimento für Bläser und Schlagzeug, eine »Aubade« für Horn und Klavier, eine Ekloge für Klarinette und Gitarre, eine Rhapsodie für Flöte und Harfe, ein Streichtrio, 4 Toccaten, eine Partita, eine Fantasie, ein Pastorale und andere Stücke für Klavier, mehrere Kantaten, Psalmen und Lieder. Sein Stil ist der Modernen stark angenähert, bleibt aber innerhalb der Tonalität.

Gustaf Bengtsson (1886–1964)

Leben

Gustaf Adolf Tiburtius Bengtsson wurde am 29.3.1886 in Vadstena, Schweden, geboren. Er war von 1905 bis 1908 am Konservatorium in Stockholm Schüler von Johan Lindegren und studierte noch von 1909 bis 1912 in Berlin, Leipzig und Paris. Er wirkte von 1921 bis 1942 als Musiklehrer in Karlstad und anschließend in Linköping. Er starb am 28.11.1964 in Vadstena.

Werke

Von Gustaf Bengtsson sind 3 Sinfonien, Orchestersuiten, ein Violinkonzert, ein Cellokonzert, eine Sinfonietta für Violine, Bratsche und Kammerorchester bekannt geworden. Er schrieb ferner ein Streichquintett, ein Streichquartett, ein Klaviertrio, eine Violinsonate, Klavierwerke, Männerchöre und Lieder. Sein Stil näherte sich der Modernen nur zögernd.

Dimitri Levidis (1886–1951)

LEBEN
Dimitri Levidis wurde am 8.4.1886 in Athen geboren. Er besuchte zunächst das Konservatorium in Athen, war dann Schüler von Alexandre Denéréaz in Lausanne und darauf von Friedrich Klose, Felix Mottl und Richard Strauss in München. Von 1910 bis 1939 lebte er in Paris, kehrte sodann nach Athen zurück, wo er am 30.5.1951 starb.

WERKE
Die Beschäftigung mit akustischen Phänomenen und den antiken Tonarten wirkte sich auf das kompositorische Schaffen von Dimitri Levidis stark aus. Als einer der ersten schrieb er Werke für die Ondes Martenot, wie ein sinfonisches Gedicht für Ondes Martenot und Orchester, ein De profundis für zwei Ondes Martenot, Tenor und Orchester. Er verfaßte außerdem ein Ballett, ein Oratorium, eine sinfonische Dichtung, ein Divertissement für Englischhorn, Harfen, Streicher, Celesta und Schlagzeug (aeolisches Orchester), einige Kompositionen für »zehn aeolische Instrumente«, ein Gedicht für Violine und Orchester, ein Streichquartett, einige Klavierwerke und Lieder mit Orchesterbegleitung. Obwohl er sich völlig von dem spätromantisch-folkloristischen Stil losgemacht hatte, klingen in seinen sehr modernen Werken griechische Melodien mit.

Jānis Vītoliņš (1886–1955)

LEBEN
Jānis Vītoliņš wurde am 8.4.1886 in Litene, Lettland, geboren. Er war Schüler der Konservatorien in Moskau und Riga, wo er darauf Fagottlehrer wurde und am 14.5.1955 starb.

WERKE
Außer 2 Opern schrieb Jānis Vītoliņš 2 Sinfonien, 2 »Lettische Rhapsodien« mit Verwendung heimischer Folklore und andere Instrumentalstücke und Tänze sowie sehr verbreitete Lieder.

Marcel Dupré (1886–1971)

LEBEN
Marcel Dupré wurde am 3.5.1886 in Rouen geboren. Er studierte bei Félix Alexandre Guilmant, Louis Diémer und Charles-Marie Widor und erhielt neben mehreren anderen Preisen den Rompreis. Im Jahr 1926 wurde er Orgellehrer am Conservatoire und 1934 Organist an Saint-Sulpice, wirkte durch 4 Jahre als Substitut für Louis Vierne an Notre Dame und übernahm 1946 die Leitung des Conservatoire Américain in Fontainebleau. Er genoß als Improvisator und als Bach-Spieler weitreichenden internationalen Ruf und trat in

Marcel Dupré

den meisten europäischen Ländern, in Australien, den USA und Kanada auf. Er starb am 30.5.1971 in Meudon, Hauts-de-Seine.

WERKE

Die Werke für Orgel nahmen im kompositorischen Schaffen von Marcel Dupré den ersten Rang ein: »3 Praeludien und Fugen«, 15 Vesperversetten, Variationen über ein altes Weihnachtslied, 2 Sinfonien, 79 Choräle, »Der Kreuzweg«, eine sinfonische Dichtung, eine Suite, eine »Vision«, »Psalm Nr. XVIII«, 24 Inventionen. Er schrieb ferner für Orgel und Orchester: eine Sinfonie, ein Konzert, ein heroisches Gedicht »Verdun« mit Blechbläsern; für Klavier und Orgel: eine Sinfonie, eine Ballade, Variationen. Außerdem verfaßte er ein Oratorium und ein De profundis für Soli, Chor, Orchester und Orgel und 4 Motetten für Chor und Orgel, weiters Klavierstücke, Cellostücke und eine Violinsonate. Sein Stil ist durch eine restlose Ausnützung der Tonalität gekennzeichnet. Er veröffentlichte mehrere didaktische Werke für den Orgelunterricht.

Der Kreuzweg für Orgelsolo, Opus 29, 14 Teile, entstanden 1932

Es handelt sich um Programmusik eigener Art, denn die Musik drückt die einzelnen Ereignisse des Kreuzwegs weder schallnachahmend noch mit traditionellen Motiven aus; es werden auch keine »Bilder« dargestellt und auch nicht die Impression derselben auf den Komponisten, sondern das emotionale und intellektuelle Erleben der sekundären Figuren des Dramas. So zum Beispiel wird im 11. Teil »Jesus wird seiner Kleider beraubt« das Lachen der Menge über den makabren Scherz dargestellt, im Teil 14 »Jesus wird in das Grab gelegt« der Gang zum Grab mit einem Trauermarsch gekennzeichnet.

Symphonie-Passion für Orgelsolo, Opus 23, 4 Teile, entstanden 1924

Das Programm dieses Werks ist das Leben Christi, das jedoch nicht vordergründig wie bei den Romantikern und ebensowenig mit der Bildhaftigkeit der Impressionisten, sondern intellektuell perzepiert und reproduziert wird. Der 1. Teil stellt die Welt in Erwartung des Heilands dar, der 2. Teil die Geburt Christi, die mit Hirtenschallmeien und Marsch der Könige nur angedeutet und nicht geschildert wird; Gegenstand der Darstellung ist die Bedeutung des Ereignisses für die Christen. Die »Kreuzigung« wird mit einem dröhnenden Crescendo bis zur höchsten Lautstärke markiert, die die Gewalt der Umwälzung, die durch dieses Ereignis herbeigeführt wurde, verdeutlicht. Die »Auferstehung« bildet mit einer rauschenden Toccata den Triumph der Gläubigen.

Hermann Grabner (1886–1969)

LEBEN

Hermann Grabner wurde am 12.5.1886 in Graz geboren. Nach abgeschlossenem juridischem Studium wurde er am Konservatorium in Leipzig Schüler von Max Reger und Hans Sitt. Anschließend wirkte er ein Jahr als Assistent Regers in Meiningen und wurde 1913 in Straßburg Erster Theorielehrer am Konservatorium. Von 1919 bis 1924 unterrichtete er Theorie und Komposition an der Musikhochschule in Mannheim und an der Musikakademie in Heidelberg. Hernach war er Kompositionslehrer am Konservatorium in Leipzig und seit 1932 Professor; ab 1930 war er auch Universitätsmusikdirektor, von 1938 bis 1946 unterrichtete er an der Musikhochschule in Berlin. Er starb am 3.7.1969 in Bozen.

WERKE

Von Hermann Grabner sind 7 Opern aufgeführt worden. Er schrieb ferner »Variationen und Fuge«, eine Suite für Blasorchester, sinfonische Tänze, ein Concerto grosso für Bläser, ein Concertino für Tasteninstrument und Streicher, ein Pastorale, 3 Streichquartette, ein »Konzert im alten Stil« für drei Violinen, eine »Musik« für drei Flöten, ein Trio für Oboe, Klarinette und Fagott, ein Konzert für Flöte, Horn, Klarinette und Fagott, einen Männerchor mit Orgel, 2 Motetten für Chor und Orchester, Chorwerke a cappella, »Fünf Gesänge für Kammerchor« und eine Anzahl weiterer Chöre und Lieder. Einen wichtigen Teil seines kompositorischen Schaffens nehmen die Orgelwerke ein: eine Partita, eine Sonate, Praeludium und Fuge, eine Toccata, ein Konzert für Orgel und Streichorchester und ein »Orgelchoralbuch« mit 240 Choralbearbeitungen. Er publizierte eine Anzahl sehr instruktiver musiktheoretischer, musikhistorischer und didaktischer Werke.

Media vita in morte sumus, Antiphonbearbeitung, Opus 24, 3 Teile

Der 1. Teil der Antiphone »Mitten im Leben sind wir von Tod umfangen« beginnt gregorianisch, dann kommt es zum Praeludium. Der Cantus firmus ist im Pedal rhythmisiert. Der 2. Teil »Passacaglia« bringt ein der Antiphone entnommenes Adagiothema, dessen Durchführung aus Umkehrung und Engführung besteht. Der 3. Teil »Fuge« hat Toccatenschluß, in dem Fugen- und Passacagliathema zusammengefaßt sind. Dieses äußerst klangvolle Orgelstück hat eine modale harmonische Grundhaltung.

LITERATUR

E. Otto, Hermann Grabner. Werk und Mensch. - In: ZfM CXII (1951).

José Gil (1886–1947)

LEBEN

José Gil wurde am 29.5.1886 in Haro, Logroño, Spanien, geboren. Er studierte bei Alberto Williams in Buenos Aires. Dort lehrte er am Konservatorium Kontrapunktik und Fuge, dirigierte häufig das Orchester des Teatro Colón und war auch als Musikkritiker tätig. Er starb am 12.5.1947 in Buenos Aires.

WERKE

Von José Gil sind »4 danzas« für Klavierquintett, ein Klavierquartett, ein Klaviertrio, eine Sonate und eine Sonatine für Violine und Klavier, »Introducción y Allegro« für Cello und Klavier, eine Sonatine für Klavier, mehrere Vokalwerke und Transkriptionen bekannt geworden. Sein Stil gehörte noch der Spätromantik an.

Kosaku Yamada (1886–1965)

LEBEN

Kosaku (Kōsaku) Yamada wurde am 9.6.1886 in Tokio geboren. Bis 1908 erhielt er eine Ausbildung in Theorie und Gesang in Tokio und studierte sodann bis 1914 in Berlin bei Max Bruch Komposition. Dann gründete er in Tokio das erste japanische Sinfonieorchester und leitete es bis 1919. Im Ausland trat er öfters als Dirigent auf. Er starb am 29.12.1965 in Tokio.

WERKE

Von Kosaku Yamada sind 8 Opern aufgeführt worden. Er schrieb weiters 5 Sinfonien, 3 »Tanzpoesien«, 6 sinfonische Dichtungen, davon 2 mit Chor, eine Suite, Kammermusik, Chorwerke, Chöre, Lieder und Klavierstücke. Er schloß sich deutlich der abendländischen Spätromantik an, bemühte sich aber um einen japanischen nationalistischen Stil und integrierte daher heimisches Melos.

Robert Herberigs (1886–1974)

LEBEN

Robert (Robertus-Henricus-Maria-Josephus-Georgius) Herberigs wurde am 19.6.1886 in Gent geboren und am Konservatorium ausgebildet. Von 1951 bis 1953 leitete er die Flämische Oper in Antwerpen. Anschließend lebte er als freier Komponist bis zu seinem Tod am 20.9.1974 in Oudenaarde.

WERKE

Von Robert Herberigs sind 2 Opern auf die Bühne gekommen. Er schrieb weiters 3 Sinfonien, 5 sinfonische Dichtungen, »4 Balladen« und »Oden« für Orchester, 2 Suiten, ein Orgelkonzert, ein Klavierkonzert, ein Bläserquintett, eine Suite für Flöte, Violine, Bratsche und Cello, eine Sonatine und weitere kleine Stücke für Kammerorchester, 3 Etüden und zahlreiche andere Stücke für Klavier, eine Sinfonie mit Singstimmen, Klavierlieder, 9 Messen und andere sakrale Stücke.

George Frederick Boyle (1886–1948)

LEBEN

George Frederick Boyle wurde am 29.6.1886 in Sydney geboren und zum Pianisten und Komponisten ausgebildet. Nach Konzertreisen in Australien kam er nach Berlin zu Ferruccio Busoni und konzertierte ab 1908 in Europa.

Autograph von Robert Herberigs

Im Jahr 1910 ging er in die USA; dort wurde er am Konservatorium in Baltimore Klavierlehrer, später am Curtis Institut in Philadelphia und schließlich an der Juilliard School of Music in New York. Er starb am 20.6.1948 in Philadelphia, wo er zuletzt Leiter der Klavierabteilung der Musical Academy war.

WERKE

Von George Frederick Boyle sind eine sinfonische Fantasie, ein Concertino für Klavier und Orchester, eine Kantate, eine Klavier-, eine Bratschen-, eine Cello- und eine Violinsonate bekannt geworden. Er schrieb ferner eine Suite für zwei Klaviere und eine »Elegische Ballade« für Violine, Cello und Klavier. Sein Stil war für moderne Diktionen sehr aufgeschlossen.

Heinrich Kaminski (1886–1946)

LEBEN

Heinrich Kaminski wurde am 4.7.1886 in Tiengen, Oberrhein, geboren. Nach seinem Studium der Nationalökonomie in Heidelberg wurde er dort Schüler von Philipp Wolfrum und setzte seine musikalische Ausbildung in Berlin bei Paul Juon, Hugo Kaun und Wilhelm Klatte fort. Er ließ sich darauf in Ried bei Benediktbeuern als freier Komponist nieder, wo er bis zu seinem Tod am 21.6.1946, unterbrochen von der Leitung der Chorkonzerte des Musikvereins Bielefeld und einer Meisterklasse für Komposition an der Preußischen Akademie der Künste in Berlin von 1930 bis 1933, verblieb. Seine Musik war im Dritten Reich verboten.

WERKE

Von Heinrich Kaminski sind 2 musikalische Bühnenwerke aufgeführt worden. Außerdem schrieb er ein Concerto grosso für zwei Orchester, eine »Musik« und ein »Tanzdrama« für Orchester, eine Musik zu einem Passionsspiel, ein Quintett für Klarinette, Horn und Streichtrio, ein Streichquintett, ein Quartett für Klavier, Klarinette, Bratsche und Violine, ein Orchesterkonzert mit Klavier, eine Musik für Cello und Klavier, ein Hauskonzert für Violine und Klavier, eine Motette für Doppelchor und Orgel, ein Magnificat für Sopran, Bratsche, Chor und Orchester, eine Deutsche Messe (unvollendet), Chorkantaten a cappella und begleitet, eine Toccata und Choralvorspiele für Orgel, Orgel- und Klavierstücke, Chöre und Lieder. Er versuchte, die alte franko-flämische Polyphonie mit den rhythmischen und klanglichen Ausdrucksmitteln seiner Zeit zu verschmelzen. In seinem geistlichen Vokalwerk herrscht mystisches Empfinden vor.

Oscar Esplá y Triay (1886–1976)

LEBEN

Oscar Esplá y Triay wurde am 5.8.1886 in Alicante geboren. Nach einem Ingenieurstudium wurde er in Paris Schüler von Camille Saint-Saëns und in München von Max Reger. Von 1931 bis 1936 war er Vorsitzender der Junta Nacional de Música, im Jahr 1936 wurde er Direktor des Konservatoriums in Madrid, verließ jedoch Spanien bald darauf und ging nach Brüssel; erst 1951 kehrte er zurück. Er vertrat Spanien im Internationalen Musikrat der UNESCO und war Präsident der spanischen Sektion der Internationalen Gesellschaft für Neue Musik (IGNM). Er starb am 6.1.1976 in Madrid.

WERKE

Außer 2 Opern und 2 Balletten schrieb Oscar Esplá y Triay eine Sinfonie, 2 Chorsinfonien, 3 sinfonische Dichtungen, 3 Suiten, ein Klavierkonzert, ein Klavierquintett, 2 Streichquartette, ein Klaviertrio, ein De profundis, eine Kantate, Klavierstücke, Chorwerke und Lieder. Seine Kompositionen fußten auf Volksmusik der spanischen Ostküste. Er stellte für sich mehrere verschiedene Skalen auf, wodurch er ein höchstpersönliches Klangkolorit erzielte.

Daniel Ruyneman (1886–1963)

LEBEN

Daniel Ruyneman wurde am 8.8.1886 in Amsterdam geboren und dort von Bernard Zweers ausgebildet. Er war 1918 Mitbegründer der späteren Niederländischen Sektion der IGNM und von 1930 bis 1940 Chefredakteur der Zeitschrift »De moderne muziek«. Er starb am 25.7.1963 in Amsterdam.

WERKE

Vom französischen Impressionismus ausgehend wurde Daniel Ruyneman zum Vertreter der musikalischen Avantgarde in den Niederlanden. Er schrieb 2 Sinfonien, eine Partita für Streichorchester, ein Klavierkonzert, ein Violinkonzert, »Hieroglyphen« für drei Flöten, Celesta, Harfe, Cup-Bells, Klavier, zwei Mandolinen, zwei Gitarren, »Gilgamesch« für Orchester, »Die Weise von Liebe und Tod des Kornetts Christoph Rilke« für Sprecher und Orchester, »Réflexions I« für vokalisierenden Sopran, Flöte, Gitarre, Bratsche, Vivraphon, Xylophon und Schlagzeug, »III« für Flöte, Violine, Bratsche, Cello, Klavier, »IV« für Bläserquintett, Fantasie für Cello und Cembalo, »5 Mélodies« für Stimme und Klavier, 3 Sonaten für Violine und Klavier, »Ancient Greek Songs« (Altgriechische Lieder) für Baß, Flöte, Oboe, Cello, Harfe. »L'Appel« und »Sonate« für gemischten Chor mit einem vom Wort losgelösten Chorstil, »3 Pathematologien« und dazu eine Oper.

Robert Heger (1886–1978)

LEBEN

Robert Heger wurde am 19.8.1886 in Straßburg geboren. Er war in seinem Geburtsort Schüler von Franz Stockhausen (30.1.1839, Gebweiler, bis 4.1.1926, Straßburg), in Zürich

Robert Heger

von Lothar Kempter (5.2.1844, Lauingen, Bayern, bis 14.7.1918, Vitznau, Luzern) und in München von Max Schillings. Seine Tätigkeit als Theaterkapellmeister führte ihn von Straßburg nach Ulm, Barmen, Wien, Nürnberg und München; 1925 wurde er Dirigent an der Wiener Staatsoper, 1933 an der Städtischen Oper in Berlin und 1950 an der Staatsoper in München, wo er auch bis 1954 Präsident der Musikhochschule war. Er starb am 15.1.1978 in München.

WERKE
Neben 7 Opern und einem Melodram schrieb Robert Heger 3 Sinfonien, ein Klavierkonzert, ein Cellokonzert, »Chaconne und Fuge über eine Zwölftonreihe«, ein Streichquartett, ein Klaviertrio, eine Kantate, ein Te Deum, Klaviermusik und Lieder. Er zeigte sich allen modernen Stilrichtungen gegenüber sehr aufgeschlossen.

Othmar Schoeck (1886–1957)

LEBEN
Othmar Schoeck wurde am 1.9.1886 in Brunnen am Vierwaldstätter See geboren. Er wurde am Konservatorium in Zürich und in Leipzig bei Max Reger ausgebildet. Ab 1909 leitete er den Männergesangverein Aussersihl und den Lehrer-Gesangverein Zürich, von 1917 bis 1944 dirigierte er die Sinfoniekonzerte in St. Gallen. Er starb am 8.3.1957 in Zürich als einer der bedeutendsten Komponisten der Schweiz.

WERKE
Neben 6 Opern schrieb Othmar Schoeck eine Ouvertüre, einen »Festlichen Hymnus«, eine Serenade für kleines Orchester, eine Suite und ein Intermezzo für Streichorchester, ein Violinkonzert, ein Cello- und ein Hornkonzert mit Streichorchester, 2 Streichquartette, eine Sonate für Cello und Klavier, 3 Sonaten für Violine und Klavier und mehrere Klavierstücke, ungefähr 380 Klavierlieder und zahlreiche mit Orchester oder mit verschiedenen Instrumenten, mehrere Orchesterchorwerke. Obwohl er durch Polyrhythmik und Bitonalität fallweise zu gesteigertem Ausdruck gelangte, muß er als einer der letzten Lyriker

Othmar Schoeck

und damit als Vollender der Romantik bezeichnet werden. Er war wohl auch einer der letzten großen Liedkomponisten.

LITERATUR

H. Corrodi, Othmar Schoeck, Frauenfeld 1956.

Stasys Šimkus (1887–1943)

LEBEN

Stasys Šimkus wurde am 23. 1. 1887 in Motiškiai bei Kaunas geboren. Er studierte in Vilnius, in Warschau und darauf bei Anatoli Ljadow, Jāzeps Vītols und Maksim Osejewitsch Steinberg am Konservatorium in St. Petersburg. Nach fünfjährigem Aufenthalt in den USA ergänzte er seine Ausbildung in Leipzig bei Paul Graener und Sigfrid Karg-Elert. Im Jahr 1923 gründete er in Klaipėda eine Privatmusikschule, die ein Jahr darauf zum staatlichen Konservatorium wurde, und wirkte von 1931 bis 1937 als Staatsoperndirigent und Kompositionsprofessor am Konservatorium in Kaunas, wo er am 15. 10. 1943 starb.

WERKE

Neben mehreren Opern schrieb Stasys Šimkus eine sinfonische Dichtung, eine Klaviersuite, eine Kantate für drei Solostimmen, gemischten Chor und Orchester, eine Ballade, Chöre, Lieder und einige Kirchenmusik. Er bewegte sich im Rahmen der Spätromantik.

Karl Koch (1887–1971)

LEBEN

Karl Koch wurde am 29. 1. 1887 in Biberwier, Tirol, geboren. Nach dem Theologiestudium in Brixen studierte er an der Kirchenmusikschule in Regensburg bei Peter Griesbacher und Joseph Renner (17. 2. 1868, Regensburg, bis 17. 7. 1934, Regensburg) und sodann an der Musikakademie in Wien bei Joseph Marx und Max Springer (19. 12. 1877, Schwendi, Württemberg, bis 20. 1. 1954, Wien). Er wirkte von 1914 bis 1924 als Chordirektor in Bozen und anschließend bis 1967 als Domkapellmeister in Innsbruck, wo er am 20. 9. 1971 starb.

WERKE

Außer einer Sinfonie und einem Streichquartett schrieb Karl Koch nur sakrale Musik: 5 große Messen, 2 Requiem, 3 Tantum ergo, einen Osterhymnus, Chöre und Lieder. Er verstand es, die strengen caecilianischen Vorschriften mit ansprechenden Klängen zu erfüllen.

Leevi Madetoja (1887–1947)

LEBEN

Leevi Antti Madetoja wurde am 17. 2. 1887 in Oulu geboren. Während seines Universitätsstudiums in Helsinki war er Musikschüler von Jean Sibelius und Armas Järnefelt und ergänzte seine Ausbildung in Paris bei Vincent d'Indy und in Wien bei Robert Fuchs. Von 1912 bis 1914 war er Zweiter Kapellmeister der Philharmonischen Gesellschaft in Helsinki, sodann bis 1916 Orchesterdirigent in Viipuri (Wiborg), dann Lehrer für Musikgeschichte und Musiktheorie am Musikinstitut und von 1926 bis zu seinem Tod am 6. 10. 1947 Musiklehrer der Universität in Helsinki.

WERKE

Außer 2 Opern und einem Ballett schrieb Leevi Madetoja 3 Sinfonien, 2 Tongedichte, 3 Ouvertüren, eine Suite für Cello und Klavier, eine Klaviersuite und weitere Klavierwerke, 2 Chorwerke, mehrere Kantaten, Chöre und Lieder. Er verwendete viel finnische Volksmusik in seinen Werken, die der Spätromantik zuzuzählen sind.

Heino Eller (1887–1970)

LEBEN

Heino Eller wurde am 23. 2. 1887 in Tartu (Dorpat) geboren. Neben seinem juridischen Studium in St. Petersburg war er Musikschüler von Wasili Kalafati und Jāzeps Vītols. Anschließend wirkte er bis 1940 als Dozent an der Musikhochschule in Tartu und sodann bis zu seinem Tod am 16.6.1970 als Professor am Konservatorium in Tallinn.

WERKE
Von Heino Eller sind 3 Sinfonien, 6 sinfonische Dichtungen und kleinere, vorwiegend impressionistische Orchesterwerke, 2 Violinkonzerte, 5 Streichquartette, 4 Miniaturen für Streichquartett, 2 Violinsonaten, 4 Klaviersonaten und ungefähr 150 Klavierstücke bekannt geworden. Sein Beitrag zur äußerst regen estnischen Musiklandschaft war bedeutend.

Oskar Lindberg (1887–1955)

LEBEN
Oskar Fredrik Lindberg wurde am 23.2.1887 in Gagnef, Dalarne, Schweden, geboren. Er war am Konservatorium in Stockholm Schüler von Ernst Henrik Ellberg (11.12.1868, Söderhamn, Schweden, bis 14.6.1948, Stockholm) und Johan Andreas Hallén (1846–1925). Anschließend studierte er noch in Sondershausen. Im Jahr 1914 wurde er Organist in Stockholm und 1919 Lehrer und 1936 Professor am Konservatorium in Stockholm, wo er am 10.4.1955 starb.

WERKE
Neben einer Oper schrieb Oskar Lindberg eine Sinfonie, 3 Tondichtungen, 3 Ouvertüren, 2 Suiten, ein Orchesterstück, ein Klavierquartett, eine Orgelsonate, eine Kantate, ein Requiem und 14 Sätze im schwedischen Choralbuch. Sein Stil war folkloristisch-spätromantisch.

Anuschawan Ter-Gewondjan (1887–1961)

LEBEN
Anuschawan Grigorjewitsch Ter-Gewondjan wurde am 24.2.1887 in Tbilisi geboren. Er war bis 1915 Schüler von Aleksandr Glasunow, Anatoli Ljadow und Maksim Osejewitsch Steinberg am Konservatorium in Petrograd. Von 1918 bis 1925 war er Theorielehrer am Konservatorium in Tbilisi, von 1926 bis 1934 und von 1938 bis 1944 am Konservatorium in Jeriwan, das er ab 1930 leitete; in der Zwischenzeit unterstand ihm das Konservatorium in Baku. Er starb am 6.6.1961 in Jeriwan.

WERKE
Neben 2 Opern und 2 Balletten schrieb Anuschawan Ter-Gewondjan eine Sinfonie, eine Rhapsodie, A-cappella-Chöre, Romanzen, Lieder und Bühnenmusik. Sein Stil lehnte sich an den seiner Lehrer an, integrierte aber viel armenisches Volksmusikgut.

Heitor Vila-Lobos (1887–1959)

LEBEN
Heitor Vila-Lobos (Villa-Lobos) wurde am 5.3.1887 in Rio de Janeiro geboren. Er war Schüler von Francisco Braga, hatte aber bereits sehr früh begonnen, in Kaffeehäusern und kleinen Orchestern als Cellist mitzuwirken und zu komponieren. Nach Aufenthalten in Paris wurde er Leiter der Academia brasileira de música, 1832 Leiter des Musikschulwesens von Rio de Janeiro und bald darauf des ganzen Landes und im Jahr 1942 des Nationalkonservatoriums für Chorgesang in seiner

Heitor Vila-Lobos

Heimatstadt. Er trat als Dirigent seiner Werke in Brasilien und dem übrigen Lateinamerika, in den USA und in Europa mehrmals auf und starb am 17.11.1959 in Rio de Janeiro als repräsentativste Gestalt der gesamten lateinamerikanischen Musiklandschaft.

WERKE

Von Heitor Vila-Lobos sind 4 Opern, eine Operette und 5 Ballette auf die Bühnen gekommen. Er schrieb 12 Sinfonien mit programmatischen Titeln, 2 Sinfoniettas, mehrere sinfonische Dichtungen, 5 Suiten, 5 Klavierkonzerte, 2 Cellokonzerte, ein Gitarrenkonzert, ein Harfenkonzert, ein Mundharmonikakonzert, 14 Choros und 9 Bachianas brasileiras für verschiedene Ensembles, eine Fantasie für Saxophon und Streicher, ein Nonett für Bläser, Harfe, Schlagzeug und Chor, ein Sextett, mehrere Quintette für Bläser und für Streicher, 17 Streichquartette, 2 Duette für Violine und Bratsche und für Oboe und Fagott, Klavierstücke, 6 Praeludien und 12 Etüden für Gitarre, ein Oratorium, eine Messe, zahlreiche Chöre und Lieder sowie Sammlungen von Volksliedern und Volkschören. »In seiner Musik liegt die Seele seines Volkes«, erklärt ein Biograph und besagt damit, daß Vila-Lobos mit seinen Werken alle Emotionen Brasiliens deutlich werden läßt.

Cellokonzert Nr. 2, 3 Sätze, entstanden 1954

Der 1. Satz beginnt mit einem kräftigen Fortissimo, dann setzt das erste Thema elegant ein. Ein zweites tritt hinzu. Passagenreich und farbensatt führt die virtuose Durchführung zu einem prächtigen Satzschluß. Der 2. Satz bringt eine schöne Kantilene, die das Orchester pizzicato, Gitarrenklang nachahmend, begleitet. Der kurze 3. Satz ist ein Scherzo mit einer von Glissandi gekennzeichneten Kadenz.

Bachianas brasileiras Nr. 5 für Sopran und 8 Celli, 2 Teile, entstanden 1938

Von den 9 Bachianas brasileiras – Johann Sebastian Bach gewidmete kontrapunktische Stücke – wird diese am meisten gespielt. Der 1. Teil »Cantilena« bringt eine von der Singstimme vorgetragene Serenade, die die Celli pizzicato begleiten. Der 2. Teil »Dansa« verwendet eine Melodie des brasilianischen Hinterlands, die Vogelstimmen nachahmt.

Bachianas brasileiras Nr. 6 für Flöte und Fagott, 2 Teile, entstanden 1938

Dieses Stück hat die Form einer altbrasilianischen Serenade für zwei Instrumente, die kontrapunktisch gegeneinander spielen und damit dem Geist des Widmungsträgers sehr nahekommen.

Bachianas brasileiras Nr. 9 für Streichorchester, Praeludium und Fuge, entstanden 1945

Dieses Werk erweckt mit seiner dichten Struktur den Eindruck einer großen klingenden Orgel. Es enthält gewaltige rhythmische und technische Schwierigkeiten, besonders für die Kontrabässe. Es scheint, daß der Komponist dem verehrten Altmeister eine besondere Reverenz bezeigen wollte.

LITERATUR

A. Magelhães de Giacomo, Vila-Lobos, São Paulo 1972.

Carlos Isamitt (1887–1974)

LEBEN

Alarcón Carlos Isamitt wurde am 13.3.1887 in Rengo, Colchagua, Chile, geboren. Er war am Konservatorium in Santiago de Chile Schüler von Pedro Umberto Allende Sarón (29.6. 1885, Santiago de Chile, bis 16.8. 1959, Santiago), dann ergänzte er seine Studien in Italien, Paris, Madrid und Den Haag. In seiner Heimat unterrichtete er an verschiedenen Lehrinstituten und wurde Präsident der Federación de Artistas de Chile. Er starb am 2.7. 1974 in Santiago.

WERKE

Das kompositorische Schaffen von Carlos Isamitt wurde von der Musik der Araukaner stark beeinflußt, mit deren Erforschung er sich intensiv beschäftigte. Er schrieb 3 Ballette, darunter »Der Ruf des Blutes« mit Singstimmen, Orchester aus indianischen Instrumenten, 4 sinfonische Konzertstücke, eine Sinfonie, eine Suite für Cello und Kammerorchester, eine »Danza ritual« für Kammerorchester, ein Harfenkonzert, eine Suite für Orchester, eine Sonate für Flöte solo, ein Streichquartett, »3 Pastorale« für Violine und Klavier, »3 Tänze« für Harfe, Kantaten, Hymnen, Klavierwerke. Er veröffentlichte mehrere Traktate über chilenische Volksmusik.

Joshemari Usandizaga (1887–1915)

LEBEN

Joshemari Usandizaga wurde am 31. 3. 1887 in San Sebastián geboren. Er war von 1901 bis 1906 an der Schola Cantorum in Paris Schüler von Vincent d'Indy, Gabriel Grovlez (4. 4. 1879, Lille, bis 20. 10. 1944, Paris), Louis Serres (8. 11. 1864, Lyon, bis 25. 11. 1942, Nérondes, Loire) und Fernand de la Tombelle (3. 8. 1854, Paris, bis 13. 8. 1928, Fayrac, Dordogne). Er lebte als einer der bedeutendsten Vertreter baskischer Musik in San Sebastián, wo er am 5. 10. 1915 starb.

WERKE

Außer einem baskischen Pastorale und 2 lyrischen Dramen schrieb Joshemari Usandizaga 4 sinfonische Dichtungen, 2 Streichquartette, Klavier- und Orgelwerke und 2 baskische Kantaten.

Heinz Tiessen (1887–1971)

LEBEN

Richard Gustav Heinz Tiessen wurde am 10. 4. 1887 in Königsberg (Kaliningrad) geboren. Er studierte in Berlin an der Universität und am Sternschen Konservatorium. Ab 1911 wirkte er als Musikkritiker, ab 1918 als Theaterkapellmeister, von 1920 bis 1922 als Dirigent des Akademischen Orchesters und sodann des Arbeiterchors. Seine Kompositionen waren zu Zeiten der Diktatur unerwünscht. Von 1946 bis 1955 unterrichtete er an der Berliner Musikhochschule. Von 1922 bis 1933 war er Vorstandsmitglied der Deutschen Sektion der Internationalen Gesellschaft für Neue Musik. Er starb am 29. 11. 1971 in Berlin.

WERKE

Wenn auch Richard Strauss den künstlerischen Ausgangspunkt für Heinz Tiessen bildete, so wandte sich dieser bald dem Expressionismus und der Dodekaphonik zu, um schließlich seinen eigenen, sehr freien Stil zu finden. Er verfaßte ein »Tanzdrama« und mehrere Schauspielmusiken, 2 Sinfonien, ein Rondo, eine Suite, ein Vorspiel und einige weitere Orchesterstücke, eine »Musik für Streichorchester«, eine »Totentanz-Suite« für kleines Orchester, ein Septett für Flöte, Horn, Klarinette und Streichquartett, »Konzertante Variationen« für Klavier und Orchester, ein Streichquintett, ein Divertimento für fünf Bläser, ein Duo für Violine und Klavier, eine »Kleine Suite« für zwei Violinen, verschiedene Klavier- und Orgelstücke, Klavierlieder und Chorwerke. Er veröffentlichte mehrere theoretische Werke.

Josef Jonsson (1887–1969)

LEBEN

Josef Petrus Jonsson wurde am 21. 6. 1887 in Enköping bei Uppsala geboren. Er war Autodidakt und lebte als Musikkritiker und Lehrer in Norrköping, Östergötland, wo er am 9. 5. 1969 starb.

WERKE

Von Josef Jonsson sind 3 Sinfonien, 3 Suiten, 3 Ouvertüren, ein Violinkonzert, eine Missa solemnis, eine sinfonische Dichtung für Bariton, Chor und Orchester, eine Kantate für Tenor, Chor und Orchester, 2 Melodramen, »5 Meditationen« für Streicher, ein Klavierquintett, Klavierstücke und Lieder bekannt geworden. Er hob sich von der nordischen Romantik bereits deutlich ab.

Rudi Stephan (1887–1915)

LEBEN

Rudi Stephan wurde am 29. 7. 1887 in Worms geboren. Er war am Hochschen Konservatorium in Frankfurt am Main Schüler von Bernhard Sekles und studierte ab 1906 bei Rudolf Louis in München. Er wirkte als freier Komponist in München bis zum Ersten Weltkrieg, in dem er am 29. 2. 1915 bei Tarnopol, Galizien (heute Ternopol, Ukraine), fiel.

WERKE
Durch seine uneingeschränkte Abkehr von der Harmonik der Neuromantik und vom schillernden Klangzauber des Impressionismus wurde das kompositorische Werk von Rudi Stephan, so schmal es wegen der kurzen ihm gegönnten Schaffenszeit war, zum Markstein der Entwicklung zur Neuen Musik in Deutschland. Er schrieb »Musik für sieben Saiteninstrumente«, »Musik für Orchester«, »Musik für Geige und Orchester«, »Liebeszauber« für Bariton und Orchester, 16 Klavierlieder und eine Oper.

Marion Bauer (1887–1955)

LEBEN
Marion Eugenie Bauer wurde am 15.8.1887 in Walla Walla, Wash., geboren. Sie war Schülerin von Stéphane Raoul Pugno, André Gédalge, Jean Paul Ertel und Nadia Boulanger. Ab 1926 unterrichtete sie an der Musikabteilung der Universität von New York und daneben an der Juilliard School of Music und an anderen Schulen. Sie starb am 9.8.1955 in South Hadley, Mass.

WERKE
Neben zahlreichen Bühnen- und Filmmusiken schrieb Marion Bauer eine choreographische Skizze für acht Instrumente und Ballett, eine Musik für Streicher, Orchesterstücke, ein Klavierkonzert, 2 Chorwerke, ein Streichquartett, eine Suite für Sopran und Streichquartett, ein Concertino für Oboe, Klarinette und Streichquartett, eine Triosonate für Flöte, Cello und Klavier, 5 Stücke für Streichquartett, ein Stück für zehn Blasinstrumente, 2 Violinsonaten, eine Fantasie für Violine und Klavier, eine Oboensonate und zahlreiche Kompositionen für Singstimme und Klavier. Sie veröffentlichte mehrere musiktheoretische Werke. Ihr Stil gehört der Neuen Musik Amerikas an.

Luis Abraham Delgadillo (1887–1961)

LEBEN
Luis Abraham Delgadillo wurde am 25.8.1887 in Managua, Nicaragua, geboren. Er studierte am Konservatorium in Mailand und wirkte darauf in seiner Heimat als Orchesterleiter und Musiklehrer; große Aufmerksamkeit widmete er der südamerikanischen Volksmusik. Von 1943 bis 1945 unterrichtete er am Konservatorium in Panama. Er starb am 20.12. 1961 in Managua.

WERKE
Neben 2 Opern, 4 Operetten und einem Ballett verfaßte Luis Abraham Delgadillo eine Reihe von Sinfonien mit programmatischen Titeln, 12 »Sinfonias breves« (Kurzsinfonien), ein sinfonisches Capriccio, ein Konzert für Gitarre und Kammerorchester und weitere Kammermusik, Stücke für Violine und Klavier und für Klavier solo. In seine Kompositionen integrierte er viel Volksmusik. Er veröffentlichte mehrere musiktheoretische Werke.

Fartein Valen (1887–1952)

LEBEN
Olav Fartein Valen wurde am 25.8.1887 in Stavanger geboren. Während seines Universitätsstudiums in Kristiania nahm er bei Catharinus Elling (13.9.1858, Kristiania, bis 8.1. 1942, Oslo) Musikunterricht, dann studierte er bei Max Bruch in Berlin. Von 1927 bis 1936 wirkte er als Inspektor an der Musikabteilung der Universitätsbibliothek in Oslo. Er starb am 14.12.1952 in Valevåg.

WERKE
Von Fartein Valen sind 5 Sinfonien und weitere Orchesterstücke, ein Klavierkonzert, ein Violinkonzert, eine Serenade für fünf Bläser, 2 Streichquartette, ein Klaviertrio, eine Violinsonate, Orchestergesänge, Klavierwerke, Chöre und Lieder bekannt geworden. Sein Schaffen war ursprünglich von Johannes Brahms und Max Reger beeinflußt, landete aber bald bei

einer selbständigen polyphonen atonalen Struktur.

LITERATUR

K. Lange, Fartein Valen, in: Nordisk Musikkultur II, 1953.

Hermann Güttler (1887–1963)

LEBEN

Hermann Güttler wurde am 7.10.1887 in Königsberg (Kaliningrad) geboren, wo er am Konservatorium und der Universität studierte. Von 1910 bis 1926 war er als Musikredakteur tätig. Nach dem Zweiten Weltkrieg lebte er als freier Komponist und Musikschriftsteller in Berlin, wo er am 20.4.1963 starb.

WERKE

Außer 2 Opern schrieb Hermann Güttler 3 Sinfonien, ein Klavierkonzert, ein Violinkonzert, mehrere Ouvertüren, ein Streichquartett, Klavierwerke, Liederzyklen und zahlreiche einzelne Klavierlieder sowie ein Melodram. Sein Stil war konservativ, tendierte aber zum Neuklassizismus.

Juri Schaporin (1887–1966)

LEBEN

Juri Aleksandrowitsch Schaporin wurde am 27.10.1887 in Gluchow, Ukraine, geboren. Nach seinem juridischen Studium wurde er Schüler des Konservatoriums in St. Petersburg bis 1918, sodann Theaterkapellmeister. Ab 1936 unterrichtete er am Konservatorium in Moskau bis zu seinem Tod am 9.12.1966.

WERKE

Neben 3 Opern schrieb Juri Schaporin eine Sinfonie, eine Sinfoniekantate, 2 Oratorien, einen sinfonischen Zyklus für Soli, Chor und Orchester, 2 Klaviersonaten, einen Liederzyklus, 8 Romanzen und Elegien, Männerchöre und Gesänge, Schauspiel- und Filmmusiken.

Max Trapp (1887–1971)

LEBEN

Hermann Emil Alfred Max Trapp wurde am 1.11.1887 in Berlin geboren. Er war Schüler von Paul Juon und Ernö von Dohnányi und wirkte als Klavierlehrer und Direktionsmitglied am Bendaschen Konservatorium in seinem Geburtsort. Im Jahr 1920 wurde er Lehrer an der Berliner Staatlichen Musikhochschule, 1924 Leiter einer Meisterklasse für Komposition am Konservatorium in Dortmund. Von 1951 bis 1953 unterrichtete er am Städtischen Konservatorium in Berlin, wo er sodann allein seinem Schaffen lebte und am 31.5.1971 starb.

WERKE

Von Max Trapp sind 7 Sinfonien, 3 Orchesterkonzerte, ein Allegro, ein sinfonischer Prolog, ein Klavierkonzert, ein Violinkonzert, ein Cellokonzert, eine sinfonische Suite, ein »Dramatischer Prolog«, ein Notturno, ein Divertimento für Kammerorchester und weitere Kammermusik, Klaviermusik, eine Kantate, Lieder und Bühnenmusik bekannt geworden. Sein Stil stand im Schatten von Richard Strauss und Max Reger.

Bernhard Paumgartner (1887–1971)

LEBEN

Bernhard Paumgartner wurde am 14.11.1887 in Wien geboren. Er studierte in Wien Rechtswissenschaft, Musikgeschichte und Musik und wirkte von 1917 bis 1938 und von 1945 bis 1959 als Direktor des Mozarteums in Salzburg, war Mitbegründer der Salzburger Festspiele, Mitglied ihres Kuratoriums und ab 1960 deren Präsident – seit 1970 Ehrenpräsident. Ab 1922 leitete er das Mozarteum-Orchester, 1945 gründete er die Camerata academica in Salzburg, wo er am 27.7.1971 starb.

WERKE

Neben 3 Opern und 3 Balletten schrieb Bernhard Paumgartner mehrere Schauspielmusiken, eine »Ouvertüre zu einem ritterlichen

Großes Festspielhaus in Salzburg

Spiel«, ein Concerto für Singstimmen, Oboe, Streicher und Cembalo, Frauenchöre und Lieder. Er veröffentlichte außerdem zahlreiche Traktate und Essays über musikhistorische und musiktheoretische Themen.

Bernhard Paumgartner

Paul de Maleingreau (1887–1956)

Leben

Paul Eugène Constant Charles Joseph Marie de Maleingreau (Malengreau) wurde am 23. 11. 1887 in Trélon-en-Thiérache, Nord, geboren. Er war am Konservatorium in Brüssel Schüler von Gustave Huberti, Edgar Tinel und Paul Gilson. Im Jahr 1913 wurde er an derselben Anstalt selbst Lehrer für Harmonie und dazu 1919 für Orgelspiel; 1927 erhielt er die Organistenstelle an der Konzertgesellschaft des Instituts. Er starb am 9. 1. 1956 in Brüssel.

Werke

Von Paul de Maleingreau sind 2 Sinfonien, eine Suite, eine Tondichtung, einige Kammermusik und Klavierstücke bekannt geworden. Er schrieb weiters für Orgel 3 Sinfonien, 5 Triptycha, 3 Suiten, 6 Hefte mit Praeludien und zahlreiche andere Stücke sowie 2 Messen.

Ernst Toch (1887–1964)

LEBEN

Ernst Toch wurde am 7.12.1887 in Wien geboren. Er bildete sich autodidaktisch aus und nahm erst von 1909 bis 1912 in Frankfurt am Main bei Willy Rehberg (2.9.1863, Morges, Schweiz, bis 21.4.1937, Mannheim) Klavierunterricht. Er wirkte in Heidelberg und sodann in Berlin als Musiklehrer und Pianist. Im Jahr 1933 mußte er emigrieren und wurde ein Jahr darauf Lehrer in New York und 1936 an der Universität in Los Angeles. Nach einem Europaaufenthalt von 1949 bis 1952 unterrichtete er an verschiedenen Universitäten der USA und starb am 1.10.1964 in Los Angeles, Calif.

WERKE

Von Johannes Brahms ausgehend, drang Ernst Toch bis zu atonalen Fakturen vor; seine Werke zeichneten sich aber immer durch einen außerordentlichen Klangsinn aus; er experimentierte auch mit gesprochener und mit mechanischer Musik. Er schrieb 3 Opern, 4 Sinfonien, ein Scherzo, eine »Phantastische Nachtmusik«, eine »Komödie«, eine »Bunte Suite«, »Big Ben«, 2 Ouvertüren, ein Notturno, ein Orchestermärchen »Peter Pan«, 2 Klavierkonzerte, eine Tanzsuite, 5 Stücke für Kammerorchester, ein Cellokonzert, ein Stück für Blasorchester, ein Klavierquintett, 8 Streichquartette, ein Streichtrio, 2 Serenaden für Streicher, Duos für Streicher, Violin-, Cello- und Klaviersonaten, eine Anzahl kleiner Stücke mit verschiedener Besetzung, darunter die Kammersinfonie »Die Chinesische Flöte« für 14 Soloinstrumente und Sopran, Kantaten und Lieder mit verschiedener Begleitung, Chöre sowie Bühnen- und Filmmusik. Seine bravourösen Burlesken für Klavier »Der Jongleur«, Opus 31, waren zu ihrer Zeit ein Welterfolg.

Vicente Emilio Sojo (1887–1974)

LEBEN

Vicente Emilio Sojo wurde am 8.12.1887 in Guatire, Venezuela, geboren. Nach grundlegendem Studium in seinem Geburtsort ging er 1906 nach Caracas, um an der Akademie seine Ausbildung zu ergänzen. Von 1921 bis 1936 lehrte er an der Höheren Musikschule in Caracas und leitete sie anschließend, daneben hatte er ab 1937 einen Lehrstuhl für Komposition inne. Er gründete und leitete außerdem das venezolanische Sinfonieorchester und einen Chor. Er starb als Altmeister der modernen venezolanischen Musikentwicklung.

WERKE

Das kompositorische Werk von Vicente Emilio Sojo bestand vor allem aus Kirchenmusik, von dem 4 große Messen, ein Requiem und eine Kantate bemerkenswert sind. Er schrieb außerdem ein Streichquartett, Orgelwerke, Lieder und Motetten und sammelte über 400 Gesänge und Tänze aus der Kolonialzeit und brachte sie mit harmonisierter Begleitung heraus.

Kurt Atterberg (1887–1974)

LEBEN

Kurt Magnus Atterberg wurde am 12.12.1887 in Göteborg geboren. Er studierte an der Technischen Hochschule und darauf am Konservatorium unter Johan Andreas Hallén in Stockholm. Nach einem Studienaufenthalt in Deutschland trat er als Beamter in das schwedische Patentamt ein und nahm seine Dirigententätigkeit am Dramatischen Theater in Stockholm auf, von der er 1923 wieder zurücktrat. Von 1924 bis 1947 war er Präsident der Vereinigung schwedischer Komponisten. Er starb am 15.2.1974 in Stockholm.

WERKE

Von Kurt Atterberg sind 5 Opern und 2 Ballette aufgeführt worden. Er schrieb weiters 9 Sinfonien mit zum Teil programmatischen Titeln, 10 Suiten, ein Klavierkonzert, ein Violinkonzert, ein Cellokonzert, ein Hornkonzert, eine Rhapsodie für Klavier und Orchester, ein Konzert für Violine, Cello und Orchester, ein sinfonisches Stück, eine Ballade, ein Klavierquintett, 3 Streichquartette, »Variationen und Fuge« für Streichquartett, eine

Cellosonate, Chorwerke und Schauspielmusiken. Er gehörte zu den bedeutendsten Vertretern der modernen schwedischen Musik.

Wasil Boschinow (geboren 1888)

LEBEN
Wasil Boschinow (Vasil Božinov) wurde am 1.1.1888 in Stara Zagora, Bulgarien, geboren. Nach dem Musikstudium bei Max Reger in Leipzig lebte und wirkte er in Prag.

WERKE
Unter dem Einfluß von Alois Hába schrieb er seine 1. Sinfonie als erste dieser Art im Vierteltonsystem. Die folgenden 7 sind dodekaphonisch. Er schrieb außerdem eine Fantasie für Streichorchester, ein Violinkonzert, ein Nonett und weitere Kammermusik sowie Klavierstücke.

Matthijs Vermeulen (1888–1967)

LEBEN
Matthijs Vermeulen wurde am 8.2.1888 in Helmond, Niederlande, geboren. Er war Schüler von Daniel de Lange, wirkte von 1909 bis 1920 als Musikkritiker in seinem Geburtsort, lebte sodann bis 1946 in Frankreich und setzte darauf bis 1956 seine Kritikertätigkeit fort. Er starb am 26.7.1967 in Laren, Niederlande.

WERKE
Die Musik von Matthijs Vermeulen ist durchwegs atonal, aber nahezu ohne Bruitismus. Er schrieb 6 Sinfonien, einen sinfonischen Prolog und eine Anzahl Orchesterstücke, ein Streichquartett, ein Streichtrio, Sonaten für Violine und für Cello, Lieder und Bühnenmusik.

Krsto Odak (1888–1965)

LEBEN
Krsto Odak wurde am 20.3.1888 in Siverić, Kroatien, geboren. Er studierte in München bei Hartmann An der Lan-Hochbrunn und in Prag bei Vítězslav Novák. Von 1922 bis 1961 wirkte er als Kompositionslehrer an der Musikakademie in Zagreb, wo er am 4.11.1965 starb.

WERKE
Neben 2 Opern und einer Operette schrieb Krsto Odak 4 Sinfonien, ein Klavierkonzert, ein Saxophonkonzert, ein Concertino für Fagott und Orchester, eine Passacaglia für Orchester und eine für Streicher, 4 Streichquartette, ein Stück für Violine und Streichorchester, eine Kantate, 2 altslawische Messen, Chöre und Lieder.

Gustav Geierhaas (1888–1976)

LEBEN
Gustav Geierhaas wurde am 26.3.1888 in Neckarhausen bei Mannheim geboren. Neben seinem Universitätsstudium in Heidelberg war er Kontrapunktschüler von Philipp Wolfrum und von 1913 bis 1915 Schüler der Akademie der Tonkunst in München, der er von 1920 bis 1953 als Lehrer angehörte. Er starb im Jahr 1976 in München.

WERKE
Für Orchester schrieb Gustav Geierhaas Variationen und »Sinfonische Musik«, weiters eine Sinfonie für Streichorchester, ein Streichsextett, 3 Streichquartette und 3 Sätze für Streichtrio, eine Sonatine und eine Sonate für Klavier. Seine Bedeutung liegt jedoch auf dem Gebiet der Orgelkomposition, von der er wenige, aber außerordentlich reiche Werke verfaßte. Seine Kleinen Orgelstücke, Introduktionen und Choralfantasien, Choralvorspiele und besonders die Fantasie und Fuge über »Mitten wir im Leben sind« bilden eine echte Bereicherung der Orgelliteratur.

Choralfantasie über »Mitten wir im Leben sind«, 3 Teile

Das Stück ist in Fortsetzung der »Fantasien« von Max Reger geschrieben, ohne dessen Harmonik zu übernehmen. Der 1. Teil »Introduktion« verläuft in ruhigem Fluß, der durch einzelne Fortetöne unterbrochen ist. Er verwendet Choralzitate und das gregorianische Dies irae. Im 2. Teil »Fantasie« wird der Cantus firmus plastisch hervorgehoben. Die Fuge des 3. Teils wird fünfstimmig intoniert, wozu noch ein zweites Thema hinzutritt. Das Werk schließt mit der Melodie »Jesu, meine Zuversicht«.

Anatoli Aleksandrow (geboren 1888)

Leben

Anatoli Nikolajewitsch Aleksandrow wurde am 13.5.1888 in Moskau geboren. Er war Schüler von Karl Klindworth, Nikolai Sergejewitsch Schiljajew (6.10.1881, Kursk, bis 28.1.1938, Sterbeort unbekannt), Sergei Tanejew, Sergei Wasilenko und Konstantin Nikolajewitsch Igumnow (19.4.1873, Lebedjana, bis 24.3.1948, Moskau) am Konservatorium in Moskau, an dem er von 1923 bis 1964 selbst als Lehrer wirkte.

Werke

Außer 2 Opern, Bühnen- und Filmmusiken schrieb Anatoli Aleksandrow eine Sinfonie, 2 sinfonische Dichtungen, 7 Suiten, eine Ouvertüre, 4 Streichquartette, 13 Klaviersonaten und zahlreiche andere Klavierstücke sowie Lieder. Er war stark von Aleksandr Skrjabin und Nikolai Medtner beeinflußt.

Louis Durey (1888–1979)

Leben

Louis Edmond Durey wurde am 27.5.1888 in Paris geboren. Er studierte bei Léon Saint-Requier (8.8.1872, Rouen, bis 1.10.1964, Paris) und war Mitglied der Gruppe der »Six«. Ab 1938 wirkte er als Generalsekretär der Fédération musicale populaire (Volksmusikvereinigung), 1948 wurde er Vizepräsident der Association française des musiciens progressistes. Er starb am 3.7.1979 in St. Tropez.

Werke

Mit Erik Satie, Georges Auric und Arthur Honegger gründete Louis Durey 1917 die Gruppe der Nouveaux Jeunes, aus der 1919 die Gruppe der »Six« hervorging. Im Jahr 1948 fühlte er sich vom Prager Manifest, das die Aufgabe einer »individualistischen« zugunsten einer »volkstümlichen« Musik forderte, verpflichtet, verließ die bisher eingeschlagene Stilrichtung und streifte die Einflüsse von Arnold Schönberg, Igor Strawinsky und Claude Debussy, die in seinem Werk deutlich erkennbar waren, ab, soweit es ihm eben möglich war. Er schrieb eine Ouvertüre für Orchester, ein Concertino für Klavier, 16 Bläser, Kontrabaß und Pauken, einen »Sinfonischen Satz«, 4 Oktette für Streicher, eine Sinfonietta für Streicher, 3 Streichquartette, eine Trioserenade, ein Streichtrio, eine Sonatine für Flöte und Klavier, eine »konzertante Fantasie« für Violine und Cello, 3 Sonatinen und 10 Inventionen sowie weitere Stücke für Klavier. Seinem künstlerischen Bekenntnis entsprechend schrieb er zahlreiche Vokalmusik – Lieder, Kantaten, Chorstücke, darunter »Der lange Marsch« mit Text von Mao Tse-tung (1896–1976) –, außerdem ein lyrisches Drama und Bühnenmusik.

Hugo Kauder (1888–1972)

Leben

Hugo Kauder wurde am 9.6.1888 in Tobitschau (Tovačov), Mähren, geboren. Während seines Studiums an der Technischen Hochschule und der Universität in Wien bildete er sich autodidaktisch zum Musiker aus und wirkte von 1910 bis 1919 als Violinist und Bratschist im Orchester des Wiener Konzertvereins, hielt sich eine Zeitlang in Holland und in England auf und lebte sodann ab 1940 als Komponist und Musiklehrer in New York. Er starb am 22.7.1972 in Bussum, Niederlande.

Werke

Von Hugo Kauder sind 4 ausgezeichnete Sinfonien bekannt geworden. Er schrieb ferner 6 Praeludien, Passacaglien und Fugen für Streichorchester, 6 Konzerte für verschiedene Soloinstrumente und Streicher, 17 Streichquartette, Trios und Sonaten für Streicher und für Bläser mit Klavier, eine Toccata und 7 Praeludien und Fugen für Klavier, 2 Kanta-

Iutta Maria Waloschek, Pierrot lunaire von Arnold Schönberg, 1984

Iutta Maria Waloschek, Verklärte Nacht von Arnold Schönberg, 1984

Blaues Selbstportrait von Arnold Schönberg

Rudolf Levy, Klavierspielender Knabe

Raoul Dufy, Das Konzert, 1942

Raoul Dufy, Die rote Violine

Pablo Picasso, Harmonikaspieler

Pablo Picasso, Drei Musikanten

ten, ein Requiem und über 100 Lieder. Er war auch als Musikschriftsteller tätig und schrieb eine Kontrapunktlehre.

Jacques de la Presle (1888–1969)

LEBEN

Jacques Paul Gabriel Guillaume de Sauville de la Presle (Lapresle) wurde am 5.7.1888 in Versailles geboren. Er war ab 1908 Schüler des Conservatoire in Paris und erhielt den Rompreis. Von 1930 bis 1943 wirkte er bei Radio Paris und unterrichtete ab 1937 am Conservatoire in Paris, wo er am 6.5.1969 starb.

WERKE

Von Jacques de la Presle sind eine Sinfonie, ein Klavierkonzert, ein Cellokonzert, 5 Kantaten, eine Suite für Streichquartett, eine Violinsonate, Klavierstücke, Lieder und Unterrichtsmaterial bekannt geworden. Seine Musik gehörte teilweise noch der Spätromantik an.

Cristóbal Taltabull Balaguer (geboren 1888)

LEBEN

Cristóbal Taltabull Balaguer wurde am 28.7. 1888 in Barcelona geboren. Er war in Madrid Schüler von Felipe Pedrell, in Leipzig von Max Reger und in Paris von André Gédalge, Charles Koechlin und Charles Tournemire. Von 1914 bis 1919 leitete er das Orchester eines Filmunternehmens in Paris und wirkte dort als Musiklehrer bis 1940. Dann setzte er die gleiche Tätigkeit in Barcelona fort.

WERKE

Neben einer Oper und einem Ballett schrieb Cristóbal Taltabull Balaguer 3 Sinfonien, eine sinfonische Dichtung, 3 Streichquartette, ein Streichtrio, ein Klaviertrio, ein Trio für Flöte, Bratsche und Cello, 2 Klaviersonaten, eine Anzahl Chöre und eine Serie chinesischer Lieder mit Klavier. Seine Musik ist voll Ausdruckskraft.

Lauri Ikonen (1888–1966)

LEBEN

Lauri Ikonen wurde am 10.8.1888 in Mikkeli, Finnland, geboren. Er studierte von 1906 bis 1910 neben der Universität am Musikinstitut und an der Orchesterschule in Helsinki und darauf bei Paul Juon in Berlin. Anschließend wirkte er als Kompositionslehrer am Konservatorium in Viipuri (heute Wiborg), sodann als Schriftleiter einer Musikzeitschrift und als Sekretär des Tonkünstlerverbandes in Helsinki, wo er am 21.3.1966 starb.

WERKE

Von Lauri Ikonen sind 5 Sinfonien, 3 Suiten, ein Klavierkonzert, ein Cellokonzert, ein Violinkonzert, ein Streichquartett, ein Klaviertrio, eine Suite für Sopran und Streichquartett, eine Sonate und 2 Sonatinen für Klavier, eine Kantate, begleitete und unbegleitete Chöre, Klavierstücke und Lieder bekannt geworden. Sein Stil ist mäßig progressiv.

Max Butting (1888–1976)

LEBEN

Max Butting wurde am 6.10.1888 in Berlin geboren. Er studierte zunächst in Berlin, dann in München bei Paul Prill (1.10.1860, Berlin, bis 21.12.1930, Bremen), Friedrich Klose und Walter Courvoisier. Er nahm an den Kammermusikfesten in Donaueschingen und an der Deutschen Sektion der IGNM lebhaft teil. Im Jahr 1932 wurde er Mitglied der Preußischen Akademie der Künste, nachdem er 1929 zum Stellvertretenden Vorsitzenden der Gesellschaft deutscher Tonsetzer ernannt worden war. Im Jahr 1933 verlor er alle Ämter, seine Kompositionen wurden in Deutschland verboten, 1950 wurde er Mitglied der Deutschen Akademie der Künste und 1956 deren Vizepräsident. Er starb am 13.7.1976 in Berlin.

WERKE

Die Kompositionen von Max Butting, die anfänglich an Anton Bruckner und Max Reger orientiert waren, sich sodann sehr der Avantgarde näherten, erfüllten nach dem Zweiten Weltkrieg die damals in den Volksdemokratien erhobene Forderung nach »volksnaher, leicht verständlicher« Musik, die es »dem Publikum leichtmachte, die künstlerische Aussage zu rezipieren«. Er schrieb eine Oper, 10 Sinfonien, eine Kammersinfonie für dreizehn Soloinstrumente, eine Sinfonietta mit Banjo, sinfonische Variationen, ein Triptychon mit programmatischen Titeln, ein Klavierkonzert, ein Flötenkonzert, eine Ouvertüre, eine Orchesterballade, eine sinfonische Rhapsodie und weitere Orchesterstücke, ein Oktett, 2 Streichquartette, ein Quintett für Bläser und Streicher, ein Quintett für Bläser allein, 9 Streichquartette, ein Klavierquartett, ein Klaviertrio, ein Streichtrio, eine Sonate und andere Stücke für Klavier, ein Oratorium und 4 Kantaten. Er zählte zu den bedeutendsten Meistern der Musiklandschaft der Deutschen Demokratischen Republik.

Sinfonie Nr. 7, Opus 67, 2 Teile, entstanden 1945

»Befreit und geschlagen – erlöst von täglicher Todesfurcht und noch erfüllt mit Grausen und Entsetzen –, voll Hoffnung und Zagen; wer könnte das vergessen? Wer gab sich nicht Rechenschaft, wer richtete nicht mit sich selbst? – Wer es gerecht tat, kam wohl zu tiefer Einsicht und zur Ruhe.« Mit dieser Äußerung umreißt der Komponist den Gedankenprozeß, der sich in dem Werk vollzieht. Traurig und nachdenklich ist das erste Thema des 1. Teils. Dazu treten zwei stark gefühlsbeladene Melodien, von denen die zweite zwölftönig ist. In der Auseinandersetzung wird die gesamte Erinnerung an die vergangenen schmerzerfüllten Jahre lebendig. Der 2. Teil, »Doch neues Leben forderte Freude und erweckte den Willen zur Überwindung«, bringt einen hoffnungsvollen Ausblick auf die Zukunft, den der pathetische Schluß klangreich bestätigt.

Sinfonie Nr. 9, Opus 94, ein Satz, entstanden 1956

Ein zwölftöniges Thema wird in einem einzigen Satz der Entwicklung des Werks zugrunde gelegt und in fünf Abschnitten durchgeführt, deren erster mit einer Verkürzung der Zwölftonreihe beginnt, dann das Thema komplettiert und rhythmisch akzentuiert vorführt. Im zweiten Abschnitt wird es von einem pathetischen Unisono der Streicher vorgetragen; Holzbläser und Hörner führen zum nachdenklichen ruhigen dritten Abschnitt. In gewaltiger Steigerung wird es, weit ausgebaut, von den Posaunen übernommen, dem ein resignierender Adagioteil folgt und zum fünften stürmischen Abschnitt überleitet. Das Werk schließt nach einer Prestostretta pianissimo und lyrisch ab.

Sinfonie Nr. 10, Opus 108, 4 Sätze, entstanden 1963

Ein scharf dissonanter Bläserakkord leitet den 1. Satz dieser Sinfonie ein, die der klassischen Form angenähert ist. Nach spannungsreichem Ablauf, dessen Reprise ein Fanfarenruf markiert, endet der Satz mit einem Quartenvierklang. Witzig und heiter stellt sich der 2. Satz vor. Lyrisch und besinnlich wird der 3. Satz vorgetragen. Das Finale wiederholt die Spannung des 1. Satzes und endet mit einem hymnischen Bläserchor.

Triptychon für großes Orchester, Opus 112, 3 Teile, entstanden 1967

Der 1. Teil »Hymnos der Lebenden« wurde zum fünfzigjährigen Bestehen der UdSSR verfaßt; er stilisiert in polymetrischer Struktur den Typus altgriechischer Hymnen. Der 2. Teil »Epitaph für unsere Toten« geht auf eine Totentanz-Passacaglia aus 1947 des Komponisten zurück und berührt die Erlebnisse von »Faschismus, Krieg und Tod«. Der 3. Teil »Evoë an unsere Kinder« wurde zum zwanzigjährigen Bestand der Deutschen Demokratischen Republik verfaßt und soll der Jugend Kraft, Jugendlichkeit, Phantasie und Aktivität wünschen. Er endet mit dem Freudenruf, der ihn eingeleitet hat.

Vincenzo Davico (1889–1969)

Leben

Vincenzo Davico wurde am 14.1.1889 in Monaco geboren. Er studierte zunächst in Turin, sodann bei Max Reger in Leipzig, lebte viele Jahre in Paris und schließlich in Rom als Mitwirkender des Rundfunks. Er starb am 8.12.1969 in Rom.

Werke

In Paris schloß sich Vincenzo Davico dem Kreis um Claude Debussy an, was in seinem kompositorischen Werk deutlich erkennbar ist. Er schrieb 3 Opern und 9 Konzertopern für Solisten, Chor und Orchester, die zum Teil Kantaten sehr nahe kommen, ein Stück für Cello und Klavier, zahlreiche Klavierstücke und ungefähr 200 französische und italienische Lieder.

Wladimir Schtscherbatschow (1889–1952)

Leben

Wladimir Wladimirowitsch Schtscherbatschow wurde am 24.1.1889 in Warschau geboren. Er war Schüler des Konservatoriums in St. Petersburg, an dem er selbst von 1924 bis 1931 und von 1944 bis 1948 als Lehrer wirkte. Er starb am 5.3.1952 in Leningrad.

Werke

Anklänge an Gustav Mahler sind in allen sinfonischen Werken von Wladimir Schtscherbatschow erkennbar. Er schrieb eine Oper und eine Operette, 5 Sinfonien, zum Teil mit Soli und Chor, ein Nonett für sieben Instrumente, Singstimme und Tänzer, 2 Sonaten und 2 Suiten für Klavier, Lieder und Filmmusik. Mit ihm löste sich die russische Musikentwicklung zögernd von der Spätromantik ab.

Raúl Hugo Espoile (1889–1958)

Leben

Raúl Hugo Espoile wurde am 25.1.1889 in Mercedes, Buenos Aires, geboren. Nach seiner Ausbildung in Buenos Aires war er Schüler von Vincent d'Indy in Paris an der Schola Cantorium. Er wirkte in seiner Heimat von 1925 bis 1943 als Generalinspektor für Musik im Erziehungsministerium, von 1938 bis 1941 als Direktionsmitglied des Teatro Colón und als Vizedirektor des Konservatoriums von Buenos Aires, wo er am 13.4.1958 starb.

Werke

Neben 2 Opern schrieb Raúl Hugo Espoile eine choreographische und eine sinfonische Dichtung, ein Sextett für Bläser und Klavier, Klavierstücke, Chorwerke und Lieder. Er hatte sich von der folkloristischen Romantik bereits weit entfernt.

Wladimir Deschewow (1889–1955)

Leben

Wladimir Michailowitsch Deschewow wurde am 30.1.1889 in St. Petersburg geboren. Er war am Konservatorium seiner Geburtsstadt Schüler von Anatoli Ljadow und Maksim Osejewitsch Steinberg. Von 1920 bis 1923 wirkte er als Lehrer in Sewastopol, sodann bis 1933 an verschiedenen Musikschulen und als Leiter der Bühnenmusik an mehreren Theatern in Leningrad, wo er am 27.10.1955 starb.

Werke

Mit kleinen Schritten näherte sich Wladimir Deschewow moderneren musikalischen Diktionen. Er schrieb eine sehr erfolgreiche Oper (»Eis und Stahl«), 2 Ballette, 2 Suiten und weitere Werke für Orchester, Kammermusik und Liederzyklen sowie über 100 Schauspiel- und 21 Filmmusiken.

Lewko Rewucki (1889–1977)

Leben

Lewko Mikolajewitsch Rewucki wurde am 8.2.1889 in Irschawec bei Piltawa (Poltawa), Ukraine, geboren. Am Konservatorium in Kiew studierte er bei Reinhold Glier. Ab 1924 unterrichtete er in Kiew am Musikalisch-dramatischen Institut und ab 1933 am Konservatorium; von 1941 bis 1944 wirkte er als Musiklehrer in Taschkent. Er wurde mit hohen Preisen ausgezeichnet und war Mitglied der Ukrainischen Akademie der Wissenschaft. Er starb am 4.4.1977 in Kiew.

Werke

Von Lewko Rewucki sind 2 Sinfonien, 2 Klavierkonzerte, ein Tongedicht für Soli, Chor und Orchester, ein Chorwerk sowie arrangierte ukrainische Volksmelodien bekannt geworden. Er nahm in der Entwicklung der modernen ukrainischen Musik eine wichtige Position ein.

Literatur

G. Kisselow, Lewko Mikolajewitsch Rewucki, Kiew 1949.

Fritz Behrend (1889–1972)

Leben

Gustav Fritz Behrend wurde am 3.3.1889 in Berlin geboren. Er war Schüler von Heinrich van Eyken, Engelbert Humperdinck und Rudolf Breithaupt (11.8.1873, Braunschweig, bis 2.4.1945, Ballenstedt) in Berlin. Ab 1911 wirkte er als Korrepetitor am Hoftheater in Braunschweig, ab 1919 kurz als Lehrer am Eichelbergschen Konservatorium und sodann bis 1949 am Klindworth-Scharwenka-Konservatorium in Berlin, wo er am 29.12.1972 starb.

Werke

Neben 7 Opern, 3 Fastnachtsspielen und einer Pantomime schrieb Fritz Behrend 7 Sinfonien, mehrere Ouvertüren und Suiten, eine Suite für Bläseroktett, ein Bläserquintett, 7 Streichquartette, 2 Trios, je eine Sonate für Violine und für Cello und Klavier, Klavierstücke und 110 Klavierlieder. Sein Stil neigte noch zur Romantik.

Václav Kaprál (1889–1947)

Leben

Václav Kaprál wurde am 26.3.1889 in Určice, Mähren, geboren. Er war von 1907 bis 1910 in Brünn Schüler von Leoš Janáček (1854–1928) und von 1919 bis 1920 in Prag von Vítězslav Novák, außerdem von Alfred Denis Cortot in Paris. Er wirkte in Brünn als Klavier- und Theorielehrer am Konservatorium und an der 1946 neu gegründeten Musikakademie. Während der deutschen Besetzung war er in Haft. Er starb am 6.4.1947 in Brünn.

Seine Tochter Vítězslava Kaprálová (24.1.1915, Brünn, bis 16.6.1940, Montpellier) studierte in Brünn und in Prag, sodann von 1937 bis 1939 bei Bohuslav Martinů und Charles Munch (26.9.1891, Straßburg, bis 6.11.1968, Richmond, Va.) in Paris. Sie lebte als Komponistin und Lehrerin in Paris und Montpellier.

Werke

Die Kompositionen von Václav Kaprál sind vorwiegend dem Klavier gewidmet. Er schrieb

Vítězslava Kaprálová

für dieses Instrument 4 Sonaten, ein Stück für die linke Hand, 2 Sonatinen, eine Fantasie und weitere Stücke, ferner 2 Streichquartette, ein Lied für Singstimme und Klavierquartett, ein Lied für Singstimme und Streichquartett, »Wiegenlieder« für Singstimme und Kammerorchester, eine Messe, Chöre, Klavierlieder und Volksliedbearbeitungen.

Vítězslava Kaprálová schrieb ein Klavierkonzert, ein Streichquartett, eine Sinfonietta, eine Orchestersuite, eine Partita für Streicher und Klavier, Klavierstücke und Lieder.

Pierre Vellones (1889–1939)

Leben

Pierre Vellones (eigentlich Pierre Rousseau) wurde am 29.3.1889 in Paris geboren. Er wurde Arzt; als Musiker war er Autodidakt und komponierte neben seinem Beruf. Er starb am 17.7.1939 in Paris.

Werke

Das Bestreben von Pierre Vellones, exotische und andere seltene Klänge in seine Kompositionen zu integrieren, zeigte sich bereits bei einem sehr beliebten Ballett auf ein tibetisches Thema »Das Paradies von Amitabha«. Er schrieb ferner eine Jazzsinfonie, eine Ballade, eine Suite, eine sinfonische Dichtung für vier Saxophone, Klavier und Orchester, ein Altsaxophonkonzert, ein Klavierquintett, ein Quintett für vier Saxophone und Ondes Martenot, eine Rhapsodie für Altsaxophon, Harfe, Celesta und Schlagzeug, mehrere Klavierwerke, 16 Klavierstücke für Kinder, eine Anzahl Gesänge mit Orchester oder Klavier sowie Filmmusik.

Emil Frey (1889–1946)

LEBEN

Emil Frey wurde am 8.4.1889 in Baden, Aargau, geboren. Er studierte bei Robert Freund (1.4.1852, Budapest, bis 8.4.1936, Budapest) in Zürich, bei Willy Rehberg und Otto Barblan (22.3.1860, Scanfs, Engadin, bis 20.12.1943, Genf) in Genf und bei Louis Diémer und Charles-Marie Widor in Paris. Von 1907 bis 1912 wirkte er als Hofpianist in Berlin, dann bis 1917 als Professor am Konservatorium in Moskau. Nach seiner Rückkehr in die Schweiz leitete er ab 1922 eine Klavierklasse am Konservatorium in Zürich, wo er am 20.5. 1946 starb.

WERKE

Von Emil Frey sind 2 Sinfonien – eine mit Chor –, ein Klavierkonzert, ein Violinkonzert, ein Cellokonzert, eine Festouvertüre, 2 Konzertstücke für Klavier und Orchester, ein Capriccio für Klavier und Orchester, ein Bläserquintett, ein Klavierquintett, 2 Streichquartette, ein Klaviertrio, eine Fuge für Orgel und Streicher, eine Kantate für Sopran, Klarinette, Flöte und Streicher, 2 Violinsonaten, 2 Cellosonaten, 2 Klaviersonaten, eine Orgeltoccata, eine Serenade für zwei Violinen, eine Fuge für zwei Klaviere, Variationen, Suiten und andere Stücke für Klavier und eine Messe bekannt. Seine außerordentlich klangreichen Kompositionen waren zwar wenig fortschrittlich, jedoch für die Musikentwicklung des Landes dennoch sehr belebend.

Sverre Jordan (1889–1972)

LEBEN

Sverre Jordan wurde am 25.5.1889 in Bergen geboren. Er studierte von 1907 bis 1914 in Berlin, reiste sodann als Pianist, wirkte von 1922 bis 1932 als Chordirigent des Orchestervereins »Harmonien« in Bergen und leitete sodann das Orchester des Nationaltheaters bis 1957. Er starb am 10.1.1972 in Bergen.

WERKE

Neben einem Orchestermelodram schrieb Sverre Jordan Orchestersuiten, eine »Norvegiana«, 2 Klavierkonzerte, ein Cellokonzert, ein Violinkonzert, ein Hornkonzert, eine Sonatine für Flöte und Klavier, eine Violinsonate, Klavierstücke, Chöre und über 200 Lieder sowie Bühnenmusiken. Sein Stil war an Edvard Grieg orientiert.

Franz Ludwig (1889–1955)

LEBEN

Franz Ludwig wurde am 7.7.1889 in Graslitz (Kraslice), Böhmen, geboren. Er studierte zunächst in Prag und war dann in Leipzig Schüler von Hugo Riemann, Joseph Pembaur, Max Reger und Stephan Krehl. Von 1912 bis 1919 wirkte er als Lehrer am Konservatorium in Sondershausen und sodann bis zu seinem Tod am 15.6.1955 als Kritiker und Lehrer in Münster.

WERKE

Neben einer Oper, einem szenischen Oratorium und Bühnenmusiken schrieb er für Orchester Variationen über ein Thema von Robert Schumann, ein Klavierkonzert, ein Hornkonzert, weiters eine Serenade für acht Blasinstrumente, zahlreiche Männerchöre, Klavierstücke und Lieder. Er brachte mehrere musikhistorische Werke heraus.

Fritz Klopper (1889–1929)

LEBEN

Fritz Klopper wurde am 29.7.1889 in Augsburg geboren. Er studierte in seinem Geburtsort und in München und wirkte ab 1918 als Theorielehrer an der Musikschule in Augsburg. Er starb am 15.2.1929 in Hausstein bei Deggendorf.

WERKE

Von Fritz Klopper sind 2 Sinfonien, eine Orchestervariation, ein Streichquartett, ein Klaviertrio, 2 Orgelsonaten, eine Sonatentrilogie, bestehend aus einer Klavier-, einer Violin- und einer Cellosonate, bekannt. Sein Stil war dem Neuklassizismus angenähert.

Armstrong Gibbs (1889–1960)

LEBEN

Cecil Armstrong Gibbs wurde am 10.8.1889 in Great Baddow bei Chelmsford, Essex, geboren. Er wurde am Trinity College in Cambridge von Edward Dent (16.7.1876, Ribston, Yorkshire, bis 22.8.1957, London) und Charles Wood, darauf am Royal College of Music in London ebenfalls von Charles Wood und von Ralph Vaughan Williams ausgebildet. Von 1921 bis 1939 wirkte er selbst als Kompositions- und Theorielehrer am College in London; von 1937 bis 1952 war er Vizepräsident der British Federation of Music Festivals. Er starb am 12.5.1960 in Chelmsford.

WERKE

Neben einer Oper, einer Operette und mehreren Bühnenwerken verfaßte Armstrong Gibbs eine Anzahl klangvoller Kantaten, dazu 3 Sinfonien, eine sinfonische Dichtung, ein Concertino für Klavier und Streichorchester, 5 Streichquartette, 2 Klaviertrios, eine Violinsonate, viele Klavierstücke und Chorsätze sowie über 100 Klavierlieder. Seinen Stil muß man trotz mancher Modernismen als konservativ bezeichnen.

Witold Friemann (geboren 1889)

LEBEN

Witold Friemann wurde am 20.8.1889 in Konin bei Kalisz, Polen, geboren. Er studierte in Warschau bei Aleksandr Michalowski (5.5. 1851, Kamenec Podolsk, bis 17.10.1938, Warschau) und Zygmunt Noskowski , sodann bei Max Reger in Leipzig und Meiningen. Er war von 1921 bis 1929 Klavier- und Kompositionslehrer am Konservatorium und Lektor für Musiktheorie an der Universität in Lwiw, dann Direktor des Konservatoriums in Kattowitz (Katowice); von 1934 bis 1939 wirkte er am Rundfunk in Warschau und ab 1945 als Leiter des Musikunterrichts an der Blindenanstalt Łaski.

WERKE

Von den mehr als 750 Kompositionen von Witold Friemann sind bemerkenswert: 3 Opern, 3 Sinfonien, 5 Klavierkonzerte, 2 Bratschenkonzerte, ein Violinkonzert, 2 Konzerte für zwei Klaviere, 2 Klarinettenkonzerte, 3 Posaunenkonzerte, je ein Cello-, Kontrabaß-, Flöten-, Oboen-, Fagott-, Horn- und Trompetenkonzert, ein Konzert für zwei Fagotte, »Introduktion und Trauermarsch«, ein Konzert für Singstimme und Orchester, 2 Klavierquintette, ein Klavierquartett, 3 Streichquartette, 2 Sonaten für Violine und Klavier und für Klarinette und Klavier, 150 Praeludien, 150 Mazurken, 10 Polonaisen, 5 Balladen für Klavier, 5 Masurische Suiten für Soli, Chor und Orchester, 2 Litaneien für Soli, Unisonochor und Klavier oder Orgel und weitere Kantaten für gemischten Chor und Orchester, zahlreiche Chöre und über 350 Lieder. Sein Stil war etwas konventionell, aber in jedem Fall klangschön.

Vilém Petrželka (1889–1967)

LEBEN

Vilém Petrželka wurde am 10.9.1889 in Königsfeld (Královo Pole, heute Teil von Brünn) geboren. Er war Schüler von Leoš Janáček, Vítězslav Novák und Karel Hoffmeister (26.9.1868, Liblice, bis 23.9.1952, Hluboká) und unterrichtete selbst ab 1914 an der Schule der Philharmonischen Gesellschaft, dem Konservatorium und der Janáček-Akademie Komposition in Brünn, wo er am 10. 1. 1967 starb.

WERKE
Außer einer Oper und einem sinfonischen Drama für Soli, Rezitation, Chor, Jazzorchester, Orchester und Orgel verfaßte Vilém Petrželka 4 Sinfonien, 2 Sinfoniettas, ein Nonett, 2 Bläserquintette, 7 Streichquartette, ein Streichtrio, Stücke für Bratsche und Klavier, für Klavier solo, für Cello solo, Kantaten, Chöre und Lieder. Sein Stil näherte sich dem Expressionismus.

Kai Senstius (1889–1966)

LEBEN
Kai Helmer Senstius wurde am 15. 12. 1889 in Kopenhagen geboren, wo er am Konservatorium studierte. Von 1912 bis 1924 wirkte er als Musiklehrer in Rønne und sodann als Organist in Odense, wo er am 31. 7. 1966 starb.

WERKE
Neben 2 Opern und einem Ballett schrieb Kai Senstius 2 Sinfonien, 3 Konzertouvertüren, 2 Klavierkonzerte, ein Orgelkonzert, Kammermusik, Chorwerke und Orgelstücke. Er wirkte im Rahmen der Tonalität sehr fortschrittlich.

Božidar Širola (1889–1956)

LEBEN
Božidar Širola wurde am 20. 12. 1889 in Žakanj, Kroatien, geboren. Er war in Zagreb Schüler von Ivan Zajc (1832–1914) und in Wien von Guido Adler. Er war von 1935 bis 1941 Direktor der Musikakademie und sodann bis 1945 Leiter des Ethnographischen Museums in Zagreb, wo er am 10. 4. 1956 starb.

WERKE
Von Božidar Širola sind 3 Opern aufgeführt worden. Er schrieb weiters eine Sinfonie, ein Klavierkonzert, ein Violinkonzert, ein Bläseroktett, 13 Streichquartette, ein Klavierquartett, 3 Klaviertrios, verschiedene Klavierwerke, ein Oratorium, 4 Messen, mehrere Kantaten, Liederzyklen und Bearbeitungen von Volksliedern. Er schrieb die erste kroatische Musikgeschichte.

Antal Molnár (geboren 1890)

LEBEN
Antal Molnár wurde am 7. 1. 1890 in Budapest geboren, wo er bei Victor von Herzfeld studierte. Er wirkte darauf als Bratschist, sodann ab 1919 als Theorielehrer an der Musikakademie.

WERKE
Von Antal Molnár sind außer einer großen Zahl musikhistorischer und theoretischer Werke eine Orchestervariation, eine Suite für doppeltes Streichorchester, eine »Kurutzen-Musik« für 4 Tárogató und Kammerorchester, eine Serenade für Violine, Klarinette und Harfe, ein Cellokonzert, ein Bläserquintett, ein Klavierquartett, 3 Streichquartette, eine »Ungarische Fantasie« für Violine und Klavier, eine Sonatine und eine Suite für Violine und Klavier, 2 Impromptus, 5 »Leichte Stücke« für Klavier, eine Missa brevis für Chor und Orgel, eine Kantate für drei Frauenstimmen a cappella und über 100 Lieder bekannt geworden. Er zählt zu den Begründern der ungarischen Musikwissenschaft.

Léon Algazi (1890–1971)

LEBEN
Léon Algazi wurde am 19. 2. 1890 in Epureşti, Rumänien, geboren. Nach seiner Ausbildung in Wien wurde er in Paris Schüler von André Gédalge, Raoul Laparra und Charles Koechlin. Er wurde Lehrer für hebräischen Gesang an der Schola Cantorum und für Liturgie an der Israelitischen Schule. Ab 1936 war er Leiter des israelitischen Tempelgesangs und Kapellmeister der Großen Synagoge in Paris, wo er am 28. 2. 1971 starb.

WERKE
Für Orchester schrieb Léon Algazi ein »Lar-

go« und eine »Chassidische Suite«, für Gesang und Klavier »Volkslieder«, »4 Judenspanische Lieder«, »3 Traditionelle hebräische Lieder«, für Gesang und Orchester »Psalm 27, 137, 144«, für gemischten Chor »Liturgische Gesänge«, »Wiegenlied«, für Männerchor »3 Jüdische Lieder«, außerdem ein Oratorium für Bariton, Chor und Orchester und eine Reihe kleiner lyrischer Dramen.

Evelyn Faltis (1890–1937)

LEBEN

Evelyn Faltis wurde am 20.2.1890 in Trautenau (Trutnov), Böhmen, geboren. Sie studierte in Wien und in Dresden und wirkte sodann bis 1933 als Solorepetitor bei den Festspielen in Bayreuth; ab 1924 oblag ihr auch an der Städtischen Oper in Berlin die gleiche Tätigkeit. Dann übersiedelte sie nach Wien, wo sie am 19.5.1937 starb.

WERKE

Außer der »Phantastischen Sinfonie«, für die Evelyn Faltis in Dresden den Kompositionspreis erhielt, schrieb sie ein Klavierkonzert, ein Streichquartett, ein Klaviertrio, eine »Fantasie und Doppelfuge mit dem Dies irae« für Orgel, ein »Adagio« und eine Sonate für Violine und Klavier, Lieder mit Kammerorchester und mit Klavier, »6 Zigeunerlieder« und Chorwerke a cappella.

Antonio Massana (1890–1966)

LEBEN

Antonio Massana wurde am 24.2.1890 in Barcelona geboren. Er studierte zunächst in seiner Vaterstadt, sodann in Rom. In seine Heimat zurückgekehrt, versah er verschiedene Organistenstellen, unter anderen auch in Barcelona. Er starb am 9.9.1966 in Raymat, Lérida.

WERKE

Von Antonio Massana sind 2 Opern aufgeführt worden. In Nachfolge von Richard Strauss und Claude Debussy schrieb er eine Sinfonie, eine »Elegía a Debussy«, ein Klavierkonzert, ein Klavierquintett, zahlreiche Klavier- und Orgelwerke, 5 Oratorien, ungefähr 100 Motetten für Singstimme und Orgel sowie 50 Lieder. Mit seinem Wirken wurde der modernen Musik auch das Tor zur spanischen Musiklandschaft geöffnet.

Francis de Bourgignon (1890–1961)

LEBEN

Francis de Bourgigon wurde am 28.5.1890 in Brüssel geboren, wo er bereits mit 10 Jahren in das Konservatorium eintrat und mit 18 Jahren einen Ersten Klavierpreis erhielt. Nach längerer Tätigkeit als Repetitorassistent am selben Institut reiste er als Pianist durch die ganze Welt, bis er sich 1925 in Brüssel niederließ und die Leitung einer Musikschule übernahm; gleichzeitig war er Kontrapunktlehrer am Konservatorium. Er starb am 11.4.1961 in Brüssel.

WERKE

An Orchesterwerken komponierte Francis de Bourgignon eine Sinfonie, einige Tanzsuiten, ein Concerto grosso, 4 Klavierkonzerte, ein Violinkonzert, eine Suite für Bratsche und Orchester, ein Rezitativ und Rondo für Trompete und Orchester, zahlreiche Lieder, eine Kammeroper, ein Hörspiel und ein Ballett, ferner eine Anzahl virtuoser Werke für Einzelinstrumente.

Juozas Karosas (geboren 1890)

LEBEN

Juozas Karosas wurde am 4.7.1890 in Leliūnai, Litauen, geboren. Er studierte bis 1927 am Konservatorium in Riga, wirkte von 1930 bis 1937 als Dirigent des Rundfunkorchesters und der Chorvereinigung Daina in Kaunas, sodann bis 1939 und von 1945 bis 1953 als Lehrer an der Musikschule in Klaipėda. Darauf wurde er Dozent am Konservatorium in Vilnius.

WERKE

Von Juozas Karosas sind 2 Sinfonien, eine sinfonische Dichtung, 3 Suiten, ein Klavierkonzert, ein Cellokonzert, 2 Streichquartette, ein Klaviertrio, 3 Klaviersonaten, Chöre, Lieder und Bühnenmusik bekannt geworden. Seine Musik gehört dem 20. Jahrhundert an.

Hans Gal (geboren 1890)

Leben

Hans Gal (eigentlich Gál) wurde am 5.8.1890 in Brunn am Gebirge, Wien, geboren. Er war Schüler von Eusebius Mandyczewski und Guido Adler und wirkte dort von 1918 bis 1929 als Lektor für Musikwissenschaft. Darauf war er Direktor der Musikhochschule in Mainz, bis er 1933 Deutschland verlassen mußte. Er kehrte nach Wien zurück und lebte dort als Dirigent. Im Jahr 1938 wurde er auch von dort vertrieben. Er ging nach England, wo er in Edinburgh Universitätsdozent für Kontrapunktik und Komposition sowie Leiter des Kammerorchesters wurde.

Werke

Neben 5 Werken für die Bühne und einer Schauspielmusik schrieb Hans Gal 3 Sinfonien, 4 Suiten, eine Ouvertüre, ein Klavierkonzert, ein Violinkonzert, ein Cellokonzert, eine Musik für Streichorchester, Concertini für Klavier, für Violine und für Orgel mit Streicher, eine Sinfonietta für Mandolinenorchester, ein Concertino für Blockflöte und Streichquartett, 2 Streichquartette, ein Klavierquartett, ein Klaviertrio, ein Quartettino für Blockflöten, Sonaten für Flöte und für Klarinette und Klavier, Divertimenti für Mandoline und Harfe und für Fagott und Cello, 24 Praeludien für Klavier, 3 »Marionetten« für Klavier vierhändig, eine Chorsuite für Frauenchor und weitere Chorwerke und Lieder. Sein Stil bewegte sich innerhalb der Wiener Tradition und ist vorwiegend von Johannes Brahms beeinflußt. Er war an der Herausgabe des Gesamtwerks von Johannes Brahms beteiligt und veröffentlichte eine Anzahl musikhistorischer und theoretischer Werke.

Sándor Jemnitz (1890–1963)

Leben

Sándor Jemnitz wurde am 9.8.1890 in Budapest geboren, wo er seine Grundausbildung erhielt, die er in Leipzig bei Max Reger und Karl Straube (6.1.1873, Berlin, bis 27.4.1950, Leipzig) ergänzte. Von 1917 bis 1921 war er in Berlin Schüler von Arnold Schönberg. Hernach lebte er in Budapest als Komponist, Musikschriftsteller und Musiklehrer. Er starb am 8.8.1963 in Balatonföldvár.

Werke

Neben einem Ballett schrieb Sándor Jemnitz ein Konzert für Kammerorchester, »Praeludium und Fuge«, »Sieben Miniaturen«, eine Ouvertüre, eine Fantasie für Orchester, ein Konzert für Streichorchester, 2 Streichquartette, ein Trompetenquartett, Trios und Duos in verschiedener Besetzung, 3 Violinsonaten, 3 Orgelsonaten, eine Cellosonate, unbegleitete Sonaten für verschiedene Instrumente, 5 Sona-

Anfang des 4. Satzes der Klaviersonate Nr. 2 von Hans Gal, Autograph

ten für Klavier und weitere Klavierwerke, Orgelstücke, verschiedene Chorwerke und Lieder. Sein Stil näherte sich dem von Arnold Schönberg. Er veröffentlichte eine Anzahl musikhistorischer Werke.

Jacques Ibert (1890–1962)

Leben

Jacques Ibert wurde am 15.8.1890 in Paris geboren. Er war Schüler von Émil Pessard, Paul Vidal und André Gédalge am Conservatoire in Paris, wo er den Rompreis erhielt. Im Jahr 1936 wurde ihm in Rom die Leitung der Académie Française in der Villa Medici übertragen; er trat 1940 davon zurück und führte sie ein zweites Mal von 1946 bis 1969; 1955 wurde er Leiter der Vereinigten Musiktheater in Paris, wo er am 5.2.1962 starb.

Werke

Eine stilistische Einordnung von Jacques Ibert ist nicht möglich. »Alle Stilrichtungen sind gut«, erklärte er , »vorausgesetzt, daß man sie verwendet, um Musik zu machen.« Sein kompositorisches Schaffen folgte dieser Devise ohne Einschränkung; die Stilmittel wurden stets dem musikalischen Geschehen untergeordnet. Er schrieb 12 Bühnenstücke, mehrere Ballette und zahlreiche Bühnen-, Film- und Rundfunkmusiken, ferner eine Sinfonie, 2 sinfonische Suiten, ein Cellokonzert, ein Flötenkonzert, ein Saxophonkonzert, ein Oboenkonzert, eine »Ballade«, eine Festouvertüre und eine Anzahl weiterer klangreicher Orchesterstücke, weiters ein Capriccio für zehn Instrumente, 3 kurze Stücke für Bläserquintett, 2 Sätze für Bläserquintett, ein Streichquartett, ein Trio für Violine, Cello und Harfe, 5 Stück für Bläsertrio, Duos mit verschiedener Besetzung, zahlreiche Stücke für Klavier, Harfe, Orgel. Seine Vokalmusik besteht aus vielen Chören und Liedern mit verschiedener Begleitung.

Jacques Ibert

Symphonie marine, ein Satz, entstanden 1931

Es handelt sich um keine Sinfonie im herkömmlichen Sinn, obwohl die thematische Einheitlichkeit gewahrt ist, aber auch um kein sinfonisches Gedicht, weil ihm kein epischer oder lyrischer Vorwurf zugrunde gelegt ist; auf alle Fälle liegt eine grandiose Stimmungsschilderung vor. Das Orchester ist kammermusikalisch besetzt. Ein schwerer Wellenschlag eröffnet das Werk, dann singt das Saxophon sein träumerisches Lied, zu dem Klavier, Harfe und Streicher den rastlosen Wogengang markieren. Dann wird das Schlagen der Wellen lauter, während das Blech zum Takt der Tambourins einen Tanz anstimmt, zu dem jedes Blasinstrument sein Thema beiträgt. Darauf erklingt ein Walzer mit wirbelnden Rhythmen, bis das Saxophon, von der Klarinette begleitet, das musikalische Geschehen beherrscht. Nochmals schäumen die Wellen auf, dann ist alles vorbei.

Divertissement für Kammerorchester, 6 Teile, entstanden 1929

In dieser Folge von reizenden Stücken sind der Hochzeitsmarsch von Felix Mendelssohn-Bartholdy, mehrer Wiener Walzer und französische Konzertcafémelodien reizend parodiert, bis alles in einem rasenden Galopp zu Ende geführt wird.

Concertino für Saxophon und Kammerorchester, 2 Sätze, entstanden 1935

In diesen zwei Sätzen sind Klang- und Ausdrucksmöglichkeiten der Instrumente völlig ausge-

Erste Seite der Partitur der »Symphonie Concertante pour hautbois et orchestre à cordes« von Jacques Ibert, Autograph

schöpft. Obwohl das Stück sich ganz unprätentiös gibt, bringt es Spannung, Melodik, Lyrik und virtuose Passagen in einer Fülle, die man sich bei anderen »großen« Werken wünschen möchte. Es liegt ein vollendetes Meisterwerk vor, bei dem man nur seine Kürze bedauert.

Konzert für Flöte und Kammerorchester, 3 Sätze, entstanden 1934

Durch seinen Geist, seine Ironie und die Innigkeit des Ausdrucks, durch die Virtuosität des Flötenparts wurde dieses Werk zu einem der beliebtesten Flötenkonzerte des 20. Jahrhunderts. Nach einem kraftvollen Auftakt des ganzen Orchesters eröffnet die Flöte mit kapriziöser, eleganter Spielfigur den 1. Satz. Der Solist trägt auch das zweite Thema – eine schöne Kantilene – vor. Mit überraschenden Klangkombinationen werden beide Themen abgewandelt. Im 2. Satz spielt der Solist zu sordinierten Streichern eine innige Melodie vor, die über reizende Auszierungen zu einem leidenschaftlichen Höhepunkt führt; dann verklingt der Satz im zarten Pianissimo. Das Finale ist tänzerisch elegant; das Orchester bringt dazu derbe dynamische Akzente.

Bacchanale, 3 Sätze, entstanden 1956

Das Werk wurde zum zehnjährigen Bestand des 3. Programms des englischen BBC verfaßt. Der 1. Satz bringt einen frenetischen Tanz, an dem sich jedes Instrument beteiligt, bis ein Glissando der Harfe dem wirbelnden Treiben ein Ende setzt. Im 2. Satz übernimmt die Trompete die Führung, trägt träumerische Musik vor und wird sodann von der Klarinette abgelöst. Mit vornehmer Eleganz endet der Satz. Der Beginn des

3. Satzes klingt wie ein Schlachtruf. Dann kommt es zu einem Gegeneinander verschiedener Instrumentengruppen, das in einem rauschenden Bacchanal endet.

Frank Martin

Marius Ulfrstad (1890–1968)

LEBEN

Marius Moaritz Ulfrstad wurde am 11.9.1890 in Borgund bei Ålesund, Norwegen, geboren. Er studierte in Kristiania, Berlin, Florenz, Rom und Paris und wirkte anschließend als Musikkritiker, Direktor der Musikakademie in Oslo und Präsident der IGNM für Norwegen. Er starb am 29.10.1968 in Oslo.

WERKE

Neben seiner journalistischen, organisatorischen und didaktischen Tätigkeit für die Musik Norwegens schrieb Marius Ulfrstad 5 Sinfonien, andere Orchesterwerke, einige Klavierkonzerte, 2 Violinkonzerte, Kammermusik, Kantaten, Chöre, zahlreiche Lieder und Bühnenmusiken.

Irmgard Seefried

Frank Martin (1890–1974)

LEBEN

Frank Martin wurde am 15.9.1890 in Genf geboren. Er studierte zunächst bei Joseph Lauber und lebte anschließend von 1818 bis 1826 in Zürich, Rom und Paris. Von 1928 bis 1938 wirkte er als Lehrer am Institut Jaques-Dalcroze in Genf, von 1943 bis 1946 war er Präsident des Schweizerischen Tonkünstlervereins, lebte sodann in den Niederlanden und war von 1950 bis 1957 als Kompositionslehrer an der Musikhochschule in Köln tätig. Er starb am 21.11.1974 in Naarden, Niederlande.

WERKE

Die ersten kompositorischen Werke von Frank Martin standen unter dem Einfluß von César Franck, Gabriel Fauré und Maurice Ravel. Mit seiner Begegnung mit der Zwölftonmusik setzte seine Bemühung ein, diese Technik mit ihren tonalen Relationen zu verschmelzen; er gelangte so zu einem persönlichen Stil, der sich von modaler Diatonik bis zur Atonalität erstreckte. Er verfaßte »Rhythmes«, »Drei sinfonische Sätze«, Passacaglia für Streichorchester, »Ouvertüre« zu Ehren Mozarts, eine Rondoouvertüre, »Die 4 Elemente« für Orchester, »Erasmi Monumentum« für Orchester mit Orgel, 2 Klavierkonzerte, 4 Balladen für kleines Orchester mit Saxophon, mit Klavier, mit Flöte, mit Trompete, eine Ballade für Cembalo, Harfe und Blasorchester, eine »Kleine Sinfonie« für Harfe, Cembalo, Klavier und zwei Streichorchester, ein Cellokonzert, »Drei Tänze« für Oboe, Harfe und Streichorchester, »Polyptique« für Violine und zwei Streichorchester, ein Streichquartett, ein Trio, Duos mit verschiedener Besetzung, Klavierstücke, eine Anzahl Kantaten, darunter »Kornett« für Mezzosopran, Flöte, Bratsche und Cello, Maria-Triptychon für Sopran, Violine und Orchester, »Zaubertrank« für zwölf Stimmen und acht Instrumente, außerdem 4 Oratorien, Psalmen und ein Requiem.

Petite Symphonie concertante für Harfe, Cembalo, Klavier, zwei Streichorchester, 2 Teile, entstanden 1945

Harfe und Tasteninstrumente sind solistisch eingesetzt. Die Einleitung des 1. Teils bringt zunächst ein zwölftöniges Thema, das aber nicht nach den Regeln der Reihentechnik behandelt wird, sondern nach den Prinzipien der Klassik. Die drei Soloinstrumente begleiten einander und spielen den Streichern gegenüber die Rolle eines Concertino in einem Concerto grosso. Der 2. Teil des Werks besteht aus einem von den Solisten vorgetragenen Thema, das sich gegen das Ende zu einer fröhlichen Marschmelodie entwickelt und das Werk virtuos abschließt.

Konzert für sieben Blasinstrumente, Pauken, Schlagzeug und Streichorchester, 3 Sätze, entstanden 1949

In den drei Sätzen gehen die einzelnen Blasinstrumente ihren eigenen melodischen Themen nach. Der Komponist sagte darüber: »Dem Chromatismus ist eine bedeutende Rolle zugewiesen; das melodische Element beruht auf einer Zwölftonreihe, ohne deswegen das dodekaphonische System von Schönberg in seiner ganzen Strenge zu übernehmen oder gar seinen Grundsatz der Atonalität anzuerkennen. Ich habe immer den Sinn der Tonalität gesucht sowie die Beziehungen der Töne untereinander anerkannt. Immerhin, die Wirkung meiner Musik war stets chromatisch geprägt.«

Konzert für Cembalo und Kleines Orchester, 2 Sätze, entstanden 1952

Dieses zweite große Werk für Cembalo geht auf keine Muster vergangener Jahrhunderte zurück, sondern spricht wie das erste eine neue, der Eigenart des Instruments angemessene Sprache. Der 1. Satz ist vom Wellenschlag der Nordseeküste inspiriert und folgt mehr oder weniger klassischen Strukturen. Der 2. Satz beginnt mit einem sehr langsamen, von den Flöten und den Klarinetten vorgetragenen Thema, das die Blechbläser pianissimo übernehmen und entwickeln; ein Allegro folgt mit Walzerrhythmen. Vor dem Ende erklingt eine ausgedehnte Kadenz des Soloinstruments.

Polyptique für Violine und zwei Streichorchester, 6 Bilder, entstanden 1973

Angeregt zu diesem Werk wurde der Komponist von einer Folge kleiner Bilder auf Holztäfelchen mit verschiedenen Stationen des Kreuzwegs, die er in Siena sah. Das 1. Bild »Die Palmenzweige« stellt eine lärmende Menge dar, die den Einzug Jesu in Jerusalem miterleben will. Die Gegenwart Christi, der sich über diesen Tumult erhaben fühlt, wird von der Violine verkörpert. Das 2. Bild »Der große Saal« schildert den Abschied Jesu von seinen Jüngern, deren bange Fragen und seine Trostworte. Das 3. Bild »Judas« bezeichnet einen angsterfüllten, gequälten Menschen, der in der Hand des Bösen gefangen ist und der Verzweiflung anheimfällt. Das 4. Bild »Im Garten Gethsemane« malt die Angst vor der Einsamkeit, skizziert das Gebet Christi und seine Hingabe an den Willen des Vaters. Das 5. Bild »Die Verurteilung« profiliert die Grausamkeit der Menge, die das Leiden Jesu als Schauspiel genießt, und den Weg zum Kreuz. Das 6. Bild »Glorifizierung« ist eine triumphierende Lobpreisung des Erlösers.

Wolfgang Schneiderhan

Violinkonzert, 3 Sätze, entstanden 1951
Nach einer orchestralen Einleitung setzt der Solist mit einer weit ausgreifenden lyrischen Melodie, die nicht nur die Gestalt dieses 1. Satzes, sondern des Gesamtwerks festlegt. Leidenschaftlicher Ausdruck und energische Diktion beherrschen die Durchführung mit zahlreichen virtuosen Wendungen und interessanten Klangfacetten, bis der Satz nach einer grandiosen bravourösen Kadenz ruhig ausklingt. Der 2. Satz bringt eine herrliche Kantilene der Violine. Ihr Klang ist sehr dunkel gehalten, wie ein Trauergesang. Das Finale ist voll Energie, Virtuosität und überraschenden Orchesterklängen.

Klavierkonzert, 3 Sätze, entstanden 1969
Dieses Werk ist für den Pianisten Paul Badura-Skoda (geboren 6.10.1927, Wien) komponiert. Es wurde wegen der Schwierigkeit der Wiedergabe als nahezu unspielbar bezeichnet. Der 1. Satz beginnt mit einem drohenden Paukenmotiv, dann setzt der Solist mit erschreckender Energie ein und behält die Führung des musikalischen Geschehens bis zum Satzende. Der 2. Satz gleicht einer Passacaglia; sein Thema ist stark elegisch, auch die Orchestereinwürfe sind tief traurig. Erst das Ende bringt Trost. Die Anforderungen an Geläufigkeit und Anschlagtechnik, die der 3. Satz stellt, werden nur von wenigen Virtuosen befriedigend bewältigt und kommen erst unter einer Meisterhand zu ihrer Entfaltung.

Literatur

B. Billeter, Frank Martin, Frauenfeld 1970.

Vladimír Ambros (1890–1956)

Leben

Vladimír Ambros wurde am 18.9.1890 in Proßnitz (Prostějov), Mähren, geboren. Er studierte bei Leoš Janáček in Brünn und bei Iwan Knorr in Frankfurt am Main. Von 1914 bis 1921 wirkte er als Opernkapellmeister in London und sodann als Musiklehrer, Dirigent und freischaffender Komponist in der ČSSR. Er starb am 12.5.1956 in Prostějov.

Werke

Anfänglich standen die Werke von Vladimír Ambros denen von Alban Berg sehr nahe, im späteren Verlauf nahm er sich die Romantiker seiner Heimat zum Vorbild. Außer 2 Opern schrieb er 3 Sinfonien, 3 sinfonische Dichtungen, eine Sinfonietta, 4 »Exotische Tänze« für Kammerorchester, 2 Nonette, ein Bläserquintett, 3 Streichquartette, mehrere Klaviertrios, Werke für Cello, für Violine, für Klavier, Lieder und Chöre.

Jānis Mediņš (1890–1966)

Leben

Jānis Mediņš wurde am 27.9.1890 in Riga geboren. Er studierte am Musikinstitut in Riga bis 1908. Von 1904 bis 1913 wirkte er als Orchestermusiker, von 1916 bis 1920 als Militärkapellmeister und anschließend bis 1944 als Dirigent an der Oper in Riga. Sodann verließ er Lettland und ließ sich in Stockholm nieder, wo er am 4.3.1966 starb.

Sein Bruder Jāzeps Mediņš (1.2.1877, Kaunas, bis 12.6.1947, Riga) war von 1889 bis 1896 Schüler des Musikinstituts in Riga und von 1901 bis 1911 dessen Direktor. Von 1906 bis 1911 wirkte er auch als Dirigent des lettischen Theaters, von 1916 bis 1921 als Operndirigent in Baku und anschließend in gleicher Eigenschaft an der Oper in Riga, wo er ab 1945 am Konservatorium Professor für Klavierspiel war.

Sein zweiter Bruder Jēkabs Mediņš (10.3.1885, Riga, bis 27.11.1971, Riga) studierte bis 1905 am Musikinstitut in Riga, leitete von 1921 bis 1940 das Konservatorium in Jelgava und wirkte ab 1944 als Lehrer am Konservatorium in Riga, das er von 1948 bis 1950 leitete.

Werke

Von Jānis Mediņš, der als Begründer der lettischen Oper und des lettischen Balletts gilt, sind 4 Opern und ein Ballett aufgeführt worden. Er schrieb ferner 3 Sinfonien, 2 Orchestersuiten, 2 sinfonische Dichtungen, 2 Cellokonzerte, ein Klavierkonzert, Kammermusik und Klavierstücke sowie eine Chorkantate.

Jāzeps Mediņš schrieb 2 Opern, 3 Sinfonien, 2 Orchestersuiten, ein Violinkonzert, ein Streichquartett, Violin- und Cellostücke, einige Chorwerke, über 100 Lieder und 70 Chöre.

Jēkabs Mediņš verfaßte 4 Miniaturen und 2 Suiten für Orchester, eine Legende, ein Intermezzo, ein Notturno und ein Andante für

Streichorchester, 11 Konzerte für Soloinstrumente und Orchester – Klarinette, Horn, Violine, Bratsche, Posaune und Kokle –, 3 Streichquartette, 6 Sonatinen und andere Stücke für Klavier, 3 Praeludien und eine Sonate für Orgel, zahlreiche Kantaten, Chor- und Sololieder und über 200 Volksliedbearbeitungen.

Luís de Freitas Branco (1890–1955)

LEBEN

Luís María da Costa de Freitas Branco wurde am 12.10.1890 in Lissabon geboren. Er studierte bei Engelbert Humperdinck in Berlin und anschließend in Paris. Dann lebte er in Lissabon als Komponist und Dirigent, wurde Lehrer und 1919 Vizedirektor des Konservatoriums und 1926 Direktor des Theaters San Carlo. Im Jahr 1939 wurde er infolge der Radikalisierung der innenpolitischen Zustände Portugals aller Ämter entkleidet, konnte aber weiterhin unbehelligt im Land bleiben. Er starb am 27.11.1955 in Lissabon.

WERKE

Von Luís de Freitas Branco sind 5 Sinfonien, mehrere sinfonische Dichtungen und andere Orchesterstücke, ein Violinkonzert, eine »Balada« für Klavier und Orchester, eine »Cena lírica« für Cello und Orchester, eine dramatische Sinfonie für Soli, Chor, Orgel und Orchester und weitere Chorwerke, ein Streichquartett, 2 Violinsonaten, eine Cellosonate, Klavier- und Orgelstücke, Chöre, Orchester- und Klavierlieder bekannt geworden. Er bemühte sich mit Erfolg, die Musikentwicklung seines Landes von der Spaniens abzulösen.

Gösta Nystroem (1890–1966)

LEBEN

Gösta Nystroem wurde am 13.10.1890 in Silvberg, Dalarna, geboren. Er erhielt seine Ausbildung in Stockholm, Kopenhagen und Paris und war als Kritiker und freischaffender Komponist in Särö tätig. Er starb am 9.8.1966 in Varberg, Halland.

WERKE

Eine Oper, ein Ballett und eine Anzahl Schauspielmusiken von Gösta Nystroem sind mit Erfolg aufgeführt worden. Er schrieb ferner 6 Sinfonien mit programmatischen Titeln, 2 sinfonische Dichtungen, 2 Orchestersuiten, eine sinfonische Ouvertüre, 2 Konzerte für Streichorchester, ein Violinkonzert, ein Bratschenkonzert, ein Cellokonzert, eine Partita für Flöte und Streicher, ein Rondo für Violine und Orchester, ein »Concerto ricercante« für Klavier, Streicher, Harfe, Celesta und Schlagzeug, ein Streichquartett und weitere Kammermusik, eine »Sommermusik« für Sopran und Kammerorchester, Gesänge und Lieder. Der vielfach geehrte und sehr beliebte Komponist ging bei seinem Werk vom Impressionismus aus und näherte sich mit fortschreitender Zeit immer mehr dem Neuklassizismus.

Jakow Eschpai (1890–1963)

LEBEN

Jakow Andrejewitsch Eschpai (eigentlich Ischpaikin) wurde am 17.10.1890 in Kokschamara, Kasan, geboren. Er studierte an der Musikschule in Kasan und am Konservatorium in Moskau bei Georgi Konius. Sodann wirkte er ab 1913 als Gesanglehrer in Ufa, ab 1918 als Theorielehrer in Kokschamara und von 1924 bis 1927 als Lehrer in Kosmodemjansk. Im Jahr 1931 wurde er wissenschaftlicher Mitarbeiter am Wissenschaftlichen Forschungsinstitut der autonomen Sowjetrepublik Mari. Er starb am 20.2.1963 in Moskau.

WERKE

Die zahlreichen Instrumental- und Vokalwerke von Jakow Eschpai verwendeten Volksweisen der Mari und sind zum Teil für ihre Volksinstrumente geschrieben. Er veröffentlichte unter anderem »Lieder des Mari-Volks«, »Melodien der Berg- und Wiesen-Mari« und »Mari-Volkslieder«, und führte sein Volk der Gemeinschaft der abendländischen Musikländer zu.

Kosta Manojlović (1890–1949)

Leben

Kosta Petar Manojlović wurde am 22.11.1890 in Krajevo, Serbien, geboren. Er wurde in München, Belgrad und Oxford zum Musiker ausgebildet und wirkte darauf als Chorleiter und Lehrer an der Musikschule und an der Musikakademie in Belgrad, wo er am 2.10. 1949 starb.

Werke

Von Kosta Manojlović sind ein Streichquintett, Klavierstücke, eine Kantate für Bariton, Doppelchor und Orchester, 2 Requiem, Chöre und Lieder bekannt geworden. Aus seinem Nachlaß wurde eine interessante Sammlung serbischer Volkslieder herausgebracht. Er hat zur Bildung eines eigenen serbischen Stils viel beigetragen.

Rudolf Bella (1890–1973)

Leben

Rudolf Friedrich Martin Bella wurde am 7.12. 1890 in Nagyszeben (Hermannstadt), Ungarn (heute Sibiu, Rumänien), geboren. Er studierte in Wien bei Eusebius Mandyczewski. Von 1921 bis 1924 wirkte er als Dirigent in Cernăuti (damals Rumänien, heute Tschernowci, Ukraine) und sodann in Ravensburg und Romanshorn, Thurgau, wo er am 14.7. 1973 starb.

Sein Vater Ján Levoslav Bella (4.9.1843, Szent Miklós, Ungarn [heute Liptoský-Mikuláš, Slowakei], bis 25.5.1936, Preßburg) studierte Theologie und Musik in Wien, wurde Staatskapellmeister in Kremnitz (Kremnica), Mähren, und Dompräbendar in Neusohl (Banská-Bystrica), Slowakei. Von 1881 bis 1921 wirkte er als Stadtkantor und Musikvereinsdirigent in Nagyszeben.

Werke

Außer 3 Opern schrieb Rudolf Bella eine Sinfonie, eine Fantasie für Streichorchester, ein Oktett, ein Quintett, eine Fantasie für zwei Hörner und Harfe, ein Oratorium, ein Requiem, zahlreiche Chorwerke und Lieder, Orgel- und Klavierstücke.

Ján Levoslav Bella schrieb eine Oper, eine sinfonische Dichtung, ein Streichquintett, 6 Streichquartette, Klavier- und Violinstücke sowie Lieder, zahlreiche Messen und andere sakrale Werke.

Bohuslav Martinů (1890–1959)

Leben

Bohuslav Martinů wurde am 8.12.1890 in Polička, Böhmen, geboren. Am Konservatorium in Prag bildete er sich zum Violinisten aus und trat 1913 in die Prager Philharmonie ein. Er war dann Schüler von Josef Suk und von Albert Roussel in Paris, von wo er 1940 vor den einmarschierenden Deutschen flüchten mußte. Er ließ sich in den USA nieder und erhielt mehrere Lehraufträge. Im Jahr 1945 bot ihm das Konservatorium in Prag einen Lehrstuhl an, den er aus gesundheitlichen Gründen nicht annehmen konnte. Er kehrte 1953 nach Europa zurück und verbrachte seine letzten Lebensjahre in Frankreich und ab 1956 in

Bohuslav Martinů

Pratteln bei Basel. Er starb am 29.8.1959 in Liestal, Basel-Land.

WERKE

Nach seiner eigenen Äußerung fußten die Kompositionen von Bohuslav Martinů auf der tschechischen Volksmusik, auf der frühenglischen Madrigalkunst und auf dem Werk von Claude Debussy; der frühe Igor Strawinsky und Antonín Dvořák müßten hinzugezählt werden. Es spiegelten sich daneben auch viele zeitgenössische Diktionen wie der Jazz, der Expressionismus und der Neuklassizismus. Seine Musik verließ die Prinzipien der Tonalität nie; »Ich lehne jedes Stilelement, das Klang und Rhythmus zerstört, ab«, bekannte er. Er verfaßte 5 Opern für die Bühne, 2 für den Funk und 3 Ballette, ferner ein Oratorium »Gilgamesch«, außerdem 6 Sinfonien, 5 Klavierkonzerte, 2 Violinkonzerte, 2 Cellokonzerte, ein Cembalokonzert, ein Oboenkonzert, ein Doppelkonzert für zwei Streichorchester, Klavier und Pauken, eine Konzertrhapsodie für Bratsche und Orchester, 3 sinfonische Dichtungen, die Orchesterstücke »Halbzeit«, »Bagarra« und »Gedenken an Lidice«, ein Concertino für Klavier – für die linke Hand allein – und Kammerorchester, ein Konzert für Streichquartett und Orchester, Inventionen für Orchester, ein Concerto grosso, »Drei ricercari« für Kammerorchester, eine Sinfonietta für Klavier und Kammerorchester, ein Orchesterscherzo, eine konzertante Orchestersuite und zahlreiche weitere Orchesterwerke, zwei Nonette, ein Streichsextett, ein Streichquintett, 7 Streichquartette, ein Bläserquintett, ein Streichtrio, ein Bläsertrio, ein Klaviertrio, 3 Violinsonaten, eine Sonate für zwei Violinen, 3 Cellosonaten, Duos mit verschiedener Besetzung, Kantaten, eine Vertonung von »Das Hohe Lied«, begleitete und unbegleitete Chöre und Lieder.

Sinfonie Nr. 1, 4 Sätze, entstanden 1943

Es handelt sich nicht nur um die längste Sinfonie, sondern dazu um das ausgedehnteste Orchesterwerk des Komponisten. Dem 1. Satz geht eine kurze harmonisch-klangliche Einleitung voran, dann setzen die großen lyrischen Bogen des Satzes ein. Es liegen keine thematischen Gegensätze, keine Durchführung, keine dynamischen Höhepunkte vor, die »ewige« Melodie wogt auf und ab wie der Spiegel eines Meeres. Der 2. Satz bringt ein breit angelegtes Scherzo mit einem pastoralen, volkstümlichen Trio. Die ergreifende Klage des Largo im 3. Satz galt der Zerstörung des tschechischen Dorfes Lidice. Freudige Stimmung bringt der rondoartige 4. Satz, in seinem Trio sind Anklänge an die Musik der fernen Heimat erkennbar.

Sinfonie Nr. 2, 4 Sätze, entstanden 1943

Der 1. Satz dieser kammermusikalisch gehaltenen Sinfonie betont traditionelle Sonatenform. Dem ersten Thema wird aber das zweite nicht entgegengeführt, sondern als Fortsetzung angefügt. Die Durchführung ist kontrastlos, und die Coda schließt dieses pastorale Bild poetisch ab. Der 2. Satz bringt ein schlichtes Andante voll Ruhe und zarter Sehnsucht nach einer Umwelt, die ebensoviel Frieden und stilles Glück bietet. Die Melodie ist dem mährischen Volksliedgut entnommen. Das Scherzo des 3. Satzes schreitet im burschikosen Marschtempo voran, ein Trio fehlt. Die fröhliche Stimmung gipfelt in einem der Marseillaise entnommenen Trompetenruf. Ebenso fröhlich ist das Finale. In freier Rondoform werden zwei beschwingte Themen verarbeitet, bis ein Blechbläserchoral das Werk sieghaft in der Ausgangstonika abschließt.

Sinfonie Nr. 3, 3 Sätze, entstanden 1944

Der 1. Satz beginnt spröde und düster; nacheinander eintretende Melodieschichten werden polytonal überlagert. Nach mehreren Steigerungen erklingt ein trauriges Fagottsolo, dann kommt es zu einem ungewöhnlichen Kraftausbruch des gesamten Orchesters. Eine heftige Coda bestätigt mit einem abrupten Abbruch des Satzes dessen schmerzliche Stimmung. Der 2. Satz bezieht das

Mit der tschechischen Philharmonie haben verschiedene Dirigenten die wichtigsten Werke von Bohuslav Martinů eingespielt

Concerto-grosso-Prinzip genial ein. Neben erregenden Höhepunkten finden sich darin Passagen erlesener Innigkeit, Verzweiflung und Hoffnung lösen einander während des gesamten Satzes ab, bis die Hoffnung die Oberhand gewinnt. Das Finale bringt ein rebellierendes Allegro in Sonatenform, dann setzt nach einem Fagottsolo eine große Hymne der Streicher an die gewonnene Freiheit jenseits jeder Angst ein, ihr folgt eine zweite als Triumphlied auf den kommenden Frieden.

Sinfonie Nr. 4, 4 Sätze, entstanden 1945

Die Freude über die Beendigung des Kriegs und seine baldige Rückkehr nach Prag wird im gesamten Werk deutlich. Der 1. Satz beginnt mit einem Terzenmotiv, das zu einer vollentwickelten Melodie ausgebaut und sodann im Allegro vorgeführt wird. Eine interessante Wiederholung und eine kurze Coda betonen die Fröhlichkeit des Satzes. Im 2. Satz erklingt ein lustiges Scherzo, dessen Trio eine Dorfidylle schildert. Im 3. Satz tragen polytonale Harmonien weit gespannte Melodiebogen. Der 4. Satz ist kräftig und voll sehnsüchtiger slawischer Leidenschaft. Eine strahlende Siegeshymne beendet das Werk.

Sinfonie Nr. 5, 3 Sätze, entstanden 1946

Mit einer Adagioeinleitung beginnt der 1. Satz; die Elemente der beiden Themen des Satzes sind darin bereits enthalten. Er ist durch ständigen Tempowechsel geprägt und außerordentlich ausdrucksreich. Der 2. Satz ist in Rondoform angelegt und trägt den Charakter einer Serenade. Nach der Einleitung erklingt eine anmutige Flötenmelodie, die von den als Zupfinstrumente verwendeten Streichern begleitet ist. Der 3. Satz beginnt mit einem sanglichen Thema. Dann setzt ein stürmisches Allegro ein. Auch dieser Satz ist von dynamischen Kontrasten und polyrhythmischen Bildungen erfüllt.

Sinfonie Nr. 6 »Sinfonische Fantasien«, 3 Sätze, entstanden 1953

Mit dumpfen Klängen beginnt der 1. Satz, aus denen ein Trompetenmotiv emporsteigt; ein spannungsreicher Allegrosatz schließt sich an, dem eine lyrische Gesangspassage folgt. Eine ruhige Reprise beendet den Satz. Im 2. Satz ertönt ein unheimliches Scherzo mit dämonischen Ausbrüchen, die von weiten lyrischen Stellen abgelöst werden. Eine ergreifende Klage des gesamten Orchesters leitet das Finale ein. Die melancholische Stimmung klärt sich durch ein schönes Klarinettensolo vorübergehend auf, dann bricht ein Allegro mit brutaler Wucht herein und endet abrupt. Breit und ruhig beendet ein Choral das Werk.

Klavierkonzert Nr. 2, 3 Sätze, entstanden 1934, umgearbeitet 1944

Eigentümlichkeit und Reiz dieses Werks liegen darin, daß der Orchesterteil durchwegs lyrisch gehalten ist, besonders die Streicher bringen Passagen mit innigen, nahezu unwirklichen Klängen, während dem Klavier harte dissonante Intervalle und wilde Cluster zugeteilt sind. Dieser Kontrast zeichnet alle drei Sätze aus und rückt das Konzert in die Reihe der bedeutendsten Werke des Komponisten, das jedoch wegen der technischen Schwierigkeit des Soloparts nur selten aufgeführt wird. Es ist für ein durchschnittliches Publikum wenig eingängig und erschließt sich erst nach mehrmaligem Anhören in seiner vollen Kraft und Pracht.

Die Fresken von Piero della Francesca, Tongemälde, 3 Sätze, entstanden 1955

Es handelt sich um kein deskriptives Werk im Sinn der Romantik, das durch die Fresken des Malers des Quattrocento Piero della Francesca (um 1420–92) in San Francesca in Arezzo angeregt wurde. Der Komponist gab lyrisch-meditativ den Eindruck wieder, den die Meisterwerke auf ihn ausübten. Daher nimmt die Musik keinen Bezug auf den italienischen Standort der Bilder, sondern ist tschechisch, weil der Komponist Tscheche war. Der 1. Satz verdeutlicht die Gedanken des Komponisten beim Anblick der Freske, die die Königin von Saba mit König Salomon zeigt. Der 2. Satz gibt »Konstantins Traum« mit rauschenden, lebensfreudigen Klängen wieder. Der 3. Satz vermittelt den Eindruck, den alle acht Fresken »Legende vom heiligen Kreuz« machten: dithyrambische Lust und beseligte Freude.

Sextett für Klavier und Blasinstrumente, 5 Sätze, entstanden 1929

Der 1. Satz, »Praeludium«, legt die Diktion des Werks fest: poetischer Kammermusikstil mit deutlichen Jazzelementen. Im 2. Satz, »Adagio«, kommen die einzelnen Instrumente solistisch zu Wort. Der 3. Satz, »Scherzo«, bringt ein blendendes Flötensolo mit Klavierbegleitung. Der 4. Satz, »Blues«, ist dem Titel entsprechend ein Jazzstück. Im 5. Satz, »Finale«, erklingen tschechische Tanzrhythmen.

Literatur

M. Šafránek, Bohuslav Martinů, Život a dílo, Prag 1961.

Nikolai Aladow (geboren 1890)

LEBEN
Nikolai Iljitsch Aladow wurde am 9.12.1890 in St. Petersburg geboren, wo er am Konservatorium studierte. Seine Spezialausbildung in weißrussischer Volkskunst erhielt er am Staatsinstitut in Moskau. Im Jahr 1924 trat er ein Musiklehramt in Minsk an und wirkte dort als Direktor und Professor am Weißrussischen Konservatorium; 1949 wurde er Vorsitzender des Weißrussischen Komponistenverbands.

WERKE
Neben einer Oper schrieb Nikolai Aladow 8 Sinfonien, ein Violinkonzert, 3 Streichquartette, 2 Klaviertrios, eine Klaviersonate und eine Jubiläumskantate für Chor und Orchester. Sein Stil war sehr folkloristisch und vom Unterricht der Lehrer in St. Petersburg geprägt.

Gerhard Strecke (1890–1968)

LEBEN
Gerhard Werner Strecke wurde am 13.12. 1890 in Oberglogau (Głogówek), Oberschlesien, geboren. Er studierte in Jena und Berlin, wirkte darauf von 1920 bis 1924 als Schulmusiker in Neiße (Nysa), anschließend bis 1936 als Leiter des Musiklehrerseminars am Konservatorium in Breslau (Wrocław) und dann bis 1939 als Direktor des Konservatoriums in Beuthen (Bytom), von 1946 bis 1950 war er Professor für Musikerziehung in Tressingen, Württemberg. Ab 1953 lebte er in Eggerscheidt bei Düsseldorf und starb am 8.12.1968 in Ratingen bei Düsseldorf.

WERKE
Von Gerhard Strecke sind 2 Sinfonien, 3 Suiten, ein Violinkonzert und ein Capriccio für Violine und Orchester, eine sinfonische Legende, Praeludium und Fuge, 3 Triosonaten, 24 Praeludien und Fugen für Orgel, 2 Messen, ein Offertorium, 5 Deutsche Motetten, 3 sechsstimmige »Deutsche geistliche Gesänge«, mehrere Kantaten und Lieder bekannt geworden. Er bemühte sich um einen moderneren Stil der sakralen Musik.

Johann Baptist Hilber (1891–1973)

LEBEN
Johann Baptist Hilber wurde am 2.1.1891 in Wil, St. Gallen, geboren. Er studierte in Zürich und Köln und wirkte sodann als Gymnasialmusikdirektor und als Chordirektor und Kapellmeister in Luzern, wo er die Schweizerische Katholische Kirchenmusikschule gründete und leitete. Er starb am 30.8.1973 in Luzern.

WERKE
Neben 2 Bühnenmusiken schrieb Johann Baptist Hilber ein Klavierkonzert, ein Concertino für Klavier und Orchester, zahlreiche profane A-cappella-Chöre. Seine Hauptwerke waren jedoch sakraler Natur: 5 ausgezeichnete Messen, die viel gesungen werden, mehrere Proprien, 4 Festoffertorien und weitere Gesänge, Motetten und Marienlieder a cappella. Sein kirchenmusikalisches Schaffen stellte ihn in die Reihe der ersten katholischen Kirchenkomponisten unserer Zeit.

Timothy Mather Spelman (1891–1970)

LEBEN
Timothy Mather Spelman wurde am 21.1. 1891 in New York geboren. Er war Schüler von Albert Spalding und Walter Courvoisier. Er lebte von 1918 bis 1935 in Florenz und anschließend bis 1947 in New York. Im Jahr 1951 kehrte er nach Florenz zurück, wo er am 21.8.1970 starb.

WERKE
Im kompositorischen Werk von Timothy Mather Spelman wurde die romantische Münchner Schule noch einmal lebendig; er darf zu den letzten Romantikern gezählt werden, obschon auch bei ihm der Einfluß der Impressionisten deutlich wird. Er schrieb außer 3 Opern und 3 Pantomimen eine Sinfonie, eine sinfonische Dichtung, eine Anzahl

Orchestersuiten, ein Oboenkonzert, ein Konzert für Flöte, Harfe und Streicher, »Fünf Serenaden« für Streichquartett, ein Streichquartett, 2 Chorwerke und viele Lieder.

Karel Boleslav Jirák (1891–1972)

LEBEN

Karel Boleslav Jirák wurde am 28.1.1891 in Prag geboren. Er war dort Schüler von Vítězslav Novák und Josef Bohuslav Foerster. Von 1915 bis 1918 war er Kapellmeister an der Oper in Hamburg, dann in Brünn und in Mährisch-Ostrau (Ostrava), von 1920 bis 1930 Kompositionslehrer am Konservatorium in Prag, sodann bis 1945 Erster Dirigent des tschechischen Rundfunks. Im Jahr 1947 emigrierte er nach den USA und wurde dort im selben Jahr Professor am Roosevelt College und 1967 Kompositionslehrer am Conservatory College in Chicago, wo er am 30.1.1972 starb.

WERKE

Von Karel Boleslav Jirák ist eine Oper aufgeführt worden. Er schrieb ferner mehrere Bühnenmusiken, 5 Sinfonien, eine Sinfonietta für kleines Orchester, sinfonische Variationen, mehrere Suiten und Ouvertüren, eine Legende für Kammerorchester, eine Serenade für Streichorchester, eine Rhapsodie und ein Concertino für Violine und Orchester, ein Klavierkonzert, ein Nonett, ein Streichsextett mit Alt-Solo, ein Bläserquintett, ein Klavierquintett, 7 Streichquartette, ein Klaviertrio, ein Bläsertrio, 2 Violinsonaten und je eine für Bratsche, für Flöte, für Klarinette, für Horn, für Oboe, »Vier Essays« für Violine und Klavier, Stücke für Cello und Klavier, Rondo für Horn und Klavier, eine Sonatine für Baßklarinette und Klavier, 5 Miniatüren und weitere Stücke für Klavier, 5 Praeludien und Fugen und eine Suite für Orgel, ein Requiem für Soli, Chor und Orchester, Chöre, zahlreiche Liederzyklen und Volksliedbearbeitungen.

Georges Migot (1891–1976)

LEBEN

Georges Elbert Migot wurde am 27.2.1891 in Paris geboren. Er studierte ab 1913 am Conservatoire in Paris unter Charles-Marie Widor, Maurice Emmanuel, Henri Expert (12.5.1863, Bordeaux, bis 18.8.1952, Tourrettes-sur-Loup, Alpes-Maritimes), André Gédalge, Vincent d'Indy, Félix Alexandre Guilmant und Eugène Gigaut. Von 1949 bis 1961 wirkte er als Konservator des Instrumentenmuseums am Conservatoire in Paris. Er starb, mit zahlreichen Ehrungen und Preisen ausgezeichnet, am 5.1.1976 in Levallois.

WERKE

Das enorme kompositorische Werk von Georges Migot, der außerhalb seines Landes nahezu unbeachtet geblieben ist, nimmt eine wichtige Sonderstellung in der französischen Musikentwicklung ein, einerseits wegen seiner seltenen Vielfalt, andererseits wegen der Aufnahme der verschiedensten stilistischen Strukturen, denn in diesen Kompositionen sind sowohl Anregungen aus der Vokalmusik der Renaissance, aus der Kunst der französischen Lautenisten, aus den Werken von Jean-Philippe Rameau, von Gabriel Fauré und Claude Debussy wie auch aus fernöstlichen Kulturen und dem Vogelgesang verwertet, so daß es zu einer unverkennbaren originalen Tonsprache des Komponisten kam. Diese ist durch eine Verankerung der Diatonik, durch eine lyrische Grundhaltung und eine unvergleichliche Kantabilität in allen Bereichen gekennzeichnet. Migot hat die Vokal- und besonders die Chormusik Frankreichs zur gleichen Höhe mit der Instrumentalmusik geführt und erneuert. Er verfaßte 13 Sinfonien für Orchester, Kammerorchester und Blasmusik, von denen einige Titel tragen, Tanzstücke, ein Klavierkonzert, ein Cembalokonzert, Suiten für Violine, für Klavier, für Harfe, für Cello, für Orgel mit Orchester, 3 Streichquartette und Quartette mit verschiedener Besetzung, Trios mit verschiedener Besetzung, zum Teil mit Klavier, Duos für Violine, für Cello, für Flöte und Klavier, Gitarrenduos, Stücke für Violine, für Bratsche, für Klarinette, für Cello, für Fagott, für Gitarre, für Harfe solo, 3 Sonaten und zahlreiche andere Stücke für Orgel, 12 Konzertetüden, 8 Praeludien und viele andere Stücke für Klavier. Einen breiten Raum nahm in seiner kompositorischen Tätigkeit die Vokalmusik ein: 9 Oratorien, unter denen seine »Passion« starkes Aufsehen erregte – ihr schloß sich sein großartiger oratorischer Zyklus mit Begebenheiten aus den Evangelien an –, 35 Psalmen, 5 Gesänge, Responsorien, Liturgien, ein Requiem, profane Kantaten, zahlreiche Lieder und Liederzyklen für eine oder mehrere Stimmen, unbegleitet oder mit verschiedenen Instrumenten. Er publizierte eine Anzahl musikhistorischer und musikästhetischer Werke, dazu Abhandlungen über allgemeine Kunstfragen und Gedichte.

Ruy Coelho (geboren 1891)

LEBEN

Ruy Coelho wurde am 3.3.1891 in Alcácer do Sal bei Lissabon geboren. Nach seinem Musikstudium in Lissabon wurde er in Berlin Schüler von Engelbert Humperdinck. Anschließend wirkte er in Lissabon als Musikkritiker und Komponist.

WERKE

Mit seinen 14 Opern wurde Ruy Coelho zum Begründer der neuzeitlichen großen Oper in Portugal. Stilistisch gehörte er der Spätromantik an und suchte aus folkloristischen Quellen eine nationale Musik zu schaffen. Er schrieb 6 Sinfonien, 2 Klavierkonzerte, eine Rhapsodie für Klavier und Orchester, mehrere sinfonische Dichtungen, einige Kammermusik, 2 Oratorien, eine Messe, Klavierstücke und Lieder.

Juozas Žilevičius (geboren 1891)

LEBEN

Juozas Žilevičius wurde am 4.3.1891 in Jerubaičiai, Telšiai, Litauen, geboren. Er studierte in Warschau und sodann am Konservatorium in Petrograd unter Nikolai Tscherepnin und Aleksandr Glasunow. Ab 1920 war er Zweiter Dirigent der Oper in Kaunas, ab 1924 Lehrer für Musikgeschichte und Theorie am Konservatorium in Kleipėda und von 1926 bis 1927 dessen Direktor. Von 1929 bis 1961 betreute er die Organistenstelle in Elizabeth, N. J.

WERKE

Neben seinen hervorragenden Leistungen für die litauische Musikgeschichte schrieb Juozas Žilevičius eine Sinfonie, ein Nonett, ein Oktett, ein Streichquartett, Orgel- und Klavierwerke, eine Kantate, 4 Messen, Chor- und Sololieder, Werke, die im Rahmen der litauischen Musikentwicklung einen bedeutenden Rang einnahmen.

Josef Blatný (geboren 1891)

LEBEN

Josef Blatný wurde am 19.3.1891 in Brünn als Sohn des Chordirigenten Vojtěch Blatný (24.4.1864, Lovčice, bis 16.2.1954, Brünn) geboren. Er studierte bei Leoš Janáček und war ab 1912 als Lehrer an der Orgelschule, ab 1928 am Konservatorium für Orgelspiel seines Geburtsorts tätig.

WERKE

Von Josef Blatný sind eine Sinfonie brevis für Streichorchester, 3 Streichquartette, zahlreiche Klavier- und Orgelwerke, ein Oratorium, eine Kantate und etliche Chöre und Lieder bekannt geworden. Bei ihm finden sich viele Ansätze zu Entwicklungen moderner Stile.

Louis Dité (1891–1969)

LEBEN

Louis Johann Dité wurde am 26.3.1891 in Wien geboren. Er studierte an der Musikakademie seiner Geburtsstadt und wurde Kirchenorganist. Von 1917 bis 1957 wirkte er an der Hofmusikkapelle in Wien, wo er am 18.11. 1969 starb.

WERKE

Von Louis Dité sind eine Sinfonie, eine Passacaglia und Fuge, 5 sehr schöne Messen, Männerchöre, ein Streichsextett, ein Bläserquintett, 3 Streichquartette, ein Trio, Klavierstücke und Orgelmusik bekannt geworden.

Sergei Prokofjew (1891–1953)

LEBEN

Sergei Sergejewitsch Prokofjew wurde am 11.4.1891 in Sonzowka, Jekaterinoslaw (heute Dnjepropetrowsk), geboren. Er nahm bei Reinhold Glier Privatunterricht und sodann von 1904 bis 1914 am Konservatorium in St. Petersburg bei Anatoli Ljadow, Nikolai Rimski-Korsakow, Jāzeps Vītols, Nikolai Tscherepnin und Anna Nikolajewna Jessipowa (12.2.1851, St. Petersburg, bis 18.8.1914, Petrograd). Anschließend betätigte er sich neben der Komposition als Pianist. Im Jahr 1918 verließ er Rußland, hielt sich einige Zeit in Japan auf und lebte sodann von 1920 bis 1933 in den USA und Europa, vor allem in Paris. Er war von 1939 bis 1941 Stellvertretender Vorsitzender des Moskauer Komponistenverbands; 1948 wurde er zweimal wegen seiner »formalistischen« Musik vom Zentralkomitee der Sowjetischen Kommunistischen Partei gemaßregelt. Die Accademia di Santa Cecilia in Rom und die Musikakademie in Stockholm ernannten ihn zu ihrem Ehrenmitglied. Er starb am 5.3.1953 in Moskau als einer der bedeutendsten russischen Komponisten des 20. Jahrhunderts.

Sergei Prokofjew

WERKE

Der Ausbruch des Ersten Weltkriegs überraschte viele russische Künstler in Westeuropa oder Amerika. Da es sich hiebei zumeist um neutrale oder mit Rußland befreundete Länder handelte, konnten diese Künstler ohne Schwierigkeiten bleiben und wirken. Sie blieben aber auch der Heimat fern, als dort die Revolution ausbrach, zuerst weil die Umwälzungen alle kulturellen Möglichkeiten stark reduzierten, dann aber auch wegen der neuen Beziehungen, die sie inzwischen anknüpfen konnten, wogegen die gesellschaftlichen und wirtschaftlichen Gegebenheiten in der Heimat wenig verlockend waren. Sie wurden zu Emigranten, erwarben eine neue Staatszugehörigkeit und eine neue Heimat. Nachdem sich die Verhältnisse im neuen Rußland konsolidiert hatten, machte sich diese umfangreiche Auswanderung von Kulturträgern stark bemerkbar, und man bemühte sich, die prominentesten zurückzugewinnen. Bei Sergei Prokofjew gelang es wie bei manchen anderen. Die goldenen Brücken, die man ihnen baute, erwiesen sich als nicht tragfähig, sie mußten sich der Parteilinie fügen und der »westlichen Dekadenz« abschwören, und wenn es nicht immer ganz gelang, wurden sie bestraft. Mancher ist dabei auf der Strecke geblieben, physisch, weil er nicht gehorchte, und künstlerisch, weil er sich beugte. Sergei Prokofjew, der am Beginn seiner Schaffenszeit expressionistische und später neuklassizistische Fakturen bevorzugte, in der Harmonik bis zur Atonalität fortschritt und bitonale Linienführung mit harten Dissonanzen verband, fügte sich nach seiner Rückkehr nach Rußland der amtlichen Kulturpolitik und schrieb ungetrübte Diatonik; seiner Genialität gelang es, ohne Wesentliches seiner schöpferischen Intentionen preiszugeben, seiner Tonsprache große Einfachheit und Verständlichkeit zu verleihen, indem er mit einer breiten Melodiosität sich eng der russischen Tradition des 19. Jahrhunderts anschloß. Von seinen 8 Opern errangen »Krieg und Frieden« und »Die Liebe zu den drei Orangen« Welterfolge; von seinen 7 Balletten sind »Romeo und Julia« und »Aschenbrödel« feste Bestandteile der Ballettprogramme der Welt; auch »Die steinere Blume« wird nicht selten auf die Bühne gebracht. Von seinen Bühnen- und Filmmusiken haben »Leutnant Kische« und »Aleksandr Newski« Berühmtheit erlangt, sie werden als selbständige Konzertnummern aufgeführt. Er schrieb außerdem 7 Sinfonien, eine Anzahl Suiten nach seinen Opern, Balletten, Bühnen- und Filmmusiken, eine »Skythische Suite« und eine »Vaterländische Suite«, 5 Klavierkonzerte, 2 Violinkonzerte, ein Cellokonzert, ein Concertino, eine Sinfonietta, Märsche, Festliche Gedichte, eine sinfonische Skizze, ein sinfonisches Bild, Oden, Hymnen, eine Ouvertüre über hebräische Themen, ein Klavierquintett, ein Scherzo für vier Fagotte, 2 Streichquartette, 2 Sonaten für Cello und Klavier, Sonaten für Solovioline, für zwei Violinen, für Violine und Klavier. Einen breiten Raum im Schaffen des Komponisten nahm die Klaviermusik ein. Er verfaßte 9 Sonaten, 2 Sonatinen, eine »Toccata«, »Sarkasmen«, »Flüchtige Visionen«, »Erzählungen einer alten Großmutter«, »Gedanken«, »Musik für Kinder«, »4 Etüden«, Bearbeitungen eigener Werke; seine Stücke erfordern durchwegs hohes pianistisches Können. Sein Vokalwerk besteht aus einem Oratorium, den Kantaten »Winterlagerfeuer«, »Aleksandr Newski« und weiteren, zumeist politischen Chorwerken sowie dem beliebten Stück für Sprecher und kleines Orchester »Peter und der Wolf«.

Auf Friedenswacht, Oratorium für Sprecher, Mezzosopran, Knabensopran, gemischten Chor, Knabenchor und Orchester, Opus 124, 10 Teile, entstanden 1950

Sprecher, Solisten und Chöre schildern das Elend des Kriegs, den Heldenkampf des unzerstörbaren Wolgograd, wo durch den Sieg die Grundlage zum Frieden geschaffen wurde. »Friede allen Völkern der Erde; wir brauchen keinen Krieg«, lautet die Parole. Weiße Friedenstauben erheben sich von allen Orten in die Luft, die Kinder dürfen ohne Angst schlafen gehen, weil der Friede bewacht ist. Der Krieg ist vorbei, das Volk feiert den Frieden, der Waffenhandel wird durch Streik der Hafenarbeiter unterbunden. Die gesamte Welt ist einig im Kampf gegen den Krieg.

Aleksandr Newski, Kantate für Chor und Orchester, Opus 78, 7 Teile, entstanden 1939 aus der Musik zum gleichnamigen Film

Wie das Röhren wilder Tiere klingt im 1. Teil der Einsatz der Tuba, die das schwere, auf dem alten Rußland lastende Joch der Mongolen darstellt; Land, Dörfer und Städte sind verwüstet. Im 2. Teil stellt ein mächtiger Choral die legendäre Welt des russischen Heldenzeitalters vor. Aleksandr Newski tritt auf den Plan. Der 3. Teil schildert den Angriff der Kreuzritter, der Tod und Zerstörung bringt. Der 4. Teil ist der Erhebung des russischen Volks gegen die Eindringlinge gewidmet. Im 5. Teil beginnt der Kampf auf dem Eis des Tschudskoje See (Peipsi järvi). Schlachtenepisoden lösen einander ab, bis der Sieg der russischen Streitkräfte errungen ist. Der Chor verkündet: »Kein Feind darf den teuren russischen Boden betreten.« Im 6. Teil sucht ein russisches Mädchen ihren Verlobten auf dem Schlachtfeld: »Ich will seine toten Lippen küssen, weil er für Rußland einen ehrenvollen Tod starb.« Im 7. Teil zieht Aleksandr Newski in Pskow ein, das Volk empfängt jubelnd seinen Helden.

Winterlagerfeuer, Suite für Knabenchor und Orchester, Opus 122, 8 Teile, entstanden 1949

Mit abgemessenen Beckenschlägen, Wirbel der Kleinen Trommel, gedämpfter Trompete und verträumten Waldhornklängen, mit dem Rhythmus eines fahrenden Zuges beginnt die Abfahrt im 1. Teil. Der 2. Teil malt den Schnee hinter den Fenstern. Im 3. Teil wird auf dem Eis ein Walzer getanzt. Das Lagerfeuer wird im 4. Teil angezündet, im 5. Teil stimmen die Knaben einen Chor an. Im 6. Teil fällt der Winterabend über die Landschaft. Im 7. Teil wird zurückmarschiert. Die Heimkehr im 8. Teil ist so fröhlich wie die Ausfahrt.

»Peter und der Wolf«, ein Märchenspiel für Sprecher und kleines Orchester als »Instrumentenlehre für kleine und große Kinder«, Opus 67, entstanden 1936

Der Sprecher stellt die Instrumente und deren Bedeutung vor: der Vogel – Flöte, die Ente – Oboe, die Katze – Klarinette, der Großvater – Fagott, der Wolf – Hörner, Peter – Violinen. Dargestellt werden Peters Liebe zu den Tieren, die Sorge des Großvaters und die fruchtlose Jagd der Katze nach dem Vogel, der böse Wolf, der die

Ente verschlingt, und das Einfangen des Wolfs mit Hilfe des Vogels, um den Missetäter in den Zoo zu bringen.

Sinfonie Nr. 1 in D-Dur, »Klassische«, Opus 25, 4 Sätze, entstanden 1917

Der 1. Satz ist freudig bewegt und hat Sonatenform. Die Durchführung seiner beiden Themen fällt durch originelle harmonische Wendungen auf. Im 2. Satz bringen die Violinen im Rhythmus einer Polonaise ein Ständchen. Der 3. Satz ist eine Gavotte, der 4. Satz hat wiederum Sonatenform und steigert noch die Fröhlichkeit des ersten.

Sinfonie Nr. 2 in d-Moll, Opus 40, 2 Sätze, entstanden 1925

Der 1. Satz bringt ein völlig zerklüftetes Thema, dem ein zweites tragisch-choralhaftes gegenübergestellt wird. Harmonische und kontrapunktische Ballungen verstärken die dramatische Entwicklung, die mit einem Fanfarenruf endet. Der 2. Satz besteht aus einem Thema mit sechs Variationen; sie sind teilweise sehr aggressiv, dann wieder stark verinnerlicht und am Ende durch einen vielschichtigen Akkord verfremdet. Dieses Werk weckte im Verein mit einigen Klavierkompositionen offenbar berechtigte Hoffnungen auf eine Entwicklung des Komponisten zu einem Großen der zeitgenössischen Musik, der er auch wurde, wenn auch nicht im Sinn der Avantgardisten.

Sinfonie Nr. 3 in c-Moll, Opus 44, 4 Sätze, entstanden 1928

Der 1. Satz beginnt mit einem von düsteren Akkorden unterbauten Thema, dem zwei weitere entgegengeführt werden. Noch einige Motive treten hinzu und werden mit dem bereits vorhandenen Material ekstatisch verarbeitet. Der 2. Satz ist von einer Kantilene beherrscht, drohende Kurzmotive verweisen aber auf die tragische Grundhaltung des Werks. Das Scherzo ist außerordentlich bewegt, in seinem Trio kommt es zu Walzeranklängen. Das Finale ist hektisch erregt und führt zu einem faszinierenden Abschluß.

Sinfonie Nr. 4 in C-Dur, Opus 47, 4 Sätze, entstanden 1930, 1947 als Opus 112 umgearbeitet

Der 1. Satz beginnt mit heroisch-lyrischer Geste und besteht aus einer Reihe plastischer kontrastreicher Bilder. Der 2. und 3. Satz sind dem Ballett »Der verlorene Sohn« entnommen und kennzeichnen in der Zweitbearbeitung das Bestreben des Komponisten, »schlichte und einfache« Melodik zu liefern. Das Finale ist brillant instrumentiert, »Die endgültige Heimkehr in die sowjetische Heimat zeichnet sich in der Musik der Sinfonie deutlich ab«, sagte ein Kommentator. »Der sozialistische Realismus bahnte sich an und kam in den folgenden Sinfonien immer stärker zum Ausdruck.«

Sinfonie Nr. 5 in B-Dur, Opus 100, 4 Sätze, entstanden 1944

Im 1. Satz exponieren Erste Flöte und Erstes Fagott ein Andantethema. Das zweite Thema ist hell und licht und wird mit dem ersten im Verlauf des Sonatensatzes ständig verwandelt und bereichert. Der 2. Satz bringt eine lustige Klarinettenmelodie zu einem Violinenstakkato; im Trio erklingt ein Walzer; in der Reprise wird der Beginn elegant und übermütig in rasanter Steigerung etwas verändert wiedergegeben. Der 3. Satz ist wieder langsam, voll Sanglichkeit, schönem Klang und Wehmut, aber dennoch auch kämpferisch entschlossen. Das Finale setzt mit dem Thema des Kopfsatzes ein. Sein von der Klarinette vorgetragenes Hauptthema ist quirlig, es erhält einen poetischen Seitengedanken, der zu einem triumphalen Schluß führt.

Sinfonie Nr. 6 in es-Moll, Opus 111, 3 Sätze, entstanden 1947

Nach schweren Bläserakkorden beginnt der 1. Satz mit einer tragischen Melodie, die vielfach variiert und wiederholt wird, bis sie in eine innige melodische Linie mündet, deren ruhiger Fluß durch heftige Aufschreie unterbrochen ist. In der Durchführung erscheint eine weitere Kantilene, die, in der Tiefe von dunklen Stimmen begleitet, leise verklingt. Der 2. Satz ist ein Largo, das schmerzlich beginnt, dann einprägsame melodische Linien aneinanderfügt und intensiviert. Ein Scherzo fehlt. Das Finale ist ein eleganter federnder Satz mit dämonischen Zwischenfarben.

Sinfonie Nr. 7 in cis-Moll, Opus 131, 4 Sätze, entstanden 1952

Der 1. Satz wird von einem Moderato eingeleitet. Das zweite Thema ist weit gesponnen, aber mit tragischen Akzenten versehen. Das Scherzo bringt einen Walzer in der Art von Pjotr Tschaikowski. Der 3. Satz ist schlicht und sanglich, das Finale wirbelnd und quirlig; seine übermütigen Melodien eilen rasant zum Schluß.

Sinfonietta in A-Dur, Opus 48, 5 Sätze, entstanden 1929 als zweite Fassung einer Komposition aus 1909

Der Stil des Stücks ähnelt dem der 1. Sinfonie des Komponisten. Der 1. Satz ist hell und transparent, sein Mittelteil bringt klangscharfe und marschähnliche Rhythmen. Der 2. Satz baut sich auf einer breiten Melodie auf, die von einem Basso ostinato begleitet ist. Der 3. Satz erinnert an Joseph Haydn. Der 4. Satz ist sehr grotesk und stellt sehr differente Orchesterklänge gegenüber. Das Finale wiederholt Stimmung und Stil des 1. Satzes.

»Ala und Lolli«, Skythische Suite für Orchester, Opus 20, 4 Sätze, entstanden 1914

Diese Suite ist eine Adaptierung der Musik für ein Ballett »Ala und Lollie« für Sergei Diaghilew, das der Ballettmeister nicht angenommen hatte. Es behandelt die altrussische Sage von den Skythen, die den Sonnengott Veles, die Frühlingsgöttin Ala und den Todesgott Tschubog verehrten. Der Todesgott will das Standbild Alas rauben, wird aber von skythischen Helden daran gehindert. Mit Hilfe des Sonnengottes siegt Lolli über Tschubog, der in den Strahlen des Sonnenaufgangs untergeht. Der 1. Satz »Die Anrufung des Sonnengottes und Alas« bringt einen orgiastischen Huldigungstanz, dessen massive grelle Klangfarben rein expressionistisch sind. Der 2. Satz »Tschubog und der Tanz der bösen Geister« hält mit acht Hörnern und einer wuchtigen Motorik denselben Stil ein. Im 3. Satz »Nacht« herrscht impressionistische Farbigkeit. Der 4. Satz »Der Aufbruch Lollis und der Sonnenaufgang« stellt den Kampf des Guten gegen das Böse und den Sieg des Lichts dar; der Sonnenaufgang steigert sich in der Verdichtung des Klangs bis zum dreifachen Forte.

Klavierkonzert Nr. 1 in Des-Dur, Opus 10, ein Satz, entstanden 1912

Das Orchester beginnt lautstark in der Manier von Franz Liszt, der Solist kommt erst nach der Kulmination der Entwicklung zu Wort. Es folgt ein Andante mit virtuos gehaltener Melodik. Das Werk schließt mit dem Anfangsthema, was die Einheitlichkeit des Werks unterstreicht.

Klavierkonzert Nr. 2 in g-Moll, Opus 16, 4 Sätze, entstanden 1913

Im 1. Satz trägt das Klavier ein schönes Hauptthema vor, ein grotesk-virtuoses zweites Thema wird herangeführt, eine gewaltige Kadenz folgt, und eine kurze Reprise schließt den Satz ab. Der 2. Satz ist ein Perpetuum mobile mit immer neuen Einfällen, der 3. Satz ist russisch gefärbt, das Finale lehnt sich thematisch an den 1. Satz an und beendet das Konzert, das technisch zu den schwierigsten des 20. Jahrhunderts zählt.

Klavierkonzert Nr. 3 in C-Dur, Opus 26, 3 Sätze, entstanden 1921

Dieses wirkungssicherste und populärste Konzert des Komponisten stellt sich mit den Konzerten von Béla Bartók in eine Reihe. Der 1. Satz bringt eine volksliedhafte Melodie, dann erklingt das Hauptthema mit rasanten Läufen der Streicher, zu denen ein burleskes Seitenthema tritt. Der 2. Satz gehört zu den schönsten und stimmungsvollsten Einfällen des Komponisten überhaupt. Das Finale entwickelt sich aus tiefen Tönen zu einem brillanten Scherzo, dann leitet eine lyrische Episode zu einer begeisternden Stretta über.

Klavierkonzert Nr. 4 in B-Dur, Opus 53, 4 Sätze, entstanden 1931

Dieses Konzert wurde für die linke Hand allein für den einarmigen Pianisten Paul Wittgenstein geschrieben, der es aber nicht gespielt hat. Der 1. Satz beginnt mit einem etüdenartigen Thema, das das zweite aufklingende Thema bald überflutet. Der 2. Satz bringt eine lyrische Kantilene, ein zweites kantables Thema wird vom Solisten vorgetragen, darauf vereinen sich beide musikalischen Gedanken zu einem Hymnus. Der 3. Satz ist der Sonatenhauptsatz des Werks, in dem markante Themen und eine lyrische Episode entwickelt werden. Das Finale hat den Charakter eines Epilogs und klingt in hoher Lage pianissimo aus.

Klavierkonzert Nr. 5 in G-Dur, Opus 55, 5 Sätze, entstanden 1932

Der 1. Satz ist tänzerisch, seine Dissonanzen werden immer aufgelöst. Der 2. Satz hat Marschform und erinnert an »Peter und der Wolf«. Im 3. Satz erklingt mit dem Thema des 1. eine Toccata. Den 4. Satz beherrscht ein schlichter melodischer Gedanke. Ein vielfältig gegliedertes und stark variiertes Scherzo beschließt als Finale das Werk.

Violinkonzert Nr. 1 in D-Dur, Opus 19, 3 Sätze, entstanden 1917

Der 1. Satz beginnt mit einer lyrischen Kantilene der Violine, der ein groteskes Thema entgegengeführt wird. Der 2. Satz ist ein Scherzo von höchster Virtuosität, das dem Solisten äußerstes Können abverlangt. Das Finale verbindet Virtuosität mit Sanglichkeit und weist den Komponisten auf einen Weg, den er allerdings nur eine Strecke seines Lebens geht.

Swjatoslaw Richter

David Oistrach

Violinkonzert Nr. 2 in g-Moll, Opus 63, 3 Sätze, entstanden 1935

Den 1. Satz eröffnet ein volksliedhaftes russisches Thema, zu dem sich ein zweites, lyrisches gesellt. Der 2. Satz ist eine großangelegte Serenade, dessen Themen ganz auf Kantabilität abgestellt sind. Das Finale ist bizarr-grotesk, voll tänzerischer Impulse und technisch sehr anspruchsvoll.

Cellokonzert in e-Moll, Opus 125, 3 Sätze, entstanden 1952

Es liegt eine zweite Fassung des Cellokonzerts Opus 58 aus 1938 vor. Der 1. Satz besteht aus zwei äußerst kantablen Themen, die in einem zarten Adagio verklingen. Der 2. Satz bringt ein dämonisch erregtes Thema, dem ein tänzerisches entgegengestellt ist. Beide werden von einer schönen kantablen Melodie abgelöst, die sich in der Reprise mit dem tänzerischen Thema verbindet. Anstelle der Durchführung erklingt eine virtuose Kadenz. Das Finale besteht aus Variationen über zwei Themen, von denen das eine breit ausschwingend lyrisch-episch ist, das andere tänzerisch. Die Themen werden stark verändert und auch ineinander verschränkt, bis das erste sich durchsetzt. Virtuose Figuren beenden das Werk mit starker Wirkung.

Quintett für Oboe, Klarinette, Violine, Bratsche und Kontrabaß, Opus 39, 6 Sätze, entstanden 1924

Das Werk wurde als Ballett »Das Trapez« verfaßt. Der 1. Satz enthält zwei Variationen zu einem Thema, das am Anfang und am Ende vorgetragen wird. Der 2. Satz bringt eine große Gestik mit freitonaler Chromatik. Der 3. Satz ist tänzerisch und wegen der wechselnden Metrik sehr schwierig, aber zugleich äußerst amüsant und vital. Der 4. und der 5. Satz geben mit ihrer rhythmischen Exzentrik Musikern und Tänzern Gelegenheit, ihr Können zu beweisen. Der letzte Satz beginnt mit pathetischer Grazie, dann bricht barbarische Wildheit aus, die mit einem tumultuösen Fortissimo endet.

Streichquartett Nr. 1, Opus 50, 3 Sätze, entstanden 1930

Das Thema des 1. Satzes folgt klassischen Vorbildern und klingt dazu an die »Klassische Sinfonie« und an den Siegesmarsch in »Aleksandr Newski« an. Es wird durch ein zweites, weit ausgesponnenes Thema kontrastiert, das russischen Charakter trägt. Das dritte Thema ist markant und marschartig. Der 2. Satz hat Rondoform und weist auf Volkstanzszenen hin. Im 3. Satz erklingt eine Andantemelodie von echter Tiefe bei großer melodischer Linie und Intensität.

Streichquartett Nr. 2, Opus 92, 3 Sätze, entstanden 1941

Dem gesamten Werk haftet der Einfluß der Örtlichkeit – Naltschik in der Kabardinischen Autonomen Sozialistischen Sowjetrepublik –, in der es verfaßt wurde, an. Im 1. Satz liegen zwei Themen, ein Tanz und ein Lied aus Labardinien, vor, die nach klassischem Muster verarbeitet sind. Eine Nachahmung kaukasischer Volksinstrumente leitet den 2. Satz ein, in dem ein Tanz und eine Hirtenserenade aus dem Kaukasus verarbeitet sind. Das Finale – ein Sonatenrondo – wird von einem kabardinischen Tanzmarsch beherrscht. Die verwendeten kaukasischen Volksmelodien gliederte der Komponist der Harmonisation seines Stils und der polyphonen Struktur des Quartetts genial ein.

LITERATUR

M. Sabinina, Sergei Prokofjew, Moskau 1960.

Väinö Raitio (1891–1945)

LEBEN

Väinö Eerikki Raitio wurde am 15.4.1891 in Sortavala, Finnland (heute Sowjetunion), geboren. Er erhielt seine Ausbildung in Helsinki, Moskau, Berlin und Paris. Von 1926 bis

1932 wirkte er als Kompositionslehrer am Konservatorium in Viipuri (heute Wiborg, Sowjetunion) und lebte ab 1938 in Helsinki, wo er am 10.9.1945 starb.

WERKE
Als einer der ersten finnischen Komponisten, die sich den modernen Strömungen der europäischen Musikentwicklung zuwandten, schrieb Väinö Raitio 5 Opern, 2 Ballette, eine Sinfonie, 10 sinfonische Gedichte, ein Konzert für Violine und Cello, ein Tongedicht für Cello und Orchester, ein Klavierquintett, ein Streichquartett, eine Violinsonate und einige Lieder.

George Enacovici (1891–1965)

LEBEN
George Enacovici wurde am 22.4.1891 in Focşani, Rumänien, geboren. Er war in Bukarest Schüler von Géza de Kresz (11.6.1882, Budapest, bis 2.10.1959, Toronto) und bis 1918 an der Schola Cantorum in Paris von Armand Parent (5.2.1863, Lüttich, bis 19.1.1934, Paris) und Vincent d'Indy. Im Jahr 1919 wurde er Violinlehrer am Konservatorium in Bukarest, wo er am 26.1.1965 starb.

WERKE
Von George Enacovici sind eine Sinfonie, eine Fantasie für Orchester, 2 Tongedichte für Violine und Orchester, ein Violinkonzert, 3 Streichquartette, eine Klaviersonate, Violinstücke und Lieder bekannt geworden. Er neigte stark zu modernen Fakturen.

Frederick Jacobi (1891–1952)

LEBEN
Frederick Jacobi wurde am 4.5.1891 in San Francisco geboren. Er war in New York Schüler von Rubin Goldmark (Neffe von Károly Goldmark), Rafael Joseffy, Paolo Gallico (13.5.1868, Triest, bis 6.7.1955, New York) und Ernest Bloch, in Berlin von Paul Juon. Von 1913 bis 1917 wirkte er in New York als Kapellmeister an der Metropolitan Opera, ab 1924 als Theorielehrer an der Master School of United Arts und ab 1936 als Kompositionslehrer an der Juillard School. Er starb am 24.10.1952 in New York.

WERKE
Neben einer Oper schrieb Frederick Jacobi 2 Sinfonien, 3 sinfonische Dichtungen, eine Suite und eine Ode für Orchester, »Indian Dances« für Orchester, ein Klavierkonzert, ein Violinkonzert, ein Cellokonzert, ein Concertino für Klavier und Streicher, eine Rhapsodie für Harfe und Streicher, ein Klavierquintett, 3 Streichquartette, ein Trio für Flöte, Cello und Klavier, eine Kantate für Bariton, Chor und Orchester, eine Sabbath-Liturgie für Bariton und Chor, eine Ballade für Violine und Klavier, eine Fantasie für Bratsche und Klavier, weitere Orchesterstücke und Kammermusikwerke, Chöre und Lieder. Er beschäftigte sich intensiv mit der Musik der Pueblo-Indianer in New Mexico und Arizona. Dies fand in einigen seiner Werke seinen Niederschlag.

Streichquartett Nr. 3, 4 Sätze, entstanden 1945
Dieses Werk ist für die zwangfreie Kompositionstechnik des Komponisten, der dem jeweils jüngsten Stand der Musikentwicklung das entnahm, was ihm am ausdrucksstärksten schien, und sich damit als Eklektiker im positivsten Sinn des Worts bewies, typisch. Der 1. Satz ist ein dramatisches deklamatorisches Allegro, dem ein fließendes lyrisches Motiv entgegengeführt wird. Der 2. Satz ist ein Bild tiefer Sehnsucht. Das Scherzo gleicht dem Schnattern spielender Kinder. Das Finale ist kühn und bravourös und führt zu einem erregenden Höhepunkt.

Egon Kornauth (1891–1959)

LEBEN
Egon Kornauth wurde am 14.5.1891 in Olmütz (Olomouc), Mähren, geboren. Er war an der Musikakademie in Wien Schüler von Robert Fuchs, Franz Schreker und Franz Schmidt, an der Universität von Guido Adler. Nach seinen Studien absolvierte er eine Tournee als Konzertbegleiter nach Nordamerika, darauf wirkte er als Solorepetitor an

der Wiener Hofoper. Von 1926 bis 1927 war er Kapellmeister in Medan, Sumatra, und ging anschließend mit einem »Wiener Trio« auf Konzertreisen durch Ostasien und Indien. Im Jahr 1940 wurde er in Wien Professor an der Musikhochschule und 1945 am Mozarteum in Salzburg. Er starb am 28.10.1959 in Wien.

WERKE

Das umfangreiche kompositorische Werk von Egon Kornauth ist tonal gebunden und spätromantisch; die Stilentwicklungen seiner Zeit fanden darin keinen Niederschlag. Er schrieb 4 Suiten, eine Sinfonietta, ein Dezett, ein Nonett, ein Streichsextett, ein Klavierquintett, ein Klarinettenquintett, ein Flötenquintett, 2 Streichquintette, eine Burleske für Flöte und Orchester, eine Ballade für Cello und Orchester, ein Konzertstück für Violine und Kammerorchester, 2 Streichquartette, ein Klavierquartett, 3 Trios, Duos mit verschiedener Besetzung, »Gesang der späten Linden« für Frauenchor und Orchester, Chöre a cappella und begleitet sowie Lieder.

Claude Champagne (1891–1965)

LEBEN

Claude Champagne wurde am 27.5.1891 in Montreal geboren. Nach seinem Studium in seiner Vaterstadt war er von 1921 bis 1929 am Conservatoire in Paris Schüler von André Gédalge und Charles Koechlin. Anschließend unterrichtete er am Konservatorium und der Universität in Montreal Musiktheorie und Komposition. Er starb am 21.12.1965 in Montreal.

WERKE

Die kanadische Folklore bildete die Grundlage zu nahezu allen kompositorischen Werken von Claude Champagne. Er schrieb eine Sinfonie, eine Suite, »Bilder aus Französisch-Kanada«, »Dorftänze«, »Bauerntänze« für Orchester und ein sinfonisches Gemälde mit Verwendung einer Melodie der Huronen, weiters ein Klavierkonzert, ein Streichquartett und weitere kleine Instrumentalstücke, außerdem eine Missa brevis.

LITERATUR

T. Archer, Claude Champagne, in: Canadian Music Journal III, 1958.

Erich Walter Sternberg (1891–1974)

LEBEN

Erich Walter Sternberg wurde am 31.5.1891 in Berlin geboren. Er war dort Schüler von Hugo Leichentritt (1.1.1874, Pleschen [Pleszew], Posen, bis 13.11.1951, Cambridge, Mass.) und Hermann Abert (25.3.1871, Stuttgart, bis 13.8.1927, Stuttgart). Im Jahr 1931 wanderte er nach Palästina aus, wo er Lehrer am Konservatorium in Tel Aviv wurde und 1936 das heutige Israel Philharmonic Orchestra gründete. Von 1938 bis 1953 war er Präsident der israelischen Sektion der IGNM. Er starb am 15.12.1974 in Tel Aviv.

WERKE

Für Orchester schrieb Erich Walter Sternberg »Die Josephs-Geschichte«, »Die zwölf Stämme Israels«, »Höre Israel«, »Kontrapunktische Studie«, »Leichte Suite«, »Die Arche Noahs«, an Kammermusik 2 Streichquartette, eines davon mit Altsolo, eine Violinsonate, sodann zahlreiche Orchestergesänge für Solostimmen, zum Teil mit Chor und verschiedenen Soloinstrumenten, und ein Oratorium. Er nahm am Aufbau der israelischen Musikentwicklung erheblichen Anteil.

Arthur Bliss (1891–1975)

LEBEN

Arthur Edward Drummond Bliss wurde am 2.8.1891 in London geboren. Er war in Cambridge Schüler von Charles Wood und in London am Royal College of Music von Charles Stanford und Gustav Holst. Im Jahr 1921 wurde er Professor am Royal College of Music, von 1923 bis 1925 wirkte er als Schauspieler in Santa Barbara, Calif., dann lebte er vorwiegend seinem kompositorischen Schaffen in London. Von 1942 bis 1944 leitete er die Musikabteilung der BBC. Er starb am 27.3.1975 in London.

Werke

Die Kompositionen von Arthur Bliss standen anfänglich unter dem Einfluß von Maurice Ravel und Igor Strawinsky, dann knüpfte er an die Tradition Edward Elgars und der Spätromantiker an. Er schrieb die berühmte »A Colour Symphony«, ein Klavierkonzert, ein Violinkonzert, ein Cellokonzert, »Introduktion und Allegro« und »Hymn to Apollo«, »Meditationen«, Variationen für Orchester, ein Klarinettenquintett, 2 Streichquartette, eine Bratschensonate, zahlreiche Kantaten und Chorwerke mit verschiedener Besetzung, Anthems, Märsche, Fanfaren, 2 Opern, 4 Ballette und Filmmusik.

A Colour Symphony (Eine Farbensinfonie), 4 Sätze, entstanden 1921

Angeregt von einem Werk über Heraldik schrieb der Komponist vier Sätze, die vier verschiedene Farben und deren Bedeutung und Beziehung repräsentieren. Im 1. Satz wird der »Purpur, die Farbe des Amethysts, des Prunks, der Königlichkeit und des Todes«, durch ruhige zeremonielle Musik dargestellt. Im 2. Satz wird das »Rot, die Farbe der Rubine, des Weines, der Festlichkeit, der Hochöfen, des Mutes und der Magie«, mit einem glitzernden, fröhlichen Scherzo gekennzeichnet. Im 3. Satz stellt sich das »Blau, die Farbe der Saphire, des tiefen Wassers, des Himmels, der Ehrlichkeit und der Melancholie«, mit wogenden Rhythmen vor. Im 4. Satz beschreibt eine Doppelfuge das »Grün, die Farbe der Smaragde, der Hoffnung, der Jugend, der Freude, des Frühlings und des Sieges«. Das erste Fugenthema wird von den Bratschen vorgetragen und von den Streichern allein exponiert, das zweite beginnt die Klarinette und wird von den Holzbläsern ausgeführt. Beide Themen vereinen sich und werden zum Rhythmus von sechs Pauken zur Klimax der Sinfonie geführt.

Marinus De Jong (geboren 1891)

Leben

Marinus De Jong wurde am 14.8.1891 in Oostenhout, Brabant, geboren. Er war am Konservatorium in Antwerpen Schüler von Émile Bosquet (8.12.1878, Brüssel, bis 18.7. 1958, Uccle bei Brüssel) und Lodewijk Mortelmans (5.2.1868, Antwerpen, bis 24.6.1952, Antwerpen). Er wirkte vorerst als Konzertpianist und reiste von 1919 bis 1922 durch Amerika, dann widmete er sich dem Studium mittelalterlicher Modi. Im Jahr 1926 erhielt er einen Lehrauftrag am Kirchenmusikinstitut in Mecheln, 1932 wurde ihm eine Meisterklasse für Klavier am Konservatorium in Antwerpen unterstellt, wo er sodann ab 1946 auch Kontrapunktunterricht gab. Er erhielt mehrere belgische und internationale Kompositionspreise.

Werke

Außer 3 Opern schrieb Marinus De Jong 2 Sinfonien, 2 sinfonische Dichtungen, ein Violinkonzert, ein Bratschenkonzert, ein Klavierkonzert, ein Bläserquintett, 6 Streichquartette, ein Holzbläserquartett, »Passacaglia und Fuge«, »Toccata, Choral und Tripelfuge« und »Praeludium und Quadrupelfuge« für Orgel, ein Oratorium, 2 Kantaten und eine Hymne »Civitas Dei« für vier Soli, Doppelchor, Knabenchor und Orchester.

Mihail Jora (1891–1971)

Leben

Mihail Jora wurde am 14.8.1891 in Roman, Rumänien, geboren. Er studierte am Konservatorium in Leipzig unter Robert Teichmüller (4.5.1863, Braunschweig, bis 6.5.1939, Leipzig) und Max Reger. Er war von 1929 bis 1962 Professor am Konservatorium und von 1928 bis 1933 Leiter des Rundfunks in Bukarest, wo er am 10.5.1971 starb.

Werke

Von Mihail Jora sind 4 Ballette, eine Sinfonie, 2 Orchestersuiten, eine Ballade für Bariton und Orchester, 2 Streichquartette, eine Violinsonate, eine Sonatine und viele andere Stücke für Klavier, eine Violinsonate, zahlreiche Chöre und Lieder bekannt geworden.

Moldauische Landschaften, Orchestersuite, 4 Sätze, entstanden 1924

Der 1. Satz »An den Ufern des Tazlău« schildert den Morgen an dem Karpatenfluß, den Auszug der Herden und das Erwachen des Tages. Der

2. Satz »Tanz« stellt die Fröhlichkeit des Landvolks dar. Im 3. Satz »Getreide an der Sonne« erglänzen farbensatte Ährenfelder in der prallen Sommersonne. Im 4. Satz werden wir Gast bei einem Zigeunerfest mit seinen rasanten Rhythmen.

Samuel Gardner (geboren 1891)

Leben

Samuel Gardner wurde am 25.8.1891 in Jelisawetgrad (heute Kirowograd) geboren. Er ging nach den USA und war in Boston Schüler von Charles Martin Loeffler und Arnold Winternitz (20.10.1874, Linz, Oberösterreich, bis 22.2.1928, Hamburg) und in New York am Institut of Musical Art von Franz Kneisel. Von 1924 bis 1941 wirkte er in New York als Violinlehrer, sodann als Quartettspieler und Kammermusiker am Institut of Musical Art.

Werke

Für Orchester schrieb Samuel Gardner 2 sinfonische Dichtungen, für Streichorchester eine sinfonische Dichtung, ferner ein Violinkonzert, eine »Hebräische Fantasie« für Klavierquintett, ein Klavierquintett, ein Streichquartett, Variationen, Praeludium und Fuge und ein Intermezzo für Streichquartett, Klavierstücke und Lieder. Er hatte sich bereits der zeitgenössischen amerikanischen Stilrichtung angeschlossen.

Noël Gallon (1891–1966)

Leben

Noël Gallon wurde am 11.9.1891 in Paris geboren. Er war Schüler des Conservatoire seiner Geburtsstadt, erhielt den Rompreis und wurde Solfège- und Kontrapunktlehrer am Conservatoire in Paris, wo er am 26.12.1966 starb.

Sein Bruder Jean Gallon (25.6.1878, Paris, bis 23.6.1959, Paris) war Schüler des Conservatoire in Paris, dessen Konzerte er von 1906 bis 1914 leitete; daneben wirkte er von 1909 bis 1914 als Chordirektor der Opéra.

Werke

Von Noël Gallon sind ein lyrisches Drama, eine Orchestersuite, eine Fantasie für Klavier und Orchester, ein Concerto für Bläsertrio und Orchester, eine Sonate für Flöte und Fagott, eine Toccata und 10 Praeludien für Klavier, Chöre und Lieder bekannt geworden.

Jean Gallon schrieb ein Ballett, eine Messe, 6 Antiphonen für Streicher und Orgel und einige sehr beliebte Lieder.

Czesław Marek (geboren 1891)

Leben

Czesław Józef Marek wurde am 16.9.1891 in Przemyśl (damals Galizien, heute Polen) geboren. Er studierte in Wien bei Hermann Graedener, Teodor Leszetycki, Karl Weigl und in Straßburg bei Hans Pfitzner. Von 1916 bis 1919 unterrichtete er am Berrs-Konservatorium in Zürich, von 1929 bis 1930 leitete er das Konservatorium in Poznan (Posen) und kehrte darauf in die Schweiz zurück, wo er vorwiegend als Musiklehrer tätig war.

Werke

Von Czesław Marek sind ein Capriccio und »Meditationen« für Orchester, außerdem eine Sinfonie und eine Suite, eine Sinfonietta, eine Serenade für Violine und Orchester, eine »Kleine Suite« für drei Bläser, verschiedene Klavierstücke, Orchestergesänge, Chöre, Männerchöre und Lieder bekannt geworden. Sein Stil war ziemlich konservativ.

Ludwig Weber (1891–1947)

Leben

Ludwig Weber wurde am 13.10.1891 in Nürnberg geboren. Er bildete sich autodidaktisch aus und wirkte ab 1925 als Dozent für Theorie und Komposition an der Westfälischen Akademie in Münster. Von 1927 bis zu seinem Tod am 30.6.1947 in Borken übte er die gleiche Tätigkeit in Essen aus.

Werke

Die beiden Opern von Ludwig Weber blieben unvollendet, sein Bühnenspiel »Christgeburt« wurde viel aufgeführt. Er schrieb ferner eine Sinfonie, 2 Streichquartette, ein Bläserquintett, eine Musik für Orgel und Blechbläser, »Tonsätze« für Klavier, 2 Geistliche Gesänge für Frauenchor und Streichquartett, Lieder für Singstimme und Streichquartett, einen Gesang (Du und ich) für Singstimme und sieben Holzbläser sowie einen gemischten Chor mit Cantus-firmus-Chor und Instrumenten.

Fidelio Finke (1891–1968)

Leben

Fidelio Fritz Finke wurde am 22. 10. 1891 in Josefsthal (Josefův Důl), Böhmen, geboren. Er war Schüler von Vítězslav Novák am Konservatorium in Prag, an dem er von 1915 bis 1920 selbst als Kompositionslehrer wirkte. Anschließend wurde er Kompositionslehrer und 1926 Professor an der Prager Deutschen Akademie für Musik und darstellende Kunst und zugleich Vorstandsmitglied der IGNM. Im Jahr 1945 ging er nach Dresden, wo man ihm das Rektorat der Staatlichen Akademie für Musik und Theater übertrug; 1951 wurde er Professor für Tonsatz an der Staatlichen Hochschule für Musik in Leipzig. Am 12. 6. 1968 starb er in Dresden als in seiner neuen Heimat und auch international geschätzter Komponist und Lehrer.

Werke

Von Fidelio Finke sind 4 Opern aufgeführt worden. Er schrieb ferner für Orchester eine Sinfonie, ein Konzert, 8 Orchestersuiten, eine Festliche Musik, ein Klavierkonzert, ein Concertino und ein Capriccio mit Klavier, außerdem 5 Streichquartette, Duosonaten für Violine, für Bratsche, für Blockflöte und Klavier, ein Bläserquintett, zahlreiche Klavierstücke und Orgelkompositionen, verschiedene Kantaten, Chorwerke und Liederzyklen. Fidelio Finke war in den zwanziger Jahren ein Vorkämpfer des Expressionismus, kam sodann zu einer schlichteren Tonsprache und erklärte nach dem Zweiten Weltkrieg: »Man muß versuchen, verständlicher und zugänglicher zu schreiben für die, an die man sich wenden will.« Trotz der Konzessionen, die er machen mußte, konnte er sich einen gewissen Freiheitsraum erhalten, und zwar kraft seiner Musikalität, der es gelang, an sich verpönte Stilmittel so klangvoll zu gestalten, daß man nicht merkte, wie weit sie sich von der vorgezeichneten Linie entfernten.

Konzert für Orchester, 3 Sätze, entstanden 1931

Der 1. Satz ist sehr rhythmisch und streng geschlossen. Ein ständiger Wechsel der Instrumentengruppen unterstreicht den konzertanten Charakter des Werks. Im 2. Satz »Nachtstück« spannen die Klarinetten einen weiten Melodiebogen; ein Dialog zwischen Flöte und Oboe führt den Satz zu seinem Höhepunkt; der Ausklang hat Variationsform. Das Finale ist mit »Quodlibet« betitelt und trägt dem Titel mit fünf einander folgenden Themen Rechnung.

Konzert für Klavier und kleines Orchester, 3 Sätze, entstanden 1930

Das Hauptthema des 1. Satzes wird von Trompete, Horn und Posaune vorgetragen. Dann geht die Führung an den Solisten über, der das Hauptthema ausweitet und vertieft. Nach einer großen Klavierkadenz schließt das Orchester den Satz glanzvoll ab. Im 2. Satz bläst die Klarinette über begleitende Pizzicato-Bässe eine schlichte Weise, die der Solist weiterspinnt. Nach einer Reihe von Verdichtungen und Zuspitzungen erleidet die thematische Substanz eine überraschende Verwandlung. Breit und gemächlich beginnt das Finale. Dann setzt ein fröhliches Musizieren ein, das sowohl an den Pianisten wie an das Orchester hohe Anforderungen stellt.

Josef Lechthaler (1891–1948)

Leben

Josef Lechthaler wurde am 31. 12. 1891 in Rattenberg, Tirol, geboren. Er studierte unter Guido Adler an der Universität und unter Max Springer und Vinzenz Goller an der Akademie für Musik und darstellende Kunst in Wien, wo er anschließend als Theorielehrer von 1933 bis 1938 und von 1945 bis zu seinem Tod am 21. 8. 1948 als Leiter der Abteilung für Kirchen- und Schulmusik an der Akademie wirkte.

WERKE
Von Josef Lechthaler sind 5 Messen, eine Weihnachtsspielmusik, ein Stabat mater, eine Anzahl sakrale Lieder, ein Praeludium und Fuge, ein Weihnachtspraeludium, eine Choralfantasie für Orgel bekannt geworden. Er schrieb weiters 2 Streichquartette, ein Trio für Violine, Gambe und Harfe und eine Anzahl Chöre und Lieder. Er war für die österreichische Kirchenmusik des 20. Jahrhunderts richtunggebend.

Miklós Radnai (1892–1935)

LEBEN
Miklós Radnai wurde am 1.1.1892 in Budapest geboren. Er war Schüler von Hans Koessler, Victor von Herzfeld und Felix Mottl. Von 1919 bis 1925 wirkte er als Harmonielehrer an der Musikhochschule und anschließend als Direktor der Oper in Budapest, wo er am 4.11.1935 starb.

WERKE
Von Miklós Radnai sind 2 Opern und eine Ballettpantomime aufgeführt worden. Er schrieb außerdem eine sinfonische Suite, eine »Mosaische Suite für Orchester«, eine große Chorkantate »Sinfonie der Ungarn« und eine Kantate für Tenor und Orchester.

Rudolf Moser (1892–1960)

LEBEN
Albert Rudolf Moser wurde am 7.1.1892 in Niederuzwil, St. Gallen, geboren. Er war in Basel Schüler von Karl Nef (22.8.1873, St. Gallen, bis 9.2.1935, Basel) und in Leipzig von Hans Sitt, Stephan Krehl und Max Reger. Kompositionsstudien betrieb er noch in der Schweiz bei Hans Huber, Hermann Suter und Joseph Lauber. Er war ab 1917 in Basel Chorleiter, Dirigent und Violinist und ab 1928 Kompositionslehrer am Konservatorium. Er starb am 20.8.1960 in Silvaplana, Graubünden.

WERKE
Von Rudolf Moser sind eine Oper, ein Singspiel und 2 Tanzspiele aufgeführt worden. Er schrieb ferner 2 Orchestersuiten, ein Concerto grosso und eine Suite für Streichorchester, ein Klavierkonzert, 2 Cellokonzerte, ein Streichquartett und weitere Kammermusik, Klavierwerke, darunter eine »Dorische Rhapsodie«, 2 Suiten, Orgelstücke, Chöre, Gesänge und Lieder. Er neigte stark zu polyphoner Arbeit und vorklassischen Formen, die er mit feinem Klangsinn integrierte.

Frank Hutchens (1892–1965)

LEBEN
Frank Hutchens wurde am 15.1.1892 in Christchurch, Neuseeland, geboren. An der Royal Academie of Music in London war er Schüler von Tobias Augustus Matthay und Frederick Corder. Ab 1908 unterrichtete er am selben Institut und von 1914 bis 1956 am Konservatorium in Sydney, wo er am 18.10.1965 starb.

WERKE
Von Frank Hutchens sind ein Konzert für zwei Klaviere und Orchester, ein Konzert für Klavier und Streicher, eine Ouvertüre, ein Klaviertrio, eine Elegie für Violine und Klavier, zahlreiche Klavierstücke, eine Kantate »Der 23. Psalm« und Chöre bekannt geworden. Sein Stil hielt noch bei der Spätromantik.

Yrjö Kilpinen (1892–1959)

LEBEN
Yrjö Henrik Kilpinen wurde am 4.2.1892 in Helsinki geboren. Er wurde in seiner Geburtsstadt, in Wien und Berlin ausgebildet und lebte sodann in Helsinki als freier Komponist und Kompositionslehrer bis zu seinem Tod am 2.3.1959.

WERKE
Mit seinen ungefähr 700 Liedern vertonte Yrjö Kilpinen ganze Serien finnischer, schwedischer und deutscher Gedichte und erreichte

damit eine starke individuelle Ausdruckskraft. Außerdem schrieb er 6 Klaviersonaten, 4 Klaviersuiten, eine Cellosonate, eine Suite für Gambe und Klavier sowie Männerchöre.

Karl Gerstberger (1892–1955)

Leben

Karl Gerstberger wurde am 12.2.1892 in Neiße (Nysa), Schlesien, geboren. Er studierte in Köln bei August von Othegraven, in München bei Walter Couvoisier, Joseph Haas und Carl Orff. Nach einem Aufenthalt in Berlin übersiedelte er 1931 nach Fischerhude bei Bremen. Er starb am 30.10.1955 in Bremen.

Werke

Außer einem Singspiel schrieb Karl Gerstberger eine Orchestersuite, ein Konzert für Streichorchester, ein Streichquartett, 2 Streichtrios, Klavier- und Orgelstücke, eine Anzahl Konzertkantaten, Kammerkantaten, Motetten, Orchesterlieder und Klavierlieder. Er tendierte zum Neuklassizismus.

Arthur Honegger

Arthur Honegger (1892–1955)

Leben

Arthur Honegger wurde am 10.3.1892 in Le Havre geboren. Von 1909 bis 1910 war er in Zürich Schüler von Friedrich Hegar, von 1911 bis 1913 studierte er in Paris bei Lucien Capet, André Gédalge, Charles-Marie Widor und Vincent d'Indy. Von da an lebte er als freischaffender Komponist in Paris. Im Jahr 1920 beteiligte er sich an der Bildung der Gruppe der »Six«. Fallweise führte er seine Werke als Dirigent oder Kammermusiker auf. Er starb am 27.11.1955 in Paris.

Werke

Für die Bühne schrieb Arthur Honegger 3 Opern, eine Anzahl Operetten, zahlreiche Ballette, Pantomimen, Melodramen, szenische Oratorien und Bühnenmusiken, außerdem einige Film- und Rundfunkmusiken. Für den Konzertsaal verfaßte er 5 Sinfonien, 3 sinfonische Sätze, ein Pastorale, 2 Suiten und ein Notturno für Streichorchester, ein Cellokonzert, ein Concertino für Klavier und Orchester, ein Kammerkonzert für Flöte, Englischhorn und Streicher, 3 Streichquartette, eine Rhapsodie für zwei Flöten, Klarinette und Klavier, eine Hymne für zehn Streicher, 2 Violinsonaten, Solosonaten für Violine, für Bratsche, für Cello, mehrere Klavier- und Orgelstücke, mehrere Kantaten, Chorwerke, Chor- und Klavierlieder. Bei seinen rund 200 Werken bediente sich der Komponist der verschiedensten Stilmittel älterer Epochen wie seiner Gegenwart, von mittelalterlicher Polyphonie bis zur Polyrhythmik, Polytonalität und zum Jazz; er bediente sich sogar elektronischer Tonquellen. Beherrscht sind aber alle seine Kompositionen von unbedingter Formenstrenge (»Musik ist Geometrie der Zeit«) und tiefer Innerlichkeit (»Musik ist Gottesdienst«).

Johanna auf dem Scheiterhaufen, Szenisches Oratorium, Prolog und 11 Szenen, entstanden 1938

Den Text des Werks schuf Paul Claudel (1868 bis 1955). Im Prolog beklagt der Chor die Zustände, unter denen das Volk Frankreichs in der ersten Hälfte des 15. Jahrhunderts leben mußte. In den folgenden 11 Szenen wird die Geschichte der Verurteilung und Hinrichtung der französischen Nationalheldin Jeanne d'Arc in einzelnen Bildern aufgerollt, in denen die an ihren Scheiterhaufen bereits angekettete Jeanne kurz vor ihrem Feuertod einzelne Stationen ihres Lebens und Wirkens nacherlebt. Mit sarkastischer Schärfe wird das geistliche Gericht, das Jeanne verurteilte, gekennzeichnet: »Das sind keine Priester, ja nicht einmal Menschen, sondern wilde Tiere, die kommen, dich zu richten.« Nachdem die Verurteilte zum letzten Mal abgelehnt hatte, ein Schuldbekenntnis zu unterschreiben, schlagen die Flammen über sie zusammen; sie stirbt als Opfer der politischen Intrige. Von oben erklingen Stimmen: »Kein Mensch kann höhere Liebe bieten als der, der für die, die er liebt, sein Leben hingibt.«

König David, Sinfonischer Psalm, 3 Teile, entstanden 1923

Das Oratorium wurde aus einer 1921 entstandenen Bühnenmusik für das gleichnamige Drama von René Morax (1873–1963) gebildet. Der aus vierzehn Sätzen bestehende 1. Teil verkündet nach einer kriegerischen Introduktion Davids Berufung zum Königtum; Samuel salbt ihn. Er kämpft mit Goliath, der Chor feiert den Sieg. Saul treibt den Gesalbten in die Wüste, wird aber im Kampf getötet, ein Bote überbringt David die Krone. Mit den Worten: »David ist König« leitet der Erzähler den 2. Teil ein, der aus zwei Sätzen besteht: »Festlicher Gesang« und »Tanz vor der Bundeslade«. Der 3. Teil schildert mit elf Sätzen die gesamte Regierungszeit des Königs, bis dieser seinen Sohn Salomon krönt und sich zum Sterben bereitet. Das Werk ist impressionistisch, Quartenklänge, ornamentale Ausgestaltung, bitonale Melodielinien bestimmen seinen Stil, Hirtenschalmeien, Kriegstrompeten, Märsche, Hymnen, orgiastische Tänze erzeugen die Farbenpracht dieses Klanggemäldes.

Judith, Biblisches lyrisches Drama, 3 Teile, entstanden 1925

Das Libretto dieses Werks, das mit Rezitativen und Dialogen anstelle des Erzählers in Bühnenfassung vorliegt, stammt von René Morax. Es stellt in dreizehn Sätzen das Heldentum Judiths dar, die durch die Vernichtung des Feindes Holofernes ihr Volk vor dem Untergang rettete. Der musikalische Ablauf fußt auf tonaler Basis, polytonale Konstruktionen und aufgetürmte Akkorde verschiedener Tonarten markieren emotionale Höhepunkte. Wortloses Singen der Chöre, lang ausgedehnte deklamatorische Soli, unartikulierte Schreie und teilweise orientalisches Kolorit sind für die Komposition charakteristisch.

Sinfonie Nr. 1, 3 Sätze, entstanden 1930

Dieses Werk ist voll heftiger, stürmischer Klänge, die besonders den 1. Satz mit seiner expressiven Chromatik und Atonalität charakterisieren. Der 2. Satz ist melodischer, aber noch sehr bewegt und ausdrucksstark. Erst den 3. Satz beherrscht klare Diatonik in schlichter Form, die sich zum Abschluß ungestüm emporschwingt.

Sinfonie Nr. 2, 3 Sätze, entstanden 1941

Diese Sinfonie ist für Streicher und Trompete verfaßt. Ihre düstere Stimmung wird durch das Entstehungsjahr verständlich: Frankreich ist besetzt. Die dunklen Streicherklänge, das klagende Bratschenmotiv werden von einem gegnerischen Motiv angegriffen. Es kommt zu einer harten Auseinandersetzung, aber der Konflikt bleibt ungelöst. Der 2. Satz gleicht einer traurigen Chaconne, deren tragisches Pathos von den Violinen gesteigert wird. Im Finale wird von den Ersten Violinen eine tänzerische Volksliedmelodie herangeführt, die von den Zweiten Violinen tonal begleitet ist. Auf dem Höhepunkt der Entwicklung ertönt ein Choral, der optimistisch ausklingt.

Sinfonie Nr. 3 »Symphonie liturgique«, 3 Sätze, entstanden 1946

Jedem Satz sind Textworte der katholischen Totenmesse vorangestellt. Im 1. Satz »Dies irae« bringen ringende Kräfte und schmerzliche Trauer gewaltige Klangballungen und Konflikte. Der 2. Satz »De profundis clamavi« ist ein Bittgesang in weichen Klangfarben. Im 3. Satz »Dona nobis pacem« zeichnet ein Marschmotiv die Schrecken des Kriegs, bis das Bild des ersehnten Friedens aufsteigt. »Meine Symphonie ist ein Drama, das drei Personen – wirklich oder symbolisch – spielen: das Unglück, das Glück und der Mensch. Es ist ein ewiges Problem. Ich versuchte, es zu erneuern ...«, sagte der Komponist.

Sinfonie Nr. 4 »Deliciae Basilienses«, 3 Sätze, entstanden 1947

Bei diesen für kleines Orchester geschriebenen »Basler Freuden« spürt man die Vorbilder Joseph Haydn und Wolfgang Amadeus Mozart. Der 1. Satz spiegelt die Mißlichkeiten der Nachkriegszeiten wider. Im 2. Satz wird – wie zum Trost – ein Baseler Volkslied intoniert. Im 3. Satz erklingt eine zweite Volksweise aus Basel; er ist kunstvoll mit Verwendung von Elementen des Rondo, der Passacaglia und der Fuge gearbeitet.

Sinfonie Nr. 5 »Di tre re«, 3 Sätze, entstanden 1950

Der Titel des Werks rührt von den Paukenschlägen in D (re) her, mit denen jeder der drei

Sätze abschließt. Der 1. Satz bringt einen choralartigen Gesang des gesamten Orchesters, dessen Thema weiterklingt und mit einem unruhigen zweiten Thema verarbeitet wird. Der 2. Satz ist ein zweimal durch einen langsamen Teil unterbrochenes Scherzo, so daß fünf Teile entstehen, in denen die Stimmung ständig wechselt. Im Finale werden schwere Konflikte ausgetragen; wilde Klangausbrüche wirken nachgerade chaotisch, aber am Ende siegt die Kraft des ordnenden Menschen.

Pastorale d'été (Sommerpastorale), Sinfonisches Gedicht, 3 Teile, entstanden 1920

Dieses liebenswürdige Werk stellt sozusagen einen Ausklang der impressionistischen Stilperiode dar. Der Komponist schrieb über die Partitur: »Ich habe die Morgenröte des Sommers umarmt« (Arthur Rimbaud). Das Stück beginnt mit einer Schilderung einer Morgenstimmung in den Alpen. Der Mittelteil bringt einen tänzerischen, fröhlichen Gesang. Der Schlußteil erweckt erneut die pastorale Stimmung des Beginns.

Pacific 231, Sinfonischer Satz, entstanden 1923

»Das Werk geht von sachlicher Beobachtung aus – das ruhige Atemschöpfen der Maschine im Stillstehen, die Anstrengung beim Anziehen, das allmähliche Anwachsen der Schnelligkeit, bis sie einen lyrischen Hochstand erreicht, die Pathetik eines Zuges von dreihundert Tonnen, der mit 120 km pro Stunde durch die tiefe Nacht stürmt. Der Gegenstand meiner Komposition war eine Lokomotive vom Typ ›Pacific‹, Marke 231 für Gütereilzüge«, erklärte der Komponist. »Musikalisch habe ich einen großen figurierten Choral komponiert, der sich in der Form an Johann Sebastian Bach anlehnt.«

Rugby, Sinfonischer Satz, entstanden 1927

Der Komponist erklärte: »Ich fühle mich gehoben durch den wilden, plötzlichen, verzweifelten und wenig geregelten Rhythmus des Rugby-Spiels. Nicht irgendeine Phase des Rugby-Matches beabsichtige ich wiederzugeben, und es wäre falsch, in meinem Stück Programmusik zu suchen. Ich möchte ganz einfach in meiner Sprache als Musiker Spiel und Gegenspiel, Rhythmus und Farbe eines Matches ausdrücken.« Und das ist ihm glänzend gelungen.

Concertino für Klavier und Orchester, 3 Sätze, entstanden 1924

Schon im 1. Satz sind Elemente des Jazz überzeugend in das musikalische Geschehen einbezogen. Ein synkopierter Stakkatogedanke des Orchesters ist einem Legatomotiv des Klaviers entgegengestellt. Der zweite Teil des Satzes bringt ein virtuoses Fugato der Bläser und führt, vom Klavier figurativ umspielt, zur Reprise, der sich der 2. Satz unmittelbar anschließt. Darin herrscht ein kantables Melodienspiel des Solisten, das vom Glissandi der Bläser und Streicher klanglich unterbaut wird. Ohne Zäsur folgt das Finale, dessen Hauptthema Bluescharakter aufweist. Sordinierte Trompeten und Posaunen verstärken die Jazzstimmung. Die harten Schläge des Klaviers wirken wie ein Schlagzeug, dann erklingt die Bluesmelodie erneut, bis ein jäher Fortissimoschlag des Orchesters den Schlußpunkt setzt.

Concerto da camera, 3 Sätze, entstanden 1948

Dieses Konzert ist für zwei Soloinstrumente – Flöte, Englischhorn – und Streichorchester geschrieben. Der 1. Satz ist pastoral und sehr melodiös. »Er beruht auf sehr einfachen Themen volkstümlicher Haltung, die sich auf eine Grundlage von Streicherakkorden stützen, aus denen sie hervorgegangen sind«, kommentierte der Komponist sein eigenes Werk. Der 2. Satz wird von einer ausdrucksvollen Kantilene beherrscht, die seinen nachdenklich-elegischen Charakter bestimmt. Das Finale hat Scherzocharakter und bietet den Solisten viel Gelegenheit zu virtuosem Musizieren.

Streichquartett Nr. 1, 3 Sätze, entstanden 1917

Dieses Werk aus der Frühzeit des Komponisten bringt starke und echte Musik. Der 1. und der 2. Satz sind konsequent sonatenförmig gebaut, ihre Durchführungen kompliziert und kontrapunktisch eng verschlungen. Auch der 3. Satz folgt älteren Vorbildern und wird wie die beiden vorangehenden von Milde und Frieden beherrscht. Ein poetisches Programm – wenn überhaupt eines vorlag – ist nicht sichtbar; das offenbare Ziel der Komposition ist ein rein musikalischer Ablauf.

Streichquartett Nr. 2, 3 Sätze, entstanden 1936

Auch hier ist der 1. Satz in Sonatenform konzipiert. Der 2. Satz ist liedförmig; seine Polyphonie gewinnt weite melodische Räume. Das Finale ist stark rhythmisiert und sehr kräftig, bleibt jedoch immer kammermusikalisch subtil. Die rhythmisch ausdrucksvollen Passagen sind mit linearen Bindungen ausgewogen.

Streichquartett Nr. 3, 3 Sätze, entstanden 1937

Das Hauptthema des 1. Satzes ist hochgespannt und nervös, auch die weiteren zwei Themen sind sehr ausdrucksstark. Ihre Verarbeitung führt zu einem intensiven Kulminationspunkt. Der 2. Satz ähnelt einem traurigen Requiem; er besteht aus einer ernsten Passacaglia, die von einer erregten Episode unterbrochen wird. Das Finale ist energisch und aggressiv, seine Melodik wird von harten Klängen durchbrochen.

Sieben kurze Stücke für Klavier, entstanden 1920
Es handelt sich um kleine Kompositionen mit sozusagen konzentrierter musikalischer Aussage. Nr. 1 »Geschmeidig« besteht aus einem einfachen Thema mit wogender Begleitung und ist teilweise bitonal. Nr. 2 »Rasch« hat eine hochchromatische dreitaktige Einleitung, dann folgen zwölf Takte mit ostinaten Bässen; der Schluß wiederholt die Einleitung. Nr. 3 »Sehr langsam« besteht aus drei siebentaktigen Phrasen und beginnt mit einem Baßmotiv, das auch die Brücke zwischen den einzelnen Phrasen bildet. Nr. 4 »Leicht« hat nur sechzehn Takte und besteht aus einer Doppelperiode, deren drei Themen nacheinander eingeführt werden. Das erste bildet den Abschluß. Nr. 5 »Langsam« hat Tangorhythmen. Nr. 6 »Rhythmisch« hat dreiteilige Form. Das Material des ersten Teils findet im gesamten Stück Verwendung; Triolen, chromatische Figuren, melodische Sprünge und Enharmonik beherrschen das musikalische Geschehen. Nr. 7 »Stürmisch« ist auf ein rhythmisches Ostinato aufgebaut.

Literatur
J. Feschotte, Arthur Honegger, Paris 1966.

Alec Rowley (1892–1958)

Leben
Alec Rowley wurde am 13.3.1892 in London geboren. Er war von 1908 bis 1917 an der Royal Academy of Music Kompositionsschüler von Frederick Corder. Ab 1920 wirkte er als Lehrer am Trinity College of Music und ab 1934 an der Royal Academy of Music in London. Er starb am 12.1.1958 in Weybridge, Surrey.

Werke
Neben einem Ballett schrieb Alec Rowley für Orchester eine Suite und eine Quadrille, für Streichorchester ein Adagio und eine Suite, ferner 2 Klavierkonzerte, ein Oboenkonzert, ein Bratschenkonzert, Kantaten, Gesänge, Orgelwerke und zahlreiche Klavierwerke. Seine Musik lehte sich an die modernen Stilformen des Kontinents an.

Ferde Grofé (1892–1972)

Leben
Ferde Grofé (Ferdinand Rudolph von Grofe) wurde am 27.3.1892 in New York geboren. Er wurde in seinem Geburtsort und am Konservatorium in Leipzig ausgebildet und wirkte sodann als Pianist und Violinist in Tanzkapellen und als Mitglied der Jazzband von Paul Whiteman (28.3.1890, Denver, Col., bis 29.12.1967, Doylestown, Pa.). Er starb am 3.4.1972 in Santa Monica, Calif.

Werke
Von Ferde Grofé ist ein Ballett aufgeführt worden. Er schrieb ferner zahlreiche Orchesterwerke wie »Broadway at Night«, »Symphony in Steel« (Sinfonie in Stahl), »Metropolis«, »San Francisco Suite«, »Niagara Falls Suite«, »World's Fair Suite«, »Grand Canyon Suite«, »Mississippi Suite« und viele Filmmusiken. Für Paul Whiteman schrieb er zahlreiche Arrangements. Seine Kompositionen sind keine Jazzstücke, aber er verwendete Jazzrhythmen und ahmte Jazzklänge mit konventionellen Orchesterinstrumenten nach. Er schrieb jedenfalls echte »amerikanische« Musik.

Vittorio De Sabata (1892–1967)

Leben
Vittorio De Sabata wurde am 10.4.1892 in Triest geboren. Er war am Konservatorium in Mailand bis 1910 Schüler von Giacomo Orefice und wirkte darauf zunächst als Operndirigent in Monte Carlo. Von 1927 bis 1957 war er Dirigent an der Scala. Er starb am 11.12.1967 in Santa Margherita Ligure.

Werke
Von Vittorio De Sabata sind 2 Opern, ein Ballett und eine Schauspielmusik aufgeführt worden. Er schrieb ferner 3 sinfonische Dichtungen und 2 Ouvertüren. Sein Stil lehnte sich deutlich an Richard Strauss und an die französischen Impressionisten an, er integrierte aber auch Elemente der italienischen Spätromantik.

Germaine Tailleferre (1892–1983)

LEBEN

Germaine Tailleferre (eigentlich Marcelle Taillefesse) wurde am 19.4.1892 in Parc-Saint-Maur, Val-de-Marne, geboren. Sie studierte ab 1904 am Conservatoire in Paris unter Henri Dallier (20.3.1849, Reims, bis 23.12.1943, Paris) und Georges Caussade. Sie lebte als freie Komponistin in Paris, wo sie am 9.11.1983 als letztes Mitglied der »Six« starb.

WERKE

Obwohl Germaine Tailleferre mit Georges Auric, Louis Durey, Darius Milhaud, Francis Poulenc und Arthur Honegger der Gruppe der »Six« angehörte, war sie als Komponistin dem Impressionismus verpflichtet. Sie schrieb mehr als 8 Opern, 2 Operetten, 3 Ballette, eine Ouvertüre, ein Orchesterstück, ein Klavierkonzert, Concertinos für Harfe und Orchester, für Flöte, Klavier und Kammerorchester, für Sopran und Orchester, eine Ballade für Klavier und Orchester, »Images« für sieben Instrumente, ein Streichquartett, eine Partita für zwei Klaviere und Schlagzeug, 2 Sonaten und ein Pastorale für Violine und Klavier, ein Pastorale für Flöte und Klavier, eine Solosonate für Harfe, zahlreiche Stücke verschiedener Art für Klavier, Kantaten für verschiedene Besetzung mit Orchester, Orchester- und Klavierlieder, außerdem Musik für Bühne, Film, Funk und Fernsehen.

Germaine Tailleferre

Jaroslav Kvapil (1892–1958)

LEBEN

Jaroslav Kvapil wurde am 21.4.1892 in Freistadtl (Fryšták), Mähren, geboren. Er studierte bei Leoš Janáček und wirkte von 1920 bis 1924 als Direktor der Tschechischen Philharmonischen Schule, dann bis 1947 als Professor für Komposition und Klavierspiel am Konservatorium und anschließend an der Janáček-Musikakademie in Brünn, wo er am 18.2.1958 starb.

WERKE

Außer einer Oper und einem Oratorium schrieb Jaroslav Kvapil 4 Sinfonien, ein Oboenkonzert, 2 Violinkonzerte, eine Burleske für Flöte und Orchester, ein Klavierkonzert, ein Nonett, 2 Bläserquintette, ein Klavierquintett, 6 Streichquartette, ein Quartett für Flöte, Violine, Bratsche und Cello, ein Klaviertrio, 3 Violinsonaten, 4 Klaviersonaten, eine Sonate für Violine und Orgel, eine Cellosonate, eine Suite für Bratsche und Klavier, eine Sonatine und weitere Klavierstücke, Kantaten, Chöre und Lieder, außerdem ein Melodram.

Norbert Sprongl (1892–1983)

LEBEN

Norbert Sprongl wurde am 30.4.1892 in Obermarkersdorf, Niederösterreich, geboren. Neben seiner Berufstätigkeit als Lehrer von 1915 bis 1945 war er an der Wiener Musikakademie Schüler von Joseph Marx. Er starb am 26.4.1983 in Mödling, Niederösterreich.

WERKE

Von den mehr als 160 Opuszahlen von Norbert Sprongl sind bemerkenswert: 4 Sinfo-

Norbert Sprongl

nien, 5 Klavierkonzerte, 2 Violinkonzerte, 2 Orchestersuiten, ein Divertimento für Streichorchester, 2 Partiten, eine Passacaglia für Klavier und Streichorchester, ein Konzert für Flöte, Gitarre und Streichorchester, ein Bläserquintett, 2 Klavierquartette, Sonaten für Kontrabaß, eine Suite für Flöte und Gitarre, Klavier- und Orgelstücke, Chöre und Lieder. Trotz des konservativen Lehrers war der Komponist am Neuklassizismus orientiert; seine Werke sind freidissonant und jedenfalls höchstpersönlich.

Violinkonzert Nr. 1, Opus 111, 3 Sätze, entstanden 1955

Das Hauptthema intonieren zwei Oboen und zwei Fagotte, dann übernimmt der Solist das Thema und führt es zu einem Orchesterhöhepunkt. Am Ende des Satzes spielt die Violine eine Kantilene, die zart verklingt. Der 2. Satz ist lebhaft rhythmisiert und fröhlich; eine sangliche Episode unterbricht einmal die Turbulenz der Stimmen. Eine Kadenz beendet den Satz. Das Finale ist lyrisch; das volle Orchester erklingt nur einmal. Langsam und leise, nahezu verinnerlicht, klingt das Werk aus.

Violinkonzert Nr. 2, Opus 155, 4 Sätze, entstanden 1968

Der 1. Satz ist formal sehr frei gehalten. Der 2. Satz ist ein Scherzo ohne Trio, in dem die Fröhlichkeit zuweilen grotesken Charakter annimmt. Es endet mit einer kleinen Kadenz der Violine. Der 3. Satz bringt eine schöne Kantilene des Solisten, die von Bläserepisoden unterbrochen sind. Im Finale herrscht ungetrübte Heiterkeit. Vor der Coda kommt der Solist noch mit einer großen Kadenz zu Wort. Das Werk ist harmonisch sehr interessant; bitonale und polytonale Strukturen, übermäßige Dreiklänge, Quarten- und Quintenakkorde spielen darin eine wesentliche Rolle.

Arthur Lourié (1892–1966)

Leben

Arthur Vincent Lourié wurde am 14.5.1892 in St. Petersburg geboren, wo er von 1909 bis 1916 am Konservatorium studierte; zusätzlich nahm er Kompositionsunterricht bei Aleksandr Glasunow. Von 1918 bis 1922 wirkte er als Leiter der Musikabteilung des russischen Ministeriums für Volksaufklärung. Dann verließ er Rußland, lebte in Berlin und ließ sich in Paris nieder. Ab 1941 lebte er in den USA als freischaffender Komponist bis zu seinem Tod am 13.10.1966 in Princeton, N. J.

Werke

Die frühen Werke von Arthur Lourié standen unter dem Einfluß von Aleksandr Skrjabin und Claude Debussy, später änderte sich sein Stil, weil er mit Igor Strawinsky bekannt wurde. Er verwendete fallweise Vierteltöne und entwickelte ein Tonsatzsystem, das zwölftönige und nichtzwölftönige Komplexe konfrontierte. Er schrieb eine Oper, ein Opernballett, 2 Sinfonien, ein Konzert für Klavier, gemischten Doppelchor, Soli, Blechinstrumente, Bässe und Schlagzeug, eine »Liturgische Sonate« für Klavier, Chor und Orchester, einen »Trauergesang« für gemischten Chor und zwölf Bläser, eine Hymne für Chor, Soli und Orchester, ein Kammerkonzert für Violine und Streicher, eine Kammermusik für Streicher, Kantaten, Motetten, ein Quintett, 2 Streichquartette, kleinere Orchesterwerke, Klavierstücke und Klavierlieder.

Hilding Rosenberg (geboren 1892)

LEBEN

Hilding Constantin Rosenberg wurde am 21.6.1892 in Bosjökloster, Schweden, geboren. Nach seiner Ausbildung zum Organisten, Pianisten und Violinisten legte er 1909 sein Examen als Organist und Kantor ab und wirkte sodann als Kantor und Musiklehrer. Zusätzlich war er Klavierschüler bei Richard Anderson (22.9.1851, Stockholm, bis 25.5.1918, Stockholm), Kompositionsschüler bei Ernst Henrik Ellberg und Wilhelm Stenhammar und studierte ferner in Berlin, Dresden, Wien und Paris; Dirigierunterricht nahm er bei Kurt Striegler und Hermann Scherchen (21.6.1891, Berlin, bis 12.6.1966, Florenz). Er wirkte von 1932 bis 1934 als Kapellmeister an der Oper in Stockholm und anschließend als Gastdirigent in vielen Ländern Europas und in den USA.

WERKE

Neben 7 Opern, einem Opernoratorium, 7 Balletten, 4 Oratorien und 2 Melodramen schrieb Hilding Rosenberg 7 Sinfonien, eine Kammersinfonie, 2 Kirchensinfonien, eine Sinfonie für Bläser und Schlagzeug, 2 sinfonische Metamorphosen, Reflexionen für Streicher, ein Kammerkonzert für Streichorchester, ein Klavierkonzert, 2 Violinkonzerte, ein Cellokonzert, ein Trompetenkonzert, Variationen für Violine und Orchester, eine konzertante Sinfonie, 12 Streichquartette, Trios für Flöte, Violine und Bratsche und für Oboe, Klarinette und Fagott, ein Divertimento, eine Serenade, ein Bläserquintett, Solosonaten für Violine und für Klarinette, Klavier- und Orgelstücke, Lieder und Chorwerke, Schauspiel-, Hörspiel- und Filmmusiken.

Sinfonie Nr. 2 »Sinfonia grave«, 3 Sätze, entstanden 1935

Eine expansive Motiventladung eröffnet den 1. Satz, darauf folgt ein Ostinato des Schlagwerks. In einem weiten Bogen schwingt das einsetzende erste Thema aus und führt schließlich mit Posaunen und Tuben zu einer dynamischen Kulmination. Sodann tritt ein zweiter, konstrastierender Gedanke heran, es kommt zu einer breiten Ausspinnung. In der Reprise sind beide Themen stark verändert; die anschließende Coda beendet den Satz mit einem triumphalen Höhepunkt. Der 2. Satz vereinigt Adagio und Scherzo. Der langsame Teil bringt herbe Sinfonik, das Allegro ist außerordentlich agil, scharf rhythmisiert und tänzerisch. Nachdem die Themen zweimal abgewechselt haben, schließt der Satz mit eleganter Wendung. Das Finale ist drängend mit permanentem Taktwechsel. Die Coda bringt einen Hymnus, der sich zu einem jubelnden Ausbruch der Bläser erhebt und dann in jäher Wendung mit harten Schlägen endet.

Sinfonie Nr. 3 »Die vier Lebensalter«, 4 Sätze, entstanden 1939

Der 1. Satz ist sehr kompliziert und ausgedehnt. Es sind darin bereits alle Ausdruckselemente der folgenden Sätze vorgeprägt. Das erste Thema bringt alle Halbtöne der Skala, dann setzt ein lyrisches Bläsermotiv ein. Darauf wird neues Material herangeführt, bewegungsreiche Spannungsfelder folgen einander bis in die Reprise, eine Oboe schließt den Satz mit einer Kantilene stillversonnen ab. Träumerisch beginnt der 2. Satz, eine balladeske Melodie der Klarinette wird dreimal variiert, bis der Satz in seiner Anfangsstimmung endet. Das Scherzo des 3. Satzes ist dreiteilig. Es ist voll Energie und jäher Schroffheit. Grelle dissonante Bläsersynkopen kennzeichnen das Trio, dessen Stimmung auch im dritten Teil aufrecht bleibt. Dafür ist das Finale ein kurzes schlichtes Andante, das gerade durch seinen geringen Aufwand von sehr tiefer Wirkung ist. Heftige Tutti-Schläge schließen das Werk ab.

László Lajtha (1892–1963)

LEBEN

Lászlo Lajtha wurde am 30.6.1892 in Budapest geboren, wo er bei Arpád Szendy Klavier und bei Victor von Herzfeld Komposition studierte. Seine Ausbildung ergänzte er mittels Studienreisen nach Leipzig, Genf und Paris. Er widmete sich neben der Komposition vorwiegend der ungarischen Volksmusik und war von 1913 bis 1950 in der Volksmusikabteilung des Ungarischen Nationalmuseums tätig. Von 1919 bis 1949 unterrichtete er am Konservatorium in Budapest Komposition, Kammermusik, Musikästhetik und Folklore. Ab 1952 war er Professor für Volksmusikforschung an der Musikhochschule in Budapest. Er bemühte sich um die Sammlung von Volksmelodien in den von Béla Bartók und Zoltán Kodály nicht erfaßten Gebieten. Er starb am 16.2. 1963 in Budapest.

WERKE

Der spätere Claude Debussy, Paul Dukas und Maurice Ravel beeinflußten das frühe kompositorische Schaffen von László Lajtha; später bevorzugte er eine kontrapunktische Diktion und erreichte sodann einen höchstpersönlichen sinfonischen Stil mit akkordischer Diatonik. Diese Rückkehr zu älteren Formen dürfte mit der intensiven Beschäftigung mit Volksmusik im Zusammenhang gestanden sein. Er schrieb eine Oper, 3 Ballette, 9 Sinfonien, 2 Sinfonietten für Streicher, 2 Tondichtungen, 2 Divertissements für Orchester, Orchestervariationen, 3 Orchestersuiten, ein Violinkonzert, 10 Streichquartette, 5 Etüden und 4 Etüden für Streicher, 2 Trios für Flöte, Harfe und Cello, 3 Streichtrios, eine Klaviersonate, eine Violinsonate, eine Cellosonate, 2 Messen, Madrigale, Nokturnen für Sopran, Flöte und Streicher, Magnificat, Hymnen, Klavierstücke, Filmmusiken und Volksmusikbearbeitungen. Er publizierte außerdem mehrere Werke über Volksmusik.

Sinfonie Nr. 4 »Der Frühling«, Opus 52, 3 Sätze, entstanden 1951

Mit ununterbrochenem Dahinjagen stellt das Allegro des 1. Satzes den Anbruch des Frühlings, seine Stürme und sein Aufblühen dar. Der 2. Satz bringt eine Schilderung der Stimmung des Frühlings mit allen Schönheiten und Hoffnungen. Das Finale setzt die Fröhlichkeit des Werks fort, lehnt sich aber damit stark an französische Diktionen an und kehrt erst am Ende zum ungarischen Kolorit zurück, das an sich für die Sinfonie typisch ist.

Sinfonie Nr. 9, Opus 67, 3 Sätze, entstanden 1963

Lebensbejahung und Todesahnung beherrschen dieses Werk. Gregorianische Melodik bilden das Hauptmaterial. Eine breite, leidenschaftliche Melodie leitet den 1. Satz ein, der ein rasches Thema entgegengeführt wird. Metrumlose, rezitativische Phrasen sind zeitweilig eingeschaltet. Der 2. Satz bringt eine einfache lyrische Melodie, die mehrmals von dramatischen Ausbrüchen unterbrochen wird. Eine leicht dahinfließende Melodie, der eine gewisse Jenseitigkeit anhaftet, mündet im Finale in ein gregorianisches Thema, das sich zum Ende zu einer gewaltigen Steigerung erhebt.

Federico Ghedini (1892–1965)

LEBEN

Giorgio Federico Ghedini wurde am 11.7. 1892 in Cuneo, Piemont, geboren. Er war Schüler des Liceo musicale in Turin und in Bologna von Marco Enrico Bossi. Er wirkte zunächst als Chor- und Orchesterleiter, sodann als Lehrer am Liceo musicale in Turin. Im Jahr 1938 wurde er Kompositionslehrer am Konservatorium in Parma und 1941 am Konservatorium in Mailand, das er ab 1951 bis 1962 als Direktor leitete. Er starb am 25.3. 1965 in Nervi.

WERKE

Federico Ghedini, eine der führenden Gestalten der zeitgenössischen Musik Italiens, nahm eine sehr konservative Haltung ein, bildete sich aber dennoch einen sehr persönlichen, polyphon bestimmten Stil. Er schrieb 8 Opern, Bühnen- und Filmmusiken, eine Sinfonie, ein Concerto grosso für Streicher und fünf Bläser, zahlreiche Konzerte für Instrumente mit Kammerorchester in verschiedener Besetzung, ein Bläserquintett, ein Doppelquintett, ein Klavierquartett, 2 Streichquartette, verschiedene kammermusikalisch besetzte Stücke, Sonaten verschiedener Art, Klavierstücke, mehrere große Messen, ein Requiem, ein Oratorium, ein geistliches Konzert, Kantaten, Litaneien, Antiphonen, Chöre und Lieder mit Orchester oder Klavier.

Kaikhosru Shapurji Sorabji
(geboren 1892)

LEBEN

Kaikhosru Shapurji Sorabji (ursprünglich Leon Dudley Sorabji) wurde am 14.8.1892 in Chingford, Essex, geboren. Er bildete sich autodidaktisch zum Pianisten und Komponisten aus und lebte ab 1915 in Wareham, Dorset.

WERKE

Die Klavierkompositionen von Kaikhosru Shapurji Sorabji sind derart komplex und schwierig, daß er, um mangelhafte Aufführungen zu verhindern, verbot, sie öffentlich zu spielen. Er schrieb 4 Sinfonien, 5 Klavierkonzerte, ein Klavierkonzert ohne Orchester, 5 Klaviersonaten, Opus clavicembalisticum – ein gigantisches Cembalowerk mit einer Aufführungsdauer von drei Stunden –, eine Sequencia cyclica über »Dies irae«, 3 Orgelsinfonien, 2 Toccaten, Chorfantasien, ein umfangreiches Opus clavisymphonicum für Klavier und Orchester, 2 Klavierquintette, eine Messe für acht Solisten, Doppelchor, Orchester und Orgel, Gesänge und Lieder.

Darius Milhaud (1892–1974)

LEBEN

Darius Milhaud wurde am 4. 9. 1892 in Aix-en-Provence geboren. Im Jahr 1909 nahm er am Conservatoire in Paris seine Musikstudien bei André Gédalge, Paul Dukas, Charles-Marie Widor und Xavier Leroux auf. Er kam mit dem Dichter und Diplomaten Paul Claudel in Kontakt, der ihn als Gesandtschaftsattaché nach Rio de Janeiro mitnahm. Nach zwei Jahren kehrte er nach Paris zurück und trat der Gruppe der »Six« bei. Vor dem Einmarsch der Deutschen flüchtete er 1940 in die USA und wurde Lehrer am Mills College in Oakland, Calif. Nach seiner Rückkehr 1945 lebte er abwechselnd in den USA und in Frankreich, wo er am Conservatoire unterrichtete. Ein Leiden hinderte seine Bewegungsfähigkeit im fortschreitenden Maß, doch er trotzte diesem Schicksal und komponierte bis in sein hohes Alter. Er starb am 22. 6. 1974 in Genf. Wer seine Musik kennt, zählt ihn zu den Spitzenkräften des französischen Musikgeschehens des 20. Jahrhunderts, und wer erlebt hat, wie er sich noch wenige Jahre vor seinem Tod mit dem Rollstuhl auf den Platz des Dirigenten heben ließ, zum Taktstock griff und sich gleichsam in die Musik verwandelte, die er dirigierte, kann nur mit äußerster Hochachtung und Bewunderung an ihn denken.

Darius Milhaud

WERKE

»Darius Milhaud komponierte mit der selbstverständlichen Leichtigkeit, mit der andere atmen. Er arbeitete nicht nur mit einem Überangebot von Ideen, er beherrschte alles Handwerkliche mit erstaunlicher Virtuosität. Es gibt kaum eine Musikgattung, für die er nicht geschrieben hätte, Miniaturformen gelangen ihm ebenso mühelos wie Monumentalwerke.« Sein Stilprinzip war die Polytonalität. Seine Instrumentation wirkte durch die selbständige Behandlung des Schlagwerks sehr eigenwillig, aber rhythmisch eindringlich und differenziert. Er schrieb 13 Sinfonien, teilweise mit programmatischen Titeln, einige mit Chor, 6 Kammersinfonien, eine Anzahl Suiten und Serenaden, 3 Violinkonzerte, 2 Bratschenkonzerte, 2 Cellokonzerte, 5 Klavierkonzerte, ein Konzert für Schlagzeug und Orchester, 2 Konzerte für zwei Klaviere und Orchester, ein Klarinettenkonzert, ein Marimbakonzert, ein Harfenkonzert, Concertini für Violine, für Bratsche und Orchester, ein Cembalokonzert, ein Konzert für zwei Klaviere und acht Instrumente, ein Konzert für Posaune und Streicher, 2 Tongedichte für Klavier und Orchester, Tänze, Oden, Ouvertüren, ein Kammerkonzert für Klavier, Blas- und Streichquintett, ein Streichseptett, 3 Streichquintette, ein Klavierquintett, ein Bläserquintett, 18 Streichquartette, 6 Stücke für vier Klaviere, ein Streichtrio und viele andere Kammermusik mit verschiedener Besetzung, zahlreiche Sonaten für verschiedene Instrumente, Klavier- und Orgelwerke, Kantaten und Chorwerke, Lieder mit Klavier oder anderen Instrumenten, ungefähr 20 Opern und 15 Ballette, zahlreiche Bühnen- und Filmmusik. Sein gesamtes kompositorisches Werk umfaßt etwa 450 Stücke. Es ist sehr schwer, daraus eine Auswahl zu treffen, wenn es auch einzelne Kompositionen gibt, die im Vergleich zu den anderen schwächer zu sein scheinen, denn auch diese würden im Werkverzeichnis vieler anderer Komponisten als Glanzpunkte figurieren. Gespielt wird nahezu alles, was er geschaffen hat.

Sinfonie Nr. 4 »1848«, 4 Sätze, entstanden 1947

Dieses Werk ist im Auftrag der französischen Regierung zur 100-Jahr-Feier der Revolution von 1848 verfaßt. Der 1. Satz »Der Aufstand« setzt mit Schlagzeugsoli ein, denen ein Marsch im Fortissimo folgt. Der 2. Satz »Den Toten der Republik« bringt einen Trauergesang der Celli. Der 3. Satz »Die Freuden der wiedererreichten Republik« ist ein Scherzo. Im Finale »Gedenken 1948« werden die Themen des 1. Satzes wieder aufgenommen und auf die Gegenwart bezogen.

Sechs kleine Sinfonien

Nr. 1 »Der Frühling«, Opus 43, 3 Sätze, entstanden 1917, ist vorwiegend pastoral und leicht impressionistisch. Ein fröhliches Andante bringt der 1. Satz, eine klagende Oboenmelodie der 2. Satz; das Finale ist lebhaft und volkstümlich.

Nr. 2 »Pastorale«, Opus 49, 3 Sätze, entstanden 1918, ist ähnlich gebaut. Der 1. Satz ist fröhlich und freudig, im 2. Satz spielt das Englischhorn eine Hirtenmelodie, das Finale ist tänzerisch erregt.

Nr. 3 »Serenade«, Opus 71, 3 Sätze, entstanden 1921, ist sehr farbig und eigenwillig instrumentiert. Der 1. Satz ist lebhaft, der 2. Satz bringt eine sangliche Streichermelodie, das Finale ist durch eine ostinate Klarinettenfigur, von Bläsern begleitet, in einem ausgelassenen Klima gekennzeichnet.

Nr. 4, Opus 74, 3 Sätze, entstanden 1921, wird von zehn Streichinstrumenten bestritten. Der 1. Satz »Ouvertüre« ist sehr bewegt, der 2. Satz »Choral« ist langsam und bringt geheimnisvolle Kontrabaßpassagen; das Finale ist eine freie fugierte Etüde.

Nr. 5, Opus 75, 3 Sätze, entstanden 1922, ist für zehn Blasinstrumente geschrieben. Der 1. Satz bringt ein sehr formfrei gehaltenes einleitendes Konzertstück, der langsame Mittelsatz gleicht einer Serie unzusammenhängender Monologe, das Finale ist munter und kraftsprühend.

Nr. 6, Opus 79, 2 Sätze, entstanden 1923, schreibt neben Oboe und Cello ein Vokalisen singendes Vokalquartett vor. Der 1. Satz beginnt langsam, geht aber in ein lebhaftes Tempo über, der 2. Satz ist gemessen und sehr ausdrucksvoll. Es liegt unbedingte absolute Musik ohne irgendwelche Deutungsmöglichkeit vor.

Die vier Jahreszeiten

Frühlings-Concertino für Violine und Kammerorchester, Opus 135, entstanden 1934, stellt polytonal und polyrhythmisch die Erneuerung der Natur und deren vielfache Spannung dar.

Sommer-Concertino für Solobratsche und neun Instrumente, Opus 311, entstanden 1950. Geschmeidig und schmachtend beginnt das Werk. Nach einigen Einwürfen der Bläser erhebt sich ein tänzerischer Rhythmus, dessen Derbheit durch immer mehr Farben bekräftigt wird und ebbt dämmerhaft mild ab.

Herbst-Concertino für zwei Klaviere und acht Instrumente, Opus 309, entstanden 1950. Den Beginn des Werks beherrschen tiefe Register der Hörner. Die Holzbläser bringen einen freien Zwischenteil, der sich in ein Divertimento verwandelt und mit seinem melodischen Überfluß trunkene Landleute darstellt. Das Ende strömt melancholische Ruhe aus.

Winter-Concertino für Posaune und Streichorchester, Opus 327, entstanden 1953. Abseits von jeder Schablone der Winter-Darstellung beginnt die Posaune das Werk. Erst der zweite Teil lehnt sich an das traditionelle Bild eines pastoralen Winters an, doch ohne die übliche fröstelnde Meditation über Eis und Schnee. Das Stück endet voll Hoffnung auf den wiederkehrenden Frühling.

Le boeuf sur le toit (Der Ochse auf dem Dach), Cinéma-Fantasie, Opus 58, ein Satz, entstanden 1919

Den Titel übernahm der Komponist von einem populären brasilianischen Lied. Das Stück wurde als Ballett uraufgeführt, dessen Szene in einer amerikanischen Bar spielte, wo Gäste surrealistische akrobatische Tänze vorführten. Die Musik besteht aus Tanzmelodien – Tangos, Maxixes, Sambas und einem portugiesischen Fado. Zwischen den Tänzen ist ein rondoartiges Thema eingefügt.

Die Erschaffung der Welt, Ballettmusik, Opus 81b, 5 Teile, entstanden 1923

Die Handlung dieses Balletts, das als erstes sinfonisches Werk Jazzelemente verwendete, fußt auf afrikanischen Volksmythen. Nach einem Vorspiel in ruhigem Tempo und mit einem Saxophonsolo stellt der 1. Teil das Chaos vor der Schöpfung und dem magischen Eingreifen der Götter dar. Im 2. Teil erwachen Pflanzen und Tiere zu Soli von Flöte und Oboe. Der 3. Teil bringt Tänze der

Tiere und das Erwecken des Menschen, ausgedrückt durch Synkopenmelodik in wechselnder Formation. Im 4. Teil führt das Menschenpaar einen orgiastischen Tanz auf. Im 5. Teil beruhigt sich die Szene; es erklingen Reminiszenzen früherer Themen.

Streichseptett, Opus 408, 4 Sätze, entstanden 1964

Das erste Thema des 1. Satzes ist der Ersten Violine zugeteilt, während die anderen Instrumente es begleiten. Das Zweite Cello führt ein zweites Thema ein, das zur Grundlage des zweiten Abschnitts des Satzes wird. In der Durchführung werden beide melodischen Linien von allen Instrumenten streckenweise übernommen. Im 2. Satz ist jedem Takt die Dauer einer Sekunde zugewiesen. Diese streng eingehaltene Mensur erzeugt eine kaleidoskopartige Wirkung. Der 3. Satz wird vom Kontrabaß intoniert. Er besteht aus fünf Teilen, die durch Soli getrennt sind. Seine Stimmung ist stark meditativ. Das Finale ist symmetrisch gebaut, sehr energisch und lebhaft.

Suite de Quatrains (Vierzeiler-Folge), Opus 398, 18 Teile, entstanden 1962

Von den »Quatrains« von Francis Jammes (1868 bis 1938) werden 18 Gedichte nacheinander frei rezitiert und von sieben Instrumenten begleitet und interpretiert. Bei drei Stücken ist die Musik mensuriert, sonst aber von keinen Taktstrichen beengt. Nach Anweisung des Komponisten »verfolgt jedes Instrument frei seine melodische Linie ohne Zusammenhang mit den gleichzeitig von anderen Instrumenten gespielten Melodien, so daß eine völlig horizontale Musik entsteht«. Die Klänge verstummen am Ende jeder Rezitation, um die Zuhörer der Meditation zu überlassen.

LITERATUR

J. Roy, Darius Milhaud, Paris 1969.

Hendrik Franciscus Andriessen
(1892–1981)

LEBEN

Hendrik Franciscus Andriessen wurde am 17.9.1892 in Haarlem geboren. Er war Schüler von Bernard Zweers am Konservatorium in Amsterdam. Nach seinem Wirken als Organist in Haarlem erhielt er den Organistendienst an der Kathedrale in Utrecht und wurde 1937 dort Direktor des Konservatoriums. Ab 1949 leitete er das Konservatorium in Den Haag und wirkte daneben ab 1952 als Professor an der Universität in Nijmegen. Er starb am 12.4.1981 in Haarlem.

Sein Bruder Willem Christian Nicolaas Andriessen (25.10.1887, Haarlem, bis 29.3. 1964, Amsterdam) studierte von 1903 bis 1908 am Konservatorium in Amsterdam bei Bernard Zweers, wirkte von 1910 bis 1917 als Klavierlehrer am Konservatorium in Den Haag und von 1937 bis 1953 als Direktor des Konservatoriums in Amsterdam.

WERKE

Neben 2 Opern schrieb Hendrik Franciscus Andriessen 5 Sinfonien und eine Anzahl anderer Orchesterstücke, Variationen für Flöte, Harfe und Streicher, 2 Streichquartette, 2 Blastrios, ein Stück für Orgel, zwei Trompeten und zwei Posaunen, 3 Inventionen für Violine und Cello, »Drei Stücke« für Flöte und Harfe, eine Sonate für Bratsche und Klavier, Variationen für Englischhorn und Klavier, mehrere Messen und andere Chorwerke, Orgelstücke, Lieder mit Instrumentalbegleitung.

Willem Andriessen schrieb ein Klavierkonzert, eine Messe für Soli, Chor und Orchester und zahlreiche Lieder.

Herbert Howells (1892–1983)

LEBEN

Herbert Norman Howells wurde am 17.10. 1892 in Lydney, Gloucestershire, geboren. Er war zunächst Schüler von Herbert Brewer (21.6.1865, Gloucester, bis 1.3.1928, Gloucester) und studierte von 1912 bis 1917 am Royal College of Music in London, an dem er dann selbst als Kompositionslehrer wirkte. Von 1925 bis 1937 unterrichtete er am Morley College in London Harmonielehre und Kontrapunktik. Im Jahr 1952 wurde er Professor für Musik der Universität London. Er starb am 23.2.1983 in London.

WERKE

Von den Kompositionen von Herbert Howells sind bemerkenswert: ein Ballett, 2 Orchestersuiten, 2 Klavierkonzerte, ein Cellokonzert, eine Elegie für Bratsche, Streichquartett und Streichorchester, Variationen für elf Instrumente, ein Quintett für Klarinette und Streicher, ein Klavierquintett, 2 Streichquartette, 3 Violinsonaten, eine Oboen- und eine Klarinettensonate, 3 Orgelrhapsodien, Stücke für Orgel, für Klavier, für Clavichord, eine englische Messe, ein Requiem, ein Hymnus, ein Stabat mater, 2 weitere Messen, Anthems, Magnificat, Motetten und profane Chorwerke sowie Lieder. Sein Stil war sehr konservativ.

Otakar Jeremiáš (1892–1962)

LEBEN

Otakar Jeremiáš wurde am 17.10.1892 in Pisek, Böhmen, geboren. Er wirkte als Direktor einer Musikschule in Budweis (České Budějovice) von 1918 bis 1928, anschließend als Leiter des Orchesters des Prager Rundfunks bis 1945 und dann bis 1951 als Dirigent am Národní Divadlo in Prag, wo er am 5.3. 1962 starb.
Sein Bruder Jaroslav Jeremiáš (14.8.1889, Pisek, bis 16.1.1916, České Budějovice) studierte am Konservatorium in Prag bei Vítězslav Novák und wirkte als Dirigent in Ljubljana und Musiklehrer in České Budějovice und Prag, außerdem als Pianist.

WERKE

Außer 2 Opern schrieb Otakar Jeremiáš 2 Sinfonien, eine Suite, eine Ouvertüre und eine Fantasie für Orchester, ein Nonett, ein Streichquintett, ein Streichquartett, ein Klavierquartett, ein Klaviertrio, Schauspiel- und Filmmusiken, Chorwerke und Lieder.
Jaroslav Jeremiáš schrieb eine Oper, ein Mysterienspiel, ein Oratorium, ein Idyll und eine Romanze für Orchester, eine Bratschensonate, Klavier- und Orchesterlieder. Beide bewegten sich im Schatten Bedřich Smetanas (1824–84).

LITERATUR

J. Plavec, Otakar Jeremiáš, Prag 1943.

Ilmari Hannikainen (1892–1955)

LEBEN

Toivo Ilmari Hannikainen wurde am 19.10. 1892 in Jyväskylä, Finnland, geboren. Er studierte von 1911 bis 1914 an der Universität und am Musikinstitut in Helsinki, sodann an der Musikakademie in Wien bei Franz Schreker, in St. Petersburg von 1915 bis 1917 bei Aleksandr Iljitsch Siloti, und 1919 in Paris bei Alfred Denis Cortot. Er war zunächst Klavierlehrer am Konservatorium, sodann von 1939 bis zu seinem Tod am 25.7.1955 Professor an der Sibelius-Akademie in Helsinki.
Sein Bruder Väinö Atos Hannikainen (12.1. 1900, Jyväskylä, bis 7.8.1960, Kuhmoinen) studierte in Helsinki, Berlin und Paris und war von 1923 bis 1957 Soloharfenist des Städtischen Orchesters in Helsinki.
Beider Vater Pekka Juhani Hannikainen (9.12. 1854, Nurmes, bis 13.9.1924, Helsinki) studierte in Helsinki, wo er anschließend als Chordirigent wirkte. Von 1887 bis 1917 war er Musiklehrer in Jyväskylä.

WERKE

Neben einer Oper schrieb Ilmari Hannikainen ein Klavierkonzert, ein Klavierquartett, mehrere Klavierstücke, Lieder mit Klavier und mit Orchester.
Väinö Hannikainen schrieb ein Ballett, eine sinfonische Dichtung, ein Harfenkonzert, Variationen für Violine und Orchester, eine Harfensonate und weitere kleinere Instrumentalwerke, Schauspiel- und Filmmusiken sowie Lieder.
Pekka Hannikainen verfaßte einige Hefte mit Solo- und mit Chorliedern und publizierte finnische Volkslieder und Volkstänze.

Markian Frolow (1892–1944)

LEBEN

Markian Petrowitsch Frolow wurde am 24.11.1892 in Bobrujsk, Weißrußland, geboren. Er war von 1913 bis 1924 Schüler der Konservatorien in Petrograd und Kiew, wirkte anschließend als Konzertpianist und Klavierlehrer am Konservatorium in Kiew. Im Jahr 1928 ging er nach Swerdlowsk, wo er zunächst als Theorie- und Klavierlehrer und später als Direktor des Konservatoriums tätig war. Er starb am 30.10.1944 in Swerdlowsk.

WERKE
Nachdem bereits im 19. Jahrhundert viel Musikgut aus dem russischen Osten in die Musiklandschaft Rußlands geflossen war, wurde im 20. Jahrhundert die Volksmusik nahezu aller finnisch-ugrischen, georgischen, iranischen und uralaltaischen Völker der Sowjetunion bei Wahrung aller Selbständigkeit in die Musik des Landes einbezogen, so daß einerseits, auf die eigene Folklore aufbauend, autonome Musikentwicklungen der einzelnen Völker entstanden, soweit sie nicht schon vorhanden waren, andererseits durch gegenseitigen Austausch der Gesamtentwicklung eine überaus breite Palette verschiedenartiger Melodien, Harmonien, Rhythmen und Phrasierungen entstand. Markian Frolow entnahm seine Musik zum Teil osturalischen Völkern. Er schrieb neben einer Oper eine Tondichtung, ein Klavierkonzert, eine Ouvertüre auf drei burjatische Themen, eine Klaviersonate, Klavierstücke, Solo- und Massenlieder und ein Oratorium.

Leo Ornstein (geboren 1892)

LEBEN
Leo Ornstein wurde am 29.11.1892 in Krementschug, Ukraine, geboren. Er trat 1911 in New York als Klaviervirtuose auf und bereiste anschließend als Interpret zeitgenössischer Musik Amerika und Europa. Nach mehrjähriger Unterrichtstätigkeit an der Philadelphia Musical Academy wurde er 1940 Leiter einer Klavierklasse an der Ornstein School of Music.

WERKE
Die ersten Kompositionen von Leo Ornstein verfolgten einen extrem futuristischen Stil, fanden aber nur für kurze Zeit Beifall, dann schwenkte er selbst von dieser Richtung ab und fügte sich der modernen Musik Amerikas ein. Er schrieb 2 Orchesterstücke, ein Klavierkonzert, eine Suite, eine Sinfonie, ein Notturno, einige Kammermusiken und Klavierstücke, 3 russische Chöre und Lieder, mit denen er bis zur Spätromantik abgeglitten war.

Manuel Palau Boix (1893–1967)

LEBEN
Manuel Palau Boix wurde am 4.1.1893 in Alfara del Patriarca, Valencia, geboren. Er studierte von 1914 bis 1919 am Konservatorium in Valencia, von 1924 bis 1929 in Paris bei Charles Koechlin und Maurice Ravel. Im Jahr 1952 wurde er Leiter des Konservatoriums in Valencia, wo er am 18.2.1967 starb.

WERKE
Neben einer Oper, einer Operette und 3 Balletten schrieb Manuel Palau Boix 3 Sinfonien, 3 Tondichtungen, eine Suite, mehrere andere Orchesterstücke, ein Klavierkonzert, ein Gitarrenkonzert, Tänze für Klavier, eine Messe, weitere Chorwerke, Liederzyklen und einige Kammermusik. Sein Stil gehört dem Impressionismus an, ist aber folkloristisch unterbaut.

Sergei Ewsejew (1893–1956)

LEBEN
Sergei Wasiljewitsch Ewsejew wurde am 13.1.1893 in Moskau geboren. Er war dort Schüler von Lew Konius (1871–1944), Aleksandr Goldenweiser und Sergei Tanejew. Er wirkte von 1919 bis 1930 als Theorielehrer an der Tanejew-Musikschule und ab 1922 bis zu seinem Tod am 16.3.1956 am Konservatorium in Moskau.

WERKE
Von den 3 Sinfonien von Sergei Ewsejew sind 2 mit Chor verfaßt. Er schrieb außerdem ein Klavierkonzert, ein Klarinettenkonzert, ein Trio, eine Sonate für Violine und Klavier, eine Sonate für Cello und Klavier, eine Sonate für zwei Klaviere, 2 Sonaten für Klavier solo, eine Dithyrambe für Singstimme, Violine, Cello und Klavier, Lieder und Chöre auf Volkslieder der Russen, der Mari und der Morwinen.

Godfried Devreese (1893–1972)

LEBEN
Godfried Devreese wurde am 22.1.1893 in

Kortrijk (Courtrai) geboren. Er studierte am Konservatorium in Brüssel, wirkte ab 1919 als Kapellmeister an der Oper in Antwerpen und sodann in Brüssel; 1930 wurde er Direktor des Konservatoriums in Mecheln und unterrichtete gleichzeitig ab 1944 am Konservatorium in Brüssel bis 1959. Er starb dort am 4.6.1972.

WERKE
Von Godfried Devreese sind 4 Sinfonien, eine Sinfonietta, ein Ballett, ein Tongedicht, Variationen für Streichorchester, ein Capriccio für Violine und Streichorchester, ein Streichquartett, ein Klaviertrio, Klavier-, Violin- und Cellosonaten, Klavierstücke, ein Stabat mater, ein Te Deum und weitere Chorwerke, Kantaten und Lieder bekannt geworden.

Marţian Negrea (1893–1973)

LEBEN
Marţian Negrea wurde am 29.1.1893 in Vorumloc, Rumänien, geboren. Von 1910 bis 1914 studierte er in Sibiu und darauf in Wien bei Eusebius Mandyczewski und Franz Schmidt. Im Jahr 1921 wurde er Lehrer für Komposition am Konservatorium in Cluj und 1941 am Konservatorium in Bukarest, wo er am 13.7.1973 starb.

WERKE
Neben einer Oper schrieb Marţian Negrea eine sinfonische Fantasie, 2 »Rumänische Rhapsodien«, eine sinfonische Suite, eine »Frühlingssinfonie«, ein Konzert, ein Streichquartett, eine Suite für Klarinette und Klavier, 4 Harfenstücke, eine Sonate, eine Sonatine und eine Suite für Klavier, ein Oratorium, ein Requiem, Chöre a cappella, zahlreiche Lieder und Filmmusik. Sein Stil ist von der heimischen Folklore beeinflußt.

Edric Cundell (1893–1961)

LEBEN
Edric Cundell wurde am 29.1.1893 in London geboren. Er begann als Orchestermusiker an Covent Garden, wurde sodann Dirigent verschiedener Orchester und 1938 Direktor der Guildhall School of Music in London, wo er seine Tätigkeit als Orchesterdirigent bis zu seinem Tod am 19.3.1961 fortsetzte.

WERKE
Von Edric Cundell sind eine Sinfonie, eine Suite für Streichorchester, eine Orchestersuite, 2 sinfonische Dichtungen, ein Klavierkonzert, ein Streichsextett, ein Klavierquartett, mehrere Streichquartette, ein Sextett für drei vokale und drei instrumentale Stimmen, eine Rhapsodie für Bratsche und Klavier, verschiedene Klavierstücke und Lieder bekannt geworden. Sein Stil ist konservativ.

Bernard Rogers (1893–1968)

LEBEN
Bernard Rogers wurde am 4.2.1893 in New York geboren. Er war Schüler von Arthur Farwell, Ernest Bloch, Nadia Boulanger und Frank Bridge. Von 1929 bis 1967 wirkte er als Kompositionslehrer an der Eastman School of Music in Rochester, N. Y., wo er am 24.5.1968 starb.

WERKE
Neben 5 Opern schrieb Bernard Rogers 5 Sinfonien und 8 weitere Stücke für Orchester, ein Stück für Violine und Orchester, 4 Stücke für Kammerorchester, ein Streichtrio, eine Ballade für Fagott, Bratsche und Klavier, eine Violinsonate, 3 Kantaten, eine Anzahl Chöre und Gesänge. Der Komponist hielt Tuchfühlung mit der zeitgenössischen Stilentwicklung Europas.

Max Dehnert (geboren 1893)

LEBEN
Max Dehnert wurde am 11.2.1893 in Freiberg, Sachsen, geboren. Er studierte am Konservatorium in Dresden, lebte von 1919 bis 1936 als Lehrer und Dirigent in Freiberg, von 1948 bis 1961 als Lehrer für Theorie und Schulmusik an der Musikhochschule in Leipzig.

WERKE

Von Max Dehnert sind 2 Sinfonien, eine Suite für Orchester »Oper ohne Worte« und eine weitere Orchestersuite, ein Orchesterkonzert, eine Passacaglia, ein Konzert für Streicher und Blechbläser, eine Sinfonietta, ein Vorspiel, ein Divertimento, 2 Klavierkonzerte, ein Violinkonzert, ein Flötenkonzert, ein Cellokonzert, mehrere Kammermusikstücke, Klavierstücke und verschiedene Vokalmusik bekannt geworden.

Joseph Messner (1893–1969)

LEBEN

Joseph Messner wurde am 27.2.1893 in Schwaz, Tirol, geboren. Er studierte zunächst in Innsbruck, sodann an der Akademie der Tonkunst in München bei Friedrich Klose. Er wurde 1922 Domorganist, 1926 Domkapellmeister, Dirigent der Domkonzerte der Salzburger Festspiele und Leiter des Kirchenmusikseminars des Mozarteum in Salzburg. Er starb am 23.2.1969 in St. Jakob am Thurn bei Salzburg.

WERKE

Neben 3 Opern und einer Bühnenmusik zu »Jedermann« von Hugo von Hofmannsthal (1874–1929) schrieb Joseph Messner 3 Sinfonien, eine »Sinfonische Festmusik«, eine »Salzburger Suite«, ein Rondo, eine Sinfonietta, ein Violinkonzert, ein Cellokonzert, 4 Chorsinfonien, eine Festspielfanfare, ein Bläserquintett, ein Streichquartett, 11 Große Messen, Hymnen, Motetten, Klavierwerke und Lieder. Sein Stil war streng konservativ; er nahm weder die zeitgenössischen Bestrebungen, die Kirchenmusik zu erneuern, noch Stilentwicklungen des 20. Jahrhunderts zur Kenntnis.

Federico Mompou (geboren 1893)

LEBEN

Federico Mompou wurde am 16.4.1893 in Barcelona geboren. Er war Schüler des Konservatoriums seiner Geburtsstadt und von 1911 bis 1913 des Conservatoire in Paris, wo er bis 1941 lebte. Dann kehrte er nach Barcelona zurück und lebte dort als freier Komponist und Musiklehrer.

WERKE

Vom Impressionismus ausgehend, bildete sich Federico Mompou einen höchst persönlichen Stil, der auf Mensur verzichtete, jede Chromatik und Kadenzierung vermied und die größte Primitivität der Ausdrucksmittel pflegte, damit aber eine beachtliche künstlerische Wirkung erreichte. Neben einem Ballett und einem Oratorium verfaßte er eine große Zahl Gesänge auf katalanische, spanische und französische Texte und Klavierstücke in Suitenform, die außerordentlich reizvoll und eindrucksstark wirken.

LITERATUR

M. S. Kastner, Federico Mompou, Madrid 1946.

Paul Pisk (geboren 1893)

LEBEN

Paul Amadeus Pisk wurde am 16.5.1893 in Wien geboren und studierte dort Klavier bei Julius Epstein (7.8.1832, Zagreb, bis 1.3.1926, Wien), Komposition bei Franz Schreker und Arnold Schönberg, Dirigieren bei Ferdinand Hellmesberger und Musikwissenschaft bei Guido Adler. Von 1922 bis 1931 wirkte er als Musiklehrer an einer Volkshochschule in Wien und bis 1933 am Austro-Amerikanischen Konservatorium in Mondsee, Salzburg. Dann verließ er Österreich und unterrichtete von 1937 bis 1951 an der University of Redlands in Kalifornien, sodann an der University of Texas in Austin und von 1962 bis 1972 an der Washington University in St. Louis, Mo. Schließlich ließ er sich als Lehrer, Komponist und Musikschriftsteller in Los Angeles nieder.

WERKE

Von Paul Pisk sind »3 Ceremonial Rites«, eine sinfonische Ouvertüre, eine Partita, ein Divertimento, eine Passacaglia, »Adagio und Fuge«, »Suite über amerikanische Volkslieder«, »Son-

Paul Pisk

net« und Suite für Kammerorchester, »Elegie«, »Bukolische Suite« für Streichorchester, Sextett für Oboe, Klarinette, Fagott, Violine, Bratsche und Cello, Duo für Klarinette und Fagott, eine Ballade für Ballett, Sprecher und Orchester, 5 Kantaten, A-cappella-Chöre und Lieder. Er schrieb eine Reihe musiktheoretischer und didaktischer Werke.

Eugène Goossens (1893–1962)

LEBEN

Eugène Goossens wurde am 26. 5. 1893 in London geboren. Er studierte am Konservatorium in Brügge, in Liverpool und in London, anschließend wirkte er als Operndirigent in London. Ab 1931 leitete er das Sinfonieorchester in Cincinnati und ab 1947 das Orchester in Sydney, wo er zugleich bis 1955 dem Konservatorium vorstand. Er starb am 13. 6. 1962 in London.

WERKE

Außer 2 Opern und einer Schauspielmusik schrieb Eugène Goossens ein Ballett, eine Sinfonietta, 2 weitere Orchesterstücke, eine Fantasie für Bläser, ein Streichsextett, ein Klavierquintett, 5 Streichquartette, 5 Impressionen für Flöte, Violine, Cello und Klavier, eine Suite für Flöte, Violine und Harfe, 2 Sonaten für Violine und Klavier, 2 Balladen für Harfe, verschiedene Klavierstücke, Chorwerke und Lieder. Er war modernen Fakturen gegenüber sehr aufgeschlossen und wandte sie auch fallweise an.

Asen Karastojanow (geboren 1893)

LEBEN

Asen Pawlow Karastojanow wurde am 3. 6. 1893 in Samokow, Bulgarien, geboren. Er studierte an der Staatlichen Musikschule in Sofia sowie in Berlin, Paris und Leipzig und wurde 1933 Dozent und 1944 Professor an der Musikakademie in Sofia.

WERKE

Neben einer Anzahl Operetten, Ballette und Ballettszenen schrieb Asen Karstojanow 2 Sinfonien, eine »Bulgarische Rhapsodie«, 2 Streichquartette, Klavierwerke, 2 sinfonische Dichtungen für Soli, Chor und Orchester, patriotische Kantaten, Massenlieder und Sololieder. Sein auf die heimische Folklore fußender Stil entsprach der Forderung nach Volkstümlichkeit und leichter Eingänglichkeit.

Ludovic Feldman (geboren 1893)

LEBEN

Ludovic Feldman wurde am 7. 6. 1893 in Galaţi, Rumänien, geboren. Er war am Konservatorium in Wien Schüler von František Ondříček und in Bukarest von Mihail Jora. Von 1927 bis 1940 wirkte er als Konzertmeister des Philharmonischen Orchesters in Bukarest.

WERKE

Neben »8 Ballettszenen« schrieb Ludovic

Feldman »Fünf sinfonische Stücke«, eine Sinfonietta, »Sinfonische Variationen«, eine »Sinfonische Ode«, eine Kammersinfonie, eine Tondichtung für Violine und Orchester, ein Konzert für Flöte und Kammerorchester, ein Konzert für zwei Streichorchester, ein Konzert für Klavier, Celesta und Schlagzeug, ein Streichtrio, 2 Sonaten für Bratsche und Klavier, 2 Sonaten für Violine und Klavier. Er entfernte sich von der Folklore und schloß sich der gesamteuropäischen Musikentwicklung an.

Alois Hába (1893–1973)

Leben

Alois Hába wurde am 21.6.1893 in Wisowitz (Vizovice), Mähren, geboren. Er war am Konservatorium in Prag Schüler von Vítězslav Novák und in Wien und Berlin von Franz Schreker. Von 1923 bis 1953 war er Professor für Komposition am Konservatorium in Prag, wo er am 18.11.1973 starb.
Sein Bruder Karel Hába (21.5.1898, Vizovice, bis 21.11.1972, Prag) war am Konservatorium in Prag Schüler von Karel Hoffmann (12.12. 1872, Prag, bis 30.3.1936, Prag) und Vítězslav Novák. Er unterrichtete von 1917 bis 1927 Musik an der Lehrerbildungsanstalt, wirkte ab 1929 am Prager Rundfunkorchester und von 1936 bis 1950 als Musikreferent. Im Jahr 1951 wurde er Professor an der Pädagogischen Hochschule in Prag für Methodik der Musikerziehung.

Werke

Athematische Musik und das Mikrointervall nahmen in Studium, Komposition und Unterricht von Alois Hába eine zentrale Stellung ein. Viertel-, Fünftel- und Sechsteltonmusik wendete er bei einer Reihe seiner Kompositionen mit seltener Genialität an. Im Vierteltonsystem schrieb er eine Oper, 7 Streichquartette, Fantasien für Violine solo, für Violine und Klavier, für Bratsche und Klavier, für Cello solo, für Cello und Klavier, Suiten für Klarinette solo, für Klarinette und Klavier, für Trompete und Posaune, für vier Posaunen, für Gitarre, eine Sonate, 5 Suiten und 10 Fantasien für Klavier, eine Chorsuite, Chöre und Liederzyklen; im Fünfteltonsystem: ein Streichquartett; im Sechsteltonsystem: 3 Streichquartette, Suiten für Cello solo und für Violine solo, ein Duo für zwei Violinen, 6 Harmoniumstücke, eine Oper. Der Rest seiner Werke ist diatonisch-chromatisch: 6 Streichquartette, 4 Nonette, Quartett für vier Fagotte, Sonate für Klarinette und Klavier, Suite für Baßklarinette und Klavier, Solosuiten für Cello, für Violine, für Zimbal, für Baßklarinette, für Saxophon, verschiedene Klavierwerke, Te Deum und Fantasie und Fuge über HABA für Orgel, Harfen- und Gitarrenwerke, eine Fantasie für Orchester, eine »Walachische Suite« für Orchester, eine sinfonische Fantasie für Klavier und Orchester, ein Violinkonzert, ein Bratschenkonzert, »Tagebuchnotizzen« für Sprecher und Streichquartett, »Aus den Sprichwörtern« für Männerchor, weitere Chöre, Lieder und eine Oper.
Seine diatonische Musik fußt deutlich auf der tschechischen Folklore.
Karel Hába schrieb 4 Opern, 2 Sinfonien, mehrere Orchestersuiten, ein Violinkonzert, ein Cellokonzert, eine Orchestersuite, ein Nonett, ein Septett, ein Viertelton-Klaviertrio, ein diatonisches Klaviertrio, ein Bläserquintett, Klaviermusik, darunter eine Suite im Vierteltonsystem, Chöre und Lieder, eine Violinschule im Vierteltonsystem und 15 konzertante Etüden.

Violinkonzert, Opus 83, 3 Sätze, entstanden 1954
Dieses Konzert von Alois Hába ist diatonisch, aber konsequent athematisch; es werden darin immer neue melodische und rhythmische Wendungen herangebracht, die zum Ausgangspunkt für kontrastreiche Entwicklungen werden. Im 1. Satz tritt das Soloinstrument nach einem kurzen Prolog beherrschend auf. Die Begleitung ist nur kommentierend. Der Satz endet mit einer glänzenden Kadenz. Ein Hornruf leitet den 2., romantischen Satz ein. Die Kantilene der Violine ist thematisch ungebunden. Der Mittelteil bringt eine tänzerische Auflockerung, dann kehrt die Stimmung des Satzes wieder. Das Solo des Finales ist virtuos und heiter. Nach einem lyrischen Abschnitt beendet eine feurige Coda das Werk.

Aarre Merikanto (1893–1958)

Leben

Aarre Merikanto wurde am 29.6.1893 in Helsinki geboren. Er war von 1912 bis 1914 am Konservatorium in Leipzig Schüler von Max Reger und Stephan Krehl, von 1916 bis 1917 in Moskau von Sergei Wasilenko. Im Jahr 1937 wurde er Theorie- und Kompositionslehrer an der Sibelius-Akademie in Helsinki, wo er am 28.9.1958 starb.

Sein Vater Frans Oskar Merikanto (5.8.1868, Helsinki, bis 17.2.1924, Havsjärvi-Oiti bei Helsinki) studierte in Helsinki, Leipzig und Berlin, war 1892 Organist und 1911 Opernkapellmeister in Helsinki.

Werke

Außer einer Oper und einem Ballett schrieb Aarre Merikanto 3 Sinfonien, 5 sinfonische Dichtungen, mehrere Suiten und Variationen und Fuge für Orchester, 2 Klavierkonzerte, 3 Violinkonzerte, 2 Cellokonzerte, ein Konzert für Violine, Klarinette, Horn und Streichsextett, eine Partita für Harfe und Holzbläser, Kammermusik, Klavierwerke und Lieder sowie die Fanfare für die Olympischen Spiele 1952 in Helsinki. Sein Stil ist weniger »finnisch« als »deutsch«; in einigen Werken ist Zwölftontechnik verwendet.

Frans Oskar Merikanto schrieb 3 Opern, ein Konzert für Violine, Klarinette, Horn und Streichquartett, Werke für Violine, Orgel und Klavier, über 150 Lieder und Chöre. Er hat das finnische Opernwesen sehr gefördert.

Osvald Chlubna (1893–1971)

Leben

Osvald Chlubna wurde am 22.7.1893 in Brünn geboren. Er war Schüler von Leoš Janáček. Er wirkte von 1919 bis 1935 und von 1953 bis 1959 als Lehrer am Konservatorium in Brünn, wo er am 30.10.1971 starb.

Werke

Außer 6 Opern schrieb Osvald Chlubna 3 Sinfonien, 2 Orchesterzyklen, mehrere sinfonische Dichtungen, ein Klavierkonzert, ein Cellokonzert, 4 Streichquartette, ein Streichtrio, eine Sonatenfantasie für Klavier, eine Kammerkantate, Chöre und Lieder. Sein Werk lehnt sich an den seines Lehrers an.

Rued Langgaard (1893–1952)

Leben

Rued Immanuel Langgaard wurde am 28.7. 1893 in Kopenhagen geboren. Er studierte in seiner Geburtsstadt bei Christian Horneman (1841–1906) und Gustav Helsted (30.1.1857, Kopenhagen, bis 1.3.1924, Kopenhagen) und reiste als Stipendiat in Deutschland, Österreich, Italien und der Schweiz. Ab 1940 wirkte er bis zu seinem Tod am 10.7.1952 als Domkirchenorganist in Ribe.

Sein Vater Siegfried Langgaard (13.7.1852, Kopenhagen, bis 5.1.1914, Kopenhagen) war ein gefeierter Pianist.

Werke

Neben einer Oper schrieb Rued Langgaard 16 Sinfonien und einige andere Orchesterwerke, ein Orgelkonzert, Kammermusikwerke, Chöre und Lieder. Sein Stil ist noch wenig von der Spätromantik entfernt.

Siegfried Langgaard schrieb ein Klavierkonzert, Klavier- und Orgelstücke sowie Lieder.

Douglas Moore (1893–1969)

Leben

Douglas Stuart Moore wurde am 10.8.1893 in Cutchogue, N. Y., geboren. Er studierte an der Yale University und von 1919 bis 1921 in Paris bei Vincent d'Indy und Nadia Boulanger, schließlich bei Ernest Bloch in Cleveland. Von 1926 bis 1962 unterrichtete er an der Columbia University in New York. Er starb am 25.7.1969 in Greenport, N. Y.

Werke

Von Douglas Moore sind 7 Opern – darunter die berühmte »Ballad of Baby Doe« – und 2 Operetten aufgeführt worden. Er schrieb ferner 2 Sinfonien, eine Suite für Streichorchester, eine Anzahl weiterer Orchesterstücke,

Stücke für Kammerorchester, eine Suite für Violine und Klavier, Ouvertüren, ein Bläserquintett, ein Quintett für Klarinette und Streichquartett, ein Klaviertrio, Klavierstücke, »Gebet für die Vereinten Nationen« für Alt, Chor und Orchester, Lieder, Chöre und Filmmusiken. Sein Stil ist auf breite Hörerschichten ausgerichtet.

Lili Boulanger (1893–1918)

LEBEN

Lili Juliette Marie Olga Boulanger wurde am 21.8.1893 in Paris geboren. Sie war Schülerin ihrer Schwester, dann von Gabriel Fauré, Georges Caussade und Paul Vidal. Als erste Französin erhielt sie vom Conservatoire in Paris den Rompreis. Sie starb am 13.3.1918 in Mézy, Yvelines.

Ihre Schwester Nadia Juliette Boulanger studierte bei Gabriel Fauré und Félix Alexandre Guilmant. Von 1920 bis 1939 unterrichtete sie an der École Normale de Musique und ab 1945 am Conservatoire. Daneben gab sie ab 1921 am Amerikanischen Konservatorium in Fontainebleau Unterricht und übernahm 1950 die Leitung dieser Anstalt. Außerdem war sie Kapellmeister des Fürsten von Monaco.

Nadia Boulanger

WERKE

Trotz ihrer kurzen Schaffenszeit schuf Lili Boulanger eine Anzahl Werke von erstaunlicher Ausdruckskraft. Neben einer unvollendet gebliebenen Oper vertonte sie den 24., den 129. und den 130. Psalm und ein altes buddhistisches Gebet. Sie schrieb außerdem 2 sinfonische Dichtungen, 13 Lieder auf Dichtungen von Francis Jammes, Violin- und Flötenstücke und ein »Pie Jesu« für Gesang, Streichquartett, Harfe und Orgel.

Nadia Boulanger schrieb eine Oper, einige Stücke für Cello und Lieder. Ein besonderer Ehrenplatz in der Musikgeschichte des 20. Jahrhunderts gebührt ihr aber wegen ihrer hervorragenden Tätigkeit als Kompositionslehrerin, mit der sie zahllose europäische und vor allem amerikanische Komponisten ausbildete, und wegen ihres rastlosen Bemühens, junge Talente zu fördern.

Arthur Benjamin (1893–1960)

LEBEN

Arthur L. Benjamin wurde am 18.9.1893 in Sydney geboren. Von 1911 bis 1914 studierte er am Royal College of Music in London. Von 1919 bis 1921 wirkte er als Klavierlehrer am Konservatorium in Sydney. Ab 1926 war er Lehrer am Royal College of Music in London, wo er am 9.4.1960 starb.

WERKE

Von Arthur Benjamin sind 5 Opern aufgeführt worden. Außer einem Ballett schrieb er eine Sinfonie, 2 Suiten und andere Orchesterwerke, eine Sonatine für Kammerorchester, eine Ballade für Streicher, ein Violinkonzert, eine Fantasie für Violine, Bratsche und Orchester, ein Konzert für Oboe und Streicher, ein Klavierkonzert, ein Konzert für Mundharmonika und Orchester, 2 Streichquartette, Werke für Klavier, Chorkompositionen und viele Lieder. Sein Stil war wenig fortschrittlich.

Jean Absil (1893–1974)

LEBEN

Jean Absil wurde am 23.10.1893 in Bonsecours, Belgien, geboren. Er studierte am Konservatorium in Brüssel Orgelspiel und Komposition bei Paul Gilson. Ab 1922 wirkte er als Professor für Kontrapunktik am selben Konservatorium bis zu seinem Tod am 2.2. 1974.

WERKE

Mit seiner Publikation »Erfordernisse der zeitgenössischen Musik« trat Jean Absil mit Nachdruck für Polytonalität und Atonalität ein. Selbst machte er von diesen Techniken kaum Gebrauch. Er schrieb neben 3 Bühnenstücken 5 Sinfonien, ein Tongedicht, 3 Klavierkonzerte, eine »Rumänische Rhapsodie« für Violine und Orchester, 4 Streichquartette, ein Klavierquartett, ein Klarinettenquartett und verschiedene Klavierstücke – Sonaten, Impromptus, Sonatinen –, ferner verschiedene Vokalquartette, Chöre, Kantaten, Duette und Lieder, von denen einem Teil Volkslieder zugrunde gelegt sind.

LITERATUR

R. de Guide, Jean Absil, Vie et œuvre, Tournai 1965.

Stanisław Wiechowicz (1893–1963)

LEBEN

Stanisław Wiechowicz wurde am 27.11.1893 in Kroczice bei Kielce geboren. Er studierte an den Konservatorien in Krakau, Dresden, St. Petersburg und an der Schola Cantorum in Paris. Von 1921 bis 1939 wirkte er als Theorielehrer am Konservatorium in Poznan (Posen) und ab 1945 als Kompositionslehrer am Konservatorium in Krakau, wo er auch als Chordirigent tätig war. Er starb am 12.5.1963 in Krakau.

WERKE

Die Orchestermusik von Stanisław Wiechowicz ist durch eine sinfonische Dichtung, ein sinfonisches Scherzo, eine »Polnische Serenade«, ein Konzert und mehrere kleinere Stücke vertreten. Er schrieb außerdem eine Reihe von Kantaten und anderen Chorwerken, darunter eine »Passacaglia und Fuge« für gemischten Chor und Orchester sowie die dramatische Rhapsodie für Soli und Sprecher »Brief an Marc Chagall«.

Richard Gress (geboren 1893)

LEBEN

Richard Gress wurde am 3.12.1893 in Endersbach, Württemberg, geboren. Er studierte in Heidelberg, Darmstadt, Stuttgart und Tübingen Musik. Ab 1927 leitete er in Münster die Westfälische Schule für Musik, 1939 gründete er das Konservatorium in Kassel, dessen Leitung er bis 1959 innehatte.

WERKE

Außer 2 Oratorien schrieb Richard Gress eine Sinfonie und 2 weitere Orchesterstücke, 3 Concerti grossi, ein Klavierkonzert, ein Violinkonzert, ein Konzert für Violine und Kammerorchester, ein Concertino für Klavier vierhändig und Streichorchester, ein Klavierquintett, ein Klarinettenquintett, 2 Bläserquintette, eine Violinsonate, mehrere Klavierwerke, 4 Kantaten und andere Chorwerke sowie Lieder. Sein Stil blieb von der modernen Entwicklung unberührt.

Jewgeni Tikoski (geboren 1893)

LEBEN

Jewgeni Karlowitsch Tikoski wurde am 13.12.1893 in St. Petersburg geboren, wo er am Konservatorium Klavier und Komposition studierte. Anschließend wirkte er als künstlerischer Leiter der Weißrussischen Philharmonie bis 1957 in Minsk.

WERKE

Außer 3 Opern auf weißrussische Texte

schrieb Jewgeni Tikoski 6 Sinfonien, eine Orchesterouvertüre, ein Klavierkonzert, ein Posaunenkonzert, ein Klaviertrio, mehrere Vokalwerke und Bearbeitungen weißrussischer Volkslieder.

LITERATUR

I. Gussin, Jewgeni Karlowitsch Tikoski, 1965.

Wesley La Violette (1894–1978)

LEBEN

Wesley La Violette wurde am 4.1.1894 in St. James, Minn., geboren. Er genoß seine Ausbildung am Musical College in Chicago, an dem er von 1923 bis 1933 selbst unterrichtete. Anschließend wirkte er bis 1938 als Leiter der Theorieabteilung der De Paul University School of Music in Chicago und sodann als Präsident des Allied Arts Center in Los Angeles, wo er ab 1946 auch am Konservatorium unterrichtete. Er starb am 29.7.1978 in Escondido, Calif.

WERKE

Neben 2 Opern schrieb Wesley La Violette 5 Sinfonien, ein Konzert für Streichquartett und Orchester, 2 Violinkonzerte, eine Rhapsodie für Cello und Orchester, ein Concertino für Flöte und Orchester, ein Klavierkonzert, ein Oktett, ein Sextett für Bläser und Klavier, ein Klavierquintett, ein Quintett für Flöte und Streicher, 6 Streichquartette, verschieden besetzte Sonaten, Duette für zwei Klarinetten, für zwei Kornette, für zwei Posaunen, Kantaten und andere Chorwerke sowie Lieder.

Walter Piston (1894–1976)

LEBEN

Walter Hamor Piston wurde am 20.1.1894 in Rockland, Me., geboren. Nachdem er zunächst sich zum Maler hatte ausbilden wollen und als Kaffeehausmusiker tätig gewesen war, kam er nach seinem Kriegsdienst 1920 zum Musikstudium an die Harvard University, verbrachte zwei Jahre bei Nadia Boulanger in Paris und erhielt 1926 an der Harvard University eine Stelle als Kompositionslehrer und 1944 als Professor. Er starb am 12.11.1976 in Belmont, Mass.

WERKE

Außer einem Ballett verfaßte Walter Piston keine Bühnenwerke. Er schrieb 8 Sinfonien, ein Concerto, 2 Orchestersuiten, ein »Praeludium und Fuge«, eine Toccata und eine Serenade für Orchester, ein Violinkonzert, ein Bratschenkonzert, ein Konzert für zwei Klaviere, ein Klarinettenkonzert, ein Flötenkonzert, ein Capriccio für Harfe und Streicher, eine Fantasie für Violine und Orchester, eine Fantasie für Englischhorn, Harfe und Streicher, ein Streichsextett, ein Klavierquintett, 5 Streichquartette, 3 Streichtrios, 3 Stücke für drei Bläser, 2 Klaviertrios, eine Partita für Violine, Bratsche und Orgel, ein Divertimento für neun Instrumente, ein Duo für Violine und Cello, ein Bläserquintett, einen »Carnival Song« für Männerchor und einen Blechbläser, eine Kantate für Chor und sieben Instrumente. Sein neuklassizistischer Stil neigte zu kontrapunktischer Strenge, die zuweilen durch harte und dem Jazz nahe Klänge durchbrochen ist.

Sinfonie Nr. 2, 3 Sätze, entstanden 1943

Der 1. Satz besteht aus zwei Themen, deren erstes, von Bratschen und Celli legato fließend vorgetragen, die Grundlage zur Durchführung bildet; das zweite – staccato und rhythmisch – spielt die Oboe, von Klarinetten und Fagotten begleitet. Der Satz endet pianissimo mit einem kanonischen Bläserchor. Der 2. Satz ist ruhig und sehr lyrisch und bringt Anklänge an Spirituals und Blues. Im Finale treten drei Themen nacheinander auf. Es endet mit einer kurzen Coda, sobald alle drei Themen variiert wurden, mit triumphalen Klängen.

Marguerite Roesgen-Champion (1894–1976)

LEBEN

Marguerite Sara Roesgen-Champion (Pseudonym Jean Delysse) wurde am 25.1.1894 in Genf geboren. Sie wurde am Konservatorium ihrer Geburtsstadt zur Pianistin und bei Émile

Jaques-Dalcroze und Ernest Bloch zur Komponistin ausgebildet. Ab 1913 ging sie auf Konzertreisen, auf denen sie auch eigene Werke vortrug. Von 1915 bis 1936 unterrichtete sie am Konservatorium in Genf; dann widmete sie sich erneut nur mehr der Komposition und ihren Konzerten. Sie starb am 30. 6. 1976 in Genf.

WERKE

Das Klavier und das Cembalo standen im Mittelpunkt des kompositorischen Schaffens von Marguerite Roesgen-Champion. Sie schrieb 6 Cembalokonzerte, 4 Klavierkonzerte, ein Violinkonzert, Hymne und Fuge für Cembalo und Streichorchester, ein Blechbläserquintett, ein Trio für Oboe, Klarinette und Cello und eines für Saxophon, Cembalo und Fagott, Stücke für Flöte und Cembalo und für Flöte und Harfe, Violinsonaten, Klaviersonaten, zahlreiche Kantaten, Chöre und Lieder mit verschiedener Begleitung, Cembalo- und Klavierstücke.

Sláva Vorlová (1894–1973)

LEBEN

Sláva Vorlová (geborene Miroslava Johnová) wurde am 15. 3. 1894 in Náchod, Böhmen, geboren. Sie war am Konservatorium in Prag Schülerin von Vítězslav Novák und Jaroslav Řídký und wirkte anschließend als Musiklehrerin und freie Komponistin bis zu ihrem Tod am 24. 8. 1973 in Prag.

WERKE

Außer 4 Opern und einer Ballettmusik schrieb Sláva Vorlová unter anderen eine Sinfonie, »Kybernetische Studie«, ein Doppelkonzert für Oboe und Harfe, ein Oboenkonzert, ein Cellokonzert, ein Bratschenkonzert, ein Trompetenkonzert, ein Flötenkonzert, ein Konzert für Baßklarinette, Streicher und Orchester, ein Kammerkonzert für Kontrabaß und Streicher, ein Nonett, ein Blechbläserquintett, ein Trio für Baßklarinette, Klavier und Schlagzeug, Variationen über ein Thema von Händel, 2 Stücke für Baßklarinette solo, Klavierstücke, Kantaten, Chöre, Lieder und Schauspielmusiken. Sie stieß zuweilen bis zu den Grenzen der Tonalität vor.

Michio Miyagi (1894–1956)

LEBEN

Michio Miyagi (Pseudonym Nakasuga) wurde am 7. 4. 1894 in Kobe geboren. In seinem siebten Lebensjahr erblindete er. Ab 1917 lebte er als Kotovirtuose in Tokio und unterrichtete ab 1930 bis zu seinem Tod am 25. 6. 1956 in Aichi an der Kunstuniversität. Er hatte eine verbesserte Form des Koto mit 17 Saiten erfunden.

WERKE

Die rund 1000 Kompositionen für Koto von Michio Miyagi sind zum größten Teil Soli; es sind aber auch zuweilen verschiedene Begleitinstrumente oder Orchesterbegleitung vorgeschrieben. Einzelne, wie »Verwandlung des Wassers«, »Etenraku-Variationen mit Orchester«, »Meer im Frühling« für Violine und Orchester und »Banshikichô-Konzert« für Sô und Orchester, sind über die Grenzen Japans hinaus bekannt geworden.

Ernest Kanitz (1894–1978)

LEBEN

Ernest Kanitz wurde am 9. 4. 1894 in Wien geboren. Er war Schüler von Franz Schreker und wirkte von 1922 bis 1938 als Theorielehrer am Neuen Wiener Konservatorium. Dann mußte er emigrieren und war zunächst an mehreren Musikschulen der USA als Lehrer tätig, sodann als Professor für Komposition und Kontrapunktik an der Universität in Los Angeles von 1945 bis 1958 und anschließend in Marymount, Calif. Er starb am 7. 4. 1978 in Los Angeles.

WERKE

Außer 7 Opern schrieb Ernest Kanitz einige Ballettmusik, 3 Sinfonien, eine konzertante Sinfonie für Violine, Cello und Orchester, ein Concerto grosso, ein Trompetenkonzert, ein Fagottkonzert, ein Concertino für fünf Spieler, eine Suite für fünf Blechbläser, eine Ouvertüre, »Visiones« für Flöte, Klarinette und Streicher, eine Kammerkantate, eine große Kantate, ein Konzert für Kammerorchester, eine Sonate für Saxophon und Klavier, eine Violinsonate, eine Sonatine für Bratsche und Klavier, 2 Miniaturen für Trompete und Klavier, ein Duo für Violine und Bratsche, Chöre und Lieder mit Orchester- und Klavierbegleitung.

Reinhold Laquai (1894–1957)

LEBEN

Reinhold Laquai wurde am 1.5.1894 in Molfetta, Apulien, geboren. Er war am Konservatorium in Zürich Schüler von Robert Freund, Lothar Kempter und Volkmar Andreae (5.7.1879, Bern, bis 19.6.1962, Zürich). Er wirkte von 1920 bis 1955 als Klavierlehrer am Konservatorium und durch viele Jahre als Organist an der französischen Kirche in Zürich. Er starb am 3.10.1957 in Oberrieden, Schweiz.

WERKE

Von Reinhold Laquai sind 2 Opern aufgeführt worden. Er schrieb außerdem eine Sinfonietta, mehrere Ouvertüren, ein Divertimento für sechs Bläser, Streichorchester und Klavier, 3 Streichquartette, 2 Streichtrios und 2 A-cappella-Chöre.

Feliks Wrobel (1894–1954)

LEBEN

Feliks Wrobel wurde am 15.5.1894 in Włocławek (Bromberg) geboren. Er war Schüler des Konservatoriums in Warschau unter Grzegorz Fitelberg und Piotr Rytel (20.9.1884, Vilnius, bis 2.1.1970, Warschau) und unterrichtete anschließend am Konservatorium in Łódż. Ab 1945 war er Dozent für Dirigieren und Komposition an der Hochschule für Musik in Krakau, wo er am 15.4.1954 starb.

WERKE

Von Feliks Wrobel sind 3 sinfonische Dichtungen, eine Sinfonietta, ein Kontrabaßkonzert, eine »Chinesische Suite« für zwei Flöten, Oboe, 3 Schlaginstrumente, Bratsche und Klavier, ein Bläserquintett, ein Impromptu für Kontrabaß und Klavier, Klavierwerke und verschiedene Ballettmusiken bekannt geworden. Sein Stil war sehr modern und neigte dem Neuklassizismus zu.

Ervín Schulhoff (1894–1942)

LEBEN

Ervín Schulhoff wurde am 8.6.1894 als Urgroßneffe des Pianisten und Komponisten Julius Schulhoff in Prag geboren. Er studierte in Prag, Wien, Leipzig und Köln, wurde Lehrer am Konservatorium in Prag und 1935 Mitarbeiter des tschechischen Rundfunks. Er starb am 18.8.1942 im Konzentrationslager Wülzburg.

WERKE

Von den 6 Sinfonien von Ervín Schulhoff gehörten 5 seiner zweiten Schaffensperiode an, in der er sich nach den Richtlinien der Kulturpolitik der Sowjetunion, die er 1933 aufgesucht hatte, orientierte; 2 weitere Sinfonien sind nur als Skizzen überliefert. Bis zum genannten Zeitpunkt stellte er sich als Pianist und als Komponist in den Dienst der modernen europäischen Musik; bei seinen Kompositionen pflegte er die Groteske und die modernen Tanzformen; er experimentierte auch mit Mikrointervallen. Er verfaßte 2 Opern, 2 Ballette und eine Schauspielmusik, ein Jazzoratorium, eine Suite für Kammerorchester, ein Klavierkonzert, ein Doppelkonzert für Flöte, Klavier und Streichorchester und zwei Hörner, ein Streichsextett, 2 Streichquartette, 5 Stücke für Streichquartett, ein Concertino für Flöte, Bratsche und Kontrabaß, ein Divertimento für drei Bläser, ein Duo für Violine und Cello, eine Violinsonate, eine »Hot-Sonate« für Saxophon und Klavier, eine Sonate für Violine solo, Sonaten, Suiten, Partiten, Ostinati, Jazzetüden, Jazzskizzen, Arabesken, Grotesken und Variationen, weiter »Hot-Music« und synkopierte Etüden für Klavier und eine Suite für Klavier zu vier Händen.

Doppelkonzert für Flöte, Klavier und Orchester, 3 Sätze, entstanden 1927

Der 1. Satz weist starken motorischen Charakter auf und fließt ununterbrochen dahin, bis virtuose Kadenzen der Soloinstrumente den Schlußpunkt setzen. Der 2. Satz kontrastiert mit dem vorangehenden durch seinen etwas melancholischen, ruhigen Gang ohne dynamische Ausbrüche und stellt ein typisches Beispiel der Abkehr von jeder Romantik dar. Das Finale ist ein freies Rondo mit einem fröhlichen Hauptthema und einem Mittelteil in Bluesrhythmen.

Robert Russell Bennett (1894–1981)

LEBEN

Robert Russell Bennett wurde am 15.6.1894 in Kansas City, Mo., geboren. Er war Schüler von Carl Busch und ab 1926 von Nadia Boulanger in Paris; er studierte noch in Berlin und London. Ab 1930 wirkte er in den Filmstudios in Hollywood und ab 1941 als Kapellmeister bei verschiedenen Rundfunk- und Fernsehstationen. Er starb am 18.8.1981 in New York.

WERKE

Neben 3 Opern und einer Ballettoperette schrieb Robert Russell Bennett 6 Sinfonien, mehrere Werke für Kammerorchester, Chorwerke, ein Konzert für Violine, Klavier und Orchester, ein Gitarrenkonzert, eine »Water Music« für Streichquartett und weitere Kammermusik sowie eine Orgelsonate.

Sabin Drăgoiu (1894–1968)

LEBEN

Sabin V. Drăgoiu wurde am 6.6.1894 in Selişte, Rumänien, geboren. Er studierte an den Konservatorien in Timişoara und Prag. Von 1924 bis 1943 und von 1949 bis 1950 wirkte er als Direktor des Konservatoriums in Timişoara und anschließend bis 1964 als Direktor am Institut für Ethnographie und Folklore der Rumänischen Akademie der Wissenschaften in Bukarest, wo er am 31.12. 1968 starb.

WERKE

Von Sabin Drăgoiu sind 4 Opern aufgeführt worden. Er verfaßte ferner 3 sinfonische Dichtungen, ein Klavierkonzert, ein Dezett für Streicher, Bläser und Klavier, 30 Colinden und 10 Miniatoren für Klavier, ein Oratorium, eine Kantate, mehrere Messen und weitere Chorwerke sowie zahlreiche Lieder. Seinen Werken legte er Volksmelodien zugrunde. Er veröffentlichte mehrere Sammlungen rumänischer Volkslieder und zahlreiche Traktate über die Erforschung der rumänischen Volksmusik.

Leonid Polowinkin (1894–1949)

LEBEN

Leonid Aleksajewitsch Polowinkin wurde am 1.8.1894 in Kurgan, Tobolsk, geboren. Nach seinem Jura-Studium in Moskau war er von 1917 bis 1924 Klavier- und Kompositionsschüler bei Georgi Katuar, Sergei Wasilenko und Reinhold Glier; anschließend wirkte er am Kindertheater in Moskau, wo er am 8.2.1949 starb.

WERKE

Der Stil von Leonid Polowinkin bewegte sich in den Bahnen der russischen Spätromantik. Er schrieb 9 Sinfonien und mehrere kleinere Orchesterwerke, ein Klavierkonzert, 4 Streichquartette, ein Klaviertrio, ein Streichtrio, 5 Sonaten, 2 Suiten und andere Stücke für Klavier sowie Lieder.

Willem Pijper (1894–1947)

LEBEN

Willem Frederik Johannes Pijper wurde am 8.9.1894 in Zeist bei Utrecht geboren. Er war von 1911 bis 1916 in Utrecht Schüler von Johan Wagenaar. Ab 1918 war er als Musikreferent einer Zeitung und Lehrer an der Musikschule in Amsterdam tätig, ab 1922 dirigierte er das Utrechter Bläsersextett. Von 1925 bis 1930 wirkte er als Kompositionsprofessor am Konservatorium und anschließend bis zu seinem Tod am 18.3.1947 als Direktor des Konservatoriums in Rotterdam.

Werke

Das Frühwerk von Willem Pijper war von Gustav Mahler beeinflußt, seine späteren Werke standen unter dem Einfluß von Claude Debussy, Darius Milhaud, Arnold Schönberg und Igor Strawinsky, bis er einen, auf selbst erfundenen Skalen basierenden, »peritonalen« Stil entwickelte, der im Grund polytonal war. Er schrieb 2 Opern, 5 Schauspielmusiken, 3 Sinfonien, 6 »Epigramme«, 6 Adagios, ein Orchesterstück mit Klavier, ein Divertimento für Klavier und Streicher, ein Klavierkonzert, ein Violinkonzert, ein Cellokonzert, ein Sextett für Bläser und Klavier, ein Septett für Bläser, Kontrabaß und Klavier, ein Bläserquintett, 4 Streichquartette, 2 Klaviertrios, ein Bläsertrio, 2 Violinsonaten, 2 Cellosonaten, eine Flötensonate, eine Sonate für Violine solo, eine Sonate, 3 Sonatinen und Stücke für Klavier, eine Sonate für zwei Klaviere, zahlreiche Orchestergesänge, 8 niederländische Liebeslieder und 4 altniederländische Lieder.

Francisco Casabona (geboren 1894)

Leben

Francisco Casabona wurde am 16.10.1894 in São Paulo geboren. Er studierte am Konservatorium in Neapel und wurde anschließend mit einem Lehrstuhl des Konservatoriums in São Paulo betraut, das er von 1937 bis 1939 als Direktor leitete. Daneben trat er oft als Orchesterdirigent auf.

Werke

Von Francisco Casabona sind 2 Opern, 2 Sinfonien, 3 sinfonische Dichtungen und mehrere andere Orchesterstücke, ein Klavierkonzert, eine Sinfonie für 19 Instrumente, 3 Streichquartette, eine Sonate für acht Instrumente, zahlreiche Klavierwerke und Klavierlieder bekannt geworden. Er war von der nationalbrasilianischen Folklore schon stark abgekommen.

Wolfgang Jacobi (1894–1972)

Leben

Karl Theodor Franz Wolfgang Jacobi wurde am 25.10.1894 in Bergen auf Rügen geboren. Er studierte von 1919 bis 1922 bei Friedrich E. Koch (3.7.1862, Berlin, bis 30.1.1927, Berlin) und wirkte anschließend bis 1933 als Theorielehrer am Klindworth-Scharwenka-Konservatorium, lebte sodann in München, wo er 1946 Kompositionslehrer an der Musikhochschule wurde und sich an der Gründung des Studio für Neue Musik beteiligte. Er starb am 15.12. 1972 in München.

Werke

Von Wolfgang Jacobi ist eine Oper aufgeführt worden. Er schrieb ferner ein Cembalokonzert, ein Altsaxophonkonzert, ein Concertino für Violine, Klavier und Orchester, eine Suite für Orchester, ein Streichquartett, 2 Klaviertrios, eine Sonate für Elektronium und Klavier, zahlreiche Werke für Akkordeon, eine Bratschensonate, 2 Kantaten, ein Chorwerk, Orchesterlieder und Klavierlieder.

Newton Padua (geboren 1894)

Leben

Newton Padua wurde am 3.11.1894 in Rio de Janeiro geboren. Er studierte in seiner Geburtsstadt an der Musikschule der Universität Cello, Dirigieren und Komposition. Anschließend wirkte er an derselben Anstalt als Lehrer für Harmonielehre und unterrichtete zugleich am Konservatorium Komposition und Instrumentation.

Werke

Die Kompositionen von Newton Padua integrierten vorwiegend brasilianische Volksmusik. Er schrieb eine Oper, eine Sinfonie, 3 Orchestersuiten, eine Suite für Streichorchester, mehrere Praeludien, Variationen und Fuge für Klavier und Orchester, »Lied und Tanz« für Cello und Orchester, ein Bläserquintett, 2 Streichquartette, ein Klaviertrio, eine Klaviersonate, Praeludium und Fuge und Choralvariationen über Themen von Johann

Sebastian Bach für Orgel, 2 Messen und verschiedene Motetten für Chor und Orgel sowie Orchestergesänge.

Paul Dessau (1894–1979)

LEBEN

Paul Dessau wurde am 19.12.1894 in Hamburg geboren. Ab 1910 studierte er am Klindworth-Scharwenka-Konservatorium und bei Eduard Behm. Im Jahr 1912 wurde er Korrepetitor am Stadttheater in Hamburg, wo er zugleich bei Max Julius Loewengard (2.10. 1860, Frankfurt am Main, bis 19.11.1915, Hamburg) Kompositionsunterricht nahm. Nach dem Krieg wurde er Dirigent bei den Kammerspielen in Hamburg, wirkte von 1919 bis 1923 als Korrepetitor und später als Dirigent an der Oper in Köln, sodann als Erster Kapellmeister in Mainz und ab 1925 als Dirigent an der Städtischen Oper in Berlin, bis er 1933 emigrieren mußte. Er lebte danach in New York und in Hollywood und kehrte 1948 nach Berlin zurück. Er starb am 28.6. 1979 in Berlin.

WERKE

Von Paul Dessau sind 4 Opern und mehrere szenische Spiele aufgeführt worden. Er verfaßte ferner zahlreiche Bühnenmusiken und Ballettmusiken, weiters 2 Sinfonien, Suiten und viele Orchesterstücke verschiedener Art – Ouvertüren, Märsche, Trauer- und Festmusiken, Divertimenti –, ein Quattrodrama für vier Celli, zwei Klaviere und zwei Schlagzeuger, ein Concertino für Violine mit Flöte, Klarinette und Horn, 5 Streichquartette, Variationen für Klarinette, Fagott und Cembalo, 2 Kanons für Flöte, Klarinette und Fagott, 5 Tanzstücke für Mandoline, Gitarre und Akkordeon, viele Duos mit verschiedener Besetzung, zahlreiche Klaviermusik verschiedener Gattung, Cembalostücke, ein Oratorium, ein Melodram, Hymnen, Kantaten, Chöre a cappella, mit Instrumentalbegleitung, mit Solisten, mit Sprecher, sakrale jüdische und christliche Gesänge und Chöre, ferner viele Filmmusiken.

Paul Dessau

Boris Ljatoschinski (1894–1968)

LEBEN

Boris Mikolajewitsch Ljatoschinski wurde am 22.12.1894 in Schitomir geboren. Er war in Kiew Schüler von Reinhold Glier und wirkte ab 1920 als Kompositions- und Instrumentationslehrer an den Konservatorien von Kiew und Moskau. Er starb am 15.4.1968 in Kiew.

WERKE

Die Kompositionen von Boris Ljatoschinski fußten anfänglich auf der russischen Schule der Jahrhundertwende; sie wiesen jedoch im Verlauf der Schaffenszeit des ukrainischen Meisters westeuropäische Anregungen, insbesondere seitens der französischen Impressionisten, auf. Er schrieb 2 Opern, 5 Sinfonien, eine Ouvertüre über ukrainische Themen, 4 sinfonische Dichtungen, 2 Suiten, ein Klavierkonzert, 4 Streichquartette, 2 Klaviertrios, eine Violinsonate, mehrere Kantaten, zahlreiche Chöre, Lieder und Klavierstücke.

Antonio Molina (geboren 1894)

LEBEN

Antonio J. Molina wurde am 26.12.1894 in

Manila geboren. Er wirkte nach seiner Ausbildung zunächst als Cellist am Orchester und an der Oper seiner Geburtsstadt. Im Jahr 1939 wurde er Professor am Konservatorium und 1948 dessen Direktor.

WERKE

Das kompositorische Werk von Antonio Molina ist vom Impressionismus und zugleich von der Folklore der Philippinen beeinflußt. Er schrieb ein Streichquintett, ein Klavierquintett, 2 Streichquartette, ein Klavierquartett, ein Trio für Violine, Bratsche und Klavier, eine Weihnachtshymne für gemischten Chor und Orchester, eine Messe für Chor und Orchester und eine »Glockenkantate«.

Ernest John Moeran (1894–1950)

LEBEN

Ernest John Moeran wude am 31. 12. 1894 in Heston, Middlesex, geboren. Er war vorwiegend Autodidakt, besuchte aber doch 1913 bis 1914 das Royal College of Music in London und studierte privat von 1920 bis 1923 bei John Ireland. Er widmete sich hauptsächlich der Komposition und wirkte nur fallweise als Musiklehrer oder als Interpret. Er starb am 1. 12. 1950 in Kenmare, Irland.

WERKE

Das kompositorische Schaffen von Ernest John Moeran war stark von Frederick Delius und von seinem Zeitgenossen, dem Liederkomponisten Philipp Heseltine (Pseudonym Peter Warlock; 30. 10. 1894, London, bis 17. 12. 1930, London), beeinflußt. Er schrieb 3 Orchesterrhapsodien, eine Sinfonie, 2 Stücke für Kammerorchester, eine Orchesterserenade, ein Sinfonietta, ein Violinkonzert, ein Cellokonzert, ein Streichtrio, eine Sonate für zwei Violinen, eine Cellosonate, 2 Chorzyklen a cappella, Lieder und Volksliedbearbeitungen für Singstimme mit Klavier.

Frederic Schreiber (geboren 1895)

LEBEN

Frederic C. (Fritz) Schreiber wurde am 13. 1. 1895 in Wien geboren. Er studierte an der Akademie für Musik seines Geburtsorts Klavier, Cello und Komposition und an der Universität Musikwissenschaft. Ab 1924 wirkte er als Kirchenorganist und ab 1926 als Theorielehrer des Neuen Konservatoriums. Im Jahr 1938 mußte er emigrieren und erhielt in New York als Organist und Chorleiter einen Wirkungskreis an der Reformed Protestant Church in New York.

WERKE

Vom umfangreichen kompositorischen Werk von Frederic Schreiber sind 7 Sinfonien, 2 Violinkonzerte, ein Cellokonzert, ein Cembalokonzert, 2 Klavierkonzerte, eine Suite, mehrere kleinere Stücke, 2 Sonatinen, 4 Essays und Variationen, 2 Streichquintette, 7 Streichquartette, ein Klavierquartett, 3 Klaviertrios bemerkenswert. Er schrieb ferner mehrere Chöre und Lieder mit Orchester.

Abraham Binder (1895–1966)

LEBEN

Abraham Wolfe Binder wurde am 13. 1. 1895 in New York geboren. Er studierte dort an der Columbia University und reiste mehrmals zum Studium jüdischer Musik nach Palästina. Ab 1918 leitete er verschiedene Chorvereinigungen und wurde 1921 Lehrer und 1937 Professor am Jewish Institute of Religion in New York, wo er am 9. 10. 1966 starb.

WERKE

Neben einer Oper schrieb Abraham Binder eine Anzahl sinfonischer Orchestersuiten und andere Werke, zumeist mit biblischen Themen, die auch seinen vielen Chorwerken zugrunde liegen. Er sammelte und bearbeitete eine große Zahl jüdischer Volkslieder und verwendete deren Melodien häufig bei seinen Kompositionen. Man muß ihn als Neuromantiker bezeichnen.

Claudio Carneyro (1895–1963)

LEBEN
Claudio Carneyro wurde am 27.1.1895 in Porto geboren, wo er seine musikalische Grundausbildung erhielt. Er war 1924 in Paris Schüler von Charles-Marie Widor und 1934 von Paul Dukas. Im Jahr 1938 wurde er Professor für Komposition am Konservatorium in Porto, dessen Leitung er 1955 übernahm. Er starb am 18.10.1963 in Porto.

WERKE
Neben mehreren Orchesterstücken schrieb Claudio Carneyro ein Klavierkonzert, ein Bratschenkonzert, 2 Streichquartette, ein Klavierquartett, ein Klaviertrio, ein Streichtrio, eine Sonate für Violine und Klavier, Chöre, Lieder und Bearbeitungen von portugiesischen Volksliedern. Sein Stil war zum Teil der Spätromantik verhaftet, näherte sich jedoch häufig moderneren Formen.

Henri Martelli (geboren 1895)

LEBEN
Henri Martelli wurde am 25.2.1895 in Bastia, Korsika, geboren. Er studierte am Conservatoire in Paris unter Charles-Marie Widor. Von 1932 bis 1940 arbeitete er an der Revue musicale mit, dann anschließend bis 1942 am französischen Rundfunk. Ab 1953 war er Präsident der französischen Sektion der IGNM.

WERKE
Durch ihre kontrapunktische Struktur nahmen die Kompositionen von Henri Martelli innerhalb der zeitgenössischen französischen Musik eine Sonderstellung ein. Man könnte ihn Albert Roussel an die Seite stellen. Er schrieb neben 2 Werken für die Bühne 3 Sinfonien, eine Sinfonietta, sinfonische Bilder, 3 Suiten, Variationen für Streichorchester, eine Anzahl weiterer Orchesterwerke, ein Klavierkonzert, ein Violinkonzert, mehrere Konzerte und Concertini mit verschiedenen Solisten, 2 Streichquartette, 2 Quintette für Flöte, Harfe und Streichtrio, ein Klaviertrio, verschiedene Stücke für Blockflöten, Gitarrenwerke, Chorwerke und Lieder sowie Schauspielmusiken.

Dane Rudhyar (geboren 1895)

LEBEN
Dane Rudhyar wurde am 23.3.1895 in Paris als Daniel Chennevière geboren und änderte seinen Namen nach seiner Übersiedlung in die USA. Er studierte in Paris an der Sorbonne und am Conservatoire. Ab 1916 lebte er in New York und dann in Hollywood als freier Komponist und Schriftsteller.

WERKE
Neben seiner Tätigkeit als Maler und als Verfasser von Werken über östliche Philosophie, Theosophie, Gnosis und Astrologie schrieb Dane Rudhyar, der mit Henry Dixon Cowell und Edgar Varèse die International Composers Guild gründete, 6 »Syntonys« (Sinfonien), eine Anzahl sinfonischer Dichtungen für großes Orchester, für Kammerorchester oder Streichorchester und Sinfoniettas, sinfonische Stücke mit Klavier, ein Klavierquintett, 3 Trios für Flöte, Cello und Klavier, zahlreiche Klavierwerke und Lieder. Er gehörte zur Avantgarde der amerikanischen Musik.

Mario Castelnuovo-Tedesco (1895–1968)

LEBEN
Mario Castelnuovo-Tedesco wurde am 3.4.1895 in Florenz geboren. Er studierte dort am Konservatorium unter Ildebrando Pizzetti. Im Jahr 1939 ließ er sich in den USA nieder und wirkte ab 1946 am Konservatorium von Los Angeles als Kompositionslehrer. Er starb am 16.3.1968 in Beverly Hills.

WERKE
Von Mario Castelnuovo-Tedesco sind 6 Opern und 3 Ballette auf die Bühnen gekommen. Er schrieb ferner 2 sinfonische Gedichte, 10 Schauspielouvertüren, 3 Violinkonzerte, sinfonische Variationen und ein Poem für Violine und

Orchester, 2 Klavierkonzerte, ein Cellokonzert, 3 Gitarrenkonzerte, ein Oboenkonzert, ein Harfenkonzert, eine Serenade für Gitarre und Kammerorchester, 2 Klavierquintette, ein Quintett für Gitarre und Streichquartett, 2 Streichquartette, 2 Streichtrios, 2 Klaviertrios, »Choral mit Variationen« für vier Hörner, eine Sonate für Bratsche und Cello, eine Klarinettensonate, eine Fagottsonate, zahlreiche Klavierwerke verschiedener Art, 6 Oratorien, mehrere Kantaten und Chöre a cappella, Gitarrenstücke, viele Lieder und Filmmusiken.

Leo Sowerby (1895–1968)

LEBEN

Leo Sowerby wurde am 1.5.1895 in Grand Rapids, Mich., geboren und in Chicago zum Musiker ausgebildet, wo er von 1917 bis 1919 als Militärkapellmeister wirkte. Als erster Rompreisträger der American Academy studierte er von 1921 bis 1924 in Italien und wurde 1925 Kompositionslehrer am Konservatorium und Organist und Chorleiter an St. James. Im Jahr 1962 wurde er Direktor des College for Church Musicians an der National Cathedral in Washington. Er starb am 7.7. 1968 in Port Clinton, O.

WERKE

Von Leo Sowerby sind 4 Sinfonien, ein Violinkonzert, 2 Cellokonzerte, 2 Klavierkonzerte, ein sinfonisches Gedicht für zwei Klaviere und Orchester, ein Orgelkonzert, ein »Klassisches Konzert« für Orgel und Streicher, eine Suite für Orgel, Blechbläser und Pauken, ein Bläserquintett, 2 Streichquartette, ein »Poem« für Bratsche und Orgel, eine Violinsonate, eine Trompetensonate, ein Oratorium und 2 Kantaten bekannt geworden. Diese Kompositionen sind an César Franck und Vincent d'Indy orientiert.

Kurt Roger (1895–1966)

LEBEN

Kurt George Roger wurde am 3.5.1895 in Oświęcim, Polen, geboren. Er war Schüler der Musikakademie und der Universität in Wien. Von 1923 bis 1938 leitete er die Kompositionsabteilung der Akademie. Dann mußte er emigrieren und wirkte in den USA an verschiedenen Universitäten und Konservatorien; 1958 kehrte er nach Wien zurück, wo er am 4.8. 1966 starb.

WERKE

Außer einer Oper komponierte Kurt Roger 3 Sinfonien, ein Konzert für zwei Hörner, Pauken und Streichorchester, ein Streichsextett, 2 Streichquintette, 4 Streichquartette, Solosonaten für Bratsche, für Violine, für Cello, mehrere Gesangswerke mit Instrumentalbegleitung – darunter Lieder auf Texte von Christian Morgenstern (1871–1914) – und Chöre a cappella.

William Grant Still (1895–1978)

LEBEN

William Grant Still wurde am 11.5.1895 in Woodville, Miss., geboren. Er war Schüler von George Whitefield Chadwick und Edgar Varèse. Er begann seine Karriere als Orchestermusiker und als Arrangeur von Unterhaltungsmusik. Dann trat er als erster Neger in den USA als Orchesterdirigent auf. Er starb am 3.12.1978 in Los Angeles.

WERKE

Das kompositorische Werk von William Grant Still wurde stark vom Negro Spiritual beeinflußt. Er brachte 8 Opern und 4 Ballette auf die Bühne und schrieb 5 Sinfonien, eine Anzahl sinfonischer Dichtungen, 5 Suiten, einige Ouvertüren, ein Klavierkonzert, ein Harfenkonzert, mehrere Suiten für Kammerorchester, Kantaten für Singstimmen mit Chor und Orchester, darunter »They Lynched Him on a Tree« (Sie henkten ihn an einen Baum) für Erzähler, Alt, Chor und Orchester sowie Lieder.

August Baeyens (1895–1966)

LEBEN

August Louis Baeyens wurde am 5.6.1895 in Antwerpen geboren, wo er Schüler des Konservatoriums wurde. Von 1918 bis 1932 wirkte er als Solobratschist am Französischen Theater der Stadt; sodann wurde er Verwaltungsmitglied der Flämischen Oper und 1944 deren Direktor. Er starb am 17.7.1966 in Antwerpen.

WERKE

Von August Baeyens wurden 3 Opern, eine Bühnenmusik und ein Ballett aufgeführt. Er schrieb ferner 8 Sinfonien, eine Sinfonia breve und eine Kammersinfonie, ein Bratschenkonzert, ein Trompetenkonzert, eine Rhapsodie für Klarinette mit Orchester, 6 Streichquartette, ein Bläserquintett, ein Bläserterzett, eine Kantate, Orchester- und Klavierlieder.

Slavko Osterc (1895–1941)

LEBEN

Slavko Osterc wurde am 17.6.1895 in Veržej, Slowenien (damals Wernsee, Steiermark) geboren. Er war von 1925 bis 1927 am Konservatorium in Prag Schüler von Karel Boleslav Jirák, Vítězslav Novák und Alois Hába. Darauf wirkte er bis 1939 als Professor am Konservatorium in Ljubljana und anschließend bis zu seinem Tod am 25.5.1941 an der dortigen Musikakademie.

WERKE

Von Slavko Osterc sind 6 Opern und 5 Ballette auf die Bühne gekommen. Er schrieb weiters eine Sinfonie, 2 sinfonische Dichtungen, eine Bagatelle, eine Suite, eine Ouvertüre, ein Konzert, eine Passacaglia, »Tänze«, 5 sinfonische Stücke, ein Konzert für Klavier und Bläser, ein Nonett, ein Konzert für Violine und sieben Instrumente, eine Suite für acht Instrumente, ein Bläserquintett, 3 Streichquartette, ein Klavierquartett, ein Quartett für Oboe, Klarinette, Horn und Bratsche, 4 Trios für Bläser, ein Streichtrio, Sonaten mit Klavier, für Bratsche, für Saxophon, für Cello, eine Suite für Violine und Klavier, Kompositionen für Klavier und für Orgel, ein »Praeludium und Fuge« für Vierteltonklavier, Chorwerke und Lieder mit verschiedener Instrumentalbegleitung, darunter Lieder im Vierteltonsystem. Er publizierte auch eine Harmonielehre.

Kazimierz Sikorski (geboren 1895)

LEBEN

Kazimierz Sikorski wurde am 28.6.1895 in Zürich geboren. Er studierte in Warschau, Lwiw und Paris, wurde 1926 Kompositionslehrer am Konservatorium in Poznan, 1927 in Warschau und 1945 Rektor der Musikhochschule in Łódż. Ab 1951 war er Professor und von 1957 bis 1966 Rektor der Musikhochschule in Warschau.

WERKE

Von Kazimierz Sikorski sind 4 Sinfonien, ein sinfonisches Allegro, eine Ouvertüre, ein Klarinettenkonzert, ein Hornkonzert, ein Flötenkonzert, ein Fagottkonzert, ein Oboenkonzert, ein Konzert für Trompete, Streichorchester, vier Pauken, Xylophon und Tamtam, ein Streichsextett, 3 Streichquartette, zahlreiche Chorwerke mit Orchester, mit Orgel und a cappella, sowie Filmmusiken bekannt geworden. Er veröffentlichte auch Bearbeitungen älterer polnischer Musik.

Carl Orff (1895–1982)

LEBEN

Carl Orff wurde am 10.7.1895 in München geboren. Nach früher Musikerziehung im Elternhaus studierte er bis 1914 an der Akademie der Tonkunst in München unter Anton Beer-Walbrunn und Hermann Zilcher. Nach mehreren Stellungen als Theaterkapellmeister vervollständigte er noch seine Ausbildung bei Heinrich Kaminski. Er beschäftigte sich intensiv experimentierend und lehrend mit neuen Verbindungsmöglichkeiten von Musik und rhythmischen Bewegungen. Um seine musikpädagogischen Ideen zu verwirklichen, ent-

Carl Orff

wickelte er von 1930 bis 1935, gemeinsam mit dem Klavier- und Cembalobauer Karl Mändler (22. 3. 1872, München, bis 2. 8. 1958, München), das sogenannte »Orff-Instrumentarium«. Gleichzeitig dirigierte er den Münchner Bach-Verein. Ab 1950 leitete er eine Meisterklasse für Komposition an der Hochschule für Musik in München. Er starb am 30. 3. 1982 in München als vielseitig geehrte und ausgezeichnete Musikerpersönlichkeit, insbesondere auch wegen seiner bahnbrechenden Leistungen auf dem Gebiet der Musikerziehung, deren Originalität einzig dastehend ist.

WERKE

Die meisten vor 1935 verfaßten Werke wurden von Carl Orff zurückgezogen; es handelte sich um Chorwerke, ein Konzert für Bläser und Cembalo, mehrere Bühnenwerke und Schauspielmusiken, zu denen ihn die Werke von Claude Debussy, Arnold Schönberg, Richard Strauss und Hans Pfitzner angeregt hatten. Geblieben ist nur »Entrada« für fünf getrennte Orchester. Sodann wandte er sich nahezu ausschließlich der szenischen Musik zu, bei der er seinen inzwischen herangereiften persönlichen Stil anwandte. Er verschmolz die Ausdruckskraft seiner Musik mit der der Sprache, die er je nach Gefühlsgehalten und Vorstellungen änderte – Deutsch, Lateinisch, Mittellateinisch, Altgriechisch, Altfranzösisch, Mittelfranzösisch, Mittelhochdeutsch und ein aus dem Dialekt seiner Heimat selbst gebildetes »bairisches« Idiom. Seine Bühnenstücke kann man nur als Opern bezeichnen, wenn man den Begriff sehr weit faßt; es handelt sich jedoch vielmehr um Schauspiele, in denen Klang und Rhythmus zum sprechenden Wort werden und das Gesprochene zur Musik und beides auf Gestik und Handlung basieren. Er schrieb die szenische Kantate »Trionfi«, eine Trilogie, die aus »Carmina Burana«, »Catulli Carmina« und »Trionfo di Afrodite« besteht, weiters ein »Osterspiel« und ein »Weihnachtsspiel«, »Das Spiel vom Ende der Zeiten« und 8 Bühnenwerke, das Orchesterspiel »Tanzende Faune«, 13 Liederzyklen, »Zarathustra« für Bariton, drei Männerchöre und Orchester, die Hymne »Die Sänger der Vorwelt« für sechsstimmigen Chor und Orchester, »Nänie und Dithyrambe« für vierstimmigen gemischten Chor und Instrumente, und 2 »Werkbücher« mit Kantaten. Außerdem veröffentlichte er 5 Bände mit »Musik für Kinder« (Orff-Schulwerk) für Orff-Instrumentarium, das aus diatonischen und chromatischen Glockenspielen, Xylophonen und Metallophonen, aus Zylinderpauken, Drehpauken, Kesselpauken, Doppelfell-Handtrommeln, Großer Trommel, Bongos, Kleiner Trommel, Rahmentrommel, Rahmen-Schellentrommel, Triangel, hängenden Becken, Cimbeln , Fingercimbeln, Kastagnetten, Holzbocktrommel, Holzröhrentrommel, Blockrassel, Rohrrassel, Kugelrassel, Schellenrassel, Schellenkranz, Glockenkranz und Schellenbändern besteht. Wenn man die Liste der Komponisten, die im Dritten Reich (abgesehen von den aus »rassischen« oder politischen Gründen eliminierten) als »entartet« bezeichnet und dementsprechend behandelt wurden, durchgeht, wundert man sich, den Namen Carl Orff darunter nicht zu entdecken, denn er ging weit über alles, was man den Avantgardisten vorwarf, hinaus. Er begnügte sich nicht damit, Melodik und Harmonik frei und ohne traditionelle Bindung zu gestalten, sondern verzichtete auf diese Strukturelemente gänzlich und stellte sich außerhalb jeder Regel und überkommene Formen, so daß er in weit höherem Maß »destruktiv« war als die Verfemten. Daß er dennoch seine »Carmina Burana« in mehreren deutschen Städten und in Wien herausbringen konnte, dürfte im beschränkten Fassungsvermögen der maßgebenden Stellen zu suchen sein, die die Derbheit vieler Passagen als »Urwüchsigkeit«, die am Kitsch hart vorbeigleitenden Sentimentalitäten als gefühlvolle Romantik und seine Rhythmik als Befreiung von einer überspitzten Kultur mißverstanden und nicht entdeckten, daß seine Musik sich jeder Klassifizierung, jeder Registrierung, jeder Reglementierung und Rekrutierung entzog. Kein Komponist unserer Zeit hat mehr individuelle Freiheit für sich in Anspruch genommen als Carl Orff. Aber es haben auch die strengsten Zensoren des Absolutismus manches sehr verfängliche Druckwerk passieren lassen, weil es ihren Intelligenz- und Bildungsgrad überforderte. Der Dramatiker des Worts und des Klangs wurde von nicht wenigen Zeitgenossen nachgeahmt, aber der Einmaligkeit seiner Tonsprache, die eine Urmusik in völlig unbegrenztem Raum darstellt, ist keiner auch nur einigermaßen nahe gekommen.

Carmina Burana. Weltliche Gesänge aus der Benediktbeuerner Handschrift, 3 Teile (25 Gesänge), entstanden 1937

Es handelt sich um mittelalterliche Vagantenlieder, teils in mittellateinischer, teils in mittelhochdeutscher Sprache. Dem 1. Teil »Primo vere« und »Auf dem Anger« ist ein Hymnus an »Fortuna« vorangestellt. Darauf folgen Lobpreisungen der Frühlingsfreuden, Tanzmusik und Liebeslieder. Im 2. Teil »In Taverna« (In der Schenke) wird die Nichtigkeit des Lebens beklagt, das nur wert ist, der Lust geweiht zu werden. Der Gesang steigert sich zu orgiastischer Fröhlichkeit. Der 3. Teil »Cour d'amour« (Liebeshof) bringt Gesänge des werbenden Ritters und der umworbenen Dame. Ein Chorhymnus feiert ekstatisch die »Venus generosa«. Mit der Wiederholung des Hymnus an »Fortuna« schließt das Werk.

Catulli Carmina. Szenisches Spiel nach Liebesgedichten von Gaius Valerius Catullus (um 84 bis um 54 v. Chr.), 3 Teile, entstanden 1942

In der Praelusio (Vorspiel) besingen junge Männer und Mädchen die Liebe, Greise warnen vor ihrer Vergänglichkeit und zeigen ihnen zur Abschreckung ein Spiel: »Hört und seht Catulli carmina«. Im 1. Teil bekennt der Dichter seine Liebe zu Lesbia und seinen Kummer wegen ihrer Flatterhaftigkeit. Im Traum erfreut er sich ihrer Liebe, dann erwacht er und sieht sie in den Armen des Rivalen. Im 2. Teil beklagt der Chor das Unglück des Liebenden. Im 3. Teil ruft Lesbia in Gesellschaft des Rivalen Catullus zu sich, der sich verzweifelt abwendet. Die jungen Leute beachten jedoch sein tragisches Geschick nicht, sondern geben ihrem Liebesverlangen ekstatischen Ausdruck.

Trionfo di Afrodite. Szenisches Konzert nach Texten von Catullus, Euripides (um 480 bis 406 v. Chr.) und Sappho (lebte um 600 v. Chr.), 7 Teile, entstanden 1954

Es handelt sich um eine Hochzeitskantate für Solisten, Chöre, Tänzer und großes Orchester. Der 1. Teil ist ein »Liebeslied der Jungfrauen und Jünglinge am Abend in Erwartung der Braut und des Bräutigams« und schließt mit einer weiten Unisono-Koloratur aller Singstimmen ab. Der 2. Teil stellt den schreitenden Hochzeitszug dar. Der 3. Teil bringt einen Dialog der Braut und des Bräutigams im antiken Melos. Im 4. Teil setzt ein rauschender Hymnus an Hymenäos ein, im 5. gibt es »hochzeitliche Spiele und Lieder vor dem Brautgemach«. Der 6. Teil ist ein »Gesang der Neuvermählten im Brautgemach«. Im 7. Teil erscheint Aphrodite; die Liebesfeier wird mit einer Klangapotheose abgeschlossen.

Ludus de nato infante mirificus. Ein Weihnachtsspiel für Solisten, Chöre und Orchester, 3 Teile, entstanden 1960

Im 1. Teil beschwören die Wetterhexen die Naturgewalten des Winters, die Herberge suchende Familie mit dem Kind zu vernichten. Im 2. Teil wird den vor dem Unwetter in eine Mulde geflüchteten Schafhirten durch ein Traumgesicht das Weihnachtsgeschehen bis zur Ankunft der Heiligen Drei Könige verkündet. Im 3. Teil trägt ein Kind den Lichtschein über das Schneefeld, von weit her singen die Engel, man vernimmt die Stimmen der schlafenden Blumen und die tiefe Stimme der Erdmutter. Die Hexen sind für das erste gebannt, aber »die Menschenleit, die, die bringen, wann's sein muß, an jed'n ans Kreiz«.

Comoedia de Christi Resurrectione. Ein Osterspiel für Solisten, Chöre und Orchester, 3 Teile, entstanden 1956

Im 1. Teil berichten, von Klage- und Jubelchören umrahmt, die Wächter am Grab vom Kreuzweg Christi. Im 2. Teil vertreiben sich die Wächter die Nachtwache mit Gesprächen und Würfel- und

Kartenspiel. Der Teufel bewacht auch das Grab, um die Auferstehung zu verhindern, wird aber verlockt, sich am Spiel zu beteiligen, und verpaßt den Augenblick, in dem Christus aus dem Grab tritt. Im 3. Teil wird die Auferstehung mit einem Ausbruch jubelnder Klänge gefeiert.

Joseph Schillinger (1895–1943)

LEBEN

Joseph Schillinger wurde am 19. 8. 1895 in Charkow (Charkiw) geboren. Er studierte von 1914 bis 1917 am Konservatorium in Petrograd, von 1918 bis 1922 unterrichtete er an der Staatsakademie für Musik in Charkow, wo er zeitweilig auch das Ukrainische Sinfonieorchester leitete. Nach einer anschließenden Lehrtätigkeit in Leningrad emigrierte er in die USA, wo er bis 1932 mit Leon Theremin (geboren 3. 6. 1896, St. Petersburg) zusammenarbeitete und sodann bis 1936 an der Columbia University unterrichtete. Er starb am 23. 3. 1943 in New York.

WERKE

Mit seiner »First Airphonic Suite« für Aetherophon und Orchester leitete Joseph Schillinger die Ära der elektronischen Musikinstrumente ein. Er schrieb ferner eine sinfonische Rhapsodie, eine »Nordrussische Sinfonie« für Akkordeon und Orchester, einen »Orientalischen Aufzug« für Orchester und einen Trauermarsch, weiters Kammermusik, Klavierwerke und Lieder, außerdem zahlreiche Schauspielmusiken für das Akademische Theater in Leningrad.

Aurelio Giorni (1895–1938)

LEBEN

Aurelio Giorni wurde am 15. 9. 1895 in Perugia geboren. Er studierte in Rom bei Giovanni Sgambati und in Rom bei Ferruccio Busoni Pianistik und bei Engelbert Humperdinck Komposition. Im Jahr 1914 ging er in die USA, wo er als Pianist und als Lehrer an mehreren Musikschulen wirkte. Er starb am 23. 9. 1938 in Pittsfield, Mass.

WERKE

Von Aurelio Giorni sind 2 Sinfonien – eine konzertant –, eine sinfonische Dichtung, ein Intermezzo für Kammerorchester, eine Passacaglia für Streicher, ein Klavierquintett, ein Klavierquartett, ein Streichquartett, ein Klaviertrio und Sonaten für Violine, für Cello, für Flöte, für Klarinette mit Klavier bekannt geworden; er schuf auch einige Vokalkompositionen. Er war noch der italienischen Spätromantik mit einigem Hang zum Neuklassizismus verhaftet.

Karol Rathaus (1895–1954)

LEBEN

Karol Rathaus wurde am 16. 9. 1895 in Tarnopol (Galizien, heute Ternopol, Ukraine) geboren. Er war Schüler von Franz Schreker. Bis 1938 wirkte er in Berlin, Paris und London als Kompositionslehrer. Dann ging er nach New York, wo er seine Lehrtätigkeit bis zu seinem Tod am 21. 11. 1954 fortsetzte.

WERKE

Von Karol Rathaus sind eine Oper und 2 Ballette aufgeführt worden. Er schrieb ferner 4 Sinfonien, ein »Kontrapunktisches Triptychon«, eine Suite, eine Serenade, eine Polonaise, ein Praeludium, 2 Ouvertüren, 2 Klavierkonzerte, 2 Stücke für Streicher, ein Divertimento für zehn Holzbläser, eine Serenade für Klarinettenquintett, eine Serenade für vier Bläser und Klavier, eine Suite für Violine und Kammerorchester, 5 Streichquartette, ein Klaviertrio, ein Trio für Violine, Klarinette und Klavier, zahlreiche Sonaten mit verschiedener Besetzung, viele verschiedene Klavierwerke – Sonaten, Variationen, Balladen, Tänze –, Orgelstücke, ein Oratorium, eine Kantate, Chöre und Lieder.

Carl McKinley (1895–1966)

LEBEN

Carl McKinley wurde am 9. 10. 1895 in Yarmouth, Me., geboren. Er studierte am Konservatorium in Yalesburg, Ill., und an der Harvard University. In New York war er Schüler von Rubin Goldmark. Er wirkte als Organist in Hartford, Conn., und New York und wurde nach kurzer Assistententätigkeit an der Münchner Staatsoper Lehrer für Musikgeschichte, Orgelspiel und Komposition am Konservatorium in Boston, wo er am 24.7. 1966 starb.

WERKE
Als eifriger Verfechter einer original amerikanischen Musik wurde Carl McKinley zu einer wichtigen Persönlichkeit der Musikentwicklung des 20. Jahrhunderts in den USA. Er schrieb für Orchester ein »Indianisches Sommeridyll«, 3 sinfonische Dichtungen, eine Suite für fünf Bläser, ein Streichquartett, eine Violinsonate, eine Cellosonate, ein Oratorium und eine Kantate. Er integrierte in seine Werke viel Volksmusik.

Shukichi Mitsukuri (1895–1971)

LEBEN
Shukichi Mitsukuri wurde am 21.10.1895 in Tokio geboren. Nach dem Universitätsstudium in seinem Geburtsort war er in Berlin Schüler von Georg Schumann und in Tokio von Joseph Rosenstock (geboren 27.1. 1895, Krakau). Er gründete 1935 die japanische Sektion der ISCM (International Society for Contemporary Music) und fungierte bis 1953 als deren Generalsekretär. Ab 1939 war er Professor an der Universität in Tokio. Er starb am 10.5.1971 in Kanagawa.

WERKE
Der sich um die Wende zum 20. Jahrhundert anbahnende Anschluß Japans an die abendländische Musik mit gleichzeitiger Integration nationaler Melodik und Instrumentation wurde bereits von den ersten Kompositionen des neuen Jahrhunderts vollzogen. Shukichi Mitsukuri bemühte sich mit Erfolg um eine Synthese östlicher und westlicher Musikformen. Er schrieb 2 Sinfonien, 2 sinfonische Dichtungen, eine Sinfonietta, 2 Orchestersätze, ein Klavierkonzert, ein Concertino für Klavier und Orchester, eine »Klassische Suite«, 10 Haikai, eine Sonate für Violine und Orchester, ein Klavierquintett, Lieder ohne Worte für Klarinette und Orchester, eine Violinsonate, mehrere Klavierstücke, eine Elegie für Chor und Orchester, 14 Liedersammlungen, 6 Volksliedersammlungen, 5 Sammlungen zeitgenössischer Gedichte für Singstimme und sieben bis acht Instrumente.

Romuald Vandelle (1895–1969)

LEBEN
Romuald Vandelle wurde am 8.11.1895 in Beaune, Côre-d'Or, geboren. Er studierte bei Vincent d'Indy, Charles Koechlin und Arnold Schönberg. Von 1948 bis 1956 leitete er die Musikabteilung von Radio Algier und anschließend bis zu seinem Tod am 9.8.1969 in St-Georges, Gevingey, Jura, die sinfonischen Sendungen des französischen Rundfunks. Er gründete ein Streichquartett, mit dem er sich besonders für die Werke von Béla Bartók und Arnold Schönberg einsetzte.

WERKE
Außer einer Sinfonie und einem Divertissement für Orchester verfaßte Romuald Vandelle 2 Streichquartette, 2 Sonaten für Violine und Klavier, eine Sonate für Bratsche und Klavier, ein Praeludium für Saxophon und Klavier, eine Anzahl Klavierstücke und Orgelwerke, 10 Messen, eine Kirchenkantate, Motetten, eine Passion, ein Te Deum, Chöre und Lieder.

Paul Hindemith (1895–1963)

LEBEN
Paul Hindemith wurde am 16.11.1895 in Hanau am Main geboren und trat 1909 in das Hochsche Konservatorium in Frankfurt am Main ein, wo Arnold Ludwig Mendelssohn (1855–1933), Bernhard Sekles und Adolf Rebner seine Lehrer waren. Von 1915 bis 1923 wirkte er als Konzertmeister am Opernhaus in Frankfurt und als Zweiter Violinist im Rebner-Quartett; von 1922 bis 1929 war er Bratschist in dem von Liko Amar (4.12.1891,

Budapest, bis 19.7.1959, Freiburg im Breisgau) gegründeten Quartett, mit dem er alle Musikländer Europas bereiste. In den Jahren 1921 bis 1926 war er an den jährlichen »Kammermusikaufführungen zur Förderung zeitgenössischer Tonkunst« in Donaueschingen und anschließend bis 1929 in Baden-Baden maßgebend beteiligt. Im Jahr 1927 wurde er als Kompositionslehrer an die Berliner Musikhochschule berufen. Im Dritten Reich wurden seine Kompositionen verboten, so daß er emigrierte. Er wirkte zunächst in Ankara als Reorganisator des türkischen Musiklebens und hielt sich später, bis er 1940 in die USA übersiedelte und an der Yale University in New Haven, Conn., eine Lehrstelle für Musik übernahm, in der Schweiz auf. Ab 1953 lebte er in Blonay, Vaud, von wo er weite Konzertreisen – Europa, Südamerika, Japan, USA – vorwiegend als Dirigent, unternahm. Sein letztes Auftreten als Dirigent fand am 12.11. 1963 in der Piaristenkirche in Wien bei der Uraufführung seiner A-cappella-Messe statt. Er starb am 28.12.1963 in Frankfurt am Main als vorläufig letzte große Persönlichkeit der deutschen Musiklandschaft.

WERKE

Das kompositorische Werk von Paul Hindemith umfaßt nahezu alle Musikgattungen.

Paul Hindemith

Seine Jugendwerke sind von Johannes Brahms, Max Reger, Hugo Wolf und Gustav Mahler inspiriert. Schon ab den zwanziger Jahren hielt er aber innerhalb der verschiedenen Richtungen eine unbeirrte Linie der Mitte ein, die weder mit den Klangausbrüchen der Wagnerianer noch mit dem dürren Experimentalismus der Neutöner Gemeinschaft hielt. Er mußte auf die polyphonen Traditionen der deutschen Kunstmusik zurückgreifen, denn eine Integration von Volksmusik, die den Künstlern osteuropäischer und amerikanischer Länder in voller Lebenskraft zur Verfügung stand, war in Mitteleuropa wegen ihrer unergiebigen Sterilität unmöglich. Tonalität und Polyphonie gewannen jedoch bei ihm ein neues Gesicht. Aus dem Grundton wurde ein Zentralton, und im polyphonen Satz erhielten alle Stimmen kompromißlos Eigen- und Gleichwertigkeit. Wenn auch einzelnes, besonders das Bühnenwerk, selten aufgeführt wird, so ist doch jede Zeile, die Hindemith schrieb, heute noch lebendige Musik und wird es vermutlich nicht nur lange, sondern auch im verstärkten Maß bleiben, denn es handelt sich um ein Werk, dessen Aufführungszahlen zwar groß sind, aber sich dennoch nicht bei allen musikalisch Interessierten durchgesetzt hat. Er wurde in seiner ersten Schaffenszeit als Gegner der Romantik angefeindet, obgleich er nur den unechten Romantizismus bekämpfte, und von der Avantgarde als ihr Mann begrüßt. »Ich habe den Übergang aus konservativer Schulung in die neue Freiheit vielleicht gründlicher erlebt als irgendein anderer«, sagte er selbst dazu. »Das Neue muß durchschritten werden, sollte seine Erforschung gelingen; daß diese weder harmlos noch ungefährlich war, weiß jeder, der an der Eroberung beteiligt war. Weder wurden die Erkenntnisse auf geradem Weg errungen, noch ging es ohne Störung ab. Heute scheint mir, als sei das Gebiet übersichtlich geworden, als sei die geheime Sprache der Töne erlauscht, nicht von den Starrsinnigen, die durch einfaches Verharren in der ihnen gewohnten Unordnung Kraft vortäuschen, auch nicht von dem Tugendbold, der sich gar nicht in Versuchung begeben hat.« Später geriet er in das Feuer der Kritik der jüngeren Komponistengeneration, weil er ihr Fortschreiten nicht mitmachte, weil er sich von Zwölfton- und Reihentechnik, Atonalität und Elektronik fern hielt, weil er das Überlieferte nicht zertrümmerte, sondern Gregorianik, niederländische Polyphonie, den Geist des Concerto grosso, Bachs Vielfältigkeit, den klassischen Sonatenbau, die gefühlsstarke Romantik, Max Regers verdichtete Konzeption und Anton Bruckners Gewaltigkeit nicht abtat, sondern adoptierte und weil er »inmitten Vorstoß, Experiment und Krampf ausglich und zwischen unbeirrter Anbetung alles Vergangenen und kritikloser Vergötzung alles Aktuellen hindurchsteuerte«. Neben 10 Werken für die Opernbühne und 4 Balletten schrieb er 4 Sinfonien, eine Sinfonietta, 3 Konzerte, sinfonische Metamorphosen, ein Klavierkonzert, ein Violinkonzert, 2 Bratschenkonzerte, ein Cellokonzert, ein Klarinettenkonzert, ein Hornkonzert, ein Konzert für Holzbläser und Orchester, ein Konzert für Trompete, Fagott und Streichorchester, eine Konzertmusik für Klavier, Blechbläser und Harfe, ein Oktett, ein Septett, 7 Streichquartette, 2 Streichtrios, ein Klarinettenquintett, 3 Klaviersonaten und weitere Stücke, »Ludus tonalis«, eine Sonate für zwei Klaviere und die sogenannten 7 »Kammermusiken« – verschiedene Soloinstrumente mit Kammerorchester – und verschiedene Sonaten, instrumentale Duos sowie 3 Orgelsonaten, ferner Solostücke für verschiedene Instrumente. Seiner Vokalmusik ist das »Requiem für die, die wir lieben« voranzustellen; er verfaßte weiters ein Oratorium, eine Kantatentrilogie und zahlreiche Chöre mit Orchester, mit Klavier und a cappella, darunter sein letztes Werk »Messe für gemischten Chor a cappella«. Vom Liedwerk ist das »Marienleben« nach Rainer Maria Rilke (1875–1926) hervorzuheben. Er verfaßte verschiedene Schulwerke für Sing- und Spielensembles, Bearbeitungen alter Musik und didaktische Werke.

Das Unaufhörliche, Oratorium für Soli, gemischten Chor, Knabenchor und Orchester, 3 Teile, entstanden 1931

Der Text des Werks ist eine Dichtung von Gottfried Benn (1886–1956), die in expressionistischer Sprache seine vitalistische Weltanschauung bezeugt; das »Unaufhörliche« ist das Lebensprinzip, das sich im ständigen Entstehen und Vergehen und in allen Polaritäten des Daseins manifestiert. Der 1. Teil beginnt mit der auskomponierten Überschrift: »Das Unaufhörliche. Großes Gesetz.« Darunter ist die verrinnende Zeit zu verstehen, die Welten und Menschen entstehen und vergehen läßt, auch die Mächtigen und Gekrönten. Der Vergänglichkeit ist alles unterworfen, Antike und Gegenwart. Im 2. Teil wird die Frage aufgeworfen, ob unter diesen Umständen irgendeine Tätigkeit sinnvoll sei. Die Antwort lautet: »Soll man denn keine Kinder gebären, weil sie vergehen?« Das Werden inkludiert das Vergehen. Das ist der Sinn des Daseins. Der 3. Teil ist dieser Erkenntnis gewidmet, daß alles vergeht, aber immer wiederkommt: »Das Leidende wird es erstreiten, das Einsame, das Stille, das Tiefe, das allein die alten Mächte fühlt, die uns begleiten; und dieser Mensch wird unaufhörlich sein.«

»Requiem für die, die wir lieben« für Singstimmen, Chor und Orchester, Vorspiel und 11 Teile, entstanden 1946

Der Text ist eine Dichtung von Walt Whitman (1819–92) zum Tod des amerikanischen Präsidenten Abraham Lincoln (1809–65), die der Komponist zur Trauerkantate für die Toten des soeben beendeten Zweiten Weltkriegs umdeutete. Natureindrücke werden zu Symbolen der Todestrauer: Die Fliederblüte im Garten, die singende Drossel, die im Westen untergehende Sonne, die ganze

Gundula Janowitz

Landschaft und der Sternenhimmel. Durch die Ährenfelder und trauernden Städte fährt ein Trauerzug mit dem toten Präsidenten, begleitet von Gesang, Glockenklang und Orgelton. Amerika ersteht vor dem geistigen Auge mit Ebenen und Strömen, Fabriken und Schiffen, Wäldern und Seen. Und im »Hymnus für den Tod« mit der Vision der im Krieg Gefallenen – »Ich sah Tausende von Toten einer Schlacht, und das weiße Gebein von Jünglingen sah ich . . . Doch sie waren nicht so, wie ich dacht'! Voller Ruhe schienen sie mir, sie litten nicht. Wer lebt, bleibt zurück und leidet«! Der bizarre Kriegsmarsch, der die Vision begleitet, wird zum drittenmal gespielt, ein fernes Signal erklingt, und in milder Trauer »schwinden die Bilder der Nacht«.

Apparebit repentina dies (Plötzlich wird der Tag da sein), Kantate, für Chor und Blechblasinstrumente, 4 Sätze, entstanden 1947

Dieses mittelalterliche Gedicht schildert den Jüngsten Tag wie die Dies-irae-Sequenz. Der 1. Satz setzt mit einer Fanfare der Hörner ein. Er zeichnet den Anbruch des Gerichtstags und das Nahen des Richters in seiner Herrlichkeit. Der 2. Satz bringt die Urteilssprüche, die die Chorbässe rezitativisch verkünden. Frauenstimmen tragen die Erwiderungen der Gerechten und der Sünder vor. Im 3. Satz stürzen die Verdammten in die Hölle, und »die Getreuen steigen zum himmlischen Vaterland auf«. Der 4. Satz mahnt zu Frömmigkeit, Armut und Keuschheit.

Messe für gemischten Chor a cappella, 6 Teile, entstanden 1963

Alle 6 Teile sind tonal gebunden mit den traditionellen Stilmitteln – Polyphonie, Imitation, Cantus firmus und Faux Bourdon – verfaßt, aber trotz der Formstrenge persönlich und von spontaner Ausdruckswirkung. Das Kyrie ist dreiteilig und stark lyrisch. Das Gloria teilt den Text in getrennte Episoden; der Chorsatz ist teilweise fünf- bis siebenstimmig; das Amen ist ein Cantus-firmus-Satz über eine gregorianische Intonation. Das Credo beginnt mit einem kraftvollen Thema; das Incarnatus und das Crucifixus sind mit zarter Klangmystik ausgestattet. Das Sanctus hat die Form einer Passacaglia, das Benedictus ist nach Art eines Faux Bourdon gesetzt und schließt mit einer interessanten Hosiannafuge. Das Agnus knüpft an das Kyrie an, wodurch die zyklische Form des Werks angedeutet wird.

Sinfonie in Es, 4 Sätze, entstanden 1940

Eine Fanfare leitet den 1. Satz ein. Daraus entwickelt sich das erste Thema und dessen zweite Version sowie das sangliche Seitenthema der Violinen. Dieses Material wird zu einem mächtigen Satz ausgebaut, der pathetisch ausklingt. Im 2. Satz werden drei Themen machtvoll verarbeitet. Der 3. Satz ist ein Scherzo mit einem Oboensolo mit Trio. Das Finale klingt an den 1. Satz an und erfährt eine gewaltige Steigerung zu einem »mit höchster Kraft« gespielten Ende.

»Mathis der Maler«, Sinfonie, 3 Sätze, entstanden 1934

Das Werk ist aus Stücken der gleichnamigen Oper des Komponisten zusammengestellt. Die Titel der 3 Sätze leiten sich von drei Bildtafeln des Isenheimer Altars von Matthias Grünewald (ca. 1480 bis 1527) ab, was der an sich absoluten Musik der Sinfonie einen programmatischen Kern verleiht. Der 1. Satz »Engelskonzert« bringt die zuerst von den Posaunen intonierte mittelalterliche Volksmelodie »Es sungen drei Engel«. Ein lebhaftes und ein lyrisches Thema treten hinzu, dem als drittes eine bewegte Flötenmelodie beigegeben ist. Alle Themen verschmelzen zu einem dichten Konzertieren, das der Überschrift geradezu bildhaft gerecht wird. Der 2. Satz »Grablegung« verdeutlicht mit hohlen Quinten- und Quartenklängen tiefe Trauer, und die einzelnen Flöten- und Oboenpassagen nehmen offenbar auf die gesellschaftliche Vereinzelnung des Künstlers und der Lage des verfallenden Bürgertums Bezug. Mit Seufzermelodien der Streicher schließt der elegische Satz ab. Mit bildhafter Eindringlichkeit und naturalistischer Plastizität wird in der »Versuchung des heiligen Antonius« des 3. Satzes die Hölle geschildert, die gegen den Gemarterten losgelassen ist. Die Erlösung kommt vom gregorianischen »Lauda sion salvatorem« (Lobe Zion den Erlöser). Das »Alleluja« der Blechbläser, »mit aller Kraft angestimmt«, dankt für die Errettung.

»Die Harmonie der Welt«, Sinfonie, 3 Sätze, entstanden 1951

»Die 3 Sätze der Sinfonie sind konzertmäßig verarbeitete Musikstücke aus einer Oper. Diese handelt vom Leben und Wirken Johannes Keplers, den ihn fördernden oder hindernden Zeitereignissen und dem Suchen nach der Harmonie, die unzweifelhaft das Universum regiert«, erklärt der Komponist. »Die ›Musica Instrumentalis‹ (1. Satz) enthält Musik aus den Opernszenen, in denen widrige äußere Umstände das Handeln des Helden erschweren. Drei konstruktive Hauptelemente werden gegeneinander ausgespielt: ein kurzes ostinates Thema, ein gewichtig voranschreitender Marsch und ein Teil von wilder Ungezügeltheit. Im 2. Satz, der ›Musica Humana‹ – den Szenen entnommen, in denen die seelischen Beziehungen der Handelnden das Thema sind –, werden zwei langgezogene Melodien erst einzeln, dann zusammen gespielt und schließlich mit einem zarten Abgesang beschlossen. Der 3. Satz ›Musica Mundana‹ versucht, die postulierte Harmonie der Welt in einer musikalischen Form zu symbolisieren, in der erst ein breites Fugato entwickelt wird, dann 21 Takte einer Passacaglia über dasselbe thematische Material folgen und schließlich eine breite Coda das Stück zu einem feierlichen Ende bringt.«

Pittsburgh Symphony, 3 Sätze, entstanden 1958

Das Werk wurde für die Zweihundert-Jahr-Feier der Stadt Pittsburgh verfaßt. Der 1. Satz bringt ein einziges, weit ausgearbeitetes Thema in stets anders gefärbten Wiederholungen und seine Umkehrung. Der 2. Satz ist ein langsamer Marsch, dessen Melodie zuerst von der Oboe vorgetragen wird, dann folgt ein »Pennsylvania Dutch-Lied«, das die Durchdringung der frühen amerikanischen Kolonialszene mit süddeutscher Sprache markiert. Das Finale schließt mit der Melodie des Liedes »Pittsburgh is a great old town« (Pittsburgh ist eine große alte Stadt), um die Überlagerung der an überkommener Sprache und alten Gebräuchen festhaltenden Bevölkerung der Stadt durch die neue Industriegesellschaft zu kennzeichnen.

Sinfonia serena (Heitere Sinfonie), 4 Sätze, entstanden 1946

Dieses Werk wurde für Dallas, Tex., verfaßt. Der 1. Satz bringt Spielmusik im besten Sinn des Worts, die zwei Themen klangreich verarbeitet. Der 2. Satz ist eine Paraphrase zum »Yorckschen Marsch« aus 1809 von Ludwig van Beethoven. Der 3. Satz besteht aus einem Dialog des in zwei Gruppen geteilten Streichorchesters, der mit einem gemeinsamen Musizieren endet. Mit grellen Fanfarenklängen beginnt das fröhliche Finale. Drei Themen werden nacheinander intoniert und kunstvoll zu einem farbenschillernden Klangteppich verschmolzen, bis ein zweiter Fanfarenruf das grandiose Spiel beendet.

Riccardo Muti

Sinfonie in B für Blasmusik, 3 Sätze, entstanden 1951

Der 1. Satz ist dreiteilig. Das erste Thema bringt eine weit schweifende Melodie, das zweite eine ausgedehnte, ausschließlich von Holzbläsern vorgetragene Passage. Das dritte Thema stellt nach einer langen Unisonopassage der Holzbläser einen von den Hörnern intonierten Choral dar, der vom gesamten Blech zu einem triumphierenden Schluß geführt wird, sein kurzer Mittelteil ist ein kapriziöses Fugato. Im 2. Satz geht ein langer Dialog zwischen Altsaxophon und Kornett einem spritzigen Scherzo voraus. Das Finale besteht aus einer großartigen Fuge.

Sinfonische Metamorphosen über Themen von Carl Maria von Weber, 4 Sätze, entstanden 1943

Die Themen stammen von Webers Bühnenmusik zu »Turandot« von Carlo Gozzi (1720–1806) und Friedrich von Schiller und seinen Stücken für Klavier zu vier Händen. Es handelt sich um keine Variationen, sondern um freie Verwendung der Themen zu einer heiteren eingängigen Musik. Im 1. Satz spielen die einzelnen Klanggruppen das Thema einander zu. Im 2. Satz malen allerlei Schlaginstrumente die »Turandot-Stimmung«, zu der der Komponist ein eigenes Thema hinzusteuert. Im 3. Satz übernehmen die Klarinetten das Thema und reichen es den Streichern weiter. Im Finale führt ein parodistischer Marsch das liebenswürdige Werk zu Ende.

Philharmonisches Konzert (Variationen für Orchester), Thema und 7 Variationen, entstanden 1932

Das vom Komponisten selbst stammende Thema wird von der Oboe vorgetragen und von den Streichern übernommen. Die 1. Variation wird vom gesamten Klangkörper gebracht, die 2. von Oboen und Englischhorn melismatisch ausgeziert, die 3. vom gesamten Blech geblasen. In der 4. Variation wird die Stimmung lyrisch-pastoral, in der 5. schmücken die Streicher das Thema chromatisch aus, und in der 6. liegt ein Concertino aus Violine, Bratsche und Cello mit dem Orchester im Wettstreit in einem geradezu wilden Tempo. In der 7. Variation wird ein robuster Marsch intoniert, dann das Thema noch einmal vorgetragen und in Engführung majestätisch beendet.

Konzert für Orchester, Opus 38, 4 Sätze, entstanden 1925

Im 1. Satz steht dem Tutti ein Concertino aus Violine, Oboe und Fagott entgegen. Die Solopassagen sind stark herausgehoben. Im 2. Satz entwickelt sich das gesamte Orchester zu einer motorisch drängenden Bewegung wie bei einem Perpetuum mobile; ein plötzlicher Schlag der Pauken und Trommeln setzt der Hast ein Ende. Im 3. Satz setzt ein ironischer Marsch für Holzbläser ein. Der 4. Satz bringt virtuose, kunstvoll kontrapunktische Arbeit, die in einem wilden Klangwirbel endet.

Konzertmusik für Solobratsche und Kammerorchester, Opus 48, 5 Sätze, entstanden 1930

Der 1. Satz ist stürmisch, aus dem polyphonen Geschehen hebt sich jedoch edle Melodik hervor. Der 2. Satz ist voll Kantabilität; die Solostellen werden zum Teil akkordisch begleitet. Im 3. Satz dominiert das Soloinstrument, das sich tänzerisch bewegt. Im 4. Satz tritt das Orchester mehr in den Vordergrund. Seine klangliche Nuancierung läßt den Esprit französischer Musik ahnen. Das Finale ist rhythmisch betont und zugleich spritzig melodisch bewegt.

Konzertmusik für Streichorchester und Blechbläser (Bostoner Sinfonie), Opus 50, 2 Teile, entstanden 1930

Im 1. Teil trägt das Blech eine großangelegte Melodie mit starkem Elan vor, die sodann von den Streichern übernommen wird. Der 2. Teil besteht aus einem langen Fugato, dessen stürmischer Ablauf vorwiegend von den Streichern getragen wird. Das eigenartig und kühn instrumentierte Werk fordert von den Bläsern eine äußerst genaue Intonation und sehr viel solistisches Können.

Nobilissima visione, Orchestersuite, 3 Teile, entstanden 1938

Inspiriert von den Fresken zur Vita des Franz von Assisi in San Croce in Florenz von Giotto di Bondone (um 1266–1337), schrieb der Komponist eine choreographische Darstellung der Franziskus-Legende. Aus Fragmenten der 6 Bilder des Stücks formte er diese Suite. Der 1. Teil »Einleitung und Rondo« bringt äußerst zarte Musik ohne rhythmischen Elan. Der »Marsch« im 2. Teil ist fugiert und mündet in eine Pastorale. Auch der letzte Teil »Passacaglia« ist ernst; ein Bläserthema erhebt sich zu gewaltiger Steigerung, mit der das Werk ausklingt.

Violinkonzert, 3 Sätze, entstanden 1939

Im 1. Satz trägt der Solist einen weitgespannten kantablen Melodiebogen vor. Im 2. Satz wird das Gesangthema der Violine von Holzbläsern eingeleitet. Im lebhaften Finale führen tänzerische, kapriziöse Rhythmen das äußerst virtuos angelegte Werk zu Ende.

Glenn Gould

Klavierkonzert, 3 Sätze, entstanden 1945

Den 1. Satz beherrschen drei Themen. Das erste intoniert die Klarinette, das zweite Klarinetten und Baßklarinette und das dritte sordinierte Trompeten. Der 2. Satz zeichnet sich durch ausdrucksstarke melodische Linien und einen sehr farbigen Orchesterklang aus. Der 3. Satz geht von einem mittelalterlichen Tanzlied aus, das in Form einer Canzona, eines Marsches und eines langsamen Walzers präsentiert wird und am Ende wieder in originaler Gestalt erscheint.

Cellokonzert, 3 Sätze, entstanden 1940

Im 1. Satz ist der lyrische tenorale Gesang des Soloinstruments dem kraftvollen Tutti des Orchesters ständig gegenübergestellt. In der Satzmitte ist dem Cello eine großartige Kadenz zugeteilt. Der 2. Satz ist dreiteilig; der erste ist langsam und gemessen, der zweite rasch und scharf kontrastierend, im dritten sind alle vorausgehenden Gedanken vereinigt. Ein Marsch mit sehr farbigem Trio bildet den Abschluß.

Trauermarsch für Bratsche und Streichorchester, 4 Teile, entstanden 1936

Anlaß zu diesem Werk war der Tod des englischen Königs Georg V. (1865–1936). Den 1. Teil kennzeichnen punktierte Trauermarschrhythmen und dunkle, volle Klänge. Der 2. Teil weist fließende Linien auf. Im 3. Teil kommt es zu einem schmerzlichen Fortissimoausbruch. Im 4. Teil tragen die Streicher den Choral »Für deinen Thron tret ich hiermit« vor.

»Der Schwanendreher«, Konzert für Bratsche und kleines Orchester, 3 Sätze, entstanden 1935

»Ein Spielmann kommt in frohe Gesellschaft und breitet aus, was er aus der Ferne mitgebracht hat; ernste und heitere Lieder, zum Schluß ein Tanzstück«, erklärt der Komponist, und dieses mittelalterliche Bild wurde zur Vorlage für dieses Werk. Der 1. Satz verarbeitet das alte Lied »Zwischen Berg und tiefem Tal«, der 2. Satz die Weise »Nun laube, Lindlein, laube!«, und das Finale bringt Variationen über das Lied »Seid ihr nicht der Schwanendreher?«, das dem Ganzen den Titel gab. Die Komposition stellt an den Solisten virtuose Aufgaben.

Streichquartett Nr. 1 in f-Moll, Opus 10, 3 Sätze, entstanden 1920

Dieses Quartett folgt noch der romantischen Tradition. Der 1. Satz ist ein kurzer Sonatensatz. Seinem Kopfmotiv wird aber kein zweites entgegengeführt; anstelle einer Auseinandersetzung steht ein Fugato, von dem eine Überleitung zu einer freien Reprise führt. Der 2. Satz bringt eine romantische Variation. Das Finale beginnt schwungvoll mit aggressiver Rhythmik. Besinnliche Motive unterbrechen den energischen melodischen Fluß. Dann setzt der lebhafte Schlußteil mit stetig steigerndem Tempo ein und endet mit einem Prestissimo in größter Lautstärke.

Streichquartett Nr. 2 in C-Dur, Opus 16, 3 Sätze, entstanden 1922

Dieses Werk erregte zu seiner Zeit als extrem moderne antiromantische Musik großes Aufsehen. Die Absage an die Romantik tritt bereits mit dem 1. Satz zutage, der sich polytonalen Fakturen nähert. Auch die Sonatenform ist gestrichen. Vier Themengruppen werden in Reihenform nacheinander vorgeführt und entwickelt. Der 2. Satz ist langsam, sehr melodisch und unentwegt mit Chromatik durchsetzt. Das Finale bringt eine »Quasi Cadenza« aller Instrumente, darauf kommt es zu einem interessanten rezitativischen Dialog der Bratsche und des Cello mit der Ersten Violine, bis sie vereint in eine lebhafte Coda münden.

Streichquartett Nr. 3, Opus 22, 5 Sätze, entstanden 1922

Dieses von den Konservativen als atonal, pathologisch und exzessiv beschimpfte Werk, das die Fortschrittler begeistert begrüßten, wurde zu einer der beliebtesten Kompositionen des Meisters. Der 1. Satz ist ein Fugato mit polytonalen Klängen, das sich zum Presto fortissimo steigert und langsam pianissimo ausklingt. Der 2. Satz ist ein wildes Scherzo mit orgiastischen Tanzrhythmen. Der 3. Satz ist ruhig fließend, voll Poesie und Anmut. Die Instrumente spielen durchwegs sordiniert. Der 4. Satz ist rhapsodisch, bizarre Soli und Duette wechseln mit kurzen oktavierten Partien, Doppelgriffe, Bariolagen und weitgespannte Passagen kennzeichnen den Stil dieses Intermezzo. Das Finale hat Rondoform; gemächlich und graziös klingt das Werk aus.

Streichquartett Nr. 4, Opus 32, 4 Sätze, entstanden 1924

Der 1. Satz beginnt mit einer Fuge, deren Thema unisono vorangestellt ist und ebenso den Satz abschließt. Auch der 2., sehr langsame Satz ist polyphon. Über einer Pizzicatolinie des Cello entwickelt sich ein Kanon. Als Mittelteil erklingen mehrere Rezitative, dann läuft der Kanon frei aus. Im 3. Satz erklingt ein kleiner Marsch mit reicher Mehrstimmigkeit. Das Finale ist eine Passacaglia, die in ein großartiges Fugato übergeht.

Streichquartett Nr. 5 in Es-Dur, 4 Sätze, entstanden 1943

Die Polyphonie ist auch bei diesem Werk zum Prinzip erhoben. Mit einem freien Fugato beginnt der 1. Satz, dessen Gefüge sich immer mehr lockert, so daß sich sogar ein Kontrapunkt verselbständigt. Gegen das Ende wird das Fugenprinzip ganz aufgegeben, das Themenmotiv wiederholt sich nur dreimal, dann versickert das musikalische Geschehen. Der 2. Satz besteht aus zwei Themen, die barock mit polyphoner Imitation – und klassisch – motivisch verarbeitet nebeneinander erklingen. Der 3. Satz bringt großartige Variationen. Das Finale ist dreigliedrig; es beginnt breit und voll Energie, darauf folgt eine freie Fuge und schließlich ein graziöses Allegretto.

Streichquartett Nr. 6, 4 Sätze, entstanden 1945

Es handelt sich um eine problemlose Spielmusik. Der 1. Satz wird von zwei Themen bestritten, seine Polyphonie ist unkompliziert. Der 2. Satz verläuft spielerisch fließend, Teile seiner beiden Themen verbinden sich zuweilen zu einem dritten. Ein Scherzando führt zum 3. Satz, der nach einem rhapsodischen Teil, dessen Mitte ein Choral einnimmt. Das Finale bringt einen meisterlich gesetzten Kanon, dem sich eine lustige Coda anschließt.

Ludus tonalis, Kontrapunktische, tonale und klaviertechnische Übungen, 12 Fugen mit 11 Zwischenspielen, einem Vor- und einem Nachspiel, entstanden 1942

Dieses pianistische Standardwerk wird mit Recht »Wohltemperiertes Klavier, Band III« genannt, denn es ist für die Ausschöpfung des Bereichs der Tonalität so maßgebend wie Bachs Werk; es beruht harmonisch ebenso auf drei Stimmen ohne Beiwerk. Die Anordnung des Ganzen weicht allerdings von Bach ab, weil es nicht der chromatischen Leiter folgt, sondern auf einer Tonreihe, die den Verwandtschaftsgrad des Einzeltons mit dem Grundton anzeigt. Die Interludien modulieren von einer Fuge zur nächsten und stellen durch ihre Varietät das Gleichgewicht zu den strengen Fugen her. Das Praeludium steckt den Klangraum ab, in dem sich die Fugen bewegen, das Postludium ist Krebs und Spiegel des Praeludiums. Neben seinem didaktischen Nutzen stellt das Werk ein grandioses Konzertstück dar.

Das Marienleben, 15 Gedichte von Rainer Maria Rilke für hohe Stimme und Klavier, entstanden 1923, zweite Fassung 1948 vollendet

Dieser Zyklus wurde von den Zeitgenossen als eines der programmatischen Hauptwerke der Neuen Musik begrüßt. Er stellte jedenfalls eine endgültige Abkehr vom lyrischen Subjektivismus der Romantik dar, weil dabei die Musik nicht mehr der Stimmungsverdichtung und dem Gefühlsausdruck diente, sondern der meditativen Mystik der Dichtung klare Linien und harte Klänge gegenüberstellte, so daß es zu einem großartigen Kontrast zwischen Dichtung und Musik kam. Ein Pastorale aus reinen Quinten malt die »Geburt Mariä«; auch die letzten drei Lieder »Vom Tode Mariä« verzichten wie alle anderen auf alles Lyrisch-Expressive und Malerisch-Deskriptive.

LITERATUR

I. Kemp, Hindemith, London 1970.

Ernst Levy (1895–1981)

LEBEN

Ernst Levy wurde am 18.11.1895 in Basel geboren, wo er Schüler von Egon Petri (23.3. 1881, Hannover, bis 27.5.1962, Berkeley, Calif.), Hans Huber und Karl Heinrich David war. In Paris studierte er bei Stéphane Raoul Pugno. Von 1916 bis 1920 wirkte er als Lehrer am Konservatorium in Basel. Im Jahr 1928 gründete er in Paris den Chœur Philharmonique de Paris. Bei Ausbruch des Zweiten Weltkriegs ging er in die USA und unterrichtete bis 1945 am Konservatorium in Boston, anschließend am Bennington College und ab 1949 an der Universität in Chicago, von 1954 bis 1966 in Cambridge, Mass., darauf an der City University in New York. Sodann übersiedelte er nach Morges, Vaud. Er starb am 19.4.1981 in Morges am Genfer See.

WERKE

Außer 15 Sinfonien (die 3. für Hörner, Saxophon, Trompeten, Pauken und Streicher, die 4. mit Tanzchor, die 5. als Doppelkonzert für Violine und Trompete, die 13. für Bläser, Schlagzeug und Klavier, die 14. für Chor und Orchester, die 15. für Sopran, Alt, Tenor und 11 Instrumente) schrieb Ernst Levy 4 Suiten, ein Nonett, ein Streichquintett, 3 Streichquartette, ein Klavierquartett, 2 Trios für Klarinette, Cello und Klavier, 3 Streichtrios, ein Klaviertrio, ein Trio für Klarinette, Bratsche und Klavier, ein Trio für Flöte, Bratsche und Kontrabaß, 4 Sonatinen für Violine und Klavier, eine Sonatine für Cello und Klavier, Suiten, Sonaten und Studien mit verschiedener Besetzung, Klavier-, Cembalo- und Orgelstücke, zahlreiche Stücke für Clavichord, Kantaten, Hymnen und andere Chöre mit wechselnder Besetzung, Klavierlieder und Orchesterlieder, ferner eine Anzahl theoretischer Werke.

Wilhelm Kempff (geboren 1895)

LEBEN

Wilhelm Kempff wurde am 25.11.1895 in Jüterbog geboren. Er war ab 1906 in Berlin Schüler von Heinrich Barth und Robert Kahn. Dann trat er häufig als Klavier- und Orgelvirtuose auf. Von 1924 bis 1929 wirkte er als Leiter der Württembergischen Musikhochschule in Stuttgart, ließ sich darauf in Potsdam nieder, wo er später an Meisterkursen für Ausländer mitarbeitete. Ab 1957 hielt er in Positano jährlich Beethoven-Interpretationskurse.

Sein Bruder Georg Kempff (22.10.1893, Jüterbog, bis 1.9.1975, Oberstdorf) studierte in Berlin bei Heinrich Barth und Johannes Wolf, wirkte in verschiedenen Städten als Pfarrer und wurde 1933 Universitäts-Musikdirektor und Leiter des Instituts für Kirchenmusik in Erlangen.

WERKE
Als Seltenheit ist das Stück von Wilhelm Kempff für drei Luren und Männerchor zu registrieren. Er verfaßte außerdem 3 Opern, ein Ballett, 2 Sinfonien, eine Ouvertüre, ein Violinkonzert, ein Klavierkonzert, 3 Suiten, eine Legende für Klavier und Orchester, 2 Streichquartette, ein szenisches Mysterium, ein Te Deum, mehrere Chorwerke, ein Klavierkonzert mit Chor, mehrere Kantaten, »Griechische Gesänge« für Frauenstimmen und Klavier, zahlreiche Klavierstücke.
Georg Kempff schrieb ein Oratorium, Choralmotetten, Kantaten und gab das »Cantionale der Evangelisch-Lutherischen Kirche in Bayern« heraus. Er verfaßte Schriften zur Erneuerung der Kirchenmusik.

Johann Nepomuk David (1895–1977)

LEBEN
Johann Nepomuk David wurde am 30.11. 1895 in Eferding, Oberösterreich, geboren. Er war Chorknabe des Stiftes St. Florian, Oberösterreich, und wurde Volksschullehrer. Nach autodidaktischer Ausbildung studierte er in Wien bei Joseph Marx. Von 1924 bis 1934 wirkte er als Organist und Leiter des Bach-Chors in Wels, Oberösterreich, sodann als Kompositionslehrer am Konservatorium in Leipzig, dessen Leitung ihm 1939 übertragen wurde. Von 1945 bis 1948 unterrichtete er in Salzburg und sodann bis 1963 als Kompositionslehrer an der Musikhochschule in Stuttgart, wo er am 21.12.1977 starb.
Sein Sohn Thomas Christian David (geboren 22.12.1925, Wels) studierte in Leipzig, Salzburg und Tübingen. Er wirkte zunächst als Kammermusiker und Chorleiter in Stuttgart und ab 1958 als Kompositionslehrer an der Musikakademie in Wien. Im Jahr 1967 wurde er Leiter der Musikabteilung der Universität in Teheran und ein Jahr darauf Chefdirigent des Orchesters des Iranischen Fernsehens, 1973 Professor der Hochschule für Musik und darstellende Kunst in Wien. Er entfaltete eine ausgedehnte Konzerttätigkeit in Europa, Asien und Amerika.

WERKE
Bei seinen Kompositionen ging Johann Nepomuk David von traditionellen Formen aus und arbeitete im Rahmen der Tonalität mit überkommenen Mitteln. In seinem späteren Werk verwendete er einen freitonalen Stil ohne Funktionsharmonik, aber mit bestimmten Tonalitätszentren, um den Hörer leichter anzusprechen. Er schrieb 8 Sinfonien, dazu eine »Sinfonia preclassica« (Vorklassische Sinfonie), eine »Sinfonia breve«, eine »Sinfonia per archi« (Streichersinfonie), eine sinfonische Fantasie, 2 Orchesterpartiten, einen Orchesterwalzer, 2 Konzerte für Streichorchester, 2 Violinkonzerte, ein Konzert für Orgel und Orchester, Variationen für Flöte, Horn und Streicher, »Melancholia« für Bratsche und Kammerorchester, Sonate für drei Celli, Divertimento für Kammerorchester, Intruitus, Choral und Fuge für Orgel und neun Bläser, Bach- und Schütz-Variationen für Orchester, 4 Streichtrios, zahlreiche Duos und Solosonaten mit verschiedenen Instrumenten, ein umfangreiches Orgelwerk, das einen vollständigen Überblick über die heutigen Möglichkeiten der Orgelkomposition und des Orgelspiels vermittelt, ein Oratorium, viele Motetten, Kantaten und andere Chöre a cappella, mit Instrumenten- oder Orgelbegleitung, Lieder mit Orgel, mit Klavier oder mehreren Instrumenten. Er veröffentlichte eine Anzahl musiktheoretischer Traktate.
Thomas Christian David schrieb eine Sinfonie, 3 Konzerte für Streichorchester, ein Violinkonzert, ein Konzert für neun Soloinstrumente, ein Klavierkonzert, ein Konzert für fünf Bläser und Streichorchester, ein Concertino für Violine und Streichorchester, ein Bläserquintett, ein Konzert für Gitarre und Kammerorchester, eine Serenade für Streichorchester, ein Quintett für Klarinette, Violine, Bratsche, Cello und Kontrabaß, ein Konzert für zwölf Solostreichinstrumente, 5 Streichquartette, 3 Kanzonen für drei Gitarren, ein Bühnenfestspiel, 14 Madrigale, Messen, Motetten, Chöre und Lieder.

Stabat mater für sechsstimmigen Chor a cappella, entstanden 1927

Diese frühe Komposition von Johann Nepomuk David war bereits für sein späteres Chorwerk richtunggebend; es ist streng polyphonisch, formal genial gestaltet und von außerordentlicher Klangpracht. Das Stück, das formal ein dreigeteiltes Variationenwerk darstellt, deutet den Text klar und sinnverstärkend aus.

Sonate Nr. 2 für Solovioline, Opus 58/1, 3 Sätze, entstanden 1963

Der 1. Satz dieses Spätwerks von Johann Nepomuk David ist formal ein Sonatenhauptsatz, dessen Hauptthema auf einer elftönigen Reihe aufgebaut ist. Der 2. Satz ist dreiteilig, beginnt und endet sehr ruhig, bietet aber in der Mitte dem Solisten die Möglichkeit, sein Können zu entfalten. Der Satz enthält freie Tonalitätszentren. Das Finale nimmt die Tonreihe des 1. Satzes erneut auf und spaltet davon eine Anzahl neuer Varianten ab. Das Werk endet mit grandioser Steigerung.

Konzert für Streichorchester Nr. 2, 3 Sätze, entstanden 1971

Dieses Werk von Thomas Christian David ist sehr fein angelegt und weist trotzdem erfrischenden musikantischen Schwung auf. Im 1. Satz erklingt nach einer Adagioeinleitung ein kräftiger Allegrosatz, der von eigenartigen Flageolettklängen unterbrochen wird. Seine Reprise ist weit ausgebaut. Der 2. Satz kontrapunktiert mit ostinaten Bässen das melodische Material. Das Finale ist ein rhythmisch scharf akzentuiertes Vivace, das über viele fantastische Abschweifungen zu einem Vivacissimoschluß führt.

Konzert für Streichorchester Nr. 3, ein Satz, entstanden 1974

Dieses Auftragswerk des Iranischen Fernsehens von Thomas Christian David läuft ununterbrochen ab. Sein thematisches Material beruht auf der kleinen Sekunde. Die einzelnen Abschnitte, von denen der lyrische Mittelteil ganz besonders feine Klänge bringt, stehen in strengem Kontrast zueinander. Streckenweise markieren tiefere Instrumente die Begleitung eines Schlaginstruments. Die Einfühlung in das asiatische Kolorit ist großartig.

LITERATUR

R. Klein, Johann Nepomuk David, Wien 1964. W. Szmolyan, Zeitgenössische Komponisten aus Oberösterreich, in: Österreichische Musikzeitschrift 25, 1970.

Paul Höffer (1895–1949)

LEBEN

Paul Höffer wurde am 21.12.1895 in Barmen geboren. Er wurde 1913 am Konservatorium in Köln Schüler von Walter Georgii (23.11. 1887, Stuttgart, bis 23.2.1967, Tübingen), Hermann Abendroth (19.1.1883, Frankfurt am Main, bis 29.5.1956, Jena) und Franz Bölsche und in Berlin von Franz Schreker. Im Jahr 1923 wurde er an der Berliner Musikhochschule Lehrer für Klavier und Musikerziehung, im Jahr 1948 wurde er Direktor der Hochschule. Er starb am 31.8.1949 in Berlin.

WERKE

Neben 2 Opern, einem Ballett und 4 Oratorien schrieb Paul Höffer eine Sinfonie, eine »Sinfonische Musik«, eine »Sinfonie der großen Stadt«, eine sinfonische Ouvertüre, eine Partita für zwei Streichorchester, sinfonische Variationen, eine Serenade für Streichorchester, 2 Klavierkonzerte, ein Violinkonzert, ein Cellokonzert, ein Konzert für Oboe und Streichorchester, ein Bläsersextett, ein Klarinettenquintett, ein Bläserquintett, 3 Streichquartette, 2 Klaviertrios, ein Streichtrio, 2 Sonaten für Solovioline, eine Triosonate für Flöte, Bratsche und Klavier, Kantaten, Chöre und Lieder, darunter 23 Kinderlieder, Spiele für Kinder, verschiedene Klavierstücke und 100 Spielstücke zu deutschen Volksliedern.

Jaromír Weinberger (1896–1967)

LEBEN

Jaromír Weinberger wurde am 8.1.1896 in Prag geboren. Er war Schüler von Jaroslav Křička und Max Reger. Ab 1922 unterrichtete er am Konservatorium in Ithaca, N. Y., lebte darauf bis 1937 in Prag als freier Komponist und ging 1939 nach einem Aufenthalt in Frankreich erneut in die USA, wo er sich 1949 in St. Petersburg, Fla., niederließ und am 8.8.1967 starb.

WERKE

Weltberühmt wurde Jaromír Weinberger mit

einer äußerst melodiösen, glänzend instrumentierten Oper »Schwanda der Dudelsackpfeifer«. Er schrieb 4 weitere Opern, 4 Operetten, eine Pantomime, 2 Sinfonien, sinfonische Bilder für Violine und Orchester, ein Tongedicht für Cello und Orchester, eine Walzerouvertüre für Orchester, ein Altsaxophonkonzert, eine Spinettsonate, eine Harfensonate, eine Sonate und andere Stücke für Klavier, Orgelstücke, Violinstücke, eine Rhapsodie für gemischten Chor und Orchester sowie Lieder.

Robert Jaeckel (1896–1970)

LEBEN
Robert Jaeckel wurde am 22. 1. 1896 in Wien geboren. Er studierte ab 1911 an der Akademie für Musik und darstellende Kunst seiner Geburtsstadt bei Franz Schreker und wirkte von 1917 bis 1945 als Lehrer für Oboe und Klavier am Mozarteum in Salzburg, wo er am 1. 5. 1970 starb.

WERKE
Neben 4 Opern schrieb Robert Jaeckel eine Kammersinfonie für elf Instrumente, 2 Oboenkonzerte, ein Bläserquintett, ein Klavierquartett, ein Streichquartett, ein Trio für Oboe, Violine und Bratsche, ein Klaviertrio, ein Konzertstück für Cello und Klavier, Variationen für Oboe und Klavier, Oboenetüden, Klavierstücke und Lieder.

Leone Massimo (geboren 1896)

LEBEN
Leone Massimo wurde am 25. 1. 1896 in Rom geboren. Er studierte in Rom bei Ottorino Respighi, in München bei Walter Courvoisier und in Paris bei Charles Koechlin. Er wirkte von 1956 bis 1968 als Lehrer für Musikgeschichte am Centro Sperimentale di Cinematografia in Rom.

WERKE
Von Leone Massimo sind ein Concerto grosso, Versetti, 2 Divertimenti, »Vier Stücke«, »Sechs Studien«, 3 »Fantasien«, ein »Konzert«, »Signale und Skizzen« für Orchester, ein Violinkonzert, eine Kammersinfonie für zehn Instrumente, »Inventionen« für zwölf Instrumente, ein Konzert für Streicher, eine »Musik« für Bläser, ein Bläserquintett, 3 Streichquartette, ein Konzert für Cembalo und Streicher, Werke für Singstimmen und Instrumente, eine Messe und andere Chorwerke, Gesänge mit Klavier, Klavier- und Orgelstücke, außerdem ein Ballett bekannt geworden. Er näherte sich der Modernen Musik.

Wladimir Vogel (geboren 1896)

LEBEN
Wladimir Rudolfowitsch Vogel wurde am 17. 2. 1896 in Moskau geboren. Er wurde durch Aleksandr Skrjabin zur Komposition angeregt. Von 1918 bis 1924 erhielt er Unterricht von Heinz Tiessen und Ferruccio Busoni in Berlin, wo er anschließend als Musikkritiker und als Kompositionslehrer am Klindworth-Scharwenka-Konservatorium wirkte. Als er 1933 Deutschland verlassen mußte, ging er nach Aufenthalten in Straßburg, Brüssel, Paris und London nach Ascona. Seit 1964 lebt er in Zürich.

WERKE
Außer einer Anzahl von Chorwerken mit Orchester und Solisten, häufig mit Sprecher und Sprechchören, verfaßte Wladimir Vogel eine Sinfonie, ein Violinkonzert, ein Cellokonzert, Stücke für großes Orchester, für Blasorchester, für Streichorchester, für Kammerensembles verschiedenster Art und Klavierwerke. Er huldigte anfänglich dem Expressionismus, wandte sich sodann dem Dodekaphonismus zu und handhabte ihn völlig frei. Sehr viel Aufmerksamkeit schenkte er der Sprechmelodie und integrierte sie in seinen Werken. Sprechchöre und »gesprochene Lieder« nahmen in seinem kompositorischen Werk einen breiten Raum ein.

Violinkonzert, 4 Sätze, entstanden 1937
Bei diesem Werk kommt dem Orchester die gleiche Wichtigkeit zu wie dem Solisten, es müßte

daher »Konzert für Violine und für Orchester« benannt werden. Der 1. Satz ist repräsentativ-dynamisch mit gehobener klassischer Haltung. Er wird wie alle vier anderen Sätze von einer Kantilene eingeleitet, die die Melodik des Kommenden vorausnimmt. Die einleitende Kantilene des 2. Satzes ergeht sich in nahezu mystischen Klängen. Aus vorerst unklaren Impulsen entwickeln sich drei expressiv-melodische Themen. Im 3. Satz, dem Scherzo, exponiert der Solist ein Zwölftonthema, das in vier Varianten verschieden instrumentiert wiederholt wird. Das Finale schließt unmittelbar als »Finale in modo di Mozart« an. Dabei ist die verwendete Zwölftonreihe an das Modell der »Zauberflötenouvertüre« appliziert. Diese Doppelsinnigkeit des Satzes verleiht seiner Turbulenz etwas geradezu schockhaft Lustiges.

LITERATUR

H. Oesch, Wladimir Vogel, Bern 1967.

Eduard Erdmann

Kazys Viktoras Banaitis (1896–1963)

LEBEN

Kazys Viktoras Banaitis wurde am 21.2.1896 in Vaitekupiai, Litauen, geboren. Er studierte in Prag und sodann von 1922 bis 1928 in Leipzig bei Sigfrid Karg-Elert. Anschließend unterrichtete er bis 1940 am Konservatorium in Kaunas, das er ab 1937 leitete. Von 1945 bis 1949 hielt er sich in Deutschland auf, dann übersiedelte er nach New York, wo er am 25.12.1963 starb.

WERKE

Neben einer Oper verfaßte Kazys Viktoras Banaitis ungefähr 400 Lieder und Volksliedharmonisierungen für Solostimmen und für Chöre, 2 Kantaten, eine »Rhapsodische Sonate« für Cello und Klavier, eine Suite für Harfe, Klarinette und Violine, einen »Praeludienzyklus« für Violine, Klarinette und Klavier, eine Sonate für Violine und Klavier und Klavierwerke. Er war Spätromantiker.

Eduard Erdmann (1896–1958)

LEBEN

Paul Ernst Erdmann wurde am 5.3.1896 in Cēsis, Lettland, geboren und in Riga zum Pianisten ausgebildet. Im Jahr 1914 übersiedelte er nach Berlin, wo er Kompositionsschüler von Heinz Tiessen und Klavierschüler von Conrad Ansorge war. Von 1925 bis 1935 wirkte er als Klavierlehrer an der Musikhochschule in Köln, widmete sich sodann ausschließlich seiner Konzerttätigkeit, bis er 1950 Professor an der Musikhochschule in Hamburg wurde. Er starb dort am 21.6.1958.

WERKE

Als Pianist und Lehrer setzte sich Eduard Erdmann mit Nachdruck für die zeitgenössische Musik ein. Für Orchester schrieb er 4 Sinfonien, ein Klavierkonzert, ein Ständchen, ein Konzertstück für Klavier und Orchester, »Capricci« und »Serenade« für Orchester, ein Rondo, ferner ein Violinstück, eine Sonate für Solovioline und Lieder.

Richard Flury (1896–1967)

LEBEN

Richard Flury wurde am 26.3.1896 in Biberist, Solothurn, geboren. Er studierte in Basel,

Bern und Genf und war Schüler von Ernst Kurth (1.6.1886, Wien, bis 2.4.1946, Bern), Hans Huber, Joseph Lauber, Paul Miche (20.4.1886, Courtelary, Bern, bis 7.9.1960, Genf) und Joseph Marx. Er wirkte von 1919 bis 1949 als Dirigent des Stadtorchesters und bis 1961 als Musiklehrer in Solothurn. Er starb am 23.12.1967 in Biberist.

WERKE

Von Richard Flury sind 4 Opern, 2 Pantomimen und 5 Festspiele aufgeführt worden. Er schrieb ferner 7 Sinfonien, 2 Wienerwalzer, ein sinfonisches Gedicht, 2 Ouvertüren, 2 Klavierkonzerte, 4 Violinkonzerte, 2 Ouvertüren und eine Suite für Blasorchester, ein Nonett, ein Oktett, ein Klavierquintett, ein Klavierquartett, 7 Streichquartette, ein Hörnerquartett, 2 Klaviertrios, ein Trio für zwei Violinen und Bratsche, ein Streichtrio, ein Trio für Klarinette, Cello und Klavier, 11 Sonaten und eine Suite für Violine und Klavier, 3 Cellosonaten, 10 Capricen für Solovioline, eine Sonate und andere Stücke für Klavier, 3 Praeludien und Fugen für Orgel, 4 Messen, ein Te Deum, mehrere Kantaten und andere Chöre, Orchester- und Klavierlieder. Diese Musik steht der Spätromantik noch sehr nahe, trägt aber neuklassizistische Züge.

Hugo Herrmann (1896–1967)

LEBEN

Hugo Herrmann wurde am 19.4.1896 in Ravensburg geboren. Er war Schüler des Konservatoriums in Stuttgart und darauf unter Franz Schreker und Walther Gmeindl (31.1. 1890, Hainburg, Niederösterreich, bis 1.9. 1958, Hainburg) an der Musikhochschule in Berlin. Von 1919 bis 1923 wirkte er als Organist und Chordirigent in Balingen und Ludwigsburg, anschließend bis 1925 als Organist in Detroit, Mich., darauf bis 1929 in Reutlingen. Von 1935 bis 1962 war er Direktor der Musikschule Trossingen. Er starb am 7.9.1967 in Stuttgart.

WERKE

Das Hauptanliegen von Hugo Herrmann war das chorische und instrumentale Laienmusizieren, wofür er zahlreiche Kompositionen für Akkordeon schrieb. Er verfaßte außerdem 4 Opern, ein Oratorium, eine Anzahl sehr klangvolle Messen, 5 Sinfonien, eine Kammersinfonie für 19 Instrumente, »Sinfonische Metamorphosen«, 2 Orgelkonzerte, ein Violinkonzert, ein Cembalokonzert, ein Gambenkonzert, 5 Streichquartette, ein Klaviertrio, eine Violinsonate, eine Sonate und andere Werke für Klavier, 2 Konzerte für Akkordeon und Orchester, ein Doppelkonzert für Akkordeon und Harfe mit Orchester, zahlreiche Spielmusik für Akkordeon und für Harmonika, Chöre und Lieder mit verschiedener Begleitung. Leichte Eingängigkeit, Wohlklang und Volkstümlichkeit bildeten die Hauptprinzipien seiner Musik.

Max Brand (geboren 1896)

LEBEN

Max (Maximilian) Brand wurde am 26.4.1896 in Lemberg (Lwiw) geboren. Er wuchs in St. Gallen und Wien auf und war Kompositionsschüler von Franz Schreker. Nach kurzer Lehrtätigkeit in Salzburg gründete er in Wien ein »Mimoplastisches Theater« für Ballett. Im Jahr 1938 mußte er emigrieren und ging über Brasilien in die USA, wo er als Organisator von Aufführungen und als freier Komponist der Avantgarde wirkte.

WERKE

Berühmt wurde Max Brand durch seine Zeitoper »Maschinist Hopkins«, mit der er die Forderung der Futuristen nach Integration der Zeiterscheinungen des modernen Industrialismus und Verkehrswesens erfüllte. Die Aufnahme des Geräusches als musikalisches Element war damit durchgeführt. Er schrieb außerdem 3 weitere Opern, eine szenische Kantate und ein szenisches Oratorium, ein Orchesterrondo und ein Kyrie als Zwölftonstudie. Ab 1958 komponierte er nur mehr elektronisch; sein bedeutendstes Werk aus jener Zeit ist »An Epic in Electronics« für Sprecher, Chor, Kinderstimmen und Tonband.

Josip Slavenski (1896–1955)

Leben

Josip Slavenski (Štolcer-Slavenski) wurde am 11.5.1896 in Čakovec, Kroatien, geboren. Er studierte bei Zoltán Kodály in Budapest und bei Vítězslav Novák in Prag. Er wirkte ab 1924 als Lehrer und ab 1949 als Professor für Komposition in Belgrad, wo er am 30.11.1955 starb.

Werke

Im kompositorischen Werk von Josip Slavenski fand seine Beschäftigung mit Naturtonreihen und Elektronik keinen unmittelbaren Niederschlag; sie lehnte sich vielmehr stark an die Volksmusik seines Landes an und entnahm ihr einzelne typische Skalen. Er verfaßte 3 Sinfonien – eine davon mit Chor und Soli –, ein sinfonisches Gedicht, 4 Streichquartette, »Tänze aus dem Balkan« für Streichorchester, eine Sonate für Violine und Klavier, eine Sonate für Violine und Orgel, eine Klaviersonate, eine Anzahl Kantaten, Chöre und Lieder, darunter »Lieder meiner Mutter« für Alt und Streichquartett und einige Bühnenmusiken.

Brasilio Itiberê da Cunha Luz (1896–1967)

Leben

Brasilio Itiberê da Cunha Luz wurde am 17.5.1896 in Curitiba, Paraná, geboren. Er war in der Hauptsache Autodidakt, wirkte bis 1938 als Ingenieur, nahm sodann an der Universität in Rio de Janeiro einen Lehrstuhl für musikalische Folklore und für Gesangvereinwesen ein. Er starb am 10.12.1967 in Rio de Janeiro.

Werke

Das Hauptstudiengebiet von Brasilio Itiberê da Cunha Luz war die Folklore der brasilianischen Neger, deren Musik sein kompositorisches Schaffen stark beeinflußte. Er schrieb einige Orchesterstücke und eine Vertonung des 150. Psalms für Chor und Orchester, ein Doppelquintett, ein Streichquartett, ein Klaviertrio, mehrere Klavierstücke – Tänze und Gesänge –, sehr klangreiche Chöre und viele beliebte Lieder. Sein Werk übte einen merkbaren Einfluß auf die brasilianische Musik des 20. Jahrhunderts aus.

Jean Rivier (geboren 1896)

Leben

Jean Rivier wurde am 21.7.1896 in Villemomble, Seine-St-Denis, geboren. Er war am Conservatoire in Paris Schüler von Jean Gallon, Georges Caussade und Maurice Emmanuel. Ab 1947 unterrichtete er am Conservatoire Komposition.

Werke

Neben einer Oper, einem Ballett und zahlreichen Werken für den Rundfunk schrieb Jean Rivier 7 Sinfonien, ein Klavierkonzert, ein Violinkonzert, ein Bratschenkonzert, ein Cellokonzert, ein Konzert für Saxophon und Streicher, eines für Flöte und Streicher und außerdem zahlreiche Stücke für Orchester, für Streichorchester, für Kammerensembles verschiedener Besetzung und Solistenkonzerte mit verschieden besetzten Orchestern, ein Septett für Blechbläser, ein Bläserquintett, ein Saxophonquartett, 2 Streichquartette, ein Streichtrio und Duos verschiedener Art, Klavierwerke, ein Requiem, Psalmvertonungen für Chöre, weitere Chormusik mit Orchester und a cappella und Lieder mit Orchester oder Klavier. Sein Stil war von Maurice Ravel und noch mehr von Albert Roussel abhängig; auch Diktionen von Igor Strawinsky, von Sergei Prokofjew und des Jazz sind zuweilen bemerkbar.

Tadeusz Szeligowski (1896–1963)

Leben

Tadeusz Szeligowski wurde am 13.9.1896 in Lemberg (Lwiw) geboren. Er studierte bei Zdzisław Jachimecki (7.7.1882, Lwiw, bis 27.10.1953, Krakau) in Krakau und bei Nadia Boulanger in Paris. Anschließend wirkte er als Kompositionslehrer in Vilnius und als Professor an den Musikhochschulen von Poznan und Warschau. Er starb am 10.1.1963 in Poznan.

WERKE

Außer 3 Opern und 2 Balletten schrieb Tadeusz Szeligowski eine Orchestersuite, ein Orchesterkonzert, ein Epitaph für Karol Szymanowski, 2 Tanzsuiten, 2 Suiten für kleines Orchester, eine Ouvertüre, ein Klarinettenkonzert, ein Klavierkonzert, ein Bläserquintett, 2 Streichquartette, eine Flötensonate und ein Englischhornkonzert mit Klavier, eine Suite für zwei Klaviere, 2 Kantaten, ein Triptychon für Singstimme und Orchester, Messen, Motetten, Psalmen, Lieder, Bühnen- und Filmmusik.

Howard Hanson (1896–1981)

LEBEN

Howard Harold Hanson wurde am 28.10.1896 in Wahoo, Nebr., geboren. Er war Schüler des Luther College seiner Geburtsstadt und darauf von Percy Goetschius. Im Jahr 1916 wurde er Theorie- und Kompositionslehrer am Pacific College und 1921 Dekan des Konservatoriums in San José, Calif. Von 1921 bis 1924 studierte er mit dem Rompreis der amerikanischen Musikakademie in Rom, anschließend leitete er die Eastman School of Music in Rochester, N.Y., und ab 1964 das dortige Institut of American Music. Er wirkte oft als Gastdirigent amerikanischer und europäischer Orchester und wurde vielfach ausgezeichnet. Er starb am 26.2.1981 in Rochester.

WERKE

Sowohl die schwedische Abstammung beider Elternteile wie auch das Studium in Europa schlug sich im kompositorischen Werk von Howard Hanson deutlich durch. Sein Stil ist trotz der modernen Diktion César Franck, Johannes Brahms, Jean Sibelius und anderen nordischen Komponisten verpflichtet. Er schrieb eine Oper, 6 Sinfonien, eine »Sinfonische Legende«, eine »Sinfonische Rhapsodie«, 4 sinfonische Gedichte, eine Elegie, 4 Konzertstücke, eine Suite, einen Marsch für Blechmusik, ein Konzertstück für Kammerensemble, ein Orgelkonzert, ein Konzert für Orgel, Streicher und Harfe, ein Klavierkonzert, 2 Klavierquintette, ein Streichquartett, eine große Anzahl Chorwerke und Kantaten für Singstimmen, Klavierwerke und Lieder. Er veröffentlichte mehrere musikkritische Essays.

Lament for Beowulf (Klage um Beowulf), Kantate für gemischten Chor und Orchester, Opus 25, ein Satz, entstanden 1925

Die Kantate stellt den Schluß des angelsächsischen Epos »Beowulf« – älteste Handschrift um 1000 – mit dem Tod des Helden und dessen Beisetzung dar. Der Scheiterhaufen wurde auf einem großen Wall an der Küste errichtet, auf dem die Trophäen, die er bei seinen vielen siegreichen Kämpfen erbeutet hatte, aufgestapelt waren. Die Frauen beklagten den Tod des Helden, darauf stimmen seine Frau und ihre Dienerinnen in die Klage ein; die jungen Krieger umstellen die Bahre und preisen seine Taten. Eine gemeinsame Hymne auf den Helden schließt das Werk ab.

Sinfonie Nr. 2, »Romantische«, Opus 30, 3 Sätze, entstanden 1930

»Meine 2. Sinfonie stellt, wie ihr Untertitel besagt, meine Huldigung für das romantische Zeitalter dar«, bekennt der Komponist. »Ich anerkenne selbstverständlich, daß derzeit die Romantik ein armes Stiefkind ohne die großartige Vergangenheit ihrer älteren Schwester, des Neuklassizismus, ist. Trotzdem verehre ich sie im Glauben, daß in unserem Land ein fruchtbarer Boden ist, auf dem sie neu, verjüngt und kräftig aufwachsen kann.« Schon der 1. Satz erzeugt mit seinen Bläserchören eine romantische Stimmung, die an musikgeschichtlich weit zurückliegende Epochen erinnert. Der 2. Satz verstärkt diesen Eindruck mit zarten Kantilenen. Der hinreißende 3. Satz ist voll zeitentrückter Fröhlichkeit, die jedem Zuhörer die Widrigkeiten des Daseins restlos vergessen läßt.

Sinfonie Nr. 4, »Requiem«, Opus 34, 4 Sätze, entstanden 1943

Das Werk stellt ein orchestrales Requiem »Zum Gedenken an meinen geliebten Vater« dar. Die einzelnen Sätze entsprechen den Abschnitten der Totenliturgie. Der 1. Satz »Kyrie eleison« wird von einem kurzen Hornsolo eingeleitet, dann bringt das Cello ein Gebet, das einem schwedischen Volkslied ähnelt. Der 2. Satz »Requiescat« ist voll tröstlicher Kantilenen. Der 3. Satz »Dies irae« stellt einen wilden, grausamen Totentanz dar. Das Finale »Lux aeterna« atmet tiefe Trauer, die in Ergebenheit in das harte Geschick mündet. Glockengeläut nachahmende Klänge schließen den Trauergesang ab.

Michailo Werikiwski (1896–1962)

LEBEN
Michailo Werikiwski wurde am 9.11.1896 in Kremenec, Ukraine, geboren. Er studierte am Konservatorium in Kiew und wirkte zunächst als Dirigent an der dortigen Oper und anschließend in Charkow. Ab 1935 unterrichtete er am Konservatorium in Kiew, wo er am 14.6.1962 starb.

WERKE
Außer 3 Opern und dem ersten ukrainischen Ballett schrieb Michailo Werikiwski für Orchester 2 Suiten, sinfonische Variationen, 2 sinfonische Bilder, ein Violinkonzert, eine Anzahl Kantaten, einen vokalsinfonischen Zyklus, ein Chorpoem, Duette, Lieder und Romanzen sowie Bühnen- und Filmmusik. Er publizierte musikhistorische und musiktheoretische Essays.

César Pérez Sentenat (geboren 1896)

LEBEN
César Pérez Sentenat wurde am 18.11.1896 in Habana geboren. Er studierte von 1911 bis 1913 am Konservatorium in Habana bei Hubert De Blanck (11.6.1856, Utrecht, bis 28.11.1932, Habana), anschließend bis 1922 in Paris an der Schola Cantorum bei Joaquín Nin y Castellanos (29.9.1879, Habana, bis 24.10.1949, Habana) und Léon Saint-Requier. Von 1926 bis 1945 wirkte er als Klavierprofessor am Konservatorium in Habana, von 1945 bis 1966 war er Musikbeauftragter des kubanischen Erziehungsministeriums.

WERKE
Von César Pérez Sentenat sind zahlreiche Klavierwerke – Kubanische Suite, Praeludien, Sonaten –, Transkriptionen für Klavier und viele Gesänge mit Klavierbegleitung bekannt geworden. Sein Bemühen um eine moderne kubanische Pianistik war sehr erfolgreich.

Petko Stainow (1896–1977)

LEBEN
Petko Gruew Stainow wurde am 19.11.1896 in Stara Zagora, Bulgarien, geboren. Im Kindesalter erblindete er und wurde am Konservatorium in Dresden zum Pianisten und Komponisten ausgebildet. Von 1927 bis 1941 wirkte er als Klavierlehrer am staatlichen Blindeninstitut in Sofia. Von 1932 bis 1944 war er Vorsitzender des bulgarischen Komponistenvereins »Zeitgenössische Musik«, von 1933 bis 1944 Leiter des bulgarischen Sängerverbands, von 1941 bis 1944 Direktor der Nationaloper und von 1946 bis 1953 Musikrat im bulgarischen Kulturministerium. Er starb am 25.6. 1977 in Sofia.

WERKE
Von Petko Stainow sind 2 Sinfonien, 2 sinfonische Dichtungen, eine Suite, ein Scherzo, eine Konzertouvertüre, eine »Jugendouvertüre«, verschiedene Kammermusik und Chöre, Liederzyklen, Lieder und Volksliedbearbeitungen bekannt geworden. Sein organisatorisches und kompositorisches Wirken war für die Entwicklung der bulgarischen Musik unseres Jahrhunderts sehr förderlich.

Virgil Thomson (geboren 1896)

LEBEN
Virgil Garnett Thomson wurde am 25.11.1896 in Kansas City, Mo., geboren. Er studierte an der Harvard University in Cambridge, Mass., und bei Nadia Boulanger in Paris, wo er bis 1940 lebte und mit maßgebenden Intellektuellen- und Künstlerkreisen wie die Gruppe der »Six« in Verbindung kam; er war mit Pablo Ruiz Picasso, Jean Cocteau und Erik Satie befreundet. Er propagierte bei den zeitgenössischen amerikanischen Komponisten mit Nachdruck die Notwendigkeit, bei Nadia Boulanger Unterricht zu nehmen, und hat da-

durch, abgesehen von seinem eigenen kompositorischen Schaffen, erheblichen Anteil an der Bildung des amerikanischen Musikstils des 20. Jahrhunderts. In New York, wo er sich niederließ, lebt er nahezu ausschließlich seinem Schaffen.

WERKE

Neben 2 Opern, 2 Balletten und einiger Filmmusik schrieb Virgil Thomson für Orchester »Drei Landschaften – Die Seine bei Nacht, Weizenfeld im Mondlicht, Seestück mit Vögeln«, ein Konzert für Flöte, Harfe, Streicher und Schlagzeug, weiters 2 Streichquartette, eine Kirchensonate für Klarinette, Trompete, Harfe und Posaune, eine Sonate für Violine und Klavier, eine Serenade für Flöte und Violine und eine für Flöte solo, 2 Sammlungen Klavieretüden, eine Etüde für Akkordeon, ein Pange lingua für Orgel, zahlreiche Klavierstücke, Bühnen- und Filmmusik, 3 Messen, ein berühmtes Requiem und Lieder. Er gehört zu den bedeutendsten Initiatoren und Repräsentanten der modernen amerikanischen Musik.

Józef Koffler (1896–1943)

LEBEN

Józef Koffler wurde am 28. 11. 1896 in Stryi, Galizien (heute Strei, Ukraine), geboren. Er war in Wien Schüler von Arnold Schönberg und Guido Adler. Im Jahr 1924 wurde er Lehrer am Konservatorium in Lemberg (Lwiw). Er wurde 1943 in Wieliczka bei Krakau von der damaligen Besatzung erschossen.

WERKE

Als erster polnischer Komponist, der dodekaphonisch komponierte, schrieb Józef Koffler 3 Sinfonien, eine Suite, »Variationen der Zwölftonreihe« für Streicher, ein Streichquartett, ein Streichtrio, eine Kantate für Singstimmen, Bratsche, Cello und Klarinette, mehrere Klavierstücke, »Vier Gedichte für Singstimme und Klavier«. Er veröffentlichte eine Reihe musiktheoretischer Werke.

Bolesław Szabelski (1896–1979)

LEBEN

Bolesław Szabelski wurde am 3. 12. 1896 in Radoryż bei Lublin geboren. Er war am Konservatorium in Warschau Orgelschüler von Mieczysław Surzyński (20. 12. 1866, Šroda, bis 11. 9. 1924, Warschau) und Kompositionsschüler von Roman Statkowski (24. 12. 1859, Szczypiórno, bis 12. 11. 1925, Warschau) und Karol Szymanowski. Er wirkte von 1929 bis 1939 als Lehrer für Orgelspiel und Komposition am Konservatorium in Kattowitz (Katowice) und ab 1945 an der dortigen Musikhochschule als Leiter der Orgel- und Kompositionsklassen. Er starb am 27. 8. 1979 in Katowice.

WERKE

Von Bolesław Szabelski sind 5 Sinfonien, eine Suite, eine Etüde, eine Sinfonietta, ein Concerto grosso, eine Toccata, eine Ouvertüre und 2 Sonette, ein Klavierkonzert, Praeludien für Kammerorchester, 2 Concertini, ein Flötenkonzert »Aphorismen« für zehn Instrumente, 2 Streichquartette, Klavier- und Orgelstücke und Chorwerke bekannt geworden.

Sinfonie Nr. 5 für gemischten Chor, Orgel und Orchester, ein Satz, entstanden 1968

In diesem Werk laufen atonale Elemente mit traditionell-diatonischen parallel. Es liegt keine Sinfonie im klassischen Sinn vor, sondern eine völlig freie Komposition, die streckenweise athematisch geführt ist. Der Chor artikuliert keinen Text, sondern singt asemantisch; seine Vokalisen erfüllen instrumentale Funktionen. Die Sinfonie bietet eine Klangdichte, die seit Szymanowski von keinem Polen erreicht wurde; sie endet mit einem ekstatischen Höhepunkt.

Leroy Robertson (1896–1971)

LEBEN

Leroy Jasper Robertson wurde am 21. 12. 1896 in Fountain Green, Uh., geboren. Er studierte bei George Whitefield Chadwick, Ernest Bloch und Hugo Leichtentritt. Ab 1925 unterrichtete er an der Universität in Provo, Uh., und ab 1948 an der Universität in Salt Lake City, Uh., wo er am 25. 7. 1971 starb.

WERKE

Das kompositorische Werk von Leroy Robertson wurde in erster Linie für das Sinfonieorchester und den Universitätschor von Utah geschrieben. Er verfaßte für Orchester 2 Sinfonien, »Praeludium, Scherzo und Ricercare«, eine Passacaglia, mehrere Ouvertüren, ein Violinkonzert, 2 Klavierkonzerte, ein Cellokonzert, außerdem verschiedene Kammermusik, eine Orgelfantasie, Klavieretüden, Chöre und Lieder für die Mormonengemeinde und das Oratorium »Aus dem Buch Mormon«.

Roger Sessions (geboren 1896)

LEBEN

Roger Huntington Sessions wurde am 28.12. 1896 in New York geboren. Er studierte bis 1915 an der Harvard University in Cambridge, Mass., sodann bis 1917 an der Yale School of Music in New Haven, Conn., bei Horatio Parker und in New York bei Ernest Bloch. Von 1925 bis 1933 hielt er sich vorwiegend in Europa auf – Berlin, Florenz –, veranstaltete jedoch zwischen 1928 und 1931 mit Aaron Copland Konzerte zeitgenössischer Musik in New York. Nach seiner endgültigen Rückkehr nach den USA lehrte er an verschiedenen Universitäten und wurde schließlich Kompositionslehrer an der Juilliard School of Music in New York.

WERKE

Bis ungefähr 1935 waren die Kompositionen von Roger Sessions vorwiegend neuklassisch, dann bediente er sich komplizierter Rhythmen und einer chromatischen und dissonanzenreichen Harmonik. Ab 1953 wandte er sich immer mehr der Dodekaphonik zu. Er verfaßte 2 Opern, 8 Sinfonien, ein Violinkonzert, ein Klavierkonzert, ein Doppelkonzert für Violine und Cello, ein Concertino für Kammerorchester, ein Streichquintett, 2 Streichquartette, Kanons für Streichquartett, 3 Klaviersonaten, 6 Stücke für Solovioline, ein Duo für Violine und Klavier, ferner mehrere Kantaten und eine Messe. Er veröffentlichte mehrere musiktheoretische Werke.

LITERATUR

A. Bagnall und L. A. Wright, Roger Huntington Sessions, in: Current Musicology Nr. 15, 1973.

Jørgen Bentzon (1897–1951)

LEBEN

Jørgen Liebenberg Bentzon wurde am 14.2. 1897 in Kopenhagen geboren. Er war in seiner Heimat Schüler von Carl Nielsen und in Leipzig von Sigfrid Karg-Elert. Anschließend lebte er als juristischer Beamter in Kopenhagen, wo er 1931 an der Gründung einer Volksmusikschule beteiligt war. Er starb am 9.7.1951 in Hørsholm.

WERKE

Von Jørgen Bentzon sind 4 Sinfonien, 2 Ouvertüren, 2 Orchestervariationen, ein sinfonisches Trio für drei Instrumentengruppen, ein Klarinettenkonzert, 5 Streichquartette, 6 »Racconti« (Erzählungen) mit verschiedener Besetzung, ein Streichtrio, ein Bläsertrio, ein Duo für Violine und Cello, ein Intermezzo für Violine und Klarinette, Solostücke für Bratsche, für Englischhorn, für Klarinette, für Fagott, verschiedene Klavierstücke, eine Kantate, Chöre und Lieder bekannt geworden. Sein Stil stand dem Neuklassizismus nahe. Ein Teil seiner Werke war für Schulorchester bestimmt.

Knudåge Riisager (1897–1974)

LEBEN

Knudåge Riisager wurde am 6.3.1897 in Kunda, Estland, geboren. Er studierte in Kopenhagen neben Staatswissenschaft Musik bei Otto Malling (1848–1915) und Peder Gram und vervollständigte seine Ausbildung in Paris bei Albert Roussel und Paul le Flem. Von 1926 bis 1947 wirkte er als Beamter in Kopenhagen und von 1956 bis 1967 als Leiter des Konservatoriums. Er starb am 26. 12. 1974 in Kopenhagen.

Werke

Von Knudåge Riisager ist eine Oper aufgeführt worden. Er verfaßte 10 Ballette, 9 Sinfonien, 4 Ouvertüren, Tänze, ein Konzert für Trompete und Streichorchester, ein Concertino für fünf Violinen und Klavier, 2 Bläserquintette, ein Bläserquartett, 6 Streichquartette, eine Serenade für Flöte, Violine und Cello, Sonaten und Sonatinen für Klavier, 2 Kantaten für Soli, Chor und Orchester. Er veröffentlichte eine Reihe musikwissenschaftlicher Essays.

Qarrtsiluni, Ballett, Opus 36, ein Satz, entstanden 1936

»Majuaq, eine alte, einfältige, ungebildete Eskimofrau, erzählte, daß die Stille, die wir Qarrtsiluni nennen, das Warten auf einen Ausbruch bedeutet. Die Alten glaubten, daß ihre Lieder in jenem Schweigen entstanden, während jedermanns Gedanken sich ausschließlich mit schönen Vorstellungen beschäftigten, die im Sinn des Menschen ihre Wurzel hatten und aufstiegen, wie die Wirbel aus den Tiefen des Meeres mit einem Ausbruch zur Luft drängen, und sich so die ehrwürdigen Gesänge bildeten.« Dieses Bild der endlosen, schweigenden Polarnacht mit ihrem kalten Nordlicht gibt der Komponist mit schrillen Dissonanzen in einer Art wieder, die bislang in der dänischen Musik nie erklungen war.

Henry Dixon Cowell (1897–1965)

Leben

Henry Dixon Cowell wurde am 11.3.1897 in Menlo Park, Calif., geboren. Nach autodidaktischer Ausbildung als Violinist, Pianist und Komponist studierte er ab 1931 in Berlin unter Erich Hornbostel. Er konstruierte ein elektroakustisches »Rhythmicon«. Eine Studienreise führte ihn nach Asien, dort lehrte er an den Musikakademien in Teheran und Madras. Sodann wurde er Professor an der Columbia University in New York. Er starb am 10.12. 1965 in Shady, N.Y.

Werke

Die 19 Sinfonien von Henry Dixon Cowell tragen zum Großteil programmatische Titel, einige sind mit Chor ausgestattet, eine »Madras Symphony« verwendet außer dem Orchester drei indische Instrumente; er schrieb ferner zahlreiche andere Orchesterstücke mit verschiedener Besetzung, ein Konzertstück für Tonband, eines für Schlagzeug, ein Konzert für Akkordeon und Koro, eine Suite für Klaviersaiten und Kammerorchester, Sinfoniettas, verschiedene Kammermusik wie 5 Streichquartette und Quartette für andere Instrumente mit vokalisierenden Stimmen, ein Klaviertrio, eine Violinsonate, zahlreiche Chöre und Lieder mit verschiedener Begleitung, Klavierwerke mit Clusters. Er veröffentlichte mehrere musiktheoretische Essays, mit denen er sich für die Moderne Musik einsetzte.

Aro Stepanjan (1897–1966)

Leben

Aro Lewonowitsch Stepanjan wurde am 13.4. 1897 in Jelisabetpol (heute Kirowobad, Aserbaidschan) geboren. Er war bis 1930 Schüler des Konservatoriums in Leningrad unter Michail Gnessin und Wladimir Schtscherbatschow und unterrichtete sodann am Konservatorium in Jerewan, wo er am 9.1.1966 starb.

Werke

Neben 3 Opern schrieb Aro Stepanjan 3 Sinfonien, ein Klavierkonzert, eine Rhapsodie für Klavier und Orchester, 4 Streichquartette, 2 Sonaten für Violine und Klavier, eine Klaviersonate, eine Kantate und viele Lieder. Sein Stil fußte auf der armenischen Folklore und der russischen Spätromantik.

Harald Sæverud (geboren 1897)

Leben

Harald Sigurd Johan Sæverud wurde am 17.4. 1897 in Bergen geboren. Er studierte in Bergen und Berlin Komposition und wirkte anschließend als Dirigent und freischaffender Komponist.

WERKE
Neben einem Ballett schrieb Harald Sæverud 9 Sinfonien (darunter die berühmte »Sinfonia dolorosa«), »Fünfzig kleine Variationen« und »Hirtenliedervariationen«, ein Cellokonzert, ein Oboenkonzert, ein Klavierkonzert, ein Violinkonzert, eine Romanze für Violine und Orchester, Violin- und Klavierstücke, Chöre und Lieder und die Musik zu »Peer Gynt« von Henrik Ibsen (1828–1906), die allerdings die Bühnenmusik von Edvard Grieg nur teilweise verdrängen konnte.

György Kósa (geboren 1897)

LEBEN
György Kósa wurde am 24.4.1897 in Budapest geboren. Er war von 1905 bis 1916 Schüler von Béla Bartók, Zoltán Kodály und Victor von Herzfeld. Im Jahr 1927 erhielt er die Leitung einer Klavierklasse der Musikakademie in Budapest, die er bis 1960 betreute.

WERKE
Neben 9 Opern, 4 Balletten und 6 Pantomimen schrieb György Kósa 9 Sinfonien, eine Suite, 6 weitere Orchesterstücke, eine Suite für Streichorchester, eine Ballade mit Rondo für Violine und Blasorchester, ein Bläserquintett, eine Kammermusik für 17 Instrumente, 8 Streichquartette, in Klaviertrio, ein Trio für vokalisierende Stimme, Violine und Klavier, mehrere Stücke für Violine und Klavier, ein Duo für Violine und Cello, Solostücke für Violine, für Flöte, für Fagott, für Kontrabaß und für Klavier, 11 Oratorien, mehrere Kantaten und andere Chorwerke, darunter eine Messe, ein Dies irae, 2 Requiem, Liederzyklen und Einzellieder.

Erich Wolfgang Korngold
(1897–1957)

LEBEN
Erich Wolfgang Korngold wurde am 29.5. 1897 in Brünn geboren. Er studierte in Wien bei Robert Fuchs, Alexander Zemlinsky und Hermann Graedener. Bereits mit 11 Jahren

Erich Wolfgang Korngold

komponierte er und wurde 1921 Dirigent am Stadttheater in Hamburg. Im Jahr 1931 wurde er Professor für Musiktheorie und Leiter der Kapellmeisterklassen an der Staatsakademie für Musik in Wien, von wo er 1934 in die USA emigrierte und dort 12 Jahre für Warner Brothers als Filmkomponist wirkte. Nach 1945 lebte er abwechselnd in den USA und in Europa. Er starb am 29.11.1957 in Hollywood.

WERKE
Von Erich Wolfgang Korngold sind 5 Opern auf die Bühnen gekommen, von denen »Die tote Stadt« und »Das Wunder der Heliane« Welterfolge wurden. Er schrieb ferner eine Pantomime und mehrere Schauspielmusiken, eine Sinfonie, eine Ouvertüre, eine sinfonische Serenade für Streichorchester, eine Sinfonietta, ein Klavierkonzert für die linke Hand,

Otto Edelmann, ›Malignac‹ in der Oper »Kathrin« von Erich Wolfgang Korngold

ein Violinkonzert, ein Cellokonzert, ein Streichsextett, ein Klavierquintett, 3 Streichquartette, ein Klaviertrio, 3 Klaviersonaten, eine sinfonische Dichtung für Alt, Frauenchor und Orchester, eine Suite für zwei Violinen,

Franz Schalk

Cello und Klavier, zahlreiche Filmmusiken und Lieder. Sein anfänglich stark expressionistischer Stil orientierte sich später immer mehr an älteren Vorbildern.

Sinfonie in Fis-Moll, Opus 40, 4 Sätze, entstanden 1950

Dieses Werk ist klassisch strukturiert, seine Thematik rein musikalisch, ohne programmatischen Ausdruck. Im 1. Satz, einem energischen Moderato, trägt die Klarinette nach einer synkopierten Einleitung das Hauptthema vor. Seine lebhafte Bewegung wird von einem lyrischen Zwischenspiel abgelöst, dann folgt eine marschartige Durchführung, deren starke Spannung gegen das Ende in eine weiche Reprise des Hauptthemas mündet. Das Scherzo stellt eine virtuose Tarantella mit kompliziertem Rhythmus dar. Im 3. Satz erklingt ein langes Thema, das einem Trauermarsch ähnelt und nach dreimaligen ekstatischen Höhepunkten feierlich endet. Das Finale ist spielerisch und unbeschwert. Sein Rhythmus erinnert an Militärmusik, er drückt offenbar Lebensbejahung aus und mündet in einem triumphalen Abschluß.

LITERATUR

L. Korngold, Erich Wolfgang Korngold, Wien 1967.

Alexandre Tansman (geboren 1897)

LEBEN

Alexandre Tansman wurde am 12.6.1897 in Lódz geboren. Nach Studien in seiner Geburtsstadt wurde er in Warschau Schüler von Piotr Rytel. Im Jahr 1919 ließ er sich in Paris nieder, von wo er 1941 in die USA flüchtete; 1946 kehrte er zurück und nahm am Musikleben von Paris als Pianist, Dirigent und Komponist lebhaften Anteil. Er unternahm eine Reihe Konzertreisen nach verschiedenen Ländern Europas.

WERKE

Von Alexandre Tansman sind 4 Opern und 8 Ballette auf die Bühnen gekommen. Er schrieb außerdem 8 Sinfonien, 3 Serenaden, ein Konzert, eine Suite, ein Capriccio, einen »Hexentanz«, 2 sinfonische Sätze, Variationen, eine »Polnische Rhapsodie«, 2 Klavierkonzerte, ein Klarinetten-, ein Oboen-, ein Gitarrenkonzert, verschiedene Orchesterstücke und Solistenkonzerte, 8 Streichquartette, 2 Streichtrios, 2 Klaviertrios, weitere Stücke für Kammerensembles mit verschiedener Besetzung, 2 Violinsonaten, 5 Sonaten und 3 Sonatinen für Klavier, Sonaten, Sonatinen und Suiten für verschiedene Instrumente, ein Oratorium und weitere Chöre sowie Lieder. Seine Musik war von Richard Strauss, Igor Strawinsky und Maurice Ravel beeinflußt und integrierte sehr viel polnische Folklore.

Hans Barth (1897–1956)

LEBEN
Hans Barth wurde am 25. 6. 1897 in Leipzig geboren. Er kam im Jahr 1907 in die USA, wurde dort zum Pianisten ausgebildet und unterrichtete an mehreren Lehranstalten, bis er Leiter der National School for Musical Culture in New York wurde. Er starb am 9. 12. 1956 in Jacksonville, Fla.

WERKE
Für das Viertelton-Klavier, das Hans Barth konstruierte, schrieb er das zweite seiner 2 Klavierkonzerte, dem er ein Viertelton-Streichorchester beigab, weiters verfaßte er eine Suite für Viertelton-Streicher, Blechbläser und Pauken, ein Quintett mit Viertelton-Klavier, kleinere Vokalstücke und eine Operette.

Ottmar Gerster (1897–1969)

LEBEN
Ottmar Gerster wurde am 29. 6. 1897 in Braunfels geboren. Er studierte am Hoch-schen Konservatorium in Frankfurt am Main unter Bernhard Sekles und Adolf Rebner. Von 1927 bis 1947 wirkte er als Dozent an der Folkwangschule in Essen, anschließend bis 1952 als Kompositionsprofessor an der Musikhochschule in Weimar und darauf in gleicher Eigenschaft an der Musikhochschule in Leipzig, wo er am 31. 8. 1969 starb.

Ottmar Gerster

WERKE
Außer 5 Opern und einem Ballett schrieb Ottmar Gerster 3 Sinfonien, eine »Festliche Musik«, »Oberhessische Bauerntänze«, »Ernste Musik«, »Festliche Toccata«, »8 sinfonische Variationen über ein Jugendlied«, 2 Ouvertüren, eine Suite, ein Hornkonzert, ein Cellokonzert, ein Klavierkonzert, ein Concertino für Bratsche und Kammerorchester, 2 Streichquartette, ein Streichtrio, eine Violinsonate, 2 Sonaten für Bratsche und Klavier, »Heitere Musik« für fünf Bläser, ein Divertimento für Bratsche und Violine, Kantaten, Chöre und Lieder. Sein Stil strebte »eine klare, vom Volkslied beeinflußte Tonsprache mit Einbeziehung harmonischer Freiheiten und formaler Raffung« an.

Sinfonie Nr. 2 »Thüringische Sinfonie«, 4 Sätze, entstanden 1953

Der 1. Satz des Werks, das am klassischen Erbe anknüpft, führt den Hörer mit dem Hauptthema in die thüringische Landschaft ein. Das zweite Thema ist sehr kantabel. Die Durchführung bringt aber keine scharfen Diskrepanzen der beiden Linien, sondern eine gemeinsame Steigerung des Ausdrucks. Das Largo des 2. Satzes ist voll Stimmung und erinnert an skandinavische Musik. Der 3. Satz ist ein temperamentvolles Scherzo. Das Finale fußt auf Themen des 1. Satzes. Nach einem polonäseähnlichen Thema schließt ein breiter Blechsatz das Werk ab.

Sinfonie Nr. 3 »Leipziger Sinfonie«, 4 Sätze, entstanden 1968

Diese ursprünglich 1965 dreisätzig mit Chor im Finale gefaßte Sinfonie wurde 1968 zur heutigen Gestalt umgearbeitet. Der 1. Satz beginnt mit Signalen der Bläser, dann bringt die Oboe ein melodisches zweites Thema. Beide Themen werden verarbeitet, bis das Signalmotiv die Oberhand gewinnt und der Satz unisono kräftig abschließt. In nachdenklicher Stimmung beginnt der 2. Satz, dann folgen Fortissimoeinsätze des gesamten Orchesters. Der Mittelteil ist voll erregter Bewegung; ein Bläserchor führt darauf zum Ausklang. Das Scherzo des 3. Satzes weist häufig Taktwechsel auf und ist tänzerisch belebt. Das Finale ist eine großangelegte Passacaglia, die zwar von Johann Sebastian Bach inspiriert ist, aber ein Zwölftonthema verarbeitet, bis es zu einem hymnischen Ausklang kommt.

Hans Knappertsbusch

Paul Ben-Haim (1897–1984)

Leben

Paul Ben-Haim wurde am 5.7.1897 in München geboren. Er studierte bis 1920 an der Akademie der Tonkunst in seiner Geburtsstadt. Anschließend assistierte er als Theaterkapellmeister bei Bruno Walter (15.9.1876, Berlin, bis 17.2.1962, Beverly Hills, Calif.) und Hans Knappertsbusch (12.3.1888, Elberfeld, bis 25.10.1965, München); von 1924 bis 1931 wirkte er als Kapellmeister in Augsburg. Im Jahr 1933 mußte er emigrieren und ließ sich in Tel Aviv als Komponist, Musikpädagoge und Dirigent nieder. Er starb am 25.1. 1984 in Tel Aviv.

Werke

Die systematische Sammlung und Erforschung der Folklore der orientalischen Juden, denen sich Paul Ben-Haim seit den dreißiger Jahren des 20. Jahrhunderts widmete, fand in seinem kompositorischen Schaffen ihren Niederschlag. Das melodisch-thematische Material entnahm er dieser Volksmusik. Er schrieb 2 Sinfonien, ein Konzert für Streicher, Metamorphosen und Variationen für Orchester, ein Klavierkonzert, ein Capriccio für Klavier und Orchester, ein Violinkonzert, ein Cellokonzert und weitere Stücke für Orchester, eine Sonate für zwei Mandolinen, Gitarre, Cembalo, Harfe und zwei Streichorchester, 3 sinfonische Sätze für Solisten und Orchester, zahlreiche Chöre mit Ensembles verschiedener Art, Sonaten für Violine, liturgische Musik und Lieder.

Variationen über ein Pastorale für Soloklarinette, Harfe und Streichorchester, Opus 31,6, 6 Variationen, entstanden 1945

Das Grundthema und mehrere Variationen lehnen sich deutlich dem Hirtengesang des Nahen Ostens an, obwohl kein bestimmtes Hirtenlied verwendet wurde. Die Variationen bringen das Thema mit verschiedenem Ausdruck, nur in der letzten wird es frei paraphrasiert. Eine kurze Kadenz der Klarinette schließt das Stück ab.

Jaroslav Řídký (1897–1956)

Leben

Jaroslav Řídký wurde am 25.8.1897 in Liberec (Reichenberg), Böhmen, geboren. Er war am

Konservatorium in Prag Schüler von Karel Boleslav Jirák, Josef Bohuslav Foerster sowie Jaroslav Křička und sodann von 1924 bis 1949 als Lehrer tätig; von 1924 bis 1938 war er in Prag Harfenist der Tschechischen Philharmonie und von 1925 bis 1930 Chordirigent des Philharmonischen Orchesters. Er starb am 14.8.1956 in Lázně Poděbrady.

WERKE

Von Jaroslav Řídký sind 7 Sinfonien, eine Sinfonietta, eine Serenade für Streichorchester, eine Kammersinfonietta, ein Violinkonzert, ein Klavierkonzert, 2 Cellokonzerte, 2 Nonette, ein Klarinettenquintett, ein Bläserquintett, 5 Streichquartette, ein Klaviertrio, 2 Sonaten für Cello und Klavier, eine Serenade und eine Sonatine für Violine und Klavier, Klavierstücke, mehrere Kantaten und Volksliedbearbeitungen bekannt geworden.

Honorio Siccardi (1897–1963)

LEBEN

Honorio Siccardi wurde am 13.9.1897 in Buenos Aires geboren. Er studierte in seiner Geburtsstadt bei Arturo Berutti, Ernesto Drangosch (22.1.1882, Buenos Aires, bis 26.6. 1925, Buenos Aires) und Gilardo Gilardi (25.5.1889, San Fernando, bis 16.1.1963, Buenos Aires), sodann in Italien bei Gian Francesco Malipiero. Anschließend wirkte er als Pianist am Konservatorium in Parma. Nach seiner Rückkehr nach Argentinien war er in Buenos Aires als Pianist, Musiklehrer und Komponist tätig. Er starb am 10.9.1963 in Lomas de Zamora.

WERKE

Neben 3 Opern und 2 Balletten verfaßte Honorio Siccardi eine Sinfonie, 2 »Argentinische Suiten«, ein Violinkonzert, ein Klavierkonzert, eine Suite für Bläser und Schlagzeug, 7 Streichquartette, ein Streichtrio, eine Suite für Klarinette und Klavier, Solosonaten für Bratsche und für Cello, verschiedene Klavierwerke, Chöre und Lieder. Er publizierte mehrere musikwissenschaftliche und didaktische Werke.

Oscar Lorenzo Fernândez (1897–1948)

LEBEN

Oscar Lorenzo Fernândez wurde am 4.11. 1897 in Rio de Janeiro geboren. Er studierte am Instituto Nacional de Música unter Francisco Braga und Enrique Oswald (1852–1931). Im Jahr 1936 gründete er das Konservatorium seiner Geburtsstadt und leitete es bis zu seinem Tod am 27.8.1948.

WERKE

Das kompositorische Schaffen von Oscar Lorenzo Fernândez ist durch starke Übernahme von Elementen der brasilianischen Volksmusik, insbesonders ihrer Rhythmen, gekennzeichnet. Er schrieb eine Oper, ein Ballett, 2 Sinfonien, eine sinfonische Suite über brasilianische Volksthemen, eine Suite, 5 sinfonische Dichtungen, ein Klavierkonzert, ein Violinkonzert, ein Bläserquintett, 2 Streichquartette, 3 Trios, ein Klaviertrio, zahlreiche Klavierwerke – Sonaten, Suiten, Tänze –, viele Chorwerke und Lieder.

Karl Marx (geboren 1897)

LEBEN

Karl Marx wurde am 12.11.1897 in München geboren. Er studierte ab 1919 bei Carl Orff und von 1921 bis 1924 an der Akademie der Tonkunst in München. Anschließend wirkte er an der Akademie als Solorepetitor und ab 1929 als Theorielehrer. Von 1939 bis 1945 war er Kompositionslehrer an der Musikhochschule in Graz und von 1946 bis 1966 an der Musikhochschule in Stuttgart. Er nahm sich sehr stark der Jugendmusikbewegung an.

WERKE

Von Karl Marx sind ein Klavierkonzert, ein Bratschenkonzert, ein Violinkonzert, ein Flötenkonzert, ein Konzert für zwei Violinen und Orchester, 2 Divertimenti, eine Kammermusik für sieben Instrumente, eine Passacaglia, 2 Fantasien sowie zahlreiche Chorwerke und Lieder bekannt geworden. Sein Stil ist sehr einfach und greift nicht selten auf alte Vorbilder zurück.

Quinto Maganini (1897–1974)

LEBEN
Quinto Maganini wurde am 30.11.1897 in Fairfield, Calif., geboren. Er wirkte ab 1917 als Flötist im Sinfonieorchester in San Francisco und von 1919 bis 1927 im Sinfonieorchester von New York, sodann studierte er zwei Jahre bei Nadia Boulanger in Fontainebleau. Später trat er in New York als Dirigent hervor und gründete 1932 ein eigenes Kammerorchester; von 1939 bis 1970 war er Dirigent des Sinfonieorchesters in Norwalk, Conn. Er starb am 10.3.1974 in Greenwich, Conn.

WERKE
Außer 2 Opern und einem Ballett schrieb Quinto Maganini eine Sinfonie, eine Rhapsodie, ein Konzert für Streicher, mehrere andere Orchesterstücke, Chorwerke und Lieder. Sein Stil neigte zum Klassizismus.

Hermann Heiß (1897–1966)

LEBEN
Hermann Heiß wurde am 29.12.1897 in Darmstadt geboren. Er war in Frankfurt am Main Schüler von Bernhard Sekles und arbeitete ab 1923 in Wien mit Joseph Hauer. Nach Tätigkeiten als Chorleiter und Musikerzieher wurde er 1941 Theorielehrer in Frankfurt. Im Jahr 1955 wurde er Leiter eines Studios für elektronische Komposition, nachdem er zwei Jahre zuvor eine Kompositionsklasse an der Akademie der Tonkunst in Darmstadt, wo er am 6.12.1966 starb, übernommen hatte.

WERKE
Von den bis 1944 verfaßten Werken von Hermann Heiß ist der Großteil bei der Zerstörung Darmstadts zugrunde gegangen. Von den späteren Werken sind bemerkenswert: 2 Sinfonien, »Zehn Konfigurationen«, »Polychromatica und Bewegungsspiele«, ein Klavierkonzert, »Elektronische Kompositionen I, II, III und IV«, »2 Essays«, »Zuordnung Vier«, »Variable Musik« für vier Tonbänder, mehrere Chorwerke (darunter eine Messe für Alt, Tenor, Chor und Tonband), ein »Spiel« für die Bühne und 3 Ballette. Seit 1961 trat er für die Integrierung aller »Zeit-Künste« ein, für die er eine Kompositionstechnik entwarf, die eine Synthese von elektronischer Musik, filmischer Lichtfarbenbewegung, tänzerischer Aktion und gesprochenem Wort bilden sollte, kam aber über das experimentelle Stadium nicht hinaus.

Roger Vuataz (geboren 1898)

LEBEN
Roger Vuataz wurde am 4.1.1898 in Genf geboren und studierte am Konservatorium seiner Vaterstadt. Er gründete dort 1924 eine »Bach-Gesellschaft«, 1940 eine Evangelische Singschule und wirkte von 1929 bis 1935 als Musikkritiker. Im Jahr 1937 wurde er Sendeleiter und 1943 Leiter der Musikabteilung von Radio Genf.

WERKE
Außer einer Oper und 2 Balletten schrieb Roger Vuataz eine Sinfonie, eine sinfonische Suite, ein sinfonisches Fresco, ein Klavierkonzert, ein Harfenkonzert, ein Streichquartett, eine Suite für Flöte, Oboe, Bratsche, Cello und Cembalo, ein Triptychon für Cello, 3 Sonatinen und eine Sonate für Klavier, 2 Oratorien, Chöre a cappella und Lieder. Er war stilistisch konservativ, mit Neigung zum Neuklassizismus.

Vittorio Rieti (geboren 1898)

LEBEN
Vittorio Rieti wurde am 28.1.1898 in Alexandria (El Iskandariya) geboren. Er studierte in Mailand und darauf in Rom bei Alfredo Casella und Ottorino Respighi. Nachdem er bis 1940 als freier Komponist und Musiklehrer teils in Rom, teils in Paris gewirkt hatte, siedelte er in die USA über, wo er zunächst am Konservatorium in Baltimore, sodann am Musical College in Chicago und schließlich von 1960 bis 1964 am Queens College in New York unterrichtete.

WERKE

Bis zur Übersiedlung in die USA waren die Kompositionen von Vittorio Rieti von der italienischen Spätromantik, vom Impressionismus und dem Neuklassizismus der französischen Gruppe der »Six« beeinflußt. Dann schloß er sich immer enger an die amerikanische Musik des 20. Jahrhunderts an. Er schrieb 7 Opern, 8 Ballette und zahlreiche Bühnenmusiken, weiters 5 Sinfonien, 2 Suiten, 3 Konzerte, 3 Klavierkonzerte, 2 Cellokonzerte, ein Violinkonzert, ein Konzert mit zwei Klavieren, ein Konzert mit Bläserquintett, ein Tripelkonzert für Violine, Bratsche und Klavier, »Madrigali« für zwölf Instrumente, ein Oktett, 4 Streichquartette, Variationen für Flöte, Klarinette und Violine, ein Klaviertrio, eine Partita für Harfe und sechs Instrumente, ein Concertino für fünf Klarinetten, eine Sonate für Violine und Klavier, Werke für Klavier und für zwei Klaviere, eine Cembalosonate und Klavierlieder.

Roy Harris (1898–1979)

LEBEN

Roy Harris wurde am 12.2.1898 in Lincoln Country, Okla., geboren. Er studierte zunächst bei Arthur Farwell und von 1926 bis 1928 bei Nadia Boulanger in Paris. Von 1934 bis 1938 wirkte er als Kompositionslehrer an der Westminster Choir School in Princetown, N. J., und anschließend an verschiedenen Colleges; ab 1961 unterrichtete er an der Universität in Los Angeles. Er starb am 1.10.1979 in Santa Monica, Calif.

WERKE

Von Roy Harris sind 12 Sinfonien, mehrere Suiten und einzelne Sätze, 2 Konzertstücke mit Klavier und weitere Orchesterstücke, ein Konzert für Blechbläser und Schlagzeug mit Klavier, 4 Klavierkonzerte, ein Konzert für zwei Klaviere, ein Violinkonzert, ein Sextett für zwei Violinen, Bratsche, Cello, Kontrabaß und Klavier, ein Quintett, 5 Streichquartette, Klaviermusik, Chorwerke mit verschiedener Begleitung, ein Chor a cappella, 2 Kantaten und Werke für Blasorchester bekannt geworden. Er gehört zu den Großen der Neuen Musik in den USA.

Sinfonie Nr. 3, ein Satz, entstanden 1938

Das einsätzige Werk zerfällt nach dem vom Komponisten mitgeteilten Arbeitsplan in 5 Abschnitte. Der 1. Abschnitt hat tragischen Charakter und wird von tiefen Streicherklängen bestritten. Der 2. Abschnitt ist lyrisch, Streicher, Hörner und Holzbläser beherrschen die Szene. Im 3. Abschnitt blasen die Holzbläser ein Pastorale vor einer polytonalen Hintergrundmusik der Streicher. Der 4. Abschnitt bringt eine dramatische Fuge. Diese Stimmung wendet sich im 5. Abschnitt zur Tragik, gegen das Ende wird Material aus dem 1. und 2. Abschnitt über dem Klang von Pedalpauken entwickelt.

Quintett für Klavier und Streicher, 3 Sätze, entstanden 1936

Der 1. Satz, »Passacaglia«, bringt in seinem ersten Teil ein Thema mit drei Variationen; eine kurze Stretta leitet zum zweiten Teil, in dem es zu einer ausgedehnten Entwicklung des Themas im Klavier kommt und die anderen Instrumente korrespondieren. Dem schließt sich unmittelbar der 2. Satz, »Cadenza«, an, der ein Zwölftonthema verarbeitet. Das Finale, »Fuga«, folgt darauf ohne Pause.

Dorothy Howell (1898–1982)

LEBEN

Dorothy Howell wurde am 25.2.1898 in Birmingham geboren. Sie studierte bei Tobias Augustus Matthay und John Blackwood McEwen an der Royal Academy of Music in London, an der sie anschließend bis 1970 als Kompositionslehrerin tätig war. Dann wandte sie sich der Komposition sakraler Musik zu. Sie starb am 12.1.1982 in London.

WERKE

Von Dorothy Howell sind eine sinfonische Dichtung, ein Orchesterballett, eine Ouvertüre, ein Divertissement, ein Klavierkonzert, eine Violinsonate, eine Fantasie für Violine und Klavier, Klavierstücke, Messen, Anthems und Lieder bekannt geworden.

Humberto Viscarra Monje (1898–1971)

LEBEN

Humberto Viscarra Monje wurde am 3.3.1898 in Sorata, La Paz, geboren. Er studierte in Italien und in Paris und darauf am Konservatorium in La Paz. Er wurde Klavierlehrer an dieser Anstalt und leitete sie als Direktor bis 1968. Er starb am 2.9.1971 in La Paz, Kolumbien.

WERKE

Von Humberto Viscarra Monje, der der Entwicklung des Musiklebens in Kolumbien starke Impulse verlieh, sind an Orchesterwerken ein Scherzo, eine »Legende« und ein »Kleiner Tanz«, an Klavierstücken eine Sammlung stilisierter bolivianischer Melodien und Variationen, außerdem Chöre und Lieder bekannt geworden. Sein Stil fußt auf der Folklore seiner Heimat.

Flemming Weis (geboren 1898)

LEBEN

Carl Flemming Weis wurde am 15.4.1898 in Kopenhagen geboren. Er wurde in seinem Geburtsort und in Leipzig ausgebildet und war ab 1923 in Kopenhagen als Komponist, Musikpädagoge, Organist und Kritiker tätig.

WERKE

Für Orchester schrieb Flemming Weis 2 Sinfonien, 2 Ouvertüren, ein Concerto für Streichorchester und weitere Stücke; weiters verfaßte er ein Streichquintett, 4 Streichquartette, eine Serenade für Flöte, Violine und Cello, Kammermusik für Bläser, Klavierwerke, Orgelwerke, Chöre und Lieder. Er ist einer der Vertreter Neuer Musik in Dänemark.

Rito Selvaggi (1898–1972)

LEBEN

Rito Selvaggi wurde am 22.5.1898 in Noicattaro di Bari geboren. Er war Schüler des Liceo Musicale in Pesaro und studierte sodann bei Ferruccio Busoni. Von 1930 bis 1934 war er Direktor des Istituto Musicale in Varese, anschließend unterrichtete er bis 1938 am Konservatorium in Parma, leitete sodann das Konservatorium in Palermo und von 1956 das Konservatorium in Parma. Von 1959 bis 1968 wirkte er als Direktor des Konservatoriums in Pesaro. Er starb am 19.5.1972 in Zoagli bei Genua.

WERKE

Von Rito Selvaggi sind 5 Opern aufgeführt worden. Er schrieb ferner ein »Trittico sinfonico«, 2 Suiten, ein Konzert für Streichorchester, eine Ouvertüre, ein Streichquartett, eine Violinsonate, eine Sonate für Bratsche und Klavier, eine Sonate und eine Suite für Klavier, eine Orgelsuite, 2 Oratorien, eine Messe, ein Stabat mater, eine Elegie für Cello, Chor und Orchester, Chöre und Lieder, außerdem Instrumentationen von alter Cembalomusik und Bearbeitungen. Er veröffentlichte auch didaktische Werke. Sein Stil war klassizistisch.

Paul Müller (geboren 1898)

LEBEN

Paul Müller (Müller-Zürich) wurde am 19.6.1898 in Zürich geboren. Er studierte bei Volkmar Andreae und Philipp Jarnach (26.7.1892, Noisy-le-Sec, bis 17.12.1982, Hamburg), sodann in Berlin und Paris. Ab 1922 war er Chor- und Orchesterleiter und ab 1927 Lehrer für Kontrapunktik, Komposition und Dirigieren in Zürich; 1969 zog er sich von diesen Tätigkeiten zurück.

WERKE

Von Paul Müller sind eine Sinfonie für Orchester, 4 Sinfonien für Streichorchester, 2 Sinfoniettas, eine Sonate für Streichorchester, ein Cellokonzert, ein Bratschenkonzert, 2 Violinkonzerte, ein Konzert für Cembalo, zwei Violinen und Streichorchester, ein Streichquintett, ein Quintett für Klarinette, Fagott, Violine, Cello und Klavier, 2 Streichquartette, ein Trio für Flöte, Klarinette und Klavier, ein Capriccio für Flöte und Klavier, »8 Stücke für neun Instrumente«, 45 Choräle und eine Passacaglia für Orgel, Chorkantaten, zahlreiche

Chöre und Lieder mit verschiedener Besetzung und Begleitung sowie Klavierwerke bekannt geworden.

Hanns Eisler (1898–1962)

LEBEN

Hanns (Johannes) Eisler wurde am 6.7.1898 in Leipzig geboren. Er war in Wien Schüler von Arnold Schönberg und Anton Webern. Darauf lebte er in Berlin als freier Komponist. Im Jahr 1933 emigrierte er und kam über Österreich, Dänemark und Spanien in die USA, wo er als Kompositionslehrer an der New School for Social Research in New York und darauf an der Universität in Los Angeles wirkte. Im Jahr 1950 ließ er sich endgültig in Berlin nieder und lehrte an der neugegründeten Hochschule für Musik in Ost-Berlin bis zu seinem Tod am 6.9.1962.

WERKE

Die Tonsprache von Hanns Eisler bezieht die Thematik der Klassiker, die Dodekaphonie, Elemente des Jazz, strenge Tonalität, erweiterte Tonalität, Atonalität, Polytonalität ein und formt daraus neue Aussagemöglichkeiten. Er schrieb eine »Kleine Sinfonie«, »Fünf Orchesterstücke«, eine Kammersinfonie, eine Rhapsodie für Orchester und Sopran, eine »Winterschlacht-Suite«, weitere Suiten aus seinen Bühnen- und Filmmusiken, außerdem über 600 Lieder, Kantaten, Chöre zumeist politischen Inhalts.

Hanns Eisler, Paul Hindemith, Bert Brecht (1929)

Kleine Sinfonie, Opus 29, 4 Sätze, entstanden 1932

Im 1. Satz wird ein von der Ersten Trompete intoniertes Thema aus neun Tönen – die fehlenden drei Töne der Skala scheinen in der Begleitung auf – dreiundzwanzigmal kontrastreich variiert. Der 2. Satz bringt ein spritziges, impulsives Allegro assai mit einem gravitätischen Mittelteil. Im 3. Satz »kritisieren Jazztrompete und Jazzposaune gefühlvolle Streicher«. Im Finale stellt sich ein zwölftöniges Rondo vor.

Kammersinfonie, 5 Sätze, entstanden 1940

Dem Werk liegt die Musik zur Filmsequenz »Naturszenen« zugrunde. »Die Instrumentation ging auf die Idee der ›Kälte‹ der Naturbilder ein. Sie verwendete neben einem normal zusammengestellten Kammerorchester noch ein elektrisches Klavier und ein Novochord. Die elektrischen Instrumente werden solistisch behandelt. Besonders ausgenutzt ist die Kälte und Schärfe ihrer Manieren wie Triller, Mordente, Vorschläge und Trillerketten«, erklärte der Komponist. Der 1. Satz bringt ein Zwölftonthema. Der 2. Satz verarbeitet einen Cantus firmus dodekaphonisch. Der 3. Satz ist ein Scherzo mit ostinater marschähnlicher Rhythmik. Im 4. Satz stehen beide Violinen im Vordergrund, dem Orchester ist nur eine begleitende Funktion zugeteilt. Der letzte Satz hat Sonatenform. Es handelt sich im ganzen Stück um keine »bildliche« Darstellung, sondern um das Verhalten der Menschen angesichts der Naturgewalten.

Rhapsodie für großes Orchester mit Sopransolo, 2 Teile, entstanden 1949

Das Werk verwendet Verse aus Faust II. von Johann Wolfgang von Goethe. Nach einer ruhigen Orchestereinleitung setzt das Solo ein: »Macht euch schnell von Fabeln frei! Eurer Götter alt Gemenge, laßt es hin, es ist vorbei!« Der 2. Teil ist orchestral mit Elementen des Kampf- und Massenlieds des Komponisten. Im Coda erklingt es hoffnungsvoll: »Doch erfrischet neue Lieder, steht nicht länger tief gebeugt!«

Winterschlacht-Suite, Vorspiel und 8 Teile, entstanden 1955

Die Suite fußt auf der Bühnenmusik zum Drama »Winterschlacht« von Johannes Robert Becher (1891–1958). Das von den Streichern vorgetragene Vorspiel drückt die Trauer über die Opfer der Schlacht aus. Mit Trompetenmotiven schildert das Agitato des 1. Satzes den Vormarsch des deutschen Heeres gegen Moskau. Im 2. Satz kommt der Angriff ins Stocken. Der 3. Satz, der die Aufschrift »Schnee« trägt, stellt den Winter vor Moskau dar. Der 4. Satz ist ein Melodram; ein Sprecher rezitiert Passagen aus dem Drama. Nach dem Zwischenspiel des 5. Satzes folgt ein zweites Melodram, in dem der Sprecher »Soldatenehre«, »Bürgerehre« und »Menschenehre« gegenüberstellt. Der 7. Satz stellt die Schlacht um Moskau dar. Der Angriff wird abgeschlagen. Im 8. Satz wird vom Sieg vor Moskau berichtet; die pathetische, traurige Musik des 1. Satzes erklingt erneut.

LITERATUR

H. A. Brockhaus, Hanns Eisler, Leipzig 1961.

Dante Alderighi (1898–1968)

LEBEN

Dante Alderighi wurde am 7.7.1898 in Taranto geboren. Nach zwei Jahren Studium bei Giovanni Sgambati in Rom und weiteren zwei in Leipzig bei Robert Teichmüller und Stephan Krehl war er neuerlich in Rom und Schüler von Giacomo Setaccioli und Gian Francesco Malipiero. Anschließend unternahm er Konzertreisen als Pianist durch Europa, bis er Klavierlehrer an der Accademia di Santa Cecilia in Rom wurde, wo er am 12.12.1968 starb.

WERKE

Von Dante Alderighi sind ein Konzert für Streichorchester, 2 Klavierkonzerte, ein Streichquartett, eine Suite für Cello und Klavier, mehrere Violinsonaten und Klavierstücke, außerdem ein Oratorium und eine Kantate bekannt geworden. Sein Stil hatte sich von der italienischen Spätromantik nicht endgültig gelöst, tendierte aber stark zum Neuklassizismus.

Norman Demuth (1898–1968)

LEBEN

Norman Frank Demuth wurde am 15.7.1898 in South Croydon, Surrey, geboren. Er war Schüler des Royal College of Music in London. Anschließend war er als Organist, Chor- und Orchesterdirigent tätig, bis er 1930 Kompositionslehrer an der Royal Academy of Music in London wurde. Er war Mitbegründer der Gesellschaft für Neue Musik und gehörte zu den Bahnbrechern der Musikentwicklung des 20. Jahrhunderts. Er starb am 21.4.1968 in Chichester, Sussex.

WERKE

Von Norman Demuth sind 5 Opern aufgeführt worden. Er schrieb 5 Ballette, 3 Sinfonien, verschiedene sinfonische Stücke und Divertimenti, Variationen, eine Partita, eine Ouvertüre, eine Sinfonie für Streicher, mehrere Stücke und eine Suite für Streicher, ein Violinkonzert, ein Saxophonkonzert, 2 Klavierkonzerte – eines für die linke Hand –, einen sinfonischen Satz für Ondes Martenot und Orchester, eine Ballade für Bratsche und Orchester, ein Cellokonzert, eine Sinfonietta für Klavier und Orchester, ein Stück für Bläser, Schlagzeug und Cembalo, ein Streichquartett, ein Klavierquartett, mehrere Quartette mit verschiedener Besetzung, eine Sonate für Violine und Klavier, eine Fanfare für Orgel und drei Trompeten, eine Sinfonie, Choräle und andere Stücke für Orgel, ein Requiem a cappella, Orchesterlieder. Er publizierte zahlreiche musikhistorische und musiktheoretische Werke.

Salvador Bacarisse (1898–1963)

LEBEN

Salvador Bacarisse wurde am 12.9.1898 in Madrid geboren. Er war am Konservatorium in Madrid Schüler von Conrado del Campo y Zabaleta. Nach längerer Tätigkeit als Musikkritiker wirkte er von 1925 bis 1936 als künstlerischer Leiter bei Radio Madrid, dann wich er dem Bürgerkrieg nach Frankreich aus und ließ sich als freier Komponist in Paris nieder, wo er am 7.8.1963 starb.

WERKE

Von Salvador Bacarisse sind eine Oper, ein Ballett und mehrere Schauspielmusiken aufgeführt worden. Er schrieb ferner 4 sinfonische Bilder, ein Concerto grosso, eine Sinfonietta für achtzehn Bläser und Harfe, »Drei konzertante Sätze« für Violine, Bratsche, Cello und Orchester, ein Cellokonzert, eine sinfonische Dichtung für Frauenchor und Orchester, Klavierstücke und Lieder. Sein Stil war noch teilweise der Spätromantik verhaftet.

George Gershwin (1898–1937)

LEBEN

George Gershwin wurde am 26.9.1898 in New York geboren. Er war zunächst als Komponist von Songs und Tanzschlagern tätig, erst der bekannte Bandleader und »King of the Jazz«, Paul Whiteman, regte ihn an, sinfonischen Jazz zu schreiben. Er nahm bei Joseph Schillinger Theorieunterricht und errang mit seinen Kompositionen Welterfolge. Er starb am 11.7.1937 in Beverly Hills, Calif., als der erste Komponist, der dem Jazz die Tore zu den Konzertsälen wirklich geöffnet hatte.

WERKE

Obschon George Gershwin selbst nie Jazz schrieb, entnahm er ihm für seine eigene Tonsprache wichtige Elemente und verband sie

Oscar Peterson

George Gershwin, Du Bose Heyward und Ira Gershwin (v. l. n. r.)

mit zeitgenössischer Sinfonik zu einer Musik von seltener Ausdruckskraft, die von keinem seiner Nachahmer erreicht worden ist. Sie wirkt improvisatorisch, bei näherem Zuhören jedoch erkennt man die Genauigkeit der Werksarbeit, die einem beim ersten Hören entgeht, weil man von den aparten Klangkombinationen, den erregenden Rhythmen völlig gefangengenommen wird. Maurice Ravel, den er bei seinem Aufenthalt in Paris bat, ihm Kompositionsunterricht zu erteilen, lehnte mit den Worten ab: »Warum wollen Sie ein Ravel zweiten Ranges werden, da Sie doch ein Gershwin ersten Ranges sind?«, weil er die Genialität des Amerikaners erkannte. Es sind nur wenige Werke, die er auf dem Gebiet seines »sinfonischen Jazz« hinterließ; sie genügten aber, seinen Weltruhm zu begründen und bis heute zu erhalten: »Rhapsody in Blue« für Klavier und Orchester, »Concerto in F« für Klavier und Orchester, die Tondichtung für Orchester »An American in Paris«, die seltener gespielte »Second Rhapsody« für Klavier und Orchester, die »Cuban-Ouverture« für Orchester und kubanische Schlaginstrumente, die Variationen über »I got rhythm« für Klavier und Orchester über eigene Melodien und vor allem seine Negeroper »Porgy und Bess«, die um die Welt ging. Außerdem verfaßte er ein Klavierwerk mit dem Titel »Three preludes«, zahlreiche Musicals, darunter das als »Kammeroper« bezeich-

Cole Porter

nete »Blue Monday« (Blauer Montag), Madrigale sowie andere Chöre und – in seiner Frühzeit – über 50 Lieder und Tanzschlager.

Rhapsody in Blue für Soloklavier, mittelgroßes Orchester, 2 Altsaxophone, ein Tenorsaxophon, Banjo, ein Satz, entstanden 1924

Das Werk brachte bereits bei seiner Uraufführung in New York einen glänzenden Erfolg. Schon das großartige Klarinettenglissando, mit dem das Stück eröffnet wird, fesselte das Publikum; dann folgt das drängende Klavierthema, das während des gesamten Werks immer wiederkehrt. Das zweite Thema wird vom Orchester angestimmt und farbig gesteigert. Das Klavier bringt ein drittes, bis im Mittelteil die Blues-Stimmung alles beherrscht. Darauf kommt die Rhapsodie mit mehrmaligem raschem Tempowechsel im breiten Ablauf zu einem turbulenten Schluß.

Concerto in F für Soloklavier und Orchester, 3 Sätze, entstanden 1925

Häufiger Stimmungswechsel, verschiedene rasch aufeinanderfolgende Tempi profilieren den 1. Satz und verleihen ihm eine improvisatorische Struktur, die für alle Werke des Komponisten typisch ist. Der 2. Satz beginnt mit einem Hornruf, der in eine träumerische, von Klarinetten und gedämpften Trompeten begleitete Melodie übergeht; das musikalische Geschehen wird jedoch vom Klavier bestimmt, dessen Kadenz die Streicher choral verbreitern. Der 3. Satz ist ein Rondo mit Gedanken der vorangehenden Sätze. Nach dem langsamen Abschluß tritt das grollende Paukenmotiv wieder auf, das das Konzert eingeleitet hat.

Ein Amerikaner in Paris, Tondichtung für Orchester mit drei Saxophonen und Autohupen, 2 Teile, entstanden 1928

»Es ist meine Absicht, die Eindrücke eines amerikanischen Reisenden wiederzugeben, der durch Paris schlendert, der den Straßenlärm und die gesamte Atmosphäre der Stadt in sich aufnimmt«, erklärte der Komponist. Das Ragtime-Thema des 1. Teils zeigt den gemütlich über die Boulevards schlendernden Amerikaner; die Posaunen bringen sodann eine drastische Tanzmelodie, Taxis hupen energisch, das Englischhorn schließt die Episode mit einem besinnlichen Solo ab. Im Mittelteil bläst die Trompete eine Bluesmelodie, die von einem Charleston abgelöst wird – Erinnerung des Reisenden an seine amerikanische Heimat. Im 3. Teil erklingt der Blues noch einmal, das »Schlender-Thema« mit den Autohupen kommt wieder; darauf wird das Werk mit ständigem Tempowechsel klangprächtig zu Ende geführt.

Literatur

R. Rushmore, The Life of George Gershwin, London 1966.

Karl Rankl (1898–1968)

Leben

Karl Franz Rankl wurde am 1. 10. 1898 in Gaaden, Niederösterreich, geboren. Er war Schüler von Arnold Schönberg und Anton Webern. Er wirkte von 1928 bis 1931 an der Kroll-Oper in Berlin, anschließend ein Jahr in Wiesbaden, sodann bis 1937 als Operndirektor in Graz und darauf bis 1938 in Prag, von wo er nach London übersiedelte. Dort war er als Konzertdirigent tätig und von 1946 bis 1951 als Musikalischer Direktor der Covent Garden Opera. Ab 1952 leitete er die Schottischen Nationalorchester in Glasgow und Edinburgh, von 1958 bis 1960 wirkte er als Musikalischer Direktor der Elizabethan Opera Company in Sydney. Sodann lebte er in Österreich, wo er am 6.9.1968 in Salzburg starb.

WERKE

Von Karl Rankl sind 8 Sinfonien, eine Suite für Streicher, eine Sinfonietta, ein Streichquartett, 4 schottische Volkslieder für Mezzosopran und Orchester, ein Oratorium sowie ungefähr 60 Lieder auf deutsche und englische Texte bekannt geworden. Er verfaßte auch eine Oper. Seine Kompositionen bewegten sich hauptsächlich im Rahmen der Tonalität, die Technik seiner Lehrer wandte er nur selten an.

Günther Ramin (1898–1956)

LEBEN

Günther Werner Hans Ramin wurde am 15.10.1898 in Karlsruhe geboren. Er war, nachdem er die Thomasschule in Leipzig absolviert hatte, dort am Konservatorium Orgelschüler von Karl Straube, Klavierschüler bei Robert Teichmüller und Kompositionsschüler bei Stephan Krehl. Ab 1918 wirkte er als Organist an der Thomaskirche, ab 1920 als Organist der Gewandhauskonzerte und zugleich als Orgellehrer am Konservatorium. Er leitete den Leipziger Lehrergesangverein von 1922 bis 1935 und anschließend bis 1943 den Philharmonischen Chor in Berlin. Im Jahr 1940 wurde er Thomaskantor. Er starb am 27.2. 1956 in Leipzig.

WERKE

Der ausgezeichnete Organist und Cembalist Günther Ramin erfreute sich sowohl als Orgelimprovisator wie auch als Interpret klassischer Orgelwerke eines großen Rufs. Er nahm lebhaften Anteil an der Orgelerneuerungsbewegung und förderte sie durch eine große Anzahl Publikationen. Er schrieb eine Violinsonate, eine achtstimmige Motette, eine Orgelfantasie, ein Praeludium, Largo und Fuge für Orgel, eine Orgelchoral-Suite, eine Vertonung des 13. Psalms für Männerchor und Orgel, sowie eine »Canzona« für Orgel.

Marcel Mihalovici (geboren 1898)

LEBEN

Marcel Mihalovici wurde am 22.10.1898 in Bukarest geboren. Er erhielt dort seine musikalische Grundausbildung. Im Jahr 1919 ging er nach Paris und studierte an der Schola Cantorum unter Vincent d'Indy. Von 1959 bis 1962 lehrte er an derselben Anstalt musikalische Morphologie. Er war fallweise als Dirigent tätig und widmete sich sonst seinem umfangreichen kompositorischen Schaffen.

WERKE

Von Marcel Mihalovici sind 5 Opern und 5 Ballette aufgeführt worden. Er schrieb ferner 5 Sinfonien, zum Teil mit Singstimmen, ein Notturno, ein Divertissement, eine Fantasie, ein Capriccio, Variationen, Ouvertüren und andere verschiedene Orchesterstücke, ein Violinkonzert, ein Klavierkonzert, Stücke für verschieden besetzte Kammerensembles, 3 Streichquartette, ein Klavierquartett, ein Streichtrio, ein Bläsertrio, eine Sonate für drei Klarinetten, Stücke für Violine, Bratsche, Flöte, Oboe, Klarinette, Fagott, Horn, Baßsaxophon, Tenorsaxophon, zahlreiche Vokalwerke, Film- und Hörspielmusiken.

Erich Sehlbach (geboren 1898)

LEBEN

Oswald Erich Sehlbach wurde am 18.11.1898 in Wuppertal-Barmen geboren. Er studierte am Konservatorium in Leipzig unter Stephan Krehl Theorie und bei Sigfrid Karg-Elert Komposition. Er lebte von 1925 bis 1928 als freischaffender Komponist in München, sodann lehrte er bis 1966 an der Hochschule in Essen.

WERKE

Von Erich Sehlbach sind 4 Opern aufgeführt worden. Er schrieb außerdem 2 Sinfonien, eine Orchesterfantasie, eine konzertante Partita, »5 Epigramme« für Orchester, eine Sinfonietta für Streicher, eine »Serenata« für Streicher, eine Kammersinfonie für Harfe, Oboe, Blockflöte, Flöte, Klarinette und Fagott, ein Klavierkonzert, eine Kammersinfonie für

Klarinette, Klavier und Streicher, ein Concertino für Flöte, Oboe und Trompete mit Orchester, ein Bläserquintett, 3 Streichquartette, ein Holzbläserquartett, zahlreiche Sonaten und andere Stücke für Klavier, Chorwerke, Orchestergesänge, Chöre a cappella und »Lieder der Liebe« für Sopran, Oboe, Bratsche und Cello. Sein Stil ist vom Neuklassizismus beeinflußt.

Lew Knipper (1898–1974)

LEBEN

Lew Konstantinowitsch Knipper wurde am 21.11.1898 in Tbilisi geboren. Er war in Berlin Schüler von Philipp Jarnach und in Moskau von Reinhold Glier, Nikolai Schiljajew und Jelena Gnessina. Er hielt sich von 1942 bis 1944 im Iran als Dirigent und Sammler von Folklore auf. Ab 1946 wirkte er am Aufbau des Musiklebens der Burjat-Mongolischen ASSR mit. Er starb am 30.7.1974 in Moskau.

WERKE

Die Kompositionen von Lew Knipper verwerteten zahlreiche charakteristische Melodien asiatischer Völker, vor allem aus der Mongolei und Tadschikistan. Er schrieb 4 Opern und mehrere Ballette, außerdem 15 Sinfonien, zum Teil mit Chor, 5 sinfonische Dichtungen, 3 Sinfonietten, mehrere Suiten und Improvisationen, ein Violinkonzert, ein Cellokonzert, ein »Sinfoniekonzert« für Streichquartett und Orchester, »Konzertmonologe« für Cello, sieben Blechbläser und zwei Pauken, Klavierstücke, Lieder, Volksliedbearbeitungen und Filmmusik.

Daniel Lazarus (1898–1964)

LEBEN

Daniel Lazarus wurde am 13.12.1898 in Paris geboren. Er studierte am Conservatoire in Paris unter Paul Vidal, dann wirkte er als freier Komponist und Dirigent, bis er 1958 Lehrer an der Schola Cantorum wurde. Er starb am 27.6.1964 in Paris.

WERKE

Neben 3 Opern, 3 Balletten und mehreren Bühnenmusiken schrieb Daniel Lazarus 2 Sinfonien, ein Klavierkonzert, ein Cellokonzert, eine konzertante Suite für Kammerorchester und Schlagzeug und weitere Kammermusik, Klavierstücke und Lieder.

Jeanne Leleu (1898–1979)

LEBEN

Jeanne Leleu wurde am 29.12.1898 in Saint-Mihiel geboren. Sie studierte am Conservatoire in Paris unter Georges Caussade, Henri Busser und Charles-Marie Widor und erhielt 1923 den Rompreis. Sie wurde am selben Institut Professor für musikalische Epigraphik und 1952 für Harmonielehre. Sie starb am 8.3. 1979 in Paris.

WERKE

Von Jeanne Leleu sind 2 Ballette aufgeführt worden. Sie schrieb ferner 3 Suiten und 2 weitere Orchesterstücke, ein Klavierkonzert, ein Streichquartett, eine Kantate, Klavierstücke und zahlreiche Lieder.

Francis Poulenc (1899–1963)

LEBEN

Francis Poulenc wurde am 7.1.1899 in Paris geboren. Er studierte dort bei Ricardo Viñes (5.2.1885, Lérida, bis 29.4.1943, Barcelona) Klavierspiel und bei Charles Koechlin Komposition. Er trat der Gruppe der »Six« bei, ging aber bald eigene Wege, die von der Neuklassik weitab führten. Solange er von seiner kompositorischen Tätigkeit noch nicht leben konnte, wirkte er als Klavierbegleiter und Konzertpianist, konnte diese Betätigung aber bald aufgeben, weil alles, was er schrieb, gerne aufgeführt wurde. Eine Lehr- oder Dirigentenstelle bekleidete er nie. Er starb am 30.1.1963 in Paris als einer der geistreichsten und interessantesten Komponisten seiner Epoche.

WERKE

»In Poulenc wohnen zwei Seelen, die eines

Francis Poulenc

Mönches und die eines Lausbuben«, schrieb der bekannte Kritiker und Musikschriftsteller Claude Rostand (3.12.1912, Paris, bis 9.10. 1970, Villejiuf, Val de Marne). Es ist auch erstaunlich, welche Gegensätze zwischen seinen sakralen Werken einerseits und seinen witzigen, charmanten Instrumentalwerken, den Liedern und den Bühnenmusiken andererseits bestehen. Sein Stil war stark expressionistisch und offenbar Igor Strawinsky angenähert. Nur seine sakrale Musik ist mit deutlicher Anlehnung an die franko-flämische Vokalpolyphonie der Renaissance und an das französische höfische Barock gestaltet. Er schrieb 3 Opern, 3 Ballette, eine Sinfonietta, ein »Ländliches Konzert« für Cembalo und Orchester, ein Konzert für zwei Klaviere und Orchester, ein Konzert für Orgel und Orchester, ein Klavierkonzert, ein Bläsersextett, 2 Bläsertrios, Sonaten für verschiedene Instrumente, für Klavier zwei- und vierhändig oder für zwei Klaviere, Stücke für Kammermusik mit verschiedener Besetzung, zahlreiche Lieder und Chöre mit Orchester und mit einzelnen Instrumenten, an sakraler Musik Messen und Gesänge a cappella und begleitet, Motetten, Ave verum, Stabat mater, Salve regina, Gloria, Litanei und Lamentationen.

Isolde Ahlgrimm

Messe in G-Dur, 6 Teile, entstanden 1937

Die Struktur des Werks ist durchwegs diatonisch, Dissonanzen treten aber an textlichen Höhepunkten auf. Trotz der archaischen Diktion kommt es an mehreren Stellen, wie dem Sanctus und dem Agnus, zu höchster Melodiosität und gewaltigem Orchesterklang; barocke Wendungen sind nicht selten. Die Messe wirkt wie ein Gesamtausdruck der französischen Kirchenmusik aller Zeiten.

»Aubade« (Morgenständchen), Concerto choréographique für Klavier und 18 Instrumente, 7 Sätze, entstanden 1929

Der 1. Satz »Toccata« begrüßt Diana, die Göttin der Jagd, mit schmetternden Signalen. In »Die Gespielinnen der Diana« tragen die Klarinetten ein wiegendes Duo vor. Das folgende Rondeau »Diana und ihre Gespielinnen« wird vom Klavier intoniert, dann schließt sich der Auftritt der Diana an. Mit ironischer Rhythmik wird die »Toilette der Diana« begleitet. Darauf kommt es zu den »Variationen über Diana« bis zu einem Allegro feroce »Die Verzweiflung der Diana«, für die der Komponist nicht wenig Spott übrig hat. Der letzte Satz »Abschied und Trennung« wiederholt die Themen der vorangehenden Sätze.

Konzert für zwei Klaviere und Orchester in d-Moll, 3 Sätze, entstanden 1932

Mit einem kräftigen Akkordschlag beginnt der 1. Satz, die Klaviere fallen mit rasanten Passagen, hämmernden Akkorden und chromatischen Läufen ein; Kastagnetten markieren die Tanzrhythmen. Der 2. Satz ist voll ausgelassenen Musizierens. Er wird vom Ersten Klavier eröffnet, dessen Begleitung an die Romanze des d-Moll-Klavierkonzerts von Wolfgang Amadeus Mozart erinnert. Das turbulente Finale steht formal klassischer Musik nahe, die vom Komponisten locker und witzig gehandhabt wird.

LITERATUR

J. Roy, Francis Poulenc, L'homme et son œuvre, Paris 1964.

Aleksandr Tscherepnin (1899–1977)

LEBEN

Aleksandr Nikolajewitsch Tscherepnin wurde am 8. 1. 1899 in St. Petersburg geboren. Er war zunächst Schüler seines Vaters und studierte sodann an der Universität und am Konservatorium in Petrograd, darauf in Tbilisi und schließlich bei Isidore Philipp. Nach ausgedehnten Konzertreisen durch die ganze Welt ließ er sich 1934 in Schanghai nieder. Von 1938 bis 1945 unterrichtete er am Konservatorium für russische Musik in Paris. Im Jahr 1949 wurde er Professor an der Universität in Chicago, 1964 siedelte er sich als Pianist in New York an. Er starb am 29. 9. 1977 in Paris.

Sein Vater Nikolai Nikolajewitsch Tscherepnin (15. 5. 1873, St. Petersburg, bis 26. 6. 1945, Issy-les-Moulineaux) studierte am Konservatorium in St. Petersburg bei Nikolai Rimski-Korsakow. Darauf leitete er bis 1918 am selben Institut die Orchesterklasse. Anschließend wirkte er als Direktor des Konservatoriums und der Oper in Tbilisi bis 1921, dann begab er sich nach Paris, wo er von 1925 bis 1929 und von 1938 bis 1945 das Konservatorium für russische Musik leitete.

WERKE

Neben 3 Opern und 5 Balletten schrieb Aleksandr Tscherepnin 4 Sinfonien, 4 Suiten, 6 Klavierkonzerte, eine Serenade für Streichorchester, ein Konzert für Mundharmonika und Orchester, eine Fanfare für Blechbläser und Schlagzeug, ein Bläserquintett, eine »Sonata da chiesa« für Gambe und Orchester, 2 Klaviersonaten, Orgelstücke, Akkordeonstücke, eine Volksliedkantate, Lieder, eine Hörspielmusik, eine Messe und andere liturgische Gesänge für gemischten Chor a cappella.

Nikolai Tscherepnin schrieb 2 Opern, 6 Ballette, einige Orchesterwerke, Kammermusik, Klavierstücke, ein Oratorium, eine Kantate, Chorwerke und Lieder.

Klavierkonzert Nr. 2, Opus 26, 5 Sätze, entstanden 1923

Die Tonalität dieses Werks beruht auf einer Neuntonskala. Im 1. Satz tragen die Trompeten das Hauptthema der Sinfonie vor. Dieses wird sodann lyrisch umgewandelt und im Mittelsatz zum Thema einer Reihe von Variationen gemacht. Darauf folgt eine Durchführung, die vorzugsweise das Originalthema verarbeitet. Dann schließt eine Coda die allmählichen Verkürzungen rasch ab.

Klavierkonzert Nr. 5, Opus 96, 3 Sätze, entstanden 1963

Der 1. Satz ist völlig frei gestaltet und durch starke rhythmische Kontraste gekennzeichnet. Der 2. Satz bringt eine gedämpfte Grundstimmung durch seine verhaltene, diskrete Linienführung. Das Finale ist sehr abwechslungsreich und kompositorisch sowie spieltechnisch äußerst brillant. Es handelt sich trotz hoher Anforderung an den Solisten um kein Virtuosenstück; der Vorrang der Musik ist lückenlos gewahrt.

LITERATUR

W. Reich, Alexander Tscherepnin, Bonn 1970.

Georges Auric (1899–1983)

LEBEN

Georges Auric wurde am 15. 2. 1899 in Lodève, Hérault, geboren. Er war am Conservatoire und an der Schola Cantorum in Paris Schüler von Vincent d'Indy und wurde Angehöriger der »Six«. Neben der Komposition war er als Musikkritiker tätig. Von 1962 bis 1968 wirkte er als Generaladministrator der staatlichen Musiktheater. Er starb am 23. 7. 1983 in Paris.

WERKE

Das Programm der Gruppe der »Six« war für Georges Auric bestimmend; er wandte sich

Jean Cocteau am Flügel mit der Gruppe der »Six« (v. l. n. r.): Darius Milhaud, Georges Auric, Arthur Honegger, Germaine Tailleferre, Francis Poulenc, Louis Durey

von Richard Wagner und den Impressionisten entschieden ab. Sein Stil ist von zwei gegensätzlichen Tendenzen beherrscht, auf der einen Seite zeichnete er sich durch eine knappe, ironische Tonsprache aus, auf der anderen kommt es zu einem breiten, romantiknahen Fluß des musikalischen Geschehens. Für Orchester schrieb er eine Ouvertüre, ein Notturno, eine Suite, sodann eine Sonate für Violine und Klavier, 3 Pastorale, eine Sonate und 4 Impromptus für Klavier, weiters mehrere Gesänge, außerdem 6 Ballette, 2 Opern, viele Bühnenmusiken und zahlreiche Filmmusiken.

Pantscho Wladigerow (1899–1978)

LEBEN

Pantscho Wladigerow (Charalnow) wurde am 13.3.1899 in Zürich geboren. In den Jahren 1912 bis 1932 war er in Berlin Schüler von Georg Schumann und Paul Juon und wirkte darauf als Kapellmeister an mehreren Theatern und als Pianist. Von 1932 bis 1972 war er Professor für Klavier und Komposition an der Musikakademie in Sofia, wo er am 8.9.1978 starb.

WERKE

Außer 2 Opern schrieb Pantscho Wladigerow ein Ballett, 2 Sinfonien, eine Legende, eine Suite, »Bulgarische Tänze«, »4 Rumänische Tänze«, 2 »Rumänische Skizzen«, 2 Ouvertüren, 2 Tongedichte, eine Rhapsodie und weitere Stücke für Orchester, Praeludien, Improvisationen, Tänze, 5 Klavierkonzerte, 3 Violinkonzerte, ein Cellokonzert, ein Streichquartett, ein Klaviertrio, Lieder und Bearbeitungen bulgarischer Volksmelodien. Sein Schaffen war anfänglich von der westeuropäischen Musik beeinflußt, später übernahm er in steigerndem Maß rhythmische, melodische und tonale Elemente der bulgarischen Folklore.

Raoul de Verneuil (geboren 1899)

LEBEN

Raoul de Verneuil wurde am 9.4.1899 in Lima, Peru, geboren. Nach seinem Studium am Conservatoire in Paris trat er in Madrid als Dirigent eigener Werke auf, die sehr bald darauf in ganz Europa und in Nord- und Südamerika mit großem Erfolg, zum Teil von ihm selbst dirigiert, aufgeführt wurden.

WERKE

Von Raoul de Verneuil sind eine Sinfonie, 2 sinfonische Dichtungen, ein Konzert für Streicher, ein Violinkonzert, ein Cellokonzert, 3 Klavierkonzerte, ein Trompetenkonzert, ein Konzert für Flöte, Trompete, Horn und Orchester, ein Konzert für Cembalo und Kammerorchester, 3 Bläserquintette, 3 Streichquartette, ein Streichtrio, je ein Trio für Flöte, Horn und Klavier und für Flöte, Cello und Klavier, ein Konzert für Flöte und Klavier, 2 Violinsonaten, eine Flötensonate, Orgelstücke, Klavierstücke, Orchesterlieder, eine »Sinfonia sacra« für Chöre und Orchester, ein Oktett für Sopran und sieben Instrumente, Klavierlieder bekannt geworden. Sein Stil ist wenig fortschrittlich, aber sehr eingängig und klangreich.

Giulio Gedda (1899–1970)

LEBEN

Giulio Cesare Gedda wurde am 16.4.1899 in Turin geboren. Er war dort Schüler von Franco Alfano. Nach erfolgreicher Konzerttätigkeit als Cellist leitete er von 1931 bis 1935 die Konzerte des Liceo Musicale und wirkte sodann bis 1965 als Kompositionslehrer am Konservatorium in Turin. Er starb am 7.9.1970 in Collegno bei Turin.

WERKE

Neben einer Oper schrieb Giulio Gedda ein Cellokonzert, 2 Violinkonzerte, ein Bratschenkonzert, ein Konzert für vier Saxophone, Klavier, Streicher und Schlagzeug, ein Bläsertrio, Chorwerke und Lieder. Sein Stil weist viele spätromantische Elemente auf.

Yngve Sköld (geboren 1899)

LEBEN

Yngve Sköld wurde am 29.4.1899 in Vallby, Södermanland, geboren. Er studierte in Stockholm, Brünn und Prag. Von 1923 bis 1939 wirkte er als Organist beim Orchester der schwedischen Filmindustrie und sodann bis 1964 als Bibliothekar der Vereinigung Schwedischer Komponisten in Stockholm.

WERKE

Von Yngve Sköld sind 4 Sinfonien, eine Sinfonia da chiesa, 4 Orchestersuiten, 2 Konzertouvertüren, 3 Klavierkonzerte, ein Violinkonzert, ein Cellokonzert, ein Doppelkonzert für Violine und Cello, eine Konzertsuite für Bratsche und Orchester, ein Concertino für fünf Bläser, Streichorchester und Pauken, ein Konzertstück für Trompete und Orchester, 3 Streichquartette, ein Quartett für zwei Flöten, Cello und Klavier, ein Divertimento für Streichtrio, Stücke mit Klavier für Violine, mit Cello, mit Flöte, Sonaten für Bratsche und Orgel, eine Solosonate für Violine, 2 Sonaten, eine Sonatine und 3 Impromptus für Klavier, Chöre und Lieder bekannt geworden. Seine Musik war vor allem auf schönen Klang ausgerichtet.

Jón Leifs (1899–1968)

LEBEN

Jón Leifs wurde am 1.5.1899 in Sólheimar, Island, geboren. Er war von 1916 bis 1922 in Leipzig Schüler von Robert Teichmüller, Hermann Scherchen, Otto Lohse (21.9.1858, Dresden, bis 5.5.1925, Baden-Baden) und Paul Graener. Anschließend trat er in verschiedenen deutschen Städten als Dirigent auf; von 1935 bis 1937 war er Musikalischer Leiter des Isländischen Rundfunks. Darauf widmete er sich intensiv der Volksmusikforschung, lebte als freier Komponist in Island und nahm am Kulturleben der Insel lebhaften Anteil. Er starb am 30.7.1968 in Reykjavík.

WERKE

Neben einem choreographischen Drama, einer

Schauspielmusik und 3 Edda-Oratorien schrieb Jón Leifs eine Saga-Sinfonie, eine sinfonische Trilogie, Beethoven-Variationen für Orchester, Ouvertüren und kleinere Stücke für Orchester, ein Stück für Streichorchester, 2 Streichquartette, Orgelstücke, Klavierstücke, Chöre und Lieder mit Orchester oder verschiedenen einzelnen Instrumenten. Er war einer der bedeutendsten Repräsentanten des isländischen Musiklebens unseres Jahrhunderts.

Leo Spies (1899–1965)

LEBEN

Leo Spies wurde am 23.5.1899 in Moskau geboren. Er studierte von 1913 bis 1915 Komposition bei Oskar Riesemann (29.2.1880, Tallinn, bis 28.9.1934, St. Niklausen bei Luzern), anschließend in Dresden bei Johannes Schreyer (20.6.1856, Possendorf bei Dresden, bis 11.2.1929, Dresden) und bei Robert Kahn und Engelbert Humperdinck in Berlin; er nahm auch bei Ernst Křenek Privatunterricht. Von 1924 bis 1928 war er Kapellmeister am Stadttheater in Rostock, sodann Musikalischer Leiter des Balletts der Staatsoper in Berlin bis 1935 und hernach bis 1944 am Deutschen Opernhaus in Berlin. Von 1945 bis 1947 wirkte er an der Städtischen Oper in Berlin und anschließend bis 1954 an der Komischen Oper. Bis zu seinem Tod am 1.5.1965 in Ahrenshoop bei Rostock lebte er als freischaffender Komponist.

WERKE

Außer mehreren Balletten schrieb Leo Spies 2 Sinfonien, eine Orchesterfantasie, 2 Ballettsuiten, 3 Suiten, eine »Hochzeitsmusik«, ein Klavierkonzert, 2 Violinkonzerte, ein Cellokonzert, ein Bratschenkonzert, eine Streichersuite, ein Canzonetta für Violine und Streicher, ein Nonett, ein Bläsersextett, 2 Bläserquintette, 2 Streichquartette, ein Trio für zwei Celli und Klavier, ein Klaviertrio, »5 Sommerbilder« für Bratsche und Klavier, Stücke für Klarinette und Klavier, verschiedene Klavierwerke, Kantaten, Chöre und Lieder.

Carlos Chávez (1899–1978)

LEBEN

Carlos Chávez wurde am 13.6.1899 in Calzada de Tacuba bei Mexiko geboren. Er war Autodidakt. Nach ausgedehnten Reisen durch Europa und die USA leitete er von 1928 bis 1934 das mexikanische Nationalkonservatorium und das Sinfonische Orchester von Mexiko bis 1948; in den Jahren 1958/59 war er Gastlektor an der Harvard University und wirkte weiterhin als Gastdirigent in Europa, in den USA und in Lateinamerika. Er starb am 2.8.1978 in Mexiko-Stadt.

WERKE

Außer einer Oper schrieb Carlos Chávez 7 Sinfonien, davon eine für Streichorchester, eine Anzahl weiterer Orchesterstücke, ein Klavierkonzert, ein Violinkonzert, ein Konzert für vier Hörner, ein Konzert für sechs Schlagzeuger, ein Holzbläserquintett, 3 Streichquartette, ein Streichtrio, 6 Sonaten und zahlreiche Fugen, Praeludien sowie Etüden für Klavier, Kantaten und Lieder mit verschiedenen Instrumenten. Er verfaßte mehrere musiktheoretische Werke. Sein Stil ist stark von der Eingeborenenmusik in Mexiko beeinflußt; einige Werke sind abstrakt, später wandte er sich immer mehr dem Neoklassizismus zu.

Sinfonie Nr. 1 »Sinfonia de Antigona«, ein Satz, entstanden 1933

Obwohl diese Sinfonie durch die in der griechischen Tragödie herrschenden Emotionen angeregt wurde, handelt es sich um kein sinfonisches Gedicht, sondern um eine Sinfonie ohne literarisches Programm. Die Atmosphäre der gesamten Tragödie wird bereits in den ersten Takten ausgedrückt. Das Stück bekam durch die Anwendung von rhythmischen, harmonischen und melodischen Elementen der altgriechischen Musik eine archaische Struktur; alle Themen sind modal, die Harmonik besteht aus Quarten und Quinten, Terzen werden vermieden, weil diese in der »Alten Musik« als dissonant galten.

Sinfonie Nr. 2 »Sinfonia India«, ein Satz, entstanden 1936

Der Komponist legte dem Werk Motive der Musik verschiedener Indianerstämme zugrunde. Das Orchester ist durch einige Eingeboreneninstrumente bereichert. Es beginnt mit einer scharf rhythmisierten Melodie der Huicholen; eine sehr schöne Yaqui-Melodie schließt sich an. Ein Hornruf beendet die Verarbeitung dieses Materials und leitet zu einer anderen adagio vorgetragenen indianischen Melodie über. Darauf kommt es über die Rekapitulation früherer Wendungen zur Adoption eines kompliziert akzentuierten Themas von der Insel Riborón, das mit anschwellender Instrumentation mehrmals wiederkehrt und zum Schluß führt.

Sinfonie Nr. 4 »Sinfonia Romantica«, 3 Sätze, entstanden 1953

Das Thema, mit dem das Englischhorn den 1. Satz eröffnet, scheint in ständig veränderter Form in der gesamten Sinfonie immer wieder auf. Der Satz weist die traditionelle Sonatenform auf. Die Kantilene des 2. Satzes rechtfertigt den Titel des Stücks. Sie wird kontrapunktisch von den Blechbläsern getragen. Das Finale ist ein doppeltes Rondo mit zwei Themen, von denen das erste mit dem Eingangsthema des 1. Satzes eng verwandt ist. Beide Gedanken sind meisterhaft verarbeitet und führen zu einem Abschluß mit breiten Klängen.

Otto Reinhold (1899–1965)

LEBEN

Otto Reinhold wurde am 3.7.1899 in Thum geboren. Er studierte in Leipzig bei Hermann Grabner und wirkte darauf als freischaffender Komponist in Dresden, wo er schließlich von 1951 bis 1960 an der Volksmusikschule unterrichtete. Er starb am 27.8.1965 in Dresden.

WERKE

Die Tonsprache von Otto Reinhold zeichnete sich durch Klarheit, Verständlichkeit, Eingängigkeit und Einfachheit aus; eine gewisse musikantische Grundhaltung und ein betonter Zug zum Expressiven finden sich in vielen seiner Kompositionen. Er schrieb eine Sinfonie, ein Triptychon, eine Ouvertüre, eine sinfonische Ballade, »Musik nach Bildern der Dresdner Gemäldegalerie« für Kammerorchester, ein Violinkonzert, eine Suite für Klavier und Orchester, ein Konzert für Flöte, Klavier und Streichorchester, eine konzertante Musik für Flöte, Bratsche und Orchester, ein Bläsersextett, ein Bläserquintett, eine Musik für Orgel, zwei Trompeten und Posaunen, ein Streichquartett, ein Klaviertrio, ein Trio für Klarinette, Bratsche und Klavier, eine Musik für Bratsche und Klavier, Sonaten mit Klavier mit Violine und mit Cello, verschiedene Klaviermusik, verschiedene Kantaten und Gesänge mit variabler Begleitung, Chöre und Lieder, Schul- und Jugendmusik.

André Souris (1899–1970)

LEBEN

André Souris wurde am 10.7.1899 in Marchienne-au-Pont, Belgien, geboren. Er wirkte von 1925 bis 1946 als Musiklehrer, zugleich ab 1937 als Dirigent des Belgischen Radio-Orchesters und von 1946 bis 1952 als Präsident der IGNM in Belgien. Von 1949 bis zu seinem Tod am 12.2.1970 in Paris war er Kompositionslehrer am Konservatorium in Brüssel.

WERKE

Das kompositorische Schaffen von André Souris stand anfänglich unter dem Einfluß der Impressionisten; später wandte er sich der Zwölftontechnik zu. Er schrieb für Orchester »Tänzereien der Renaissance«, »Sinfonie«, eine Ouvertüre, ferner ein Bläserquintett, ein »Flämisches Konzert« für vier Holzbläser, eine Anzahl Stücke für Singstimmen und Orchester, für Sprecher, Sänger und Instrumente, für Sprecher und Schlagzeug, Werke für Klavier und Violine, Chöre, Film- und Hörspielmusiken. Er war Mitarbeiter mehrerer Musikzeitschriften.

Harl McDonald (1899–1955)

LEBEN

Harl McDonald wurde am 27.7.1899 in Boulder, Colo., geboren. Er studierte an der University of California, an der University of Redlands, Calif., sowie am Konservatorium in Leipzig. Ab 1922 wirkte er als Musiklehrer in Paris und ab 1926 in Philadelphia. Dann ließ er sich in St. Davids, Penn., nieder. Er starb am 30.3.1955 in Princeton, N. J.

WERKE
Von Harl McDonald sind 4 Sinfonien, ein Konzert für zwei Klaviere und Orchester, ein Violinkonzert, kleinere Orchesterwerke und verschiedene Kammermusik, Orchestergesänge und eine Messe für Doppelchor a cappella bekannt geworden. Er gehörte zur amerikanischen Avantgarde.

Guido Ragni (1899–1968)

LEBEN
Guido Ragni wurde am 15.8.1899 in Cremona geboren. Er studierte an den Konservatorien in Parma und Pesaro, wirkte als Konzertmeister an der Scala und zugleich als Lehrer an der Scuola Civica di Musica in Mailand, wo er am 3.4.1968 starb.

WERKE
Von Guido Ragni sind 7 Opern und eine Operette auf die Bühnen gekommen. An Orchesterwerken schrieb er eine Sinfonie, »Introduktion und Fuge«, ein Violinkonzert, außerdem ein Streichquartett und ein Oratorium. Sein Stil war konservativ und etwas steif.

Ricardo Lamote de Grignon (1899–1962)

LEBEN
Ricardo Lamote de Grignon wurde am 23.9. 1899 in Barcelona geboren. Er war am Konservatorium seines Geburtsorts Schüler seines Vaters und wirkte darauf als Vizedirigent des Stadtorchesters in Valencia und sodann bis zu seinem Tod am 5.2.1962 in gleicher Eigenschaft am Stadtorchester von Barcelona.
Sein Vater Juan Lamote de Grignon (7.7.1872, Barcelona, bis 11.3.1949, Barcelona) studierte am Konservatorium seiner Heimatstadt und wurde dort 1890 Professor und 1917 Direktor. Er dirigierte durch viele Jahre die Stadtmusikbande von Barcelona und von 1943 bis 1949 das Stadtorchester von Valencia.

WERKE
Außer 2 Opern und einem Ballett schrieb Ricardo Lamote de Grignon eine »Katalonische Sinfonie«, 2 Konzertstücke und ein sinfonisches Gedicht für Chor und Orchester.
Juan Lamote de Grignon schrieb eine Oper für Orchester, ein »Romantisches Gedicht«, eine »Spanische Suite«, eine »Träumerei« für Cello und Orchester, ein Oratorium und ungefähr 150 Lieder. Sein Stil war traditionell.

Jovan Bandur (1899–1956)

LEBEN
Jovan Bandur wurde am 24.9.1899 in Javnici bei Dvor, Kroatien, geboren. Er studierte an der Musikakademie in Wien unter Joseph Marx und am Konservatorium in Prag unter Jaroslav Křička. Von 1931 bis 1937 war er Dirigent der Oper in Belgrad, anschließend Direktor und ab 1945 auch Professor an der Musikakademie. Er starb am 14.5.1956 in Belgrad.

WERKE
Neben einer unvollendeten Sinfonie schrieb Jovan Bandur ein Violinkonzert, ein Streichquartett, kleinere Violin- und Klavierstücke, 2 Kantaten und andere Chorwerke mit Orchester, Chöre a cappella und Lieder. Er zählte zu den führenden Persönlichkeiten der serbischen Musikentwicklung, sein Stil war noch stark der Folklore verhaftet.

Juan Vicente Lecuna (1899–1954)

LEBEN
Juan Vicente Lecuna wurde am 20.11.1899 in Valencia, Carabobo, Venezuela, geboren. Er studierte in Caracas, New York und Baltimore, wurde Diplomat und vertrat sein Land zuletzt im Vatikanstaat in Rom, wo er am 16.4.1954 starb.

WERKE
Von Juan Vicente Lacuna sind 2 »Sinfonische Venezolanische Tänze«, ein Klavierkonzert, ein Streichquartett, eine Sonate für Violine und Klavier, Klavierstücke, Chöre, Lieder, ein

Tantum ergo und ein Ave Maria für Gesang und Orgel bekannt geworden. Er war Spätromantiker.

Jan Maklakiewicz (1899–1954)

Leben

Jan Adam Maklakiewicz wurde am 24.11. 1899 in Chojnaty bei Warschau geboren. Er war Schüler des Konservatoriums in Warschau und darauf von Paul Dukas in Paris. Ab 1927 unterrichtete er Theorie am Konservatorium in Łódż und 1929 in Warschau. Ab 1947 wirkte er als Kompositionslehrer an der Musikhochschule in Warschau, wo er am 7.2.1954 starb.

Werke

Von Jan Maklakiewicz sind 2 Ouvertüren, mehrere Tondichtungen und andere Orchesterstücke, 2 Violinkonzerte, ein Cellokonzert, verschiedene Kammermusik, Kantaten, Messen, zahlreiche Bühnen- und Filmmusik und Lieder, Klavierstücke, außerdem 3 Ballette bekannt geworden. Für seine »Vier japanischen Lieder« verwendete er die Vierteltontechnik auf eine äußerst ansprechende Art.

Arvid Kleven (1899–1929)

Leben

Arvid Parly Kleven wurde am 29.11.1899 in Trondheim, Norwegen, geboren. Er studierte in Kristiania und Paris und wirkte ab 1919 als Flötist im Orchester des Nationaltheaters und später im Orchester des Philharmonischen Vereins der norwegischen Hauptstadt, wo er am 23.11.1929 starb.

Werke

Trotz seiner kurzen Schaffenszeit hat Arvid Kleven zur Modernen Musik Norwegens erhebliche Beiträge geleistet. Er schrieb ein Orchesterpraeludium, eine Tondichtung, eine sinfonische Fantasie und eine »freie« Sinfonie, einige Kammermusiken, Klavierstücke, Lieder und Gesänge.

Sebastiano Caltabiano (geboren 1899)

Leben

Sebastiano Caltabiano wurde am 28.12.1899 in Lucca geboren. Er war am Konservatorium in Florenz Schüler von Ildebrando Pizzetti. Ab 1937 wirkte er als Lehrer und Direktor für Komposition am Istituto Musicale in Lucca.

Werke

Neben einer Oper schrieb Sebastiano Caltabiano eine Sinfonie, 2 sinfonische Dichtungen, »Thema und Variationen« für Streichorchester, ein Klavierquintett, ein Streichquartett, ein Klaviertrio, 2 Sonaten für Violine und Klavier, eine Sonate für Cello und Klavier und verschiedene Vokalwerke. Sein Stil war neuklassizistisch.

Silvestre Revueltas (1899–1940)

Leben

Silvestre Revueltas wurde am 31.12.1899 in Santiago Papasquiaro, Mexiko, geboren. Er studierte in Mexiko, Chikago und New York und trat anschließend als Violinist auf. Nachdem er in verschiedenen Städten des Südens der USA bis 1928 tätig gewesen war, wirkte er als Assistent von Carlos Chávez, als Zweiter Dirigent des Sinfonieorchesters und als Professor für Violine und Kammermusik am Konservatorium in Mexiko-Stadt, wo er am 5.10. 1940 starb.

Werke

Die Kompositionen von Silvestre Revueltas sind von der mexikanischen Folklore inspiriert. Glanzvolle Melodik, kraftvolle Rhythmik und auch überlegener Humor sowie bitterer Sarkasmus sind ihre Kennzeichen. Er schrieb 3 Stücke für großes Orchester und 3 für Kammerorchester, eine Toccata für Violine und kleines Orchester, 3 Streichquartette, 3 Stücke für Klavier und Violine, »Sieben Lieder« für Singstimme und verschiedene Instrumente, ein Lied für Sopran und Orchester, eine Anzahl Filmmusiken und 2 Ballette.

Pierre Octave Ferroud (1900–36)

LEBEN

Pierre Octave Ferroud wurde am 6.1.1900 in Chasselay, Rhône, geboren. Er war in Lyon Schüler von Édouard Commette (12.4.1883, Lyon, bis 21.4.1967, Lyon), sodann in Straßburg von Guy Ropartz und Marie-Joseph Erb (1858–1944) und schließlich erneut in Lyon bei Florent Schmitt. Er wirkte in Paris als Musikkritiker. Im Jahr 1932 gründete er zur Pflege und Verbreitung der zeitgenössischen Musik die Vereinigung »Triton«. Er starb am 17.8.1936 in Debrecen, Ungarn.

WERKE

Neben einer Oper und 2 Balletten schrieb Pierre Octave Ferroud eine Sinfonie, 2 Orchesterstücke, ein Streichquartett, ein Bläsertrio, eine Sonate für Violine und Klavier, eine für Cello und Klavier sowie eine Anzahl Lieder. Er verstand es, die widersprechenden Einflüsse von Florent Schmitt, Igor Strawinsky, Paul Hindemith und Béla Bartók zu einem persönlichen Stil zu vereinen.

LITERATUR

C. Rostand, Pierre Octave Ferroud, Paris 1958.

Boris Schechter (1900–61)

LEBEN

Boris Semjonowitsch Schechter wurde am 8.1.1900 in Odessa geboren. Er studierte unter Witold Maliszewski am Konservatorium seiner Vaterstadt und vollendete seine Ausbildung am Konservatorium in Moskau bei Sergei Wasilenko und Nikolai Mjaskowski. Von 1929 bis 1941 unterrichtete er an derselben Lehranstalt Komposition. Anschließend wurde er Professor am Konservatorium in Aschchabad, Turkmenien. Er starb am 16.12.1961 in Moskau.

WERKE

Außer 4 Opern schrieb Boris Schechter 5 Sinfonien, eine Suite, ein Klavierkonzert, 2 Klaviersonaten, 3 Kantaten, Chöre, Lieder – zahlreiche Massenlieder –, Bühnen- und Filmmusik.

Franz Salmhofer (1900–75)

LEBEN

Franz Salmhofer wurde am 22.1.1900 in Wien geboren. Er war in Wien Schüler von Franz Schreker, Franz Schmidt und Guido Adler. Er wirkte von 1929 bis 1939 als Dirigent am Burgtheater, als Direktor von 1945 bis 1955 an der Staatsoper und anschließend bis 1963 an der Volksoper in Wien, wo er am 22.9.1975 starb.

WERKE

Neben 3 Opern und 4 Balletten schrieb Franz Salmhofer ungefähr 300 Bühnenmusiken und Filmmusik, ferner 2 Sinfonien, eine sinfonische Dichtung für Sprecher und Orchester, einen sinfonischen Prolog, ein Violinkonzert, ein Trompetenkonzert, einen Liederzyklus und zahlreiche einzelne Lieder. Sein Stil war spätromantisch.

Zdeněk Folprecht (1900–61)

LEBEN

Zdeněk Folprecht wurde am 26.1.1900 in Turnov, Böhmen, geboren. Er studierte in Prag bei Josef Bohuslav Foerster, Vítězslav Novák und Václav Talich (28.5.1883, Kroměřič, bis 16.3.1961, Beroun). Von 1923 bis 1939 wirkte er als Dirigent am Slowakischen Nationaltheater in Preßburg und anschließend bis zu seinem Tod am 29.10.1961 am Nationaltheater in Prag.

WERKE

Von Zedeněk Folprecht sind eine Oper, 4 Sinfonien, ein Klarinettenkonzert, ein Violinkonzert, ein Nonett und eine Suite für Klavier im Stil seiner Lehrer, viele Chöre und Lieder bekannt.

Erhart Ermatinger (1900–66)

LEBEN

Erhart Ermatinger wurde am 16.2.1900 in Winterthur geboren. Er war am Konservatorium in Zürich Schüler von Philipp Jarnach, wirkte anschließend dort als Musiklehrer und darauf in Freiburg im Breisgau; von 1926 bis 1930 als Musikreferent in Berlin. Nachdem er bis 1934 in Heesden, Niederlande, gelebt hatte, kehrte er nach Zürich zurück, wo er ab 1945 als Theorielehrer am Konservatorium und an der Musikhochschule tätig war. Er starb am 14.7.1966 in Arnhem.

WERKE

Außer einer Oper schrieb Erhart Ermatinger 3 Sinfonien – die letzte für Blasorchester –, ein Klavierkonzert, eine Fuge für Streichorchester, ein Streichquartett, 3 Hymnen für Sopran und Kammerorchester, 2 Kantaten, Chöre und Orgelstücke. Er war sehr konservativ.

Kurt Weill

Kurt Weill (1900–50)

LEBEN

Kurt Weill wurde am 2.3.1900 in Dessau geboren. Nach seiner Grundausbildung in seiner Geburtsstadt wurde er an der Musikhochschule in Berlin Schüler von Engelbert Humperdinck und Rudolf Krasselt (1.1.1879, Baden-Baden, bis 12.4.1954, Andernach). Nach einer Tätigkeit als Korrepetitor in Dessau und als Kapellmeister in Lüdenscheid studierte er von 1921 bis 1924 in Berlin bei Ferruccio Busoni. Nachdem er etliche Vokal- und Instrumentalwerke komponiert hatte, wandte er sich dem Bühnenstück zu und entwickelte zunächst in Zusammenarbeit mit Georg Kaiser (1878–1945), sodann mit Bert Brecht (1898–1956) den Stil des Epischen Theaters. Im Jahr 1933 mußte er Deutschland verlassen und kam über Paris 1935 nach New York, wo er zahlreiche Stücke für die Broadway-Bühnen verfaßte. Er starb dort am 3.4. 1950.

WERKE

Von den ungefähr 20 Werken von Kurt Weill für die Musikbühne wurden die »Dreigroschenoper« – eine Bearbeitung der »Bettleroper« von John Gay (1685–1732) – und »Aufstieg und Fall der Stadt Mahagony« am berühmtesten. In diesen und allen anderen Stücken ist der Typ eines neuen, sozialkritischen Songs, in dem Elemente der Ballade, der Moritat und der Chansons integriert sind, verwirklicht; Jazzrhythmen, abrupte Harmoniewechsel, polyphone Fakturen und Sanglichkeit beherrschen die Musik. Dazu sind Pantomimen, Ballette, Schauspiel- und Filmmusiken zu stellen. Seine Orchestermusik besteht aus 2 Sinfonien, einem Divertimento, einer »Fantasie, Passacaglia und Hymnus«, einem Quodlibet, einem Konzert für Violine und Blasorchester, einem Streichquartett, Klavierstücken, Kantaten, Chören und Gesängen.

Sinfonie Nr. 1, ein Satz, entstanden 1921

Es handelt sich um eine »Kriegssinfonie« mit verklärendem Abschluß. Ihr Klangbereich ist stark chromatisch, aber nicht atonal. Der erste der drei Hauptabschnitte beginnt mit einem Grave, das zwei Hauptthemen statuiert: eine explosive Akkordreihe mit fallenden Quarten und Quinten und eine Holzbläserfigur mit übermäßigen Quintenintervallen. Ein stürmisches Allegro mit aggressiven Wendungen und brutalen Marschrhythmen folgt. Der Mittelteil ist gelassen und besänftigend, wird aber von Reminiszenzen an den kriegerischen ersten Abschnitt mehrmals unterbrochen. Das dritte Thema bringt ein Fugenthema, dem eine choralartige Passage entgegentritt; diese gewinnt die Oberhand, steigert sich zu einer mystischen Ekstase, die aber bald in lyrische Entspannung umschlägt. Ein kurzer triumphierender Ausbruch beendet das Werk.

Sinfonie Nr. 2, 3 Sätze, entstanden 1933

In der Einleitung zum Kopfsatz liegt der Kern, aus dem das Werk hervorgeht. Die Trauermarschmelodie der Solotrompete kennzeichnet bereits den tragischen Gehalt der Sinfonie. Die vorandrängende Kraft des anschließenden Allegro malt eine Stimmung aus Kampf und Not. Im 2. Satz kommt der Trauermarsch voll zur Entfaltung. Ein Hoffnungsschimmer, den die Violinen andeuten, wird von Pauken zerschlagen. Das Finale versucht, die Trauer mit munteren Wendungen zu vertreiben, dringt aber nicht durch, und auch die hektische Coda, die den Trauermarsch ins Fröhliche wandeln will, wird von der warnenden Stimme der Solotrompete zurechtgewiesen.

LITERATUR

R. Sanders, Kurt Weill, München 1980.

Isadore Freed (1900–60)

LEBEN

Isadore Freed wurde am 26.3.1900 in Brest-Litowsk, (heute Brest, Weißrußland), geboren. Er studierte in Philadelphia, Paris und New York, lehrte anschließend bis 1928 an verschiedenen Schulen in Philadelphia und nach einem Aufenthalt in Paris, in Hartford und in New York am Hebrew Union College, zugleich wirkte er als Organist und Dirigent. Im Jahr 1950 wurde er Vorsitzender des Institute of Contemporary Music. Er starb am 10.11.1960 in Rockville Centre, Long Island, N. Y.

WERKE

Neben 2 Opern, einem Ballett und einem Oratorium schrieb Isadore Freed 2 Sinfonien und andere Orchesterwerke, ein Violinkonzert, ein Cellokonzert, Kammermusik, Klavier- und Orgelstücke, sakrale Lieder und Chöre. Er setzte sich stark für die zeitgenössische Komposition ein.

Victorino Echevarría (1900–65)

LEBEN

Victorino Echevarría wurde am 29.3.1900 in Becerril de Campos, Palencia, geboren. Er studierte am Konservatorium in Madrid, war anschließend Schüler von Paul Hindemith und wirkte als Harmonielehrer am Konservatorium sowie als Orchesterdirigent in Madrid, wo er am 1.3.1965 starb.

WERKE

Der Bewunderer von Igor Strawinsky und Béla Bartók bediente sich eines sehr strengen Stils, den er aber zuweilen farbenprächtig ausstattete. Er schrieb ein Streichquintett, ein Bläserquintett, ein Quintett für Klarinette und Streicher, ein Quintett für Harfe und Streicher und eine Ouvertüre für Kammerorchester. Sein nicht sehr umfangreiches Œuvre wird häufig gespielt.

Andrés Sás Orchassal (1900–67)

LEBEN

Andrés Sás Orchassal wurde am 6.4.1900 in Paris geboren. Er war Violin- und Kontrapunktschüler am Konservatorium in Brüssel. Im Jahr 1924 wurde er Violinlehrer in Lima. Nachdem er ein Jahr in Ninove, Belgien, eine von ihm gegründete Musikschule geleitet hatte, ließ er sich endgültig in Peru als Lehrer, Dirigent und Folkloreforscher nieder. Ab 1954 wirkte er als Professor für Komposition am Konservatorium in Lima, wo er am 26.7.1967 starb.

WERKE

In den meisten seiner Werke verarbeitete Andrés Sás Orchassal peruanische Volksmelodien. Er verfaßte ungefähr 10 Ballette und viele Bühnenmusiken, ein Violinkonzert, ein Trompetenkonzert, ein Streichquartett,

Stücke für Violine und Klavier und für Klavier allein, Chöre und Lieder mit Klavierbegleitung und A-cappella-Chöre.

Willy Burkhard (1900–55)

LEBEN

Willy Burkhard wurde am 17.4.1900 in Leubringen bei Biel geboren. Er studierte in Bern bei Ernst Graf (26.6.1886, Schönholzerswilen, Thurgau, bis 19.8.1937, Bern), in Leipzig bei Robert Teichmüller und Sigfrid Karg-Elert, in München bei Walter Courvoisier und in Paris bei Max d'Ollone (13.6.1875, Besançon, bis 15.5.1959, Paris). Anschließend gab er in Bern Privatunterricht, lehrte dann ab 1928 am dortigen Konservatorium und wirkte zugleich als Chor- und Orchesterdirigent. Von 1942 bis zu seinem Tod am 18.6.1955 war er in Zürich in gleicher Eigenschaft tätig.

WERKE

Neben einer Oper verfaßte Willy Burkhard 2 Sinfonien, eine Fantasie, 2 Violinkonzerte, ein Bratschenkonzert, ein Orgelkonzert, eine Hymne für Orgel und Orchester, ein Konzert und eine Toccata für Streichorchester, ein Concerto für Cello und Streicher und weitere Stücke für Orchester, Streichorchester und Kammerorchester, 2 Streichquartette, ein Klavierquartett, ein Klaviertrio, Sonaten und Suiten für verschiedene Instrumente, Klaviermusik, 2 Oratorien, mehrere Kantaten, eine Messe und andere sakrale Vokalwerke, A-cappella-Chöre und Lieder mit Klavier oder anderen Instrumenten.

Willy Burkhard

LITERATUR

F. Indermühle, Willy Burkhard, Zürich 1968.

Henry Barraud (geboren 1900)

LEBEN

Henry Barraud wurde am 23.4.1900 in Bordeaux geboren. Er war dort Schüler von Julien Fernand Vaubourgoin (29.12.1880, Bordeaux, bis 25.11.1952, Bordeaux), sodann in Paris von Georges Caussade, Paul Dukas und Louis Aubert. Er war Mitglied der Vereinigung »Triton« und nahm am musikalischen Sektor der Weltausstellung des Jahres 1937 teil. Von 1944 bis 1948 war er Musikdirektor des Rundfunks und anschließend bis 1966 Direktor der französischen Rundfunk- und Fernsehstationen.

WERKE

Von Henry Barraud sind 3 Sinfonien, 2 Rhapsodien, ein Divertimento, 3 Orchesteretüden, 4 weitere sinfonische Stücke, ein Klavierkonzert, ein Trompetenkonzert, ein Konzert für Flöte und Streicher, ein Concertino für Klavier, Flöte, Klarinette, Horn, Fagott und Kammerorchester, ein Tongedicht und 4 Praeludien für Streicher, ein Streichquartett, ein Streichtrio, ein Bläsertrio, eine Sonatine für Violine und Klavier sowie 10 Impromptus für Klavier bekannt geworden, weiters 3 Opern, 2 Ballette, ein Oratorium, mehrere Kantaten und Motetten, ein Pange lingus, ein Te Deum, Chöre und Lieder.

Leon Klepper (geboren 1900)

LEBEN
Leon Klepper wurde am 24.4.1900 in Iaşi, Rumänien, geboren. Er war Schüler von Joseph Marx in Wien, von Franz Schreker in Berlin und von Paul Dukas in Paris, wo er bis 1939 lebte. Von 1949 bis 1959 wirkte er als Professor für Komposition am Konservatorium in Bukarest, dann siedelte er sich in Freiburg im Breisgau an.

WERKE
Von Leon Klepper sind 2 sinfonische Dichtungen, eine »Festliche Ouvertüre«, »Drei Bagatellen«, ein Concerto grosso, »Vier sinfonische Tänze«, ein Concertino für Klavier vierhändig und Orchester, ein Concertino für Flöte, Klavier und Streicher, eine Romanze mit Variationen für kleines Orchester, eine Partita für Klavier und kleines Orchester, eine Suite für zwei Violinen und Klavier, verschiedene Klaviermusik und Filmmusik bekannt geworden. In seinem Stil sind seine Lehrer zu erkennen.

Nikolai Berezowski (1900–53)

LEBEN
Nikolai Berezowski wurde am 17.5.1900 in St. Petersburg geboren. Er wurde an der Kaiserlichen Kapelle in St. Petersburg ausgebildet und wirkte anschließend als Konzertmeister an der Oper in Saratow und darauf als Erster Violinist am Bolschoi-Theater in Moskau. Im Jahr 1922 trat er dem Philharmonischen Orchester in New York bei, wo er am 27.8.1953 starb.

WERKE
Von Nikolai Berezowski sind 4 Sinfonien, eine Sinfonietta, eine »Toccata, Variationen und Finale« für Streichquartett und Orchester, ein Violinkonzert, ein Cellokonzert, ein Bratschenkonzert, ein Sextett für Streicher, Klarinette und Klavier, 2 Bläserquintette, 2 Streichquartette, ein Poem für elf Instrumente bekannt geworden. Sein Stil ist von der russischen Spätromantik beeinflußt.

Otto Luening (geboren 1900)

LEBEN
Otto Luening wurde am 15.6.1900 in Milwaukee, Wisc., geboren. Er studierte von 1915 bis 1917 in München, darauf bis 1920 in Zürich bei Philipp Jarnach und Volkmar Andreae. Außerdem nahm er Privatunterricht bei Ferruccio Busoni. Im Jahr 1920 beteiligte er sich an der Gründung der Oper in Chicago, von 1925 bis 1928 war er Dirigent der Opernabteilung der Eastman School of Music in Rochester, N. Y., von 1934 bis 1944 leitete er die Musikabteilung des Bennington College in Vermont. Nach dreijähriger Tätigkeit als Kompositionslehrer am Barnard College war er von 1949 bis 1968 Professor an der Columbia University in New York; darauf wurde er beigeordneter Direktor des Columbia-Princeton Electronic Center.

WERKE
Außer einer Oper und Bühnenmusik schrieb Otto Luening 2 sinfonische Fantasien, 3 sinfonische Interludien, ein Konzert, eine Suite, ein Concertino für Flöte und Kammerorchester, eine Serenade, eine »Lyrische Szene« für Flöte und Streicher, ein Sextett, 3 Streichquartette – eines davon mit obligater Klarinette, 2 Fugen für Streichquartett, ein Streichtrio, ein Klaviertrio, ein Trio für Flöte, Violine und Klavier, 2 Violinsonaten, 2 Flötensonaten, eine Cellosonate, Vokalisen für Sopran und sieben Instrumente, eine Suite für Sopran und Flöte, viele Klavierstücke, Chöre und Lieder. Nach diesen avantgardistischen Stücken mit polytonaler, atonaler oder serieller Faktur beschäftigte er sich mit konkreten und elektronischen Klängen und verfaßte eine Reihe von Stücken, bei denen konventionelle mit elektronischen Klangerzeugern oder Tonbändern gemischt sind, daneben aber immer wieder Kammermusik für verschieden besetzte Ensembles.

José Velasco Maidana (geboren 1900)

LEBEN
José María Velasco Maidana wurde am 4.7.1900 in Sucre geboren. Er erhielt seine Ausbil-

dung in seiner Geburtsstadt und in Buenos Aires und wirkte darauf als Lehrer für Musikgeschichte am Konservatorium in La Paz, wo er 1939 das erste bolivianische Sinfonieorchester und die erste Ballettgruppe Boliviens gründete. Er trat in Berlin, in den USA und in lateinamerikanischen Ländern als Gastdirigent auf und ließ sich 1950 in Houston, Tex., als freischaffender Komponist nieder.

Werke

Neben einer Ballettoper und einem Ballett schrieb José Velasco Maidana 3 sinfonische Dichtungen und mehrere andere Orchesterwerke, 2 Bläserquintette, ein Duo für Klarinette und Klavier, »Indianische Gesänge« und weitere Lieder mit Orchester- oder Klavierbegleitung. Sein Stil muß als spätromantisch klassifiziert werden.

George Antheil (1900–59)

Leben

George Antheil wurde am 8.7.1900 in Trenton, N. J., geboren. Er studierte von 1919 bis 1921 in Philadelphia bei Ernest Bloch. Anschließend reiste er als Klaviervirtuose in den USA und nach Europa, bis er sich als freischaffender Komponist in New York niederließ, wo er am 12.2.1959 starb.

Werke

Außer 7 Opern und 3 Balletten schrieb George Antheil 6 Sinfonien, eine Jazzsinfonie, ein weiteres Orchesterstück und ein Stück für Streicher, ein Klavierkonzert, ein Violinkonzert, ein Kammerkonzert, ein Quintett, 2 Streichquartette, 3 Violinsonaten, eine Flötensonate, eine Trompetensonate, 4 Sonaten, Toccaten, Etüden für Klavier und Lieder. Anfangs war sein Stil stark von Igor Strawinsky und vom Jazz beeinflußt, später bildete er einen persönlichen, sehr freien Stil heraus, der ihn in die Avantgarde des Jahrhunderts einreihte.

Amadeo Roldán (1900–39)

Leben

Amadeo Roldán wurde am 12.7.1900 in Paris geboren. Ab 1916 war er am Konservatorium in Madrid Schüler von Antonio Fernandez Bordas (12.1.1870, Orense, bis 18.2.1950, Madrid) und Conrado del Campo y Zabaleta. Im Jahr 1924 wurde er Konzertmeister und 1932 Dirigent des Philharmonischen Orchesters in Habana. Ab 1935 wirkte er als Professor am Konservatorium in Habana – zeitweise auch als Direktor – bis zu seinem Tod am 2.3.1939.

Werke

Unter dem Einfluß der Volksmusik schrieb Amadeo Roldán ein Ballett, ein Mysterienspiel und mehrere Orchesterstücke, außerdem 4 »Rítmicas« für Flöte, Oboe, Klarinette, Horn, Fagott und Klavier und weitere 3 für kubanische Schlaginstrumente, ein Stück für vier Lauten, ein Streichquartett, 8 Stücke für Singstimme und sieben Instrumente und Klavierstücke. Er verwendete als einer der ersten afrokubanische Elemente.

Ernst Křenek (geboren 1900)

Leben

Ernst Křenek (Krenek) wurde am 23.8.1900 in Wien geboren. Er war Schüler von Franz Schreker. Nach kurzer Tätigkeit an den Theatern in Kassel und Wiesbaden kehrte er nach Wien zurück, blieb dort mit kurzen Unterbrechungen bis zum Jahr 1938, in dem er in die USA emigrierte, wo er bis 1942 am Vassar College in Poughkeepsie bei New York Musiktheorie vortrug. Darauf wurde er Leiter der Musikabteilung an der Universität in St. Paul, Minn., und lehrte dort Musikgeschichte und Musikwissenschaft. Im Jahr 1945 erhielt er die Staatsbürgerschaft der USA und änderte seinen Namen in »Krenek«. Er hielt an verschiedenen Universitäten und Musikschulen Gastkurse, reiste ab 1955 mehrmals nach Europa, um zu dirigieren und Vorträge zu halten, und ließ sich 1966 in Palm Springs nieder.

WERKE

Das kompositorische Schaffen von Ernst Křenek reflektiert wie bei keinem anderen Komponisten die Breite und Vielseitigkeit der musikalischen Entwicklung seit den zwanziger Jahren unseres Jahrhunderts. Es durchwanderte sehr rasch die verschieden stark entgegengesetzten Stilrichtungen. Vom Stil seines Lehrers Franz Schreker wandte er sich bald ab. Unter dem Einfluß seiner Kontakte zu Ferruccio Busoni, Eduard Erdmann und Artur Schnabel wandte er sich atonalen Konzeptionen zu. Dann schrieb er neuklassizistisch, darauf neuromantisch und machte schließlich die Wende zur Dodekaphonik, die er bisher abgelehnt hatte. »Als ich wahrnahm, daß andere Komponisten, sobald sie ein gesetztes Alter erreicht hatten, zu verkünden pflegten, daß sie in der Musikgeschichte das letzte Wort gehabt hätten, beschloß ich, daß mir das im Alter nicht passieren sollte, und trug daher kein Bedenken, neue Ideen, die in der Luft lagen, aufzugreifen und mich mit ihnen auseinanderzusetzen«, schrieb der Komponist. Sein häufiger Stilwechsel mag zum Teil schuld daran gewesen sein, daß keines seiner Werke eine fortdauernde Resonanz eines Hauptwerks erreichen konnte. Ernst Křenek war vor allem Opernkomponist. Er schrieb 23 Werke für die Musikbühne, 4 Ballette und Bühnenmusiken, für Orchester 5 Sinfonien, 2 Concerti grossi, eine »Sinfonische Musik«, 4 Klavierkonzerte,

Ernst Křenek

2 Violinkonzerte, ein Doppelkonzert für Violine und Klavier, ein Konzert für zwei Klaviere, ein Cellokonzert, außerdem ein Concertino für Flöte, Cembalo und Streichorchester, ein »Kleines Konzert« für Klavier, Orgel und Kammerorchester, ein Konzert für Harfe und Kammerorchester, eine Sinfonietta und wei-

Beginn der 3. Klaviersonate op. 92 von Ernst Křenek, Autograph

tere Stücke mit verschiedener Besetzung. Von seiner zahlreichen Kammermusik sind ein Bläserquintett, 7 Streichquartette, ein Streichtrio und andere Werke für verschiedene Instrumente, weiters viele Klaviermusik, von seinen elektronischen Stücken »Tape and Double« für zwei Klaviere und Tonband und »Orga-Nastro« für Orgel und Tonband besonders interessant. Seiner Vokalmusik ist »Lamentatio Jeremiae Prophetae« voranzustellen, weiters liegen mehrere Messen, andere Chöre a cappella und begleitet, Lieder und Liederzyklen vor. Seine Werke, so vorzüglich sie sind, wurden und werden wenig aufgeführt; auch sein einziger großer Erfolg, die Jazzoper »Jonny spielt auf«, wurde, nachdem sie ihre Schockwirkung wegen des allgemeinen Stilfortschritts verloren hatte, nahezu vergessen, weil ihr tatsächlicher ideologischer und künstlerischer Gehalt wohl nie erkannt wurde. Der Komponist ist von dieser Haltung seinen Werken gegenüber wenig beeindruckt, weil er nach seinen eigenen Worten das Urteil darüber dem »Wahrspruch der Zeit« überläßt, der sicherlich einmal ergehen und ihm die Gerechtigkeit angedeihen lassen wird, die ihm heute noch versagt bleibt.

Sinfonie Nr. 2, Opus 12, 3 Sätze, entstanden 1922
Dieses Frühwerk war unter der Betreuung Franz Schrekers entstanden und Gustav Mahler gewidmet. Der Komponist sagte selbst darüber: »Vom rein musikalischen Standpunkt ließe sich feststellen, daß der die ganze Sinfonie durchdringende Ausdruck schmerzlicher Spannung auf den stilistischen Dualismus zurückzuführen ist, auf Grund dessen die atonale Landschaft der Musik von Relikten des tonalen Idioms zerrissen wird.« Der 1. Satz hat Sonatenform, der 2. Satz ist ein Scherzo und das Finale eine dreiteilige Reprise. Die Nähe Mahlers wird besonders durch das 53 Takte währende Unisono der Violinen deutlich.

Kette, Kreis und Spiegel, Sinfonische Zeichnung, entstanden 1957
In diesem Zwölftonwerk bilden sich Ketten, wenn Schlußtöne der Reihen mit den Anfangstönen nachfolgender Reihen ident sind. Kreise entstehen durch die zyklisch sich erneuernden Permutationen, und die Spiegelgestalt erscheint durch die dreimalige Wiederkehr des Anfangsthemas.

Questio temporis (Eine Frage der Zeit) für kleines Orchester mit Klavier und Gitarre, entstanden 1949
Dieses mathematisch genau durchgeführte Werk zeigt den Komponisten als Meister der seriellen Technik. Alles ist durch genaue Abmessungen von Beginn und Dauer der Klangelemente geregelt und beruht auf den Klangeinheiten, die sich aus den Intervallen der Tonreihe und ihrer abgeleiteten Reihenformen ergeben. Zuweilen wird das Gefüge wegen der vielfältigen Übereinanderschichtung und der Geschwindigkeit des Ablaufs derart dicht, daß anstelle der genauen Messung eine statistische Streuung tritt. »In dieser Musik fragt die absolute Zeit, wie sie sich teilen muß, damit sie besteht. Die historische Zeit stellt der Musik die Frage, wie sie beurteilen könne, was da vorgeht. Die Musik antwortet, daß es eine Frage der Zeit sei, bis man das, was sich hier mitteilen mag, versteht«, erklärte der Komponist nicht sehr aufschlußreich und Verständnis fordernd.

Lamentatio Jeremiae Prophetae für gemischten Chor a cappella, Opus 93, 3 Teile, entstanden 1942
Die »Klagelieder des Propheten Jeremias« beziehen sich nicht nur auf das zerstörte Jerusalem und die Unterdrückung der Juden, sondern auch auf die Gegenwart, in der das Werk entstand. Der in lateinischer Sprache gehaltene Text gibt die Tenebrae-Zeremonien für die drei Kartage der katholischen Kirche in je drei Unterabschnitten wieder. Die Musik ist dodekaphonisch, ohne die Beziehung zur kirchlichen Tonsprache zu vernachlässigen.

Literatur

L. Knessl, Ernst Křenek, Wien 1967.

Solomon Pimsleur (1900–62)

Leben

Solomon Pimsleur wurde am 19.9.1900 in Paris geboren. Er studierte in New York an der Columbia University und an der Juilliard School of Music bei Rubin Goldmark und 1929 am Mozarteum in Salzburg. Er gab anschließend selbst Kompositionsunterricht und Klavierstunden in New York, wo er am 22.4. 1962 starb.

Werke

Neben einer Oper schrieb Solomon Pimsleur 3 Sinfonien, eine Ouvertüre, ein Streichsextett, ein Streichquintett, 6 Streichquartette, ein

Klaviertrio, eine Suite für Violine und Klavier, zahlreiche Sonaten und andere Klavierwerke, 2 Oratorien, mehrere Kantaten mit Instrumentalbegleitung und Lieder. Sein Stil bewegte sich im Rahmen des zeitgenössischen in den USA.

Zeno Vancea (geboren 1900)

Leben

Zeno Octavian Vancea wurde am 8.10.1900 in Bocşa Romîna, Rumänien, geboren. Er studierte in Cluj und in Wien und wirkte sodann bis 1945 als Musiklehrer in Timişoara; von 1949 bis 1968 unterrichtete er am Konservatorium in Bukarest, wo er gleichzeitig als Chefredakteur einer Musikzeitschrift tätig war. Seit 1968 ist er Vizepräsident des rumänischen Komponistenverbandes.

Werke

Außer einer Ballettpantomime schrieb Zeno Vancea 2 Sinfonietten, eine Suite, eine sinfonische Ode, ein sinfonisches Triptychon, 5 Stücke für Streichorchester, 5 Streichquartette, eine Vertonung des 31. Psalms, ein Requiem, 2 byzantinische Messen, eine Kantate, »Banater Bilder« für Chor a cappella und Lieder. Sein Stil ist spätromantisch-folkloristisch. Er verfaßte auch musikhistorische Essays.

Teodoro Valcárcel (1900–42)

Leben

Teodoro Valcárcel wurde am 17.10.1900 in Puno, Peru, geboren. Er studierte am Konservatorium in Mailand und bei Felipe Pedrell in Barcelona. Im Jahr 1920 ließ er sich in Lima nieder und befaßte sich mit der Sammlung und dem Studium indianischer Folklore – er war selbst indianischer Abstammung. Er starb am 20.3.1942 in Lima.

Werke

Das Werk Teodoro Valcárcels wurde stark von der indianischen Folklore beeinflußt. Er schrieb eine Oper, 2 Ballette, eine sinfonische Dichtung und ein Violinkonzert.

Ottó Runólfsson (1900–70)

Leben

Ottó Runólfsson wurde am 24.10.1900 in Reykjavík geboren. Er studierte in Kopenhagen und darauf am Konservatorium in Reykjavík, wirkte zunächst als Erster Trompeter am Rundfunk in Reykjavík und ab 1939 auch als Lehrer am dortigen Konservatorium. Er starb in der Heimatstadt am 29.11.1970.

Werke

Von Ottó Runólfsson sind eine Sinfonie, ein sinfonisches Gedicht, eine Violin- und eine Trompetensonate, ferner zahlreiche Vokalwerke – Chöre und Lieder – sowie Schauspielmusiken bekannt geworden. Er gehörte zu den führenden Persönlichkeiten der isländischen Musikentwicklung.

Rodolfo Halffter (geboren 1900)

Leben

Rodolfo Halffter wurde am 30.10.1900 in Madrid geboren. Er bildete sich zunächst autodidaktisch, sodann bei Manuel de Falla aus. Er lebte bis zum Spanischen Bürgerkrieg als Komponist und Musikkritiker in Madrid und übersiedelte dann über Paris nach Mexiko-Stadt, wo er Professor am Konservatorium wurde. Von 1946 bis 1958 leitete er die Musikzeitschrift »Nuestra Música« (Unsere Musik) und edierte mexikanische Musik. 1968 wurde er in die Academia de artes de México berufen.

Sein Bruder Ernesto Halffter Escriche (geboren 16.1.1905, Madrid) war Schüler von Manuel de Falla und wurde 1934 Leiter des Konservatoriums in Sevilla, nachdem er ab 1924 dort ein Kammerorchester geführt hatte. Von 1936 bis 1960 lebte er als Dirigent nach kurzem Aufenthalt in Lissabon, dann in Spanien. Er ist als musikalischer Berater des spanischen Fernsehens tätig.

Werke

Von Rodolfo Halffter sind eine Oper und 3 Ballette aufgeführt worden. Er schrieb für Orchester eine Suite, eine Ouvertüre, ein Im-

promptu, weiters »Drei Stücke für Streichorchester«, eine Ouvertüre für Klavier und Orchester, ein Violinkonzert, 2 Streichquartette, eine Cellosonate, 3 Klaviersonaten, eine Giga für Gitarre, Lieder und Chöre.
Ernesto Halffter schrieb außer einer Oper und einem Ballett eine Sinfonietta, ein Gitarrenkonzert, Klaviermusik, Kantaten und Lieder. Der Stil beider Brüder ist konservativ.

Aaron Copland (geboren 1900)

LEBEN

Aaron Copland wurde am 14. 11. 1900 in New York geboren. Er studierte zunächst bei Rubin Goldmark, dann von 1921 bis 1924 bei Nadia Boulanger in Paris. In New York veranstaltete er mit Roger Sessions Konzerte mit Werken zeitgenössischer Komponisten, unterrichtete von 1927 bis 1937 an der New School of Social Research und von 1935 bis 1944 und von 1951 bis 1952 an der Harvard University in New Haven. Die Zustimmung, die das Publikum seinen Kompositionen entgegenbrachte, führte dazu, daß ihm zahlreiche organisatorische Ämter übertragen wurden, wie zum Beispiel die Stellung eines Assistant Director und Leiters des Music Center in Tanglewood, Mass., und die Mitgliedschaft zahlreicher Akademien, von denen er vielfach geehrt und ausgezeichnet wurde.

Aaron Copland

Walter Damrosch

WERKE

Als Aaron Copland seine Sinfonie mit Orgel und Orchester aufführte, bemerkte Walter Damrosch (30. 1. 1862, Breslau, bis 22. 12. 1950, New York): »Wenn ein junger Mann eine Sinfonie wie diese schreiben kann, ist er innerhalb fünf Jahren fähig, einen Mord zu begehen!« Er beging aber keinen Mord und versprach, »zu versuchen, die älteren Konzertabonnentinnen nicht mehr mit seiner Musik zu schockieren«. Er hielt dieses Versprechen entlang des amerikanischen Trends, so daß er zum Haupt und großen alten Mann der amerikanischen Musik des 20. Jahrhunderts wurde; er verließ den Expressionismus und den Jazz, und nach Jahren unruhigen Experimentierens fand er zu einem wohl persönlichen, aber typisch amerikanischen freien Stil, unabhängig von der europäischen Musikentwicklung. Erst in den sechziger Jahren, als Arnold Schönberg schon längst in den USA bekannt war, setzte er sich auch mit der Dodekaphonik auseinander. Seine Sinfonie für Orgel und Orchester faßte er ohne Orgel neu, brachte sie als 1. Sinfonie heraus und ließ zwei weitere folgen. Er schrieb ferner eine nicht numerierte »Tanzsinfonie« und zahlreiche Orchesterstücke, ein Klavierkonzert, ein Konzert für Klarinette, Streichorchester, Harfe und Klavier, zahlreiche Stücke für Kammerorchester, eine Nonett, ein Sextett, 2 Streichquartette, ein Klaviertrio, Sonaten und andere Stücke für Klavier, außerdem 2 Opern und 6 Ballette. Er publizierte etliche musiktheoretische Werke.

Sinfonie für Orgel und Orchester, 3 Sätze, entstanden 1924

Der 1. Satz »Praeludium« ist eine Träumerei für die Orgel, die von einigen Instrumenten solistisch begleitet wird. Im 2. Satz »Scherzo« werden im ersten Teil zwei Themen exponiert, eines von der Oboe, das zweite von der Orgel und den Streichern; das ganze Orchester drängt zu einem Klimax, dann ergreift die Oboe wieder das Wort, wird aber vom Horn unterbrochen. Dann schließt sich ein Orgelsolo an, in das das gesamte Blech plötzlich kräftig einbricht. Eine kurze Coda beendet den Satz fortissimo. Das Finale hat nahezu Sonatenform. Ohne Einleitung stimmen die Bratschen das Thema an, das von allen Instrumenten und der Orgel mit aller Lautstärke übernommen wird. Das zweite Thema wird von einer großen Trommel begleitet, ein plötzlicher Ausbruch des ganzen Orchesters mit der Orgel folgt, dann beruhigt sich das Geschehen, bis das Thema von Trompeten und Posaunen fortissimo vorgetragen wird. Eine kurze Coda beendet das Werk.

Der Komponist hat die Sinfonie 1928 ohne Orgel bearbeitet, stark geglättet und als Sinfonie Nr. 1 herausgebracht.

Sinfonie Nr. 3, 4 Sätze, entstanden 1946

Der 1. Satz hat Sonatenform und bringt drei Themen, die in der Durchführung nur geringen Veränderungen unterliegen, sondern ihren originalen Duktus beinhalten, als wollten sie ihre Erkennbarkeit für ihr zyklisches Wiedererscheinen im Verlauf des Werks wahren. Der 2. Satz ist ein Scherzo mit traditioneller Struktur. Der langsame 3. Satz wird von einer Abwandlung des dritten Themas des 1. Satzes eingeleitet und sodann in Variationsform weitergeführt. Ohne Pause schließt sich das Finale an, das wiederum Sonatenform aufweist. Diese wird allerdings uncharakteristisch gehandhabt, weil sie eine Fülle von einfallsreichen Strukturen heranzieht, wie die Einführung des zweiten Themas mitten in die Durchführung des ersten, die Einleitung der Rekapitulation mit einem stark dissonanten Tutti und die zyklische Vorführung aller Themen des Werks, wodurch der Satz zu einem Stück für sich gestaltet wird.

Tanzsinfonie, 3 Sätze, entstanden 1931

Diese aus Elementen des nie aufgeführten Balletts des Komponisten »Grohg« gestaltete Sinfonie figuriert in der Werkliste ohne Numerierung. Die drei Sätze werden ohne Pause gespielt. Der 1. Satz bringt die Tanznummer »Tanz eines Jünglings« mit erregenden Passagen. Der 2. Satz bringt den »Tanz eines jungen traumbefangenen Mädchens«, der mit einem Walzer beginnt und mit einem Klagegesang endet. Das Finale »Possenspiel« stellt eine diabolische Karnevalsszene vor.

Appelachischer Frühling, Ballettsuite, 8 Teile, entstanden 1944

Die Suite entnimmt ihre Elemente dem gleichnamigen Ballett, das ein Frühlingsfest der Siedler um eine eben fertiggestellte Farm in Pennsylvania zum Thema hat. Die Teile werden ohne Zwischenpause gespielt. Das Stück beginnt mit einer langsamen Einleitung, die die handelnden Personen vorstellt: Ein Pas-de-deux ist der Braut und dem Bräutigam gewidmet, dann führen mehrere ländliche Tänze die Festgäste vor, worauf ein Solotanz der Braut folgt. Nun werden in Variationenform die täglichen Tätigkeiten der Braut und des Mannes geschildert, bis in der Coda die Braut in der neuen Gemeinschaft und im Haus die ihr zukommende Stellung einnimmt. Eine gebetsähnliche Passage und eine Reminiszenz an das Eingangsthema schließen das reizende Werk ab.

Das rote Pony, Suite, 6 Sätze, entstanden 1948

Diese Suite basiert auf der vom Komponisten für den gleichnamigen Film »Das rote Pony« nach einer Erzählung von John Steinbeck (1902–68). Der 1. Satz schildert den »Morgen auf einer Ranch« mit einer volkstümlichen Melodie. Im 2. Satz »Das Geschenk« erhält Jody von seinem Vater ein rotes Pony zum Geschenk, das er seinen Kameraden zeigt. Im »Traummarsch und Zirkusmusik« des 3. Satzes werden Tagträume des Jungen geschildert, der sich als Führer einer Ritterarmee in silberner Rüstung und darauf als peitschenknallender Manegemeister eines Zirkusses fühlt. Im 4. Satz »Weg zur Unterkunft« zeigt Jody mit seinem Freund im Gespräch. Im 5. Satz »Großvaters Geschichte« wird die Zeit der Pioniere lebendig und ihr Vergehen beklagt. Im 6. Satz »Glückliches Ende« erklingt die volkstümliche Melodie erneut, dieses Mal aber überzeugt und tröstlich, weil das echte amerikanische Landleben noch immer wertvoll ist.

Musik für das Theater, Suite, 5 Teile, entstanden 1925

Diesem Stück liegt kein bestimmtes Schauspiel und keinerlei literarische Idee zugrunde, es soll aber abstrakt den Ablauf einer Vorstellung vermitteln. Die Solotrompete verkündet im 1. Teil den Beginn der Vorstellung, die Oboe beginnt mit dem zweiten Thema die Handlung und stellt den ersten Konflikt auf der Bühne dar. Der 2. Teil bringt einen Tanz. Der 3. Teil ist lyrisch. Das Englischhorn trägt ein »Lied ohne Worte« vor, das von der Klarinette, von Streichern, Klavier und Glockenspiel begleitet weitergesponnen wird. Der 4. Teil ist eine Burleske. Im 5. Teil werden alle Konflikte gelöst. Das Werk klingt mit Themen der vorangehenden Teile friedlich aus. Das Stück beinhaltet viele Jazzelemente.

Klavierkonzert, 2 Teile, entstanden 1926

Der Komponist bezeichnet sein Werk als »mein letztes Experiment mit sinfonischem Jazz«. Es wurde als eindrucksvollstes großes Werk der gesamten Jazz-Landschaft Europas und Amerikas, das bisher geschrieben wurde, bezeichnet. Jedenfalls handelt es sich um typischen amerikanischen Jazz, der sich vom zeitgenössischen französischer Komponisten grundlegend unterscheidet. Im 1. Teil stellt eine kurze Einleitung das thematische Material vor. Dann spielen nach einer kurzen Klavierimprovisation Flöte und Klarinette, von sordinierten Streichern begleitet, das Hauptthema, das in der Folge zweimal erscheint, einmal im Klavier mit Holzbläsern und sodann in den Hörnern mit einem Kanon der Streicher. Nach einem klangvollen Höhepunkt folgt der 2. Teil in Sonatenform ohne Rekapitulation. Sein erstes Thema wird vom Klavier intoniert, das zweite von einem Sopransaxophon. Die Durchführung ist von einem rhythmisch äußerst komplizierten Klaviersolo unterbrochen. Den Abschluß bilden eine partielle Rekapitulation des 1. Teils und eine kurze Coda.

LITERATUR

A. Dobrin, Aaron Copland, New York 1967.

Stepan Njaga (1900–51)

LEBEN

Stepan Timofejewitsch Njaga wurde am 24.11.1900 in Kischinjow, Bessarabien (heute Moldauische SSR) geboren. Er studierte am Konservatorium in Budapest und in Paris und wurde 1940 Lehrer am Konservatorium in Kischinjow und 1942 in Moskau. Im Jahr 1946 wurde er zum Vorsitzenden des moldauischen Komponistenverbandes bestellt. Er starb am 30.5.1951 in Kischinjow.

WERKE

Die moldauische Folklore bildete die Hauptquelle für die Melodik und Harmonik von Stepan Njaga. Er schrieb 2 Sinfonien und kleinere Orchesterwerke, eine Doina für Oboe und Orchester, ein Violinkonzert, »Moldauische Fantasie« für Sopran, Violine, Klavier und Streichorchester, eine Doina für Sopran und Orchester, eine Violinsonate, »Improvisation« für Violine und Klavier, Klavierwerke, ein Oratorium, Chöre und Lieder sowie Volksliedbearbeitungen. Er verfaßte die Hymne der Moldauischen Republik.

Bojan Ikonomow (geboren 1900)

LEBEN

Bojan Georgjew Ikonomow wurde am 1.12.1900 in Nikopol, Bulgarien, geboren. Während seines Universitätsstudiums in Sofia bildete er sich in Musiktheorie, Harmonielehre und Kontrapunktik aus. Im Jahr 1931 setzte er in Paris an der Schola Cantorum bei Vincent d'Indy und Guy de Lioncourt und darauf bei Nadia Boulanger und Albert Roussel seine Ausbildung fort. 1934 war er Dirigierschüler von Felix Weingartner in Basel, 1937 wurde er musikalischer Mitarbeiter bei Radio Sofia. Von 1948 bis 1956 wirkte er als musikalischer Mitarbeiter bei der staatlichen bulgarischen Filmgesellschaft und darauf bis 1960 als Leiter des Sinfonieorchesters und der Musikabteilung bei Radio Sofia.

WERKE

Außer einer Oper, einer Kinderoperette und 2 Balletten schrieb er 3 Sinfonien, eine Sinfonietta, ein Violinkonzert, ein Concertino für Klavier und Orchester, 6 Streichquartette, Klavierwerke, Chöre, Massenlieder, Sololieder und Filmmusik. Die bulgarische Folklore wird bei diesen Kompositionen weniger herangezogen als bei gleichzeitigen Werken der bulgarischen Zeitgenossen.

Renato Parodi (geboren 1900)

Leben

Renato Parodi wurde am 14.12.1900 in Neapel geboren und studierte dort am Conservatorio di Musica San Pietro a Maiella bei Camillo de Nardis (26.5.1857, Orsogna, Chieti, bis 5.8.1951, Neapel) und Gennaro Napoli (19.5.1881, Neapel, bis 28.6.1943, Neapel). Er wurde an derselben Anstalt 1941 Lehrer für Harmonielehre und Kontrapunktik und 1959 Professor für Komposition. Von 1961 bis 1970 wirkte er in gleicher Eigenschaft am Conservatorio di Musica di Santa Cecilia in Rom und seitdem als freischaffender Komponist.

Werke

Neben einer »Sacra rappresentazione« schrieb Renato Parodi ein Concertino, eine Villanella und weitere Orchesterstücke, ein Konzert für Flöte, 2 Streichorchester, Harfe und Celesta, ein Fagottkonzert, ein Trio für Flöte, Violine und Cello, Klavierstücke, Stücke für Chor und für Gesang mit Orchester und Bühnenmusik. Er bearbeitete Opern aus dem 18. Jahrhundert. Sein Stil näherte sich dem Neubarock.

Lucijan Škerjanc (1900–73)

Leben

Lucijan Marija Škerjanc wurde am 17.12.1900 in Graz geboren. Er studierte in Prag, Wien, Basel und Paris. Anschließend wirkte er als Kompositionslehrer an der Musikakademie in Ljubljana, die er ab 1945 als Direktor leitete. Fallweise leitete er auch die Orchestergesellschaft der Stadt. Von 1950 bis 1955 war er Intendant der Slowenischen Philharmonie in Ljubljana, wo er am 27.2.1973 starb.

Werke

Von Lucijan Škerjanc sind 5 Sinfonien, ein Orchesterkonzert, eine »Kleine Suite«, eine Sinfonietta, ein Violinkonzert, ein Klavierkonzert, ein Cellokonzert, ein Klarinettenkonzert, ein Hornkonzert, ein Streichquintett, ein Concertone für vier Celli, 5 Streichquartette, Stücke für Violine und Klavier, Celloetüden, Klavierstücke, Bühnenmusiken, mehrere Kantaten und Lieder bekannt geworden. Er verfaßte auch einige Lehrwerke.

Alan Dudley Bush (geboren 1900)

Leben

Alan Dudley Bush wurde am 22.12.1900 in London geboren. Er studierte von 1918 bis 1922 an der Royal Academy of Music in London bei Frederick Corder und darauf bei John Ireland, Benno Moiseiwitsch (22.2.1890, Odessa, bis 9.4.1963, London) und Artur Schnabel. Im Jahr 1925 wurde er Kompositionslehrer an der Royal Academy of Music in London. Von 1929 bis 1940 betreute er die London Labour Choral Union (Arbeitergesangverein), ab 1941 wirkte er als Präsident der Worker's Music Association (Arbeitermusikverein).

Werke

Neben 2 Opern schrieb Alan Dudley Bush 3 Sinfonien, eine sinfonische Suite, eine Suite für Streichorchester, 2 Ouvertüren und weitere Orchesterstücke, ein Violinkonzert, ein Cellokonzert, ein Klavierkonzert mit Männerchor, ein Scherzo für Blasorchester und Schlagzeug, eine »Byron Symphony« für Chor und Orchester, ein Stück für Kammerorchester, ein Stück für Horn und Klavier, eine Anzahl Kantaten, einen Liederzyklus und einzelne Lieder mit verschiedener Begleitung. Er wandte sich anfänglich der Dodekaphonik zu, bildete sich sodann einen persönlichen Stil mit freier Harmonik.

Sinfonie Nr. 2, »The Nottingham«, Opus 33, 4 Sätze, entstanden 1949

Der Komponist erklärte: »Die vier Sätze tragen Namen von Orten in oder nahe bei Nottingham, die mit gesellschaftlichen Ereignissen oder Bräuchen verbunden sind; sie beabsichtigen, die Gefühle der Männer und Frauen zu schildern, die an diesen Ereignissen teilhatten, sind aber keine musikalischen Illustrationen der Vorfälle selbst, obgleich die Musik die Atmosphäre heraufbeschwören will, durch welche die Emotionen der Menschen ausgelöst werden.« Der 1. Satz »Sherwood Forest« (Sherwood Wald) ist mit dem Helden Robin Hood verbunden. Der 2. Satz »Clifton Grove« (Clifton Gehölz) schildert mit einem Liebesduett von Klarinette und Cello den traditionellen Treffpunkt der Liebenden von Nottingham. Im 3. Satz »Castle Rock« (Schloßfelsen) wird an einen Aufstand im Jahr 1832 erinnert. Das Finale »Goose Fair« (Gänsemarkt) stellt den jährlichen, seit dem 9. Jahrhundert traditionellen Jahrmarkt der Stadt dar.

Hans Erich Apostel (1901–72)

Leben

Hans Erich Apostel wurde am 22.1.1901 in Karlsruhe geboren. Nach seinem Studium am Konservatorium und kurzer Kapellmeistertätigkeit in seiner Geburtsstadt kam er nach Wien, wo er ab 1921 bei Arnold Schönberg und Alban Berg studierte, gleichzeitig Klavierunterricht erteilte und als Konzertbegleiter tätig war. Er trat in den dreißiger Jahren mit mehreren Kompositionen hervor, schwieg aber dann bis zum Kriegsende. Im Jahr 1946 wurde er Präsident der österreichischen Sektion der IGNM und Lektor an der Akademie der darstellenden Kunst und Musik in Wien, wo er am 30.11.1972 starb.

Hans Erich Apostel

Werke

Selbst nannte sich Hans Erich Apostel gelegentlich einen »konservativen Radikalen«. Er wandte freie Atonalität und Dodekaphonik nach Belieben an, es blieb aber immer Musik, was er schrieb. Seine Kompositionen aus der Zeit vor dem Zweiten Weltkrieg weisen teilweise eine tonal-romantische oder expressionistische Struktur auf, dann wandte er sich rasch der Zwölftontechnik zu, bei der er aber tonale Anklänge nie vermied. Er schrieb eine Kammersinfonie, eine Ballade, ein »Rondo ritmico«, eine Intrada für Bläser und Schlagwerk, »Variationen über ein Thema von Joseph Haydn« (unter dem Titel Paralipomena dodekaphonica), eine Passacaglia, ein Adagio, ein Klavierkonzert, ein Bläserquartett, »6 Epigramme für Streichquartett«, 2 Streichquartette, ein Bläserquartett, ein Kammerkonzert für Flöte, Bratsche und Gitarre, »5 Bagatellen« für Bläsertrio, eine Sonate für Cello und Klavier, Sonatinen für Flöte, für Klarinette, für Fagott, für Horn, für Oboe, eine Suite, eine Sonate und andere Stücke für Klavier, ferner ein Requiem für Chor und Orchester, eine Ode für Alt und Orchester und eine Anzahl Klavierlieder.

Kammersinfonie, Opus 41, 5 Sätze, entstanden 1967

Alle Sätze sind auf der gleichen Zwölftonreihe aufgebaut. Der 1. Satz formt sich symmetrisch um eine Kadenz; in bogenförmiger Anordnung reihen sich Hauptsatz, Überleitung und Seitensatz um den Kern; eine ruhige Coda schließt den Satz ab. Als fünfteiliger Variationensatz – Thema, drei Variationen, Coda – stellt sich der 2. Satz vor. Der 3. Satz ist ein Intermezzo mit Scherzocharakter. Der 4. Satz ist pastoral mit Vogelzitaten und Herdenglocken. Der 5. Satz bringt das Material der Vorangehenden als Quodlibet.

Quartett für Flöte, Klarinette, Horn und Fagott, Opus 14, 5 Sätze, entstanden 1949

Das Werk ist dodekaphonisch. Der 1. Satz bringt ein kontrapunktisches Allegro über die »Reihe«, der 2. Satz ein rhapsodisches Adagio. Der 3. Satz besteht aus einem Thema mit sechs Variationen. Der 4. Satz ist stark figuriert und episch breit. Mit einer Stretta schließt das Finale das Quartett ab.

Paralipomena dodekaphonica (Variationen über ein Thema von Joseph Haydn), Opus 44, entstanden 1969

Die aus einem Haydn-Thema gebildete Reihe wird in sechs Variationen und Charakteren abgewandelt, das lebenswichtige Element der künstlerischen Aussage jedoch nicht verändert, sondern nur verstärkt. Das Stück ist unbedingt als absolute Musik ohne spekulative Klangäquilibristik zu verstehen.

LITERATUR

H. Kaufmann, Hans Erich Apostel, Wien 1965.

Piotr Perkowski (geboren 1901)

LEBEN

Piotr Perkowski wurde am 4.3.1901 in Owetschatsche, Ukraine, geboren. Er studierte in Warschau bei Karol Szymanowski und bei Albert Roussel in Paris. Von 1931 bis 1933 leitete er in Warschau die »Gesellschaft der Freunde sinfonischer Musik« und anschließend das Konservatorium in Toruń. Er war einer der Hauptinitiatoren des polnischen Musiklebens nach 1945, wirkte von 1947 bis 1951 als Kompositionsprofessor an der Musikhochschule in Warschau, sodann in Breslau (Wrocław) bis 1954 und erneut in Warschau bis 1972.

WERKE

Neben einer Funkoper und 5 Balletten schrieb Piotr Perkowski für Orchester »Skizzen aus Toruń«, eine »Dramatische Sinfonie«, ein Notturno, »Schottische Impressionen«, 2 Violinkonzerte, eine Sonatine für Trompete und Klavier, »5 Sappho-Lieder« für Sopran, zwei Flöten und zwei Klarinetten, eine Kantate für Rezitation, Chor, Orchester und Tonband und einen Liederzyklus.

Colin McPhee (1901–64)

LEBEN

Colin McPhee wurde am 15.3.1901 in Montreal geboren. Er studierte in Baltimore bei Gustav Strube, Arthur Friedheim (20.10.1859, St. Petersburg, bis 19.10.1932, New York) in Toronto und bei Isidore Philipp in Paris. Von 1931 bis 1939 lebte er auf Bali, wo er intensive folkloristische Studien betrieb. Er starb am 7.1.1964 in Los Angeles, Cal.

WERKE

Von Colin McPhee sind 2 Sinfonien, ein Konzert für zwei Klaviere und Orchester, ein Konzert für Klavier und acht Bläser, »Irokesische Tänze« für Orchester, »Balinesische sakrale Musik« für zwei Klaviere und eine Sonatine für zwei Flöten, Klarinette, Trompete und Klavier bekannt geworden. Seine Melodik ist stark von der balinesischen Folklore beeinflußt. Er verfaßte zahlreiche Abhandlungen über Kultur, Volkskunst und Musik auf Bali.

Hans Humpert (1901–43)

LEBEN

Hans Humpert wurde am 19.4.1901 in Paderborn geboren. Er war in Frankfurt am Main Schüler von Bernhard Sekles und von Walther Gmeindl in Berlin. Anschließend lebte er in Paderborn als freier Komponist, wurde 1939 Lehrer an verschiedenen Musikschulen und 1940 Kompositionslehrer in München. Er fiel am 15.9.1943 bei Salerno.

WERKE

Von Hans Humpert sind ein Konzert für Streichquartett und Kammerorchester, 3 Orgelkonzerte, eine Kammermusik für Flöte, Violine, Bratsche und Klavier, ein Streichtrio, eine Orgelfuge und weitere Orgelstücke, Klavierstücke, 2 Sonaten für Klavier vierhändig, zahlreiche Kantaten und Chöre bekannt geworden. Sein Stil ist von Paul Hindemith beeinflußt.

Werner Egk (1901–83)

LEBEN

Werner Egk (eigentlich Meyer) wurde am 17.5.1901 in Auchsesheim bei Donauwörth geboren. Er wurde am Konservatorium in Augsburg, sodann in Frankfurt am Main und schließlich in München von Carl Orff ausgebildet. Von 1930 bis 1933 war er freier Mitarbeiter des Bayerischen Rundfunks, von 1936 bis 1940 Kapellmeister an der Staatsoper in Berlin, von 1950 bis 1953 Leiter der Musikhochschule in West-Berlin. Dann wirkte er als Gastdirigent der Staatsoper in München. Er starb am 10.7.1983 in Inning am Ammersee.

WERKE

Die 7 Opern und die 4 Ballette stellen den wichtigsten Teil des kompositorischen Schaffens von Werner Egk dar. Auch der übrige Teil besteht vorwiegend aus Vokalmusik: Chöre, Lieder mit Instrumentalbegleitung wie »Die Versuchung des heiligen Antonius« für Alt, Streichquartett und Streichorchester oder – letzte Fassung – für Chor und Orchester. An Orchestermusik liegen vor: »Französische Suite«, »4 Bauernstücke«, 2 Orchestersonaten, ein Divertimento, »Olympische Festmusik«, »Variationen über ein karibisches Thema« und ein Violinkonzert. Er schrieb außerdem Musik für Schau- und für Hörspiele. Sein Stil, besonders seine Instrumentation, ist von Richard Strauss und von Igor Strawinsky wie von den modernen Franzosen beeinflußt, greift aber auch auf die heimische Folklore zurück.

Werner Egk

Französische Suite, 5 Sätze, entstanden 1949

Grundlage der fünf Sätze sind die fünf »Pièces de Clavecin« von Jean-Philippe Rameau, aus denen der Komponist neue Klangbilder und neue melodische und rhythmische Gestalten formte. Der 1. Satz »Die Versammlung der Vögel« ist zierlich und luftig. Der 2. Satz »Gigue in Rondoform« entfaltet virtuosen festlichen Glanz. Im 3. Satz »Zärtliche Klagen« entsteht ein lyrisches Stimmungsbild, eine liebliche Harfenmelodie entwickelt sich über den Klängen sordinierter Streicher. Der 4. Satz »Die Venezianerin« ist voll schwunghafter Tanzrhythmen. Im Finale »Die Wirbelwinde« fegt ein virtuoser Orchestersatz in Rondoform brillant auf einen wirbelnden Kehraus zu.

Geigenmusik, Divertimento für Violine und Orchester, 3 Sätze, entstanden 1936

Der 1. Satz ist dreiteilig, zwei energische, virtuose Eckthemen umrahmen eine lyrische Passage. Bayerische Volksmelodien dominieren. Im 2. Satz trägt die Violine eine von der Harfe begleitete Rhapsodie voll Romantik vor. Das Finale ist volkstümlich fröhlich.

Henri Sauguet (geboren 1901)

LEBEN

Henri Sauguet (Pseudonym für Henri-Pierre Poupard) wurde am 18.5.1901 in Bordeaux geboren, wo er seine erste Ausbildung von Julien Fernand Vaubourgoin erhielt. In Montauban, Tarne-et-Garonne, studierte er bei Joseph Canteloube Komposition. Von 1916 bis 1920 war er als Organist tätig, dann wurde er in Paris Schüler von Charles Koechlin, trat mit Erik Satie in Verbindung und wurde Mitglied der École d'Arceuil. Abgesehen von zeitweiser Tätigkeit als Kritiker und als Dirigent lebte er ausschließlich seinem kompositorischen Schaffen.

WERKE

Neben ungefähr 10 Opern und 12 Balletten schrieb Henri Sauguet 4 Sinfonien, 3 Klavierkonzerte, ein Cellokonzert und weitere Orchesterstücke, ein Divertissement für Kammerorchester, 2 Streichquartette, ein Bläsertrio, verschiedene Instrumentalstücke mit wechselnder Begleitung, Duos, ein Oratorium, eine Anzahl Kantaten, verschiedene Chöre und Lieder sowie Klavierstücke und Film-

Henri Sauguet

musiken. Er verfaßte mehrere musikwissenschaftliche Essays. Sein Stil ist von elegantem französischem Neuklassizismus geprägt mit sehr aparten Klängen und exquisiten Linienführungen.

Cellokonzert, ein Satz, entstanden 1963
»Kunst ist eine Aussage in der Gegenwartssprache, die bisher nicht gemacht wurde«, erklärte der Komponist und wurde mit diesem Werk dieser Forderung gerecht. Ein melancholisches Thema wird vom Solisten und dem Orchester in freier Improvisation vorgetragen, indem es mit allen möglichen Aspekten und Abwandlungen, mit allen Bedeutungen und Gefühlsgehalten im ständigen Wechsel der Ausstrahlung, wie wenn auf eine sich stetig drehende Kugel, die aus kleinen Spiegeln gebildet ist, ein Lichtstrahl fällt und in immer anderen Farben, Brechungen und Schattierungen zurückstrahlt.

LITERATUR
M. Schneider, Henri Sauguet, Paris 1959.

Ivo Cruz (geboren 1901)

LEBEN
Ivo Cruz wurde am 19.5.1901 in Corumbá, Brasilien, geboren. Er studierte in Lissabon, Leipzig, in München unter Richard Mors (18.8.1873, Mannheim, bis 14.3.1946, Taufkirchen an der Vils) und August Reuss (6.3.1871, Šumná [Liliendorf], Böhmen, bis 18.6.1935, München). Nach Lissabon zurückgekehrt, gründete er dort einen Chorverein und ein Orchester. Ab 1938 wirkte er als Direktor des Konservatoriums in Lissabon.

WERKE
Das künstlerische Hauptinteresse von Ivo Cruz galt der altportugiesischen Musik, um deren Herausgabe er sich stark bemühte. Die intensive Beschäftigung damit beherrschte auch sein eigenes kompositorisches Schaffen, das sich sehr alten Fakturen näherte. Er schrieb 2 Sinfonien, 2 Tondichtungen, 2 Klavierkonzerte, eine Suite für Klavier, Lieder und ein Ballett. Er war auch als Musikschriftsteller tätig.

Edmund Rubbra (geboren 1901)

LEBEN
Edmund Rubbra wurde am 23.5.1901 in Northampton geboren. Er war am Royal College of Music Schüler von Gustav Holst und Reginald Owen Morris. Er wirkte als Lektor an der Universität in Oxford von 1947 bis 1968. Neben seiner kompositorischen und schriftstellerischen Tätigkeit konzertierte er mit einem eigenen Klaviertrio.

WERKE
Neben Ralph Vaughan Williams war Edmund Rubbra der bedeutendste englische Sinfoniker seiner Zeit. Er schrieb 11 Sinfonien, ein Klavierkonzert, ein Violinkonzert, Improvisationen für Violine und Orchester, 4 Streichquartette, 2 Klaviertrios, ein Duo für Harfe und Cello, 8 Praeludien und 4 Studien für Klavier, ein Praeludium für Orgel, ein Stück für Harfe, eine Violinsonate, zahlreiche Kantaten, Gesänge und Lieder, zumeist sakralen Inhaltes, mit Instrumenten, mit Klavier oder Orgel und eine Messe. Sein Stil ist wohl konservativ, aber sehr klangschön.

Michail Starokadomski (1901–54)

LEBEN

Michail Leonidowitsch Starokadomski wurde am 31. 5. 1901 in Brest, Weißrußland, geboren. Er war Orgelschüler bei Aleksandr Goedicke und Kompositionsschüler bei Nikolai Mjaskowski am Konservatorium in Moskau, an dem er selbst von 1930 bis zu seinem Tod am 24. 4. 1954 Instrumentationslehrer war.

WERKE

Außer einer Oper und einer Anzahl Operetten schrieb Michail Starokadomski eine Sinfonie, ein Violinkonzert, ein Orchesterkonzert, ein Orgelkonzert mit Streicher, 2 Streichquartette, ein Oratorium für Sprecher, Soli, Chor und Orchester, zahlreiche Lieder, Bühnen- und Filmmusik. Sein Stil bewegte sich noch im Rahmen der russischen Spätromantik.

Conrad Beck (geboren 1901)

LEBEN

Conrad Beck wurde am 16. 6. 1901 in Lohn, Schaffhausen, geboren und kam im Alter von elf Jahren nach Paris, wo er in den Einflußkreis der zeitgenössischen französischen Musik geriet. Im Jahr 1933 ging er nach Basel, wo er zunächst als freischaffender Komponist, sodann ab 1938 als Leiter der Musikabteilung des Schweizerischen Landessenders Beromünster wirkte, von welcher Stellung er 1966 zurücktrat.

WERKE

Die Kompositionen von Conrad Beck fallen durch formstrenge Polyphonie und durch ihren spröden, aber doch reizvollen Klang auf, obwohl die Diatonik nirgends verlassen wird. Spätromantische Passagen sind dabei selten, avantgardistische fehlen vollends. Er schrieb ein Ballett, 7 Sinfonien, 2 Suiten, 2 Klavierkonzerte, Konzerte für Streichorchester mit Oboe, mit Flöte, mit Bratsche, für Klarinette und Fagott, für Bläserquintett, eine konzertante Suite für Blechbläser, Schlagzeug und Kontrabaß, eine Sinfonietta, ein Kammerkonzert, 5 Streichquartette, ein Bläserquartett, 2 Sonatinen für Violine und Klavier, 2 Sonaten für Cello und Klavier, eine Sonate für Altsaxophon und Klavier, ein Stück für Flöte und eines für Klarinette und Klavier, Klavier- und Cembalostücke, mehrere äußerst beliebte Kantaten, ein Oratorium sowie Lieder.

Sinfonie Nr. 6, Aeneas-Silvius-Sinfonie, 3 Sätze, entstanden 1957

Die Sinfonie stellt eine Huldigung für den großen Humanisten Aeneas Silvius (Piccolomini, Papst Pius II., 1405–64), den Gründer der ältesten Universität in Basel (1460), dar. Der 1., lang ausholende Satz nimmt die Hälfte des Werks ein. Dafür fehlt ein langsamer Satz, denn der 2. Satz ist leicht bewegt und führt rasch zum Finale, einem Variationensatz, den der Komponist als »sinfonische Abwandlung« des Themas verstanden wissen will, weil er weit über den Rahmen der Variationsform ausufert. Das Schlußfugato entfernt sich völlig vom variierten Thema.

Harry Partch (1901–74)

LEBEN

Harry Partch wurde am 24. 6. 1901 in Oakland, Calif., geboren. Er war Autodidakt. Nachdem er im 28. Lebensjahr alle seine Jugendwerke verbrannt hatte, beschäftigte er sich intensiv mit Instrumenten, die Mikrointervalle hervorbrachten und auf denen seine Kompositionen mit einer Skala von 43 Tönen in der Oktave aufgebaut wurden. Er blieb als Außenseiter der modernen Musik lange nahezu unbekannt, aber sein Einfluß auf die junge amerikanische Komponistengeneration nahm sodann ständig zu. Er starb am 3. 9. 1974 in San Diego, Calif.

WERKE

Seine zahlreichen überaus interessanten Werke für seine Spezialinstrumente oder für Ensembles, in denen diese mit konventionellen Tonquellen – Instrumente, Tonbänder, elektronische Tonerzeuger, Geräuscherzeuger –, mit den vom Komponisten erfundenen zusammengestellt und daneben zuweilen komplizierte Vokalisen vorgeschrieben wurden, sind nicht nach konventionellen Formprinzipien zu klassifizieren. Ihre Titel sind zumeist programmatisch, die Klangkombinationen und Linienführung oft faszinierend, und man könnte sich vorstellen, daß von ihnen ausgehend ein weites neues Feld für unsere Musiklandschaft entstehen wird.

Juan Carlos Paz (1901–72)

LEBEN

Juan Carlos Paz wurde am 5. 8. 1901 in Buenos Aires geboren. Er war Schüler von Constantino Gaito. Im Jahr 1929 gründete er zur Förderung zeitgenössischer Musik die »Grupo Renovación« (Vereinigung zur Erneuerung) und 1937 mit dem gleichen Ziel die »Agrupación Nueva Música« (Vereinigung für Neue Musik). Er wirkte neben seiner kompositorischen Tätigkeit als Kompositionslehrer und Kritiker bis zu seinem Tod am 25. 8. 1972 in Buenos Aires.

WERKE

An Hand der Werkgeschichte von Juan Carlos Paz läßt sich die musikalische Stilentwicklung der ersten Hälfte des 20. Jahrhunderts in Argentinien studieren. Er ging von spätromantischen und dann von polytonalen Strukturen aus, gelangte sodann zur Dodekaphonik, die er in den fünfziger Jahren gegen eine freiere, intuitivere Technik vertauschte. Er schrieb für Orchester einen »Weihnachtsgesang«, eine Suite, eine Passacaglia, einen sinfonischen Satz, ein Klavierkonzert, eine Passacaglia für Streicher, »Kanonische Transformationen«, 2 Konzerte für Klavier und Bläser und weitere Stücke für Orchester und für Streichorchester, eine Musik für Fagott, Streicher und Schlagzeug, eine Musik für Klavier und Orchester, eine Musik für Schlagzeugensemble, eine Ouvertüre für zwölf Instrumente, ein Stück für elf Bläser, ein Bläseroktett, ein Bläserseptett, 2 Konzerte mit Klavier für Flöte, Oboe, Klarinette, Fagott und Trompete, ein Konzert für Oboe, Trompete, zwei Hörner und Fagott, ein Konzert für Klarinette, elektrische Gitarre, Celesta, Trompete, Posaune und Cello, ein Stück für Flöte, Klarinette, Violine, Cello und Klavier, 3 Streichquartette, ein Trio für Flöte, Saxophon und Klavier, zahlreiche Trios und Duos mit verschiedener Besetzung, 3 Sonaten, 3 Sonatinen, 3 Jazzsätze, 10 dodekaphonische Stücke und weitere Stücke für Klavier, Orgelstücke und Filmmusik. Er publizierte einige musikhistorische Essays. Durch sein unermüdliches Eintreten für avantgardistische Bestrebungen wurde er zur bedeutendsten Persönlichkeit der zeitgenössischen Musik in Argentinien.

Henri Tomasi (1901–71)

LEBEN

Henri Fredien Tomasi wurde am 17. 8. 1901 in Marseille geboren. Er wurde an den Konservatorien in Marseille und Paris ausgebildet und wirkte sodann als Dirigent. Von 1946 bis 1950 leitete er die Oper in Monte Carlo, darauf widmete er sich allein seinem kompositorischen Schaffen. Er starb am 13. 1. 1971 in Paris.

WERKE

Von Henri Tomasi sind 12 Opern und ungefähr 12 Ballette auf die Bühnen gekommen. Er schrieb 9 sinfonische Dichtungen, ein Flötenkonzert, ein Trompetenkonzert, ein Saxophonkonzert, ein Bratschenkonzert, ein Hornkonzert, ein Klarinettenkonzert, ein Posaunenkonzert, ein Fagottkonzert, ein Oboenkonzert, ein Violinkonzert, ein Cellokonzert, ein Konzert mit zwei Gitarren, Variationen für Harfe, Trompete und Streichorchester, für Flöte und Kammerorchester, für Harfe, Bläsertrio und Streichorchester, ein Bläseroktett, ein Bläsersextett, ein Bläserquintett, ein Quintett für Harfe und Streicher, ein Posaunenquartett, ein Trompetenterzett, ein Fagottduett, ein Stück für Schlagzeug und Klavier, für Trompete und Orgel, Etüden und Sonatinen für verschiedene Soloinstrumente, mehrere Oratorien und Kantaten, eine Messe für Kinderchor, Galoubet, Oboe, Celesta, Vibraphon und drei Gitarren, Orchesterlieder und Bühnenmusik. Viele Stücke integrieren exotische Melodien, Rhythmen und Harmonien; dem gemäß ist seine Musik vielfarbig und interessant rhythmisiert.

Ernst Pepping (1901–81)

LEBEN

Ernst Pepping wurde am 12.9.1901 in Duisburg geboren. Er war von 1922 bis 1926 an der Hochschule für Musik in Berlin Schüler von Walther Gmeindl. Darauf lebte er in Mülheim an der Ruhr und in Essen als freischaffender Komponist. Ab 1924 wirkte er als Lehrer für Musiktheorie und Komposition an der Evangelischen Kirchenmusikschule in Berlin-Spandau, 1953 wurde er Professor für Komposition an der Hochschule für Musik in Berlin, wo er am 1.2.1981 starb.

WERKE

Die Kompositionen von Ernst Pepping weisen eine stilistische Kontinuität der Auseinandersetzung mit der Tradition auf. Nach anfänglichem Experimentieren machte er den protestantischen Choral und den Vokalstil des 16. und 17. Jahrhunderts zum Mittelpunkt seines musikalischen Denkens. Seine Setzweise greift auf die Kirchentonarten zurück, wobei die Tonalität durch Quartenschichtungen und gelegentliche Chromatizismen erweitert ist. Damit wurde er zu einem der hervorstechendsten Vertreter der Erneuerung der evangelischen Kirchenmusik. Für Orchester schrieb er 3 Sinfonien, ein Praeludium, eine Invention, 2 Variationen, eine Serenade und ein Klavierkonzert, an Kammermusik ein Streichquartett, eine Sonate für Flöte und Klavier und eine Suite für zwei Violinen. Für das Klavier verfaßte er 4 Sonaten, 2 Romanzen, 3 Fugen, eine Sonatine, Variationen und einige weitere Stücke. Umfangreich ist sein Orgelwerk: 25 Orgelchoräle, 2 Konzerte, 12 Choralvorspiele, 3 Partiten, ein Böhmisches Orgelbuch, ein Großes Orgelbuch, ein Kleines Orgelbuch, Fugen, Hymnen und Praeludien. Die profane Vokalmusik ist durch eine Anzahl A-cappella-Chöre und durch rund 70 Klavierlieder vertreten. Den breitesten Raum seines Schaffens nimmt die sakrale Vokalmusik ein. Voranzustellen sind seine Passion, das Te Deum, die Evangelienmotette »Das Weltgericht« und 3 weitere, mehrere Messen, darunter die berühmte »Missa dona nobis pacem«, Motetten, Hymnen, Psalmen, Bicinien, »Gesänge der böhmischen Brüder in Variationen«, »Die Weihnachtsgeschichte des Lukas« und die Vesper »Johannes der Täufer«.

Ernst Pepping

Der Passionsbericht des Matthäus für Chor a cappella, 12 Episoden, entstanden 1950

Es handelt sich um eine Motetten-Passion ohne Evangelisten. In der Einleitung sind zwei Chöre gegenübergestellt, die ein Jesaja-Zitat vortragen, dann beginnt der Passionsbericht mit dem Verrat des Judas. Anschließend wird das Abendmahl mit einem breiten zweichörigen Tongemälde geschildert. Die 3. Episode »Jesus und Petrus« ist narrativ. Die 4. Episode »Gethsemane« wird mit expressiver Dramatik dargestellt wie auch die »Gefangennahme« – 5. Episode –; eine abwärts eilende Tonleiter deutet die Flucht der Jünger an. Ein tröstend auf die Zeit nach der Auferstehung vorgreifendes Intermedium leitet zu dem teilweise rezitativisch geschilderten Verhör vor dem Hohen Rat über. Die Szenen bis zum Geschrei »Laßt ihn kreuzigen« werden mit unüberbietbarer Drastik dargestellt, der Chorgesang wird dabei nahezu zum Orchester. Der Kreuzigungsbericht hingegen ist über allen Naturalismus auf eine lyrische Ebene gehoben. Der Bericht endet mit dem Tod Jesu. Stockend und leise setzt der Schlußchor ein, der aber rasch laut anschwillt, dann in das Pianissimo zurücksinkt; ein doppelchöriger Satz beendet das Werk mit dem ersten Vers des Johannes-Evangeliums: »Im Anfang war das Wort«.

Te Deum für Chor, zwei Solostimmen und Orchester, 3 Sätze, entstanden 1955

Der 1. Satz, der bis zum »Tu rex gloriae« reicht, gehört ausschließlich dem Chor, während der 2. Satz von den Solisten vorgetragen wird, und zwar vom Sopran mit den Männerstimmen des Chors, vom Bariton mit den Frauenstimmen; erst in der Mitte des Satzes kommt der ganze Chor zur Entfaltung, der mit einer Fuge hervortritt. Im 3. Satz – ab »salvum fac populum« – sind Solisten, Chor und Orchester gleich stark beansprucht. Nach einer Generalpause setzt eine Doppelfuge über die Schlußverse des Hymnus ein, die sich zu höchster Intensität verdichtet. Darauf übernimmt der Sopran die Führung und intoniert, vom Bariton und dem Chor kontrapunktiert, ein virtuos-konzertantes »Amen«, das das Werk strahlend abschließt.

Orgelkonzert Nr. 1, 3 Sätze, entstanden 1941

Der 1. Satz »Intrada« läuft spielmusikartig heiter ab. Der 2. Satz »Aria alla Passacaglia« bringt als ostinate Figur eine abwärts bewegte Molltonleiter. Darüber spielen sich die Variationen ab, deren letzte den Anfang – zum Teil mit vertauschten Stimmen – wieder aufnimmt. Die Doppelfuge des Finales »Fuga« wird anfänglich getrennt durchgeführt, bis es am Ende zu einer Synthese der beiden Themen kommt.

Orgelkonzert Nr. 2, 3 Sätze, entstanden 1941

Der 1. Satz »Praeludium« ist dreiteilig; er beginnt mit einem Quintenmotiv, dann folgt eine leise Passage, die zu einem beschwingten Schluß führt. Der 2. Satz »Kanzone« ist ein Schreittanz. Die folgende »Chaconne« bringt ein ostinates Thema mit einstimmiger Kontrapunktierung, zu dem erst allmählich weitere Stimmen treten. Im Ablauf der sehr bewegten Variationen scheint der cantus firmus im Tenor und im Sopran auf. Nach einer Kadenz beenden mächtige Akkorde das Werk.

Leo Kauffmann (1901–44)

Leben

Leo Justinus Kauffmann wurde am 20.9.1901 in Dannemarie (Dammerkirch), Elsaß, geboren. Er wurde am Konservatorium in Straßburg und sodann an der Musikschule in Köln bei Hermann Abendroth, Philipp Jarnach und August Othegraven ausgebildet. Nach einer Tätigkeit als Organist und als Korrepetitor wurde er 1929 Lehrer an der Rheinischen Musikschule in Köln. Im Jahr 1940 wurde er als Kompositionslehrer und stellvertretender Direktor an das Konservatorium in Straßburg berufen, wo er am 25.9.1944 starb.

Werke

Neben 2 Opern, einer Funkoper und einem Singspiel verfaßte Leo Kauffmann eine Sinfonie und mehrere weitere Orchesterstücke, ein Bläserquintett, 3 Streichquartette, ein Streichtrio, ein Klaviertrio, ein Divertimento für Flöte, Bratsche und Cembalo, eine Violinsonate, Klavierstücke, eine Messe, 4 Kantaten, A-cappella-Chöre, orchesterbegleitete Chöre und Lieder sowie Klavierlieder.

Literatur

H.-J. Seydel, Leo Justinus Kauffmann, in: Musica V, 1951.

Eivind Groven (geboren 1901)

Leben

Eivind Groven wurde am 8.10.1901 in Lårdal, Telemarken, geboren. Er studierte in Oslo und beschäftigte sich anschließend neben der Komposition mit akustischen Problemen und Volksmusik.

Werke

Die Sammlung norwegischer Volksmusik von Eivind Groven beinhaltet mehr als 1000 Nummern. Seine Vorliebe für »reine« – untemperierte – Naturskalen führten zum Bau einer ekmelisch gestimmten Orgel mit automatischer Umschaltung und einer elektronischen Orgel mit gleicher Stimmung. Er schrieb 2 Sinfonien, 6 sinfonische Suiten, eine Ouvertüre, ein Klavierkonzert, 4 Kantaten, darunter die berühmte »Der Bräutigam« und »Margjit Hjukse«, bei der das norwegische Volksinstrument Hardanger-Fidel verwendet wird. Er verfaßte mehrere Abhandlungen über Volksmusik.

Raymond Chevreuille (1901–76)

LEBEN

Raymond Chevreuille wurde am 17. 11. 1901 in Brüssel geboren. Nach kurzem Studium am Konservatorium seines Geburtsorts bildete er sich autodidaktisch weiter. Er wurde Tonmeister am Belgischen Rundfunk und beschäftigte sich viel mit akustischen Problemen. Ab 1935 wurden seine Kompositionen bei den Jahresfesten der IGNM aufgeführt, was ihm einen hohen Bekanntschaftsgrad einbrachte. Er starb am 9. 5. 1976 in Montignies-le-Tilleul.

WERKE

Die Musik von Raymond Chevreuille ist nahezu durchwegs atonal. Stilistisch läßt sie sich nicht klassifizieren, ihre Fakturen wechseln stark, weil sie von den jeweiligen Ergebnissen der akustischen Forschungen des Komponisten abhingen. Sie erweckten jedenfalls ein weltweites Interesse und übten auf das zeitgenössische kompositorische Schaffen einen starken Einfluß aus; sie wurden in manchen Fällen nachgerade zum Modell. Er schrieb eine Oper, mehrere Ballette, 7 Sinfonien und eine für Kammerorchester, mehrere Suiten, 3 Violinkonzerte, 3 Klavierkonzerte, 2 Cellokonzerte, ein Konzert für Trompete, Horn und Altsaxophon mit Orchester, ein Doppelkonzert für Bratsche, Klavier und eines für Altsaxophon, ein Tripelkonzert für Oboe, Klarinette und Fagott, 2 Konzerte für Cello und Kammerorchester, ein Konzert für Klarinette, Streichorchester, Pauken und Schlagzeug, ein Bläserquintett, ein Quintett für Klarinette und Streicher, 6 Streichquartette, ein Quartett für vier Flöten, ein Trio für Flöte, Bratsche und Kontrabaß, eine Sonatine für Bratsche und Klavier, ein Stück für Horn und Klavier, eine Suite für Blechbläser, 2 sakrale Chorwerke und ein Stück für Sprecherin und Kammerorchester.

Michail Rauchwerger (geboren 1901)

LEBEN

Michail Rafailowitsch Rauchwerger wurde am 22. 11. 1901 in Odessa geboren. Er war am Konservatorium in Moskau Schüler von Feliks Blumenfeld. Von 1930 bis 1941 wirkte er an derselben Lehranstalt als Klavierlehrer. Dann widmete er sich ausschließlich seinem kompositorischen Schaffen.

WERKE

Die Kompositionen von Michail Rauchwerger basieren nahezu alle auf der Folklore der Kirgisen. Er schrieb 2 Opern, ein Opernballett, 3 Ballette, eine Sinfonie, eine sinfonische Suite, ein Cellokonzert, 3 Streichquartette, Klavierstücke, über 400 Chöre und Lieder, Bühnen- und Filmmusik.

Tibor Serly (1901–78)

LEBEN

Tibor Serley wurde am 25. 11. 1901 in Losonc, Ungarn (heute Lučence, Slowakei) geboren. Er war Schüler der Musikakademie in Budapest unter Béla Bartók, Zoltán Kodály, Hans Koessler und Jenö Hubay. Er spielte im Philadelphia Orchestra und dem NBC Symphony Orchestra Bratsche und war ab 1939 freiberuflich tätig. Er vollendete das 3. Violinkonzert und das Bratschenkonzert von Béla Bartók, mit dem er befreundet war, nach dessen Tod. Er starb am 8. 10. 1978 in New York.

WERKE

Von Tibor Serly sind eine Sinfonie für Orchester, eine für Bläser und eine für Streicher, 2 Suiten, 2 Bratschenkonzerte, ein Konzert für Posaune und Kammerorchester, ein Konzert für zwei Klaviere und Orchester, eine Elegie für Orchester, eine Fantasie, ein Concertino, 6 Orchestertänze und 4 Lieder bekannt geworden. In seinem Stil wird der seiner Lehrer deutlich.

Staf Nees (1901–65)

LEBEN

Staf Frans Nees wurde am 2. 12. 1901 in Mechelen geboren. Er wurde in seinem Geburtsort am Konservatorium, am Institut für katholische Kirchenmusik und an der Koninklijke

Beiaardschool (Königliche Glöcknerschule) ausgebildet. Ab 1924 unterrichtete er selbst am Kirchenmusikinstitut Klavierspiel, Harmonielehre und Improvisation. Im Jahr 1932 wurde er Stadtglockenspieler von Mechelen und 1945 Leiter der Glöcknerschule. Er unternahm zahlreiche Konzertreisen durch Europa, Kanada und die USA, wo er auch Meisterkurse für Glockenspiel abhielt. Er war auch Leiter der Chorvereinigung von Mechelen und ab 1955 Vorsitzender des flämischen Chorbundes Madrigaal, der aus ungefähr 130 Chören bestand. Er starb am 25. 1. 1965 in Mechelen.

WERKE

Von Staf Nees ist ein umfangreiches kirchenmusikalisches Werk bekannt geworden, davon sind 3 Oratorien, 4 Messen, 4 Kantaten, ein Te Deum, Motetten und Lieder bemerkenswert. Er schrieb außerdem Orgel- und Klavierstücke, einige profane Lieder und Werke für Glockenspiel - Praeludien, Fantasien, Suiten, Bearbeitungen fremder Melodien. Er verfaßte auch einige Bühnenmusiken.

Hanns Jelinek (1901–69)

LEBEN

Hanns Jelinek wurde am 5. 12. 1901 in Wien geboren. Er war von 1920 bis 1922 Schüler von Alban Berg und Franz Schreker und bildete sich hernach autodidaktisch weiter. Seinen Lebensunterhalt verdiente er durch Jahre als Barpianist und Bandleader. Sein intensives Studium der Dodekaphonik befähigte ihn, nicht nur sehr beachtliche Werke in dieser Technik, sondern auch hervorragende Lehrwerke zu schaffen. Im Jahr 1958 wurde er Kompositionslehrer und 1960 Professor an der Akademie für Musik und darstellende Kunst in Wien, wo er am 27. 1. 1969 starb.

WERKE

Die Tätigkeit auf dem Gebiet der Unterhaltungsmusik schlug sich im kompositorischen Werk von Hanns Jelinek mit einer Operette, einem Ballett, einer Sonate für großes Jazzorchester, mehreren Chansons und einigen

Hanns Jelinek

Schlagern nieder; sein Hauptschaffen galt aber der seriösen Komposition. Er schrieb 6 Sinfonien, ein Concertino für Streichquartett und Streichorchester, eine Fantasie für Klarinette, Klavier und Orchester, ein Klavierkonzert, 2 Nonette, 2 Streichquartette, ein Quartett für zwei Klarinetten, Bassetthorn und Baßklarinette, eine Sonatine für Oboe, Englischhorn und Fagott, ein Streichtrio, ein Stück für Violine und Klavier, 4 Kanons für zwei Flöten, eine Sonate für Solovioline und zahlreiche Klavierstücke. Besonderes Interesse verdienen sein »Zwölftonwerk« - eine Gruppe von Klavier- und Kammermusikwerken, die auf einer einzigen Zwölftonreihe basieren - und seine »Zwölftonfibel«. Er verfaßte auch eine »Anleitung zur Zwölftonkomposition«.

Sophie-Carmen Eckhardt-Gramatté (1901–74)

LEBEN

Sophie-Carmen Eckhardt-Gramatté (geborene Fridman-Kotschewskoi) wurde am 24. 12.

1901 in Moskau geboren; sie war bis 1939 als Sonia Fridman-Gramatté bekannt. Sie studierte in Paris am Conservatoire Violine, Klavier und Komposition. Auf Reisen durch Westeuropa trug sie anschließend eigene Kompositionen als Violinistin oder Pianistin vor. Ab 1935 widmete sie sich nur noch der Komposition, nachdem sie noch in Berlin bei Max Trapp Kompositionsunterricht genommen hatte. Von 1939 bis 1953 lebte sie in Wien, sodann in Winnipeg, Kanada. Sie starb am 2.12.1974 in Stuttgart.

WERKE

Von Sophie-Carmen Eckhardt-Gramatté sind eine Sinfonie, ein Orchesterkonzert, ein Concertino für Streicher, ein Tripelkonzert für Trompete, Klarinette, Fagott, Streicher und Pauken, 3 Klavierkonzerte, ein Stück für zwei Klaviere und Orchester, 2 Violinkonzerte, ein Fagottkonzert, ein Nonett, ein Bläserquintett, 3 Streichquartette, ein Klaviertrio, eine Suite für Flöte, Klarinette und Fagott, ein Duo für Flöte und Violine und eines für Cello und Klavier, 6 Suiten und weitere Stücke für Klavier und 10 Capricen für Solovioline bekannt geworden, außerdem eine Reihe kammermusikalischer Werke mit oft exzentrischen Instrumentenkombinationen.

Maurice Duruflé (geboren 1902)

LEBEN

Maurice Duruflé wurde am 11.1.1902 in Louviers geboren. Er war am Conservatoire in Paris Schüler von Paul Dukas, Louis Vierne und Charles Tournemire und wurde 1944 am selben Institut Professor für Harmonielehre; seit 1930 wirkte er als ständiger Organist an Saint-Étienne-du-Mont. Als Konzertorganist bereiste er Europa und Amerika.

WERKE

Als bedeutendstes Werk von Maurice Duruflé wird sein Requiem für Soli, Chor, Orgel und Orchester weltweit anerkannt. Er schrieb ferner für Orchester »Drei Tänze« und »Andante und Scherzo«, an Vokalmusik eine Messe und Motetten und für Orgel »Praeludium und Fuge«, »Suite«, »Praeludium, Adagio und Choralvariationen« und ein »Scherzo«, die zwar im strengen Stil gefaßt sind, aber einen Anflug von impressionistischer Farbgebung aufweisen. Er zählt jedenfalls zu den Großmeistern der französischen Organistik unseres Jahrhunderts.

Suite, Opus 5, 3 Sätze, entstanden 1934

Der 1. Satz »Praeludium« ist sehr konzentriert. Sein Thema beherrscht seinen gesamten Ablauf trotz vieler Tempovariationen. Der 2. Satz »Sicilienne» erhält durch eine ständig wechselnde Begleitung viele Klangfacetten. Das Finale »Toccata« bringt das Thema zuerst im Pedal, dann wird es von der rechten Hand übernommen. Das zweite hinzutretende Thema läßt das Metrum zwischen Dreier- und Vierertakt schillern. Die Reprise führt zu einem pompösen virtuosen Schluß.

William Walton (1902–83)

LEBEN

William Turner Walton wurde am 29.3.1902 in Oldham, Lancashire, geboren. Er studierte nach häuslichem Unterricht bis 1918 bei Hugh Percy Allen (23.12.1869, Reading, Berkshire, bis 20.2.1946, Oxford) und darauf autodidaktisch. Er lebte anschließend als freischaffender Komponist ohne irgendeine berufliche Bindung bis zu seinem Tod am 8.3. 1983 in London.

WERKE

Die ersten Kompositionen von William Walton waren atonal. Die meisten davon zog er später zurück oder vernichtete sie, weil er sich der Spätromantik verschrieben hatte. Nur einige seiner letzten trugen serielle Strukturen. Er schrieb eine Oper und 2 Ballette, ferner 2 Sinfonien, eine Partita, »Variationen über ein Thema von Hindemith«, 4 Ouvertüren, 2 Krönungsmärsche, ein Violinkonzert, ein Bratschenkonzert ein Cellokonzert, ein Klavierkonzert, eine Sinfonie concertante mit Klavier, mehrere Suiten aus seinen Filmkompositionen, ein Streichquartett, eine Sonate für Violine und Klavier, ein Oratorium, eine Litanei, ein Te Deum, eine Gloria, eine »Kurze Messe«, »Façade« für Sprecher und Kammerorchester, eine Anzahl Chöre und Lieder mit verschiedener Begleitung.

Belsazars Fest für zwei gemischte Chöre, Bariton, Orchester und zwei Blechkapellen, 3 Abschnitte, entstanden 1931

Der Text wurde von Osbert Sitwell (1892–1969) aus Bibeltexten zusammengestellt. Mächtige Fanfaren der Posaunen kündigen das Drama des Untergangs des Babylonischen Reiches an. Der 1. Abschnitt beginnt mit der Klage der gefangenen Israeliten, ihrem Entschluß, Jerusalem nie zu vergessen, und der Voraussage des Schicksals Babylons. Im 2. Abschnitt ist das rauschende Fest zu Ehren der heidnischen Götter mit allen Farben des großen Orchesters geschildert, an dessen Höhepunkt die geheimnisvoll drohende Inschrift an der Wand erscheint. Der Fall König Belsazars und die Zerstörung seines Reichs beenden den Abschnitt. Der 3. Abschnitt beginnt mit einem machtvollen Hymnus über den Sieg über Babylon und die Befreiung der gefangenen Israeliten. Dann zitiert der Chor die Apokalypse (XVIII.), die die Schrecken des Weltuntergangs prophezeiht, wofür der Fall Babylons ein Gleichnis war.

Sinfonie Nr. 2, 3 Sätze, entstanden 1960

Es handelt sich um ein durch und durch romantisches Werk, obwohl seine Melodik, seine Harmonik und Rhythmik über den Rahmen der Romantik des 19. Jahrhunderts weit hinausufern. Besonders der 1. Satz fällt durch seine lebhafte eindringliche Rhythmik und seinen reichen Orchesterklang auf. Der 2. Satz bringt eine prächtige Kantilene. Das Finale beginnt mit einer Passacaglia, der zehn Variationen folgen, deren Thema aus den zwölf Tönen der chromatischen Skala besteht, aber dennoch tonal ist. Ein Fugato schließt sich an, eine Coda-Scherzando beendet das Werk.

Bratschenkonzert, 3 Sätze, entstanden 1929, revidiert 1961

Dieses Konzert gehört völlig der Spätromantik an. Diese Struktur hat der Komponist durch seine spätere Revision noch mehr vertieft – er strich die dröhnenden tiefen Bässe und führte eine Harfe ein. Mit schöner Kantilene fließt der 1. Satz ohne echte Probleme dahin. Der Mittelsatz ist lebhaft und scharf rhythmisiert, aber voll strahlender Klänge und schimmernder Farben, wie es eben die Welt der Romantik forderte. Das Finale verkündet frohe Heiterkeit.

Façade, Ballettsuite, 10 Sätze, entstanden 1938

Die einzelnen Sätze entstammen dem 1922 geschriebenen Divertimento gleichen Titels zu einer Gedichtfolge von Edith Sitwell (1887–1964), die zur Musik deklamiert wurde. Er bildete daraus mehrere Ballettsuiten. Der 1. Satz dieser Suite hat den Titel »Fanfare und Schottische Rhapsodie« und bringt Dudelsackmusik, erzeugt von den Holzbläsern. Im 2. Satz »Walzer« erklingt ein Wiener Walzer und seine spätere Londoner Nachahmung. Im 3. Satz »Tangopasodoble« wird der »Tango-Wahn« der zwanziger Jahre verhöhnt und ein lateinamerikanischer Tanz als alter englischer Schlager entlarvt. Der »Schweizer Jodel« im 4. Satz ist der Ouvertüre der Oper »Wilhelm Tell« von Gioacchino Rossini entnommen. Der »Ländliche Tanz« des 5. Satzes bringt ein Pastorale mit Nymphen und Schäfern. Der »Polka« im 6. Satz wird die Melodie zum Tanzlied »Sieh mich die Polka tanzen« angedeutet. »Spanische Nacht« erweckt im 7. Satz die Stimmung einer warmen spanischen Nacht. Im 8. Satz »Volkslied« wird ein bei populären Tanzveranstaltungen viel gehörtes Tanzlied verwendet. Der 9. Satz bringt »Old Sir Faulk«, einen zu seiner Zeit sehr beliebten Foxtrott. Die »Tarantella sevillana« im letzten Satz bildet einen rasanten Abschluß des beliebten Stücks.

Robert Leukauf (geboren 1902)

Leben

Robert Leukauf wurde am 5.4.1902 in Wien geboren. Er studierte an der Musikakademie in Wien bei Eusebius Mandyczewski, Joseph Marx und Dirk Fock (18.6.1886, Batavia, bis 24.5.1973, Locarno). Von 1951 bis 1969 wirkte er als Kapellmeister am Volkstheater in Wien.

Werke

In seinen schriftstellerischen Arbeiten wendete sich Robert Leukauf heftig gegen die »provokative Moderne«; damit hatte er auch seinen eigenen Stilbereich abgegrenzt. Obwohl er aber die Dur-Moll-Tonalität nie überschritt, stattete er seine Kompositionen mit sehr interessanten Klängen aus, die irgendwie »modern« anmuten. Er schrieb 2 Opern, »Drei symphonische Fragmente«, 2 Divertissements für Kammerorchester, ein Bläserquintett, ein Streichquartett, Klavierwerke, Violin-, Cello- und Gitarrenstücke, ein Requiem für Bariton und Orchester, einen »Vater-unser-Psalm« für Bariton, Chor und Orchester, der Aufsehen erregte, Zyklen für Sologesang und Klavier, Chöre mit Orchesterbegleitung oder a cappella und zahlreiche Schauspielmusiken.

Serenade für Orchester, Opus 49, 5 Sätze, entstanden 1956

Das Werk ist streng tonal und sehr färbig orchestriert. Der 1. Satz hat Sonatenform. Das markante Thema des 2. Satzes wird von der Soloflöte vorgetragen. Der 3. Satz ist ein burleskes Rondo mit drei Themen. Einen besinnlichen Ruhepunkt bringt der 4. Satz, sein Thema wird von der Soloflöte und der Harfe bestritten. Eine freie Fuge schließt im Finale das Stück turbulent ab.

Mark Lothar (geboren 1902)

LEBEN

Mark Lothar wurde am 23.5.1902 in Berlin geboren. Er war in Berlin Schüler von Ermanno Wolf-Ferrari und wirkte sodann von 1921 bis 1932 als Konzertbegleiter, von 1934 bis 1944 als Leiter des Musikwesens am Berliner und von 1945 bis 1955 am Bayerischen Staatsschauspiel in München, wo er seither als freischaffender Komponist lebt.

Mark Lothar

WERKE

Von Mark Lothar sind 6 Opern aufgeführt worden. Außerdem schrieb er 6 Orchestersuiten und einige weitere Orchesterstücke, ein Concertino für zwei Klaviere, Streicher und Schlagzeug, ein Concertino für vier Klarinetten, Streichorchester, Harfe und Schlagzeug, ein Holzbläserquartett, eine Violinsonate, eine Flötensonate, zahlreiche Klavierstücke, A-cappella-Chöre, Kantaten, Lieder, Musiken für Bühne, Film, Rundfunk und Fernsehen. Sein Stil war wenig fortschrittlich.

Wisarion Schebalin (1902–63)

LEBEN

Wisarion Jakowljewitsch Schebalin wurde am 29.5.1902 in Omsk geboren. Er war in Moskau Schüler von Nikolai Mjaskowski. Ab 1923 unterrichtete er an verschiedenen Musikschulen und ab 1928 am Konservatorium in Moskau, das er von 1942 bis 1948 leitete. Er starb am 28.5.1963 in Moskau.

WERKE

Von Wisarion Schebalin sind 3 Opern und 2 Ballette aufgeführt worden. Er schrieb ferner 5 Sinfonien, 3 Orchestersuiten, ein Violinkonzert, ein Cellokonzert, ein Concertino für Horn und eines für Violine und Orchester, mehrere kleinere Orchesterwerke, 9 Streichquartette, Sonaten für Bratsche, Violine und Cello mit Klavier, eine dramatische Sinfonie für Chor und Orchester, mehrere Kantaten, A-cappella-Chöre, Musik für Schau- und Hörspiele sowie für Filme.

Hans Friedrich Micheelsen (1902–73)

LEBEN

Hans Friedrich Hinrich Micheelsen wurde am 9.6.1902 in Hennstedt, Dithmarschen, geboren. Er studierte in Hamburg und in Berlin und wirkte anschließend zunächst in Berlin und darauf in Hamburg als Organist und Chorleiter. Von 1954 bis 1962 war er Professor an der Musikhochschule in Hamburg, dann zog er sich nach Sasbachwalden,

Schwarzwald, zurück. Er starb am 23.11.1973 in Glüsing bei Heide, Holstein.

WERKE

Neben einem Konzert für Orchester, einem Concertino für Streicher, einer Partita für Streicher, Variationen und Fuge für drei Violinen, einem Konzert für Orgel und Streicher, einem Konzert für Orgel und Blechbläser, einer, Violinsonate, einer Violinsonatine schrieb Hans Friedrich Micheelsen 2 Oratorien, eine Johannes-Passion, eine Markus-Passion, ein Requiem, eine evangelische Messe, zahlreiche Orgelstücke, Kantaten und Chorwerke. Er verwendete bei seinen Orgelstücken zuweilen bitonale Fakturen.

Orgelkonzert, 3 Sätze, entstanden 1943

Dem Konzert liegt die Weise »Es sungen drei Engel« zugrunde. Der 1. Satz »Toccata« bringt das Thema in wuchtige Akkorde eingebaut. Dann schließen sich Duo- und Triosätze an, in denen der Cantus firmus zitiert wird, darauf schließen sich die schweren Akkorde erneut an. Der 2. Satz »Kanzona« ist ein liedhafter Triosatz. Das Thema selbst erscheint erst am Ende im Pedal. Im 3. Satz »Fuga« ist nur der Kopf des Themas verwendet.

Wilhelm Maler (1902–76)

LEBEN

Wilhelm Maler wurde am 21.6.1902 in Heidelberg geboren, wo er bei Hermann Grabner studierte. Seine weitere Ausbildung erhielt er in München bei Joseph Haas und in Berlin bei Philipp Jarnach. Im Jahr 1925 wurde er Dozent für Musiktheorie an der Musikschule in Köln und lehrte ab 1931 zugleich an der Universität in Bonn; 1946 erhielt er die Leitung der Musikakademie in Detmold, von 1959 bis 1969 wirkte er als Direktor der Musikhochschule in Hamburg, wo er am 29.4.1976 starb.

WERKE

Die Kompositionen von Wilhelm Maler sind polyphon und basieren auf einer erweiterten Tonalität. Machtvolle Klangwirkungen sind ein besonderes Kennzeichen seiner Stücke. Er schrieb ein »Orchesterspiel«, ein Concerto grosso, ein Violinkonzert, eine Musik für Streichorchester, ein Orchesterrondo, eine Orchesterserenade, ein Tripelkonzert, ein Konzert für Cembalo und Kammerorchester, 2 Streichquartette, ein Streichterzett, 4 Klaviersonaten, eine Klaviersuite, ein Oratorium und 2 Kantaten.

Abraham Daus (1902–74)

LEBEN

Abraham Daus wurde am 22.6.1902 in Berlin geboren. Er studierte bei Walter Courvoisier. Nachdem er an verschiedenen deutschen Theatern als Kapellmeister gewirkt hatte, mußte er 1933 emigrieren. Ab 1936 war er in Tel Aviv als Konzert- und Operndirigent tätig. Er widmete sich sehr der Chor- und Instrumentalerziehung in Israel. Er starb am 25.6.1974 in Tel Aviv.

WERKE

Von Abraham Daus sind eine sinfonische Ouvertüre, »Legende und Scherzo« für Streichorchester, Variationen über ein jemenitisches Thema für Flöte und Klavier, ein Streichquartett über eine Zwölftonreihe, eine Klaviersonate, ein Stück für Cello solo, »Lieder der Rachel« für Alt, Flöte und Bratsche, »Fünf Arabesken nach Bildern von Paul Klee« für hohe Sopranvokalisen, Flöte, Klarinette und Streichquartett, Chöre sowie Lieder bekannt geworden.

Hans Chemin-Petit (1902–81)

LEBEN

Hans Helmuth Chemin-Petit wurde am 24.7.1902 in Potsdam geboren. Er war von 1920 bis 1926 an der Musikhochschule in Berlin Celloschüler von Hugo Becker (13.2.1863, Straßburg, bis 30.7.1941, Geiselgasteig bei München) und Kompositionsschüler von Paul Juon und wirkte anschließend als Cellist. Im Jahr 1929 wurde er Theorielehrer an der Akademie für Kirchen- und Schulmusik in Berlin. Im Jahr 1944 wurde er Dirigent des Philharmonischen Chors und 1948 Theorielehrer an der Musikhochschule in Berlin; ab 1968 leitete er

die Abteilung Musik der Akademie der Künste in Berlin. Er starb dort am 12.4. 1981.
Sein Vater Hans Chemin-Petit (12.7.1864, Rostock, bis 11.1.1917, Potsdam) war von 1887 bis 1894 Hofkapellmeister in Altenburg, dann in Potsdam, wo er 1900 eine Musikschule begründete.
Dessen Vater Maurice Chemin-Petit (4.3. 1832, Leipzig, bis 3.4.1885, Ulm) war Kapellmeister in Halle, Rostock und Ulm.

WERKE
Außer 2 Opern und einer dramatischen Kantate schrieb Hans Chemin-Petit 2 Sinfonien, einen Orchesterprolog, ein Orchesterkonzert, ein Konzert für Orgel, Streichorchester und Pauken sowie weitere Orchesterstücke, mehrere Kantaten für Chor, Soli und Orchester, Psalmvertonungen für Chor und Orchester, Motetten a cappella, Hymnen, Madrigale für Frauenchor, Lieder und Bühnenmusiken.
Hans Chemin-Petit (Vater) schrieb 5 Opern und Chöre.
Maurice Chemin-Petit schrieb 2 Opern.

Sergei Balassanjan (geboren 1902)

LEBEN
Sergei Artemjewitsch Balassanjan wurde am 13.8.1902 in Aschchabad (Turkmenien) geboren. Er studierte in Tbilisi, Leningrad und Moskau. Von 1932 bis 1936 wirkte er als Musikreferent beim Rundfunk und ab 1948 als Kompositionslehrer am Konservatorium in Moskau.

WERKE
Die Kompositionen von Sergei Balassanjan fußen auf ethnographischem – tadschikischem, armenischem, indischem, indonesischem, afghanischem – Material. Er verfaßte 4 Opern und 2 Ballette, verschiedene Orchesterwerke, wie »Tadschikische Suite«, »Armenische Rhapsodie«, »Pamir« (Stimmungsbild), »Ballettsuite«, »Tongedicht«, »Armenische Lieder«, »Sinfonische Bilder aus Indonesien«, »Chorsinfonie«, weiters eine Sonatine für Violine und Klavier, Klavierwerke, Chöre, Romanzen und Lieder, Bühnen- und Filmmusiken.

Stefan Bolesław Poradowski (1902–67)

LEBEN
Stefan Bolesław Poradowski wurde am 16.8. 1902 in Włocławek geboren. Er war von 1922 bis 1926 am Konservatorium in Poznan Schüler von Henryk Opieński und 1929 in Berlin von Emil Nikolaus Rezniček (1860–1945), von 1930 bis 1939 Professor für Musiktheorie und Komposition in Poznan und ab 1945 an der Musikhochschule in Wrocław (Breslau). Er starb am 9.7. 1967 in Poznan.

WERKE
Neben einer Oper schrieb Stefan Bolesław Poradowski 7 Sinfonien, eine sinfonische Dichtung, eine Suite, ein Konzert für Viola d'amore und Orchester, ein Kontrabaßkonzert, ein Konzert für Flöte, Harfe und Streichorchester, 4 Streichquartette, 2 Trios für Violine, Bratsche und Kontrabaß, 2 Streichtrios, ein Trio für drei Kontrabässe, eine Sonate für Violine und Klavier, Klavier- und Orgelwerke, ein Oratorium, 2 Messen, Orchester- und Klavierlieder. Er veröffentlichte auch didaktische Werke.

Julius Kalaš (1902–67)

LEBEN
Julius Kalaš (Luis Kassal) wurde am 18.8.1902 in Prag geboren, wo er am Konservatorium bei Josef Bohuslav Foerster, Jaroslav Křička und Josef Suk studierte. Im Jahr 1948 wurde er Professor für Musik und Ton im Film an der Filmfakultät der Akademie der musischen Künste in Prag, wo er am 12.5.1967 starb.

WERKE
Von Julius Kalaš sind eine Oper und 6 Operetten aufgeführt worden. Er schrieb weiters eine Sinfonie, 3 sinfonische Dichtungen, ein Cellokonzert, ein Bratschenkonzert, ein Streichquintett, ein Streichquartett, ein Klaviertrio, eine Sonate für Violine und Klavier, eine »Arabeske« für Oboe und Harfe, Klavierstücke, Chöre, Lieder, Tänze, Bühnen- und Filmmusik.

Stefan Wolpe (1902–72)

LEBEN
Stefan Wolpe wurde am 25. 8. 1902 in Berlin geboren. Er war Schüler von Paul Juon, Franz Schreker und Anton Webern. Von 1934 bis 1938 wirkte er als Kompositionslehrer am Konservatorium in Jerusalem. Anschließend betreute er in den USA Lehrerstellen an verschiedenen Musikschulen, zuletzt an der Long Island University, der Charham Square Music School und dem Mannes College of Music in New York, wo er am 4. 4. 1972 starb.

WERKE
Außer 2 Balletten schrieb Stefan Wolpe 2 Sinfonien, eine Ouvertüre, eine Passacaglia, 2 Fugen, ein Konzert für zwei Trompeten und Kammerensembles, ein Stück für Klavier und 16 Instrumente, 2 Stücke für 14 Instrumente, ein Stück für sechs Spieler, ein Streichquartett, ein Quartett für Oboe, Violine, Schlagzeug und Klavier, ein Konzert für Kontrabaß, Klarinette und Klavier, 2 Stücke für Flöte, Cello und Klavier, ein Stück für Flöte und Klavier, Solostücke für Violine, für Trompete, für Bratsche, ein Oratorium, 3 Kantaten, Lieder und Chöre. Er gehörte der amerikanischen Avantgarde an.

Jenö Takács (geboren 1902)

Jenö Takács

LEBEN
Jenö Eugen Takács wurde am 25. 9. 1902 in Cinfalva, Ungarn (heute Siegendorf, Burgenland) geboren. Er war von 1921 bis 1926 an der Musikakademie in Wien Schüler von Hans Gal, Joseph Marx und Paul Weingarten (20. 4. 1886, Brünn, bis 11. 4. 1948, Wien). Im Jahr 1927 wurde er Lehrer am Konservatorium in Kairo, unterrichtete von 1932 bis 1935 in Manila und darauf 1939 erneut in Kairo, sodann bis 1942 in Szombathely und wirkte anschließend bis 1948 als Direktor des Konservatoriums in Pécs. Nach einer Gastlehrtätigkeit an den Konservatorien in Lausanne und Genf wirkte er bis 1971 als Klavierlehrer am Konservatorium in Cincinnati und ließ sich darauf in Siegendorf nieder.

WERKE
Neben 3 Balletten schrieb Jenö Takács 2 Klavierkonzerte, eine Tarantella für Klavier und Orchester, eine Serenade für Orchester, einen sinfonischen Satz für Theremin und Orchester, eine Passacaglia für Streicher, eine Meditation für Fagott, Harfe und Streicher, ein Oktett, ein Bläserquintett, ein Quartett für vier Klarinetten, eine »Meditation«, eine Partita für Gitarre und Orchester, Stücke für Klavier mit Tuba, mit Klarinette, mit Altsaxophon, mit Kontrabaß, Stücke für Violine und Gitarre, mehrere Klavierstücke, eine Toccata für Chor und Orgel, Chöre und Lieder.

Oktett, Opus 96, 5 Sätze, entstanden 1974
Dieses für Flöte, Oboe, Klarinette, Horn, Fagott, Violine, Cello und Kontrabaß beschriebene Stück weicht von der traditionellen Art des Komponisten dadurch ab, daß keine motivische Arbeit vorliegt, so daß das Werk wie eine Reihe aus Improvisationen wirkt. Die einzelnen Instrumente sind

solistisch eingesetzt und befinden sich im ständigen Dialog miteinander. Der 1. Satz ist nachdenklich, ein Kontrabaßsolo führt zu einem Ritornell, das akkordisch abschließt, als wäre im Gespräch eine Einigung erzielt worden. Der 2. Satz ist spukhaft. Man erhält den Eindruck, als fürchteten sich die Instrumente vor einander und flüchteten sich zu den höchsten Lagen, von wo sie dann aleatorisch in eine Tiefe stürzen, wo es nur mehr Geräusche gibt. Der 3. Satz nähert sich einem Scherzo; nahe Tonschritte und weite Sprünge erzeugen eine diabolische Atmosphäre. Im 4. Satz weitet sich ein Ton schwebend zu einem Akkord aus, oszillierende Mikrointervalle beenden den Satz. »So wie der sogenannte moderne Mensch immer unterwegs, immer in Eile, von einem Kontinent zum anderen, ohne jemals an ein Ziel zu gelangen«, marschieren die Instrumente vorwärts und treten doch auf der Stelle. Eine kurze Parodie des Radetzky-Marsches von Johann Strauß (1804–49) klingt durch.

Antonio María Valencia (1902–52)

LEBEN

Antonio María Valencia wurde am 10. 11. 1902 in Cali, Kolumbien, geboren. Er studierte am Konservatorium in Bogotá und ab 1923 an der Schola Cantorum in Paris bei Vincent d'Indy und Manuel de Falla. Im Jahr 1933 gründete er ein Konservatorium und eine Kunstschule in Cali, wo er am 22. 7. 1952 starb.

WERKE

In seinen Kompositionen integrierte Antonio María Valencia Melodik und Rhythmik der indianischen Eingeborenen; er ergänzte das Orchester zuweilen mit Volksinstrumenten wie die Maracas. Von seinen Werken sind die »Inka-Ecloge« für Flöte, Oboe, Klarinette und Fagott, ein Klaviertrio, ein Duo für Violine und Klavier, weiters eine Hymne für Chor, Orgel und Orchester, eine Kantate für gemischten Chor und Tenor, ein Gesang für Soloquartett, Chor und Maracas und einige Klavierlieder bemerkenswert.

Frederico de Freitas Branco
(geboren 1902)

LEBEN

Frederico Gūedes de Freitas Branco wurde am 15. 11. 1902 in Lissabon geboren, wo er am Konservatorium Violine, Klavier und Komposition studierte. Er ergänzte seine Ausbildung in Deutschland und Frankreich. Nach ausgedehnten Konzertreisen in Europa und Südamerika führte er von 1940 bis 1947 die Chorgesellschaft, die er gegründet hatte, sodann das Sinfonieorchester in Porto und ab 1956 das staatliche Konzertorchester.

WERKE

In seinen Werken, die stark auf der portugiesischen Folklore fußen, bediente sich Frederico de Freitas Branco moderner Techniken – Polytonalität, Atonalität, Modalismus, Serialismus. Er schrieb 3 Opern, 6 Ballette, eine Sinfonie, eine Suite, ein Flötenkonzert, ein Konzert für zwei Violinen, zwei Celli und Streicher, ein Bläserquintett, ein Streichquartett, eine Orgelsonate, Klavierstücke, 2 Messen, eine Kantate und Lieder. Er ist eine der bedeutendsten Gestalten des portugiesischen Musiklebens unseres Jahrhunderts.

Leopold Matthias Walzel (1902–70)

LEBEN

Leopold Matthias Walzel wurde am 29. 11. 1902 in Wien geboren. Er war Schüler von Ferdinand Rebay (11. 6. 1880, Wien, bis 6. 11. 1953, Wien), wirkte von 1924 bis 1964 als Journalist und Musikkritiker in Wien, wo er am 9. 6. 1970 starb.

WERKE

Außer einer Oper schrieb Leopold Matthias Walzel 4 Sinfonien, eine Intrada und ein Scherzino, 3 Kammerkonzerte, ein Oktett, ein Klavierquintett, ein Streichtrio, eine Sonate für Kontrabaß und Klavier, Klavierstücke, eine Messe und Lieder. Stilistisch bewegte er sich im Rahmen einer erweiterten Tonalität, ohne ihre Grenzen zu überschreiten; seine Musik klang modern, ohne es zu sein.

Sinfonie Nr. 4 »Symphonia giocosa«, Opus 39, 4 Sätze, entstanden 1964

»In dieser Sinfonie klingt eine lächelnde Weisheit von den Dingen des Lebens, die aus Ausgeglichenheit von Geist und Seele stammt« (Kurt Schmidek). Das Werk ist eine deutliche Rückkehr zur unbedingten Tonalität. Der 1. Satz ist ein frohes Allegro, an dessen Ende Hörner und Trompeten die weiteren Sätze bereits vorbereiten. Das Scherzo mit dem Motto »Es ist uns alles nur geliehen« bringt anstelle des Trios einen Marsch. Im 3. Satz schwingt sich eine weite Kantilene über flirrende Streicher; ein Marschteil steht dem Thema gegenüber. Im Finale werden zwei neue Themen eingeführt und mit allen übrigen zu einem klangreichen Schluß zusammengefaßt.

Klavierkonzert, Opus 43, 3 Sätze, entstanden 1966

Das monumentale Thema des 1. Satzes wird dreimal, unterbrochen von Seitensätzen, gebracht. Ein sangliches Thema des Klaviers wird entgegengeführt. Die Durchführung endet mit einer grandiosen Kadenz und der darauffolgenden machtvollen Reprise. Das Thema des 2. Satzes ist einfach und volksliedhaft. Das zweite Thema leitet zu einem groß angelegten Seitenthema im Klavier. Nach der Verarbeitung der Themen erklingt das Hauptthema erneut. Heiter führt sich das Finale ein, dessen Themen mit den vorangegangenen eng verbunden sind. Dann kommt es zu einer grandiosen Kadenz und zum Abschluß des Werks durch eine Reprise des Hauptthemas des 1. Satzes.

Virgilio Mortari (geboren 1902)

Leben

Virgilio Mortari wurde am 6. 12. 1902 in Pasirana di Lainate, Mailand, geboren. Er war am Konservatorium in Mailand Schüler von Costante Adolfo Bossi und von Ildebrando Pizzetti. Von 1933 bis 1940 wirkte er als Lehrer am Konservatorium in Venedig und anschließend an der Accademia di Santa Cecilia in Rom; 1963 wurde er Vizepräsident der Accademia di Santa Cecilia.

Werke

Von Virgilio Mortari sind 4 Opern auf die Bühnen gekommen. Er verfaßte außerdem 3 Ballette, eine Anzahl verschiedener Orchesterwerke, ein Klavierkonzert, ein Cellokonzert, ein Konzert für Streichquartett und Orchester, zahlreiche Kammermusik, darunter ein Streichquartett, ein Streichtrio, Stücke für Soloinstrumente, Klaviermusik, weiters ein Oratorium, eine Messe, weitere sakrale Chöre und Gesänge mit Instrumentalbegleitung. Sein Stil war sehr konservativ.

Wladimir Wlasow (geboren 1902)

Leben

Wladimir Aleksandrowitsch Wlasow wurde am 25. 12. 1902 in Moskau geboren. Er studierte am Konservatorium seiner Geburtsstadt Komposition und Violine. Von 1936 bis 1942 leitete er die Kirgisische Nationaloper in Frunse und sodann bis 1949 die Moskauer Philharmonie.

Werke

Seine 12 Opern schrieb Wladimir Wlasow zum großen Teil gemeinsam mit Wladimir Fere (geboren 7. 5. 1902, Kamischin, Oblast Saratow, bis 2. 9. 1971, Moskau) wie auch einen Teil seiner 7 Ballette. Er schrieb außerdem 3 sinfonische Dichtungen, 2 Orchestersuiten, eine Suite für Streicher, 2 Cellokonzerte, 3 Streichquartette, »Tschechoslowakische Bilder«, ein Praeludium und eine Ballade für Cello und Klavier, ein Oratorium, Kantaten, Romanzen, Lieder sowie Bühnenmusiken. Seine Kompositionen bewegten sich innerhalb der in der Sowjetunion gezogenen Grenzen.

Ferenc Szabó (1902–69)

Leben

Ferenc Szabó wurde am 27. 12. 1902 in Budapest geboren und war dort an der Musikakademie Schüler von Leó Weiner und Zoltán Kodály. Ab 1945 wirkte er als Lehrer am selben Institut und leitete es von 1957 bis 1967. Er starb am 4. 11. 1969 in Budapest.

Werke

Mehrere konzertante Stücke, 2 Suiten, eine Rhapsodie für Orchester, eine Suite für Kammerorchester, 2 Streichquartette, ein Streichtrio und eine Anzahl Sonaten für verschiedene Instrumente repräsentieren das instrumentale

Schaffen von Ferenc Szabó. Als sein Hauptwerk wird sein Oratorium angesehen. Er schrieb außerdem mehrere Kantaten und Lieder.

»Stürmend erhob sich die Flut«, Oratorium für Tenor, Chor und Orchester, 8 Teile, entstanden 1955

Das Werk bringt eine Vertonung von acht Gedichten von Sándor Petöfi (1823–49) und müßte daher als Kantate angesprochen werden. Da diese Gedichte jedoch Freiheitswillen und Freiheitskampf des ungarischen Volks zur einheitlichen Aussage haben und auch die Musik diese in allen Teilen variiert, ist die Bezeichnung Oratorium gerechtfertigt. Mit plastischen Bildern werden der vergebliche Befreiungskampf und die unerschütterliche, erst nach Jahrzehnten erfüllte Freiheitshoffnung monothematisch monumental dargestellt.

Boris Blacher

Boris Blacher (1903–75)

Leben

Boris Blacher wurde am 6. 1. 1903 in Newchwang, China, geboren. Als Neunzehnjähriger kam er nach Berlin und studierte dort zunächst Mathematik und Architektur, sodann ab 1924 an der Musikhochschule bei Friedrich Ernst Koch und Arnold Schering (1. 4. 1877, Breslau [Wrocław], bis 7. 3. 1941, Berlin) Komposition und Musikwissenschaft. Von 1938 bis 1939 war er Lehrer am Konservatorium in Dresden, im Jahr 1948 wurde er Lehrer an der Musikhochschule in Berlin und 1953 deren Direktor, 1960 übernahm er einen Lehrstuhl für elektronische Komposition an der Technischen Hochschule, 1970 wurde er Direktor der Hochschule für Musik in Berlin, wo er am 10. 1. 1975 als eine der bedeutendsten Persönlichkeiten der Gegenwartsmusik, die wie viele erst seit 1945 in ihrer wahren Gestalt hervortreten konnten, starb.

Werke

»Ich glaube nicht, daß wir auf dem Weg der Harmonik, zumindest auf dem Weg der Dissonanz, heute weiterkommen«, sagte Boris Blacher. »Daher habe ich das Harmonische mit Absicht konventioneller gehalten, um einmal andere Wege zu erproben. Die Zahl 2 wird seit langem als Basis der musikalischen Gestaltung angesehen. Tendenz der letzten 50 Jahre Musikentwicklung war es, diese Symmetrie mit vielen Taktwechseln zu durchbrechen. Ich habe im Grunde nur das Zufällige, das andere nur gemacht haben, in ein System gebracht, um aus dem Rhythmus die Form zu gewinnen. Ausgehend von der Erkenntnis, daß der Taktwechsel den Formverlauf intensiviert, ist die Idee entstanden, den metrischen Verlauf derart zu gestalten, daß jedem Takt eine andere metrische Struktur zu unterliegen hat.« Seine Technik der »variablen Metren« bildete einen wichtigen Beitrag zur seriellen Musik. Von seinen 8 Opern wurde die grimmige Persiflage »Abstrakte Oper Nr. 1« aus 1953 allen anderen vorgezogen; es handelt sich dabei um eine »absolute« Oper ohne artikulierten Text, die den üblichen Handlungsablauf einer Oper plastisch wiedergibt. Er schrieb ferner 8 Ballette, die gerade wegen ihrer eigenwilligen Rhythmen sehr erfolgreich waren. Für Orchester verfaßte er »Concertante Musik«, »Paganini-Variationen«, »Musica giocosa« und eine Reihe weiterer Stücke, 2 Klavierkonzerte, ein Violinkonzert, ein Bratschenkonzert, ein Cellokonzert, ein Trompetenkonzert, ein »Konzert für Jazzorchester«, ein Konzert für Jazzensemble und Streicher; an Kammermusik liegen vor: 5 Streichquartette und weitere Stücke für Bläser und Streicher, »Multiple Raumperspektiven« für Klavier und drei Klangerzeuger, »Ornamente« für Violine und Klavier, »Sieben Studien über variable Metren«, 2 Sonatinen und viele andere Werke für Klavier, eine Sonate für Violine, ferner eine Serie elektronischer Musik, außerdem ein Oratorium, Kantaten, Spirituals, Chorwerke, darunter ein Requiem, Lieder und Liederzyklen mit verschiedener Begleitung.

Requiem für Sopran, Bariton, gemischten Chor und Orchester, Opus 58, 7 Sätze, entstanden 1959

Solovioline und gedämpftes Horn eröffnen den 1. Satz. Das »Kyrie« ist ein fugierter Satz, dessen Thema mit Umkehrung und Krebs durchgeführt ist. Das »Dies irae« ist voll naturalistischer Effekte. Nach einem Solistenduett und einem Sopransolo setzt erneut der Chor zum »Lacrymosa« ein, dem ein sechsstimmiges Amen folgt. Auf das psalmodierend vorgebrachte »Domine Jesu« erklingt ein breites doppelchöriges »Sanctus«. Das »Agnus« bringt ein reizvolles Flötenduett, das »Lux aeterna« ein expressives Sopransolo. Das »Libera« ist von einem zwölftönigen Orchestersatz eingeleitet, darauf ertönen abwechselnd Bittrufe der Solisten und der Chorstimmen; Stimmen und Orchester steigern sich zu einer Klimax, dann reißt alles plötzlich ab. Nach einer Generalpause wiederholen die Solostimmen die Bitte um ewige Ruhe. Das gesamte Werk ist eine transparente Konstruktion feingezogener Linien, harter Akkorde und scharfer rhythmischer Gestalten.

Concertante Musik, Opus 10, 3 Teile, entstanden 1937

Dieses Stück war der erste Erfolg des Komponisten. Die mathematisch aufgebauten metrischen Reihen wurden von den damaligen Machthabern nicht als moderne Musik erkannt und daher nicht verboten. Der 1. Teil ist durch einen dreifachen Wechsel der drei Sologruppen – Holzbläser, Streicher, Blechbläser – und dem Tutti charakterisiert und wird von südamerikanischen Synkopen rhythmisiert. Die Kantilene des Mittelteils bildet dazu einen wirkungsvollen Kontrast. Das Finale bringt das Thema des 1. Teils im Original und in der Umkehr und darauf die Umkehrgestalt der Kantilene.

Klavierkonzert Nr. 1, Opus 28, 3 Sätze, entstanden 1947

Der virtuose Klaviersatz ist kein Selbstzweck, sondern wächst thematisch aus dem Material, das bereits in der langsamen Orchestereinleitung vorliegt. Der 1. Satz – Presto – ist ein freier Sonatensatz mit Spiegelreprise. Der 2. Satz hat dreiteilige Liedform. Das Finale ist ein Rondo.

Cellokonzert für kleines Orchester, 4 Sätze, entstanden 1964

Die serielle Form des Konzerts fußt auf den Grundsätzen der Umkehrung, des Krebses und der variablen Dehnung und Straffung des Materials. Diese komplizierte Durchführung ist aber nirgends merkbar. Die Aufgliederung in Introduktion, Scherzo, Intermezzo und Variationen mit Solokadenz ist konventionell. Das Soloinstrument ist sehr schwierig und herrscht mit vielen Kantilenen vor.

LITERATUR

H. H. Stuckenschmidt, Boris Blacher, Berlin 1963.

Juli Meitus (geboren 1903)

LEBEN

Juli Sergejewitsch Meitus wurde am 15. 1. 1903 in Jelisabetgrad (heute Kirowograd, Ukraine) geboren. Er studierte bis 1931 am Musikalisch-dramatischen Institut in Charkow. Während des Zweiten Weltkriegs lebte und wirkte er in Turkmenien und ließ sich hernach in Kiew nieder.

WERKE

Neben 12 Opern schrieb Juli Meitus eine Sinfonie, 5 Suiten und weitere Orchesterwerke, einen Chorzyklus, mehrere Kantaten, Lieder, Schauspiel- und Filmmusiken. Er zählte zu den bedeutendsten ukrainischen Komponisten der Gegenwart.

LITERATUR

L. Bass, Juli Meitus, Kiew 1973.

Robin Milford (1903–59)

LEBEN

Robin Humphrey Milford wurde am 22.1. 1903 in Oxford geboren. Er war am Royal College of Music in London Schüler von Ralph Vaughan Williams, Gustav Holst und Reginald Owen Morris (3.3.1886, York, bis 15.12.1948, London). Er lebte in London als freischaffender Komponist und starb am 29.12.1959 in Lyme Regis, Dorsetshire.

WERKE

Außer 2 Opern schrieb Robin Milford 2 Ballette, eine Suite für Streicher, eine weitere für Oboe und Streicher und eine für Klavier und Streicher, eine Doppelfuge für Orchester, ein Violinkonzert, 3 Konzerte für Streichorchester, ein Konzert für Cembalo und Streicher, mehrere Konzerte für Kammerorchester, ein Streichquartett, ein Klaviertrio, ein Trio für Klarinette, Cello und Klavier und eines für zwei Violinen und Klavier, mehrere Kantaten und Chorwerke. Sein Stil steht der englischen Spätromantik noch sehr nahe.

Fritz Büchtger (1903–78)

LEBEN

Fritz Büchtger wurde am 14.2.1903 in München geboren, wo er an der Musikakademie bei Anton Beer-Walbrunn, Hermann Waltershausen (12.10.1882, Göttingen, bis 13.8.1954, München) und Eberhard Schwickerath (4.6. 1856, Solingen, bis 29.5.1940, Bonn) studierte. Als Leiter von Laienchören und Laienorchestern setzte er sich bereits in den zwanziger Jahren für zeitgenössische Musik ein. Im Jahr 1948 übernahm er die Leitung des von Wolfgang Jacobi gegründeten Studio für Neue Musik und der Jugendmusikschule München, 1963 wurde er Präsident der deutschen Sektion der »Jeunesses musicales«. Er starb am 26.12. 1978 in Starnberg.

WERKE

Neben einer Oper, einem Konzert für Orchester, einem Violinkonzert und »Stufen«, »Schichten und Bögen«, einem Nonett und 4 Streichquartetten schrieb Fritz Büchtger, der ab 1948 ausschließlich dodekaphon komponierte, 3 geistliche Oratorien, Marienhymnen, Kirchenjahr-Kantaten, ein Kalenderspiel, Chöre a cappella und Klavierliederzyklen.

LITERATUR

L. Wismeyer, Fritz Büchtger, Regensburg 1963.

Günter Raphael (1903–60)

LEBEN

Günter Albert Rudolf Raphael wurde am 30.4.1903 in Berlin geboren. Er war Schüler von Arnold Ebel (15.8.1883, Heide, Holstein, bis 4.3.1963, Berlin), Robert Kahn, Wilhelm Fischer (19.4.1886, Wien, bis 26.2.1962, Innsbruck), Max Trapp und Arnold Ludwig Mendelssohn. Von 1926 bis 1934 unterrichtete er Komposition am Konservatorium und dem Kirchenmusikalischen Institut in Leipzig, von 1934 bis 1945 hatte er Berufsverbot; anschließend lebte er bis 1949 in Laubach, Hessen, und wirkte sodann bis 1953 als Kompositionslehrer am Konservatorium in Duisburg und ab 1956 als Professor an der Musikhochschule in Köln. Er starb am 19.10.1960 in Herford.

WERKE

Von Günter Raphael sind 5 Sinfonien, eine Sinfonia breve, ein Divertimento, eine Ballettsuite, weiters ein Stück für Streichorchester, 3 Violinkonzerte, ein Concertino für Saxophon und eines für Flöte, außerdem zahlreiche Chorwerke – ein Oratorium, Requiem, Te Deum, Vater unser, Glaubensbekenntnis, mehrere Kantaten –, schließlich einige Solosonaten, Klavier- und Orgelstücke bekannt geworden.

Sonate für Orgel, Opus 68, 3 Teile, entstanden 1949
Der 1. Teil »Praeambulum« bringt den Cantus firmus vorwiegend im Pedal; im Manual herrschen flüssige Achtelbewegungen. Ein Andante bildet das Mittelstück, dessen Thema mehrmals vorgetragen wird. Der Schluß ist stark verdichtet. Im 2. Teil »Canzone« erklingt eine weitreichende Melodie, während der Baß stufenweise durch eine Oktave aufsteigt. Im 3. Teil »Soprano Ostinato«

wird eine ostinate Melodie von Quarten und Quinten begleitet. Gegen das Ende erscheint das Ostinato in breiten Notenwerten auch im Pedal.

Leonid Kogan

Aram Chatschaturjan (1903–79)

LEBEN

Aram Iljitsch Chatschaturjan wurde am 24. 5. 1903 in Tbilisi geboren. Er studierte in Moskau an der Gnessin-Musikschule von 1922 bis 1929 und darauf bei Nikolai Mjaskowski in Moskau. Nachdem er mit zahlreichen Orden und Ehrentiteln bedacht worden war, wurde er 1948 vom Zentralkomitee der Sowjetischen Kommunistischen Partei wegen »formalistischer« Musik mehrmals gemaßregelt; 1951 wurde er Professor für Komposition am Konservatorium in Moskau, wo er am 5. 5. 1979 starb.

WERKE

Neben seinen viel aufgeführten 3 Balletten und 3 Bühnenmusiken schrieb Aram Chatschaturjan 3 Sinfonien, ein sinfonisches Gedicht, 8 sinfonische Suiten aus seinen Balletten und eine Tanzsuite, eine Ouvertüre, eine Ode für Orchester, ein Klavierkonzert, ein Violinkonzert, ein Cellokonzert, je eine Konzertrhapsodie für Orchester mit Violine, mit Klavier und mit Cello, eine Doppelfuge für Streichquartett, eine Jazzkomposition, 6 Fugen, eine Toccata und eine Sonate für Klavier sowie ein Poem für Violine und Klavier. Er publizierte außerdem einige musikwissenschaftliche Werke. Sein Stil ging von der russischen Musik des 19. Jahrhunderts und vom französischen Impressionismus aus und lehnte sich stark an die armenische Volksmusik an. Durch den persönlichen Stil, den er daraus entwickelte, gewann er für die Musik Armeniens große Bedeutung. Seine »Maßregelung« konnte ebensowenig wie die von Sergei Prokofjew und Dmitri Schostakowitsch verhindern, daß er, wie die zwei Genannten, als einer der hervorragendsten Komponisten der Sowjetunion im 20. Jahrhundert angesehen wurde.

Aram Chatschaturjan

Sinfonie Nr. 2, »Glockensinfonie«, 4 Sätze, entstanden 1943

Der 1. Satz setzt mit »Glockenschlägen« ein, denen harte Auseinandersetzungen folgen, die in tieftraurige Passagen münden. Die Coda bringt keine Aufklärung der düsteren Stimmung. Wieder erklingen am Ende des Satzes die Glockentöne wie ein Alarmsignal. Der 2. Satz ist ein Scherzo, doch ohne Fröhlichkeit, sondern voll Dämonie. Sein Mittelteil bringt mit einer weit ausholenden Melodie etwas Beruhigung. Der 3. Satz ist die tieftraurige Klage eines Trauermarsches, dem sich das liturgische »Dies irae« anschließt. Erst im Finale hellt sich die Atmosphäre auf. Es kommt zu einem Triumphgesang, bei dem die Glocke den Sieg über alle Widrigkeiten verkündet.

Sinfonie Nr. 3 in C-Dur, ein Satz, entstanden 1947

Fünfzehn Solotrompeten, die dem Orchester beigeordnet sind, und die Orgel stimmen einen Siegesjubel über den beendeten und gewonnenen Krieg an, eine Prozession und ein Volksfest feiern die Rettung der Heimat. Die Orgelpassagen stürmen nach oben wie flatternde Fahnen. Die Streicher singen ein Lied auf den hart ersehnten Frieden, das gesamte Orchester erinnert an die durchgestandenen Gefahren, dann bricht der Jubel erneut aus; breit und feierlich klingt diese Sinfonie des Sieges aus.

Klavierkonzert, 3 Sätze, entstanden 1936

Dieses Werk wird in allen Konzertsälen der Welt gespielt; es knüpft stilistisch an die großen Konzerte der Romantik an. Das Klavier eröffnet den 1. Satz mit großartiger Geste. Dann kommt es zu einem echten Dialog zwischen Orchester und Solisten. Zwei Kadenzen erfordern hohes pianistisches Können. Der 2. Satz bringt eine armenische Volksmelodie. Auch das Finale wird vom Klavier eingeleitet. Gehetzte Rhythmik, rasende Läufe und ein Feuerwerk blendender Akkorde schließen das Werk brillant ab.

Violinkonzert, 3 Sätze, entstanden 1940

Dieses populärste Werk des Komponisten folgt getreu der großen romantischen Konzerttradition. Der brillante Violinsatz, der eine lange, großartige Kadenz beinhaltet, steht einem fein abgetönten Orchester gegenüber, das neben gelegentlichen Modernismen zahlreiche folkloristische Anklänge in glänzender Instrumentierung in allen drei Sätzen bringt.

Konzertrhapsodie für Violine und Orchester, ein Satz, entstanden 1961

Das Werk fußt auf zwei Themen: das erste ist rezitativ und sanglich, das zweite tänzerisch. Die Violine trägt die Einleitung vor, während das Orchester schweigt. Dann beginnt der Solist seine »Erzählung«, die das Orchester zuerst kommentierend begleitet, dann aber, immer stärker beteiligt, ausschmückt. Darauf setzt das Tanzthema ein, das der Violine Gelegenheit zu höchster Glanzentfaltung bietet. Das erste Thema wird mehrmals hervorgeholt und farbenprächtig exponiert. Den Abschluß bildet aber der Tanz.

Gidon Krämer

Konzertrhapsodie für Cello und Orchester, ein Satz, entstanden 1963

Nach der Introduktion, die die rhythmischen und tonalen Charakteristika des Stücks vorausnimmt, setzt das Cello mit einer Kadenz ein, in der das Material für die nachfolgende Entwicklung exponiert wird. Nach einer Kantilene des Orchesters wird das erste Thema improvisatorisch vorgetragen. Dann erscheint ein zweites, tänzerisches Thema mit scharfen Synkopen, das, von einer stürmischen Orchesterpassage unterbrochen, zu einer blendenden Coda führt. Die technischen Anforderungen an den Solisten sind sehr hoch.

Spartacus, Ballett, 4 Akte, entstanden 1956

Das Ballett stellt Aufstand und Kampf, Niederlage und Tod des Anführers des 3. römischen Sklavenkriegs, Spartacus (gestorben 71 v. Chr.), dar. Der 1. Akt bringt nach einem Marsch den »Triumph Roms« und anschließend den »Sklavenmarkt« und den »Zirkus«. Im 2. Akt beginnt im Lager der Gladiatoren, von Spartacus ausgerufen, ihr Aufstand, der sich über die Via Appia fortpflanzt. Ein Szenenwechsel zeigt das Fest des Feldherrn Crassus. Der 3. Akt zeigt das Lager des Sklavenführers Spartacus. Im 4. Akt kommt es zum Kampf mit den römischen Truppen unter Crassus. Spartacus fällt. Trauermusik beklagt sein Schicksal und das seiner Mitkämpfer. Das Stück ist voll interessanter Episoden, dramatischer Massenszenen, lyrischer Soli und Duos. Die Musik ist, dem Libretto angemessen, leidenschaftlich aggressiv.

Flor Peeters (geboren 1903)

LEBEN

Flor Peeters wurde am 4.7.1903 in Tielen, Antwerpen, geboren. Er war ab 1919 am Lemmensinstitut in Mechelen Schüler von Lodewijk Mortelmans und Jules van Nuffel (21.3. 1883, Hemiksem bei Antwerpen, bis 25.6. 1953, Wilrijk). Von 1923 bis 1952 wirkte er als Orgelprofessor am Lemmensinstitut in Mecheln und zugleich von 1931 bis 1948 am Konservatorium in Gent. Im Jahr 1948 wurde er Orgelprofessor am Flämischen Konservatorium in Antwerpen, das er von 1952 bis 1968 leitete.

WERKE

Für Orchester schrieb Flor Peeters ein Klavierkonzert, an Kammermusik eine Suite für vier Posaunen, ein Bläsertrio und Klavierstücke. Für die Orgel verfaßte er ungefähr 450 Werke, außerdem ein Konzert für Orgel und Klavier. Die Chormusik ist mit ungefähr 10 Messen, einem Te Deum, einem Oratorium, Motetten, Kantaten und ungefähr 100 Liedern vertreten. Obwohl der Komponist häufig auf die Gregorianik und die Vokalpolyphonie zurückgreift, sind seine Werke von einem modernen sinfonischen Ideal geprägt.

Drei Praeludien und Fugen für Orgel, Opus 72, 3 Teile
Der 1. Teil in F-lydisch benützt die absteigende Tonleiter. Im 2. Teil in F-dorisch scheinen nur große Notenwerte auf, so daß er ruhig dahinfließt. Der 3. Teil in A-mixolydisch ist lebhaft und toccatenähnlich; das Praeludium gleicht einem Fantasiestück, die anschließende Fuge ist lustig beschwingt.

Božidar Kunc (1903–64)

LEBEN

Božidar Kunc wurde am 18.7.1903 in Zagreb geboren, wo er an der Musikakademie studierte. Im Jahr 1929 übernahm er die Leitung einer Klavierklasse derselben Anstalt und 1941 die des Opernstudios. Ab 1951 lebte er in New York als Privatlehrer. Er starb am 1.4. 1964 in Detroit, Mich.

WERKE

Außer einem Idyll und 2 Ouvertüren schrieb Božidar Kunc 2 Klavierkonzerte, 2 Violinkonzerte, 3 Episoden für Klavier und Streicher, ein Klavierquintett, ein Klavierquartett, ein Streichquartett, einen Zyklus für Klavier und Schlagzeug, eine Suite für vier Celli und Klavier, Stücke für Violine und Klavier, für Cello und Klavier, Solostücke für Kontrabaß, für Flöte, für Oboe, für Klarinette, für Fagott, zahlreiche Klavierstücke wie 4 Sonaten, 6 Bagatellen, eine »Kroatische Suite«, ein Impromptu, Albumblätter, mehrere Kantaten und Lieder.

Saburo Moroi (1903–77)

LEBEN

Saburo Moroi wurde am 7.8.1903 in Tokio geboren. Er bildete sich in seiner Geburtsstadt aus und setzte sein Studium von 1932 bis 1934 in Berlin an der Hochschule für Musik unter Walther Gmeindl und Max Trapp fort. In seiner Heimat organisierte er das gesamte Musikunterrichtswesen grundlegend um, wirkte von 1965 bis 1976 als Intendant des Städtischen Orchesters in Tokio und anschließend als Leiter der Musikabteilung der Universität in Kawasaki. Er starb am 24.3.1977 in Tokio.

WERKE

Von den zahlreichen Werken von Saburo Moroi sind 5 Sinfonien, eine Sinfonietta, ein Klavierkonzert, ein Cellokonzert, ein Streichsextett, ein Streichquartett, ein Klavierquartett, ein Streichtrio, eine Sonate für Bratsche und Klavier, eine für Flöte und Klavier, 2 Klaviersonaten bemerkenswert. Er schrieb zahlreiche Lieder. Seine Musik stellt eine geniale Synthese abendländischer Stile mit fernöstlichen Klangvorstellungen dar.

Nikolai Tschemberdschi (1903–48)

LEBEN

Nikolai Karpowitsch Tschemberdschi wurde am 11.8.1903 in Zarskoje Selo (heute Puschkin) geboren. Er war Schüler seines Onkels Aleksandr Spendiarow und am Moskauer Konservatorium von Anatoli Aleksandrow, Sergei Wasilenko und Georgi Konius. Bis zu seinem Tod am 22.4.1948 lebte er in Moskau als Komponist und Musiklehrer.

WERKE

Außer einer Oper und einem Ballett schrieb Nikolai Tschemberdschi eine sinfonische Dichtung, 6 Suiten, eine Sinfonietta, ein Violinkonzert, ein Quintett für Klavier und Bläser, ein Streichquartett, eine Suite für Trompete und Klavier und viele Lieder. Er veröffentlichte eine Darstellung der zeitgenössischen Musik Armeniens. Sein Stil fußt auf der armenischen Folklore.

Rudolf Wagner-Régeny (1903–69)

LEBEN

Rudolf Wagner-Régeny wurde am 28.8.1903 in Sächsisch-Regen, Siebenbürgen (heute Reghin, Rumänien), geboren. Er studierte an den Konservatorien in Leipzig und in Berlin unter Rudolf Krasselt, Friedrich Ernst Koch, Emil Nikolaus Rezniček, Franz Schreker und Siegfried Ochs (19.4.1858, Frankfurt am Main, bis 5.2.1929, Berlin). Von 1927 bis 1930 reiste er mit dem Choreographen Rudolf von Laban (15.12.1879, Preßburg, bis 1.7.1958, Weybridge bei London) durch Deutschland, die Schweiz und die Niederlande, darauf widmete er sich allein seinem kompositorischen Schaffen, bis er 1947 Direktor der Musikhochschule in Rostock wurde. Von 1950 bis 1968 wirkte er als Professor für Komposition an der Musikhochschule in Ost-Berlin, wo er am 18.9.1969 starb.

WERKE

Außer 13 Opern, von denen einige sehr erfolgreich waren, und 3 Balletten schrieb Rudolf Wagner-Régeny »Orchestermusik mit Klavier«, 2 Suiten, »Mythologische Figurinen«, »Drei Orchestertänze«, »Einleitung und Ode für sinfonisches Orchester«, »Acht Kommentare zu einer Weise des Guillaume de Machaut«, Divertimento für drei Holzbläser und Schlagzeug, ein Streichquartett, ein Streichtrio, verschiedene Klavierstücke und eine Anzahl Kantaten und Lieder. Nachdem er in der ersten Periode seiner Schaffenszeit Neuklassizismus mit subjektiv modifizierter Dodekaphonie zu verbinden suchte, strebte er später nach »Klarheit, Einfachheit, Wahrhaftigkeit, Disziplin und Vermeidung alles Überflüssigen und Verschwommenen«.

Orchestermusik mit Klavier, 3 Sätze, entstanden 1935

Es handelt sich um ein klassizistisches Klavierkonzert. Der 1. Satz ist voll rhythmisch-motorischer Kraft. Er hat reine Sonatenform. Der 2. Satz bringt ein volksliedhaftes Thema. Das Finale beginnt mit einem kleinen Scherzo, dann folgt ein vierstimmiges Fugato. Nun bringt das Klavier das eigentliche Hauptthema, das in Form einer Stretta auch den Satz beendet.

Acht Kommentare zu einer Weise des Guillaume de Machaut, entstanden 1967

In der Einleitung wird der Virelai Nr. 16 von Guillaume de Machaut (um 1300–77) als »Die Weise« vorgestellt. Die folgenden »Kommentare« sind keine Variationen, sondern meditative Paraphrasen. Der erste Kommentar ist ein Arioso, der zweite ein Tanz, der in eine Klavierkadenz mündet, der dritte wird von einer Zwölftonreihe eröffnet. Ein derber Walzer und ein Klaviersolo bilden den vierten Kommentar, der fünfte bringt das Thema nacheinander in Klarinette, Horn, Celli und Kontrabässen, von den Streichern umspielt. Das Klavier übernimmt die Einleitung zum sechsten Kommentar, dessen Thema von der Oboe vorgetragen wird. Der siebente Kommentar ist ein federndes Menuett, das Finale wird vom Tutti mit häufigem Taktwechsel gespielt und schließt mit einer archaisierenden Coda ab.

Avenir Monfred (geboren 1903)

LEBEN

Avenir Henry de Monfred wurde am 4.9.1903 in St. Petersburg geboren. Er studierte am Konservatorium seiner Geburtsstadt bei Feliks Blumenfeld Klavier und bei Jāzeps Vītols, Aleksandr Schitomirski (11.5.1881, Cherson, bis 16.12.1937, Leningrad), Wasili Kalafati und Aleksandr Glasunow Komposition. Im Jahr 1923 verließ er Rußland und studierte in

Paris an der Schola Cantorum bei Vincent d'Indy und ab 1929 bei Maurice Ravel, 1936 wurde er Direktor der Société Electro-Acoustique in Paris. Er beschäftigt sich mit neuen diatonischen Modalprinzipien, die auf einer gleich temperierten Tonart basieren.

WERKE

Außer einem Ballett schrieb Avenir Monfred 2 Sinfonien, eine sinfonische Suite, ein Klavierkonzert, ein Violinkonzert, sinfonische Variationen für Klavier und Orchester, 2 Streichquartette, ein Klaviertrio, 3 Sonaten für Violine und Klavier als seine ersten polymodalen Kompositionen, »Fünf Stücke« für Orgel, ebenfalls polymodal, »Fünf Orchesterstücke«, polymodal, ferner Chöre, Lieder und Filmmusik.

LITERATUR

P. Lemel, Avenir de Monfred, Paris 1967.

Pál Kadosa

Pál Kadosa (1903–83)

LEBEN

Pál Kadosa wurde am 6.9.1903 in Léva, Ungarn (heute Levice, Slowakei), geboren. Von 1923 bis 1927 studierte er an der Musikhochschule in Budapest unter Zoltán Kodály. Anschließend wirkte er an verschiedenen Schulen, ab 1945 an der Musikhochschule, als Klavierprofessor. Er starb am 30.3.1983 in Budapest.

WERKE

Neben einer Oper schrieb Pál Kadosa 8 Sinfonien, eine Kammersinfonie, 2 Divertimenti, eine Partita, eine Trauerode, eine Ouvertüre, 3 Suiten, 4 Klavierkonzerte, 2 Violinkonzerte, ein Bratschenkonzert, ein Konzert für Streichquartett und Orchester, eine Serenade für zehn Instrumente, ein Bläserquintett, 3 Streichquartette, 2 Streichtrios, ein Klaviertrio, 2 Sonaten und eine Sonatine für Violine und Klavier, eine Sonatine für Flöte und Klavier 4 Sonaten, 10 Bagatellen, 4 Capriccios und weitere Stücke für Klavier, außerdem 7 Lieder.

Sinfonie Nr. 6, Opus 62, 4 Sätze, entstanden 1966

Trompeten und Posaunen eröffnen mit einem signalartigen Motiv den 1. Satz, der davon beherrscht wird. Der 2. Satz ist ein virtuoses Scherzo mit dem Motiv des 1. Satzes, dessen Intervalle geweitet sind; im Trio ist daraus ein weiträumiger Gesang gebildet. Der 3. Satz entwickelt ein schwermütiges Melos. Das Finale ist vital und leidenschaftlich mit weit ausgreifender resoluter Geste.

Klavierkonzert Nr. 2, Opus 29, 3 Sätze, entstanden 1939

In seinen Sinfonien nahm der Komponist die klassischen Fakturen zum Muster, in diesem Konzert greift er auf die Vorklassik zurück. Der 1. Satz wird vom Klavier praeludierend eingeleitet, dann exponiert der Solist nach wenigen Orchestertakten das Thema, das äußerst virtuos und rhythmisch drängend durchgeführt wird. Der 2. Satz ist eine »Romanze«; der Dialog zwischen Klavier und Orchester bringt wiederholt schmerzliche Akzente. Das Finale »Tarantella« ist ein lebensfrohes, kontrastreiches Rondo.

Serenade für Kammerorchester, Opus 65, 6 Sätze, entstanden 1967

Die einzelnen Sätze sind auf 6 aphoristisch aufgeworfenen Themen aufgebaut. Es beginnt mit einem ironischen Walzer, dem ein kraftvolles Scherzo folgt; dann entfaltet sich ein melodischer Bogen aus kleinen thematischen Fragmenten. Chromatik beschwört die Stimmung trauriger Lieder herauf; schließlich werden alle Klänge in ungebundener Form zusammengefaßt.

LITERATUR

F. Bónis, Kadosa Pál, Budapest 1965.

Emile Enthoven (1903–50)

LEBEN

Emile Enthoven wurde am 18.10.1903 in Amsterdam geboren. Er war in Den Haag Schüler von Johan Wagenaar und Willem Andriessen und in Berlin von Franz Schreker. Im Jahr 1940 verlegte er seine Tätigkeit als Lehrer und Pianist von Amsterdam nach New York, wo er am 26.12.1950 starb.

WERKE

Von Emile Enthoven sind 3 Sinfonien, 3 Orchestersuiten, eine sinfonische Fantasie für Violine und Orchester, Klavierwerke, eine Violinsonate, Orchesterlieder und Gesänge, außerdem die Musik zu einem Bühnenfestspiel bekannt geworden. Sein Stil ist sehr von dem Johan Wagenaars abhängig.

Claude Arrieu (geboren 1903)

LEBEN

Claude Arrieu wurde am 30.11.1903 in Paris geboren. Sie war am Conservatoire Schülerin von Paul Dukas, Georges Caussade, Jean-Jules Roger-Ducasse (18.4.1873, Bordeaux, bis 19.7. 1954, Taillan-Médoc, Gironde), Noël Gallon und Marguérite Long (13.11.1874, Nîmes, bis 13.2.1966, Paris). Sie erhielt 1932 den Ersten Kompositionspreis des Conservatoires in Paris, wirkte von 1929 bis 1933 als Professor für Kontrapunktik, Fuge, Komposition und Harmonielehre und war anschließend als musikalische Leiterin am Rundfunk tätig.

WERKE

Neben 11 Opern und mehreren Balletten schrieb Claude Arrieu eine Anzahl sinfonische Werke, ein Klavierkonzert, ein Flötenkonzert, 2 Violinkonzerte und ein Konzert für zwei Klaviere, ein Bläserquintett, ein Bläsertrio, ein Klaviertrio, eine Sonate für Violine und Klavier, zahlreiche Stücke für Klavier und für Cembalo sowie Radio- und Filmmusik.

Luis Salgado (geboren 1903)

LEBEN

Luis Humberto Salgado wurde am 10.12.1903 in Cayambe, Ecuador, geboren. Er war bis 1928 Schüler des Konservatoriums in Quito und wirkte von 1934 bis 1952 als Professor und Leiter dieser Lehranstalt. Seitdem lebt er als freischaffender Komponist in Quito.

WERKE

Außer 3 Opern, einer Operette, einem Melodram und mehreren Balletten schrieb Luis Salgado 6 Sinfonien, eine sinfonische Dichtung, ein Violinkonzert, ein Bratschenkonzert, 3 Klavierkonzerte, ein Bläserquintett, ein Klavierquintett, 2 Streichquartette, 3 Klaviersonaten, weitere zahlreiche Klavierwerke und mehrere Chorwerke. Er bildet einen wichtigen Faktor im modernen Musikleben Ecuadors.

Alfonso de Silva (1903–37)

LEBEN

Alfonso de Silva wurde am 22.12.1903 in Callao, Peru, geboren. Er war an der Musikakademie in Lima Schüler von Federico Gerdes (19.5.1873, Tacna, bis 18.10.1953, Lima) und am Konservatorium in Madrid bei Conrado del Campo y Zabaleta. Er starb am 7.5.1937 in Lima.

WERKE

Die Orchesterstücke von Alfonso de Silva tragen programmatische Titel, die aber nur die Stimmung der Kompositionen vermitteln; auch die Stücke für Violine und Klavier weisen durch ihre Titel umrissene Gefühls- und Vorstellungsinhalte aus. Er schrieb mehrere

Klavierstücke und Klavierlieder. Sein Werk fußt in jeder Beziehung auf der indianischen Musik seiner Heimat.

Antiochos Evangelatos (geboren 1903)

LEBEN

Antiochos Evangelatos wurde am 25.12.1903 in Lixourion auf Kephallinia geboren. Er studierte von 1923 bis 1928 am Konservatorium in Leipzig und war nach einer Studienreise nach Wien und Berlin in Basel Schüler von Felix Weingartner. Ab 1932 wirkte er in Athen als Leiter des Konservatoriums sowie als Chefdirigent des Rundfunks und der Staatsoper.

WERKE

Von Antiochos Evangelatos sind 2 Sinfonien, »Grabgesang«, ein »Larghetto und Scherzo«, eine Suite, eine Ouvertüre, »Variationen und Fuge«, ein »Preludio e Rondo giocoso« und ein sinfonisches Gedicht bekannt geworden; er schrieb außerdem ein Klavierkonzert, 2 Streichsextette, ein Streichquartett, eine Violinsonate, eine Kantate, einen Liederzyklus, Orchesterlieder und Bühnenmusiken.

Jesús García Leoz (1904–53)

LEBEN

Jesús García Leoz wurde am 10.1.1904 in Olite, Navarra, geboren. Nach intensivem Orgel- und Klavierunterricht ging er mit 17 Jahren als Pianist nach Argentinien. Nach seiner Rückkehr nach Spanien war er am Konservatorium in Madrid Schüler von Conrado del Campo y Zabaleta und Joaquín Turina. Er lebte anschließend als freier Komponist, vorwiegend von Filmmusik, in Madrid, wo er am 23.2.1953 starb.

WERKE

Außer zahlreichen Filmmusiken, 2 Zarzuelas, einer Oper und 7 Balletten schrieb Jesús García Leoz eine Sinfonie, eine Sonatine, ein Gitarrenkonzert, ein Streichquartett, ein Klavierquartett, eine Sonatine für Violine und Klavier, eine Sonatine für Klavier und Lieder auf Texte zeitgenössischer spanischer Dichter. Sein Stil war auf Publikumswirkung abgestellt.

LITERATUR

A. Fernández Cid, Jesús García Leoz, Madrid 1953.

Géza Frid (geboren 1904)

LEBEN

Géza Frid wurde am 25.1.1904 in Máramarossziget, Ungarn (heute Sighet, Rumänien), geboren. Er trat bereits als Fünfjähriger öffentlich als Pianist auf. Von 1912 bis 1924 studierte er an der Musikakademie unter Zoltán Kodály und Béla Bartók. Anschließend unternahm er ausgedehnte Konzertreisen durch Europa und nach dem Fernen Osten. Im Jahr 1929 ließ er sich in Amsterdam nieder. Weitere Reisen führten ihn nach dem Zweiten Weltkrieg nach Nord- und Südamerika, in den Nahen Osten und in die UdSSR; 1964 übernahm er eine Professur am Konservatorium in Utrecht.

WERKE

Für die Bühne schrieb Géza Frid eine Oper, 3 Ballette und mehrere Bühnenmusiken. Sein Orchesterwerk besteht aus einer sinfonischen Fantasie, Variationen über ein niederländisches Volkslied, einer südafrikanischen Rhapsodie, einer Serenade, »Rhythmischen Studien«, einer Sinfonietta, einem Stück für sieben Pauken und Blechorchester, einem Konzert für zwei Violinen, einem für zwei Klaviere, einem für drei Violinen, seine Kammermusik aus einem Bläsersextett mit Klavier, einem Doppeltrio für Bläser, einem Trio für Flöte, Fagott und Klavier, 20 Duos für zwei Violinen, einer Sonate für Violine und Klavier, einer Rhapsodie für Klarinette und Klavier, einer Suite für Violine und Klavier, 4 Streichquartetten und verschiedenen Klavierwerken. Er schrieb außerdem eine Ballade für gemischten Chor und Blechorchester, eine Kantate für Soli, Chor und Blasorchester, Chöre und Lieder.

Luigi Dallapiccola (1904–75)

Leben

Luigi Dallapiccola wurde am 3.2.1904 in Pisino (Mitterburg), Istrien, Österreich (heute Pazin, Kroatien), geboren. Während des Ersten Weltkriegs war er mit seiner Familie, die als politisch unzuverlässig galt, in Graz konfiniert. Sein Musikstudium absolvierte er von 1923 bis 1931 am Konservatorium in Florenz. Anschließend unternahm er als Pianist mit dem Violinvirtuosen Sandro Materassi (geboren 28.5.1904, Florenz) eine Reihe von Konzertreisen durch Europa. Von 1934 bis 1967 wirkte er als Professor für Klavier am Konservatorium in Florenz, kam aber nach dem Zweiten Weltkrieg mehreren Lehraufträgen in den USA nach. Als führender Kopf der italienischen Zwölftonmusiker starb er am 19.2.1975 in Florenz.

Luigi Dallapiccola

Werke

In seiner ersten Schaffensperiode war Luigi Dallapiccola von älteren Strukturen beeinflußt und ging häufig vom Musikgut seiner istrianischen Heimat aus, dann orientierte er sich am Werk von Alfredo Casella und Ferruccio Busoni. Verhältnismäßig spät stieß er zur Zwölftontechnik. »Meine Entwicklung ging sehr langsam voran«, bekannte er. »Erst 1936 begann ich, mich ernsthaft für das Zwölftonsystem zu interessieren, also gerade in den Jahren, in denen es eigentlich schon ›gestorben‹ war, nicht nur in Italien, sondern in der ganzen Welt. So ging ich allein meinen Weg. Für mich persönlich war das Gebiet, das mich am Zwölftonsystem am meisten anzog, das melodische. Man weiß, wie verschieden die Vorstellung von Melodie in den Jahrhunderten war. Ein Beweis dafür ist die Tatsache, daß jedem musikalischen Neuerer von seinen Zeitgenossen als erstes der Mangel an Melodie vorgeworfen wurde.« Dieser Vorwurf konnte ihn jedoch nicht treffen, denn er verband genial wie kein anderer die Dodekaphonik mit einer spezifisch italienischen Kantabilität und Klangsinnlichkeit. An Bühnenwerken schrieb er 4 Opern und ein Ballett. Auch sein Schaffen für Orchester ist nicht umfangreich: eine Partita, eine »Kleine Nachtmusik«, »Tartiniana I. und II.« für Violine und kleines Orchester, ein »Kleines Konzert« für Klavier und Kammerorchester, eine Sonatine, ein Cellokonzert, Variationen, ein Divertimento, eine Musik für drei Klaviere, »Studien« für Violine und Klavier, eine Chaconne für Solovioline. Ungleich umfangreicher ist seine Vokalmusik: »Sechs Chöre«, »Drei Laudi« für Sopran und 13 Instrumente, »Gesänge der Gefangenschaft« für gemischten Chor und Instrumente, »Gesänge der Befreiung« für gemischten Chor und Orchester und viele andere Chöre, Kantaten, Sologesänge mit verschiedener Instrumentalbegleitung, die die Vielfalt der Ausdrucksmöglichkeiten des ständig auf melodiösen Gehalt ausgerichteten Komponisten zeigen.

Kleines Konzert für Muriel Couvreux für Klavier und Kammerorchester, 2 Sätze, entstanden 1941

Das Stück ist für die siebenjährige Tochter Muriel der mit der Familie Dallapiccola eng befreundeten

Madame Lucien Couvreux geschrieben. Beide Sätze sind dreiteilig. Der 1. Satz beginnt mit einem Pastorale von zarter Poesie, dem folgt ein Girotondo im strahlenden Allegro und eine Reprise, die den Werkanfang in Gegenbewegung vorführt. Den 2. Satz beginnt das Klavier mit einer Kadenz, die zu einem schönen Notturno überleitet; ein brillantes Finale beendet das anmutige Werk.

Tartiniana I. für Violine und kleines Orchester, 4 Teile, entstanden 1951

Als Vorlagen zu diesem Divertimento dienten vier Sonatensätze von Giuseppe Tartini (1692–1770), und zwar das Larghetto, das Allegro assai und das Andante affettuoso aus einer g-Moll-Sonate und das Presto assai einer G-Dur-Sonate. Der Komponist formte aus der diatonischen ein Stück in seiner eigenen Tonsprache. Der 3. Teil ist unter dem Eindruck des Todes des namhaften russischen Dirigenten Sergei Kusewitzki (13.6.1874, Twer bei Moskau, bis 4.6.1951, Boston) besonders expressiv gestaltet. Im Finale tragen die Bratschen und dann die Holzbläser den bekannten »Teufelstriller« von Tartini vor.

Tartiniana II. für Violine und kleines Orchester, 5 Teile, entstanden 1956

Dieses Divertimento ist eine Paraphrase der Sonate Nr. 9 von Giuseppe Tartini aus der Sammlung der 27 handschriftlich überlieferten, in Padua aufbewahrten Sonaten für Violine und Generalbaß. Im 1. Teil dominiert die Violine, im 2. Teil bringt das Orchester eine kanonische zwölftönige Imitatio, im 3. Teil ein Intermezzo, im 4. Teil ein Zusammenspiel wiederkehrender symmetrischer Figuren. Das Finale besteht aus Variationen eines Dreiklangthemas.

Gesänge der Gefangenschaft für gemischten Chor und Instrumente, 3 Teile, entstanden 1941

Die vertonten drei Texte wurden im Bewußtsein des bevorstehenden gewaltsamen Todes geschrieben. Der 1. Teil bringt ein Gebet der Königin Maria Stuart (1542–87), der 2. Teil das Zitat III,12 aus »Trost der Philosophie« von Anicius Torquatus Severinus Boethius (um 480–524) und der 3. Teil eine Meditation über den Psalm XXXI von Girolamo Savonarola (1452–98). Die Chorpartien sind homophon mit freier Linienführung. Das auf Schlaginstrumente ausgerichtete Orchester setzt vorwiegend rhythmische Akzente, ohne sich dem vokal-instrumentalen Klang zu nähern. Die mittelalterliche Dies-irae-Melodie dient zur Verklammerung der drei Teile.

Gesänge der Befreiung für gemischten Chor und Orchester, 3 Teile, entstanden 1955

Der 1. Teil bringt ein Zitat von Sebastian Castellio (1515–63) aus »Brief an einen Freund« (1555), dem 2. Teil liegt Exodus 15,3–5 zugrunde, dem 3. Teil X,27 die Bekenntnisse des Aurelius Augustinus (354–430). Im 1. Teil kontrastieren die Stimmen mit der scharfen Skandierung der homophonen Abschnitte. Das Orchester gewinnt aber nirgends sinfonische Eigenständigkeit, sondern projiziert auch in den Vor-, Zwischen- und Nachspielen die chorischen Vorgänge, vervielfältigt und unterstreicht sie.

Sergei Kusewitzki

Nikos Skalkottas (1904–49)

LEBEN

Nikos Skalkottas wurde am 8.3.1904 in Chalkis, Griechenland, geboren. Nach seiner Ausbildung in Athen studierte er in Berlin von 1925 bis 1927 bei Philipp Jarnach und sodann bis 1931 bei Arnold Schönberg, schließlich auch bei Kurt Weill. Anschließend lebte er bis zu seinem Tod am 19.9.1949 in Athen als freier Komponist.

WERKE

Von den über 150 Kompositionen von Nikos

Skalkottas ist zu seinen Lebzeiten nur ein geringer Teil bekannt geworden; ihm blieb bis zu seinem Tod jegliche Anerkennung versagt. Er schrieb eine Sinfonie für Bläser, eine Sinfonietta, eine Ouvertüre, 2 Suiten, 36 griechische Tänze für Orchester, 3 Klavierkonzerte, ein Cellokonzert, ein Violinkonzert, ein Konzert für zwei Violinen, ein Doppelkonzert für Violine und Bratsche, ein Oktett, 4 Streichquartette, »8 Variationen für Klaviertrio« und weitere Kammermusik, zahlreiche Klavierstücke, darunter eine Passacaglia, 4 Suiten, 15 Variationen und Lieder. Sein Stil widersetzt sich jedem Einordnungsversuch, er liegt zwischen Arnold Schönberg, Alban Berg, Béla Bartók und griechischer Volksmusik. Er war »ein großer, geheimnisvoller Einzelgänger unseres Jahrhunderts«. Einmal wird er verstanden werden.

Hermann Schroeder (geboren 1904)

Leben

Hermann Schroeder wurde am 26.3.1904 in Bernkastel, Mosel, geboren. Er studierte Musikwissenschaft in Innsbruck bei Rudolf von Ficker (11.6.1886, München, bis 2.8. 1954, Igls, Tirol) und an der Musikhochschule in Köln bei Edmund Joseph Müller (7.2.1874, Marienheide, Kreis Gummersbach, bis 31.5. 1944, Köln), Heinrich Lemacher (26.6.1891, Solingen, bis 16.3.1966, Köln), Walter Braunfels, Hermann Abendroth und Hans Bachem (2.1.1897, Köln, bis 10.3.1973, Köln). Von 1930 bis 1981 unterrichtete er zunächst an der Rheinischen Musikschule, sodann an der Musikhochschule in Köln als Professor für Musiktheorie, Komposition und Chorerziehung, daneben als Lektor an den Universitäten in Bonn und Köln. Ab 1981 wirkte er als Dozent an der Kirchenmusikschule in Regensburg.

Werke

Außer einer Oper schrieb Hermann Schroeder eine Sinfonie, ein Cellokonzert, ein Klavierkonzert, ein Orgelkonzert, ein Violinkonzert, ein Oboenkonzert, ein Flötenkonzert, ein Konzert für zwei Violinen, ein Bratschenkonzert, ein Klarinettenkonzert, ein Trompetenkonzert, ein Sextett für Klavier und Bläser, ein Konzert für Oboe und Orgel, ein Quartett für Oboe und Streichtrio, 2 Streichquartette, 2 Streichtrios, 2 Klaviertrios, ein Duplum für Cembalo, eine Cellosonate, Stücke für Violine und Orgel, ungefähr 20 Messen, lateinische und deutsche Proprien, Motetten und Lieder, begleitet oder unbegleitet, zahlreiche Choralfantasien, Choralvorspiele, Orgelsonaten und andere Orgelwerke. Hermann Schroeder ist einer der bedeutendsten katholischen Kirchenkomponisten unserer Zeit.

Sonate in h-Moll für Orgel, 3 Teile, entstanden 1969
Im 1. Teil führt ein Thema mit einem Kopf von zwei Quartensprüngen. Zwei Pianoeinschübe wirken wie ein Trio. Der 2. Teil bringt ein kantables Solo im Sopran, den die anderen Stimmen begleiten; im Mittelteil gibt es eine stimmige Triodurchführung. Das Finale zeichnet sich durch geschwindes Laufwerk aus und unterstreicht die Gattung der Sonate als Spielmusik im besten Sinn des Wortes.

John Antill (geboren 1904)

Leben

John Henry Antill wurde am 8.4.1904 in Sydney geboren. Er war viele Jahre hindurch Sänger, Bläser, Korrepetitor und Hilfsdirigent einer reisenden Operntruppe, dann wurde er Mitglied des Orchesters in Sydney und schließlich Leiter des Rundfunkchors.

Werke

John Antill brachte 3 Opern auf die Bühnen. Er schrieb ferner 6 erfolgreiche Ballette, eine Sinfonie und weitere Orchesterstücke, ein Konzert für Harmonika und Orchester, eine Kantate und Liederzyklen. Seine organisatorische Tätigkeit war für die Musikentwicklung in Sydney sehr förderlich.

Joseph Ahrens (geboren 1904)

Leben

Joseph Johannes Clemens Ahrens wurde am 17.4.1904 in Sommersell, Westfalen, geboren.

Er erhielt seine Ausbildung in Münster von Fritz Volbach und an der Akademie für Kirchen- und Schulmusik in Berlin von Alfred Sittard (4.11.1878, Stuttgart, bis 31.3.1942, Berlin) und Max Seiffert (9.2.1868, Beeskow an der Spree, bis 13.4.1948, Schleswig). Anschließend wirkte er ab 1928 als Dozent und von 1936 bis 1969 als Professor an der Berliner Akademie und ist seit 1945 Ordinarius für Kirchenmusik der Berliner Hochschule für Musik. Im Jahr 1934 wurde er in Berlin Domorganist an St. Hedwig und 1945 an der Salvatorkirche.

WERKE

Berühmt geworden ist Joseph Ahrens vor allem durch den virtuosen Stil seiner Orgelkompositionen. Er schreib für Orgel zahlreiche Konzerte, Toccaten, Praeludien, Fugen, Partiten, weiters für Singstimmen und Chöre 2 Passionen, ein Weihnachtsevangelium, Motetten, viele Messen – darunter eine »Missa dodekaphonica« –, den Chorzyklus »Das heilige Jahr«, den A-cappella-Chor »Die deutsche Cantica der Osternacht«, »Aus tiefer Not schrei ich zu Dir«, für Chor und und Orchester. Joseph Ahrens ist zu den ersten Kirchenmusikern unserer Zeit einzureihen.

Toccata eroica für Orgel, ein Satz, entstanden 1934

Dieses an sich kurze Werk ist typisch für den virtuosen Orgelsatz des Komponisten. Es beginnt mit Unisonoläufen im Manual. Vielgestaltige Rhythmen, metrisch freier Aufbau, Läufe und Akkordhäufungen kennzeichnen den zeitgenössischen Toccatenstil. Die Fuge ist regelmäßig gebaut. Darauf rauscht der Schlußteil der Toccata mit sich überstürzenden Klangbildern und aufgetürmten Akkordblöcken in aller Pracht auf.

Vladas Jakubėnas (geboren 1904)

LEBEN

Vladas Jakubėnas wurde am 2.5.1904 in Biržai, Litauen, geboren. Seine Ausbildung erhielt er in Kaunas und von 1928 bis 1932 bei Franz Schreker an der Hochschule für Musik in Berlin. Anschließend wurde er Lehrer für Musiktheorie und Klavier am Konservatorium in Kaunas. Im Jahr 1949 ließ er sich in Chikago nieder.

WERKE

Von den zahlreichen Kompositionen von Vladas Jakubėnas, der bemüht war, der litauischen Musik eine weltweite Geltung zu verleihen, sind 3 Sinfonien, eine Rhapsodie, eine Suite, ein Praeludium und Tripelfuge für Streicher, ein Intermezzo für Streicher, ein Streichquartett, eine »Melodie« für Violine und Klavier, eine Serenade für Cello und Klavier und 3 großartige Kantaten bemerkenswert. Trotz der modernen Diktion klingt in seinem Werk litauische Volksmusik mit.

Antonio Buenaventura (geboren 1904)

LEBEN

Antonio Buenaventura wurde am 4.5.1904 in Santa Maria Bulacan, Philippinen, geboren, wo er am St. Scholastica College Musik studierte und musikalischer Berater der Universität wurde.

WERKE

Am bemerkenswertesten von den Kompositionen von Antonio Buenaventura sind seine Oper und 2 Zarzuelas auf Texte in Tagalog. Er schrieb ferner eine Sinfonie, eine Konzertouvertüre, eine Doppelfuge für Streichorchester, Skizzen für Orchester, ein Divertimento für sechs Solisten und Streicher, ein Bläserquintett, eine Sonate für Bratsche und Klavier, eine Ode, eine Allegorie, eine Messe und andere Chorwerke sowie Lieder.

Reinhard Schwarz-Schilling (geboren 1904)

LEBEN

Reinhard Schwarz-Schilling wurde am 9.5. 1904 in Hannover geboren. Ab 1922 studierte er in München an der Akademie der Tonkunst Komposition und Klavier und vervollständigte seine Ausbildung an der Musikhochschule in Köln bis 1927 und anschließend bis 1929 bei Heinrich Kaminski in Ried. Sodann wirkte er bis 1935 als Dirigent eines Kammerchors und als Orgellehrer in Innsbruck. Im Jahr 1938 wurde er Kompositionslehrer an der

Musikhochschule in Berlin und leitete dort ab 1969 auch die Kompositionsklassen. In den sechziger Jahren unternahm er Konzertreisen nach Nordamerika, 1972 nach Japan und Südkorea, wo er in Seoul Komposition lehrte. Er starb im Dezember 1985 in Berlin.

WERKE

Stilistisch fühlte sich Reinhard Schwarz-Schilling an der Tradition Johann Sebastian Bachs und Anton Bruckners verpflichtet. Seine tonal gebundene Musik stand unter dem Einfluß von Walter Braunfels und Heinrich Kaminski. Er schrieb 2 Sinfonien, eine Partita, ein Violinkonzert, ein Streichquartett, Klavier- und Orgelstücke. Sein Schaffen galt vorwiegend der Vokalmusik: Kantaten, Motetten, Messen, Chöre und sakrale Lieder reihen ihn zu den großen Kirchenmusikern unserer Zeit ein. Er verfaßte auch vorzügliche profane Vokalstücke wie »4 Tanz- und Liebeslieder« für drei Frauenstimmen.

Kurt Driesch (geboren 1904)

LEBEN

Kurt Wilhelm Cäsar Driesch wurde am 15.5. 1904 in Heidelberg geboren. Er studierte von 1919 bis 1922 am Konservatorium in Köln Theorie bei Friedrich Wilhelm Franke, am Konservatorium in Leipzig bis 1927 Tonsatz bei Stephan Krehl und Klavier bei Robert Teichmüller, sodann bis 1930 an der Kölner Musikhochschule Komposition bei Walter Braunfels und Philipp Jarnach. Nach anfänglicher Tätigkeit als Korrepetitor und Kapellmeister lebt er ab 1948 als freischaffender Komponist in Köln.

WERKE

Die ungefähr 90 Werke von Kurt Driesch reichen von der Oper bis zur Filmmusik, von der Sinfonie bis zum Lied. Stilistisch steht er dem deutschen Expressionismus nahe. Er schrieb 2 Opern, eine Sinfonie, ein Divertimento für Flöte, Klarinette und Streichorchester, eine Cassation für Violine, Cello und Schlagzeug, »Drei Reihen« für Orchester, eine Serenade für acht Instrumente und Schlagzeug, ein Bläserquintett, eine Sinfonietta, 5 Streichquartette, verschiedene Chöre und viele Lieder.

Emil Burian (1904–59)

LEBEN

Emil František Burian wurde am 11.6.1904 in Pilsen (Plzeň) geboren. Er studierte am Konservatorium in Prag bei Josef Bohuslav Foerster. Im Jahr 1933 gründete er in Prag ein Theater, das er – unterbrochen durch seine Haft in einem deutschen Konzentrationslager von 1940 bis 1945 – bis zu seinem Tod am 9.8. 1959 leitete.

WERKE

Besonderes Aufsehen erregte Emil Burian 1928 auf dem Kammermusikfest der IGNM in Siena mit einer Suite, die das Jazzprinzip auf einen Kammerchor übertrug, der ohne fixierte Tonhöhe eine Art von eindrucksvoller Artikulation und Sprachpolyphonie mit Begleitung oder a cappella vortrug. Diese Methode des Einsatzes der menschlichen Stimme war damals noch neu. Er schrieb 6 Opern, 5 Ballette, eine Sinfonie, 6 Streichquartette, einen Liederzyklus für Gesang und Jazzband, eine Suite für zwei Klaviere, ein Requiem für Jazzband und Voiceband (Ensemble aus menschlichen Tonerzeugern), eine Sonate für Violine und Klavier, ein Nonett für fünf Bläser und vier Streicher, eine Kantate, Schauspiel-, Hörspiel- und Filmmusik.

Artur Malawski (1904–57)

LEBEN

Artur Malawski wurde am 4.7.1904 in Przemyśl, Galizien, heute Polen, geboren. Seine Ausbildung erhielt er in Krakau und am Konservatorium in Warschau bei Walerian Bierdiajew (7.3.1885, Grodno, bis 28.9.1956, Warschau) und Kazimierz Sikorski. Seine eigene Lehrtätigkeit übte er während des Zweiten Weltkriegs an der Musikschule in Tarnopol, Galizien (heute Ternopol, Ukraine), und ab 1945 an der Musikhochschule in

Krakau aus. Von 1948 bis 1951 leitete er die polnische Sektion der IGNM. Er starb am 26.12.1957 in Krakau.

WERKE
Der Stil von Artur Malawski ist neuklassizistisch; gelegentlich verwendet er auch polnische Volksweisen. Er schrieb für Orchester ein Allegro capriccioso, eine Sinfonietta, »Sinfonische Variationen«, 2 Sinfonien, eine Ouvertüre, »6 sinfonische Etüden und Toccata und Fuge« für Klavier und Orchester, 2 Streichquartette, ein Klaviertrio, ein Klavierstück und eine Ballettpantomime für Sopran, Tenor, Bariton und Orchester.

Goffredo Petrassi (geboren 1904)

Goffredo Petrassi

LEBEN
Goffredo Petrassi wurde am 16.7.1904 in Zagarolo bei Palestrina geboren. Ab 1913 gehörte er einem römischen Kirchenchor an und arbeitete bis 1930 in einer Musikalienhandlung, während er bei Alessandro Bustini Unterricht nahm. Auch am Konservatorium in Rom war er von 1928 bis 1933 Schüler von Bustini und außerdem von Fernando Germani (geboren 5.4.1906, Rom). Von 1937 bis 1940 war er Intendant des Teatro La Fenice in Venedig; ab 1939 unterrichtete er am römischen Konservatorium, an dem er seit 1960 eine Meisterklasse für Komposition leitet.

WERKE
Mit Luigi Dallapiccola gehört Goffredo Petrassi zu den hervorstechendsten italienischen Komponisten seiner Generation. Sein Schaffen ist stark von Alfredo Casella, Igor Strawinsky und Paul Hindemith beeinflußt. Angeregt wurde es auch von der Polyphonie und der Madrigalkunst des 16. Jahrhunderts. Sein Neuklassizismus hat im wesentlichen italienisches Gepräge. Die chromatische Skala wandte er auf eine höchst persönliche Art an, ohne die Dodekaphonik konsequent zu verfolgen. Er schrieb 8 große Orchesterkonzerte, eine Partita, ein Klavier- und ein Flötenkonzert. Von seinen zahlreichen Kammermusikwerken seien erwähnt: Kammersonate für elf Instrumente und Cembalo, eine Serenade für Cembalo, Flöte, Bratsche, Kontrabaß und Schlagzeug, ein Streichquartett, eine Triosonate für Harfe, Gitarre und Mandoline, eine Musik für Blechbläser und Pauken, ein Bläseroktett, ein Septett für Klarinette, Trompete, Posaune, Violine, Cello, Gitarre und Schlagzeug und viele Stücke für Soloinstrumente. Seine umfangreiche Vokalmusik bringt teilweise hochbarocke Formen. Seine Kantaten, Motetten, sakralen und profanen Gesänge – instrumentalbegleitet oder a cappella – sind von seltener Ausdruckskraft. Er verfaßte außerdem 2 Opern und 2 Ballette, dazu mehrere Filmmusiken.

István Szelényi (1904–72)

LEBEN
István Szelényi wurde am 8.8.1904 in Zólyom, Ungarn (heute Zvolen, Slowakei), geboren. Er war Schüler von Zoltán Kodály, wirkte anschließend bis 1930 als Klavierlehrer an einer Musikschule, sodann bis 1950 als Lehrer am Musikgymnasium in Budapest, an-

schließend bis 1966 an der Musikfachschule und darauf bis zu seinem Tod am 31. 1. 1972 an der Musikhochschule.

WERKE

Außer 2 Pantomimen, einer Operette und 3 Oratorien schrieb István Szelényi eine Sinfonie, eine Ouvertüre, eine Tanzsuite für Streicher, ein Concertino, Variationen, ein Klavierkonzert, 2 Violinkonzerte, ein Tripelkonzert für Violine, Bratsche, Klavier und Blasorchester, »Kammermusik für acht Bläser«, 4 Streichquartette, 2 Klaviertrios, Sinfonietta für drei Violinen, Suite für vier Violinen, »Dialoge« für Violine und Cello, 7 Sonaten, eine Sonatine, eine Toccata und weitere Stücke für Klavier, Chöre und Gesänge. Sein Stil ist stark von seinem Lehrer abhängig.

Lubomir Pipkow (1904–74)

LEBEN

Lubomir Panajotow Pipkow wurde am 6. 9. 1904 in Lowetsch geboren. Nach seinem Studium an der Musikakademie in Sofia war er von 1926 bis 1932 in Paris Schüler von Paul Dukas. Anschließend wirkte er in Sofia als Korrepetitor, Chordirigent und schließlich als Direktor der Oper. Im Jahr 1948 wurde er Professor der Gesangsklassen des Konservatoriums. Als eine der bedeutendsten Gestalten des bulgarischen Musiklebens im 20. Jahrhundert starb er am 9. 5. 1974.

Sein Vater, Panajot Christow Pipkow (21. 11. 1871, Plowdiw, bis 25. 8. 1942, Sofia), studierte ab 1892 am Konservatorium in Mailand und wirkte ab 1899 als Dirigent zunächst in Warna und Ruse, sodann in Sofia, wo er 1920 bis 1921 Chordirigent an der Oper und von 1924 bis 1930 als Dirigent der Polizeimusik tätig war.

WERKE

Außer 3 Opern schrieb Lubomir Pipkow 4 Sinfonien, ein Klavierkonzert, ein Violinkonzert, ein Klarinettenkonzert, ein Cellokonzert, 3 Streichquartette, ein Klaviertrio, Sonaten für Violine und Klavier, Sonaten für Solovioline, Klavierwerke, ein Oratorium, eine Kantate, Chöre, Lieder und Filmmusik. Sein Stil neigt besonders in den Opern zu expressionistischen Fakturen.

Panajot Pipkow schrieb eine Oper, 2 Kinderoperetten, Klavier- und Violinstücke, Chorlieder, Bühnenmusiken und Bearbeitungen von Volksliedern sowie Märsche für Blasorchester.

Richard Mohaupt (1904–57)

LEBEN

Richard Mohaupt wurde am 14. 9. 1904 in Breslau (Wrocław) geboren. Er war dort Schüler von Julius Prüwer (20. 2. 1874, Wien, bis 8. 7. 1943, New York). Bis zu seiner Emigration 1933 wirkte er als Theaterkapellmeister und Pianist. Von 1939 bis 1955 lebte er als Komponist und Musiklehrer in New York. Dann kehrte er nach Europa zurück. Er starb am 3. 7. 1957 in Reichenau, Niederösterreich.

WERKE

Von Richard Mohaupt sind 5 Opern auf die Bühnen gekommen, außerdem 4 Ballette. Er schrieb ferner 2 Sinfonien, Stadtpfeifermusik für Orchester, ein Klavierkonzert, ein Violinkonzert, ein Orchesterkonzert, eine »Offenbachiana« für Orchester, ein »Banchetto musicale« für zwölf Soloinstrumente und Orchester, Klavierstücke, mehrere Kantaten, Chöre und Lieder. Sein Stil war tonal eindeutig, rhythmisch prägnant und bevorzugte knappe Formen.

Cemal Reşid Rey (geboren 1904)

LEBEN

Cemal Reşid Rey wurde am 25. 10. 1904 in Istanbul geboren. Er studierte in Paris bei Marguérite Long Klavier, von 1914 bis 1919 am Konservatorium in Genf und von 1920 bis 1923 erneut in Paris bei Marguérite Long und bei Raoul Laparra Komposition. Ab 1923 ist er Professor für Klavier und Komposition am Konservatorium in Istanbul, ab 1946 Dirigent des Sinfonieorchesters und Chefdirigent der Philharmonischen Gesellschaft und ab 1949 Leiter der Musikabteilung bei Radio Istanbul.

WERKE
Von Cemal Reşid Rey sind mehrere Opern, Operetten und eine Revue in seiner Heimat aufgeführt worden. Er schrieb außerdem 2 Sinfonien, 2 sinfonische Dichtungen, 3 »sinfonische Scherzi«, einen »Instrumentalen Dialog« für Flöte, zwei Hörner, Harfe und Streicher, 3 Klavierkonzerte, 2 Violinkonzerte, ein Cellokonzert, Klavierstücke, »10 türkische Volkslieder« für gemischten Chor und Klavier. Sein Stil war von Debussy, Ravel und Strawinsky beeinflußt, stützte sich jedoch auch auf die türkische Folklore.

Louis Meester (geboren 1904)

LEBEN
Louis Auguste Edmond Hendrik Meester wurde am 28.10.1904 in Rouselare, Belgien, geboren. Er ist Autodidakt und war von 1927 bis 1933 als Unterhaltungsmusiker tätig, anschließend wirkte er bis 1937 als Gesanglehrer am Konservatorium in Meknès, Marokko. Von 1945 bis 1961 war er Tonmeister beim Belgischen Rundfunk, dann künstlerischer Leiter des Instituts für Psychoakustik und Elektronische Musik an der Universität Gent.

WERKE
Neben 2 Opern schrieb Louis Meester eine Sinfonietta, 2 Klavierkonzerte, ein Concertino für zwei Streichorchester, 3 Streichquartette, eine Sonate für Violine und Klavier, Klavierstücke, eine Kantate, zahlreiche Stücke für Musique concrète und für Elektronische Musik, außerdem Film-, Bühnen-, Rundfunk- und Fernsehmusik.

Piet Ketting (geboren 1904)

LEBEN
Piet Ketting wurde am 29.11.1904 in Haarlem geboren. Er studierte am Konservatorium in Utrecht und in Rotterdam bei Willem Pijper. Von 1930 bis 1956 wirkte er als Professor am Konservatorium und gleichzeitig von 1949 bis 1960 als Dirigent des Kammerchors und von 1937 bis 1960 als dessen Leiter in Rotterdam.

WERKE
Als Konzertpianist und als Komponist setzte sich Piet Ketting für die zeitgenössische Musik ein. Er schrieb eine Sinfonie, ein Cellokonzert, ein Klavierkonzert, ein Fagottkonzert, eine Fantasie für Flöte, Blockflöte und Cembalo, ein Praeludium für Altflöte und Klavier, ein Scherzo für Klavier, 2 Stücke für zwei Klaviere, eine Vokalise für Mezzosopran, drei Bongos und Klavier, 3 Streichquartette, eine Partita für zwei Flöten, Klavierstücke, Chöre und Lieder. Sein Stil neigt zu expressionistischen Fakturen.

Dmitri Kabalewski (geboren 1904)

LEBEN
Dmitri Borisowitsch Kabalewski wurde am 17.12.1904 in St. Petersburg geboren. Er war bis 1930 am Konservatorium in Moskau Schüler von Georgi Katuar, Nikolai Mjaskowski und Aleksandr Goldenweiser. Im Jahr 1932 wurde er an derselben Lehranstalt Dozent und 1939 Professor für Komposition, 1952 bestellte ihn der sowjetische Komponistenverband zu seinem Sekretär.

Dmitri Kabalewski

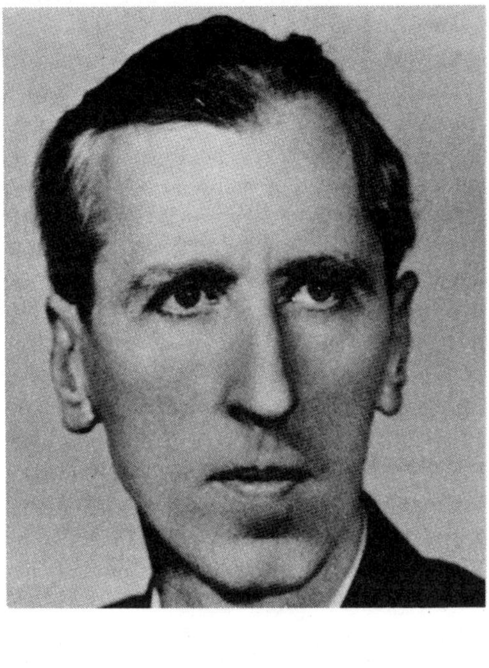

WERKE

Die vor allem lyrische, in der Tradition der russischen Musik des 19. Jahrhunderts wurzelnde Diktion des Werks von Dmitri Kabalewski entspricht zwar in jeder Beziehung den Anforderungen, die in der Sowjetunion an Kunst und Künstler gestellt wurden, sie muß jedoch trotz des eng gezogenen Rahmens als künstlerisch hochwertig bezeichnet werden. Er schrieb 4 Sinfonien, 2 sinfonische Dichtungen, 3 Klavierkonzerte, ein Violinkonzert, 2 Cellokonzerte, 2 Streichquartette, 3 Klaviersonaten und weitere Klavierwerke, das Requiem »Denen, die im Kampf mit dem Faschismus fielen«, mehrere Kantaten und Lieder. Für die Bühne verfaßte er 3 Opern und eine Operette.

Hsing-hai Hsien (1905–45)

LEBEN

Hsing-hai Hsien wurde 1905 in Panyü, Kwantung, geboren. Nach seinem Universitätsstudium in Kanton bildete er sich an der Universität in Peking in Violine, Theorie und Komposition aus und ergänzte diese Fächer von 1930 bis 1935 bei Vincent d'Indy und Paul Dukas in Paris. Anschließend war er Direktor der Musikabteilung der Akademie in Yenan, Shensi. Im Jahr 1940 ging er nach Moskau und lebte dort als Komponist bis zu seinem Tod am 30.9.1945.

WERKE

Als einer der ersten seines Volks adoptierte Hsing-hai Hsien mit Erfolg den Stil der abendländischen Musik. Er schrieb eine Oper, ein Chorwerk und eine Kantate, 2 Sinfonien, Lieder und Filmmusik.

Michael Tippett (geboren 1905)

LEBEN

Michael Kemp Tippett wurde am 2.1.1905 in London geboren. Er studierte bei Charles Wood, Adrian Boult (8.4.1889, Chester, bis 22.2.1983, London), Reginald Owen Morris

Michael Tippett

und Malcolm Sargent (29.4.1895, Ashford, Kent, bis 3.10.1967, London). Nach kurzer Tätigkeit als Chorleiter wirkte er von 1940 bis 1951 als Musikdirektor des Morley College in London. Von 1969 bis 1974 leitete er das Bath Festival.

WERKE

Neben 4 Opern schrieb Michael Tippett das Oratorium »Ein Kind unserer Zeit«, das seinen Weltruhm begründete. Er schrieb außerdem 4 Sinfonien, ein Orchesterkonzert, eine Suite, ein Konzert für zwei Streichorchester, eine »Kleine Musik« und eine konzertante Fantasie für Streichorchester, ein Divertimento für Kammerorchester, 2 Klavierkonzerte, 3 Fanfaren für Blechbläser, ein Praeludium für Blechbläser, Glocken und Schlagzeug, eine Sonate für vier Hörner, 4 Streichquartette, Praeludium, Rezitativ und Arie für Flöte, Oboe und Klavier, 4 Inventionen für zwei Blockflöten, 3 Klaviersonaten, Orgelstücke, mehrere Kantaten, Chöre, Musik für Sprechstimmen und Kammerensemble, Lieder und Liederzyklen mit verschiedener Begleitung, Motetten, Madrigale. Er ist auch als Musikschriftsteller tätig.

Sambin Gontschiksumla (geboren 1905)

LEBEN

Sambin Gontschiksumla wurde am 18.2.1905 in Bain-Chongor, Mongolei, geboren. Nach

Studium in Ulan-Bator und Irkutsk arbeitete er in seiner Heimat als Veterinär, als Lehrer und Dolmetscher. Von 1943 bis 1950 studierte er am Konservatorium in Moskau Komposition und Dirigieren, anschließend wirkte er bis 1960 als Dirigent am Staatlichen Musiktheater in Ulan-Bator.

WERKE
Das kompositorische Werk von Sambin Gontschiksumla umfaßt mehrere Opern und Ballette, eine Sinfonie, ein Klaviertrio und über 200 Klavierstücke sowie Massenlieder. Seine Melodik und Rhythmik fußen auf der Volksmusik seiner Heimat. Er ist zu den Begründern einer eigenständigen mongolischen Musikentwicklung zu stellen.

Herminio Giménez (geboren 1905)

LEBEN
Herminio Giménez wurde am 20.2.1905 in Caballero, Paraguay, geboren. Von 1920 bis 1925 studierte er in Asunción, darauf in Buenos Aires und in Rio de Janeiro. Da er aus seiner Heimat exiliert wurde, lebt er in Buenos Aires als Dirigent und freier Komponist.

WERKE
Von den zahlreichen sehr populären Werken von Herminio Giménez sind eine sinfonische Dichtung für Violine und Orchester, 2 Suiten, eine Orchesterballade, ein Ballett für Streichorchester und eine Anzahl Filmmusiken bemerkenswert. Sein Stil ist stark auf Publikumswirkung abgestellt.

Leonidas Zoras (geboren 1905)

LEBEN
Leonidas Zoras wurde am 23.2.1905 in Sparta, Griechenland, geboren. Er studierte in Athen bei Manolis Kalomiris, Dimitri Mitropoulos (18.2.1896, Athen, bis 2.11.1960, Mailand), Emilios Riadis und wirkte selbst von 1926 bis 1938 dort als Theorielehrer. Anschließend lebte er bis 1940 in Berlin, wo er seine Ausbildung an der Musikhochschule bei Walther Gmeindl, Clemens Schmalstich (8.10.1880, Posen [Poznan], bis 15.7.1960, Berlin), Fritz Stein (17.12.1879, Gerlachsheim, Baden, bis 14.11.1961, Berlin), Hermann Grabner, Paul Höffer und Boris Blacher ergänzte. Von 1940 bis 1958 war er Dirigent des Opernhauses in Athen; dann ließ er sich in Berlin nieder.

WERKE
Außer mehreren Opern und Balletten schrieb Leonidas Zoras eine sinfonische Skizze, »Nachtgesang« für Kammerorchester mit Solocello, eine »Legende«, eine Sinfonie, eine Suite, ein Concertino für Violine und elf Holzbläser, ein Streichquartett, eine Sonate für Violine und Klavier, ein Capriccio für Trompete und Klavier, mehrere Klavierwerke, Chöre, Lieder und Bühnenmusik. Er schloß sich rückhaltlos der modernen Musik des Jahrhunderts an.

Guillaume Landré (1905–68)

LEBEN
Guillaume Louis Frédéric Landré wurde am 24.2.1905 in Den Haag geboren. Er war in Utrecht Schüler von Willem Pijper und Evert Cornelis (5.12.1884, Amsterdam, bis 23.11. 1932, Bilthoven). Als ausgebildeter Jurist unterrichtete er von 1930 bis 1947 in Amsterdam Handelsrecht und Nationalökonomie, von 1952 bis 1955 hatte er die künstlerische Leitung des Concertgebauw-Orkest inne, im Jahr 1957 wurde er Präsident der niederländischen Sektion der IGNM und der niederländischen Tonkünstlervereinigung. Er starb am 6.11.1968 in Amsterdam.
Sein Vater, Willem Landré (12.6.1874, Amsterdam, bis 1.1.1948, Eindhoven), studierte in seinem Geburtsort bei Bernard Zweers und wirkte anschließend bis 1900 als Musiklehrer und Kritiker in Haarlem, sodann in Den Haag und in Rotterdam, wo er auch am Konservatorium Theorie, Komposition und Musikgeschichte unterrichtete.

WERKE
Die frühen Kompositionen von Guillaume

Landré weisen eine weitgespannte Melodik auf; er bezog später auch die Dodekaphonik ein, gab aber die Tonalität nicht auf. Er schrieb 3 Opern, 4 Sinfonien, »Vier sinfonische Sätze«, eine »Sinfonia sacra«, »4 Orchesterstücke«, eine Suite für Streichorchester und Klavier, ein Flötenkonzert, eine Sinfonietta für Violine und Orchester, ein Cellokonzert, ein Klarinettenkonzert, sinfonische Variationen, 2 Bläserquintette, 4 Streichquartette, ein Klaviertrio, eine Violinsonate, eine Hymne für Bariton und Orchester sowie große Chorwerke.
Willem Landré schrieb 2 Opern, ein Requiem für Orchester, ein Notturno, ein »Romantisches Vorspiel«, ein Klavierquintett, ein Klaviertrio, eine Sonate für Cello und Klavier, eine »Fantasie« für Harmonium, ein Stabat mater à cappella und Lieder.

LITERATUR

W. Paap, Guillaume Landré. – In: Mens en Melodie VI (1951).

Pablo Garrido (geboren 1905)

LEBEN

Pablo Garrido wurde am 26.3.1905 in Valparaíso, Chile, geboren. Er setzte sich nach seiner Ausbildung in Santiago de Chile lebhaft für die Verbreitung zeitgenössischer europäischer Musik ein und betrieb umfangreiche folkloristische Studien in ganz Südamerika. Seit 1949 lebt er als freier Komponist in Puerto Rico.

WERKE

Außer einer Oper und 4 Balletten schrieb Pablo Garrido mehrere Orchesterstücke, 2 Klavierkonzerte, ein Cellokonzert, ein Concertino für Flöte und Streichquartett, ein Streichquartett, ein Trio für Flöte, Bratsche und Cello, ein Streichtrio, ein Stück für Saxophon und Klavier, eine Violinsonate, ein Divertimento für Violine und Klavier sowie Klavierstücke.

Winfrid Zillig (1905–63)

LEBEN

Winfrid Petrus Ignatius Zillig wurde am 1.4. 1905 in Würzburg geboren. Er studierte am Konservatorium seiner Geburtsstadt, sodann bei Arnold Schönberg in Wien und in Berlin. Anschließend wirkte er in verschiedenen deutschen Städten als Korrepetitor und Kapellmeister an Theatern und Opern, bis er 1947 Dirigent des Hessischen Rundfunks in Frankfurt am Main wurde. Ab 1951 lebte er in Traunstein, Bayern, und übernahm nur fallweise Dirigieraufträge; im Jahr 1959 wurde er als Leiter der Musikabteilung des Norddeutschen Rundfunks nach Hamburg berufen, wo er am 18.12.1963 starb.

WERKE

Von Winfrid Zillig sind 7 Opern aufgeführt worden. Er schrieb außerdem ein Osterkonzert, eine Ouvertüre, eine »Fantasie, Passacaglia und Fuge«, ein Violinkonzert, 4 Serenaden mit verschiedenen Ensembles, ein Konzert für Cello und Blasorchester, ein Konzert für Harfe und Streichorchester, 2 Streichquartette, eine Sonate für Cellosolo, Kantaten, Liederzyklen, Chöre und Lieder. Sein Stil war dodekaphonisch »verbunden mit Tonalität«.

Alan Rawsthorne (1905–71)

LEBEN

Alan Rawsthorne wurde am 2.5.1905 in Haslingden, Lancashire, geboren. Er erhielt seine Ausbildung in Manchester und Berlin. Von 1932 bis 1934 wirkte er als Musiklehrer in Dartington Hall, dann widmete er sich ausschließlich der Komposition und lebte ab 1953 in Great Sampford, Essex. Er starb am 24.7. 1971 in Cambridge.

WERKE

Neben einem Ballett schrieb Alan Rawsthorne 3 Sinfonien, 4 Ouvertüren, »Thema und Variationen«, »Sinfonische Studien«, ein Triptychon, 2 Klavierkonzerte, 2 Violinkonzerte, ein Cellokonzert, ein Oboenkonzert, ein Klarinettenkonzert, ein Konzert für Flöte, Horn und Streicher, ein Divertimento für Kammerorchester, ein Konzert und eine Rhapsodie für Streicher, ein Konzert für zwei Klaviere und Orchester, ein Konzert für zehn Instrumente, ein Quintett für Klavier und Holzbläser, 3 Streichquartette, ein Klaviertrio, ein Trio für Flöte, Oboe und Klavier, ein Klarinettenquartett, eine Suite für Flöte, Harfe und Bratsche, eine Cellosonate, eine Bratschensonate, eine Sonate für Violine und Klavier, Klavierstücke, mehrere Kantaten, Chöre und Liederzyklen. Sein Stil war konservativ.

Mátyás Seiber (1905–60)

LEBEN

Mátyás György Seiber wurde am 4.5.1905 in Budapest geboren. Er studierte bei Zoltán Kodály und war anschließend bis 1928 als Schiffsmusiker tätig. Dann übernahm er die Leitung der am Hochschen Konservatorium in Frankfurt am Main neugegründeten Jazzklasse. Im Jahr 1935 übersiedelte er nach London, wo er in einem Musikverlag tätig wurde und Unterricht erteilte. Ab 1945 widmete er sich ausschließlich seinem kompositorischen Schaffen. Er starb am 29.9.1960 bei Johannesburg.

WERKE

Von Mátyás Seiber sind eine Rhapsodie, 2 Suiten, ein Pastorale für Flöte und Streichorchester, eine Fantasie für Violine und Streichorchester, ein Notturno für Horn und Streichorchester, ein Concertino für Klarinette und Streichorchester, ein Bratschenkonzert, ein Cellokonzert, Improvisationen für Jazzband und Orchester und ein Ballett bekannt geworden. Er schrieb ferner ein Bläserquintett, 3 Streichquartette, 2 »Jazzolettes« für vier Bläser, Klavier und Schlagzeug, ein Konzertstück für Violine und Klavier, eine Messe, 3 Kantaten, Lieder, Chöre sowie Film- und Hörspielmusik.

Theodor Berger (geboren 1905)

LEBEN

Theodor Berger wurde am 18.5.1905 in Traismauer, Niederösterreich, geboren. Er war von 1926 bis 1932 an der Musikakademie in Wien Schüler von Franz Schmidt. Anschließend lebte er als freier Komponist bis 1939 in Berlin und darauf in Wien, wo er mehrfach ausgezeichnet wurde.

WERKE

Neben mehreren Balletten schrieb Theodor Berger 4 Sinfonien – darunter die Sinfonia macchinale, die Maschinengetöse wiedergibt –, eine Tondichtung »Malinconia«, das Konzert »Musikalischer Nachtdienst«, ein Violinkonzert, »Frauenstimmen im Orchester« für sechsstimmigen Frauenchor, Harfen und Streicher, ein Divertimento für sechsstimmigen Männerchor, sieben Bläser und Schlagzeug, »Musik zu Goethes Faust, II. Teil« für Chor und Orchester, eine Tondichtung für Streicher, ein »Concerto manuale« mit handgespielten Instrumenten, 2 Streichquartette, Musiken für Film, Radio und Fernsehen.

Concerto manuale (Handgespieltes Konzert) für Streicher, zwei Klaviere, Marimbaphon, Metallophon und Schlagzeug, ein Satz, entstanden 1951

»Die Komposition bewegt sich zur Gänze in den Bereichen der manuellen Tonerzeugung (Streichen, Zupfen, Schlagen, Klopfen). Dabei ist das musikalische Material streng verteilt nach der harten Regel, daß jeder Gruppe des Spielkörpers nur die spieltechnisch passenden Strukturen zugeteilt sind. Das ganze Stück ist in drei achtstufigen Tonalitäten gesetzt; innerhalb einer strukturellen Einheit erfolgt kein Wechsel der Tonalität. Dieser ad hoc entwickelte Tonalitätenkreis und das Instrumentarium bestimmen zusammen die musikalische Erfindung und Formgestaltung und erzwingen den Typus der Strukturen, erstellen zentrales Thema und gestaltendes Prinzip. Die künstlerische Botschaft kommt also nicht durch, sondern aus den Darstellungsmitteln.« (Th. Berger)

Malinconia, Tondichtung für vielstimmiges Streichorchester, ein Satz, entstanden 1933

»Drei Elemente bestimmen den Vorstellungsgehalt des Werks: Das weite Flachland der Puszta, eine südländische Parkszenerie mit üppigen Wasserspielen und ein Hochgebirgsland mit Panoramen und Akustiken der Berggipfel. Als viertes kommt hinzu: Die jahreszeitliche Überhauchung des späten Sommers und des frühen Herbstes. Das fünfte Element ist immanent und drückt sich in den Kantilenen aus: Die Freude an der Natur in jeder Gestalt und die Trauer über das sinkende Jahr.« (Th. Berger)

Eric Zeisl (1905–59)

LEBEN
Eric Zeisl wurde am 18.5.1905 in Wien geboren, wo er an der Musikakademie bei Richard Stöhr und Hugo Kauder studierte. Im Jahr 1938 mußte er in die USA emigrieren und lehrte in Los Angeles an der Southern California School. Er starb am 18.2.1959 in Los Angeles.

WERKE
Von Eric Zeisl sind 3 Opern und 4 Ballette auf die Bühnen gekommen. Er schrieb außerdem eine »Kleine Sinfonie«, eine Passacaglia-Fantasie, »6 Stücke für kleines Orchester«, eine Suite für Kammerorchester, ein Klavierkonzert, ein Concerto grosso für Cello und Orchester, ein Trio für Flöte, Bratsche und Harfe, eine Violinsonate, eine Bratschensonate, eine Cellosonate, ein konzertantes Requiem, ein hebräisches Requiem, Kantaten, Gesänge, Sololieder und Filmmusik.

Dinorá Carvalho (geboren 1905)

LEBEN
Dinorá de Carvalho wurde am 1.6.1905 in Uberaba, Minas Gerais, Brasilien, geboren. Sie studierte am Konservatorium in São Paulo und anschließend bei Isidore Philipp. Sie durchreiste als Konzertpianistin Europa und ihre Heimat, nahm sodann bei Lamberto Baldi (geboren 28.3.1895, Orvieto) Kompositionsunterricht und dirigierte ab 1939 das von ihr gegründete Frauenorchester in São Paulo, das erste Ensemble dieser Art in Südamerika.

WERKE
Neben verschiedenen Orchesterstücken und 4 Klavierkonzerten schrieb Dinorá Carvalho zahlreiche Klavierstücke, die Vertonung des Psalms XXIII Davids für Bariton und Oktett, Chöre, Lieder, Ballett- und Bühnenmusiken.

František Bartoš (1905–73)

LEBEN
František Bartoš wurde am 13.6.1905 in Brněnec bei Polička, Böhmen, geboren. Er war von 1921 bis 1928 am Konservatorium in Prag Schüler von Karel Boleslav Jirák, Jaroslav Křička und Josef Bohuslav Foerster und wirkte von 1929 bis 1931 am selben Institut als Lehrer. Anschließend widmete er sich neben seiner organisatorischen Tätigkeit für das tschechische Musikleben nur mehr der Komposition. Er starb am 21.5.1973 in Prag.

WERKE
Aus dem umfangreichen kompositorischen Werk von František Bartoš sind ein Melodram und eine Suite für Orchester bemerkenswert. Er schrieb außerdem ein Streichsextett, ein Bläserquintett, 2 Streichquartette, ein Bläsertrio, ein Duo für Violine und Bratsche, Klavierstücke, Chöre, Lieder und Bühnenmusik. Sein Stil neigt zur Neuklassik. Er publizierte eine Reihe musikhistorischer Werke.

Eduard Tubin (1905–82)

LEBEN
Eduard Tubin wurde am 18.6.1905 in Tartu (Dorpat) geboren. Er war in Budapest Schüler von Zoltán Kodály. Ab 1931 wirkte er als Dirigent am Stadttheater seines Geburtsorts und 1941 als Konservatoriumslehrer. Im Jahr 1944 emigrierte er nach Schweden, wo er sich als freier Komponist, Dirigent und Musiklehrer betätigte. Er starb am 17.11.1982 in Stockholm.

WERKE
Von Eduard Tubin sind 2 Opern und 2 Ballette auf die Bühnen gekommen. Er schrieb außerdem 9 Sinfonien, eine »Musik für Streicher«, 2 Violinkonzerte, ein Klavierkonzert, ein Kontrabaßkonzert, ein Balalaikakonzert,

Georges Braque, Frau mit Mandoline

Georges Braque, Duo, 1937

Georges Braque, Glas, Violine und Noten

Gino Severini, Die Tänzerin in Blau

Juan Gris, Musikalische Komposition

Hannes Loos, Das blaue Cello

Marc Chagall, Der Geiger

Olav Bjørgum, Dansen ved Jonsok-bålet, 1964

ein Capriccio für Violine und Klavier, Sonaten für Bratsche und Klavier, eine Suite und andere Werke für Klavier, Sonaten für Solovioline, Chöre und Lieder. Sein Stil fügt sich dem zeitgenössischen skandinavischen an.

Marcel Rubin (geboren 1905)

LEBEN

Marcel Rubin wurde am 7.7.1905 in Wien geboren, wo er bei Franz Schmidt studierte. Ab 1925 war er in Paris Schüler von Darius Milhaud. Im Jahr 1931 wurde er Sekretär der Konzerte »Musik der Gegenwart«, die er ab 1936 leitete, bis er 1938 emigrieren mußte. Er wandte sich erneut nach Paris, von wo er 1942 nach Mexiko ging, um als Korrepetitor und Liedbegleiter zu wirken. Seit 1947 lebt er in Wien als freier Komponist.

WERKE

Außer einer Oper schrieb Marcel Rubin 7 Sinfonien, eine Sonatine, eine Suite, eine Sinfonietta und ein Pastorale für Streicher, ein Violinkonzert, ein Kontrabaßkonzert, ein Trompetenkonzert, ein Fagottkonzert, ein Concertino für zwölf Celli, Variationen für elf Spieler, eine Serenade für fünf Bläser, ein Divertimento für Klaviertrio, ein Oratorium, einen »Heiligenstädter Psalm« (aus dem Heiligenstädter Testament von Ludwig van Beethoven) für Bariton, Chor und Orchester, verschiedene Lieder und ein sehr erfolgreiches Tanzspiel. Sein Stil wurde von der Polytonalität seines Pariser Lehrers und von der neueren russischen Musik beeinflußt.

Sinfonie Nr. 4, »Dies irae«, 3 Sätze, entstanden 1960
Dem 1. Satz »Kinderkreuzzug 1939« sind als Motto vier Strophen aus der gleichnamigen Ballade von Bert Brecht vorangestellt. Er stellt inhaltlich eine Trauermusik dar und ist formal ein Rondo, dessen Thema von der Solobratsche intoniert, sich zum Fortissimo des ganzen Orchesters steigert und in der Reprise melodisch verzerrt wird. Der Satz endet mit einem Paukenwirbel im Pianissimo. Das Hauptthema des 2. Satzes »Dies irae« klingt an den »Dies-irae-Choral« an. Es wird in seiner Entwicklung rhythmisch verkürzt. Dann trägt die Solovioline ein sangliches Seitenthema vor, das vom Orchester zu dissonantem

Marcel Rubin

Klang verwandelt wird. Eine Doppelfuge schließt sich an; in der Reprise erklingt das Dies irae im Original. Im Finale »Pastorale« bringt eine Passacaglia das Dies irae, doch die Trauer über die zerstörte Welt hellt sich hoffnungsvoll auf.

Karl Amadeus Hartmann (1905–63)

LEBEN

Karl Amadeus Hartmann wurde am 2.8.1905 in München geboren. Er studierte bei Hermann Scherchen und Anton Webern. Als er seine ersten Kompositionen herausbringen wollte, brach in Deutschland die Diktatur aus. Er wurde unter die »Entarteten« eingereiht. Einem Aufführungsverbot seiner Werke kam er zuvor, indem er selbst ein Spielverbot für seine Kompositionen für das Territorium des Dritten Reichs erließ. Im Jahr 1945 gründete er die Organisation »Musica viva« für die Aufführung zeitgenössischer Werke und übernahm die Leitung der deutschen Sektion der IGNM. Seine Werke wurden rasch bekannt

Karl Amadeus Hartmann und Luigi Dallapiccola

und sehr geschätzt; alles, was er schrieb, wurde aufgeführt. Er starb am 5.12.1963 in München.

WERKE

»In diesem Jahr erkannte ich, daß es notwendig sei, ein Bekenntnis abzulegen, nicht aus Verzweiflung und Angst vor jener Macht, sondern als Gegenaktion«, schrieb Karl Amadeus Hartmann im Schicksalsjahr 1933. »Ich sagte mir, daß die Freiheit siegt, auch dann, wenn wir vernichtet werden.« Später setzte er hinzu: »Wem meine Grundstimmung depressiv erscheint, den frage ich, wie ein Mensch meiner Generation seine Epoche anders reflektieren kann als mit einer gewissen Bedenklichkeit. Ein Künstler darf nicht in den Alltag hinein leben, ohne gesprochen zu haben. Wenn meine Musik in letzter Zeit Bekenntnismusik genannt wurde, so sehe ich darin nur eine Bestätigung meiner Absicht.« Seine Tonsprache ergab sich aus der Verbindung einer starken Farbigkeit mit strengem logischem Aufbau und der hohen Gedanklichkeit. Nichts ist Selbstzweck, alles ergibt sich daraus, was ausgedrückt werden soll. »Während der Arbeit bewegte mich auch sehr stark der Gedanke an die Wirkung des fertigen Werks. Das Ganze soll immer ein Stück absoluten Lebens darstellen. Ich will keine leidenschaftslose Gehirnarbeit«, erklärte er.

Er schrieb neben einer Oper 8 Sinfonien, ein Concerto funebre für Violine und Streichorchester, ein Konzert für Klavier, Bläser und Schlagzeug, ein Konzert für Bratsche, Klavier, Bläser und Schlagzeug, 2 Streichquartette, eine Jazztoccata und Fuge und eine Sonatine für Klavier, eine Kantate für Sopran und Klavier, eine »Gesangsszene« für Bariton und Orchester, ein Kammerkonzert für Klarinette, Streichquartett und Streicher, eine »Burleske Musik« für sechs Bläser, Schlagzeug und Klavier, ein »Kleines Konzert« für Streichquartett und Schlagzeug, ein Concertino für Trompete und Bläser und ein Triptychon für Orchester.

Sinfonie Nr. 1, »Versuch eines Requiems« nach Worten von Paul Whiteman, für Altstimme und Orchester, 5 Sätze, entstanden 1937

1. Satz »Introduktion«: Elend (Ich sitze und schaue auf alle Plagen der Welt und auf alle Bedrängnis und Schmach, ich sehe die Mühsal der Schlacht, Pestilenz, Tyrannei, sehe Märtyrer und Gefangene, ich beobachte die Geringschätzung und Erniedrigung, die die Armen von den Hochmütigen zu erleiden haben; auf alle Gemeinheit und Qual ohne Ende schaue ich sitzend dahin, sehe und höre«). 2. Satz »Frühling« (»Als jüngst der Flieder blühte vor dem Tor...). 3. Satz »Thema mit vier Variationen«. 4. Satz »Tränen« (Tränen, Tränen, Tränen! in der Nacht der Einsamkeit...). 5. Satz »Epilog« Bitte (Ich hörte die Allmutter, als sie gedankenvoll auf all ihre Toten schaute...).

Sinfonie Nr. 2 »Adagio«, ein Satz, entstanden 1946

Das Werk beginnt tragisch verhalten, steigert sich zu einer gewaltigen Klangeruption und sinkt wiederum zum Adagio des Beginns zurück. Die erste Themengruppe wird durch impressionistische Klangflächen abgeschlossen, die zweite ist rhapsodisch und pentatonisch angelegt.

Sinfonie Nr. 3, 3 Sätze, entstanden 1949

Die »in der geistigen Landschaft Alban Bergs wurzelnde« Sinfonie beginnt den 1. Satz mit einem Kontrabaßsolo. Tiefe Harfenklänge und Trauermarschrhythmen der Pauken bilden den Hintergrund. Das Streichquintett führt das Thema weiter bis zum Streichertutti. Der 2. Satz ist eine »virtuose Fuge«. Das Finale »bildet den ekstatisch-hymnischen Höhepunkt«.

Sinfonie Nr. 4 für Streichorchester, 3 Sätze, entstanden 1947

Im 1. Satz – lento assai con passione – steigert sich der Ausdruck vornehmlich durch die Erste Violine in hoher Lage. Im 2. Satz – allegro di molto risoluto – bringt der Komponist zum ersten Mal ein konstruktives Spiel mit Tönen. Der 3. Satz – allegro appassionato – wiederholt die leidenschaftliche Stimmung des 1. Satzes.

Sinfonie Nr. 5 »Symphonie concertante«, 3 Sätze, entstanden 1950

Diese Sinfonie leitet eine neue Schaffensperiode des Komponisten ein. Heitere Freudigkeit beherrscht das Werk. Bläser - ohne Hörner - sind bevorzugt; durch den Verzicht auf Violinen, Bratschen, Pauken und Schlagzeug wird eine hohe klangliche Transparenz erreicht. Der 1. Satz ist eine Toccata mit kontrapunktischer Stimmführung; einige grimmige Einwürfe erinnern an frühere Sinfonien. Der 2. Satz trägt die Überschrift »Melodie« und »Hommage à Strawinsky«. Die Melodie erinnert an den Beginn von »Sacre du printemps«. Ein Mittelteil ist mit »Scherzo« betitelt und wird von Trompeten und Posaunen über Tubabaßschritten vorgetragen. Das Finale ist ein keckes Rondo, in dem die Bläser rhythmisch prägnant und witzig musizieren. Eine stürmische Stretta beendet den Satz.

Sinfonie Nr. 6 für Orchester mit vierhändig gespieltem Klavier und Mandoline, 2 Sätze, entstanden 1953

Der 1. Satz ist ein langes, ergreifendes Adagio, das sich über Klangausbrüche und Temposteigerungen zu einem Fortissimo mit schmerzlichen Trompetenrufen entwickelt und sodann wieder zum Pianissimo absinkt. Im 2. Satz beginnt nach kurzer Einleitung eine Toccata variata mit drei variierten Fugen.

Sinfonie Nr. 7 für Orchester mit reichlichem Schlagzeug und vierhändig gespieltem Klavier, 2 Sätze, entstanden 1958

Der von Fagotten und Posaunen vorgetragene Introduktion des 1. Satzes folgt ein Ricercare, wobei Fugentechnik mit Variation verschmolzen wird. Der 2. Satz beginnt adagio mesto e tranquillo, sein Spannungsbogen ist sehr weit. Der Satz endet mit einem Perpetuum mobile, das nach einer Kadenz in eine Stretta mündet.

Sinfonie Nr. 8, 2 Sätze, entstanden 1962

»Der langsame 1. Satz, der mein ganzes Lebensgefühl widerspiegelt, ist der persönlichste«, erklärt der Komponist. Er trägt den Titel »Cantilène lento assai con passione« und beginnt mit einem Solo des Konzertmeisters. Weitere Linien werden herangeführt und zu einem Klangschleier verflochten. Blechbläser und Schlagzeug werfen harte Schläge ein, so daß Trauer und Protest sich die Waage halten. Im 2. Satz »Ditharambe« ist, nach einer Erklärung des Komponisten, »ein Jubelgesang«, der mit wilder stürmischer Begeisterung endet«.

Konzert für Klavier, Bläser und Schlagzeug, 3 Sätze, entstanden 1953

»Als Ganzes ist das Konzert eine Auseinandersetzung mit Boris Blachers variabler Metrik, die in allen drei Sätzen zur Anwendung kommt«, erklärte der Komponist. Die Trompete eröffnet den 1. Satz - Andante et Rondeau varié - pianissimo. Das Hauptthema wird von drei Klarinetten vorgetragen, von Klavier und Schlagzeug begleitet; vier Variationen schließen sich an. Der 2. Satz - Mélodie - ist dreiteilig, seine Taktanordnung variabel; im Mittelteil erklingt ein deklamatorisches Klaviersolo. Das Finale - Rondeau varié - bringt eine laufend wiederholte Taktreihe; das Thema erklingt im Klavierbaß und wird in drei Couplets variiert und mit einer Coda abgeschlossen.

Concerto funebre für Violine und Streichorchester, 4 Sätze, entstanden 1939

Der 1. Satz bringt einen Choral. Im 2. Satz erklingen Klagegesänge und Trauermarschintonationen. Im 3. Satz kommt es zu schrillen Ausbrüchen von Schmerz und Zorn über die brutale Wirklichkeit des Krieges. Der 4. Satz »Choral« trägt den Untertitel »Langsamer Marsch«. Die Violine eröffnet mit dunklen Klangmelodien den Satz, in dem der Hussitenchoral deutlich anklingt und zum Totengesang wird.

Konzert für Bratsche, Klavier, Bläser und Schlagzeug, 3 Sätze, entstanden 1955

Der 1. Satz ist ein Rondo, der 2. Satz bringt eine stark melodische Kantilene und das Finale ein Rondo varié, das schwungvoll endet.

Gesangszene für Bariton und Orchester mit Worten aus »Sodom und Gomorrha« von Jean Giraudoux (1882–1944), ein Satz, entstanden 1963

Die lyrische Bilderreihe des Dichters wird mit dramatischen Klangballungen illustriert. Es werden der Fortschritt der Menschen, ihre Lebenssicherheit und der Eintritt der entscheidenden Wende geschildert: Tod und Untergang. Das langsame Flötensolo, das den Beginn des Werks eingeleitet hat, erklingt neuerlich, von drei Tamtam begleitet, und eröffnet den Epilog: »In jedes Vogellied hat ein grauenhafter Ton sich eingeschlichen, ein einziger nur, doch der tiefste Ton aller Oktaven – der des Todes.« Die letzten Verszeilen werden gesprochen: »Es ist ein Ende der Welt! Das Traurigste von allen!« Wenn die Welt untergeht, verstummt alle Musik.

André Jolivet (1905–74)

Leben

André Jolivet wurde am 8.8.1905 in Paris geboren. Er nahm privaten Musikunterricht und betätigte sich bereits ab 1927 selbst als

André Jolivet

Musiklehrer, während er seine eigene Ausbildung bei Paul le Flem und Edgar Varèse ergänzte. Von 1945 bis 1959 hatte er die musikalische Leitung der Comédie-Française inne, 1960 wurde er künstlerischer Berater im französischen Unterrichtsministerium und 1966 Kompositionslehrer am Conservatoire in Paris, wo er am 20.12.1974 als eine der interessantesten Persönlichkeiten der zeitgenössischen französischen Musik starb.

WERKE

Edgar Varèse betrachtete die traditionellen Instrumente nur als vorläufigen Ersatz für zukünftige Klangerzeugungsmöglichkeiten, die anscheinend vor seinem »inneren Ohr« bereits Wirklichkeit geworden waren, ehe die Technik sie erfinden konnte. Sein Schüler André Jolivet war mehr gegenwartsbezogen. Er begnügte sich mit den Ondes Martenot und dem beschwörend hartnäckigen Wiederholen kurzer Formeln und deren raffinierten Variationen. Im vorgerückten Alter jedoch wollte er Musik schreiben, »die jeder spielen oder summen kann, indem er glaubt, er habe sie selbst gemacht«. Er schrieb eine Oper, 6 Ballette, 3 Sinfonien, eine Sinfonie für Streicher, eine Tanzsinfonie, eine Suite, ein Klavierkonzert, 2 Cellokonzerte, ein Flötenkonzert, ein Harfenkonzert, ein Fagottkonzert, 2 Trompetenkonzerte, ein Konzert mit Ondes Martenot, ein Konzert mit Schlagzeug, ein Konzert für zwölf Streicher, ein Stück für Trompete und eines für Blockflöte und Schlagzeug, ein Arioso für Trompete und Orgel, eine Suite für Flöte und vier Schlagzeuger, eine Hymne für Orgel, 2 Klaviersonaten, ein Oratorium, 2 Messen, eine Kantate, Rundfunk- und Bühnenmusik, ferner zahlreiche Soli, Duos und Trios mit verschiedener Besetzung und Madrigale. Er veröffentlichte einige musikhistorische Schriften.

Léon Orthel (geboren 1905)

LEBEN

Léon Orthel wurde am 4.10.1905 in Roosendaal, Niederlande, geboren. Er war am Konservatorium in Den Haag Schüler von Eduard van Beinum (3.9.1900, Arnhem, bis 13.4. 1959, Amsterdam) und Johan Wagenaar und in Berlin bei Paul Juon und Curt Sachs (29.6. 1881, Berlin, bis 5.2.1959, New York). Von 1941 bis 1971 wirkte er als Professor für Klavier am Konservatorium in Den Haag und gleichzeitig von 1949 bis 1971 als Kompositionslehrer am Konservatorium in Amsterdam.

WERKE

Von Léon Orthel sind 6 Sinfonien, eine »Kleine Ballettsuite«, 2 Scherzi, 3 Orchestersätze, ein Cellokonzert, ein Trompetenkonzert, ein Streichquartett, ein Trio für Flöte, Cello und Klavier, 2 Cellosonaten, eine Bratschensonate, »Fünf kleine Stücke« für Klarinette und Klavier, 5 Sonatinen und mehrere andere Stücke für Klavier, eine Kantate und zahlreiche Klavierlieder bekannt geworden.

Dag Wirén (geboren 1905)

LEBEN

Dag Ivar Wirén wurde am 15.10.1905 in Striberg, Schweden, geboren. Er studierte an der Musikakademie in Stockholm und in Paris bei Leonid Sabanajew (19.9.1881, Moskau, bis 3.5.1968, Antibes, Alpes-Maritimes). Ab 1935 wirkte er zunächst als Bibliothekar der Gesellschaft schwedischer Komponisten, sodann bis 1944 in Stockholm als Musikkritiker. Seitdem lebt er als freischaffender Komponist in Danderyd.

WERKE

Außer einem Fernsehballett schrieb Dag Wirén 5 Sinfonien, ein Divertimento, ein Triptychon für kleines Orchester, 2 Stücke für Streicher, ein Concertino für Flöte und kleines Orchester, ein Bläserquintett, 5 Streichquartette, 2 Klaviertrios und eine Suite für Klavier. Sein Stil ist neuklassizistisch.

Ernst Hermann Meyer (geboren 1905)

LEBEN

Ernst Hermann Meyer wurde am 8.12.1905 in Berlin geboren. Er studierte Musikwissenschaft bei Arnold Schering, Johannes Wolf, Friedrich Blume (5.1.1893, Schlüchtern, Hessen, bis 22.11.1975, Schlüchtern) und Erich Moritz von Hornbostel in Berlin und in Heidelberg bei Heinrich Besseler (2.4.1900, Dortmund-Hörde, bis 25.7.1969, Leipzig). Seine Ausbildung zum Komponisten erhielt er von James Simon, Max Butting, Paul Hindemith und Hanns Eisler. Im Jahr 1933 mußte er nach England emigrieren und lebte vorwiegend in London als Komponist, Musikwissenschafter und Chorleiter bis 1948. In Berlin wurde er 1949 Professor für Musikwissenschaft an der Humboldt-Universität.

WERKE

Außer einer Oper schrieb Ernst Hermann Meyer unter anderem eine Sinfonie für Orchester und eine für Streicher, ein Concerto grosso für zwei Trompeten, Posaunen, Pauken und Streicher, eine Toccata und ein Divertimento, ein Klavierkonzert, ein Bratschenkonzert, ein Violinkonzert, ein Konzert für Harfe und Kammerorchester, eine Orchestersuite, ein sinfonisches Vorspiel, ein Klarinettenquintett, 3 Streichquartette, ein Trio für Flöte, Oboe und Harfe, ein Klaviertrio, eine Violinsonate, Solostücke für Violine, zahlreiche Klavierstücke, ein Oratorium, zahlreiche Kantaten, Chöre und über 300 Lieder. Er vertritt eine sozial funktionierende Kunst, die sich an der Volksmusik und an der Tradition der vergangenen zwei Jahrhunderte orientiert und dadurch – in vielen Fällen textgebunden – bei breiten Hörerschichten eine rasche emotionale Wirkung erzeugt. Das Ziel seiner Musik ist kein künstlerisches, sondern ein politisches, obwohl ihr künstlerische Qualitäten nicht abgehen.

Sinfonie in B, 5 Sätze, entstanden 1967

Es handelt sich um eine umgearbeitete Sinfonietta aus 1967. Nach der Eröffnung des 1. Satzes durch Klarinetten und Pauken zeichnet eine konduktartige Musik das »Nahen schwerer Auseinandersetzungen«. Elegisch verhaltene Kantilenen schließen sich an; ein dynamischer Aufschwung mündet in einen ruhigen Ausklang. Aber es ist nur die Ruhe vor dem Sturm, der im 2. Satz losbricht. Der »Kondukt-Rhythmus« wird brutal hämmernd, rohe Akzente der Tuba und Kontrabaßposaune und wilde Kontrapunkte der übrigen Blechbläser malen ein Bild wilden Aufruhrs. Der 3. Satz läßt nach klassischem Muster »eine grundlegende Wendung des Geschehens vorausahnen«. Lyrische Kantilenen kommen zu Wort. Der 4. Satz bringt ein scherzoähnliches Intermezzo. Im Finale werden alle aufgeworfenen Konflikte gelöst; es endet aber in keinen Siegesjubel, sondern eher nachdenklich.

Violinkonzert, 3 Sätze, entstanden 1964

Der 1. Satz »Romanza« ist trotz seiner lyrischen Grundhaltung ein Sonatensatz mit der Exposition zweier Themen, Durchführung, Reprise und Coda. Der 2. Satz »Dramma musicale eroico, lirico e gioioso« weist deutlich drei Abschnitte auf. Der erste kündet das »Leben unserer neuen Zeit« an, kämpferisch, spannungsbeladen, dramatisch. Der lyrische Mittelteil ist traumhaft unwirklich. Eine Kadenz führt zum letzten Abschnitt, der der Freude über das »neue Leben« gewidmet ist. Der 3. Satz »Epilog« preist mit reizvoller Instrumentierung die Schönheit der Welt. Mit virtuoser Brillanz wird das »Lob unserer Erde«, die man auch im Reich der Schatten nicht vergessen wird können, verkündet.

Ferenc Farkas (geboren 1905)

LEBEN

Ferenc Farkas wurde am 15.12.1905 in Nagykanizsa, Ungarn, geboren. Er war von 1922 bis 1927 an der Musikakademie in Budapest Schüler von Leó Weiner und Albert Siklós und in Rom von 1929 bis 1931 von Ottorino Respighi. Zunächst war er in Wien und Kopenhagen als Filmkomponist tätig, unterrichtete von 1935 bis 1941 an der Höheren Musikschule in Budapest und erhielt sodann die Leitung des Opernchors und eine Professur in Kolozsvár, damals Ungarn (heute Cluj, Rumänien); ab 1949 lehrt er als Professor für Komposition und Instrumentation an der Musikhochschule in Budapest.

WERKE

Der Stil von Ferenc Farkas ist durch die ungarische Folklore und die italienische Musiktradition geprägt, später nahm er auch Elemente der Dodekaphonik auf. Neben 2 Opern, 8 Singspielen und 2 Balletten schrieb er für Orchester eine Sinfonie, ein Divertimento, eine Festouvertüre, eine Fantasie, eine Suite, eine »Musica pentatonica« für Streichorchester, »Trauer und Tröstung«, »Skizzen«, ein Concertino für Cembalo und Streicher, eines für Harfe und Orchester, ein Triptychon für Cello und Streicher, ein Konzert für Bariton und Streicher, eine Serenade für Flöte und Streicher, eine Serenade für Holzbläserquintett, ein Bläserquintett, 3 Sonatinen für Flöte und Klavier, ein Rondo für Violine und Bläserquintett, Stücke für Violine, für Cello, für Kontrabaß, für Bratsche und Klavier, Duos mit verschiedenen Instrumenten, ein Oratorium, mehrere Kantaten, eine Messe, Chöre und Lieder mit verschiedener Begleitung und Chöre a cappella, Film- und Bühnenmusik.

Frühlingserwarten, Kantate für Bariton, gemischten Chor, Kinderchor und Orchester, 4 Sätze, entstanden 1967

Der Kantate liegen Gedichte von Gyula Juhász (1883–1937) zugrunde. Der 1. Satz »Hymne an die Menschen« bringt würdige, erhaben intonierte Musik. Im 2. Satz »Lyrisches Intermezzo« stimmt der Bariton eine Weise voll inniger Poesie an. Im 3. Satz, der den Titel der Kantate trägt, drückt sich die Freude auf die kommende Jahreszeit aus. Im 4. Satz erstrahlt der Kinderchor mit einem feierlichen Choral: »Daß das Leben auf Erden ein Fest, die Wahrheit ein Rausch, der Mensch ein Mensch sei, frei und glücklich!«

LITERATUR

J. Ujfalussy, Farkas Ferenc, Budapest 1969.

Johannes Paul Thilman (1906–73)

LEBEN

Johannes Paul Thilman wurde am 11.1.1906 in Dresden geboren. Er war Schüler von Paul Hindemith, Hermann Grabner und Hermann Scherchen und wirkte anschließend als Professor an der Hochschule für Musik in Dresden bis zu seinem Tod am 29.1.1973.

WERKE

Einen Teil seiner Werke schrieb Johannes Paul Thilman in dodekaphonischer Technik, die meisten jedoch in erweiterter Tonalität oder freitonal. Er schrieb 8 Sinfonien, 3 Sinfoniettas, 2 Variationen, »Sinfonische Inventionen« und eine Anzahl weiterer Orchesterstücke, ein Violinkonzert, ein Baßklarinettenkonzert, ein Cembalokonzert, ein Klavierkonzert, ein Konzert für zwei Klaviere, ein Englischhornkonzert, »Epigramme« für Flöte, Klavier, Violine, Bratsche, Kontrabaß und Schlagzeug, »Elegie« für Streichquintett, 2 Streichquartette, ein Konzert für Posaune, Pauke und Klavier, für Flöte, Baßklarinette und Klavier, für Flöte, Bratsche und Harfe, Duos mit Klavier für Violine, für Kontrabaß, für Altflöte, für Englischhorn, Etüden und Praeludien für Klavier, einen Liederzyklus für Alt, Flöte, Oboe, Fagott, Streichquartett, Klavier, Schlagzeug und Vibraphon und mehrere Kantaten. Er verfaßte mehrere musiktheoretische Traktate.

Benjamin Frankel (1906–73)

LEBEN

Benjamin Frankel wurde am 31.1.1906 in London geboren. Bis 1944 betätigte er sich als

Musiklehrer, Arrangeur, Pianist und Violinist für Jazzkapellen und schrieb zahlreiche Schauspielmusiken und Filmmusiken. Dann erst wandte er sich der ernsthaften Komposition zu und gab ab 1946 Musikunterricht an der Guildhall School of Music in London, wo er am 12.2.1973 starb.

WERKE
Gerade die lange Beschäftigung mit Unterhaltungsmusik neuester Form befähigte Benjamin Frankel, die traditionellen Formen der Musik beiseitezuschieben oder weiterzuentwickeln und für sich einen neuen persönlichen Stil zu schaffen. Er schrieb 7 Sinfonien, eine Ouvertüre, ein Orchesterpraeludium, ein Stück für Streichorchester, eine Serenade für Trio mit Orchester, ein Violinkonzert, ein Bratschenkonzert, »Bagatellen« für elf Instrumente, ein Klarinettenquintett, 5 Streichquartette, ein Klavierquartett, ein Trio für Klarinette, Cello und Klavier, 2 Streichtrios, 2 Violinsonaten, Klaviermusik, Lieder und zahlreiche Filmmusiken.

Boris Papandopulo (geboren 1906)

LEBEN
Boris Papandopulo wurde am 25.2.1906 in Bad Honnef am Rhein geboren. Nach Studium in Zagreb und Wien und einer Dirigententätigkeit in Zagreb wurde er 1945 Chefdirigent des Theaters in Rijeka, 1948 Dirigent der Nationaloper und der Philharmonie in Sarajewo. Im Jahr 1959 wurde er Erster Kapellmeister und 1963 Chefdirigent am Nationaltheater in Zagreb, von 1964 bis 1968 wirkte er in gleicher Eigenschaft in Split und Rijeka und seitdem als Gastdirigent neben seinem kompositorischen Schaffen.

WERKE
Neben 6 Opern, 4 Balletten und 5 Ballettszenen schrieb Boris Papandopulo 2 Divertimenti, 4 Klavierkonzerte, eine »Konzertante Musik« für Flöte, Harfe, Vibraphon, Schlagwerk und Streicher, ein Konzert für vier Pauken und Streicher, ein Concerto grosso für Bläserquintett, Schlagzeug und Streichorchester, ein Cembalokonzert, ein Kontrabaßkonzert, ein »Mosaik« für Streich- und Jazzquartett, ein Kammerkonzert, 5 Streichquartette, ein »Dialog« für Flöte und Cembalo, ein dodekaphonisches Konzert für zwei Klaviere und 4 Kantaten. Sein Stil ist zeitgenössisch.

Will Eisenmann (geboren 1906)

LEBEN
Will Eisenmann wurde am 3.3.1906 in Stuttgart geboren. Er studierte von 1927 bis 1929 an der Musikhochschule in Stuttgart und darauf in Paris bei Paul Dukas und Charles Koechlin. Seit 1935 lebt er in der Schweiz als freischaffender Komponist.

WERKE
Von dem umfangreichen Schaffen Will Eisenmanns sind bemerkenswert: Konzert für zwei Saxophone und Streichorchester, Musik für Flöte und drei Streicher, »Lamentatio« für Flöte, Violine und Klavier, Musik für Bratsche und Klavier, Zyklus »Haiku« für hohe Stimme und Klavier, »Threnoi« für A-cappella-Chor, Sätze für Saxophon und Klavier, eine Anzahl Gesänge mit Klavier, Duo für Flöte und Klavier und für Flöte und Harfe, 12 Zwölftonstücke und weitere Werke für Klavier, Orgelstücke und Bühnenmusiken. Sein Stil ist zeitgemäß.

Ferid Alnar (geboren 1906)

LEBEN
Ferid Alnar wurde am 11.3.1906 in Istanbul geboren. Er studierte in Wien bei Joseph Marx und Oswald Kabasta (29.2.1896, Mistelbach, Niederösterreich, bis 6.2.1946, Kufstein, Tirol) von 1927 bis 1932. Nach seiner Rückkehr nach Istanbul wirkte er als Theaterdirigent und als Musikgeschichtslehrer am Konservatorium, von 1937 bis 1946 als Kompositionslehrer und sodann bis 1953 als Chefdirigent des Philharmonischen Orchesters. Von 1954 bis 1960 war er Generalmusikdirektor der Staatsoper in Ankara, wo er anschließend als Gastdirigent tätig ist.

WERKE
Von Ferid Alnar sind eine Anzahl Opern, Bühnenmusiken und Filmmusiken aufgeführt worden. Er schrieb ferner 2 Suiten, ein Cellokonzert, ein Konzert für Türkische Zither und Streicher, ein Streichquartett, ein Klaviertrio, eine Suite für Violine und Klavier, Volksliedbearbeitungen, zahlreiche Klavierstücke und Lieder. Seine Musik fußt auf der Folklore seiner Heimat.

Ulvi Cemal Erkin (1906–72)

LEBEN
Ulvi Cemal Erkin wurde am 14.3.1906 in Istanbul geboren. Er war in Paris Schüler der Brüder Jean und Noël Gallon und von Nadia Boulanger. Im Jahr 1930 wurde er Professor an der Musikschule (dem späteren Konservatorium) in Ankara. Neben seiner Lehrtätigkeit leitete er dort auch das Konservatoriumorchester und die Staatsoper. Er starb am 2.6. 1972 in Ankara.

WERKE
Von Ulvi Cemal Erkin sind 2 Sinfonien, eine Sinfonietta für Streichorchester, ein Concertino, ein Klavierkonzert, ein Violinkonzert, eine konzertante Sinfonie für Klavier und Orchester, ein sinfonisches Orchesterstück, ein Klavierquintett, ein Streichquartett, Ballettmusik, verschiedene Klaviermusik, »Zehn türkische Volkslieder für gemischten Chor«, Klavierlieder und Bearbeitungen von Volksweisen bekannt geworden. Die melodische Grundlage seiner Kompositionen war die Volksmusik.

Leopold Spinner (1906–82)

LEBEN
Leopold Spinner wurde am 26.4.1906 in Lemberg, Galizien (heute Lwiw, Ukraine), geboren. Er studierte in Wien bei Paul Pisk und Anton Webern. Im Jahr 1939 emigrierte er nach London, wo er als Musiklehrer und ab 1958 auch als Universitätslektor wirkte und am 12.8.1982 starb.

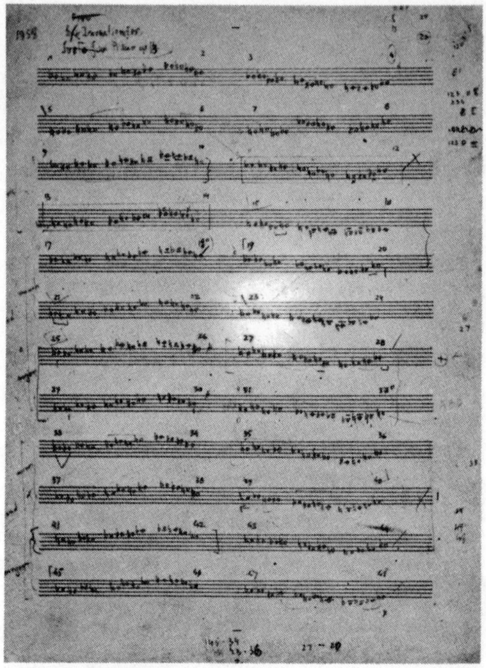

Six Inventions for Piano, op. 13, von Leopold Spinner, Autograph

WERKE
Die Kompositionen von Leopold Spinner haben eine enge Beziehung zu Anton Webern, die orthodoxe Dodekaphonik ist aber dabei stark ausgeweitet und die Reihenbildung asymmetrisch gestaltet, so daß ein eigenständiger, expressiver Stil entstand. Er schrieb u.a. eine Sinfonie, ein Konzert für Orchester, Praeludium und Variationen, eine Ricercata, ein Klavierkonzert für Kammerorchester, ein Quintett für Klarinette, Harfe, Fagott, Gitarre und Kontrabaß, ein Streichquartett, ein Streichtrio, 2 Kantaten und 2 Lieder.

Achmet Schubanow (1906–68)

LEBEN
Achmet Kujanowitsch Schubanow wurde am 29.4.1906 in Kosuaktam (damals Gouvernement Aktjubinsk) geboren. Er studierte am Konservatorium in Leningrad. Ab 1934 lebte er in Alma-Ata und gründete das erste kasachische Volksinstrumentenorchester. Von 1945

bis 1950 leitete er das Konservatorium in Alma-Ata, wo er am 30.5.1968 starb.
Seine Tochter Gasisa Achmentowna Schubanowa (geboren 2.12.1928, Schann-Turmis bei Aktjubinsk) studierte am Konservatorium in Moskau bei Juri Schaporin und lebt in Alma-Ata als Komponistin.

WERKE
Von Achmet Schubanow sind 2 Opern aufgeführt worden. Er verfaßte außerdem eine sinfonische Dichtung, eine Suite, eine Ouvertüre, Klavier-, Violin- und Vokalwerke, eine Filmmusik und zahlreiche Stücke für kasachische Volksinstrumente. Seine Kompositionen sind von der Volksmusik der Kasachen und der verwandten Völker geprägt.
Gasisa Schubanowa schrieb 2 Opern, 2 Ballette, eine Sinfonie, eine sinfonische Dichtung, ein Violinkonzert, ein Streichquartett, Variationen für Violine und Klavier, ein Oratorium, eine Kantate, A-cappella-Chöre, Romanzen, Lieder, Bühnen- und Filmmusik.

Waldemar Bloch (geboren 1906)

LEBEN
Waldemar Bloch wurde am 5.5.1906 in Wien geboren. Er studierte am Konservatorium in Graz. Bis 1939 wirkte er dort als Pianist und Privatmusiklehrer. Von 1945 bis 1967 war er Dozent für Theorie und Komposition am Konservatorium in Graz, dann wurde er Professor an der inzwischen daraus entstandenen Akademie für Musik und darstellende Kunst.

WERKE
Neben 5 Opern, einem Opernoratorium, einer szenischen Kantate und mehreren Ballettmusiken schrieb Waldemar Bloch 2 Sinfonien, ein Klavierkonzert, ein Klarinettenkonzert, eine Bläserserenade, eine Partita für vier Trompeten und Schlagzeug, Variationen für Bläser, Sonatinen für Akkordeon mit Violine und mit Flöte, 2 Stücke für Violine und Gitarre, Akkordeonstücke, Orgelstücke, eine Passion, eine Kantate, 14 Messen, Chöre und Lieder. Sein Stil ist neuklassizistisch. Er veröffentlichte 2 didaktische Werke.

Andrei Balantschiwadse (geboren 1906)

LEBEN
Andrei Melitonowitsch Balantschiwadse wurde am 19.5.1906 in St. Petersburg als Sohn des Begründers der grusinischen Musikentwicklung unseres Jahrhunderts und Komponisten Meliton Antonowitsch Balantschiwadse (24.12.1862, Banodscha, Grusinien, bis 21.11. 1937, Kutaissi) geboren. Er studierte in Tbilisi unter Nikolai Tscherepnin und Michail Ippolitow-Iwanow bis 1926 und anschließend am Konservatorium in Leningrad bei Aleksandr Schitomirski. Ab 1935 unterrichtet er am Konservatorium in Tbilisi; die gesamte junge Komponistengeneration der Gegenwart gehört zu seinen Schülern.

WERKE
Neben einer Oper und 3 Balletten schrieb Andrei Balantschiwadse 2 Sinfonien, »Sinfonische Bilder«, 3 Klavierkonzerte, Klavierstücke, A-cappella-Chöre, Lieder, Bühnen- und Filmmusik. Seine Musik entfernt sich noch sehr wenig von der Folklore.

LITERATUR
G. Ordschonikidse, Andrei M. Balantschiwadse, Moskau 1959.

János Viski (1906–61)

LEBEN
János Viski wurde am 10.6.1906 in Kolozsvár (Klausenburg), Ungarn (heute Cluj, Rumänien), geboren. Er war in Budapest von 1927 bis 1932 Schüler von Zoltán Kodály. Im Jahr 1942 wurde er Kompositionsprofessor an der Musikakademie in Budapest, wo er am 16.1. 1961 starb.

WERKE
Von János Viski sind eine sinfonische Suite, ein Orchesterstück, ein Klavierkonzert, ein Violinkonzert, ein Cellokonzert, eine Ballade für Bariton und Orchester, Chöre und Lieder bekannt geworden. Er schloß sich der allgemeinen europäischen Musikentwicklung an.

Elisabeth Lutyens (1906–83)

LEBEN

Agnes Elisabeth Lutyens wurde am 9.7.1906 in London geboren, wo sie am Royal College of Music bei Harold Darke (29.10.1888, Highbury, London, bis 28.11.1976) studierte. Anschließend ergänzte sie ihre Ausbildung in Paris bei Georges Caussade. Sodann etablierte sie sich in London als freischaffende Komponistin und widmete sich vorwiegend der Film- und Rundfunkmusik bis zu ihrem Tod im April 1983.

WERKE

Ende der dreißiger Jahre verwarf Elisabeth Lutyens ihre bislang im spätromantischen Stil geschriebenen Werke und wandte sich der Zwölftontechnik zu. Sie schrieb 4 Stücke für die Musikbühne und ein Ballett, »Musik für Orchester« I., II., III., »Choral« zu Ehren Strawinskys, »Sinfonien« für Klavier, Bläser, Harfen und Schlagzeug, ein Klavierkonzert, 5 Orchesterstücke, 3 sinfonische Praeludien, 6 Kammerkonzerte mit verschiedener Besetzung, 2 Suiten, ein Bratschenkonzert, Musik für doppeltes Bläserquintett, ein Bläserquintett, ein Streichquintett, ein Streichquartett, ein Quartett für Oboe, Violine, Bratsche und Cello, 6 Streichquartette, ein Streichtrio, 2 Bläsertrios, Duos mit verschiedener Besetzung, viele Kantaten, Chöre, Lieder mit verschiedener Begleitung, einige melodramatische Werke mit Instrumentalbegleitung, zahlreiche Film-, Funk- und Bühnenmusik.

Joaquín Homs Oller (geboren 1906)

LEBEN

Joaquín Homs Oller wurde am 22.8.1906 in Barcelona geboren. Er war Autodidakt und trat als Bahnbrecher der Atonalität und der Zwölftonmusik in Spanien durch Kompositionen, Schrift und Wort auf. Er bekämpfte alle nationalistischen Strömungen.

WERKE

Von seinen Werken sind bemerkenswert 2 Stücke für Streicher, ein Sextett, 3 Streichquartette, ein Trio für Violine, Flöte und Klarinette, Sonaten für Flöte und Klarinette, für Oboe und Klarinette und für Violine, seine zahlreichen Klavierwerke, die Chormusik sowie Lieder.

Alexander Moyzes (geboren 1906)

LEBEN

Alexander Moyzes wurde am 4.9.1906 in Kláštor pod Znievom, Slowakei, geboren. Er studierte von 1925 bis 1930 in Prag bei Otakar Šin (23.4.1881, Rokytno, Mähren, bis 21.1.1943, Prag), Vítězslav Novák und Rudolf Karel. Er unterrichtet seit 1929 in Preßburg an der Musikakademie.
Sein Vater Mikuláš Moyzes (6.12.1872, Velká Slatina, bis 2.4.1944, Přesov, Slowakei) erhielt seine Ausbildung an der Musikakademie in Budapest. Im Jahr 1907 wurde er Direktor der Städtischen Musikschule und Professor am Lehrerseminar in Přesov (damals Eperjes, Ungarn).

WERKE

Die Kompositionen von Alexander Moyzes waren anfänglich von Igor Strawinsky und der Jazzmusik beeinflußt, später weisen sie eine intensive Beschäftigung mit der slowakischen Volksmusik auf. Ihre Farbigkeit wurde Antonín Dvořák abgelauscht. Er schrieb eine Oper, 9 Sinfonien, eine Sonatine für Cembalo und Streichorchester, ein Concertino für Klavier und Orchester, 2 Ouvertüren, eine sinfonische Suite, ein Violinkonzert, ein Flötenkonzert, ein Bläserquintett, 2 Streichquartette, ein Duo und eine kleine Sonate für Violine und Klavier, eine Balladenkantate, einen Liederzyklus, einen Chorzyklus a cappella, eine szenische Kantate.
Mikuláš Moyzes schrieb eine »Kleine Bergsinfonie«, eine Ouvertüre, eine Messe, einige Kammermusik, Klavierstücke, Lieder und Chorwerke. Er verfaßte eine Anzahl musikalischer Lehrbücher.

Dmitri Schostakowitsch (1906–75)

Dmitri Schostakowitsch

LEBEN

Dmitri Dmitrijewitsch Schostakowitsch wurde am 12.9.1906 in St. Petersburg geboren. Im Jahr 1919 trat er in das Konservatorium in Petrograd ein, wo er bei Leonid Nikolajew (1.8.1878, Kiew, bis 11.10.1942, Taschkent) und Maksim Steinberg studierte; 1926 wurde bereits seine 1. Sinfonie mit Erfolg herausgebracht, die seinen internationalen Ruf begründete. Ab 1937 lehrte er am Konservatorium in Leningrad Komposition und wirkte ab 1948 in gleicher Eigenschaft am Konservatorium in Moskau. Obgleich er wegen seiner »formalistischen und wenig volksnahen« Kompositionen mehrfach gemaßregelt wurde, stieg er zu den höchsten Ehren seines Staates auf. Der »Stalin-Preis«, der »Lenin-Preis«, der »Lenin-Orden«, die Titel »Volkskünstler der UdSSR« und »Held der Arbeit« wurden ihm verliehen, dazu der »Weltfriedenspreis« und von der DDR der »Stern der Völkerfreundschaft« in Gold. Seine Kompositionen fanden inzwischen in alle Konzertsäle der Welt Eingang und wurden nahezu überall begeistert aufgenommen. Die Universitäten Oxford und Evanstone verliehen ihm das Ehrendoktorat, Finnland den »Sibelius-Preis«, England die Goldmedaille der Philharmonischen Gesellschaft, Dänemark den »Sonning-Musikpreis«, Frankreich den Orden der Akademie der Künste und Literatur, Schweden die Mitgliedschaft der Akademie, Rom die Ehrenmitgliedschaft der Accademia di Santa Cecilia und die DDR die Mitgliedschaft der Akademie der Künste. Er starb am 9.8.1975 in Moskau als einer der Großen der russischen Musik, der an der Gestaltung des Musikgeschehens unseres Jahrhunderts maßgebend mitgewirkt hat. In der Musikgeschichte des gesamten Abendlandes figuriert er als der nächste große Sinfoniker nach Gustav Mahler, dessen Erbe er angetreten und weiterentwickelt hat.

WERKE

»Echte Musik spiegelt nach seiner Ansicht immer die Gefühle, Stimmungen, Leidenschaften, Gedanken und Ideen wider, seine Sehnsucht nach Frieden und Freiheit und den Kampf um diese Güter«, sagte Dmitri Schostakowitsch über Gustav Mahler, unter dessen Patenschaft seine Werke augenfällig standen, wenngleich sich der Komponist als Nachfolger Ludwig van Beethovens, Piotr Tschaikowskis und Modest Mussorgskis betrachtete. Er schrieb 15 Sinfonien, eine Anzahl Ballettsuiten und Suiten nach seinen Filmmusiken, 2 Ouvertüren, eine sinfonische Dichtung, ein Klavierkonzert, 2 Violinkonzerte, 2 Cellokonzerte, ein Konzert für Klavier, Trompete und Streichorchester, 2 Streichoktette, ein Klavierquintett, 15 Streichquartette, 2 Klaviertrios, Sonaten für Violine und Klavier, für Cello und Klavier und für Bratsche und Klavier, eine Suite und ein Concertino für zwei Klaviere, 24 Praeludien und 24 »Praeludien und Fugen«, 10 Aphorismen, 3 phantastische Tänze, 5 Praeludien und 2 Sonaten für Klavier, ein Oratorium, mehrere Kantaten für Soli, Chor und Orchester, Romanzen, Gesänge und Balladen für Chor, zahlreiche Lieder mit Klavier oder mit Instrumentalbegleitung. Für die Bühne verfaßte er 3 Opern – eine unvollendet –, eine Operette, 3 Ballette, mehrere Schauspielmusiken und Musik zu über 30 Filmen, außerdem Bearbeitungen und Neuinstrumentierungen. Die Frage, welche Entwicklung dieser geniale Musiker unter anderen kulturpolitischen Gegebenheiten genommen hätte, ist müßig, aber eines ist sicher: Er schrieb während seiner gesamten Schaffenszeit in jeder Umwelt innerhalb allen beengenden Grenzen echte und wahre Kunst, glitt nie in das um ihn herum häufig produzierte hohle Pathos ab, so daß jedes seiner Werke, unter welchen Umständen es auch entstanden sein mag, das Merkmal der Unvergänglichkeit in sich trägt. Und wenn auch trotz aller Restriktionen für ihn die »russische« und die »sowjetische« Grundhaltung seines Schaffens außer Frage stand, gab er seine künstlerische Integrität niemals preis.

Die Hinrichtung des Stepan Rasin, Vokalsinfonisches Gedicht für Baß, Chor und Orchester, Opus 119, ein Satz, entstanden 1964

Den Text der Komposition bildet das Gedicht von Jewgeni Jewtuschenko (geboren 1933) über Kampf und Tod des Führers des Kosaken- und Bauernaufstands gegen die zaristische Unterdrückung der Jahre 1670/71, Stepan (Stenka) Timofejewitsch Rasin (um 1630–71). Die 124 Zeilen dieses epischen Klageliedes werden musikalisch untermalt und gesteigert mit dem Intonationsreichtum der russischen Volksmusik.

Sinfonie Nr. 1, Opus 10, 4 Sätze, entstanden 1925

Der 1. Satz ist kammermusikalisch, das marschähnliche Hauptthema wird von der Klarinette vorgetragen. Eine Walzermelodie der Flöte bildet das kontrastierende Thema, das mit dem ersten in der Durchführung verarbeitet wird. Der 2. Satz ist ein wildes Scherzo mit reizvollen Entwürfen des Klaviers. Im 3. Satz intonieren Holzbläser und Streicher Trauermarschmotive, um dem expressiven Melos der Kantilene Gehalt und Tiefe zu verleihen. Das Finale schließt unmittelbar an und mündet nach einer düsteren Einleitung und mehreren energischen Episoden weit ausholend in eine rasche Stretta. »Es ist offensichtlich, daß die verschiedenen Komponenten des Werks auf Erlebnisse des jungen Komponisten hinweisen. Dazu gehört sowohl die Widerspiegelung einer heiter und sorgenfrei empfundenen Jugend wie der schmerzliche Widerhall, den der Tod des Vaters im Jahr 1922 in seinem Empfinden nachwirken ließ« (G. A. Brockhaus).

Sinfonie Nr. 2, Opus 14, »Widmung an den Oktober«, ein Satz, entstanden 1927

Hart und dissonant stellt sich das Klangbild dieses Werks zur Zehn-Jahr-Feier der Oktoberrevolution dar. Es mündet in ein großartiges Chorfinale mit Sprechchor, Marsch- und Signalintonationen.

Sinfonie Nr. 3, Opus 20, »1. Mai«, ein Satz, entstanden 1929

Das Werk bringt keine thematische Entwicklung, sondern eine Serie von Episoden wie ein Divertimento, die durch einen Rhythmus der Kleinen Trommel zusammengehalten werden, der für viele Stücke von der Hand des Komponisten typisch ist. Der Gedanke an einen Maiaufmarsch wird heraufbeschworen, die Dynamik der Reden und Demonstrationsrufe ist in das Musikalische übertragen, ohne programmatisch dargestellt zu werden. Erst das Chorfinale wird deklamatorisch mit emphatisch aufwärtsstrebenden Glissandoschleifern und Repetitionsmotiven der Bläser. Mit einer instrumentalen Stretta klingt die Sinfonie aus.

Sinfonie Nr. 4, Opus 43, 3 Sätze, entstanden 1936

Diese stark Gustav Mahler verpflichtete Sinfonie zog der Komponist, weil er während der Probenarbeit wegen seiner Oper gemaßregelt wurde und damit rechnen mußte, auch mit der sinfonischen Arbeit Anstoß zu erregen, zurück. Das Werk ist tatsächlich seine revolutionärste Sinfonie. Der lange 1. Satz hat rhapsodische Form und ist mit Themen und Motiven angefüllt, die nur einmal erklingen; eine thematische Durchführung oder eine Entwicklung von Themen oder Motiven liegt nirgends vor. Der Satz ist aber wegen seiner orchestralen Effekte und kühnen melodischen Linien faszinierend. Der 2. Satz ist kürzer und mehr geordnet; Mahlers Einfluß macht sich stark bemerkbar. Den 3. Satz beginnt ein Trauermarsch, der von einem vielfarbigen Komplex aus verschiedenen, oft improvisatorisch wirkenden, glänzend instrumentierten und rhythmisch interessanten Episoden abgelöst wird. Dann kehrt der Marsch wieder, wird aber bald in das Hymnische und Sieghafte umgedeutet.

Sinfonie Nr. 5, Opus 47, 4 Sätze, entstanden 1937

Diese den Feierlichkeiten zum 20. Jahrestag der Oktoberrevolution gewidmete Sinfonie war ein Zeichen des Komponisten, daß er sich den Vorschriften der Partei über die Gestaltung der sowjetischen Musik unterwarf, sie ist auch die Darstellung des »Werdens des Menschens, seiner Selbstvollendung, seiner Gefühle und Zweifel« und jedenfalls ein grandioses Werk. Bereits im 1. Satz erscheint ein energisches Thema, das die gesamte sinfonische Entwicklung bestimmt. Das kantable Seitenthema bringt eine leicht wehmütige Stimmung in die Musik, die quälenden Gedanken, lyrische Erinnerungen, Entschlossenheit und doch Ergebung in die Mißhelligkeiten des Lebens andeutet. Im 2. Satz wird mit drei Themen ein sprühendes Scherzo vorgetragen, das nahezu übermütig wirkt. Der 3. Satz hat tragischen Charakter und klingt wie eine traurige Klage eines einsamen Menschen, der sich ohne Hilfe mit den Gegebenheiten auseinandersetzen muß. Das Finale ist aggressiv drohend und nahezu befehlend; es schließt jedoch mit einem sieghaften Bläserhymnus.

Sinfonie Nr. 6, Opus 54, 3 Sätze, entstanden 1939
Der 1. Satz bringt mit einem einzigen Thema ein Largo voll Ruhe und Besonnenheit, als blicke der Komponist mit Ergebung auf durchstandene Leiden zurück. Der 2. Satz ist ein zauberhaftes Scherzo, im 3. Satz scheinen auch die letzten tragischen Erinnerungen verschwunden zu sein.

Sinfonie Nr. 7, Opus 60, »Leningrader Sinfonie«, 4 Sätze, entstanden 1941
Das Werk wurde zum größten Teil während der Belagerung von Leningrad verfaßt. »Ich wollte ein Werk über unsere Tage, unser Leben, unsere Menschen schaffen. Unserem Kampf gegen den Faschismus, unserem künftigen Sieg über die Feinde und meine Heimatstadt Leningrad widme ich meine siebente Sinfonie«, schrieb der Komponist. Der 1. Satz – »Der Krieg« – erinnert an den Sommer 1941: »Das Land atmete im friedlichen Überfluß, im Sprühen des Lebens, der Lieder und der Arbeit. An jenem frühen Morgen warfen die Feinde Bomben auf sowjetische Häfen und Städte.« Ein russisches Lied klingt auf, dann ertönt ferner Trommelwirbel, der Angriff rollt heran, eine russische Weise nimmt den Kampf dagegen auf und schlägt den Feind zurück. Ein Adagio des Fagotts betrauert die Opfer des Krieges. Der 2. Satz – »Erinnerungen« – ist von rührender elegischer Stimmung. Der 3. Satz – »Heimatliche Weiten« – spricht von der wiedererwachten Lebenskraft des russischen Volks. Der 4. Satz – »Der Sieg« – kündigt den künftigen Triumph des gerechten Abwehrkampfs an: »Der Sieg des Lichtes über das Dunkel ist gewiß.«

Sinfonie Nr. 8, Opus 65, 5 Sätze, entstanden 1943
Das tragische Werk ist eine poetische Darstellung der Leiden eines Volks durch den Krieg. Der 1. Satz bringt nach einer kurzen Einleitung ein trauriges Thema der Violinen, dem ein zweites, elegisches beigegeben wird. Das Leid der gesamten Menschheit durch Krieg und Brutalität drückt sich darin aus; auf dem Kulminationspunkt erhebt sich daraus ein Ausbruch des Protestes gegen das Böse, die Ursache dieses grenzenlosen Leids. Im 2. Satz karikiert ein Rondo in Marschform die Bilder des Bösen. Im 3. Satz wird die Zeichnung der Unmenschlichkeit des Krieges stärker und schärfer, ein grauenvolles Schlachtenbild löst eine Melodik von offenbar beabsichtigter Banalität ab. Am Ende des Satzes erhebt sich ein tobender Orkan. Der 4. Satz hat die Form einer Passacaglia und ist voll tiefer Nachdenklichkeit. Im 5. Satz bringt ein heller Morgen die düsteren Bilder und Stimmungen zum Verschwinden.

Sinfonie Nr. 9, Opus 70, 5 Sätze, entstanden 1945
Der 1. Satz hat Sonatenform und ist durch klassische Klarheit gekennzeichnet. Der 2. Satz ähnelt einer Romanze und ist voll heiterer Lyrik. Der 3. Satz bringt ein spielerisches, sorgloses Scherzo. Im 4. Satz wird eine tragische Episode vorgetragen, die jedoch im 5. Satz ein geistreicher tänzerischer Ausklang ablöst.

Sinfonie Nr. 10, Opus 93, 4 Sätze, entstanden 1953
Das Werk wurde als »Sinfonie des Weltfriedens« verfaßt. Der 1. Satz beginnt grüblerisch und verhalten, sein Hauptthema hat deutlich russischen Charakter. Im 2. Satz herrscht stürmische Bewegung, der Nachklang des überstandenen Krieges wird von hohem Holzbläserklang und den Wirbeln der Kleinen Trommel gekennzeichnet. Der 3. Satz ist voll Ausdruck und Spannung, sein Fluß wird mehrmals von scharfen Klängen unterbrochen, eine Mahnung, daß der Friede gehütet werden muß. Der 4. Satz schildert ein friedliches Land im sicheren Schutz friedliebender Menschen.

Sinfonie Nr. 11, Opus 103, »Das Jahr 1905«, 4 Sätze, entstanden 1957
Es handelt sich um eine musikalische Darstellung des »Blutigen Sonntags« im Januar 1905. Im 1. Satz – »Der Platz vor dem Palast«: Adagio – werden der Schauplatz des tragischen Vorfalls und die Leiden der Inhaftierten plastisch geschildert. Der 2. Satz – »Der neunte Januar«: Allegro – stellt die demütigen Bitten und Klagen des Volks dar, das sich an den Zaren wendet; dann werden drängende Forderungen daraus, bis die Erschießungen einsetzen. Im 3. Satz – »Ewiges Gedenken«: Adagio – bringen die Bratschen den Trauermarsch »Unsterbliche Opfer«, das Orchester drückt die Trauer über den Massenmord aus, aber auch die Entschlossenheit des Volks, seine Forderungen durchzusetzen. Der 4. Satz – »Sturmläuten«: Allegro non troppo – zeichnet das Auflodern der Revolution, die noch viele Opfer kosten wird.

Sinfonie Nr. 12, Opus 112, »Das Jahr 1917«, 4 Sätze, entstanden 1961
Es handelt sich um das Jahr der Oktoberrevolution. Der 1. Satz, »Das revolutionäre Petrograd«, ist voll mächtiger, farbenreicher Klangballungen mit ungebändigten Rhythmen. Nach einer kurzen Einleitung tragen tiefe Streicher das Thema vor, das sich durch das gesamte Werk zieht. In drei sich steigernden Phasen wird der Kampf um

die Freiheit dargestellt, der jedoch am Ende des Satzes noch nicht entschieden ist. Ohne Pause schließt sich der 2. Satz, »Razliw« (Lenin im Exil), an, der dem Wirken der im Exil wirkenden revolutionären Russen gewidmet ist; eine obstinate Figur zeichnet die Hartnäckigkeit der Revolutionäre und ein lyrisches Hornthema ihre Zuversicht. Der 3. Satz, »Aurora« (Kreuzer, dessen Geschütze die Oktoberrevolution eröffneten), setzt die Bilder des 1. Satzes fort. Der Kampf geht weiter, aber der Sieg zeichnet sich bereits ab und wird im 4. Satz, »Morgenröte der Menschheit«, zur Gewißheit.

Sinfonie Nr. 13, Opus 113, 5 Sätze, entstanden 1962
Den ideellen Hintergrund dieser Sinfonie bilden fünf Texte von Jewgeni Jewtuschenko, die vom Baßsolisten und Baßchor vorgetragen werden. Der 1. Satz trägt die Überschrift »Babi Jar« (Felschenschlucht bei Kiew, in der viele Tausende Juden liquidiert wurden). Die Musik wird zum »Echo« tonlos mächtigen Schreis, der über abertausend Tote rinnt«. Solist und Chor erheben mit deklamatorischem Melos Protest gegen die Gewalttat: »Es steht kein Denkmal über Babi Jar. Die harte Grabschrift ist sie selbst, die Schlucht!« Für den 2. Satz zog der Komponist Verse des Gedichts »Humor«, das die unsterbliche Kraft des Humors preist, heran; deftig ironische und groteske Elemente steigern die Musik zu einem mitreißenden Wirbel. Der 3. Satz »Im Magazin« schildert weniger das Treiben in einem Kaufhaus als den ungebrochenen Mut einkaufender Frauen, die sich im Krieg durch Hunger und Entbehrungen nicht von ihrer Siegeshoffnung abbringen ließen. Der 4. Satz erinnert noch einmal an die Geschehnisse von Babi Jar, die unvergeßlich bleiben. Das Finale »Karriere« stellt Lebensläufe bedeutender Männer dar. Der Ausklang zeigt, daß sie die wahren Sieger über ihre Peiniger waren.

Sinfonie Nr. 14, Opus 135, 4 Sätze, entstanden 1969
Für das Werk sind Kastagnetten, Schlagholz, zwei Tomtoms, Peitsche, Glocken, Vibraphon, Xylophon, Celesta, Streicher, Sopran- und Baßsolo vorgeschrieben. Verwendet werden Verse von Federico García Lorca (1898–1936), Guillaume Apollinaire (1880–1918), Rainer Maria Rilke und Wilhelm Küchelbecker (1797–1846). In elf Gedichten, die in vier Gruppen zusammengefaßt sind, wird derer gedacht, die vom Leben allzufrüh Abschied nehmen mußten. Sie sind eine Auseinandersetzung mit dem Todesproblem in dem Sinn: »An den Tod muß man denken, um sein Leben besser zu nutzen. Wir sind nicht unsterblich, aber gerade deshalb muß man sich bemühen, so viel wie möglich für die Menschen zu tun.« Die Musik ist nicht illustrativ, sondern verarbeitet dieselben Gedanken parallel den Dichtungen selbständig.

Sinfonie Nr. 15, Opus 141, 4 Sätze, entstanden 1971
Der 1. Satz beginnt scherzoartig und bringt ein Zitat aus der Ouvertüre zur Oper »Wilhelm Tell« von Gioacchino Rossini; chromatisch abgestufte Zwölftonreihen sind eingeschmolzen. Der 2. Satz erinnert mit seinem Adagio an das unheilvolle Ereignis des Kriegs; der Trauermarsch in der Coda gilt den Opfern des Großen Vaterländischen Kriegs und leitet sodann zum 3. Satz über, einem lebendigen Scherzo in tänzerischer Haltung. Das Schicksalsmotiv aus »Walküre« von Richard Wagner (Weißt du, wie das wird?) eröffnet das Finale, das grüblerisch und ernst die Frage nach der Zukunft aufwirft. Aber die verspielte Coda mit einer zweimal aufschwebenden zwölftönigen Doppelreihe gibt keine Antwort.

Klavierkonzert in c-Moll, Opus 35, für Soloklavier, Solotrompete und Streicher, 4 Sätze, entstanden 1933
Der 1. Satz hat Sonatenform und drückt dramatische und fröhliche Momente in regelloser Reihenfolge aus. Der 2. Satz bringt einen elegischen Walzer, der sich von inniger Zartheit zu einem pathetischen Höhepunkt entwickelt und mit einem Trompetensolo abschließt. Der 3. Satz ist improvisatorisch und stellt ein Intermezzo dar, das zu einem humorvollen Finale überleitet.

Klavierkonzert in F-Dur, Opus 102, 3 Sätze, entstanden 1957
Der 1. Satz dieses für den zu jener Zeit am Konservatorium in Moskau studierenden Sohn Maxim Schostakowitsch (geboren 10.5.1938, Leningrad) geschriebenen Konzerts wird von einem fröhlichen Marschtempo beherrscht. Der 2. Satz ist ernst und besinnlich, der 3. Satz virtuos tänzerisch und voll jugendlichem Frohsinn.

Violinkonzert Nr. 1 in a-Moll, Opus 99, 4 Sätze, entstanden 1955
Der 1. Satz »Notturno« verläuft in breitem, melodischem Fluß ohne Gegenbewegung. Der 2. Satz »Scherzo« ist stark dynamisch und sehr kompliziert angelegt. Der 3. Satz »Passacaglia« bietet einen klangreichen Ausdruck von Schönheit und Gefühlstiefe und das Finale »Burleske« Festlichkeit und Fröhlichkeit zum Spiel von Wandermusikanten.

Violinkonzert Nr. 2 in cis-Moll, Opus 129, 3 Sätze, entstanden 1967
Der 1. Satz bringt ein expressives Thema der Solovioline. Dann lichtet sich die Stimmung auf und geht in ein virtuoses Allegretto über. Am Ende der Durchführung trägt der Solist eine Kadenz

vor, und in der Reprise bringt das Solohorn das Hauptthema erneut. Das Adagio des Solisten im 2. Satz ist ein leidenschaftlicher Gesang, der vom Horn beschaulich abgeschlossen wird. Der 3. Satz bringt einen brillanten Dialog zwischen Solisten und einzelnen Orchesterinstrumenten, der nach einer großen Kadenz mit allen Instrumenten heiter ausklingt.

Cellokonzert Nr. 1 in Es-Dur, Opus 107, 3 Sätze, entstanden 1959

Der 1. Satz ist sonatenförmig angelegt, sein Kopfmotiv wird zum Thema des ganzen Satzes, in dem es nur wenige Kontraste gibt. Die Stimmung des 2. Satzes ist lyrisch mit dem Rhythmus einer Sarabande und schließt mit einer großartigen Kadenz ab. Das Finale ist ein Rondo, vital, fröhlich und stark virtuos. Das Hauptthema des 1. Satzes beendet das Werk.

Cellokonzert Nr. 2, Opus 126, 3 Sätze, entstanden 1966

Der 1. Satz nimmt nahezu die Hälfte des Werks ein. Das vom Solisten vorgetragene Largo reicht bis in höchste Lagen; es ist ernst und expressiv gehalten und mündet in das Scherzo des 2. Satzes mit frohen Tanzrhythmen. Eine äußerst anspruchsvolle Kadenz führt zum Finale, das von Fanfaren der Hörner und Trommelwirbeln eingeleitet wird. Die darauf folgenden ausdrucksstarken Passagen führen zu mächtigen Klangausbrüchen. Mit Reminiszenzen an den 1. Satz endet das Werk.

Quintett für zwei Violinen, Bratsche, Cello und Klavier in g-Moll, Opus 57, 5 Sätze, entstanden 1940

Nach einem streng geführten Praeludium als 1. Satz und einer folgenden Fuge als 1. Satz erklingt im 3. Satz ein kurzes Scherzo. Ein Intermezzo und ein Finale schließen sich an. Das Klavier trägt in allen Sätzen den Substanzkern.

Streichquartett Nr. 1 in C-Dur, Opus 49, 4 Sätze, entstanden 1938

Der 1. Satz ist eine kantable homophone Sonatine. Im 2. Satz wird ein Bratschenthema variiert. Der 3. Satz bringt ein flüchtiges Scherzo und wird von einem optimistischen, sanftmütigen Finale abgelöst.

Streichquartett Nr. 2 in A-Dur, Opus 68, 4 Sätze, entstanden 1944

Der 1. Satz ist eine Ouvertüre mit betont slawischer Thementendenz, die für das ganze Werk bestimmend ist. Der 2. Satz ist durch die Aufschrift: »Rezitativ und Romanze« gekennzeichnet. Der 3. Satz »Valse« bringt Tanzrhythmen. Das Finale »Thema mit Variationen« stellt eine Apotheose von Adagiovariationen dar und ist vollends russisch gehalten.

Streichquartett Nr. 3 in F-Dur, Opus 73, 5 Sätze, entstanden 1946

In diesem Stück sind Neuklassizismus und Volkstümlichkeit kombiniert. Der 1. Satz bietet anstelle der Durchführung eine Doppelfuge. Der 2. Satz ist ein sehr bewegtes Rondino. Im 3. Satz werden preußische Stechschrittmärsche parodiert. Im 4. Satz erklingt ein »Heldenrequiem«. Der 5. Satz faßt alle vorangehenden Themen zusammen.

Streichquartett Nr. 4 in D-Dur, Opus 83, 4 Sätze, entstanden 1953

Der 1. Satz erweitert das Hauptthema wie ein Orgelpunktrondo. Das Andantino des 2. Satzes bringt eine elegische Violinromanze, die bis zu den höchsten Lagen aufsteigt. Im 3. Satz gibt es groteske Anklänge an Fanfaren und Schnarrtrommeln. Der Finalsatz nähert sich ostjüdischer Volksmusik.

Streichquartett Nr. 5 in B-Dur, Opus 92, 3 Sätze, entstanden 1953

Der 1. Satz verarbeitet zwei Hauptthemen, ein drittes im Walzertempo wird hinzugeführt und nimmt den Chromatismus des 2. Satzes voraus. Das Finale setzt die Erweiterung des Quartettvolumens fort und schließt mit einer grandiosen Apotheose.

Streichquartett Nr. 6 in G-Dur, Opus 101, 4 Sätze, entstanden 1956

Im 1. Satz duettieren obere und untere Stimmen in traulicher Stimmung. Im 2. Satz erklingen Tanzweisen, der 3. Satz bringt eine Chaconne. Der 4. Satz rafft die Themen und Motive der vorangehenden in neuer Polyphonie zusammen.

Streichquartett Nr. 7 in fis-Moll, Opus 108, 3 Sätze, entstanden 1960

Die Erste Violine intoniert den 1. Satz, der, absteigend, von Episoden unterbrochen, der elegischen Stimmung des Stücks entspricht. Der 2. Satz verstärkt und vertieft den Trauergesang. Der 3. Satz drückt mit einer rasenden Fuge höchste Angst aus, die erst am Ende des Werks verfliegt.

Streichquartett Nr. 8 in c-Moll, Opus 110, 5 Sätze, entstanden 1960

Dieses Werk ist dem Andenken der Opfer des Faschismus und des Krieges gewidmet. Das Largo des 1. Satzes beginnt mit der persönlichen Klangdevise des Komponisten (D–S–C–H–: Anfangsbuchstaben seines Namens in Umschrift) und greift auf Thementeile der 10., 1. und 5. Sinfonie zurück. Der 2. Satz schließt sich rasch an und bringt einen unvollständigen Sonatensatz mit einem jüdischen Thema. Der 3. Satz ist ein grotesker Rundtanz, der 4. Satz bringt einen breiten Trauermarsch und der 5. Satz schmerzliche Erinnerungen, die in einer ostkirchentonalen Kadenz verklingen. Das Quartett wird auch als Kammersinfonie für Streicher gespielt (Opus 110 bis).

Streichquartett Nr. 9 in Es-Dur, Opus 117, 5 Sätze, entstanden 1964

Der 1. Satz beginnt mit einem Sonatinensatz, still und etwas melancholisch. Satz 2, 3 und 4 bilden eine Einheit (Adagio – Allegretto – Adagio), über die sich ein breiter melodischer Bogen spannt. Im Finale werden alle Themen verdichtet wiederholt.

Streichquartett Nr. 10 in As-Dur, Opus 118, 5 Sätze, entstanden 1964

Das Andante des 1. Satzes hat Sonatinenform. Darauf folgt ein Allegretto furioso als 2. Satz und ein orchestral vehementes Scherzorondo als 3. Satz. Der 4. Satz bringt eine freie Passacaglia, während das Finale als umfangreichster Satz vermischte Rondosonatenform aufweist. Die Coda ist ungeheuer heiter.

Streichquartett Nr. 11 in f-Moll, Opus 122, 7 Sätze, entstanden 1966

Die suitenförmig ablaufenden Sätze sind der Totenehrung gewidmet. Der Introduktion folgen Scherzo, Rezitativ, Etüde, Humoreske, Elegie und Conclusion. Die Ecksätze sind tonal, der 2. und 6. Satz haben nur ein quasitonales Gefälle, und die drei Mittelsätze sind atonal.

Streichquartett Nr. 12 in Des-Dur, Opus 133, 2 Sätze, entstanden 1968

»Der 1. Satz porträtiert die Welt der hohen Ideale. Der 2. Satz steht in scharfem Kontrast dazu; sein erster Teil und der dritte stellen ein beunruhigendes ›Scherzo‹ dar, eine Agonie, die unfähig ist, die Widersprüchlichkeit des Lebens zu lösen.« Das Werk ist reihentechnisch gearbeitet.

Streichquartett Nr. 13 in b-Moll, Opus 138, 3 Sätze, entstanden 1970

Der 1. Satz beginnt zwölftönig wie auch die zwei folgenden. Schwere Trauer ist die Grundstimmung des gesamten Werks. Die angeschnittene Technik wird in keinem Satz weiter verfolgt, kehrt aber an den Satzenden wieder und erhält dadurch eine gewisse Rahmenfunktion.

Streichquartett Nr. 14 in Fis-Dur, Opus 142, 3 Sätze, entstanden 1973

Alle drei Sätze sind in getragenen Tempi gehalten und weisen einen meditativen, kontemplativen Charakter auf. Massierungen von Klängen werden vermieden. Die Musik ist aufgehellt, die Emotionen sind gebändigt, alles wird von der Weisheit des Alters überglänzt.

Streichquartett Nr. 15 in es-Moll, Opus 144, 6 Sätze, entstanden 1974

Das Werk stellt ein großes Adagio dar, das in sechs Abschnitte zerfällt. Der 1. Satz »Elegie« beginnt leise mit der Zweiten Violine, das zweite Hauptthema des Satzes bringt die Erste Violine. Der 2. Satz »Serenade« hat den Charakter eines unheimlich gespenstigen Scherzos; Dodekaphonik dringt als Mittel der Ausdruckssteigerung in den Ablauf ein. Der 3. Satz »Intermezzo« ist auf Solistik eingestellt; seine abschließende weite Kadenz führt auf die »Nocturne« des 4. Satzes zu. Der 5. Satz ist ein »Trauermarsch«, und der 6. Satz faßt als »Epilog« alle Themen zusammen und endet mit dem Motiv des Marsches.

Klaviertrio Nr. 2 in e-Moll, Opus 67, 3 Sätze, entstanden 1946

Der 1. Satz beginnt mit Solfeggien des gedämpften Cello. Diese Stimmung wird sodann von Violine und Klavier übernommen. Der 2. Satz ist ein äußerst kurzes Scherzo, das endet, kaum daß es begonnen hat. Der 3. Satz bringt eine elegische Chaconne, die mit ruhigem Ergeben in das unvermeidliche Geschehen endet.

Literatur

G. Norris, Schostakowitsch, London 1978.

Dalibor Vačkář (geboren 1906)

Leben

Dalibor Cyril Vačkář (Pseudonym Dalibor C. Faltis) wurde am 19. 9. 1906 in Korčula, Kroatien, geboren. Er studierte in Prag bei Karel Hoffmann und Otakar Šin. Von 1934 bis 1945 wirkte er als Violinist am Rundfunkorchester in Prag. Seitdem lebt er als freischaffender Komponist in Prag.

Sein Sohn Tomáš Vačkář (31. 7. 1945, Prag, bis 2. 5. 1963, Prag) studierte am Konservatorium in Prag.

Werke

Neben 2 Balletten schrieb Dalibor Vačkář 4 Sinfonien mit programmatischen Titeln, eine Sinfonietta für Streicher, Horn, Pauken und Klavier, ein Praeludium für Kammerstreichorchester, ein Concerto grosso, ein Violinkonzert, ein Klavierkonzert, ein Konzert für Fagott und Streicher, eine Legende für Cembalo und Orchester, 2 Streichquartette, ein Konzert für Klavier, Schlagzeug und Kontrabaß, Klaviermusik, Chöre und Lieder. Außerdem verfaßte er unter verschiedenen

Pseudonymen die Musik für ungefähr 30 Filme. Er veröffentlichte eine Instrumentationslehre.
Tomáš Vačkář schrieb in seiner kurzen Schaffenszeit ein Concertino für Flöte, Streicher und Klavier, eine Klaviersonate und 10 weitere Stücke für Klavier, Metamorphosen über ein japanisches Thema und ein Scherzo für Orchester sowie Lieder.

Jaroslav Ježek (1906–42)

LEBEN
Jaroslav Ježek wurde am 25.9.1906 in Prag geboren. Er war dort Schüler von Karel Boleslav Jirák und Josef Suk und studierte darauf in Paris. Ab 1939 lebte er als Komponist in den USA. Er starb am 1.1.1942 in New York.

WERKE
Neben zahlreichen Chansons, Schauspielmusiken und Jazzkompositionen schrieb Jaroslav Ježek ein Klavierkonzert, eine Fantasie für Klavier und Orchester, ein Konzert für Violine und Blechbläser, ein sinfonisches Gedicht, 2 Streichquartette, eine Violinsonate, eine Suite für Vierteltonklavier, eine Klaviersonate, eine Violinsonate, Lieder, Chöre und ein Ballett.

Tomojiro Ikenouchi (geboren 1906)

LEBEN
Tomojiro Ikenouchi wurde am 21.10.1906 in Tokio geboren. Er studierte von 1928 bis 1936 am Conservatoire in Paris unter Georges Caussade und Henri Busser. Von 1938 bis 1946 wirkte er als Professor an der Universität in Nihon und anschließend an der Hochschule für Musik und bildende Künste in Tokio.

WERKE
Von Tomojiro Ikenouchi sind eine sinfonische Suite, mehrere Orchesterstücke, ein Oktett, 2 Streichquartette, je eine Sonatine für Klavier, für Violine, für Cello und eine Ballade auf eine altjapanische Weise bekannt geworden. Er integrierte abendländische Musikfaktur sehr geschickt mit heimischer Melodik und Rhythmik.

Kees van Baaren (1906–70)

LEBEN
Kees van Baaren wurde am 22.10.1906 in Enschede, Niederlande, geboren. Er war in Berlin Schüler von Friedrich E. Koch, Rudolf Breithaupt, Alexander Fielitz und in Rotterdam von Willem Pijper. Von 1942 bis 1948 wirkte er als Theorielehrer am Musiklyzeum in Amsterdam und anschließend bis 1953 als Direktor dieser Schule, sodann bis 1958 als Leiter des Konservatoriums in Utrecht und darauf des Konservatoriums in Den Haag. Er starb am 2.9.1970 in Oegstgeest.

WERKE
Neben einer Sinfonie schrieb Kees van Baaren Variationen und weitere Stücke für Orchester, ein Klavierkonzert, ein Concertino für Klavier und Orchester, ein Septett für Violine mit Flöte, Oboe, Klarinette, Fagott, Horn und Kontrabaß, ein Bläserquintett, ein Streichquartett, ein Trio für Flöte, Klarinette und Fagott, Stücke für Klavier, für Soloflöte und für Glocken, Kantaten, Chöre und Lieder, außerdem Stücke für Schul- und Harmonieorchester. Sein Stil ist seinem Lehrer Willem Pijper verpflichtet.

Arnold Cooke (geboren 1906)

LEBEN
Arnold Atkinson Cooke wurde am 4.11.1906 in Gomersal, Yorkshire, geboren. Er studierte von 1929 bis 1932 in Berlin bei Paul Hindemith Komposition und Kontrapunktik. Im Jahr 1933 wurde er Professor für Theorie und Komposition an der Royal Manchester School of Music, 1947 Professor mit den gleichen Fächern am Trinity College of Music in London.

WERKE
Als Vertreter eines neubarocken Stils stellt

Arnold Cooke nahezu eine Seltenheit im Rahmen der Musik des 20. Jahrhunderts dar. Er war vor allem Kammermusiker, schrieb aber auch, neben einer Oper und einem Ballett, 3 Sinfonien, ein Klavierkonzert und ein Violinkonzert. Von seiner zahlreichen Kammermusik für verschiedene Besetzungen sind ein Quintett für Klarinette und Streichquartett, ein Klavierquintett, ein Quartett für Flöte, Klarinette, Cello und Klavier, ein Quartett für Blockflöte, Violine, Cello und Cembalo, 3 Streichquartette, ein Trio für Klarinette, Cello und Klavier, Sonaten für Oboe und Klavier, Klarinette und Klavier, Oboe und Cembalo und 2 Klaviersonaten, außerdem eine Ode für Soli, Chor, Orchester und Orgel, ein Liederzyklus für Sopran, Horn und Klavier sowie Lieder für Sopran, Klarinette und Klavier und für Baß und Klavier bekannt geworden.

Fernando Lopes-Graça (geboren 1906)

Leben

Fernando Lopes-Graça wurde am 17.12.1906 in Tomar, Santarém, Portugal, geboren. Er war am Konservatorium in Lissabon Schüler von José Viana da Mota (22.4.1868, São Tomé, bis 31.5.1948, Lissabon), Tomás Vaz Borba (23.11.1867, Angra do Heroísmo, Azoren, bis 12.2.1950, Lissabon) und Frederico de Freitas Branco. In Paris studierte er bei Charles Koechlin und Paul-Marie Masson (19.9. 1882, Sète, Herault, bis 27.1.1954, Paris). Anschließend lebte er in Lissabon als Musikkritiker, Lehrer an der Musikakademie, Leiter von Konzertreihen und als Komponist. Er gehört zu den repräsentativsten Gestalten des portugiesischen Musiklebens unseres Jahrhunderts.

Werke

Neben einer großen Anzahl musikgeschichtlicher, theoretischer und ästhetischer Werke schrieb Fernando Lopes-Graça eine Sinfonie, ein Tongedicht, eine Ouvertüre, ein Divertimento, Stücke für Streicher, 2 Klavierkonzerte, ein Concertino für Klavier und eines für Bratsche mit Orchester, Orchestertänze, ein Klavierquintett, ein Bläserquintett, ein Klavierquartett, 2 Streichquartette, zahlreiche Klavierwerke, Stücke für Gitarre und für Spinett, Kantaten mit verschiedener Besetzung und Begleitung, viele Lieder mit verschiedener Begleitung und Volksliedbearbeitungen. Er verfocht die zeitgenössischen Stilrichtungen in Portugal, nahm aber persönlich eine betont nationale Haltung ein, ohne der Romantik zu verfallen.

Ross Lee Finney (geboren 1906)

Leben

Ross Lee Finney wurde am 23.12.1906 in Wells, Minn., geboren. Er war Schüler von Howard Ferguson (geboren 21.10.1908, Belfast), Nadia Boulanger und Alban Berg. Er war von 1927 bis 1947 Musikprofessor am Smith College in Northampton, Mass., und unterrichtete darauf an der University of Michigan, wo er 1963 das Elektronische Musiklaboratorium und 1968 ein Forschungsinstitut für zeitgenössische Musik gründete.

Werke

Neben einem Bühnenwerk für Soli, Sprecher, Folksong Singer mit Elektrischer Gitarre, gemischtem Chor und kleines Orchester schrieb Ross Lee Finney 4 Sinfonien, 2 Orchesterkonzerte, Variationen für Orchester, 3 Stücke für Streicher, Bläser, Schlagzeug und Tonband, 2 Klavierkonzerte, ein Violinkonzert, Konzert für Schlagzeug und Orchester, ein Streichquintett, 2 Klavierquintette, ein Holzbläserquintett, 8 Streichquartette, ein Klavierquartett, ein Divertimento für Klarinette, Violine, Cello und Klavier, 2 Klaviertrios, 3 Violinsonaten, 2 Bratschensonaten, 2 Cellosonaten, zahlreiche Werke für Klavier, Fantasien für Orgel, Solostücke für Posaune, für Cello, für Violine, für Schlagzeug, Kantaten, Gesänge und Lieder mit verschiedener Begleitung und Chöre, begleitet oder a cappella.

Ninón Lapeiretta (geboren 1907)

Leben

Ninón de Brouwer Lapeiretta wurde am 4.1.

1907 in Santo Domingo, Dominikanische Republik, geboren. Sie wurde in ihrer Geburtsstadt zur Pianistin und Komponistin ausgebildet. 1953 gründete sie in Santo Domingo eine Dominikanische Konzertgesellschaft, deren Präsidentin sie seither ist. Außerdem wirkt sie als Konzertpianistin.

WERKE
Von Ninón Lapeiretta sind 2 Capricci für Blasorchester, ein Praeludium für Kammerorchester, eine Suite für Streichquartett, mehrere Klavierwerke, eine Sopranarie mit Orchester und Ballettmusik bekannt geworden. Sie verlieh der Musikentwicklung ihrer Heimat starke Impulse.

Henk Badings (geboren 1907)

LEBEN
Henk Herman Badings wurde am 17.1.1907, Java (heute Indonesien), geboren. Er studierte an der Technischen Hochschule in Delft, an der er Dozent für Paläontologie wurde. Dann nahm er bei Willem Pijper Kompositionsunterricht. Im Jahr 1934 wurde er Kompositionslehrer am Konservatorium in Rotterdam, unterrichtete ab 1935 am Musiklyzeum in Amsterdam und leitete von 1941 bis 1945 das Konservatorium in Den Haag. Seit 1961 ist er Dozent für Akustik an der Universität Utrecht, ab 1962 außerordentlicher Professor für Komposition an der Musikhochschule in Stuttgart.

Henk Badings

WERKE
Von Henk Badings sind 3 Opern und 3 Ballette aufgeführt worden. Er schrieb ferner 15 Sinfonien, 4 Violinkonzerte, ein Doppelkonzert, 2 Klavierkonzerte, 2 Cellokonzerte, 2 Flötenkonzerte, ein Saxophonkonzert und zahlreiche weitere Solokonzerte und Doppelkonzerte mit Orchester, Orgelmusik, Carillonmusik, 12 Praeludien für Gitarre, ein Trio für Flöte, Bratsche und Gitarre, 5 Sonaten für Violine und Klavier, 6 Kantaten, Chöre, Lieder für Vokalquartett mit Klavier und Sololieder. Der Komponist hatte sich als einer der ersten seines Landes von der französischen Spätromantik abgewendet und Elemente modaler und polytonaler Harmonik verarbeitet. In Erinnerung an die franko-flämische Polyphonie schachtelt er die Tonreihen. Seine akustischen Studien führten ihn zu einer Skala aus 31 Tönen, die er bei einigen seiner Kompositionen gebrauchte und damit äußerst differenzierte Klangeffekte erzielte.

Constantin Regamey (1907–82)

LEBEN
Constantin Regamey wurde am 28.1.1907 in Kiew geboren. Er lehrte an der Universität in Warschau zunächst Indologie, begann sodann als Musikkritiker zu arbeiten und in den vierziger Jahren, autodidaktisch ausgebildet, zu komponieren. Seit 1944 lebt er als Komponist in der Schweiz und unterrichtet an den Universitäten in Lausanne und Fribourg Slawistik und Orientalistik. Von 1969 bis 1973 war er Präsidiumsmitglied der IGNM. Er starb am 27.12. 1982 in Lausanne.

WERKE
Neben einer Märchenoper schrieb Constantin

Regamey Orchestervariationen, Musik für Streicher, ein »Konzert 4×5« für vier Quintette, »Autograph« für Kammerorchester, ein Quintett für Violine, Cello, Klarinette, Fagott und Klavier, ein Streichquartett, eine Sonatine für Flöte und Klavier, Orchesterlieder, Chöre mit Orchester und a cappella. Er war für die im Abendland immer mehr um sich greifende Integration asiatischer Klangvorstellungen richtunggebend.

Sándor Veress (geboren 1907)

LEBEN

Sándor Veress wurde am 1.2.1907 in Kolozsvár, Ungarn (heute Cluj, Rumänien), geboren. Er war in Budapest Schüler von Zoltán Kodály und Béla Bartók. Nach musikfolkloristischen Studien unternahm er bis 1943 ausgedehnte Forschungsreisen und lehrte anschließend bis 1948 Komposition an der Musikhochschule in Budapest. Im Jahr 1949 wurde er Gastprofessor an der Universität in Bern und 1950 Kompositionslehrer am Konservatorium.

WERKE

Neben kleineren Orchesterwerken schrieb Sándor Veress 2 Sinfonien, ein Konzert für Streichquartett und Orchester, eine Passacaglia für Oboe und Streicher, ein Violinkonzert, ein Klavierkonzert, ein Bläserquintett, 2 Streichquartette, ein Klaviertrio, ein Konzert für zwölf Streicher, eine Sonate für Solocello, Klavierwerke, Madrigale für gemischten Chor und andere Chöre, Bühnen-, Film- und Rundfunkmusik. Er publizierte mehrere musikhistorische Werke. Sein Stil ist von seinen Lehrern geprägt.

Camargo Guarnieri (geboren 1907)

LEBEN

Mozart Camargo Guarnieri wurde am 1.2. 1907 in Tietê, São Paulo, geboren. Er studierte zunächst in São Paulo, sodann bei Charles Koechlin in Paris. Er wurde Lehrer an der Musikakademie und Leiter des Städtischen Sinfonieorchesters in São Paulo, nachdem er an den Konservatorien in Santos, Uberlândia und Goiânia unterrichtet hatte. In der Musiklandschaft Brasiliens ist er bedeutend.

WERKE

Außer einer lyrischen Tragödie und einer Oper schrieb Camargo Guarnieri 4 Sinfonien, mehrere Suiten, 5 Klavierkonzerte, 2 Violinkonzerte, ein Concertino für Klavier und Kammerorchester und weitere Stücke für Kammerorchester und für Blasorchester, einen Choro für Cello und Orchester, 3 Streichquartette, 6 Violinsonaten, 4 Violinsonatinen, verschiedene Klavierwerke, Orchesterlieder, Klavierlieder und ein Ave Maria für Orgel und Singstimme. Sein Stil ist von Heitor Vila-Lobos beeinflußt.

Jean Langlais (geboren 1907)

LEBEN

Jean Langlais wurde am 15.2.1907 in La Fontenelle, Ille-et-Vilaine, geboren. Er ist seit seiner Kindheit blind und wurde im Blindeninstitut in Paris von André Marchal (6.2.1894, Paris, bis 27.8.1980, Saint-Jean-de-Luz) von 1917 bis 1930 ausgebildet. Darauf studierte er am Conservatoire bei Paul Dukas und Marcel Dupré. Ab 1945 war er Organist an Sainte-Clotilde und unternahm Konzertreisen durch Europa und Amerika. Er unterrichtete ab 1931 am Pariser Blindeninstitut und wirkte als Professor an der Schola Cantorum.

WERKE

Von Jean Langlais sind 2 Konzerte für Orgel und Streichorchester, eine Sinfonie für Blechbläser, Streichorchester und Orgel, Weihnachtsmusik für Orchester und Orgel, eine Suite für Cello und Orchester sowie zahlreiche weitere Stücke mit kammermusikalischer Besetzung und Orgel, Stücke für Orgel allein, 11 Messen, eine Missa solemnis, viele Kantaten, sakrale Chöre, Psalmen, Motetten für Singstimmen, Chöre, Orgel und andere Instrumente, Stücke für Blechbläser und für Glocken sowie A-cappella-Chöre bekannt geworden.

Hommage à Frescobaldi für Orgel, 8 Stücke, entstanden 1951

Diese Huldigung für den großen italienischen Orgelmeister Giorolamo Frescobaldi ist überwiegend polyphon. Das 1. Stück »Prélude au Kyrie« fällt durch brillante Harmonik der Oberstimmen auf. Der 2. Satz »Offertoire« ist ähnlich angelegt; nach wenigen Takten tritt das gregorianische Zitat hinzu wie vordem das »Kyrie«. Die Sätze 3 und 4, »Elévation« und »Communion«, bringen die bekannten gregorianischen Themen zu chromatischen Läufen frei rhythmisch. Ihnen folgt als 5. Satz eine »Fantaisie« in Form einer blendenden Paraphrase. Der 6. Satz »Antienne« und der 7. Satz »Thème et Variations« klingen konzertähnlich. Der »Épilogue« ist für Pedal allein geschrieben und technisch großartig, aber auch schwierig gesetzt. Erst am Ende tritt das Manual hinzu.

Elizabeth Maconchy (geboren 1907)

Leben

Elizabeth Maconchy wurde am 19. 3. 1907 in Broxbourne, Hertfordshire, geboren. Sie war von 1923 bis 1929 am Royal College of Music in London Schülerin von Ralph Vaughan Williams und ergänzte ihre Studien in Prag, Wien und Paris. Sie lebt in Shottesbrook, Boreham, Essex, und ist Vizepräsidentin der Society of Women Musicians.

Werke

Vom umfangreichen kompositorischen Werk von Elizabeth Maconchy sind bemerkenswert: 4 Opern, eine Sinfonie für Orchester, eine Sinfonie für doppeltes Streichorchester, eine Suite für Kammerorchester, ein Klavierkonzert, ein Bratschenkonzert, ein Doppelkonzert für Oboe, Fagott und Streichorchester, Dialog für Klavier und Orchester, ein Concertino für Klarinette und Streichorchester, ein Concertino für Fagott und Streichorchester, ein Oboenquintett, Variationen für Streichorchester, 10 Streichquartette, ein Gesang für Sopran mit Streichquartett, eine Ouvertüre, ein Stück für Orchester, Holz- und Blechbläser, eine Serenade für Violine und Orchester, Variationen für Oboe, Fagott, Klarinette, Horn und Streicher, ein Quintett für Klarinette und Streicher, eine Sonatine für Streichquartett, Reflexionen für Oboe, Klarinette, Bratsche und Harfe, ein Duo für Kontrabaß und Klavier, 3 Bagatellen für Oboe und Harfe, Klavierstücke, Cembalostücke und eine Anzahl Kantaten, Chöre und Sologesänge mit Instrumentalbegleitung.

Walter Kaufmann (geboren 1907)

Leben

Walter Kaufmann wurde am 1. 4. 1907 in Karlovy vary (Karlsbad), Böhmen, geboren. Er studierte zunächst in Prag und von 1926 bis 1929 an der Musikhochschule in Berlin bei Franz Schreker. Von 1926 bis 1928 wirkte er als Kapellmeister am Stadttheater in Karlovy vary und als Zweiter Kapellmeister in Cheb (Eger). Von 1934 bis 1947 war er Dirigent bei indischen Rundfunkstationen und bei der BBC, anschließend Klavier- und Kompositionslehrer am Konservatorium in Halifax, Kanada; von 1948 bis 1956 wirkte er als Dirigent in Winnipeg und anschließend als Professor für Musikwissenschaft in Bloomington, Ind.

Werke

Außer 11 Opern, einer Operette und 2 Balletten schrieb Walter Kaufmann 6 Sinfonien, eine Sinfonietta, 4 Zwölftonstücke, 2 Klavierkonzerte, ein Cellokonzert, eine Violinsonate, Klavierstücke, Bühnen- und Rundfunkmusik sowie Lieder. Er veröffentlichte Traktate über indische Musik.

Gino Contilli (1907–78)

Leben

Gino Contilli wurde am 19. 4. 1907 in Rom geboren. Er war dort Schüler der Accademia di Santa Cecilia, darauf bei Ottorino Respighi und Ildebrando Pizzetti. Von 1942 bis 1966 unterrichtete er am Istituto Musicale in Messina, dann wurde er Direktor des Liceo musicale in Genua. Er starb dort am 4. 4. 1978.

Werke

Neben einem Bühnenwerk schrieb Gino Contilli eine Sinfonie und weitere Orchesterstücke, ein Allegro für neun Instrumente, 5 dodekaphonische Studien, Stücke für Singstimme und Instrumente, 3 Kantaten, 3 Motetten a cappella und Lieder. Er war einer der ersten Italiener, die Zwölftontechnik anwendeten.

Yoritsuné Matsudaïra (geboren 1907)

LEBEN

Yoritsuné Matsudaïra wurde am 5.5.1907 in Tokio geboren. Er studierte in Paris bei Aleksandr Tscherepnin. Von 1953 bis 1955 wirkte er in Tokio als Sekretär und anschließend bis 1960 als Präsident der Gesellschaft für Neue Musik.

Sein Sohn Yoraki Matsudaïra (geboren 27.3. 1931, Tokio) lebt nach naturwissenschaftlichen Studien und Musikausbildung in seiner Geburtsstadt seinem kompositorischen Schaffen.

WERKE

Von Yoritsuné Matsudaïra sind zahlreiche Kompositionen für verschieden besetzte Ensembles – teils mit europäischen, teils mit japanischen Instrumenten –, fallweise mit Singstimmen, bekannt geworden: Konzerte, Serenaden, Tänze, Chöre, Lieder. Die verwendeten modernen Fakturen kommen einer Integration abendländischer und japanischer Musik sehr entgegen. Er verarbeitet in seine Musik Gagaku-, Kabuki- und No-Musik.

Yoraki Matsudaïra wirft zwar die Musikformen seiner Heimat nicht über Bord, läßt sie aber nur zuweilen als Reminiszenz anklingen, während er sich im übrigen voll der Avantgarde verschworen hat. Elektronik in jeder Form, Tonbänder, verschiedene Geräuschemacher beherrschen seine sehr interessanten Werke. Tonverfremdungseffekte werden häufig, aber nie ohne künstlerische Notwendigkeit herangezogen.

Antoni Spadawekkia (geboren 1907)

LEBEN

Antoni Emmanuilowitsch Spadawekkia wurde am 21.5.1907 in Odessa geboren. Er war am Konservatorium in Moskau Schüler von Wisarion Schebalin und studierte darauf bis 1944 bei Sergei Prokofjew. Anschließend wirkte er als Opernkomponist und Musiklehrer.

WERKE

Von Antoni Spadawekkia sind ungefähr 10 Opern und 2 Ballette auf die Bühnen gekommen. Er schrieb außerdem eine sinfonische Suite, eine Ouvertüre über zwei baschkirische Volkslieder, ein Klavierkonzert, ein Streichquartett, ein Trio, Lieder, Bühnen- und Filmmusik. Das unerschöpfliche Repertoire an lebendiger Volksmusik der Völker der Sowjetunion befruchtete bisher das Werk der meisten ihrer Komponisten und wird voraussichtlich weit über unser Jahrhundert hinaus ihre melodische, harmonische und rhythmische Quelle bilden.

José Siqueira (geboren 1907)

LEBEN

José de Lima Siqueira wurde am 24.6.1907 in Conceição, Brasilien, geboren. Er studierte in Rio de Janeiro an der Staatlichen Musikschule und wurde dort 1937 Dozent und später Professor für Harmonielehre, Komposition und Dirigieren. Er wirkte mit großem Erfolg als Dirigent in Brasilien, in ganz Südamerika, in den USA und in der UdSSR.

Sein Bruder Baptista Siqueira wurde am 8.7. 1906 in Princesa, Brasilien, geboren und studierte von 1928 bis 1937 in Rio de Janeiro. An der Musikschule der Stadt lehrte er Harmonielehre und Theorie und betätigte sich als Dirigent.

WERKE

Von José Siqueira sind 3 Bühnenwerke aufgeführt worden. Er schrieb außerdem 3 Sinfonien, 3 sinfonische Dichtungen, 3 Klavierkonzerte, ein Cellokonzert, 3 Streichquartette, ein Klaviertrio, eine Cellosonate, 10 Sonatinen und weitere Werke für Klavier, 3 Oratorien, eine Kantate und viele Lieder.

Baptista Siqueira schrieb 2 Opern, ein Ballett,

3 Sinfonien, 3 sinfonische Dichtungen, ein Klavierkonzert, ein Stück für Kammerorchester, 2 Streichquartette, 3 Sonaten und weitere Stücke für Klavier, eine Kantate, Klavierlieder, Chöre a cappella, eine Motette und weitere kirchenmusikalische Werke. Er war auch als Musikschriftsteller tätig. Beide hielten mit der Musikentwicklung des Jahrhunderts zögernd Schritt.

Yvonne Desportes (geboren 1907)

Leben

Yvonne Berthe Melitta Desportes wurde am 18.7.1907 in Coburg geboren. Sie studierte am Conservatoire in Paris bei Jean und Noël Gallon, Paul Dukas und Marcel Dupré und erhielt den Rompreis. Im Jahr 1943 wurde sie am selben Institut Lehrerin für Kontrapunktik und Fuge sowie für Solfeggio.

Werke

Von Yvonne Desportes sind 5 Opern und 3 Ballette aufgeführt worden. Sie schrieb außerdem 2 Sinfonien, 2 Konzerte für Schlagzeug, 3 sinfonische Dichtungen, ein Klavierkonzert, ein Trompetenkonzert, ein Violinkonzert, ein Konzert für zwei Schlagzeuge und Orchester, eine Suite für ein Schlagzeug und Orchester, ein Streichquartett, ein Requiem für Soli, Chor und Orchester, ein Konzert für zehn Instrumente, Schlagzeug und Vokalquartett, eine Kantate für Singstimmen und Schlagzeug und eine für Soli, Chor und Orchester.

Yvonne Desportes

Günter Bialas (geboren 1907)

Leben

Günther Bialas wurde am 19.7.1907 in Bielschowitz, Oberschlesien (Bielszowice, Polen), geboren. Seine erste musikalische Ausbildung erhielt er in Breslau (Wrocław), anschließend studierte er in Berlin bei Fritz Lubrich (21.6. 1888, Neustädtel [Nowe Miasteczko], bis 15.4.1971, Hamburg) und Max Trapp. Er leitete von 1945 bis 1947 den Bach-Verein in München und wurde darauf an die Musikhochschule in Detmold als Leiter einer Kompositionsklasse berufen. Von 1959 bis 1973 wirkte er in gleicher Eigenschaft an der Musikhochschule in München.

Werke

Die Kompositionen von Günter Bialas standen bis zur Mitte des Jahrhunderts unter dem Einfluß von Paul Hindemith, Igor Strawinsky und Béla Bartók. Dann verband er die überkommenen Stilelemente mit den modernen Techniken. »Ich glaube schon, daß der Gebrauch der zwölf Töne heute unumgänglich ist; es gibt keine Musik mehr von Gewicht, die noch im Dur-Moll-System geschrieben wurde«, erklärte er und setzte fort: »Ich habe mich neben den Zwölftonstudien auch mit alter und primitiver Musik beschäftigt.« Sein Schaffen ist sehr vielgestaltig und umfaßt einen breiten Sektor der Musikgattungen. Für die Bühne schrieb er 4 Spiele und ein Ballett, zahlreiche Werke für Orchester, darunter: »Romanzero«, »Invokationen«, »Kleine Sinfonie« für Flöte, Oboe, Klarinette und Streichorchester, ein Bratschenkonzert, ein Flötenkonzert, ein Klavierkonzert, ein Orgelkonzert mit Orchester, ein Violinkonzert, ein Cellokonzert, ein Klarinettenkonzert, »Jazz-Promenade« für Klavier und Orchester, Musik für Harfe und Streicher, »Drei Moments Musicaux« für Klarinette, Cello und Orchester, eine Partita für zehn Instrumente, ein Pastorale für neun Instrumente; an Kammermusik liegen außerdem vor: »Quodlibet« für sieben Instrumente und Schlagzeug, 4 Impromptus für Cello und Klavier, Moments Musicaux für Cello und Harfe und eines für Klavier, 3 Streichquartette, Trios, Sonaten und Orgelmusik. Von seinen Kantaten sind die berühmtesten: »Gesang von den Tieren«, »Indianische Kantate«, »Oraculum«, »Im Anfang«, »Symbolum«. Er verfaßte eine Anzahl Lieder und Liederzyklen und ein »Eichendorff-Liederbuch« für gemischten Chor und zwei Gitarren.

Indianische Kantate für Bariton, Kammerchor, acht Instrumente und Schlagzeug, 4 Teile, entstanden 1949

»Nichts lag mir ferner, als etwa eine Kopie der Eingeborenenmusik erreichen zu wollen. Es handelt sich nur um Anregungen aus diesem Bereich, die in dem Werk zeitgemäß umgesetzt werden und ihre Berechtigung aus der gegebenen Textvorlage herleiten.« Damit tritt der Komponist der Meinung entgegen, er habe Motive aus der indianischen Volksmusik verwendet. »Mir ging es mehr darum, die starken Impulse aufzufangen, die von der Musik der Primitiven ganz ohne Zweifel ausgehen. Sie liegen vor allem in der Art des Musizierens begründet, die auf einem direkt aus der Improvisation gezeugten Klangsatz beruht. Der Chorsatz der Kantate ist seiner Anlage nach weder polyphon noch homophon, sondern heterophon.« Der 1. Teil, »Introduktion«, ist zwölftönig. Das Material ist in zwei Sechstongruppen aufgeteilt, die entweder alternierend eingesetzt werden oder übereinandergeschichtet sich zum Zwölftonkomplex ergänzen. Im 2. Teil, »Allvater«, wird der Gott des Donners und des Krieges aufgerufen, der im 3. Teil antwortet: »Zur Zeit, wann ich will, nur dann, nur dann, liegt tot der Mann.« Im 4. Teil ziehen die Sterne singend ihre Bahn, der Gesang des Windes wird zum Symbol für das »Brüllende Land«.

Karl Höller (geboren 1907)

Leben

Karl Höller wurde am 25.7.1907 in Bamberg geboren. Er studierte ab 1926 in Würzburg bei Hermann Zilcher, von 1927 bis 1933 in München bei Siegmund von Hausegger, Joseph Haas, Emanuel Gatscher (1.12.1890, Heilbrunn, Österreich, bis 1.7.1946, München) und Hermann Waltershausen an der Musikhochschule, an der er selbst von 1933 bis 1937 als Lehrer für Orgel, Harmonielehre und Komposition wirkte. Dann wurde er Lehrer für Komposition, Dirigieren und Orgel sowie Leiter der Abteilung für Katholische Kirchenmusik an der Musikhochschule in Frankfurt am Main und darauf Leiter der Kompositionsklasse an der Musikhochschule in München, deren Präsident er von 1954 bis 1977 war.

Werke

Das kompositorische Schaffen von Karl Höller weist Einflüsse von Anton Bruckner, Max Reger, Paul Hindemith, Claude Debussy, Maurice Ravel und Igor Strawinsky auf, stellt jedoch eine eigenpersönliche Musiksprache dar, in der kontrapunktische Satzstrenge und impressionistische Klänge einander durchdringen. Es ist vorwiegend instrumental. Für Orchester schrieb er eine Sinfonie, »Vier sinfonische Sätze über gregorianische Choralmelodien«, »Sinfonische Fantasie über ein Thema von Frescobaldi«, »Hymnen«, »Heroische Musik«, »Passacaglia und Fuge« nach Frescobaldi, Fuge für Streichorchester, »Sweelinck-Variationen«, »Sonate«, »Permutationen«. Für Kammermusik liegen vor: ein Klarinettenquintett, 6 Streichquartette ein Klavierquartett, ein Klaviertrio, eine Triosonate, zahlreiche Sonaten für verschiedene Instrumente – Klavier, Cembalo, Violine, Orgel. Die Vokalmusik ist von einer Passion, einer Missa brevis, Motetten, Hymnen und anderen sakralen Gesängen vertreten.

Sweelinck-Variationen für Orchester, Thema und 10 Variationen, Opus 56, entstanden 1951

Jan Pieterszoon Sweelinck (1562–1621) hat über das altniederländische Volkslied »Mein junges Leben hat ein End', mein Freud' und auch mein

Leid« Variationen für Orgel oder Cembalo verfaßt. Der Komponist hat in besonderer Verbundenheit mit der Welt und dem Geist des alten Orgelmeisters die Variationen für Orchester neu gefaßt und daraus ein unserem Jahrhundert angepaßtes neues Werk geschaffen. Das Thema wird in neuer Harmonisierung vorgetragen. Die ersten 3 Variationen sind rein formal, dann folgen sechs, bei denen der Stimmungskreis des Liedes stark ausgeweitet wurde; bildhafte Vorstellungen niederländischer Malerei treten hinzu: die 5. Variation ist derb-tänzerisch, die 6. spukhaft, die 8. scherzoartig. Die 10. Variation entfernt sich am weitesten vom Thema und führt zu einer weltabgewandten Stimmung hin, dann klingt das Thema – dieses Mal in der Fassung des alten Meisters – zart auf und verklingt mit leisen Flötentönen.

Alexander Uria Boscovich (1907–64)

LEBEN

Alexander Uria Boscovich wurde am 16.8. 1907 in Koloszvár, Ungarn (heute Cluj, Rumänien), geboren. Er studierte in Budapest, Wien und Paris und übersiedelte 1938 nach Tel Aviv, wo er an der Musikakademie als Theorie- und Kompositionslehrer bis zu seinem Tod am 13.11.1964 wirkte.

WERKE

Nach anfänglichen Versuchen, die traditionelle jüdische Folklore nach dem Muster Béla Bartóks zu bearbeiten, drang Alexander Uria Boscovich zu einer aus den modernen Stiltendenzen gewonnenen glücklichen Neuorientierung seines Schaffens vor, die die Folklore seines Volks auf gehobenerer Ebene integrierte. Er verfaßte eine »Suita semitica« für Orchester, einen »Stufengesang«, ein Oboenkonzert, ein Kammerkonzert für Violine und Kammerorchester, ein Oboenkonzert und mehrere Kantaten. Seine letzten Werke sind von Pierre Boulez beeinflußt.

Zygmunt Mycielski (geboren 1907)

LEBEN

Zygmunt Mycielski wurde am 17.8.1907 in Przeworsk, Galizien (heute Polen), geboren. Er war Schüler von Nadia Boulanger, Paul Dukas und Karol Szymanowski. Ab 1936 wirkte er als Musikreferent, seit 1945 als Chefredakteur einer Musikzeitschrift.

WERKE

Außer 2 Balletten schrieb Zygmunt Mycielski 3 Sinfonien, ein Klavierkonzert, ein Klavierquintett und weitere Kammermusik, Klavierstücke, Lieder, Chöre, eine Kantate, Hörspiel- und Bühnenmusiken. Seinem Stil haften viele impressionistische Elemente an.

Adnan Saygun (geboren 1907)

LEBEN

Ahmed Adnan Saygun wurde am 7.9.1907 in Izmir geboren. Er bildete sich zunächst autodidaktisch aus und gab Schulunterricht. Von 1928 bis 1931 war er in Paris Schüler von Vincent d'Indy, 1946 wurde er Professor für Komposition am Konservatorium in Ankara.

WERKE

Außer 4 Opern schrieb Adnan Saygun 3 Sinfonien, 3 sinfonische Gedichte, ein Klavierkonzert, ein Violinkonzert, ein Tongedicht für Streicher, ein Bläserquintett, 3 Streichquartette, eine Partita für Solovioline, Etüden und Praeludien im Aksak-Rhythmus für Klavier, ein Oratorium, eine Ballettfeerie für Soli, Chor, Ballett und Orchester, Solfeggien in modalen Tonarten und asymmetrischen türkischen Rhythmen, weitere Klavierstücke, Chöre und Lieder. Er legte seinen Kompositionen vorwiegend türkische Volksmusik zugrunde.

Heinz Friedrich Hartig (1907–69)

LEBEN

Heinz Friedrich Hartig wurde am 10.9.1907 in Kassel geboren. Er war in Wien Schüler von Hans Gal und in Berlin von Else C. Kraus (14.9.1899, Darmstadt, bis 2.8.1979, Ascona) und Erwin Bodky (7.3.1896, Ragnit, Ostpreußen [heute Neman, UdSSR], bis 6.12.1958, Luzern), trat 1932 einen Schuldienst an, aus dem er 1933 entfernt wurde. Ab 1948 unterrichtete er an der Hochschule für Musik in Berlin Komposition bis zu seinem Tod am 16.9.1969.

WERKE

Von Heinz Friedrich Hartig ist eine Oper aufgeführt worden, eine zweite ist Fragment geblieben. Er schrieb ferner 2 Ballette, »Variationen über einen siebentönigen Klang«, »Musik für concertante Gruppen« für Orchester, ein Violinkonzert, ein Klavierkonzert, ein Gitarrenkonzert, »Komposition in 5 Phasen für Cello, Orchester, Chorstimmen und Tonband«, Quintett für Flöte, Oboe, Violine, Bratsche und Cello, Quintett für Flöte, Klarinette, Klavier und zwei Violinen, »Lamento« für Gitarre und Chor, ein Oratorium für Stimmen, Orchester und Tonband, eine Messe, Orchesterlieder und Chansons.

LITERATUR

W. Burde, Heinz Friedrich Hartig, Berlin 1967.

Ödön Partos (geboren 1907)

LEBEN

Ödön Partos wurde am 1.10.1907 in Budapest geboren. Er war dort Schüler von Jenö Hubay und Zoltán Kodály, wirkte darauf als Konzertmeister in Luzern, von 1928 bis 1933 in Berlin, das er verlassen mußte, und darauf bis 1938 in Budapest. Dann ging er nach Israel, wurde Solobratschist des Israelischen Philharmonischen Orchesters und Mitglied des Israelischen Streichquartetts und wirkt seit 1951 als Leiter der Israelischen Musikakademie und seit 1961 als Professor der Universität in Tel Aviv.

WERKE

Von Ödön Partos sind »Sinfonische Sätze«, eine sinfonische Elegie, eine sinfonische Fantasie, 2 Bratschenkonzerte, ein Rondo über ein sephardisches Thema für Kammerorchester, ein Violinkonzert, ein Bratschenkonzert, ein Stück für zwölf Harfen, ein Konzert für Flöte, Klavier und Streicher, ein Concertino für Streichquartett, Maquammat für Flöte und Streicher, ein Stück für Bratsche, Klavier und Schlagzeug, ein Concertino für Flöte und Klavier, eine Psalmvertonung für Chor und Kammerorchester, eine Fantasie über jemenitische Themen für Chor und Orchester, eine Kantate, Lieder und Gesänge bekannt geworden. Er holte sich viele Anregungen aus der Volksmusik und wandte sein Interesse auch der Musik des gesamten Orients zu; er zog die Form des Maquam mehrfach heran.

Wolfgang Fortner (geboren 1907)

LEBEN

Wolfgang Fortner wurde am 12.10.1907 in Leipzig geboren. Er war in seiner Vaterstadt Schüler von Hermann Grabner, Karl Straube und Theodor Kroyer (9.9.1873, München, bis 12.1.1945, Wiesbaden). Im Jahr 1931 ging er als Lehrer am Kirchenmusikalischen Institut nach Heidelberg, 1947 gründete er dort die Musica-viva-Konzerte. Von 1954 bis 1957 wirkte er als Kompositionsprofessor an der Musikakademie in Detmold und anschließend an der Musikhochschule in Freiburg im Breisgau; 1964 übernahm er die Leitung der Musica-viva-Konzerte in München. Seit 1957 ist er Präsident der deutschen Sektion der IGNM.

WERKE

Neben 5 Opern, 4 Balletten und einem Schulspiel schrieb Wolfgang Fortner ein Konzert für Orgel und Streichorchester, ein Konzert für Violine und Kammerorchester, eine Fantasie über die Tonfolge B–A–C–H für zwei Klaviere, neun Soloinstrumente und Orchester, »Mouvements« für Klavier und Orchester, Impromptus für großes Orchester, ein Cellokonzert, ein Klavierkonzert, ein Oboenkonzert, »Capriccio und Finale«, eine Ouvertüre, ein »Triplum« für Orchester mit drei obligaten Klavieren, Musik für Streichorchester, ein Triptychon und eine Sinfonie, »Hymnus« für drei Trompeten und drei Posaunen, 4 Streichquartette, »New Delhi-Musik« für Flöte, Violine, Cello und Cembalo, ein Klaviertrio, Inventionen für zwei Flöten, eine

Wolfgang Fortner

Suite und »Thema und Variationen« für Cello, »Toccata und Fuge«, »Präambel und Fuge« und Intermezzi für Orgel, eine Sonatine, 7 Elegien und Epigramme für Klavier, ferner ein Oratorium, zahlreiche Kantaten und oratorische Szenen, eine Messe, ein Te Deum, mehrere Chöre, Gesänge, Sololieder mit verschiedener Begleitung. Sein Kompositionsstil war anfänglich von Paul Hindemith und Igor Strawinsky beeinflußt, dann adoptierte er das Prinzip der Dodekaphonik, die er durch das »Ausschneiden eines Modus aus zwölf Tönen« und durch »Interpolieren von mehreren Reihenabschnitten auf verschiedenen Transpositionsstufen« modifizierte. Für seine musikalische Aussage bediente er sich auch der Aleatorik und der Elektronischen Musik.

Die Pfingstgeschichte nach Lukas für Tenorsolo, sechsstimmigen Chor, elf Instrumentalisten und Orgel, 3 Abschnitte, entstanden 1963

Der Solist singt die Worte des Petrus, der Chor bringt die Einwürfe des Volks. Beim Chor sind die Textwörter syllabisch auf verschiedene Stimmen verteilt. Im 1. Abschnitt trägt der Solist nach einer Orgelfantasie den Text vor, dann fällt der Chor dreimal in gesteigerter Tonstärke ein. Ähnlich wird das Erscheinen der feurigen Zungen geschildert. Nach einem Orgelinterludium fährt der Erzähler im 2. Abschnitt fort. Das Erstaunen des Volks, das in Spott übergeht, drückt der Chor mit einem Walzer-Intermezzo aus – »Sie sind voll süßen Weines«. Die Rede des Petrus, der sich zu Christus bekennt, wird von einer »Conclusio« der Orgel abgeschlossen. Im 3. Abschnitt fragt das Volk: »Was sollen wir tun?« Es wird zu Buße und Taufe aufgefordert. Der Pfingstchoral »Komm Heil'ger Geist, Herre Gott«, von Frauen- und Männerstimmen doppelchörig kontrastiert, schließt, vom Cantus firmus »Veni creator spiritus« im Orgelpedal und von Glockenklängen begleitet, das Werk ab.

Die Schöpfung, Kantate für mittlere Singstimme und Orchester, Thema und 7 Variationen, entstanden 1955

Dem Werk liegt eine Dichtung von James Weldon Johnson (1871–1938) zugrunde; im verschwenderischen Bilderreichtum seiner Sprache wird eine Fülle ungebrochenen Naturgefühls magisch transparent. Es handelt sich um eine hochpoetische Paraphrase zur Schöpfungsgeschichte, deren »Sieben Tage« durch ebenso viele Variationen über ein in der Einleitung exponiertes zwölftöniges, melodisch und rhythmisch organisiertes Material zwar nicht illustriert, aber klangpoetisch verdichtet werden. Das abschließende große Amen beruht auf einer rhythmischen Reihe von Philippe de Vitry (1291–1361), neben der eine melodische Tonfolge abläuft, so daß mittelalterliche Isorhythmie und moderne Komposition einander berühren und durchdringen.

Phantasie über die Tonfolge B–A–C–H für zwei Klaviere, neun Soloinstrumente und Orchester, 3 Teile, entstanden 1950

»Nicht nur die zwei Klaviere, sondern auch die solistischen Vertreter aller Instrumentengruppen des Orchesters sind an der Verarbeitung der Themen beteiligt. Im Gegensatz zu anderen B-A-C-H-Kompositionen sind hier diese Töne lediglich der Teil einer Zwölftonreihe, aus der das ganze Stück gebildet wird. So ist das ›Bach‹-Motiv ständig irgendwie anwesend, erscheint aber nie als thematischer Selbstzweck«, erklärte der Komponist. Im 1. Teil wird das Reihenmaterial auf verschiedene Instrumente verteilt. Ein schwungvolles Allegro folgt dem einleitenden Largo. Der 2. Teil ist ein Scherzo, die Soloinstrumente konzertieren mit den Klavieren. Trompete, Posaune und Horn leiten rezitativisch zum 3. Teil über, in dem streng polyphonische Abschnitte mit akkordischen abwechseln. In der Coda verklingen die Töne b, a, c, h.

»Mouvements« für Klavier und Orchester, 5 Abschnitte, entstanden 1953

Es liegt ein echtes Klavierkonzert vor. Seine Bezeichnung wählte der Komponist, um »sein

Offensein für die helle, lockere und differenzierte Klangwelt der französischen Musik« zu dokumentieren. Das Stück ist auf eine Zwölftonreihe gegründet, die einer genialen Behandlung unterworfen wird, so daß einzelne Intervalle und Intervallverbindungen scharf charakterprägend hervortreten und die komplexen Metren deutlich rhythmisch profiliert erscheinen. Im 1. Abschnitt »Prélude« wird die Reihe expressionistisch-farbig vorgestellt. Sie wird im 2. Abschnitt »Etude I« mit grandioser Virtuosität verarbeitet. Dazu kontrastierend bringt das »Interlude« des 3. Abschnitts ein Spiel melodischer Linien. Im 4. Abschnitt »Etude II« wird die Stimmung des 2. Abschnitts im Tempo eines Boogie-Woogie wieder aufgenommen, während der »Épilogue« auf den 1. Abschnitt Bezug nimmt.

Impromptus für großes Orchester, 2 Teile, entstanden 1957

Trotz des Titels ist das Werk sehr streng an formale Reihenprinzipien gebunden. Der 1. Teil trägt die Überschrift »Prélude«. Aus einem rhythmisch starren akkordischen Satz steigen melodische Linien, die einem Höhepunkt zustreben; die Starrheit der Struktur wird im Epilog gelöst. Im 2. Teil »Thème varié« wird ein Andantethema in sieben Variationen abgewandelt.

Triplum für kleines Orchester mit drei obligaten Klavieren, 3 Sätze, entstanden 1966

Bläser, Streicher und Schlagzeug einschließlich der drei Klaviere bilden eine dreifache instrumentale Schichtung. Die Sätze »Gioco« (Spiel), »Intermezzo« und »Quattro Variazioni« (vier Variationen: Tranquillo, Espressivo, Grazioso, Scherzando) tragen durchwegs konzertanten Charakter, die Klaviere sind zwar obligat, haben aber nicht die Funktion von Soloinstrumenten.

Immagini (Bilder) für 13 Streicher und Sopranstimme, 5 Teile, entstanden 1967

Den Spielern sind über weite Strecken rhythmische Freiheiten in Zeitfeldern von nur relativ fixiertem Verlauf belassen. Der 1. Teil »Fantasia« fixiert Haltetöne, die zuweilen durchbrochen werden. Der 2. Teil »Monodia« ist eine Studie über verschiedene Gestaltungsarten des Unisono. Nach dem kurzen »Interludio« des 3. Teils folgt eine »Quasi marcia« im 4. Teil, deren Rhythmus durch Beklopfen der Celli mit dem Bogenholz erzeugt wird. Im 5. Teil »Canto« fällt der Sopran mit den Versen des Gedichtes »Eines alten spanischen Bildwerk gedenkend« von Miroslav Krieža (geboren 1893), das sich auf das Jüngste Gericht bezieht, ein.

György Ránki (geboren 1907)

LEBEN

György Ránki wurde am 30. 10. 1907 in Budapest geboren. Er war von 1926 bis 1930 an der Musikakademie in Budapest Schüler von Zoltán Kodály. Neben fallweiser Tätigkeit als Lehrer oder als Dirigent lebt er als freischaffender Komponist in Budapest.

WERKE

Außer 7 musikalischen Bühnenwerken schrieb György Ránki ein Praeludium für Orchester, die Fantasie »1514« für Klavier und Orchester, ein Bläserquintett, ein Stück für Oboe mit Klavier und Oboe mit Kammerorchester, eine Klaviersonate, 2 Oratorien, mehrere Kantaten, ein Klagelied zur Erinnerung an Kodály für Singstimmen, Cimbalom und gemischten Chor, ungefähr 30 Bühnenmusiken und 60 Filmmusiken.

1514 – Fantasie für Klavier und Orchester, 5 Teile, entstanden 1961

Die Jahreszahl weist auf den großen ungarischen Bauernkrieg hin, den der Komponist anhand einer Holzschnittserie zu diesem Thema von Gyula Derkovits (1894–1934) darstellte. »Außer den einzelnen Bildern und der ihnen innewohnenden Bewegung wollte ich auch die dramatische Einheit und die Wirkung der historischen Kräfte darstellen, die die im Hintergrund sich drängenden Menschenmassen bewegen.«

1944, Oratorium für Baritonsolo, gemischten Chor und Kammerorchester, ein Satz, entstanden 1966

Das Werk wurde zur Zwanzig-Jahr-Feier der Befreiung Ungarns verfaßt und legt das Gedicht »A la recherche« (Auf der Suche), das Miklós Radnóti (1909–44) kurz vor seiner Hinrichtung in einem deutschen Vernichtungslager verfaßt hatte, zu Grunde. Die elegische erinnerungsreiche Stimmung der Dichtung vermittelt der Komponist in einem dramatischen Chorbild, das sich einem A-cappella-Werk nähert, weil das Instrumentalensemble die Stimmen bloß unterstützt und färbt.

Tony Aubin (1907–81)

LEBEN

Tony Louis Alexandre Aubin wurde am 8. 12. 1907 in Paris geboren. Er war am Conservatoire in Paris Schüler von Noël Gallon, Philippe Gaubert und Paul Dukas. Im Jahr 1930 erhielt er den Rompreis. Von 1944 bis 1977 wirkte er am Conservatoire in Paris als Professor für Komposition. Er starb 1981 in Paris.

WERKE
Außer einem eigenen Ballett hat Tony Aubin solche mit von anderen Komponisten entlehnten Werken Tanzabende zusammengestellt; er verfaßte auch eine Reihe von Schauspiel-, Film- und Radiomusiken. Weiters schrieb er 2 Sinfonien, ein sinfonisches Scherzo, mehrere Suiten, ein sinfonisches Bild, ein Cellokonzert, ein Streichquartett, Duette für Klavier und Fagott, für Klarinette und Klavier, für Flöte und Klavier, für Violine und Klavier, eine Sonate und andere Stücke für Klavier, Chöre und Lieder. Stilistisch stehen diese Werke im Schatten von Paul Dukas und Maurice Ravel, sind aber wegen ihres sonoren Klanges sehr schätzenswert.

Roman Palester (geboren 1907)

LEBEN
Roman Palester wurde am 28. 12. 1907 in Śniatyń (heute Snjatin, Ukraine) geboren. Er studierte in Lemberg (Lwiw) bei Adam Sołtys und in Warschau bei Kazimierz Sikorski. Im Jahr 1925 siedelte er nach Paris über, wo er mit der Gruppe der »Six« in Verbindung kam. Nach einem neuerlichen Aufenthalt von einigen Jahren in Polen ließ er sich 1947 endgültig in Paris nieder.

WERKE
Neben einer Oper und 2 Balletten schrieb Roman Palester 4 Sinfonien, eine Sinfonietta, eine Sinfonie für zwei Streichorchester, ein Adagio für Streicher, ein Konzert für zwei Klaviere und Orchester, ein Concertino für Cembalo und Kammerensemble, ein Konzert für Kammerorchester, Orchestervariationen, ein Violinkonzert, Metamorphosen für Orchester, eine Suite für Oboe und Streichtrio, 2 Streichtrios, ein Trio für Flöte, Harfe und Bratsche, Duette für zwei Violinen, Préludes für Klavier, 3 Sonette für Sopran und Kammerorchester, eine Messe, ein Te Deum für zwei gemischte Chöre und Kammerorchester, ein Requiem, Chorwerke, Lieder, Musik für Bühne, Funk und Film sowie die musikalische Handlung »Don Juans Tod«. Er war sehr stark von Igor Strawinsky beeinflußt und legte bei seinem Schaffen größten Wert auf lebhafte Rhythmik und klassizistisch strengen Formbau.

Menahem Avidom (geboren 1908)

LEBEN
Menahem Avidom wurde am 6. 1. 1908 in Iwano-Frankowsk, Galizien (heute Ukraine), geboren. Er studierte in Beirut, dann in Paris bei Henri Rabaud und, nach einer Tätigkeit als Lehrer in Alexandria und Kairo, am Konservatorium in Tel Aviv. Im Jahr 1946 wurde er Generalsekretär des Israelischen Philharmonischen Orchesters. Er lebt als freier Komponist in Ramat Gan, Israel.

WERKE
Außer 5 Opern schrieb Menahem Avidom 9 Sinfonien, eine Sinfonietta, ein Stück für Streicher, 2 Suiten, ein sinfonisches Triptychon, ein Flötenkonzert, ein Concertino für Violine und Orchester, 2 Streichquartette, ein Blechbläserquartett, ein Stück für fünf Bläser, Schlagzeug und Klavier, ein Triptychon für Solovioline, ein Stück für zwei Flöten und 12 Praeludien für Klavier.

Pavel Šivic (geboren 1908)

LEBEN
Pavel Šivic wurde am 2. 2. 1908 in Radovljica, Slowenien, geboren. Er war ab 1931 am Konservatorium in Ljubljana Schüler von Janko Ravnik (geboren 7. 5. 1891, Bohinjska Bistrica, Slowenien) und Slavko Osterc, sodann am Konservatorium in Prag von Vilém Kurz (23. 12. 1872, Havlíčkův Brod, bis 25. 5. 1945, Prag), Josef Suk und Alois Hába. Ab 1939 unterrichtete er Komposition an der Musikakademie in Ljubljana und wirkte zugleich als Konzertpianist und als Begleiter.

WERKE
Außer etlichen Bühnenstücken schrieb Pavel Šivic ein Divertimento für Klavier und Orchester, »Interpunktionen« für Klavier, Klarinette und Vibraphon, ein Klaviertrio, Duos für Klavier mit Violine, mit Oboe, mit Saxophon, für Klavier eine Zwölftonsuite, eine Sonate und weitere Stücke, zahlreiche Kantaten mit Orchester, Chöre, Lieder, Bühnen- und Filmmusik.

Gerald Strang (geboren 1908)

LEBEN
Gerald Strang wurde am 13.2.1908 in Claresholm, Kanada, geboren. Er war Schüler von Charles Koechlin, Arnold Schönberg und Ernst Toch. Darauf arbeitete er an verschiedenen kalifornischen Colleges und Universitäten, bis er 1969 in Los Angeles Dozent für Elektronische Musik wurde.

WERKE
Von den zahlreichen Werken von Gerald Strang, bei denen fallweise die modernsten Techniken Anwendung fanden, sind zu erwähnen: 2 Sinfonien, ein Concerto grosso, ein Cellokonzert, ein Intermezzo, ein sinfonisches Bild für Orchester, ein Stück für drei Schlagwerker, eine Sonate für Flöte solo und Computermusik.

Eugen Kapp (geboren 1908)

LEBEN
Eugen Arturowitsch Kapp wurde am 13.5. 1908 in Astrachan geboren. Im Jahr 1947 wurde er, nachdem er seine Ausbildung am Konservatorium in Tallinn absolviert hatte, an derselben Anstalt Professor und 1952 Direktor. Von 1944 bis 1966 war er Vorsitzender des estnischen Komponistenverbandes.
Sein Vater Artur Kapp (16.2.1878, Livland, bis 14.1.1952, Suure Jaani, Estland) studierte am Konservatorium in St. Petersburg Orgel und Komposition, leitete von 1904 bis 1920 die Musikschule in Astrachan und wirkte darauf als Dirigent am Estonia-Theater und als Lehrer am Konservatorium in Tallinn bis zu seinem Tod.

WERKE
Neben 4 Opern und 2 Balletten schrieb Eugen Kapp 3 Sinfonien, 6 Orchestersuiten, ein Klavierkonzert, 2 Streichquartette, 5 Kantaten, Klavierstücke, Chöre, Lieder, Bühnen- und Filmmusik.
Artur Kapp schrieb 3 Sinfonien, 2 Orgelkonzerte, eine Rhapsodie für Klavier und Orchester, ein Doppelkonzert für Klarinette und Horn, ein Streichsextett, Orgelstücke, ein Oratorium, Kantaten, Chöre und Lieder.

Lars-Erik Larsson (geboren 1908)

LEBEN
Lars-Erik Vilner Larsson wurde am 15.5.1908 in Åkarp, Malmöhus-län, geboren. Er studierte von 1925 bis 1929 an der Musikakademie in Stockholm und ergänzte seine Ausbildung in Wien bei Alban Berg. Ab 1937 wirkte er als Dirigent am schwedischen Rundfunk bis 1954; von 1947 bis 1959 war er Kompositionsprofessor an der Musikhochschule in Stockholm, von 1961 bis 1965 wirkte er als Director musices an der Universität in Uppsala, seitdem lebt er als freischaffender Komponist in Helsingborg.

WERKE
Neben einer Oper und einem Ballett schrieb Lars-Erik Larsson 3 Konzertouvertüren, eine Sinfonietta für Streicher, eine Suite, ein Divertimento für Kammerorchester, 12 Concertini für Streicher, eine lyrische Fantasie und weitere Orchesterstücke, ein Violinkonzert, ein Saxophonkonzert, ein Cellokonzert, ein Bläserquintett, 2 Streichquartette, eine Aubade für Oboe und Streichtrio, Duos mit verschiedener Besetzung, eine Missa brevis, eine Intrada solemnis für gemischten Chor, Orgel und Blechbläser, Kantaten und Lieder. Sein Stil ist nur wenig an die Moderne angenähert.

Jan Zdeněk Bartoš (geboren 1908)

Leben

Jan Zdeněk Bartoš wurde am 4.6.1908 in Dvůr Králové, Böhmen, geboren. Er studierte von 1935 bis 1939 in Prag bei Otakar Šin und anschließend bei Jaroslav Křička. Seit 1956 leitet er die Musikabteilung des tschechoslowakischen Schul- und Unterrichtsministeriums und unterrichtet am Konservatorium Komposition und Theorie.

Werke

Von Jan Zdeněk Bartoš wurden 2 Opern, eine Operette und 3 Ballette aufgeführt. Er schrieb außerdem 4 Sinfonien, eine Kammersinfonie, ein Divertimento für neun Bläser, ein Kammerkonzert für Oboe und Streicher, ein Bratschenkonzert, eine Suite für Bratsche, Kontrabaß und neun Bläser, ein Capriccio für Cello und Orchester, ein Hornkonzert, Konzertouvertüren, 8 Divertimenti für Bläser, 3 Bläserquintette, 9 Streichquartette, 2 Klaviertrios, ein Streichtrio, eine Fantasie für Violine und Klavier, Klavierwerke, Kantaten, Liederzyklen, Chöre und Bühnenmusiken.

Hugo Distler (1908–42)

Leben

Hugo Distler wurde am 24.6.1908 in Nürnberg geboren. Von 1927 bis 1933 studierte er in Leipzig bei Günther Ramin Orgel, bei Franziska Martienssen-Lohmann (6.10.1887, Bromberg [Bydgoszcz, Poznan], bis 2.2.1971, Düsseldorf) Klavier und Hermann Grabner Komposition. Anschließend wirkte er bis 1937 als Organist der Jakobikirche in Lübeck, sodann bis 1940 als Leiter des Hochschulchors und als Kompositions- und Orgellehrer an der Musikhochschule in Stuttgart. In gleicher Eigenschaft war er darauf in Berlin tätig. Die sich ständig verschärfende Verfemung seitens der offiziellen Lenker des Musiklebens veranlaßte ihn, am 1.11.1942 seinem Leben ein Ende zu setzen.

Werke

Die Instrumentalwerke von Hugo Distler bestehen nur aus seinem berühmten Cembalokonzert, einer Sonate für zwei Violinen und Klavier, einer Sonate für zwei Klaviere, Orgelpartiten und Choralbearbeitungen, kleinen Klavierstücken, 30 Spielstücken und einer Sonate für Orgel. Um so umfangreicher ist sein Vokalwerk, für das er, anknüpfend an neubarocke Tendenzen der Orgel- und Chorbewegung in den zwanziger Jahren, einen rhythmisch-melodischen, gelockerten Chorstil entwickelte, der sich vom Wortduktus herleitete. Er schrieb eine sechsstimmige Choralmesse, eine Choralpassion, »Die Weihnachtsgeschichte für vierstimmigen Chor, Sopran und vier Vorsänger«, zahlreiche Motetten und Kantaten, Gesänge und Lieder.

Cembalokonzert, Opus 14, 3 Sätze, entstanden 1936
Dieses Konzert, das als einer der wertvollsten Beiträge zur Literatur für Cembalo und Orchester gilt, wurde als »Muster volksfremder entarteter Musik« in einer Wanderausstellung dem Publikum vorgestellt. Der 1. Satz verschmilzt vorklassische Gestaltungsprinzipien mit neuen Kompositionstechniken und bringt eine sehr ausdrucksstarke Toccata, die mit einer Kadenz des Cembalo und einer raschen Coda endet. Im 2. Satz herrscht freies Zeitmaß; er ist horizontal und vertikal chromatisch angelegt; schmerzliche Fortissimokulminationen kennzeichnen die Stimmung. Im Finale wird die Melodie von Samuel Scheidt (1587–1654) »Ei du feiner Reiter« dreizehnmal variiert; sie wird vielfältig figuriert oder cantus-firmusmäßig bearbeitet. Der Satz schließt mit einer Wiederholung der besonders schwungvollen zehnten Variation.

Gunnar de Frumerie (geboren 1908)

Leben

Per Gunnar Fredrik de Frumerie wurde am 20.7.1908 in Nacka bei Stockholm geboren. Bereits mit 10 Jahren trat er zum ersten Mal als Pianist vor die Öffentlichkeit. Er war am Konservatorium in Stockholm Schüler von Ernst Henrik Ellberg und Lennart Arvid Lundberg, in Wien von Emil Sauer (8.10. 1862, Hamburg, bis 27.4.1942, Wien) und in Paris bei Alfred Denis Cortot. Er wirkt seit 1945 an der Musikhochschule in Stockholm als Klavierlehrer.

Gunnar de Frumerie

Werke

Außer einer Oper und einem Ballett schrieb Gunnar de Frumerie ein Melodram, sinfonische Variationen, ein Divertimento, 2 Klavierkonzerte, ein Doppelkonzert für zwei Klaviere, Variationen für Klavier und Orchester, eine sinfonische Ballade für Klavier und Orchester, ein Violinkonzert, 2 Flötenkonzerte, ein Trompetenkonzert, 2 Klavierquartette, eine Partita für Streicher, ein Konzert für Klarinette und Streicher, ein Concertino für Oboe und Streicher, zahlreiche Kammermusik, Klaviermusik, Chorwerke, Gesänge und Lieder. Der Komponist huldigte anfänglich dem Neuklassizismus, ging aber bald zur Spätromantik über.

Daniel Ayala Pérez (geboren 1908)

Leben

Daniel Ayala Pérez wurde am 21.7.1908 in Abalá, Yucatán, Mexiko, geboren. Er studierte an der Musikschule in Mérida und am Konservatorium in Mexiko, an dem er dann neben seiner Tätigkeit als Violinist selbst unterrichtete.

Werke

Den meisten Kompositionen von Daniel Ayala Pérez liegen musikalisches Material und Legendenstoffe aus der Mayaperiode zugrunde. Er schrieb eine sinfonische Dichtung, 5 Suiten, ein Stück für Kammerensemble und indianische Schlagzeuge, ein Quartett für Oboe, Klarinette, Fagott und Klavier, einen »Tanz« und »Fünf kleine Stücke« für Streichquartett, Klavierwerke, mehrere Kantaten in Mayasprache für Singstimmen, Kammerorchester und indianische Schlaginstrumente und Lieder. Er ist den Spätromantikern zuzuordnen.

Miloslav Kabeláč (1908–79)

Leben

Miloslav Kabeláč wurde am 1.8.1908 in Prag geboren. Nach Studium an der Technischen Hochschule war er von 1928 bis 1935 Schüler des Konservatoriums in Prag. Bereits während seines Studiums kam er 1932 als Dirigent zum Prager Rundfunk. Ihm oblag die Wiedergabe zeitgenössischer und alter Musik. Von 1946 bis 1955 leitete er den gesamten Musikbetrieb des Rundfunks. Ab da widmete er sich allein seinem kompositorischen Schaffen. Er starb am 17.9.1979 in Prag.

Werke

Von Miloslav Kabeláč sind 8 Sinfonien mit stark variierender Besetzung bekannt geworden – für Streicher und Schlagzeug, für Orgel, Blechbläser und Pauken, für Kammerorchester, für vokalisierenden Sopran und Orchester, für Klarinette und Orchester, für Sprecher und Orchester, für Antiphonen. Er schrieb ferner eine Sinfonietta, 2 Ouvertüren, eine Suite, eine Passacaglia, »Improvisationen«, eine Fantasie für Klavier und Orchester, ein Bläsersextett, Duette mit verschiedener Besetzung, 8 Inventionen und 8 Ricercari für Schlagzeug, zahlreiche Klavierwerke und Orgelstücke, Kantaten, Chöre, Lieder mit Orchester und mit Klavier sowie Bühnenmusik.

Kurt Hessenberg (geboren 1908)

Leben

Kurt Hessenberg wurde am 17.8.1908 in Frankfurt am Main geboren. Von 1927 bis 1931 studierte er am Konservatorium in Leipzig bei Günter Raphael und Robert Teichmüller. Ab 1933 wirkte er als Theorielehrer am Hochschen Konservatorium in Frankfurt am Main, wo er 1942 Dozent und 1953 Professor für Komposition wurde.

Werke

Kontrapunktik, Prägnanz, Formdisziplin sind die Prinzipien des auf dem Boden der Tradition organisch fußenden, polyphon inspirierten kompositorischen Schaffens von Kurt Hessenberg. Er schrieb 3 Sinfonien, eine konzertante Musik für zwei Streichorchester, eine Sinfonietta für Streicher, ein Kammerkonzert für Cembalo und Streicher, ein Klavierkonzert, ein Konzert für zwei Klaviere und Orchester, 5 Streichquartette, ein Klavierquartett, ein Divertimento für Flöte, Violine und Klavier, 3 Streichtrios, ein Klaviertrio, Stücke für Klavier mit Flöte, mit Oboe, mit Klarinette, mit Horn, mit Fagott, eine Suite für Flöte und Klavier, 2 Flötensonaten, 2 Klaviersonaten, eine Cellosonate, Sonate und Divertimento für Violine und Klavier, eine Anzahl Klavierstücke, 35 Praeludien für Clavichord oder Klavier, mehrere, sehr viel gespielte Orgelkompositionen, 7 Kantaten, 2 Motetten, verschiedene Chorwerke – darunter ein Psalmentriptychon – und zahlreiche Lieder.

Triosonate in B-Dur für Orgel, Opus 56, 3 Sätze

Der 1. Satz ist formal wie eine Triosonate von Johann Sebastian Bach strukturiert und bringt heitere Stimmung. Der langsame 2. Satz hat betont schlichte Melodiebildung und wird von einem thematisch rhythmischen Motiv beherrscht. Das Finale ist fugiert und voll Elan. Auch im Orgelsatz bewahrt der Komponist seine traditionelle Haltung.

Eugen Suchoň (geboren 1908)

Leben

Eugen Suchoň wurde am 25.9.1908 in Pezinok, Slowakei, geboren. Er studierte in Preßburg und Prag. Von 1933 bis 1941 unterrichtete er an der Musikakademie in Preßburg, sodann bis 1947 am Konservatorium und darauf bis 1953 an der Slowakischen Universität. Anschließend wirkt er als Professor an der Pädagogischen Hochschule in Preßburg.

Werke

Von Eugen Suchoň sind 2 Opern auf die Bühnen gekommen. Er schrieb ferner eine »Balladeske Suite« und »Metamorphosen« für Orchester, eine rhapsodische Suite für Klavier und Orchester, eine symphonische Fantasie für Orgel, Streicher und Schlagzeug, eine Fantasie für Violine und Orchester, eine Serenade und 6 Stücke für Streicher, ein Streichquartett, ein Klavierquartett, ein Sonate, eine Sonatine und ein »Gedicht« für Klavier und Violine, verschiedene Klavierwerke, eine Anzahl Kantaten, Gesänge, Chöre, ein Melodram, Filmmusik und Volksliedbearbeitungen.

Psalm des Karpatenlandes, Kantate für Tenor, gemischten Chor und Orchester, Opus 12, 3 Teile, entstanden 1938

Es handelt sich um die bedeutendste vokal-sinfonische Komposition der slowakischen Musik. Text und Musik bilden ein monumentales Bild von Elend, Erniedrigung und Sehnsucht des slowakischen Volks; geschrieben unter dem Eindruck der Anzeichen der sich nähernden Tragödie der kommenden Jahre. Das Orchester spielt eine dominierende Rolle im Ausdruck der balladesken Dramatik, die stellenweise sehr bittere Lyrik ist den Sängern überlassen, die rezitierend, referierend den Ausdruck des Orchesters verdeutlichen, bis sich im 3. Teil Stimmen und Instrumente zu einem Hymnus der Hoffnung erheben.

Marin Goleminow (geboren 1908)

Leben

Marin Petrow Goleminow wurde am 29.9.1908 in Kjustendil, Bulgarien, geboren. Er studierte zunächst in Sofia, sodann in Paris an der Schola Cantorum bei Vincent d'Indy, sodann in München bei Carl Ehrenberg und Joseph Haas. Hernach leitete er das Kammerorchester von Radio Sofia. Im Jahr 1943 wurde er Direktor und Kompositionsprofessor des Konservatoriums in Sofia.

Werke

Außer einer Oper, einer Operette und einem Ballett schrieb Marin Goleminow 2 Sinfonien, ein sinfonisches Gedicht, »Sinfonische Variationen«, »Fünf Skizzen« für Streicher, ein Klavierkonzert, ein Violinkonzert, ein Cellokonzert, 2 Bläserquintette, 3 Streichquartette, Chöre und Lieder. Er veröffentlichte mehrere musikwissenschaftliche Werke. Sein Stil hält die Mitte zwischen den älteren bulgarischen Komponisten, deren Werke noch in der Folklore verwurzelt waren, und den zeitgenössischen, die den Anschluß an die russische und an die neuere Musik gefunden hatten.

Enrique de Marchena y Dujarric (geboren 1908)

Leben

Enrique de Marchena y Dujarric wurde am 13.10.1908 in Santo Domingo, Dominikanische Republik, geboren. Neben seinem Universitätsstudium war er Schüler des Liceo Musical in Santo Domingo. Von 1927 bis 1941 war er als Musikkritiker tätig, und ihm oblag gleichzeitig intensive folkloristische Forschung. Von 1947 bis 1954 wirkte er als Gesandter der Dominikanischen Republik in Washington und wurde anschließend Delegierter bei der UNO. Von 1966 bis 1969 war er Botschafter in Bonn und in der Schweiz.

Werke

Das kompositorische Werk von Enrique de Marchena y Dujarric ist stark von den französischen Impressionisten beeinflußt. Es umfaßt eine sinfonische Dichtung, eine Suite, ein Violinkonzert, ein Flötenkonzert, eine Serenade für Violine und Orchester, ein Divertimento für Oboe und Streicher, eine Violinsonate, 12 Praeludien und 12 Nokturnen für Klavier, 2 Praeludien für Orgel, Gesänge für Singstimme mit Orchester und mit Klavier.

Geirr Tveitt (geboren 1908)

Leben

Geirr Tveitt wurde am 19.10.1908 in Hardanger, Norwegen, geboren. Er studierte in Paris, Leipzig und Wien und lebte anschließend als freischaffender Komponist in Oslo, bis er 1958 als Berater zum Norwegischen Rundfunk beigezogen wurde.

Werke

Von Geirr Tveitt sind 5 Opern und 3 Ballette auf die Bühnen gekommen. Er schrieb ferner 6 Klavierkonzerte, ein Doppelkonzert für zwei Klaviere, 2 Harfenkonzerte, ein Violinkonzert, je ein Konzert für Hardangerfidel, für Viola d'amore, für Saxophon, für Streichquartett mit Orchester, 2 sinfonische Dichtungen, ungefähr 100 Orchesterstücke, denen Hardanger Volksmusik zugrunde liegt, Kammermusikwerke, Klavierstücke und zahlreiche Romanzen für Singstimmen.

Franco Margola (geboren 1908)

Leben

Franco Margola wurde am 30.10.1908 in Orzinuovi, Brescia, geboren. Er studierte am Konservatorium in Parma bei Guido Guerrini (12.9.1890, Faenza, bis 13.6.1965, Rom) und Carlo Jachino (3.2.1887, San Remo, bis 23.12. 1971, Rom) und schließlich bei Alfredo Casella. Darauf wurde er Kompositionslehrer an der Accademia di Santa Cecilia in Rom. Von 1960 bis 1962 leitete er das Konservatorium in Cagliari und wirkt seitdem als Kompositionslehrer in Parma.

Werke

Außer einer Oper schrieb Franco Margola 2 Sinfonien und eine weitere für Streicher, eine Partita und ein Konzert für Streicher, ein Cellokonzert, ein Hornkonzert, ein Doppelkonzert für Violine, Klavier und Streicher, eine Fantasie für Cello und Streicher, eine Passacaglia für Orchester und eine für Streicher, Schlagzeug und Klavier, ein kleines Konzert für Oboe und Streicher, 9 Streichquartette, 4 Violinsonaten, 5 Cellosonaten,

4 Stücke für Flöte und Gitarre und weitere Kammermusik. Sein Stil ist gemäßigt zeitgenössisch.

Olivier Messiaen (geboren 1908)

Leben

Olivier Eugène Prosper Charles Messiaen wurde am 10.12.1908 in Avignon geboren. Mit 11 Jahren trat er in das Conservatoire in Paris ein und studierte unter Marcel Dupré, Paul Dukas, Jean und Noël Gallon sowie Maurice Emmanuel. Im Jahr 1931 wurde er Organist an Saint-Trinité in Paris, ab 1936 unterrichtete er daneben an der École Normale de Musique und an der Schola Cantorum, 1942 wurde er Professor für Rhythmik und Instrumentation am Conservatoire.

Werke

Frankreich konnte des gewonnenen Krieges nicht froh werden. Währungsabwertung, Wirtschaftskrise, Lohnkämpfe, politische Auseinandersetzungen und die ungewisse Zukunft trieben manchen zu einer Verinnerlichung, zu einem Abwenden von der Realität und zur Suche nach einer transzendenten Wirklichkeit. Krieg und Kriegsgefangenschaft hatten den Hang des Komponisten Olivier Messiaen verstärkt, lieber dem Gesang der Vögel zu lauschen als den Stimmen der Menschen, und vertieften seine Gewißheit, daß Geborgenheit und Glück nur in außerirdischen Regionen zu finden seien. Wenn nun ein Künstler als religiöser Mensch strukturiert ist oder durch äußere Umstände dazu geworden ist, gibt er seiner Kunst in vielen Fällen jene Jenseitsrichtung, die ihn des Diesseitigen entrückt, und nimmt seine Eingebung als Offenbarung und als Bestätigung seiner Haltung. Immer schon wurde den Vögeln eine Himmelsnähe zugeschrieben und ihr Singen als Botschaft von oben gedeutet, und den von keinem Rationalismus gehemmten Riten und Kommunikationsmethoden, mit denen Asiaten ihre Beziehung zu irrationalen Welten herzustellen meinen, werden ähnliche Wertungen beigemessen. Für den Wert eines Kunstwerks sind Anlaß und Zielrichtung

Olivier Messiaen

irrelevant. Doch eine derartige gegenseitige Durchdringung von Religiosität und Künstlertum, wie es die Werke von Olivier Messiaen präsentieren, hebt sie über jede sakrale Kunst, die doch immer nur Bestandteil sakraler Vorgänge sein kann, in eine Sphäre, in der Musik zur Religion und diese zur Musik wird. Die Umwelt hat den Komponisten mit viel Spott überschüttet; die Identifizierung von Religion und Musik ist für nicht wenige – angeblich Musikkenner und angeblich Religiöse – unfaßbar; sie entzieht sich auch den Versuchen einer Analyse, weil sie ein Phänomen eigener und vermutlich unwiederholbarer Art ist, vergleichbar vielleicht nur den Anfängen unserer abendländischen Musik, als Steine und Säulen der Dome zu klingen begannen und uns Tonfolgen hinterließen, von deren Monumentalität auch wir Heutigen noch ergriffen werden; vergleichbar vielleicht deshalb, weil dieser Meister unserer Zeit nur an die Stelle der Bauten die gesamte Natur setzt und mit allen erreichbaren Klangkombinationen und Rhythmen eine ähnliche Wirkung erzeugt. Zur Melodik und Rhythmik der Vögel, die sein ganzes Werk durchziehen, traten altindische, altgriechische und altsüdamerikanische Rhythmen, Anregungen der Zeitgenossen wie der Meister aller Epochen bis zur Gregorianik zurück; daraus bildete sich ein Stil mit neuen Tonleitern und neuer Zeitauffassung, die den herkömmlichen Begriff des musikalischen Tempos sprengte, ein Stil, dessen epochale Wirkung in der Komposition mehrerer Zeitgenossen bereits ihren Niederschlag fand, sich aber im kommenden Jahrzehnt erst auf die Weiterentwicklung unserer Musik richtunggebend auswirken wird. Von seinen Orchesterwerken ist die »Turangalîla-Symphonie« allem als das größte und bedeutendste Werk voranzustellen; daran reihen sich die Kammersinfonie Esquisses japonaises Sept Haïkaï, »Die Himmelfahrt«, »Et expecto resurrectionem mortuorum« (Und ich erwarte die Auferstehung der Toten) für Bläser und Schlagzeug, »Erwachen der Vögel« und »Exotische Vögel« für Klavier und Orchester, ein Klavierkonzert, »Von den Schluchten zu den Sternen«, für Orchester, »Farben der himmlischen Stadt« für Klavier, Bläser und Schlagzeug, »Einfacher Gesang einer Seele«, »Sinfonische Meditationen«. Aus der Fülle kammermusikalischer Werke mit verschiedener Besetzung ist das »Quartett auf das Ende der Zeiten« für Violine, Klarinette, Cello und Klavier hervorzuheben. Dazu sind viele Werke für Soloinstrumente – vor allem für Klavier – zu stellen, auch die Kompositionen für Ondes Martenot wie die vierteltönigen »Zwei Monodien« und »Feste der schönen Gewässer«. An Vokalmusik liegen das Oratorium »La transfiguration« für Chor und Orchester vor, weiters Chöre, begleitet und a cappella, Motetten, »Hawawi«, 12 Klavierlieder aus dem Persischen, und weitere Gesänge. Sein größtes Orgelwerk ist »Meditationen über das Geheimnis der Heiligen Dreieinigkeit«; weitere Kompositionen für Orgel: »Die Geburt des Herrn«, »Die verherrlichten Leiber«, »Die Pfingstmesse« und mehrere kleinere trugen bei, die Orgelmusik unserer Zeit zu revolutionieren.

»Turangalîla-Symphonie« für Soloklavier, Ondes Martenot und Orchester, 10 Teile, entstanden 1948

Der 1. Teil »Introduction« dieses »Liebeshymnus« bringt das Statuenmotiv (»von Posaunen geblasene schwere Terzen, furchterregend wie drohende Statuen«) und das Blumenmotiv (»zweistimmig von Klarinetten geblasen, zart wie Orchideen, schmuck wie Fuchsien und biegsam wie Lilien«). Im »Liebesthema« kommt es nach einer Klavierkadenz zur Übereinanderschichtung zweier Ostinati, ein Gamelan und eine vierte Episode mit Blechbläsern und Klavierakkorden bilden die vierte Episode. Der 2. Teil »Liebeslied I« hat Refrainform mit zwei Couplets und einer Durchführung. Im 3. Teil »Turangalîla I« erklingen vier kompliziert verarbeitete Themen, die die geistige Liebe schildern. Der 4. Teil »Liebeslied II« stellt in neun Abschnitten die sinnliche Liebe dar. Der 5. Teil »Freude des Blutes der Sterne« ist ein ekstatischer Freudentanz. Der 6. Teil »Garten des Liebesschlafs« bringt eine weit ausschwingende Paraphrase über das »Liebesthema«. Der 7. Teil »Turangalîla II« bringt zwei Orchestersätze, der erste ist eine Gegeneinanderführung von Ondes Martenot und Blechbläsern, der zweite verwendet das »Akkordthema«. Der 8. Teil »Entwicklung der Liebe« stellt eine Liebe dar, die stetig wächst bis in das Unendliche. Der 9. Teil »Turangalîla III« beinhaltet einen rhythmischen Modus aus 17 Werten, auf fünf Schlaginstrumente verteilt, der mit Streicherakkorden koloriert ist. Im 10. Teil »Finale« erklingt eine Fanfare und darauf das »Liebesthema«.

Couleurs de la cité céleste (Farben der himmlischen Stadt) für Klavier, Bläser und Schlagzeug, ein Satz, entstanden 1964

Zu jenseitsverheißenden Textstellen der Apokalypse stellt der Komponist zehn Farbmischungen wie Topas-Gelb, Smaragd-Grün, Amethyst-Violett, Sardonyx-Rot usw. entsprechenden Tonfarben und Tonhöhen gegenüber und überlagert die Klänge mit seinen gewohnten Kompositionselementen – griechische und indische Rhythmen, Vogelstimmen, gregorianische Anklänge. Damit will er eine Vision jenseitiger Herrlichkeit erwecken.

Et exspecto resurrectionem mortuorum« (Und ich erwarte die Auferstehung der Toten) für 18 Holz- und 18 Blechbläser und Metallschlaginstrumente, 5 Teile, entstanden 1964

Das Werk ist dem Andenken der Toten beider Weltkriege gewidmet und fußt auf Bibelworten, die auf das Thema »Auferstehung« bezogen sind. Das melodische Geschehen dominiert entweder in der Form einstimmiger, kräftig instrumentierter Linien oder über dichten Bläserchorälen mit einem von Gongs und Tamtams geschaffenen Klanggrund.

Réveil des oiseaux (Erwachen der Vögel) für Klavier und Orchester, 4 Teile, entstanden 1953

Es handelt sich um eine Wiedergabe originaler Vogelstimmen, intervallisch vergrößert. Um

»Mitternacht« beginnt es mit dem Solo der Nachtigall, dann folgen, von den Instrumenten meisterhaft nachgeahmt, etliche Nachtvögel bis zur Dämmerung »Vier Uhr morgens«, bei der eine Schar nach der anderen erwacht und ihren Morgengesang anstimmen. Bei »Sonnenaufgang« wächst die Anzahl der Sänger noch stärker an. Erst »Mittag« tritt eine große Stille ein; zwei Buchfinken, ein Buntspecht und ein ferner Kuckucksruf beenden das Konzert.

Oiseaux exotiques (Exotische Vögel) für Klavier und Orchester, 13 Abschnitte, entstanden 1956

Das Werk stellt ohne bestimmten Zeitablauf die Stimmen außereuropäischer Vogelwelt dar. Das Naturporträt ist nach dem Vorbild des Gamelan zweischichtig gestaltet. Zu den polyphonen Sätzen, die die Vogelstimmen wiedergeben, tritt eine nach indischen Rhythmen und griechischen Metren gebildete, strophisch gegliederte Schlagzeugpartie. Beide Schichten entfalten sich in völliger Unabhängigkeit voneinander.

Esquisses japonaises Sept Haïkaï (Japanische Skizzen) für Klavier, Xylophon, Marimba, zwei Klarinetten, eine Trompete und Orchester, 7 Sätze, entstanden 1962

Selbst notiertes Vogelstimmenmaterial und Eindrücke historischer japanischer Musik bildeten für den Komponisten die musikalische Realität Japans. Es sind keine Haïku-Gedichte herangezogen, sondern ihre prägnante Kürze und ihr Stimmungsgehalt zum Vorbild genommen. Nach einer ruhigen statischen »Introduktion« folgt eine landschaftliche Schilderung »Der Park von Mara und die Steinlaternen«, sodann eine Kadenz, in der die Vogelstimmen im Wald beim »Yamanaka«-See vernehmbar werden. Im 4. Satz »Gagaku« erklingt die vornehme höfisch-steife Musik des 7. Jahrhunderts. Der 5. Satz »Mayajima und der Torii-Torbogen am Meer« schildert farbenprächtig einen Shinto-Tempel mit seinem Getriebe. Im 6. Satz »Die Vögel von Karaizawa« wird eine Reihe japanischer Vögel mit ihrem Gesang vorgeführt. Im 7. Satz »Coda« treten indianische Rhythmen auf; zum Abschluß kommt er auf das melodische Material des 1. Satzes zurück.

Chronochromie für Orchester, 7 Teile, entstanden 1960

In diesem Werk ist die Absicht des Komponisten, rhythmische Abläufe durch instrumentale Färbung zu kennzeichnen, konsequent realisiert. Stränge von Zeitwerten verlaufen übereinander und bringen eine Schicht synchron ablaufender Resonanzakkorde ins Spiel; dazu erklingen fallweise rhythmisch freie Vogelrufe. Anhand der verschiedenen Klangfarben wird die Orientierung in den übereinandergeschichteten melodischen Linien mit ihren speziellen Rhythmen ermöglicht. Das Geniale an dem Ganzen ist jedoch, daß das gesamte Klangbild improvisatorisch wirkt und die mathematisch genaue Anlage kaum erkennen läßt.

Quatuor pour la fin du temps (Quartett auf das Ende der Zeiten) für Klavier, Klarinette, Violine und Cello, 8 Sätze, entstanden 1940

Es handelt sich um eines der seltsamsten und widersprüchlichsten Kammermusikwerke aller Epochen. Es hat keinerlei Berührungspunkte mit den klassischen Vorbildern. Die einzelnen Sätze tragen programmatische Überschriften: 1. Satz »Kristallne Liturgie« geht vom 10. Kapitel der Apokalypse Johannes' aus und bringt auf die Spitze getriebene ostinate Wirkungen. Der 2. Satz »Vokalise für den Engel, der das Ende der Zeiten ankündigt«, schildert den Engel in seiner Macht und läßt gleichzeitig den Frieden im Himmel ahnen. Die Zeit mit ihrer Traurigkeit und ihren Mißlichkeiten wird im 3. Satz »Abgrund der Vögel« dargestellt. Die Vögel wohnen jenseits der Zeit und bilden das Ziel unserer Sehnsucht nach Licht und Freude. Das »Interludium« des 4. Satzes ist ein Scherzo. Im 5. Satz »Lobpreisung der Ewigkeit Jesu« kommt es zu einer großartigen Entfaltung des melodischen Materials. Im »Tanz der Wut« des 6. Satzes entwickelt sich eine kaum noch zu steigernde polyrhythmische Konstruktion. »Verwirrung der Regenbogen für den Engel, der das Ende der Zeiten verkündet« stellt der 7. Satz vor, der das musikalische Geschehen in höhere Sphären zu heben scheint. »Der Lobgesang auf die Unsterblichkeit Jesu« schließt das Werk triumphal ab.

»La transfiguration de Notre-Seigneur Jésus-Christ« (Verklärung unseres Herrn Jesus Christus), Oratorium für zehnstimmigen gemischten Chor, sieben Instrumentalsolisten und Orchester, 2 Teile zu je 7 Sätzen, entstanden 1969

»In diesem Werk werden verschiedene Aspekte des Mysteriums der Verklärung Christi nacheinander durch ein Mosaik von lateinischen Texten vergegenwärtigt«, erklärte der Komponist. Bibeltexte, Sätze aus den Paulus-Briefen und aus den Schriften von Thomas von Aquin werden aneinandergereiht. Den chorisch einstimmigen Evangelienberichten der Sätze 1, 4, 8, 11 folgen je zwei kommentierende Meditationsabschnitte: Sätze 2, 3 – 5, 6 – 9, 10 – 12, 13. Die Sätze 7 und 14 schließen mit homophonen Schlußchorälen die beiden Teile ab. Diese monumentale Komposition mit einem Riesenaufgebot an Sängern und Instrumenten ist streng architektonisch und gedanklich gebunden und bildet daher eine stilistisch überzeugende Einheit.

Méditations sur le Mystère de la Sainte Trinité (Meditationen über das Geheimnis der Heiligen Dreieinigkeit) für Orgel, 9 Teile, entstanden 1971

Dieses große Orgelwerk des Komponisten ist wie seine anderen Kompositionen für dieses Instrument von jeder Tradition völlig verschieden. In den neun Meditationen bezeichnet er mittels eines musikalischen, auf Grund der deutschen Tonbenennung zusammengestellten Alphabets ihre jeweilige theologische Aussage.

La nativité du Seigneur (Die Geburt des Herrn), 9 Meditationen für Orgel, entstanden 1935

Trotz der programmatischen Überschriften der neun Meditationen haben diese keinen epischen Charakter. Es handelt sich um selbständige »Tongemälde des jeweiligen vom Betrachtungsgegenstand angeregten Meditationsablaufs«. Die Themen lauten: Die Jungfrau und das Kind; Die Hirten; Ewige Bestimmung; Das Wort; Die Kinder Gottes; Die Engel; Jesus nimmt das Leiden auf sich; Die Heiligen Drei Könige; Gott unter uns.

Messe de la Pentecôte (Pfingstmesse) für Orgel, 5 Teile, entstanden 1950

Im 1. Teil »Introitus« – Die feurigen Zungen – werden sämtliche griechischen Versfüße verwendet und durch verschiedene Notenwerte jeweils verlängert oder verkürzt. Der 2. Teil »Offertorium« – Alles was sichtbar und unsichtbar ist – besteht aus sieben Abschnitten und einer Coda, die das Thema abwandeln. Im 3. Teil »Consecration« – Die Gabe der Weisheit – verwendet das Halleluja der gregorianischen Pfingstmesse, Hindurhythmen und differenzierte Tonfarben. Im 4. Teil »Communio« – Die Vögel und die Quellen – hört man Vogelgesang, das melodische Aufschlagen von Wassertropfen und interessantes akkordisches Spiel. Im 5. Teil »Exitus« – Der Sturmwind des Geistes – wird der Sturm plastisch dargestellt, darauf erklingt der Gesang einer Lerche mit einer äußerst exakten rhythmischen Kombination. Als Abschluß wird das Oratoriumthema fortissimo im Pedal wieder aufgenommen und von einer Toccata überlagert.

Elliot Carter (geboren 1908)

Leben

Elliot Cook Carter wurde am 11. 12. 1908 in New York geboren. Er studierte bis 1932 an der Harvard University und anschließend bis 1935 bei Nadia Boulanger in Paris. Während des Zweiten Weltkriegs wirkte er als Musikoffizier und von 1960 bis 1962 als Kompositionsprofessor an der Yale University. Ab 1967 unterrichtet er am Technologischen Institut in Cambridge, Mass., und an der Juilliard School of Music in New York.

Werke

Neben 2 Balletten schrieb Elliot Carter eine Sinfonie, ein Orchesterkonzert, Orchestervariationen, ein Klavierkonzert, ein Doppelkonzert für Cembalo, Klavier und 2 Kammerorchester, ein Bläserquintett, ein Bläserquartett, eine Improvisation für vier Pauken, eine Sonate für Cello und Klavier, eine Sonate für Flöte, Oboe, Cello und Cembalo, eine Suite für vier Altsaxophone, 2 Streichquartette, eine Elegie für Bratsche und Klavier und eine Klaviersonate. Er ist gemäßigt avantgardistisch.

William Wordsworth (geboren 1908)

Leben

William Brocklesby Wordsworth wurde am 17. 12. 1908 in London geboren. Er studierte an der Universität Edinburgh bis 1938 unter Donald Francis Tovey. Anschließend ließ er sich als freischaffender Komponist in Hindhead, Surrey, nieder. Seit 1961 lebt er in Kincraig, Inverness.

Werke

Neben zahlreichen Kompositionen für Bühne, Funk und Schule schrieb William Wordsworth 5 Sinfonien, eine Sinfonietta, eine »Sinfonia« für Streicher, eine Ouvertüre, »Jubilation« und »Conflict« für Orchester, 2 schottische Skizzen für Kammerorchester, ein Klavierkonzert, ein Violinkonzert, ein Cellokonzert, ein Quintett für Violine, Bratsche, Cello, Kontrabaß und Klavier, ein Quartett für Flöte, Oboe, Harfe und Cembalo, 6 Streichquartette, ein Trio für zwei Celli und Klavier, Werke für Klavier mit Violine, mit Bratsche, mit Cello, mit Oboe und mit Horn, Sonaten für Cello solo und für Klavier, eine Fantasie für Orgel, ein Oratorium, eine Hymne und Lieder. Sein Stil ist wenig fortschrittlich.

Elie Siegmeister (geboren 1909)

LEBEN
Elie Siegmeister wurde am 15. 1. 1909 in New York geboren, wo er bei Wallingford Riegger studierte. Von 1927 bis 1931 ergänzte er seine Ausbildung in Paris bei Nadia Boulanger. In die USA zurückgekehrt, unterrichtete er an verschiedenen Schulen, gründete 1940 eine Chorvereinigung, mit der er bis 1945 das Land bereiste, und wirkt ab 1950 in New York als Professor und Orchesterdirigent.

WERKE
Außer ungefähr 10 Werken für die Musikbühne schrieb Elie Siegmeister 3 Sinfonien, eine Ouvertüre, eine »Prärielegende«, ein Klarinettenkonzert, ein Flötenkonzert, ein Sextett für Blechbläser und Schlagwerk, 3 Streichquartette, 5 Sonaten für Violine und Klavier, eine Sonate für Klarinette und Klavier und eine für Fagott und Klavier, eine Sonate für Cello solo, mehrere Sonaten und weitere Werke für Klavier, Chöre und Lieder. Er ist ein typischer Vertreter der amerikanischen Gegenwartsmusik.

Klarinettenkonzert, 4 Sätze, entstanden 1955
Obschon der Komponist nie Jazz gespielt hatte, ließ er in manchen seiner Werke Jazzelemente, besonders im Rhythmus, einfließen. Der 1. Satz wird von einer langen rhapsodischen Melodie des Solisten eröffnet, die streckenweise Blues-Charakter aufweist. Nach einem lebhaften Mittelstück schließt der Satz mit einer nachdenklichen Passage ab. Der 2. Satz ist ein spritziges Scherzo, das Zimbal, Becken und Große Trommel rhythmisch eröffnen, dann folgt ein elegantes Klarinettenthema. Der Satz ist voll überraschender Wechsel der Rhythmen und Motive, die am Ende, wie in Luft aufgelöst, verstummen. Der 3. Satz bringt einen Blues ohne dessen üblichen Akkorde und Taktmuster, so »roh wie möglich«. Das Finale ist ein Kehraus mit gehäuften Jazzelementen.

Mihály Hajdu (geboren 1909)

LEBEN
Mihály Hajdu wurde am 30. 1. 1909 in Orosháza, Ungarn, geboren. Er studierte an der Musikhochschule in Budapest bei Zoltán Kodály. Darauf wirkte er als Pianist, bis er 1949 an der Hochschule Klavierlehrer und 1961 Professor wurde.

WERKE
Außer einer Oper schrieb Mihály Hajdu ein sinfonisches Gedicht, eine Suite, ein Klavierkonzert, ein Concertino für Cello und Streicher, ein Klarinettenkonzert, mehrere Streichquartette, ein Bläsertrio, ein Klaviertrio, ein Streichtrio, Variationen und Rondo sowie eine Sonatine für Cello und Klavier, Stücke für Flöte und Klavier, eine Klaviersonate, Chöre und Lieder. Sein Stil ist von seinem Lehrer abhängig.

Harald Genzmer (geboren 1909)

LEBEN
Harald Genzmer wurde am 9. 2. 1909 in Bremen-Blumenthal geboren. Bis 1928 studierte er neben und nach seinen Gymnasialjahren in Marburg an der Lahn Orgel, Klavier und Tonsatz bei Hermann Stephani (23. 6. 1877, Grimma, bis 3. 12. 1960, Marburg an der Lahn). Sodann war er an der Musikhochschule in Berlin Schüler von Paul Hindemith, außerdem von

Harald Genzmer

Curt Sachs und Georg Schünemann (13.3. 1884, Berlin, bis 2.1.1945, Berlin). Ab 1937 unterrichtete er an der Volksmusikhochschule in Neukölln, im Jahr 1946 wurde er Kompositionsprofessor in Freiburg im Breisgau, 1957 trat er eine Professur an der Akademie der Tonkunst in München an.

WERKE

Außer 2 Balletten schrieb Harald Genzmer 3 Sinfonien, eine »Sinfonische Musik«, eine Konzertsuite, 2 Orchesterkonzerte, ein Capriccio für Kammerorchester, ein Divertimento für Blasorchester, eine Sinfonietta, eine Introduktion und eine Sonatine für Streicher, 2 Trautoniumkonzerte, ein Klavierkonzert, 2 Cellokonzerte, 2 Flötenkonzerte, ein Bratschenkonzert, ein Orgelkonzert, ein Concertino für Klavier, Flöte und Streicher, ein Kammerkonzert für Oboe und Streicher, ein Kammerkonzert für Violine und Orchester, ein Konzert für Harfe und Streicher, ein Konzert für Trompete und Streicher, ein Nonett, ein Septett, ein Bläsersextett, ein Bläserquintett, ein Bläserquartett, 2 Streichquartette, ein Quartett für Klarinette, Violine, Cello und Klavier, ein Quartett für Violine, Bratsche, Cello und Kontrabaß, 2 Klaviertrios, ein Trio für Harfe, Flöte und Bratsche, 3 Sonaten und eine Sonatine für Violine und Klavier, 2 Sonaten für Bratsche und Klavier, eine Sonate und eine Sonatine für Cello und Klavier, 2 Sonaten für Flöte und Klavier, Sonatinen für Trompete, für Klarinette, für Horn mit Klavier und für Fagott mit Klavier, ein Divertissement für Flöte und Violine, eine Sonate für Harfe und Cello, zahlreiche Stücke für Soloinstrumente und Orgelwerke, überdies eine Messe, verschiedene Kantaten für Chöre und Solostimmen mit Instrumentalbegleitung, Orchester- und Klavierlieder und Liederzyklen. Sein Stil war anfänglich sehr Paul Hindemith verpflichtet, dann bildete er freiere persönliche Fakturen heraus, die neuen kompositorischen Elementen wie Polytonalität, Polyrhythmie nicht aus dem Weg gingen.

Cellokonzert, 3 Sätze, entstanden 1950

Der 1. Satz ist sonatenförmig angelegt. Der Solist intoniert das Hauptthema und bringt auch das

Anfang des 5. Satzes aus dem Konzert für Mixturtrautonium und großes Orchester von Harald Genzmer, Autograph

lyrische Seitenthema. Nach der Reprise und einer virtuos angelegten Kadenz des Cellos endet der Satz mit einer Stretta. Im 2. Satz erklingt eine weit ausholende Kantilene des Solisten, deren lyrische Aussage vom Englischhorn unterstrichen wird. Das Finale ist musikantisch brillant, witzig und munter.

Flötenkonzert, 3 Sätze, entstanden 1954

Im motorisch drängenden 1. Satz, in dem die Taktarten ständig wechseln, erhält der Solist Gelegenheit zu virtuoser Entfaltung. Im 2. Satz trägt die Flöte eine weit ausschwingende und kunstreich ausgesponnene Kantilene vor, die durch einen kräftigen Mittelteil vom Tutti unterbrochen wird. Das Finale ist virtuos und prächtig wie der 1. Satz.

Ljubica Marić (geboren 1909)

LEBEN

Ljubica Marić wurde am 18.3.1909 in Kragujevac, Serbien, geboren. Sie studierte in Belgrad und am Konservatorium in Prag bei Josef Suk und Alois Hába. 1945 wurde sie Dozentin und 1957 Professor an der Musikakademie in Belgrad.

WERKE

Für Orchester schrieb Ljubica Marić eine Passacaglia, ein »Byzantinisches Konzert« für Klavier und Orchester, außerdem ein Bläserquintett, ein Streichquartett mit Harfe und Klavier, ein Streichquartett, Klavierstücke und einige sehr klangvolle Kantaten. Sie entfernt sich deutlich von der serbischen Folklore und gewinnt damit den Anschluß an die abendländische Musik unserer Zeit.

Julius Gaidelis (geboren 1909)

LEBEN

Julius Gaidelis wurde am 5.4.1909 in Daugeliškis, Litauen, geboren. Er studierte von 1931 bis 1937 bei Juozas Gruodis am Konservatorium in Kaunas und von 1952 bis 1954 in Boston, Mass., bei Carl McKinley; nach sechsjährigem Aufenthalt in Deutschland wirkte er in den USA als Organist und Chorleiter.

WERKE

Neben einer Oper und einem Ballett schrieb Julius Gaidelis 6 Sinfonien, 5 sinfonische Dichtungen, 4 Streichquartette und 3 Kantaten. Er machte sich um die Verbreitung litauischer Musik sehr verdient.

Olavi Pesonen (geboren 1909)

LEBEN

Olavi Samuel Pesonen wurde am 8.4.1909 in Helsinki geboren. Er studierte an der Universität seiner Geburtsstadt und wirkte von 1933 bis 1946 dort als Schulmusiker, sodann bis 1955 als Lehrer an der Sibelius-Akademie und gleichzeitig von 1935 bis 1941 als Chordirigent und 1946 bis 1955 als Organist. Von 1956 bis 1959 war er Lektor an der Pädagogischen Hochschule und ist seitdem der obersten finnischen Schulbehörde beigeordnet.

WERKE

Von Olavi Pesonen sind 2 Sinfonien, eine Suite, eine Ouvertüre und ein Melodram bekannt geworden. Er schrieb ferner zahlreiche Chöre und Orgelstücke. Sein Stil ist ziemlich konservativ.

Herbert Murrill (1909–52)

LEBEN

Herbert Henry John Murrill wurde am 11.5.1909 in London geboren. Er war von 1925 bis 1928 an der Royal Academy of Music in London Schüler von York Bowen und Alan Dudley Bush und studierte anschließend bis 1931 am Worcester College in Oxford bei William Harris (28.3.1883, London, bis 6.9.1973, Petersfield, Hampshire) und Ernest Walker. Im Jahr 1933 wurde er Kompositionsprofessor an der Royal Academy of Music in London und nach vorangegangener Assistententätigkeit 1950 Musikalischer Leiter bei der BBC. Er starb am 25.7.1952 in London.

WERKE

Neben einer Jazzoper und einem Ballett schrieb Herbert Murrill »Ländliche Tänze« für Streicher, 2 Cellokonzerte, ein Streichquartett, ein Capriccio für Cello und Klavier, »Vier französische Wiegenlieder« für Cello oder Bratsche und Klavier, eine Sonate für Blockflöte oder Querflöte und Cembalo oder Klavier, mehrere Chorwerke, Klavierwerke, Orgelstücke, Lieder, Film- und Bühnenmusik.

Alfred Uhl (geboren 1909)

LEBEN

Alfred Uhl wurde am 5.6.1909 in Wien geboren. Von 1927 bis 1931 studierte er bei Franz Schmidt an der Musikakademie seiner Geburtsstadt. Anschließend lebte er als freischaffender Komponist vorwiegend von Filmmusik in Zürich, Paris, Berlin, Amsterdam und Istanbul. Er wirkt seit 1945 als Professor für Komposition an der Akademie für Musik und darstellende Kunst in Wien.

WERKE

Neben einer Oper schrieb Alfred Uhl unter anderem eine »Konzertante Symphonie für Klarinette und Orchester«, die Orchesterwerke: »Sinfonischer Marsch«, »Vier Capricen«, »Concerto a ballo«; für Streichorchester: »Introduktion und Variationen über eine Melodie aus dem 16. Jhdt.«, »Allerlei Spielmusik« – für Spielmusikgruppen, ein Bläseroktett, 2 Streichquartette, das Frühwerk »Trio für Geige, Bratsche und Gitarre«, »10 Stücke für Sologitarre«, »Divertimento für drei Klarinetten und Baßklarinette«, 48 Etüden für Klarinette, 15 Etüden für Fagott, 50 Etüden für Viola, »Drei Stücke für Flöte und Gitarre«, Chöre a cappella, das oratorische Musikdrama »Gilgamesch« und die heitere Kantate »Wer

Alfred Uhl

einsam ist, der hat es gut«. Seine Musik verläßt die Tonalität nicht, geht aber bis an ihre Grenzen und schöpft alle ihre Möglichkeiten, falls es die musikalische Situation verlangt, aus; musikantische Frische, tiefernstes Empfinden, Klangschönheit, Prägnanz der Formen und hinreißende Rhythmen reihen Alfred Uhl zu den Spitzenkräften der österreichischen Musiklandschaft des 20. Jahrhunderts. Sein Werk könnte als Wegweiser aus der Vielfalt der Stile, Techniken und Experimente für die Zukunft dienen, denn es gehört keiner »Richtung«, keinem »Fortschritt« und keinem »Rückgriff« an, sondern erfüllt die Forderung, die an einen Tonsetzer zu stellen ist, nämlich daß er Musik macht, und nichts als das.

Gilgamesch, Oratorisches Musikdrama für Singstimmen, gemischten Chor, Orchester und Orgel, entstanden 1956, revidiert 1968

Dem Werk liegt das babylonisch-assyrische Heldenepos über den sumerischen König Gilgamesch von Uruk zugrunde, das den ältesten Sintflutbericht beinhaltet. Mit dramatischen Dialogen und mächtigen Chorstellen wird der Handlungsablauf in seiner archaischen Monumentalität vorgestellt. Die expressive Musik ist keinesfalls illustrierend; sie verstärkt und unterstreicht zwar das dramatische Geschehen, eröffnet jedoch parallel immaginative und emotionale Räume von nahezu überdimensionaler Weite, so daß sie neben diesem Schatz antiker Epik zum ebenbürtigen Werk gleicher Aussagekraft wird.

Wer einsam ist, der hat es gut, heitere Kantate für Soli, gemischten Chor und Orchester, 2 Teile, entstanden 1960

Dieser Kantate liegen Gedichte von Wilhelm Busch (1832–1908), Christian Morgenstern und Joachim Ringelnatz (1883–1934) zugrunde. Beide Teile der 26 Nummern werden von einer lustigen Ouvertüre eingeleitet, dann folgen skurrile, gutmütig ironische Dichterverse mit ihrer bekannten Hintergründigkeit, die der Komponist kongenial nachvollzieht, ergänzt, ausmalt und belächelt.

Konzertante Sinfonie für Klarinette und Orchester, 3 Sätze, entstanden 1943

Es liegt eine Mischung von Konzert, Sinfonie und Spielmusik vor. Der 1. Satz hat Sonatenform und bringt eine prächtige Kadenz der Klarinette. Im 2. Satz erklingt eine gefühlvolle Kantilene, die einem Trauergesang nahe kommt. Ein überschäumendes Rondofinale jedoch verscheucht alle trüben Gedanken.

Vier Capricen für Orchester, entstanden 1945, Neufassung 1970

Die 1. Caprice »Musikanten« ist eine reizende, unbekümmerte Spielmusik. Die 2. Caprice »Fahrende Sänger« ist voll utrierter Kantilenen. Die 3. Caprice »Gaukler« verwandelt ihr Thema mit virtuosen Überraschungseffekten. In der letzten »Caprice« herrschen Improvisation und Parodie; verstaubte Ballettmusik wie banale Werkelmusik werden deutlich karikiert.

Jubiläumsquartett, 5 Stücke, entstanden 1960

Dieses Streichquartett wurde zum hundertfünfzigjährigen Bestehen der Gesellschaft der Musikfreunde in Wien verfaßt. Es markiert in seinen Sätzen je eine Musikepoche. Der 1. Satz gibt sich lebhaft und klassisch, der 2. Satz frühromantisch gefühlsreich, der 3. Satz spätromantisch episch, der 4. Satz impressionistisch malerisch und der 5. Satz modern, mit kurzem Rückblick auf die »gute alte Zeit«.

Divertimento für drei Klarinetten und Baßklarinette, 3 Sätze, entstanden 1943

Deutlich profilierte Thematik, prägnante Rhythmik und schönes Ausspielen der Motive kennzeichnen dieses interessante Werk, das in allen drei Sätzen die Möglichkeiten der Instrumente glänzen läßt.

Kleines Konzert für Viola, Klarinette und Klavier, 3 Sätze, entstanden 1936

Der 1. Satz hat Sonatenform und bringt eine Kadenz für Bratsche und Klarinette, die die klanglichen und virtuosen Möglichkeiten der Instrumente voll ausschöpft. Der 2. Satz entwickelt eine einteilige Liedform ohne Reprise, deren Grundstimmung voll Geheimnisse ist. Das Finale ist ein von hellem Humor durchdrungenes Rondo.

Erwin Dressel (1909–72)

LEBEN

Erwin Dressel wurde am 10.6.1909 in Berlin geboren. Er studierte dort bei Wilhelm Klatte und Paul Juon. Von 1927 bis 1928 wirkte er als Musiklehrer am Schauspielhaus in Hannover, arbeitete sodann als freier Pianist und Arrangeur für Rundfunksendungen und von 1946 bis 1947 als Musikleiter an der »Jungen Bühne« in Hamburg. Anschließend war er als Solorepetitor an der Staatsoper und als freier Mitarbeiter am Rundfunk in Berlin tätig. Er starb am 17.12.1972 in Berlin.

WERKE

Neben einer Oper schrieb Erwin Dressel 4 Sinfonien, eine Cassation, ein »Caprice fantastique«, eine Serenade, ein Konzert für Oboe, Klarinette und Fagott mit Orchester, ein Klarinettenkonzert, ein Doppelkonzert für Sopran- und Altsaxophon, ein Bratschenkonzert, ein Klavierkonzert, 2 Streichquartette, ein Quartett für Oboe, Violine, Bratsche und Cello, ein Trio für Klarinette, Horn und Fagott, ein Streichtrio, 3 Gesänge, Lieder und Unterhaltungsmusik. Er ist Neuklassizist.

Bernhard Hamann (1909–68)

LEBEN

Bernhard Hamann wurde am 21.6.1909 in Hamburg geboren. Er war an der Hochschule für Musik in Berlin Schüler von Gustav Havemann (15.3.1882, Güstrow, bis 2.1.1960, Schöneiche bei Berlin). Anschließend wurde er Erster Konzertmeister des NDR-Sinfonieorchesters und Professor an der Hochschule für Musik in Hamburg, wo er am 27.1.1968 starb.

WERKE

Von Bernhard Hamann sind eine »Symphonische Impression«, ein Cellokonzert, ein Violinkonzert, ein Rondo, ein Notturno und ein »Spiel der Wellen« für Violine und Orchester, 3 Streichquartette, Werke für eine, für zwei und für drei Violinen bekannt geworden. Er veröffentlichte 36 Violinetüden. Er gehörte zu den Meistern des modernen Violinspiels.

Paul Constantinescu (1909–63)

LEBEN

Paul Constantinescu wurde am 30.6.1909 in Ploieşti, Rumänien, geboren. Er war am Konservatorium in Bukarest Schüler von Mihail Jora, Dimitrie Cuclin und Constantin Brăiloiu (13.8.1893, Bukarest, bis 20.12.1958, Genf) und in Wien von Joseph Marx. Im Jahr 1935 wurde er Professor für Musiktheorie an der Musikakademie in Bukarest, wo er ab 1941 bis zu seinem Tod am 20.12.1963 am Konservatorium als Kompositionsprofessor wirkte.

WERKE

Außer 2 Opern schrieb Paul Constantinescu 2 Sinfonien, eine Sinfonietta, eine Rhapsodie, eine »Choreografische Dichtung«, ein Konzert für Streicher, ein Klavierkonzert, ein Violinkonzert, ein Harfenkonzert, ein Tripelkonzert für Violine, Cello und Klavier, eine Burleske für Klavier und Orchester, Streichquartette, eine Toccata für Klavier, 2 »Byzantinische Oratorien« und Filmmusik.

Konzert für Streichorchester, 3 Sätze, entstanden 1955

Dieses Konzert ist eine vom Komponisten vorgenommene Bearbeitung eines Streichquartetts aus 1947. Der 1. Satz ist sonatenförmig angelegt. Sein Thema ist der rumänischen Volksmusik entnommen und wird anfänglich von Bratschen und Celli intoniert. Als zweites Thema tritt eine sangliche Melodie hinzu. Im 2. Satz bringt das Orchester unisono ein klagendes Thema, das die Not des rumänischen Volks im Verlauf seiner Vergangenheit ausdrücken soll; zwei Nebenthemen kommentieren die bewegte Klage. Der 3. Satz bringt fröhliche, stark rhythmisierte Volkstanzweisen, die ihre Schönheit und Vitalität vermitteln.

Klavierkonzert, 3 Sätze, entstanden 1952

Mit großer Meisterschaft sind in diesem Werk rumänische Volksweisen verarbeitet und zuweilen sogar zitiert. Der 1. Satz wird von einer pathetischen Einleitung eröffnet. Dann erklingt ein fröhliches Volksliedthema, dem ein daraus gebildetes zweites Thema mit heroischen Gesten gegenübergestellt wird. Der 2. Satz hebt eine teils lyrische, teils episch-dramatische Doină auf sinfonische Ebene. Das Finale ist ein fröhlicher Volkstanz.

Freie Variationen über eine byzantinische Weise aus dem 13. Jahrhundert für Cello und Orchester, 2 Teile, entstanden 1951

Diese 1940 für Cello und Klavier konzipierten Variationen wurden vom Komponisten nachträglich für Harfe, zwei Hörner, Gong und Streicher instrumentiert. Im 1. Teil wird das Originalthema vom Cello nahezu rezitierend vorgetragen und dann rhythmisch und melodisch alteriert. Die Harmonisierung wird von parallelen Quarten und Terzen bestritten, dem byzantinischen Organum. Im 2. Teil wird aus dem Thema ein Cantus firmus, den die Streicher begleiten und echoähnlich imitieren.

Georgi Muschel (geboren 1909)

Leben

Georgi Aleksandrowitsch Muschel wurde am 16.7.1909 in Tambow geboren. Er war von 1930 bis 1936 Schüler am Konservatorium in Moskau unter Nikolai Mjaskowski, Michail Gnessin und Lew Nikolajewitsch Oborin (29.8.1907, Moskau, bis 5.1.1974, Moskau) und unterrichtete anschließend am Konservatorium in Taschkent.

Werke

Das kompositorische Schaffen von Georgi Muschel befaßt sich vorwiegend mit usbekischen Themen, so daß es für die usbekische Musikkultur eine wichtige Rolle spielt. Er schrieb eine Oper, 3 Ballette, 3 Sinfonien, 6 Klavierkonzerte, ein Violinkonzert, 2 Klavierquintette, einige Klavierwerke, Romanzen, Lieder und Bühnenmusik.

Jenö Vécsey (1909–66)

Leben

Jenö Vécsey wurde am 19.7.1909 in Céce, Ungarn, geboren. Er war in Budapest von 1930 bis 1935 Schüler von Zoltán Kodály und studierte sodann in Wien. Ab 1942 arbeitete er an der Ungarischen Nationalbibliothek, wo er 1945 Leiter der Musikabteilung wurde. Er starb am 19.9.1966 in Budapest.

Werke

Außer einem Ballett schrieb Jenö Vécsey eine sinfonische Dichtung und ein sinfonisches Konzert, ein Concertino für Klavier mit Orchester und eines mit Kontrabaß mit Orchester, ein Streichsextett, ein Streichquartett und Bagatellen für zwei Klaviere. Er veröffentlichte eine Anzahl musikhistorischer Werke.

Gaston Litaize (geboren 1909)

Leben

Gaston Gilbert Litaize wurde am 11.8.1909 in Ménil-sur-Belvitte, Vosges, geboren. Er war am Conservatoire in Paris Schüler von Marcel Dupré, Georges Caussade, Henri Busser und Maurice Emmanuel. Zunächst wirkte er nach seiner Ausbildung als Organist an Saint-Léon in Nancy, darauf an Saint-Cloud in Paris; schließlich wurde er Organist an Saint-François-Xavier in Paris, leitet daneben die kirchenmusikalischen Sendungen des Französischen Rundfunks und unterrichtet am staatlichen Blindeninstitut, in dem er, selbst blind, erzogen wurde. Er unternahm zahlreiche Konzertreisen in Westeuropa, den USA und Kanada.

Werke

Neben einem Concertino für Klavier und kleines Orchester, Stücken für Oboe und Klavier sowie für Klarinette und Klavier, einer Klaviersonate, 2 Klaviersuiten und mehreren Liedern verfaßte Gaston Litaize nur Orgelkompositionen. Er schrieb eine Sinfonie für Orgel und Orchester, zahlreiche Orgelstücke – darunter mehrere Messen und weitere liturgische Werke –, mehrere große Messen für Soli,

Chor und Orgel und viele liturgische Gesänge mit Orgelbegleitung.

Messe basse (Stille Messe) für Orgel, 5 Teile, entstanden 1959

Der 1. Teil – Einleitung – beginnt ruhig mit Quintschritten, aus denen sich eine großartige Steigerung zum Fortissimo entwickelt; der Schluß ist wieder ruhig und leise. Der 2. Teil – Offertorium – besteht aus dem »Thema des Brotes« und dem »Thema des Weines«, die wiederholt auftreten. Auch der 3. Teil – Wandlung – bringt zwei Themen, die das sakrale Geschehen verdeutlichen. Der 4. Teil – Kommunion – besteht aus einem »Heiligen Tanz«, der die Freude der Gläubigen ausdrückt. Das Finale ist ein Dankgebet; alle Themen des Werks, teilweise kanonisch, erscheinen nun, eine Akkordsteigerung schließt das Werk ab, dessen Tonsprache vom gregorianischen Choral nur wenig inspiriert ist.

Václav Dobiaš (1909–78)

LEBEN

Václav Dobiaš wurde am 22.9.1909 in Radčice, Böhmen, geboren. Er studierte in Prag bei Vítězslav Novák und Josef Bohuslav Foerster. Im Jahr 1950 wurde er Professor für Komposition an der Prager Akademie der musischen Künste. Er starb am 22.5.1978 in Prag.

WERKE

Von Václav Dobiaš sind 2 Sinfonien, eine Ouvertüre, eine Sinfonietta, eine Sonate für Klavier, Bläserquintett, Pauken und Streicher, ein Nonett, ein Bläserquintett, 4 Streichquartette, ein Klavierquartett, Klavierwerke, mehrere Kantaten, Liederzyklen und zahlreiche einzelne Lieder bekannt geworden.

Kalervo Tuukkanen (geboren 1909)

LEBEN

Kalervo Tuukkanen wurde am 14.10.1909 in Mikkeli geboren. Er studierte an der Universität in Helsinki und bei Leevi Madetoja und Ilmari Krohn. Von 1935 bis 1938 lehrte er am Konservatorium in Viipuri (heute Wiborg, Rußland) Musikgeschichte und Musiktheorie; von 1942 bis 1944 wirkte er als Kapellmeister in Pori und seitdem ist er in Helsinki als Dirigent und Musikpädagoge tätig.

WERKE

Von Kalervo Tuukkanen sind 5 Sinfonien, eine sinfonische Dichtung, mehrere Suiten, 2 Violinkonzerte, ein Cellokonzert bekannt geworden. Er schrieb außerdem eine Reihe Chorkantaten mit Orchester, Bühnen-, Hörspiel- und Filmmusik.

Ādolfs Skulte (geboren 1909)

LEBEN

Ādolfs Skulte wurde am 15.10.1909 in Kiew geboren. Von 1930 bis 1934 studierte er am Konservatorium in Riga bei Jāzeps Vītols und Jānis Medinš. An derselben Lehranstalt wurde er 1936 Assistent, 1946 Dozent und 1952 Professor.

WERKE

Außer mehreren Balletten schrieb Ādolfs Skulte 4 Sinfonien, 2 sinfonische Dichtungen, 2 Suiten, eine »Choreografische Dichtung«, ein Streichquartett, Klaviersonaten, eine Orchesterkantate, Chöre, Sololieder, Bühnen- und Filmmusik.

Bruno Bjelinski (geboren 1909)

LEBEN

Bruno Bjelinski wurde am 1.11.1909 in Triest geboren. Nach seinem Studium an der Universität und an der Musikakademie in Zagreb wurde er an derselben Musikschule 1945 Lehrer für Kontrapunktik und Fuge.

WERKE

Neben einer Kinderoper schrieb Bruno Bjelinski 2 Ballette, 5 Sinfonien, 3 Sinfonietten, ein Divertimento für Kammerorchester, 2 Cellokonzerte, ein Klavierkonzert, ein Concertino für Violine, eines für Bratsche, eines für Horn mit Orchester, eine Serenade für Trompete, Klavier, Streicher und Schlagzeug, Konzerte für Klarinette, für Oboe, für Flöte, für

Fagott und Kammerorchester, 2 Streichquartette, ein Trio, 3 Violinsonaten, eine Sonate für Klarinette und Klavier, Klaviermusik, eine Kantate, 5 Liederzyklen und Einzellieder.

Heinz Röttger (geboren 1909)

LEBEN

Heinz Röttger wurde am 6.11.1909 in Herford, Westfalen, geboren. Er war in München von 1928 bis 1931 an der Akademie der Tonkunst Schüler von Hugo Röhr (13.2.1866, Dresden, bis 7.6.1937, München) und Walter Courvoisier und an der Universität Schüler von Adolf Sandberger und Alfred Lorenz (11.7.1868, Wien, bis 20.11.1939, München). Nach Dirigententätigkeit in Augsburg, Stralsund und Rostock wurde er Generalmusikdirektor in Dessau.

WERKE

Von Heinz Röttger sind 5 Opern aufgeführt worden. Er schrieb außerdem 3 Sinfonien, eine Sinfonietta für Streicher, »Orchestrale Aphorismen«, »Inventionen für Orchester«, 2 Violinkonzerte, ein Klavierkonzert, ein Cellokonzert, ein Kontrabaßkonzert, ein Konzert für Bratsche, Kontrabaß und Streicher, ein Harfentrio und weitere Kammermusik, eine Chorkantate und Lieder.

Dessauer Sinfonie, 3 Sätze, entstanden 1965

Das Hauptthema des 1. Satzes ist energisch und rhythmisch gespannt, es wird zuerst von den Streichern unisono vorgetragen, dann mit kunstvoller Kontrapunktik entwickelt und verändert. Ein lyrisches Andantemotiv wird entgegengeführt, das Flöte und Streicher zu weit geschwungenen Kantilenen ausweiten. Eine Stretta beschließt den Satz. Der 2. Satz bringt nachdenkliche, wehmütige Stimmung. Im Mittelteil erklingt ein Wiegenlied. Ein thematischer Rückgriff auf den 1. Satz bildet das Ende. Das Finale ist tänzerisch angelegt. Gegen das Ende nimmt der orchestrale Aufwand stetig zu, bis das Werk mit triumphalen Klängen abschließt.

LITERATUR

K. Schönewolf, Heinz Röttger. – In: Konzertbuch, 3. Bd., VEB Deutscher Verlag für Musik, Leipzig 1976.

Vagn Holmboe (geboren 1909)

LEBEN

Vagn Holmboe wurde am 20.12.1909 in Horsens, Jütland, geboren. Von 1927 bis 1930 studierte er am Konservatorium in Kopenhagen unter Knud Jeppesen (geboren 15.8.1892, Kopenhagen, bis 14.6.1974, Århus) und anschließend in Berlin bei Ernst Toch. Von 1940 bis 1947 wirkte er am dänischen Blindeninstitut als Professor für Chordirigieren, hernach bis 1955 als Musikkritiker und von 1950 bis 1965 als Professor für Theorie und Komposition am Konservatorium in Kopenhagen.

WERKE

Neben 2 Opern, einem musikalischen Märchenspiel und einem Ballett schrieb Vagn Holmboe 10 Sinfonien, 4 Sinfonien für Streicher, 2 Kammersinfonien, ein Cellokonzert, ein Flötenkonzert, ein Tubakonzert, 3 sinfonische Metamorphosen, ein Sextett für Flöte, Klarinette, Fagott, Violine, Bratsche und Cello, ein Bläserquintett, ein Quintett für zwei Violinen, zwei Bratschen und Cello, ein Blechbläserquintett, 14 Streichquartette, ein Quartett für Flöte, Oboe, Klarinette und Klavier, ein Quartett für Flöte, Violinen, Bratsche und Cello, ein Quartett für Klarinette, zwei Violinen und Kontrabaß, eine Musik für zwei Flöten und sechzehn Fagotte, ein Stück für vier Flöten, ein Stück für Trompete und Orgel, ein Stück für Schlagzeug, ein Trio für Flöte, Cello und Klavier, 3 Violinsonaten, eine Sonate für Violine und Bratsche, eine Sonatine für Oboe und Klavier, Solosonaten für Flöte, Kontrabaß, Cello, mehrere Klavierstücke, Kantaten begleitet und a cappella sowie Lieder. Vagn Holmboe ist zu den führenden dänischen Komponisten zu stellen. Trotz seines Geburtsorts ist er Däne, doch als Komponist Kosmopolit, weil er sich von der dänischen wie von der allgemein skandinavischen Diktion freigemacht und den Anschluß an die stürmische Musikentwicklung des gesamten Abendlandes gesucht und gefunden hat.

Sinfonie Nr. 8 »Sinfonie boreale«, Opus 56, 4 Sätze, entstanden 1952

Der Titel »Nordische« Sinfonie bedeutet nicht,

daß sie eine typisch skandinavische Musik bringt; er hat rein geografische Bedeutung, denn das Werk war für eine Erstaufführung in Wien gedacht und wollte sich als »Sinfonie aus dem Norden« vorstellen. Durch den Tod des vorgesehenen Dirigenten kam die Aufführung nicht zustande, und die Premiere der »Nordischen« Sinfonie fand in Kopenhagen statt. Die Sinfonie entfernt sich weit vom üblichen Schema. Der 1. Satz ist sehr kompliziert, weil darin eine Reihe entgegengesetzter Motive in rascher Folge vorgeführt und verarbeitet wird. Es gibt keine eigentlichen Themen, sondern ständig wechselnde Klangbilder. Die folgenden Sätze weisen Themen auf, die jedoch voneinander völlig unabhängig sind und auf den ersten Blick keine Bezüge zueinander haben. Diese sind nur in der Klangfülle der Partitur verborgen und unterstreichen, wenn auch unterschwellig, die gedanklichen Zusammenhänge, so daß sich die gesamte Sinfonie als ein strukturell geschlossenes Werk darbietet.

Streichquartett Nr. 8, Opus 87, 5 Sätze, entstanden 1965

Der große Sinfoniker Vagn Holmboe nähert seine kammermusikalische Arbeit stark der orchestralen, überschreitet jedoch die dem Streichquartett gezogenen Grenzen nie; die orchestrale Wirkung erzeugen nicht die Instrumente, sie entsteht durch diese in der Vorstellung der Zuhörer. Die einzelnen Sätze verarbeiten jeder sein eigenes Material und geben an die anderen nichts davon ab. Intellektuell und emotional bilden sie dennoch eine Einheit mit gemeinsamer Aussage.

Jean Martinon (1910–76)

LEBEN

Jean Martinon wurde am 10.1.1910 in Lyon geboren. Er war Schüler von Vincent d'Indy, Albert Roussel, Charles Munch und Roger Désormière. Ab 1950 dirigierte er in Paris verschiedene Orchester, von 1950 bis 1957 wirkte er als Chefdirigent der Association des Concerts Lamoureux. Als Gastdirigent bereiste er Europa, Südamerika, Japan und Israel, von 1960 bis 1966 war er Leiter der Sinfoniekonzerte in Düsseldorf, 1963 bis 1968 des Chicago Symphony Orchestra, 1968 wurde er Leiter des Orchesters des französischen Rundfunks und Fernsehens. Er starb am 1.3.1976 in Paris.

WERKE

Neben einer Oper und einem Opernballett schrieb Jean Martinon 4 Sinfonien, ein Divertissement, eine »Hymne mit Variationen und Rondo«, eine Sinfonietta für Streicher, eine Kammersinfonie, »Introduktion, Adagio und Passacaglia« für 13 Streicher, ein Vigintuor, 2 Violinkonzerte, eine Rhapsodie für Violine und Orchester, ein Cellokonzert, ein Flötenkonzert, ein Konzert für Streichquartett und kleines Orchester, ein Oktett, ein Bläserquintett, ein Streichquintett, 2 Streichquartette, ein Klaviertrio, 2 Streichtrios, ein Bläsertrio, mehrere Duos mit verschiedener Besetzung, Stücke für Soloviolline, ein Oratorium, mehrere Kantaten, Lieder mit Klaviertriobegleitung und Klavierlieder.

Ennio Porrino (1910–59)

LEBEN

Ennio Porrino wurde am 20.1.1910 in Cagliari geboren. Er war zunächst in Rom Schüler von Cesare Dobici und Giuseppe Mulè (28.6.1885, Termini Imerese, Sizilien, bis 10.9.1951, Rom), sodann von 1932 bis 1935 bei Ottorino Respighi an der Accademia di Santa Cecilia, an der er 1936 Lehrer für Harmonie und Kontrapunktik wurde, daneben wirkte er ab 1943 als Kompositionslehrer am Konservatorium in Neapel. Im Jahr 1957 wurde er Direktor des Konservatoriums und Leiter der Konzerte in Cagliari. Er starb am 25.9.1959 in Rom.

WERKE

Von Ennio Porrino sind 3 Opern und 5 Ballette auf die Bühnen gekommen. Er schrieb außerdem eine sinfonische Dichtung, »3 altsardische Tänze« für Orchester, ein Klavierkonzert, ein Gitarrenkonzert, ein Konzert für Cembalo und Streicher, ein Oratorium, eine Motette, Klavierwerke, Gesänge und Lieder. Sein Stil war, von Respighi stark beeinflußt, neuklassizistisch mit impressionistischen und spätromantischen Rückgriffen.

LITERATUR

M. Rinaldi, Ennio Porrino. – In: Musica d'oggi XVII (1935).

Marijan Lipovšek (geboren 1910)

LEBEN

Marijan Lipovšek wurde am 26.1.1910 in Ljubljana geboren. Nach seiner Ausbildung in seiner Geburtsstadt absolvierte er die Meisterklasse von Josef Suk am Konservatorium in Prag. Im Jahr 1933 wurde er Hilfslehrer, 1940 Dozent und 1947 Professor an der Musikakademie in Ljubljana. Von 1956 bis 1965 leitete er die Philharmonie der Stadt. Dann wurde er Rektor der Akademie und Professor an der Universität.

WERKE

Von Marijan Lipovšek sind eine Sinfonie, eine sinfonische Dichtung, 2 Orchestersuiten, eine Ballettsuite, eine Ouvertüre, Orchestervariationen, 3 Streichersuiten, ein Trompetenkonzert, 2 Rhapsodien für Violine und Orchester, 2 Streichquartette, Duos für Violine und Klavier sowie für Cello und Klavier, 3 Duos für Violine und Bratsche, eine Sonate und 10 Miniaturen für Klavier, mehrere Kantaten, Chöre, Liederzyklen und Lieder bekannt geworden. Sein Stil hebt sich von der Folklore stark ab.

Jewgeni Golubjew (geboren 1910)

LEBEN

Jewgeni Kirillowitsch Golubjew wurde am 3.2.1910 in Moskau geboren. Er studierte bei Nikolai Mjaskowski am Konservatorium in Moskau, wo er selbst 1936 Lehrer, 1940 Dozent und 1948 Professor wurde. Von 1956 bis 1959 leitete er die Kompositionsklasse des Instituts.

WERKE

Von Jewgeni Golubjew sind ein Ballett, 5 Sinfonien, ein Bratschenkonzert, ein Cellokonzert, 3 Klavierkonzerte, 3 Quintette, 7 Streichquartette, 6 Klaviersonaten, eine Violinsonate, eine Trompetensonate, 3 Oratorien, eine Kantate, Lieder und Schauspielmusiken bekannt. Obwohl er sich den herrschenden Richtlinien anpassen und einige Staatsmusik schreiben mußte, wird in manchen seiner Werke das Bestreben, sich der allgemeinen Musikentwicklung einzuordnen, deutlich.

István Arató (1910–80)

LEBEN

István Arató wurde am 9.2.1910 in Zagreb geboren. Er war in Budapest Schüler von Zoltán Kodály und studierte zusätzlich in Berlin und Salzburg. Nach ausgedehnten Studienreisen und einer kurzen Tätigkeit als Direktor des Konservatoriums in Algier ließ er sich in Zürich nieder und gründete dort das Improvisationsensemble »Inspirati« (Die Inspirierten), mit dem er Konzerte mit »freien und konditionierten – individuellen und kollektiven – Improvisationen« veranstaltete. Er starb am 8.3.1980 in Leimbach, Schweiz.

WERKE

Seit 1954 widmete sich István Arató dem Problem improvisatorischen Gestaltens. Bei den meisten seiner Kompositionen können alle Ausführenden selbständig in den Ablauf der Stücke eingreifen, so daß eine kollektive Aleatorik zustande kommt. Er schrieb unter anderem ein Konzert für Zimbal, Instrumente und Singstimmen, ein Konzert für Zimbal und doppeltes Streichorchester, Transmutationen des sechsten Praeludiums von François Couperin für mehrere Ensembles, eine »Musik« für Streichquartett und Zimbal, Variationen für Zimbal, Klarinette, Streichquintett und Streichorchester, wobei die einzelnen Klanggruppen improvisatorisch variieren, die Ensembleimprovisation »Struktur« für 28 Musiker mit beliebigen Instrumenten, Klavier-und Violinstücke, Instrumentalduos, 7 »Urgedichte« für Solostimme, Psalmen nach liturgischen Texten für beliebige Ausführende. Die Entwicklung der experimentellen Musik erhielt durch die originellen Einfälle des Komponisten wirksame Impulse.

Joseph Kronsteiner (geboren 1910)

LEBEN

Joseph Kronsteiner wurde am 15.2.1910 in

Losenstein an der Enns, Oberösterreich, geboren. Er studierte von 1934 bis 1937 am Konservatorium in Linz bei Robert Keldorfer (10.8.1901, Wien, bis 13.9.1980, Klagenfurt), ab 1938 an der Musikakademie in Wien bei Ernst Tittel (26.4.1910, Šternberk, Mähren, bis 28.7.1969, Wien) und von 1942 bis 1945 an der Musikhochschule in Leipzig bei Karl Straube und Johann Nepomuk David. Von 1943 bis 1980 wirkte er als Domkapellmeister in Linz und ab 1945 auch als Lehrer für Kirchenmusik am Konservatorium.
Sein Bruder Hermann Kronsteiner (geboren 25.3.1914, Losenstein) studierte bei Josef Lechthaler, Ernst Tittel, Karl Joseph Walter (14.11.1892, Biebrich am Rhein, bis 18.8. 1983, Wien) und Franz Kosch (geboren 19.11. 1894, Steyr, Oberösterreich), sodann an der Päpstlichen Musikakademie in Rom. Von 1960 bis 1979 wirkte er als Lehrer für kirchenmusikalische Fächer an der Musikakademie in Wien.

WERKE

Neben 2 Sinfonien, einem sinfonischen Prolog, einem pastoralen Streichtrio und 4 Rilke-Liedern für Alt, Bratsche und Klavier schrieb Joseph Kronsteiner sakrale Werke, darunter Motetten a cappella, 60 deutsche und 100 lateinische Proprien, 30 Messordinarien, eine Litanei, ein Ecce sacerdos und ein Oratorium.
Hermann Kronsteiner schrieb eine Märchenoper, einen Liederzyklus, Klavierstücke, Orgelwerke, 8 lateinische und 4 deutsche Messen, 80 deutsche Proprien, ein Te Deum für Chor, Soli, Bläser und Orgel, einen »Sonnengesang des Heiligen Franziskus« a cappella, 16 Antiphonen für drei gleiche Stimmen, ein Salve regina, 2 Oratorien und Mariengesänge. Obwohl beide Leiter des Caecilienverbandes in Österreich waren, schrieben sie kraftvolle, klangreiche Musik.

Alfred Mendelsohn (1910–66)

LEBEN

Alfred Mendelsohn wurde am 17.2.1910 in Bukarest geboren. Von 1927 bis 1931 studierte er an der Akademie für Musik und darstellende Kunst in Wien bei Joseph Marx und Franz Schmidt und am Konservatorium in Bukarest bei Mihail Jora. Ab 1949 wirkte er am Bukarester Konservatorium als Professor für Kontrapunktik. Von 1944 bis 1963 dirigierte er an der Oper in Bukarest, anschließend war er bis 1965 als Vizepräsident des rumänischen Komponistenverbandes tätig. Er starb am 9.5.1966 in Bukarest.

WERKE

Neben einem lyrischen Drama, einer Oper, einer Operette und 2 Balletten schrieb Alfred Mendelsohn eine »Dramatische Sinfonie in sieben Bildern«, 8 Sinfonien, eine sinfonische Dichtung, eine Suite für Streichorchester, »Sieben Miniaturen« für Bläserquintett und kleines Orchester, 2 Klavierkonzerte, ein Cellokonzert, 2 Violinkonzerte, ein Streichsextett, 10 Streichquartette, 3 Sonaten für Violine und Klavier, eine Sonate für Cello solo, eine Sonate und andere Werke für Klavier, 2 Oratorien, Kantaten, Chöre, Lieder, Bühnen- und Filmmusik. Er verfaßte mehrere didaktische Werke und Zeitschriftenbeiträge. Sein Stil war neuklassizistisch.

Samuel Barber (geboren 1910)

LEBEN

Samuel Barber wurde am 9.3.1910 in West Chester, Pa., geboren. Vom 14. bis 21. Lebensjahr war er Schüler des Curtis Instituts in Philadelphia bei Fritz Reiner (19.12.1888, Budapest, bis 15.11.1963, New York) und Rosario Scalero (24.12.1870, Moncalieri, Turin, bis 25.12.1954, Settimo Vittone, Turin). Bereits während der Ausbildung wurde ihm von der Columbia University der Bearus-Preis verliehen, dem eine Reihe hoher Auszeichnungen folgte. Er bekleidete keinerlei musikalische Stellung, sondern widmete sich allein der Komposition und der Interpretation, wobei er sich vorwiegend in New York aufhält.

WERKE

Die Stilfindung der vitalistischen amerikanischen Musik unseres Jahrhunderts, vertreten besonders von den in den USA geborenen

Samuel Barber

und zum größten Teil dort ausgebildeten Komponisten Virgil Thomson, Aaron Copland, William Schuman und Samuel Barber, ist stark von Igor Strawinsky und dem amerikanischen Jazz beeinflußt. Jeder einzelne von den Genannten bildete im angedeuteten Rahmen seinen persönlichen Stil, der bei Barber trotz seines Europaaufenthalts am deutlichsten als »amerikanischer« zutage tritt. Er schrieb eine Oper, eine Kurzoper, 2 Sinfonien, ein »Capricorn Concerto«, ein Cellokonzert, ein Klavierkonzert, ein Violinkonzert, eine Toccata für Orgel und Orchester, »Essay I«, »Essay II«, »Essay III«, und weitere Orchesterstücke, ein Bläserquintett, ein Streichquartett, eine Klaviersonate, außerdem mehrere Kantaten, Liederzyklen und einzelne Lieder mit Klavier.

Sinfonie Nr. 2, Opus 19, 3 Sätze, entstanden 1944

Die zeitgenössische Kritik betont die starke Aussagekraft des Werks, das sich jedoch als absolute Musik ohne programmatische Ziele darbietet. Der 1. Satz beginnt mit dramatischen Motiven. Obwohl er Sonatenform aufweist, ist seine Tonsprache durchwegs modern. Diese Mischung traditioneller Form mit modernen Fakturen ist außerordentlich wirkungsvoll. Der 2. Satz bringt ein Notturno voll resignierender Trauer mit überraschenden Modulationen. Das Finale beginnt mit seltsamen melodischen Figuren; dann erklingt ein hinreißendes Thema, das mehrmals variiert und am Ende zur Grundlage eines resoluten Fugatos gemacht wird.

Capricorn Concerto für Flöte, Oboe, Trompete und Kammerorchester, Opus 21, 3 Sätze, entstanden 1944

Der Titel des Stücks leitete sich von der Villa »Capricorn« (Steinbock) nahe von New York ab, in der der Komponist es verfaßte. Es handelt sich um eine Formstudie und ein Experiment mit Rhythmen und Klangfarben. Die Flöte erklingt in ihren tiefsten Registern, hohl und düster, die Oboe in ihren ausdrucksreichsten Tonlagen, und die Trompete ist im 1. Satz wie ein drittes Holzblasinstrument kantabel eingesetzt. Nach einer Streichereinleitung werden die Solisten in einem langen Abschnitt vorgeführt, dann folgt ein bewegtes Allegro aller Instrumente. Der 2. Satz ist ein Scherzo, in dem die Trompete aus ihrer Reserve mit gedämpften Staccati hervortritt. Sie trägt auch, dieses Mal ohne Dämpfer, das Hauptmotiv des Finales vor, das Rondoform und Variationenform kombiniert und eine fröhliche Karnevalsatmosphäre erzeugt.

Adagio für Streicher, Opus 11, ein Satz, entstanden 1936

Dieses Stück war anfänglich als langsamer Satz eines Streichquartetts gedacht, wurde aber wegen seiner künstlerischen Geschlossenheit als selbständiges Werk belassen. Nachdem es Arturo Toscanini 1938 mit großem Erfolg aufgeführt hatte, blieb es mit seiner brillanten virtuosen Führung der einzelnen Stimmen eine der in Amerika beliebtesten Kompositionen seiner Art.

Arturo Toscanini

Mario Peragallo (geboren 1910)

LEBEN

Mario Peragallo wurde am 25.3.1910 in Rom geboren. Er war Schüler von Alfredo Casella. Von 1950 bis 1954 wirkte er dort als Direktor der Accademia Filarmonica und als Sekretär der IGNM, deren Präsident er 1956 wurde.

WERKE

Neben 4 Opern schrieb Mario Peragallo, der seine ursprüngliche veristische Diktion nach dem Zweiten Weltkrieg aufgab und sich einer sehr freizügig behandelten Zwölftontechnik zuwandte, ein Orchesterkonzert, eine Fantasie für Orchester, 3 Klavierkonzerte, ein Violinkonzert, 3 Streichquartette, ein Klavierquartett, ein Konzert für doppeltes Streichquartett, ferner ein De profundis und weitere Chöre, ein szenisches Madrigal, Klavierstücke, Orgelwerke und Lieder.

Erland Koch (geboren 1910)

LEBEN

Erland Sigurd Christian Koch Vogt wurde am 26.4.1910 in Stockholm geboren. Er war am Konservatorium seiner Geburtsstadt Schüler von Ernst Henrik Ellberg, Melcher Melchers und Olallo Morales (15.10.1874, Almería, bis 29.4.1957, Tällberg, Dalarna); er studierte außerdem noch bei Claudio Arrau (geboren 6.2.1903, Chillán, Chile) und Clemens Krauss (31.3.1893, Wien, bis 16.5.1954, Mexiko-Stadt). Seit 1953 wirkte er als Dozent für Harmonielehre und seit 1968 als Professor an der Musikhochschule in Stockholm.
Sein Vater Richert Sigurd Valdemar Koch (28.6.1879, Ägnö bei Stockholm, bis 16.3.1919, Stockholm) studierte in Stockholm, Berlin und Paris und lebte als Musikreferent und Komponist in Stockholm.

Clemens Krauss

WERKE

Von Erland Koch sind eine Oper, ein Singspiel und ein Ballett aufgeführt worden. Er schrieb ferner 4 Sinfonien, eine Konzertmusik, »Variationen«, »Metamorphosen«, »Skandinavische Tänze«, ein Violinkonzert, ein Saxophonkonzert, 2 Klavierkonzerte, ein Cellokonzert, ein Bratschenkonzert, ein Konzert für kleines Orchester, ein Triptychon für Violine und Orchester, eine »Musik« für acht Solobläser und Orchester, ein Doppelkonzert für Flöte, Klavier und Streicher, ein Konzert für Sopran, Altsaxophon und Streicher und weitere Stücke für Orchester und für Streichorchester, 6 Streichquartette, verschiedene Klavierwerke, Chöre, Lieder und Volksliedbearbeitungen.
Sigurd Koch schrieb Orchesterstücke, eine Romanze für Violine und Orchester, ein Klavierquintett, eine Violinsonate, eine Cellosonate, Klavierstücke und Lieder.

Abu-Bakr Khaïrat (1910–63)

LEBEN

Abu-Bakr Khaïrat wurde am 27.4.1910 in Kairo geboren. Er wurde Architekt und bildete sich in Kairo und Paris musikalisch aus. Nach langjährigem Aufenthalt in Paris starb er am 25.10.1963 in Kairo.

WERKE

Von Abu-Bakr Khaïrat sind 3 Sinfonien, eine folkloristische Suite, 2 Ouvertüren, 2 Klavierkonzerte, ein Sextett für Flöte und fünf Streicher, eine Klaviersonate, eine Flötensonate, 8 Klavieretüden, eine Kantate und ein Chor mit Orchester bekannt geworden. Sein Stil ist spätromantisch.

Pierre Lantier (geboren 1910)

Leben

Pierre Lantier wurde am 30. 4. 1910 in Marseille geboren. Er studierte zunächst am Konservatorium seiner Vaterstadt, sodann am Conservatoire in Paris. Von 1943 bis 1956 wirkte er als Professor für harmonische Analyse und Formenlehre an der École Normale de Musique und darauf als Professor für Solfège und ab 1970 für Harmonielehre am Conservatoire in Paris.

Seine Frau Paule Maurice-Lantier (29. 9. 1910, Paris, bis 18. 8. 1967, Paris) war Schülerin von Jean und Noël Gallon. Sie unterrichtete ab 1942 harmonische Analyse am Conservatoire und war Professorin an der École Normale de Musique in Paris.

Werke

Außer einer Oper und einem Ballett schrieb Pierre Lantier eine Sinfonie, ein sinfonisches Gedicht, ein Klavierkonzert, ein Trompetenkonzert, 2 Streichquartette, 3 Stücke für Flötenquartett, ein Posaunenquartett, eine Sonate für Altsaxophon und Klavier sowie ein Requiem.

Paule Maurice-Lantier schrieb eine Sinfonie, 2 Klavierkonzerte und mehrere Kammermusikwerke sowie Klaviermusik. Sie veröffentlichte ein didaktisches Traktat.

Margeris Zarinš (geboren 1910)

Leben

Margeris Zarinš wurde am 24. 5. 1910 in Jaunpiebalga, Lettland, geboren. Er studierte von 1930 bis 1935 in Riga bei Jāzeps Vītols. Von 1940 bis 1950 leitete er das Theater der lettischen Hauptstadt und wirkte als Dirigent und Musiklehrer.

Werke

Außer 5 Opern schrieb Margeris Zarinš ein Klavierkonzert, »Griechische Variationen« für Klavier und Orchester, 3 Oratorien und eine Anzahl Instrumentalstücke, Chöre a cappella, Lieder, Bühnen- und Filmmusik.

Nils-Eric Fougstedt (1910–61)

Leben

Nils-Eric Fougstedt wurde am 24. 5. 1910 in Raisio bei Turku geboren. Er studierte an der Sibelius-Akademie in Helsinki, sodann in Salzburg, in Berlin bei Max Trapp, in Italien, Frankreich und in den USA. Ab 1933 wirkte er als Lehrer an der Sibelius-Akademie und ab 1938 außerdem als Dirigent des finnischen Rundfunks. Als Gastdirigent bereiste er mehrere europäische Länder. Er starb am 12. 4. 1961 in Helsinki.

Werke

Von Nils-Eric Fougstedt sind 2 Sinfonien, ein Cellokonzert, ein Klavierkonzert, eine Passacaglia, eine Suite, Variationen über ein finnisches Soldatenlied, einige Werke für Streichorchester, ein Divertimento für Bläser, ein Klaviertrio und weitere Kammermusik, Kantaten, Männerchöre und Lieder bekannt geworden. Sein Stil neigte noch stark zur Spätromantik.

Charles Jones (geboren 1910)

Leben

Charles Jones wurde am 21. 6. 1910 in Tamworth, Kanada, geboren. Er lebt seit 1928 in den USA und studierte an der Juilliard School of Music in New York und bei Aaron Copland. Von 1939 bis 1944 lehrte er am Mills College in Oakland, Calif., und von 1954 bis 1961 an der Juilliard School in New York.

Werke

Von Charles Jones ist ein Ballett aufgeführt worden. Er schrieb außerdem 4 Sinfonien, eine Sinfonie aus fünf Sätzen, eine Allegorie für Orchester, eine Cassation, Hymnen und Suiten für Orchester, ein Konzert für vier Violinen und Orchester, einen »Cowboy-Song« für Oboe, Klavier und Streicher, 5 Walzer für Bläserquintett, 5 Streichquartette, ein Streichtrio, ein Duo für Violine und Bratsche, eine Violinsonate, eine Sonate für Piccolo und Cembalo, eine Sonate für Oboe und Cembalo, »Musik« für zwei Violinen, ein Praeludium für Violine solo, verschiedene Klavierstücke, mehrere Kantaten, einen Liederzyklus, eine »Masque« für Sprecher und zwölf Instrumente.

Béla Tardos (1910–66)

LEBEN

Béla Tardos wurde am 21.6.1910 in Budapest geboren. Er war Schüler von Zoltán Kodály und wirkte von 1955 bis zu seinem Tod am 18.11.1966 als Leiter des staatlichen Musikverlags in Budapest. Er war auch als Chorleiter tätig.

WERKE

Neben einer Oper schrieb Béla Tardos eine Sinfonie, eine Suite, eine Ouvertüre, ein Violinkonzert, ein Klavierkonzert, eine Fantasie für Klavier und Orchester, 3 Streichquartette, ein Bläserquartett, ein Harfentrio, eine Improvisation für Klarinette, »Praeludium und Rondo« für Flöte und Klavier, eine Violinsonate, Klavierwerke und mehrere Kantaten für Chor und Orchester, Lieder, Film- und Theatermusik.

Sinfonie »In memoriam martyrum«, 3 Sätze, entstanden 1960

Der Titel der Sinfonie bezieht sich auf die Opfer des Zweiten Weltkriegs und des Faschismus. Folglich sind alle drei Sätze düster und voll Dramatik; die harte Orchestrierung und die Akkordfolge sind nicht selten überraschend abrupt. Im 3. Satz kommt es zu explosiven Ausbrüchen, zu denen ein verzerrter Militärmarsch tritt, wodurch der Schrecken jener unmenschlichen Zeit, die die beklagten Opfer forderte, noch schärfer profiliert werden.

Karel Reiner (1910–79)

LEBEN

Karel Reiner wurde am 27.6.1910 in Žatec (Saaz), Böhmen, geboren. Er studierte am Konservatorium in Wien, sodann in Prag bei Zdeněk Nejedlý (10.2.1878, Litomyšl, Böhmen, bis 9.3.1962, Prag), Alois Hába und Josef Suk. Von 1931 bis 1938 setzte er sich als Konzertpianist vorwiegend für die Werke der Neuen Musik ein und brachte auch das Vierteltonwerk seines Lehrers Hába zu Gehör. Nach überstandener Konzentrationslagerhaft war er ab 1945 in verschiedenen musikalischen Institutionen und als freier Komponist tätig. Er starb am 17.10.1979 in Prag.

WERKE

Neben einer Oper und einem Ballett schrieb Karel Reiner eine Sinfonie, eine Ouvertüre, eine Suite, ein Klavierkonzert, ein Violinkonzert, ein Konzert für Baßklarinette, Streicher und Schlagzeug, eine Suite für Bläser und Schlagzeug, ein Divertimento für Klarinette, Harfe und Kammerorchester, ein Nonett, eine Suite für neun Instrumente, ein Sextett für Klavier und Bläserquintett, 2 Bläserquintette, 4 Streichquartette, ein Klavierquartett, ein Trio für Bratsche, Cello und Klavier, eines für Flöte, Baßklarinette und Schlagzeug, eines für Klarinette, Cello und Klavier, 2 Stücke für Horn und Klavier, 4 Stücke für Klarinette und Klavier, ein Stück für Cello und Klavier, eine Sonate für Kontrabaß und Klavier, 2 Stücke für Harfe und Oboe, 6 Studien für Flöte und Klavier, 2 Stücke für Altsaxophon und Klavier, Duette für Klarinetten, für Oboen, für Flöten, für Trompeten, ein Stück für Baßklarinette und Klavier, eine Suite und Sonate für Violine solo, eine Suite für Harfe, eine Sonate für Schlagzeug, 3 Konzertetüden für Zimbal, 3 Praeludien für Orgel, 3 Klaviersonaten, Chöre, Lieder, Film- und Bühnenmusik. Der Komponist, der anfänglich sehr avantgardistisch schrieb, griff sodann auf spätromantische Fakturen zurück, neigte aber später erneut zu experimenteller Musik und jeder Art von Modernismen.

Oskar Sala (geboren 1910)

LEBEN

Oskar Sala wurde am 18.7.1910 in Greiz, Thüringen, geboren. Er studierte in Berlin, wo er ab 1930 mit Friedrich Trautwein (11.8. 1888, Würzburg, bis 20.12.1956, Düsseldorf) an der Entwicklung des Trautoniums, das dieser konstruiert hatte, mitarbeitete. In den Jahren 1949 bis 1952 wurde das sogenannte Mixtur-Trautonium erarbeitet, für das er eine Anzahl Kompositionen schrieb. Von 1957 bis 1959 wirkte er als Lehrer am Mikrophonstudio des Konservatoriums der Stadt Berlin und unterhält seitdem ein eigenes elektronisches Studio.

WERKE

Elektronische Tonerzeuger eroberten seit der Mitte unseres Jahrhunderts ein immer weiteres Terrain. Oskar Sala schrieb für elektronisches Orchester ein »Concertino«, »Konzertante Variationen«, »Musik für elektronisches Schlagwerk«, »Konzert für Mixturtrautonium und elektronisches Schlagwerk«, sowie »Elektronische Tanzsuite«. Er publizierte eine Anzahl Traktate über elektroakustische Probleme.

William Schuman (geboren 1910)

LEBEN

William Howard Schuman wurde am 4. 8. 1910 in New York geboren. Er besuchte die Columbia University in seiner Vaterstadt und studierte bei Charles Haubiel (30. 1. 1892, Delta, O., bis 26. 8. 1978, Los Angeles) und Roy Harris. Nach mehrjähriger Tätigkeit als Lehrer und Chordirektor wurde er 1945 Präsident der Juilliard School of Music und 1962 Präsident des Lincoln Center for the Performing Arts; seit 1970 leitet er die Videorecord Corporation of America. Zahlreiche Ehrenstellungen und Ehrengrade sowie Preise und Auszeichnungen kennzeichnen ihn als einen der berühmtesten und beliebtesten Komponisten der USA in unserem Jahrhundert, dessen Werke auf den Konzertprogrammen der gesamten musikalischen Welt ständig aufscheinen.

WERKE

Neben einer Oper und 4 Balletten schrieb William Schuman 10 Sinfonien, 2 Ouvertüren, ein Triptychon für Orchester und eine Anzahl weiterer Orchesterstücke, ein Violinkonzert, ein Klavierkonzert, eine Fantasie für Cello und Orchester, 4 Streichquartette, ein Streichtrio, Klavierstücke, viele Kantaten mit verschiedener Besetzung, Chöre und Lieder. Sein Stil ist von seinem Lehrer Roy Harris, von Igor Strawinsky und dem amerikanischen Jazz beeinflußt, aber dennoch eigenständig. Polytonale Harmonik, weite Melodiebogen und lebhafte Rhythmen bestätigen die oft gewählte Bezeichnung seiner Musik als »typisch amerikanisch«.

Sinfonie Nr. 7, 4 Sätze, entstanden 1960

Die Sätze des Werks sind ohne Pausen zu spielen, so daß sich eine in sich geschlossene Einheit ergibt. Der 1., langsame Satz beginnt mit dunklen Orchesterfarben, aus denen sich die einzelnen melodischen Linien erst allmählich entwickeln und Selbständigkeit gewinnen. Der sonore Klang der Kontrabässe, der Celli und der Baßklarinette bleibt jedoch dominierend. Die dadurch geschaffene Spannung kulminiert in eine Kadenz der Klarinette und der Baßklarinette, die zum 2. Satz überleitet. Eine Trompetenfanfare eröffnet ein frohes musikalisches Geschehen, das sich als äußerst komplizierter sinfonischer Jazz darbietet. Der Rhythmus wird vom Schlagwerk markiert. Der anschließende 3. Satz wird von den Streichern allein bestritten. Von einem melodischen Kern spannt sich eine weite, innige Kantilene über einen großen Bogen aus und wird von den Begleitinstrumenten zum Ausgangspunkt zurückgeführt. Das Finale ist ein stürmisches Scherzo, in dem das Schlagwerk die Führung hat. Es endet, nachdem der Schlußakkord des Orchesters verklungen ist, mit Pauken, Kleiner Trommel und Großer Trommel, »das letzte Wort spricht aber das Zimbal«.

Violinkonzert, 2 Sätze, entstanden 1949, überarbeitet 1959

Der Komponist bezeichnete sein Werk als »sehr romantisch« und meinte damit, daß er alle lyrischen und virtuosen Möglichkeiten im Rahmen der zeitgenössischen Tonsprache zur Geltung gebracht habe. Der Ablauf des 1. Satzes wird von den Eröffnungstakten bestimmt. Im ersten Teil des Satzes wird das Thema brillant vorgetragen; daran schließt sich nach einer ruhigen Überleitung eine freie Kadenz, in der das bisherige Material verarbeitet ist. Im letzten Teil bringt das Tutti in rascher Folge mehrere Motive, über die sich der Solist prächtig entfaltet. Dem 2. Satz ist eine Introduktion vorangestellt, der eine Kadenz folgt. Darauf trägt das Orchester eine Fuge vor. Ein dramatisches Allegretto folgt, in dem Blech und Schlagzeug herrschen; im anschließenden Adagietto kommt es neuerlich zu kadenzähnlichen Passagen. Dann setzt, vom Solisten angeführt, das Finale ein, das sich scharf rhythmisiert mit breitem Klang dem Ende zu bewegt.

Heinrich Sutermeister (geboren 1910)

LEBEN

Heinrich Sutermeister wurde am 12. 8. 1910 in Feuerthalen, Schaffhausen, geboren. Nach Studium der Geschichte und Philologie wurde er in München an der Akademie der Tonkunst Schüler von Walter Courvoisier, Gustav Geierhaas, Li Stadelmann (geboren 2. 2. 1900, Würzburg), Hugo Röhr, Hans Pfitzner, Fritz Büchtger und Carl Orff. Nach kurzer Tätigkeit als Repetitor in Bern widmete er sich nahezu ausschließlich seinem kompositorischen Schaffen, abgesehen von seinem Wirken als Kompositionslehrer an der Musikhochschule in Hamburg von 1963 bis 1975.

WERKE

Die Kompositionen von Heinrich Sutermeister sind leicht verständlich auf Tonalität gegründet und mit reizvollen Klangfarben angereichert. Die Vielfalt der ihm zur Verfügung stehenden Stilmittel ist schon dadurch gekennzeichnet, daß Giuseppe Verdi (10. 10. 1813, Le Roncole, Parma, bis 17. 1. 1901, Mailand) und zugleich Carl Orff seine Vorbilder waren. Er schrieb 10 Opern, die nahezu durchwegs sehr erfolgreich waren und viele Aufführungen erlebten, außerdem ein Ballett, 2 Divertimenti, ein »Trauergedicht« für Streicher, 3 Serenaden für Kammerorchester, 3 Klavierkonzerte, 2 Cellokonzerte, ein Klarinettenkonzert, ein Konzert für Flöte, Oboe, Klarinette, Fagott und Orchester, ein Stück für zehn Bläser, mehrere Klavierstücke, zahlreiche Kantaten, Chöre und Lieder, darunter »Sonnenhymne des Echnaton«, sowie ein Requiem.

Heinrich Sutermeister

LITERATUR

D. Larese, Heinrich Sutermeister, 1972.

Roberto Pineda-Duque (geboren 1910)

LEBEN

Roberto Pineda-Duque wurde am 29. 8. 1910 in Santuario, Kolumbien, geboren. Er studierte in Medellín und in Cali sowie am Konservatorium in Bogotá, an dem er anschließend Lehrer für Orgel und Komposition wurde.

WERKE

Von Roberto Pineda-Duque sind eine Sinfonie, ein sinfonisches Praeludium, ein Klavierkonzert, ein Violinkonzert, 2 Streichquartette, ein Streichtrio, eine Kantate für zwei Sprecher, Sprechchor, gemischten Chor und Orchester, 4 Messen, ein Requiem und ein Oratorium bekannt geworden. Er lehnte sich nur wenig an die Folklore seines Landes an.

Rolf Liebermann (geboren 1910)

LEBEN

Rolf Liebermann wurde am 14. 9. 1910 in Zürich geboren. Er studierte bei Hermann Scherchen in Wien und Wladimir Vogel in Ascona. Von 1937 bis 1957 leitete er die Orchester-

Rolf Liebermann

abteilung des Schweizerischen Senders Beromünster, sodann die Musikabteilung des Norddeutschen Rundfunks bis 1959 und darauf die Oper in Hamburg. Von 1973 bis 1980 war er Generalintendant der Vereinigten Pariser Opernhäuser. Er leitet derzeit die Internationale Sommerakademie des Mozarteums in Salzburg und wird ab 1985 erneut die Intendanz der Hamburgischen Staatsoper übernehmen.

WERKE

Außer 3 sehr erfolgreichen Opern schrieb Rolf Liebermann eine Sinfonie, ein »Furioso« für Orchester, eine »Schweizerische Volksliedersuite«, eine Suite aus seiner Oper »Leonore«, »Polyphone Studien« für Kammerorchester, eine »Musik« für Sprecher und Orchester, »Geigy Festival Concerto für Basler Trommel und Orchester«, ein »Concerto for Jazzband and Symphonie Orchestra«, eine auf Lochkarten gestanzte Sinfonie für 156 Büromaschinen, ein Capriccio für Sopran, Violine und Orchester, mehrere Kantaten und Lieder. Über eine völlig unkonventionelle Handhabung der Dodekaphonik gelangte er zu einer sehr ausdrucksreichen Musiksprache.

Concerto for Jazzband and Symphony Orchestra, 8 Teile, entstanden 1954

Der Komponist bemerkte dazu: »Es soll ein Versuch sein, einen Teil der heute effektiv gebräuchlichen Tänze in die Kunstmusik einzubeziehen. Dabei ergab sich folgendes Problem: Die beiden musikalischen Ebenen sind im Lauf der historischen Entwicklung so weit auseinandergestrebt, daß ihre Realisation nur noch Spezialisten möglich ist.« Er gibt der Big Band die Fiktion eines frühklassischen Concertino. Das Sinfonieorchester begleitet und hat nur in den Zwischenspielen die Führung. Nach der Introduktion des Orchesters kommt als erster Tanz ein Jump, dann übernimmt das Orchester das Scherzo I. Anschließend spielt die Band einen Blues, dem Scherzo II folgt ein Boogie-Woogie. Das Orchester bringt darauf ein Interludium und – mit der Band eng verschmolzen – einen Mambo.

Sinfonie, 4 Sätze, entstanden 1949

Im 1. Satz werden die ersten sechs Töne der Zwölftonreihe kombiniert, wodurch eine harte bitonale Wirkung entsteht. Darauf werden zwei weitere Reihen eingeführt, die die Funktion des ersten und des zweiten Themas übernehmen. Im 2. Satz beginnt ein fröhliches Musizieren. Die Durakkordgruppen der Reihe werden bevorzugt. Die melodische Substanz ist dem Krebs der Reihe entnommen. Im 3. Satz lösen drängende Rhythmen und lyrische Melodik einander ab. In den Schlußakten verschmelzen Horizontale und Vertikale, wodurch eine harmonische Fläche entsteht. Das Finale konzentriert sich auf die Kombination der aus der zweiten Reihenhälfte entstandenen Mollakkorde. Das melodische Material ist kontrapunktisch verarbeitet.

Josef Tal (geboren 1910)

LEBEN

Josef Tal wurde am 18.9.1910 in Pniewy, Poznan, geboren und studierte an der Musikhochschule in Berlin bei Paul Hindemith, Max Trapp und Heinz Tiessen. Er emigrierte 1934 nach Palästina, wo er 1937 Klavier- und Kompositionslehrer an der Musikakademie in Jerusalem, die er von 1948 bis 1953 leitete, wurde. Ab 1965 wirkte er als Leiter der Abteilung für Musikwissenschaft und als Direktor des Instituts für Elektronische Musik an der Universität in Jerusalem.

WERKE

Neben 2 Opern für die Bühne und einer konzertanten Oper sowie 3 Balletten mit Elektronischer Musik schrieb Josef Tal 2 Sinfonien, »Festliche Visionen«, »Reflexionen« für Streichorchester, 3 Klavierkonzerte, ein Bratschenkonzert, ein Konzert für Cello und Streichorchester, ein Doppelkonzert für Violine und Cello mit Kammerorchester, 3 Klavierkonzerte, ein Harfenkonzert und ein Cembalokonzert mit elektronischer Musik, ein Holzbläserquintett, 2 Streichquartette, ein »Lamento« für Cello und Harfe, Stücke für Klavier mit Violine, mit Oboe, mit Bratsche, eine Sonate und 6 Sonette für Klavier, einen Psalm und ein Oratorium mit elektronischer Musik, 5 Kantaten, ein choreographisches Gedicht für Bariton und Orchester, Lieder mit Instrumentalbegleitung und a cappella. Er war auch als Musikschriftsteller tätig.

Vojislav Vučković (1910–42)

LEBEN

Vojislav Vučković wurde am 18.10.1910 in Pirot, Serbien, geboren. Er war ab 1929 am Konservatorium in Prag Schüler von Josef Suk und Alois Hába. Ab 1935 lebte er in Belgrad als Dirigent der Philharmonie und wirkte ab 1936 als Professor an der Musikakademie. Er starb am 25.12.1942 in Belgrad.

WERKE

Neben einem Ballett schrieb Vojislav Vučković 3 Sinfonien, 4 Sinfonische Dichtungen, ein Streichquartett, ein Vierteltontrio für zwei Klarinetten und Klavier sowie Lieder. Er veröffentlichte eine Anzahl musikwissenschaftlicher Werke. Er war einer der ersten in Serbien, der mit der traditionsgebundenen folkloristischen Musik brach und den Anschluß an das Musikleben des gesamten Abendlandes fand; er war außerdem der erste Vierteltonkomponist seines Landes.

Elsa Calcagno (geboren 1910)

LEBEN

Elsa Calcagno wurde am 19.10.1910 in Buenos Aires geboren und war dort am Konservatorium Schülerin von Pascual De Rogatis (geboren 16.5.1880, Teora, Kampanien), Ricardo Rodríguez (15.4.1879, Concordia, Entre Ríos, Argentinien, bis 2.10.1951, Buenos Aires), Constantino Gaito, Ferruccio Calusio (geboren 22.12.1889, La Plata) und Josué Teófilo Wilkes (8.1.1883, Buenos Aires, bis 10.1.1968, Buenos Aires). Sie wirkte als Konzertpianistin und Musikkritikerin in Argentinien.

WERKE

Außer einer Oper schrieb Elsa Calcagno eine Sinfonie, eine sinfonische Suite, ein Praeludium, ein Klavierkonzert, ein Cellokonzert, ein Konzert für zwei Violinen, Harfe und Streicher, ein Klavierquintett, 2 Streichquartette, ein »Thema mit Variationen« für Violine solo, Klavierwerke, Gitarrenstücke, eine Chorsinfonie, eine sinfonische Dichtung für Chor und Orchester, eine Kantate für Stimmen und Instrumente, Klavierlieder, A-cappella-Chöre und Ballettmusik.

Rodolfo Holzmann (geboren 1910)

LEBEN

Rodolfo Holzmann wurde am 27.11.1910 in Breslau (Wrocław) geboren. Er studierte in Berlin bei Winfried Wolf (19.6.1900, Wien), Wladimir Vogel, Robert Robitschek (geboren 13.12.1874, Prag), in Paris bei Karol Rathaus und am Konservatorium in Zürich. Im Jahr 1938 wurde er Oboenlehrer an der Musikakademie in Lima und wirkt dort ab 1945 am Konservatorium als Kompositionslehrer und ab 1957 als Lehrer für Dirigieren.

WERKE

Neben mehreren äußerst wertvollen Sammlungen peruanischer Volksmusik und einigen wissenschaftlichen Publikationen darüber schrieb Rodolfo Holzmann eine Sinfonie, eine Suite, eine Partita für Streicher, ein Divertimento für Klavier und zehn Holzbläser, ein Concertino für zwei Klaviere und Orchester, ein Septett, ein Streichquintett, eine Suite für Trompete, Altsaxophon, Baßklarinette und Klavier, Kantaten und Lieder. Seine Kompositionen und seine musikwissenschaftlichen Publikationen übten auf die Musikschaffenden in Peru starken Einfluß aus.

Stanojlo Rajičić (geboren 1910)

Leben

Stanojlo Rajičić wurde am 16.12.1910 in Belgrad geboren. Er erhielt seine Ausbildung in seinem Geburtsort, in Wien, Berlin und Prag. Seit 1954 wirkt er als Kompositionsprofessor an der Musikakademie in Belgrad.

Werke

Die frühen Werke von Stanojlo Rajičić sind dodekaphonisch, später wandte er sich dem Neuklassizismus zu. Neben 2 Opern, einem Melodram und 3 Balletten schrieb er 6 Sinfonien, eine sinfonische Dichtung, 2 Ouvertüren, 3 Klavierkonzerte, 3 Violinkonzerte, 2 Klarinettenkonzerte, ein Fagottkonzert, ein Cellokonzert, 2 Streichquartette, ein Klaviertrio, eine Violinsonate, 5 Klaviersonaten, zahlreiche Klavierstücke, eine Kantate, mehrere Liederzyklen mit Orchester, Einzellieder mit Klavier sowie Filmmusik. Er zählt zu den bedeutendsten serbischen Komponisten unseres Jahrhunderts.

Yannis Papaioannou (geboren 1910)

Leben

Yannis Papaioannou wurde am 24.12.1910 in Kavalla, Griechenland, geboren. Er studierte am Odeion in Athen und bei Arthur Honegger in Paris. Seit 1954 wirkt er als Professor für Musiktheorie und Komposition in Athen.

Werke

Außer einem Ballett sind aus der umfangreichen Werkliste von Yannis Papaioannou bemerkenswert: 5 Sinfonien, ein »Choreographisches Praeludium«, 5 Tongemälde, ein Triptychon für Streicher, 2 sinfonische Dichtungen, »Korsarentänze«, ein Orchesterkonzert, 3 Suiten, ein Klavierkonzert, ein Violinkonzert, ein Concertino für Klavier und Streichorchester, ein Konzert für Violine und Streicher, ein Doppelkonzert für Violine und Klavier, ein Blechbläserquintett, ein Streichquartett, ein Quartett für Flöte, Klarinette, Gitarre und Cello und eines für Oboe, Klarinette, Bratsche und Klavier, Trios für Oboe, Klarinette und Fagott, für Violine, Bratsche und Cello und für Flöte, Bratsche und Gitarre, eine Sonate für Violine und Klavier, eine Sonatine für Flöte und Gitarre, eine Suite für Gitarre, ein Stück für zwei Gitarren, 24 Praeludien, 2 Suiten, 12 Inventionen, eine Sonate und weitere Werke für Klavier, Kantaten, Sololieder und Chöre mit Orchester, Oden, Hymnen und Bühnenmusik. Er kam über freie Atonalität zur Dodekaphonik und weiter zu seriellen Strukturen.

Nasib Schiganow (geboren 1911)

Leben

Nasib Gajasowitsch Schiganow wurde am 2.1.1911 in Uralsk geboren. Er studierte zunächst in Kasan und in Moskau bei Genrich Litinski (geboren 4.3.1901, Lipowec, Ukraine). Er war einer der Organisatoren des Konservatorium in Kasan und wurde 1945 dessen Direktor und 1954 Professor.

Werke

Außer 8 Opern auf tatarische Texte und 2 Balletten schrieb Nasib Schiganow 2 Sinfonien, eine sinfonische Dichtung, eine »Tatarische Suite«, eine Ouvertüre, ein Streichquartett, Klavierwerke, zahlreiche Lieder und Filmmusik. Seine Kompositionen fußen auf der tatarischen Folklore und stehen am Beginn der Entwicklung einer eigenständigen tatarischen Musik.

Andrej Očenáš (geboren 1911)

Leben

Andrej Očenáš wurde am 8.1.1911 in Selče bei Banská Bystrica geboren. Er war in Preßburg Schüler von Alexander Moyzes und in Prag von Vítězslav Novák. Anschließend wirkte er in Preßburg in verschiedenen Ämtern, unterrichtete von 1949 bis 1954 Komposition am slowakischen Konservatorium, das er zeitweise leitete, und war von 1958 bis 1962 Leiter der Musikabteilung des Rundfunks und bis 1970 Erster Sekretär des slowakischen Komponistenverbands.

WERKE

Außer einem Bühnenspiel nach Volksliedern und einem Ballett schrieb Andrej Očenáš eine Sinfonietta, 3 Orchestersuiten, eine sinfonische Trilogie, eine sinfonische Tetralogie, »Maivorspiele« für Orchester, ein Klavierkonzert, ein Cellokonzert, ein Konzert für Zimbal, Streicher und Klavier, 2 Streichquartette, ein Concertino für Flöte und Klavier, »Fresken« für Violine und Klavier, eine Suite für Violine und Klavier, ein Klaviertrio, Variationen für Flöte und Klavier, 2 Klaviersonaten, ein »Poem« für Violine solo, Kantaten, Chorwerke und Lieder. Sein Stil war anfänglich stark im nationalen Boden verwurzelt, befreite sich jedoch später davon und entwickelte für sein Schaffen äußerst realistische Fakturen.

»Von der Erde und vom Menschen«, Sinfonie für Chor und Orchester, Opus 43, 4 Teile, entstanden 1970

Diese Sinfonie, die als Kantate angesprochen werden kann, ist im 1. Teil voll düsterer, grüblerischer Stimmung. Dieser beginnt mit einer Bordunmelodie, die die Soprane in hoher Stimmlage kurz übernehmen. Der 2. Teil ist ein Scherzo und schildert den ersten Auftritt eigenen menschlichen Willens. Im 3. Teil tritt der Chor in den Vordergrund und besingt das erfolgreiche Streben der Menschen nach freier Entfaltung, die im 4. Teil erreicht ist, so daß sich der Mensch mit Liebe und Dankbarkeit der Erde, deren Fesseln er abgeschüttelt hat, zuwendet. Ein leise verklingender Chorsatz schließt das Werk ab.

Helmut Degen (geboren 1911)

LEBEN

Helmut Degen wurde am 14.1.1911 in Aglasterhausen, Baden, geboren. Er studierte an der Hochschule für Musik in Köln, wo er bereits 1933 ein »Kammerorchester für Neue Musik« gründete und seine Leitung übernahm. Im Jahr 1937 erhielt er einen Lehrauftrag für Komposition am Konservatorium in Duisburg, wirkte ab 1942 in gleicher Eigenschaft am Landeserziehungsheim in Buchenau und ab 1947 am Hochschulinstitut für Musik in Trossingen, wo er 1954 Professor wurde.

WERKE

Von Helmut Degen sind 3 Sinfonien, eine Kammersinfonie, ein sinfonisches Konzert, ein Tripelkonzert für Violine, Cello und Klavier mit Orchester, eine sinfonische Musik für Streicher, Flöte, Oboe und Pauke, ein Cellokonzert für Streichorchester mit Klavier, 2 Streichquartette, eine Sonate für Saxophon und Klavier, eine Johannes-Passion, ein szenisches Oratorium, Tanzspiele und Stücke für Akkordeon bekannt geworden. Sein Stil steht zwischen Spätromantik und Neuklassizismus.

George Tremblay (geboren 1911)

LEBEN

George Amédée Tremblay wurde am 14.1. 1911 in Ottawa geboren. Er lebt seit 1919 in den USA, wo er an verschiedenen Musikschulen studierte und ab 1936 Schüler von Arnold Schönberg war. Im Jahr 1965 gründete er in Los Angeles eine Schule »zur Erforschung und Entwicklung neuer serieller Techniken«.

WERKE

Die Reihentechnik wandte George Tremblay bei seinen Kompositionen in den verschiedensten Formen an und trug dadurch zu ihrer Verbreitung in den USA viel bei. Er schrieb 3 Sinfonien, eine Serenade und ein Epithalamium für Bläser, Streicher, Klavier und Schlagzeug, ein Bläsersextett, 2 Bläserquintette, 4 Streichquartette, 2 weitere Stücke für Streichquartett, ein Klavierquartett, ein Quartett für Oboe, Klarinette, Fagott und Bratsche, ein Klaviertrio, ein Streichtrio, ein Duo für Bratsche und Klavier, Fantasie und Fuge für Fagott und Klavier, eine Kontrabaßsonate sowie 3 Klaviersonaten.

Julia Smith

Julia Smith (geboren 1911)

LEBEN

Julia Frances Smith wurde am 25.1.1911 in Denton, Tex., geboren. Sie studierte in New York an der Juilliard School of Music und an der Universität der Stadt. Im Jahr 1941 übernahm sie die Leitung der Abteilung für Musikerziehung an der Julius Hart School of Music in Hartford, Conn., seit 1946 ist sie nur mehr als freischaffende Komponistin, Pianistin und Schriftstellerin tätig.

WERKE

Neben 5 Opern schrieb Julia Smith eine Sinfonie, 2 Suiten, eine Ouvertüre für Blasorchester, ein Klavierkonzert, ein Streichquartett, ein Klaviertrio, 2 Stücke für Violine und Klavier, verschiedene Klavierwerke, 2 Chöre mit Blasorchester und Lieder. Sie schloß sich rückhaltslos der zeitgenössischen Musik ihres Landes an.

Jehan Alain (1911–40)

LEBEN

Jehan Alain wurde am 3.2.1911 in St-Germain-en-Laye geboren. Er war am Conservatoire in Paris Schüler von Georges Caussade, Paul Dukas, Jean-Jules Roger-Ducasse und Marcel Dupré. Von 1935 bis 1939 wirkte er als Organist an St-Nicolas in Maisons-Lafitte bei Paris. Er fiel am 20.6.1940 in Petit Puys bei Saumur, Marne-et-Loire.

Sein Vater Albert Alain (1.3.1880, St-Germain-en-Laye, bis 15.10.1971, St-Germain-en-Laye) war bis 1924 Organist in seiner Heimatstadt.

Sein Bruder Olivier Alain (geboren 3.8.1918, St-Germain-en-Laye) war am Conservatoire in Paris Schüler von Tony Aubin und von Olivier Messiaen. Er wirkte als Organist und von 1950 bis 1964 als Leiter des städtischen Konservatoriums in St-Germain-en-Laye; seit 1961 leitet er in Paris die École César Franck.

WERKE

Die Orgelkompositionen fußen auf der traditionellen Kontrapunktik, Farbgebung, Figuration und Rhythmik schlossen sich zeitgenössischen Mustern an. Er brachte in den Jahren 1929 bis 1939 93 Opuszahlen heraus. Den breitesten Raum nehmen neben einigen Chorkompositionen, wie sein vierstimmiges Requiem, seine Messen und Motetten, Stücke für Flöte und Klavier und für Klavier allein sowie seine Lieder, die Orgelwerke ein. Davon sind seine »Litaneien« am berühmtesten geworden. Sie haben den Orgelstil unserer Zeit sehr beeinflußt.

Albert Alain schrieb Motetten und zahlreiche Orgelstücke.

Von Olivier Alain sind das Oratorium »Trauergesang«, Motetten und Orgelstücke bekannt geworden.

Zwei Tänze für Agni Yavisha für Orgel, 2 Teile

Zu Ehren der altindischen Gottheit Agni Yavisha zog Jehan Alain in der Orgelmusik ungewohnte Tanzrhythmen heran. Der 1. Teil zitiert das tänzerische Thema zu gleichbleibender figurativer Begleitung, im 2. Teil wechseln ein rasches und ein langsames Motiv fortwährend ab, was den Eindruck erzeugt, als würde der ruhige Fluß des sakralen Tanzes durch ein ständiges Aufflackern wilder Emotionen unterbrochen.

Litaneien für Orgel, ein Satz

Dieses Stück von Jehan Alain findet sein Vorbild in der ständigen Wiederholung derselben Anrufungen in einer Litanei. Durch die immerwährenden Wiederholungen des Themas, die Steigerungen durch Akkordwechsel auf verschiedenen Manualen und am Ende durch die Übernahme des Themas im Pedal sowie durch die magische Klanglichkeit des Satzes wird eine förmliche Ekstase erzeugt, die mit einer Orgel noch nie erreicht worden ist.

Robert McBridge (geboren 1911)

LEBEN
Robert Guyn McBridge wurde am 20.2.1911 in Tucson, Ariz., geboren. Er studierte an der Universität seiner Vaterstadt und unterrichtete anschließend bis 1946 in Bennington, Vt. Ab 1957 wirkte er als Professor an der Universität in Tucson.

WERKE
Von den ungefähr 1000 Kompositionen von Robert McBridge ist ein Großteil sehr stark vom Jazz beeinflußt. Er schrieb 5 Ballette, eine Sinfonie, eine sinfonische Melodie, eine »Mexikanische Rhapsodie«, verschiedene weitere Orchesterstücke, sinfonische Gemälde und Fantasien, mehrere Ouvertüren, eine Suite für Blasorchester, ein Fugato für 25 Instrumente, ein Klarinettenkonzert, ein Oboenquintett, zahlreiche Chorwerke und Songs. Ein größerer Teil seiner Werke gehört der gehobenen Unterhaltungsmusik an, die hier genannten jedoch stellen ernste sinfonische Arbeit im modernen amerikanischen Stil dar.

Stefan Kisielewski (geboren 1911)

LEBEN
Stefan Kisielewski wurde am 7.3.1911 in Warschau geboren. Er studierte am Konservatorium seiner Geburtsstadt bei Jerzy Lefeld (17.1. 1898, Warschau, bis 22.1.1980, Warschau) und Kazimierz Sikorski und ergänzte seine Ausbildung in Paris. Von 1945 bis 1949 unterrichtete er Musiktheorie an der Musikhochschule in Krakau, wo er anschließend sich vorwiegend seinem kompositorischen Schaffen widmete.

WERKE
Außer 3 Balletten schrieb Stefan Kisielewski 2 Sinfonien, ein Konzert für Kammerorchester, eine Sinfonie für 15 Spieler, ein Divertimento für Flöte und Orchester, ein Intermezzo für Klarinette und Klavier, eine Suite für Oboe und Klavier, ein Capriccio für Violine und Klavier, verschiedene Klavierwerke, Chöre und Klavierlieder, Film-, Hörspiel- und Puppentheatermusik. Als Komponist wandte Kisielewski den neuklassizistischen Stil an, als Publizist trat er für alle avantgardistischen Stilgattungen ein.

Alan Hovhaness (geboren 1911)

LEBEN
Alan Chakmakjian Hovhaness wurde am 8.3. 1911 in Somerville, Mass. geboren. Er war am Konservatorium in Boston Schüler von Frederick Shepherd Converse und in Tanglewood von Bohuslav Martinů. Anschließend wirkte er am Konservatorium in Boston als Lehrer und Organist, im Sommer der Jahre 1956 und 1957 unterrichtete er Komposition an der Eastman School of Music in Rochester, N. Y. Zwischen 1959 und 1965 unternahm er ausgedehnte Studienreisen nach Indien, Japan, Korea und der UdSSR.

WERKE
Seinen Kompositionen legte Alan Hovhaness häufig altarmenische und südindische musikalische Fakturen zugrunde, griff auch zuweilen auf andere orientalische Musiksysteme zurück. Er schrieb 6 Stücke für die Musikbühne, ein Tanzdrama und 2 Ballette, weiters 19 Sinfonien mit verschiedener Besetzung – für volles Orchester, für Streichorchester, für Bläser, für Chor, Orchester und Tonband, für Streicher und koreanische Instrumente, für Metallinstrumente, für Harfe, Glocke und Streicher –, 2 Klavierkonzerte, 2 Violinkonzerte, ein Xylophonkonzert, ein Konzert für Trompete und Blasorchester, »Khaldis«, Konzert für Klavier, vier Trompeten und Schlagwerk, »Armenische Rhapsodien«, Suite für Schlagzeugsextett, ein Bläserquintett, 2 Klavierquintette, ein Konzert für Englischhorn, Harfe und zwei

Schlagzeuger, 3 Streichquartette, ein Streichtrio, ein Terzett für drei Flöten, eine Sonate für Trompete und Orgel, Sonaten und Suiten für Klavier, 3 Kantaten, ein Magnificat und Lieder.

Sinfonie Nr. 4 für Bläser und Schlagzeug, Opus 165, 3 Sätze, entstanden 1958

Der 1. Satz beginnt mit einem Praeludium, das fünf Themen nacheinander intoniert, die rhythmisch stark voneinander verschieden sind. Den Abschluß bildet eine von den Blechbläsern vorgetragene Fuge, während die Holzbläser einen großen Choral spielen. Der 2. Satz beginnt mit einem Marimbaphonsolo, zu dem mit eigenen Rhythmen und Tempi Pauken, Glockenspiel, Vibraphon und Harfe treten. Ein neuerliches Marimbaphonsolo leitet zum Trio, das aus zwei tänzerischen Motiven besteht. Nach der Reprise setzt der 3. Satz mit einer Hymne ein und schließt mit einer Fuge das Werk.

Konzert für Klavier, vier Trompeten und Schlagwerk, »Khaldis«, Opus 91, 7 Sätze, entstanden 1951

Khaldis war der Name des »Höchsten Gottes des Universums« bei den Protoarmeniern. Das Werk ist zu seinem Preis geschrieben. Der 1. Satz »Ouvertüre« ist bitonal und wird durch den Hinzutritt der Trompeten, die den Ruhm des Gottes verkünden, polytonal. Der Satz endet aber in einem einzigen Akkord. Der 2. Satz »Verwandlung« bringt einen Kanon, der sich durch das Hinzutreten weiterer Stimmen ausdehnt. Der 3. Satz »Drei Töne« basiert auf einem dreitönigen Klavierthema, von dem drei Linien ausgehen und verarbeitet werden, so daß ein tritonales Klanggebilde entsteht; es wird durch die Huldigungstrompeten viertönig, seine Einheitlichkeit durch den Rhythmus der Pauken aufrechterhalten. Im 4. Satz »Verheerung« tritt indische Musik auf. Das Klavier stimmt eine Kadenz an, moduliert und kehrt zur ursprünglichen Melodie zurück. Im 5. Satz »Jhala mit Trommel«. Das indische Wort Jhala bedeutet Glockenklang und bezieht sich auf die glockenartigen Anschläge des Klaviers, das mit dem Schlagzeug einen scharfen Dialog ausficht, bis diese sich voneinander weit entfernen und der Satz von den Trompeten abgeschlossen wird. Der 6. Satz schildert eine religiöse Prozession. Den 7. Satz »Finale« stimmen die Trompeten an, das Klavier führt einen neuen Kanon vor, den das Schlagzeug kontrapunktiert, ein zweiter, wild exzentrischer Kanon kommt hinzu, so daß der Satz polyphon endet.

Violinkonzert Nr. 2 mit Streichorchester, Opus 89a, 7 Sätze, entstanden 1951

Der 1., pastorale Satz ist polytonal und erinnert an einen Gottesdienst in einem Wald. Das Violinsolo des 2. Satzes wird durch ein wildes Stimmengewirr unterbrochen. Der 3. Satz ist polyrhythmisch und polymelodisch; er besteht aus zwei gleichzeitig gespielten Stücken. Im 4. Satz erklingt ein weiter melodischer Bogen der Solovioline, den das Schlagwerk pizzicato und glissando begleitet. Im 5. Satz spielt der Solist mit dem Bogen und ein zweiter, zugleich zupfend, völlig unabhängig voneinander, nur durch den Rhythmus der Begleitung zusammengehalten. Im 6. Satz zieht sich eine herbstliche Musik über wechselnde Tontrauben hinweg. Der 7. Satz schließt das Werk mit einer Hymne ab.

Klavierkonzert Nr. 1 mit Streichorchester, »Lousadzak«, Opus 48, ein Satz, entstanden 1944

Das Klavier ahmt eine Reihe von Instrumenten nach: das Tar, ein Zupfinstrument, das Kanun, ein zitherähnliches Saiteninstrument, das Ud, eine Lautenform, das Sas, ein primitives bäuerliches Saiteninstrument. Das Streichorchester bewegt sich in freien, unmensurierten polyphonen, trommelnden ostinaten Tonfolgen und diese bilden gleichsam den Grund, aus dem sich die Melodik entwickelt, emporstrebt und zum Tanz zu Ehren der höheren Wesen wird. Zu akkordischen Harmonien kommt es nicht; die Musik ist monophon mit heterophonen simultanen melodischen und rhythmischen Linien und gelegentlichen Imitationen. »Lousadzak« nennen die Armenier den Anbruch des Lichts.

José Ardévol (geboren 1911)

Leben

José Ardévol wurde am 13. 3. 1911 in Barcelona geboren. Er kam 1930 nach Habana und wurde dort ausgebildet. Von 1934 bis 1952 wirkte er als Dirigent des Kammerorchesters in Habana; er war außerdem Mitbegründer dieses Klangkörpers wie auch des Sinfonieorchesters und des städtischen Konservatoriums, an dem er bis 1968 Komposition unterrichtete. Seither lehrt er an der Escuela Nacional de Música.

Werke

Außer einem Ballett, von dem auch eine Konzertfassung vorliegt, schrieb José Ardévol

3 Sinfonien, 2 Triptycha, einen sinfonischen Satz, 3 Concerti grossi für verschiedene Besetzungen, ein Konzert für drei Klaviere und Orchester, ein Konzert für Klavier und Holzbläser, ein Kammerkonzert für sechs Streicher, ein Kammerkonzert für sechs Instrumente, ein Bläserquintett, 3 Streichquartette, 6 Triosonaten mit verschiedenen Besetzungen, Sonaten für verschiedene Instrumente, Klavierstücke, mehrere Chorwerke a cappella und mit Orchester sowie Filmmusik. Er nimmt in der Musik in Kuba eine führende Stellung ein.

Phyllis Tate (geboren 1911)

Leben

Phyllis Margaret Duncan Tate wurde am 6.4. 1911 in Gerrards Cross, Buckinghamshire, geboren. Sie war Schülerin der Royal Academy of Music in London und lebt in London als freischaffende Komponistin, Privatlehrerin und gelegentliche Interpretin.

Werke

Von Phyllis Tate sind 2 Opern und eine Operette aufgeführt worden. Sie schrieb außerdem ein Saxophonkonzert, ein Stück für Blechbläser, ein Streichquartett, »Arie und Variationen« für Violine, Klarinette und Klavier, eine Sonate für Klarinette und Cello, ein weltliches Requiem für Chor und Orchester, 3 Kantaten, Chöre und Lieder. Ihr Stil ist konservativ spätromantisch.

Hans Vogt (geboren 1911)

Leben

Hans Vogt wurde am 14.5.1911 in Danzig (Gdańsk) geboren. Er war von 1929 bis 1934 in Berlin an der Akademie der Künste Schüler von Georg Schumann und an der Akademie für Kirchen- und Schulmusik. Anschließend wirkte er als Kapellmeister in Bielefeld und Detmold und war von 1938 bis 1944 Musikdirektor in Stralsund. Seit 1951 leitet er eine Kompositionsklasse an der Musikhochschule Mannheim-Heidelberg; 1971 wurde er dort Professor.

Werke

Außer einer oratorischen Oper und einer für die Bühne schrieb Hans Vogt eine Sinfonie, ein Konzert für mehrchöriges Orchester und ein zweites Orchesterkonzert, eine »Rhythmische Musik« und mehrere weitere Stücke für Orchester, ein Cellokonzert, ein Klavierkonzert, ein Divertissement für Klavier und kleines Orchester, ein Kammerkonzert für 15 Streicher und Gitarre, ein Streichquintett, 4 Streichquartette, ein Klaviertrio, ein Streichtrio, ein Trio für Flöte, Bratsche und Harfe, eine Sonate für 17 Instrumente, Klavierstücke, ein Kammeroratorium, eine Passionsmusik, eine Kantate, ein Magnificat, ein Requiem, Chöre und Lieder.

Franz Reizenstein (1911–68)

Leben

Franz Theodor Reizenstein wurde am 7.6. 1911 in Nürnberg geboren. Von 1930 bis 1934 studierte er an der Musikhochschule in Berlin bei Paul Hindemith und Leonid Kreutzer (1.3.1884, St. Petersburg, bis 30.10.1953, Tokio). Dann verließ er Deutschland und setzte seine Ausbildung am Royal College of Music in London bei Ralph Vaughan Williams und Constant Lambert bis 1936 fort. Er war außerdem noch Schüler von Felix Weingartner in Basel und von Solomon Cutner (geboren 9.8.1902, London) in London. Ab 1958 wirkte er als Klavierprofessor an der Royal Academy of Music in London und ab 1964 in gleicher Eigenschaft am Royal Manchester College of Music. Er starb am 15.10.1968 in London.

Werke

Das kompositorische Schaffen von Franz Reizenstein war tonal und stand im Schatten von Paul Hindemith. Neben einer Funkoper schrieb er eine Ballettsuite, eine Konzertouvertüre, ein Konzert für Streichorchester, ein Violinkonzert, ein Cellokonzert, 2 Klavierkonzerte, »Variationen und Finale« für Violine und Orchester, ein Bläserquintett, ein Klavierquintett, ein Streichquartett, Trios für Flöte, Oboe und Klarinette, für Flöte, Klarinette und Fagott, für Flöte, Oboe und Klavier, für Violine, Cello und Klavier, Sonaten für Klavier mit Violine, mit Cello, eine konzertante Fantasie für Violine und Klavier, ein Duo für Oboe und Klarinette, eine Konzertfantasie für Bratsche und Klavier, eine Sonatine für Klarinette und Klavier, 2 Sonaten und weitere Stücke für Klavier, ein Oratorium, eine Kantate sowie Lieder.

Bruno Bartolozzi (geboren 1911)

LEBEN

Bruno Bartolozzi wurde am 8.6.1911 in Florenz geboren. Er studierte am Konservatorium seiner Geburtsstadt und an der Musikakademie in Siena. Seitdem unterrichtet er am erstgenannten Konservatorium Orchesterspiel und wirkte als Herausgeber einer Serie Lehrhefte für die Spielmethode der Holzblasinstrumente. Er erfand für diese Instrumente neue Techniken und Anblasmethoden, die ihre kompositorischen Verwendungsmöglichkeiten erweitern.

WERKE

Von Bruno Bartolozzi wurden ein Orchesterkonzert, ein Divertimento für Kammerorchester, ein Konzert für Violine, Streicher und Cembalo, ein Konzert für Fagott, Streicher und Schlagzeug, ein Konzert für Oboe und einige Instrumente, ein Quartett für Holzbläser und eines für vier Flöten, ein Streichquartett, Solostücke für Flöte, Fagott, Bratsche, Gitarre und weitere Instrumente, ein Konzert für Sopran und Orchester, eine Serenade für Violine und Gitarre und ein Konzert für Sopran und 17 Instrumentalisten bekannt.

Gian Carlo Menotti (geboren 1911)

LEBEN

Gian Carlo Menotti wurde am 7.7.1911 in Cadegliano bei Varese geboren. Er studierte von 1923 bis 1927 am Konservatorium in Mailand und von 1928 bis 1933 am Curtis Institute of Music in Philadelphia bei Rosario Scalero. Von 1933 bis 1935 unterrichtete er an diesem Institut. Nachdem er 1937 mit seiner Oper »Amelia geht zum Ball« beträchtlichen Erfolg hatte, lebt er nur mehr seinem künstlerischen Schaffen, zuletzt gemeinsam mit Samuel Barber auf dem Landsitz Capricorn am Lake Croton bei New York.

WERKE

Von Gian Carlo Menotti sind 18 Opern auf Bühnen oder im Fernsehen aufgeführt worden. Ihr oftmals weltweiter Erfolg ist teilweise den sehr interessanten Libretti, teilweise ihren prägnanten, kurzen Melodien und der glücklichen Mischung moderner Klangbildungen mit Reminiszenzen an die italienische Oper des 19. Jahrhunderts zu verdanken. Außer den Opern schrieb er ein Ballett, eine sinfonische Dichtung, ein Klavierkonzert, ein Violinkonzert, 6 Stücke für Carillon, 4 Streichquartette, ein Trio, eine Kantate, einen Liederzyklus, einige Klavierstücke und Schauspielmusiken. Sein Stil ist eklektisch im besten Sinn der Bezeichnung.

Klavierkonzert in F-Dur, 3 Sätze, entstanden 1945

Nach der Äußerung des Komponisten ist dieses Werk vom vorromantischen Stil der italienischen Schule beeinflußt, vor allem von den Kompositionen für Tasteninstrumente von Domenico Scarlatti. Das altitalienische Idiom ist mit zeitgenössischen Färbungen angereichert. Obwohl der Solopart sehr schwierig ist, handelt es sich um kein »Virtuosenstück«, sondern um ein Zusammenspiel von Solisten und Orchester im Sinn der Urbedeutung der Bezeichnung »Konzert«. Der 1. Satz beginnt in neuklassizistischem Stil; die Abhängigkeit von Scarlatti drückt sich vorwiegend im Solopart aus. Die Tonalität wird durch kurze moderne Modulationen durchbrochen. Die Coda ist vom Crescendo einer Ouvertüre von Gioacchino Rossini beherrscht. Der 2. Satz verläuft im Vokalstil; Terzen- und Quartenharmonik verleihen ihm einen kriegerischen Charakter, der von gelegentlichen Einwürfen des Schlagwerks verstärkt wird. Das Finale zeigt eine Neuklassik in der Hand eines Spätromantikers.

Kurt Boßler (geboren 1911)

LEBEN

Kurt Boßler wurde am 10.7.1911 in Duisburg-

Ruhrort geboren und studierte von 1937 bis 1941 in Duisburg bei Helmut Degen. Ab 1943 wirkte er als Kompositionslehrer an der Musikschule in Freiburg im Breisgau und, nachdem diese 1945 geschlossen wurde, als Organist und freier Musiklehrer. Seit 1963 ist er Dozent für Komposition am Evangelischen Kirchenmusikalischen Institut in Heidelberg.

WERKE

Von Kurt Boßler sind ein Bläserquintett, 3 Streichquartette, 2 Klaviertrios, eine Sonate für Flöte und Klavier, 3 Sonaten für Violine und Klavier, ein Dialog für Flöte und Orgel, eine Sonate und andere Stücke für Klavier, Orgelstücke, ein Concertino für drei Blockflöten und Streicher, Stücke für Blockflöte, Kantaten, Psalmvertonungen für gemischten Chor und für Soli, Oboe, Bratsche und Cello, eine Motette, Lieder für Sopran, Flöte und Streichquartett oder Klavier, Klavierlieder und ein »Dodekaphonisches Spiel« für Solovioline bekannt geworden.

Ján Cikker (geboren 1911)

LEBEN

Jan Cikker wurde am 29.7.1911 in Banská Bystrica, Slowakei, geboren. Er studierte in Prag und in Wien und war von 1939 bis 1949 Professor für Theorie und Komposition am Konservatorium in Preßburg, wo er seit 1951 als Kompositionsprofessor an der Hochschule für musische Künste wirkt.

WERKE

Neben seinen 5 Opern, von denen »Auferstehung« internationalen Erfolg brachte, schrieb Ján Cikker eine Sinfonie, eine »Dramatische Fantasie«, eine sinfonische Dichtung, Variationen, eine »Slowakische Suite«, »9 slowakische Tänze«, eine »Meditation«, eine »Studie zu einem Schauspiel«, eine »Huldigung für Beethoven«, ein Concertino für Klavier und Orchester, 2 Streichquartette und andere Kammermusik, Stücke für Klavier, Lieder und Bearbeitungen von Volksliedern und Volkstänzen. Er veröffentlichte mehrere musikästhetische Traktate. Trotz seiner starken Hinneigung zu modernen Fakturen fußt seine Musik auf der Folklore seiner slowakischen Heimat.

René Amengual Astaburuaga
(1911–54)

LEBEN

René Amengual Astaburuaga wurde am 2.9. 1911 in Santiago de Chile geboren, wo er am Konservatorium unter Pedro Umberto Allende Sarón studierte. Er wirkte ab 1935 als Lehrer und ab 1947 als Direktor am selben Institut bis zu seinem Tod am 2.8.1954.

WERKE

Von René Amengual Astaburuaga sind eine Anzahl Orchesterwerke im neuklassizistischen Stil bekannt geworden. Er schrieb ferner ein Klavierkonzert, ein Harfenkonzert, 2 Streichquartette, eine Violinsonate, eine Suite für Flöte und Klavier, Klavierstücke, Motetten und Madrigale. Im späteren Verlauf seiner Schaffenszeit wandte er sich immer mehr dem Impressionismus zu. Von der heimischen Folklore war er nicht beeinflußt.

Allan Pettersson (1911–80)

LEBEN

Gustaf Allan Pettersson wurde am 19.9.1911 in Västra Ryd, Uppland, geboren. Von 1930 bis 1939 studierte er an der Musikhochschule in Stockholm Bratsche und Kontrapunktik und bei Karl-Birger Blomdahl Komposition, dann noch in Paris bei Arthur Honegger und René Leibowitz. Anschließend wirkte er bis 1951 als Bratschist im Konzertverein in Stockholm, wo er als freischaffender Komponist bis zu seinem Tod am 20.6.1980 lebte.

WERKE

Von Allan Pettersson sind 16 Sinfonien und 3 Konzerte für Streichorchester bekannt geworden. Er schrieb außerdem ein Violinkonzert, ein Streichquartett, 7 Sonaten für zwei Violinen und mehrere Liederzyklen. Sein Stil neigt zum Neuklassizismus.

Vladimir Ussachevsky (geboren 1911)

LEBEN

Vladimir Ussachevsky wurde am 21.10.1911 in Hailar, Mandschurei, geboren. Er studierte am College in Pomona, Calif., und an der Universität in Rochester, N. Y. Ab 1947 gehörte er dem Music Department der Columbia University in New York an, an der er 1951 mit erfolgreichen Tonbandexperimenten begann. Seit 1967 erforscht er die Möglichkeiten von Klangsynthesen mittels Computern.

WERKE

Zu den frühen Kompositionen von Vladimir Ussachevsky gehören: »Sonic Contours« für Tonband, Metamorphosen, »Linear Contrasts«, »Experiment 4711«, »Drahtlose Fantasie«. Ab 1961 verfaßte er: »Creation«, Prolog für vier Chöre und Tonband, »Blech und Holz auf Tonband«, »Suite aus Filmmusik« für Tonband, »Computer-Stücke«, Suite für Elektronische Musik, außerdem Filmmusiken für eine Schauspielerin und Tonband. Er veröffentliche zahlreiche Abhandlungen über Elektronische Musik, Tonbandmusik und Computermusik.

Osamu Shimizu (geboren 1911)

LEBEN

Osamu Shimizu wurde am 4.11.1911 in Osaka geboren. Er studierte an der Musikhochschule in Tokio, wo er anschließend in der Musikabteilung des Radio Tokio tätig war. Gegenwärtig ist er Generaldirektor eines Verlagshauses.

WERKE

Bei seinen 10 Opern und 2 Balletten versuchte Osamu Shimizu, Stoffe des japanischen Kabuki-Theaters zu verarbeiten. Er schrieb außerdem 3 Sinfonien, 4 Stücke nach indischen Melodien, ein Quartett für Koto und Streicher, Skizzen für drei Kotos, eine Ballade für Violine und Klavier, eine »Olympische Hymne« zur Eröffnung der Olympischen Spiele Tokio 1964, buddhistische Kantaten, Chöre und Lieder.

Erik Bergman (geboren 1911)

LEBEN

Erik Valdemar Bergman wurde am 24.11. 1911 in Uusikaarlepyy (Nykarleby), Finnland, geboren. Nach seiner Ausbildung an der Sibelius-Akademie in Helsinki setzte er seine Ausbildung bei Heinz Tiessen in Berlin und bei Wladimir Vogel in Ascona fort. Er wurde 1963 Professor für Komposition an der Sibelius-Akademie in Helsinki.

WERKE

Für Orchester schrieb Erik Bergman »Drei Aspekte einer dodekaphonischen Reihe«, eine »Aubade« und 2 weitere Stücke – »Symbol« und »Circulus«, – für Kammerensemble ein Kammerkonzert für Flöte, Klarinette, Baßklarinette, Violine, Bratsche, Cello, Schlagzeug und Klavier, »3 Fantasien« für Klarinette und Klavier, außerdem eine Suite für Gitarre, eine Suite und eine Sonatine für Klavier, ein Orgelstück, ferner zahlreiche Kantaten für Soli, Chor, zum Teil mit Sprecher und Instrumenten oder a cappella, Liederzyklen und zahlreiche einzelne Gesänge sowie Chöre. Er ist einer der bedeutendsten Repräsentanten moderner Musik in Skandinavien.

Endre Szervánszky (geboren 1911)

LEBEN

Endre Szervánszky wurde am 27.12.1911 in Budapest geboren. Er wurde dort ausgebildet und unterrichtete selbst bis 1941 an verschiedenen Musikschulen. Sodann wurde er Professor für Komposition am Konservatorium in Budapest und 1948 an der Musikhochschule.

WERKE

Die Kompositionen von Endre Szervánszky sind von der ungarischen Folklore und von Béla Bartók stark beeinflußt. Er schrieb eine Sinfonie, 2 Orchestersuiten, eine Ballettsuite, eine Rhapsodie, ein »Konzertantes Stück« und 6 sinfonische Variationen, eine Serenade für Streicher, ein Klarinettenkonzert, ein Flötenkonzert, 2 Bläserquintette, ein Klarinettenquintett, 2 Streichquartette, ein Requiem,

Chöre, Musik für Kinder, Bühnen- und Filmmusiken.

Serenade für Streicher, 4 Sätze, entstanden 1948

Im Gegensatz zum übrigen sehr ernsten und zum Teil meditativen Werk des Komponisten ist diese Serenade fröhlich und munter. Der 1. Satz beginnt mit einer kantablen echt ungarischen Melodie; das Gegenthema ist ebenfalls heiter und lustig. Der 2. Satz ist tänzerisch bewegt, im Trio erklingt Dudelsackmusik. Der langsame 3. Satz bringt ein lyrisches Thema, das sich anfänglich zaghaft weitertastet, dann aber aufblüht. Das Hauptthema des Finale ist voll scharf akzentuierter Rhythmik, ein zweites, sehr expressives Thema tritt hinzu, so daß es am Ende zu einem brillant orchestrierten Ausklang kommt.

Barbara Pentland (geboren 1912)

LEBEN

Barbara Pentland wurde am 2.1.1912 in Winnipeg, Kanada, geboren. Sie studierte 1929/30 an der Schola Cantorum in Paris bei Cécile Gauthiez (7.9.1873, Paris, bis 20.8.1946, Paris), anschließend an der Juilliard School of Music in New York bei Bernard Wagenaar und Frederick Jacobi und darauf am Bergshire Music Center in Tanglewood, Mass., bei Aaron Copland. Ab 1942 unterrichtete sie Theorie und Komposition am Konservatorium in Toronto und von 1949 bis 1963 an der Universität in Vancouver. Seitdem widmet sie sich ihrem kompositorischen Schaffen und der Interpretation ihrer Werke.

Barbara Pentland

WERKE

Für die Bühne verfaßte Barbara Pentland eine Kammeroper und eine Ballettpantomime. Sie schrieb ferner 4 Sinfonien und eine für Kammerorchester, ein Konzert für Violine und Kammerorchester, ein Konzert für Klavier und Streicher, ein Konzert für Barockorgel und Streicher, Variationen für Klavier und Orchester, ein Bläseroktett, ein Septett, ein Klavierquartett, 3 Streichquartette, verschiedene Klavierwerke, einen Liederzyklus und weitere Vokalwerke, Radio- und Filmmusik. Sie veröffentlichte Studienwerke für Klavier. Ihr Stil ist modern amerikanisch.

Alfred Desenclos (1912–71)

LEBEN

Alfred Desenclos wurde am 7.2.1912 in Le Portel, Pas-de-Calais, geboren. Er studierte an den Konservatorien in Roubaix, Nord, und in Paris, wo er 1942 den Rompreis erhielt. Von 1943 bis 1950 leitete er das Konservatorium in Roubaix. Er starb am 3.3.1971 in Paris.

WERKE

Die Kompositionen von Alfred Desenclos schließen sich keinem der herrschenden Stilsysteme an, entnehmen ihnen jedoch Elemente und bilden daraus höchstpersönlich Fakturen, die als »reine Gefühlsmusik« bezeichnet worden sind, aber trotz des Mangels jeder Pragmatik sehr stark ansprechen. Er schrieb eine Sinfonie, ein Trompetenkonzert, ein Violinkonzert, ein Streichquintett mit Klavier, ein Saxophonquartett, ein Streichtrio, ein Duo für Saxophon und Klavier, 3 Stücke für Flöte und Klavier, ein Praeludium für Cello und Klavier, 3 Stücke für Violine und Klavier, eine Fantasie für Harfe, einen Gesang mit Orchester sowie ein Requiem für Soli, Chor und Orchester.

Šimon Jurovský (1912–63)

LEBEN

Šimon Jurovský wurde am 8.2.1912 in Ulmanka bei Banská Bystrica, Slowakei, geboren. Er studierte von 1931 bis 1936 an der Musikakademie in Preßburg und 1943/44 bei Joseph Marx in Wien. Anschließend leitete er die Musikabteilung des Senders Preßburg. Im Jahr 1956 wurde er Opernchef des Nationaltheaters in Preßburg. Er starb am 8.11.1963 in Prag.

WERKE

Außer einer Oper und einem Ballett schrieb Šimon Jurovský 2 Sinfonien, ein Orgelkonzert, ein Cellokonzert, ein Konzert für Klavier und Streicher, ein Concertino für Klavier und Streicher, 2 Orchestersuiten, eine pastorale Suite, eine Serenade für Streicher, eine sinfonische Dichtung, ein sinfonisches Scherzo, ein Streichquartett, ein Streichtrio, 2 Suiten und weitere Stücke für Klavier, mehrere Kantaten, 2 Liederzyklen, Volksliedbearbeitungen, Bühnen- und Filmmusik. Sein Stil neigte zur Spätromantik.

Endre Székely (geboren 1912)

LEBEN

Endre Székely wurde am 6.4.1912 in Budapest geboren. Er studierte dort an der Musikakademie unter Albert Siklós, war anschließend als Dirigent von Arbeiterchören und als Organisator des ungarischen Musiklebens tätig und wurde 1948 Dirigent am Stadttheater, Chordirigent am ungarischen Rundfunk und 1960 Musiklehrer an der Lehrerbildungsanstalt in Budapest.

WERKE

Außer einer Oper und einer Operette schrieb Endre Székely eine Sinfonie, eine Suite für Orchester, eine für kleines Orchester und eine für Streicher, eine Rhapsodie für Violine und Orchester, ein Konzert für Klavier, Streicher und Schlagzeug, eine konzertante Sinfonie für Klavier, Violine und Kammerorchester, ein Notturno für Klavier, fünf Bläser und fünf Streicher, ein Oktett, ein Sextett, 3 Bläserquintette, 3 Streichquartette, ein Streichtrio, 2 Bläsertrios, eine Rhapsodie für Bratsche und Klavier, mehrere Kantaten, Chöre, Gesänge und Lieder. Der Komponist suchte und fand auch Anschluß an die zeitgenössische europäische Musikentwicklung.

Fantasma für Orchester, ein Satz, entstanden 1969

Es handelt sich um keine Programmusik, sondern um die Darstellung der bedrückenden Ängste, die von der wachsenden Bedrohung der Menschen durch die atomare, biologische und astronautische Forschung und ihre Konsequenzen ausgelöst werden. Der großangelegte Satz wird immer spannender und dichter, bis zu einer Klimax, von der er gleichsam resignierend abfällt. Erschreckend geheimnisvolle Holzbläsersignale und Akkorde, eisig wie Nebelschwaden, münden in den Ausdruck einer ausweglosen Vereinsamung.

Paraschkew Chadschiew
(geboren 1912)

LEBEN

Paraschkew Todorow Chadschiew wurde am 14.4.1912 in Sofia geboren. Er war am Konservatorium in Sofia Schüler von Pantscho Waldigerow und Stojan Georgjew Stojanow (27.10.1902, Silistra, bis 10.7.1953, Sofia), in Wien von Joseph Marx und in Berlin von Heinz Tiessen. Im Jahr 1940 wurde er Lehrer für Harmonielehre und Komposition, 1941 Dozent und 1947 Professor am Konservatorium in Sofia.

WERKE

Außer 7 Opern, 3 Operetten und einem Ballett schrieb Paraschkew Chadschiew für Orchester »Skizzen«, eine »Kleine Tanzsuite«, ein Concertino für Violine und Orchester und eines für Flöte und Orchester, 2 Streichquartette, 2 Violinsonaten, ein Concertino für Violine und Klavier, eine Anzahl Klavierstücke, Massenchöre, Sololieder, Bühnen-, Rundfunk- und Filmmusiken sowie Volksliedbearbeitungen.

Si-tson Ma (geboren 1912)

Leben

Si-tson Ma wurde am 7.5.1912 in Haifeng, Provinz Kwantung, China, geboren. Er studierte am Konservatorium in Nancy und nahm in Paris Violinunterricht. Im Jahr 1931 begann er in seiner Heimat eine Konzertlaufbahn, wandte sich zugleich der Komposition zu und gründete in Kanton eine Musikschule; 1937 wurde er dort Professor an der Universität. Nach dem Zweiten Weltkrieg wirkte er als Lehrer und Dirigent in Shanghai, Taipeh, Tientsin und Peking. Wegen der Verfolgungen, die er bei der Kulturrevolution auszustehen hatte, verließ er 1967 China und lebt seitdem in den USA.

Werke

Von Si-tson Ma sind 2 Sinfonien, ein sinfonisches Gedicht, ein Violinkonzert, ein Klavierquintett, ein Streichquartett, Stücke für Klavier und Violine, darunter eine mongolische und eine tibetische Suite, 4 Sonatinen und andere Klavierstücke, 3 Kantaten, 20 Volkslieder für Chor a cappella und 3 Liederzyklen für Gesang und Klavier bekannt geworden.

Jean Françaix (geboren 1912)

Leben

Jean René Françaix wurde am 23.5.1912 in Le Mans, Sarthe, geboren. Am Conservatoire in Paris war er Schüler von Isidore Philipp und Nadia Boulanger. Ohne sonstige musikalische Stellung lebt er seit seinem Studium ausschließlich seinem vielseitigen kompositorischen Schaffen und seiner Interpretation als Pianist oder als Dirigent.

Werke

Neben 5 Opern und mehr als 10 Balletten schrieb Jean Françaix eine Sinfonie für Orchester und eine für Streicher, eine Sinfonietta, ein Klavierkonzert, ein Concertino für Klavier und Orchester, ein Tripelkonzert für Violine, Bratsche und Cello, ein Quadrupelkonzert für Flöte, Oboe, Klarinette und Fagott, eine Serenade, ein Divertissement für Streichtrio mit Bläsern, Schlagzeug, Harfe und Kontrabaß, ein Doppelkonzert für zwei Klaviere und eines für Flöte und Violine, ein Konzert für Cembalo und elf Instrumente, ein Violinkonzert, ein Cellokonzert, ein Concertino für Violine und Orchester, ein Divertissement für Violine und Blasorchester, eine Rhapsodie für Bratsche und Blasorchester, Konzerte für Flöte, für Oboe, für Horn, für Klarinette und für Harfe und Orchester, ein Divertissement für Fagott und Streichquintett, ein Stück für Klavier und Streichquintett, ein Klavierquintett, ein Quintett für Harfe, Flöte, Violine, Bratsche und Cello, ein Bläserquintett, ein Rondo für Streichquintett, ein Bläserquartett, ein Streichquartett, ein Saxophonquartett, ein Quartett für Englischhorn, Violine, Bratsche und Cello, ein Streichtrio, ein Blastrio, zahlreiche Duos mit verschiedener Besetzung, Klavierstücke, Cembalowerke und Orgelstücke, 2 Stücke für Gitarre und verschiedene Soli für Instrumente, ein Oratorium, mehrere Kantaten, Chöre und Gesänge mit verschiedener Besetzung und Begleitung, Motetten und zahlreiche Filmmusiken. Sein Stil ist voll Grazie und Eleganz, oft ironisch und epigrammatisch, doch nie banal. Die Unzahl seiner originellen Melodien scheint aus einer unerschöpflichen Quelle zu fließen.

Ingolf Dahl (1912–70)

Leben

Ingolf Dahl wurde am 9.6.1912 in Hamburg geboren. Er studierte an der Musikhochschule in Köln und von 1932 bis 1936 am Konservatorium in Zürich, wo er bis 1938 als Korrepetitor und Kapellmeister wirkte. Dann verließ er Europa, ging in die USA und wurde dort nach verschiedenen Stellungen 1945 Professor an der Universität in Los Angeles, wo er auch bis 1958 das Sinfonieorchester leitete. Er starb am 7.8.1970 in Frutigen, Bern.

Werke

Von Ingolf Dahl, der sich als Dirigent und Pianist leidenschaftlich für die Moderne einsetzte, ist nahezu ausschließlich Instrumentalmusik bekannt geworden. Er schrieb eine sinfonische Legende, eine konzertante Sinfonie für zwei Klarinetten und Orchester, eine Sinfonietta für Blasorchester, ein Bläserquintett, eine Serenade für vier Flöten, ein Klaviertrio, verschiedene Duos, ein Duett für Flöte und Schlagzeug und Klavierwerke.

Vít Nejedlý (1912–45)

LEBEN

Vít Nejedlý wurde am 22.6.1912 in Prag geboren, wo er Schüler von Otakar Jeremiaš und Václav Talich war. Nach seiner Tätigkeit als Musikkritiker, Kapellmeister und Korrepetitor emigrierte er 1939 nach Moskau, wo er bei Lew Ginsburg (1907–82) Unterricht nahm und am Rundfunk als Filmkomponist wirkte. Im Jahr 1943 wurde er Militärkapellmeister. Er fiel am 1.1.1945 bei Dukla, Beskiden.

WERKE

Außer 2 unvollendeten Opern schrieb Vít Nejedlý 3 Sinfonien, eine Sinfonietta, eine Suite, ein Nonett, 2 Bläserquintette, ein Concertino für neun Instrumente, ein Streichquartett, Duos, Klavierwerke, mehrere Kantaten, Lieder und Filmmusik. Er war ein Vorkämpfer der modernen tschechischen Musik.

Sergiu Celibidache (geboren 1912)

LEBEN

Sergio Celibidache wurde am 28.6.1912 in Roman, Rumänien, geboren. Er studierte von 1939 bis 1945 an der Musikhochschule in Berlin unter Kurt Thomas, Walther Gmeindl und Fritz Stein. Im Jahr 1946 wurde ihm die Leitung der Berliner Philharmoniker übertragen. Nach der Rückkehr Wilhelm Furtwänglers (1886–1954) auf diesen Posten 1952 wirkte er bis 1963 als Gastdirigent, vorwiegend in Mittel- und Südamerika, dann wurde er Leiter des schwedischen Rundfunkorchesters, 1972 Dirigent und Leiter des Orchesters des Süddeutschen Rundfunks und 1979 Chef der Philharmoniker und Generalmusikdirektor in München.

WERKE

Von Sergiu Celibidache sind 4 Sinfonien, eine Orchestersuite und ein Klavierkonzert bekannt geworden. Sein Stil ist spätromantisch-expressionistisch. Im Gegensatz zu manchen komponierenden Dirigenten schrieb er blutvolle klangprächtige Musik.

John Cage (geboren 1912)

LEBEN

John Cage wurde am 5.9.1912 in Los Angeles geboren. Nach seiner pianistischen Ausbildung in seinem Geburtsort studierte er in New York bei Henry Dixon Cowell und abschließend erneut in Los Angeles bei Arnold Schönberg. Von 1937 bis 1939 wirkte er als Ballettkorrepetitor in Seattle, Wash., dann unterrichtete er in Oakland, Calif., und in Chicago. Ab 1942 arbeitete er intensiv mit dem Choreographen Merce Cunningham (geboren 16.4.1919, Centralia, Wash.) zusammen, für dessen Truppe er viel schrieb. Mit Morton Feldman, Earle Brown und Christian Wolff entwickelte er die Methode, ohne Verwendung »natürlicher« Instrumente Musik auf Tonband aufzunehmen. Er erfand das »Prepared piano«, ein Klavier, das klanglich durch auf oder zwischen die Saiten angebrachte Materialien verfremdet wird und Geräusche auf bestimmten Tonhöhen hervorbringt. In seinen Kompositionen erweiterte er die Grenzen der Musik um vieles, so daß der Einwand, daß er sie überschreite, nicht von der Hand zu weisen ist, wie auch der, daß er durch seine bedingungslose Abstraktion und Objektivierung den Begriff der Musik bis zur Negation alteriere. Jedenfalls jedoch ist sein Einfluß auf zahlreiche Komponisten unserer Zeit ungeheuer, weil er weite Experimentierfelder eröffnete.

WERKE

Sein kompositorisches Werk gliederte John Cage in »Chromatische Kompositionen«, die sich damit auseinandersetzen, einzelne Tonrepetitionen solange wie möglich auszuhalten, das heißt, alle chromatischen Töne eines bestimmten Tonraums verwenden, wobei die Wiederholung eines Tones solange wie mög-

John Cage

lich vermieden wird; Kompositionen mit feststehenden rhythmischen Modellen oder Tonreihen-Fragmenten; Kompositionen für Tanz, Film und Theater; Kompositionen unter Verwendung rhythmischer Strukturen; absichtlich expressive Kompositionen; Kompositionen, die Tabellen verwenden und danach ablaufen; Kompositionen mit Zufallsoperationen; Kompositionen mit Verwendung von bereits vorhandenen oder selbst erfundenen Schablonen; Kompositionen ohne bestimmte Beziehung der Stimmen zur Partitur und Kompositionen, die in bezug auf ihre Aufführung unbestimmt sind. Er schrieb mehrere Ballette, ein Klavierkonzert, mehrere kammermusikalisch besetzte Stücke, darunter ein Bläserquintett und 16 Tänze für Flöte, Trompete, Violine, Cello und vier Schlagzeuger, eine Anzahl Stücke für beliebige Besetzung – Instrumente, Sänger, Sprecher –, wie Variationen I – VIII, Kompositionen für drei Stimmen – dazu zählen die Versuche mit graphischen Notationsformen wie in »tacet« für beliebige Instrumente, einer Raum-Zeit-Notation, bei der ein bestimmtes Streckenmaß einer jeweils gleichen Zeitdauer entspricht und die Pause zum kompositorischen Element wird –, weiters Stücke für Schlagzeug zum Teil mit Sprecher, Stücke mit Singstimmen mit verschiedener Begleitung, Stücke für Klavier und für »Prepared piano«, von denen viele als Ballett Verwendung fanden, und schließlich zahlreiche Stücke für Tonband und elektronische Klang- oder Geräuscherzeuger. Das technisch und stilistisch Neue an seinen Kompositionen sind vor allem die Verwendung des »Prepared pianos«, die Wiedergabe typisierter Gemütszustände mittels Zahlen, das Ablösen vom individuellen Ausdruck und die Abkehr von jeglicher Tradition, die Integration des manipulierten Zufalls oder des erst vom Interpreten geschaffenen Zufalls in den Werksablauf, denn Neue Kunst und Musik vermitteln nicht länger in geordneten Strukturen gefaßte Ideen eines einzelnen, sondern stellen Prozesse dar, die, genau wie unser tägliches Leben, Gelegenheit zur Wahrnehmung bieten«. Dadurch ist allerdings die Trennung zwischen Kunst und Leben aufgehoben und der Werkbegriff der Kunst preisgegeben.

Atlas Eclipticalis für einen bis 98 Orchestermusiker, entstanden 1962

In dem Werk werden Sternbilder transkribiert und als Noten lesbar gestaltet. Eine Partitur gibt es nicht und daher kein geregeltes Zusammenspiel der Instrumente, wodurch die Idee des Kosmos als Modell der Anarchie vermittelt wird. Die Funktion des Dirigenten besteht nur in der Zeitangabe. Die Kreisbewegungen seiner Arme sind als rotierende Uhrzeiger zu verstehen.

Wintermusik für einen bis 20 Pianisten, entstanden 1957

Das Werk besteht aus 20 Blättern, die von den Pianisten simultan gespielt werden. Sie bringen nur isolierte Akkorde, die in ihrer Zusammensetzung mehrsinnig und wegen der Vielzahl ihrer Töne unspielbar sind; sie müssen mittels besonderen Flageolett- und Resonanztechniken zum vollständigen Erklingen gebracht werden.

Beide Werke können gleichzeitig aufgeführt werden.

Gisela Hernandez Gonzalo (geboren 1912)

LEBEN

Gisela Hernandez Gonzalo wurde am 15.9.1912 in Cárdenas, Kuba, geboren. Sie studierte in Habana bei José Ardévol und in Baltimore, Md., bei Gustav Strube. Sie wurde 1948 am Konservatorium in Habana Mitarbeiterin der Musikwissenschafterin Olga De Blanck (geboren 11.3.1916, Habana), mit der sie kubanische Musik des 19. Jahrhunderts in kritischen Ausgaben herausbrachte. Als Leiterin der Chorvereinigung von Habana bereiste sie durch viele Jahre Kuba und den gesamten amerikanischen Kontinent. Zur Entwicklung der Musik ihres Landes trug sie Wesentliches bei.

WERKE

Neben zahlreicher Bühnenmusik schrieb Gisela Hernandez Gonzalo ein kubanisches Triptychon für Orchester, eine Kantate für Soli, Chor und Orchester, mehrere Kammermusikwerke, zahlreiche Chöre, Klavierstücke und 2 Liederzyklen.

Wadim Salmanow (1912–78)

LEBEN

Wadim Nikolajewitsch Salmanow wurde am 22.10.1912 in St. Petersburg geboren. Er studierte bei Michail Gnessin am Konservatorium in St. Petersburg bis 1941 und wirkte ab 1945 als Assistent am Gnessin-Institut in Moskau. Von 1947 bis 1951 war er Leiter der Kompositionsabteilung des Konservatoriums in Leningrad, wurde dort 1951 Dozent, 1961 Professor und starb am 27.2.1978.

WERKE

Außer einem Ballett schrieb Wadim Salmanow 3 Sinfonien, eine »Kindersinfonie«, 2 sinfonische Bilder, ein Violinkonzert, eine Sonate für Klavier und Streicher, 4 Streichquartette, 2 Klaviertrios, 2 Violinsonaten, Klavierstücke, ein Oratorium, ein sinfonisches Gedicht für Sopran und Orchester, Chöre, Bühnen- und Filmmusiken.

Gunnar Sønstevold (geboren 1912)

LEBEN

Gunnar Sønstevold wurde am 26.11.1912 in Elverum, Hedmark, Norwegen, geboren. Er war in Stockholm Schüler von Hilding Rosenberg, Karl Andersen (29.9.1903, Oslo, bis 15.8.1970, Oslo) in Oslo und Hanns Jelinek in Wien. Im Jahr 1966 wurde er Leiter der Musikabteilung des norwegischen Rundfunks.

WERKE

Neben 2 Balletten schrieb Gunnar Sønstevold eine Sinfonietta, ein Saxophonkonzert, ein Doppelkonzert für Flöte und Fagott, ein Streichquartett, ein Stück für Harfe, Klavier und zwei Schlagzeuger, ein Duo für Flöte und Oboe, ein Stück für Beatmusiker, Bühnen-, Fernseh- und Filmmusiken. Sein Stil ist dem zeitgenössischen adäquat.

Peggy Glanville-Hicks (geboren 1912)

LEBEN

Peggy Glanville-Hicks wurde am 29.12.1912 in Melbourne geboren. Sie studierte am Konservatorium ihrer Heimatstadt, sodann am Royal College of Music in London unter Ralph Vaughan Williams, in Paris bei Nadia Boulanger und in Wien bei Egon Wellesz. Darauf ging sie in die USA, wo sie ab 1946 als Musikkritikerin wirkte, das Generalsekretariat des Composer's Forum der Columbia University in New York übernahm, als dessen Direktorin sie von 1950 bis 1960 fungierte, und in das Sekretariat des International Music Fund der UNESCO eintrat.

WERKE

Neben 5 Opern und 8 Balletten schrieb Peggy Glanville-Hicks eine Sinfonietta, eine Sinfonie und ein Konzert für Orchester, ein Flötenkonzert, ein Klavierkonzert, ein Konzert für Oboe, Harfe und Streicher, eines für Harfe, Celesta und Streicher, eines für Harfe und Streicher, eines für Klavier und Kammerorchester, eines für Bratsche und Orchester, ein Streichquartett, ein Quartett für Flöte, Klarinette, Fagott und Klavier, eine Sonate für

Harfe, eine für Klavier und fünf Schlagzeuger, ein Konzert für Harfe und Streichquartett, eine »Musik« für zwei Flöten, Harfe, Marimba, zwei Schlagzeuger und Pauken, Chöre und Gesänge mit Instrumentalbegleitung, zum Teil mit Sprecher und Sprechchor, Liederzyklen, Einzellieder und Filmmusiken.

Norman Dello Jojo (geboren 1913)

LEBEN

Norman Dello Jojo wurde am 24.1.1913 in New York geboren. Er studierte an der Juilliard School of Music und an der Yale School of Musik und war Kompositionsschüler von Paul Hindemith. Von 1934 bis 1940 wirkte er als Organist an St. Ann's Church in New York und anschließend bis 1943 als musikalischer Leiter einer Ballettruppe. Von 1945 bis 1950 war er als Kompositionslehrer am Sarah Lawrence College, 1957 wurde er Professor für Komposition am Mannes College of Music in New York.

WERKE

Außer 3 Opern und 3 Balletten schrieb Norman Dello Jojo eine Sinfonie, eine Serenade, »Epigraph«, und weitere Orchesterwerke, ein Trio für Flöte, Cello und Klavier, 5 lyrische Stücke für Orgel und eine Anzahl verschiedener Klavierstücke, Ricercari für Klavier und Orchester, ein Concertino für Harmonika und Orchester, Stücke für Harfe, mehrere Kantaten, eine Messe, Psalmenvertonungen und Lieder. Er neigt zum Neuklassizismus, integriert aber auch gregorianische Elemente und Jazzrhythmen.

Witold Lutosławski (geboren 1913)

LEBEN

Witold Lutosławski wurde am 25.1.1913 in Warschau geboren. Er studierte in seiner Geburtsstadt Musik bei Witold Maliszewski und gleichzeitig an der Universität Mathematik. Nach Beendigung seines Studiums blieb er in Polen als freischaffender Komponist. Nach dem Ende des Zweiten Weltkriegs schrieb er

Witold Lutosławski

in der Musikabteilung des polnischen Rundfunks auf folkloristischer Basis Musik für Hörspiele, Film und Bühne. Erst gegen das Ende der fünfziger Jahre wandte er sich der Dodekaphonik zu und bald darauf der Aleatorik, die er allerdings streng kontrolliert hielt. Er sagte: »Ich interessiere mich nicht für eine Musik, die völlig durch den Zufall determiniert ist. Ich will, daß mein Werk ein Gegenstand ist, den ich selbst geschaffen habe, und daß es die Realisation dessen wird, was ich anderen zu sagen habe.« Er wurde vielfach zu Kompositionskursen – in den USA, in Schweden und Deutschland – gebeten und trat auch häufig als Dirigent, besonders eigener Werke, im Ausland auf. Die Musikakademie in Stockholm, die Akademie der Künste in Hamburg, die von West-Berlin und die von Ost-Berlin sowie die von München verliehen ihm die Mitgliedschaft, er wurde Ehrenmitglied des polnischen Komponistenverbands und der IGNM. Die Warschauer und mehrere nordamerikanische Universitäten verliehen ihm das Ehrendoktorat. Er gilt als einer der hervorragendsten Persönlichkeiten der polnischen Musik unserer Zeit.

WERKE

Für Orchester schrieb Witold Lutosławski 2 Sinfonien, sinfonische Variationen, eine Ouvertüre für Streicher, ein Konzert, eine Trauermusik für Streichorchester, 3 Postludien, »Venezianische Spiele«, »Buch für Orchester«, ein Cellokonzert, Praeludien und Fuge für 13 Solostreicher, ein Doppelkonzert für Oboe und Harfe, ein Streichquartett, »Schlesische Melodien« für vier Violinen, »Tanzpraeludien« für Klarinette und Klavier, »Recitativo ed arioso« für Violine und Klavier, »Kleine Suite« für Orchester, Trio für Oboe, Klarinette und Fagott, 30 kleine Stücke für Blasinstrumente, zahlreiche Klavierstücke, darunter Variationen über ein Thema von Paganini für zwei Klaviere. Von den Vokalwerken sind bemerkenswert: »Paroles tissées« (Verwobene Wörter), »Drei Gedichte von Henri Michaux« für Chor und Orchester, 5 Lieder für Frauenstimme und 30 Soloinstrumente, »Schlesisches Triptychon« für Sopran und Orchester, »Lacrimosa« für Sopran und Orgel und Kinderlieder.

Sinfonie Nr. 1, 4 Sätze, entstanden 1947
Dieses Werk weist noch klassische Formen auf und verwendet heimische Folklore in neuartigem harmonischem und orchestralem Gewand. Der 1. Satz besteht aus zwei Themen, der 2. Satz ist ein Adagio, im 3. Satz »Allegretto misterioso« erklingt ein interessant orchestriertes Scherzo, und das Finale schließt das Stück mit frohen Rhythmen klangreich ab. Die Sinfonie wurde 1949 aufgeführt, mußte aber wegen des Vorwurfs des »Formalismus« von den Programmen abgesetzt werden. Die nächste Wiederaufführung fand erst zehn Jahre später statt.

Sinfonie Nr. 2, 2 Teile, entstanden 1966
»Zwischen den beiden Teilen – Hésitant (abwartend) und Direct –, die in mancher Hinsicht kontrastieren, besteht eine strenge Abhängigkeit. Der erste Teil ist als Vorbereitung zum zweiten komponiert, dieser wiederum als natürliche Folge des ersten. Allgemein gesagt, soll der erste Teil nur eine den Hörer für die musikalische Handlung engagierende Musik sein, eine Musik, die zur Erwartung auf das musikalische Ereignis, das der zweite Teil sein soll, bewegt. In dem Werk wird dieses Verhältnis der beiden Großabschnitte dadurch artikuliert, daß den verschleierten Klangflächen des ersten klarere Konturen und aktivierende Rhythmik im zweiten gegenübergestellt sind«, erklärte der Komponist. Seinem Titel entsprechend ist der 1. Teil durch häufiges Abbrechen und eine gewisse Ziellosigkeit der kleinintervalligen Tonreihen gekennzeichnet. Der 2. Teil zieht auch die Streicher heran, während im 1. Teil Bläser, Schlagzeug mit Tasteninstrumenten viele aleatorisch auszuspielende aneinandergereihte Klangfelder bilden. Ein plötzlicher Ausbruch großer Klangentfaltung währt nur zehn Minuten, dann verkünden schwere Schläge des Orchesters den Umbruch, und die Klänge zerfallen diffus.

Kleine Suite für Orchester, 4 Sätze, entstanden 1950
Das Werk ist unter dem Eindruck von Tänzen und Volksweisen aus dem Bezirk Rzeszów entstanden. Die vier Sätze tragen die Aufschriften: »Fujarka«, »Hurra-Polka«, »Lied«, »Tanz«. Die Volksmelodien sind nur wenig verändert; die Verfremdung wird durch eine sehr transparente Orchestrierung und durch polyrhythmische und polytonale Effekte erreicht. Die einzelnen Sätze stellen in sich geschlossene musikalische Bilder dar, die sich scharf voneinander abheben.

Konzert für Orchester, 3 Sätze, entstanden 1954
Die Satzstrukturen sind der Vorklassik entnommen. Der 1. Satz »Intrada« zerfällt in mehrere kontrastierende Abschnitte, in denen jeweils andere Volksmusik intoniert wird. Der 2. Satz »Capriccio notturno e Arioso« wirkt phantastisch, er rauscht geheimnisvoll und eigenwillig vorüber. Sein Mittelteil ist ein von den Trompeten gespieltes Arioso, das einem kontrastierenden Trio gleichkommt. Das Finale »Passacaglia, Toccata und Corale« wird von Kontrabässen pizzicato und Harfen pianissimo eröffnet. Das Passacagliathema ist folkloristisch. Die Toccata und die damit verschmolzenen Choralstellen schließen sich unmittelbar an und gestalten aus dem Ende den Höhepunkt des Werks.

Trauermusik für Streichorchester »Zum Gedenken an Béla Bartók«, 4 Teile, entstanden 1958
Das Orchester ist vielfach aufgeteilt: bis je acht Erste bis Vierte Violinen, bis je sechs Erste und Zweite Bratschen, bis je sechs Erste und Zweite Celli, bis je fünf Erste und Zweite Kontrabässe. Im 1. Teil »Prolog« entwickelt sich eine Fächerfuge aus einem Zwölftonthema. Dem passacaglia-artigen 2. Teil »Metamorphosen« liegt erneut eine Zwölftonreihe zugrunde. Der 3. Teil »Apogäum« bringt den Höhepunkt des Werks in Form eines zwölftönigen Akkords, der rhythmisch stark gegliedert, aber sehr spröde ist. Der 4. Teil greift zum 1. Teil zurück und drückt durch klangliche und dynamische Reduzierung Trauer, Einsamkeit und Verzweiflung aus.

Jeux vénetiens (Venezianische Spiele) für kleines Orchester, 4 Sätze, entstanden 1960
»Aleatorik ist eine Bereicherung, keinesfalls eine Minderung schöpferischer Verantwortlichkeit«, sagte der Komponist zu diesem Werk. Im 1. Satz sind die einzelnen Instrumentengruppen angewie-

sen, innerhalb gewisser Räume zu spielen. Der 2. Satz ist traditionell angelegt und bringt ein funkelndes Ablösespiel der einzelnen Instrumente. Im 3. Satz wird ein freies Flötensolo einem kontrollierten Begleitsystem zugeordnet. Der 4. Satz ist wiederum wie der 2. Satz strukturiert.

Livre pour orchestre (Buch für Orchester), 4 Teile, entstanden 1968

Das Werk bezieht sich auf keinerlei Literatur, hat aber auch keine Berührungspunkte mit der traditionellen Sinfonie. Es laufen darin zwei Strukturen nebeneinander, eine gebundene, vom Komponisten genau vorgeschriebene, und eine völlig freie, den Musikern überlassene, denen die graphische Partitur lediglich die Spieldauer mitteilt. Die Strukturen werden von zwei verschiedenen Orchestern gleichzeitig vorgetragen und haben keine Beziehung zueinander, außer dem zeitlichen Ablauf. Die »freie« Musik kommt vorwiegend in den Pausen der vier gebundenen Teile zur Geltung und erfüllt eine Funktion, die Textillustrationen zwischen den einzelnen Kapiteln eines Buchs zukommt.

Streichquartett, entstanden 1964

»Ich möchte in das Repertoire der kompositorischen Mittel die Reichtümer einbeziehen, die die individuelle Psyche der mein Werk ausführenden Menschen enthält. Ich glaube, daß dies ein bisher nur wenig verwertetes Element des musikalischen Stoffes ist, das vor kurzem noch völlig außer acht gelasssen wurde. Ich glaube auch, daß es neue, völlig unbekannte Möglichkeiten besitzt«, erklärte der Komponist seine letzte Anschauung über die Aleatorik, der er in diesem Stück weiten Raum läßt. Da die vier Quartettspieler völlig frei und unabhängig voneinander hinsichtlich der Töne, ihrer Dynamik und ihres Tempos agieren und nur Anfang und Ende bestimmt sind, »kann es keine Partitur geben, weil diese erst durch die Aufführung entsteht«.

Drei Gedichte von Henri Michaux für Chor und Orchester, 3 Teile, entstanden 1963

Die drei Gedichte »Gedanken«, »Der große Kampf« und »Ruhe im Unglück« von Henri Michaux (geboren 1899) werden in den 3 Teilen von zwei getrennt agierenden und dirigierten Ensembles, einem orchestralen aus Bläsern, Schlagzeugern, zwei Klavieren und Harfe und einem vokalen aus einem zwanzigstimmigen Chor vorgetragen, der aber nicht singt, sondern spricht, flüstert, einzelne Sätze laut schreit und von Rufen, Schreien und Kreischen unterbrochen wird. Auch die Instrumente folgen dem Bestreben des Komponisten, »die gegenseitige Beziehung der Klänge« aufzuheben.

Paroles tissées, (Verwobene Wörter) für Tenor und 20 Instrumente, 4 Teile, entstanden 1965

Der Komponist legt dem Werk vier Gedichte von Jean-François Chabrun »Verwobene Wörter«, Vier Tapisserien für die Chatelaine de Vergi, zugrunde und überträgt die Verschmelzung von Wort und Gewebe, dessen Ausdruck, Atmosphäre und Faszination auf die musikalische Ebene. Der Vorgang der Vereinigung von Bild und Wort wird nicht wiederholt, es sind die Verse oder, genauer gesagt, der Eindruck jener künstlerischen Verschmelzung, der dem Komponisten die Musik abfordert, so daß der künstlerische Vorgang in eine höhere Potenz geschoben wird.

LITERATUR

L. G. Rappoport, Witold Lutosławski, Moskau 1972.

Walter Smetak (geboren 1913)

LEBEN

Walter Smetak wurde am 12.2.1913 in Zürich geboren. Er studierte am Konservatorium seiner Geburtsstadt, am Mozarteum in Salzburg und an der Akademie für Musik und darstellende Kunst in Wien. Darauf wirkte er in verschiedenen Sinfonieorchestern als Cellist und ließ sich schließlich in São Salvador da Bahia, Brasilien, nieder, wo er sich mit akustischen und kompositorischen Forschungen beschäftigte und neue Instrumente schuf, die er »Klangkörper der Plastik« nannte. Neben seiner musikalischen Tätigkeit verfaßte er über 300 Gedichte, deren Texte improvisierte Klänge in synthetischer Sprache beinhalten. Er schrieb auch mehrere Bühnenstücke.

WERKE

Von Walter Smetak sind eine Reihe kammermusikalischer Werke und Stücke mit experimenteller Musik bekannt geworden, ein Teil davon bringt »plastische Klänge«, außerdem Improvisationen mit Zeichnungen für zehn traditionelle und unbekannte Instrumente.

René Leibowitz (1913–72)

LEBEN

René Leibowitz wurde am 17.2.1913 in Warschau geboren. Er lebte ab 1926 in Paris, bildete sich zum Violinisten aus und studierte sodann von 1931 bis 1932 bei Anton Webern und ab 1934 bei Maurice Ravel und Pierre Monteux (4.4.1875, Paris, bis 1.7.1964, Hancock, Me.). Im Jahr 1945 wurde er Dirigent der Radiodiffusion Française und wirkte als Kompositionslehrer, Dirigent und Musikschriftsteller bis zu seinem Tod am 28.8.1972 in Paris.

WERKE

Als Musikschriftsteller, als Komponist, Interpret und Lehrer war René Leibowitz einer der hervorragendsten französischen Vertreter der Dodekaphonik, die er in Einzelheiten erweiterte. Er schrieb 5 Opern, 2 Sinfonien, Orchestervariationen, ein Doppelkonzert für Violine und Klavier, ein Klavierkonzert, ein Bratschenkonzert, ein Violinkonzert, ein Cellokonzert, ein Posaunenkonzert, eine sinfonische Toccata, eine sinfonische Fantasie, 2 Kammersinfonien, 6 kleine Orchesterstücke, 3 Bagatellen für Streicher, einen Trauermarsch für Blechbläser und Schlagzeug, ein Capriccio für Flöte und Streichorchester, eine Suite für neun Instrumente, ein Sextett für Klarinetten, ein Bläserquintett, 8 Streichquartette, ein Saxophonquartett, eine Fantasie für Jazzband, ein Trio für Violine, Cello und Klavier, zahlreiche Duos mit verschiedener Besetzung, viele Klavierwerke, Stücke für Soloinstrumente, Werke für Singstimmen, Sprecher, Chöre und Instrumente, verschiedene Chöre und Lieder, darunter eine Trauersinfonie für Soli, Chor und Orchester, Serenaden und Legenden. Er gab zahlreiche Veröffentlichungen über aktuelle musikalische Probleme heraus.

John Weinzweig (geboren 1913)

LEBEN

John Jacob Weinzweig wurde am 11.3.1913 in Toronto geboren. Ab 1934 studierte er an der Universität in seinem Geburtsort und darauf an der Eastman School der University in Rochester, N. Y. Seit 1939 lehrt er in Toronto Komposition und Orchestrierung am Konservatorium und wurde dort 1952 Professor.

WERKE

Außer einem Ballett schrieb John Weinzweig eine Sinfonie, eine sinfonische Ode, eine Rhapsodie, ein Stimmungsbild, ein Violinkonzert, ein Klavierkonzert, ein Harfenkonzert, 5 Divertimenti, 3 Streichquartette, ein Klarinettenquartett, eine Cellosonate, eine dodekaphonische Klaviersuite, eine Sonate und weitere Klavierstücke, Lieder und Chöre. Er gilt als erster Zwölftonkomponist in Kanada.

Witold Rudziński (geboren 1913)

LEBEN

Witold Rudziński wurde am 14.3.1913 in Siebież geboren. Er studierte an der Universität und am Konservatorium in Vilnius und anschließend in Paris bei Nadia Boulanger und Charles Koechlin. Von 1939 unterrichtete er selbst am Konservatorium in Vilnius, von 1945 bis 1947 wirkte er als Professor am Konservatorium in Łódż und anschließend als künstlerischer Direktor der Philharmonie und Oper in Warschau. Im Jahr 1957 wurde er Dozent und 1965 Professor an der Musikhochschule in Warschau.

WERKE

Neben 5 Opern schrieb Witold Rudziński 2 Sinfonien, eine sinfonische Suite, »Sinfonische Bilder«, 2 Ouvertüren, ein Divertimento für Streicher, 2 Klavierkonzerte, ein Klavierkonzert für Kammerorchester, eine Musik für Flöte, Klarinette, Trompete und Streicher, ein Concerto grosso für Schlagzeug und zwei Streichorchester, Variationen und Fuge für Schlagzeug, ein Bläsernonett, ein Quintett für Flöte und Streicher, 2 Streichquartette, Praeludien für Bratsche, Klarinette, Harfe und Schlagzeug, eine Rhapsodie für Cello und Klavier, eine Fantasie für Gitarre, ein Largo für Harfe, 4 Oratorien, Lieder und Tanzmusik. Sein Stil neigt zum Expressionismus.

Gaude Mater Polonia (Freue dich, Mutter Polen), Oratorium für Rezitator, Sopran, Tenor, gemischten Chor und Orchester, 3 Sätze, entstanden 1966

Dem Werk liegen altpolnische Chroniktexte von Gallus Anonymus (gestorben um 1116), Jan Dlugosz (1415–80) und Janko Czarnkow (gestorben um 1387) sowie Auszüge aus den »Heiligenkreuzpredigten« der heiligen Katharina und dem Gedicht von Słota (um 1400), »Auf dem Tisch der Brote«, zugrunde. Drei Flügelhornsignale aus drei Ecken des Konzertsaals verkünden jeweils die Rezitation aus der Ruhmesgeschichte Polens. Die Musik aller drei Sätze bringt moderne Tonsprache mit thematischem Einsatz des Schlagwerks. Die archaisierenden Bläsereinleitungen wecken eine feierliche Stimmung für die Rezitation, die modernen Intonierungen der Sänger und Instrumente geben den Eindruck wieder, den die historischen Erinnerungen auf das Publikum unserer Zeit ausüben, so daß aus dem Ganzen ein echtes »Festkonzert« wird.

Jan Meyerowitz (geboren 1913)

Leben

Jan Meyerowitz wurde am 23.4.1913 in Breslau (Wrocław) geboren. Er war ab 1927 in Berlin Schüler von Alexander Zemlinsky, mußte 1933 Deutschland verlassen und setzte seine Ausbildung in Rom bei Ottorino Respighi, Bernardino Molinari (11.4.1880, Rom, bis 25.12.1952, Rom) und Alfredo Casella fort. Nach Aufenthalten in Belgien und Frankreich kam er 1946 in die USA und wirkte zunächst am Berkshire Music Center in Tanglewood, sodann ab 1962 am New York City College als Lehrer.

Werke

Außer 10 Opern schrieb Jan Meyerowitz 3 Sinfonien, ein Flöten- und ein Oboenkonzert, eine Musik für die Fastenzeit für Bläser, Harfe und Schlagzeug, ein Bläserquintett, ein Trio für Flöte, Cello und Klavier, ein Streichquartett, eine Klavier-, eine Flöten-, eine Violin- und eine Cellosonate, ein Oratorium, mehrere Kantaten, eine Messe, Motetten und Lieder mit Orchester oder mit Klavier. Er bleibt im Rahmen der Tonalität, erreicht jedoch mit der Instrumentation eine erstaunlich bildhafte Phantastik.

Grażyna Bacewicz (1913–69)

Leben

Grażyna Bacewicz wurde am 5.5.1913 in Łodź geboren. Nach Studien in ihrem Geburtsort und in Warschau setzte sie ihre Ausbildung in Paris bei Nadia Boulanger und Carl Flesch (9.10.1873, Mosonmagyaróvár, Ungarn, bis 15.11.1944, Luzern) fort. Sie ließ sich darauf in Warschau als Violinistin, Komponistin und Lehrerin nieder und konzertierte oft im Ausland. Im Jahr 1960 erhielt sie den UNESCO-Preis. Sie starb am 17.1.1969 in Warschau.

Werke

Neben einer Funkoper und 3 Balletten schrieb Grażyna Bacewicz 6 Sinfonien, eine Sinfonietta, Orchestervariationen und mehrere weitere Orchesterstücke, ein Konzert für Streicher, 7 Violinkonzerte, 2 Cellokonzerte, ein Bratschenkonzert, ein Klavierkonzert, ein Doppelkonzert für zwei Klaviere, eine »Musik« für Streicher, fünf Trompeten und Schlagzeug, ein Notturno für 24 Instrumente, ein Divertimento für Streicher, ein Stück für Kammerorchester und Tonband, 2 Klavierquintette, ein Bläserquintett, 7 Streichquartette, ein Quartett für vier Celli, ein Klaviertrio, ein Trio für Oboe, Harfe und Schlagzeug, Violinsonaten, Klavierwerke, Stücke für Solovioline, eine Kantate und Lieder. Die Komponistin war sehr stark vom französischen Neuklassizismus beeinflußt, wandte sich aber später seriellen Techniken zu. Ihre Werke zeichnen sich durch meisterliche Instrumentation aus. Sie gehörte zu den bedeutendsten Kräften der modernen Musik in Polen.

Musik für Streicher, fünf Trompeten und Schlagzeug, 3 Sätze, entstanden 1958

Der 1. Satz ist in freier Sonatenform angelegt und auch harmonisch frei entwickelt. Den stürmisch drängenden Bewegungen der Streicher steht ein harmonisch scharf kontrastierender Bläserchor gegenüber. Den 2. Satz beginnen die Streicher mit hämmernden rhythmischen Impulsen, Bratschen und Kontrabässe entwickeln ein reizvolles Thema. Das Finale ist musikantisch tänzerisch, gehäufte Glissandi und Synkopen erinnern an die Volkstänze der Heimat der Komponistin.

Doppelkonzert für zwei Klaviere, 3 Sätze, entstanden 1966

In der Menge der Klänge und Rhythmen des Werks entwickelt sich keine Melodie, es gibt nur Akkordschläge und freie Passagen. Trotzdem wirkt das Konzert einfach, klar und nahezu klassisch. Der 1. Satz klingt wie ein Sonatenallegro, obwohl es keine Themen enthält. Harte Akkorde stehen gegen einzelne ostinat wiederholte Töne. Im 2. Satz meint man eine melodische Entwicklung zu hören, es handelt sich aber nur um völlig unregelmäßige Tonfolgen, deren Zusammenhang nur scheinbar ist. Das Finale bringt einen interessanten Dialog der Klaviere, der den scharfen rhythmischen und klanglichen Charakter des Konzerts betont.

Bratschenkonzert, 3 Sätze, entstanden 1968

Dieses virtuose Stück ist durch und durch atonal und vermeidet jede traditionelle Struktur, wirkt aber dennoch sehr melodiös. Schon im 1. Satz erzeugen die lebhaft pulsierenden Rhythmen den Eindruck einer Kantilene. Im 2. Satz trägt der Solist eine lyrisch wirkende Tonfolge vor, die vom Orchester mit phantastischen Wendungen begleitet wird. Das Finale ist voll sonorer Klänge, sein Rhythmus nähert sich einem Tanz.

Gyula Dávid (geboren 1913)

LEBEN

Gyula Dávid wurde am 6.5.1913 in Budapest geboren. Er war an der Musikhochschule seiner Geburtsstadt Schüler von Zoltán Kodály und wurde anschließend Bratschist im Städtischen Orchester; von 1945 bis 1949 leitete er das Budapester Nationaltheater. Ab 1950 wirkte er als Professor für Kammermusik an der Musikhochschule.

WERKE

Von Gyula Dávid sind 4 Sinfonien, eine Sinfonietta, ein Violin-, ein Horn- und ein Bratschenkonzert, ein Concerto grosso für Bratsche und Streichorchester, 2 Streichquartette, ein brass sextett, 4 Windquintette, ein Flötentrio bekannt geworden. Er verließ um 1960 die Spätromantik seines Lehrers und wandte sich der Dodekaphonik zu, die er als echte Erneuerung ansah, ohne das Alte als überholt abzutun. Er wählte seine Ausdrucksmittel völlig frei: »Ich mag das dogmatische Komponieren nicht. Von allem verwende ich, was mir gefällt. In keinem theoretischen Professor sehe ich einen Gott.« Jedenfalls ist er einer der namhaftesten Vertreter der Neuen Musik in Ungarn.

Sinfonie Nr. 4, 3 Sätze, entstanden 1970

Der 1. Satz dieses sehr sparsam instrumentierten Werks bringt eine Bilderreihe, die den Eindruck dramatischer Kämpfe vermittelt. Im 2. Satz erklingt ein Klagelied, das sich um eine einzige Klimax verdichtet. Das Finale ist kraftvoll und triumphierend. Die Sinfonie ist zur Erinnerung an die Befreiung seiner Vaterstadt im Jahr 1945 verfaßt.

Sinfonietta, 3 Sätze, entstanden 1960

Dieses Werk, in dem die Zwölftontechnik konsequent durchgeführt wurde, war ursprünglich für Musikstudenten bestimmt, um diese mit den neuen Harmonien der Dodekaphonik vertraut zu machen. Aufbau und Klang sind sehr durchsichtig. Die drei Sätze basieren auf einer einzigen Zwölftonreihe und weisen die verschiedensten Möglichkeiten ihrer Verarbeitung auf, sind jedoch kein bloßes Lehrstück, sondern echte, sehr ansprechende Musik.

Ion Dumitrescu (geboren 1913)

LEBEN

Ion Dumitrescu wurde am 20.5.1913 in Oteşani, Rumänien, geboren. Er war am Konservatorium in Bukarest Schüler von Dimitrie Cuclin, Constantin Brăiloiu, George Breazul (14.9.1887, Amărăstii de Jos, bis 3.8.1961, Bukarest), Mihail Jora und Ionel Perlea (30.11.1900, Ograda, Rumänien, bis 30.7.1970, New York). An derselben Lehranstalt wirkt er seit 1948 als Professor für Harmonielehre.

Sein Bruder Gheorghe Dumitrescu (geboren 15.12.1914, Oteşani) war am Konservatorium in Bukarest Schüler von Mihail Jora, Dimitrie Cuclin und Constantin Brăiloiu. Er wirkte seit 1951 am selben Lehrinstitut als Professor für Harmonielehre.

WERKE

Als rumänischer Kulturpolitiker und Präsident des rumänischen Komponistenverbands kann Ion Dumitrescu von der durch die

Staatsführung vorgeschriebenen Linie nicht abweichen, ist aber Musiker genug, innerhalb dieses Rahmens vollblütige Musik zu schreiben. Sie fußt auf der Folklore, deren mannigfältige Rhythmen voll Frische und Lebendigkeit sind. Er schrieb eine Sinfonie, 3 Suiten, ein sinfonisches Praeludium, ein Konzert für Streichorchester, eine Sinfonietta, ein Streichquartett, Chöre, Bühnen- und Filmmusik.
Gheorghe Dumitrescu schrieb 4 Opern, 3 Sinfonien, ein Tongedicht, 4 Oratorien, Chöre, Bühnen- und Filmmusik. Sein Stil bemüht sich, die Volksmelodien zu sinfonischen Themen zu erheben.

Tichon Chrennikow (geboren 1913)

LEBEN
Tichon Nikolaiewitsch Chrennikow wurde am 28.5.1913 in Jelec, Oblast Orjol, UdSSR, geboren. Er wurde 1941 musikalischer Berater des Zentraltheaters der Sowjetarmee und 1948 Erster Generalsekretär des Sowjetischen Komponistenverbands; in dieser Schlüsselfunktion übte er eine entscheidende Rolle im Musikleben Rußlands aus und war für die Maßregelung von Meistern, die ihn turmhoch überragten, verantwortlich. Im Jahr 1963 wurde er Lehrer und 1966 Professor für Komposition am Konservatorium in Moskau.

WERKE
Neben 4 Opern und mehreren Operetten schrieb Tichon Chrennikow 2 Sinfonien, ein Klavierkonzert, ein Violinkonzert, ein Cellokonzert, Klavierstücke, Lieder, Schauspiel- und Filmmusiken. Seine an Banalität grenzende Melodik und der Gefühlsüberschwang seiner Harmonisierung entsprach ohne Einschränkung den künstlerischen Richtlinien, die er selbst vertrat und auch literarisch verteidigte.

Friedrich Wildgans (1913–65)

LEBEN
Friedrich Wildgans wurde am 5.6.1913 in Wien geboren. Er studierte bei Joseph Marx in Wien, unterrichtete von 1934 bis 1936 am Mozarteum in Salzburg und wirkte anschließend als Klarinettist an der Wiener Staatsoper. Nachdem er bis 1945 an allen öffentlichen Stellungen ausgeschlossen war, wurde er Professor der Wiener Musikakademie und 1947 Musikreferent im Wiener Kulturamt. Ab 1949 war er Präsident der österreichischen Sektion der IGNM und trat häufig im In- und Ausland als Klarinettist und als Gastdozent auf. Er starb am 7.11.1965 in Mödling, Niederösterreich.

Tichon Chrennikow

Friedrich Wildgans

WERKE

Im Verlauf seiner Entwicklung verwendete Friedrich Wildgans alle Stilrichtungen bis zur Zwölftonmusik. Er schrieb eine Oper, eine »Kleine Sinfonie«, 2 Klarinettenkonzerte, ein Konzert für Trompete, Streicher und Schlagzeug, eine »Kleine Hausmusik für Flöte, Violine und Cello in sieben Tönen«, 2 Kantaten, Hymnen, eine Messe für Sopran, Klarinette, Violine und Cello, Schauspiel- und Filmmusiken, Lieder, Bearbeitungen und Studienwerke für Klarinette.

Esteban Eitler (1913–60)

LEBEN

Esteban Eitler wurde am 25.6.1913 in Bozen geboren. Er studierte an der Universität in Budapest, ging 1936 nach Argentinien und wurde Mitglied der von Juan Carlos Paz gegründeten Agrupación Nueva Música und gründete in Buenos Aires einen Verlag zur Veröffentlichung moderner Musik. In Santiago de Chile, wohin er 1945 übergesiedelt war, gründete er die Gruppe »Tonus« zur Pflege moderner Musik. Er starb am 25.6.1960 in São Paulo.

WERKE

Von Esteban Eitler sind verschiedene Werke programmatischer Natur für Orchester, ein »Dodecafónico A« für sinfonisches Jazzorchester, ein Divertimento, ein Stück für Flöte und Streicher, 3 Flötensonaten, weitere Werke für Bläser und Solostücke für Flöte, Oboe, Klarinette, Saxophon, Gitarre, Harfe und Klavier bekannt geworden. Er hat der Entwicklung der modernen Musik in Südamerika wertvolle Impulse verliehen.

Ivo Lhotka (geboren 1913)

LEBEN

Ivo Lhotka (Lhotka-Kalinski) wurde am 30.7. 1913 in Zagreb geboren und studierte dort bis 1937 an der Musikakademie; bis 1939 setzte er in Rom seine Ausbildung bei Ildebrando Pizzetti fort. Anschließend wirkte er als Musiklehrer in Zagreb, war 1949 Direktor der Musikschule in Split und wurde darauf Gesanglehrer an der Musikakademie in Zagreb, an der er seit 1967 als Abteilungsvorstand fungiert.

Sein Vater Fran Lhotka (25.12.1883, Mladá Vožice, Böhmen, bis 26.1.1962, Zagreb) war von 1899 bis 1905 am Konservatorium in Prag Schüler von Antonín Dvořák und wirkte ab 1909 in Zagreb zunächst als Korrepetitor und Orchestermitglied des Nationaltheaters, sodann von 1912 bis 1920 als Gesangvereinsdirigent und zugleich als Professor am Konservatorium bis 1961.

WERKE

Neben 7 Opern und einem Ballett schrieb Ivo Lhotka eine Sinfonie, eine Tanzsinfonietta, eine Trauermusik, »Sechs Essays« für Orchester und weitere Orchesterstücke, »Sieben Bagatellen für Oboe, Fagott und Streicher, ein Konzert für Klarinette und Streicher, Klavierstücke, eine Kantate und mehrere Gesänge mit Orchester, viele Chöre, Bühnen- und Filmmusik, Klavierlieder und Volksliedbearbeitungen. Er veröffentlichte Lehrbücher der Gesangskunst. Sein Stil stützt sich auf die Folklore seiner Heimat.

Fran Lhotka schrieb 4 Opern, 5 Ballette, eine Sinfonie, ein Violinkonzert, 2 Kroatische Rhapsodien für Violine und Kammerorchester, 3 Streichquartette, eine Suite für vier Flöten, ein Bläserquintett, ein Bläsertrio, Chöre und Volksliedberarbeitungen. Er publizierte Lehrbücher des Dirigierens und der Harmonielehre. Auch sein Stil war vorwiegend folkloristisch.

Robert Schollum (geboren 1913)

LEBEN

Robert Schollum wurde am 22.8.1913 in Wien geboren. Er studierte an der Wiener Musikakademie und am Neuen Wiener Konservatorium. In den Jahren 1932 bis 1938 wirkte er als Lehrer, Konzertorganist und Pianist. Von 1952 bis 1955 war er Chorleiter und Städtischer Musikdirektor in Linz. Im Jahr 1959 wurde er Professor an der Akademie für Musik und darstellende Kunst in Wien.

Werke

Von Robert Schollum sind 2 Opern aufgeführt worden. Er schrieb außerdem 5 Sinfonien und weitere Orchesterstücke, »Konturen« für Streichorchester, 2 Violinkonzerte, ein Cellokonzert, »Gespräche« für Kammerorchester, ein Oktett, 5 Stücke für Bläserquintett, 2 Streichquartette, »Mosaik« für Oboe, Schlagzeug und Klavier, ein Konzertstück für Cello und Klavier, Sonaten für Fagott, für Viola d'amore, für Klarinette, für Bratsche, für Violine mit Klavier, »Das Leben« – Thema und Variationen für sieben Instrumente und eine Tänzerin –, Kantaten, Chöre, Arien, Lieder, Orgelwerke und Klavierstücke. Der Komponist ging vom Neuklassizismus aus und nähert sich immer mehr der Dodekaphonik, die er sehr frei handhabt.

Aleksei Matschawariani (geboren 1913)

Leben

Aleksei Dawidowitsch Matschawariani wurde am 10.9.1913 in Gori, Grusinien, geboren. Während seiner Tätigkeit als musikalischer Leiter des Operettentheaters in Tbilisi studierte er am Konservatorium bei Pjotr Borisowitsch Rjasanow (9.10.1899, Narva, Estland, bis 11.10.1942, Tbilisi) Komposition, wurde 1942 Assistent für Kompositionslehre bei Andrei Balantschiwadse und 1952 selbst Dozent und 1960 Professor in diesem Fach.

Werke

Neben 2 Opern auf grusinische Texte und 2 Balletten schrieb Aleksei Matschawariani eine Sinfonie, eine Festouvertüre, ein Klavierkonzert, ein Violinkonzert, weitere Instrumental- und Klavierwerke, ein Oratorium, Lieder, Bühnen- und Filmmusik. Sein Stil ist folkloristisch-spätromantisch.

Henry Brant (geboren 1913)

Leben

Henry Dreyfus Brant wurde am 15.9.1913 in Montreal geboren. Er wurde in New York an der Juilliard School of Music und bei George Antheil ausgebildet. Anschließend wirkte er mehrere Jahre als Orchestrierer bei Paramount Pictures und beim American Ballet. Von 1943 bis 1950 unterrichtete er an der Columbia University und von 1947 bis 1955 an der Juilliard School in New York Orchestrierung und Komposition. Seit 1957 gibt er am Bennington College, Vt., Unterricht in Komposition, Dirigieren, Klavier und Flöte.

Werke

Angeregt durch Charles Ives, experimentierte Henry Brant mit dissoziierten Orchestergruppen und Raummusik. Er schrieb: 4 Opern und 2 Ballette, 5 Sinfonien, »Millennium I« für acht gestopfte Trompeten, Röhrenglocken und Glockenspiel, »Origins« für 70 Schlaginstrumente, »Antiphony I« für fünf Orchestergruppen und fünf Dirigenten, »Tripelkonzert« für Violine, Cello und Oboe, vier Vokalsolisten, Bläser, vier Schlagzeuger und Klavier vierhändig, Konzert für Flöte und zehn Instrumente, »Musik« für Klavier und 20 Instrumente, Klarinettenkonzert, Violinkonzert, Saxophonkonzert, »Millennium II« für zehn Trompeten, zehn Posaunen, Bläser, vier Schlagzeuger und Sopran, Stück für Ondes-Martenot, Klavier und Schlagzeug, »Labyrinth I« für Orchester, »Labyrinth II« für zwei Orchestergruppen, »December« für Sopran, Tenor, solistische Männer- und Frauensprechstimmen, großen und kleinen Chor, Bläser, vier Schlagzeuger und Orgel, »The Grand Universal Circus« für acht Soli, 32 Chorsänger, zwölf Instrumente und vier Schlagzeuger, »Hieroglyphics I« für Bratsche, Pauken, Röhrenglocken, Celesta und Harfe, »Millennium III« für zwei Trompeten, vier Posaunen und sechs Schlagzeuger, »Hieroglyphics II« für Solovioline, beliebiges Schlagzeug und Klavier, sowie zahlreiche Stücke mit Monsterbesetzung und Einsatz mehrerer Ensembles, mit Lichteffekten, mit falsettierenden Chören, mit Vokalisen, mit Musicboxes, mit Tonbändern, bis zum Konzert für Sinfonieorchester und einer Zirkuskapelle mit 70 Mann. Trotz seiner vielgestaltigen Einfälle erreichte er die Ursprünglichkeit seines Vorbildes Charles Ives nie. Die originellen Kombinationen von Klängen, Stimmen und Geräuschen haben nur experimentellen Effekt. Es fehlt ihnen die künstlerische Notwendigkeit und daher auch der künstlerische Gehalt. Dies gilt auch für die vielen Nachahmer, die es Henry Brant gleichtun und ihn sogar übertreffen wollten. Kunst läßt sich nicht erzwingen und nicht konstruieren.

Cesar Bresgen (geboren 1913)

LEBEN

Cesar Bresgen wurde am 16.10.1913 in Florenz geboren. Er war an der Akademie der Tonkunst in München Schüler von Joseph Haas und Emanuel Gatscher. Nach kurzer Tätigkeit am Bayerischen Rundfunk übernahm er 1939 in Salzburg die Leitung der Musikschule für Jugend und Volk und eine Kompositionsklasse am Mozarteum. Nach Kriegsende wirkte er in Mittersill und Salzburg als Kirchenmusiker, dann wurde er an das Mozarteum als Professor für Komposition zurückberufen.

Cesar Bresgen

WERKE

Als Komponist stand Cesar Bresgen unter dem wechselnden Einfluß von Paul Hindemith und Igor Strawinsky und vor allem von Béla Bartók. Trotzdem bildete er für sich einen persönlichen Stil heraus, der vom Gedanken ausgeht, sich dem Menschen verständlich zu machen und daher nicht elitär sein kann; er ist auch stark von ethischen Bindungen geprägt. Er schrieb eine große Anzahl Werke für die Bühne, darunter mehrere sehr erfolgreiche Märchen- und Jugendopern und mehrere Ballette, 2 Sinfonien, ein Posaunenkonzert, ein Cellokonzert, ein Violinkonzert, ein Hornkonzert, mehrere Klavierkonzerte, ein Kammerkonzert für Gitarre und kleines Orchester, ein Bläserquintett, einen »Totentanz« für Klavier und kleines Orchester, 2 Streichquartette, zahlreiche Jugend- und Spielmusik, Volksmusikbearbeitungen, Kantaten, Chöre und Lieder mit Orchester oder mit Klavier.

Totentanz nach Holbein für Soloklavier und kleines Orchester, 15 Teile, entstanden 1957

Das Werk wurde ursprünglich 1947 für zwei Klaviere geschrieben und erst zehn Jahre später für Soloklavier und kleines Orchester. Eine dritte Fassung entstand 1966 für zwei Klaviere und zwei Schlagzeuger. Thematisch ist dem Werk die Holzschnittfolge »Bilder des Todes« von Hans Holbein (1497–1543) zugrunde gelegt, die das Thema »Mensch und Tod« mit immer neuen Variationen bringt. Auch das vorliegende Werk ist eine Variationenreihe über die mittelalterliche Melodie »Grimmig Tod mit seinem Pfeil«, sie ist aber nicht als Illustration der Bilder des Malers zu verstehen, sondern als symbolische Verdeutlichung der in den Holzschnitten geschilderten Vorgänge.

Requiem für Anton Webern für Soli, Chor, Streicher und Orgel, 5 Teile, entstanden 1945–72

»Bresgen ordnet dem vokalen und instrumentalen Anteil verschiedene tonale, rhythmische und klangfunktionale Ebenen zu, die von Elementen des Chorals – auch ohne bewußtes Zitieren – wie auf Säulen getragen werden« (Gerhard Walterskirchen). Im Introitus wird am Anfang eine Vierteltonphrase aufgebaut, der ein sechstöniger Basso ostinato im Orchester gegenübersteht. Das Kyrie ist stark vom gregorianischen Choral beeinflußt. Das Dies irae bildet das Zentrum des Werks und ist von starker Eindringlichkeit. Schon das Sanctus-Benedictus wirkt tröstend, jedoch das Agnus stellt eine beeindruckende Synthese versöhnender Gedanken dar, die in einem siebenstimmigen Akkord ihre Bestätigung findet.

LITERATUR

D. Larese, Cesar Bresgen, Amriswil 1968.

Netty Simons (geboren 1913)

LEBEN

Netty Simons wurde am 26.10.1913 in New York geboren. Sie war dort Schülerin von Stefan Wolpe an der Music Settlement School, dann von Aleksandr Iljitsch Siloti an der Juilliard School of Music und schließlich von Percy Grainger an der University School of Fine Arts (Universitätsschule der schönen Künste). Sie unterrichtete darauf an der Music Settlement School. Anschließend übernahm sie die Sendungen zeitgenössischer Musik für die Universität in Ann Arbor, Mich.

WERKE

Neben mehreren Opern schrieb Netty Simons ein Quintett für Flöte, Oboe, Klarinette, Fagott und Kontrabaß, ein Streichquartett, ein Quartett für Flöte, Violine, Bratsche und Cello, »Facetten« für Horn, Violine und Klavier, für Piccolo, Klarinette und Kontrabaß, für Bratsche und Klavier oder Oboe und Klavier und für Streichquartett, eine Tanzsuite für Violine solo, ein Stück für zwei Klaviere, ein Stück für einen bis drei Schlagzeuger, ein Duo für Flöte und Kontrabaß und verschiedene Vokalwerke.

Benjamin Britten

Benjamin Britten (1913–76)

LEBEN

Benjamin Britten wurde am 22.11.1913 in Lowestoft, Suffolk, geboren. Bereits mit 12 Jahren begann er seine Kompositionsstudien bei Frank Bridge und setzte sie am Royal College of Music in London bei John Ireland fort. Er komponierte zunächst für Film, Theater und Radio, hielt sich von 1939 bis 1942 in den USA auf und ließ sich schließlich in Aldeburgh, Suffolk, nieder. Im Jahr 1947 beteiligte er sich an der Gründung der English Opera Company, die kammermusikalisch besetzte Opernaufführungen veranstaltete, und an der Einrichtung der Festivals in Aldeburgh, die auch seine Kompositionen brachten. Er betätigte sich auch als Pianist, besonders als Begleiter des Tenors Peter Pears (geboren 22.6. 1910, Farnham, Surrey). Die Universitäten Oxford, Leicester und Hull verliehen ihm 1962 das Ehrendoktorat. Er starb am 4.12.1976 in Aldeburgh als vielleicht bedeutendster englischer Komponist seit Henry Purcell (1659 bis 1695).

WERKE

Von Benjamin Britten sind 8 Opern für die Bühne und 3 Kirchenopern bekannt geworden. Er war vor allem Opernkomponist. Auch seine übrige Musik hat starken theatralen Charakter, weil er alle verfügbaren klanglichen und rhythmischen Mittel einsetzte, um eine plastische Bildhaftigkeit zu erreichen, ohne jemals programmatisch zu werden. Angeregt von Gustav Mahler, Igor Strawinsky, Arnold Schönberg, dem Impressionismus, den englischen Meistern und der heimischen Folk-

Anfang der Kammeroper »The Rape of Lucretia« von Benjamin Britten, Autograph

lore, gelangte er zu einer ureigenen, durchaus modernen Tonsprache, die auch fallweise die Reihentechnik integrierte und auch den Bruitismus nicht ablehnte. Er verließ jedoch die Tonalität, die allerdings sehr extensiv gestaltet wurde, nahezu nie, ließ sich aber in keine Experimente ein, sondern verwendete alle erreichbaren Klangkörper, um zu sagen, was er sagen wollte. Für Orchester schrieb er eine Sinfoniette, eine »Simple Symphony«, »Soirées musicales«, Variationen auf ein Thema von Frank Bridge, eine »Sinfonia da requiem«, »Praeludium und Fuge« für 18 Streichinstrumente, »Orchesterführer für die Jugend«, ein Cellokonzert, ein Violinkonzert, ein Klavierkonzert, eine »Schottische Ballade« für zwei Klaviere und Orchester, eine Orchestersuite nach katalanischen Themen, »Kanadischer Karneval«, »Matinées musicales«, eine Ouvertüre, ferner 2 Streichquartette, ein Quartett für Oboe und Streichtrio, Variationen für Flöte, Violine und Klavier vierhändig, ein Duo für Bratsche und Klavier, eine Suite für Violine und Klavier, eine Suite für Klavier, 2 Suiten für Violine solo, ein Notturno für Gitarre, »Sechs Metamorphosen« für Oboe solo. Die Vokalmusik ist mit einer »Frühlings-Sinfonie«, einer Missa brevis, einer Serenade für Tenor, Horn und Streichorchester und zahlreichen Liedern und Chören mit Orchester oder einzelnen Instrumenten und vor allem durch das »War Requiem« für Soli, Chöre und Orchester repräsentiert.

War Requiem (Kriegsrequiem) für Sopran-, Tenor- und Baritonsolo, gemischten Chor, Knabenchor, großes Orchester mit Orgel und Kammerorchester, Opus 66, 6 Abschnitte, entstanden 1961

Dieses großartige oratorische Werk wurde zur Einweihung der wiedererbauten Kathedrale von Coventry 1962 uraufgeführt. Es besteht aus zwei Textebenen, denen zwei vokal-instrumentale Klangebenen zugeordnet sind. Vom Solosopran und dem gemischten Chor mit dem großen Orchester und vom Knabenchor mit der Orgel wird die vollständige lateinische Liturgie der Totenmesse vorgetragen: 1. Requiem, 2. Dies irae, 3. Offertorium, 4. Sanctus, 5. Agnus Dei, 6. Libera. Die beiden Männerstimmen, vom Kammerorchester begleitet, bringen neun, die Sinnlosigkeit des Krieges anklagende Gedichte des im Ersten Weltkrieg gefallenen englischen Lyrikers Wilfred Owen (1893–1918). Die beiden Ebenen verhalten sich distanziert wie Vergangenheit und Gegenwart. Beide Klanggruppen führen nebeneinander sozusagen ein Eigenleben. Erst im letzten Abschnitt kommt es zur Synchronisation beider Ausdrucksebenen mit eindringlicher Symbolkraft.

Spring Symphony (Frühlings-Sinfonie) für drei Solisten, Chor, Knabenchor und Orchester, Opus 44, 4 Teile, entstanden 1949

Es handelt sich um eine Kantate mit der Satzfolge des klassisch-romantischen Sinfonieschemas. Die Texte sind der englischen Dichtung von mittelalterlichen Versen bis zur Gegenwart entnommen. Der 1. Teil bringt nach der Introduktion vier bewegte Allegrostücke, die den Frühling ankündigen. Im 2. Teil erklingen drei meditative Sätze. Der 3. Satz beginnt mit einem leidenschaftlich bewegten Strophenlied, dem 4 Duette folgen. Im 4. Teil erklingen Walzerweisen und Kuhhornklänge. Er schließt mit dem ältesten englischen Kanon »Somer is incomen in«.

Simple Symphony für Streichorchester, Opus 4, 4 Sätze, entstanden 1934

Der 1. Satz »Boisterous Bourée« (Wilde Bourée) benützt die alte Tanzform für ein fröhliches pastorales Bild. Der 2. Satz »Playful pizzicato« bringt einen Tanz mit ruhigem Mittelteil. Der 3. Satz

»Sentimental Saraband« ist lyrisch und empfindsam. Der 4. Satz »Frolocsome finale« schließt das Werk übermütig ab.

Serenade für Tenor, Horn und Streicher, Opus 31, 6 Teile, entstanden 1943

Ein Liederzyklus nach Gedichten aus fünf Jahrhunderten mit den Themen: 1. Sonnenuntergang, Alter (Pastorale), 2. Schatten- und Echospiel (Notturno), 3. Blumenwelken, Tod (Elegie), 4. Jüngstes Gericht (Grabgesang), 5. Dämmerung (Hymne), 6. Schlummer und Erlösung (Sonett); ein Prolog und ein Epilog rahmen den Zyklus ein, der den Abend und die Nacht als Tröster und Erlöser besingt.

LITERATUR

P. Evans, The Music of Benjamin Britten, London 1979.

Johann Cilenšek (geboren 1913)

LEBEN

Johann Cilenšek wurde am 4.12.1913 in Großdubrau bei Bautzen geboren. Er war am Konservatorium in Leipzig Schüler von Johann Nepomuk David und Friedrich Högner (11.7.1897, Oberwaldbehrungen, Unterfranken, bis 26.3.1981, München). Im Jahr 1945 wurde er Dozent und 1947 Professor für Tonsatz an der Universität in Weimar, der er von 1958 bis 1965 als Rektor vorstand.

WERKE

Von Johann Cilenšek sind 5 Sinfonien, eine Chorsinfonie, eine Sinfonietta, eine Ouvertüre, ein Orchesterkonzert, ein Klavierkonzert, ein Cellokonzert, 2 Violinkonzerte, verschiedene Konzertstücke, ein Bläserquintett, eine Sonate für Oboe und Klavier, eine Sonate für Flöte und Gitarre, eine Sonate für Flöte, Violine und Bratsche, eine Sonate für Violine und Klavier, eine Sonate und andere Stücke für Klavier, Chorwerke und Lieder bekannt geworden. Seine Sinfonik wirkt trotz ihrer konservativen Strukturen, die zuweilen auf modale Wendungen zurückgreifen, und der politisch bedingten Linearität und Tonalität nicht antiquiert; sie erzeugen vielmehr den Eindruck, als seien sie Vorarbeiten zu einer Entfaltung, die der Komponist ohne weiteres leisten könnte.

Sinfonie Nr. 2 »Sinfonie mit der Trauermusik«, 3 Sätze, entstanden 1955

Der 1. Satz ist markant und leidenschaftlich und leitet zum 2. Satz hin, in dem mit Fanfarenrufen der Posaunen die Trauermusik anläßlich der zehnten Wiederkehr der Befreiung des Konzentrationslagers Buchenwald beginnt. Die Violinen setzen nun mit einer ergreifenden Melodie ein. Der gesamte Satz ist ein einziger Ausdruck der Trauer und des Schmerzes, der erst mit der Schlußfuge endet. Der Schlußsatz geht thematisch vom 1. Satz aus und eröffnet einen tröstenden Ausblick aus Bedrückung und Leid. Trotz der Zweckbestimmung bietet das Werk echte Musik, die auch ohne diese Bestand hätte.

Jan Kapr (geboren 1914)

LEBEN

Jan Kapr wurde am 12.3.1914 in Prag geboren. Er war am Konservatorium in Prag Schüler von Jaroslav Řídký und Jaroslav Křička. Bis 1946 war er Musikregisseur am Prager Rundfunk, von 1950 bis 1953 wirkte er als Chefredakteur des Musikverlags Orbis in Prag und von 1961 bis 1970 als Kompositionslehrer an der Janáček-Akademie in Brünn. Seitdem lebt er in Prag als freischaffender Komponist und Kritiker.

WERKE

Außer einer Oper und einem Ballett schrieb Jan Kapr 8 Sinfonien, eine sinfonische Dichtung, eine Suite, ein sinfonisches Scherzo, eine Fantasie für Kammerorchester, eine Sinfonietta, 2 Klavierkonzerte, ein Violinkonzert, ein Allegretto und eine Fantasie für Violine und Orchester, eine Variation für Flöte und Streicher, ein Concertino für Bratsche und Bläser, ein Stück für Violine und Kammerorchester, ein Stück für Klavier, Schlagzeug und elektronische Klänge, ein Stück für Trompete und Bläserensemble, ein Nonett, 7 Streichquartette, ein Stück für Klavier mit Streichorchester, ein Stück für Cello, Baßklarinette, Klavier und Lichtregie, »Dialoge« für Flöte und Harfe, eine Phantasie für Bratsche und Klavier, eine weitere für Violine und Klavier, eine Sonatine für Violine und Klavier, 3 Sonaten und weitere Klavierstücke, eine Sonatine für

Zimbal, eine Kantate, Chöre, Lieder mit Instrumentalbegleitung, Klavierlieder und Filmmusiken. Der Komponist sucht Anschluß an die zeitgenössische Musik der westlichen Welt.

César Guerra Peixe (geboren 1914)

Leben

César Guerra Peixe wurde am 18.3.1914 in Petrópolis, Rio de Janeiro, geboren. Er studierte von 1932 bis 1940 an der Escola Nacional de Música in Rio de Janeiro und anschließend bei Newton Padua. Sodann leitete er die Orchester verschiedener brasilianischer Rundfunkanstalten, unterrichtete von 1963 bis 1970 in Rio de Janeiro und leitete eine Schule für brasilianische Volksmusik.

Werke

Außer 2 Sinfonien schrieb César Guerra Peixe 5 »Instantaneos« (Momentaufnahmen, Improvisationen), 2 Divertimenti, 2 sinfonische Suiten, eine Suite für Streicher, ein Kleines Klavierkonzert, »Gaucho-Karwoche« für Orchester, ein Nonett, 2 Streichquartette, ein Streichtrio, 2 Trios für Flöte, Klarinette und Fagott, ein Klaviertrio, Duos mit verschiedener Besetzung, 2 Sonaten, 2 Sonatinen und weitere Klavierstücke, eine Suite, eine Sonate, 4 Praeludien für Gitarre, Klavierlieder, Chöre und Filmmusiken. Trotz seiner intensiven Beschäftigung mit der brasilianischen Folklore ist in seinen Kompositionen keine Volksmusik integriert.

Wilfrid Mellers (geboren 1914)

Leben

Wilfrid Howard Mellers wurde am 26.4.1914 in Leamington Spa, Warwick, geboren. Von 1933 bis 1938 war er an der Universität in Cambridge Schüler von Egon Wellesz. Von 1940 bis 1946 unterrichtete er an den Universitäten in Birmingham und Cambridge, sodann wirkte er als Dozent in Birmingham bis 1959. Von 1960 bis 1963 war er Professor an der Universität in Pittsburgh, Pa., seit 1964 liest er an der Universität in York.

Werke

Die früheren Kompositionen von Wilfrid Mellers sind durch eine chromatisch erweiterte Modalität gekennzeichnet, später wandte er sich zeitgenössischen Strukturen zu. Er schrieb 3 Opern, eine Tanzfolge für Bläser und Schlagzeug, ein Flötenkonzert, zahlreiche Vokalwerke für einzelne Stimmen, für Chöre, mit Sprechern, zu orchestraler oder kammermusikalischer Begleitung, Stücke für »dancing-singers« und »scat-singers« mit Verwendung von viel Schlagzeug und Tonbändern.

Maurice Ohana (geboren 1914)

Leben

Maurice Ohana wurde am 12.6.1914 in Casablanca (Ed Dar el Baida) geboren. Er war nach seinem Klavierstudium in Paris und Barcelona in Rom Schüler von Alfredo Casella und neuerlich in Paris von Daniel-Lesur (geboren 19.11.1908, Paris) an der Schola Cantorum. Im Jahr 1947 beteiligte er sich an der Gründung der Gruppe »Zodiaque« (Tierkreis), die die völlige Freiheit des musikalischen Ausdrucks gegen jede Einschränkung verteidigte. Neben seiner kompositorischen Tätigkeit wirkte er als Pianist.

Werke

Neben 2 Opern, einem szenischen Oratorium und einem Ballett schrieb Maurice Ohana ein Konzert für zwei Klaviere, Schlagzeug und Orchester, ein Gitarrenkonzert, ein Stück für Klavier, Flöte, Kithara, auf Dritteltöne gestimmt, und Orchester, ein Streichquartett, ein Stück für zehnsaitige Gitarre, ein Konzert für Cembalo und 21 Instrumente, »Choreographische Studien« für sechs Schlagzeuger, ein Oratorium, »Cantigas« für sechs Chöre und siebzehn Instrumente, »Trauergesang für Claude Debussy« für Klavier, dritteltönige Kithara, Singstimmen und Kammerorchester, 24 Praeludien für Klavier, eine Sonatine für Klavier und eine Schauspielmusik. Sein Stil, der sich an Manuel de Falla und Claude Debussy anlehnt, zieht alle instrumentalen Möglichkeiten heran, um den jeweiligen Ausdruck zu gewinnen.

Rafael Kubelik (geboren 1914)

LEBEN

Jeroným Rafael Kubelik (Kubelík) wurde am 29.6.1914 in Býchory bei Kolin als Sohn des Violinisten Jan Kubelík (5.7.1880, Michle bei Prag, bis 5.12.1940, Prag) geboren. Von 1928 bis 1933 studierte er am Konservatorium in Prag, wirkte von 1936 bis 1948 als Dirigent und von 1942 bis 1945 als künstlerischer Leiter der Tschechischen Philharmonie. Dann ging er über England in die USA, wo er von 1950 bis 1953 mit dem Chicago Symphony Orchestra auftrat. Von 1955 bis 1958 wirkte er an Covent Garden in London, im Jahr 1961 wurde er Chefdirigent des Sinfonieorchesters des Bayerischen Rundfunks und 1973 musikalischer Leiter der Metropolitan Opera in New York.

WERKE

Neben 5 Opern schrieb Rafael Kubelik 3 Sinfonien, ein Cellokonzert, ein Violinkonzert, 4 Streichquartette, Klaviermusik, ein Requiem, eine Kantate und Lieder. Sein Stil ist gemäßigt modern. Die Qualität seiner Werke ragt über die üblichen »Dirigenten-Kompositionen« weit hinaus.

Cecil Effinger (geboren 1914)

LEBEN

Cecil Effinger wurde am 22.7.1914 in Colorado Springs, Colo., geboren. Er studierte bei Bernard Wagenaar in seinem Geburtsort, dann in Paris bei Nadia Boulanger. Ab 1948 unterrichtet er an der University of Colorado. Er entwickelte eine Notenschreibmaschine.

WERKE

Von Cecil Effinger sind 2 Opern aufgeführt worden. Er schrieb außerdem 5 Sinfonien, 2 Sinfoniettas, ein Konzert für Klavier und Kammerorchester, eine konzertante Sinfonie für Harfe, Klavier und Orchester, ein Tongedicht, ein konzertantes Trio für Trompete, Horn, Posaune und Kammerorchester, 4 Streichquartette, Orgelwerke, eine Kantate und Chöre. Sein Stil ist neuklassizistisch.

Stjepan Šulek (geboren 1914)

LEBEN

Stjepan Šulek wurde am 5.8.1914 in Zagreb geboren. Er studierte am Konservatorium und an der Musikakademie in seiner Geburtsstadt, dann trat er als Violinist und als Quartettspieler auf. Ab 1945 lehrte er an der Musikakademie Violine und ab 1947 Komposition. Im Jahr 1954 wurde er Professor für Komposition und Orchestration an der Musikakademie, von 1958 bis 1962 leitete er auch das Kammerorchester des Rundfunks in Zagreb.

WERKE

Neben 2 Opern schrieb Stjepan Šulek 6 Sinfonien, einen »Feierlichen Prolog« für Orchester, 4 Klavierkonzerte, ein Cellokonzert, ein Violinkonzert, ein Fagottkonzert, ein Bratschenkonzert, ein Konzert für Klarinette und Kammerorchester, 2 »Klassische Konzerte für Streicher«, 3 Praeludien und eine Sonate für Klavier sowie weitere Klaviermusik und eine Kantate.

Alexei Hajew (geboren 1914)

LEBEN

Alexei Hajew wurde am 25.8.1914 in Blagoweschtschensk, Südostsibirien, geboren. Er emigrierte 1931 in die USA und studierte in New York an der Juilliard School of Music bei Rubin Goldmark und Frederick Jacobi und ergänzte seine Ausbildung in Cambridge, Mass., und in Fontainebleau bei Nadia Boulanger. Seit 1967 lebt er in Salt Lake City als Composer-in-Residence der University of Utah.

WERKE

Außer 2 Balletten schrieb Alexei Hajew 3 Sinfonien, ein Divertimento, ein Violinkonzert, ein Klavierkonzert, eine »Ekloge« für Harfe und Streichquartett, eine »Ekloge« für neun Instrumente, ein Streichquartett, eine Serenade für Oboe, Klarinette, Fagott und Klavier, eine Sonate für Cello und Klavier, eine Klaviersonate, slawische liturgische Gesänge für A-cappella-Chor.

Michał Spisak (1914–65)

Leben

Michał Spisak wurde am 14.9.1914 in Dąbrowa Górnica geboren. Er studierte am Konservatorium in Katowice, dann in Warschau bei Kazimierz Sikorski und 1937 bei Nadia Boulanger in Paris, wo er sich als freischaffender Komponist niederließ und am 29.1.1965 starb.

Werke

Außer einer Oper schrieb Michał Spisak 2 konzertante Sinfonien, ein Divertissement, ein Klavierkonzert, ein Fagottkonzert, ein Concertino und eine Suite für Streicher, ein Divertimento für zwei Klaviere und Orchester, eine Sonate für Violine und Orchester, ein Concerto giocoso für Kammerorchester, ein Bläserquintett, ein Bläserquartett, ein Duo für Bratsche und Fagott, Improvisationen für Violine und Klavier, eine Violinsonate, eine Kantate, Klavierstücke und Chöre mit Orchester.

Konzertante Sinfonie Nr. 2, 3 Sätze, entstanden 1956

Der Komponist huldigt mit diesem Werk einem lupenreinen Neuklassizismus, wenn man darunter leidenschaftsarme Themen, exakt klassische Bearbeitung und sparsame Farbgebung, die jede subjektive Äußerung unterdrückt, versteht. Er greift sogar weiter zurück und nähert sich einem barocken Concerto grosso. Der 1. Satz bringt eine feierliche Einleitung, dem sich ein Allegro mit einem einfachen Thema anschließt, das stilecht durchgeführt wird. Dasselbe Thema erscheint in der Reprise, die zugleich als Coda verwendet wird. Im 2. Satz kommt es zu leicht exotischen Farben, deren Leuchtkraft sehr moderiert ist. Der 3. Satz bringt lebhaftere Rhythmen. Seine Themen werden auf die einfachste Art durchgeführt.

Concerto giocoso (Fröhliches Konzert) für Kammerorchester, 4 Sätze, entstanden 1957

Der 1. Satz ist von Rhythmen mit unerwarteten Akzenten beherrscht, so daß man Einflüsse von Igor Strawinsky zu vernehmen meint. Stärker sind jedoch die klassisch-barocken Anklänge. Der 2. Satz ist mäßig folkloristisch gefärbt. Der 3. Satz bringt ein fröhliches problemloses Scherzo. Das Finale folgt klassischen Vorschriften.

Norman Cazden (1914–80)

Leben

Norman Cazden wurde am 23.9.1914 in New York geboren. Er war an der Harvard University Schüler von Aaron Copland und Walter Piston. Zunächst wirkte er als Klavierbegleiter und als Konzertpianist, von 1934 bis 1949 als Klavierlehrer an der Juilliard School of Music in New York, von 1950 bis 1953 als Assistant Professor an der Universität in Springfield und von 1956 bis 1958 als Professor an der New School for Social Research in New York. Er starb am 18.8.1980 in Bangor, Me.

Werke

Neben einer Operette und einer Bühnenmusik schrieb Norman Cazden 2 Sinfonien und mehrere Orchesterwerke, außerdem 2 Kammerkonzerte und eine Suite für sechs Blechbläser, ein Konzert für zehn Instrumente, eine Suite für Oboe und Streicher, eine für fünf Blechbläser, ein Quintett für Holzbläser, 2 Streichquintette, ein Streichquartett, ein Klavierquartett, eine Suite für Cello und Klavier und eine für Violine und Klavier, Sonaten für Horn, für Flöte und für Violine, Sonaten und andere Stücke für Klavier. Sein Stil ist der zeitgenössische amerikanische Neuklassizismus.

Andrzej Panufnik (geboren 1914)

Leben

Andrzej Panufnik wurde am 24.9.1914 geboren. Er war Schüler von Kazimierz Sikorski und Felix Weingartner. Im Jahr 1945 wurde er Dirigent des Philharmonischen Orchesters in Krakau, 1946 Direktor der Warschauer Philharmonie; 1954 ging er nach England und leitete bis 1959 das Sinfonieorchester von Birmingham. Seitdem lebt er nur mehr seinem kompositorischen Schaffen.

Werke

Die Kompositionen von Andrzej Panufnik sind sehr stark von der polnischen Folklore beeinflußt; auch spätromantische Züge sind darin bemerkbar. Er schrieb außer 3 Balletten

3 Sinfonien, mehrere Ouvertüren, Suiten, Rhapsodien, ein Klavierkonzert, ein Violinkonzert, ein Wiegenlied für 29 Streicher und zwei Harfen als erstes polnisches vierteltöniges Werk, weitere Orchesterstücke und Werke für Kammermusik mit verschiedener Besetzung, ein Klaviertrio, Chöre und Lieder. Alles ist auf Klangwirkung gezielt, die tatsächlich oft in erstaunlichem Ausmaß erreicht wird.

Irving Fine (1914–62)

LEBEN

Irving Gifford Fine wurde am 3.12.1914 in Boston, Mass., geboren. Er war an der Harvard University Schüler von Walter Piston und von Sergei Kusewitzki und in Paris bei Nadia Boulanger. Im Jahr 1945 wurde er Assistant Professor an der Harvard University, wechselte aber 1950 zur Brandeis University über, wo er ab 1954 als Professor wirkte. Er starb am 23.8.1962 in Boston.

WERKE

Außer einer Sinfonie schrieb Irving Fine eine konzertante Toccata, ein Notturno für Harfe und Streicher, ein »Lamento« für Streichorchester, eine Orchestersuite, 2 Bläserquintette, ein Streichquartett, ein Streichtrio, verschiedene Klavierstücke, eine Violinsonate, Chöre, Gesänge mit Instrumentalbegleitung und mit Klavier. Sein Stil trägt spätromantische Elemente in sich.

Dezider Kardoš (geboren 1914)

LEBEN

Dezider Kardoš wurde am 23.12.1914 in Nadlice, Slowakei, geboren. Er studierte in Preßburg am Konservatorium von 1933 bis 1937 und anschließend zwei Jahre in Prag bei Vítězslav Novák. Von 1945 bis 1952 leitete er die Musikabteilung des Rundfunks in Prešov und Preßburg und wirkte sodann als Direktor der slowakischen Philharmonie. Seit 1963 ist er Kompositionslehrer an der Musikakademie in Preßburg.

WERKE

Von Dezider Kardoš sind 5 Sinfonien, ein »Sinfonisches Allegro«, ein »Sinfonisches Praeludium«, ein »Ostslowakisches Praeludium«, ein Orchesterkonzert, eine »Heldenballade«, ein Konzert für Streichorchester, eine Sinfonietta, ein Konzert für Violine, Harfe und Streicher, ein Bläserquintett, 2 Streichquartette, eine Suite für Klavier, ein Orgelstück, mehrere Kantaten, Chöre und Lieder mit Orchester- und Klavierbegleitung und Filmmusik bekannt geworden.

Wolf Rosenberg (geboren 1915)

LEBEN

Wolf Rosenberg wurde am 17.1.1915 in Dresden geboren. Er studierte in Berlin bei James Simon, Stefan Wolpe, Michael Taube (13.3. 1890, Łódź, bis 23.2.1972, Tel Aviv) und Hermann Scherchen. An den Universitäten in Florenz, Bologna und Jerusalem studierte er außerdem Geschichte und Philosophie. Von 1942 bis 1944 wirkte er als Lehrer für Analyse, Theorie und Komposition am Konservatorium in Jerusalem und darauf als Privatlehrer. Ab 1950 lebte er als freier Mitarbeiter von Zeitschriften und Rundfunk in München, von 1968 bis 1970 war er Gastdozent für Elektronische Musik an der Universität in Urbana, Ill., und anschließend bis 1971 in Columbus, O.

WERKE

Die Frühwerke von Wolf Rosenberg sind verloren gegangen. Er schrieb außerdem 3 Streichquartette, eine Anzahl elektronische Stücke und »Crockett« für einen Schauspieler, einen Sänger, verschiedene Instrumente und Tonband. Er veröffentlichte eine Reihe musiktheoretischer und kritischer Traktate.

Marcel Landowski (geboren 1915)

LEBEN

Marcel Landowski wurde am 18.2.1915 in Pont-l'Abbé, Finistère, geboren. Er war am Konservatorium in Paris Schüler von Henri Busser, Charles Munch, Philippe Gaubert und

Pierre Monteux. Dann ließ er sich in Boulogne-sur-Seine nieder, wo er von 1959 bis 1964 als Direktor des Konservatoriums wirkte. Nach anschließender Tätigkeit als Musikdirektor der Comédie-Française in Paris wurde er 1965 Generalinspektor des französischen Musikunterrichts und 1966 Musikalischer Direktor beim Kulturministerium.

WERKE

Neben 4 Opern und 4 Balletten schrieb Marcel Landowski 3 Sinfonien, 3 sinfonische Dichtungen, eine Suite, 3 »Geschichten der Prärie«, ein Tongedicht für Klavier und Orchester, 2 Klavierkonzerte, ein Fagottkonzert, ein Cellokonzert, ein Flötenkonzert, 4 Préludes für Schlagzeug und Klavier, ein Konzert für Ondes Martenot und Streicher, ein Stück für Kinder-Sprechstimmen und Kammerorchester, ein Oratorium, 6 Kantaten, Chöre und Lieder mit Orchesterbegleitung, Klavierlieder und Klavierstücke.

Carlos Suriñach (geboren 1915)

LEBEN

Carlos Suriñach wurde am 4.3.1915 in Barcelona geboren. Er studierte am Konservatorium seiner Vaterstadt unter Enric Morera Viura, dann an den Musikhochschulen in Köln unter Eugen Papst (24.12.1886, Oberammergau, Bayern, bis 2.1.1956, Oberammergau) und in Berlin unter Max Trapp. Ab 1944 wirkte er in Barcelona als Direktor des Philharmonischen Orchesters und von 1947 bis 1950 als Gastdirigent in Frankreich und anderen Ländern Europas. Im Jahr 1951 siedelte er nach New York über, wo er vorwiegend seinem kompositorischen Schaffen lebt.

WERKE

Außer einer Oper und 7 Balletten schrieb Carlos Suriñach 3 Sinfonien, eine Sinfonietta, eine Tanzsuite, ein Orchesterkonzert, sinfonische Variationen, eine Ouvertüre, ein Doppelkonzert für Violine und Klavier, ein Klavierkonzert, ein Sextett für Flöte, Oboe, Klarinette, Bratsche, Cello und Harfe, Tientos für Harfe oder Cembalo, Englischhorn und Pauken, »Hollywood Carnival« für Flöte, Klarinette, Trompete, Pauke, Schlagzeug und Kontrabaß, ein Klavierquartett, mehrere Klavierwerke, zwei- und vierhändig, eine Kantate und Gesänge mit Orchester. Seine enge Beziehung zur spanischen Musik blieb ihm auch in Amerika erhalten.

Eunice Katunda (geboren 1915)

LEBEN

Eunice Katunda wurde am 14.3.1915 in Rio de Janeiro geboren. Sie war Schülerin von Camargo Guarnieri, Hans Joachim Koellreutter und Hermann Scherchen und lehrt seitdem selbst am Konservatorium in Rio de Janeiro Komposition.

WERKE

Außer einem Opernentwurf für das brasilianische Radio schrieb Eunice Katunda ein Stück für Streichorchester, ein Klavierkonzert, eine »Huldigung an Schönberg« für zwei Klaviere, Bratsche, Cello und Klavier, eine Sonate und eine Sonatine sowie weitere Werke für Klavier, Kantaten, Chorwerke und Klavierlieder. Sie wendet die Dodekaphonik, die sie lehrt, auch in ihren Kompositionen an.

Dorian Le Gallienne (1915–63)

LEBEN

Dorian Le Gallienne wurde am 19.4.1915 in Melbourne geboren und studierte zunächst an der Universität seiner Heimatstadt; 1938 wurde er Schüler von Herbert Howells und Arthur Benjamin am Royal College of Music in London. Seit dem Ende des Zweiten Weltkriegs wirkte er als Lehrer für Tonsatz am Konservatorium, als Tonmeister beim Australischen Rundfunk und als Kritiker in Melbourne bis zu seinem Tod am 27.7.1963.

WERKE

Außer 2 Balletten schrieb Dorian Le Gallienne 2 Sinfonien, eine sinfonische Studie, ein Trio für Oboe, Violine und Bratsche, ein Duo für Violine und Bratsche, eine Sonatine für zwei

Klaviere und mehrere Klavierwerke zu zwei Händen, Psalmen für Chor und Orchester sowie Lieder.

Jan Hanuš (geboren 1915)

Leben

Jan Hanuš wurde am 2.5.1915 in Prag geboren, absolvierte das Konservatorium seiner Geburtsstadt und arbeitete in verschiedenen Musikverlagen und musikalischen Institutionen, bis er sich ausschließlich der Komposition widmete.

Werke

Von Jan Hanuš sind 4 Opern und ein Tanzdrama aufgeführt worden. Er schrieb ferner 5 Sinfonien, eine konzertante Sinfonie für Orgel, Harfe, Pauken und Streicher, eine sinfonische Fantasie, ein Doppelkonzert für Oboe und Harfe, ein Bläserquintett, 2 Streichquartette, eine Suite für Orgel, »Betrachtungen« für Orgel, 2 Messen, Kantaten, Lieder und Chöre, darunter »Die Botschaft« für gemischten Chor, Bariton, zwei Klaviere, elektrische Gitarre, Schlagzeug und Tonband. Trotz mancher moderner Fakturen ist seine Musik spätromantsich mit nationaler Betonung.

George Perle (geboren 1915)

Leben

George Perle wurde am 6.5.1915 in Bayonne, N. J., geboren. Nach Studium an der Universität in Chicago unter Wesley La Violette und Privatunterricht bei Ernst Křenek promovierte er an der New York University, an der er seit 1961 selbst unterrichtet. Er betätigt sich mit der Herausgabe Neuer Musik.

Werke

Von seinem umfangreichen kompositorischen Werk sind bemerkenswert: 2 Sinfonien, eine Rhapsodie, »Drei Orchestersätze«, 6 Bagatellen für Orchester, 2 Serenaden für Kammerorchester, ein Cellokonzert, ein Streichquintett, 3 Bläserquintette, 7 Streichquartette, ein Duo für Cello und Klavier, eine Partita für Violine und Bratsche, eine Sonate für Klarinette und Klavier, Solosonaten für Bratsche, für Klarinette, für Cello, für Violine, für Flöte, für Kontrabaß, für Fagott, verschiedene Klavierwerke, Chöre und Lieder. Sein Stil ist modern, teilweise dodekaphonisch. Er veröffentlichte eine große Anzahl musikhistorischer und musikästhetischer Abhandlungen.

Vincent Persichetti (geboren 1915)

Leben

Vincent Persichetti wurde am 6.6.1915 in Philadelphia, Pa., geboren. Er studierte am Konservatorium seiner Vaterstadt und darauf bei Fritz Reiner am Curtis Institut. Von 1942 bis 1962 unterrichtete er selbst Komposition am Konservatorium in Philadelphia und ab 1947 gleichzeitig an der Juilliard School of Music in New York.

Werke

Die Kompositionen von Vincent Persichetti sind nahezu durchwegs traditionell, nur von Fall zu Fall weisen sie atonale und polytonale Passagen auf. Er schrieb 9 Sinfonien, darunter eine für Streicher und eine für Bläser, 13 Serenaden – für zehn Bläser, für Klavier, für Klaviertrio, für Violine und Klavier, für Orchester, für Posaune, Bratsche und Cello, für Klavier, für Klavier vierhändig, für Sopran- und Altblockflöten, für Flöte und Harfe, für Blasorchester, für Tuba, für zwei Klarinetten –, ein Klavierkonzert, Parabel 1–5: für Flöte, für Blechbläserquintett, für Oboe, für Fagott, für Glockenspiel, 3 Streichquartette, 11 Klaviersonaten, eine Orgelsonate, eine Messe, ein Stabat Mater, ein Te Deum für Chor und Orchester sowie 4 Kantaten.

Vic Legley (geboren 1915)

Leben

Vic (Victor) Legley wurde am 18.6.1915 in Hazebrouck, Nord, geboren. Nach erstem Musikunterricht in Ypern kam er 1934 an das Konservatorium in Brüssel und trat 1936 in das Sinfonieorchester des Rundfunks ein. Bei

Jean Absil erhielt er Kompositionsunterricht. Im Jahr 1947 wurde er musikalischer Gestalter der flämischen Sendung von Radio Brüssel, 1949 wurde er Lehrer am Brüsseler Konservatorium für Harmonie und Komposition.

WERKE

Außer einer Oper und einem Ballett schrieb Vic Legley 5 Sinfonien, 2 »Sinfonische Skizzen«, eine Ouvertüre, eine Suite, sinfonische Variationen über ein altes flämisches Lied, ein Divertimento, 2 Violinkonzerte, ein Harfenkonzert, ein Bratschenkonzert, ein Concertino für Pauken und Orchester, ein Klavierkonzert, ein Nonett, ein Sextett für Bläser und Klavier, ein Bläserquintett, ein Streichquintett, 5 Streichquartette, ein Saxophonquartett, ein Trio für Flöte, Bratsche und Gitarre, eine Rhapsodie für Trompete und Klavier, Klavierwerke, Gitarrenstücke, Harfenstücke, Lieder mit Instrumentalbegleitung und mit Klavier, Chorwerke und Orgelmusik.

Albert Leman (geboren 1915)

LEBEN

Albert Semjonowitsch Leman (Lehmann) wurde am 24.6.1915 in Wolsk, UdSSR, Saratowskaja Oblast, geboren. Er studierte in Leningrad in der Kompositionsklasse von Michail Gnessin. Er lebt seit 1942 in Kasan, wo er ab 1945 am Konservatorium unterrichtet.

WERKE

Von dem kompositorischen Werk von Albert Leman sind eine Sinfonie, eine sinfonische Suite über tatarische Themen, eine Festouvertüre, 3 Klavierkonzerte, 2 Violinkonzerte, ein Cellokonzert, ein Streichquartett, 3 Zyklen mit je 24 Praeludien für Klavier, 2 Oratorien, Lieder, Romanzen und Bühnenmusik bemerkenswert. Er leistete wertvolle Beiträge zur Entwicklung einer tatarischen Musiklandschaft.

David Leo Diamond (geboren 1915)

LEBEN

David Leo Diamond wurde am 9.7.1915 in Rochester, N. Y., geboren. Er studierte in New York bei Roger Sessions und bei Nadia Boulanger in Fontainebleau. Von 1951 bis 1953 unterrichtete er an der Universität in Rom und lebte anschließend als freischaffender Komponist bis 1965 in Florenz. Dann wurde er Professor für Komposition an der Manhattan School of Music in New York.

WERKE

Von David Leo Diamond, dessen Kompositionen einen konservativen Neuklassizismus vertreten, sind 8 Sinfonien, eine Musik für doppeltes Streichorchester, Blechbläser und Pauken, eine konzertante Sinfonie und »Die Welt von Paul Klee« für Orchester, eine »Music« für 37 Instrumentalisten, 3 Violinkonzerte, ein Klavierkonzert, ein Concertino mit Klavier, 2 Elegien für Englischhorn und Streicher, ein Nonett für drei Violinen, drei Bratschen und drei Celli, ein Quintett für Klarinette, zwei Bratschen und zwei Celli, ein Bläserquintett, eine Nachtmusik für Akkordeon und Streichquartett, 10 Streichquartette, Solosonaten für Violine und für Cello, ein Akkordeonstück, Klavierstücke, eine Chorsinfonie, mehrere Kantaten, sakrale Musik für Chor und Orgel, Liederzyklen, Hebräische Melodien, Bühnen- und Filmmusiken bekannt geworden.

Humphrey Searle (1915–82)

LEBEN

Humphrey Searle wurde am 26.8.1915 in Oxford geboren. Er studierte 1937 am Royal College of Music in London, sodann am Neuen Konservatorium und bei Anton Webern in Wien. Von 1938 bis 1940 war er in der Musikabteilung der BBC tätig und arbeitete von 1946 bis 1948 dort als Programmleiter. Anschließend lebte er in London als freischaffender Komponist, von 1951 bis 1975 als Musikberater des Sadler's Wells Ballett, und seit dem Jahr 1965 wirkte er als Professor am Royal

College of Music in London. Er starb am 12.5.1982 in London.

WERKE

Neben 4 Opern und 2 Balletten schrieb Humphrey Searle 6 Sinfonien, eine Sinfonietta und weitere Orchesterstücke, 2 Suiten für Streicher, ein Tongedicht für 22 Streicher, ein Divertimento für Flöte und Streicher, eine Aubade für Horn und Streicher, 2 Klavierkonzerte, ein konzertantes Stück für Klavier, Streicher und Schlagzeug, 2 Nokturnen, 3 Sätze für Kammerorchester, ein Quintett für Fagott und Streicher, ein Quartett für Violine, Bratsche, Klarinette und Fagott, eine Passacaglia für Streichquartett, 3 Sätze für Streichquartett, Duos mit verschiedener Besetzung, Klavierstücke, Orgelstücke, Kantaten, Chorwerke mit Instrumentalbegleitung, mit Solisten, mit Sprecher, Gesänge mit Instrumenten oder mit Klavier und Lieder. Er veröffentlichte eine Anzahl musiktheoretischer und musikhistorischer Traktate.

Hans Joachim Koellreutter
(geboren 1915)

LEBEN

Hans Joachim Koellreutter wurde am 2.9.1915 in Freiburg im Breisgau geboren. An der Musikhochschule in Berlin studierte er Komposition, Flöte, Klavier, und nahm Kompositionskurse bei Paul Hindemith. Von 1937 bis 1952 war er Professor für Komposition am Konservatorium in Rio de Janeiro. Anschließend leitete er bis 1962 die von ihm gegründete Musikabteilung an der Universität in Bahia und entwickelte sie zu einem der bedeutendsten Musikzentren von Brasilien. Gleichzeitig leitete er die musikalischen Ferienkurse in Teresópolis; von 1963 bis 1965 unterstand ihm die Programmabteilung des Goethe-Instituts in München, anschließend bis 1969 die des Goethe-Instituts in New Delhi, wo er gleichzeitig die von ihm gegründete Delhi School of Music leitete, dann wurde er Direktor des Goethe-Instituts in Tokio. Im Jahr 1975 kehrte er nach Brasilien zurück.

WERKE

Das gesamte kompositorische Werk von Hans Joachim Koellreutter steht im Zeichen der Dodekaphonik, einiges davon ist von indischer Musik beeinflußt. Er schrieb »Vier Stücke«, »Variationen« und einige weitere Stücke für Orchester, eine Kammersinfonie, eine »Intrata« für Blechbläser, 2 Flötensonaten, eine Violinsonate, eine Solosonate für Violine, »Inventionen« für Oboe, Klarinette und Fagott, Variationen für vier Bläser, 2 Streichquartette, ein Duo für Cello und Klavier, ein Sextett für Flöte, Englischhorn, Horn, Fagott, Harfe und Xylophon, ein Stück für Flöte, Schlagzeug und Tanz, »Acht Haikai« für Bariton, Flöte, Gitarre, Klavier und Schlagzeug, »India Report« für Sopran, Sprecher, Kammerchor, Sprechchor und Kammerorchester mit indischen Instrumenten, ein Stück für Flöte und Kammerorchester mit indischen Instrumenten, Klaviermusik, Chöre und Gesänge. Er publizierte einige musiktheoretische Werke.

Dai-Keong Lee (geboren 1915)

LEBEN

Dai-Keong Lee wurde am 2.9.1915 in Honolulu geboren. Er studierte bei Roger Sessions an der Princeton University und an der Juilliard Graduate School bei Frederick Jacobi und bei Aaron Copland. Anschließend ließ er sich als freischaffender Komponist in New York nieder.

WERKE

Außer 6 Opern und einem Ballett schrieb Dai-Keong Lee 2 Sinfonien, eine Ballettsuite, 3 Ouvertüren, eine Polynesische Suite, Tanzstücke für Streicher, ein Concerto grosso für Streicher, ein Violinkonzert, ein Streichquartett, Orchesterlieder, Chöre mit Orchester und Klavierstücke.

Polynesische Suite, 3 Teile, entstanden 1959

Das Werk wurde zur Fünfzig-Jahr-Feier der Aufnahme von Hawaii als 50. Bundesstaat der USA geschaffen. Es sind polynesische Melodien und Rhythmen aus der vorkolonialen Zeit verarbeitet. Der 1. Teil »Tanz aus Tahiti« bringt einen raschen orgiastischen Ritualtanz. Der Rhythmus wird durch den »Woodblock« markiert und von anderen Schlaginstrumenten mit bestimmter Tonhöhe begleitet. Der 2. Teil »Hula« ist ein langsamer und zierlicher Tanz. Streicher und Schlaginstrumente markieren die Mimik der getanzten Legende. Darüber liegt eine tetratonische Melodie. Im 3. Teil »Festlichkeit« sind vormissionarische Weisen verarbeitet. Es sind aber auch dorische und phrygische Tonleitern und modale Akkorde aus der christlichen Ära integriert. Der Satz präsentiert sich als Sonatenallegro.

Abel Ehrlich (geboren 1915)

LEBEN

Abel Ehrlich wurde am 3.9.1915 in Cranz bei Königsberg (heute Zelenogradsk, UdSSR) geboren. Er wanderte 1934 nach Jugoslawien aus und studierte an der Musikakademie in Zagreb. Ab 1939 war er in Jerusalem Schüler von Solomon Rosowski (15.3.1878, Riga, bis 30.7.1962, New York). Im Jahr 1953 wurde er Musiklehrer am Seminar der Kibbuzbewegung; seit 1964 wirkt er als Kompositionslehrer an der Rubin-Akademie in Tel Aviv.

WERKE

Außer einem dreiszenischen Spiel schrieb Abel Ehrlich ein Stück für Violine und Violinengruppen, 4 Holzbläserquintette, 6 Streichquartette, eine Anzahl Klavierwerke, mehrere Oratorien und Kantaten, ein Stück für Sänger, Sprecher und Instrumente, »Über die Schrift Hesekiel« für Sopran, Oboe, Fagott und Violine (auch in Orchesterfassung), »Seid nicht wie eure Väter«, für Chor a cappella, »König Salomo über den Wein« für Alt, Flöte und Klavier sowie weitere Chöre, Lieder, Ballett- und Bühnenmusik.

Douglas Lilburn (geboren 1915)

LEBEN

Douglas Lilburn wurde am 2.11.1915 in Waitaki, Neuseeland, geboren. Von 1934 bis 1936 studierte er an der Universität in Christchurch, anschließend bis 1939 am Royal College of Music in London. Er wurde Professor an der Universität in Wellington.

WERKE

Von Douglas Lilburn sind 3 Sinfonien, eine »Festliche Ouvertüre« für Orchester, ein Streichtrio, Lieder und Klavierstücke bekannt geworden. Sein Stil lehnt sich an den zeitgenössischen englischen an.

Georgi Swiridow (geboren 1915)

LEBEN

Georgi (Juri) Wasilijewitsch Swiridow wurde am 3.12.1915 in Fatesch, UdSSR, geboren. Er studierte in Leningrad am Zentralen Musiktechnikum bei Jewgeni Braudo (20.2.1882, Riga, bis 17.10.1939, Moskau), am Konservatorium bei Piotr Borisowitsch Rjasanow und Dmitri Schostakowitsch. Im Jahr 1955 ließ er sich in Moskau als freischaffender Komponist nieder; 1968 wurde er Erster Sekretär des russischen Komponistenverbands.

Georgi Swiridow

WERKE

Neben 3 Opern schrieb Georgi Swiridow eine Sinfonie für Streichorchester, ein Stück für Kammerorchester, ein »Kleines Triptychon« für Orchester, 2 Klavierkonzerte, ein Klavierquintett, 2 Streichquartette, ein Klaviertrio, 2 Oratorien, 3 Kantaten, Orchesterlieder, Klavierlieder, Bühnen- und Filmmusik.

Pathetisches Oratorium für Mezzosopran und Baß, Chor und Orchester, 7 Teile, entstanden 1959

Dem Werk liegen pathetische Verse des Dichters Wladimir Majakowski (1893–1930) zugrunde. Der 1. Teil eröffnet das Werk mit einem Marsch in schwerem Rhythmus. Der 2. Teil stellt die Flucht des Generals Wrangel, des letzten Oberkommandierenden der kontrarevolutionären »Weißen Garde«, dar. Vor dem Hintergrund eines Trauermarsches erklingt die Stimme des Sprechers. Der 3. Teil ist den Helden der Schlacht von Perekop gewidmet, die die Befreiung der Krim zur Folge hatte. Im 4. Teil drücken Dichter und Komponist ihre Liebe zu ihrem Heimatland aus. Der 5. Teil ist dem Aufbau des Landes nach Revolution und Bürgerkrieg gewidmet und bringt die Vision einer Gartenstadt, die in Sibirien entstehen wird. Im 6. Teil kommt es zu Ovationen für Lenin und sein Werk, das, wie der 7. Teil verkündet, für immer im Schein der Sonne leuchten wird.

Antonio Estevez (geboren 1916)

LEBEN

Antonio Estevez wurde am 3.1.1916 in Calabozo, Venezuela, geboren. Er erhielt an der Musikschule in Caracas von 1934 bis 1944 Oboenunterricht und bei Vicente Emilio Sojo Kompositionsunterricht. Nachdem er einige Jahre im Sinfonieorchester von Caracas als Oboist gewirkt hatte, ging er in die USA, um seine Ausbildung bei Aaron Copland zu ergänzen. Er lebt als Oboenlehrer und freier Komponist in Caracas.

WERKE

Von den Werken von Antonio Estevez wurden einige in Paris aufgeführt. Er schrieb unter anderen eine Orchestersuite, eine Orchesterouvertüre, eine Kantate, Chorwerke, Klavierstücke und Elektronische Musik wie »Cosmovivrafonía Nr. 1 und Nr. 2«.

Carlos Jiménez-Mabarak
(geboren 1916)

LEBEN

Carlos Jiménez-Mabarak wurde am 31.1.1916 in Tacuba, Mexiko, geboren. Er wurde in Brüssel am Institut für höhere musikalische Studien in Klavier und Harmonielehre ausgebildet und studierte anschließend an der Universität bei Charles van den Borren (17.11. 1874, Brüssel, bis 14.1.1966, Brüssel) und in Paris bei René Leibowitz. Seit 1942 unterrichtet er am Konservatorium in Mexiko-Stadt Musikpädagogik und Komposition und an der Kunstschule in Villahermosa Harmonielehre und Tonsatz.

WERKE

Außer einer Oper und 10 Balletten schrieb Carlos Jiménez-Mabarak 3 Sinfonien, ein Konzert für Klavier, Pauken, Xylophon und Schlagzeug, ein Quintett für Flöte, Oboe, Violine, Bratsche und Cello, ein Duo für Cello und Klavier, Klavierstücke, Chorwerke, Lieder und Bühnenmusik. Er wendet fallweise dodekaphonische Techniken an.

Karl Schiske (1916–69)

LEBEN

Karl Hubert Rudolf Schiske wurde am 12.2. 1916 in Györ, Ungarn, geboren. Seine Ausbildung erhielt er am Neuen Wiener Konservatorium und an der Wiener Musikakademie. Er lebte als freischaffender Künstler in Wien, bis er dort 1968 Professor an der Hochschule für Musik und darstellende Kunst wurde. Er starb am 16.6.1969 in Wien.

WERKE

Von Karl Schiske sind 5 Sinfonien, ein Kammerkonzert, ein Divertimento für zehn Instrumente oder Kammerorchester, 2 Konzerte für Streichorchester, ein Klavierkonzert, ein Violinkonzert, ein Sextett, ein Bläserquintett, eine Musik für Trompete, Klarinette und Bratsche, 2 Streichquartette, eine Triosonate, eine »Synthese für vier mal vier Instrumente«, eine Sonate für Violine und Klavier, Solostücke für Violine und für Klavier, ein Oratorium, eine Choral-Partita für Orgel, eine Messe und andere Chorwerke sowie Lieder bekannt geworden. Sein Stil war nur gemäßigt modern.

Divertimento für zehn Instrumente oder Kammerorchester, Opus 49, 10 Sätze, entstanden 1953

Das Werk ist gemäß der Zahlenreihe des Mathematikers Leonardo Fibonacci (um 1170–1230), in der jede Zahl mit der Summe der zwei vorangehenden gleich ist und einen ganzzahligen Annäherungswert zum Goldenen Schnitt ergibt, organisiert, und zwar in der Anlage der Zwölftonreihe, im Metrum, Rhythmus und der Klangfarbe, Dichte, Form und Dynamik; auch die Instrumentation ist nach diesem Prinzip geordnet: zwei Holzblasinstrumente, drei Blechblasinstrumente und fünf Streichinstrumente. Dieses Organisationsprinzip ist zwar einer strengen Logik unterworfen, läßt jedoch weite Gestaltungsräume offen. Die Sätze sind variationsartig aufgebaut.

Mordecai Seter (geboren 1916)

Leben

Mordecai Seter wurde am 26.2.1916 in Noworosisk, Kaukasus, geboren. Er wurde von 1932 bis 1937 in Paris an der École Normale de Musique von Igor Strawinsky, Paul Dukas und Nadia Boulanger ausgebildet. Anschließend wurde er Lehrer an der Musikakademie in Tel Aviv.

Werke

Das kompositorische Werk von Mordecai Seter ist von der althebräischen Liturgie und der nahöstlichen Folklore beeinflußt. Er schrieb 3 Ballette, ein Ricercar für Streichorchester, eine Elegie für Klarinette und Streicher, 3 Duette für Violinen, ein Bläserquartett, ein Duo für Klarinette und Klavier, Sonaten für zwei Violinen und für Solovioline, Klavierwerke, ein Oratorium, 3 Motetten, eine Sinfonie für Chor und Orchester, eine Kantate und eine Yemenitische Suite für Kammerorchester und Singstimmen.

Nikolai Peiko (geboren 1916)

Leben

Nikolai Iwanowitsch Peiko wurde am 12.3. 1916 in Moskau geboren. Er war Schüler von Genrich Litinski und Nikolai Mjaskowski am Konservatorium in Moskau, wo er 1944 als Assistent von Dmitri Schostakowitsch wirkte und 1958 Professor wurde. Er beschäftigt sich mit jakutischer Folklore.

Werke

Außer einer Oper und 3 Balletten schrieb Nikolai Peiko 6 Sinfonien, 2 sinfonische Suiten, eine Konzertfantasie für Violine und Orchester, ein Klavierkonzert, ein Klavierquintett, 2 Streichquartette, eine Sonate und andere Werke für Klavier, eine Kantate, 20 Romanzen, Bühnen- und Filmmusik.

Alberto Ginastera (1916–83)

Leben

Alberto Evaristo Ginastera wurde am 11.4. 1916 in Buenos Aires geboren. Er studierte am Konservatorium seiner Geburtsstadt. Anschließend wirkte er als Leiter des von ihm gegründeten Konservatoriums in La Plata, darauf bis 1962 an der Kunst- und Musikfakultät der Katholischen Universität in Buenos Aires und schließlich am lateinamerikanischen Zentrum der höheren musikalischen Studien. Er starb am 25.7.1983 in Genf.

Werke

Neben 4 Opern und 2 Balletten schrieb Alberto Ginastera eine Sinfonie, eine Ouvertüre, ein Triptychon und eine Pastorale, außerdem Variationen für Kammerorchester, ein Konzert für Streicher, ein Harfenkonzert, ein Klavierkonzert, ein Violinkonzert, ein Cellokonzert, ein Klavierquintett, 2 Streichquartette, ein Duo für Flöte und Oboe, eine Rhapsodie für Violine und Klavier und eine für Cello und Klavier, eine Sonate und weitere Stücke für Klavier, ein Orgelstück, 2 Kantaten, 3 Motetten, Lieder, Bühnen- und Filmmusiken. Er verschmolz neuklassizistische Fakturen mit folkloristischen Elementen.

Arnold van Wyk (geboren 1916)

Leben

Arnold Christian van Wyk wurde am 26.4.1916 in Calvinia, Kaapland, geboren. Er studierte von 1936 bis 1938 an der Universität in Stellenbos und anschließend bis 1943 an der Royal Academy of Music in London, wo er hernach bis 1946 als Freischaffender für Film und Rundfunk arbeitete. Ab 1949 lehrte er Komposition an der Universität in Kapstadt. Seit 1961 wirkt er als Kompositionslehrer in Stellenbos.

Werke

Von Arnold van Wyk sind 2 Sinfonien, eine Rhapsodie, ein Tongedicht, ein Violinkonzert, eine sinfonische Suite, sinfonische Variationen, 2 Streichquartette, Werke für zwei Klaviere und ein Klavier, ein Duo für Bratsche und Klavier, ein Liederzyklus und ein Chor a cappella bekannt geworden.

Jan Rychlík (1916–64)

Leben

Jan Rychlík wurde am 27.4.1916 in Prag geboren. Er studierte am Konservatorium seiner Vaterstadt und wirkte während des Studiums als Unterhaltungs- und Jazzmusiker. Dann wandte er sich der Kammer- und Orchestermusik zu und landete bei seriellen und experimentellen Strukturen, so daß er zum Vorkämpfer der Neuen Musik wurde. Er starb am 20.1.1964 in Prag.

Werke

Von seinen Kompositionen sind eine Partita für Blasorchester, ein Divertimento für drei Kontrabässe, ein Streichtrio, eine Partita für Flöte und eine für Streichquartett, Cembalostücke, ein Trio für Altflöte, Englischhorn und Fagott, ein »Afrikanischer Zyklus« für neun Instrumente, zahlreiche Lieder und seine Filmmusik bemerkenswert. Er schrieb mehrere musiktheoretische Abhandlungen.

Milton Babbitt (geboren 1916)

Leben

Milton Byron Babbitt wurde am 10.5.1916 in Philadelphia, Pa., geboren. Er studierte an den Universitäten in New York und in Princeton, wo er auf Grund seiner Ausbildung Mitglied des Departements für Mathematik und des Departements für Musik wurde. Er gehört zu den führenden Komponisten auf dem Gebiet der Elektronischen Musik.

Werke

Für Ensembles mit Synthesizer schrieb Milton Babbitt, der als Vorstand des Electronic Music Center der Columbia und der Princeton University an der Erforschung der musikalischen Mittel dieses Instruments maßgebenden Anteil hat, unter anderen »Komposition für Synthesizer«, »Vision und Gebet für Sopran und Synthesizer«, »Gesang für auf Tonband aufgenommenen Sopran und Synthesizer«, »Ensembles für Synthesizer«, »Übereinstimmungen für Streichorchester und Synthesizer«; außerdem sind von seinen Werken bemerkenswert: »Drei Kompositionen für Klavier«, »Komposition für vier Instrumente«, »Komposition für zwölf Instrumente«, »Komposition für Bratsche und Klavier«, ein Bläserquartett, 2 Streichquartette, ein Konzert für Altsaxophon, Tenorsaxophon, Trompete, Posaune, Kontrabaß, Schlagzeug, Vibraphon und Klavier, »Mitteilungen I.« für Bläser, Xylophon, Marimba, Vibraphon, Celesta, Harfe, Klavier und Streicher und »Mitteilungen II.« für großes Orchester, zahlreiche Klavierstücke und Kombinationen von Singstimmen, Chöre mit Instrumenten. Es wirkt alles sehr konstruktiv, wenngleich die erarbeiteten Klänge sehr interessant sind, denn ihrer kompositorischen Verwendung mangelt nicht selten die künstlerische Notwendigkeit.

Karl-Rudi Griesbach (geboren 1916)

Leben

Karl-Rudi Griesbach wurde am 14.6.1916 in Breckerfeld, Westfalen, geboren. Er war an der Musikhochschule Schüler von Philipp Jarnach. Nach seiner Tätigkeit in Hamburg als Pianist und Liedbegleiter wurde er ein Jahr darauf Dozent an der Musikhochschule in Dresden, wo er später Professor für Komposition wurde.

WERKE

Grundlage aller Kompositionen von Karl-Rudi Griesbach ist die Folklore, die seine Melodik, Harmonik und Rhythmik bestimmt. Neben mehreren Opern schrieb er 3 Sinfonien, 2 Ballettsuiten, deutsche und russische Volkslieder für Laienorchester, eine »Szene« für Orchester, »Blues-Impressionen« für Klavier und Streichorchester, »Konzertante Musik« für Klavier und Kammerorchester, Klavierstücke und Lieder.

Afrikanische Sinfonie, 4 Sätze, entstanden 1963

In dem Werk sind neben sparsamer exotischer Klangmalerei die unregelmäßigen Rhythmen und die pentatonische Melodiebildung der afrikanischen Musik vorangestellt. Der 1. Satz führt in die Landschaft und das Leben Afrikas ein. Holztrommeln geben das rhythmische Element, pentatonisches Melos der Holzbläser schildert die Stimmung. Der Satz endet mit majestätischen Klängen. Der 2. Satz ist der Trauer um den afrikanischen Helden Patrice Lumumba (1925–61) gewidmet. Der 3. Satz ist voll vitaler tänzerischer Bewegung. Das Finale ist ein gewichtiger Ausdruck »der Lebenskraft und der Siegeszuversicht des erwachenden Erdteils«.

Hallvard Johnsen (geboren 1916)

LEBEN

Hallvard Johnsen wurde am 27.6.1916 in Hamburg geboren. Er studierte von 1930 bis 1941 am Konservatorium in Oslo und 1956 am Konservatorium in Kopenhagen bei Vagn Holmboe. Er lebt als Flötist und freier Komponist in Bœrum bei Oslo.

WERKE

Der Kompositionsstil von Hallvard Johnsen ging von nationaler Spätromantik aus und entwickelte sich zu freitonalen Strukturen in den späteren Werken. Er schrieb 9 Sinfonien, 2 Ouvertüren, 2 Violinkonzerte, 2 Flötenkonzerte, ein Trompetenkonzert, eine Suite für Kammerorchester, 3 Streichquartette, 2 Bläserquintette, eine Suite für Flöte und Horn und eine für Oboe und Fagott, Klavierwerke, Kantaten und Lieder.

Siegfried Reda (geboren 1916)

LEBEN

Siegfried Reda wurde am 27.7.1916 in Bochum geboren. Er studierte Kirchenmusik bei Ernst Pepping und Hugo Distler. Nach Organistentätigkeit in Bochum, Gelsenkirchen und Berlin wurde er Kirchenmusikdirektor in Mülheim an der Ruhr und Leiter des Instituts für evangelische Kirchenmusik sowie Professor für Orgel und Komposition in Essen.

WERKE

Neben einem Triptychon über ein Kirchenlied, einem Praeludium, Fuge und Quadruplum, 3 Choralkonzerten, 3 Orgelkonzerten, einer Sonate, einer Choralfantasie, einer Toccata, zahlreichen Choralvorspielen und Meditationen für Orgel verfaßte Siegfried Reda ein Krippenspiel für drei Chorgruppen, Soli und Instrumente, ein Psalmbuch, ein Gradualliederbuch, 6 Evangelienmusiken, ein Requiem, Psalmvertonungen und verschiedene Kantaten für Soli, Chor, Instrumente und Orgel. Seine Werke zeichnen sich besonders durch ihre Klangfülle aus.

Orgelkonzert Nr. 1, 3 Teile, entstanden 1947

Der 1. Teil nähert sich in seiner Anlage einem Concerto grosso. Das Thema wird als erster Abschnitt verwendet, die folgenden zwei sind motivisch neu gestaltet. Der 2. Teil ist ein Pastorale im Sicilianorhythmus. Der 3. Teil ist eine Chaconne, die aus 20 Variationen über einen gleichbleibenden Baß besteht. Das Werk ist ein glänzendes Beispiel moderner Orgelkomposition in traditionellem Rahmen.

Milton Soares Gomes dos Santos (geboren 1916)

LEBEN

Milton Soares Gomes dos Santos (Milton Gomes) wurde am 26.8.1916 in Salvador, Brasilien, geboren. Nach seinem Medizinstudium in seinem Geburtsort wandte er sich dem Musikstudium - Theorie, Ästhetik, Harmonielehre, Kontrapunktik, Komposition und Instrumentation - zu. Er war Mitbegründer der Komponistengruppe »Bahia«.

WERKE
Von Milton Soares Gomes dos Santos sind unter anderen 2 Konzerte für Schlagzeug und Streichorchester, eine Ouvertüre, eine Struktur für neun Schlaginstrumente - nämlich Xylophon, Metallophone, Pauken, Becken und brasilianische Instrumente -, ein Septett für drei Blockflöten, zwei Violinen, Vibraphon und Klavier, ein Klaviertrio und 2 Kantaten für Chor, Orchester und Schlagzeug bekannt geworden. Er zählt zur Avantgarde seines Landes.

Tolia Nikiprowetzky (geboren 1916)

LEBEN
Tolia Nikiprowetzky wurde am 12.9.1916 in Feodosija, Krim, geboren. Seine erste musikalische Ausbildung erhielt er am Konservatorium in Marseille. Ab 1937 studierte er in Paris bei Simone Plé-Caussade (geboren 14.8.1897, Paris) und Louis Laloy (18.2.1874, Gray, Haute-Saône, bis 3.3.1944, Dole, Jura) sowie bei René Leibowitz. Von 1950 bis 1955 wirkte er im Vorstand der Musikabteilung des marokkanischen Rundfunks. Anschließend wurde er in Paris für den Überseeradiodienst verpflichtet. Er beschäftigte sich intensiv mit afrikanischer Volksmusik.

WERKE
Außer 2 Bühnenwerken schrieb Tolia Nikiprowetzky eine Sinfonie, eine Sinfonietta, ein Diptychon, ein Adagio, eine konzertante Sinfonie für Bläserquintett und Streichorchester, ein Streichquartett, eine Sonate und weitere Klavierwerke, Kantaten und Lieder. In seinen Kompositionen ist viel afrikanische Folkore verarbeitet.

Minao Shibata (geboren 1916)

LEBEN
Minao Shibata wurde am 29.9.1916 in Tokio geboren. Er studierte Botanik und Ästhetik und bei Saburo Moroi Musik. Von 1959 bis 1969 wirkte er als Professor für Musikwissenschaft an der Hochschule für Musik und bildende Kunst in Tokio. Ab dann widmete er sich ausschließlich der Komposition.

WERKE
Von seinen Hauptwerken sind bemerkenswert: »Hans im Glück« für Sprecher, Männerchor und Kammerorchester, ein Gesangszyklus für Frauenstimmen und Klavier, 3 Gesänge für Sopran und Orchester, eine Sinfonie für Orchester, ein Stück für sechs Blechbläser, eine Improvisation für Elektronische Musik, ein Stück für Marimba, Schlagzeug und elektronische Klänge, Konkrete Musik für stereophonische Übertragung und 2 Improvisationen für Klavier.

Tadeusz Paciorkiewicz (geboren 1916)

LEBEN
Tadeusz Paciorkiewicz wurde am 17.10.1916 in Sierpc bei Warschau geboren. Er studierte am Konservatorium in Warschau bei Bronisław Rutkowski (27.2.1898, Komaje, bis 1.6. 1964, Leipzig) und Kazimierz Sikorski. Von 1945 bis 1949 leitete er die von ihm gegründete Musikschule in Płock. Anschließend wirkte er bis 1954 als Professor für Musiktheorie an der Musikhochschule in Łódż. Seitdem lehrt er an der Musikhochschule in Warschau.

WERKE
Außer einer Funkoper und einem Ballett schrieb Tadeusz Paciorkiewicz 2 Sinfonien, 2 Klavierkonzerte, ein Violinkonzert, ein Posaunenkonzert, ein Orgelkonzert, ein Bläserquintett, ein Streichquartett, eine Sonate für Violine und Klavier, eine Sonatine für zwei Violinen, 4 Capricci für Klarinette und Klavier, eine Orgelsonate, Klavierstücke, Kantaten, Chöre, Lieder, Bühnen- und Filmmusik. Sein Stil ist gemäßigt modern.

Karl-Birger Blomdahl (1916–68)

Leben

Karl-Birger Blomdahl wurde am 19.10.1916 in Växjö, Schweden, geboren. Er war in Stockholm Schüler von Hilding Rosenberg und von Tor Mann (geboren 25.2.1894, Stockholm). Nach Studienreisen in Italien und Frankreich und einem Aufenthalt in den USA wurde er Mitglied des Programmrats der Stockholmer Philharmonie. Von 1960 bis 1964 wirkte er als Professor für Komposition an der Musikhochschule in Stockholm; von 1965 bis zu seinem Tod am 14.6.1968 in Kungsängen bei Stockholm war er Leiter der Musikabteilung des Schwedischen Rundfunks und Fernsehens.

Werke

Von den 2 Opern von Karl-Birger Blomdahl erlebte die futuristische »Aniara« bis zu seinem Tod 100 Aufführungen. Er schrieb außerdem 3 Sinfonien, 2 Ballettsuiten, eine Pastoralsuite für Streicher, »Altisonans«, elektronische Komposition, und 2 weitere Orchesterstücke, ein Kammerkonzert für Klavier, Holzbläser und Schlagzeug, ein Trio für Klarinette, Cello und Klavier, 2 Kantaten, Bühnen-, Film- und Rundfunkmusik. Mit seiner 3. Sinfonie schuf er das erste serielle Werk Schwedens von Bedeutung. Er zählt zu den führenden Komponisten Schwedens unserer Zeit.

Helmut Eder (geboren 1916)

Leben

Helmut Eder wurde am 26.12.1916 in Linz geboren. Er studierte am Konservatorium in Linz, an dem er 1950 Lehrer für Chorwesen, Tonsatz und Komposition wurde. Bei Fritz Lehmann (17.5.1904, Mannheim, bis 30.3.1956, München), Carl Orff und Johann Nepomuk David ergänzte er seine Ausbildung. Im Jahr 1959 gründete er das erste elekronische Studio in Linz, seit 1967 wirkt er als Professor für Komposition und Tonsatz am Mozarteum in Salzburg.

Paul Walter Fürst, Marcel Rubin, Helmut Eder und Gottfried von Einem (v.l.n.r.)

Werke

Von neubarocker Kontrapunktik ausgehend, verlief die stilistische Entwicklung von Helmut Eder unter den Einflüssen von Alban Berg, Johann Nepomuk David und György Ligeti über eine strenge Linearität zur Zwölftonmusik; Aleatorik, Cluster und Mikrointervalle werden herangezogen. Als Grundelemente seiner Musik können expressive Melodik und tänzerische Rhythmik angesehen werden. Er schrieb außer 3 Opern und 3 Balletten 4 Sinfonien, Variationen über ein Thema von Händel, ein Orchesterkonzert, 2 Klavierkonzerte, 3 Violinkonzerte, ein Oboenkonzert, ein Konzert für Fagott und Kammerorchester, ein Orgelstück, ein Werk für Orgel-Positiv und zwei Streichergruppen, eine Serenade für sechs Hörner und 46 Streicher, ein Doppelkonzert für Cello und Kontrabaß, ein Stück für zwölf Celli, ein Stück für Blockflöte, Cembalo und Schlagzeug, ein Oktett, ein Bläserseptett, 3 Bläserquintette, ein Streichquartett, Sonatinen für Violine, für Bratsche, für Fagott, für Flöte, für Klarinette, für Horn, für Cello mit Klavier, mehrere Orgelpartiten, ein Oratorium, Kantaten, A-cappella-Chöre, Bühnen- und Hörspielmusik.

Alfred Bamer (1917–82)

Leben

Alfred Bamer wurde am 11.1.1917 in St. Marien bei Neuhofen an der Krems, Oberösterreich, geboren. Er studierte in Innsbruck und Linz und war Schüler von Franz Xaver Müller und Joseph Kronsteiner. Ab 1948 wirkte er als Sekretär der Diözesankommission für Kirchenmusik, des heutigen Amtes für Kirchenmusik, in Wien, dem die Kirchenmusikschule – heute Diözesankonservatorium für Kirchenmusik – unterstand. Gleichzeitig war er bis 1971 als Chordirektor und Organist tätig und dirigierte zahlreiche Aufführungen in anderen Kirchen Wiens. Er starb am 15.12.1982 in Salzburg.

WERKE

Neben einer umfangreichen organisatorischen und schriftstellerischen Tätigkeit verfaßte Alfred Bamer 6 lateinische und 6 deutsche Messen a cappella oder mit Orgel und Instrumenten, 49 Offertorien, zahlreiche Motetten und Chöre, Kirchenlieder, profane und sakrale Chorlieder a cappella und Sololieder mit Klavier, 16 Orgelsätze und 13 Praeludien, Interludien und Postludien. Sein Stil ist zwar von caecilianischer Bewegung beeinflußt, bringt aber die Klangfülle, die gerade die oberösterreichische Kirchenmusik auszeichnet, voll zur Geltung.

Rudolf Maros (1917–82)

LEBEN

Rudolf Maros wurde am 19.1.1917 in Stachy, Böhmen, geboren. Er studierte von 1938 bis 1942 an der Musikhochschule in Budapest bei Albert Siklós und Zoltán Kodály und wirkte gleichzeitig ab 1939 als Bratschist im Budapester Konzertorchester. Anschließend war er Professor und Direktor am Konservatorium in Pécs. Nach Studien bei Alois Hába in Prag wurde er Professor für Kammermusik, Partiturspiel und Instrumentation an der Musikhochschule in Budapest, wo er 1982 starb.

WERKE

Neben 3 Balletten schrieb Rudolf Maros 2 Sinfonietten, eine »Puppenspielouvertüre«, ein Concertino für Fagott und Orchester, ein Ricercar, eine Streichersinfonie, ein Stück für Streicher, zwei Harfen und Schlagzeug, eines für Blechbläser, zwei Harfen und Schlagzeug und eines für Orchester und weitere Orchesterwerke, ein Bläserquintett, ein Streichquartett, ein Streichtrio, ein Trio für Harfe, Violine und Bratsche, eine Kammermusik für elf Spieler, Orgelstücke, 2 Nänien für Sopran und Kammerensemble, Chöre, Lieder sowie Bühnen- und Filmmusik.

Kammermusik für 11, 3 Sätze, entstanden 1966
Dieses in Dartmouth erstaufgeführte Stück entspricht den Titeln »Serenata – Notturno« der Sätze 1 und 3 mit seiner charakteristisch nächtlichen Stimmung vollauf. Im 3. Satz erklingt das lyrische Thema des 1. Satzes in Spiegelumkehrung. Zwischen beiden Sätzen ist ein »Rondo«, mit einem chromatischen Thema als 2. Satz, eingefügt.

Robert Erickson (geboren 1917)

LEBEN

Robert Erickson wurde am 7.3.1917 in Marquette, Mich., geboren. Er studierte bei Ernst Křenek und an den Universitäten in St. Paul, Minn., und in Berkeley. Nach mehreren Lehrstellen wurde er Professor an der Universität in San Diego, Calif.

WERKE

Außer einer Oper für Solosopran und sechs Instrumentalisten schrieb Robert Erickson eine Fantasie für Cello und Orchester, Orchestervariationen, ein Kammerkonzert für 17 Spieler, ein Konzert für Klavier und sieben Instrumente, 2 Streichquartette, ein Trio für Violine, Bratsche und Klavier, ein Duo für Violine und Klavier, mehrere Klavierstücke, ein Pastorale für Chor, Sopran, Tenor und Streichquartett, Chöre und Lieder, ein Stück für Tonband und Prepared piano, ein Ricercar für Tonband und Posaune sowie ein Ricercar für Kontrabaß und Tonband.

Dinu Lipatti (1917–50)

LEBEN

Dinu Lipatti wurde am 19.3.1917 in Bukarest geboren. Er studierte am Konservatorium in Bukarest und an der École Normale in Paris bei Alfred Denis Cortot, Nadia Boulanger und Charles Munch. Im Jahr 1943 ließ er sich in Genf nieder, wo er ein Jahr darauf eine Pro-

Dinu Lipatti

fessur am Konservatorium übernahm. Trotz seiner kurzen Laufbahn stieg er zum Rang eines der bedeutendsten Pianisten, insbesonders als Chopin- und Bach-Spieler, auf. Er starb am 2.12.1950 in Chêne-Bourg, Genf.

WERKE

Von Dinu Lipatti sind eine Orchestersuite, ein Concertino für Klavier und Orchester, eine konzertante Sinfonie für zwei Klavier und Streicher, eine Sonatine für die linke Hand allein, »Drei rumänische Tänze« für zwei Klaviere, eine Aubade für vier Bläser, Klavierstücke, Lieder, Kadenzen zu Klavierkonzerten bekannt geworden. Sein Stil hat nicht wenige spätromantische Elemente an sich.

Erna Woll (geboren 1917)

LEBEN

Erna Woll wurde am 23.3.1917 in St. Ingbert, Saar, geboren. Sie war am Evangelischen Kirchenmusikalischen Institut in Heidelberg Schülerin von Wolfgang Fortner und studierte an den Musikhochschulen in München und Köln. Seit 1962 wirkt sie als Professor für Musikerziehung an der Universität in Augsburg.

WERKE

Das vorwiegend vokale Schaffen von Erna Woll zeichnet sich in freier Tonalität und Rhythmik durch eine an der Gregorianik geschulte modal-diatonische Melodik aus. Sie schrieb unter anderem die Kantate »Zur Heiligen Nacht«, »Requiem für Lebende« für gemischten Chor, Oboe, Piccolo, Kontrabaß und Schlagzeug, Psalmenvertonungen, die Kantate »Licht und Liebe« für Chor, Flöte, Oboe, Sprecher und Schlagzeug, eine Motette a cappella, einen Zyklus »Tröstet die Finsternis« für vierstimmigen gemischten Chor a cappella und einen Festgesang für Kinder.

Lou Harrison (geboren 1917)

LEBEN

Lou Harrison wurde am 14.5.1917 in Portland, Oreg., geboren. Er war Schüler von Henry Dixon Cowell und Arnold Schönberg. Von 1926 bis 1943 lebte er in Kalifornien als Lehrer an verschiedenen Unterrichtsanstalten. Dann ließ er sich als Musikkritiker in New York nieder. Er befaßte sich auch mit Instrumentenbau.

WERKE

Neben einer Oper und einem Ballett schrieb Lou Harrison ein »Praeludium und Sarabande« für Orchester, 2 Sinfonien, 3 Stücke für Schlagzeugorchester, ein Alleluja für Orchester, 7 Pastorali für Kammerorchester, 2 Suiten für Streicher, 2 Violinkonzerte mit Schlagzeugorchester, ein Streichquartett, ein Streichtrio, 3 Klaviersonaten, 6 Cembalosonaten, eine »Neue Ode« für Solo, Chor, Sprechchor, Orchester, Schlagzeug und orientalische Instrumente, eine Messe, eine Motette und zahlreiche Bühnenmusik. Einzelne der durchwegs modern gehaltenen Kompositionen tragen

Überschriften in Esperanto, vermutlich um ihre Allgemeinverständlichkeit zu betonen.

Dschewdet Gadschijew (geboren 1917)

Leben

Achmed Dschewdet Ismail ogly Gadschijew wurde am 5.6.1917 in Nucha, Aserbeidschan, geboren. Er war von 1936 bis 1938 in Baku Schüler von Useir Gadschibekow und anschließend in Moskau von Anatoli Aleksandrow. Von 1941 bis 1945 und von 1947 bis 1948 wirkte er als Leiter der Philharmonie in Baku, dann, nachdem er bei Dmitri Schostakowitsch seine kompositorische Ausbildung ergänzt hatte, als Lehrer am Konservatorium in Baku, dessen Direktor er 1957 wurde.

Werke

Neben einer Oper und einem Ballett schrieb Dschewdet Gadschijew 5 Sinfonien, 3 Tondichtungen, 2 Streichquartette, eine Sonate, einen Zyklus, ein Scherzo, 24 Praeludien und eine Ballade für Klavier. Sein Stil ist spätromantisch-national.

Roque Cordero (geboren 1917)

Leben

Roque Cordero wurde am 16.8.1917 in Panamá geboren. Er nahm bei Dimitri Mitropoulus Dirigier- und bei Ernst Křenek Kompositionsunterricht. Von 1950 bis 1966 wirkte er als Professor für Komposition am Instituto Nacional de Música in Panamá, wo er ab 1964 das Sinfonieorchester dirigierte. Seit 1970 ist er musikalischer Berater der Southern Music Publishing Company, Inc.

Werke

Von Roque Cordero sind 3 Sinfonien, eine Rhapsodie, ein Klavierkonzert, ein Violinkonzert, ein Concertino für Bratsche und Streichorchester, 2 Streichquartette, Permutationen für Klarinette, Trompete, vier Pauken, Klavier, Violine, Bratsche und Kontrabaß, ein Werk für 57 Musiker, »Paz, Paix, Peace« für vier Trios und Harfe, Klavierwerke und A-cappella-Chöre bekannt geworden. Er schrieb ferner eine Ballettmusik für gemischten Chor und Trommel.

Robert Ward (geboren 1917)

Leben

Robert Ward wurde am 13.9.1917 in Cleveland, O., geboren. Er studierte an der Eastman School of Music in Rochester, N. Y., unter Howard Hanson und Bernard Rogers, an der Juilliard School of Music bei Frederick Jacobi und Albert Stoessel (11.10.1894, St. Louis, bis 12.5.1943, New York) und in Tanglewood bei Aaron Copland. Von 1946 bis 1956 unterrichtete er an der Juilliard School in New York und daneben an der Columbia University. Von 1956 bis 1967 arbeitete er im Verlag Galaxy Music Corporation. Seitdem ist er Präsident der North Carolina School of Arts.

Werke

Von den beiden Opern von Robert Ward ist die »Hexenjagd« auch in Europa mehrmals aufgeführt worden. Sie schrieb außerdem 4 Sinfonien, eine Ouvertüre, eine festliche Ode, eine Antiphone für Bläser, ein Klavierkonzert, ein Streichquartett und mehrere Chöre mit Sprecher und Orchester. Sein Stil nähert sich dem Expressionismus.

Richard Arnell (geboren 1917)

Leben

Richard Anthony Sayer Arnell wurde am 15.9.1917 in London geboren. Ab 1935 studierte er am Royal College of Music unter John Ireland, siedelte 1939 nach New York über, wo er bis 1946 als Musikberater im Nordamerikadienst der BBC tätig war. Im Jahr 1948 erhielt er eine Kompositionsklasse am Trinity College of Music in London. Von 1967 bis 1969 wirkte er als Gastprofessor in New York. Er tritt häufig als Dirigent eigener Werke auf.

Werke

Außer 3 Opern und 4 Balletten schrieb Richard

Arnell 5 Sinfonien, eine Impression für Orchester, ein Violinkonzert, 2 Klavierkonzerte, ein Cembalokonzert, Divertimenti und Variationen für Kammerorchester, eine Ouvertüre, ein »Multi-Media-Werk« für zwei Sprecher, Sopran, Bariton, Chor, Blechbläser, Jazzgruppe, Tonband und Film. Er verfaßte auch einige Filmmusik.

Isang Yun (geboren 1917)

LEBEN

Isang Yun wurde am 17. 9. 1917 in Tŏngyŏng (heute Chungmu), Südkorea, geboren. Im Jahr 1939 nahm er in Osaka und Tokio das Musikstudium auf. Von 1946 bis 1952 unterrichtete er Musik an Oberschulen in Tŏngyŏng und Pusan und wirkte anschließend bis 1956 als Dozent an den Universitäten Pusan und Seoul. Darauf übersiedelte er nach Europa und studierte bis 1957 am Conservatoire in Paris bei Tony Aubin und sodann an der Hochschule für Musik in Berlin bei Boris Blacher, Josef Rufer (geboren 18. 12. 1893, Wien) und Reinhard Schwarz-Schilling. Im Jahr 1967 wurde er vom südkoreanischen Geheimdienst nach Seoul verschleppt und erst zwei Jahre darauf freigelassen. Sodann übernahm er eine Kompositionsklasse an der Musikhochschule in Hannover. Seit 1970 lehrt er Komposition an der Musikhochschule in Berlin, die ihn 1974 zum Professor ernannte.

Isang Yun

WERKE

Frei angewandte Zwölftonmusik, serielle Techniken und andere avantgardistische Stilmittel verbindet Isang Yun mit den Traditionen chinesisch-koreanischer Kunstmusik. Als Bauprinzip für seine äußerst farbenreichen, dichten Kompositionen verwendet er sogenannte »Haupttöne« – Akkorde, Klänge, Geräusche –, die mit reich ausgezierten Figurationen und Glissandi verbunden sind. Die Vokalmusik ist durch »Haltetöne«, Sprechgesang, umspielt von Glissandi und Verzierungen, charakterisiert. Er schrieb 5 Opern, eine Sinfonie, eine sinfonische Szene, »Fluktuationen«, »Réak«, »Dimensionen«, eine Ouvertüre, »Konzertante Figuren«, ein Stück für Streichorchester, ein Violinkonzert, eine Kammermusik für Flöte, Oboe, Klarinette, Fagott, Harfe, Schlagzeug, Vibraphon, Violine und Cello, ein Concertino für Akkordeon und Streichquartett, »Musik für 7 Instrumente«, ein Klarinettenquintett, 3 Streichquartette, ein Quartett für Flöte, Oboe, Violine und Cello, ein Trio für Flöte, Oboe und Violine, »Dialog zwischen Schmetterling und Atombombe« für Violine und Orchester, verschiedene Solostücke für Violine, für Flöte, für Cello, für Klarinette, 5 Stücke für Klavier, ein Cembalostück, ein Orgelstück, ein Oratorium, mehrere Kantaten für Solostimmen, Vokalisen, Chorensembles mit verschiedenen Instrumenten.

Réak für großes Orchester, ein Satz, entstanden 1966

Der Titel des Werks bedeutet »Festlich« und ist eine Kategorie der altkoreanischen Hofmusik. Die Komposition will dem historischen Klangtypus mit den verschiedensten Farbmischungen und Artikulationen nahekommen; eine dynamisch bewegte Melodik fehlt, dafür bieten sich ungeheuer viele differenzierte Farben und Spannungen an, die durch langes Hinauszögern erhöht werden. Ende und Anfang werden durch Sforzandi der Trommeln und der Peitschen markiert.

András Mihály (geboren 1917)

LEBEN

András Mihály wurde am 6. 11. 1917 in Budapest geboren. Er war an der Musikhochschule Schüler von Leó Weiner, Pál Kadosa und Imre Waldbauer (13. 4. 1892, Budapest, bis 3. 12. 1953, Iowa City). Ab 1946 wirkte er als Solocellist im Staatsopernorchester; seit 1950 ist er Professor für Kammermusik an der Musikhochschule. Im Jahr 1967 gründete er das Ungarische Kammerensemble zur Pflege der Avantgarde.

WERKE

Neben einer Oper schrieb András Mihály 3 Sinfonien, ein Cellokonzert, ein Klavierkonzert, ein Violinkonzert, eine Fantasie für fünf Bläser und Orchester, 3 Sätze für Kammerensemble, 2 Streichquartette, ein Klaviertrio, ein Duo für Cello und Klavier, eine Sonate und weitere Werke für Klavier, außerdem Chöre und Lieder.

LITERATUR

J. Kárpáti, Mihály András, Budapest 1965.

Julien-François Zbinden (geboren 1917)

LEBEN

Julien-François Zbinden wurde am 11. 11. 1917 in Rolle, Vaud, geboren. In Lausanne und Genf erhielt er seine pianistische Ausbildung. Neben autodidaktischen Studien nahm er in Neuchâtel bei René Gerber Unterricht in Komposition und Instrumentation. Im Jahr 1938 wurde er Pianist in einer Jazzband, 1947 Aufnahmeleiter und 1956 Leiter der Musikabteilung bei Radio Lausanne.

WERKE

Neben einer Oper schrieb Julien-François Zbinden 2 Sinfonien, ein Klavierkonzert, eine Rhapsodie für Violine und Orchester, ein Concertino für Trompete und Streicher, ein Divertissement für Kontrabaß und Orchester, ein Kammerkonzert für Klavier und Streicher, eine »Genfer Ouvertüre«, ein Kammerkonzert, ein Konzert mit Jazzband und Streicher, ein Cellokonzert, ein Violinkonzert, ein Capriccio für Flöte, Englischhorn, Fagott, Violine und Cembalo, ein Septett, ein Holzbläser- und ein Blechbläsertrio, eine Triosonate für Viole da gamba und Cembalo, »Dialog« für Trompete und Orgel, Klavierwerke, ein Oratorium, Konzert Esperanto für Sprechstimme, Sopran, gemischten Chor und Orchester und weitere Chöre mit Orchester, Klavier und Schlagzeug und A-cappella-Chöre. Jazzelemente und moderne Stilmittel finden sich in den meisten Werken des Komponisten, der in der Schweizer Musiklandschaft unseres Jahrhunderts eine wichtige Rolle spielt.

Jean-Étienne Marie (geboren 1917)

LEBEN

Jean-Étienne Marie wurde am 22. 11. 1917 in Pont-l'Évêque, Calvados, geboren. Er war am Conservatoire in Paris Schüler von Olivier Messiaen, Simone Plé-Caussade und Daniel-Lesur. Im Jahr 1949 wurde er Tontechniker beim ORTF und daneben 1958 Professor für Tontechnik und Komposition experimenteller Musik an der Schola Cantorum in Paris.

WERKE

Von den zahlreichen Werken von Jean-Étienne Marie, die alle in den modernsten Fakturen ihrer Entstehungszeit gearbeitet wurden, sind bemerkenswert: 2 Ballette, eine elektronische Sinfonie, »Polygraphie polyphonique« Nr. 1 für Viertelton-Violine, Tonband und 16-mm-Film, Nr. 2 für Instrumentalensemble und Projektionen, ein Stück für Instrumentalensemble und Tonband, ein Stück für zwei Klaviere, eines dritteltönig, und Tonband mit Klavieraufzeichnungen fünftel- und sechsteltönig, ein Stück für zehn Solisten und Tonband, ein Konzert für zwei Orchester, zwei Dirigenten mit Tonband und eine weitere Anzahl Kombinationen von Instrumenten und Tonbändern, A-cappella-Chöre, zum Teil mit

Mikrointervallen, Chöre mit Solisten, Sprechern, elektronischer Begleitung und Tonband, Kantaten mit Orgel, Instrumenten und Tonbändern. Er schrieb auch Musik für Kurzfilme.

Gottfried von Einem (geboren 1918)

Gottfried von Einem

LEBEN

Gottfried von Einem wurde am 24.1.1918 in Bern geboren. Er wurde nach seiner Ausbildung durch Edgar Rabsch (1.11.1892, Berlin, bis 4.9.1964, Kiel) im Jahr 1938 Korrepetitor der Staatsoper in Berlin; 1941 wurde er Kompositionsschüler von Boris Blacher. Nach dem Zweiten Weltkrieg siedelte er sich in Wien als freischaffender Komponist an, wurde Lektor der Wiener Konzerthausgesellschaft, 1948 Direktionsmitglied im Salzburger Festspielkomitee und Vorsitzender des Musikrats. Von 1963 bis 1973 war er Professor für Komposition an der Wiener Hochschule für Musik und darstellende Kunst.

WERKE

Die Hauptstärke des kompositorischen Schaffens von Gottfried von Einem liegt auf dem Gebiet der Oper. Er schrieb nach seinem Welterfolg »Dantons Tod« noch 5 dramatische Werke, außerdem 5 ausgezeichnete Ballette. Für Orchester schrieb er 2 Sinfonien, »Sinfonische Szenen«, eine Ballade, ein Tanzrondo, ein »Nachtstück«, 2 Klavierkonzerte, ein Violinkonzert, »Bruckner-Dialog«, »Hexameron«, ein Capriccio, ein Konzert, eine Serenade für doppeltes Streichorchester; die Kammermusik ist mit einem Bläserquintett, 2 Streichquartetten, einem Divertimento für Violine, Bratsche, Horn und Klavier, Studien für Gitarre, einer Sonate für Violine und Klavier, 2 Sonatinen und weiteren Stücken für Klavier vertreten. Seiner Vokalmusik ist die Kantate »An die Nachgeborenen« voranzusetzen; seine Gesänge und Lieder sind von interessanter Eigenart. Stilistisch bleibt er im Rahmen der Tonalität, wenn man diesen Begriff nicht sehr eng faßt; Melodik, Harmonie und Rhythmik sind stets dem Erfordernis des jeweiligen Ausdrucks unterworfen.

An die Nachgeborenen, Kantate für Mezzosopran, Bariton, gemischten Chor und Orchester, 7 Teile und 2 Zwischenspiele, entstanden 1975

Der Titel des Gesamtwerks ist der seines 4. Teils, der thematisch und musikalisch Aussage und Stimmung der ganzen Kantate festlegt. Als Text ist das Gedicht von Bert Brecht »An die Nachgeborenen« gewählt, die der Dichter um Nachsicht bittet für unsere Unfähigkeit, Not und Hunger zu bannen. Beginn und Ende – 1. und 7. Teil – wenden sich mit Psalmworten an Gott. Der 2. Teil klagt die Menschheit an mit den Worten aus der Antigone: »Ungeheuer ist viel, doch nichts ungeheurer als der Mensch.« Im 3. Teil wird die Sonne von Hölderlin aufgefordert: »Geh unter... sie achten nur wenig dein.« Im 5. Teil fleht derselbe Dichter Diotima an, zurückzukehren und die Welt mit Schönheit und Liebe zu beglücken. Im 6. Teil mahnt Sophokles die Menschen, bei allem Macht- und Genußstreben an die Kürze des Lebens zu denken. Soli und Chor akzentuieren, unterstreichen die Worte der Dichter kongenial. Die orchestrale Einkleidung verzichtet auf jedes Raffinement, sondern begleitet geradezu lapidar.

Kara Karajew (1918–82)

LEBEN

Kara Abdulfas ogly Karajew wurde am 5.2. 1918 in Baku geboren. Er studierte von 1935 bis 1938 am Konservatorium in seiner Vaterstadt und dann noch am Konservatorium in Moskau bei Dmitri Schostakowitsch. Im Jahr 1941 wurde ihm die Leitung der Philharmonie in Baku übertragen; von 1949 bis 1953 leitete er das Konservatorium der Stadt, im Jahr 1959 wurde er Professor. Er starb am 11.5.1982 in Baku.

WERKE

Neben 2 Opern und 2 Balletten schrieb Kara Karajew, der als führender Komponist seines Landes gilt, 3 Sinfonien, 2 sinfonische Gedichte, eine Albanische Rhapsodie, »Sinfonische Gravüren«, »Choreografische Bilder«, ein Klavierkonzert, 2 Streichquartette, eine Sonate für Violine und Klavier, ein »Musikalisches Bild«, 2 Sonatinen und 24 Praeludien, 2 Kantaten, Lieder und Filmmusik. Er strebte eine Synthese der Volksmusik seiner aserbeidschanischen Heimat mit den zeitgenössischen Stilmitteln an.

Bernd Alois Zimmermann

Bernd Alois Zimmermann (1918–70)

LEBEN

Bernd Alois Zimmermann wurde am 20.3. 1918 in Bliesheim bei Köln geboren. Nach zweijährigem Studium der Germanistik und der Philosophie nahm er an der Musikhochschule in Köln bei Philipp Jarnach Kompositionsunterricht, den er bei Wolfgang Fortner und René Leibowitz ergänzte. Er wirkte anschließend als freier Mitarbeiter des Westdeutschen Rundfunks, sodann ab 1950 als Theorielehrer und Musikdirektor an der Universität und ab 1957 als Kompositionslehrer an der Musikhochschule in Köln. Im Jahr 1961 wurde er zum Professor ernannt. Er starb am 10.8. 1970 in Großkönigsdorf bei Köln.

WERKE

Bei zweimaligen Aufenthalten in Rom beeindruckte Bernd Alois Zimmermann die Zeitlosigkeit dieser Stadt, in der Antike, Mittelalter und Neuzeit gleichzeitig zu bestehen scheinen. Dieses Gefüge von Geschichte und Gegenwart wurde zu einer Grundvorstellung des Komponisten bei seiner Arbeit. »Vergangenheit, Gegenwart und Zukunft sind lediglich in ihrer Erscheinung als kosmische Zeit an den Vorgang der Sukzession gebunden. In unserer geistigen Wirklichkeit existiert diese Sukzession jedoch nicht, was eine realere Wirklichkeit besitzt als die uns vertraute Uhr, die ja im Grunde nichts anderes anzeigt, als daß es keine Gegenwart gibt. Die Zeit biegt sich zu einer Kugelgestalt zusammen, in der sich Vergangenheit, Gegenwart und Zukunft gegenseitig durchdringen. Aus dieser Situation gibt es kein Entrinnen, es bleibt uns nur die Utopie einer Überwindung der Zeit kraft musikalischer Organisation wie Simultaneität der Zeit innerhalb eines Proportionsgefüges verschiedener musikalischer Zeitschichten und Collagen oder Einbeziehung sämtlicher musikalischer, technischer und szenischer Möglichkeiten in der Vielfalt ihrer wechselseitigen Beziehungen.« Am deutlichsten hat der Komponist seine Vorstellung in der Oper »Die Soldaten« verwirklicht, in der drei Szenen zugleich abrollen, und in den letzten Akt mehrere Ereignisse in den Strudel der »Zeitspirale« gezogen sind. Raum und Zeit sind dabei aufgehoben; die Musik ist pluralistisch, Bach-Choräle stehen neben Jazzklängen, Elemente des Musiktheaters neben zeitweisem Sprechgesang. Alle verfügbaren Kunstformen – auch Film, Ballett, Pantomime, Geräuschkulisse vom Tonband – sind herangezogen. Zu einem Riesenorchester treten eine Jazzkombo und Bandmontagen. Er schrieb außerdem mehrere Ballette, eine Sinfonie in einem Satz, ein Konzert für Streichorchester, ein Violinkonzert, ein Cellokonzert, ein Oboenkonzert, ein Trompetenkonzert, »Rheinische Kirmestänze« für 13 Bläser, ein Konzert für zwei Klaviere und Orchester, ein Impromptu für Orchester, eine Anzahl Sonaten für zwei Instrumente und für Solisten mit verschiedener Besetzung, Stücke für elektronische Klänge und Tonband, Kantaten für Chöre, Sänger und Sprechstimmen in verschiedenen Sprachen, darunter »Requiem für einen jungen Dichter« und »Ekklesiastische Aktion« für zwei Sprecher, Bariton und Orgel sowie Kantaten.

Canto di speranza (Gesang der Hoffnung), Kantate für Cello und kleines Orchester, ein Satz, entstanden 1958

»Das Stück ist eher ein Werk der Stille; es will nicht überreden, hinreißen, sondern behutsam die kleine Flamme der Hoffnung nähren, die einzig Licht zu spenden vermag dem, der sich ihr anvertraut«, begründet der Komponist den Titel des Werks, bei dem solistisches Konzertieren mit den Prinzipien des seriellen Komponierens vereinbart sind und die kantablen Linien des Soloinstruments so hoch gehalten sind, »wie es bis dahin noch nicht geschehen ist«.

Dialog, Konzert für zwei Klaviere und Orchester, Hommage á Claude Debussy, 7 Teile, entstanden 1968

Mit gleichzeitigen Zitaten aus Johann Sebastian Bachs Choralvorspiel »Wachet auf«, »Alléluias sereins« von Olivier Messiaen, der »Hammerklaviersonate« von Ludwig van Beethoven, den »Feux d'artifices« von Claude Debussy und weiteren soll ein pluralistischer Klang und ein »weitverzweigtes Gebilde von musikalischen Zeit- und Erlebnisschichten erzeugt werden«.

Requiem für einen jungen Dichter, Lingual nach Worten verschiedener Dichter, Berichte und Reportagen für zwei Sprecher, Sopran- und Baritonsolo, drei Chöre, großes Orchester, Jazzkombo, Orgel und elektronische Klänge, 4 Teile, entstanden 1969

Das Requiem gilt keinem bestimmten Dichter, sondern es bleibt den Hörern überlassen, die Dichtergestalt unseres Jahrhunderts zu bevorzugen. Ehe das in »Prolog«, »Requiem I«, »Requiem II« und »Dona nobis pacem« achtsprachig aus den verschiedensten Texten bestehende Lingual beginnt, laufen dunkle, schwere Klänge vom Podium über eine Lautsprecherkette um den Konzertsaal und landen bei den Kontrabässen, die sie wieder weiterleiten.

Photoptosis (Lichteinfall) für großes Orchester, 3 Teile, entstanden 1969

Der Titel bezeichnet den kompositorischen Versuch, Helligkeitsgrade musikalisch auszudrücken. Der 1. Teil ist von Klangflächen der Streicher grundiert und von Figurenwerk überflutet, das sich zu Klangblöcken ballt. Im 2. Teil werden Zitatstrukturen (von Johann Sebastian Bach bis Aleksandr Skrjabin) gebracht. Im 3. Teil erklingt ein gigantisches Crescendo mit exzessiver Klangentfaltung.

Stille und Umkehr, Orchesterskizzen mit Solostreichern, Akkordeon und Singender Säge, entstanden 1970

In diesem Auftragswerk zum 500. Geburtstag Albrecht Dürers klingt ein Ton vom Anfang bis zum Ende, sehr leise und nahezu ausdruckslos. Er wird von klanglich homogenen Instrumenten eingefärbt. Dazu treten einige Bläserfiguren und isolierte Streicherakkorde und der verwischte Rhythmus der Kleinen Trommel. Das abschließende »Morendo« führt die endgültige Stille herbei.

Tauno Pylkkänen (geboren 1918)

Leben

Tauno Kullervo Pylkkänen wurde am 22.3. 1918 in Helsinki geboren. Er studierte an der Sibelius-Akademie seines Geburtsorts bei Leevi Madetoja und Selim Palmgren und an der

Universität, außerdem in Paris, Rom und Wien. Er war anschließend als Musikreferent tätig und wirkte von 1960 bis 1967 als künstlerischer Leiter der finnischen Nationaloper in Helsinki, wo er seitdem als freischaffender Komponist lebt.

WERKE
Von Tauno Pylkkänen sind ungefähr 10 Opern und ein Ballett auf die Bühnen gekommen. Er schrieb ferner eine Sinfonie, eine sinfonische Fantasie, 6 sinfonische Dichtungen, ein Cellokonzert, ein Streichquartett, eine Fantasie für Violine und Klavier, eine Kantate für drei Sprecher, gemischten Chor und Orchester, 2 Liederzyklen, Einzellieder und einen Chorzyklus für Frauenstimmen a cappella. Sein Stil ist im Grunde konservativ, nähert sich zeitweilig modernen Fakturen.

Branimir Sakač (geboren 1918)

LEBEN
Branimir Sakač wurde am 5.6.1918 in Zagreb geboren. Nach Studium an der Musikakademie seiner Geburtsstadt arbeitete er einige Jahre am Rundfunk. Dann widmete er sich nur mehr seinem kompositorischen Schaffen.

WERKE
Bei seinen Kompositionen wandte Branimir Sakač die Techniken der Neuen Musik als einer der ersten seiner Heimat konsequent an und fand dafür einen beachtlich weiten Publikumskreis. Er schrieb unter anderem »Episode« und »Räume« für Orchester, »Studien I« für Klavier und Schlagzeug, »Strukturen I« für Kammerensemble, »Aleatorische Praeludien« für Klavier und Tonband, »Die Apokalyptischen Reiter« für Tonband, »Matrix-Sinfonie« für Rezitation, Sänger und Orchester und »Synthana« für elektronische Apparate.

Synthana, elektronische Komposition, entstanden 1973

Nach der Äußerung des Komponisten hielt er beim Entstehen und Präsentieren des Werks den Tonerzeuger unter strenger Kontrolle, damit dieser ohne Abweichung seine Emotion und Vorstellung durch Qualität, Intensität und Dauer wiedergab. Die »Maschine« wurde so in seiner Hand zum beherrschten Musikinstrument.

George Rochberg (geboren 1918)

LEBEN
George Rochberg wurde am 5.7.1918 in Paterson, N. J., geboren. Er studierte am Staatlichen College in Upper Montclair, N. J., und darauf in New York an der Mannes Music School bei György Szell (7.6.1897, Budapest, bis 30.7.1970, Cleveland, O.) und Leopold Damrosch Mannes (26.12.1899, New York, bis 11.8.1964, Martha's Vineyard, Cape Cod, Mass.), sodann noch von 1945 bis 1948 am Curtis Institut of Music und an der Universität in Philadelphia, Pa. Anschließend unterrichtete er bis 1954 am Curtis Institut; nach verlegerischer Tätigkeit wirkte er von 1960 bis 1968 als Präsident des Music Department an der Universität of Pennsylvania, an der er seitdem Professor ist.

WERKE
Neben 3 Sinfonien – die dritte für Soli, Kammerchor, Doppelchor und Orchester – und einem Zyklus von 12 Orchesterstücken schrieb George Rochberg unter anderem eine Kammersinfonie für neun Instrumente, eine Sommerserenade für sechs Instrumente, ein Konzert für kleines Orchester, ein Stück für 15 Instrumente und eines für Bläser, weiters 2 Streichquartette, ein Klaviertrio, Duos für Violine und Cello, für Oboe und Klavier und für Violine und Klavier, eine Anzahl Klavierwerke, eine Fantasie für Cembalo, Gesänge für Singstimme und Orchester, ein Werk für Chor, Solisten, Sprecher, verschiedene Instrumente und Tonband. Er publizierte eine Anzahl musiktheoretischer Werke. Sein Stil gehört der Neuen Musik an.

Herbert Brün (geboren 1918)

LEBEN
Herbert Brün wurde am 9.7.1918 in Berlin geboren. Im Jahr 1936 emigrierte er nach Palästi-

na, wo er bei Stefan Wolpe und Frank Pelleg (24.9.1910, Prag, bis 20.12.1968, Haifa) studierte. Seit 1950 lebt er als Pianist, Musiklehrer und Komponist in Tel Aviv.

WERKE
Von Herbert Brün sind an Orchesterwerken ein Concertino, eine Ouvertüre, an Kammermusik 3 Streichquartette, ein Stück für elf Solisten, ein Trio für Flöte, Kontrabaß und Schlagzeug, eines für Trompete, Posaune und Schlagzeug, eine Sonate für Violine und Klavier, ein Sextett für Flöte, Cello, Harfe, Klavier, Schlagzeug und Tonband, eine Suite für Cembalo, eine Anzahl Klavierstücke, mehrere Ballette und Bühnenmusik bekannt geworden. Er schrieb außerdem 4 Stücke für Elektronische Musik.

Leonard Bernstein

Leonard Bernstein (geboren 1918)

LEBEN
Leonard Bernstein wurde am 25.8.1918 in Lawrence, Mass., geboren. Er studierte an der Harvard University bei Walter Piston, Edward Burlingame Hill und Heinrich Gebhard (25.7.1878, Sobernheim an der Nahe, bis 5.5.1963, North Arlington, N. J.), sodann am Curtis Institute in Philadelphia bei Randall Thompson (geboren 21.4.1899, New York) und Fritz Reiner. Während der Sommermonate famulierte er bei den Berkshire Festivals in Tanglewood unter Sergei Kusewitzki. Im Jahr 1943 berief ihn Artur Rodzinski (1.1.1892, Split, Dalmatien, bis 27.11.1958, Boston) als Hilfskapellmeister an das New York Philharmonic Symphony Orchestra. Noch im selben Jahr sprang er für den plötzlich erkrankten Bruno Walter ein und bewährte sich so glänzend, daß seine Karriere steil anstieg. Er wurde Leiter des New York City Symphony Orchestra und des Tanglewood Festival Orchestra, 1951 Professor an der Brandeis University, Mass., 1957 neben Dimitri Mitropoulos musikalischer Leiter des New York Philharmonic Symphony Orchestra und ein Jahr darauf als dessen Nachfolger Chefdirigent. Er unternahm mit diesem Orchester Konzertreisen in den USA, Mittel- und Südamerika, nach Europa einschließlich der UdSSR, nach Israel und Japan; er trat auch häufig als Gastdirigent der meisten namhaften Orchester der Welt und als erster Amerikaner in europäischen Opernhäusern – Mailand, Rom, Wien – auf. Von seiner Dirigentenstelle bei den New Yorker Philharmonikern trat er 1969 zurück, um sich der Komposition zu widmen, verblieb aber als ihr »Ehrendirigent«. Ab 1955 dirigierte und kommentierte er zahlreiche Fernsehkonzerte, was wesentlich zum Musikverständnis breiter Schichten in den USA beitrug. Er trat auch häufig als Konzertpianist und Liedbegleiter mit großem Erfolg auf und nahm sich stark um die Musikerziehung der Jugend an.

WERKE
Wie nicht wenige andere Komponisten der USA, wird Leonard Bernstein als typischer amerikanischer Musiker bezeichnet, und auf ihn trifft diese Bezeichnung auf jeden Fall uneingeschränkt zu, denn seine Vielseitigkeit, die von der Sinfonie über Oper, Operette, Ballett bis zum Musical und dem Lied reicht, seine Meisterschaft, verschiedene Stile und Techni-

ken vom Neuklassizismus bis zum symphonischen Jazz zu adaptieren und zu integrieren und daraus eine Musik zu formen, die bei vielen seinen Werken auf den ersten Blick problemlos dahinfließt, weil die verdrängten Ängste, die Ziellosigkeit des Daseins und die Brüchigkeit aller Lebenssicherheit erst deutlich werden, wenn man durch die glänzende Oberfläche hindurchsieht, und somit die seelische Situation zahlreicher Zeitgenossen in seinem Land scharf profilieren, sind außergewöhnlich. In seinen 3 Sinfonien und in »Chichester Psalms« werden diese amerikanischen Probleme sogar hart in den Vordergrund gestellt, in den 6 Balletten trotz tänzerischer Rhythmen und aller Fröhlichkeit als überzuckerte bittere Pillen verabreicht; auch seine erfolgreichen Musicals »On the Town«, »Candide«, »The Lark«, »Trouble in Tahiti«, das als Oper bezeichnet ist, und besonders der Weltschlager auf Bühne und Leinwand »West Side Story« beschäftigen sich mit für den Amerikaner typischen Ängsten und Zwängen. Seine 2 Suiten, seine Serenade für Solovioline, Streicher und Schlagzeug und auch sein Stück für Jazzorchester und seine Lieder bleiben, wenn auch mehr verborgen, bei der gleichen Thematik, und nicht weniger die vorläufige Krönung seines Schaffens, die für das Kennedy Center in Washington geschriebene und dort am 8.9. 1971 uraufgeführte »Mass«, ein Multimedienwerk von einmaliger Ausdruckskraft.

Mass, ein Stück für Sänger, Spieler und Tänzer, 17 Teile, entstanden 1971

Es handelt sich um ein Werk mit kolossalem Aufwand an Solisten, Chören, Instrumentalisten und Tänzern, eine Synthese von Ballett und Oratorium auf der Basis der römisch-katholischen Messe mit zusätzlichen Texten. Die Fragwürdigkeit des durch die Sakralhandlung erreichten Trostes begleitet zum Teil offen, teilweise unterschwellig ihren hinreißenden Prunk.

Dybbuk, Ballett, 3 Teile, entstanden 1974

Dem Ballett liegt die Dybbuk-Sage der europäischen Juden zugrunde, nach der der arme Rabbinerschüler Channon auf seine geliebte Braut Lea verzichten muß, weil ihre reichen Eltern eine standesgemäße Ehe des Mädchens ausgerichtet hatten. Channon durchforscht die Kabala nach einer Beschwörung überirdischer Kräfte, die ihm zu seinem Glück verhelfen sollen. Er entdeckt die Zauberformel, die die dunklen Kräfte ruft, aber er stirbt, überwältigt von der Macht des Spruchs. Zur Hochzeit des Mädchens erscheint er als Dybbuk, um seine Rechte an Lea geltend zu machen. Die Eltern und alle Freunde bemühen sich, das Gespenst zu bannen, aber Lea kann ohne ihren Geliebten Channon nicht leben; sie stirbt, um sich mit ihm zu vereinen. Der Komponist hat für dieses Werk kabalistische Studien angestellt und daraus seine Inspiration gewonnen. Er setzte die Buchstaben der Namen der handelnden Personen in Zahlen um und diese in Töne der Skala, was eine seltsame melodische Thematik ergab.

Fancy Free, Ballett, 7 Teile, entstanden 1944

Eine »freie Phantasie« läßt drei Matrosen eine Bar betreten, um ein Bier zu trinken. Dort treffen sie zwei Mädchen, um die sie mit verschiedenen Tänzen rivalisierend werben. Sie bleiben erfolglos, nach den Tänzen verlassen die Mädchen die Bar. Die Männer trösten sich mit einem weiteren Bier und gehen dann auf die Straße, wo ihnen eine Blondine entgegenkommt. Sie beschließen anfänglich, von weiteren Werbungen abzusehen, dann machen sie sich auf, ihr Glück nochmals zu versuchen.

Sinfonie Nr. 1 »Jeremiah Symphony« für Mezzosopran und Orchester, 3 Sätze, entstanden 1942

Das Hauptthema des 1. Satzes »Prophezeiung«, den ein Hornruf einleitet, ist dem liturgischen »Amidah« (Festtagsmorgengebet) und dessen poetischer und musikalischer sequenzähnlicher Ausweitung entnommen. Im 2. Satz »Profanierung« macht sich eine korrupte Priesterschaft über die Worte des Propheten mit Tanz- und Jazzrhythmen lustig. Als Motive des 3. Satzes werden den »Lamantationen« in ihrer aschkenazischen Kantilation entnommene und andere liturgische Weisen verwendet.

Sinfonie Nr. 2 »The Age of Anxiety« (Zeitalter der Angst) für Klavier und Orchester, 6 Sätze, entstanden 1947

Das Werk beruht auf dem gleichnamigen Gedicht von Wystan Hugh Auden (1907–73) und ist in einem gewissen gehobenen Sinn Programmusik. Im 1. Satz »Prolog« sitzen ein Mädchen und drei Männer in einer Bar und trinken, um ihren Konflikten zu entrinnen. Im 2. Satz »Die sieben Zeitalter« wird das menschliche Leben von vier persönlichen Standpunkten betrachtet. Sieben sehr frei gehaltene Variationen stellen die Phasen der Diskussion über das Thema Mensch dar. Mit sieben weiteren Variationen werden im 3. Satz »Die sieben Schauplätze« verschiedene Situationen geschildert, in die sich die vier Personen hineinträumen, ohne darin Ruhe und Sicherheit zu gewinnen. Im 4. Satz »Trauergesang« beklagen die vier, die in einem Wagen zur Wohnung des Mädchens fahren, den Tod des »Großen Vaters«, des Lenkers des Lebens, der stets die richtigen Anweisungen gibt und die Lösung aller Konflikte bietet. Im 5. Satz »Masken« ist die Gruppe in der Wohnung des Mädchens angelangt. Die Trauer ist zwar verflogen, aber es kann keine Fröhlichkeit aufkommen. Der 6. Satz »Epilog« stellt fest, daß die Leere in den Menschen nur besiegt werden kann, wenn man an den »Großen Vater« glaubt.

Sinfonie Nr. 3 »Kaddish« (Segnung) für Sprecher, Mezzosopran, zwei Chöre und Orchester, 3 Sätze, entstanden 1963

Der 1. Satz beginnt mit der Anrufung des Sprechers vor einem Chor- und Orchesterhintergrund. Dann setzt mit unregelmäßigen Rhythmen im furiosen Allegro das Kaddish I ein, das hier in seiner ursprünglichen liturgischen Funktion als Lobpreisung Gottes gesungen wird. Im 2. Satz setzt das »Din-Torah« (Die Anklage) mit Soli der Schlagzeuge und einem Summchor ein. Gott wird vom Sprecher beschuldigt, seinen Bund mit den Menschen gebrochen zu haben. Doch sofort lenkt der Sprecher ein, bittet Gott um Verzeihung; das Kaddish II wird vom Sopran und dem Frauenchor tonal mit schönen Modulationen zur Versöhnung Gottes gesungen. Das Kaddish III bildet, kompliziert variiert und verarbeitet, den 1. Teil des 3. Satzes; es wird zum Totengesang. Darauf kommt es zu einer orchestralen Medidation, die das Kaddish-Thema ruhig und diatonisch wiedergibt. Dem schließt sich eine Schlußfuge triumphierend und jubelnd zum Preis Gottes an.

»Chichester Psalms« für Chor und Orchester, 3 Teile, entstanden 1965

Diese Chorsinfonie wurde für das alljährliche Chor-Festival in der Kathedrale in Chichester, Sussex, verfaßt. Ihr liegt der hebräische Text nach Psalm 108, Vers 2, Psalm 100, Psalm 23, Psalm 2, Verse 2 bis 4, Psalm 131 und Psalm 133, Vers 1, zugrunde. Das Orchester ist mit Streichern, drei Trompeten, drei Posaunen, zwei Harfen und viel Schlagzeug besetzt und erzeugt mit den ekstatischen Chorpassagen die Stimmung altjüdischer Tempelmusik.

Serenade für Soloviolíne, Streichorchester, Harfe und Schlagzeug, 5 Sätze, entstanden 1954

Das »Programm« des Werks ist dem »Symposion« von Plato entnommen. Der 1. Satz »Phaidros-Pausanias« beginnt mit einer lyrischen Lobpreisung des Gottes Eros; Pausanias weist auf die Dualität des Liebenden und des Geliebten. Ein Fugato des Solisten leitet den Satz ein, dessen Material für das folgende Sonaten-Allegro verwendet wird. Im 2. Satz erinnert Aristophanes an die mythologischen Liebesgeschichten. Der Arzt Erixymachos äußert sich in einem fugato presto über die körperliche Harmonie als wissenschaftliche Grundlage für Erörterungen über die Liebe. Im 4. Satz zeigt Agathon alle Aspekte panegyrisch auf. Im 5. Satz »Sokrates-Alkibiades« berichtet der Philosoph über seinen Besuch bei der Seherin Diotima und ihre Dämonologie der Liebe. In das Gespräch bricht Alkibiades mit einer Rotte betrunkener Freunde ein, die mit einem Tanz zeigen, daß die Liebe einfach eine trunkene Freude ist.

Prelude, Fugue und Riffs für Jazzkombo, 3 Teile, entstanden 1955

Es handelt sich um kein vom Jazz beeinflußtes Werk, das ihm die Technik entlehnt, sondern um komponierten Jazz. Im 1. Teil wird ein exakt rhythmisierter Tanz vorgetragen, dem ein zweiter rubato wie eine Improvisation folgt – eine Gegenüberstellung von »hit« und »blue«. Die Spontaneität tritt im 2. Teil noch deutlicher hervor. Der 3. Teil »Riffs« (Improvisationen) klingt wie eine notierte Improvisation.

LITERATUR

M. Cone, Leonard Bernstein, New York 1970.

Lucrezia Kasilag (geboren 1918)

LEBEN

Lucrezia Kasilag wurde am 31. 8. 1918 in San Fernando, Philippinen, geboren. Sie studierte in Manila an der Frauenuniversität, an der sie heute Dekan der Fakultät für Musik und schöne Künst ist, und an der Eastman School of Music in Rochester. Sie ist außerdem Erste Vorsitzende der philippinischen Komponistenliga und Sekretärin mehrerer kultureller Vereinigungen.

WERKE

Von Lucrezia Kasilag sind neben einem szenisch-choreographischen Werk für Chor, Solisten, Tanzgruppe und asiatische Instrumente unter anderem ein Klavierkonzert, eine Toccata für Bläser und Schlagzeug, ein Quintett für Klavier und Streichquartett, ein Stück für Kammerorchester, ein Werk für Solostimme, asiatische Instrumente und Tonband, ein »Gemischtes Kaleidoskop von Asien« für gemischten Chor und asiatische Instrumente, eine Messe für Frauenchor, eine philippinische Messe für gemischten Chor, Gitarre und Orgel, 5 philippinische Volkslieder für Frauenchor und ein Liederzyklus für hohe Stimme und Orchester bekannt geworden.

Harold Gramatges (geboren 1918)

LEBEN

Harold Gramatges wurde am 26.9.1918 in Santiago de Cuba geboren. Er war Schüler von Aaron Copland. Anschließend lehrte er am Konservatorium in Habana Musikästhetik und Musikgeschichte. Von 1951 bis 1961 wirkte er als Herausgeber einer Zeitschrift und anschließend als kubanischer Botschafter in Frankreich. Im Jahr 1967 gründete er in Habana die Casa de las Américas (Amerikahaus), die er seitdem leitet.

WERKE

Neben einer Sinfonie und einer Sinfonietta schrieb Harold Gramatges eine Anzahl sehr ansprechender Orchesterwerke, eine Kammermusik für Flöte, Trompete, Harfe, Vibraphon, Xylophon, Schlagzeug und Klavier, ein Divertimento für Metallschlagzeuge, ein Stück für Prepared piano, eine Sonatine für Cembalo, 2 Gitarrenstücke, ein Stück für Sprecher und Orchester und 2 Gesänge für Singstimme und Gitarre. Sein Stil ist dem zeitgenössischen amerikanischen adäquat.

Francisco Llager Pla (geboren 1918)

LEBEN

Francisco Llager Pla wurde am 2.10.1918 in Valencia geboren. Er studierte am Konservatorium seiner Vaterstadt bei Manuel Palau Boix, widmet sich vorwiegend der Chorführung und wirkt seit 1964 als Leiter der »Coral Polifónica Valentina« (Polyphonischer valencianischer Chor).

WERKE

Neben 2 Tongemälden für Orchester schrieb Francisco Llager Pla ein Divertimento und eine Invention für Streichorchester, ein Streichtrio, ein Bläsertrio, »Neue Lieder« für Sopran, Tenor, Baß, Flöte, Klarinette, Fagott und Klavier, weitere Gesänge mit Instrumentalbegleitung und Klavierlieder. Er zählt zur Avantgarde Kataloniens.

Augustin Kubizek (geboren 1918)

LEBEN

Augustin Kubizek wurde am 15.10.1918 in Wien geboren. Er war an der Akademie für Musik und darstellende Kunst in Wien Schüler von Alfred Uhl, Reinhold Schmid (19.11. 1902, Berndorf, Niederösterreich, bis 17.10. 1980, Wien) und Hans Swarowsky (geboren 16.9. 1899, Budapest); bei Johann Nepomuk David und Paul Hindemith setzte er seine Studien fort. Seit 1965 wirkt er als Professor für Tonsatz an der Wiener Hochschule für Musik und darstellende Kunst.

WERKE

Von Augustin Kubizek sind eine »Sinfonische Musik für Orchester«, ein Divertimento für Streicher, ein Klarinettenkonzert, ein Cellokonzert, eine Kammersinfonie für neun Instrumente, ein Bläserquintett, ein Quartett für Gitarre, Oboe, A-Klarinette und Fagott, ein Trio für A-Klarinette, Cello und Klavier, eine Sonate für Oboe und Klavier, eine Sonatine für Bratsche und Klavier, eine Missa brevis, eine Kantate, eine »Neue Messe« für A-cappella-Chor und Volksliederbearbeitungen bekannt geworden.

Neue Messe, Opus 32, Fünf Betrachtungen für gemischten Chor a cappella, entstanden 1970

Dieser »Messe« liegt nicht der liturgische Meßtext zugrunde, sondern die Dichtung christlicher Autoren. Die 1. Betrachtung »Kyrie eleison« von Paul Claudel ist dreiteilig mit dramatischen Ecksätzen; der Mittelteil ist dem gregorianischen Choral nachempfunden. Die 2. Betrachtung »Gebet« von Alexej Kolzow (1809–42), ebenfalls dreiteilig, bringt im Mittelteil beschauliche Ruhe, während die beiden Außenteile äußerst spannungsbeladen sind. Auch die 3. Betrachtung »Dein Wort« von Nichifor Crainic (geboren 1889) besteht aus drei

Teilen und ist in ihrer Anlage eine Motette. Im ersten Teil erhebt sich ein achtstimmiger Aufschrei: »Dein Wort, es findet nicht zu mir.« Der Mittelteil steigert das Melisma des Kyrie, löst sich jedoch in Unsicherheit auf. Aber der Schlußteil nimmt das Melisma neu auf. In der 4., auch dreiteiligen Betrachtung »Mit wem soll ich sprechen« von George Forestier (geboren 1918) werfen die Eckteile die besinnliche Frage des Gedichttitels auf. Der Mittelteil bietet ein Durcheinander sich verwirrender Stimmen, dessen Spannung sich in ein Glissando auflöst. In der 5. Betrachtung »Agnus Dei« von Paul Verlaine symbolisiert ein bewegtes Klangband Regen und Wind. Aber Mittel- und Endteil klären mit Reprisen aus dem Kyrie Wetter, Zweifel und Verzweiflung auf.

Jiří Pauer (geboren 1919)

LEBEN

Jiří Pauer ist am 22.2.1919 in Libušín, Böhmen, geboren. Er war zunächst Schüler von Alois Hába, sodann an der Musikakademie in Prag von Pavel Bořkovec (10.6.1894, Prag, bis 22.7.1972, Prag). Von 1947 bis 1952 war er im Prager Schulministerium tätig, wirkte sodann bis 1955 als Leiter des Nationaltheaters. Seit 1958 ist er künstlerischer Leiter der tschechischen Philharmonie und ab 1963 Generalsekretär des tschechischen Komponistenverbands.

WERKE

Neben 6 Opern schrieb Jiří Pauer eine Sinfonie, mehrere Orchesterstücke, ein Oboenkonzert, ein Hornkonzert, ein Fagottkonzert, ein Nonett, ein Bläserquintett, 3 Streichquartette, ein Klaviertrio, eine Sonatine für Baßklarinette und Klavier und eine für Violine und Klavier, 12 Duette für zwei Celli, Stücke für Soloklarinette und für Soloflöte, Bagatellen für Klavier, Gesänge mit Orchester und mit Klavier, Kinderlieder und Massenlieder, außerdem ein Concertino für Vierteltonklarinette und Kammerorchester.

Roman Haubenstock-Ramati
(geboren 1919)

LEBEN

Roman Haubenstock-Ramati wurde am 27.2.1919 in Krakau geboren. Er war von 1934 bis 1938 in Krakau Schüler von Artur Malawski und anschließend in Lemberg (Lwiw) von Jozef Koffler. Von 1947 bis 1950 wirkte er in Krakau als Leiter der Musikabteilung von Radio Krakau und als Chefredakteur einer Musikzeitschrift. Darauf übersiedelte er nach Tel Aviv, wo er die von ihm gegründete Zentralmusikbibliothek leitete und ab 1954 als Professor an der Musikakademie unterrichtete. Im Jahr 1957 arbeitete er im Studio für Forschung auf dem Gebiet der Musique concrète und übernahm anschließend in Wien das Lektorat für Neue Musik beim Verlag Universaledition. Er leitete Kurse für Notation in Darmstadt und wirkte als Gastdozent in Buenos Aires, Stockholm, Tel Aviv und San Francisco. Im Jahr 1973 wurde er Professor für Komposition an der Wiener Hochschule für Musik und darstellende Kunst.

Roman Haubenstock-Ramati

WERKE

Neben der Oper »Amerika« und der »Anti-Oper« für drei Sprechstimmen und drei Schlagzeuger schrieb Roman Haubenstock-Ramati »Mobiles« für Flöte und Tonband, für Vibraphon und Marimbaphon mit Tonband, für Orchester, für Stimme und sechs Spieler, für zwei Schlagzeuger, für vier Schlagzeuger. »Multiples« I-VII für zwei Streicher und zehn Versionen, für sieben Streicher und 36 Versionen, für sechs Spieler und 27 Versionen, für je einen Holzbläser und Streicher mit 9 Versionen, für je einen Holz- und Blechbläser, für sechs Spieler, für Trompete und Cello, weitere Stücke für Orchester und für Streicher zumeist mit Schlagzeug und Tonband, Chor- und Gesangwerke mit Sprecher, Orgelstücke, Cembalo- und Klavierwerke. Bei einer Anzahl seiner Werke schuf der Komponist auch eine Ballettfassung.

Tibor Sárai (geboren 1919)

LEBEN

Tibor Sárai wurde am 10.5.1919 in Budapest geboren. Er studierte dort bei Pál Kadosa. Nach seiner Tätigkeit als Leiter der Musikabteilung im Ministerium für Volksbildung wirkte er von 1950 bis 1953 als Leiter der Musikabteilung im ungarischen Rundfunk und anschließend bis 1959 als Professor an der Béla-Bartók-Musikfachschule, dann wurde er Professor an der Musikhochschule in Budapest. Im Jahr 1972 wurde er auf sechs Jahre zum Mitglied des internationalen Musikrats der UNESCO gewählt.

WERKE

Neben einem Bühnenstück schrieb Tibor Sárai 2 Sinfonien, eine Serenade für Streichorchester, eine Musik für 45 Streicher, ein Frühlingskonzert für Flöte, Bratsche, Cello und Streicher, 2 Streichquartette, ein Quartett für Flöte, Violine, Bratsche und Cello, ein Oratorium, »Diagnosis '69« für Tenor und Orchester sowie »Dorfszenen«, 5 Lieder für Bariton und Klavier. Er ist eine der bedeutendsten Gestalten des ungarischen Musiklebens der Gegenwart.

Sinfonie Nr. 1, 3 Sätze, entstanden 1967

Dieses Werk ist eine Huldigung für den griechischen Komponisten Mikis Theodorakis. Der 1. Satz hat Sonatenform und schildert die kämpferische Natur des Griechen. Der lyrische Mittelsatz bringt innige Instrumentalsoli, die offenbar die Zuneigung des Komponisten zum Gefeierten ausdrücken sollen. Der letzte Satz ist stürmisch und heftig; explosiv mengen sich Fragmente des »Sirtaki-Tanzes« von Theodorakis ein, bis am Ende der gesamte Tanz zitiert wird.

Sinfonie Nr. 2, 4 Sätze, entstanden 1973

Das gesamte Werk ist von der Melodie einer ungarischen Vokalmelodie aus dem 17. Jahrhundert durchdrungen. Im 1. Satz wird vorerst nur eine kurze Geste der Melodie zitiert. Dann kommt es zu einer Auftürmung der Klänge, die wie eine Fuge wirkt; darauf wird der erste Teil der Melodie wiedergegeben. Der 2. Satz ist pastoral gehalten; die von den Klarinetten weich vorgetragene Melodie umspielen Triller der Streicher. Der 3. Satz bringt ein Scherzo mit interessanten Dialogen der einzelnen Instrumente, die in ein großartiges Crescendo münden. Breit ausgeschwungene Melodien kennzeichnen den 4. Satz, dann erklingt die alte Weise, zuerst nur instrumental, dann von einem Sopran gesungen. Ein verebbender Klang schließt das Werk ab.

Musik für 45 Saiten, ein Satz, entstanden 1971

Obgleich das Werk einsätzig ist, zeichnen sich vier größere Formeneinheiten darin ab. Es beginnt mit einer fächerförmig sich entfaltenden Themenvielfalt, die sich wieder schließt. Mit rhythmischem Wechsel wird das Klangmaterial teils akkordisch, teils polyphon weitergeführt, dann folgt eine kantable Melodie in tiefen Registern. Die Musik wird zusehends dichter und reicher. Sodann schließt sich eine Folge wilder barbarischer Klänge an, die am Ende von einem sanften kantablen Andante in ruhige Bahnen und zu einem schönen Ausklang gelenkt werden.

Galina Ustwolskaja (geboren 1919)

LEBEN

Galina Iwanowa Ustwolskaja wurde am 17.7. 1919 in Petrograd geboren. Sie studierte bis 1947 bei Dmitri Schostakowitsch am Konservatorium in Leningrad, an dem sie seit 1948 selbst Komposition unterrichtet.

WERKE

Für Orchester schrieb Galina Ustwolskaja 2

Sinfonien – eine für Knabenstimmen und Orchester, die zweite für Stimmen, Bläser, Schlagzeug und Klavier –, eine Sinfonietta, eine sinfonische Dichtung und ein Klavierkonzert. Weiters verfaßte sie ein Oktett für vier Violinen, zwei Oboen, Klavier und Pauke, ein Streichquartett, ein Trio für Violine, Klarinette und Klavier, ein Trio für Piccolo, Tuba und Klavier, ein Stück für Kontrabaß und Klavier, 3 Klaviersonaten, 2 Kantaten für Solostimme und Orchester sowie Filmmusik.

Walther Nußgruber (geboren 1919)

LEBEN

Walther Nußgruber wurde am 8.8.1919 in Wien geboren. Er war an der Akademie für Musik und darstellende Kunst in Wien Schüler von Alfred Uhl. Im Jahr 1962 wurde er selbst an diesem Institut Lehrer für Improvisation, Harmonielehre und Korrepetition und 1963 Professor.

WERKE

Neben einigen Tanzbühnenwerken schrieb Walther Nußgruber eine sinfonische Dichtung, eine Sinfonietta, »Elegie für Liebende« für Oboe, Englischhorn und Streicher, ein Rondo für Klavier, Pauke und Streichorchester, eine Abendmusik für Oboe, Englischhorn, zwei Hörner und Streicher, ein Klavierkonzert, Dialoge für Klavier mit Flöte, mit Klarinette, mit Fagott, mit Violine, mit Bratsche, mit Cello, 10 Klaviersonaten, »Das große Choralwerk« für Orgel, 2 Oratorien, 2 Messen, Kantaten, Motetten, Chöre und Lieder.

Elegie für Liebende für Oboe, Englischhorn und Streicher, ein Satz, entstanden 1966

Die beiden Soloinstrumente entspinnen einen Dialog zweier in Liebe verbundener Menschen; sanft getönte Streicherklänge kontrapunktieren ihn als Klanghintergrund.

Abendmusik für Oboe, Englischhorn, zwei Hörner und Streicher, »Die Salzburgische«, 4 Sätze, entstanden 1969

Das Stück ist nach abendlichen Eindrücken vom Kapuzinerberg in Salzburg entstanden. Seine vier Sätze, »Preludio«, »Romanza«, »Menuetto« und »Rondo«, gehen ineinander und ergeben sich ganz den Schwingungen der Atmosphäre des Ortes wie der Zeit. Die Blasinstrumente breiten vor dem von den Streichern sonor gebildeten Hintergrund ihre musikalischen Rezitationen aus.

Niels Viggo Bentzon (geboren 1919)

LEBEN

Niels Viggo Bentzon wurde am 24.8.1919 als Vetter von Jørgen Bentzon in Kopenhagen geboren. Von 1938 bis 1942 studierte er am Konservatorium in Kopenhagen Komposition, Klavier und Orgel. Er ist in seiner Heimat ein eifriger Verfechter der zeitgenössischen Musik. Ab 1947 unterrichtete er in Århus, seit 1949 wirkt er als Lehrer in Kopenhagen.

WERKE

Neben einer Oper und 6 Balletten schrieb Niels Viggo Bentzon 14 Sinfonien, »Kurze Variationen«, »Sinfonische Variationen«, »Sinfonische Stücke«, 5 Mobiles, ein »Ostinato«, 2 »Konzerte«, ein Konzert für Streicher, eine Kammersinfonie für 17 Instrumente, ein Konzert für zwölf Instrumente, ein Tripelkonzert für Flöte, Oboe und Fagott mit Streicher, eine sinfonische Fantasie für zwei Klaviere, ein Doppelkonzert für Violine, Klavier und Schlagzeug, 7 Klavierkonzerte, ein kleines Konzert für Klavier und Streicher, 2 Violinkonzerte, ein Cellokonzert, ein Akkordeonkonzert, ein Flötenkonzert, ein Konzert für Oboe und Streicher, eine konzertante Sinfonie für acht Bratschen, acht Celli, sieben Blechbläser und Pauke mit Violine oder mit Klarinette, ein Konzert für Akkordeonensemble und Orchester, ein Konzert für sechs Janitscharenmusiker, 9 Streichquartette, ein Quartett für Flöte, Oboe, Fagott und Klavier, 5 Violinsonaten, 2 Cellosonaten, eine Sonate für Klavier mit Horn, mit Klarinette, mit Englischhorn, mit Trompete, Solostücke für verschiedene Instrumente, 11 Sonaten und zahlreiche andere Werke für Klavier, Passacaglie, Etüden, Partita, Tänze, Variationen, Bilder, Improvisationen, Stücke für Prepared piano, Stücke für Spinett und für Orgel, ein Oratorium, Kantaten für Solisten und Chöre mit verschiedener Begleitung, Psalmvertonungen mit Rezitation, Lieder, Werke für Fluxus und Happening – »Erstarrte Erfahrungen«, »Chemische Madrigale« für Doppelchor, »Soziologische Oratorien« –, ferner eine Anzahl »Kompendien«, in denen er die Ausdrucksweise älterer Meister – Johann Sebastian Bach, Frédéric Chopin, Robert Schumann, Manuel de Falla, Camille Saint-Saëns und andere – in neuklassizistischer Art mit seiner eigenen verbindet, außerdem noch »Musik zu einer Radiomontage« für verstimmtes Klavier, Cembalo und Prepared piano, 2 Suiten für Beatensemble, dazu viele Film-, Fernseh- und Bühnenmusiken. Es gibt nahezu keine stilistische oder technische Neuerung, die der Komponist nicht aufgriff und verwendete, dabei sind alle seine über 300 Werke weit von jeder Sensationsmache und jedem inhaltslosen Experiment entfernt, sondern nur neue Ausdrucksformen für seine anscheinend in Fülle aufgestauten musikalischen Einfälle. Denn alles, was er schreibt, ist echte Musik, in welcher Struktur sie sich auch darbietet.

Lex van Delden (geboren 1919)

Leben

Lex (Alexander) van Delden wurde am 10.9. 1919 in Amsterdam geboren. Er studierte bei Cor de Groot Klavier; als Komponist war er Autodidakt. Neben seiner journalistischen Tätigkeit wirkt er seit 1946 als Sekretär der niederländischen Sektion der IGNM und ab 1960 als Sekretär des niederländischen Komponistenvereins.

Werke

Von Lex van Delden sind 8 Sinfonien, ein konzertantes Finale für drei Trompeten und Orchester, eine konzertante Sinfonie für elf Holzbläser und eine Sinfonie für Streichorchester bekannt geworden. Er schrieb ferner ein Trompetenkonzert, ein Flötenkonzert, ein Klavierkonzert, ein Doppelkonzert für zwei Oboen, ein Tripelkonzert für Violine, Bratsche und Kontrabaß, ein Doppelkonzert für zwei Sopransaxophone, ein Konzert für elektronische Orgel, ein »Kleines Konzert« für zwölf Holzbläser, Pauke, Schlagzeug und Klavier, ein Konzert für zwei Streichorchester, eines für zwei Posaunen, Pauke und Streicher und ein weiteres für Schlagzeug, Celesta und Saiteninstrumente, eine Fantasie für Harfe und acht Bläser, eine Intrada für sechs Harfen, ein Streichsextett, ein Quintett für vier Celli und Harfe, 2 Streichquartette, ein Klaviertrio, ein Concertino für zwei Harfen, eine Sonate und ein Concertino für Violine und Klavier, ein Stück für Flöte und Harfe, eine Sonate für Solovioline, 2 Oratorien – eines mit elektronischen Klängen und Tonband –, eine Kantate, Lieder und Bühnenmusik. Sein Stil ist zeitgenössisch.

Sven-Erik Bäck (geboren 1919)

Leben

Sven-Erik Bäck wurde am 16.9.1919 in Stockholm geboren. Von 1940 bis 1945 war er Kompositionsschüler von Hilding Rosenberg in seiner Geburtsstadt und nach zweijährigem Studium an der Schola Cantorum in Paris Schüler von Goffredo Petrassi in Rom. Seit 1953 leitet er das Kammerorchester des schwedischen Rundfunks und ab 1959 daneben dessen Musikschule auf Schloß Edsberg.

Werke

Außer 3 Opern und 5 Ballettmusiken schrieb Sven-Erik Bäck eine Orchesterfantasie, ein Konzert für Streicher und Schlagzeug, »Movimento I und II« für Orchester, eine Kammersinfonie, ein Konzert für Streichorchester und Schlagzeug, ein Cellokonzert, ein Konzert für Klarinette und Großes Schlagzeug, ein Streichquintett, 2 Streichquartette, ein Trio für Flöte, Cello und Prepared piano, ein Trio für Bratsche, Cello und Kontrabaß, mehrere elektronische Kompositionen, ein Oratorium, zahlreiche Kantaten und Chöre mit verschiedener Instrumentalbegleitung, Lieder und Gesänge, viele Motetten a cappella und Musiken für Bühne, Film, Rundfunk und Fernsehen. Sein umfangreiches Schaffen neigt trotz Verwendung älterer Stilelemente verschiedenen Richtungen der zeitgenössischen Musik zu.

Cláudio Santoro (geboren 1919)

Leben

Cláudio Santoro wurde am 23.11.1919 in Manáos, Brasilien, geboren. Nach seiner Ausbildung in Rio de Janeiro studierte er in Paris bei Nadia Boulanger. Er wirkte von 1939 bis 1946 als Kompositionslehrer an der Musikhochschule, von 1951 bis 1953 als Musikdirektor beim Rundfunk in Rio de Janeiro und von 1962 bis 1965 als Professor an der Universität in Brasilia. Seit 1970 ist er Dozent für Komposition und Dirigieren an der Musikhochschule in Heidelberg-Mannheim.

Werke

Außer 6 Balletten schrieb Cláudio Santoro 8 Sinfonien, Variationen über eine Zwölftonreihe, eine Trauerode und eine Anzahl weiterer Stücke für großes Orchester, für Streichorchester und für Kammerorchester, 2 Klavierkonzerte, ein Violinkonzert, ein Cellokonzert, Konzerte für Kammerorchester mit Klavier und mit Violine, ein Konzert für Flöte, Oboe, Klarinette, Trompete, Posaune, Klavier und Streicher, ein Bläserquintett, 7 Streichquartette, ein Streichtrio, ein Trio für Flöte, Bratsche und Cello, zahlreiche Sonaten mit Klavier für Violine, für Flöte, für Oboe, für Cello, für Trompete, ein Stück für Schlagzeug und Klavier, ein aleatorisches Stück für Bratsche und Klavier, Mutationen für Cembalo, für Cello, für Klavier, für Bratsche, für zwei Violinen, für eine Violine und Tonband, wobei mehrere Mutationen als Duo, Trio oder Quartett kombiniert werden können, Sonaten, Sonatinen und 30 Praeludien für Klavier, ein Oratorium, eine Kantate, aleatorische Stücke und über 300 Musiken für Bühne, Film, Funk und Fernsehen.

Moisei Wainberg (geboren 1919)

Leben

Moisei Samuilowitsch Wainberg wurde am 8.12.1919 in Warschau geboren, wo er am Konservatorium bei Józef Turczyński (2.2. 1884, Schitormir, Ukraine, bis 27.12.1953, Lausanne) Klavier studierte; Kompositionsunterricht erhielt er in Minsk von Wasili Solotarjow. Seit 1943 lebt er als freischaffender Komponist in Moskau.

Werke

Neben 3 Opern und 2 Balletten schrieb Moisei Wainberg 11 Sinfonien, 2 Sinfonietten, ein Cellokonzert, ein Trompetenkonzert, ein Violinkonzert, ein Flötenkonzert, ein Klarinettenkonzert, 2 Streichquartette, ein Klavierquintett, ein Klaviertrio, ein Streichtrio, eine Sonate für Solocello, Klavierstücke, eine Kantate, ein Requiem, ungefähr 100 Romanzen, Bühnen- und Filmmusik. Sein Stil gehört noch der russischen Spätromantik an und ist besonders auf große Klangwirkung gezielt.

Sinfonie Nr. 6 in a-Moll, Opus 79, 5 Sätze, entstanden 1963

Das Motto des Werks lautet: »Die Sonne wird wieder scheinen, und die Violinen werden das Lied vom Frieden auf der Erde singen.« Der 1. Satz stellt mit vielen Motiven eine Meditation über das Motto dar. Im 2. Satz singt ein Knabenchor von der kleinen Schachtel, die ein Junge findet und zu einer kleinen Violine umbaut, um darauf zur Freude der Menschen zu spielen. Im 3. Satz erklingt ein moldauisches Volkslied, das in einen festlichen Tanz mündet. Im 4. Satz erinnert ein Knabenchor an die Millionen, die der jüngsten Vergangenheit zum Opfer gefallen sind und nie vergessen werden dürfen. Der 5. Satz spricht von der Friedensliebe des Volkes, das nach seiner Tages Arbeit ruhig einem friedlichen Morgen entgegenschlafen will.

Pál Járdányi (1920–66)

Leben

Pál Járdányi wurde am 30.1.1920 in Budapest geboren. Er war am Konservatorium in Budapest Schüler von Zsoltán Kodály, betätigte sich zunächst als Musikkritiker und wurde 1946 Professor am Konservatorium in Budapest, wo er am 29.7.1966 starb.

Werke

Von Pál Járdányi sind eine Sinfonie, eine Rhapsodie, ein Tongedicht, ein Konzert für Harfe und Kammerorchester, ein Concertino für Violine und Streichorchester, ein Tanz für kleines Orchester, eine Sinfonietta für Streichorchester, ein Bläserquintett, 2 Streichquartette, ein Streichtrio, eine Sonate für Violine und Klavier und eine Sonate für zwei Klaviere bekannt geworden. Sein Stil war der seines Lehrers.

Rolande Falcinelli (geboren 1920)

LEBEN

Rolande Falcinelli wurde am 18.2.1920 in Paris geboren. Sie studierte am Conservatoire, wirkt seit 1946 als Organistin an Sacré-Cœur de Montmartre und als Professor am Amerikanischen Konservatorium in Fontainebleau. In Vertretung von Marcel Dupré leitete sie auch die Orgelklasse am Conservatoire und versah den Organistendienst am Saint-Sulpice.

WERKE

Außer einem Ballett schrieb Rolande Falcinelli 3 lyrische Szenen für Orchester, ein Streichquartett, 2 Stücke für Frauenstimmen und Orchester, ein Oratorium, eine Messe, ein Salve regina und zahlreiche Orgelstücke. Ihr Stil neigt zum Konservativismus.

Rolande Falcinelli

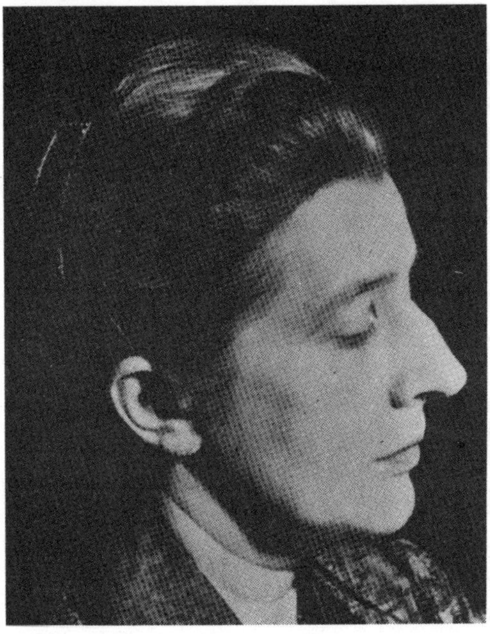

Gerhard Wohlgemuth (geboren 1920)

LEBEN

Gerhard Wohlgemuth wurde am 16.3.1920 in Frankfurt am Main geboren. Neben seinem Medizinstudium in Greifswald und Halle bildete er sich autodidaktisch zum Musiker aus. Später erhielt er Kompositionsunterricht bei Fritz Reuter (9.9.1896, Dresden, bis 4.7.1963, Dresden) und Klavierunterricht bei Bronislaw von Poźniak (26.8.1887, Lemberg, bis 20.4. 1953, Halle). Von 1949 bis 1955 wirkte er als Verlagslektor in Halle, wo er sodann nahezu ausschließlich der Komposition lebt.

WERKE

Außer einer Oper und einem Ballett schrieb Gerhard Wohlgemuth 2 Sinfonien, eine Sinfonietta, eine Sinfonische Musik, »Händel-Metamorphosen«, »Telemann-Variationen«, eine Suite, eine Ouvertüre, ein Divertimento, ein Violinkonzert, ein Concertino für Klavier und Orchester, ein Concertino für Oboe und Streichorchester, ein Klaviersextett, 2 Streichquartette, ein Oratorium, eine Kantate, Volksmusikwerke, Massenlieder und Filmmusiken. Seine Kompositionen sind leicht faßlich und eingängig; er vermeidet jede komplizierte Wendung.

Gino Marinuzzi (geboren 1920)

LEBEN

Gino (junior) Marinuzzi wurde am 7.4.1920 in New York als Sohn des Dirigenten Gino Marinuzzi (24.3.1882, Palermo, bis 17.8.1945, Mailand) in New York geboren. Er studierte am Konservatorium in Mailand unter Rinaldo Renzo Bossi Klavier und Komposition. Ab 1946 wirkte er als Zweiter Dirigent an der römischen Oper und ging 1952 nach New York zurück, wo er mit Musikern und Technikern das Experimentalstudio »R 7« gründete.

WERKE

In Italien schrieb Gino Marinuzzi ein Konzert, ein Concertino für Klavier, Oboe, Saxophon und Streicher, ein Violinkonzert, ein Klavierkonzert, eine Chorballade, Klavierstücke und Filmmusik. In New York verfaßte er eine Fantasie, ein zweites Konzert und 2 Improvisationen, ein Stück für Tonband und Musik für das Fernsehen.

Eduardo Maturana (geboren 1920)

LEBEN
Eduardo Maturana wurde am 14.4.1920 in Valparaíso geboren. Er studierte am Konservatorium in Santiago de Chile bei Pedro Umberto Allende Sarón und Armando Carvajal Quirós (geboren 7.6.1893, Santiago de Chile). Er gründete gemeinsam mit Pablo Garrido die Gruppe »Euphonia« und später mit Estebán Eitler die Gruppe »Tonus«, die sich für die Pflege der zeitgenössischen Musik einsetzte. Im Jahr 1958 wurde er Bratschist im Philharmonischen Orchester in Santiago.

WERKE
In Chile war Eduardo Maturana der erste Zwölftonkomponist. Er schrieb 5 Mobiles für Streicher, »Totengebet für Che Guevara« mit Tonband, Elegien für Cello und Orchester, ein Hornkonzert, 10 kleine Stücke für Streichquartett, ein Blechbläserquintett, Klavierstücke, 4 Arien für Singstimme, Oboe, Cello und Schlagzeug, eine Kantate und Lieder.

Bruno Maderna (1920–73)

LEBEN
Bruno Maderna wurde am 21.4.1920 in Venedig geboren. Bis 1940 studierte er am Konservatorium in Rom unter Alessandro Bustini, dann bei Gian Francesco Malipiero, Eduardo de Guarnieri (18.4.1899, Venedig, bis 25.5.1968, São Paulo) und Hermann Scherchen. Anschließend wirkte er durch vier Jahre als Lehrer am Konservatorium in Venedig, 1954 übernahm er die Kompositionskurse bei den Internationalen Ferienkursen für Neue Musik auf Schloß Kranichstein bei Darmstadt, ab 1956 war er Mitarbeiter des Elektronischen Studios di Fonologia Musicale in Mailand. Von 1958 bis 1967 wirkte er als Leiter des Internationalen Kammerensembles Darmstadt, anschließend als Dozent am Konservatorium in Rotterdam, von 1971 bis 1972 auch bei den Sommerkursen des Berkshire Music Center in Tanglewood, Mass., und ab 1972 als Chefdirigent des Sinfonieorchesters des Rundfunks in Mailand. Er starb am 13.11.1973 in Darmstadt.

WERKE
Neben 3 Opern schrieb Bruno Maderna unter anderem Introduktion und Passacaglia, Improvisation I und II, ein Divertimento, Komposition I und II, Serenata I und II für je elf Instrumente, Konzert für zwei Klaviere und Kammerorchester, ein Klavierkonzert, ein Flötenkonzert, Serenata III elektronisch, Serenata IV für 20 Instrumente und Tonband, 3 Oboenkonzerte, ein Violinkonzert, ein Konzert für vier Schlagzeuger und vier Orchestergruppen, zahlreiche elektronische Werke und Kompositionen mit Tonband, ein Streichquartett, Dimensionen I, II, III, IV, eine Anzahl Vokalwerke mit Instrumenten, zum Teil mit Tonband und auch mit elektronischen Klängen. Er gehörte zur Gruppe italienischer Musiker, die mit der Dodekaphonik und elektronischen Klangmitteln neue musikalische Strukturen erarbeiten.

Bruno Maderna

Konzert für Oboe und Kammerorchester, entstanden 1962

Dieses dem Oboisten Lothar Faber (geboren 7.2. 1922, Köln) gewidmete Werk bringt in der Introduktion isolierte Noten der Oboe, denen ebenfalls isolierte Töne der Streicher, dann des Klaviers, der Harfe und der Celesta gegenübergestellt sind. Nach einem raschen orchestralen Interludium erklingt die erste der sechs Kadenzen, aus denen das Stück besteht. Diese Kadenzen führen die melancholischen und poetischen Klänge des Soloinstruments in einer nahezu romantischen Art vor, während den übrigen Instrumenten eine reine Begleiterfunktion zukommt, mit Ausnahme der zweiten, bei der das Schlagwerk im Vordergrund steht, und der fünften, bei der die Streicher dominieren. Die Aleatorik betrifft vorwiegend die Dauer der einzelnen Passagen. Die letzte Kadenz wird nicht von der Oboe vorgetragen, sondern vom Englischhorn.

Jacob Gilboa (geboren 1920)

Leben

Jacob Gilboa wurde am 2.5.1920 in Košice, Slowakei, geboren. Neben seinem technischen Studium in Wien bildete er sich autodidaktisch zum Musiker aus. In Tel Aviv, wohin er 1938 auswanderte, nahm er bei Josef Tal und Paul Ben-Haim Unterricht; in den Jahren 1963 und 1964 nahm er an den Kursen für Neue Musik in Köln teil.

Werke

Von Jacob Gilboa sind »12 Jerusalemer Glasfenster von Chagall« – zweimal 12 Miniaturen für Stimmen und Instrumente – berühmt geworden. Er schrieb außerdem »Kristalle« für 5 Spieler, »Disteln« für Kammerensemble, »Pastelle« für zwei Klaviere und eine Klaviersuite »Sieben kleine Insekten«.

Robert Turner (geboren 1920)

Leben

Robert Turner wurde am 6.6.1920 in Montreal geboren. Er studierte an der Universität seiner Geburtsstadt unter Claude Champagne, am Royal College of Music in London unter Herbert Howells und bei Olivier Messiaen am Berkshire Music Center in Tanglewood, Mass. Von 1952 bis 1968 wirkte er als Senior Music Producer beim kanadischen Rundfunk in Vancouver, wurde darauf Assistant Professor an der Universität in Wolfville, N.S., und 1969 Professor für Komposition und Musiktheorie in Winnipeg.

Werke

Neben einer Oper schrieb Robert Turner eine Ouvertüre, Variationen für zehn Instrumente, eine Sinfonie für Streicher, ein Notturno und »12 Bilder« für Kammerorchester, ein Konzert für zwei Klaviere und Orchester, ein Bläserquintett, 2 Streichquartette, ein Streichtrio, ein Stück für Harfe, mehrere Kantaten, 2 Stücke für Sopransaxophon, eine Klaviersonate, 6 Voluntaries für Orgel und ein Stück für Jazzband.

Zbyněk Vostřák (geboren 1920)

Leben

Zbyněk Vostřák wurde am 10.6.1920 in Prag geboren, wo er bei Rudolf Karel und am Konservatorium von 1938 bis 1943 studierte und anschließend bis 1948 unterrichtete. Dann wirkte er als Dirigent an der Oper in Ústí. Im Jahr 1963 wurde er Leiter des Kammerensembles »Musica viva Pragensis«.

Werke

Außer 4 Opern und 3 Balletten schrieb Zbyněk Vostřák eine Ouvertüre, mehrere Stücke für Kammerorchester, »Pendel der Zeit« für Cello, vier Instrumentengruppen und elektronische Orgel, »Kristallisationen« für zwölf Bläser, »12 Blätter« für neun Spieler, »Affekte« für sieben Instrumente, ein Bläserquintett, 3 Streichquartette, ein Trio für Violine, Oboe und Klavier, 2 Kantaten, 3 Stücke für Elektronische Musik.

Juan Blanco (geboren 1920)

Leben

Juan Blanco wurde am 29.6.1920 in Mariel, Kuba, geboren. Er studierte am Konservatorium in Habana bei Harold Gramatges und José Ardévol. Er war Sekretär der Kammermusikvereinigung und wirkt als Präsident der Sinfonischen Gesellschaft in Habana.

Werke

In seiner Schaffensperiode schrieb Juan Blanco eine Sinfonie, ein Praeludium für Streichorchester, 2 Ricercari mit kammermusikalischer Besetzung, ein Quintett für Bläser und Cello, ein Concertino für Alt, Oboe, Horn und Streicher, ein Triptychon für gemischten Chor, Soli, Trompete, zwei Kontrabässe und Schlagzeug, einen A-cappella-Chor, Gesangstücke mit Klavier, Klavierstücke, Bühnen- und Filmmusik. Nach autodidaktischer Ausbildung wurde er zum führenden Komponisten Elektronischer Musik in Kuba und verfaßte unter anderem die Musik für die Pavillons der Weltausstellung in Kanada und in Tokio: »Raummusik« mit Lichteffekten für vier Kanäle und zehn Lautsprechergruppen, für vier Kanäle und 37 Lautsprechergruppen, für drei Kanäle und 60 Streichinstrumente, fünf Schlagzeuggruppen, Gitarre und Altsaxophon und für fünf Instrumentalgruppen, Tonband und zehn Darsteller.

Paul Kont (geboren 1920)

Leben

Paul Kont wurde am 19.8.1920 in Wien geboren. Er war in Wien Schüler von Josef Krips (8.4.1902, Wien, bis 13.10.1974, Genf), Hans Swarowsky und Josef Lechthaler, in Paris von Darius Milhaud, Arthur Honegger und Olivier Messiaen. Er trat als Dirigent und Pianist eigener Werke auf.

Werke

Außer 12 Bühnenwerken – Opern, Melodramen, Tanzspielen, Balletten – schrieb Paul Kont »Komplex E« für Orchester, ein Cellokonzert, eine Streichersinfonie, ein Konzert für Blechbläser und Streicher, ein Concertino für Kammerorchester, 2 Holzbläserquartette, ein Trio für Flöte, Cello und Harfe, ein Streichtrio, eine Serenade für Flöte, Violine und Bratsche, ein Konzert für Flöte, Klarinette, Violine, Bratsche und Cello, ein Septett für Flöte, Klarinette, Fagott, Violine, Bratsche, Cello und Kontrabaß, Klavierwerke, Liederzyklen und Filmmusiken.

Kurt Leimer (1920–74)

Leben

Kurt Leimer wurde am 7.9.1920 in Wiesbaden als Großneffe des Pianisten und Klavierpädagogen Karl Leimer (22.6.1858, Bieberich, bis 19.7.1944, Wiesbaden) geboren. Er wurde von seinem Großonkel, von Wladimir Horbowski (geboren 19.1.1905, Tbilisi) und Edwin Fischer (6.10.1886, Basel, bis 24.1.1960, Zürich) zum Pianisten ausgebildet; Kompositionsunterricht nahm er bei Kurt Wolfurt (7.9.1880, Lettin, Lettland, bis 25.2.1957, München). Neben seiner erfolgreichen weltweiten pianistischen Tätigkeit übernahm er 1953 am Mozarteum in Salzburg die Meisterklasse für Klavier und wurde 1956 Professor; ab 1957 unterrichtete er auch an der Internationalen Sommerakademie in Salzburg. Er starb am 20.11.1974 in Vaduz.

Werke

Die 4 Klavierkonzerte, die Kurt Leimer in

Kurt Leimer

erster Linie für sich selbst verfaßte, sind moderne Musik und dennoch traditionsverbunden. Trotz blühender Melodik überwiegt das Motorische. Sie sind derart schwierig konstruiert, daß sie keine weite Ausbreitung haben können. Das 2. Konzert ist für die linke Hand allein geschrieben.

Klavierkonzert Nr. 4, ein Satz

Trotz der Einsätzigkeit zerfällt das Werk deutlich in drei Teile; 2 rasche Ecksätze umrahmen einen langsamen Satz mit herrlicher Kantilene. »Es wird darin die vom späteren Ravel aufgezeigte Linie fortgesetzt; spielerisch reizvolle, überaus virtuose Effekte stehen im Vordergrund. Der große Reiz des Konzerts liegt in den zahlreichen witzigen Aperçus, die sich oft unversehens zu größeren Aphorismen entwickeln und jeweils eine prächtige Pointe bekommen. Die Thematik des Werks zeichnet sich durch Plastik und Einfachheit aus, die Harmonie liebt wohl Härten und dissonante Bildungen, dürfte aber vielfach aus einer bewußt getrübten Diatonik hervorgehen.« Alles in allem: ein brillantes Stück.

Karen Chatschaturjan (geboren 1920)

Leben

Karen Surenowitsch Chatschaturjan wurde am 19.9.1920 in Moskau als Neffe von Aram Chatschaturjan geboren und studierte von 1945 bis 1949 am Konservatorium seiner Geburtsstadt bei Wisarion Schebalin, Dmitri Schostakowitsch und Nikolai Mjaskowski. Von 1951 bis 1959 unterrichtete er am Konservatorium Komposition, dann widmete er sich allein seinem kompositorischen Schaffen. Seit 1968 setzt er seine Unterrichtstätigkeit fort.

Werke

Außer einer Operette schrieb Karen Chatschaturjan 2 Sinfonien, eine Sinfonietta, eine Ouvertüre, ein Streichquartett, eine Sonate für Cello und Klavier, ein Oratorium, eine Anzahl weiterer Vokalwerke, Bühnen- und Filmmusik.

Aleksandr Arutjunjan (geboren 1920)

Leben

Aleksandr Arutjunjan wurde am 23.9.1920 in Jerewan geboren. Er studierte am Konservatorium seiner Geburtsstadt und wirkt seit 1954 als Leiter der Armenischen Staatsphilharmonie.

Werke

Neben einer Oper schrieb Aleksandr Arutjunjan unter anderem eine Sinfonie, eine sinfonische Dichtung, ein Klavierkonzert, ein Trompetenkonzert, ein Bläserquintett, eine Rhapsodie für zwei Klaviere, ein Concertino für Klavier, eine Kantate, ein Konzert für Koloratursopran und Orchester, Lieder, Theater- und Filmmusik. Sein Stil ist folkloristisch-spätromantisch.

Torbjörn Lundquist (geboren 1920)

Leben

Torbjörn Iwan Lundquist wurde am 30.9. 1920 in Stockholm geboren. Er war Schüler von Dag Wirén und Isai Dobrowen (27.2. 1891, Nischni-Nowgorod [heute Gorki], bis 9.12.1953, Oslo). Von 1949 bis 1956 wirkte er als Dirigent am Königlichen Schloßtheater Drottningsholm, ab 1971 betätigte er sich vorwiegend als Gastdirigent. Er beschäftigte sich viel mit der Komposition künstlerisch hochwertiger Musik für Akkordeon.

Werke

Außer einer Oper für acht agierende Sänger, Kammerorchester, Sinfonieorchester und Lichtspiel schrieb Torbjörn Lundquist 2 Sinfonien, ein Klavierkonzert, ein Konzert für Oboe und Streicher, ein Bläsersextett, ein Holzbläserquintett, 2 Streichquartette, Chöre und Lieder mit Orchester sowie Stücke für Akkordeon: Kammerkonzert für Akkordeon und Orchester, »Duell« für Akkordeon und Schlagzeug, »Bewegungen« für Akkordeon und Streichquartett, Metamorphosen für Soloakkordeon, 6 zweistimmige Inventionen für Soloakkordeon; er verfaßte auch Bühnen- und Filmmusik.

»Duell« für Akkordeon und Schlagzeug, ein Satz, entstanden 1965

Es handelt sich um ein Akkordeonkonzert, dessen Tutti aus Vibraphon, Xylophon, Crotales, Trommeln, Bongos und Cimbals besteht. Gegeneinander- und Miteinanderspiel entwickeln interessante Klangkombinationen. Die Dynamik und Flexibilität des Akkordeons und seine Transparenz eröffnen neue musikalische Räume.

Fabio González-Zuleta (geboren 1920)

Leben

Fabio González-Zuleta wurde am 2.11.1920 in Bogotá geboren. Er studierte am Konservatorium in seiner Geburtsstadt, an dem er anschließend Lehrer und 1957 Direktor wurde.

Werke

Von Fabio González-Zuleta sind 2 Sinfonien, 2 Suiten, ein Violinkonzert, ein Diptychon für Streicher, eine Suite für Flöte und Streichquartett, ein Streichquartett mit Klavier, 2 Bläserquintette, ein Klaviertrio, ein Trio für Flöte, Violine und Bratsche und eines für Violine, Cello und Klavier, eine Sonate für Klarinette und Klavier und eine für Kontrabaß und Klavier, Chorwerke, Lieder und Bühnenmusik bekannt geworden. Er ist eine der bedeutendsten Gestalten der kolumbianischen Musik unserer Zeit.

Louis Mennini (geboren 1920)

Leben

Louis Mennini wurde am 18.11.1920 in Erie, Pa., geboren. Er studierte bei Bernard Rogers und Howard Hanson an der Eastman School of Music in Rochester, N. Y., an der er ab 1949 als Kompositionslehrer wirkte. Seit 1965 leitet er die School of Music in Winston-Salem, N. C.

Sein Bruder Peter Mennin (Mennini, geboren 17.5.1923 in Erie, Pa.), war an der Eastman School in Rochester, N. Y., Schüler von Howard Hanson. Von 1947 bis 1958 wirkte er als Lehrer an der Juilliard School in New York. Seitdem lebt er als Konservatoriumsdirektor in Baltimore.

Werke

Neben 2 Opern und einem Ballett schrieb Louis Mennini 2 Sinfonien, eine Ouvertüre, ein Streichquartett, eine Violinsonate, eine Messe und andere Kirchenmusik, Klavierstücke, Chöre und Lieder.

Peter Mennin schrieb 7 Sinfonien, ein Konzert für Flöte, Streicher und Schlagzeug, eine Kammersinfonie, ein Stück für Blasorchester, ein Cellokonzert, ein Violinkonzert, ein Klavierkonzert, 2 Streichquartette, eine Sonate für Violine und Klavier, eine Klaviersonate, eine Kantate, Chöre und Lieder.

Beide sind stark eklektisch, aber technisch perfekt.

Armin Schibler (geboren 1920)

Leben

Armin Schibler wurde am 20.11.1920 in Kreuzlingen am Bodensee geboren. Er studierte in Zürich und London; in Darmstadt machte er sich mit der Dodekaphonik bekannt. Seit 1944 wirkt er als Hauptfachlehrer für Musik am Gymnasium in Zürich.

Werke

Das kompositorische Schaffen von Armin Schibler ging von neubarocken Anfängen aus, führte über einen spätromantischen Expressionismus über die Zwölftonmusik zu rhythmisch-experimentellen Werken. Er schrieb 6 Opern und 2 Ballette, weiters 3 Sinfonien und zahlreiche andere Orchesterstücke sowie Stücke für Streicher oder Blasorchester, Stücke für Schlagzeug allein, Konzerte für verschiedene Instrumente mit Orchester, mit Streichern oder mit Kammerensembles, ferner Kammermusik für Ensembles – Quintette, Quartette, Trios, Duos mit verschiedener Besetzung –, Solostücke für verschiedene Instrumente, Kompositionen für Singstimmen, für Chöre, für Sprechstimmen, getrennt oder kombiniert, zum Teil mit Tonbändern. Einen breiten Raum nehmen seine »Hörwerke« ein, bei denen er Prosatexte von Instrumenten begleiten läßt.

Norman Alec Symonds (geboren 1920)

LEBEN
Norman Alec Symonds wurde am 23.12.1920 in Nelson, British Columbia, geboren. Er gründete eine eigene Jazzformation, mit der er bei Festivals auftritt.

WERKE
Neben einer Jazzoper und einem Fernsehballett schrieb Norman Alec Symonds unter anderem »Impulse« für Orchester, »Elegie« und »Pastel« für Streichorchester, ein Concerto grosso für Jazzquintett und Orchester, ein Notturno für Tenorsaxophon und Streicher, 2 Konzerte für Jazzoktett, Improvisationen für Jazzinstrumente, ein »Lamento« für Jazzquartett und einen Chor mit Schlagzeug.

Arno Babadschanjan (geboren 1921)

LEBEN
Arno Arutjunowitsch Babadschanjan wurde am 22.1.1921 in Jerewan geboren. Nach seiner Ausbildung in seiner Geburtsstadt studierte er in Moskau bei Genrich Litinski.

WERKE
Die Werke von Arno Babadschanjan fußen zum Großteil auf der armenischen Folklore. Er schrieb unter anderem eine Rhapsodie für Orchester, ein Violinkonzert, ein Klavierkonzert, ein Cellokonzert, 2 Streichquartette, eine Sonate für Violine und Klavier, weitere Klavierstücke, mehrere Lieder und Filmmusik.

Johannes Driessler (geboren 1921)

LEBEN
Johannes Driessler wurde am 26.1.1921 in Friedrichsthal, Saar, geboren. Nach seiner Ausbildung am Konservatorium in Saarbrücken studierte er bei Wilhelm Maler in Köln. Er wirkte von 1946 bis 1954 als Lehrer für Tonsatz in Detmold, wo er eine Kirchenmusikabteilung gegründet hatte. Seit 1958 ist er dort Professor für Komposition an der Musikakademie.

WERKE
Neben 6 Opern, mehreren Oratorien verfaßte Johannes Driessler zahlreiche Vokalwerke, zum Teil sakraler Natur: Chöre, Messen, Kantaten, Motetten, Passionen, Psalmen, Gesänge und Lieder mit Orchester, mit kleineren Ensembles und a cappella. Außerdem schrieb er 3 Sinfonien, ein Cellokonzert, ein Hornkonzert, ein Klavierkonzert, Chorsinfonien, ein Streichquartett, mehrere Trios, Gesänge und Lieder, Klavierstücke sowie Orgelstücke. Sein Beitrag zur Kirchenmusik unseres Jahrhunderts ist sehr bedeutend.

Claude Pascal (geboren 1921)

LEBEN
Claude Pascal wurde am 19.2.1921 in Paris geboren. Er war am Conservatoire seiner Vaterstadt Schüler von Henri Busser, Jean Gallon, Noël Gallon, Louis Laloy und Yves Nat (28.12.1890, Béziers, bis 31.8.1956, Paris). Er wirkte ab 1944 an der Opéra-Comique als Leiter des Chorwesens, seit 1956 unterrichtet er am Conservatoire Chorführung und Komposition.

WERKE
Neben einer lyrischen Szene und einem Ballett schrieb Claude Pascal ein Harfenkonzert, ein Cellokonzert, ein Konzert für Klavier und Kammerkonzert, ein Bläseroktett, ein Streichquartett, ein Triptychon für Cello und Klavier, »Sechs Stücke« für Klavier mit Flöte, mit Klarinette, mit Trompete, eine Sonate für Oboe mit Klavier und eine für Cello mit Klavier, ein Saxophonquartett, eine Sonate für Horn, 2 Violinsonaten, eine Sonatine und ein Impromptu für Altsaxophon und Klavier, Chöre und Lieder. Er veröffentlichte eine Orchesterbearbeitung von »Die Kunst der Fuge« von Johann Sebastian Bach.

Ingvar Lidholm (geboren 1921)

LEBEN
Ingvar Natanel Lidholm wurde am 24.2.1921 in Jönköping, Schweden, geboren. Er stu-

Ingvar Lidholm

dierte an der Musikhochschule in Stockholm neben Violine und Orchesterleitung Komposition bei Hilding Rosenberg und setzte seine Studien in der Schweiz, in Italien und Frankreich fort. Von 1947 bis 1956 wirkte er als Dirigent des Sinfonieorchesters in Örebro und anschließend bis 1965 als Leiter der Kammermusikabteilung des schwedischen Rundfunks. Dann erhielt er an der Musikhochschule in Stockholm eine Professur für Komposition.

WERKE

Neben einer Fernsehoper und einer dramatischen Szene für Sopran, Chor und Orchester schrieb Ingvar Lidholm ein Ritornell, ein Stück für Streicher, die Orchesterstücke »Mutanza« (Veränderung), »Motus-Colores« (Bewegung-Farben), »Poesis« (Poesie), »Toccata e Canto« (Spiel und Gesang) für Kammerorchester, ein Concertino für Flöte, Oboe, Englischhorn und Cello, 4 Stücke für Cello und Klavier, eine Solosonate für Flöte, Kantaten, Chöre und Lieder. Sein Stil ist neuklassizistisch, aber sehr persönlich, eindrucksvoll und vital.

Ralph Shapey (geboren 1921)

LEBEN

Ralph Shapey wurde am 12.3.1921 in Philadelphia geboren. Er war Schüler von Stefan Wolpe und wirkte anschließend bis 1942 als Vizedirigent in Philadelphia. Seit 1964 ist er Professor an der Universität in Chikago. Daneben wirkt er bei verschiedenen Orchestern der USA als Gastdirigent.

WERKE

Von Ralph Shapey sind eine Sinfonie, eine Fantasie, eine sinfonische Dichtung, verschiedene Konzerte, ein Violinkonzert, ein Konzert für Klarinette, Violine, Cello, Klavier, Horn, Tomtom und Baßtrommel, ein Stück für Kontrabaß und Instrumente, Stücke für Kammerensemble, eine Kammersinfonie für zehn Solisten, ein Holzbläserquintett, ein Blechbläserquintett, ein Klavierquintett, 6 Streichquartette, ein Oboenquartett, ein Klaviertrio, ein Trio für Violine, Klavier und Schlagzeug, ein Duo für Bratsche und Klavier, Klavierstücke, eine Kantate, ein Stück für Sopran und 23 Instrumente, ein Stück für Sopran und zehn Instrumente sowie 8 Lieder für Frauenstimmen und Tonband bekannt geworden.

Kan Ishi (geboren 1921)

LEBEN

Kan Ishi wurde am 30.3.1921 in Tokio geboren. Nach seiner Ausbildung in Japan studierte er ab 1958 in Berlin bei Boris Blacher und Josef Rufer. Seit seiner Rückkehr in die Heimat wirkt er als Lehrer an verschiedenen Musikschulen, als Direktor von Chorvereinigungen und als Erster Vorsitzender der japanischen Komponistenvereinigung.

WERKE

Beeinflußt durch seine deutschen Lehrer integrierte Kan Ishi in seinen früheren Werken serielle Strukturen, er ging aber bald dazu über, die Natur der Klänge, der Klangfarben und größerer komplexer Klangstrukturen zu erforschen, die Ergebnisse davon in seine

Werke einzubauen und zugleich das Moment indeterminierter Verläufe einzuführen, so daß sie fast nur unter dem Aspekt der klanglichen Strukturalisierung komponiert wurden. Er schrieb unter anderem 3 Opern, 3 Ballette, eine sinfonische Dichtung, eine Musik für 8 Schlagzeuger, Chormusik und Sologesänge sowie Filmmusik.

Sogu II für Gagaku und Orchester, entstanden 1971
Im Lauf der Entwicklung des Komponisten kam es zur Begegnung von Werken, die verschiedenen musikalischen und klanglichen Welten angehören, der östlichen und der westlichen. In diesem Stück treffen ein Gagaku-Orchester und ein westliches Orchester mit den von einander unabhängigen Kompositionen »Musik für Gagaku« und »Sô für Orchester« aufeinander. Die »Musik für Gagaku« bringt eine Hauptmelodie, freie Rhythmen und mikrotonale Nuancen. »Sô für Orchester« ist eine Clusterkomposition. Den Zeitpunkt des Zusammentreffens der beiden Klangkomplexe bestimmt der Dirigent.

William Bergsma (geboren 1921)

LEBEN
William Bergsma wurde am 1.4.1921 in Oakland, Calif., geboren. Er studierte von 1938 bis 1940 an der Stanford University und sodann bis 1944 an der Eastman School of Music. Anschließend lehrte er an der Juilliard School of Music in New York Komposition. Seit 1963 wirkt er als Direktor der School of Music an der Universität in Seattle, Wash.

WERKE
Neben einer Oper und 2 Balletten schrieb William Bergsma Variationen, eine Toccata, 2 Suiten, ein Violinkonzert, ein Bläserquintett, Variationen für Bratsche und Klavier, Klavierstücke, Chormusik, Lieder und Filmmusik. Sein Stil ist der Neuklassizismus seiner Zeitgenossen.

Andrew Imbrie (geboren 1921)

LEBEN
Andrew W. Imbrie wurde am 6.4.1921 in New York geboren. Er studierte an der Universität in Berkeley, Calif., bei Robert Casadesus (7.4.1899, Paris, bis 19.9.1972, Paris) und Roger Sessions. Seit 1949 wirkt er als Musikprofessor an der Universität in Berkeley.

WERKE
Außer einer Oper schrieb Andrew Imbrie 3 Sinfonien, eine Ballade, ein Violinkonzert, eine Legende, eine Kammersinfonie, 3 Streichquartette, ein Trio für Violine, Cello und Klavier, eine Serenade für Flöte, Bratsche und Klavier, eine Kantate, 3 Lieder für Sopran und Orchester, weiters Proprien für Chor und Orgel.

Margarita Luna de Espaillat
(geboren 1921)

LEBEN
Margarita Luna de Espaillat wurde am 31.7.1921 in Santo Domingo, Dominikanische Republik, geboren. Sie studierte am Konservatorium in Santiago bei Manuel Simó (geboren 30.6.1916, San Francisco de Macorís, Dominikanische Republik), sodann in New York bei Hall Overton (23.2.1920, Bangor, Mich., bis 24.11. 1972, New York). Von 1953 bis 1963 leitete sie das Liceo Musical in Santiago und unterrichtete von 1966 bis 1971 am Liceo Musical in Conceptíon de La Vega. Seitdem wirkt er als Professor für Musikgeschichte und Formenlehre am Konservatorium in Santo Domingo.

WERKE
Von Margarita Luna de Espaillat sind 3 Praeludien für Streichorchester, ein Divertimento für fünf Bläser, Variationen für Cello, Klarinette, Klavier und Schlagzeug, 2 Bagatellen, Strukturen I und II und Variationen für Klavier, ein Oratorium sowie eine Elegie für gemischten Chor, Sprecher und Orchester bekannt geworden.

Karel Husa (geboren 1921)

LEBEN
Karel Husa wurde am 7.8.1921 in Prag geboren. Er war am Konservatorium in Prag Schü-

ler von Jaroslav Řídký. Ab 1946 studierte er in Paris bei Arthur Honegger, Nadia Boulanger und André Cluytens (26.3.1905, Antwerpen, bis 3.6.1967, Neuilly-sur-Seine). Seit 1954 wirkt er als Professor für Musiktheorie und Leiter des Universitäts-Sinfonieorchesters der Universität in Ithaka, N. Y.

WERKE
Von Karel Husa sind eine Sinfonie, eine Fantasie, »Fresken«, ein Divertimento für Streicher und eines für Blechbläser und Schlagzeug, ein Konzert für Blechbläser, ein Tongedicht für Bratsche und Kammerorchester, eine Elegie für Altsaxophon und Orchester, eine Serenade für Holzbläserquintett und Streicher mit Xylophon und Harfe, ein Konzert für Saxophon und Bläser, ein Konzert für Blechbläserquintett und Streicher, ein »Porträt« für Streicher, ein Concertino für Klavier und Orchester, 3 Streichquartette, 2 Trios für Flöte, Klarinette und Fagott, Studien für Schlagzeug und eines für Klarinette, Bratsche und Cello, eine Ode für Chor und Orchester und verschiedene Klavierstücke bekannt geworden. Er band sich an keinerlei Stilrichtung, sondern adoptierte jede, ohne eklektisch zu werden.

Werner Thärichen (geboren 1921)

LEBEN
Werner Thärichen wurde am 18.8.1921 in Neuhardenberg, Brandenburg, geboren. Er studierte an der Musikhochschule in Berlin und wirkte als Schlagzeuger und Solopauker an der Berliner Volksoper und den Staatsopern in Hamburg und Berlin. Seit 1948 wirkt er in gleicher Eigenschaft im Berliner Philharmonischen Orchester.

WERKE
Außer einer Kammeroper schrieb Werner Thärichen mehrere Orchesterwerke, 2 Klavierkonzerte, ein Konzert für Flöte und Streicher, ein Paukenkonzert, ein Violinkonzert, ein Cellokonzert, ein Oboenkonzert, ein Klarinettenkonzert, ein Konzert für Marimbaphon, Posaune und Orchester, eine Bläsermusik für vier Trompeten, vier Posaunen und Tuba, ein Oktett für Klarinette, Fagott, Horn und Streichquintett, 3 Streichquartette, ein Schlagzeugtrio, »Klangstufen« für Violine und Klavier, einen Psalm für Alt, Chor, Orchester und Elektronik, ein Konzert für Singstimme und Orchester sowie Lieder.

Hans Ulrich Engelmann (geboren 1921)

LEBEN
Hans Ulrich Engelmann wurde am 8.9.1921 in Darmstadt geboren. Er war Kompositionsschüler von Wolfgang Fortner, René Leibowitz und Ernst Křenek. Von 1954 bis 1961 wirkte er als musikalischer Berater am Landestheater in Darmstadt. Seit 1969 unterrichtet er als Dozent für Neue Musik und Komposition an der Musikhochschule in Frankfurt am Main.

WERKE
Von Hans Ulrich Engelmann, der die Zwölftontechnik als totale Chromatik und als rhythmisch geordnete Reihentechnik entwickelt, Elektronik, Jazz, Tonbandmusik, musique concrète und Aleatorik verwendet, sind eine Reihe Opern und Ballette für Bühne und Radio, zahlreiche Orchesterstücke jeder Art, Konzerte, Stücke mit kammermusikalischer Besetzung, Mobiles, Kantaten, Chöre, Gesänge und Arien bekannt geworden. Sein Stil ist eigenständig klangfarbig und rhythmisch sehr expressiv. Er publizierte mehrere musiktheoretische Traktate. Seine Werke wurden vielfach prämiiert.

Andrzej Dobrowolski (geboren 1921)

LEBEN
Andrzej Dobrowolski wurde am 9.9.1921 in Lwiw geboren. Nach seiner Ausbildung in Orgel, Gesang und Klarinette in Lwiw studierte er an der Musikhochschule in Krakau Musiktheorie bei Stefania Łobaczewska (31.7.1888, Lwiw, bis 16.1.1963, Krakau) und bei Artur Malawski Komposition. Er wirkt als Mitarbeiter des Experimentalstudios des pol-

Paul Hindemith,
Gemälde von P. Gartmann

Carl Orff,
Gemälde von
R. v. Wackerbarth

Dmitri Schostakowitsch,
Gemälde von P. Gartmann

Ossip Zadkine, Der blaue Musikant

Ingrid Schwarz,
Musikalische Graphik
(1. Violinkonzert von
Norbert Sprongl)

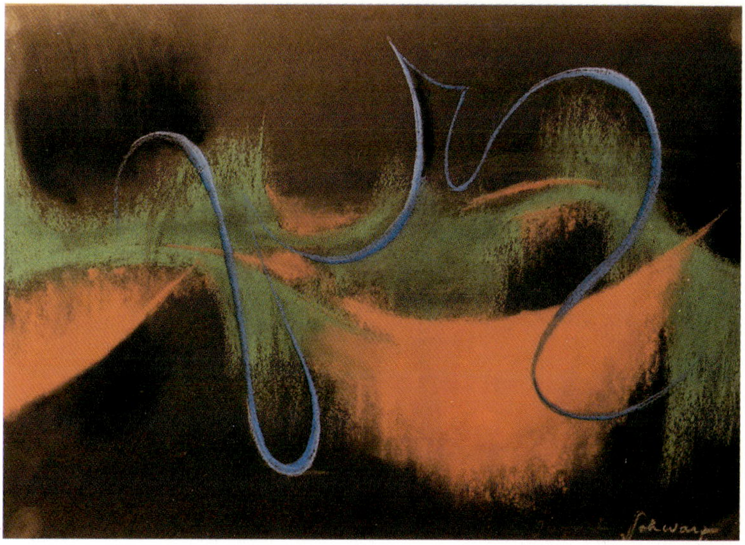

Ernst Ludwig Kirchner,
Musikzimmer, 1915

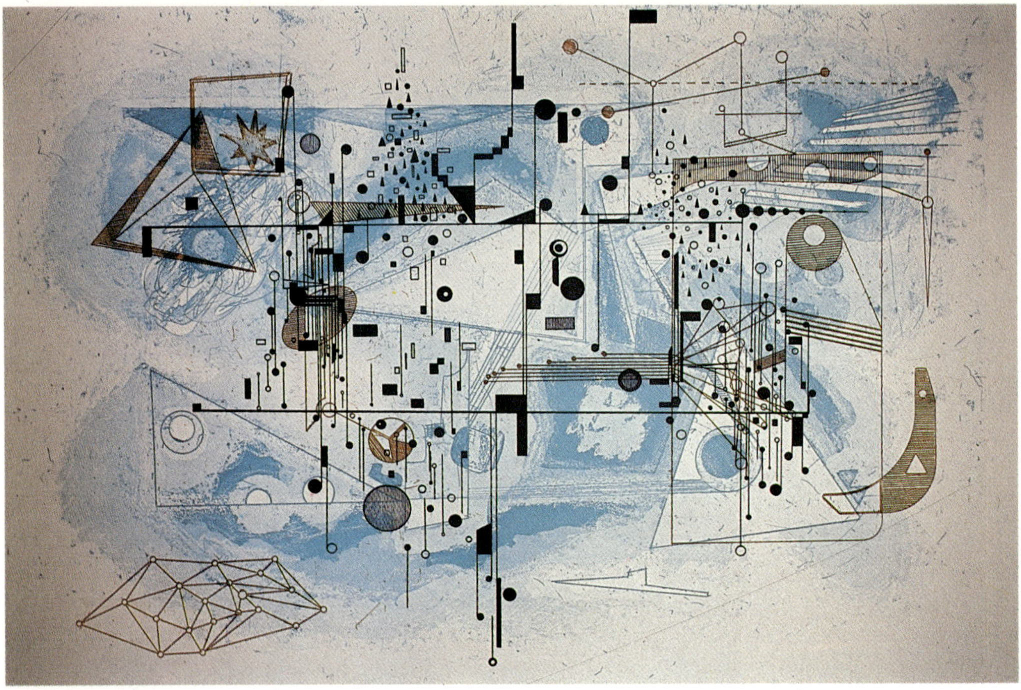

Roman Haubenstock-Ramati, Konstellationen

Roman Haubenstock-Ramati, Konstellationen

nischen Rundfunks und seit 1954 als Dozent für Komposition an der Musikhochschule in Warschau.

WERKE
Von Andrzej Dobrowolski sind unter anderem eine Sinfonie, sinfonische Variationen, ein Fagottkonzert, ein Bläsertrio, Musik für Streicher und vier Bläsergruppen, Musik für Streicher, zwei Bläsergruppen und zwei Lautsprecher, 2 Orchesterstücke, ein Stück für Klarinette, Posaune, Cello und Klavier sowie Lieder und verschiedene Stücke für musique concrète bekannt geworden. Er spielt in der polnischen Neuen Musik eine richtunggebende Rolle.

Ilhan Usmanbaş (geboren 1921)

LEBEN
Ilhan Usmanbaş wurde am 9.9.1921 in Istanbul geboren. Am Konservatorium seiner Geburtsstadt studierte er bei Cemal Reşid Rey Harmonielehre und von 1942 bis 1948 bei Ferid Alnar und Adnan Saygun Komposition am Konservatorium in Ankara. Anläßlich zweier Aufenthalte in den USA nahm er bei Luigi Dallapiccola und Milton Babbitt Unterricht. Er lehrt an letztgenannter Lehranstalt Musikgeschichte.

WERKE
Bis 1952 trugen die Kompositionen von Ilhan Usmanbaş nationales Gepräge, dann wandte sich der Komponist der seriellen Musik zu; ab 1958 zog er auch die Aleatorik heran. Er schrieb unter anderem Ballettmusik für Orchester, eine Sinfonie, eine Sinfonietta, ein Violinkonzert, ein Stück für Streicher, ein Stück für Violine und vier Instrumente, eine Violinsonate, 3 Sätze für zwei Klaviere, »Offene Formen« für verschiedene Gruppen, ein Streichquartett, mehrere Klavierstücke, ein Stück für Stimme, Schlagzeug, Harfe und Frauenchor, eine Kantate für Chor und Orchester, Bühnen- und Filmmusik.

Fritz Geißler (1921–84)

LEBEN
Fritz Geißler wurde am 16.9.1921 in Wurzen geboren. Er musizierte zunächst in Tanz- und Unterhaltungskapellen, dann wurde er Schüler von Max Dehnert und Wilhelm Weismann (20.9.1900, Altdorf, Württemberg, bis 14.5. 1980, Leipzig). Darauf studierte er an den Musikhochschulen in Leipzig und in Berlin. Im Jahr 1954 wurde er Lehrbeauftragter und 1959 Lektor für Musiktheorie an der Universität in Leipzig. Seit 1963 unterrichtete er an der Leipziger und an der Dresdner Musikhochschule Komposition. Er starb am 11.1.1984 in Bad Saarow bei Frankfurt/Oder.

WERKE
Neben 3 Balletten schrieb Fritz Geißler 7 Sinfonien – Nr. 4 für Streicher, Nr. 6 konzertant für Bläserquintett und 20 Streicher, Nr. 7 für Kammerorchester –, 3 sinfonische Sätze, eine Lustspielouvertüre, eine sinfonische Burleske, eine Ballettsuite, ein Kammerkonzert für Cembalo, Flöte und zehn Streicher, 5 Miniaturen für kleines Orchester, eine Sinfonietta, 2 sinfonische Szenen, ein Concertino für Klarinette und kleines Orchester, ein Klavierkonzert, ein Nonett, ein Bläserquintett, ein Streichquartett, Klavierstücke, »Nachtelegien« für hohe Stimme und neun Instrumente, »Fünf Lieder« für hohe Stimme und Bläserquintett und ein Oratorium. Seine Tonsprache ist eminent expressiv und klangreich.

Malcolm Arnold (geboren 1921)

LEBEN
Malcolm Henry Arnold wurde am 21.10.1921 in Northampton geboren. Er wurde am Royal College of Music in London ausgebildet und wirkte anschließend bis 1948 – von seinem Kriegsdienst unterbrochen – als Erster Solotrompeter bei den Londoner Philharmonikern. Nach einem Studienjahr in Italien wurde er Vorstand des Englischen Nationalen Jugendorchesters, für das er eine große Reihe kammermusikalischer Werke schuf.

WERKE

Außer 2 Opern, 3 Balletten und einer Bühnenmusik schrieb Malcolm Arnold 6 Sinfonien, 4 Schottische Tänze für Orchester, eine große Ouvertüre für drei Vacuum-Cleaners, eine Bodenbürste, vier Raspeln und volles Orchester, ein Konzert für zwei Violinen und Streicher, 4 Cornische Tänze und eine Ouvertüre für Orchester, ein Oboenquartett, 8 Solofantasien für Blasinstrumente – Fagott, Klarinette, Horn, Flöte, Oboe, Trompete, Posaune, Tuba –, außerdem eine Vertonung des Psalms 150, Orgelsonaten, Musik für Film, Funk und Fernsehen. Er baute viele seiner leichten, für sein Orchester bestimmten Werke zu Konzertstücken aus.

Anestis Logothetis (geboren 1921)

Anestis Logothetis

LEBEN

Anestis Logothetis wurde am 27. 10. 1921 in Burgas, Bulgarien, geboren. Er studierte in Wien an der Technischen Hochschule und von 1945 bis 1951 an der Akademie für Musik und darstellende Kunst. Er lebt dort als Klavierlehrer und freischaffender Komponist.

WERKE

Aufgrund der Satztechniken seines Lehrers Alfred Uhl entwickelte Anestis Logothetis eine Strukturierung mittels einer Notation von »Assoziations-Zeichen« für die improvisatorische Ausführung von Musik mit variabler Besetzung. Selbst erzielt er darin Klangschattierungen von zartester bis zu bruitistischer Bandbreite. Für beliebige Besetzung schrieb er unter anderem: »Koordination« für fünf Orchestergruppen, »Meditation«, »Vibration«, »Mäandros«, »Odyssée«, »Diffusion«, »Styx«, »Kollisionen«, »Styxische Flüsse«, »Klangraum I und II« für Orchester, »Emanationen« für Klarinette und Tonband, »Katalysator«, »Agglomeration« für Violine und Saiteninstrumente, »Kulmination I und II«, »Dynapolis«, »Seismographie I und II« für Klavier. Für die Bühne verfaßte er 2 musikalische Schauspiele, 4 Ballette, zum Teil mit Tonband, dazu mehrere Hörspiele, für die Bühnenfassungen vorliegen. Für Tonband allein erzeugte er 5 Stücke. Mit herkömmlicher Notation schrieb er »Polynom für Orchester in 5 Gruppen«, »Kompression« für beliebige Instrumente, »Integration« für Violine, Cello und Klavier, eine Sonate und eine Suite für Klavier, »Texturen« für zwei Klaviergruppen. Er erhielt für seine Kompositionen mehrere Preise von Wien und von Athen.

Yoshiro Irino (1921–80)

LEBEN

Yoshiro Irino wurde am 13. 11. 1921 in Wladiwostok geboren. Er studierte an der Universität in Tokio und bei Saburo Moroi, gründete 1946 die japanische Komponistengruppe »Neue Stimme«, wurde Vorstandsmitglied der japanischen Sektion der IGNM und Kompositionsprofessor an der privaten Musikhochschule in Tokio. Er starb dort im Juni 1980.

WERKE

Außer einer Fernsehoper schrieb Yoshiro

Irino eine Ouvertüre, eine Sinfonie, eine Sinfonietta, ein Doppelkonzert für Violine und Klavier und ein Ricercare für Kammerorchester, ein dodekaphonisches Kammerkonzert für sieben Instrumente, 3 Sätze für zwei Kotos und 17 Streicher, ein Streichquartett, ein Streichtrio, Duos für Violine und Klavier und Violine und Cello, für Vibraphon und Klavier und für zwei Klaviere, ferner eine Violinsonate. Es gelang ihm, abendländische Techniken mit heimischen zu vereinen.

Joonas Kokkonen (geboren 1921)

LEBEN

Joonas Kokkonen wurde am 13.11.1921 in Iisalmi, Finnland, geboren. Er studierte an der Sibelius-Akademie in Helsinki Musikwissenschaft, Klavier und Komposition. Seit 1959 wirkt er selbst an der Akademie als Kompositionsprofessor.

WERKE

Von Joonas Kokkonen sind unter anderem 3 Sinfonien, eine Kammersinfonie, eine Musik für Streichorchester, ein Cellokonzert, 2 Streichquartette, eine Sonatine für Klavier, ein Gesangszyklus, eine Messe undd eine Chorkantate bekannt geworden. Sein Stil ist zum Teil von Béla Bartók inspiriert.

Ludvík Podéšť' (1921–68)

LEBEN

Ludvík Podéšť' wurde am 19.12.1921 in Dubňany, Mähren, geboren. Er war am Konservatorium in Brünn Schüler von Jaroslav Kvapil. Von 1947 bis 1951 war er Mitarbeiter von Radio Brünn und von 1958 bis 1960 Direktor der Musikabteilung des tschechischen Fernsehens. Bis zu seinem Tod am 27.2.1968 in Prag widmete er sich nahezu ausschließlich der Komposition.

WERKE

Außer mehreren Opern schrieb Ludvík Podéšť' eine Sinfonie, 4 Orchestersuiten, eine sinfonische Dichtung, 2 mährische Tänze, sinfonische Variationen, 2 Klavierkonzerte, ein Violinkonzert, ein Concertino für zwei Celli und Kammerorchester, ein Bläserquintett, 3 Streichquartette, eine Partita für Streicher, Gitarre und Schlagzeug, Sonaten für Klavier mit Violine und für Cello, eine Sonate und eine Sonatine für Klavier, Variationen für Orgel und Orchester, Kantaten, Chöre, Lieder, Bühnen- und Filmmusik. Sein Stil ist sehr eingängig und allgemein verständlich.

Robert Kurka (1921–57)

LEBEN

Robert Kurka wurde am 22.12.1921 in Cicero, Ill., geboren. Er war Violinschüler von Hans Letz (18.3.1887, Ittenheim, Elsaß, bis 14.11.1969, Hackensack, N.J.) und Kathleen Parlow (20.9.1890, Calgary, Kanada, bis 19.8.1963, Oakville, Kanada) sowie Kompositionsschüler von Otto Luening und Darius Milhaud. Anschließend unterrichtete er am City College und am Queens College in New York bis zu seinem Tod am 12.12.1957.

WERKE

Außer einer Oper schrieb Robert Kurka eine Sinfonie, eine Suite, ein »Porträt« für Orchester, ein Concertino für zwei Klaviere, Streicher und Trompete, eine Kammersinfonie, 5 Streichquartette, eine Suite für Holzbläserquartett, ein Klaviertrio, 4 Violinsonaten, eine Sonate und eine Sonatine sowie weitere Werke für Klavier, Chöre und Lieder. Sein Stil ist neuklassizistisch.

Gerard Victory (geboren 1921)

LEBEN

Gerard Victory (Pseudonym Alan Loraine) wurde am 24.12.1921 in Dublin geboren. Er studierte in seiner Geburtsstadt am Trinity College Musik und wurde dort 1962 Vizedirektor und 1967 Musikdirektor bei Radio Irland.

WERKE

Neben 5 Opern, 2 Operetten und einem Ballett schrieb Gerard Victory eine Sinfonie, eine Ballade, ein Notturno und einige weitere Orchesterwerke, ein Stück für Streichorchester, ein Klavierkonzert, 2 Bläserquintette, ein Streichquartett, Gesänge für Singstimmen, Schlagzeug und Streichorchester, Bühnen-, Film- und Rundfunkmusik. Er stützt sich bei seinen Kompositionen stark auf die irische Folklore, lehnt aber moderne Techniken nicht ab.

Jacques Wildberger (geboren 1922)

LEBEN

Jacques Wildberger wurde am 3.1.1922 in Basel geboren. Er studierte am Konservatorium in Basel und war Schüler von Wladimir Vogel. Bis 1955 wirkte er als Korrepetitor und Kapellmeister am Stadttheater in Basel und sodann als Klavierlehrer und Theorielehrer. Von 1959 bis 1966 unterstanden ihm die Kompositions- und Instrumentationsklassen der Hochschule für Musik in Karlsruhe. Seitdem ist er Theorielehrer der Musikakademie in Basel.

WERKE

Neben einem Ballett und einigen ausgezeichneten Hörspielmusiken schrieb Jacques Wildberger »Sätze« für Orchester, Musik für 22 Solostreicher, mehrere Orchesterstücke, ein Oboenkonzert, ein Konzert für Flöte und vier Instrumentalgruppen, »Zeitebenen« für acht Instrumentalisten, ein Quartett für Flöte, Klarinette, Violine und Cello und für Flöte, Oboe, Harfe und Klavier, ein Stück für Flöte, Englischhorn, Gitarre und Tonband, ein Bläsertrio, Stücke für verschiedene Soloinstrumente, Klavierwerke, Musik für Cello und Klavier, ein »Epitaph« für Sopran, Bariton, Sprecher, Sprechchor, Lautsprecher und Orchester, mehrere Kantaten, ein Triptychon für Tonband, Mezzosopran und fünf Instrumente und einen Gesang für Sopran, Cello, Tonband und Orchester. Er verwendete neuklassizistische Fakturen mit avantgardistischen Anleihen.

Kurt Rapf (geboren 1922)

LEBEN

Kurt Rapf wurde am 15.2.1922 in Wien geboren. Er studierte von 1936 bis 1942 an der Musikakademie seiner Geburtsstadt, gründete dort das Kammerensemble »Collegium Musicum« und leitete es bis 1956. Von 1953 bis 1960 wirkte er als Musikdirektor der Stadt Innsbruck. Seit 1960 lebt er als freischaffender Komponist und Interpret in Wien, wo er 1970 Musikreferent der Stadt wurde.

WERKE

An Orchesterwerken schrieb Kurt Rapf »8 Miniaturen«, »Aphorismen«, ein Violinkonzert, an Kammermusik »4 Impressionen für neun Spieler«, »Musik für sieben Instrumente«, ein Bläserquintett, ein Quintett für Harfe und vier Bläser, außerdem zahlreiche vorzügliche Orgelstücke, einen Psalm für Chor und Orchester und einen für Chor, Orgel, Schlagzeug und Tonband. Er verfaßte auch eine Anzahl Klavierstücke.

Mario Zafred (geboren 1922)

LEBEN

Mario Zafred wurde am 21.2.1922 in Triest geboren. Er studierte am Conservatorio di Musica bei Ildebrando Pizzetti in Rom und wirkte anschließend dort als Kritiker. Im Jahr 1966 wurde er künstlerischer Leiter des Stadttheaters in Triest, seit 1968 wirkt er in gleicher Stellung am Opernhaus in Rom.

WERKE

Außer 2 Opern schrieb Mario Zafred 7 Sinfonien, eine Sinfonia breve für Streicher, ein Klavierkonzert, ein Doppelkonzert für zwei Klaviere, ein Flötenkonzert, ein Violinkonzert, ein Cellokonzert, ein Tripelkonzert für Violine, Cello und Harfe, ein Harfenkonzert, ein Bratschenkonzert, Metamorphosen und Variationen für Klavier und Orchester, ein Streichkonzert, ein Streichsextett, ein Bläserquintett, 4 Streichquartette, 3 Klaviertrios, 4 Klaviersonaten, ein Kantate und zahlreiche Lieder. Sein Stil ist etwas konservativ.

Felix Werder (geboren 1922)

LEBEN

Felix Werder wurde am 24.2.1922 in Berlin geboren. Er war dort Schüler von Arno Nadel (3.10.1878, Vilnius, bis nach 12.3.1943, Auschwitz). Im Jahr 1934 emigrierte er nach England und 1940 nach Australien, wo er in Melbourne als Dozent am Council of Adult Education (Rat für Erwachsenenerziehung) und als Kritiker tätig wurde.

WERKE

Außer 5 Opern und einem Ballett schrieb Felix Werder unter anderem 4 Sinfonien, eine Sinfonia im italienischen Stil, 4 verschieden strophische Stücke, ein Flötenkonzert, ein Klavierkonzert, ein Violinkonzert, ein Gitarrenkonzert, ein konzertantes Stück für zehn Solisten und Orchester, ein Septett für Flöte, Klavier, Harfe und Streichquartett, Quintette für Klavier und Streichquartett, für Klavier, Horn und Streichtrio und für Klarinette und Streichquartett, ein Bläserquintett, 10 Streichquartette, Klavierstücke, Chöre und Lieder. Sein Stil ist neuklassizistisch mit Konzessionen an andere ältere und zeitgenössische Stilgattungen.

Kazimierz Serocki (1922–81)

LEBEN

Kazimierz Serocki wurde am 3.3.1922 in Torún geboren. Er war Schüler von Kazimierz Sikorski und Stanisław Szpinalski (15.11.1901, Jekaterinodar [heute Krasnodar], bis 12.6.1957, Paris) sowie von Nadia Boulanger. Ab 1950 bereiste er verschiedene europäische Länder als Klaviervirtuose; im Jahr 1956 war er einer der Initiatoren des internationalen Musikfestivals für zeitgenössische Musik »Warschauer Herbst«, in den folgenden Jahren nahm er an den Darmstädter Kursen für Neue Musik teil. Er lebte als freischaffender Komponist bis zu seinem Tod am 30.1.1981 in Warschau.

WERKE

Von Kazimierz Serocki sind 2 Sinfonien, eine Sinfonietta für zwei Streichorchester, »Episoden« für Streichorchester und drei Schlagzeuggruppen, »Segmente« für sieben Instrumentalgruppen, ein Klavierkonzert, ein Posaunenkonzert, ein Triptychon und »Vier Volkstänze« für Kammerorchester, eine Suite für vier Posaunen, ein Sextett für sechs Schlagzeuger und 123 Instrumente, ein Konzert für zwei Klaviere und Orchester, ein Quartett für Klarinette, Posaune, Cello und Klavier, Fantasie für Klavier und Schlagzeug, eine »Elegische Fantasie« für Orgel und Orchester, verschiedene Klavierwerke, Liederzyklen, Chorwerke, Stücke für Chor, Sprechstimmen und Orchester und Filmmusik. Der Komponist war einer der prominentesten Vertreter der modernen Musik in Polen.

Peter Jona Korn (geboren 1922)

LEBEN

Peter Jona Korn wurde am 30.3.1922 in Berlin geboren. Er emigrierte 1933 und war von 1934 bis 1936 in London Schüler von Edmund Rubbra und anschließend bis 1938 in Jerusalem von Stefan Wolpe, sodann von Arnold Schönberg in Los Angeles sowie von Ernst Toch, Hanns Eisler und Miklós Rózsa (geboren 18.4.1907, Budapest). Im Jahr 1964 kehrte er nach Europa zurück. Seit 1967 wirkt er als Direktor des Richard-Strauss-Konservatorium in München.

WERKE

Neben einer Oper schrieb Peter Jona Korn 3 Sinfonien, eine »Halb-Sinfonie«, 4 Ouvertüren, ein Saxophonkonzert, ein Violionkonzert, eine Rhapsodie für Oboe und Streicher, ein Concertino und doppeltes Streichorchester, 2 Streichquartette, eine Serenade für vier Hörner, ein Bläserquintett und Klavierstücke, Chöre a cappella und Lieder. Sein Stil ist nur wenig avantgardistisch.

German Galinin (1922–66)

LEBEN

German Germanowitsch Galinin wurde am

German Galinin

30.3.1922 in Tula, Rußland, geboren. Er war am Konservatorium in Moskau Schüler von Nikolai Mjaskowski und Dmitri Schostakowitsch. Dann widmete er sich allein der Komposition. Er starb am 18.7.1966 in Rusa bei Moskau.

WERKE
Von German Galinin sind ein »Episches Poem«, eine Suite für Streichorchester, 2 Klavierkonzerte, 2 Streichquartette, ein Klaviertrio, ein Duo für Violine und Klavier, ein Concerto grosso, 3 Klaviersonaten und ein Oratorium bekannt geworden. Sein Stil ist russisch-spätromantisch.

Aleksandar Raitschew (geboren 1922)

LEBEN
Aleksandar Iwanow Raitschew wurde am 11.4. 1922 in Lom, Bulgarien, geboren. Von 1943 bis 1947 studierte er an der Musikakademie in Sofia bei Pantscho Wladigerow und Asen Karastojanow und anschließend bis 1950 am Konservatorium in Budapest bei János Viski und János Ferencsik (geboren 18.1.1907, Budapest). Im Jahr 1952 wurde er Dozent und 1962 Professor für Harmonielehre am Konservatorium in Sofia.

WERKE
Von Aleksandar Raitschew sind außer einer Operette und einem Ballett unter anderem 3 Sinfonien, ein Klavierkonzert, ein Violinkonzert, eine Violinsonate, Klavierstücke, eine Kantate, Chöre, Lieder, Bühnen- und Filmmusik bekannt geworden. Sein Stil, der auf der heimischen Folklore fußt, ist äußerst expressiv.

Iannis Xenakis (geboren 1922)

LEBEN
Iannis Xenakis wurde am 1.5.1922 in Brăila, Rumänien, geboren. Von 1937 bis 1947 lebte er in Griechenland, dann kam er als politischer Flüchtling nach Paris, wo er bei Artur Honegger, Darius Milhaud und Olivier Messiaen studierte; er besuchte auch die Kurse bei Hermann Scherchen in Gravesano. Von 1948 bis 1960 arbeitete er als Assistent des Architekten Le Corbusier (1887–1965). Seitdem widmet er sich nahezu ausschließlich der Musik. Im Jahr 1966 gründete er an der Pariser Universität die Equipe de mathématique et d'automatique musicales und ein Jahr darauf an der Indiana University ein gleiches Institut, an dem er halbjährlich als Professor Komposition unterrichtet.

WERKE
Nachdem Iannis Xenakis 1952 seine auf der griechischen Volksmusik aufgebauten Kompositionen vernichtet hatte, verwendet er bei seinen Werken mathematische Methoden, wie Wahrscheinlichkeitsrechnungen, Mengenlehre, Gruppentheorie, Kontinuitätslehre. Er führt musikalische Massenstrukturen aus Scharen von Tonlinien, von Ton- und Geräuschpunkten, gehäuften Klangschichten, Pizzicatowolken und Glissandonetzen, deren Erstellung computergesteuert wird. Er nennt diese Methode »stochastisch« im Sinn des Mathematikers Jakob Bernoulli (1655–1705) und verbindet damit politische, ethische, methaphysische und allgemein philosophische Bedeutungszusammenhänge. Seine Spannungsfelder liegen zwischen härtestem Bruitismus und strengster mathematischer Logik. Er

schrieb unter anderem »Metastaseis« (sein erstes aufsehenerregendes Werk), »Pithoprakta«, »Nomos gamma« für Orchester, mehrere Polytopen – an verschiedenen Plätzen gleichzeitig erklingende Musik –, Musik für eines oder mehrere Tonbänder, für verschiedenes Schlagzeug, für Stimmen mit Instrumenten, mit Tonbändern und Chören, für elektronische Klangerzeuger. Das meiste ist stark aleatorisch und nur bestimmten Rhythmusstrukturen unterworfen; vielfach werden die Ausführenden unter dem Publikum verteilt oder an verschiedenen Plätzen des Konzertsaales aufgestellt. Er verfaßte aber auch zahlreiche Stücke für Ensembles von traditionellen Instrumenten: Bläsergruppen, Quartette, Trios, Duos und Soli. Er veröffentlichte eine Reihe theoretischer Abhandlungen über seine Kompositionsmethode.

Syrmos für 18 Streicher, entstanden 1959

Das Werk ist auf acht stochastische Basisstrukturen aufgebaut: Horizontale, aufsteigende, absteigende und gekreuzte parallele Glissandonetze, darauf Wolken von Pizzicati, anschließend Col-legno-Schläge und Col-legno-Glissandi, linksgesteuerte Glissandigruppen und geometrische Gruppierung von Glissandi.

Polytope für vier im Saal an verschiedenen Plätzen aufgestellte Orchester, entstanden 1967

Es handelt sich um ein »Licht- und Klangspiel« für den französischen Pavillon der Weltausstellung in Montreal. Die Musik ist von den optischen Vorführungen völlig unabhängig und soll sie kontrastieren. Das Licht bringt Mengen von Punkten in zahlreichen Variationen, die Musik bildet ein Kontinuum aus pausenlosen Glissandi, die sich ständig verändern und damit kompakte Tonflächen bilden.

Literatur

N. Natossian, Iannis Xenakis, Paris 1981.

John Veale (geboren 1922)

Leben

John Veale wurde am 15.6.1922 in Shortlands, Kent, geboren. Er war an der Universität in Oxford Schüler von Egon Wellesz und in Princeton, N.J., von Roy Harris. Von 1951 bis 1954 unterrichtete er in Oxford; seitdem widmet er sich allein der Komposition.

Werke

Von John Veale sind 2 Sinfonien, eine sinfonische Dichtung, eine Ouvertüre, eine Elegie für Flöte, Harfe und Streichorchester, ein Klarinettenkonzert, ein Streichquartett, 2 Kantaten, Film- und Fernsehmusik bekannt geworden. Sein Stil weist spätromantische Elemente auf.

Juan Amenábar (geboren 1922)

Leben

Juan Amenábar wurde am 22.6.1922 in Santiago de Chile geboren. Er war am Konservatorium seiner Geburtsstadt Schüler von Jorge Urrutia Blondel (geboren 17.9.1905, La Serena, Chile) und widmete sich sodann der Forschung auf dem Gebiet der musikalischen Elektroakustik.

Werke

Von Juan Amenábar sind ein Konzert für Blockflöte, Cembalo und Streichsextett, ein Quartett für Flöte, Cello, Klavier und Schlagzeug, ein Duo für Flöte und Violine, ein Stück für Frauenstimme und Jazzensemble, Stücke für Soloklavier und für Solovioline, eine Toccata für Orgel, mehrere Chorwerke mit Instrumenten und a cappella, »Los peces« (Die Fische), elektronische Studie über die »Fibonacci-Reihe« und weitere Werke für Elektronische Musik sowie Bühnen- und Filmmusik bekannt geworden.

Lukas Foss (geboren 1922)

Leben

Lukas Foss wurde am 15.8.1922 in Berlin geboren. Im Jahr 1933 mußte er emigrieren und erhielt in Paris seine erste Ausbildung, dann studierte er von 1937 bis 1940 am Curtis-Institut und anschließend in Tanglewood bei Sergei Kusewitzki und an der Yale University bei Paul Hindemith. Ab 1944 wirkte er als Pianist im Sinfonieorchester in Boston und trat gleichzeitig oft als Pianist und Dirigent auf. Von 1950 bis 1952 studierte er in Rom, ab 1953 war er Professor und Orchesterleiter an der Universität in Los Angeles. Als Gastdirigent verschiedener amerikanischer Orchester führte er zahlreiche zeitgenössische Kompositionen aus Europa auf. Seit 1963 leitet er das Sinfonieorchester in Buffalo, N. Y.

WERKE

Neben 3 Opern und 3 Balletten schrieb Lukas Foss 2 Sinfonien, eine Ode, eine »Tanzskizze«, 2 Klavierkonzerte, ein Oboenkonzert, ein Klarinettenkonzert, ein Streichquartett, 4 Praeludien für Flöte, Klarinette und Fagott, zahlreiche Duos mit verschiedener Besetzung, viele Klavierstücke, Kantaten für Soli, Chor und Orchester und Lieder. Nach 1960 verfaßte er ein Konzert für improvisierende Instrumente und Orchester, »Echoi« für Klarinette, Cello, Schlagzeug und Klavier, in vier Versionen zu spielen, »Elytrés« für elf bis 22 Spieler, das so viele Kombinationsmöglichkeiten bietet, daß kaum eine Aufführung einer zweiten gleicht, »Non-Improvisation«, »Paradigm«, bei dem fünf Musiker Instrumente spielen, sprechen, flüstern und schreien, »Men at Play« (Menschen beim Spiel) für vier bis sechs Spieler und Tonband, »Geod« für einen Hauptdirigenten, 4 Subdirigenten und 4 Orchestergruppen, ein Cellokonzert und »Fragmente des Archilochos«.

Die Fragmente des Archilochos für Kontratenor, Sprecher, Sprecherinnen, vier kleine Chöre, großen Chor, Mandoline, Gitarre und Schlagzeug mit drei Spielern, entstanden 1965

Die Dichtungen des griechischen Lyrikers Archilochos (714–676 v. Chr.) sind nur fragmentarisch erhalten. Seine Themen sind Leben, Liebe, Krieg und Tod. »Ich habe die Fragmente so zusammengestellt, daß jede der vier Kombinationsmöglichkeiten interessante Überraschungen bringt, nicht nur musikalisch, sondern auch textinhaltlich. Gewisse Sätze nehmen verschiedene Bedeutungen an, bekommen einen anderen Sinn, wenn die Reihenfolge der Sätze umgestellt ist oder ein Fragment plötzlich allein dasteht, das man vorher mit anderen verbunden hat«, äußerte sich der Komponist selbst.

Non-Improvisation, entstanden 1967

Es handelt sich um keine Improvisation, weil die Spieler nach genauen Anweisungen vorgehen, aber auch um keine Komposition, weil die Spieler ohne Noten spielen. Komposition und Interpretation gehen gleichzeitig vor sich. Eine Orgel donnert, ein Gong lärmt, ein starkes, wuchtiges Chaos aus Tonwellen entsteht. Daraus dringt eine sich immer wiederholende Klavierfiguration zu den Ohren des Publikums. Man kann sie kaum identifizieren. Ein Prepared piano, eine präparierte Klarinette melden sich, dann wird alles von einer Klangorgie überdeckt, die plötzlich abbricht. Man weiß nicht, was das alles bedeutet, aber man ist irgendwie stark beeindruckt.

Lasar Nikolow (geboren 1922)

LEBEN

Lasar Nikolow wurde am 26. 8. 1922 in Burgas, Bulgarien, geboren. Er studierte an der Musikakademie in Sofia bei Dimitar Nenow. Seit 1961 wirkt er an derselben Lehranstalt als Lehrer. Von 1965 bis 1969 war er Sekretär des bulgarischen Komponistenverbandes.

WERKE

Außer einer Kammeroper schrieb Lasar Nikolow 2 Sinfonien, ein Konzert für Streichorchester, eine Sinfonie für 13 Streicher, ein Divertimento für Kammerorchester, 2 Klavierkonzerte, ein Concertino für Klavier und Kammerorchester, ein Klavierquintett, 2 Streichquartette, mehrere Duos mit verschiedener Besetzung, 4 Sonaten und weitere Werke für Klavier, Gesänge für gemischten Chor und kleines Instrumentalensemble, Bühnen- und Filmmusik. Er stützt sich zumindest teilweise auf die heimische Folklore.

Georgos Sicilianos (geboren 1922)

LEBEN

Georgos Sicilianos wurde am 29. 8. 1922 in Athen geboren. Er studierte an den Konservatorien in Athen, Rom und Paris, darauf in den USA bei Walter Piston, Boris Blacher und Vincent Persichetti. Nach Athen zurückgekehrt, wirkt er als Leiter der Musikabteilung des griechischen Rundfunks, sodann als Generalsekretär der griechischen Musikakademie und stellvertretender Vorsitzender der griechischen Gesellschaft für zeitgenössische Musik.

WERKE

Neben 2 Balletten schrieb Georgos Sicilianos eine Sinfonie, ein Orchesterkonzert, ein Konzert für doppeltes Streichorchester und Schlagzeug, Variationen über vier rhythmische Themen, »Episoden« für Kammerorchester, ein Cellokonzert, ein Konzert für Schlagzeug und Orchester, 4 Streichquartette, Klavierstücke, Kantaten für Soli, Chor und Sprecher sowie zahlreiche Bühnenmusiken. Sein Stil muß als neuklassizistisch bezeichnet werden.

LITERATUR

N. Slonimsky, New Music in Greece. – In: The Musical Quarterly LI (1965).

Héctor Campos-Parsi (geboren 1922)

LEBEN

Héctor Campos-Parsi wurde am 1.10.1922 in Ponce, Puerto Rico, geboren. Er studierte an den Universitäten in Puerto Rico und Mexiko-Stadt, am Konservatorium in Boston und in Tanglewood, Mass., bei Irving Fine, Aaron Copland, Jacques Ibert und Olivier Messiaen, außerdem bei Nadia Boulanger in Fontainebleau. Er vertrat sein Land in der Internationalen Vereinigung für Musik und dem Interamerikanischen Musikrat. Derzeit wirkt er als musikalischer Beirat am Nationalen Kulturinstitut in Puerto Rico. Er unternahm mehrere Studien- und Vortragsreisen durch Europa, Nord- und Südamerika.

WERKE

Außer 3 Balletten schrieb Héctor Campos-Parsi ein Orchesterstück mit Schlagzeug und Tonband, ein Divertimento für Flöte, Klarinette und Streichorchester, ein Klavierkonzert, eine Suite für Flöte, Oboe, zwei Klarinetten, Cello, Kontrabaß und Klavier, ein Streichquartett, ein Streichtrio, ein Duo für Flöte und Klarinette, 2 Sonaten für Violine und Klavier, Stücke für Solobratsche und für Soloflöte, mehrere Klavierwerke, ein Orgelstück, Kantaten, A-cappella-Chöre und Lieder.

Shinichi Matsushita (geboren 1922)

LEBEN

Shinichi Matsushita wurde am 1.10.1922 in Osaka geboren. Er studierte an der Universität in Fukuoka Mathematik und zugleich privat Musik. Im Jahr 1958 wurde er Mitarbeiter des elektronischen Studios in Osaka. Derzeit wirkt er als Mathematikprofessor und als Mitglied der Musikfakultät der Universität in Osaka.

WERKE

Einige der Kompositionen von Shinichi Matsushita wurden bei verschiedenen Wettbewerben und Festivals mit Preisen ausgezeichnet. Er schrieb unter anderem »Kammermusik für 8 Spieler«, eine »Canzona« für Klavier und Schlagzeug, ein Orchesterstück, eines für drei Orchestergruppen, »Musik« für Sopran und Kammerensemble, »Fresken« für sieben Instrumente, »Kolonnen für Schlagzeuge«, eine »Musik« für elektrische Orgel, Elektrogitarre und acht Instrumente, »Musik der Steinzeit« für elektronische Klänge, Vibraphon, Ondes Martenot und Geräusche, verschiedene Tonbandmusik und ein »Tonband-Requiem« für vier Solisten und gemischten Chor.

Otmar Mácha (geboren 1922)

LEBEN

Otmar Mácha wurde am 2.10.1922 in Ostrava, Mähren, geboren. Er war Schüler des Konservatorium in Prag und bei Jaroslav Řídký. Von 1945 bis 1962 wirkte er am Rundfunk in Prag.

WERKE

Außer 3 Opern schrieb Otmar Mácha ein sinfonisches Intermezzo, eine sinfonische Dichtung, Orchestervariationen, ein Duo für Saxophon und Klavier, Sonaten für Klavier mit Violine, mit Cello, mit Fagott, Klavierstücke, eine Orgeltoccata, ein Oratorium, 3 Kantaten, eine Suite für Sopran und Orchester, Chöre, Lieder und Filmmusik. Seine Werke fußen auf der mährischen Volksmusik.

Gilberto Mendes (geboren 1922)

LEBEN

Gilberto Mendes wurde am 13.10.1922 in Santos, Brasilien, geboren. Er studierte bei Cláudio Santoro und George Olivier Toni (geboren 27.5.1926, São Paulo) und bei den Internationalen Ferienkursen für Neue Musik in Darmstadt bei Henri Pousseur und Pierre Boulez. Im Jahr 1965 gründete er Festspiele für Neue Musik in Santos.

WERKE

Die von Gilberto Mendes verwendeten Texte sind konkrete Dichtungen, die Strukturen sind an statistische Methoden gebunden. Er schrieb unter anderem ein Ricercar für Streicher und zwei Hörner, eine Kantate für Sopran, Männerchor, Flöte, Klarinette, Fagott, Englischhorn, Trompete, Tenor- und Baßposaune, Klavier, Bratsche, Cello, eine »Musik« für Flöte, Trompete, Tenorposaune, Baßklarinette, Mandoline, Vibraphon, Bongos, Berimbau, Klavier, Violine, Cello, Kontrabaß, »Rotationen« für Flöte, Klarinette, Oboe, Altsaxophon, Trompete, Tenorposaune, Horn, Vibraphon, Xylophon, Celesta, Violine, Cello, Kontrabaß, eine Kantate für verschiedene Stimmen, Schlagzeug, zwei Schreibmaschinen und Tongerät, Motetten auf konkreten Text, außerdem visuelle Musik für verschiedene Stimmen, Schlagzeug, Küchenmaschine, Fußbodenwaschmaschine, Staubsauger, Fernsehgeräte, Textmontagen nach dem Evangelium Johannis, nach Zeitungsnachrichten und anderen Wortfolgen.

Camillo Togni (geboren 1922)

LEBEN

Camillo Togni wurde am 18.10.1922 in Gussago, Brescia, geboren. Er war Schüler von Alfredo Casella, Franco Margola und Arturo Benedetti Michelangeli (geboren 5.1.1920, Brescia). Er lebt in Brescia als Pianist und freier Komponist.

WERKE

Von Camillo Togni, der sich früh der Zwölftonmusik zuwandte, sind unter anderem eine konzertante Fantasie für Flöte und Streichorchester, Variationen für Klavier und Orchester, ein Aubade für sechs Instrumente, verschiedene Klavierwerke, eine Flötensonate, ein Recitativo für Elektronische Musik und zahlreiche Chöre und Sologesänge mit Instrumentalbegleitung bekannt geworden. Er ist der italienischen Avantgarde zuzuzählen.

Fikret Amirow (1922–84)

LEBEN

Fikret Meschadi Dschamil-ogly Amirow wurde am 22.11.1922 in Gandscha (heute Kirowabad, Aserbeidschan) geboren. Er lebte bis zu seinem Tod 1984 in Baku als Sekretär des aserbeidschanischen Komponistenverbandes und Direktor des Opernhauses.

WERKE

Von Fikret Amirow sind 2 Opern und 2 Operetten aufgeführt worden. Er schrieb außerdem ein Tongedicht, eine Hymne, eine Sinfonie für Streicher, 2 sinfonische Maqāmāt, ein Doppelkonzert für Violine und Klavier, ein Konzert für Klavier und Volksinstrumente, ein Klavierkonzert mit arabischen Themen, 5 Stücke für Bläsersextett, Klavierwerke, Bearbeitungen aserbeidschanischer Volkslieder und Bühnenmusiken. Seine Musik ist national gefärbt.

Ilja Hurník (geboren 1922)

LEBEN

Ilja Hurník wurde am 25.11.1922 in Poruba, Mähren, geboren. Er war in Prag Klavierschüler von Ilona Štěpanová (geboren 19.11. 1899, Lwiw) und Kompositionsschüler von Vítězslav Novák. Neben seiner kompositorischen Tätigkeit wirkt er als Konzertpianist.

WERKE

Neben 3 Opern und 2 Balletten schrieb Ilja Hurník ein Stück für Orchester, ein Konzert für Streicher und eines für Bläser und Pauken, ein Konzert für Oboe, Cembalo und Streicher, ein Oboenkonzert, Moments musicaux für elf Bläser, eine Serenade für Streicher, 2 Bläserquintette, ein Klavierquintett, 2 Streichquartette, eine Kammersonate für Flöte, Oboe, Cello und Cembalo, ein Bläserquartett, ein Klaviertrio, 4 Sonatinen für Klavier, für Klavier mit Violine, mit Cello, mit Oboe, 3 Orgelsonaten, Klavierwerke, ein Capriccio für Solovioline, Lieder mit Orchester, ein Stück für Erzähler und Kammerensemble, eine Pastorella für Soli, Kinderchor und Orff-Instrumente, Liederzyklen und mehrere Kantaten. Sein Stil ist wenig avantgardistisch.

Flavio Testi (geboren 1923)

LEBEN

Flavio Testi wurde am 4.1.1923 in Florenz geboren. Nach grundlegenden Studien an den Konservatorien in Turin und Mailand bildete er sich autodidaktisch zum Komponisten und Musikwissenschafter aus. Er lebt ohne berufliche Bindung als freier Komponist und Musikschriftsteller in Mailand.

WERKE

Von Flavio Testi sind 3 Opern aufgeführt worden. Er schrieb außerdem unter anderem »Konzertmusik Nr. 1« für Violine und Orchester, »Nr. 2« für Streicher, »Nr. 3« für Klavier und Orchester, »Nr. 4« für Flöte und Orchester, »Nr. 5« für Klavier, Violine, Cello und Orchester, ein Doppelkonzert für Violine und Klavier, eine »Kreuzigung« für Männerchor, Streicher, Blechbläser, Pauken und drei Klaviere, ein Stabat mater für Sopran, Chor und Orchester, eine Markus-Passion für Soli und Instrumente, eine Kantate für Sopran, Chor und Orchester. Er arbeitet an einer umfangreichen Geschichte der italienischen Musik, von der bereits mehrere Bände erschienen sind.

Friedrich Zehm (geboren 1923)

LEBEN

Friedrich Zehm wurde am 22.1.1923 in Neusalz (Nowa Sól), Schlesien, geboren. Er studierte von 1941 bis 1944 am Mozarteum in Salzburg und an der Musikhochschule in Freiburg im Breisgau bei Harald Genzmer und Edith Picht-Axenfeld (geboren 1.1.1914, Freiburg im Breisgau). Seit 1963 wirkt er als Verlagslektor in Mainz.

WERKE

Von Friedrich Zehm sind ein Allegro concertante, ein Klavierkonzert, ein Flötenkonzert für kleines Orchester, ein Concertino für Kleinorgel oder Cembalo und Streicher, ein Capriccio für Schlagzeug und Kammerorchester, ein »Concerto in Pop«, ein Bläserquintett, 3 Bläsertrios, ein Klaviertio, ein Streichtrio, ein Duo für Cello und Klavier, eine Sonate für Oboe und Klavier, eine Fantasie für Englischhorn oder Bratsche und Orgel, ein Konzertstück für zehn Blasinstrumente, Sätze für Streichquartett, ein Trio für Violine, Tasteninstrument und Schlagzeug mit Tonband, Trio für drei Schlagzeuger, Werke für Klavier, für Cembalo und für Orgel, eine »Deutsche Messe« für gemischten Chor, Blechbläser oder Orgel und Gemeindegesang, Gesänge mit verschiedener Instrumentalbegleitung, Bühnen- und Hörspielmusik bekannt geworden. Trotz mancher moderner Elemente ist seine Musik neuklassizistisch.

Viktor Kalabis (geboren 1923)

LEBEN

Viktor Kalabis wurde am 27.2.1923 in Červený Kostelec geboren. Er war an der Akademie der musischen Künste in Prag Schüler von Emil Hlobil (geboren 11.10.1901, Mezimostí Veselí, Böhmen) und Jaroslav Řídký. Seit 1953 arbeitet er als Musikregisseur am Rundfunk in Prag.

WERKE

Am Beginn seines kompositorischen Schaffens war Viktor Kalabis noch traditionsgebunden, dann wandte er sich neueren Techniken, vor allem den seriellen zu und wurde stilistisch Neuklassizist. Er schrieb unter anderem 2 Sinfonien, sinfonische Variationen, ein Orchesterkonzert, ein Cellokonzert, ein Violinkonzert, ein Klavierkonzert, ein Konzert für Kammerorchester, eine Kammersuite für Streicher, 2 Streichquartette, eine Sonate für Violine und Cembalo, eine weitere für Klarinette und Klavier, ein Klavierstück und Lieder.

Klavierkonzert, Opus 12, 3 Sätze, entstanden 1954
Obgleich die großen Meister der ersten Hälfte des 20. Jahrhunderts die großen Vorbilder des Komponisten waren, was auch in diesem Werk deutlich wird, bewahrt er darin den frei gefaßten Neuklassizismus, den er mit seinem Schaffen einschlug, und schöpft völlig aus eigener Invention. Lyrische Grundlagen vereinen sich darin mit geistreicher Formgebung und dramatischem Schwung. Die virtuosen Möglichkeiten des Soloinstruments sind bis auf das Äußerste ausgewertet, wenn auch das Orchester auf weiten Strecken dominiert.

Sinfonische Variationen, Opus 24, 10 Teile, entstanden 1964
Die Exposition bringt ein eigenes Thema des Komponisten. Die etwas versonnene Melodie wird in seiner Substanz nicht abgewandelt; die Variationen bestehen darin, daß sich seine »Umwelt« ständig verändert und verschiedene kontrapunktische Koppelungen, harmonische Belichtungen sowie wechselnde rhythmische Akzente darbietet. In der 1. Variation gibt es rasante Sechzehntelfiguren und spielerisches Figurenwerk der Holzbläser in der 2.; dann folgen die Dramatik der 3. und die Lyrismen der 4. Variation. Starke Klangkontraste bringen die 5. und Scherzandopassagen die 6. Variation. In der 7. Variation treten synkopische Rhythmen auf, während sich zum ersten Mal auch das Grundthema verändert, um dann in der 8. Variation in seiner Originalform, von majestätischen Bläserakkorden umrahmt, aufzutreten. In der letzten Variation steigert sich das musikalische Geschehen zweimal zu dramatischen Konflikten und verlöscht darauf mit leisen Intonierungen von Themenbruchstücken.

Erhard Karkoschka (geboren 1923)

Leben

Erhard Karkoschka wurde am 6.3.1923 in Ostrava (Mährisch Ostrau) geboren. Er studierte an der Musikhochschule in Stuttgart und der Universität Tübingen. Im Jahr 1960 wurde er Dozent und 1964 Professor an der Musikhochschule in Stuttgart.

Werke

Von Erhard Karkoschka sind ein Concertino für Kammerorchester, eine Streichersonate, ein Konzert für Violine und Kammerorchester, ein »Veni Sancte Spiritus« (Komm, heiliger Geist) für doppelchöriges Blasorchester und eine Anzahl Orchesterstücke, weiters ein Bläsersextett, 2 Bläserquintette, ein Streichquartett, ein Trio für Violine, Klarinette und Klavier, ein Duett für Violine und Cello, Variationen für Flöte und Klavier, »Bewegungsstrukturen« für zwei Klaviere, eine »Szene für zwei Celli«, Schlagzeugmusik, verschiedene Orgelwerke, eine elektronische Komposition, Kantaten, Motetten, Psalmvertonungen, Gesänge und eine Hymne mit verschiedener Begleitung bekannt geworden. Er verfaßte eine Reihe musikwissenschaftlicher Traktate.

Vladimir Šrámek (geboren 1923)

Leben

Vladimir Šrámek wurde am 10.3.1923 in Košice, Slowakei, geboren. Er studierte am Konservatorium in Prag und wirkte von 1953 bis 1963 in der Musikabteilung des Nationalmuseums. Seitdem widmet er sich nur seinem Schaffen, das in seiner Heimat wenig Anerkennung findet, weil es den offiziell geförderten Strömungen nicht entspricht.

Werke

Außer einer Orchesterouvertüre schrieb Vladimir Šrámek nahezu ausschließlich für Kammerensembles oder Solisten, und zwar unter anderem »Metamorphosen I–VII« für verschiedene Besetzung, ein Nonett, ein Rondo für acht Bläser, 3 Bläserquintette, »Spectrum I–III« für Stimmen und Orchester, ein Streichquartett, ein Bläsertrio, ein Trio für zwei Streichtrios, »Altmayafragment« für Stimme und Kammerensemble, ein Stück für Stimme, Tonband, Flöte, Klarinette und Schlagzeug, Elektronische Musik, Duos mit verschiedener Besetzung, 2 Pantomimen mit Instrumenten und Gesänge.

Eduardo Estéban Tejeda (geboren 1923)

LEBEN

Eduardo Estéban Tejeda wurde am 25.5.1923 in Buenos Aires geboren. Er war Schüler von Gilardo Gilardi, Luis Gianneo (2.1.1897, Buenos Aires, bis 15.8.1968, Buenos Aires), Jacobo Ficher (geboren 15.1.1896, Odessa) und Francisco Kröpfl. Er lebt als freischaffender Komponist in Buenos Aires.

WERKE

Von Eduardo Estéban Tejeda sind eine Ouvertüre, eine Serenade, ein Stück für 106 Instrumente, Strukturen für fünf Instrumente, 3 Sätze für sechs Instrumente und Schlagzeugensemble, »Mobile I« für Stimme, Klarinette, Flöte, Trompete, Horn, Posaune, Violine, Cello, Klavier, »Mobile II« für Flöte, Klarinette, Violine, Cello und Klavier, ein Streichquartett, mehrere Klavierwerke, Gesänge, eine Kantate für vier Solostimmen, Flöte, Klarinette, Trompete, Horn, Violine, Bratsche, Schlagzeug und elektronische Orgel und Filmmusik bekannt geworden.

György Ligeti

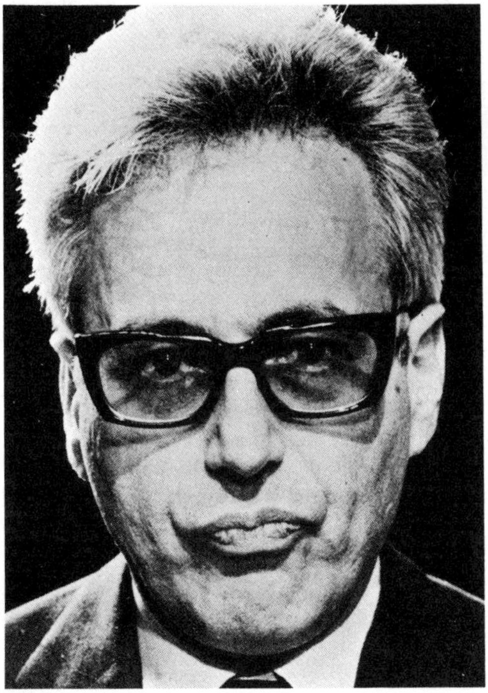

György Ligeti (geboren 1923)

LEBEN

György Ligeti wurde am 28.5.1923 in Dicsöszentmárton (heute Tîenăveni, Rumänien) geboren. Er war Schüler von Ferenc Farkas am Konservatorium in Cluj und darauf von Pál Kadosa, Sándor Veress und Pál Járdányi in Budapest an der Musikhochschule, an der er von 1950 bis 1956 als Lehrer für Kontrapunktik und Harmonie wirkte. Darauf ging er nach Köln, wo er als freier Mitarbeiter des von Herbert Eimert (8.4.1897, Bad Kreuznach, bis 15.12.1972, Düsseldorf) geleiteten elektronischen Studio beim Westdeutschen Rundfunk tätig war. Von 1959 bis 1969 unterrichtete er an der Akademie für Musik und darstellende Kunst in Wien und gleichzeitig alljährlich bei den Ferienkursen für Neue Musik in Darmstadt, an der Musikhochschule in Stockholm, in Madrid, in Bilthoven, Essen und Jyväskylä. Von 1969 lebte und unterrichtete er vorwiegend in Berlin, dann wurde er Professor an der Hochschule für Musik in Hamburg.

WERKE

Zur Neuen Musik stieß György Ligeti, der bereits in Cluj zu komponieren begann – ein Lied mit Klavierbegleitung aus 1941 wurde in Budapest gedruckt – und in Budapest tonale Musik schrieb, erst in Köln. Er legte jedoch die Elektronik nur durch wenige Jahre seinen Kompositionen zugrunde und ging dann dazu über, sich ausschließlich traditioneller Tonquellen zu bedienen und damit die sogenannten »Klangflächen« zu bilden, Klangräume, die durch kleinste Unterteilungen aus vielen Stimmen bestehen, zusammengefaßt ein Ganzes darstellen und, ständig in sich verschoben und verändert, wie irisierende Flächen aus einem stetigen Wechsel unterworfenen Farben erscheinen. Diese »Mikropolyphonie« hat Vorbilder bei Arnold Schönberg und den französischen Impressionisten, ist aber viel feiner und dichter gearbeitet und vor allem als Ganzes statischer. Der Aleatorik ist dabei wenig Spielraum belassen, weil beinahe in allen Fällen auch die winzigsten Phrasen der Instrumente oder Stimmen in den Partituren genau festgelegt sind. Solche Klanggewebe sind auch viel zu empfindlich, um etwas daran dem Zufall oder der Willkür der Ausführenden zu überlassen. Der Aufbau der Klangflächen ist in jedem seiner Werke grundsätzlich verschieden und bringt jedesmal ein neues faszinierendes Experiment. »Wenn etwas Neues experimentiert wird und man ein Ergebnis erarbeitet hat, dann lohnt es sich nicht, dasselbe Experiment wieder zu machen«, erklärt der Komponist. Er ergänzte die Klangflächenkomposition mit raschen Tonfolgen in extremen Lagen, die, als Melodie nicht faßbar, zu einem dichten Netz verwoben erscheinen. Bei der Vokalmusik sind die Texte vielfach entsemantisiert, wenn nicht überhaupt asemantische Lautfolgen verwendet werden. Noch in Ungarn schrieb er in Nachfolge von Béla Bartók und Igor Strawinsky ein »Rumänisches Konzert« und »Visionen« für Orchester, ein Streichquartett, mehrere Klavierstücke, ein Ricercar für Orgel, gemischte Chöre a cappella und Klavierlieder, in Köln zunächst die elektronischen Werke »Glissandi«, »Elektronisches Stück Nr. 3« und »Artikulation«, »Apparitions« für Orchester und »Atmosphères« für großes Orchester ohne Schlagzeug sind bereits mikropolyphonisch; »Drei Bagatellen« für Klavier, »Fragment« für Kammerorchester« und »Volumina« übertragen das System auf einen weiteren Kreis von Instrumenten, »Aventures«, »Nouvelles aventures« ziehen bereits Singstimmen heran, die sodann im »Requiem« und im »Lux aeterna« zum zentralen Element werden. Die weiteren Werke: Streichquartett Nr. 2, Kammerkonzert für 13 Instrumentalisten, Doppelkonzert für Flöte, Oboe und Orchester, »Clocks and Clouds« für Frauenchor und Orchester, »San Francisco Polyphony« für Orchester, »Sinfonisches Gedicht für 100 Metronome als Musikalisches Zeremoniell«, »Continuum« für Cembalo, »Lontano« für Orchester, »Ramifications« für zwölfstimmiges Streichorchester, ein Cellokonzert, ein Klavierkonzert und 2 Orgeletüden bieten stets neue Erlebnisse und Aspekte. Für die Bühne verfaßte er ein Monodrama und 2 Opern. Der Komponist zählt zu den bedeutendsten Gestalten der Musik unserer Zeit und seine Werke zu den wichtigsten der jüngsten Musikgeschichte.

Requiem für Sopran- und Mezzosopransolo, zwei gemischte Chöre und großes Orchester, entstanden 1965

Im Introitus wird eine gleichsam stehende Klangfläche allmählich verwandelt, dann gleitet ein chromatisch geschichteter Klang von tiefen Registern in die Höhe. In fünf Stimmgruppen entstehen polyphonische Gewebe mit ständigen rhythmischen und klanglichen Verschiebungen, aus denen die Solistinnen zuweilen bis zu den höchsten Tonlagen exaltieren, enggelagerte Holzbläserpassagen sich ablösen und harte Cluster Unruhe, Grauen, Panik und Entsetzen ausdrücken. In tiefer Wehmut sinken die Klangballungen wieder zurück, ein kurzes Orchesternachspiel schließt diese moderne Totenmesse ab.

Lontano für sehr großes Orchester, ein Satz, entstanden 1967

Bei diesem Werk spielen die Klangfarben in den Tonflächen eine untergeordnete Rolle. Wesentlich sind darin mehr die innere Struktur des Stimmengewebes, die Formgliederung und die Dynamik.

Atmosphères für sehr großes Orchester, ein Satz, entstanden 1961

Das in Donaueschingen uraufgeführte Werk besteht aus einem kompakten Block benachbarter Halbtöne, die allmählich in Bewegung kommen und sich nach oben und unten ausbreiten. Die Klangfläche verändert ständig die Farbe, die Intensität und auch die völlig unregelmäßige Begrenzung; grelle hohe Töne kontrastieren tiefe Kontrabaßregister, dann verdämmert und zerfließt das gesamte Klangbild.

Aventures & Nouvelles aventures für drei Sänger und sieben Instrumentalisten, ein Satz, Zusammenfassung zweier Werke zu einer »Musikalisch-dramatischen Handlung«, entstanden 1966

Untertitel: »Abenteuer der Form und des Ausdrucks, imaginäre Handlungen, labyrinthische Verquickungen von verfremdeten Gefühlen und Trieben, von Spott, Verhöhnung, Idyll, Nostalgie, Trauer, Angst, Liebe, Humor, Exaltation, Leidenschaft, von Traum und Wachsein, Logik und Absurdität«. Die Musik gibt nicht dieses etwas konfuse Programm, das aber nicht wörtlich zu nehmen ist, wieder, sondern kennzeichnet nur die Vielzahl der simultanen imaginären Handlungsabläufe, die dem Komponisten vorschwebten.

Konzert für Cello und Orchester, 2 Sätze, entstanden 1966

»Einsatz unhörbar wie aus dem Nichts kommend«, heißt es am Beginn der Cellostimme. Auch im Verlauf des Stücks tritt der Solist nur fallweise aus den Klangflächen hervor. Im 2. Satz kommt es zu heftigen Kontrastausbrüchen, dann schließt das Instrument das Werk mit einer »Flüsterkadenz« ab.

Continuum für Cembalo, ein Satz, entstanden 1968
Das Werk folgt demselben musikalischen Grundgedanken wie »Atmosphères«. Vor dem Hörer wird ein ständig changierender Klangvorhang durch einen kontinuierenden Klangfluß aufgezogen, der auch diesem an sich für solche Klangvorstellungen wenig geeigneten Instrument abgefordert wird.

Streichquartett Nr. 2, 5 Sätze, entstanden 1968
Dieses Quartett ist ganz konkret auf die Tradition der Musikgattung bezogen, obschon es weite Sphären des kompositionstechnisch und instrumentaltechnisch Möglichen eröffnet. Der 1. und der 5. Satz gemahnen mit ihrer feinen Mikropolyphonie an die alten Kategorien Thema und Durchführung, nur daß, was früher Thema geheißen hatte, von Bewegungscharakteren und Klanggebärden getragen wird. Der 2. Satz spiegelt in irisierenden Klangfarben- und Tonhöhenfluktuationen eine Adagio-Lyrik wider. Im 3. Satz wird der Scherzo-Charakter zur maschinell tickenden abschmurrenden Mechanik. Und das brutale Presto des 4. Satzes beschwört eine Fülle von Ausdrucksgesten subjektiver Eruptionen als Formen ohne Inhalt, auf reine Ornamentik reduziert.

Carlos Teppa (geboren 1923)

Leben
Carlos Teppa wurde am 4.6.1923 in Caracas geboren. Er studierte Cello in seiner Heimatstadt, sodann in New York und schließlich bei Gaspar Cassadó y Morlu an der Accademia Musicale »Chigiana« in Siena. Er tritt in Nord- und Südamerika und in Europa mit größten Erfolgen als Cellovirtuose auf.

Werke
Neben einem sinfonischen Ballett schrieb Carlos Teppa 5 Sinfonien, 2 sinfonische Dichtungen, 3 Violinkonzerte, 2 Cellokonzerte, 2 Bläserquintette, ein Klavierquintett, eine Sonate für Fagott und Streichquartett, 2 Streichquartette, 3 Klaviertrios, 2 Violinsonaten, 2 Sonaten für Cello und Klavier und einige Vokalmusik. Sein Stil ist neuklassizistisch mit Rückgriffen auf spätromantische Fakturen.

Wen-chung Chou (geboren 1923)

Leben
Wen-chung Chou wurde am 29.6.1923 in Chefu, China, geboren. Er studierte an der Universität in Chungking, China, darauf am Konservatorium in Boston bei Juri Slonimski (geboren 28.2.1902, St. Petersburg) und Carl McKinley und sodann an der Columbia University in New York bei Bohuslav Martinů und Edgar Varèse. Ab 1949 ist er an verschiedenen nordamerikanischen Universitäten als Professor tätig, zuletzt seit 1969 als Chairman der Musikabteilung der Kunstschule der Columbia University in New York.

Werke
Von Wen-chung Chou sind mehrere Orchesterstücke, eine Suite für Harfe und Bläserquintett, ein Stück für Klavier, Schlagzeug und Streicher, »Fischerlieder« für neun Instrumente, ein Kammerkonzert für Klavier, Bläser und Schlagzeug, eine Anzahl Klavierwerke, Lieder und Chöre mit Instrumentalbegleitung und zahlreiche Musiken zu Dokumentarfilmen bekannt geworden. Er bediente sich zumeist moderner Fakturen.

Héctor Tosar (geboren 1923)

Leben
Héctor Alberto Tosar Errecart wurde am 18.7.1923 in Montevideo geboren. Er studierte in seiner Geburtsstadt, sodann in Tanglewood, Mass., und am Conservatoire in Paris. Neben seinem Wirken als Dirigent und Pianist unterrichtete er am Konservatorium in Montevideo und arbeitete am uruguayischen Rundfunk mit. Von 1951 bis 1959 und 1967 war er Professor am Konservatorium und lehrt heute Komposition an der Universität in Montevideo.

Werke
Neben 4 Werken für die Bühne schrieb Héctor Tosar 3 Sinfonien, einen sinfonischen Satz, eine Toccata, »Rezitativ und Variationen«, ein Concertino, ein Klavierkonzert, ein Bläserquintett, ein Streichquartett, ein Trio für Vio-

line, Klarinette und Klavier, Sonaten für Klavier mit Violine und mit Klarinette, 2 Sonatinen, einen kreolischen Tanz, eine Improvisation, eine Suite und vier Stücke für Klavier – auch für Orchester –, Psalm 102 und Te Deum für Singstimme, gemischten Chor und Orchester, eine Ode für Sprecher und Orchester, ein Triptychon für Bariton und elf Instrumente, 5 Madrigale, ein Magnificat und weitere Gesänge und Chöre mit Instrumentalbegleitung. Er zählt zu den bedeutendsten zeitgenössischen Komponisten in Uruguay.

Eugen Werner Velte (geboren 1923)

Leben

Eugen Werner Velte wurde am 12. 8. 1923 in Karlsruhe geboren. Er studierte an der Musikhochschule seiner Geburtsstadt von 1942 bis 1947. Im Jahr 1957 wurde er Dozent am selben Institut. Er wirkt neben seiner Lehrverpflichtung am Süddeutschen Rundfunk und als Kritiker in mehreren Tageszeitungen.

Werke

Von Eugen Werner Velte sind unter anderem 4 Stücke für Streichorchester, eine Entrada für Bläser und Pauken, 2 Streichquartette, 3 Streichtrios, 4 Trios für Flöte, Violine und Cello, eine Sonate für Violine und Klavier, Dialoge für Flöte und Violine und für Flöte und Klavier, Klavierwerke, Orgelstücke, eine Messe für Chor a cappella, 3 Motetten für Sopran und Orgel, 3 Terzette für Sopran, Mezzosopran und Klarinette und Lieder bekannt geworden. Sein Stil ist neuklassizistisch.

Gerhard Wimberger (geboren 1923)

Leben

Gerhard Wimberger wurde am 30. 8. 1923 in Wien geboren. Er studierte am Mozarteum in Salzburg und wirkte von 1947 bis 1948 als Korrepetitor an der Volksoper in Wien, sodann bis 1951 als Kapellmeister am Landestheater in Salzburg, wo er auch Mitarbeiter bei den Festspielen ist und Dirigenten- und Kompositionsklassen am Mozarteum leitet.

Werke

Neben 4 Opern und einem Ballett schrieb Gerhard Wimberger »Logo-Rhythmen« für Orchester, »Figuren und Fantasien« für Orchester, »Dramatische Etüde« und »Chronik« für Orchester, »Risonanze« für drei Orchestergruppen, eine Partita für kleines Orchester, kanonische Reflexionen für 23 Spieler, »Stories« für Bläser und Schlagzeug, die Kantate »Ars amatoria« für Sopran, Bariton, Chor, Combo und Kammerorchester, weitere Kantaten und Lieder mit Instrumentalbegleitung.

William Kraft (geboren 1923)

Leben

William Kraft wurde am 6. 9. 1923 in Chikago geboren. Er war an der Columbia University in New York Schüler von Otto Luening, von Wladimir Ussaschevsky und Henry Dixon Cowell; er studierte dann an der Universität in Cambridge, England. Er ist Gründer und Leiter eines Schlagzeugensembles.

Werke

Von William Kraft sind unter anderem 3 Miniaturen für Schlagzeug und Orchester, Variationen über ein Volksweise für Orchester, eine Sinfonie für Schlagzeug und Orchester, ein Concerto grosso, ein Konzert für vier Schlagzeuger und Orchester, eine Suite für Schlagzeug, ein Nonett für Blechbläser und Schlagzeug, ein Streichquartett, eine Sonate für Violine und Klavier, ein Liederzyklus, Bühnen- und Filmmusik bekannt geworden.

Vasilije Mokranjac (geboren 1923)

Leben

Vasilije Mokranjac wurde am 11. 9. 1923 in Belgrad geboren, wo er an der Musikakademie bei Stanojlo Rajičić studierte. Seit 1956 unterrichtet er selbst an derselben Lehranstalt als Professor für Komposition.

Werke

Von Vasilije Mokranjac sind 3 Sinfonien, ein

Streichquartett, eine Suite für drei Flöten, Harfe, Vibraphon, Klavier und Celesta, mehrere Klavierwerke, Bühnen- und Filmmusik bekannt geworden. Er entfernte sich deutlich von der Folklore seiner Heimat.

Anton Heiller (1923–79)

Leben

Anton Heiller wurde am 15.9.1923 in Wien geboren. Er begann bereits als Gymnasiast an der Musikakademie Orgel, Klavier, Cembalo und Theorie zu studieren und schloß sein Studium 1942 ab. Im Jahr 1945 erhielt er die Leitung einer Orgelklasse an der Akademie, 1971 wurde er Professor an der Hochschule für Musik und darstellende Kunst in Wien. Neben seiner Lehrtätigkeit wirkte er als Organist und Dirigent. Er starb am 25.3.1979 in Wien.

Werke

Im Mittelpunkt des kompositorischen Schaffens von Anton Heiller steht die geistliche Chormusik. Er schrieb 10 Messen, eine kleine Zwölftonmesse a cappella, eine englische Messe für Chor, Gemeindegesang und Orgel, ein deutsches Ordinarium für gemischten Chor und Orgel, ein Proprium für Gemeindegesang, Chor und Orgel, Kantaten, Motetten, Te Deum, Psalmenvertonungen, außerdem ein Kammeroratorium, eine Ballade, Partiten und Sonaten für Orgel sowie ein Orgelkonzert mit Orchester.

Stanisław Skrowaczewski (geboren 1923)

Leben

Stanisław Skrowaczewski wurde am 3.10. 1923 in Lwiw geboren. Er studierte an den Konservatorien seiner Geburtsstadt und in Krakau sowie bei Nadia Boulanger in Paris. Bis 1954 leitete er die Philharmonie in Katowice und anschließend bis 1956 die von Krakau, wirkte als Dirigent der Philharmonie in Warschau. Seit 1960 ist er Chefdirigent des Sinfonieorchesters in Minneapolis, Minn.

Werke

Außer einem Ballett schrieb Stanisław Skrowaczewski 4 Sinfonien, sinfonische Variationen, ein Konzert für Englischhorn, 4 Streichquartette, Klavierwerke, ein Oratorium, Kantaten, Lieder und Filmmusik.

Ned Rorem (geboren 1923)

Leben

Ned Rorem wurde am 23.10.1923 in Richmond, Ind., geboren. Er studierte an der Universität in Evanstone, Ill., sodann am Curtis Institut of Music in Philadelphia und ab 1947 an der Juilliard School of Music in New York bei Bernard Wagenaar und überdies bei Aaron Copland und Virgil Thomson. Nach einem mehrjährigen Europaaufenthalt wurde er Kompositionsprofessor an der Universität in Buffalo, N. Y., und darauf in Salt Lake City, Utah.

Werke

Neben 7 Opern und 6 Kammeropern schrieb Ned Rorem unter anderem 3 Sinfonien, ein »Lento« für Streichorchester, 3 Klavierkonzerte, eine »Sinfonia« für 15 Holzbläser und Schlagzeug, ein Stück für Streichorchester, ein Konzert für Cembalo und sieben Instrumente, 2 Streichquartette, ein Trio für Flöte, Cello und Klavier und ein szenisches Stück für Cembalo, Oboe und Schlagzeug, eine Violinsonate, mehrere Klavierwerke, eine Anzahl Kantaten, Gesänge und über 200 Lieder mit Instrumentalbegleitung. Sein Stil ist neuklassizistisch mit expressionistischen Passagen.

Sinfonie Nr. 3, 5 Sätze, entstanden 1957

Der 1. Satz ist eine Art Passacaglia, die in ein pastorales Allegretto übergeht. Der 2. Satz bringt die Orchestrierung eines bereits 1949 entstandenen Jazz-Stücks für zwei Klaviere mit dauernd synkopiertem Rhythmus. Im 3. Satz erklingt ein langsames träumerisches Thema voll dynamischer Kontraste. Der 4. Satz ist ein »Gruß an Frankreich«, und das Finale stellt für sich allein ein vollständiges Orchesterkonzert dar. Das Schlagwerk eröffnet den Satz, Marschrhythmen und Jazz-Elemente schichten sich übereinander, bis die Trompeten das Werk abschließen.

Werner Haentjes (geboren 1923)

LEBEN

Werner Haentjes wurde am 16.12.1923 in Bocholt, Westfalen, geboren. Er studierte an der Musikhochschule in Köln bei Heinrich Lemacher und Philipp Jarnach und von 1947 bis 1951 bei den Kranichsteiner Ferienkursen bei Hermann Scherchen, Ernst Křenek, René Leibowitz und Wolfgang Fortner. Nach Tätigkeiten an den Theatern in Bielefeld und Heidelberg wirkte er ab 1950 als freier Mitarbeiter bei deutschen Rundfunkanstalten.

WERKE

Außer 3 Opern schrieb Werner Haentjes 2 Sinfonien, ein Hornkonzert, ein Klarinettenkonzert, Orchestervariationen, eine Ballettsuite, 6 Stücke für Blechbläser, ein Bläserquintett, 4 Streichquartette, zahlreiche Kantaten, Gesänge und Lieder mit Instrumenten und mit Klavier.

Andrei Babajew (1923–64)

LEBEN

Andrei Awanesowitsch Babajew wurde am 27.12.1923 in Msmna, Aserbeidschan, geboren. Er studierte am Konservatorium in Baku bei Kara Karajew und am Konservatorium in Moskau bei Juri Schaporin. Er starb am 21.10. 1964 in Moskau.

WERKE

Neben 2 Opern schrieb Andrei Babajew unter anderem eine Ouvertüre, eine Sinfonie, eine »Indische Fantasie«, ein Klavierkonzert, ein Klaviertrio, eine Sonatine für Klavier, Lieder, Bühnen- und Filmmusik. Seine Kompositionen sind der armenischen und aserbeidschanischen Folklore verpflichtet.

Benjamin Lees (geboren 1924)

LEBEN

Benjamin Lees wurde am 8.1.1924 in Harbin, Mandschurei (heute China), geboren. Nach Klavierstudium in San Franzisko war er an der Universität in Los Angeles Schüler von Halsey Stevens (geboren 3.2.1908, Scott, N. Y.), Ingolf Dahl und Ernest Kanitz; privaten Unterricht nahm er noch bei George Antheil. Nach Studienreisen in Europa ließ er sich zunächst in Finnland nieder, kehrte aber 1962 in die USA zurück, erhielt einen Lehrauftrag am Konservatorium in Baltimore, Md., dann wurde er Professor für Musik am Queens College in Long Island.

WERKE

Neben 2 Opern schrieb Benjamin Lees 3 Sinfonien, ein Orchesterkonzert, ein Konzert für Streichorchester, außerdem »Prolog, Capriccio und Epilog« und »Spektrum« für Orchester, ein Konzert für Kammerorchester, 2 Klavierkonzerte, ein Violinkonzert, ein Oboenkonzert, ein Konzert für Streichquartett und Orchester, 2 Streichquartette, ein Quartett für Flöte, Klarinette, Cello und Klavier, eine Sonate für Horn und Klavier sowie für Violine und Klavier, 4 Sonaten und viele weitere Stücke für Klavier, eine Kantate, Lieder mit Orchester oder mit Klavier, ein Stück für Erzähler und Orchester. Sein Stil ist neuklassizistisch, aber sehr expressiv.

Nevit Kodall (geboren 1924)

LEBEN

Nevit Kodall wurde am 12.1.1924 in Mersin, Türkei, geboren. Er war von 1939 bis 1947 am Konservatorium in Ankara Schüler von Necil Kâzim Akses (geboren 6.5.1908, Istanbul) und von 1948 bis 1953 in Paris an der École Normale de Musique von Arthur Honegger. Anschließend lehrte er bis 1955 am Konservatorium Kontrapunktik, musikalische Analyse und Instrumentation, dann wurde er Kapellmeister der Oper und in der Folge Musikdirektor am Staatstheater in Ankara.

WERKE

Außer 2 Opern und einem Ballett schrieb Nevit Kodall eine Sinfonie, eine Orchestersuite, eine Passacaglia, eine Sinfonietta für Streicher, ein Sextett, 2 Streichquartette, ein Stück für Solovioline, Klavierstücke, Chöre, Klavierlieder und Bühnenmusik. Sein Stil stützt sich zum Teil auf die türkische Folklore und muß als spätromantisch eingestuft werden.

Luigi Nono (geboren 1924)

LEBEN

Luigi Nono wurde am 29.1.1924 in Venedig geboren. Neben seinem Jurastudium in Padua war er am Konservatorium in seinem Geburtsort Schüler von Giovanni Francesco Malipiero, bei Bruno Maderna und Hermann Scherchen setzte er seine Studien fort. Bis 1961 nahm er regelmäßig an den Ferienkursen für Neue Musik in Darmstadt teil, zuletzt auch als Dozent. Anschließend unterrichtete er in verschiedenen europäischen Ländern, dann bereiste er Lateinamerika und die UdSSR. Ab 1975 lebt er vorwiegend in Venedig, wo er seit 1979 die Zeitschrift Laboratorio Musicale (Musikalisches Laboratorium) herausgibt. Er wirkt seit kurzem auch als künstlerischer Leiter des Experimentalstudios in Freiburg im Breisgau.

Luigi Nono

WERKE

Neben einer Oper und einem Ballett schrieb Luigi Nono »Kanonische Variationen« auf eine Reihe von Schönberg, »Due espressioni per orchestra«, »Gesänge für 13«, »Begegnungen für 14 Instrumente«, »Composizioni per orchestra« Varianten für Violine und Orchester, weiters eine Reihe für Tonband oder für Tonband mit konventionellen Instrumenten sowie elektronische Stücke, ferner zahlreiche Gesänge für Solisten und Chöre, mit Sprecher, mit Tonband, mit elektronischen Klängen und mit verschiedenen Klangobjekten sowie Bühnenmusik für Tonband. Der Komponist ging von der seriellen Technik aus, gelangte aber bald zur Konstruktion seiner »harmonischen Felder«, einer vielschichtigen Konzeption, mit der er eine Musik erreichen wollte, die zur »Bewußtwerdung, Diskussion und zur Teilnahme führte und dem gesellschaftlichen und politischen Auftrag der Musik und der Kunst überhaupt gerecht wurde«. Er veröffentlichte zahlreiche theoretische Traktate.

Due espressioni per orchestra, 2 Teile, entstanden 1953

Zu diesem frühen Stück gab der Komponist folgende Einführung: »Das Stück verarbeitet eine melodische Linie nach bestimmten klanglichen Gesichtspunkten. Die Möglichkeiten der ›Klangfarbenmelodie‹ sind hier bewußt auf Instrumente der gleichen Größe – Streicher – beschränkt; die klanglichen Abstufungen dieser Gruppe dienen den vielfältigsten Ausdrucksmöglichkeiten einer einheitlich konzipierten melodischen Linie. Der Linie, die von den Streichern mit dem Bogen gespielt wird, stehen kontrapunktische Entwicklungen anderer Linien entgegen, die von den Streichinstrumenten beinahe nach Art eines Schlaginstruments realisiert werden – col legno –. Sie werden ergänzt durch rhythmisch-kanonische Gestalten in Becken und Triangel sowie durch Vorentwicklungen in Flöten und Klarinetten. Das zweite Stück stützt sich auf den Rhythmus des italienischen Volkstanzes ›Furlana‹. Die Verwendung und Verarbeitung dieses Rhythmus, vereinigt mit einer spezifisch klanglichen und dynamischen Entwicklung, dient nur dazu, den Charakter des Tanzes auszudrücken.«

Arghyris Kounadis (geboren 1924)

LEBEN

Arghyris P. Kounadis wurde am 14.2.1924 in Istanbul geboren. Er studierte in Athen bei Yannis Papaioannou Klavier und Komposition und setzte diese Studien von 1958 bis 1962 in Freiburg im Breisgau bei Wolfgang Fortner fort. Seit 1963 wirkt er als Dozent an der Musikhochschule und als Leiter des Ensembles für Neue Musik in Freiburg.

WERKE

Neben zahlreichen Musiken für Aufführungen griechischer Tragödien und Komödien am Nationaltheater in Athen und 2 Bühnenwerken schrieb Arghyris Kounadis unter anderem eine Sinfonietta, ein Klavierkonzert, 3 Nokturnen, ein Bläserquintett, ein Streichquartett, ein Duo für Flöte und Klavier, ein Triptychon für Flöte und Kammerorchester, Epitymion für sechs Schlagzeuger, ein Trio und weitere 2 große Orchesterstücke, einen Doppelchor, eine Rhapsodie für Frauenstimme und Orchester sowie 4 Stücke für Trio und Sopran.

Heimo Erbse (geboren 1924)

LEBEN

Heimo Erbse wurde am 27.2.1924 in Rudolstadt, Thüringen, geboren. Er studierte Komposition bei Hermann Abendroth in Weimar und ab 1950 bei Boris Blacher in Berlin, wo er als Film- und Bühnenkomponist lebte, bis er sich 1957 in Taxenbach, Salzburg, als freischaffender Komponist niederließ.

WERKE

Im Werk von Heimo Erbse ist die expressive Dodekaphonik von Alban Berg mit der Variationstechnik von Boris Blacher verschmolzen. Er schrieb unter anderem 3 Opern und ein Ballett, ferner eine Sinfonie, eine Sinfonietta, »Impression« und »Praeludium« für Orchester, ein Capriccio, Tangovariationen für Klavier, Schlagzeug und Streicher, 6 Miniaturen für Streicher, Klavier und Schlagzeug, ein Klavierkonzert, ein Tripelkonzert für Violine, Cello und Klavier, ein Nonett für Oboe, Klarinette, Fagott, Horn und Streichquartett, ein Bläserquartett, ein Klaviertrio, eine Sonate für Flöte und Klavier, eine Sonate für zwei Klaviere, »Das Hohelied Salomos« für Sopran, Bariton und Orchester, Gesänge mit Orchester, Lieder mit Klavier und mit Cembalo, Bühnen- und Filmmusik.

Milko Kelemen (geboren 1924)

LEBEN

Milko Kelemen wurde am 30.3.1924 in Podravska Slatina, Kroatien, geboren. Er studierte an der Musikhochschule in Zagreb bei Stjepan Šulek Komposition und bei Fritz Zaun (1893–1966) Dirigieren. Im Jahr 1953 wurde er an dieser Hochschule Dozent, setzte aber ein Jahr darauf seine Studien am Conservatoire in Paris bei Olivier Messiaen und Tony Aubin fort, nahm an den Ferienkursen für Neue Musik in Darmstadt teil und gründete 1960 in Zagreb das Internationale Musikfest für Neue Musik, als dessen Präsident er fungiert. Von 1966 bis 1968 arbeitete er im elektronischen Institut von Siemens in Mün-

Milko Kelemen

chen, 1969 wurde er Professor für Komposition am Konservatorium in Düsseldorf, 1973 erhielt er einen Ruf an die Musikhochschule in Stuttgart.

WERKE

Die frühen Werke von Milko Kelemen weisen klaren formalen Aufbau auf und sind der Folklore verpflichtet. Später wandte er serielle Techniken an, stellte organisiertes und amorphes Tonmaterial nebeneinander und integrierte seiner Musik elektronische Passagen, bis er schließlich zu einer Synthese aller bisherigen Möglichkeiten gelangte und bei seinem kompositorischen Schaffungsprozessen Imagination, Archetypen, Form, Struktur und Sprache gleichermaßen berücksichtigte. Das Postulat der Originalität erfüllte er bei allen seinen Kompositionen. Er schrieb eine multimediale Ballettoper, »Sinfonische Musik«, »Skolion« für Orchester, »Équilibres« für zwei Orchester, ein Violinkonzert, ein Cellokonzert, ein Klavierkonzert, ein Orgelkonzert, Improvisationen für Streichorchester, ein Konzert für Fagott und Streicher und weitere Stücke für großes Orchester oder für Streicher, 2 Bläserquintette, 3 Streichquartette, ein Trio für Oboe, Klarinette und Fagott, Stücke für Soloinstrumente, »Zehn Fabeln« für zwei Blockflöten, Sonaten mit verschiedener Besetzung, Klavierwerke, Elektronische Musik, Liederzyklen, Einzellieder mit Instrumentalbegleitung, Chöre, a cappella und begleitet, und Filmmusik.

Fünf Essays für Streichorchester, 5 Sätze, entstanden 1960

Im 1. Satz, der mit zögernd einsetzenden Triolen beginnt, erheben sich weite Melodienbogen und steuern auf einen rhythmisch akzentuierten Höhepunkt zu, dann erlöschen die Triolen. Im 2. Satz wechseln Akkordflächen und kurze melodische Phrasen ab. Leise pochende Achtel entwickeln sich im 3. Satz zu weitgreifenden wogenden Figuren. Dann wird die Bewegung durch Rückgriffe auf den 1. Satz gehemmt. Den 4. Satz beherrschen Tremoloflächen und kurze melodische Floskeln. Im 5. Satz kehren die Triolen des 1. Satzes wieder, werden durch punktierte Rhythmen bereichert und erhalten den Charakter eines Marsches, der schwungvoll ausklingt.

Franco Mannino (geboren 1924)

LEBEN

Franco Mannino wurde am 25.4.1924 in Palermo geboren. Er studierte an der Accademia di Santa Cecilia in Rom bei Virgilio Mortari. Ab 1941 entfaltete er eine rege Konzerttätigkeit als Pianist in Europa, den USA und Afrika. Von 1969 bis 1970 leitete er das Teatro San Carlo in Neapel. Seitdem wirkt er als Gastdirigent in Italien und im Ausland und als vielseitiger Komponist.

WERKE

Neben 8 Opern und 2 Balletten schrieb Franco Mannino unter anderem eine Sinfonie, ein Capriccio, »3 Suiten«, »Instrumentale Motetten«, ein Klavierkonzert, ein Violinkonzert, ein Konzert für drei Violinen und Orchester, ein Concertino für Cello, Klavier und Streicher, eine Suite für Flöte, Posaune und kleines Orchester, 2 Klavierquartette, ein Trio für Flöte, Violine und Bratsche, ein Trio für drei Violinen, ein Trio für Violine, Horn und Klavier, eine Anzahl Klavierwerke und Orgelstücke, eine Serenata für Mezzosopran und neun Instrumente, eine Kantate für Chor und Orgel, einen Gesang für Sopran und kleines Orchester, Bühnen- und Filmmusik.

Konzert für drei Violinen und Orchester, Opus 40, 4 Sätze, entstanden 1965

Das Stück ist für die russische Violinistenfamilie Kogan verfaßt. Das Werk wird von den drei Solisten getragen, die mit virtuoser Melodik und überraschender Harmonik bis zu den Grenzen der Tonalität vordringen, sie aber nie überschreiten; das Orchester erfüllt zumeist begleitende Funktionen oder kontrapunktiert die Solisten unaufdringlich.

Violinkonzert, Opus 62, 3 Sätze, entstanden 1970

Das Werk ist zwölftönig. Die Reihetechnik wurde jedoch sehr freizügig angewendet. Die außerordentlich expressiven Themen entwickeln sich vor einem logisch aufgebauten Orchesterhintergrund, Orgelpunkte bewegen sich in von den strengen Dodekaphonikern verpönten Terzen-, Sexten- und Oktavenparallelen. Ein vorzüglich gearbeitetes Stück.

LITERATUR

K. Kovačević, Kroatische Komponisten und ihre Werke, Zagreb 1960.

Joly Braga Santos (geboren 1924)

Leben

José Manuel Joly Braga Santos wurde am 14.5. 1924 in Lissabon geboren. Er war in seiner Geburtsstadt Schüler von Frederico de Freitas Branco. Zum Dirigieren wurde er von Hermann Scherchen und Antonino Votto (geboren 30.10.1896, Piacenza) ausgebildet, weiters in Venedig, Siena und Mailand; Kompositionsunterricht erhielt er auch in Rom von Virgilio Mortari. Von 1955 bis 1959 wirkte er als stellvertretender Dirigent des Sinfonieorchesters in Porto. Seitdem lebte er vorwiegend seinem kompositorischen Schaffen und tritt gelegentlich als Gastdirigent auf.

Werke

Neben 3 Opern und 2 Balletten schrieb Joly Braga Santos 5 Sinfonien, eine Elegie, Variationen, ein Divertimento, 3 sinfonische Skizzen, Ouvertüren, ein Bratschenkonzert, ein Konzert für Streichorchester, ein Notturno, eine Sinfonietta, konzertante Variationen für Streichorchester, ein Konzert für Violine, Cello, Harfe und Streichorchester, Klavierwerke, ein Requiem und eine Ode für Chor und Orchester. Der Komponist hing anfänglich dem Neuklassizismus an, dann versuchte er, Elemente der portugiesischen Renaissance mit modernen Techniken zu verschmelzen.

Sinfonie Nr. 5, »Virtus Lusitaniae« (Die Mannhaftigkeit Lusitaniens), 4 Sätze, entstanden 1966

Das Werk ist weder dodekaphonisch noch pointilistisch, sondern mit freier Chromatik geschrieben; es weist einen einzigen vollständigen Akkord auf, der am Ende der Komposition steht. Der 1. Satz »Preludio« bringt ein sangliches Bratschenthema, das frei variiert und transformiert wird. Der 2. Satz trägt den Titel »Zavala« nach einem Dorf in Mozambique, das eine alte Volksmusiktradition hat. Dutzende Marimbas spielen verschiedene Melodien mit sehr originellen Intervallen; zwei Vibraphone, ein Cembalo, zwei Harfen und ein Klavier begleiten diese Volksmusik. Der 3. Satz »Largo« stellt eine Kombination von nach speziellem Muster arrangierten Harmonien mit polyphon entwickelten melodischen Linien dar. Im 4. Satz »Allegro energico ed appassionato« (Energisches und leidenschaftliches Allegro) wird das Grundthema von sechs Hörnern geblasen und von den Pauken rhythmisch markiert. Über zahlreiche interessante Variationen wird der Satz zu einem triumphalen Ende geführt.

Otar Taktakischwili (geboren 1924)

Leben

Otar Wasilijewitsch Taktakischwili wurde am 27.7.1924 in Tbilisi geboren. Er studierte bis 1947 am Konservatorium seiner Vaterstadt, an dem er selbst seit 1949 als Kompositions- und Instrumentationslehrer wirkt. Im Jahr 1952 wurde er Leiter der Staatskapelle von Tbilisi.

Werke

Neben 4 Opern schrieb Otar Taktakischwili 2 Sinfonien, 3 Ouvertüren, 2 sinfonische Dichtungen, ein Klavierkonzert, ein Cellokonzert, ein Trompetenkonzert, ein Concertino für Violine und Kammerorchester, ein Klaviertrio, »Burleske und Nocturno« für Cello und Klavier, Klavierwerke, 2 Oratorien, eine Kantate, Chöre, Lieder, Bühnen- und Filmmusik. Er spielt im gegenwärtigen Musikleben Grusiniens eine bedeutende Rolle.

Egil Hovland (geboren 1924)

Leben

Egil Hovland wurde am 18.10.1924 in Mysen, Norwegen, geboren. Er studierte am Konservatorium in Oslo bei Arild Sandvold (geboren 2.6.1895, Kristiania), Bjarne Brustad (4.3. 1895, Kristiania, bis 22.5.1978, Oslo), in Kopenhagen bei Vagn Holmboe, in Tanglewood, Mass., bei Aaron Copland und in Florenz bei Luigi Dallapiccola. Seit 1949 wirkt er als Organist und Chorleiter in Fredrikstad.

Werke

Vom Neuklassizismus ausgehend, gelangte Egil Hovland in seinen späteren Kompositionen zu einer progressiv modernen Tonsprache. Er schrieb unter anderem 2 Sinfonien, ein Concertino für drei Trompeten und Streicher, eine »Musik« für zehn Instrumente, »Lamenti« für Orchester, Variationen für zwei Klaviere, eine Sinfonia sacra, ein Gloria, ein »Norwegisches Te Deum«, ein Magnificat,

Orgelstücke und Tonbandmusik. Er ist in Norwegen auf dem Gebiet der Kirchenmusik führend.

Musik für zehn Instrumente, Opus 28, 3 Sätze, entstanden 1957

Der 1. Satz wird von fünf Bläsern bestritten, deren Spielmöglichkeiten voll ausgeschöpft werden. Häufiger Rhythmuswechsel, freie Tonalität, dissonante Harmonik und stellenweise Polytonalität beherrschen das musikalische Geschehen. Der 2. Satz, von fünf Streichern gespielt, ist eine Passacaglia, deren Thema vom Cello intoniert, von der Ersten Violine um eine Sekunde transponiert übernommen und dann von Instrument zu Instrument weitergegeben und dabei ständig variiert wird. Der 3. Satz vereinigt alle Instrumente, die mit aufwärts schleifenden Passagen gegen eine Triolengruppe von ostinaten Tönen gestellt sind. Beide Themen erzeugen ein stark humoristisches Tonbild.

Klaus Huber (geboren 1924)

LEBEN

Klaus Huber wurde am 30. 11. 1924 in Bern geboren. Er studierte in Zürich bei Willy Burkhard und Stefi Geyer, außerdem in Berlin bei Boris Blacher. Nach seiner Tätigkeit als Violinlehrer am Konservatorium in Zürich und als Dozent für Musikgeschichte am Konservatorium in Luzern wirkte er als Dozent für Musiktheorie an der Musikakademie in Basel, leitete dort ab 1964 eine Kompositions- und Instrumentationsklasse und ab 1968 eine Meisterklasse für Komposition. Seit 1973 ist er Professor für Komposition und Leiter des Instituts für Neue Musik an der Musikhochschule in Freiburg im Breisgau.

WERKE

Mit seiner punktuellen Kompositionstechnik knüpft Klaus Huber an Anton Webern an. Er ist daneben auch von Karlheinz Stockhausen und Pierre Boulez beeinflußt. Der Schwerpunkt seines Schaffens sind religiöse Werke. Neben einer Oper sind von seinen Orchesterwerken »Inventionen und Choral«, »Litania instrumentalis«, »Tenebrae« (1970 mit dem Beethovenpreis der Stadt Bonn ausgezeichnet), ein Violinkonzert und ein Kontrabaßkonzert bekannt geworden. Weiters schrieb er ein Stück für Harfe, Horn und Kammerorchester, ein Stück für Flöte und zwölf Streicher, ein Streichquartett, mehrere Orgelstücke, ein Oratorium, eine »Kleine deutsche Messe«, Proprien, Psalmen, Kantaten und andere sakrale Gesänge mit Instrumental- oder Orgelbegleitung.

Michel Philippot (geboren 1925)

LEBEN

Michel-Paul Philippot wurde am 2. 2. 1925 in Verzy, Marne, geboren. Nach naturwissenschaftlichen Studien nahm er am Konservatorium in Reims und am Conservatoire in Paris bei Georges Dandelot (2. 12. 1895, Paris, bis 17. 8. 1975, St-Georges-de-Didonne) und darauf privat von 1946 bis 1949 bei René Leibowitz Musikunterricht. Er wurde dann Tontechniker, 1964 Leiter der Musikproduktion und 1973 musikalischer Berater des Präsidenten der ORTF in Paris; gleichzeitig arbeitete er von 1951 bis 1961 bei der Grouppe de Recherches der Rundfunkanstalt. Seit 1974 widmet er sich nur mehr seinen Kompositionen und der akustischen Forschung.

WERKE

Der Komponist, Musiktheoretiker, Mathematiker und Kybernetiker Michel Philippot strebt eine Synthese zwischen Musik als Kunst und Musik als Wissenschaft an. Daher sprechen seine Werke nur ein Publikum an, das selbst solche Bestrebungen verfolgt, denn die Wissenschaft und das Experiment sind in der Regel stark in den Vordergrund gerückt. Er schrieb eine Anzahl Stücke für Musique concrète, außerdem für konventionelle Instrumente »Dreieckige Transformationen« für Flöte, Klarinette, Baßklarinette, Horn, Trompete, Posaune, Violine, Cello, Vibraphon, Xylophon, Triangel, Tempelblock, Holzblock, Große Trommel, zwei Pauken und Gong, ein Stück für Doppelorchester, eine Orchesterouvertüre, ein Oktett, Variationen für zehn Instrumente, ein Streichtrio, eine Violinsonate, ein Stück für Streichorchester, ein Scherzo für Akkordeon, Gesänge mit Instrumentalbegleitung sowie Bühnen-, Film- und Rundfunkmusik.

Jindřich Feld (geboren 1925)

LEBEN

Jindřich Feld wurde am 19.2.1925 in Prag geboren. Er studierte in seiner Geburtsstadt bei Emil Hlobil und Jaroslav Řídký und lebt seitdem dort als freischaffender Komponist.

WERKE

Nach anfänglichen traditionsgebundenen Fakturen wandte sich Jindřich Feld den neuen Kompositionstechniken zu. Er schrieb unter anderem neben einer Kinderoper 2 Sinfonien, »Drei Fresken« für Orchester, Konzert für Kammerorchester, Konzert für Streichorchester, ein Flötenkonzert, ein Cellokonzert, ein Fagottkonzert, ein Doppelkonzert für Oboe und Fagott, ein Nonett, ein Blechbläserquintett, 4 Streichquartette und ein Trio für Flöte, Violine und Cello.

Pierre Boulez (geboren 1925)

LEBEN

Pierre Boulez wurde am 25.3.1925 in Montbrison, Loire, geboren. Er war nach mathematischen Studien in Lyon am Conservatoire in Paris Schüler von Olivier Messiaen und René Leibowitz. Dann erhielt er die Stellung eines Musikdirektors an einem Theater. Im Jahr 1953 gründete er eine Konzertvereinigung, aus der ein Jahr darauf die »Concerts du Domaine Musical« als experimentelles Konzertforum hervorgingen, und leitete die Institution bis 1967. Von 1960 bis 1963 unterrichtete er an der Musikakademie in Basel Komposition, 1967 wurde er ständiger Gastdirigent des Cleveland Orchestra, 1971 Chefdirigent des BBC-Sinfonieorchesters und des New York Philharmonic Orchestra; seit 1976 lebt er in Paris und leitet das Zentrum für Musikforschung. Als erster Musiker hält er Vorlesungen am Collège de France.

Pierre Boulez

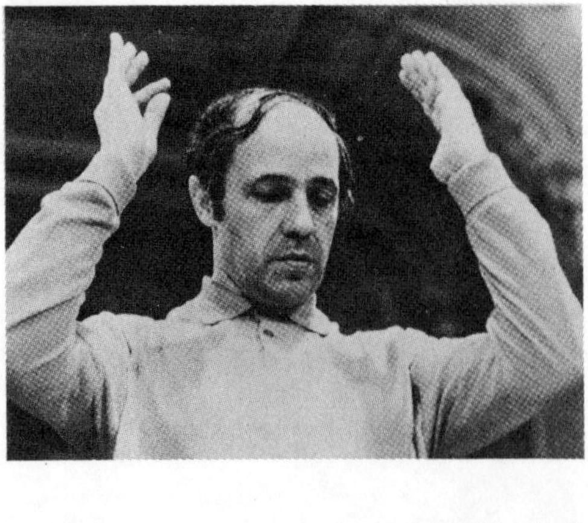

WERKE

Im Verlauf seiner Entwicklung beschäftigte sich Pierre Boulez mit allen Strömungen der Gegenwartsmusik, wie Dodekaphonik, Serialismus, Aleatorik, Elektronik, Musique concrète und Mikrointervallik, strebte eine stiltechnische Synthese derselben an und forderte »einen wechselnden Zeitbegriff auf Grund von Strukturen, die einander durchdringen, einen Ablauf, für den der geschlossene Kreis nicht die einzige zu erstrebende Lösung bildet«. Der Komponist sagt weiters: »Wie mich dünkt, besteht die vordringliche Notwendigkeit darin, ein logisch organisiertes Bewußtsein zu entwickeln. Die Logik der kompositorischen Verfahrensweise soll die Musik einerseits davor bewahren, in bloß Zufälliges und Flüchtiges zu verfallen, andererseits gewährleisten, daß ihr aus ihrer Konstruktion die Kraft zuwächst, über ihren Stand hinauszugehen.« Nach seinen eigenen Worten erstrebt er in seinen Kompositionen eine Synthese von Anton Webern und Claude Debussy an, indem er die logische Materialorganisation des einen mit der von allen traditionellen Formentypen befreiten Formkonzeption des anderen zu verbinden sucht. Er schrieb unter anderem »Notations« für Orchester, »Polyphonie X« für 18 Soloinstrumente, »Figures – Doubles – Prismes« für Orchester, »Eclat«, »Multiples« für Orchester, ein Stück für Flöte, Klarinette, Bratsche, Cello und Klavier, ein Stück für Streichorchester, eine konzertante Sinfonie für Klavier und Orchester, »Domaines« für Klarinette und 21 Instrumente, 3 Klaviersonaten, eine Sonatine für Flöte und Klavier, Stücke für Musique concrète, »Poésie pour pouvoir« für Sprecher, drei Orchester und Tonband, »Cummings ist der Dichter« für 16 Solostimmen und 23 Instrumente, ein Stück für Sopran, Alt und Kammerorchester, »Le marteau sans maître« für Alt und sechs Instrumente und weitere zahlreiche Kompositionen für Singstimmen und für Chor mit Instrumenten, zum Teil mit Tonband. Er veröffentlichte eine Anzahl Traktate zu Themen der Neuen Musik. Sein Werk kennzeichnet ihn als einen der bedeutendsten Vertreter der Musica modernissima.

Le marteau sans maître (Der Hammer ohne Meister), 9 Teile, entstanden 1954, revidiert 1957

Vier Vokalsätze, gesungen von einer Altstimme, bringen surrealistische Gedichte und werden von fünf kommentierenden Instrumentalsätzen eingerahmt. Das Kolorit des Stücks ist fernöstlich, ohne daß neue Instrumente benützt werden. Igor Strawinsky bezeichnete die Komposition als »das bis dato einzige wirklich bedeutende Werk dieser Zeit«.

Pli selon pli – Portrait de Mallarmé (Zug um Zug), 5 Teile, entstanden 1962

Diesem Werk für Sopransolo und großes Orchester liegen fünf Gedichte des Dichters Stephane Mallarmé zugrunde. Der Komponist entwirft ein von Vers zu Vers sich verdichtendes und sich verschärfendes Bild des Dichters. »Wenn ich ein Gedicht wähle, dann drängt sich mir ein Gewebe von Bezogenheiten auf, das unter anderem die affektiven Beziehungen einschließt, aber auch den gesamten Mechanismus des Gedichts umfaßt, von der reinen Klangsubstanz bis zu seiner eigentlichen geistigen Ordnung«, erklärt er. Die einzelnen Sätze sind insoweit improvisatorisch, wie sie verschiedene Grade interpretatorischer Freiheiten gewähren. Das Orchester nimmt formal am Verlauf des Geschehens Anteil; zur Mitte hin reduziert sich die große Besetzung und wächst gegen das Ende, das dem Tod des Dichters gewidmet ist, zu voller Stärke an.

Eclat für 15 Instrumente, ein Satz, entstanden 1965

Die Instrumente sind in zwei Gruppen unterteilt, und zwar: Klavier, Celesta, Harfe, Glockenspiel, Vibraphon, Mandoline, Gitarre, Zimbal, Röhrenglocken und Altflöte, Englischhorn, Trompete, Posaune, Bratsche, Cello. Das Werk wurde als »Konzert für einen Dirigenten« bezeichnet, weil dabei dem Dirigenten neben seinen üblichen Pflichten neue Aufgaben der Zeichengebung zufallen: individuelles Abschließen, Überleiten oder Verknüpfen von Klangsektoren, Erregung plötzlicher Entscheidungen an Haltpunkten des Ablaufs, Sammlung von Einzelstrukturen innerhalb von Strukturfeldern und ähnliches. Es bietet sich durch die Klänge der Instrumente ein weiter Entfaltungsraum, der nie unkontrolliert bleibt. Das Werk endet mit einem »Eclat«, indem die zweite Instrumentengruppe, die bisher wenig beschäftigt war, eingreift und im raschen Tempo eine Stretta erklingen läßt.

Domaines für Soloklarinette und 21 Instrumente in 6 Gruppen, 2 Teile, entstanden 1968

Die 6 Instrumentengruppen sind voneinander separat postiert, der Solist geht reihum von Gruppe zu Gruppe, bläst jedesmal ein Solo, das von der jeweiligen Gruppe antiphonisch beantwortet wird. Sodann rufen ihn die einzelnen Gruppen in veränderter Reihenfolge nacheinander zu einem jeweiligen antiphonischen Spiel zu sich.

Cummings ist der Dichter für 16 Solostimmen und 23 Instrumente, entstanden 1970

Der Komponist wählte vier Gedichte des amerikanischen Dichters Edwin Edward Estlin Cummings (1894–1962), dessen Sprache zwar der Mitteilung und dem Ausdruck diente, daneben jedoch nur durch Analyse erschlossen werden mußte. Das Ergebnis der Analyse und die Semantik bildeten keinen unüberbrückbaren Gegensatz, sondern eine zweite und oft dritte Bedeutungsschicht. Diese Mehrdimensionalität wird in dem Werk eingefangen und durch die Antinomien Stimmen – Instrumente, Linie – Einzelton, Tonhöhe – Geräusch, Heterophonie – organisierter Zusammenklang, metrisch – ametrisch, bestimmt – unbestimmt und ihrer Vermittlung bis zu ihrer Aufhebung verdeutlicht.

Improvisation über Mallarmé »Une dentelle s'abolit« (Eine Spitze löste sich auf) für Sopran und neun Instrumente, ein Satz, entstanden 1958

Das Werk ist pointillistisch. Die durch die Klangfarben der Instrumente laufenden melodischen Linien, die Gruppierungen verschiedener Klangkonzentrationen und die quer durch und zuweilen über Gemisch wogenden Farbballungen ergeben eine nahezu narkotische Wirkung.

Fritz Leitermeyer (geboren 1925)

Leben

Fritz Leitermeyer wurde am 4.4.1925 in Wien geboren. Er war an der Musikakademie in

Wien ab 1942 Schüler von Willi Boskovsky (geboren 16. 6. 1909, Wien) und wirkt seit 1946 als Mitglied der Wiener Philharmoniker. Im Jahr 1959 begann er ein autodidaktisches Studium der Kompositionstechniken des 20. Jahrhunderts.

WERKE

Neben gehobener Unterhaltungsmusik schrieb Fritz Leitermeyer eine Sinfonie, ein Konzert für Violine und 21 Bläser, ein Trompetenkonzert, eine Sinfonietta für Streicher, Rhapsodische Skizzen für Streicher, ein Konzert für Kontrabaß und Streicher, eine »Mutatio« für Orchester, vier Singstimmen und Elektronik, 2 Streichquartette, eine Polyphonie für Streichquartett, 12 Epigramme für Cello und Klavier, 12 Dialoge für Bratsche und Kontrabaß, einen fünfstimmigen Knabenchor, Lieder- und Bühnenmusik. Seine Musik spricht durch ihre schönen Klangmischungen unmittelbar an.

Andrei Eschpai (geboren 1925)

LEBEN

Andrei Jakowlewitsch Eschpai wurde am 15. 5. 1925 in Kosmodemjansk als Sohn des Jakow Eschpai geboren. Er war am Konservatorium in Moskau Schüler von Jewgeni Golubjew, Aram Chatschaturjan und Wladimir Sofronicki (25. 4. 1901, St. Petersburg, bis 29. 8. 1961, Moskau) und wurde an derselben Lehranstalt Dozent. Er wirkt heute als Musiklehrer und Dirigent in den USA.

WERKE

Von Andrei Eschpai sind 3 Sinfonien, sinfonische Tänze auf Mari-Themen, »Ungarische Weisen« für Violine und Orchester, ein Violinkonzert, ein Klavierkonzert, ein Konzert für Trompete, Klavier, Vibraphon, Kontrabaß und Orchester, eine Suite für Flöte und Klarinette, eine Violinsonate, Klavierstücke, Orgelwerke, Chöre, Lieder, Volksliedbearbeitungen sowie Bühnen- und Filmmusik bekannt geworden.

Konzert für Trompete, Klavier, Vibraphon, Kontrabaß und Orchester, ein Satz, entstanden 1967

Dieses Werk will die alte Concerto-grosso-Form neu beleben, erfüllt sie aber neben folkloristischem Material mit Elementen neuerer Musik. Das Concertino trägt das Hauptthema vor, das darauf vom Tutti übernommen wird. Nach einer expressiven Kulmination tritt ein zweites lyrisches Thema auf, sodann ein ernster Choral, auf den eine gedämpfte Trompete eine rührende Kantilene bläst. Der Kontrabaß spinnt diese zu einer poetischen Melodie aus. Nun folgt eine fugierte Kadenz, deren Thema dem Initialthema entnommen ist, die Hörner spielen die Reprise, und eine Coda rafft das gesamte thematische Material, dem viele Jazzelemente beigemengt sind, und das verwendete Mari-Volkslied, dem ungewöhnliche Rhythmen ein eigentümliches Kolorit verleihen, zu einem klanglichen Ende zusammen.

Giselher Klebe (geboren 1925)

LEBEN

Giselher Wolfgang Klebe wurde am 28. 6. 1925 in Mannheim geboren. Er studierte in Berlin bei Josef Rufer und Boris Blacher. Nach Tätigkeit bei der Musikabteilung des Rundfunks in Berlin, wo er anschließend als freischaffender Komponist lebte, wurde ihm 1957 die Leitung einer Kompositionsklasse an der Musikakademie in Detmold übertragen. Seit 1963 ist er Mitglied der Freien Akademie der Künste in Hamburg und seit 1964 Mitglied der Akademie der Künste in Berlin.

WERKE

Der expressive punktuelle Stil von Giselher Klebe ist der variablen Metrik von Boris Blacher und der seriellen Technik Anton Weberns verpflichtet. In seinen späteren Werken strebte er eine Neustrukturierung der Harmonik an, um »wieder eine absolute akkordische Dichte ohne irgendwelche kontrapunktische Abstützung zu erreichen, und zwar dergestalt, daß sie in den Bereich der Idee der Komposition mit den zwölf Tönen gehört und diesen Bereich mit allen Möglichkeiten der funktionalen Harmonik verbindet, ohne indessen die Gesetze der Funktionalität auf Ereignisse zu übertragen, die ihrem Geist nach nicht diesen Gesetzen gehorchen«. Er schrieb neben 11 Opern und 5 Balletten 5 Sinfonien, eine Rhapsodie, Moments musicaux, ein Violinkonzert, ein Cellokonzert, »Adagio und

Fuge«, eine Messe für 18 Bläser, »Szene und Arie« für drei Trompeten, drei Posaunen, zwei Klaviere, acht Celli, »Herzschläge« für Beatband und Orchester, Konzert für Cembalo mit elektrischen Klangveränderungen und kleines Orchester, »La tomba di Igor Strawinsky« (Das Grabmal Igor Strawinskys) für Oboe, 14 Streicher und Klavier, ein Orgelkonzert, ein Stück für Bassetthorn und Klavier, eines für Cembalo und Schlagzeug, eines für Flöte, Harfe, Klavier und Metalldiophone, Septett für Flöte, Oboe, Klarinette, Harfe, Klavier, Cello und Kontrabaß, ein Klavierquintett, 7 Bagatellen für Bassetthorn, Posaune, Harfe und Röhrenglocken, ein Klaviertrio, 2 Streichquartette, 2 Violinsonaten, Klavierstücke, Cembalostücke, Orgelwerke, eine Messe für gemischten Chor und Orgel, Kantaten, Gesänge und Lieder mit Instrumentalbegleitung, Chöre, begleitet und a cappella.

Messe, »Gebet einer armen Seele« für gemischten Chor und Orgel, Opus 51, 5 Teile, entstanden 1966
Diese Zwölftonmesse ist so angelegt, daß sie auch liturgische Verwendung finden könnte. Die Orgel wirkt nicht konzertant, sondern strebt eine Klangmischung mit dem Chor an. Dadurch sollen Klangfarbe und Harmonie derart verschmelzen, daß der Zusammenklang einer vereinigten und gegenseitigen Identifizierung gleichkommt. Sie wird von der Bauidee einer Intervallsymmetrie getragen, die von einer Mittelachse des jeweiligen Zusammenklangs ausgeht. Alle diese Elemente vereinigen sich in einer zwölftönigen Grundreihe, in der die melodischen Einfälle den entscheidenden Ausgangspunkt gebildet haben (Klebe).

Sinfonie Nr. 3, Opus 52, 4 Sätze, entstanden 1966
Das Werk ist eher das musikalische Protokoll einer phantasievollen Annäherung an die historische Sinfonie als selbst eine Sinfonie zu nennen, aber es gibt doch keine feste Norm für musikalische Nomenklaturen, wenn auch manche sich durch Tradition eingelebt haben, aber es ist Schicksal jeder Tradition, einmal gebrochen zu werden. Der 1. Satz nähert sich irgendwie der Sonatenform, aber seine Themen, die mit starken Impulsen auftreten, versickern in statischen Abschnitten aus Klangflächen, und zwar mit reihenabgeleiteten, aber auch tonal deutbaren Gestalten. Der 2. Satz ist eine freie Variationenfolge über eine Reihe. Der 3. Satz bringt ein Scherzo, dessen Trio voll Fanfaren ist, und das Finale stellt einen kantilenenreichen Epilog dar.

Mikis Theodorakis (geboren 1925)

LEBEN

Mikis Theodorakis wurde am 29.7.1925 auf Chios geboren. Er studierte von 1943 bis 1950 am Odeion in Athen und ab 1953 als politischer Flüchtling nach zweijähriger Haft am Conservatoire in Paris unter Olivier Messiaen, Tony Aubin und René Leibowitz. Im Jahr 1961 kehrte er nach Athen zurück und wirkte dort als Komponist, Interpret seiner Kompositionen und als engagierter Politiker, 1967 wurde er neuerlich inhaftiert und kam erst 1970 frei. Bis zum Sturz der griechischen Diktatur, 1974, lebt er erneut in Paris, dann kehrte er als gefeierter Sänger der Freiheit seines Volks ein zweites Mal heim.

WERKE

Besondere Bedeutung und Popularität gewann Mikis Theodorakis durch seine über 500 Lieder und die Musik zu mehr als 30 Filmen, von denen »Alexis Sorbas« ein weltweiter Erfolg wurde. Ein Großteil dieser Musik ist dem politischen Kampf gewidmet; ein anderer Teil kann nur der gehobenen Unterhaltungsmusik zugeordnet werden. Als Tonmaterial dienen die Volkslieder und Volkstänze, gelegentlich auch die Tradition der byzantinischen Kirchenmusik. Seine sonstigen Werke, eine Sinfonie, ein Konzert für Streicher, ein Klavierkonzert, eine Suite für Klavier und Orchester, eine Suite für Orchester, eine Suite für Chor und Orchester, mehrere Oratorien, Chorlieder und mehrer Ballette, waren weniger erfolgreich.

Julián Orbón (geboren 1925)

LEBEN

Julián Orbón wurde am 7.8.1925 in Avilés, Spanien, geboren. Er studierte zunächst am Konservatorium in Oviedo, sodann in Habana bei José Ardévol und ab 1946 in Tanglewood bei Aaron Copland. Darauf leitete er sodann das Konservatorium in Habana. Im Jahr 1960 verließ er Kuba und unterrichtete am Konservatorium in Mexiko, bis er sich 1963 in New York niederließ.

WERKE

Neben den Orchesterwerken – ein Kammerkonzert, eine Sinfonie, 3 sinfonische Sätze, sinfonische Tänze, ein Concerto grosso, eine Partita – schrieb Julián Orbón ein Klavierquintett, ein Streichquartett, eine Partita für Cembalo, Streichquartett, Vibraphon, Celesta und Harmonium, eine Toccata und eine Sonate für Klavier, eine Partita für Cembalo, einen lateinischen Hymnus, 3 Gesänge für Sopran, Streichquartett, Cembalo und Schlagzeug auf Texten des Königs Alfonso X. el Sabio (1221–84) und weitere Gesänge und Chöre mit Orchester und a cappella.

Himnus ad Galli cantum (Hymnus auf das Krähen des Hahnes) für Sopran und Kammerensemble, 4 Sätze, entstanden 1956

Der Kantate liegt der lateinische Text des Dichters Aurelius Prudentius Clemens (348–404) über die Szene zugrunde, in der Petrus durch dreimaliges Krähen des Hahns an seine Verleugnung Christi gemahnt wird. Das aus Flöte, Oboe, Klarinette, Harfe und einem Streichquartett bestehende Kammerensemble untermalt die vom Sopran mit expressivem Pathos vorgetragenen Verse mit der glutvollen Farbgebung, die für lateinamerikanische Kompositionen typisch ist.

Luciano Berio (geboren 1925)

Luciano Berio

LEBEN

Luciano Berio wurde am 24.10.1925 in Oneglia, Ligurien, geboren. Er studierte am Konservatorium in Mailand bei Federico Ghedini und in Tanglewood, Mass., bei Luigi Dallapiccola. Im Jahr 1953 gründete er beim italienischen Rundfunk ein Studio für Phonologie und leitete es. Ab 1960 unterrichtete er in Tanglewood, in Darlington, in Darmstadt und Köln Komposition, weiters in Oakland, Calif. Ab 1965 wirkte er als Lehrer an der Juilliard School of Music in New York, wo er ein Ensemble für Neue Musik gegründet hatte. Pierre Boulez berief ihn 1977 zum Leiter der elektroakustischen Abteilung des Zentrums für Musikforschung in Paris.

WERKE

An der Entwicklung der elektronischen Musik und der Entdeckung neuer Klänge in der Instrumental- und Vokalmusik hat Luciano Berio maßgeblichen Anteil. Er zählt zu den prominentesten Vertretern der Neuen Musik. Er schrieb »Allelujah I und II«, »Sequenza I« für Flöte, »II« für Harfe, »III« für Solostimmen, »IV« für Klavier, »V« für Posaune, »VI« für Bratsche, »VII« für Oboe, »VIII« für Schlagzeug, »IX« für Violine, »Quaderni I« für Bläser, Schlagzeug, zwei Harfen und Celesta, »II« für Orchester, »III« für Orchester, »Mimusique« und »Perspectives« für elektronische Musik, eine Sinfonia, »Chemins I, II, II B, II C, III, IV«, die die Sequenzen weiterentwickeln, ein Streichquartett, eine Serenata für Flöte und 14 Instrumente, ein Stück für Klavier und 23 Instrumente, einen Chor für 40 Singstimmen und 40 Instrumente, ein Konzert für Cello und Kammerorchester, zahlreiche Gesänge mit verschiedener Instrumentalbegleitung, »Visage« für Tonband und weitere Elektronische Musik und Musique concrète.

Sinfonia für acht Solostimmen und großes Orchester mit elektronischer Orgel, 5 Sätze, entstanden 1968

Das Werk wurde von der Kritik als »eines der gehaltvollsten, ergiebigsten Orchesterwerke der jüngsten Zeit« bezeichnet; es war dem Komponisten geglückt, einen großen Publikumskreis zu interessieren, indem er den »schönen Klang« des 19. Jahrhunderts durch geistreiche Collagen mitschwingen ließ. Vokal- und Instrumentalklang halten eine genaue Balance, Musik und Sprache stehen zueinander in einem geradezu osmotischen Konnex. Die nicht überall unmittelbar verständlichen Texte im 1. und im 5. Satz sind einer ethnologischen Abhandlung von Paolo Levi (geboren 1919) entnommen, im 3. Satz sind Textstellen eines Romans von Samuel Beckett (geboren 1906) verknüpft, der 2. und der 4. Satz verwenden einzelne Wörter als phonetisches Material. Im 3. Satz erklingen Zitate aus dem 3. Satz der Sinfonie Nr. 2 von Gustav Mahler mit Anspielung auf Musik von Johann Sebastian Bach bis Karlheinz Stockhausen.

Allelujah II für fünf räumlich getrennte Instrumentalgruppen, entstanden 1958

Die Gruppen werden auf verschiedene Weise um das Publikum herum gestellt, so daß das Klangmaterial als eine ständig aus allen Seiten tönende Jubilatio verstanden werden kann. Sie stellt eine Gedankenverbindung zu gregorianischen Choralformen her, ohne Choralmelodien zu integrieren. Die flächig bewegte Musik ist von starken Eruptionen akzentuiert, nur das Strukturprinzip permanenter Variationen innerhalb enger Grenzen bringt sie der Gregorianik nahe.

Epifanie für sehr großes Orchester und Frauenstimmen, 3 Teile, entstanden 1965

Es handelt sich um eine Vokalfassung von Quaderni I, II, III, mit denen die kompositorische Hauptschicht in Form von genau notierten Orchesterstücken vorgegeben ist; sie können jedoch vom Dirigenten ausgetauscht werden. Die zusätzlichen vokalen Abschnitte ergeben weitere mobile Faktoren, weil die Textzitate durch das gleichzeitig erklingende Orchester eine jeweils verschiedene Beleuchtung erhalten. Als weitere Reihungsmöglichkeit können »einige dieser Texte, die der zeitgenössischen Literatur entnommen sind, nach Wahl des Interpreten an verschiedenen Stellen mit instrumentalen Entwicklungen synchronisiert werden«.

Chemins I su Sequenza II für Harfe und großes Orchester, entstanden 1965

Zu den einzelnen »Sequenzen« verfaßte der Komponist Erweiterungen – »Chemins« (Wege) – mit kommentierender und alterierender Funktion. Hier spielt die Harfe die Einleitung, die von in einiger Entfernung aufgestellten Orchesterharfen respondiert wird, dann kommen außer den um einen Block gruppierten Streichern Klavier, Celesta und Cembalo hinzu und schließlich die Bläser; die Musik drängt zu einem außergewöhnlich heftigen Höhepunkt, dann spielt die Harfe den Epilog.

Chemins II su Sequenza VI für Bratsche und neun Instrumente, entstanden 1967

Der Solopart der Bratsche von Sequenza VI ist beibehalten und wird nur von einer Klangwolke flirrender und tremolierender Resonanzen umgeben.

Chemins IIB su Sequenza VI, entstanden 1970

Hier ist die Farbenpalette von Chemins II stark ausgeweitet; das Orchester absorbiert jedoch die Solopartie.

Chemins IIC su Sequenza VI, entstanden 1972

Zum Werk IIB tritt eine neue Solopartie, gespielt von einer elektrisch verstärkten Baßklarinette, profiliert sich aber innerhalb der anderen Linien des Orchesters wenig markant.

Chemins III su Sequenza VI, entstanden 1968

Es handelt sich eigentlich um Chemins auf Chemins II. »In Chemins III sind der Grundtext und sein Kommentar als Folge eines ständigen Austausches von Elementen eng miteinander verzahnt. Der eine verhält sich zum andern so wie Figur, Zeichnung oder Modell zu Farbe und Schatten, wie alles, was wir gestalten, zugleich etwas anderes in sich birgt, darin einer Verästelung von Wegen vergleichbar, die wieder auf neue Wege treffen werden.«

Jurriaan Andriessen (geboren 1925)

Leben

Jurriaan Andriessen wurde am 15.11.1925 in Haarlem als Sohn des Hendrik Franciscus Andriessen geboren. Er war von 1942 bis 1948 Schüler seines Vaters am Konservatorium in Utrecht, studierte dazwischen in Paris Filmmusik und nahm von 1949 bis 1950 an den Sommerkursen in Tanglewood, Mass., als Schüler von Aaron Copland und Sergei Kusewitzki teil. Seit 1957 wirkt er als Hauskomponist der Schauspielgesellschaft »De Haagse Comedie« in Den Haag.

Werke

Mit seinen zahlreichen Kompositionen hat sich Jurriaan Andriessen zwar von den spätromantischen Fakturen seines Vaters weit entfernt, blieb aber in seiner Entwicklung im Neuklassizismus stehen. Seine Kompositionen sind wegen ihrer breiten Klangwirkung sehr beliebt. Er schrieb 3 Opern, 5 Sinfonien, eine konzertante Sinfonietta für vier Trompeten und Orchester, eine sinfonische Rhapsodie, ein Concertino für Fagott und Orchester, eine konzertante Sinfonie, »Sätze« für Trompete, Horn, Posaune, Streicher und Pauken, ein »Concerto Rotterdam« für Jazzcombo und Orchester, ein Concertino für Sousaphon und Orchester, ein Concerto für Cembalo und drei Instrumentalgruppen, ein Stück für Cembalo und 24 Streicher, Stücke für Blechbläser, Tänze für sieben Schlagzeuger, Harfe und Gitarre, ein Stück für elf Instrumente, ein Oktett für Bläser, 5 Trios mit verschiedener Besetzung, verschiedene Duos, Klavierstücke, Orgelstücke, Harfenstücke, Stücke für Glockenspiel, 2 Messen und ein Magnificat für Soli, Chor und Orchester, Lieder und zahlreiche Bühnen- und Filmmusiken.

Gunther Schuller (geboren 1925)

LEBEN
Gunther A. Schuller wurde am 22. 11. 1925 in New York geboren. Er studierte von 1941 bis 1943 Horn und Musiktheorie an der Manhattan School of Music, als Komponist war er Autodidakt. Von 1943 bis 1945 wirkte er als Erster Hornist des Sinfonieorchesters in Cincinnati und anschließend in gleicher Eigenschaft im Orchester der Metropolitan Opera, dann bis 1967 als freischaffender Komponist. Daneben war er Kompositionsprofessor an der Yale University in New Haven, Conn. Seit 1967 ist er Präsident des Konservatoriums in Boston.

WERKE
Von der seriellen Musik ausgehend, schuf sich Gunther Schuller einen persönlichen Stil, der Sinfonik und Jazz vereinigt und von ihm mit »Third stream« (Dritte Strömung) bezeichnet wurde. Der Terminus ist von der Fachliteratur übernommen worden. Er schrieb unter anderem 3 Opern, 2 Ballette, 3 Sinfonien, ein Hornkonzert, ein Cellokonzert, ein Klavierkonzert, ein Kontrabaßkonzert, ein Doppelkonzert für zwei Klaviere, ein Violinkonzert, ein Harfenkonzert, »Atonale Jazz-Studien«, Transformationen für Jazzorchester, ein Konzert für zwei Orchester, 7 Studien auf Themen von Paul Klee, ein »Amerikanisches Triptychon«, eine Suite für Kammerorchester und weitere Stücke für Kammerorchester, für Streicher und für Bläser, ferner ein Stück für 16 Hörner, ein Kontrabaßquartett, ein Quartett für Jazzinstrumente, ein Jazzquintett mit Flöte, Baßklarinette, Horn, Violine und Cello, eine Sonate für Klarinette, Violine, Cello und Klavier, eine »Nachtmusik« für improvisierende Baßklarinette, Gitarre, zwei Kontrabässe und Trommeln, 2 Streichquartette, Sonaten sowie weitere Kammermusik mit verschiedener Besetzung, Lieder und Gesänge mit Instrumentalbegleitung.

Morton Feldman (geboren 1926)

LEBEN
Morton Feldman wurde am 12. 1. 1926 in New York geboren. Er studierte bei Wallingford Riegger und Stefan Wolpe Komposition. Nachdem er 1950 mit John Cage in Berührung gekommen war, adoptierte er dessen Technik und Stil.

WERKE
An die Stelle des Serialismus von Anton Webern setzte Morton Feldman die Indetermination des kompositorischen Ablaufs und trug dadurch viel zur Entwicklung der Aleatorik bei. Er schrieb unter anderem »Intersection I«, »Marginal Intersection« und »Structures« für Orchester, ein Stück für Kammerorchester und eines für kleines Orchester, ein Stück für elf Instrumente, eines für zehn Instrumente, eines für neun Instrumente, ein Septett, 2 Sextette, »Projection II« für Quintett, 2 Stücke für Klarinette und Streichquartett, 2 Streichquartette, ein Quartett für Violine, Cello, Glockenspiel und Klavier, verschiedene Trios und Duos, Stücke für Kammerensemble, für Klavier zu zwei, zu drei und zu vier Händen und für zwei Klaviere, Kantaten und Gesänge für Soli und für Chor mit Instrumenten und Instrumentalsoli.

LITERATUR
P. Dickinson, Feldman explains himself. – In: Music and Musicans XIV/11 (1966).

Franco Evangelisti (1926–80)

LEBEN
Franco Evangelisti wurde am 21.1.1926 in Rom geboren. Nach absolviertem Ingenieurstudium an der Universität in Rom wurde er 1948 Musikstudent bei Fernando Germani und Daniele Paris (geboren 18.11.1926, Frosinone, Latium), dann ging er nach Freiburg im Breisgau, um an der Musikhochschule Komposition zu studieren. Seit 1952 widmete er sich ausschließlich der Elektronischen Musik. Er war Mitbegründer der Woche für Neue Musik in Palermo, Gründer des Ensembles »Nuova Consonanza« und des elektronischen Studios »R7«, außerdem Dozent für Elektronische Musik an der Accademia di Santa Cecilia in Rom. Er starb dort am 28.1.1980.

WERKE
Nach sieben Jahren experimentellen Komponierens im temperierten System widmete sich Franco Evangelisti ab 1962 elektroakustischen Problemen. Er schrieb »Ordini« für Orchester, »Condensazioni« für Orchester, Skizzen für Orchester, »Spazio« (Der Raum) für vier Schlagzeuggruppen, Vokalklänge und elektronische Bearbeitung, Elektronische Studien, Aleatorische Studien für Streichquartett, verschiedene Klavierstücke, ein Theaterstück für sieben bis zehn Mimen, Bildprojektor und Kammerorchester und 2 Strukturen daraus, ferner eine Reihe experimenteller Stücke.

Friedrich Cerha (geboren 1926)

LEBEN
Friedrich Cerha wurde am 17.2.1926 in Wien geboren. Er studierte in seinem Geburtsort an der Akademie für Musik und darstellende Kunst Komposition bei Alfred Uhl und Violine bei Vaša Přihoda (22.8.1900, Vodňany, bis 26.7.1960, Wien). Hernach betätigte er sich als Violinist und Lehrer. Im Jahr 1958 gründete er in Wien das Ensemble »die reihe« für Neue Musik und leitete es bis 1983. Im Jahr 1969 wurde er Professor an der Musikhochschule und künstlerischer Leiter ihres elektronischen Studios in Wien.

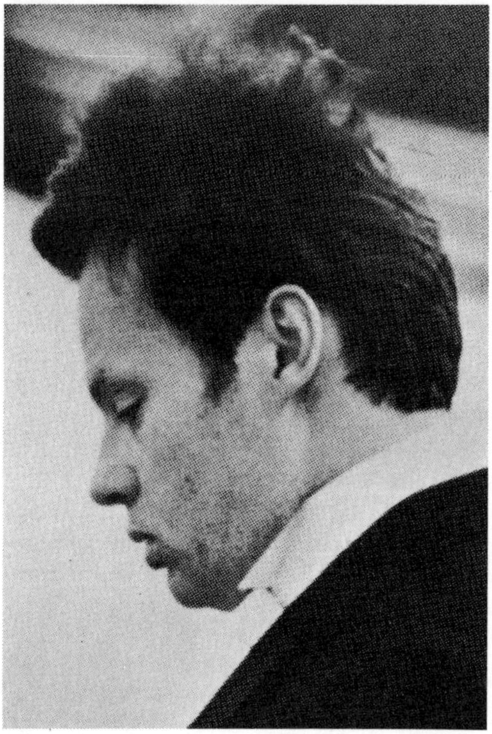

Friedrich Cerha

WERKE
Alles Dialektische hält Friedrich Cerha für bedeutungslos und interessiert sich wenig für motivische Arbeit. Anstelle des Kontrastes zieht er die feinen Schattierungen innerhalb einer Farbe oder einer Struktur vor. Er schrieb eine Sinfonie, ein Divertimento für acht Bläser und Schlagzeug, »Espressioni fondamentali« für Orchester, »Relationen« für Cembalo und Kammerorchester, »Sinfonien« für Bläser und Pauken, »Spiegel I–III« für Orchester und Tonband, »Phantasma 63« für Kammerensemble, »Übungen« für Bariton, fünf Sprecher, Akteure und Kammerensemble, »Verzeichnis gefundener Dinge« für Kammerensemble, ein Stück für Bläser, »Nachtmusik I und II« für Orchester, 2 Stücke für Klavier und Violine.

Oldřich Korte (geboren 1926)

LEBEN
Oldřich Korte wurde am 26.4.1926 in Šala,

Slowakei, geboren. Er war Schüler seines Vaters und studierte von 1943 bis 1949 am Konservatorium in Prag. Er ist in Prag als Kritiker und freischaffender Komponist tätig.
Sein Vater František Korte (22.4.1895, Ústí nad Orlicí, bis 27.7.1962, Prag) studierte in Prag Jura und nahm Kompositionsunterricht bei Vítězslav Novák.

WERKE
Neben einem Ballett schrieb Oldřich Korte eine Sinfonietta, ein Concerto grosso für Streicher, Trompeten und Klavier, eine Suite für Blasorchester, ein Stück für Flöte und Glockenspiel, ein Duo für Violine und Klavier, eine Klaviersonate, Troubadourgesänge für Soli, Chor und alte Instrumente. Sein Stil hält sich von allen zeitgenössischen Strömungen fern und ist kompromißlos persönlich.
František Korte schrieb 3 Opern, eine Sinfonie, eine sinfonische Dichtung, eine Rhapsodie, ein Klavierkonzert, Tänze für Kammerorchester, 2 Streichquartette, ein Klavierquartett, eine Violinsonate, 3 Sonatinen für Bratsche und Klavier, eine Kantate, Kirchenmusik, Chöre und Lieder.

Francis Burt (geboren 1926)

LEBEN
Francis Burt wurde am 28.4.1926 in London geboren. Er studierte dort von 1948 bis 1951 an der Royal Academy of Music bei Howard Ferguson und anschließend bis 1954 an der Hochschule für Musik in Berlin bei Boris Blacher. Im Jahr 1956 ließ er sich in Wien nieder und wirkte dort seit 1973 als Professor für Komposition an der Hochschule für Musik und darstellende Kunst.

WERKE
Außer 2 Opern und einem Ballett schrieb Francis Burt unter anderem 3 Orchesterstücke, ein Streichquartett, ein Duo für Klarinette und Klavier, ein Stück für zwei Klaviere, eine Kantate, ein Vokalquartett mit Klavier und Klavierlieder. Sein Stil ist neuklassizistisch, aber von seinem Berliner Lehrer stark beeinflußt.

Roberto Escobar-Budge (geboren 1926)

LEBEN
Roberto Escobar-Budge wurde am 11.5.1926 in Santiago de Chile geboren und studierte dort bei René Amengual Astaburuaga. Seit 1956 wirkt er als Kritiker in Concepción und als Lehrer an der katholischen Universität in Santiago.

WERKE
Außer 2 sinfonischen Werken schrieb Roberto Escobar-Budge eine Kammersuite für neun Instrumente, ein Bläserquintett, ein Stück für Cembalo, Trompete, Fagott, Cello und Schlagzeug, verschiedene Klavierstücke, 2 Kantaten, ein Stück für Stimmen und Schlagzeug und Filmmusik. Er gehört der chilenischen Avantgarde an.

Ruth Zechlin (geboren 1926)

LEBEN
Ruth Zechlin, geborene Oschatz, Frau des Pianisten Dieter Zechlin (geboren 30.10.1926, Goslar), wurde am 22.6.1926 in Großhartmannsdorf bei Freiberg, Sachsen, geboren. Sie war an der Hochschule für Musik in Leipzig Schülerin von Johann Nepomuk David, Wilhelm Weismann, Paul Schenk (geboren 11.2.1899, Leipzig), Karl Straube, Rudolf Fischer (geboren 13.7.1913, Leipzig) und Günther Ramin. Im Jahr 1950 wurde sie Dozentin für Tonsatz an der Deutschen Hochschule für Musik in Berlin, an der sie heute als Professor wirkt.

WERKE
Neben der Oper für Schauspieler »Reineke Fuchs« schrieb Ruth Zechlin 3 Sinfonien, 2 Kammersinfonien, »Thema mit 5 Veränderungen« und »Emotionen« für großes Orchester, »Lineare Meditationen« und »Polyphone Meditationen« für Streichorchester, »Musik« für kleines Orchester, ein Violinkonzert, »Gedanken über ein Klavierstück von Prokofjew« für Klavier und zehn Soloinstrumente, ein Klavierkonzert, ein Orgelkonzert, ein Concertino für Oboe und Kammerorchester,

»Kammermusik« für Cembalo und Orchester, »Stationen« für Bläserquintett und Tasteninstrument, 5 Streichquartette, ein Trio für Oboe, Bratsche und Cello, ein Duo für Flöte und Cembalo, 2 Stücke für Cembalo, ein Oratorium, eine »Lidice-Kantate«, einen Gesang für Sopran und Orchester, Klavier- und weitere Cembalostücke.

Hans Werner Henze (geboren 1926)

LEBEN
Hans Werner Henze wurde am 1.7.1926 in Gütersloh geboren. Er studierte Klavier und Schlagzeug an der Musikschule in Braunschweig, sodann von 1946 bis 1948 Komposition bei Wolfgang Fortner in Heidelberg und Dodekaphonik bei René Leibowitz in Paris. Anschließend wirkte er als musikalischer Leiter am Theater in Konstanz und sodann als Ballettkapellmeister am Staatstheater in Wiesbaden. Darauf lebte er als freischaffender Komponist der eigenen Werke in Italien – Ischia, Neapel und Rom. Nachdem er von 1961 bis 1967 eine Kompositionsklasse am Mozarteum in Salzburg geleitet hatte, übernahm er 1980 einen Lehrstuhl für Komposition und Ästhetik an der Musikhochschule in Köln.

WERKE
In der Musik von Hans Werner Henze, dessen Assimilierungsgeschick außerordentlich ist, sind alle denkbaren Stilgattungen der Gegenwart und der Vergangenheit spürbar. Aber was er schreibt, ist trotz aller Assimilierung seine eigene Handschrift, und was er aussagt, ist seine eigene Sprache. Die Freiheit der Kunst zieht den unbedingten Freiheitswillen der Künstler nach sich, die sich keinem Diktat unterwerfen, nicht einmal einem eigenen. Man hat dem Komponisten Strukturlosigkeit vorgeworfen, aber er macht Musik nicht für die Musikologen. Man muß sein Bestreben, stets frisch zu erscheinen und auf den Ausdruck mehr zu achten als auf irgendwelche vorgegebene Richtlinien, als legitim anerkennen. Er ist doch nicht der erste Künstler, der sich seine Form selbst neu schuf, und wird,

Hans Werner Henze

das ist zu hoffen, nicht der letzte sein. Er schrieb neben 15 dramatischen Werken und 6 Balletten 7 Sinfonien, 3 Klavierkonzerte, 2 Violinkonzerte, ein Doppelkonzert für Oboe, Harfe und Streicher, ein Kontrabaßkonzert, ein Konzert für Violine, Stimme, 33 Instrumente und Tonband, eine Suite, »Ode an den Westwind« für Cello und Orchester, »Vier Gedichte«, »Drei sinfonische Etüden«, »Antifone«, eine »Fantasie« für Streicher, »Compasses« für Bratsche und 22 Spieler, eine Allegorie und eine Barcarole für Orchester, ein Kammerkonzert für Klavier, Flöte und Streicher, ein Concertino für Klavier, Bläser und Schlagzeug, 5 Streichquartette, eine Kammersonate für Klavier, Violine und Cello, ein Bläserquintett, ein Konzert für Klavier und sieben Instrumente, eine Sonate für Streicher, »Drei Dithyramben« für Kammerorchester, ein Adagio für acht Instrumente, Stücke für Klavier, für Cembalo, für Violine und Cello solo, 5 Madrigale, ein Oratorium, Kantaten, Chöre und Lieder mit verschiedener Begleitung, zum Teil mit Rezitation.

Das Floß der Medusa, Oratorium für Sopran, Bariton, Sprecher, gemischten Chor, Kammerchor, Knabenchor und Orchester, 2 Teile, entstanden 1968

Das Werk schildert die Schicksale der Matrosen der Fregatte »Medusa«, die 1816 auf der Reise nach Afrika auf eine Sandbank auflief; sie wurden auf ein Floß gesetzt, aber nicht abgeholt. Der Text ist von Ernst Schnabel (geboren 1913) mit Zitaten aus der Divina Commedia von Dante Alighieri (1265–1321) und aus den Pensées von Blaise Pascal (1623–62) zusammengestellt. Der 1. Teil trägt den Titel: »Die Einschiffung zum Untergang«, der 2. Teil »Die neunte Nacht und der Morgen«. Dem Orchester ist teils eine illustrierende, teils eine kommentierende Funktion zugewiesen.

El Cimarrón (Der Wilde), Recital für Bariton, Flöte, Gitarre und Schlagzeug, 2 Teile, entstanden 1969

Dem Werk liegt die Autobiographie des geflohenen Sklaven Esteban Montejo zugrunde, als Libretto eingerichtet von Hans Magnus Enzensberger (geboren 1929). Der Zuckerrohrsklave Montejo entflieht und versteckt sich; inzwischen kommt es zum Aufstand, der auch ihm die Freiheit bringt. Der Sieg bringt aber den befreiten Sklaven nichts ein, denn sie müssen gleich wie vorher auf den Rohrfeldern arbeiten. Die im weitesten Sinn aleatorische Musik ist ein essentieller Teil des Ablaufs; sie spricht, schildert ihn wie der Sänger und malt alle Emotionen aus.

Der langwierige Weg in die Wohnung der Natascha Ungeheuer, Kantate für einen Vokalisten, ein Klavierquintett, ein Blechquintett, eine Jazzgruppe, eine Hammondorgel, Schlagzeug mit Mundharmonika, 11 Teile, entstanden 1969

Dem Werk liegt ein Gedicht des chilenischen Dichters Gastón Salvatore zugrunde. Natascha Ungeheuer ist die Sirene einer falschen Utopie, die dem Links-Bourgeois erlaubt, das gute Gewissen revolutionärer Gesinnung beizubehalten, ohne am Kampf teilzunehmen. Der Links-Bourgeois wird von der Sirene angelockt, er macht sich dreimal auf dem Weg zu ihr, betritt aber ihre Wohnung nicht, sondern besinnt sich. Die Musik besteht aus vielen Klangzentren. Im Vordergrund steht ein Vokalist, der den Text spricht, singt oder im Sprechgesang rezitiert, die beiden Quintette und die Jazzgruppen sind drei weitere Zentren, die Hammondorgel und der Schlagzeuger mit der Harmonika schmücken den musikalischen Ablauf, der zum Teil genau festgelegt, zum Teil aleatorisch mit beliebigen Tonhöhen ist. Das Tonband mit Straßenlärm und musikalischen Fragmenten älterer Musik bildet den Hintergrund.

Versuch über Schweine, Kantate für Singstimme und Blechbläserensemble, ein Satz, entstanden 1969

Dem Werk liegt ein gleichnamiges Gedicht von Gastón Salvatore zugrunde; es ist sozialkritischen Inhalts. Die Musik gibt das Gedicht ohne Bezug auf dessen einzelne Worte wieder, sondern wiederholt es parallel dazu, so daß eigentlich zwei Gedichte gleichen Inhalts nebeneinander ablaufen.

Sinfonie Nr. 1, 3 Sätze, entstanden 1947, für Kammerorchester umgearbeitet 1963

Der Komponist hat seine 1. Sinfonie als »reinen Fehlschlag« bezeichnet, sie daher zurückgezogen und als Kammersinfonie neu gefaßt. Es liegt eine reine Spielmusik vor, die formal dem vorklassischen Muster folgt. Der 1. Satz ist zierlich und elegant, der 2. Satz bringt eine schöne Kantilene, die zeigt, daß der Komponist auch die Diktion der Romantik beherrscht. Das Finale ist ein fröhlicher Kehraus.

Sinfonie Nr. 2 für großes Orchester, 2 Sätze, entstanden 1949

Auch dieses Werk orientiert sich formal an der Sinfonik der Frühklassik, es sind jedoch der 2. und 3. Teil der Vorbilder zu einem Satz zusammengefaßt. Der 1. Satz beginnt mit tiefen Harfentönen, die Holzbläser entwickeln ein kurzes Motiv, dann fallen die Streicher kräftig ein. Im Mittelteil dieser starken Kontraste erklingen Kantilenen, der Schluß ergeht sich in Fortissimoausbrüchen des gesamten Orchesters. Der 2. Satz beginnt rhapsodisch. Das Einleitungsthema wird vierzehnmal variiert. Der Mittelteil ist lyrisch, in der Reprise erscheint die Einleitung im Krebs. Dann folgen Klangflächen, über denen ein Arioso in ein Streicherfortissimo mündet; sodann führen alle Instrumente zu einem Höhepunkt.

Sinfonie Nr. 3 für großes Orchester, 3 Sätze, entstanden 1949

Der 1. Satz trägt die Überschrift »Anrufung Apolls« und bringt nach der Einleitung eine stürmische Passacaglia mit einer zweistimmigen Baßfigur, die vom Klavier intoniert und ständig variiert von verschiedenen Instrumentengruppen in hohe Lagen gezogen wird. Der 2. Satz »Dithyrambe« übernimmt die Stimmung des vorangehenden und verstärkt und steigert sie; ein Hymnus unterbricht die tumultöse Musik und mündet in einen ruhigen Epilog. Der 3. Satz »Beschwörungstanz« besteht aus lebhaften kleinen Gruppen und kurzen Motiven, die zum Teil ostinat wiederkehren und am Ende in einem Kanon der Violinen und Celli – von Glockeninstrumenten umspielt – enden.

Sinfonie Nr. 4, ein Satz, entstanden 1955

Das Werk ist aus Teilen der Oper »König Hirsch« gebildet, die aus aufführungstechnischen Gründen gekürzt werden mußte. Die Farbenpracht der Opernmusik ist durch die Instrumentalisierung der Singstimmen noch um vieles gehoben.

Sinfonie Nr. 5, 3 Sätze, entstanden 1962

Das Orchester besteht aus einem Klanggrund aus Streichern, dem vier Gruppen aus Holz- und Blechbläsern gegenüberstehen, außerdem aus zwei

Paukengruppen, aus Harfen und Klavieren. Im konzertanten Stil werden die einzelnen Gruppen herangezogen und als Figuren einer kontrapunktischen Strategie im Nebeneinander und Gegeneinander geführt. Das Werk ist »von der Menschenwelt und von der Landschaft Roms beeinflußt, ja vielleicht sogar von der im Verhältnis zur neapolitanischen härteren Sprache des Römischen« (Henze). Der 1. Satz hat Sonatenform. Nach einem harten ersten Thema bringen die Violinen eine kantable Phrase. Die Durchführung ist weit ausgeholt mit vielen Klangschattierungen. Die Reprise mit dem Rückgriff auf das Kopfthema ist gerafft. Der 2. Satz besteht »aus nichts als einer Disposition von vier verschiedenen dreistimmigen Akkorden, die in immer anderer Klanggestalt auftauchen, lang gezogen zwischen Arioso und Rezitativ schwankenden einstimmigen Melodiebogen ein immer anderes Licht geben«. Im 3. Satz sind Rondo- und Variationsform verbunden. Bratschen und Celli tragen das Thema vor, das zweiunddreißigmal variiert wird.

Sinfonie Nr. 6 für zwei Kammerorchester, 3 Teile, entstanden 1969

»Dieses Stück handelt von allen Ländern der Dritten Welt und von unserem gestörten Verhältnis zu ihnen« (Henze). Eingebaut sind: ein Lied der vietnamesischen Befreiungsfront, ein Lied von Mikis Theodorakis (»Sterne der Nacht«) und kubanische Nationalhymnen. »Bei einmaligem Hören wird man das kaum erkennen können, vielleicht wird es aber in der Unruhe, in der nervösen Spannung, dem Zustand unaufgelöster Widersprüche, der dem Ganzen anhaftet, spürbar.«

Klavierkonzert Nr. 2, 3 Teile, entstanden 1967

»Die Musik versucht aus der Sprachlosigkeit und Abstraktion auszubrechen, in der eine gewisse Ästhetik sie noch gefangenhält. Sie tröstet nicht, sie ist kein künstliches Paradies, sondern sie reflektiert Schmerz und Unglück, so wie sie jeden Menschen in unserer beschädigten Welt befallen und heimsuchen, um ihm das Leben zu vergällen und schließlich rauben.« Der 1. Teil bringt Reminiszenzen an einen Asienaufenthalt mit nachempfundener Gagaku-Musik in einem kontrapunktisch geprägten Satzbild. Er geht ohne Zäsur in den 2. Teil über, der eine Reihe von Themen scherzoähnlich zusammenfaßt und in einen ungebundenen Schlußteil mündet. »Das Stück hat apokalyptische Strecken, Stellen wie Vulkanausbrüche, die die Welt zum Schwanken bringen. Es ist lyrisch versonnen und dann wieder wie ein Revolutionsdrama von äußerster Härte und aufrührerischer Besessenheit« (Stuckenschmidt).

Arthur Grumiaux

Violinkonzert Nr. 1, 4 Sätze, entstanden 1947

Nach seinen eigenen Worten hatte der Komponist bei diesem Konzert »Vorstellungen von einem Stück für Violine und Orchester, von weitgeschwungenen zarten Kantilenen und von gepflegten Klängen«. Den 1. Satz eröffnet die Solovioline in rhapsodisch freiem Spiel. Die Zwölftonreihe wird im Ablauf des Satzes in straffen Sechzehntelbewegungen konzentriert; virtuose Passagen und weite Intervallsprünge bilden einen energischen Ausdruck. Der 2. und der 3. Satz bilden den Mittelteil des Werks; virtuose Bravour und melodische Sanglichkeit stehen darin in starkem Kontrast. Im Finale wird die Reihe des 1. Satzes erneut aufgegriffen, während im Mittelteil zwei neue Reihen verarbeitet sind.

Kontrabaßkonzert, 3 Sätze, entstanden 1966

In diesem Konzert sind der Umfang und die Beweglichkeit der Soloinstrumente voll ausgenützt; Doppelgriffe, Flageoletts und die eigentümlich singenden hohen Töne des Instruments kommen prächtig zur Geltung. Der 1. Satz hat Liedform, der 2. Satz ist ein Scherzo. Die Ciacona des 3. Satzes beginnt mit einem Baßsolo zweier melodisch unabhängiger Stimmen, die das Material zu den folgenden Variationen bilden.

»Ode an den Westwind« für Cello und Orchester, 5 Sätze, entstanden 1953

Dieses Cellokonzert folgt in seiner Aussage den 5 Strophen des gleichnamigen Gedichts von Percy Bysshe Shelley (1792–1822). Die Stimme des Soloinstruments ist in ein äußerst sensibles Gewebe der Orchesterstimmen eingewoben, es kommt zu keinem »Gegenüber« wie in einem traditionellen Konzert, sondern zu einer engen, unlösbaren Verknüpfung, so daß der Solopart nicht gesondert verfolgt werden kann. Ebenso ineinander aufgegangen sind Tonsatz und Instrumentation zu einer Einheit. Ohne den Instrumentalklang – oder mit einem anderen – bliebe das Werk ein Torso.

Doppelkonzert für Oboe, Harfe und Streicher, ein Satz, entstanden 1966

Die Form dieses Konzerts ist die der Instrumentalmusik des 18. Jahrhunderts; es handelt sich um eine konzertante Sinfonie mit Allegro, Andante, Reprise als Variante des Allegro und Coda als Variante des Andante. Die 18 Solostreicher haben obligate Partien und sind an den thematischen, rhythmischen und harmonischen Entwicklungen der Oboen- und Harfensoli beteiligt.

Sonate für Streicher, 2 Sätze, entstanden 1958

Der 1. Satz ist einer Sonate angenähert, der 2. Satz besteht aus 32 Variationen über eine von der Solovioline gespielten einstimmigen Tonfolge. In den Variationen sind zahlreiche Spieltechniken der Streicher kombiniert und in immer andere Zusammenhänge gebracht.

Jan Krenz (geboren 1926)

Leben

Jan Krenz wurde am 14.7.1926 in Włocławek, Polen, geboren. Er studierte an den Musikhochschulen in Warschau und Łódź. Von 1945 bis 1953 wirkte er als Dirigent an der Philharmonie und der Oper in Poznan, dann übernahm er die Leitung des großen Rundfunk-Sinfonieorchesters in Katowice. Er war mit Tadeusz Baird und Kazimierz Serocki einer der Begründer der »Gruppe 49« zur Pflege neuer polnischer Musik. Im Jahr 1968 wurde er Chefdirigent und künstlerischer Leiter der Oper in Warschau. Er ist oft als Gastdirigent im Ausland tätig.

Werke

Von Jan Krenz sind eine Sinfonie, eine Suite, 2 Serenaden, ein sinfonischer Tanz, eine Rhapsodie für Streicher und Schlagzeug, eine Toccata und ein Concertino für Klavier und Orchester, ein Bläserquartett, eine Oboensonate, eine Kantate, Chorlieder a cappella und ein Triptychon für Singstimme und Klavier, weiters ein Capriccio für 24 Instrumente bekannt geworden.

Hans Otte (geboren 1926)

Leben

Hans Günther Franz Otte wurde am 3.12. 1926 in Plauen geboren. Er studierte bei Johann Nepomuk David und Paul Hindemith Komposition, bei Wlodzimierz Poźniak (28.6. 1904, Krakau, bis 29.1.1967, Krakau) und Walter Gieseking (5.11.1895, Lyon, bis 26.10. 1956, London) Klavier, bei Fernando Germani Orgel und bei Hermann Abendroth Dirigieren. Er wirkt als Pianist, seit 1959 ist er Leiter der Musikabteilung von Radio Bremen. Im Jahr 1961 gründete er die Bremer Tage für Neue Musik »pro musica nova«.

Werke

Das musikalische Schaffen von Hans Otte stand anfänglich im Einfluß von Paul Hindemith, Johann Nepomuk David und Arnold Schönberg, dann wandte er sich dem musikalischen Theater zu, wobei Aleatorik und Multimediakunst in den Vordergrund rückten. Schließlich langte er bei einer amerikanisch orientierten Happening-, Minimal- und Monotonie-Ästhetik an. Er schrieb unter anderem für Orchester »momente«, »Buch«, »terrains«; ferner »ensemble« für Streichorchester, »passages« für Klavier und Orchester, »modell« für zwei Sänger und zwei Pianisten, »nolimetangere« für eine Schauspielerin, einen Pianisten, Film und Ton, »live« für Klavier, TV-Tagesschau und Bühne, »alpha omega« für zwölf Tänzer, zwölf Männerstimmen, zwei Schlagzeuger und einen Organisten und weitere Hör- und Schauspiele, Stücke für Klavier, für Orgel, für Schlagzeuger, für Bläser und andere Instrumente, zuweilen auf mehrere Räume verteilt, und Elektronische Musik.

Earle Brown (geboren 1926)

Leben

Earle Brown wurde am 26.12.1926 in Lunenburg, Mass., geboren. Nachdem er 1942 seine technische Ausbildung abgebrochen hatte, studierte er an der Schillinger School of Music in Denver, Colo., und wirkte von 1950 bis 1952 selbst als Lehrer an demselben Institut, sodann bis 1954, gemeinsam mit John Cage und David Tudor (geboren 20. 1. 1926, Philadelphia, Pa.), an einem elektronischen Forschungsprojekt in New York und anschließend als Aufnahmeleiter einer Schallplattenfirma. Seit 1960 ist er für die Aufnahmen zeitgenössischer Musik verantwortlich. Er hält sich häufig in Europa auf und übernimmt dort verschiedene Lehrverpflichtungen.

WERKE

Ein Großteil der Werke von Earle Brown ist vom Bestreben bestimmt, die traditionelle Vorstellung vom genau fixierten und beliebig oft wiederholbaren musikalischen Kunstwerk aufzulösen und durch mehrdeutige, bei jeder Aufführung anders verlaufende Formprozesse zu ersetzen. Dem Interpreten fallen dadurch Entscheidungen über Reihung, Verteilung und Spielweisen zu. Er schrieb unter anderem »Folio« und »Four Systems« für beliebig viele Instrumente mit unbestimmter Aufführungsdauer, »Indices« für 17 Spieler, »Available Forms I« für 18 Musiker und »Available Forms II« für 98 Musiker und zwei Dirigenten, »Modelle I–III« und weiteres aleatorisches Material, ferner ein Nonett, ein Oktett, 2 Streichquartette, 2 Trios und Duos mit variabler Besetzung, Werke für ein oder mehrere Klaviere oder Cembali, ein Stück für Rezitator und Instrumente, »Raummusik« für verschiedene Anzahl Tonbänder und Elektronische Musik, auf verschiedene Räume oder Standorte verteilt.

Donald Erb (geboren 1927)

LEBEN

Donald Erb wurde am 17. 1. 1927 in Youngstown, O., geboren. Er studierte unter anderem am Institut of Music in Cleveland und an der Universität in Indianapolis. Von 1953 bis 1961 unterrichtete er am Cleveland Institute und wirkte dort bis 1966 als Composer-in-Residence und anschließend in gleicher Eigenschaft beim Sinfonieorchester in Dallas, Tex. Seitdem wirkt er erneut in Cleveland.

WERKE

Von Donald Erb sind eine »Ouvertüren-Sinfonie«, eine Fantasie für Flöte, Oboe, Kontrabaß und Cembalo, eine Sonate für Cembalo und Streichquartett, ein Duo für Trompete und Schlagzeug, ein Stück für vier Schlagzeuger, »Die siebte Trompete« für Instrumente, ein Konzert für Schlagzeug und Orchester, ein Stück für Trompete und Schlagzeug und Streichtrio bekannt geworden.

Die siebte Trompete, ein Satz, entstanden 1969

Das Werk nimmt Teile der Apokalypse – aus Buch 8, 9, 11 – zum Vorwurf und endet mit dem Trompetenstoß des siebten Engels. »Die Komposition hat einen Satz, zerfällt aber in drei große Teile. Der erste Teil beginnt mit einer freien Kadenz für Flöte, Klarinette, Baßklarinette und Kontrabaß. Das Material dieser Kadenz zieht sich in verschiedener Gestalt durch das gesamte Stück. Der Abschnitt ist eher statisch. Die Streicher fallen nacheinander ein und behaupten ihre Vorherrschaft bis zum Ende, bilden jedoch eine relativ unbewegliche Klangmasse, der einige Figuren aufgesetzt sind. Der zweite Teil ist stark rhythmisiert und zieht das gesamte Orchester heran, dessen Instrumente sehr extensive Klänge von sich geben. Der dritte Abschnitt beginnt langsam, gewinnt aber bald an Tempo und kumuliert am Ende den gesamten Klangkörper.«

Witold Szalonek (geboren 1927)

LEBEN

Witold Szalonek wurde am 2. 3. 1927 in Czechowice, Polen, geboren. Er studierte an der Musikhochschule in Katowice, an der er 1956 Assistent, 1966 Professor und 1972 Rektor wurde. Er besuchte die Darmstädter Ferienkurse und war durch ein Jahr Schüler von Nadia Boulanger in Paris. Im Jahr 1970 hielt er selbst Kompositionskurse in Århus ab.

WERKE

Obwohl sich Witold Szalonek rückhaltlos der Neuen Musik verschrieben hatte, sind in seinem Werk folkloristische Elemente nicht zu übersehen. Er schrieb eine polyphonische Suite für Streicher, ein Concertino für Flöte und Kammerorchester, »Veränderungen« für Kammerorchester, Improvisationen für Klarinette, Posaune, Cello und Klavier, ein Stück für ein bis vier Streichquartette und eines für fünf Bläser und vier Streicher, ein Trio für Flöte, Klarinette und Fagott, Arabesken für Violine und Klavier, Proportionen für Flöte, Bratsche und Harfe, eine Cellosonate, Monologe für Oboe solo, eine Suite für Alt und neun Instrumente, ein Triptychon für Sprecher, Chor und Kammerorchester, eine Kantate für Stimme und Orchester, eine Ballade für zwei Chöre a cappella, weiters Chorwerke, Lieder und Bühnenmusik.

John Joubert (geboren 1927)

LEBEN

John Pierre Herman Joubert wurde am 20.3. 1927 in Kaapstad geboren und studierte an der dortigen Universität und darauf von 1946 bis 1950 an der Royal Academy of Music in London, dann wirkte er bis 1962 als Lektor für Musik an der Universität in Hull. Seitdem unterrichtet er an der Universität in Birmingham.

WERKE

Den Stil von John Joubert muß man als neuklassizistisch einordnen, obwohl er einerseits viele expressionistische Elemente integrierte, andererseits mit afrikanischer Melodik und Rhythmik folkloristisch wirkt. Er schrieb 5 Opern, 2 Ballette, 2 Sinfonien, eine Sinfonietta für Kammerorchester, 2 Orchesterouvertüren, ein Klavierkonzert, ein Violinkonzert, ein Oktett, ein Quintett für Blockflöte, zwei Violinen, Cello und Cembalo, 2 Streichquartette, ein Streichtrio, ein Duo für Violine und Cello, ein Orgelstück, eine Bratschensonate, Klavierstücke, mehrere Kantaten, ein Oratorium, eine Messe, ein Magnificat und ein Nunc dimittis für Chor und Orgel, ein »Afrikanisches Skizzenbuch« für Vokalquartett und Bläserquintett, »Dialoge« für Sopran, Countertenor, Cello und Cembalo, »Die heimliche Muse« für Sopran und sechs Celli, Anthems und Motetten a cappella.

LITERATUR

P. Dickinson, John Joubert Today. – In: The Musical Times CXII (1971).

Domenico Guaccero (geboren 1927)

LEBEN

Domenico Guaccero wurde am 11.4.1927 in Palo del Colle, Bari, geboren. Er studierte bis 1948 am Liceo Musicale in Bari, bis 1956 Komposition bei Goffredo Petrassi und anschließend Akustik an der Accademia di Santa Cecilia in Rom, wo er Mitbegründer des Elektronischen Zentrums der Römischen Philharmonie, der »Nuova Consonanza«, der Gesellschaft für Musiktheater und des Studios »R7« für Elektronische Musik, das er seit 1969 leitet, war. Seit 1966 wirkt er als Kompositionslehrer am Konservatorium in Pesaro.

WERKE

Neben 2 Opern schrieb Domenico Guaccero unter anderem »Variationen 1« für Orchester und elektronische Klänge, »2« für Streicher, ein Stück für Streicher und Tasteninstrument, ein Stück für 16 und eines für zehn Instrumente, ein Quartett für Kleine Klarinette, Tenorsaxophon, Sopran und Tenor, »Übungen« für Klarinette und Klavier, eine Klaviersonate, Improvisationen für Bratsche und für Cembalo, »Übungen für Sopranstimme« und für »einen Mimen«, »Übungen für Singstimmen und Instrumente« und »Variationen für Instrumente, Singstimmen und elektronische Klänge«. Ab 1963 wirkt er als Musikredakteur der Zeitschrift Collage.

Paul Angerer (geboren 1927)

LEBEN

Paul Angerer wurde am 16.5.1927 in Wien geboren. Er studierte an der Akademie für Musik und darstellende Kunst seines Geburtsorts und wurde Erster Solobratscher der Wiener Sinfoniker. Von 1956 bis 1963 leitete er das Wiener Kammerorchester, anschließend wirkte er als Kapellmeister am Theater der Stadt Bonn bis 1966, darauf als musikalischer Leiter in Ulm. Von 1966 bis 1972 war er Kapellmeister am Landestheater in Salzburg, dann bis 1982 beim Südwestdeutschen Kammerorchester in Pforzheim. Er lebt heute in Unteralb, Niederösterreich.

WERKE
Außer einer Oper und einem Musical schrieb Paul Angerer unter anderem eine Sinfonie, 2 weitere Orchesterstücke, ein Konzert für Violine und Kammerorchester, ein Stück für Violine, Bratsche, Cello, Kontrabaß, Streicher und Schlagzeug, einen Dialog zweier Celli mit begleitendem Kammerorchester, ein Konzert für Kontrabaß und Kammerorchester, ein Konzert für Cembalo, Streicher und Schlagzeug, eines für Klavier und Streicher, ein Konzert für Viola da gamba, Streicher und Schlagzeug, Musik für 15 Streicher, ein Konzert für Bratsche und Streichorchester, eines für Klavier und Streicher, ein Stück für neun Instrumente, ein Oktett, ein Bläsersextett, 2 Bläserquintette, ein Streichquintett, ein Quartett für vier Hörner, ein Quartett für Violine, Bratsche, Horn und Fagott, eines für Oboe, Horn, Bratsche und Cello, ein Streichquartett, ein Streichtrio, ein Klaviertrio, ein Duo für Flöte und Horn, eines für Cello und Klavier, Klaviermusik, eine Kantate und Lieder.

Franco Donatoni (geboren 1927)

LEBEN
Franco Donatoni wurde am 9.6.1927 in Verona geboren. Nach seiner Ausbildung in seinem Geburtsort studierte er in Mailand bei Ettore Desderi (10.12.1892, Asti, bis 23.11.1974, Florenz), bei Adone Zecchi (geboren 23.7.1904, Bologna) und Lino Liviabella (7.4.1902, Macerata, bis 21.10.1964, Bologna), in Bologna und schließlich an der Accademia di Santa Cecilia in Rom bei Ildebrando Pizzetti. Ab 1953 unterrichtete er Harmonielehre und Kontrapunktik am Konservatorium in Bologna und ab 1955 am Konservatorium in Mailand, bis er 1965 einen Ruf an das Konservatorium in Turin erhielt.

WERKE
Außer einem Ballett schrieb Franco Donatoni eine Sinfonie für Streicher, ein Concertino für Streicher, Blechinstrumente und Pauke, ein Divertimento für Violine und Orchester, ein Konzert für Kammerorchester, eine Serenade für 16 Instrumente und Frauenstimmen, »Strophen« für Orchester, einen Satz für Cembalo, Klavier und neun Instrumente, Inventionen für Orchester, ein »Puppenspiel« für Orchester, ein Streichquartett, ein Stück für zehn Streicher und eines für 37 Streicher, ein »Puppenspiel« für Flöte, Piccolo und Orchester, »Übung« für Tasteninstrumente und weitere Stücke mit kammermusikalischer Besetzung und für Klavier, ein Stück für 14 Instrumente und einen Vorleser. Sein Anschluß an die zeitgenössische Neue Musik ist sehr lose, er sucht eine neue Avantgarde auf tonaler Basis zu gewinnen.

Wilhelm Killmayer (geboren 1927)

LEBEN
Wilhelm Killmayer wurde am 21.8.1927 in München geboren. Er studierte von 1945 bis 1953 Klavier, Dirigieren und Komposition bei Hermann Waltershausen, Musikwissenschaft bei Rudolf von Ficker und erneut Komposition bei Carl Orff. Er wirkte von 1955 bis 1958 als Lehrer am Trappschen Konservatorium in Frankfurt am Main und von 1961 bis 1964 als Ballettkapellmeister an der Staatsoper in München. Im Jahr 1974 wurde er Professor für Komposition an der Musikhochschule in München.

Wilhelm Killmayer

WERKE
Für den Kompositionsstil von Wilhelm Killmayer sind Klangphantasie und Formenreichtum wie gestische und rhetorische Züge, die von seinem Lehrer Carl Orff herrühren, charakteristisch. Außer 3 Opern und 3 Balletten schrieb Wilhelm Killmayer 3 Sinfonien, 2 sinfonische Dichtungen, ein Klavierkonzert, ein Konzert für Streichorchester, ein Trompetenkonzert, eine Kammermusik für Jazzinstrumente, »Drei Tänze« für Oboe und Schlagzeug, ein Konzert für Schlagzeug, Xylorimba, Vibraphon, Flöte, Bratsche und Gitarre, ein Stück für Schlagzeugensemble, ein Stück für Schlagzeug, Bratsche und Klavier, ein Klavierquartett, Klavierstücke, zahlreiche Gesänge und Lieder für Soli oder Chor mit Instrumental- oder Klavierbegleitung und Chöre a cappella.

Bernard Parmegiani (geboren 1927)

LEBEN
Bernard Parmegiani wurde am 27.10.1927 in Paris geboren. Er nahm Klavierunterricht und studierte Fernseh-Tontechnik. Von 1954 bis 1959 arbeitete er als Toningenieur beim französischen Fernsehen. Im Jahr 1960 stieß er zur Groupe de Recherches Musicales beim französischen Rundfunk, ab 1965 führte er elektroakustische und später auch audiovisuelle Experimente durch.

WERKE
Außer der Mitwirkung an Gemeinschaftskompositionen der Groupe de Recherches Musicales, einer Oper und mehrerer Ballette, schrieb Bernard Parmegiani »Danse«, »Alternaces«, »Jazzex«, ein Mobile, »Outremer« für Tonband und Ondes Martenot, mehrere Stücke für Tonband und Jazzquartett und weitere kammermusikalische Stücke mit teilweise elektronischen Klängen. Die Ergebnisse seiner Experimente sind für die Entwicklung der Gegenwartsmusik sehr ausschlaggebend.

Jean Barraqué

Jean Barraqué (1928–73)

LEBEN
Jean Barraqué wurde am 17.1.1928 in Paris geboren. Er studierte am Conservatoire in Paris bei Jean Langlais und privat bei Olivier Messiaen. Bis 1954 arbeitete er bei der Groupe de Recherches Musicales des französischen Rundfunks. Dann widmete er sich neben seinem kompositorischen Schaffen vorwiegend musiktheoretischen Problemen, insbesondere der Forschung über Claude Debussy und sein Werk.

WERKE
Das Œuvre von Jean Barraqué ist nicht umfangreich. Er schrieb seine ersten Werke dodekaphonisch, dann wandte er sich der Elektronik zu. Im einzelnen sind von seinen Kompositionen zu nennen: »Etude«, Musik auf Tonband, »Séquence« für Singstimme, Schlagzeug und verschiedene Instrumente, »Chant après chant« für Singstimme, Schlagzeug und Klavier, »Concerto« für sechs Instrumentalformationen, Vibraphon und Soloklarinette, eine

Klaviersonate, die wegen ihrer extremen technischen Schwierigkeit nur selten gespielt wird, außerdem der unvollendete Zyklus »Der Tod des Vergil« von Hermann Broch (1886–1951), von dem nur »Le temps restitué« (Die zurückerstattete Zeit) für Solo, Chor und Orchester, »Au delà du hasard« (Jenseits des Zufalls) für vier Instrumentalformationen und eine Vokalformation erschienen sind.

Juan Allende-Blin (geboren 1928)

LEBEN
Juan Allende-Blin wurde am 24.2.1928 in Santiago de Chile geboren. Er studierte zunächst bei seinem Onkel Adolfo Allende Sarón (29.8. 1890, Santiago de Chile, bis 9.10.1966, Santiago), sodann an der Universität seiner Geburtsstadt und besuchte Kurse bei Olivier Messiaen. Im Jahr 1962 wurde er in Hamburg Mitarbeiter des Norddeutschen Rundfunks. Er lebt heute in Essen als freischaffender Komponist.

WERKE
Neben 2 Balletten schrieb Juan Allende-Blin unter anderem »Transformationen« für Bläser, Schlagzeug, Celesta und Klavier, »Transformationen« für Schlagzeug, »Transformationen« für Orgel, »Profile« für Klarinette, Trompete, Posaune, Cello und Schlagzeug, »Magnetfelder« für Klavier, Klarinette, Kontrabaß und Tonband, »Unterbrochenes Schweigen« für Klarinette, Kontrabaß und Klavier, ein Orgelstück und 2 Chansons, außerdem weitere Musik für Tonband.

Juan Allende-Blin

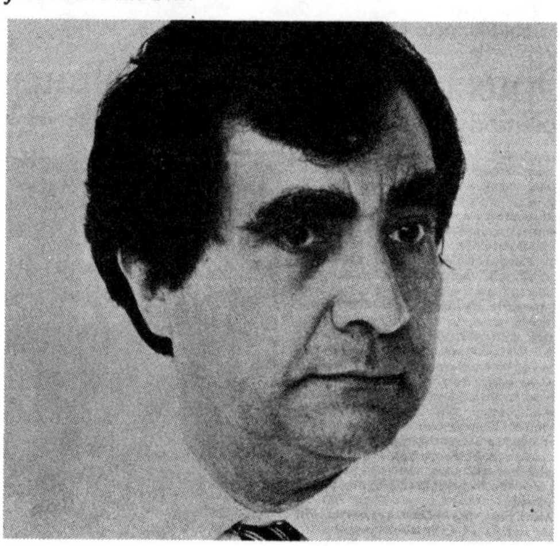

Tadeusz Baird (geboren 1928)

LEBEN
Tadeusz Baird wurde am 26.7.1928 in Grodzisk Mazowiecki geboren. Er studierte bei Kazimierz Sikorski in Łódź und in Warschau bei Piotr Rytel und Piotr Perkowski. Er lebt als Musiklehrer und Komponist in Warschau.

WERKE
Drei Auszeichnungen von der UNESCO und weitere Anerkennungen bestätigten den Rang von Tadeusz Baird als einen der führenden Komponisten Polens. Neben einer Oper schrieb er 3 Sinfonien, eine Ouvertüre für Kammerorchester, eine »Kurze Sinfonie«, ein Orchesterkonzert, eine Kassation für Orchester, ein Klavierkonzert, eine Suite für Flöte und Streichorchester, eine Etüde für Vokalorchester, Schlagzeug und Klavier, Variationen für Orchester, Variationen für Violine und Orchester, Dialoge für Solooboe und Kammerorchester, eine Musik für Flöte, Klarinette, Cello und Orchester, Trouvères-Lieder für Alt, zwei Flöten und Cello, 5 Lieder für Mezzosopran und Kammerorchester und eine Kantate für Bariton, gemischten Chor und Orchester.

Sinfonie Nr. 3, 4 Sätze, entstanden 1969
Das Werk ist expressionistisch, mit Anspielungen auf typisch polnische Passagen. Die Satzeinteilung entspricht nur nominell der alten Sinfonienorm, in Wirklichkeit zerfällt die Komposition in viele kleine Abschnitte, in denen harte Dissonanzen und weiche Lyrik abrupt abwechseln. Im 1. und 4. Satz sind diese Kontraste am heftigsten, der 2. Satz bringt die meisten lyrischen Stellen, und der 3. Satz erinnert entfernt an das traditionelle Scherzo. Der rasche Ablauf einer Fülle von musikalischen Ereignissen ist sehr beeindruckend.

LITERATUR
T. Zieliński, Tadeusz Baird, Krakau 1966.

Egisto Macchi (geboren 1928)

Leben

Egisto Macchi wurde am 4.8.1928 in Grosseto, Toskana, geboren. Neben Medizin, Psychologie und Literatur studierte er in Rom bei Roman Vlad (geboren 29.12.1919, Cernănţi, Rumänien [heute Tschernowci, Ukraine]) Komposition und Klavier, Violine und Gesang; er befaßte sich auch mit Mikrointervallen und Vierteltonmusik und beteiligte sich an der Gründung des Ensembles Nuova Consonanza und des Studios »R7« für Elektronische Musik in Rom.

Werke

Außer 3 Bühnenwerken schrieb er mehrere Stücke für Orchester, Stücke für verschiedene Besetzungen: 2 Variationen, 4 Expressionen, weiters für Kammerorchester: »Komposition 1«, »Komposition 2« für vier Instrumentengruppen, »Komposition 3« für zwölf Instrumente, »Komposition 4« für neun Instrumente, »Komposition 5« für vier Bläser, »Komposition 6« für Kinderchor (Kleines Dachau-Requiem), »Komposition 7« für Kammerorchester, ein Stück für Kammerorchester, Cembalo und Tonband und eines für vier Blasinstrumente, Kombinationsmuster für verschiedene Instrumente, Cadenza für Sopran solo sowie mehr als 1000 Filmdokumentationen und Musik zu Fernsehstücken und 20 Filmen.

Lubor Bárta (1928–72)

Leben

Lubor Bárta wurde am 8.8.1928 in Lubná, Böhmen, geboren. Er war an der Musikakademie in Prag Schüler von Jaroslav Řídký. Er lebte bis zu seinem Tod am 5.11.1972 als Lehrer und freier Komponist in Prag.

Werke

Die frühen Kompositionen von Lubor Bárta sind traditionsgebunden wie seine Sinfonie, das Violinkonzert, das Klavierkonzert, das Bratschenkonzert, das Konzert für Kammerorchester. Dann bildete er sich einen persönlichen Stil durch Annäherung an den zeitgenössischen Stil. Er schrieb 3 Streichquartette, ein Orchesterstück, ein Duo für Klarinette und Klavier, eine Gitarrensonate, eine Flötensonate, eine Cembalosonate und 8 Klavierstücke.

Karlheinz Stockhausen (geboren 1928)

Leben

Karlheinz Stockhausen wurde am 22.8.1928 in Mödrath bei Köln geboren. Sein Studium an der Musikhochschule in Köln war ursprünglich auf eine Ausbildung zum Musiklehrer an höheren Schulen gezielt, er legte 1951 das Examen für das künstlerische Lehramt ab. Hermann Schroeder war in Köln sein erster Theorielehrer und Frank Martin sein erster Kompositionslehrer. Im Jahr 1951 besuchte er erstmals die Ferienkurse in Darmstadt, wo er durch Olivier Messiaen und Karel Goeyvaerts (geboren 8.6.1923, Antwerpen) in die punktuelle Musik eingeführt wurde. In Paris bildete er sich bei Messiaen und Pierre Schäffer (geboren 14.8.1910, Nancy) in Musique concrète aus, 1953 wurde er Mitarbeiter am Studio für Elektronische Musik des Westdeutschen Rundfunks und 1963 dessen Leiter;

Karlheinz Stockhausen

Stockhausen am Regiepult im Kugelauditorium des Deutschen Pavillons der Weltausstellung EXPO 70 in Osaka

1965 wirkte er als Dozent an der Universität in Philadelphia, von 1966 bis 1967 an der Universität in Davis, Calif.; von 1971 bis 1977 war er Kompositionsprofessor an der Musikhochschule in Köln.

WERKE

»Stockhausen ist so arriviert, daß die Uraufführungen seiner Stücke oder auch deren bloße Wiederholungen für die treuen Avantgardeanhänger zum gesellschaftlichen Ereignis werden. Auf Matten ruhend oder auf den blanken Boden hingestreckt, lauschen sie mit geschlossenen Augen dem, was da aus riesenhaften Lautsprechern tönt oder von Instrumentalisten in der Nähe oder Ferne produziert wird. Punktscheinwerfer stellen die Interpreten in gleißendes helles Licht. Die übrige Szenerie liegt im Halbdunkel. So oder ähnlich sind heute Stockhausen-Konzerte zumeist arrangiert, und seine Momentformen lösen Publikumsreaktionen aus, die spiritistischen Seancen nicht unähnlich sind« (Hans Vogt). Karlheinz Stockhausen baut die Reihentechnik aus, indem er sie nicht nur auf einzelne Töne, sondern auch auf Gruppen und Kollektive ausdehnt und auch die Wahrnehmungsqualitäten und nicht nur die Quantitäten seriell behandelt. Ähnlich entwickelte er die Elektronische Musik von rein konstruktiv-synthetisch erzeugten Klangmaterialien zu neuartigen Klängen mit bekannten Klangfarben verschiedener Schlaginstrumente, läßt radikale Geräuschstrukturen entstehen, kombiniert traditionelle Musik verschiedener Länder und Kontinente und integriert atmosphärisch untermalende und stark verfremdete Geräuschaufnahmen. Im einzelnen schrieb er unter anderem »Kreuzspiel« für Oboe, Baßklarinette, Klavier, drei Schlagzeuger, »Formel« für Orchester, »Etude« für Musique concrète, »Spiel für Orchester«, »Schlagquartett«

für Klavier und dreimal zwei Pauken, »Punkte« für Orchester, »Kontra-Punkte« für zehn Instrumente. Klavierstücke I–XI, »Studie I und II« für Elektronische Musik, »Zeitmaße« für fünf Holzbläser, »Gruppen« für drei Orchester, »Gesang der Jünglinge« für Elektronische Musik, »Zyklus« für einen Schlagzeuger, »Carré« für vier Orchester und Chöre, »Refrain« für drei Spieler, »Kontakte« für elektronische Klänge, Klavier und Schlagzeug, »Momente« für Sopran, vier Chorgruppen und 13 Instrumentalisten, »Mikrophonie I« für Tamtam, zwei Mikrophone, zwei Filter und Regler, »Mikrophonie II« für zwölf Sänger, Hammondorgel und vier Ringmodulatoren, »Mixtur« für Orchester, Sinusgeneratoren und Ringmodulatoren, »Telemusik« für Elektronische Musik, »Hymnen« für Elektronische und Konkrete Musik, »Prozession« für Tamtam, Bratsche, Elektronium, Klavier, Mikrophone, Filter und Regler, »Spiral« für einen Solisten mit Kurzwellenempfänger, »Mantra« für zwei Pianisten, »Sternklang« für fünf Gruppen, »Inori« für Orchester und Beter, »Sirius«, Elektronische Musik mit Trompete, Sopran, Baßklarinette und Baß, »Michaels Jugend« für Tenor, Sopran, Baß, Trompete, Bassetthorn, Posaune, moduliertes Klavier, drei Tänzer, Tonband, Chor und Orchester sowie Lichteffekte und weitere Stücke für verschiedene instrumentale und vokale Ensembles mit Tonband, verfremdeten Instrumenten und Geräuscherzeugern prägen das künstlerische Profil dieses vielseitigen, ständig nach neuen Klängen und Klangeffekten suchenden und sich entwickelnden Komponisten, der zu den am meisten beachteten und heftigst diskutierten Vertretern der neuesten Musik zählt.

Gruppen für drei räumlich getrennte Orchester, entstanden 1957

Die Gesamtbesetzung besteht aus 109 Musikern, die drei Orchester wurden bei der Uraufführung von Pierre Boulez, Bruno Maderna und Karlheinz Stockhausen dirigiert. Die Orchester rufen einander zu und beantworten einander; das eine gibt dem anderen Echo; eine Zeitlang hört man Musik nur von links, von vorne oder von rechts; der Klang wandert von einem Orchester zum anderen. Es handelt sich um absolute Raummusik, die mehrschichtig angelegt wurde wie etwa bei Charles Ives. »Im Klang zu sitzen, vom Klang umgeben zu sein, die Bewegungen der Klänge, ihre Geschwindigkeiten und Bewegungsformen verfolgen und erleben zu können, schafft tatsächlich eine vollkommen neue Situation des musikalischen Erlebnisses« (Stockhausen).

Kontakte für elektronische Klänge, Klavier und Schlagzeug sowie vier Lautsprechergruppen, entstanden 1960

Verschiedene Schlaginstrumente erzeugen das Klangmaterial. Das Klavier übt die Steuerung aus und vermittelt zwischen den Klangtypen oder trennt sie, die elektronische Schicht verfolgt den gleichen Zweck, indem sie über die Lautsprechergruppen eine Raumbewegung herstellt und das Klangspektrum erweitert.

Momente für Sopran, vier Chorgruppen und 13 Instrumentalisten, entstanden 1962, erweiterte Fassung 1965

Es handelt sich um kein festgelegtes Werk mit bestimmtem Anfang, Formanlauf und Ende, sondern um die »Aufhebung des Dualismus zwischen Vokalmusik und Instrumentalmusik, zwischen Ton und Stille, zwischen Klang und Geräusch«. Die Skala der verfügbaren Klangnuancen reicht von breiter Ausfächerung vom Phonetisch-Gestischen der Solisten über Vokal- und Geräuschaktionen der Chorgruppen zu den räumlich getrennten Blechbläsern, dem Schlagzeug und den elektronischen Tasteninstrumenten.

Telemusik für fünfkanaliges Tonband, entstanden 1966

Die Musik der gesamten Welt ist an diesem Werk beteiligt, manchmal hintereinander, manchmal gleichzeitig und einander gegenseitig durchdringend. »Es ist keine Collage. Vielmehr wird durch Intermodulationen zwischen alten, ›gefundenen‹ Objekten und neuen, von mir mit modernen elektronischen Mitteln geschaffenen Klangereignissen eine höhere Einheit erreicht, eine Universalität von Vergangenheit, Gegenwart und Zukunft von weit voneinander entfernten Ländern und Räumen.«

Mixtur für Orchester, Sinusgeneratoren und Ringmodulatoren, entstanden 1964

Die Töne einer Holzbläsergruppe, einer Blechbläsergruppe und von zwei Streichergruppen sind von Mikrophonen aufgenommen, die zu vier Mischpulten führen, wo die Balance der einzelnen Mikrophone und die Summe jeder Gruppe kontrolliert wird. Die Mischpulte sind mit vier Ringmodulatoren verbunden. Vier Musiker »spielen« Schwebungssummer, deren Sinustöne in den Ringmodulatoren modulieren. Diese Ergebnisse werden über Lautsprecher zum Orchesterklang hinzugemischt, so daß sich ein Mixturklang ergibt. Dazu treten noch drei Becken und drei Tamtam.

Stimmung für sechs Vokalisten, entstanden 1968
Es handelt sich um meditative Musik. Die Sänger sind geübt, bis zu neun Obertöne zu intonieren und geben damit »Magische Namen« je nach eigener Wahl von sich. »Die Zeit ist aufgehoben. Man horcht ins Innere des Klanges, ins Innere des harmonischen Spektrums, ins Innere eines Vokales.«

Trans für Holz- und Blechbläser, Streicher, Tonbandzuspielung, Lichtregie, entstanden 1971
In unregelmäßigen Abständen ist das über Tonband zugespielte verstärkte Klappern eines Webstuhls in das breitgefächerte Schallband der Streichergruppe gemischt. Rhapsodisches Linienspiel der Bläser tritt hinzu, zeitweilig intervenieren Schlagzeug, Cello, Violine und Trompete. Durch hinzugezogene optische Komponenten verläßt das Werk das Gebiet der Musik und wird zum Theater, auch wenn es eine theatralische Selbstdarstellung der Musik sein soll.

Einojuhani Rautavaara (geboren 1928)

LEBEN

Einojuhani Rautavaara wurde am 9. 10. 1928 in Helsinki geboren. Er studierte in seiner Geburtsstadt an der Universität und der Sibelius-Akademie, sodann in Wien und darauf in den USA bei Vincent Persichetti, Aaron Copland und Roger Sessions, in der Schweiz bei Wladimir Vogel und in Köln bei Rudolf Petzold (geboren 17. 7. 1908, Liverpool). Seitdem lebt er als freischaffender Komponist in Helsinki.

WERKE

Der Kompositionsstil von Einojuhani Rautavaara ist in seinen Grundzügen expressionistisch, weist aber viele impressionistische Passagen auf. Er schrieb 2 Opern, 2 Ballette, 4 Sinfonien, eine sinfonische Suite und weitere 3 Orchesterstücke, ein Konzert für Vögel und Orchester, »Gesang I und II« für Streichorchester, eine »Soldatenmesse« für Janitscharen-Orchester, ein Cellokonzert, ein Bläseroktett, 3 Streichquartette, ein Quartett für Oboe und Streichtrio, ein »Requiem in unserer Zeit« für Blechbläser und Schlagzeug, Klavierstücke, ein Praeludium für gemischten Chor und Schlagzeug, ein Stück für Sprechchor, mehrere Gesangszyklen und eine Kantate für gemischten Chor, Ensemble, Solisten und Tonband.

Tiberiu Olah (geboren 1928)

LEBEN

Tiberiu Olah wurde am 26. 12. 1928 in Arpăşel, Rumänien, geboren. Er studierte am Konservatorium in Cluj. Im Jahr 1958 wurde er Lektor am Konservatorium in Bukarest und in der Folge Professor.

WERKE

Das kompositorische Schaffen von Tiberiu Olah orientierte sich anfänglich an Béla Bartók, George Enescu und Igor Strawinsky und später an der Zweiten Wiener Schule, Olivier Messiaen und Edgar Varèse; dann versuchte er, die Folklore durch neue innere musikalische Gesetzmäßigkeiten zu verallgemeinern; ihre »Ur-Mikrostrukturen« erhielten durch Zahlen- und Reihenverhältnisse, die ihnen zuweilen deutlich aufoktroyiert wurden, verschiedene Gestaltungen. Er schrieb ein Stück für Orchester, eines für 16 Streicher, eines für zwei Kammerensembles, eines für fünf Instrumentalisten, einen dem Bildhauer Constantin Brâncuşi (1876–1957) gewidmeten Zyklus: Nr. 1 Stück für Orchester, Nr. 2 Sonate für Klavier, Nr. 3 Stück für Schlagzeug, Nr. 4 und Nr. 5 je ein Orchesterstück; ein Streichquartett, ein Trio für Klarinette, Violine und Klavier, »Ereignisse« für Orchester, eine Sonatine für Violine und Klavier, eine für Klavier solo, eine Kantate für Chor und Schlagzeug, eine für Kinderchor, zwei Flöten, Saiteninstrumente und Schlagzeug, »Äquinoktien« für Stimme, Klarinette und Klavier, ein Oratorium, außerdem Chor- und Filmmusik. Er veröffentlichte einige theoretische Traktate.

Josep Mestres Quadreny (geboren 1929)

LEBEN

Josep María Mestres Quadreny wurde am 4. 3. 1929 in Manresa, Katalonien, geboren. Er studierte von 1950 bis 1956 in Barcelona bei Cristóbal Taltabull Balaguer. Im Jahr 1960 beteiligte er sich an der Gründung der Gruppe »Offene Musik«, 1970 war er Mitbegründer des Laboratoriums für Elektronische Musik in Barcelona.

WERKE
Außer einer Kammeroper und 3 Balletten schrieb Josep Mestres Quadreny ein Teatro musical für sechs Musiker und sechs Schauspieler und eines für einen singenden Pianisten und eine Tänzerin, weiters ein Stück für Streichorchester, 3 Stücke für Kammerorchester, ein Doppelkonzert für Ondes Martenot, Schlagzeug und Orchester, ein Konzert für Flöte, Klarinette, Trompete, zwei Posaunen, Tuba, vier Schlagzeuger, elektroakustische Installation und sechs Schauspieler, ein Triptychon für Joan Miró (1893–1984) mit den Teilen »Kammermusik Nr. 1« für Flöte, Klavier, Schlagzeug, Violine und Kontrabaß, »Nr. 2« für drei Klarinetten, Englischhorn, Trompete, Posaune, Schlagzeug, Violine, Bratsche und Cello und »Nr. 3« für Kammerorchester, »Mobile 1« für Flöte, Klarinette und Klavier, »Mobile 2« für Singstimme, Trompete und Gitarre, ein Trio für Violine, Bratsche und Schlagzeug, ein Steichquartett, ein Streichtrio, Variationen für Violine, Bratsche, Cello und Schlagzeug, Klavier- und Orgelsonaten, 3 Kanons, die einzeln oder gleichzeitig gespielt werden können, für Klavier, für Schlagzeug, für Ondes Martinot und drei Tonbänder, ein Stück für Gitarre und Schlagzeug, mehrere Kantaten mit verschiedener Besetzung und Musik für unbestimmte Instrumentalgruppen.

Francisco Pulgar Vidal (geboren 1929)

LEBEN
Francisco Pulgar Vidal wurde am 12. 3. 1929 in Huánuco, Peru, geboren. Er war in Lima Schüler von Andrés Sás Orchassal und in Bogotá von Roberto Pineda-Duque. Anschließend wurde er Lehrer am Konservatorium in Lima.

WERKE
Von Francisco Pulgar Vidal sind eine Suite und »Mestizentänze« für Streicher, »Sinfonische Strukturen« und 2 weitere Orchesterstücke, 3 Streichquartette, 6 Stücke für Violine und Klavier, Klavierwerke, eine »Inka-Kantate« für Sopran, Sprecher, gemischten Chor und Orchester, Chöre a cappella und Lieder bekannt geworden. Stilistisch ist seine Musik dem Neuklassizismus zuzurechnen, einiges davon ist dodekaphonisch, folkloristische Passagen sind dabei häufig.

Edison Denisow (geboren 1929)

LEBEN
Edison Wasiljewitsch Denisow wurde am 6. 4. 1929 in Tomsk geboren. Bis 1951 studierte er Mathematik an der Universität seiner Geburtsstadt, dann am Konservatorium in Moskau unter Wisarion Schebalin. Seit 1960 wirkte er selbst als Lehrer an diesem Institut.

WERKE
Außer einer Oper schrieb Edison Denisow eine Sinfonie für Orchester, eine Sinfonie für zwei Streichorchester und Schlagzeug, eine »Kindersuite« für Kammerorchester, »Crescendo und Diminuendo« für Cembalo und zwölf Streicher, eine Musik für elf Bläser und Pauken, ein Konzert für Flöte, Oboe, Pauken, Schlagzeug und Klavier, »Silhouetten« für zwei Klaviere, Flöte und Schlagzeug, ein Trio für Violine, Klarinette und Fagott, »Improvisation« für Violine und Klavier, eine Sonate für Flöte und Klavier, eine Sonate für Saxophon und Klavier, Variationen für Klavier, 2 Stücke für Klavier vierhändig, »Herbstlied« für Sopran und Orchester, »Die Sonne der Inkas« für Sopran und elf Instrumentalisten und weitere Lieder mit Instrumental- oder Klavierbegleitung. Er zählt zu den wenigen sowjetischen Komponisten mit fortschrittlichem Stil.

Bogusław Schäffer (geboren 1929)

LEBEN
Bogusław Julien Schäffer wurde am 6. 6. 1929 in Lwiw geboren. Er studierte an der Univer-

sität in Krakau bei Zdzisław Jachimecki und Artur Malawski. Seit 1963 unterrichtet er am Konservatorium in Krakau, seit 1965 ist er Mitarbeiter am Experimentalstudio des polnischen Rundfunks in Warschau, seit 1967 wirkt er als Chefredakteur der Zeitschrift für Neue Musik »Forum musicum«. Als einer der radikalsten Vertreter der polnischen Avantgarde vertritt er mit seinen Kompositionen und seinen Publikationen die jeweils jüngsten Strömungen des Musikgeschehens seines Landes.

WERKE

Im Jahr 1953 komponierte Bogusław Schäffer mit »Nokturn« das erste polnische Zwölftonwerk und schrieb 1957 die ersten musikalischen Graphiken. Er verfaßte außerdem mehrere Bühnenwerke, Happenings und andere szenische Kompositionen, ferner für Orchester unter anderem »Jazzkonzert«, »Texte«, eine Sinfonie, eine »Musik« für 159 Instrumente und 2 weitere Stücke, ein Stück für Bläser und Schlagzeug und eines für 13 Streicher, ein Konzert für acht Jazzmusiker und Orchester, ein Violinkonzert, ein Klavierkonzert, ein Konzert für zwei Klaviere mit einem Spieler und Orchester, ein Konzert für ein beliebiges Soloinstrument und Orchester, ein Kontrabaßkonzert, weiters 6 Streichquartette, ein Quintett mit beliebiger Besetzung, ein Bläserquintett, ein Quintett für Flöte, Cello, Harfe und zwei Klaviere, ein Decet für Harfe und Instrumente, einen Blues für Jazzensemble, ein Septett für Cello und sechs Spieler und weitere Stücke für vier und mehrere Instrumente, 2 Streichtrios, ein Konzert für drei Klaviere, eines für drei Violinen, einen Blues für zwei Klaviere und Tonband, verschiedene Duos mit Tonband, Soli für verschiedene Instrumente, für elektrisches Clavichord und für Schlagzeug. Er verfaßte eine Anzahl theoretischer Schriften.

Henri Pousseur (geboren 1929)

LEBEN

Henri Pousseur wurde am 23.6.1929 in Malmédy, Belgien, geboren. Nach seinem Studium an den Konservatorien in Lüttich und Brüssel kam er 1951 mit Pierre Boulez in Fühlung und wandte sich der avantgardistischen Musik zu. Er nahm an den Ferienkursen für Neue Musik in Darmstadt und Donaueschingen teil und wirkte bei den elektronischen Studios in Mailand und Köln. In Brüssel gründete er 1958 ein Studio de musique electronique, das er leitete. Er ließ sich in seinem Geburtsort nieder, lehrte aber von 1963 bis 1964 an der Musikakademie in Basel und von 1966 bis 1968 an der Universität in Buffalo, N. Y. Im Jahr 1970 wurde er Dozent an der Universität in Lüttich, wo er ein Centre de recherches musicales gründete.

WERKE

Die geistige Nachfolge Anton Weberns ist für Henri Pousseur Hauptprinzip seines kompositorischen Schaffens; er bemühte sich durch moderne Techniken, Aleatorik und Elektronische Musik die von seinem Vorbild erfaßten Klangbereiche zu erweitern. Neben einem Fernsehfilm und einem kammermusikalischen Spiel schrieb er unter anderem »Symphonies« für 15 Spieler, ein Stück für drei Orchestergruppen und Tonband, eines für 15 Streicher und 2 weitere Orchesterstücke, »Madrigal I« für Klarinette, »Madrigal II« für vier alte Instrumente, »Madrigal III« für Klarinette, Violine, Cello, zwei Schlagzeuger und Klavier, »Madrigal IV« für Oboe, »Madrigal V« für Solostimme, Quintett für Klarinette, Baßklarinette, Violine, Cello und Klavier, ein Streichquartett, ein Stück für Klavier und Instrumente, verschiedene Duos, ein Mobile für zwei Klaviere und weitere Klavierstücke, verschiedene Elektronische Musik, zahlreiche Vokalwerke für Stimmen mit Instrumenten, mit Tonband, mit Elektronischer Musik. Er veröffentlichte eine Anzahl theoretischer Traktate.

Ram Da-Oz (geboren 1929)

LEBEN

Ram Da-Oz wurde am 17.10.1929 in Berlin geboren. Er studierte in Tel Aviv Oboe und Klavier am Konservatorium und an der Musikakademie ab 1950 Komposition. Er lebt als freischaffender Komponist in Haifa.

WERKE
Von Ram Da-Oz sind »Von Trauer und Trost« für Orchester, »Gesichter und Masken« für Kammerorchester, »Improvisationen über ein Lied« für zehn Instrumente, eine Suite für Cembalo, Flöte, Oboe und Cello, ein Klaviertrio, Klavierstücke, Stücke mit verschiedener Besetzung und Lieder bekannt geworden. Er schloß sich der Neuen Musik nur teilweise an.

Werner Heider (geboren 1930)

LEBEN
Werner Heider wurde am 1.1.1930 in Fürth, Bayern, geboren. Nach anfänglichen Studien in Nürnberg war er an der Musikhochschule in München Schüler von Karl Höller. Seit 1949 wirkt er als freier Mitarbeiter des Studios Nürnberg des Bayerischen Rundfunks und leitet dort das Ars-Nova-Ensemble, das Nürnberger Jazzensemble und das Collegium Musicale.

WERKE
Neben einem Ballett für Tänzer, Instrumente, Texte und Bilder schrieb Werner Heider, der trotz Aufnahme von Einflüssen von Igor Strawinsky bis Karlheinz Stockhausen für jedes seiner Werke eine stilistische Eigenlösung fand, unter anderem eine Sinfonie, »Konflikt« für Schlagzeugensemble und Orchester »Konturen« für Violine und Orchester, »Strophen« für Klarinette und Kammerorchester, eine Musik für 20 Bläser, »Edition« für Kammerorchester, »Bezirk« für Klavier und Orchester, »Plakat« für Orchester, »Passatempo« (Zeitvertreib) für sieben Solisten, »Musik im Diskant« für Sopraninoblockflöte, Cembalo und Schlagzeug, »Kunst-Stoff« für Elektroklarinette, Prepared piano und Tonband, »Inventio I« für Violine solo, »II« für Klarinette, »III« für Cembalo, Katalog für einen Blockflötenspieler, für einen Vibraphonspieler, für eine Stimme, »Landschaftpartitur« für Klavier, »Stundenbuch« für zwölf Stimmen und zwölf Bläser, »Picasso-Musik« für eine Stimme und drei Instrumente und einen Chor a cappella.

»Konturen« für Violine und Orchester, 5 Sätze, entstanden 1964

Der 1. Satz »Ensemble I« bringt den Epilog, der 2. Satz »Monolog I« ein Violinsolo, eine Orchesterkadenz. Im 3. Satz »Revue« gibt es verschiedene artistische und scherzhafte Nummern, Reminiszenzen und Vorausnahmen als Mittelachse des Werks. Dann folgen im 4. Satz »Monolog II« mit Orchestersolo und Violinkadenz und schließlich »Ensemble II« als Ausklang.

»Bezirk« für Klavier und Orchester, ein Satz, entstanden 1969

Vier gleich große »Randbezirke« umlagern vier verschieden große Hauptbezirke. Das Zentrum des Stücks wird von einer Kadenz gebildet, die den Kulminationspunkt des gesamten musikalischen Geschehens darstellt.

»einander« für Posaune und Orchester, 13 Teile, entstanden 1970

Die Posaune wird als Einzelwesen mit dem Kollektiv des Orchesters in Beziehung gebracht, und zwar dreizehnmal durch verschiedene musikalische Gesten und Proportionen voreinander, umeinander, auseinander, gegeneinander, nebeneinander, übereinander, durcheinander, ineinander, füreinander, beieinander, miteinander, untereinander, aufeinander, voneinander, nacheinander, zueinander, aneinander, hintereinander. Anfang, Mitte und Ende werden durch Dreiklänge markiert.

Emil Petrovics (geboren 1930)

LEBEN
Emil Petrovics wurde am 9.2.1930 in Nagybecskerek, Ungarn (heute Zrenjanin, Jugoslawien) geboren. Von 1949 bis 1951 studierte er in Budapest bei Rezsö Sugár (geboren 9.10. 1919, Budapest), sodann an der Musikhochschule bei Ferenc Szabó, János Viski und Ferenc Farkas. Anschließend war er als Dirigent tätig und wirkte von 1960 bis 1964 als Musikdirektor am Petöfi-Theater. Er ist gegenwärtig Professor an der Akademie für dramatische Künste in Budapest.

WERKE
Neben 3 Werken schrieb Emil Petrovics eine

Sinfonie für Streicher, ein Flötenkonzert, ein Bläserquintett, eine Passacaglia in Blues für Fagott und Klavier, ein Streichquartett, »4 Selbstporträts in Masken« für Cembalo, ein Oratorium und Filmmusik. Sein Stil ist neuklassizistisch mit spätromantischen Passagen und zahlreichen expressionistischen Elementen.

Dieter Schnebel (geboren 1930)

LEBEN

Dieter Schnebel wurde am 14.3.1930 in Lahr, Baden, geboren. Er studierte Theologie und Philosophie an den Universitäten in Freiburg im Breisgau und Tübingen, wo er auch Unterricht in Musikwissenschaft bei Erich Doflein (geboren 7.8.1900, München) nahm. Von 1957 bis 1970 wirkte er als Pfarrer und Religionslehrer in Kaiserslautern und Frankfurt am Mai und anschließend bis 1967 in gleicher Eigenschaft neben seinem kompositorischen Schaffen und seiner musikwissenschaftlichen Forschung in München, wo er 1972 eine Arbeitsgemeinschaft für Neue Musik gründete. Seit 1977 ist er Professor für Musikwissenschaft und Musikerziehung an der Hochschule der Künste in Berlin.

WERKE

Es hat den Anschein, daß um die sechziger Jahre des 20. Jahrhunderts alle Randbezirke der Musik aufgesucht und bis zu ihren äußersten Grenzen weitergebildet, in nicht wenigen Fällen sogar zu weit entwickelt und überschritten wurden und tief in Gebieten des Theatralischen, Choristischen, Graphischen sowie des Mystischen und Parapsychischen gelandet sind. Es ist die Frage aufzuwerfen, ob sich dadurch die Musik selbst aufgab und zur philosophischen, in irgendeiner Art religiösen und alogischen oder politischen Aussage wurde und die künstlerische Freiheit nicht mehr der Eigenexistenz diente, sondern der Eigenvernichtung. Jedenfalls müßte der Begriff der Musik neu überdacht und geformt werden, wenn man ihn trotzdem beibehalten will. Dieter Schnebel bekennt sich zur äußersten Avantgarde: »In Bild und Text gebannte Musik müßte, präzis vorgeschrieben, doch eine solche sein, die sich rein akustisch nicht darstellen läßt, sondern sich gleich im Kopf bildet. Für derartig monadische Vergnügungen könnte man Stücke schreiben oder anregen, deren Elemente akustisches Hören übersteigen. Hier fände sich Unmögliches notiert: Töne für Hunde jenseits der Tonschwelle, überdimensionale Besetzungen oder mikroskopisch kleine, oder die Komposition bestünde aus Pausen und dynamischen Zeichen« (Schnebel). Nachdem er die ursprünglich verwendete serielle Technik aufgegeben hatte, erarbeitete er Konzepte kollektiven Komponierens, wobei die musikalischen Prozesse nur verbal definiert sind und der konkrete Verlauf den Interpreten überlassen bleibt. Daneben verfaßte er Arbeiten, die die optisch-gestischen Aspekte des Musikmachens thematisieren. Er schrieb unter anderem »Analysis« für Saiteninstrumente und Schlagzeug, »Stücke« für Streichquartett, »Fragmente« für Kammerensemble und Stimme, »Für Stimmen« für mehrere verschieden große Vokalgruppen, »Choralvorspiele I und II« für Orgel, Nebeninstrumente und Tonband, »Projekte« für unbestimmte Anzahl Instrumentalisten, »Das Urteil« für denaturierte Instrumente, naturierte Singstimmen, sonstige Schallquellen und Publikum, »Glossolalie« für Sprecher und Instrumentalisten, »Lections« für vier Sprecher und Zuhörer, »Mo-No« Musik zum Lesen, »Maulwerke« für Artikulationsorgane und Reproduktionsgeräte, »Konzert ohne Orchester« für einen Pianisten und Publikum.

»Glossolalie« für Sprecher und Instrumentalisten, 4 Teile, entstanden 1961

Die »Glossolalie« ist für den Komponisten eines seiner Hauptanliegen. Aus der Aufspaltung und Schichtung menschlichen Sprechens will er, wie manche Komponisten gleich ihm, neuen Ausdruck gewinnen.

»Für Stimmen«, deutsche Messe, entstanden 1968

Das Werk bringt lutherdeutsche, hebräische, französische, englische, russische, lateinische und griechische Wortfetzen, die gesprochen werden, ohne daß der Text erkennbar ist, aus »AMN« (Amen), zusammengesetzt aus Wimmern, Schreien und Schluchzen und sakrale Bruchstücke und sinnlose Fragmente traditioneller Gebete, und aus »;!« (weil unaussprechbar, auch »madrascha« genannt), bei dem der Komponist nur Verwirklichung des Gotteslobs, die Sprache unzureichend findet und daher die Stimmen emanzipiert, auch die der Tiere.

Cristóbal Halffter (geboren 1930)

LEBEN

Cristóbal Halffter wurde am 24.3.1930 in Madrid als Neffe Rodolfo Halfters und Ernesto Halffters geboren. Er studierte in seiner Geburtsstadt bei Conrado del Campo y Zabaleta am Konservatorium, an dem er selbst ab 1960 als Kompositionslehrer und ab 1964 als Direktor wirkte. Im Jahr 1966 gab er beide Ämter auf, um sich allein der Komposition zu widmen.

WERKE

Mit einer Kantate schloß sich Cristóbal Halffter an die Fakturen seiner beiden Onkel und der von Manuel de Falla an, mit einer Messe adoptierte er die Diktionen Igor Strawinskys und Béla Bartóks, bei seinen weiteren Kompositionen schloß er sich der Wiener Schule an und schrieb neben einer Oper und einem Ballett ein Scherzo für Orchester, ein Klavierkonzert, ein Concertino für Streicher, eine Rhapsodie für Klavier und Orchester, eine Sinfonie für drei Instrumentengruppen, »Sequenzen« und »Ringe« für Orchester, ein Flötenkonzert, ein Streichquartett, 3 Flötenstücke, ein Violinsolo, ein Stück für Gitarre, Klavierstücke, außerdem »Spiegel« für vier Schlagzeuger und Tonband, »Linien und Punkte« für elektronische Klänge und 20 Bläser, ein »Lamento« für Kammerensemble und elektronische Klangumwandlung, eine weitere Messe, mehrere Kantaten und verschiedene sakrale Gesänge mit Instrumentalbegleitung.

Cristóbal Halffter

Eino Tamberg (geboren 1930)

LEBEN

Eino Tamberg wurde am 27.5.1930 in Tallinn geboren. Er war am Konservatorium seiner Vaterstadt Schüler von Eugen Kapp. Am selben Institut wirkt er seit 1967 als Dozent und später als Professor für Komposition.

WERKE

Neben einer Oper und 3 Balletten schrieb Eino Tamberg eine sinfonische Suite, ein Concerto grosso, 6 sinfonische Tänze, eine Tanzsinfonie und eine Toccata, ein Streichquartett, ein Rondo für Violine und Klavier, eine Musik für Oboe, 2 Oratorien, 5 Romanzen, 6 »Kinderlieder im alten Stil«, Bühnen- und Filmmusik. Sein Stil weist viele folkloristische und spätromantische Züge auf und ist von der Entwicklung des Jahrhunderts unberührt.

Romuald Twardowski (geboren 1930)

LEBEN

Romuald Twardowski wurde am 17.6.1930 in Vilnius geboren. Er war am Konservatorium seiner Geburtsstadt Schüler von Julius Juzeliūnas (geboren 7.2.1916, Čepole, Litauen) an der Hochschule für Musik in Warschau von Bolesław Woytowicz (geboren 5.12.1899, Dunajewci, Ukraine) und in Paris von Nadia Boulanger. Er lebt als freier Komponist in Warschau.

WERKE

Außer 3 Opern und einem Ballett schrieb Romuald Twardowski eine Antiphone für drei Orchestergruppen, 5 Sätze für Orchester, eine »Kleine konzertante Sinfonie« für Streicher,

Klavier und Schlagzeug, ein Klavierkonzert, 2 Kantaten, ein Florentiner Triptychon, bestehend aus 3 Studien für Kammerorchester, Sonetten von Petrarca für Tenor und zwei A-cappella-Chöre und Florentiner Eindrücke für vier Instrumentalchöre, »Kleine orthodoxe Liturgie« für Kammerchor und drei Instrumentalgruppen, eine »Ode an die Jugend« für Rezitator, gemischten Chor und Orchester und 3 Sonette für Baßbariton, Klavier, Schlagzeug und Streicher. Seine Fakturen sind mäßig avantgardistisch.

Siegfried Kurz (geboren 1930)

LEBEN

Siegfried Kurz wurde am 18.7.1930 in Dresden geboren. Von 1945 bis 1950 studierte er an der Akademie für Musik und Theater in seiner Vaterstadt bei Fidelio Finke. Bereits 1949 erhielt er die Leitung der Schauspielmusik an den Theatern in Dresden, im Jahr 1960 wurde er Kapellmeister, 1965 Staatskapellmeister und 1971 Generalmusikdirektor an der Oper.

WERKE

Béla Bartók und Paul Hindemith waren anfänglich die Vorbilder für Siegfried Kurz. Aber seine Kompositionen entwickelten sich immer mehr zur »klaren Aussage und Verständlichkeit«. Er sagt selbst: »Für das Wichtigste meiner Arbeit erachte ich die Musizierfreudigkeit und positive Aussagekraft. In meinen Kompositionen soll sich das Leben unserer Zeit in seiner ganzen Vielfalt, von einer fröhlichen Ausgelassenheit bis hin zu einer nachdenklichen oder klagenden Stimmung wiederspiegeln. Dabei bin ich bemüht, diese Vielfalt in einer optimistischen Grundhaltung zusammenzuschließen.« Zeitweilig benützt er auch die Zwölftonreihe, aber nur, »um Themen aus einheitlichem Grundmaterial zu formen, die melodische Folge der Töne in harmonische Komplexe zu verwandeln und vor allem durch das Prinzip der Umkehrung melodische Varianten zu finden.« Er schrieb unter anderem 2 Sinfonien, eine Sinfonia piccola, eine »Konzertante Musik«, eine »Tänzerische Suite«, »Orchestermusik«, »Orchestervariationen«, eine Sonatine für Orchester, eine Musik für Blechbläser, Pauken und Streichorchester, ein Divertimento für Streicher und Klavier, ein Trompetenkonzert, ein Klavierkonzert, ein Bläserquintett, eine Sonatine für sieben Blechbläser, ein Kammerkonzert für Bläserquintett und Streicher, ein Streichquartett, Schauspiel- und Filmmusik.

Andrei Petrow (geboren 1930)

LEBEN

Andrei Pawlowitsch Petrow wurde am 2.9. 1930 in Leningrad geboren. Er war von 1949 bis 1954 am Konservatorium in Leningrad Schüler von Orest Jewlachow (4.1.1912, Warschau, bis 15.12.1973, Leningrad). Im Jahr 1954 wurde er Musikreferent eines Leningrader Verlags und 1964 Vorsitzender des Leningrader Komponistenverbands.

WERKE

Neben einer musikalischen Komödie und 3 Balletten schrieb Andrei Petrow eine sinfonische Dichtung, eine Festouvertüre, 3 Suiten, einen sinfonischen Zyklus »Lieder unserer Tage«, ein Poem für Streicher, Trompeten, Orgel, zwei Klaviere und Schlagzeug, ein »Pathetisches Poem« für zwei Klaviere, Schlagzeug und Solostimmen, einen Liederzyklus für Singstimme und Orchester, Bühnen- und Filmmusik. Der Niederschlag der Musikentwicklung des 20. Jahrhunderts ist bei diesen Werken nur schwach bemerkbar.

Poem für Streicher, Orgel, vier Trompeten, zwei Klaviere und Schlagzeug, ein Teil, entstanden 1965

Das Werk wurde »der Erinnerung an das Verlorene in den Jahren der Blockade Leningrads« gewidmet. Die Einleitung ist der Orgel anvertraut, dann stimmen die Streicher ein lyrisches Thema an, das sich zu schnellen Tempi steigert; die Bläser nehmen an den hastigen Bewegungen teil, bis dumpfe Schläge ein zartes Andante ankünden. Ein zweites Mal bricht darauf ein hektisches Furioso los, dann kommt es nach einem pathetischen Trompetenthema zur letzten Steigerung, in der die Orgel die Führung übernimmt. Schmerzlich und traurig endet das Werk mit weichen Klängen.

Tōru Takemitsu

Tōru Takemitsu (geboren 1930)

Leben

Tōru Takemitsu wurde am 8.10.1930 in Tokio geboren. Mit Toshiro Mayuzumi (geboren 20.2.1929, Yokohama) gründete er 1951 in seinem Geburtsort ein Laboratorium für experimentelle Musik mit dem Ziel, traditionelle japanische Musik mit der modernen Reihentechnik zu verschmelzen.

Werke

Die Fakturen von Tōru Takemitsu sind völlig unorthodox. Anfänglich wurde er von der Wiener Schule und auch von den französischen Impressionisten sowie Neuklassizisten beeinflußt, dann wandte er nahezu alle avantgardistischen Techniken an. Nicht selten verwendete er traditionelle japanische Instrumente. Er schrieb unter anderen »Relief statique« und »Vocalismus A I« für Tonband, Requiem für Streichorchester, ein Stück für ein oder mehrere Klaviere, eines für mehrere oder ein Streichorchester, ein Streichquartett, »Musik der Bäume« für Orchester, ein Stück für Flöte, Terzgitarre und Laute, »Die Koralleninsel« für Sopran und Orchester, »Das Opfer« für Altflöte, Laute, Vibraphon und alte Zimbeln, »Wassermusik« für Tonband, »Schritte im November I« für Biwa, Sakuhachi und Orchester, »Schritte im November II« für Orchester, »Stanza« für Gitarre, Harfe, Klavier und Vibraphon mit Frauenstimme, »Hika« für Violine und Klavier, ein Stück für Violine, Klarinette, Gitarre und elektrische Orgel mit zwei Piccolo, »Cassiopeia« für Schlagzeug und Streicher, »Eucalyptus« für Flöte, Harfe, Oboe und Streicher, »Jahreszeiten« für Schlagzeug, »Seufzer« für Orchester, einen 16-Minuten-Farbfilm als Kombination von Bildern, Klängen und Geräuschen.

Cassiopeia für Schlagzeug und Streicher, 4 Teile, entstanden 1971

Das Sternbild wird durch die Aufstellung der fünf Schlagzeuger symbolisiert; die darum postierten Streicher stellen die übrigen benachbarten Sterne dar. Die beiden Ecksätze bilden den Rahmen für die beiden inneren Teile, von denen der 2. Teil eine Art Einleitung für das zentrale Solo des Schlagzeugers ist. Das Orchester ist traditionell notiert, die Solisten folgen schriftlichen Spielanweisungen, so daß diese aktive schöpferische Leistungen vollbringen.

Wassermusik für Tonband, ein Satz, entstanden 1960

Die einzelnen Töne werden von fallenden Wassertropfen erzeugt, von einem Tonband aufgenommen und stereophonisch wiedergegeben. Der Klang der auffallenden Tropfen und die dazwischenliegenden Intervalle bilden eine poetische Stimmung und ein plastisches Bild natürlicher Zeiträume, Klänge und Tempi.

Wolfgang Schulz, Erster Flötist der Wiener Philharmoniker, entschied sich wiederholt für Kompositionen des 20. Jahrhunderts

Vocalismus A I für Tonband, entstanden 1963
A I bedeutet »Liebe« und wird von einem Mann und einer Frau in verschiedener Aussprache, mit verschiedener Intonation und verschiedener Geschwindigkeit ständig wiederholt, auf ein Tonband zusammengeschoben aufgenommen und über Lautsprecher wiedergegeben. Es soll die Liebe eines Mannes und einer Frau in allen ihren Phasen und mit allen Facetten komprimiert zeichnen.

Friedrich Voss (geboren 1930)

LEBEN
Friedrich Voss wurde am 12.12.1930 in Halberstadt geboren. Er studierte an der Berliner Musikhochschule Klavier und Komposition und betätigte sich anschließend als Pianist, Musiklehrer und freischaffender Komponist.

WERKE
Die abendländische Musiklandschaft ist auch im 20. Jahrhundert von einer Fülle von Talenten bevölkert, die mit viel Können eine eingängige Musik für ihr Publikum schreiben. Ihre Erfolge sind häufig nicht lange andauernd, aber es treten immer wieder andere an ihre Stelle. Sie schreiben spätromantisch oder neuklassizistisch, tonal und wohlklingend, ihre seltenen Ausflüge in modernere Diktionen sind nicht ernst zu nehmen. Die Musik von Friedrich Voss wurde mit mehreren Preisen bedacht, weil sie dem Geschmack der Masse entgegenkommt. Er schrieb das Ballett »Die Nachtigall und die Rose«, 3 Sinfonien, einen Dithyrambus über ein Motiv von Beethoven für Orchester, ein Epitaph und eine Tragische Ouvertüre für Streichorchester, »Zwölf Poèmes« für Kammerorchester, Variationen für Bläser und Pauken, ein Flötenkonzert, ein Concertino für Cello und Streichorchester, ein Streichquartett, ein Klaviertrio, Variationen für Flöte und einen gemischten Chor a cappella.

Makoto Moroi (geboren 1930)

LEBEN
Makoto Moroi wurde am 17.12.1930 in Tokio als Sohn des Saburo Moroi geboren. Er studierte bei Tomojiro Ikenouchi in seinem Geburtsort Komposition. Heute unterrichtet er Gregorianik am Musikinstitut in Hiroshima und Komposition am Konservatorium in Tokio.

WERKE
Der Stil, den Makoto Moroi, Mitbegründer des Instituts für Musik des 20. Jahrhunderts in Tokio, anwendet, ist seriell in Nachfolge von Anton Webern. Er schrieb unter anderem 5 »Orchesterkompositionen«, eine konzertante Suite für Violine und Orchester, ein Klavierkonzert, eine Sinfonie, »My home« für Sopran, Bariton, Chor, Orchester und elektronische Klänge, Kammerkantate Nr. 1 für Sprecher, Männerchor, Ondes Martenot, Cembalo und Schlagzeug, Nr. 2 für Sprecher, Chor, Kammerorchester und Tonband, Nr. 3 für Tonband, »Ein roter Kokon« für Sprecher, Pantomime, Chor, Kammerorchester, Tonband, Dias und Filmprojektion, ein Stück für Sprecher, Chor, Kammerorchester und Tonband, Orchesterkomposition mit Kammerchor, mehrere elektronische Musiken, 5 Epigramme für Flöte, Klarinette, Vibraphon, Celesta, Harfe, Violine und Cello, »Pilze« für zwei Stimmen und elektronische Klänge, 5 Sätze für Shakuhachi, 5 Dialoge für zwei Shakuhachi, »Metamorphosis« für tiefe Männersprechstimme und Tonband, mehrere verschieden besetzte Duos und Soli.

Dieter Schönbach (geboren 1931)

LEBEN
Dieter Schönbach wurde am 18.2.1931 in Stolp, Pommern (Słupsk, Polen), geboren. Er studierte in Detmold und Freiburg im Breisgau bei Wolfgang Fortner und Günter Bialas. Im Jahr 1959 wurde er musikalischer Leiter am Schauspielhaus Bochum, ab 1968 wirkte er an den Bühnen in Münster, seit 1973 ist er in gleicher Eigenschaft am Stadttheater in Basel tätig.

WERKE
Neben der ersten Multimedia-Oper »Die Ge-

schichte von einem Feuer« schrieb Dieter Schönbach für »totales Theater«, eine »Canzona« für Sopran und Environment, »Hymnus I« für Sprecher, Sänger, Chöre, Popgruppe, Tonbänder und Multivision, »Multimedia-Show« für Sprecher, Musiker, Tonbänder und Multivision, »Morgen nach dem Feuer«, »Hymnus II« für Sprecher, Sänger, Chöre, drei Popgruppen, Tonbänder und Multivision, »Kammerspektakel« für Sprecher, Sänger, Tänzer, Multivision und Kammerorchester, weiters ein Klavierkonzert, ein Konzert für Trompete und Kammerorchester, eine »Canzona« für Streicher, 4 Orchesterstücke: Nr. 1 »Farben und Klänge«, Nr. 2 »Ritornelle«, Nr. 3 »Für Warschau«, Nr. 4 »entré«, »Atemmusik« für Rasseln, Pfeifen, Glöckchen und verschiedene Instrumente, ein Streichquartett, eine Kammermusik für 14 Instrumente und eine für acht Bläser, Kantaten und Gesänge mit verschiedener Begleitung sowie Klaviermusik.

Francisco Kröpfl (geboren 1931)

Leben

Francisco Kröpfl wurde am 26.2.1931 in Szeged, Ungarn, geboren. Er war in Buenos Aires Kompositionsschüler von Juan Carlos Paz. Im Jahr 1950 wurde er Mitglied der Agrupación Nueva Música und wirkt ab 1956 als einer ihrer Leiter. Da er sich seit 1954 mit Elektronik beschäftigt, wurde er 1959 mit der Einrichtung und der Leitung eines Studios für Elektronische Musik betraut, dem ersten in Lateinamerika; 1967 wurde er zum Direktor der Abteilung für Elektronische Musik des Lateinamerikanischen Zentrums für höhere musikalische Studien ernannt.

Werke

Kollektivkompositionen nehmen im Gesamtwerk von Francisco Kröpfl einen wichtigen Raum ein. Er beteiligt sich an »Nummer 1« mit sechs Teilnehmern für Oboe, Trompete, Posaune, Violine, Kontrabaß und Gitarre oder für Synthesizer und live entwickelten Instrumentalpartien, an »Nummer 2 und 3« für Synthesizer unter Teilnahme verschiedener Komponisten zu einem Plan mit formalem Schema und an »Nummer 4« für Synthesizer. Für Elektronische Musik schrieb er »Dialoge I und II«, »Estudio Nr. 7«, »Mutation« für elektronische Klänge, »Variante«, eine Bewegungskomposition für drei Stereomagnetophone; an Kammermusik schrieb er »Música« für Flöte und Klarinette, »Música« für drei Schlagzeuger und elektronische Klänge, ein Stück für vier Jazzmusiker und eines für Kammerensemble, ferner verfaßte er eine Anzahl Stücke für Gesang und Instrumentalbegleitung und fallweise mit Tonband, außerdem einige Klavierstücke, schließlich Musik für Dokumentarfilme und Ausstellungen.

Vitautas Barkauskas (geboren 1931)

Leben

Vitautas Barkauskas wurde am 25.3.1931 in Kaunas geboren. Er studierte an der Musikschule seiner Geburtsstadt und am Konservatorium in Vilnius, an dem er seit 1961 einen Lehrstuhl für Musiktheorie inne hat.

Werke

Von der Neuen Musik hat Vitautas Barkauskas vor allem expressionistische und bruitistische Elemente übernommen; seine Musik bleibt jedoch tonal. Er schrieb außer einer Oper 2 Sinfonien, »Choreographische Miniaturen« für Orchester, »Drei Aspekte« für Orchester, eine Komposition für zwölf Streicher und Oboe, ein »Poem« für Klavier und Orchester, ein Stück für Flöte, Baßklarinette, Cembalo und fünf Schlagzeuger, ein Streichquartett, eine Sonate für Violine und Klavier, Variationen für zwei Klaviere, ein Orgelkonzert, eine Partita für Violine solo, eine Klaviersonate, ein Stück für Kammerchor und Streichquintett.

Sinfonie Nr. 2, 4 Sätze, entstanden 1971

Der 1. Satz beginnt mit Flageoletts der Soloviolinen, aus einem Ostinatothema des Fagotts entwickelt sich ein Crescendo des Orchesters, das von zwei Schlagzeugepisoden unterbrochen wird. Das Flageolettthema der Violinen kehrt wieder und wird von vierundzwanzigstimmigen Cluster der anderen Streicher begleitet; parallel geführte

Vitautas Barkauskas

akkordische Klangflächen werden durch einen Fortissimocluster der Streicher beendet. Der 2. Satz wird von Flötentrillern in höchster Lage eröffnet; dem schließt sich ein impressionistisches Schwirren aller Holzbläser an. Harfe, Celesta, Glocken, Pauken, Becken und Tomtoms bringen eine Episode als Mittelteil, dann erklingt ein neuer Trillerabschnitt, dem sich Glissandi und flatternde Bläser zugesellen. Im 3. Satz steht eine Violinkantilene gegen dissonante Bläserakkorde, vier Soloviolinen und die Solooboe tragen ein Pianissimo vor, dann beenden chaotische Bläserakkorde den Satz. Im Finale treiben die Streicher mit Klavier und Schlagzeug die nervöse Unruhe vorwärts. Nach einem kurzen Stillstand übernehmen Bläser und Pauken die Motorik, Clusterfelder der Streicher gehen auf das gesamte Orchester über, bis eine letzte Steigerung das Werk mit einem Klangexzeß abschließt.

Sándor Szokolay (geboren 1931)

LEBEN

Sándor Szokolay wurde am 30.3.1931 in Konágota bei Medgyesegyháza, Ungarn, geboren. Er war an der Musikhochschule in Budapest Schüler von Ferenc Szabó und Ferenc Farkas. Anschließend wirkte er als Lehrer an der Musikschule des Rundfunks. Im Jahr 1966 wurde er Professor für Kontrapunktik und Komposition an der Musikhochschule in Budapest.

WERKE

Mit seinen Opern »Die Bluthochzeit« und »Hamlet« wurde Sándor Szokolay international bekannt. Er schrieb weiters eine dritte Oper, ein Ballett, ein Violinkonzert, ein Klavierkonzert, ein Trompetenkonzert, 2 Oratorien und ein Requiem zum Andenken an Francis Poulenc. Sein Stil enthält viele expressionistische Elemente.

Donald Martino (geboren 1931)

LEBEN

Donald J. Martino wurde am 16.5.1931 in Plainfield, N. J., geboren. Nach Studien in seiner Geburtsstadt war er an der Universität in Syracuse, N. Y., Schüler von Ernst Bacon (geboren 26.5.1898, Chikago) und an der Universität in Princeton, N. Y., von Milton Babbitt und Roger Sessions; er studierte schließlich in Florenz bei Luigi Dallapiccola. Von 1957 bis 1959 unterrichtete er an der Universität in Princeton, darauf an der Yale University in New Haven, Conn., bis 1969, dann wurde er Leiter der Abteilung Komposition am Konservatorium in Boston.

WERKE

Von Donald Martino sind unter anderem »Betrachtungen« für Orchester, ein »Mosaik« für Orchester mit elektronischer Orgel, ein Klavierkonzert, ein Bläserquintett, »Sieben Rätselkanons« für Streichquartett oder Klarinettenquartett oder zwei Violinen und zwei Celli oder irgendeine Kombination der angeführten Instrumente, »Portraits« für Soli, Chor und Orchester, ein Notturno für Piccolo, Flöte, Altflöte, Klarinette, Baßklarinette, Violine, Bratsche, Cello, Klavier, Vibraphon, Marimba, Xylophon, Glockenspiel, sechs Tempelblöcke, drei Gongs, ein Trio für Violine, Klarinette und Klavier, 5 Fragmente für Oboe und Kontrabaß, Soli für Violine, für Klavier, für Cello, für Klarinette, für Baßklarinette, für Flöte, ein Chor mit Klavier vierhändig bekannt geworden.

Dan Constantinescu (geboren 1931)

LEBEN

Dan Constantinescu wurde am 10.6.1931 in Bukarest geboren. Von 1950 bis 1955 studierte er am Konservatorium seiner Geburtsstadt bei Paul Constantinescu, Marţian Negrea, Theodor Rogalski (11.4.1901, Bukarest, bis 2.2. 1954, Zürich), Leon Klepper und Mihail Jora. Seit 1962 ist er an derselben Lehranstalt als Lektor für Komposition tätig.

WERKE

Von Dan Constantinescu sind ein Divertimento im klassischen Stil, eine Ballade, eine Partita, ein Klavierkonzert, eine Kammersinfonie, 2 Streichquartette, ein Klavierquartett, ein Trio für Klavier, Violine und Klarinette, 2 Sonaten für Violine und Klavier, eine Sonate für Cello und Klavier, eine für Klarinette und Klavier, eine für Flöte und Klavier, 2 Klaviersonaten, Chöre und Lieder bekannt geworden. Seine Musik ist zumindest teilweise der Spätromantik zuzuordnen.

Ryszard Kwiatkowski (geboren 1931)

LEBEN

Ryszard Kwiatkowski wurde am 27.6.1931 in Jaronowo bei Torún geboren. Er war an der Musikhochschule in Warschau Schüler von Tadeusz Szeligowski und Witold Rudziński von 1958 bis 1963 und in Rom von Goffredo Petrassi. Er unterrichtet an der Musikmittelschule in Szczecin (Stettin) Harmonielehre, Kontrapunktik und Instrumentation.

WERKE

Von Ryszard Kwiatkowski, der ab 1963 die Dodekaphonik und ab 1967 auch die Aleatorik als seine Kompositionstechnik adoptierte, sind die Orchesterstücke »Gestalten«, »Farben«, »Schwingungen« und »Polyphone Musik«, außerdem 4 Sinfonien bekannt geworden. Er schrieb ferner »Bilder« für Kammerorchester, ein Klavierquintett, 3 Streichquartette, ein Schlagzeugquartett, »Lyrische Musik« für Violine und Kontrabaß und für Klavier »Sieben Fotografien vom Mond«.

Rudolf Kelterborn (geboren 1931)

LEBEN

Rudolf Kelterborn wurde am 3.9.1931 in Basel geboren. In seiner Geburtsstadt war er Schüler von Jacques Handschin (5.4.1886, Moskau, bis 6.11.1955, Basel) und an der Musikakademie von Walther Geiser (geboren 16.5.1897, Zofingen, Aargau), Gustav Güldenstein (geboren 23.6.1888, München), Walter Müller von Kulm (31.8.1899, Basel, bis 3.10.1967, Arlesheim, Basel-Land) und Alexander Krannhals (16.2.1908, Frankfurt am Main, bis 15.3.1961, Karlsruhe). Er ergänzte seine Ausbildung bei Willy Burkhard, Günter Bialas, Wolfgang Fortner und Igor Markewitsch (14.7.1912, Kiew, bis 17.3. 1983, Antibes). Von 1955 an war er in Basel als Theorielehrer und Dirigent tätig, von 1960 bis 1968 gab er an der Musikakademie in Detmold Unterricht und wurde dort an der Musikhochschule Professor für Kompositionslehre.

WERKE

Ohne sich stilistisch festzulegen, wählte Rudolf Kelterborn die Dodekaphonik als Basis seines kompositorischen Schaffens, benützt aber auch andere serielle Techniken und die Aleatorik. Die Klangfarbe setzte er als primäres Element des musikalischen Ausdrucks nachgerade dramaturgisch ein. Er schrieb unter anderem 3 Opern, ein Ballett, 3 Sinfonien, eine Kammersinfonie für Solovioline, zehn Bläser, Schlagzeug, Harfe und tiefe Streicher, eine »Szene« für zwölf Solocellisten, »Visions« für sechs Schlagzeuggruppen und sechs Instrumente, eine Kammersinfonie für Streicher, »Canto appassionato«, »Metamorphosen«, »Phantasmen«, »Lamentationes« für Streichorchester, »Spiegel« für Bläser, Harfe, Klavier, Schlagzeug und Kontrabässe, »Vier Nachtstücke« und »Traummusik« für kleines Orchester, ein Cellokonzert, Variationen für Oboe und Streicher, eine Musik für Klarinette und Streicher, eine Sonate für zehn Blechbläser, ein Oktett für Klarinette, Fagott, Horn und Streichquintett, 3 Streichquartette, ein Klaviertrio, verschiedene Duos und Klavierstücke, ein Oratorium, Gesänge auf Texten aus den »Bekenntnissen« von Augustinus und aus der Vulgata, mehrere Kantaten, Madrigale und Lieder mit verschiedener Begleitung. Er publizierte eine Reihe musikwissenschaftlicher Abhandlungen.

Pavel Blatný (geboren 1931)

LEBEN

Pavel Blatný wurde am 14.9.1931 in Brünn als Sohn des Josef Blatný geboren. Er studierte an der Universität in Brünn bei Pavel Bořkovec (10.6.1894, Prag, bis 22.7.1972, Prag). Er lebt als freischaffender Komponist in Brünn.

WERKE

Der vielseitige Avantgardist Pavel Blatný ist auch als Vertreter seriöser Jazzkomposition bekannt geworden. Er schrieb unter anderem eine Studie für Vierteltontrompete, ein Konzert für Jazzorchester, eine »Coda« für Flöte, Kontrabaß, Klavier und Schlagzeug, ein Stück für Jazzband und Kammerensemble, ein Jazznonett, ein Konzert für Kammerorchester, eine Suite für Bläser und Klavier, »Musik« für zwei und vier Klaviere, ein Stück für großes Orchester, eine Passacaglia, 3 Sätze für Flöte, Klarinette und Baßklarinette, Meditation für Klavier, eine Sonate für Flöte und Klavier, »Drei Skizzen« für Orchester, eine Suite für Baßklarinette und Klavier, einen Dialog für zwei Klaviere und Schlagzeug, Vokalwerke für Rezitator und Baßklarinette sowie eine Kinderoper.

Sylvano Bussotti (geboren 1931)

LEBEN

Sylvano Bussotti wurde am 1.10.1931 in Florenz geboren, wo er am Konservatorium bei Roberto Lupi und Luigi Dallapiccola studierte; bei Max Deutsch (17.11.1892, Wien, bis 22.11.1982, Lüneburg) ergänzte er in Paris seine kompositorische Ausbildung. In den sechziger Jahren trat er bereits mit seinen ersten Kompositionen an die Öffentlichkeit und wurde mehrmals mit Preisen ausgezeichnet. Im Jahr 1962 gründete er mit Frederic Rzewski ein Duo, das in Rom bevorzugt experimentelle Musik aufführte. Er wurde gleichzeitig auch als Maler und Graphiker bekannt und wirkte als Regisseur traditioneller, zeitgenössischer und eigener Musik.

WERKE

Das von Sylvano Bussotti in Nachfolge von John Cage verfolgte Prinzip einer »action music« drückt sich in neuen Notationsformen aus. Gestische und theatralische Elemente werden am stärksten in seinen Konzeptionen eines »Totalen Theaters« deutlich. Er schrieb unter anderem eine Sinfonie, 3 Stücke für Marionettentheater, ein Stück für Ondes Martenot, »Zwei Stimmen« für Sopran, Ondes Martenot und Orchester, »Sieben Blätter« mit den Zeilen: I, »Paar«, für Flöte und Klavier, II, »Herz« für einen Schlagzeuger, III, »Für drei« für Klavier, IV, »Lektüre« für Solostimme, V, »Mobile-Stabile« für Gitarre, Singstimme und Klavier, VI, »Manifest« für Orchester und Männer- oder Frauenstimmen, VII, »Sensitiv« für Violine solo, weiters ein Stück für Frauenstimmen, Bariton, Klavier und Instrumente auf vielsprachige Textfragmente, ein Stück für Sopran, Mezzosopran, Bariton, Sprecher und Instrumentalgruppen, »Die Passion nach Sade«, Mysterienspiel mit lebenden Bildern, und weitere zahlreiche Werke für Stimmen und verschiedene Instrumente, für Instrumentalensemble und für Soli, darunter »The Rara-Requiem« auf mehrsprachige Texte.

The Rara-Requiem für sieben Stimmen und 15 Instrumente, 2 Teile, entstanden 1969

Zwei Fragmente sind in dem Werk verflochten und erklingen gleichzeitig, eines von Rainer Maria Rilke: »Die Schönheit ist nur die Maske des Schrecklichen, das wir nur bewundernd ertragen können, aus ästhetischer Distanz, nachdem es indifferent, verschmäht, uns zu verschlingen«, das andere von Theodor Adorno: »Musik ist eine in sich selbst und dem Erkennenden verhüllte Weise von Erkennen.« Das verbale Gewebe des Requiems besteht aus Fragmenten von Homer bis zu Dichtern der Gegenwart. Das Orchester legt einen Klangschleier über die geballten, unverständlich artikulierten Zitate, die dadurch zur Musik werden. »Rara« ist ein personifiziertes Symbol des Komponisten. »Die grausige und zugleich barmherzige Liturgie versenkt sich langsam schreitend in das Schweigen des tiefsten und fernsten Schlafs.«

David Lumsdaine (geboren 1931)

LEBEN

David Lumsdaine wurde am 31.10.1931 in Sydney geboren. Er studierte in seiner Vaterstadt am Konservatorium und an der Universität, dann bei Mátyás Seiber und an der Royal Academy of Music in London bei Lennox Berkeley. Im Jahr 1970 wurde er Lektor für Musik an der Universität in Durham.

WERKE

Von David Lumsdaine sind unter anderem »Episoden« für Orchester, »Mandala 1« für Bläserquintett, »Mandala 2« für Flöte, Klarinette, Bratsche, Cello und Schlagzeug, »Looking Glass Music« für Blechbläserquintett und Tonband, »Kangaroo Hunt« (Känguruhjagd) für Klavier und Schlagzeug, »Caliban Impromptu« für Klaviertrio und elektronische Klänge, ein Stück für Klavier, eines für zwei Klaviere, »Auschwitz-Kantate« für Sopran und Kammerensemble, Missa brevis für gemischten Chor und Orgel, eine Osterkantate für Sopran und Kammerensemble und eine »Aria« für Sopran, zwei Sprecher, Kammerensemble und Tonband bekannt geworden.

Mauricio Kagel (geboren 1931)

Mauricio Kagel

LEBEN

Mauricio Raúl Kagel wurde am 24.12.1931 in Buenos Aires geboren. Er studierte an der Universität seiner Geburtsstadt Philosophie und Literatur; in Klavier, Musiktheorie, Cello, Dirigieren, Analyse und Komposition bildete er sich autodidaktisch aus. Im Jahr 1949 wurde er künstlerischer Berater der Agrupación Nueva Música, 1950 war er Mitbegründer der Cinemathèque Argentine und Chorleiter an der Kammeroper, 1955 wurde er Dirigent am Teatro Colón, musikalischer Berater an der Universität und Leiter der Abteilung für kulturelle Arbeit in Buenos Aires. Er lebte ab 1957 in Köln, arbeitete am Studio für Elektronische Musik des Westdeutschen Rundfunks und gleichzeitig in München und in Utrecht; er leitete bis 1961 das Rheinische Kammerorchester für die Konzerte mit zeitgenössischer Musik und war bis 1966 Gastdirigent bei den Ferienkursen in Darmstadt, führte ausgedehnte Vortrags- und Konzertreisen in den USA durch und leitete 1968 die Skandinavischen Kurse für Neue Musik in Göteborg. Seit 1967 wirkt er als Gastdozent an der Film- und Fernsehakademie in Berlin, leitet ferner das Institut für Neue Musik in Köln, wo er seit 1974 Professor für Neues Musiktheater an der Hochschule für Musik ist.

WERKE

Neben 10 Bühnenstücken, 5 Hörspielen und 10 Filmen verfaßte Mauricio Kagel unter anderem an Instrumentalmusik ein Streichsextett, »Transición I« für elektronische Klänge, »II« für Klavier, Schlagzeug und zwei Tonbänder, »Sonant« für Gitarre, Harfe, Kontrabaß und Fellinstrumente, »Heterophonie« für Orchester, »Match« für zwei Celli und Schlagzeug, ein Streichquartett, außerdem zahlreiche Stücke für konventionelle, für alte, für exotische, für denaturierte Klangquellen. Seine Vokalmusik bringt Soli und Chöre mit Sprecher, begleitet von verschiedenen Instrumenten und anderen Schallerzeugern. Er veröffentlichte eine Reihe von theoretischen Abhandlungen. Der Komponist wandte sich von der ursprünglich angewendeten seriellen Technik bald ab, ohne sie je ganz aufzugeben. Bei der Serie von Werken des »Instrumentalen Theaters«, die er schrieb, legte er nicht nur das Klangresultat, sondern auch das Szenische – Bewegung, Licht, Bühnenbild – fest. Damit waren die traditionelle Gestaltungsart und ihre Grenzen völlig verändert. Durch die Verwendung ungewohnter Instrumente und Schallquellen zog er eine Fülle neuer Klangbereiche heran. Der Umgestaltung älterer Musik – wie Ludwig van Beethoven, Johannes Brahms – wandte er großes Interesse zu. Er zielt in seinen meisten Werken durch Verfremdung und assoziative Verknüpfung auf eine Intensivierung der Wahrnehmung, die nicht auf ästhetische Immanenz beschränkt ist. Um aber auf diesem Weg seine politischen und theologischen Themen an das Publikum heranzubringen, müßten allerdings die – im Verlauf der Zeiten stets wandelbaren – ästhetischen Anschauungen und Grenzen eine gründliche Veränderung erfahren, was vielleicht kommende Jahrzehnte bringen werden.

Mauricio Kagel, Solo für einen Dirigenten

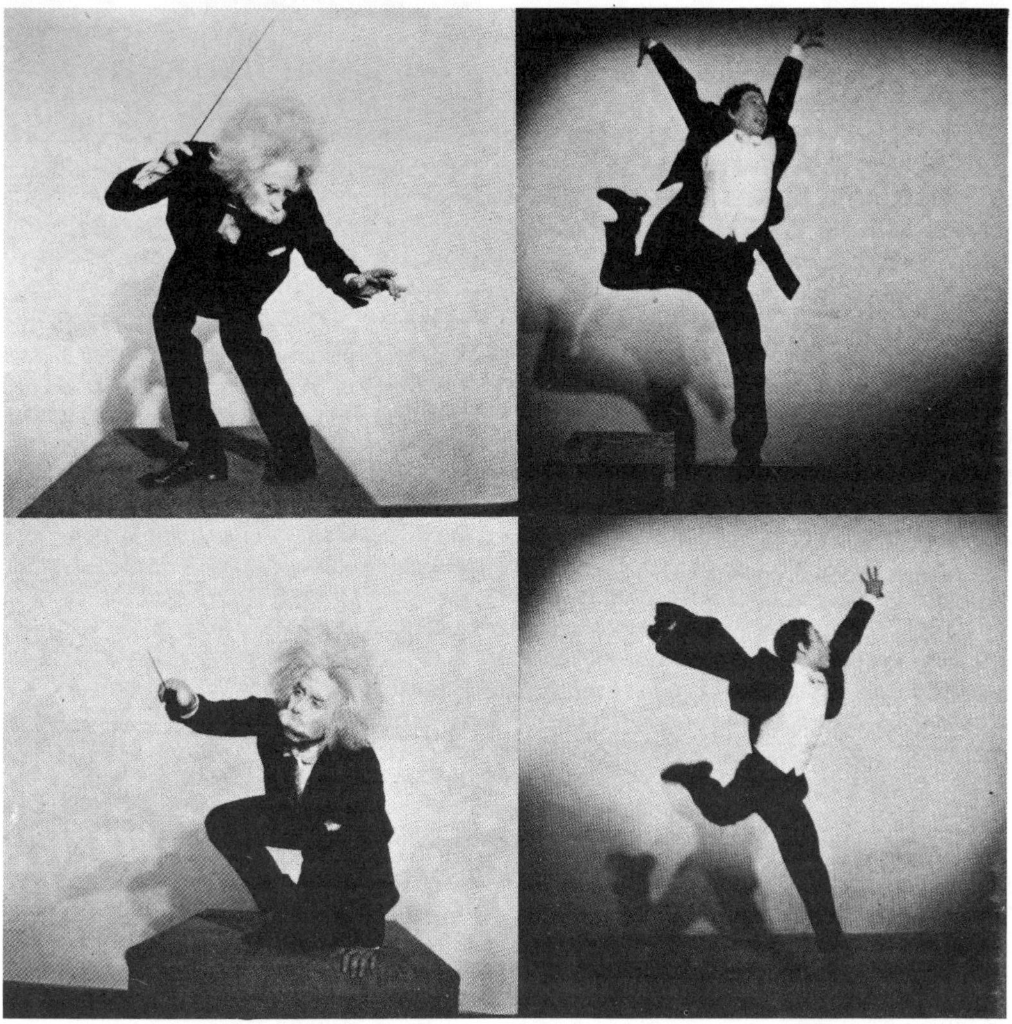

Eugene Hartzell (geboren 1932)

Eugene Hartzell

LEBEN

Eugene Hartzell wurde am 21.5.1932 in Cincinnati, O., geboren. Er studierte an der Universität in Kent, O., und in New Haven, Conn., Klavier, Theorie, Komposition, Musikgeschichte und Gesang; weiteren Kompositionsunterricht nahm er von 1956 bis 1958 in Wien privat bei Hans Erich Apostel. Im Jahr 1960 ließ er sich in Wien nieder und wirkt ab 1974 neben seiner kompositorischen Tätigkeit als Sprecher und Redakteur beim Auslandsdienst des Österreichischen Rundfunks.

WERKE

Neben einer Sinfonie für Streicher und einer für Bläserquintett und Streicher, einer kammermusikalisch besetzten »Synopsis einer Sinfonie«, 2 weiteren Stücken für Kammerorchester und einer Sinfonietta für Streicher schrieb Eugene Hartzell 3 Bläserquintette, ein Streichquartett, ein Trio für Baßklarinette oder Fagott und Klavier und eines für Violine, Klarinette und Klavier, Episoden für Violine und Klavier, eine Sonate für Horn und Klavier, eine für Klarinette und Klavier und eine für Sopransaxophon und Klavier, 11 »Workspoints« für verschieden besetzte Duos, in denen Elemente anderer Kompositionen weiterentwickelt werden, 17 »Monologe« für verschiedene Instrumente, die sich an die Solosonatinen von Apostel anlehnen, eine Aria für Singende Säge, eine »Toccata und Passacaglia« für Orgel und Klavierstücke. Seine Vokalmusik weist 3 Psalmvertonungen für Chor a cappella, eine Psalmvertonung für Chor und Orgel, 3 lateinische sechsstimmige A-cappella-Chöre, 7 Madrigale für Chor a cappella, eine Anzahl Lieder mit verschiedener Instrumentalbegleitung, darunter 9 Haikai für Bariton und Klarinette, auf. »Ich habe wenig übrig für Verfremdung, erweiterte Klangmöglichkeiten und dergleichen und halte mich lieber an das herkömmliche Ideal des schönen Tons, zu dessen Erlangung die Instrumentalisten ja so viel Zeit und Mühe aufwenden mußten«, erklärt der Komponist, der sich in seiner ganzen Musik an den schönen Ton hält, denn sie bringt bei intensivster Ausnützung aller Möglichkeiten der Chromatik, der Ballungen und Engführungen und vielen Vorstößen bis zu den Grenzen der Tonalität überraschende Melodik und Harmonik voll echter Innerlichkeit. Durch den Farbenreichtum seiner Kompositionen dringen von Fall zu Fall die Reihen seines Lehrers Apostel in freiester Handhabung. Jedenfalls jedoch erfüllt er die Aufforderung Arnold Schönbergs an seine Jünger und Enkelschüler, vor allem Musik zu machen, voll und ganz.

Pauline Oliveros (geboren 1932)

LEBEN

Pauline Oliveros wurde am 30.5.1932 in Houston, Tex., geboren. Von 1949 bis 1952 studierte sie an der Universität ihrer Geburtsstadt, von 1954 bis 1956 in San Franzisko und privat bei Robert Erickson. Seit 1967 wirkt sie als Lektorin für Elektronische Musik an der Universität in San Diego, Calif.

Pauline Oliveros

WERKE

Von Pauline Oliveros sind unter anderem »Variationen für Sextett«, »Klangmuster« für gemischten Chor, ein Trio für Flöte, Klavier und Blattumwender, eines für Flöte, Schlagzeug und Kontrabaß, ein Duo für Akkordeon und Bandoneon, ein Stück für Bläseroktett und Tonband, ein Schauspiel für 15 Schauspieler, Film und Projektionen, Tonband und elektronisch verarbeitetes Live-Tonmaterial, ein Stück für elektronisch modifiziertes Klavier, Tonband und Lichteffekte, ein Stück für Viola d'amore, Tonband und Projektionen, eine »Improvisation«, ein Stück für Streichquartett, ein Stück für Orchester und Flaschenchor und »Meditationen« bekannt geworden.

Wojciech Kilar (geboren 1932)

LEBEN

Wojciech Kilar wurde am 17.7.1932 in Lwiw geboren. Er war an der Musikhochschule in Katowice Schüler von Bolesław Woytowicz und in Paris von Nadia Boulanger und lebt seitdem als freier Komponist und Musiklehrer in Warschau.

WERKE

Neben einem Ballett schrieb Wojciech Kilar unter anderem eine Sinfonie für Streicher, ein Klavierkonzert, ein Konzert für zwei Klaviere und Schlagzeug, ein Konzert für Violine, Blechblasinstrumente und zwei Schlagzeuggruppen, ein Konzert für zwei Klarinetten, drei Saxophone, vier Trompeten, vier Posaunen, Schlagzeug, Klavier, 36 Violinen, zwölf Kontrabässe, ein Stück für gemischten Chor, Schlagzeug, zwei Klaviere und Streicher, ein Sonett für Orchester, ein Stück für Sopran und 67 Ausführende und »Training 68« für Klarinette, Posaune, Klavier und Cello. Er ist auch als Bühnen- und Filmkomponist bekannt geworden. In seinen Werken kommt vor allem die Reihentechnik zur Anwendung.

Alexander Goehr (geboren 1932)

LEBEN

Alexander Goehr wurde am 10.8.1932 in Berlin geboren. Er studierte bei Olivier Messiaen am Conservatoire in Paris. Dann wirkte er in London bis 1969 am Morley College. Anschließend war er bis 1968 beim BBC tätig. Seit 1971 ist er Professor und Leiter der Musikabteilung der Universität in Leeds.

Sein Vater Walter Goehr (28.5.1903, Berlin, bis 4.12.1960, Sheffield) studierte von 1926 bis 1930 in Berlin bei Arnold Schönberg. Im Jahr 1933 mußte er nach England emigrieren und wirkte dort als Produktionsleiter der Schallplattenfirma Columbia in London bis 1939. Ab 1945 war er Programmdirektor und Kapellmeister beim BBC.

WERKE

Wie mehrere Komponisten seiner Generation strebte Alexander Goehr eine Verbindung der Dodekaphonik und nachserieller Satztechniken mit Strukturen und Formelementen der altenglischen Musik an. Er schrieb unter anderem eine Oper und ein Ballett, 2 Sinfonien, ein Konzert für elf Instrumente, eine Fantasie für Orchester, 2 Klavierkonzerte, ein Violinkonzert, eine »Kleine Musik« für Streicher, eine Suite für Flöte, Klarinette, Horn, Harfe, Violine und Cello, ein Lamento, 2 Streichquartette und weitere Kammermusik mit verschiedener Besetzung, Klaviermusik, zahlrei-

che Kantaten für Soli, Instrumente, zum Teil mit Sprecher, »Schattenspiele« für Soli, Sprecher und Instrumente, eine »Sonate über Jerusalem« auf hebräische Texte für Sprecher, Frauenchor, Pantomimen, Schattenspieler und Instrumente, einen Lieder- und einen Melodramenzyklus, dramatische Madrigale und Gesänge mit Klavier.
Walter Goehr schrieb 1930 für Radio Berlin die erste Funkoper, außerdem kleinere Stücke für den Rundfunk.

Jan Rääts (geboren 1932)

LEBEN
Jan Rääts wurde am 15.10.1932 in Tartu geboren. Von 1954 bis 1957 studierte er am Konservatorium seiner Geburtsstadt unter Heino Eller. Von 1958 bis 1966 leitete er die Musikabteilung des Estnischen Rundfunks. Dann wurde er Musikdirektor des Estnischen Fernsehens. Für sein kompositorisches Wirken wurde er mehrmals ausgezeichnet.

Jan Rääts

WERKE
Die Musik von Jan Rääts ist neuklassizistisch und deutlich von Dmitri Schostakowitsch beeinflußt. Avantgardistischen Bestrebungen schloß er sich nicht an. Er schrieb 7 Sinfonien, ein Violinkonzert, ein Cellokonzert, ein Klavierkonzert, ein Concertino für Klavier und Orchester, ein Konzert für Kammerorchester, ein Nonett, eine Partita für Kammerensemble, ein Klavierquintett, 3 Streichquartette, ein Klaviertrio, 4 Sonaten und 24 Praeludien für Klavier und ein Oratorium.

Sinfonie Nr. 7, 3 Sätze, entstanden 1973
Im 1. Satz folgt auf eine kurze Einleitung eine Kadenz, dann erklingen Marschepisoden, kammermusikalische Passagen und Pizzicatoflächen. Nach einem Unisono des gesamten Orchesters schließt der Satz fanfarenartig ab. Auch der 2. Satz weist barockes Pathos auf. Über rhythmisierte Fakturen der Streicher breiten sich die Aktionen der einzelnen Instrumente. Der 3. Satz wird vom Kontrabaß eingeleitet, dessen Thema nach einem Intermezzo das Kontrafagott übernimmt. Eine von den Trompeten vorgetragene Passacaglia, deren Thema vierzehnmal wiederholt wird, folgt. Darüber entwickeln die übrigen Instrumente ihre Motive in immer mehr verdichteter Verflechtung, bis das Werk mit eindrucksvollen Bläserakkorden ausklingt.

Edgar Valcárcel Arze (geboren 1932)

LEBEN
Edgar Valcárcel Arze, Neffe des Teodoro Valcárcel, wurde am 4.12.1932 in Puno, Peru, geboren. Er studierte an der Musikakademie in Lima bei Andrés Sás Orchassal, am Hunter College in New York unter Donald Lybbert (geboren 19.2.1923, Creso, Ia.), am lateinamerikanischen Zentrum für höhere musikalische Studien in Buenos Aires und am Electronic Music Center der Columbia University in New York unter Vladimir Ussachevsky und Alcides Lanza (geboren 2.6.1929, Rosario, Argentinien). Er wirkt als Professor für Komposition am Konservatorium in Lima.

WERKE
Neben mehreren sinfonischen Orchesterwerken schrieb Edgar Valcárcel Arze ein Klavier-

konzert, ein Konzert für Klarinette und Streichorchester, 2 Streichquartette, ein Trio für Flöte, Bratsche und Klavier und eines für Horn, Cello und Klavier, ein Stück für zwölf Instrumente, eines für sechs Instrumente und eines für 19 Instrumente, 2 Sonaten und weitere Werke für Klavier, ferner Chorwerke, Lieder, Bühnenmusik und Elektronische Musik.

Rodion Schtschedrin (geboren 1932)

Rodion Schtschedrin

LEBEN

Rodion Konstantinowitsch Schtschedrin wurde am 16.12.1932 in Moskau geboren. Er war von 1950 bis 1955 am Konservatorium in seiner Vaterstadt Schüler von Juri Schaporin und Jakow Flier (8.10.1912, Orechowo-Sujewo bei Moskau, bis 1977, Moskau). Nach seiner Tätigkeit als Kompositionslehrer lebt er seit 1969 in Moskau als freischaffender Komponist und als Pianist.

WERKE

Es gelingt Rodion Schtschedrin, folkloristische und traditionelle Elemente mit modernen Kompositionstechniken wie Serialismus und Aleatorik zu verbinden. Er schrieb außer 2 Opern und 3 Balletten 2 Sinfonien, 2 Orchesterkonzerte, 3 Klavierkonzerte, eine sinfonische Dichtung, eine Ouvertüre, 2 Orchestersuiten, eine Kammersuite für 20 Violinen, Harfe, Akkordeon und zwei Kontrabässe, ein Klavierquintett, 2 Streichquartette, eine Suite für Klarinette und Klavier, eine Suite, eine Sonate und 24 Praeludien und Fugen für Klavier, ein Oratorium, 2 Kantaten, ein Konzert für Sprecher, Frauenstimmen, Chor und Orchester, Romanzen, Bühnen- und Filmmusik.

Anna Karenina, Ballett in 3 Akten für Orchester, Kammerorchester, Sopran und Tenor, entstanden 1917

Die Romanhandlung von Lew Tolstoi (1828 bis 1910) wird in 21 lyrischen Szenen wiedergegeben, indem der Handlungsablauf und die handelnden Charaktere nahezu »wörtlich« in das Choreographische übersetzt werden. Die Musik illustriert außerordentlich farbig, baut jedoch neben der choreographischen Darstellung eine zweite, musikalische auf, die den Symbolgehalt und die Allgemeingültigkeit der Dichtung wie auch ihren psychologischen und soziologischen Hintergrund grell ausleuchtet.

Sinfonie Nr. 1 in es-Moll, 3 Sätze, entstanden 1956

Der 1. Satz »Rondo« beginnt mit einem Trauergesang mit folkloristischen Anklängen. Der erste Teil ist sehr ruhelos und mehrmals von heftigen Ausbrüchen des Orchesters unterbrochen, der zweite Teil ist meditativ. Der 2. Satz »Toccata« hat Sonatenform, bei der jeder Abschnitt – Exposition, Durchführung, Reprise – mit einem Schlag des vollen Orchesters abschließt. Es handelt sich um ein Orchesterkonzert, in dem jedem Instrument Solopartien zugewiesen sind. Für den 3. Satz »Thema mit Variationen« wird eine authentische Liedweise verwendet und neunmal variiert.

Ilja Zeljenka (geboren 1932)

LEBEN

Ilja Zeljenka wurde am 21.12.1932 in Preßburg geboren und studierte an der Musikakademie seiner Geburtsstadt bei Ján Cikker. Von 1957 bis 1961 wirkte er als Dramaturg bei der Slowakischen Philharmonie und anschließend in gleicher Eigenschaft beim slowakischen Rundfunk. Im Jahr 1961 gründete er beim Rundfunk ein Studio für Elektronische Musik, das erste in der ČSSR.

Werke

Außer einem Ballett, 2 Sinfonien, 7 Orchesterstücken, »Strukturen« und »Meditationen« für Orchester schrieb Ilja Zeljenka unter anderem ein Klavierkonzert, einen Psalm für vier Streichquintette, 2 Klavierquintette, ein Streichquartett, eine »Musik für Chor und Orchester«, »Metamorphosen XV« für Sprecher und neun Instrumente, »Beschwörungen« für Chor und Orchester, eine »Musik« für 13 Sänger und Schlagzeug, die Kantate »Auschwitz« für Soli, Chor, Rezitator, Tonband und Orchester, mehrere Klavierwerke, Bühnenmusik und Musik zu über 200 Filmen.

Joel Spiegelman (geboren 1933)

Leben

Joel Warren Spiegelman wurde am 23.1.1933 in Buffalo, N.Y., geboren. Er studierte von 1949 bis 1953 an den Universitäten in New Haven, Conn., und Buffalo, N.Y., anschließend an der Longy School of Music in Cambridge, Mass., und an der Universität in Waltham, Mass., bei Harold Shapero (geboren 29.4.1920, Lynn, Mass.), Irving Fine und Arthur Berger (geboren 15.5.1912, New York), außerdem bei Nadia Boulanger in Paris. Er befaßt sich seit 1964 mit Elektronischer Musik. Im Jahr 1970 gründete er in New York ein Electronic Ensemble.

Werke

Neben einem Ballett für Tonband schrieb Joel Spiegelman unter anderem 2 »Sätze« für Orchester, eine Serenade für zwei Flöten, zwei Harfen, Klavier und Celesta, eine Sinfonie für Sopran, Flöte, Kontrabaß, Synthesizer und Tonband, ein Streichquartett, ein Stück für Frauenstimmen und Schlagzeug, ein Stück für Klavier vierhändig und eine Klaviersonate.

István Láng (geboren 1933)

Leben

István Láng wurde am 1.3.1933 in Budapest geboren. Er war von 1951 bis 1958 an der Musikhochschule in Budapest Schüler von János Viski und Ferenc Szabó und wirkt anschließend als musikalischer Leiter der Ungarischen Staatlichen Marionettenbühne.

Werke

Neben 2 Opern und 4 Balletten schrieb István Láng unter anderem eine »Trauermusik« für Orchester, ein »Streicherkonzert«, ein Bratschenkonzert, ein Concertino für Xylophon und Orchester, »Impulsionen« für Oboe und eine Instrumentengruppe, »Bukolisches Konzert« für Horn und Orchester, 2 Bläserquintette, ein Quintett für Flöte, Klarinette, Violine, Cello und Klavier, 2 Streichquartette, ein Duo für Flöten, eine Monodie für Klarinette, eine Sonate für Cello solo, ein Intermezzo für Klavier, eine Kammerkantate, 2 weitere Kantaten, Chöre, Lieder, Bühnen-, Film- und Fernsehmusik.

Musica funebre (Trauermusik), für Orchester, 6 Teile, entstanden 1969

Der 1. Teil »Schweigen« besteht aus einem resignierenden Crescendo-Decrescendo. Erst im 2. Teil »Epitaph« kommt es durch einen Holzbläserdialog zu einer subjektiven Aussage. Der 3. Teil »Double« faßt das bisher Gehörte variativ zusammen. Der 4. Teil »Hymne« bringt mit engen Intervallen eine byzantinische Posaunenmelodie. Im 5. Teil »Exaltation« kommt es zu einem kräftigen Ausbruch der Affekte. Der 6. Teil »Tröstung im großen Schmerz« schließt das Werk beruhigend ab.

Norbert Linke (geboren 1933)

Leben

Norbert Linke wurde am 5.3.1933 in Steinau an der Oder (Ścinawa) geboren. Er studierte in Hamburg an der Hochschule für Musik Schulmusik und Komposition und an der Universität Musikwissenschaft. Bei den Ferienkursen für Neue Musik in Darmstadt von 1962 bis 1964 nahm er bei Karlheinz Stockhausen,

György Ligeti, Pierre Boulez und Henri Pousseur Unterricht. Anschließend wirkte er in Hamburg als Komponist, Musikschriftsteller, Kritiker und Schulmusiker; seit 1971 lehrt er dort an der Universität Musikdidaktik und an der Fachschule für Musik in Lübeck Musikdidaktik und Geschichte der Musikpädagogik.

WERKE
Neben einer Reihe von musiktheatralisch-szenischen Werken wie »Varim I« für ein Klavier und zwei Spieler, »II« für Sopran, Klavier und Kammerensemble, »Musen« für Singstimme und Klavier, eine Szene für Frauenstimmen und »Zeitplan« für Live-Electronic-Group und zweikanaliges Tonband schrieb Norbert Linke unter anderem eine Sinfonie, eine »Lyrische Sinfonie« für Sopran und Orchester, ein Klavierkonzert, 5 Stücke für Klarinette und Klavier, ein Bläserquintett, ein Streichquartett, ein Stück für drei Flöten und eines für drei Blechbläser, ein Nonett, ein Stück für Harfe und Klavier, verschiedene Klavier- und Orgelwerke, eine Markus-Passion für Sprecher, Soli und Chor, eine Kantate, 2 Cantica, eine Kammermusik für Sopran, Klarinette und Klavier und für Alt und fünf Instrumente. Er veröffentlichte mehrere Essays zu musiktheoretischen Problemen.

Toshi Ichiyanagi (geboren 1933)

LEBEN
Toshi Ichiyanagi wurde am 2.4.1933 in Ashiya-Shi, Japan, geboren. Er war Privatschüler von Tomojiro Ikenouchi und wurde während seines Aufenthalts in den USA von 1952 bis 1961 von John Cage nachhaltig beeinflußt, entwickelte jedoch bald nach seiner Rückkehr einen eigenen Stil.

WERKE
Der bedeutende Repräsentant der japanischen Gegenwartsmusik Toshi Ichiyanagi schrieb unter anderem Musik für elektrische Metronome, ein Duett für Klavier und Streichorchester, »Stanzas« für Streichinstrumente, ein Stück für 15 Spieler, Musik für Tonband, Orchester und elektronische Klangunterbrecher, ein Stück für drei Instrumente, zwei Oszillatoren, zwei Ringmodulatoren, ein Streichquartett, weitere Musik für Tonband und für elektronische Tonquellen und Klaviermusik.

José Vicente Asuar (geboren 1933)

LEBEN
José Vicente Asuar wurde am 20.7.1933 in Santiago de Chile geboren. Er studierte am Konservatorium und an der katholischen Universität in seiner Geburtsstadt und darauf in Berlin bei Boris Blacher und Josef Rufer. Seit 1962 wirkt er als Professor für Akustik an der Universität in Santiago, 1965 errichtete er in Caracas, Venezuela, ein Studio für Elektronische Musik, das er bis 1968 leitete.

WERKE
Neben der Musik zu »Imágen de Caracas« (Gemälde von Caracas), das in einem für 1200 Personen erbauten Theater mit wandelbarer Architektur, gleichzeitiger Projektion von acht Film- und 45 Diaprojektoren, dirigier-, verschwemm- und synchronisierbaren Musikkanälen und der Teilnahme vokaler und instrumentaler Mittel aufgeführt wurde, schrieb José Vicente Asuar eine größere Anzahl elektronischer Kompositionen, ein Stück für Kammerorchester und eines für großes Orchester, außerdem ein Oktett für vier Flöten und vier Schlagzeuger.

Eric Salzman (geboren 1933)

LEBEN
Eric Salzman wurde am 8.9.1933 in New York geboren. Er war an der Columbia University in seiner Vaterstadt Schüler von Otto Luening, Vladimir Ussachevsky, William Mitchel (21.11.1906, New York, bis 17.8.1971, Binghamton, N.Y.) und Jack Hamilton Beeson (geboren 15.7.1921, Munice, Ind.), an der Universität in Princeton, N.J., von Roger Sessions und Milton Babbitt; Kurse über Musikwissenschaft absolvierte er bei Oliver Strunk (22.3.1901, Ithaka, N.Y., bis 24.2.1980, Grot-

taferrata, Italien), Arthur Mendel (6.6.1905, Boston, bis 14.10.1979, Newark, N. J.) und Nino Pirrotta (geboren 13.6. 1908, Palermo). Im Jahr 1957 ergänzte er seine kompositorische Ausbildung bei Goffredo Petrassi in Rom und bei Karlheinz Stockhausen in Darmstadt. Darauf war er bis 1966 in New York als Musikkritiker tätig. Seitdem wirkt er als Lehrer und als Direktor der Hunter-College-Konzerte in New York.

WERKE
Neben einem Multimedia für die Ausstellung des Naturhistorischen Museums in New York, dem aleatorischen Stück »Das elektrische Ohr«, einem Multimediawerk für Tonband und Filme schrieb Eric Salzman Inventionen für Orchester, »Lob der Eule und des Kuckucks« für Sopran, Gitarre und Kammerensemble, »Verse und Lieder« für vier Stimmen und verschiedene Instrumente mit elektronischer Verstärkung, »Verse I, II, III, IV« für Stimme, Gitarre und Tonband, ein Stück für Tonband, ein Streichquartett und eine Partita für Violine solo.

Manfred Niehaus (geboren 1933)

LEBEN
Manfred Niehaus wurde am 18.9.1933 in Köln geboren. Von 1957 bis 1961 studierte er an der Hochschule für Musik seiner Geburtsstadt bei Bernd Alois Zimmermann Komposition. Von 1963 bis 1965 wirkte er als Dramaturg und Spielleiter der Landesbühne in Eßlingen am Neckar und anschließend freischaffend als Komponist und Regisseur. Im Jahr 1967 wurde er Redakteur der Musikabteilung des Westdeutschen Rundfunks in Köln. Er gehört der »Gruppe 8 Köln« an.

WERKE
Neben 7 musikalischen Stücken für Bühne oder Bildschirm schrieb Manfred Niehaus ein Orchesterstück, ein Violinkonzert, eine Sinfonia I–III, ein Stück für Orchester und Live-Electronic, eine Fantasie über ein Thema von Paganini für Orchester, »Sequenzen und Blenden« für Bratsche, Schlagzeug und beliebiges Begleitensemble, ein Quintett für Oboe, Es-Klarinette, Es-Saxophon, Tenorhorn und Flügelhorn, ein Streichquartett in Negativform, ein Streichtrio, lyrische und elektrische Szenen für Fagott, Cello und elektrische Baßgitarre und Baritonsolo ad libitum, 6 Orgelstücke, eine Kantate für Vokalquartett, Streichorchester, Klavier und Schlagzeug, eine Kantate für Sopran, Kontratenor, Tenor, Bariton, drei Violinen, Bratsche und Schlagzeug, »Landkarte« für Gesang, drei Violinen, Bratsche, Akkordeon oder Harmonium, »7 Haikai« für Sopran, Sprecherin, Piccolo, Violine, Gitarre und Gläserspiel, »Verkündigung« für Sopran, Harfe und Orgel oder Sopran, Harfe, zwei Klarinetten, Harmonium, Celesta und Kontrabaß, außerdem Bühnen-, Film- und Hörspielmusik.

Pozzi Escot (geboren 1933)

LEBEN
Pozzi Escot wurde am 1.10.1933 in Lima geboren. Von 1954 bis 1957 studierte er an der Juilliard School of Music in New York und anschließend bis 1960 an der Musikhochschule in Hamburg unter anderen bei Andrés Sás Orchassal, William Bergsma und Philipp Jarnach. Er wirkte als Gastkomponist am Music Center in Tanglewood, Mass., und leitete die Konzertreihe New Event Ensemble in Boston und die Reihe »Space, Time and Sound« (Raum, Zeit und Klang). Er gehört der Kompositonsabteilung des Konservatoriums in Boston an.

WERKE
Von Pozzi Escot sind unter anderem »Drei Gedichte von Rilke« für Streichquartett und Sprecher, »Lamentos« für Sopran, zwei Violinen, zwei Celli, Klavier und drei Schlagzeuge, »Cristos« für Altflöte, Kontrafagott, Schlagzeug und drei Violinen, »Visione« für Kontrabaß, Flöte, Altsaxophon, Sopran, Schlagzeug und unsichtbaren Sprecher, ein Stück für fünf Saxophone, elektrische Gitarre, vier Baßtrommeln, 17 Violinen und neun Kontrabässe, außerdem mehrere Klavierwerke bekannt geworden.

Krzysztof Penderecki (geboren 1933)

Leben

Krzysztof Penderecki wurde am 23.11.1933 in Dębica, Polen, geboren. Er studierte privat bei Frantiszek Skołyszewski (24.8.1904, Wieliszka, Polen, bis 8.5.1969, Krakau) und in Krakau bei Stanisław Wiechowicz und Artur Malawski an der Musikhochschule, an der er 1959 Kompositionsprofessor und 1972 Direktor wurde. Von 1966 bis 1968 wirkte er an der Folkwang-Hochschule in Essen, seit 1973 ist er auch Professor für Komposition an der Yale University in New Haven.

Krzysztof Penderecki

Werke

Als vorläufig bedeutendster Vertreter der polnischen Avantgarde hob Krzysztof Penderecki durch seinen persönlichen Ruf das Ansehen aller Komponisten der Neuen Musik. Spätere Analysen werden die Ursachen bloßlegen, warum sich gerade diesem Gegenwartskomponisten ein allgemeines Interesse zuwendet. Vielleicht wird festgestellt werden, daß der Sakralgehalt einzelner Werke dieses Polen sich so eindringlich verdeutlicht, daß erfaßt wird, in welcher Breite hiebei die Musik ihre eigenen Grenzen gegen das Feld des Religiösen überschreitet, wenngleich es unmöglich wäre, sie in den Rahmen eines sakralen Vorganges zu stellen, weil sie selbst als selbständiges sakrales Geschehen geschaffen wurde. Reine Töne fließen aus verschiedenen Tonquellen, weitere strömen ihnen nach, holen sie ein; sie brechen einander, verformen, zerreißen, zersägen, verschleifen, zerreiben einander, so daß sie als wimmernde, heulende, schreiende Klang- und Geräuschfragmente zurückkommen; sie stoßen sich an den Mauern und Säulen der Dome wund, von denen vor Zeiten der geformte Stein seine Andacht in sonoren Tönen wiedergab; sie werden zurückgeworfen als sinnloses, nutzloses Geschrei und Gestöhn; sie steigen nach oben und flehen stammelnd um Erbarmen, das nie gewährt wird. Die ausweglose Not, die hilflose Lebensangst der Menschen ist in diesem schneidenden, knurrenden, krachenden, quetschenden Ton-Geräusch-Gemisch enthalten; daher kommen sie zu dieser Musik, um ihr eigenes Leid, ihre eigene Angst, ihre eigene Hoffnungslosigkeit zu erleben. Gustav Mahler hat dem Leid der Welt Ausdruck verliehen wie dem eigenen, indem er die Angstschreie und Hilferufe in Idyllen bettete, wie es der Zeitgeschmack erforderte. Für uns wären jene romantischen Verbrämungen nur höhnische Grimassen. Der nackte Ausbruch des Entsetzens über alles, das die Menschheit erdulden muß und mußte, des Wissens um die Sinnlosigkeit alles Hilfeflehens ist unserer Zeit angemessen und überschreitet nicht nur die Grenzen der Musik, sondern läßt auch den Bezirk des Religiösen weit hinter sich. Diese Klänge und Geräusche sprechen nur von den beklommenen Herzen in den Nächten und den Tränen der Tage für uns alle aus, was viele von uns in Worten auszudrücken nicht wagen. Wie viele seiner Zeitgenossen steht der Komponist unter dem Einfluß des Serialismus Anton Weberns, die Anregungen aber, die ihm von Pierre Boulez zukamen, sind stärker.

Einem orthodoxen Serialismus unterlag er aber auch in seinen Anfängen nicht, wie sein Frühwerk »Emanationen für zwei Streichorchester« zeigt, bei dem ein Orchester um einen Halbton höher gestimmt ist als das zweite. »Anaklasis« für Streicher und Schlagzeug und »Threnos. Den Opfern von Hiroshima« bringen Flächenklänge mit ständig wechselnder Oszillation und einzelne unbegleitete Töne, die stetig um Mikrointervalle verschoben werden; außergewöhnliche Handhabung der Streicherbogen, dichte Tontrauben; mit den Instrumenten erzeugte vielgestaltige Geräusche bewirken ein unaufhörliches Schwirren, Strömen und Gleiten. Das »Stabat mater« für drei sechzehnstimmige A-cappella-Chöre überträgt diese Kompositionstechnik auf Singstimmen, die »Lukas-Passion«, in die das »Stabat mater« eingebaut ist, entfaltet diesen Stil in vollem Umfang. Die Oratorien »Dies irae« und »Grablegung« entwickeln alle Möglichkeiten der Klangerzeugung, Klangbrechung und Klangballung. Das »Magnificat« für Soli, Chor und Orchester beweist, daß der Komponist nicht bei seinen Erfolgen stehen bleibt, sondern sich stetig weiterentwickelt und nur die Aussage sich immer gleich darbietet, wie er immer das gleiche sagen will, sich jedoch jedesmal einer veränderten Sprache bedient. Er schrieb ferner »Epitafium Artur Malawski in memoriam« für Streichorchester und Pauken, »Phonogramme« für Flöte und Kammerorchester, »Fluorescences« und »Kanon« für Streicher und zwei Tonbandgeräte, »Capriccio« für Oboe und elf Streicher, 2 Cellokonzerte, 2 Violinkonzerte, »Pittsburgh Ouvertüre« für Blasorchester, Schlagzeug, Harfe und Klavier, »Praeludium« für Bläser, Schlagzeug, Tasteninstrument und Kontrabaß, eine Partita für Cembalo, Gitarre, Elektro-Baßgitarre, Harfe, Kontrabaß – alles elektronisch verstärkt – und Orchester, 2 Sinfonien, ein Intermezzo für 24 Streicher, 3 Miniaturen für Violine und Klavier, 2 Streichquartette, »Psalmus« für Tonband und Elektronische Musik, ein Capriccio für Cello solo, »Enchecheireia« für Tonband, »Aus den Psalmen Davids« für gemischten Chor, Schlagzeug und Celesta, zwei Klaviere, Harfe und vier Kontrabässe, »Strophen« (Texte verschiedener Dichter) für Sopran, Sprecher und zehn Instrumente, »Dimensionen der Zeit und der Stille« für gemischten Chor, Schlagzeug und Streicher, »Auferstehung Christi« für fünf Soli und zwei gemischte Chöre, »Kosmogonia« für drei Soli, gemischten Chor und Orchester, »Ecloga« für sechs Männerstimmen a cappella, »Das Hohe Lied« für sechzehnstimmigen Chor und Orchester, »Te Deum« für vier Soli, gemischten Chor und Orchester, »Lacrymosa« für Sopran, gemischten Chor und Orchester, eine Oper, eine Rappresentazione sacra und als vorläufig letztes Werk großen Formates sein »Polnisches Requiem« für Soli, Chor und großes Orchester.

Passio et mors Domini nostri Jesu Christi secundum Lucam (Leiden und Tod unseres Herrn Jesus Christus nach Lukas), für drei Soli, Sprecher, Knabenchor, drei gemischte Chöre und Orchester, 2 Teile, entstanden 1966

Teile der Kapitel 22 und 23 des Lukas-Evangeliums sind mit Hymnen, Psalmen und anderen liturgischen Texten zu einem dramatischen Oratorium zusammengefaßt. Die Musik bedient sich aller Ausdrucksmittel, die dem Komponisten zur Verfügung standen, so daß das Werk über die Christus-Passion zu einer Passion der gesamten Menschheit wurde. Die Komposition mit Klangfarben, Klangflächen und Klangbändern ist hier in einen weiten Raum eingeordnet, so daß die experimentellen und neu entdeckten Klangfarben in eine glückliche Beziehung zu traditionellen Elementen treten.

Stabat mater für drei sechzehnstimmige A-cappella-Chöre, entstanden 1962

Diese Kantate wurde später der »Lukas-Passion« eingegliedert. Schon hierin zeigt sich das Bestreben des Komponisten, Altes und Neues zu verschmelzen.

Dies irae, Oratorium zum Gedenken an die Ermordeten in Auschwitz, für drei Solisten und Orchester, 3 Teile, entstanden 1967

Die verwendeten Texten der Bibel, von Louis Aragon (1897–1983), Paul Valéry (1871–1945), Władysław Broniewski (1897–1962) und Tadeusz Różewicz (geboren 1921) sind in das Lateinische übersetzt, die Zitate von Aischylos original belassen. Dadurch wird eine überzeitliche Dimensionierung erreicht. Obwohl die Texte der drei Teile Lamentatio, Apocalypsis, Apotheosis das Geschehen bestimmen, kommt ihnen auch eine klangliche Bedeutung zu. Das Klangmaterial ist mit

Vierteltönen, forcierten Anschwellungen, abrupten Pausen, kantig-scharfen Farbkontrasten und um einige Töne kreisenden Melismen ausgestattet, Sirenengeheul und Kettenrasseln ergänzen das provozierend dramatische Klangbild.

Utrenija (Grablegung) für fünf Solisten, Knabenchor, zwei gemischte Chöre und Orchester, 5 Teile, entstanden 1970

Der 1. Teil »Troparion« setzt mit tiefen Männerstimmen ein, die ihn auch abschließen, dazwischen erklingen ein Durakkord und durch Mikroglissandi und Zischfloskeln strukturierte Schichtungen. Der 2. Teil »Psalm 50« wird vom Orchester eingeleitet. Ein modaler liturgischer Gesang wird zitiert; Vokalsolisten und Chor bringen die Lobpreisungen des Psalms; Klanggewoge, schnelle Orchesterpassagen, exaltierte Massierungen und phonetische Ableitungen beruhigen sich erst vor der Reprise der Einleitung, nach der zwei Solistinnen das »Erbarme dich meiner« vortragen. Das abschließende Halleluja wird von einem Gelächter des Orchesters begleitet. Im 3. Teil »Hirmos I« entladen sich unruhige Chormassierungen durch laute Schreie. Dann verebben sie plötzlich. Den 4. Teil »Hirmos II« gestalten die Baßsolisten in hymnischer Steigerung. Im 5. Teil »Idiomelon« sind alle kompositorischen Mittel des Werks noch einmal zusammengefaßt. Der kirchenslawische Text ist in einzelnen Teilen wenig verständlich, er tritt zugunsten einer allgemein akustischen Deutung des Wortsinnes zurück.

Magnificat für Solisten, gemischten Chor, Knabenchor und Orchester, 7 Teile, entstanden 1974

Unter den neueren Werken des Komponisten ist dieses am stärksten konservativ geprägt. Es weist, abgesehen von einigen Vierteltonbewegungen, charakteristischen, langsamen mikrotonalen Glissandi und einigen isolierten Klanghäufungen, nur wenig akustische Effekte auf. Die »Neue Einfachheit«, zu der etliche ultra-avancierte Komponisten unserer Zeit greifen, kündigt sich auch hier an, weil die »Lösung aus dem Dilemma nicht darin besteht, weiterzuschreiten und somit vielleicht am Ende den Geist der Musik völlig zu zerstören, sondern darin, Inspiration aus der Vergangenheit zu saugen und auf das von der Vergangenheit hinterlassene Erbe zurückzublicken«.

Anaklasis (Strahlenbrechung) für 42 Streicher, Celesta, Harfe, Klavier, Schlagzeug, entstanden 1960

Die Grundhaltung des Werks ist ein völliges Abkommen von traditionellen Satzprinzipien und üblicher Instrumentation. Extrem gelegene Vierteltöne, Bogenschlagen, Steg- oder Griffbrettspiel, breite Streuung von Register Zeitablauf und Farbe, höchste Lagen, Handschlagen auf die Saiten ergeben neue Geräusch- und Klangeffekte, die konsequent weiterentwickelt wurden und die Faszination erzeugen, die von allen Werken des Komponisten ausgeht.

Polymorphia für 48 Streichinstrumente, entstanden 1961

Die Stiltendenzen von »Anaklasis« werden aufgegriffen und weiterentwickelt. Der Klangverlauf ist äußerst expressiv und kompliziert, findet jedoch plötzlich in einem C-Dur-Akkord seine Auflösung.

Fluorescences für Orchester, entstanden 1962

In diesem Stück ist anscheinend alles zusammengetragen, was der Komponist an unkonventionellen Ideen heranziehen konnte. Schon anfangs wird die tiefste Klaviersaite mit einem Triangelschlegel gerieben, dann folgt Sägen von Holz und Eisen, Reiben von Glas mit einer Feile, Bogenstriche über Steg und Saitenhalter der Streicher. Die Tradition des Bruitismus und der Futurismus eines Edgar Varèse wird bis zu den letzten Möglichkeiten intensiviert.

Threnos. Den Opfern von Hiroshima für 52 Streichinstrumente, entstanden 1961

An den extremen Ausdruck der Streicher knüpft sich eine starke ungelöste Spannung. Zehnmal setzen alle Streicher in höchstmöglicher Lage an, dann wird der gesamte Tonraum erfaßt. Cluster verändern ihre Breite, berühren einander und bilden, ineinanderfließend und erlöschend, neue. Ein Klangblock aus 42 Vierteltönen stürzt herein und verklingt.

Henryk Górecki (geboren 1933)

Leben

Henryk Mikolaj Górecki wurde am 6.12.1933 in Czernice bei Rybnik geboren. Er war von 1955 bis 1960 an der Musikhochschule in Katowice Schüler von Bolesław Szabelski. Seit 1968 ist er selbst als Lehrer an der Hochschule in Katowice tätig. Er gehört neben Krzysztof Penderecki zu den führenden Vertretern der Avantgarde Polens.

Werke

Formdisziplin, starkes Konstruktionsgefühl und Logik zeichnen die Kompositionen von Henryk Górecki aus. Er schrieb 2 Sinfonien, ein Konzert für fünf Instrumente und Streichquartett, »Choros« für Streicher, »Musiquette I« für zwei Trompeten und Gitarre,

»II« für vier Trompeten, vier Posaunen, zwei Klaviere und Schlagzeug, »III« für drei Violen, »IV« für Klarinette, Posaune, Klavier und Cello und weitere Orchesterstücke, Zyklus »Genesis I« für drei Streicher, »II« für 15 Ausführende, »III«, Monodram für Metallschlagzeug und sechs Baßviolen oder Violinbässe, Klavier- und Orgelstücke, weitere Gesänge mit verschiedener Begleitung und zahlreiche Bühnenmusik.

Mario Davidovsky (geboren 1934)

LEBEN

Mario Davidovsky wurde am 4.3.1934 in Médanos, Argentinien, geboren. Er studierte bei Guillermo Graetzer (geboren 5.9.1914, Wien), Teodoro Fuchs (15.3.1908, Chemnitz [Karl-Marx-Stadt], bis 28.10.1969, Buenos Aires), Ernesto Epstein (geboren 25.10.1910, Buenos Aires und Erwin Leuchter (10.10. 1902, Berlin, bis 4.7.1973, Buenos Aires). Er unterrichtete zunächst in Buenos Aires an einer privaten Musikschule, sodann in den USA an der Universität in Lansing, Mich. Derzeit wirkt er als Professor für Komposition an der Manhattan School of Music und als Vizedirektor des Columbia-Princeton-Electronic Center in New York.

WERKE

Nach mehreren Orchester- und Kammermusikwerken wandte sich Mario Davidovsky der Elektronischen Musik zu und schrieb unter anderem »Contrastes« für Streicher und elektronische Klänge, »Synchronismus I« für Flöte und elektronische Klänge, »II« für Klarinette, Violine, Cello und elektronische Klänge, »III« für Cello und elektronische Klänge, »Elektronische Studien I, II, III«, »Inflexions« (Modulationen) für 14 Instrumente und eine Reihe weiterer elektronischer Werke.

Christian Wolff (geboren 1934)

LEBEN

Christian Wolff wurde am 8.3.1934 in Nizza geboren. Er begann 1949 als Autodidakt zu komponieren und trat mit John Cage, David Tudor und Morton Feldman in Verbindung, die zu seiner musikalischen Entwicklung erheblich beitrugen. Von 1962 bis 1969 lehrte er klassische Philologie an der Harvard University in Cambridge, Mass., darauf wurde er beigeordneter Professor für klassische Philologie und Musik am Darmouth College in Hanover, N.H.

WERKE

Die Kompositionen von Christian Wolff dienen vor allem seinen Konzerten, die er ab 1956 in den USA und in Europa veranstaltet. Den Interpreten werden innerhalb bestimmter Zeiträume weitgehende Freiheiten eingeräumt. Er versucht, in jedem Werk ein Überraschungsmoment für Publikum, Interpreten und den Komponisten zu bringen. Er verfaßte ein Werk für ein oder mehrere Orchester, ein Stück für drei Spieler, eines für einen, zwei oder drei Spieler, ein Septett für sieben Spieler und einen Dirigenten, eines für zwei, vier, sechs oder acht Spieler, ein Stück für acht oder mehr Instrumente und weitere Werke für eine beliebige Anzahl Mitwirkende und Instrumente, kammermusikalische Stücke für neun, für sieben oder sechs, eines für sechs und für Streichquartett, ein Quartett für vier Hörner, 3 weitere Quartette mit verschiedener Besetzung, ein Trio für Flöte, Violine und Cello und eines für Klavier vierhändig und Schlagzeug, Duos mit verschiedener Besetzung, zahlreiche Werke für Klavier, für Prepared piano, für Cembalo oder für ein beliebiges Tasteninstrument, Stücke für Tonband, außerdem Stücke für Stimmen. Er schrieb einige Essays über seine Kompositionstechnik.

Siegfried Thiele (geboren 1934)

LEBEN

Siegfried Thiele wurde am 28.3.1934 in Chemnitz (heute Karl-Marx-Stadt) geboren. Nach Privatstudien in seiner Geburtsstadt studierte er von 1953 bis 1958 an der Musikhochschule in Leipzig bei Wilhelm Weismann und Johannes Weyrauch (geboren 20.2.1897, Leipzig) und von 1960 bis 1962 an der Deutschen Akademie der Künste in Berlin bei Leo Spies. Darauf wurde er Dozent für Partiturspiel und Tonsatz und im Jahr 1963 zusätzlich Leiter des Jugendorchesters in Leipzig.

WERKE

Ursprünglich von Béla Bartók und Paul Hindemith beeinflußt, entwickelte sich der Stil von Siegfried Thiele bald zu rein persönlichen Fakturen, die sich der Dodekaphonik nähern. Er schrieb eine Sinfonie, eine Pantomime, eine »Musik für Orchester«, »Introduktion und Toccata«, ein Konzert, eine Sinfonietta, ein Trompetenkonzert, ein Klavierkonzert, ein Concertino für Flöte und Streichorchester, eines für Harfe, Streicher, Pauken und Schlagzeug, eine Sonate für Streichquartett und kleines Orchester, ein Konzert für Orgel, Blechbläser, Pauken und Streicher, ein Oktett für Klarinette, Horn, Fagott, zwei Violinen, Bratsche, Cello und Kontrabaß, ein Bläserquintett, ein Trio für Oboe, Cello und Klavier, Duos mit verschiedener Besetzung, Orgelwerke und mehrere Kantaten.

Musik für Orchester, 4 Sätze, entstanden 1968

Nach einem Vorspiel wird im 1. Satz die für das gesamte Werk essentielle Zwölftonreihe artikuliert. Fanfaren der Bläser, die im Mittelteil Teile der Reihe vertikal anordnen, bilden den Höhepunkt des Satzes. Im 2. Satz kommt es zu toccatenartiger Bewegung. Die Reihengestalt des 1. Satzes tritt hinzu, aus der weit gespannte Melodik entwickelt wird. Der 3. Satz ist ein Zwischenspiel, das horizontal wie vertikal von der im 1. Satz intonierten Reihe beherrscht wird und zum 4. Satz führt. Darin stehen drei weitere Themen dem Hauptthema gegenüber, das zu hymnischer Ausweitung anschwillt und am Ende das glanzvoll ausstrahlende Reihenthema ablöst.

Zsolt Durkó (geboren 1934)

LEBEN

Zsolt Durkó wurde am 10.4.1934 in Szeged, Ungarn, geboren. Er war von 1955 bis 1960 an der Musikhochschule in Budapest Schüler von Ferenc Farkas und in Rom an der Accademia di Santa Cecilia von Goffredo Petrassi. Er lebt als freischaffender Komponist in Budapest.

WERKE

Der vielfach in seiner Heimat und international ausgezeichnete Komponist Zsolt Durkó, der die Tradition von Béla Bartók insoweit fortsetzt, daß er die Technik der Neuen Musik mit der nationalen Musiktradition verschmilzt, schrieb unter anderem eine Oper, »Episoden« auf das Thema B-A-C-H für Orchester, »Organismen« für Violine und Orchester, »Fioriture« (Koloraturen) für Orchester, eine Ungarische Rhapsodie für zwei Klarinetten und Orchester, »Illustrationen« für Violine und Kammerorchester, ein Hornkonzert, »Ikonographien I« für Orchester, »Cantilene« für Klavier und Orchester, Kammermusik für zwei Klaviere und elf Instrumente, »Colloides« und »Feuermusik« für Kammerensemble, ein Bläserquintett, »Serenata« für vier Harfen, ein Quartett für Blechbläser, 2 Streichquartette, 11 Stücke für Streichquartett, »Ikonographien II« für zwei Baßviolen und Cembalo, 5 Stücke für Tuba und Klavier, 8 Duos für Hörner, Klaviermusik, Orgelstücke und mehrere Kantaten, darunter »Altamira« für zwölfstimmigen Kammerchor und Orchester, und das Oratorium »Grabrede«, das prämiiert wurde.

Grabrede, Oratorium für Tenor, Baß, Chor und Orchester, 14 Teile, entstanden 1972

Der Text ist dem ältesten ungarischen Sprachdenkmal, der um 1200 aufgezeichneten »Grabrede« entnommen. Die einzelnen Verse werden gemäß der Oratorientradition durch Arien, Rezitative, Orchesterpassagen und Turben vorgetragen, einzelne Stellen sind in der Art des gotischen Organums gebaut. Der Text steht überall im Vordergrund und wird von der Musik stimmungsgerecht ausgedeutet.

Altamira für Kammerchor und Orchester, ein Satz, entstanden 1968

Obschon der Titel auf die Altamira-Höhle mit ihrem prähistorischen Wandgemälde hinweist, liegt keine programmatische Schilderung des visuellen Eindrucks im Sinn der Romantik vor; der Komponist sucht nur die eigenartigen Flächen und Linien der Bisongestalt des Gemäldes klanglich zu verwirklichen. Die vielfältig geteilten Streicher, die in geschlossenen Blöcken auftretenden übrigen Instrumente, der schmale Bläserchor und die helle Celesta mit Vibraphon und Harfe im Vordergrund erzeugen mit dem Vokalisen singen-

den Chor eine dem von dem alten Gemälde ausgehenden Eindruck ähnliche Stimmung.

Ungarische Rhapsodie für zwei Klarinetten und Orchester, 6 Sätze, entstanden 1965

Der Komponist erklärte: »Da während unserer Geschichte die Mehrheit der vermutlich vorhanden gewesenen Kodices spurlos verschwunden ist, kann sich der Musikstoff des Stückes bloß auf Zitate stützen, die nur in der Vorstellung vorhanden sind.« Diese sind der Reihe nach wie folgt: Nr. 1 »Magischer Gesang aus der Heidenzeit«, Nr. 2 »Klagende Weisen für Geiger, Spielleute und Cimbalisten«, Nr. 3 »Magischer Gesang zum Fest des Kriegs- und Weibervolks«, Nr. 4 und 5 »Contrapunctus und Organum in motu contrario von Anfang des 14. Jahrhunderts«, Nr. 6 »Makabrer Czárdás«. Die Klarinetten und das Cimbal sind Träger der Tonfärbung des Stückes.

Georg Kröll (geboren 1934)

Leben

Georg Kröll wurde am 3. 5. 1934 in Linz am Rhein geboren. Er war an der Hochschule für Musik in Köln Schüler von Frank Martin und Bernd Alois Zimmermann. Darauf wirkte er freiberuflich als Komponist, Pianist, Privatmusiklehrer und Klavierauszugbearbeiter. Im Jahr 1964 wurde er Dozent an der Musikschule der Stadt Köln. Er ist Mitglied der »Gruppe 8 Köln«.

Werke

Außer seinen bekannten »Aufzeichnungen für Sinfonieorchester« schrieb Georg Kröll unter anderem Variationen für Orchester, ein Bläserquintett, eine »Cantio« für Bariton, zwei Celli, Kontrabaß und Orgel, »Concentus« für Choralschola und Instrumente, einen Gesang für Sopran und Orchester, ein Magnificat für Sopran und sechs Instrumente, »Kreise« für Klavier und Instrumente, ein Stück für Gitarre und eine Sonate für Altflöte.

Cornel Ţăranu (geboren 1934)

Leben

Cornel Ţăranu wurde am 20. 6. 1934 in Cluj geboren. Er war am Konservatorium seiner Geburtsstadt von 1951 bis 1957 Schüler von Sigismund Toduţă (geboren 17. 5. 1908, Simeria, Rumänien) und in Paris von Nadia Boulanger und Olivier Messiaen. Im Jahr 1962 wurde er am Konservatorium in Cluj Lektor für Komposition.

Werke

Außer einer Kammeroper schrieb Cornel Ţăranu eine Sinfonie, eine Sinfonia brevis, »Sequenzen« für Streichorchester, »Symmetrien« und »Beschwörungen« für Orchester, 2 Klavierkonzerte, eine Sinfonietta, »Abwechslungen« und »Übergänge« für Kammerorchester, ein Streichtrio, eine Sonate für Klarinette und Klavier, eine für Cello und Klavier und eine für Flöte und Klavier, »Drei kurze Stücke« für Klarinette und Klavier, mehrere Klavierwerke, 2 Kantaten, Chöre, Lieder und Bühnenmusik. Sein Stil ist neuklassizistisch mit romantischen Reminiszenzen.

Vinko Globokar (geboren 1934)

Leben

Vinko Globokar wurde am 7. 7. 1934 in Anderny, Meurthe-et-Moselle, geboren. Er studierte am Konservatorium in Ljubljana von 1949 bis 1955 und anschließend bis 1959 am Conservatoire in Paris Posaune, wo er sodann bis 1963 bei René Leibowitz Kompositionsunterricht nahm; von 1964 bis 1965 ergänzte er in Berlin seine kompositorische Ausbildung bei Luciano Berio. Von 1965 bis 1966 wirkte er als Lehrer für Posaune an der Universität in Buffalo, N. Y., und von 1968 bis 1975 an der Musikhochschule in Köln. Darauf war er bis 1979 in Paris am Institut für akustische Forschung und Koordinierung tätig. Derzeit lehrt er erneut an der Musikhochschule in Köln.

Werke

Der Komponist und Posaunist Vinko Globokar strebt eine Erweiterung der Spiel- und Satztechniken an. Auch die Aleatorik reichert er um individual- und gruppenimprovisatorische Elemente an. Er schrieb unter anderem »Vendre le Vent« für Klavier, Schlagzeug, fünf Holz- und vier Blechbläser, »Ausstrahlungen«

für einen Solisten und 20 Musiker, »Discours II« für fünf Posaunen, »III« für fünf Oboen, »IV« für drei Klarinetten, »Fluide« für Blechblasinstrumente und Schlagzeug, »Etude I« für 19 Solisten, »II« für Orchester, »La ronde« für beliebige Instrumente, »Drama« für einen Pianisten und einen Schlagzeuger, »Atemstudie« für Oboe, »Voie« für Chöre und drei Orchester, »Accord« für Sopran, Posaune, Cello, Flöte, Orgel und Schlagzeug, »Traumdeutung« für vier Chöre, Celesta, Harfe, Vibraphon und Gitarre, »Airs« für acht Singstimmen, Posaune, Klarinette und zwei Assistenten, »Standpunkte« für Sopran, Chor, Orchester mit multimedialer Präsentation und »Caroussel« für vier Sänger und 16 Instrumente.

Roger Reynolds (geboren 1934)

LEBEN

Roger Reynolds wurde am 18.7.1934 in Detroit, Mich., geboren. Er studierte an der Universität in Ann Arbor, Mich., Physik und Komposition und setzte seine Studien in Köln 1962/63 am Elektronischen Studio der Musikhochschule, in Paris 1963/64 und in Italien 1964/65 fort. Im Jahr 1969 wurde er Dozent an der University of California in San Diego.

WERKE

Für Orchester komponierte Roger Reynolds 4 Werke und eines für Kammerorchester, weiters ein Stück für Kammerorchester und Elektronik; außerdem verfaßte er ein Bläserquintett, 4 Etüden für Flötenquartett, ein Trio für Flöte, Kontrabaß und Klavier, ein Duo für Flöte und Klavier, ein Stück für Soloflöte und mehrere Klavierwerke, ferner eine Kantate für acht Stimmen, Klavier, Schlagzeug und Kontrabaß, eine für Erzähler, Blasinstrumente, Schlagzeug und Tonband, »Masken« für gemischten Chor und Orchester, ein Werk für gemischten Chor, Blechbläser, Schlagzeug und Projektion, »Spuren« für Klavier, Flöte, Cello, Elektronik und Tonband und eines für mehrere Flöten, Klavier, Harmonium, Cimbal, Tamtam, elektronische Klänge, Film, Ringmodulator und 35 Tonbänder und »In and Out« für neun Frauenstimmen, neun Schauspieler, zwei Flöten, Klarinette, Elektronik und Projektion.

Alfred Schnittke (geboren 1934)

LEBEN

Alfred Garrijewitsch Schnittke wurde am 29.11.1934 in Engels an der Wolga geboren. Er studierte von 1953 bis 1958 am Konservatorium in Moskau bei Jewgeni Golubjew und Nikolai Rakow (geboren 1.3.1908, Kaluga), wirkte sodann dort bis 1961 als Aspirant und anschließend bis 1972 als Lehrer für Instrumentation, Partiturspiel, Kontrapunktik und Komposition. Seither lebt er in Moskau als freischaffender Komponist. Im Jahr 1980 war er Gastprofessor an der Hochschule für Musik und Instrumentation in Wien.

WERKE

In seinen Anfängen war die Komposition von

Alfred Schnittke

Alfred Schnittke programmusikalisch, dann traten Einflüsse von Carl Orff und Arnold Schönberg dazu. Nach einer Schaffensphase mit absoluter Musik wandte sich der Komponist pluralistischen Fakturen zu, bei denen neben traditionellen Formen Glissandi, Cluster und andere Modernismen, vor allem eine freie Zwölftonmusik mit tonalen Zentren Verwendung fanden. Er schrieb unter anderem 3 Sinfonien, 4 Violinkonzerte, 2 Klavierkonzerte, ein Konzert für Oboe, Harfe und Streicher, ein Concerto grosso für zwei Violinen, Cembalo und 21 Streicher, eine sinfonische Dichtung, ein Quintett für Klavier, zwei Violinen, Bratsche und Cello, eine Serenade für fünf Musiker, einen Hymnus für Cello, Harfe und Pauken, einen Dialog für Cello und sieben Instrumentalisten, 2 Streichquartette, eine Sonate für Cello und Klavier und eine für Violine und Klavier, ein Präludium für Violine solo, 2 Klaviersonaten, ein Oratorium, 3 Kantaten, Vokalisen für zehn Frauenstimmen und Vibraphon, ein Requiem, »Minnegesang« für 52 Choristen, eine Oper und eine Multimedienpräsentation für Pantomimen, neun Musiker, Tonband und Lichtprojektion, außerdem Bühnen- und Filmmusik. Er verfaßte mehrere Musikhistorische Abhandlungen.

Violinkonzert Nr. 2, ein Satz, entstanden 1966

Mit einer breiten, rhythmisch expressiven Kadenz leitet das Soloinstrument das Werk ein. Von einem Glockenschlag angekündigt, tritt ein Cluster der Streicher hinzu, dann unterbrechen Klangstrukturen der Bläser, des Klaviers und des Schlagzeugs die Violine, die jedoch sofort zu einem neuen Espressivo ansetzt. Die Orchesterviolinen begleiten sie, verselbständigen und verdichten sich immer stärker, dann vereinigen sich die zwölfstimmig geführten Violinen zu einem Unisono. Ein Kontrabaßsolo führt zu langen Improvisationen aller Instrumente. Nach einer weichen Akkordfolge der Streicher und virtuosen Wendungen der Violine kommt es zu neuen Improvisationen, dann erklingt eine slowfoxähnliche Episode. Erneut führt die Violine ein Solo ein, und nach einem Intermezzo der Schlagzeuger kommt es zur Schlußphase des Werks. Bei ständiger Steigerung des Geschehens, auf dessen Höhepunkt die Pauken den Rhythmus markieren, führt der Solist das Werk über zarte Cluster der Streicher und Bläser zum Ausklang.

Quintett für Klavier, zwei Violinen, Bratsche und Cello, 5 Sätze, entstanden 1976

Die 5 Sätze folgen einander ohne stärkere Zäsur als eine Fermate. Im 1. Satz bringt das Streichquartett nach einer Einleitung des Klaviers ein mächtiges Crescendo. Im 2. Satz erklingen weit ausgesponnene Walzerweisen, die mehrmals zu statischen Streicherklängen und Trillerpassagen erstarren. Im 3. Satz erscheinen Vierteltonpassagen in mehreren Wiederholungen, während das Klavier extreme Spieltechniken – Cluster, stummes Anschlagen, Pedal- und Tastengeräusch – präsentiert. Im 4. Satz steigert sich das Ensemble vom Pianissimo bis zu einem Ausbruch im äußersten Fortissimo. Der 5. Satz ist eine Passacaglia, die ein Motiv vierzehnmal wiederholt, bis sie nahezu tonlos schmerzlich verklingt.

Georg Katzer (geboren 1935)

Leben

Georg Katzer wurde am 10. 1. 1935 in Habelschwerdt (Bystrzyen Kłodzku), Schlesien, geboren. Ab 1954 studierte er an der Musikhochschule in Ost-Berlin bei Ruth Zechlin und Rudolf Wagner-Régeny und darauf in Prag bei Karel Janeček (22. 2. 1903, Czertochawa, Polen, bis 4. 1. 1974, Prag); er ergänzte seine Ausbildung 1963 an der Deutschen Akademie der Künste in Berlin bei Hanns Eisler und Leo Spies. Er lebt als Musiklehrer und freischaffender Komponist in Berlin.

Werke

Nach mehreren kammermusikalischen Werken, von denen ein sehr expressives Streichquartett hervorsticht, schrieb Georg Katzer 3 Sonaten für Orchester, ein Capriccio und »Baukasten« für Orchester, ein Stück für Streichermusik und »Musik für Kammerorchester mit obligater Violine«. Sein Stil ist vorläufig stark von seinem Lehrer Eisler abhängig.

Bojidar Dimow (geboren 1935)

Leben

Bojidar Dimow wurde am 31. 1. 1935 in Lom, Bulgarien, geboren. Von 1954 bis 1957 war er am Konservatorium Schüler von Weselin Stojanow (7.4.1902, Schumen, bis 29.6.1969, Sofia) und an der Hochschule für Musik und darstellende Kunst in Wien von Karl Schiske, Erwin Ratz (22.12.1898, Graz, bis 12.12.1973, Wien) und Hanns Jelinek. Er gehört der »Gruppe 8 Köln« an.

WERKE

Von Bojidar Dimow sind unter anderem »Komposition I« für Klavier, »II« für Streichsextett, »III« für Orchester, »Beschwörungen« für Sopran, Flöte, Trompete, Bratsche und Harfe, 5 Haikai für Sopran, Alt und Klavier, »Raumspiel« für Klavier, Kammerensemble und einen Dirigenten, sowie »Vereinigungen« für Orchester bekannt geworden.

Manfred Weiss (geboren 1935)

LEBEN

Manfred Weiss wurde am 12.2.1935 in Niesky, Oberlausitz, geboren. Er studierte von 1952 bis 1955 an der Hochschule für Musik in Halle bei Hans Stieber, darauf an der Musikhochschule in Ost-Berlin bei Ruth Zechlin und Rudolf Wagner-Régeny. Seit 1959 unterrichtet er an der Hochschule für Musik in Dresden, zunächst als Oberassistent und ab 1970 als Dozent für Komposition und stellvertretender Leiter der Kompositionsklasse.

WERKE

Der Stil von Manfred Weiss geht von Paul Hindemith aus und betont vor allem das melodische Element. Seine Formgebung ist klar, seine Instrumentation sehr farbig, seine Tonsprache stark expressiv, aber doch verständlich. Er schrieb 2 Sinfonien, eine »Orchestermusik«, eine »Festliche Ouvertüre« für kleines Orchester, »Praeludium«, »Meditation und Hymnus« für großes Orchester, eine Toccata für Orchester, eine Suite, Metamorphosen für Orchester, eine »Streichermusik«, ein Klavierkonzert, ein Oktett, ein Bläserquintett, ein Streichquartett, ein Klaviertrio, mehrere Sonaten mit verschiedener Besetzung, Lieder, Chöre, darunter die Brecht-Kantate »An meine Landsleute«.

Akin Euba (geboren 1935)

LEBEN

Akin Euba wurde am 28.4.1935 in Lagos, Nigeria, geboren. Er studierte von 1952 bis 1957 am Trinity College in London Musik und leitete anschließend bis 1965 die Musikabteilung des nigerianischen Rundfunks. Dann studierte er bis 1966 an der Universität in Los Angeles Komposition und Musikethnologie, wirkte darauf bis 1968 an der Universität in Lagos als Lektor für Musik, anschließend wurde er Leiter der Forschungsabteilung an der Universität in Ife, Nigeria.

WERKE

In seinem kompositorischen Schaffen ist Akin Euba bestrebt, Elemente und Ausdruckswerte der afrikanischen Musik mit Mitteln der europäischen wiederzugeben. Er schrieb unter anderem eine Tanzsuite für 15 nigerianische Instrumente, 4 Stücke für afrikanisches Orchester auf Instrumenten der Stämme Joruba, Igbo, Ashanti und Lobi, eine sinfonische Studie für Orchester über eine Joruba-Sage, ein Stück für dreistimmigen Chor und fünf nigerianische Instrumente, ein Bläserquintett, ein Streichquartett, ein Stück für Klavier und Sprecher und ein Klavierwerk.

Peter Schat (geboren 1935)

LEBEN

Peter Schat wurde am 5.6.1935 in Utrecht geboren. Er war in Den Haag Schüler von Kees van Baaren, in London von Mátyás Seiber und in Paris von Pierre Boulez. Er wirkt gegenwärtig am Studio für Elektronische Musik in Amsterdam.

WERKE

Neben dem theatralischen Mixed-Media-Spektakel »Das Labyrinth« schrieb Peter Schat »Entelechie I« für fünf Instrumentalgruppen, »II« für elf Instrumente, »Mosaiken« für Orchester, Kammerkonzert für zwei Klarinetten, Klavier, Schlagzeug und Streicher, »Signalement« für Schlagzeug, ein »Essay« für Violine, Gitarre und Schlagzeug, ein Stück für

16 Bläser, ein Bläseroktett, ein Septett für Flöte, Oboe, Baßklarinette, Horn, Klavier, Cello und Schlagzeug, ein Sextett für drei Schauspieler und drei Musiker, ein Bläserquintett, ein Streichquartett, »Improvisationen« für drei Stimmen und vier Instrumente, »Thema« für Oboe, Gitarre, Orgel und Bläser, ein Stück für Solostimme, Tasteninstrumente und Elektronik und eines für Stimme, Instrumente und Elektronik, »Kryptogramm« für Bariton und Orchester und ein Stück für 16 Stimmen.

Arvo Pärt (geboren 1935)

LEBEN
Arvo Pärt wurde am 11.9.1935 in Paide, Estland, geboren. Er war bis 1963 Schüler von Heino Eller am Konservatorium in Tallinn. Von 1958 bis 1967 wirkte er als Tonmeister am estnischen Rundfunk. 1980 übersiedelte er in den Westen, wohnte einige Jahre in Österreich und lebt heute in Westberlin.

WERKE
Die Werke von Arvo Pärt weisen verschiedene Kompositionstechniken, Funktionsharmonik und tonalitätsfreie Klangverbindungen auf. Er schrieb unter anderem 2 Sinfonien, eine »Musica sillabica« für Orchester, eine Collage über B-A-C-H für Kammerorchester, »Unser Garten« für Kinderchor und Orchester, ein Oratorium, mehrere Klavierwerke, Bühnen-, Film- und Fernsehmusiken.

Alicia Urreta (geboren 1935)

LEBEN
Alicia Urreta wurde am 12.10.1935 in Veracruz, Mexiko, geboren. Sie war am Konservatorium in Mexiko Schülerin von Rodolfo Halffter. Seit 1957 tritt sie als Konzertpianistin auf. Sie unterrichtet derzeit an der Universität in Mexiko Kammermusik und Elektronische Musik.

WERKE
Neben einer Kammeroper und 5 Balletten – eines mit Musique concrète – schrieb Alicia Urreta ein Stück für Orchester, »Salmodia I und II« für Klavier, »Estudio I und II« für Gitarre, eine Kantate für Stimmen, Instrumente und Tonband, Bühnenmusik, Musique concrète für Nō-Theater und Filmmusik.

Helmut Lachenmann (geboren 1935)

LEBEN
Helmut Lachenmann wurde am 27.11.1935 in Stuttgart geboren. Von 1955 bis 1958 studierte er an der Hochschule für Musik in seiner Geburtsstadt bei Johann Nepomuk David und anschließend bis 1960 in Venedig bei Luigi Nono. Im Jahr 1961 ließ er sich in München als freischaffender Komponist, Pianist und Gastvortragender an der Hochschule für Gestaltung in Ulm nieder. 1965 wirkte er im elektronischen Studio in Gent und von 1966 bis 1970 als Theorielehrer an der Musikhochschule in Stuttgart. Sodann unterrichtete er bis 1976 als Dozent für Musik an der Pädagogischen Hochschule in Ludwigsburg und gleichzeitig von 1972 bis 1973 als Leiter einer Meisterklasse für Komposition an der Universität Basel, darauf erhielt er einen Ruf der Musikhochschule in Hannover. Von 1978 bis 1982 war er als Dozent an den Ferienkursen für Neue Musik in Darmstadt und bei den lateinamerikanischen Kursen für zeitgenössische Musik in Brasilien tätig. Seit 1981 übt er wieder seine Lehrtätigkeit an der Musikhochschule in Stuttgart aus.

WERKE
Von Helmut Lachenmann sind bisher folgende Werke bekannt geworden: »Souvenir« für 41 Instrumente, »Zwei Kreise« für Orchester, »Air« Musik für Schlagzeugsolo und großes Orchester, »Kontrakadenz« für großes Orchester, »Klangschatten« für 48 Streicher und drei Konzertflügel, »Fassade« für großes Orchester, »Schwankungen am Rand« für Blech und Saiten, »Les Consolations« für 16 Stimmen und Orchester und sechs Zuspielbänder, »Tanzsuite« für Orchester mit Streichquartett, »Harmonica« für großes Orchester und Tuba, »Sätze« für 15 Spieler, »Accanto« für Klarinette und Orchester, »Fünf Strophen« für neun Instrumente, »In-

troversion I und II« für je sechs Instrumente, »Consolation I« für zwölf Stimmen und vier Schlagzeuger, »II« für 16 gemischte Stimmen, ein Sextett, ein Streichquartett, ein Streichtrio, ein Trio für Klarinette, Viola und Marimba, eines für Flöte, Stimme und Cello, ein Szenario für Elektronische Musik, Musik für zwei Gitarristen, Musik für Soloklarinette, »Pression« für Cello-Solo, »Rondo« für zwei Klaviere zu vier Händen, weiters für Klavier »Fünf Variationen«, »Echo Andante«, »Wiegenmusik«, »Guero« und »Ein Kinderspiel«.

Jürg Wyttenbach (geboren 1935)

LEBEN
Jürg Wyttenbach wurde am 2.12.1935 in Bern geboren. Dort war er am Konservatorium Schüler von Kurt von Fischer (geboren 25. 4. 1913, Bern) und Sándor Veress, am Conservatoire in Paris von Yvonne Lefébure (29. 6. 1898, Ermont, Seine-et-Oise, bis 23. 1. 1986, Paris) und Joseph Calvet (geboren 8. 10. 1897, Valence-d'Agen, Tarn-et-Garonne) und an der Musikhochschule in Hannover von Karl Engel (geboren 1.6.1923, Birsfelden bei Basel). Seit 1962 unterrichtet er am Konservatorium in Bern und an der Musikakademie in Basel. Er gründete mit Heinz Holliger ein Kammermusikensemble für zeitgenössische Musik.

WERKE
Außer einer »Exécution ajournée (Angepaßte Durchführung) I«, Gesten für 13 Musiker, »II«, Gesten für Musiker, »III«, für Streichquartett, schrieb Jürg Wyttenbach unter anderem »Paraphrase« für einen Sprecher, einen Flötisten und einen Pianisten, »Conteste« für Kammerorchester, »Anrufungen und Ausbruch« für Holz- und Blechbläser, »Divisions« für Klavier und neun Solostreicher, ein Klavierkonzert, »3 Liebeslieder« für Alt, Flöte und Klavier, »3 Sätze« für Oboe, Harfe und Klavier, »10 Scherzlieder« für gemischten Chor und Klavier vierhändig, ein Gesang für Bariton und Orchester, »4 Kanzonen« für Sopran und Cello, eine Sonate für Oboe und ein »Nachspiel« für zwei Klaviere.

Aribert Reimann

Aribert Reimann (geboren 1936)

LEBEN
Aribert Reimann wurde am 4.3.1936 in Berlin als Sohn des Leiters der Abteilung für Kirchenmusik an der Hochschule für Musik in Berlin Wolfgang Reimann (3.9.1887, Neusalz an der Oder [Nowa Sól], bis 16.11.1971, Tegernsee, Bayern) geboren. Von 1955 bis 1959 studierte er am selben Unterrichtsinstitut bei Boris Blacher und Ernst Pepping. Ab 1958 trat er als Klavierbegleiter auf. Für sein kompositorisches Schaffen erhielt er eine Reihe von Preisen. Im Jahr 1975 übernahm er einen Lehrauftrag an der Musikhochschule Hamburg und wurde Berater der dortigen Staatsoper.

WERKE
Neben 4 äußerst erfolgreichen Opern und 3 Balletten schrieb Aribert Reimann unter anderem »Elegie und Variationen« für Orchester, »Rondes« für Streichorchester, ein Cellokonzert, 2 Klavierkonzerte, »Reflexionen« für

sieben Instrumente, Inventionen für zwölf Spieler, ein Trio für Flöte, Bratsche und Cello, Sonaten für Violine und für Cello mit Klavier, Nokturnen für Cello und Harfe, eine Anzahl Klavier- und Orgelwerke, zahlreiche Kantaten für Chöre oder Singstimmen mit Orchester oder Instrumentalbegleitung, fallweise mit Sprecher, darunter ein Requiem für Soli, Chor und Orchester, und Chöre a cappella.

Erich Urbanner (geboren 1936)

Leben

Erich Urbanner wurde am 26.3.1936 in Innsbruck geboren. Von 1955 bis 1961 war er an der Hochschule für Musik und darstellende Kunst in Wien Schüler von Hans Swarowsky, Karl Schiske und Hanns Jelinek. Er wirkt an derselben Lehranstalt als Professor für Komposition und für Partiturspiel sowie als Leiter des Zwölftonseminars.

Erich Urbanner

Improvisation IV für Bläserquintett von Erich Urbanner, Autograph

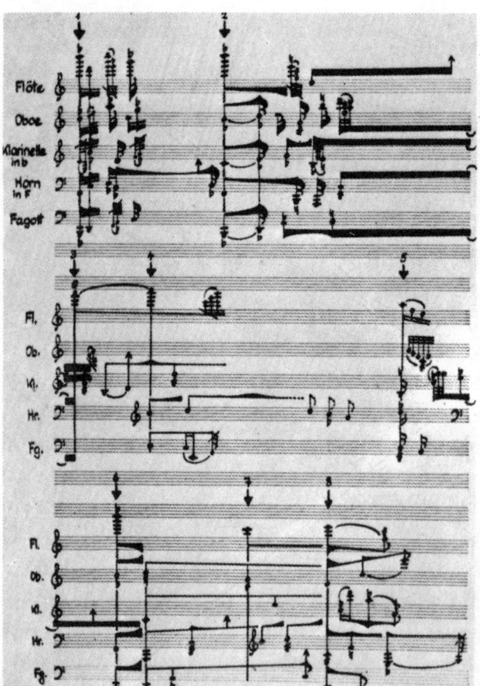

Werke

Neben einer musikalischen Burleske schrieb Erich Urbanner unter anderem eine Sinfonie, eine Intrada, eine Serenade für Streichorchester, »Thema, Variationen und ein Nachspiel«, »Kontraste« und ein Konzert für Orchester, ein »Concerto« für zwei Orchester, drei Posaunen und Celesta, ein Klavierkonzert, ein Flötenconcertino, ein Konzert für Orgel und Streichorchester, Dialoge für Klavier und Orchester, ein Violinkonzert, ein Kontrabaßkonzert, eine »Kammermusik« für Flöte, Oboe, Fagott, Violine, Cello und Cembalo, »Improvisation IV« für Bläserquintett, 3 Streichquartette, 8 Aphorismen für Flöte, Klarinette und Fagott, Schlag- und Klangfiguren für Schlagzeug, 5 Stücke für Violine und Klavier, »Improvisation III« für Kammerensemble, »Lyrica« für Kammerensemble, »Improvisation II« für zwei Klaviere und weitere Klavierwerke, »Improvisation I« für Orgel, Soli für Flöte, für Violine, für Bratsche, 5 Songs für Mezzosopran und kleines Ensemble und eine Messe.

Jocy de Oliveira (geboren 1936)

LEBEN

Jocy de Oliveira wurde am 11.4.1936 in Curitiba, Brasilien, geboren. Sie studierte in São Paulo bei José Klíass (11.8.1905, Poltawa, Rußland, bis 29.1.1970, São Paulo), in Paris bei Marguérite Long und an der Universität in St. Louis, Mo. Sie wirkt als Interpretin von vorwiegend Klaviermusik des 20. Jahrhunderts und konzertiert in Nord- und Südamerika sowie in Europa. Sie ist die Frau des brasilianischen Komponisten und Dirigenten Eleazar de Carvalho (geboren 28.6.1915, Iguatú, Brasilien).

WERKE

Die elektronischen Multimedia-Kompositionen von Jocy de Oliveira vermitteln eine »totale Musik«. Sie schrieb unter anderem »Probalistic Theater I, II, III« für mehrere Musiker, Schauspieler, Tänzer, Fernsehen und Dirigenten, »Polinterações I, II, III« und »Die Dritte Welt« und weitere Multimedia-Werke.

Héctor Quintanar (geboren 1936)

LEBEN

Héctor Quintanar wurde am 15.4.1936 in Mexiko-Stadt geboren. Er studierte am Konservatorium seiner Geburtsstadt bei Rodolfo Halffter Harmonielehre und bei Carlos Jiménez-Mabarak Komposition. Im Jahr 1960 trat er dem »Composition Workshop« von Carlos Chavéz bei und wirkt als Assistent und später als Leiter der Abteilung für Elektronische Musik.

WERKE

Für Orchester schrieb Héctor Quintanar eine Sinfonie und 2 weitere Stücke, an Kammermusik ein Quintett für Klavier, Violine, Kontrabaß, Flöte und Trompete, ein Streichtrio und eine Sonate für drei Trompeten. Seine Vokalmusik wird durch eine Kantate für Orchester, Chor und Tonband und eine Anzahl Lieder repräsentiert. Er verfaßte außerdem eine Anzahl von Werken für Elektronische Musik.

Wjatscheslaw Owtschinnikow (geboren 1936)

LEBEN

Wjatscheslaw Aleksandrowitsch Owtschinnikow wurde am 29.5.1936 in Woronesch geboren. Er war bis 1962 am Konservatorium in Moskau Schüler von Tichon Chrennikow. Er lebt heute als freischaffender Komponist in Moskau.

WERKE

Von Wjatscheslaw Owtschinnikow sind 5 Sinfonien, mehrere sinfonische Dichtungen und Suiten, ein Violinkonzert, ein Klavierkonzert, mehrere Streichquartette, eine Violinsonate, verschiedene Klavierwerke und Lieder bekannt geworden, außerdem Musik zu zahlreichen großen Filmen und Suiten daraus. Stilistisch hat sich der Komponist von den Vorstellungen seines Lehrers bald frei gemacht; seine Vorbilder sind Gustav Mahler und Dmitri Schostakowitsch. Seine Musik ist als neuklassizistisch anzusprechen, weist aber expressionistische Passagen auf. Von der romantischen Tradition ist kaum etwas zu merken.

Wjatscheslaw Owtschinnikow

István Zelenka (geboren 1936)

Leben

István Zelenka wurde am 30.7.1936 in Budapest geboren. Er studierte an der Musikakademie seiner Geburtsstadt und sodann von 1956 bis 1962 an der Hochschule für Musik und darstellende Kunst in Wien bei Karl Schiske, Hanns Jelinek, Erwin Ratz und Erwin Christian Scholz (geboren 6.8.1910, Wien). Im Jahr 1962 wurde er Toningenieur und Assistent der künstlerischen Direktion der Guilde internationale du disque in Genf.

Werke

Neben einer Kammeroper für zwei Sänger, Kammerorchester und Tonband, einem Ballett für mehrere Schauspieler und Kammerorchester und einem Stück für einen Singschauspieler, eine Singschauspielerin, Piccolo, Klarinette, Posaune, Klavier und Schlagzeug schrieb István Zelenka 3 Orchesterwerke, ein Stück für Harfe, Cembalo, Gitarre und Kammerorchester, ein Werk für drei Streichquartette, Klavier, Cembalo und Harmonium, ein Bläserquintett, ein Stück für Bratsche, Posaune, elektrische Orgel und Gitarre, ein Trio für Horn, Violine und Klavier, mehrere Klavierwerke, ein »Requiem für Lebende« für Sopran und Streichtrio, ferner Stücke für Tonband und Filmmusik.

Gilbert Amy (geboren 1936)

Gilbert Amy

Leben

Gilbert Amy wurde am 29.8.1936 in Paris geboren. Er war am Conservatoire seiner Geburtsstadt Schüler von Simone Plé-Caussade, Olivier Messiaen, Darius Milhaud und Yvonne Loriod (geboren 20.1.1924, Houilles, Seine-et-Oise). Von 1959 bis 1961 nahm er an den Ferienkursen für Neue Musik in Darmstadt teil; 1965 studierte er bei Pierre Boulez, als dessen Nachfolger er von 1967 bis 1973 das Domaine Musical in Paris leitete. Von 1976 bis 1981 dirigierte er das von ihm gegründete Neue Philharmonische Orchester des Französischen Rundfunks. Neben seinem kompositorischen Schaffen wirkt er häufig als Dirigent.

Werke

Von Gilbert Amy sind »Sätze« für 17 Instrumente, »Diaphonien« für ein Doppelensemble von zwölf Instrumenten, »Antiphonien« für zwei Orchester, »Triade« für Orchester, »Chant« für Orchester, »Adagio e Stretto« für Orchester, »Inventionen I und II« für Klavier bzw. Celesta, Flöte, Harfe und Vibraphon bzw. Marimba, ein Stück für sechs Blasinstrumente und eines für sechs Schlaginstrumente, ein Violinkonzert, ein Streichquintett, ein Klavierstück, ein Orgelstück, ein Stück für Cello solo, eine Kantate für Sopran und drei Instrumente, »Strophe« für Sopran und Orchester und »Eine Saison in der Hölle« für Tonband, Klavier, Schlagzeug und Sopran bekannt geworden.

Gerardo Gandini (geboren 1936)

Leben

Gerardo Gandini wurde am 16.10.1936 in Buenos Aires geboren. Er studierte in seiner Geburtsstadt bei Pía Sebastiani (geboren 27.2. 1925, Buenos Aires), Roberto Caamaño (geboren 7.7.1923, Buenos Aires) und Alberto Ginastera, sodann in Rom bei Goffredo Petrassi und unterrichtet in Buenos Aires an der katholischen Universität, am lateinamerikanischen Zentrum für höhere musikalische Studien und am Konservatorium. Für sein kompositorisches Schaffen wurde er mehrfach ausgezeichnet.

WERKE
Von Gerardo Gandini sind unter anderem Variationen für Orchester, ein Klavierkonzert, »Concertino I« für Klarinette, Streichtrio und Schlagzeug, »II« für Flöte und Instrumente, »III« für Cembalo und Instrumente, »Abschied« für Klavier, Instrumente und Schlagzeug, »Música nocturna I und II« für Kammerorchester, »Cadencias I« für Violine und Kammerorchester, »II« und 2 weitere Stücke für Kammerorchester, »Contrastes II« für zwei Klaviere und Orchester, »Phasen« für Klarinette und Orchester, »Fantasie« für Klavier und Orchester und ein Concertino für Flöte und Orchester, mehrere Klavierstücke sowie 5 Lieder und 5 Chöre auf Texten von Salvatore Quasimodo (1901–68) bekannt geworden.

Rainer Kunad (geboren 1936)

LEBEN
Rainer Kunad wurde am 24.10.1936 in Chemnitz (heute Karl-Marx-Stadt) geboren. Er war an der Hochschule für Musik in Leipzig Schüler von Fidelio Finke, Ottmar Gerster und Paul Schenk. Nach seinem Wirken als Dozent für Musiktheorie und Gehörbildung am Konservatorium in Zwickau von 1959 bis 1960 wurde er Dirigent der Schauspielmusik am Staatstheater in Dresden.

WERKE
Stilistisch wurde Rainer Kunad zunächst von Carl Orff beeinflußt, er wandte sich aber bald einer eigenen, betont linearen Tonsprache zu, die stark dramatisch akzentuiert ist. Er schrieb Tanzspiel für Soli, Chor, Tänzer, Bewegungschor, Bläser und Schlagzeug, eine Tanzoper für zwei Schauspieler, Tänzer und Sänger und 4 Opern, außerdem 2 Sinfonien, eine Sinfonietta, »Aphorismen«, »Sinfonische Variationen«, ein Scherzo, eine Antiphone für zwei Orchester und eine Rhythmusgruppe, ein Klavierkonzert, ein Konzert für Orgel, zwei Streichorchester und Pauken, ein Bläserquintett, ein Trio für Oboe, Fagott und Klavier, mehrere Klavierwerke, zahlreiche Kantaten, Bühnen- und Fernsehmusiken.

Hans Zender (geboren 1936)

LEBEN
Hans Zender wurde am 22.11.1936 in Wiesbaden geboren. Er studierte an der Musikhochschule in Frankfurt am Main und in Freiburg im Breisgau bei Wolfgang Fortner und Edith Picht-Axenfeld, wo er auch von 1959 bis 1963 als Theaterkapellmeister wirkte. Von 1964 bis 1968 war er Chefdirigent am Theater in Bonn und von 1969 bis 1971 Generalmusikdirektor der Stadt Kiel. Seit 1971 leitet er das Sinfonieorchester des Saarländischen Rundfunks in Saarbrücken.

WERKE
Von Hans Zender sind »3 Orchesterstücke«, »Schachspiel« für zwei Orchestergruppen, »Zeitströme« für Orchester, ein Stück für Streichorchester, ein Klavierkonzert, ein Saxophonkonzert, ein Konzert für Flöte und Soloinstrumente, ein Quartett für Flöte, Cello, Klavier und Schlagzeug, »Trifolium« für Flöte, Cello und Klavier, »Schachspiel« für zwei Klaviere, ein Proprium, »Exercitiien« für Chor und Gitarre, 3 Rondeaux für Alt, Flöte und Bratsche, ein »Vexilla regis« für Sopran, Flöte, Trompete, Bläser, Pauke und Orgel, »Canto I« für Sopran und Kammerorchester, »II« für Sopran, Chor und Orchester, »III« für Sopran, Tenor, Bariton und Instrumente mit Synthesizer, »IV« 4 Aspekte für Chor mit 16 Instrumenten (Neufassung für 16 Stimmen und 16 Instrumente), »V« Continuum und Fragmente für Stimmen und »Die Sirenen singen, wann die Vernunft schläft« für Sopran und fünf Instrumente bekannt geworden.

Peter Michael Brown (geboren 1936)

LEBEN

Peter Michael Brown wurde am 2.12.1936 in Wuppertal geboren. Er war an der Hochschule für Musik in Köln Schüler von Frank Martin und Bernd Alois Zimmermann, an der Musikakademie in Detmold von Giselher Klebe. Elektronische Musik studierte er in Köln bei Herbert Eimert. Er lebt als freischaffender Komponist in Bergisch Gladbach.

WERKE

Neben einer Reihe Elektronischer Musik schrieb Peter Michael Brown unter anderem »Transfer« für Orchester, 4 Stücke für Kammerorchester, »Varieté« für Orchester, ein Sextett für Flöte, Oboe, Klarinette, Trompete, Horn und Fagott, ein Notturno für Flöte, Klavier und Lautsprecher, ein Streichquartett, Solostücke für Gitarre, für Violine, für Klavier, für Klarinette und für Oboe.

Paul Méfano (geboren 1937)

LEBEN

Paul Méfano wurde am 6.3.1937 in Al-Baṣra, Irak, geboren. Er war von 1959 bis 1964 am Conservatoire in Paris Schüler von Georges Dandelot, Olivier Messiaen, Yvonne Desportes und Darius Milhaud, an der Musikakademie in Basel von Pierre Boulez, außerdem von Karlheinz Stockhausen und Henri Pousseur. Er ergänzte seine Studien in Los Angeles und in Berlin. Für seine Kompositionen wurde er mit einer Reihe von Preisen ausgezeichnet.

WERKE

Von Paul Méfano sind »Oedip« für Erzähler, einen Instrumentalisten und Tonband, »Intersection« für drei Tonbänder, »Bifunction« für zwei Musiker, elektroakustische Anlage und Tonband bekannt geworden. Er schrieb ferner »Die Zeremonie« für Kontratenor, Falsettbariton, Sopran und drei Orchestergruppen, »Lignes« für Bariton, Blechbläser, Schlagzeug und Kontrabaß, »Paraboles« für dramatischen Sopran, Klavier und Kammerorchester, »Melodien« für Sopran und ein bis zehn Instrumente, ein Madrigal für drei Frauenstimmen und kleines Ensemble, »Lignes« für Bariton, Blechbläser, Schlagzeug und Kontrabaß sowie ein Klavierkonzert.

Heinz Martin Lonquich (geboren 1937)

LEBEN

Heinz Martin Lonquich wurde am 23.3.1937 in Trier geboren. Er war an der Hochschule für Musik in Saarbrücken Schüler von Heinrich Konietzny (geboren 7.5.1910, Gleiwitz [Gliwice]) und Philipp Wüst (geboren 3.5. 1894, Ludwigshafen). Von 1957 bis 1961 wirkte er als Kapellmeister an den Bühnen in Münster und anschließend bis 1964 am Theater in Braunschweig. Seit 1964 ist er als musikalischer Assistent an den Bühnen in Köln und als freischaffender Komponist tätig. Von 1966 bis 1969 ergänzte er seine Ausbildung an der Musikhochschule in Köln bei Bernd Alois Zimmermann und Herbert Eimert. Er ist Mitglied der »Gruppe 8 Köln«.

WERKE

Von Heinz Martin Lonquich sind die elektronischen Kompositionen »Torso I und II«, ein Psalmenbuch, 2 deutsche Ordinarien, »Improvisationsanweisungen« für fünf Spieler und »Emanationen« für elektrische Gitarre, Klavier und elektronische Klänge in memoriam Bernd Alois Zimmermann und ein »Resurrexit« für Oboe, Klarinette, Fagott und elektronische Klänge bekannt geworden. Er schrieb ferner »Corrispondenza« (Entsprechung) für Orchester, »Pentameron« für Gitarre, Harfe und Klavier, ein Kammerkonzert für Harfe, Flöte, Klarinette und 15 Soloviolinen, »Vokalisation« für Sopran, Mezzosopran, Cello, Schlagzeug und Tonband, »Mondblüten« – 17 Haikai für Sopran und und Klavier, »Der Weg nach Tsin« – 11 chinesische Gedichte für Bariton und Klavier, »Reflexionen« für zwei Violinen und Klavier – Neufassung für zwei Violinen, Flöte, Vibraphon und Klavier und ein Bläserquintett.

Hans Ludwig Hirsch (geboren 1937)

LEBEN

Hans Ludwig Hirsch wurde am 29.3.1937 in Memmingen geboren. Er war an der Hochschule für Musik in München Schüler von Harald Genzmer, dann studierte er in Rom und in Siena bei Goffredo Petrassi. Von 1967 bis 1971 wirkte er als Assistent für Musiktheorie an der Musikhochschule in München, wo er das »Maniera-Nova-Vokalensemble« zur Pflege der Musik der Renaissance und des 20. Jahrhunderts gründete und leitete. Im Jahr 1973 wurde er Leiter der Studiobühne der Oper in Hamburg. Er ist bei deutschen und ausländischen Kammerorchestern häufig als Gastdirigent aufgetreten.

WERKE

Außer einer Ballettoper schrieb Hans Ludwig Hirsch »Ehrung für Rossini« für Orchester, »Aubade, gigue et nocturne« für Flöte, Oboe, Streicher und Harfe, ein Quintett für Flöte, Oboe, Klarinette, Horn und Fagott, eine Sonate für Flöte und Klavier, eine »Kammermusik« für Flöte, Klarinette und Schlagzeug, eine Serenade für Klarinette, Fagott, Violine, Kontrabaß, Trompete, Posaune und Schlagwerk, »Botschaften des Regens« für Sopran und Klavier, »Drei Kauziaden« für Tenor, gemischten Chor und zwei Klaviere, »Gesänge der Opfer« für Sopran, Sprecher und Kammerensemble und einige weitere Gesänge.

Gerhard Tittel (geboren 1937)

LEBEN

Gerhard Tittel wurde am 13.5.1937 in Vielau bei Zwickau geboren. Er studierte an der Musikhochschule in Ost-Berlin bei Günter Kochan (geboren 2.10.1930, Luckau). Ab 1966 wirkt er als Lehrer für Musiktheorie, Kontrapunktik und Gehörbildung an derselben Lehranstalt.

WERKE

Neben 2 Märchenopern schrieb Gerhard Tittel ein Capriccio, eine Sonata und eine Invention für Orchester, eine »Musik« für Streichorchester, eine Skizze für Blasorchester, ein Capriccio für Oboe und Orchester, ein »Adagio und Allegro« für Violine und Kammerorchester, ein Konzert für zwei Streichergruppen, Klavier, Pauken, Schlagzeug und Kontrabaß, ein Doppelkonzert für Violine und Cello, ein Violinkonzert, ein Klavierkonzert, ein Kammerkonzert für Sprecher und Kammerorchester und weitere Kammermusikwerke, außerdem Lieder.

Yehuda Yannai (geboren 1937)

LEBEN

Yehuda Yannai wurde am 26.5.1937 in Timişoara, Rumänien, geboren. Von 1960 bis 1964 studierte er an der Musikakademie in Tel Aviv unter Alexander Uria Boscovich und Mordecai Seter, anschließend bis 1966 an der Universität in Waltham, Mass., bei Ernst Křenek und Harold Shapero, ferner von 1968 bis 1970 an der Universität in Urbana, Ill. Von 1966 bis 1968 hatte er das Konservatorium in Tel Aviv geleitet.

WERKE

Neben »Coheleth« für mobilen Chor und elektronische Apparatur und einem Theaterstück für fünf Teilnehmer, ausgewalzte Aluminiumbleche und ein Yannachord, dem von ihm konstruierten Saiteninstrument, schrieb Yehuda Yannai »Sphären« für Sopran, Flöte, Klarinette, Baßklarinette, Harfe, Prepared piano und fünf Schlaginstrumente, »Permutationen« für einen Schlagzeuger, »Beschwörungen« für mittlere Stimme und Klavier, »Phonomontage« für Tonband und zahlreiche Elektronische Musik.

Rolf Riehm (geboren 1937)

LEBEN

Rolf Riehm wurde am 15.6.1937 in Saarbrücken geboren. Von 1958 bis 1961 studierte er Schulmusik in Frankfurt am Main und anschließend bei Wolfgang Fortner in Freiburg im Breisgau Komposition. Ab 1968 wirkte er als Dozent für Theorie und Gehörbildung an der Hochschule für Musik in Köln. Im Jahr 1974 wurde er Kompositionsprofessor an der Hochschule für Musik in Frankfurt am Main. Er war Mitbegründer der Komponistenvereinigung »Gruppe 8 Köln«, die sich die Entwicklung von Gemeinschaftskompositionen als Ziel nahm.

WERKE

Neben dem Stück für Bühne, Schauspieler, Sänger und Instrumentalisten »In einer Landschaft« und dem stereophonischen Hörspiel für Männer- und Frauenstimmen »Der Seefahrer« schrieb Rolf Riehm »Studien« für drei Sänger, Schauspielerin, Englischhornspieler, Pianisten, Tonband und Bildprojektion, »Gebräuchliches« für Altblockflöte solo, »Ungebräuchliches« für Oboe solo, Stück für Sopran, Tenor, Bariton und Orchester, 2 musikalische Porträts für Klavier, 5 Stücke für Bariton und Klavier, »Zentrifuge« für Klavier sowie Chöre, Instrumentalsoli.

Bernal Flores (geboren 1937)

LEBEN

Bernal Flores wurde am 28.7.1937 in San José, Costa Rica, geboren. Er studierte in seiner Geburtsstadt und sodann an der Eastman School of Music in Rochester, N.Y. In die Heimat zurückgekehrt, unterrichtete er am Konservatorium in San José und an der Universität von Costa Rica. Von 1966 bis 1969 wirkte er als Lehrer an der Eastman School. Er lebt gegenwärtig als freischaffender Komponist in Costa Rica.

WERKE

Außer einer Kammeroper schrieb Bernal Flores das Tongedicht »Meer und Schnee« für Klarinette, Pauken, Schlagzeug und Streicher, 2 Sinfonien, ein pentatonisches Konzert für Klarinette und Orchester, Klavierstücke und einen Gesangszyklus für Tenor und Orchester. Er schrieb auch eine Musikgeschichte von Costa Rica. Die heimische Folklore berücksichtigt der Komponist wenig; sein Stil muß als neuklassizistisch bezeichnet werden.

Walenti Silwestrow (geboren 1937)

LEBEN

Walenti Wasiljowitsch Silwestrow wurde am 30.9.1937 in Kiew geboren. Neben seinem Technik- und Architekturstudium in seiner Geburtsstadt nahm er am Konservatorium bei Boris Ljatoschinski und Lewko Rewucki Musikunterricht. Er wirkte bis 1969 in Kiew als Klavierlehrer, sodann als freischaffender Komponist.

WERKE

Von Walenti Silwestrow sind unter anderem 2 Sinfonien – eine für Kammerorchester –, eine Monodie für Klavier und Orchester, »Spektrum« für Kammerorchester, ein »Poem zum Gedenken an Boris Ljatoschinski«, eine Hymne für fünf Instrumentalgruppen, »Misterien« für Altflöte und sechs Schlagzeuger, ein Klavierquintett, ein Streichquartett, ein Trio für Flöte, Trompete und Celesta, »Projektionen« für Cembalo, Vibraphon und Röhrenglocken, ein Klaviertrio, eine Sonatine, Variationen, 2 Sonaten und eine Elegie für Klavier, eine Kantate und Filmmusik bekannt geworden. Er zählt zu den bedeutendsten Vertretern der Avantgarde in der Sowjetunion.

Tadeáš Salva (geboren 1937)

LEBEN

Tadeáš Salva wurde am 22.10.1937 in Lúčky bei Ružomberok, Slowakei, geboren. Er war an der Musikakademie in Preßburg Schüler von Ján Cikker und in Warschau von Bolesław Szabelski und Witold Lutosławski. Von 1965 bis 1968 leitete er die Musikabteilung der Rundfunkstation in Košice, dann wurde er Dramaturg des Fernsehstudios in Preßburg.

WERKE

Außer einem musikalischen Märchen schrieb Tadeáš Salva eine »Sinfonie der Liebe« für Chor, Rezitator, drei Oboen, Kontrabaß, Horn, Klavier und Schlagzeug, ein »Konzert« für Klarinette, vier Stimmen, Rezitator und Schlagzeug, ein »Requiem« für drei Chöre, drei Rezitatoren, Blechbläser, sechs Pauken,

Schlagzeug und Orgel, ein Konzert für Cello und Kammerorchester, ein Te Deum für Orgel, eine »Glagolitische Messe« für Soli, Chor, zwei Harfen, drei Oboen, Blechbläser, Schlagzeug und Orgel, mehrere Chöre und Lieder und Elektronische Musik.

Willy Oliveira (geboren 1938)

LEBEN
Willy Correa de Oliveira wurde am 11.2.1938 in Recife, Brasilien, geboren. Bis 1961 studierte er in São Paulo bei George Olivier Toni und war bei den Ferienkursen für Neue Musik in Darmstadt Schüler von Henri Pousseur, Luciano Berio, Karlheinz Stockhausen und Pierre Boulez; er arbeitete an den Elektronischen Studios der Hochschule für Musik in Karlsruhe, des Westdeutschen Rundfunks in Köln, des Italienischen und des Französischen Rundfunks. Er wirkte am Konservatorium in Santos als Professor für Musiktheorie und Komposition. Derzeit unterrichtet er an der Universität in São Paulo Komposition.

WERKE
Von Willy Oliveira sind ein »Praeludium und Fuge«, ein Stück für Streichorchester und Klavier, ein Divertimento für Orchester, Sprecher, Propagandamädchen und Streichquartett, eine Kammermusik für zehn Instrumente, Klavierwerke, eine Kantate für Soli, Chor und Streichorchester, ein Stück für Stimme, Klavier und Streicher, mehrere Gesänge nach Texten portugiesischer Trobadors, Chöre a cappella, Bühnen- und Filmmusik bekannt geworden.

Dimitris Terzakis (geboren 1938)

LEBEN
Dimitris Terzakis wurde am 12.3.1938 in Athen geboren. Er war in seiner Geburtsstadt Schüler von Yannis Papaioannou und an der Musikhochschule in Köln ab 1965 von Bernd Alois Zimmermann und Herbert Eimert. Er hält sich als freischaffender Komponist abwechselnd in Athen und in Köln auf.

WERKE
Unter anderem schrieb Dimitris Terzakis ein Septett für Flöten, »Medea« für Sopran, Violine, Cello und Schlagzeug, »Echozeit I« für Tonband, »II« für acht Instrumente und Schlagzeug, »III« für sieben elektrisch verstärkte Instrumente und Tonband, »Okeaniden« für Frauenstimme und Orchester, ein Trio für Cello, Gitarre und Schlagzeug, 3 Streichquartette, »Strophe« für Chor a cappella, »Traurigkeit« für Gitarre, Stimme und Schlagzeug, »Nuancen« für Mezzosopran, Bratsche, Schlagzeug und Tonband, »Pentaphonia« für Bläserquintett, ein Stück für Bläser und Streickoktett, »Transkriptionen« für Orchester, »X« für Bariton, Instrumentalensemble, Chor und Tonband, »Farben« für Orchester, »Gewohnheit A« für Oboe, Cello und Tonband, »B« für Altstimme und zwei Melodieinstrumente, »Sphärenharmonie« für Mezzosopran, Flöte und Cello, ein Duo für Cello und kleines Schlagzeug, 3 Violinstücke, 6 »In Verse Übertragenes« für Chor und Orchester, »Abstieg« für sechs Solostimmen, »Kosmogramm« für Orchester, außerdem »Chroai«, »Tropen« für Orchester, »Proiimion« für Kammerorchester, »Odyssee nach Homer« für drei Solostimmen, Sprecher, gemischten Chor und Kammerorchester, »Erotikon« für Sopran, Violine, Klarinette und Cello, »Gesänge der Liebe und des Todes« für fünf Singstimmen, »Träume« für Mezzosopran und Tonband, »Chromatische Etüde« für Violine und Klavier.

Hans-Joachim Hespos (geboren 1938)

LEBEN
Hans-Joachim Hespos wurde am 13.3.1938 in Emden geboren. Er studierte an der Pädagogischen Hochschule in Oldenburg und ist seit 1962 in Delmenhorst als Lehrer tätig. Als Komponist ist er Autodidakt.

WERKE
Von Hans-Joachim Hespos sind unter anderem »Sich Formendes«, »Für Flöte solo«, »Gesänge«, »Verwerfungen im Bereich des Stillen«, »Für Cello solo«, »Einander-Bedingendes« für

fünf Instrumentalisten, »Dschen« für Saxophon und Streichorchester, »Break« (Umschwung) für einen Pianisten und Orchestergruppe, »Frottages« für Altsaxophon, Mandoline, Harfe, Cello und vier Schlagzeuger, »Sätze« für Orchester, ein Streichtrio, 2 Stücke für Kammerensemble, »Splash« für Kontrabaß und Schlagzeug, »Anregung für einen Pianisten«, ein Stück für sieben Instrumentalisten, »Palimpsest« für Stimme und Schlagzeug bekannt geworden.

Frederic Rzewski (geboren 1938)

LEBEN

Frederic Anthony Rzewski wurde am 13.4. 1938 in Westfield, Mass., geboren. Er studierte von 1954 bis 1958 an der Universität in Cambridge, Mass., und anschließend bis 1960 an der Universität in Princeton, N.J. In den Jahren 1963, 1964 und 1970 unterrichtete er bei den Kursen für Neue Musik in Köln. Im Jahr 1966 gründete er mit mehreren Interpreten in Rom die »Musica Elettronica Viva«, die Aufführungen musikalischer Mixturen aus Kollektivkompositionen und Gruppenimprovisationen mit elektronischen Klängen, traditionellen Instrumenten und Geräuscherzeugern veranstaltete und dabei auch das mitimprovisierende Publikum heranzog. Er lebt seit 1970 in New York.

WERKE

Neben der Beteiligung an mehreren Gemeinschaftswerken wie »Spacecraft« (Raumschiff) für verschiedene elektronische Geräuscherzeuger schrieb Frederic Rzewski eine Sinfonie für einige Interpreten, ein Oktett, ein Stück für Bläser, Trompete, Horn, Violine, Cello, Orgel, Klavier, Harfe und fünf Schlagzeuger, »Street Music« für mehrere Musiker, ein Stück für Sprecher und Instrumente, eines für beliebige Instrumente, 3 Rhapsodien für zwei Lotosflöten, mehrere Stücke für Klavier und Sprecher, für Klavier und Tonband und für Tonband allein, für Singstimme und Instrumente, ein Requiem für Chor und Kammerensemble, Chöre, »Musikalische Darstellungen« mit Projektion.

Charles Wuorinen (geboren 1938)

LEBEN

Charles Wuorinen wurde am 9.6.1938 in New York geboren. Er war an der Columbia University in seiner Geburtsstadt Schüler von Otto Luening, Vladimir Ussachevsky und Jack Hamilton Beeson und wirkte dort selbst von 1964 bis 1971 als Instruktor; sodann wurde er Dozent an der Mannes Music School. Neben einer Reihe Auszeichnungen erhielt er 1970 den Pulitzerpreis für Musik.

WERKE

Neben 3 Sinfonien, einem Concertone für Blechbläserquintett und Orchester und einem Konzert für Kammerorchester schrieb Charles Wuorinen unter anderem ein Konzert für Instrumente und Elektronische Musik, ein Oktett für Oboe, Klarinette, Horn, Posaune, Violine, Cello, Kontrabaß und Klavier, »Speculum speculi« (Spiegelbild im Spiegel) für Flöte, Oboe, Baßklarinette, Kontrabaß, Klavier, Vibraphon, vier Trommeln und drei Gongs, eine Invention für Schlagzeugquintett, ein Cellokonzert, ein Flötenkonzert, ein Klavierkonzert, ein Oboenkonzert, ein Konzert für zehn Spieler, ein Konzert für Violine und zehn Instrumente, ein Kammerkonzert für Tuba, zwölf Holzbläser und zwölf Trommeln, ein Streichquartett, ein Streichtrio, ein Duo für Violine und Klavier, verschiedene Klavierwerke, Vokalmusik und Kompositionen für Elektronische Musik.

Miroslaw Skorik (geboren 1938)

LEBEN

Miroslaw Michailowitsch Skorik wurde am 13.6.1938 in Lwiw geboren. Er studierte am Konservatorium seiner Geburtsstadt bei Adam Soltys und Stanislaw Ljudkewitsch bis 1960 und sodann am Konservatorium in Moskau bei Dmitri Kabalewski. Ab 1964 unterrichtete er in Lwiw, dann wurde er Kompositionslehrer am Konservatorium in Kiew.

WERKE

Von Miroslaw Skorik sind neben einem Ballett 2 Partiten für Streichorchester, ein Orchesterstück, ein Violinkonzert, eine Sonate für Violine und Klavier, zahlreiche Klavierstücke, Chorwerke, Lieder, Bühnen- und Filmmusiken bekannt geworden. In Anlehnung an Béla Bartók und Igor Strawinsky geht der Komponist von der musikalischen Substanz der ukrainischen Folklore aus und bleibt bei linearen Fakturen, die zuweilen von expressionistischen Passagen unterbrochen sind.

Jean-Claude Éloy (geboren 1938)

LEBEN

Jean-Claude Éloy wurde am 15.6.1938 in Mont-Saint-Aignan, Seine-Maritime, geboren. Er war am Conservatoire in Paris Schüler von Darius Milhaud, Maurice Martenot (14.10. 1898, Paris, bis 10.10.1980, Clichy bei Paris), Jacques Février (26.7.1900, St-Germain-en-Laye, bis 2.9.1979, Remiremont) und an der Musikakademie in Basel von Pierre Boulez. Nachdem er mit mehreren Kompositionspreisen ausgezeichnet worden war, wurde er 1966 mit der Leitung eines Kurses für musikalische Analyse an der Universität in Berkeley, Calif., betraut. Er wirkt derzeit als Gastprofessor in Japan.

WERKE

Von Jean-Claude Éloy sind unter anderem »Etude III« für Orchester, Schlagzeug, Klavier, Harfe und Celesta, »Equivalenzen« für zwölf Instrumentalisten und sechs Schlagzeuger, »Polychronies« für Blasorchester, Klavier, Harfe und sechs Schlagzeuger, »Macles« für Blasinstrumente, Schlagzeug und elektrische Gitarre, »Bündel« für 28 Instrumente, »Kâmalkalâ« für Chöre und drei Orchester, »Gesänge für einen Schatten« für Sopran und neun Instrumente, »Shanti« für Synthesizer bekannt geworden.

Ivan Parík (geboren 1938)

LEBEN

Ivan Parík wurde am 17.8.1938 in Preßburg geboren. Er war in seiner Geburtsstadt Schüler von Alexander Moyzes und Ján Cikker und lebt dort als freischaffender Komponist.

WERKE

Der slowakische Komponist der Avantgarde, Ivan Parík, schrieb neben 2 Balletten unter anderem eine Musik für vier Streicher, ein Fragment für Streicher, ein Vorspiel für Orchester, ein Epitaph für Flöte, Bratsche und Cello, ein Trio für Flöte, Oboe und Klarinette, »Rotationen« für sieben Instrumente, ein Requiem für Kammerchor, »Collagen« für Kammerorchester, »Turmmusik« für zwölf Bläser, zwei Reproduktionssysteme und Glocken, eine elektronische Collage, eine Flötenklangstudie, eine Sonate für Cello solo und eine für Trompete solo, eine Sonate für Flöte und Tonband und eine Anzahl elektronischer Kompositionen.

LITERATUR

I. Hrušovský, Ivan Parík. – In: Slovenská hudba, Preßburg 1964.

Yuji Takahashi (geboren 1938)

LEBEN

Yuji Takahashi wurde am 21.9.1938 in Tokio geboren, wo er an der privaten Musikhochschule Komposition studierte. Von 1963 bis 1964 war er Schüler von Iannis Xenakis in Berlin. Von 1968 bis 1969 wirkte er in Buffalo, N.Y., als Mitglied des Center of the Creative and Performing Arts. Er lebt in Tokio als freischaffender Komponist und als Pianist.

WERKE

Von Yuji Takahashi sind unter anderem »Phonogène« für zwei Instrumente und Tonband, »Chromamorphe I« für sieben Instrumente und »II« für Klavier, ein Quartett für Violinen, »Rosace I« für elektronisch verstärkte Violine und »II« für »umgestimmtes« Klavier, ein Orchesterstück, ein Stück für zwei oder drei Oboen, ein Stück für Klavier und Kammerorchester, Klaviermusik und Kompositionen für Tonband bekannt geworden.

Marlos Nobre (geboren 1939)

LEBEN

Marlos Nobre wurde am 18.2.1939 in Recife, Brasilien, geboren. Er studierte von 1945 bis 1959 am Konservatorium und an der Universität seiner Geburtsstadt, war sodann Schüler von Hans Joachim Koellreutter und Camargo Guarnieri und darauf in Buenos Aires von Alberto Ginastera, Olivier Messiaen, Riccardo Malipiero und Luigi Dallapiccola. Ab 1968 arbeitete er in New York im Elektronischen Laboratorium der Columbia University. Gegenwärtig leitet er die Musikabteilung des Rundfunks des brasilianischen Erziehungs- und Kulturministeriums.

WERKE

Außer einer szenischen Kantate schrieb Marlos Nobre unter anderem die Orchesterwerke »Convergencias«, »Ludus instrumentalis«, »Mosaico«, sodann für Streichorchester »Biosfera«, ein Concertino, ein Divertimento, außerdem ein Klavierkonzert, ein Konzert für Bratsche und Streicher, »Rhythmetron« für Schlagzeug, ein »Canticum instrumentale« für Flöte, Harfe, Klavier und Pauken, »Tropicale« für Piccolo, Piccoloklarinette, Klavier und Schlagzeug, »Rhythmische Variationen« und »Zusammenklänge« für Klavier und Schlagzeug, ein Bläserquintett, ein Streichquartett, ein Klaviertrio, ein Stück für Oboe solo, eines für Bratsche solo, verschiedene Klavierwerke, eine Kantate für Sopran, Bläser und Klavier, eine für Sopran und Streichorchester, Chöre a cappella und Klavierlieder.

Leo Brouwer (geboren 1939)

LEBEN

Leo Brouwer wurde am 1.3.1939 in Habana, Kuba, geboren. Er studierte von 1955 bis 1959 in Habana und anschließend an der Juilliard School of Music in New York bei Carl Bamberger (geboren 21.2.1902, Wien), Vincent Persichetti und Stefan Wolpe. Seit 1956 tritt er als Sologitarrist auf. Von 1961 bis 1966 wirkte er als Professor für Harmonielehre, Kontrapunktik und Komposition am Konservatorium in Habana und als musikalischer Berater bei Radio Habana. Derzeit leitet er ein Studio für Experimentalmusik, eine Gruppe für »Totales Theater« und ein Seminar für Popmusik. Außerdem konzertiert er im In- und Ausland.

WERKE

Gemeinsam mit Juan Blanco und Manuel Duchesne Cuzan (geboren 10.11.1932, Habana) begründete er in Kuba die avantgardistische Musik. Neben »Cantigas del tiempo nuevo« (Gesänge der neuen Zeit) für Schauspieler- und Kinderchor, Harfe, Klavier und zwei Schlagzeuger, »Exaedros I« für sechs Stimmen oder deren Vielfaches in beliebiger Besetzung, »II« für Soloschlagzeug und zwei Orchestergruppen mit zwei Dirigenten schrieb Leo Brouwer eine »Ehrung für Manuel de Falla« für Flöte, Oboe, Klarinette und Gitarre, »Drei konzertante Tänze« für Gitarre und Streichorchester, ein Trio für zwei Violinen und Bratsche, eine »Ehrung für Darius Milhaud« für zwei Gitarren, ein Quintett für Flöte, Oboe, Klarinette, Cello und Gitarre, »Variationen« für einen Schlagzeuger, eine Ballade für Flöte und Streichorchester, »Sonograma I« für Prepared piano, »II« für Kammerorchester, »III« für zwei Klaviere, ein Stück für zehn Spieler, ein Konzert für Jazzquintett und Orchester, eines für 23 Schlaginstrumente, »Tropen« für Studentenorchester, ein Bläserquintett, »Fünf Epigramme« für Cello und Klavier und ein Streichquartett, überdies zahlreiche Kompositionen und Adaptierungen für Gitarre solo.

Boris Tischtschenko (geboren 1939)

LEBEN

Boris Iwanowitsch Tischtschenko wurde am 23.3.1939 in Leningrad geboren. Er war bis 1962 am Konservatorium seiner Vaterstadt Schüler von Wadim Salmanow und Orest Jewlachow und sodann bis 1965 von Dmitri Schostakowitsch. Er erhielt 1966 beim Prager Frühling den Ersten Preis für sein erstes Cellokonzert. Er lebt als freischaffender Komponist und Musiklehrer in Leningrad.

WERKE
Neben einem Ballett schrieb Boris Tischtschenko 4 Sinfonien, ein Violinkonzert, ein Klavierkonzert, 2 Cellokonzerte, ein Konzert für Cello, Bläser, Schlagzeug und Orgel, 3 Streichquartette, eine Sonate für Violine solo, eine Kantate, Klavierwerke, Lieder, Bühnen- und Filmmusik. Der Komponist versucht, der russischen Stiltradition neues Leben zu verleihen.

Zsigmond Szathmáry (geboren 1939)

LEBEN
Zsigmond Szathmáry wurde am 28.4.1939 in Hódmezövásárhely bei Szeged geboren. Er studierte von 1955 bis 1958 am Konservatorium und anschließend an der Musikakademie bei Rezsö Sugár und Ferenc Szabó. Im Jahr 1963 setzte er sein Studium an der Hochschule für Musik und darstellende Kunst in Wien und an der Musikhochschule in Frankfurt am Main fort, 1970 wurde er Kantor und Organist an der evangelisch-lutherischen Kirchengemeinde in Hamburg-Wellingsbüttel und 1972 Dozent für Orgelspiel an der Musikakademie in Lübeck. Seine Konzertreisen als Organist führten ihn bis nach Japan.

WERKE
Neben der sehr bekannten Kantate »Disperazione« (Verzweiflung) nach Bibeltexten und Fragmenten aus dem »Tagebuch der Anne Frank« für Sopran, Bariton und Kammerensemble schrieb Zsigmond Szathmáry unter anderem »Alpha« für Flöte, Klarinette, Trompete, Klavier, Violine, Bratsche und Cello, ein Streichquartett, »Dialog I« für Orgel und »II« für Orgel und Tonband, »Monolog« für Flöte mit elektrischer Verstärkeranlage, »Katharsis« für Klarinette, Orgel und Schlagzeug.

José Antonio Abreu (geboren 1939)

LEBEN
José Antonio Abreu wurde am 17.5.1939 in Valera, Venezuela, geboren. Er studierte an der Musikhochschule in Caracas und gleichzeitig an der Universität Volkswirtschaft und Jurisprudenz, welche Fächer er später als Universitätsprofessor lehrte. Er trat in Venezuela als Dirigent auf und gab Orgel-, Klavier- und Cembalokonzerte.

WERKE
Für die zahlreichen konservativen Komponisten in Lateinamerika ist José Antonio Abreu mit seinem Festhalten an neuklassizistischen Fakturen mit spätromantischem Einschlag, vollendeter Ausführung und klangvoller Breite typisch. Er schrieb unter anderem 2 Sinfonien, eine »Neuklassische Sinfonie« für kleines Orchester, eine sinfonische Dichtung, zahlreiche Kammermusik jeder Gattung, Klavierwerke, geistliche Chorwerke und Chöre, darunter eine Totenmesse a cappella und 3 Arien für Sopran und kleines Orchester.

Tomasz Sikorski (geboren 1939)

LEBEN
Tomasz Sikorski wurde am 19.5.1939 in Warschau als Sohn des Kazimierz Sikorski geboren. Er studierte an der Musikhochschule in Warschau bei seinem Vater und bei Zbigniew Drzewiecki (8.4.1890, Warschau, bis 11.4.1971, Warschau) und anschließend in Paris bei Nadia Boulanger. Nach etlichen Tourneen in Polen und im Ausland als Pianist lebt er als freischaffender Komponist in Warschau.

WERKE
Neben einer Funkoper schrieb Tomasz Sikorski »Echo II« für ein bis vier Klaviere, Glocken, Gongs, Tamtams und Tonband, »Antiphone« für Sopran, Klavier, Horn, Glocken, vier Gongs und Tonband, »Prologe« für Frauenchor ohne Worttext, zwei Klaviere, vier Flöten, vier Hörner und drei Schlagzeuger, »Architekturen« für Klavier, Bläser und Schlagzeug, »Concerto breve« für Klavier, 24 Bläser und vier Schlagzeuger, »Diaphonie« für zwei Klaviere, »Homophonie« für vier Hörner, vier Trompeten, vier Posaunen, Klavier und Gong, »Vox humana« für gemischten Chor, zwei Klaviere, zwölf Blechbläser, vier Gongs und vier Tamtams, »Ohne Titel« für

Klarinette, Posaune, Klavier und Cello, ein Duo für Flöte und Klavier und mehrere Klavierwerke.

Heinz Holliger (geboren 1939)

Leben

Heinz Holliger wurde am 21.5.1939 in Langenthal, Bern, geboren. Er war am Konservatorium in Bern Schüler von Sándor Veress und an der Musikakademie von Pierre Boulez. Er erhielt als Oboist mehrere erste Preise und tritt seitdem in Europa und in den USA mit größtem Erfolg als Konzertoboist auf. Die von ihm entwickelten technischen Neuerungen für das Oboenspiel regten eine Reihe nahmhafter Komponisten zu Werken für dieses Instrument an.

Werke

Außer dem Stück »Der magische Tänzer« für zwei Sprecher – Alt und Baß –, eine groteske Tänzerin oder Marionette, einen magischen Tänzer, Orchester und Tonband verfaßte Heinz Holliger unter anderem ein »Dona nobis pacem« für zwölf Singstimmen, »Siebengesang« für Oboe, Orchester, Singstimmen und Lautsprecher, ein Bläserquintett, »Glühende Rätsel« für Alt und zehn Instrumentalisten, ein Trio für Oboe oder Englischhorn, Bratsche und Harfe, »Erde und Himmel« für Tenor und fünf Instrumentalisten, 3 Liebeslieder für Alt und Orchester und mehrere Klavierwerke.

Manuel Jorge de Elías (geboren 1939)

Leben

Manuel Jorge de Elías wurde am 5.6.1939 in Mexiko-Stadt geboren. Er war Schüler seines Vaters und von Luis Herrera de la Fuente (geboren 25.4.1916, Mexiko-Stadt), Karlheinz Stockhausen und Jean-Étienne Marie; er studierte außerdem an der Universität und am Konservatorium in Mexiko-Stadt. Seit 1968 wirkt er als Direktionsassistent des staatlichen Orchesters, 1970 war er Mitbegründer der Komponistengruppe für Neue Musik »Grupo Proa«. Sein Vater Alfonso de Elías (geboren 30.8. 1902, Mexiko-Stadt) studierte am Konservatorium seiner Geburtsstadt und wirkte als Komponist, Dirigent und Pianist.

Werke

Vom umfangreichen kompositorischen Schaffen von Manuel Jorge de Elías sind bemerkenswert: eine Sinfonietta, »Vitral 1« für Kammerorchester, »2« für Kammerorchester und Tonband, »3« für Orchester, ein Divertimento für Schlagzeug, »Aphorismus 1« für Chor a cappella, »2« für Flöte und Tonband, »3« für Flöte solo, »Speculamen« für zwei Violinen, zwei Bratschen, zwei Celli und Kontrabaß, ein Streichquartett, »Momento« für Blockflöten, Sprecher, gemischten Chor und Streicher, »Pro pax« für Tonband, »Sonante 1« für Klavier, »2« für Klavier, »3« für Trompete, Posaune und Horn, »4« für Orchester und mehrere Klavierwerke.

Alfonso Elías schrieb unter anderem ein Ballett, ein Triptychon für Orchester, 2 Sinfonien, 2 Streichquartette, 3 Stücke für Cello und Klavier, eine Violinsonate, eine »Suite nupcial« für Tenor, Orgel und Orchester, 3 Messen und Motetten.

Attila Bozay (geboren 1939)

Leben

Attila Bozay wurde am 11.8.1939 in Balatonfüzfö, Ungarn, geboren. Er war in Budapest am Konservatorium Schüler von István Szelényi und von Ferenc Farkas an der Hochschule für Musik. Nach einer Lehrtätigkeit an der Musikfachschule in Szeged wirkte er von 1963 bis 1966 als Redakteur beim Ungarischen Rundfunk. Seitdem lebt er als freischaffender Komponist in Budapest.

Werke

Außer einem Opernmysterium schrieb Attila Bozay unter anderem ein »Sinfonisches Stück« für Orchester, ein Bratschenkonzert, ein Bläserquintett, ein Streichquartett, ein Streichtrio, ein Ritornell für Violine solo, Formationen für Cello solo, Klavierwerke, Serie für Kammerensemble, einen Liederzyklus für Sopran, Cello und Klarinette, einen Motettenzyklus, Improvisationen für Zither solo.

Serie für Kammerensemble, 5 Sätze, entstanden 1970
Der 1. Satz ist ein Streichtrio, der 2. Satz ein Bläsertrio; der Tonvorrat des 3. Satzes stammt aus einer einzigen langen Reihe; zwischen den Stimmen werden rhythmische Formeln gewechselt. Im 4. Satz lösen zwei gegensätzliche Themen einander im Sinn des Goldenen Schnittes ab. Der 5. Satz ist der einzige Tuttiteil, in dem Gesamt-Intervallakkorde mit kleinen Solostellen des Klaviers und des Schlagwerks verkettet sind.

Klaus Schweizer (geboren 1939)

LEBEN
Klaus Schweizer wurde am 12.12.1939 in Ebingen, Baden-Württemberg, geboren. An der Musikhochschule in Karlsruhe war er von 1958 bis 1961 Schüler von Yvonne Loriod und Jacques Wildberger und anschließend von Hans Heinrich Eggebrecht (geboren 5.1.1919, Dresden) an der Universität in Freiburg im Breisgau. Im Jahr 1973 erhielt er die Professur für Musikerziehung an der Pädagogischen Hochschule in Lörrach, seit 1984 unterrichtet er an der Hochschule für Musik in Karlsruhe.

Klaus Schweizer

WERKE
Außer einer Konservationsszene für vier Holzbläser schrieb Klaus Schweizer »2 Sätze über bewegliche Zeitmaße« für Flöte, Violine und Bratsche, 3 Nachtstücke für Bratschen und Klavier, Kammermusik für fünf Instrumente, Variationen für Orchester, ein Stück für drei Orchestergruppen, Klangminuten für Orchester, »Litanei über den verschütteten Choral« für Orgel mit zwei Spielern, »Schattenspiele für einen König«, »Klopfzeichen« für Sopran und Bariton, Chor, Elektroorgel, Instrumente und Schlagzeug, »Klappentexte« für Flöte und Oboe, Klavierwerke, Einminutenstücke für Violine solo.

Jorge Rosado Peixinho (geboren 1940)

LEBEN
Jorge Rosado Peixinho wurde am 20.1.1940 in Montijo bei Lissabon geboren. Er studierte am Konservatorium in Lissabon und war in Rom Schüler von Boris Porena (geboren 27.9.1927, Rom) und Goffredo Petrassi, außerdem von Luigi Nono in Venedig. In Kursen von Pierre Boulez und Karlheinz Stockhausen sowie am Elektronischen Studio in Bilthoven ergänzte er seine Ausbildung. Er wirkt als Professor für Komposition in Porto.

WERKE
Von Jorge Rosado Peixinho sind 2 Orchesterstücke, ein Políptico für Kammerorchester, »Kinetofonias« für 25 Streichinstrumente, ein Saxophonkonzert, ein Konzert für Harfe, Celesta, Cembalo, Metallschlagzeug und zwölf Streichinstrumente, eines für zwölf Instrumente, ein Stück für Flöte und drei Schlagzeuger, eine Sequenz für G-Flöte, Celesta, Vibraphon und Schlagzeug, »Rezitativ« für Harfe, Flöte und Schlagzeug, ein Stück für Flöte, Klarinette, Trompete, Harfe und Bratsche, eines für Klavier und zwei Tonbänder, eines für drei Tonbänder, eines für zwei Harfen, »Episoden« für Streichquartett, Klavierstücke, zahlreiche Kantaten für Singstimmen oder Chor mit Orchesterbegleitung oder mit einzelnen Instrumenten – vereinzelt mit Tonbändern – unter anderem bekannt geworden.

Tilo Medek (geboren 1940)

LEBEN

Tilo Medek wurde am 22. 1. 1940 in Jena geboren. Er war an der Humboldt-Universität in Ost-Berlin Schüler von Georg Knepler (geboren 21. 12. 1906, Wien), Ernst Hermann Meyer und Walther Vetter (10. 5. 1891, Berlin, bis 1. 4. 1967, Berlin), an der Hochschule für Musik von Hanns Eisler und an der Akademie der Künste von Rudolf Wagner-Régeny. Er lebt seit 1977 als freischaffender Komponist in Köln.

WERKE

Außer 2 Opern, 2 Singspielen und einem Ballett schrieb Tilo Medek unter anderem die Orchesterwerke »Triade«, »Porträt eines Tangos«, »Streit zwischen David und Goliath«, »Das zögernde Lied«, »Großer Marsch«, »Rezitativ und Arie«, an Kammermusik »Tagtraum« für Flöte, Oboe, Trompete, Violine, Cello, Kontrabaß und Klavier, Divertissement für Bläserquintett und Cembalo, 3 Bläserquintette, »Stadtpfeifer« für Klarinette, Posaune, Cello und Klavier, 2 Orgelkonzerte, ein Flötenkonzert, ein Piccolokonzert, ein Marimbaphonkonzert, ein Cellokonzert, ein Violinkonzert, ein Konzert für Pauken und Orchester, ein Nonett, ein Konzert für Flöte und Flötenensemble, Blockflöte und Blockflötenensemble, ein Trio für Klavier, Tenor und Horn und eines für Flöte, Violine und Cello, Solostücke für Cello, für Violine, für Gitarre und für Marimbaphon, zahlreiche Werke für Klavier zu zwei und vier Händen, für zwei Klaviere und für Orgel, Kantaten und Gesänge mit Orchester- oder Kammerorchesterbegleitung, verschiedene Chöre mit Soli, mit Sprecher, darunter die »Kindermesse« zum »Gedenken der im Dritten Reich ermordeten Kinder« für Kinderchor, Liederzyklen und mehr als 150 einzelne Lieder.

Marcello Panni (geboren 1940)

LEBEN

Marcello Panni wurde am 24. 1. 1940 in Rom geboren, wo er an der Accademia di Santa Cecilia bei Boris Porena, Goffredo Petrassi und Franco Ferrara (geboren 4. 7. 1911, Palermo) studierte. In Paris ergänzte er seine Ausbildung bei Manuel Rosenthal (geboren 18. 6. 1904, Paris) und Max Deutsch. Er ist seit 1965 in Italien, Frankreich und den USA tätig.

WERKE

Neben einer Reihe Kompositionen für Elektronische Musik verfaßte Marcello Panni unter anderem eine konzertante Sinfonie für Streichtrio und 32 Instrumente, ein Stück für Orchester und eines für Kammerorchester, ein Konzert für Streicher und Klavier, 2 Streichquartette, ein Stück für Harfe und drei Schlagzeuger, »Vier Melodien« für Stimme, Oboe, Mandoline und Cello, ein Stück für verschiedene Stimmen und Instrumente, ein Lied für Bariton und Orchester, ein »Veni creator« für sieben Ausführende und ein Stück für ein Tasteninstrument.

Jan Morthenson (geboren 1940)

LEBEN

Jan Wilhelm Morthenson wurde am 7. 4. 1940 in Örnsköldsvik, Västernorrlands län, Schweden, geboren. Er studierte bei Ingvar Lidholm in Stockholm und am Studio für Elektronische Musik beim Nordwestdeutschen Rundfunk in Köln. Er lebt als freischaffender Komponist in Stockholm.

WERKE

Unter dem Einfluß von György Ligeti entwickelte Jan Morthenson einen nonfigurativen Stil, der sich jeder musikalischen Gestik enthält und lediglich Klang und Dynamik betont. Er schrieb unter anderem eine Kammersinfonie, »Angelus« für verschiedene Instrumente und Tonband, »Wechselspiel I« für Cello solo, »II« für Flöte solo und drei Lautsprecher, »III« für Klavier und Schlagzeug, »Coloratura I« für Streicher, »II« für Orchester, »III« für Kammerensemble, »IV« für Orchester, »Canzona« für sechs Chöre, Schlagzeug und mehrere Lautsprecher, »Einwürfe« für Schlagzeug, »Antiphonia I« für Orchester, »II« für Kammerorchester, »Decadenza« für Orgel und Tonband, verschiedene Klavierwerke und Orgelstücke und »Citydrama« für Multimediakomposition.

Armando Krieger (geboren 1940)

Leben

Armando Krieger wurde am 7.5.1940 in Buenos Aires geboren. Er war am Konservatorium seiner Geburtsstadt Schüler von Juan Montés (geboren 26.11.1902, Warschau), Alberto Ginastera und Roberto Kinsky (geboren 17.8.1910, Budapest). Dann trat er vorwiegend als Konzertpianist auf; als Dirigent bevorzugte er zeitgenössische Werke. Mit dem Pianisten Alcides Lanza bildete er ein in ganz Amerika bekanntes Klavierduo. In den Jahren 1961 bis 1963 ergänzte er seine Ausbildung bei Riccardo Malipiero, Olivier Messiaen, Luigi Dallapiccola, Aaron Copland und Yvonne Loriod. Er unterrichtete an der katholischen Universität in Buenos Aires und an der Kunsthochschule des Teatro Colón, an dem er derzeit als stellvertretender Dirigent wirkt.

Werke

Von Armando Krieger sind unter anderem eine Sinfonie für Streicher, »Metamorphosen« und »Ängste« für Orchester, eine Elegie für Orchester, ein Konzert für zwei Klaviere und Orchester, »Improvisationen« für Flöte, Oboe, Klarinette und Fagott, »Divertimento 1« für Oboe, Klarinette und Fagott, »Divertimento 2« für zwei Oboen und Englischhorn, 2 Streichquartette, ein Quartett für Flöte, Vibraphon, Bratsche und Altsaxophon, »Elegía I« für Klarinette und Klavier, »II« für Alt, zwei Flöten, Klavier, Vibraphon und fünf Schlagzeuger, »III« auf biblische Texte für gemischten Kammerchor, ein Duo für Klarinette und Cello, »Aleatoria I« für zehn Blasinstrumente, »II« für sieben Instrumente, eine Sonatine für Violine und Klavier, »Spannungen« für zwölf Schlagzeuger, »Cantata I« für Sopran, Violine, Cello, Trompete, Baßklarinette, Klavier, Celesta und Schlagzeug sowie »II« für Sopran, Frauenchor und Kammerorchester bekannt geworden.

Henning Brauel (geboren 1940)

Leben

Henning Brauel wurde am 1.7.1940 in Hannover geboren. Er studierte an der Hochschule für Musik und Theater in seiner Geburtsstadt und bei Heinrich Sutermeister; von 1964 bis 1968 war er Schüler und Assistent von Hans Werner Henze am Mozarteum in Salzburg. Seitdem lebt er in Koblenz.

Werke

Von Henning Brauel sind unter anderem »Sinfonische Paraphrasen über ein Thema von Paganini«, ein Notturno für Fagott und kleines Orchester, 2 Streichquartette und eine Kantate für Sopran, Tenor, gemischten Chor und Orchester bekannt geworden.

Hans Ulrich Humpert (geboren 1940)

Leben

Hans Ulrich Humpert wurde am 9.10.1940 in Paderborn geboren. Er war an der Musikhochschule in Köln Schüler von Rudolf Petzold und nahm 1963 und 1966 an den Ferienkursen für Neue Musik teil. Im Jahr 1969 gründete er mit Bojidar Dimow, York Höller, Georg Kröll, Heinz Martin Lonquich, Manfred Niehaus und Rolf Riehm die Komponistenvereinigung »Gruppe 8 Köln« zur Entwicklung von Gemeinschaftswerken. Er wirkte in diesem Ensemble als Schlagzeuger und Synthesizerspieler; 1972 wurde er Leiter des Studios für Elektronische Musik an der Hochschule für Musik in Köln.

Werke

Außer der Beteiligung an Gemeinschaftskompositionen der »Gruppe 8 Köln« wie »Canzona da cinque« (Kanzone für fünf) in memoriam Bernd Alois Zimmermann für Viola d'amore, Celesta, Klavier, Orgel und Marimba oder Vibraphon verfaßte Hans Ulrich Humpert »Erscheinungen eines Bach-Chorals« für vier Spieler, »Der Frieden«, Lied für Sopran und elektronische Klänge, »4 elektronische Stücke« – 2. Versionen –, »Wellen und Formen« für elektronische Klänge und Instrumentalisten, für Jazzensemble oder für Ensemble der »Gruppe« oder für Orchester oder für elektronische Klänge und Vokalisten, »Elektronische Musik für die Weltausstellung in Osaka«, eine »Vierkanalige elektronische Komposition«, »Synesis« für Synthesizer und elektronische Orgel. Er ist auch an der Erforschung neuer Möglichkeiten der Live electronic beteiligt.

Josef Mar-Chaim (geboren 1940)

LEBEN

Josef Mar-Chaim wurde am 20.10.1940 in Jerusalem geboren. Er war an der Rubin Academy of Music in seiner Geburtsstadt Schüler von Jizhak Sadai (geboren 13.5.1935, Sofia). Nach einem Studienaufenthalt in den USA lebt er in Tel Aviv als freischaffender Komponist.

WERKE

Von Josef Mar-Chaim sind unter anderem ein Stück für Stimme und Kammerorchester, »Ein Kind des Regens« für Gesang und Orchester, ein Trio für Flöte, Bratsche und Gitarre, eine Fantasie für Cembalo, 3 Zen-Gesänge und »Rückwirkung« für Klavier und Sprecher, Bühnen- und Filmmusik bekannt geworden.

Alberto Villalpando (geboren 1940)

LEBEN

Alberto Villalpando wurde am 21.11.1940 in La Paz, Bolivien, geboren. Er war am Konservatorium in Buenos Aires Schüler von Abraham Jurafsky (geboren 26.8.1906, Buenos Aires), Pedro Sáenz (geboren 4.5.1915, Buenos Aires), Roberto García Morillo (geboren 22.1.1911, Buenos Aires) und Alberto Ginastera und am lateinamerikanischen Zentrum für höhere musikalische Studien Schüler von Riccardo Malipiero, Luigi Dallapiccola, Aaron Copland und Olivier Messiaen. Ab 1964 leitete er das staatliche Filminstitut von Bolivien. Im Jahr 1967 wurde er Direktor der Musikabteilung des bolivianischen Kultusministeriums.

WERKE

Für Orchester schrieb Alberto Villalpando unter anderem »Phantastische Liturgien«, »Strukturen« für Klavier und Schlagzeug, »Von der Liebe, der Furcht und dem Schweigen« für Klavier und Kammerorchester, ein Concertino für Flöte und Orchester, weiters verfaßte er »Preludio, passacaglia y postludio« für Streichquartett, »Mística Nr. 2« für Streichquartett, »Nr. 3« für Instrumentalensemble und Tonband, »Nr. 4« für Streichquartett, Klavier und Tonband, »Sonnengesang« für Soli, Chor und Orchester, Ballettmusik und Filmmusik.

José Ramón Maranzano (geboren 1940)

LEBEN

José Ramón Maranzano wurde am 27.11.1940 in Santiago del Estero, Argentinien, geboren. Nach Studium in seiner Geburtsstadt war er an der katholischen Universität in Buenos Aires Schüler von Alberto Ginastera, Gerardo Gandini, Roberto Caamaño und Francisco Kröpfl. Er wirkt als Kritiker an verschiedenen Blättern von Buenos Aires und der Zeitschrift »Tribuna musical« und lebt als freischaffender Komponist in der argentinischen Hauptstadt.

WERKE

Von José Ramón Maranzano sind die Orchesterwerke »Musik für Orchester«, »Erste sinfonische Studien«, »Sinfonische Studien Nr. 1 bis 3« und »Kantatensinfonie« bekannt geworden. Er schrieb unter anderem ein Streichquartett, ein kleines Triptychon für zwei Klaviere und Schlagzeug, verschiedene Klavierstücke, Chorwerke mit Orchester, Chöre a cappella und Elektronische Musik, darunter »Frequenzen I« mit Instrumentalensemble, »Mnemon I« und »Mnemon II«.

Serge Tcherepnin (geboren 1941)

LEBEN

Serge Tcherepnin wurde am 2.2.1941 in Paris als Sohn von Aleksandr Tscherepnin geboren. Von 1958 bis 1963 studierte er an der Harvard

University in Cambridge, Mass., bei Leon Kirchner (geboren 24. 1. 1919, Brooklyn, N. Y.) und darauf in Princeton, N. J., bei Pierre Boulez, Herbert Eimert und Karlheinz Stockhausen; während der Ferienkurse für Neue Musik in Darmstadt nahm er bei Luigi Nono Unterricht. Ab 1968 leitete er das Elektronische Studio der New York University, seit 1970 unterrichtet er Komposition und Elektronische Musik an der School of Music in Valencia, Calif.
Sein Bruder Ivan Tcherepnin (geboren 5.2. 1943, Paris) war von 1959 bis 1962 Schüler seines Vaters Aleksandr Tscherepnin an der Académie Internationale de Musique in Nizza, sodann an der Harvard University in Cambridge, Mass., bei Leon Kirchner und Randall Thomson; 1965 nahm er auch bei Pierre Boulez, Henri Pousseur und Karlheinz Stockhausen Unterricht. Im Jahr 1966 war er am Electronic Music Studio in Toronto tätig; ab 1967 unterrichtete er an der Harvard University, seit 1969 wirkt er als Professor für Komposition am Konservatorium in San Franzisko und an der Stanford University, Calif.

WERKE

Von Serge Tcherepnin sind unter anderem 2 Multimedia-Kompositionen, ein Werk für beliebige Anzahl und Art der Musiker zwischen 7 und 77, eine »Hintergrundmusik I und II« für vierspuriges Tonband, ein Streichquartett, ein Streichtrio, ein »Kaddish« für Sprecher, Klarinette, Violine, Oboe, Flöte, Klavier und zwei Schlaginstrumente, ein Stück für Saxophon und Klavier bekannt geworden.
Ivan Tcherepnin schrieb unter anderem »Zwei Einrahmungen für ein russisches Thema« für Horn oder Ondes Martenot, Klavier und Schlagzeug, Kadenzen für Flöte, Klarinette und Klavier, ein Trio für Flöte, Gitarre und Cello, »Work Music« für Elektrogitarre, Klarinette, Horn und Cello, »Sombres lumière« (Düstere Lichter) für Flöte, Gitarre und Cello, ein Stück für neun Blasinstrumente, eines für Streichquartett und Tonband, »Alternierende Ströme« für acht Schlagzeuger, zwei oder mehrere Tonbandgeräte, vier Ringmodulatoren und »Lichtmusik mit Wasser« für verschiedene Instrumente und Elektronik.

Carlos Roqué Alsina (geboren 1941)

LEBEN

Carlos Roqué Alsina wurde am 19.2.1941 in Buenos Aires geboren. Von 1952 bis 1960 studierte er in seiner Vaterstadt Musiktheorie, Klavier und bei Teodoro Fuchs Dirigieren. Von 1959 bis 1964 nahm er an der Agrupación Nueva Música teil, hielt sich sodann bis 1966 in Berlin auf, wirkte in den folgenden zwei Jahren als Mitglied des Center of the Creative and Performing Arts an der Universität in Buffalo, N. J., darauf lebte er vier Jahre in Berlin und ließ sich dann in Paris nieder. Seine Konzertreisen als Dirigent und Pianist führen ihn durch Europa, Nord- und Südamerika.

WERKE

Von Carlos Roqué Alsina sind mehrere Stücke für Orchester, ein Holzbläserquintett, ein Trio für Cello, Posaune und Schlagzeug und weitere Stücke für Kammerensemble mit verschiedener Besetzung, Klavierwerke, ein Oratorium für drei Solisten, vier Schauspieler und drei kleine Instrumentalensembles, ein Requiem für Sopran, fünf Instrumente und zehn Schlagzeuger, Chöre und Gesänge mit Instrumentalbegleitung bekannt geworden.

Ivana Loudová (geboren 1941)

LEBEN

Ivana Loudová wurde am 8.3.1941 in Clumec nad Ciflinou, Mähren, geboren. Sie studierte am Konservatorium in Prag von 1958 bis 1961 und anschließend bei Emil Hlobil an der Musikakademie. Sie trat vorwiegend mit Vokalwerken hervor, die international bekannt geworden sind.

WERKE

Neben einer »Dramatischen Freske« und einem Ballett schrieb Ivana Loudová unter anderem 2 Sinfonien – eine für Alt, Chor und Orchester –, ein Orchesterstück, eine Fantasie für Orchester, ein Konzert für Kammerorchester, eine Air für Baßklarinette und Klavier, ein Chorwerk, ein Stabat mater und eine Kinderkantate.

Erkki Salmenhaara (geboren 1941)

LEBEN
Erkki Salmenhaara wurde am 12.3.1941 in Helsinki geboren. Er war von 1958 bis 1963 an der Sibelius-Akademie seiner Geburtsstadt Schüler von Joonas Kokkonen und studierte außerdem in Wien bei György Ligeti. Seit 1964 wirkt er als Lektor an der Universität in Helsinki.

WERKE
Von Erkki Salmenhaara sind 4 Sinfonien, eine sinfonische Dichtung, 4 Elegien für Kammermusik, ein Bläserquintett, ein Streichquartett, eine Legende für Harfe, ein Duo für zwei Violinen, 2 Klaviersonaten, mehrere Kantaten, Chöre und Lieder, außerdem Elektronische Musik bekannt geworden.

Rudolf Růžička (geboren 1941)

LEBEN
Rudolf Růžička wurde am 25.4.1941 in Brünn geboren. Er studierte an der Janáček-Akademie seiner Geburtsstadt und wurde an derselben Lehranstalt anschließend Lehrer für Elektronische Musik und Musique concrète.

WERKE
Von Rudolf Růžička sind unter anderem eine Anzahl von Stimmvernissagen, 2 Melodramen für drei Sprecher, Kammerchor und sieben Instrumente, ein Quintett für Bratsche, Baßklarinette, Cembalo, Flöte und Schlagzeug, ein Bläserquintett mit elektronischen Klängen, »Aleatorische Sonate« für Orgel und Schlagzeug, eine Sinfonie für Orchester und Orgel, 2 Streichquartette, ein Trio für Flöte, Bratsche und Harfe, »Elektronia A« für Alt, Kammerorchester und elektronische Klänge, »B« für Kammerorchester, Orchester und elektronische Klänge, »C« für elektronische Klänge und Tonband, mehrere Stücke für Musique concrète und Stücke für elektronische Klänge bekannt geworden.

Juraj Hatrík (geboren 1941)

LEBEN
Juraj Hatrík wurde am 1.5.1941 in Orkučany, Slowakei, geboren. Er war von 1958 bis 1962 in Preßburg Schüler von Alexander Moyzes. Seit 1962 wirkt er als Theorielehrer am Konservatorium in Košice.

WERKE
Von Juraj Hatrík, der sich erst am Ende der sechziger Jahre von seinen traditionsgebundenen Fakturen zur Neuen Musik gewendet hatte, sind unter anderem eine Sinfonietta, ein Konzert für Orgel und Orchester, ein Concertino für Klavier und Orchester, »Kontraste« für Violine und Klavier, eine Klaviersonate, eine Ballade für Orgel, Responsorien für Doppelchor und vier Pauken, ein Stück für Rezitator, Flöte, Harfe, Streicher und Schlagzeug, »Introspektion« für Sopran, Flöte, Violine, Cello, Klarinette, Horn und Vibraphon, eine Kantate für Sprecher, Tenor, gemischten Chor und Orchester bekannt geworden.

Sebastian Forbes (geboren 1941)

LEBEN
Sebastian Forbes wurde am 22.5.1941 in Amersham, Buckinghamshire, geboren. Er war an der Royal Academy of Music in London Schüler von Howard Ferguson und am Kings College der Universität in Cambridge von Thurston Dart (3.9.1921, London, bis 6.3.1971, London). Von 1964 bis 1967 wirkte er in der Musikleitung der BBC. Er gründete die Vokalvereinigung »Äolian Singers« und ist seit 1968 Chorleiter und Organist am Trinity College in Cambridge.

WERKE
Von Sebastian Forbes sind ein Klaviertrio, ein Trio für Klarinette, Cello und Klavier, eine Antiphone für Violine und Klavier, eine Partita für Klarinette, Cello und Klavier, eine Sequenz aus Carols für Chor a cappella und eine für Männerstimmen, Streichorchester und Orgel bekannt geworden. Sein Stil ist traditionsgebunden.

Edith Lejet (geboren 1941)

Leben

Edith Lejet wurde am 19.7.1941 in Paris geboren. Sie war Schülerin von Jean Rivier und André Jolivet. Von 1963 bis 1968 studierte sie am Conservatoire in Paris Klavier, Harmonielehre, Kontrapunktik, Fuge, Komposition und Musikästhetik und erhielt neben anderen Preisen den Rompreis; von 1968 bis 1970 hielt sie sich in Madrid auf, dann unterrichtete sie Harmonielehre am musikologischen Institut der Sorbonne. Seit 1972 ist sie Titularprofessor des Conservatoires.

Werke

Von Edith Lejet sind »Tagebuch der Anne Frank« und »Fresken« für Orchester, eine »Musik« für Trompete und Blechbläser und eine für Posaune und Klavier sowie ein Monodram für Violine und Orchester bekannt geworden.

Johannes G. Fritsch (geboren 1941)

Leben

Johannes G. Fritsch wurde am 27.7.1941 in Bensheim-Auerbach an der Bergstraße geboren. Von 1961 bis 1965 studierte er an der Musikhochschule und an der Universität in Köln. Ab 1964 arbeitete er am Elektronischen Studio des Westdeutschen Rundfunks in Köln mit, seit 1965 wirkt er als Dozent für Musiktheorie am Konservatorium in Köln. Mit Rolf Gehlhaar arbeitet er am Entwurf und Bau neuer elektrischer und elektronischer Instrumente und an der Planung öffentlicher Musikräume, die mit automatischen und halbautomatischen Klangerzeugern versehen sind.

Werke

»Modulation I« für Violine, Bratsche, Cello, Kontrabaß und Klavier, »Modulation II« für Kammerensemble und Tonbänder, »Modulation III« für Tonbänder und Mikrophone (permanente Musik für Räume und Plätze) und »Modulation IV« für vier Lautsprechergruppen werden bisher als das Hauptwerk von Johannes G. Fritsch angesehen. Er schrieb ferner eine Partita für Bratsche, zwei Kontaktmikrophone, zwei Magnetophone, zwei Filter und drei Regler, ein Konzert für großes Orchester, ein »geschlagenes« Konzert für Schlagzeug und drei Streichtrios, ein Stück für vier Lautsprechergruppen, ein Kammerkonzert für Violine mit Kontaktmikrophon und zwölf Streicher, ein Streichquartett, einen Gesang für Sopran, tiefe Blasinstrumente und drei Kontrabässe und ein Duett für Bratsche.

Hans-Karsten Raecke (geboren 1941)

Leben

Hans-Karsten Raecke wurde am 12.9.1941 in Rostock geboren. Er war an der Deutschen Hochschule in Ost-Berlin Schüler von Rudolf Wagner-Régeny und an der Deutschen Akademie der Künste von Paul Dessau. Von 1968 bis 1973 unterrichtete er an der Humboldt-Universität in Ost-Berlin Tonsatz und Musiktheorie. Seitdem widmet er sich allein seinem kompositorischen Schaffen.

Werke

Die Kompositionen von Hans-Karsten Raecke bewegen sich nahezu ausschließlich im Rahmen der Neuen Musik. Er schrieb unter anderem »Stufenspiele und Variationssuite« für Orchester, »Impuls 1 und 2« für zwei Prepared pianos, »Raster« für zwei Prepared pianos und drei bis sechs Spieler, »Verbindungen 1 und 2« für Oboe und Tonband und »3« für Oboe oder Flöte oder für Oboe und Flöte, »Jazz 1 und 2« für Klavier, »Klangstücke 1–11« für Klavier, »Klangstücke 12–24« für zwei Klaviere, »Montage« für elektronische Orgel, »Klagegesang über den Krieg« für Chor, zwölf Chorsolisten, Bariton, Sprecher, Klavier und Bildprojektion.

Peter Herrmann (geboren 1941)

Leben

Peter Herrmann wurde am 19.12.1941 in Chemnitz (Karl-Marx-Stadt) geboren. Nach autodidaktischer Ausbildung studierte er am Konservatorium in Zwickau, sodann an der

Musikhochschule in Leipzig bei Fritz Geißler, dessen Assistent er wurde.

WERKE

Das kompositorische Werk von Peter Herrmann weicht von den offiziellen Richtlinien seines Landes für die Kunst nicht ab. Dennoch erzielte er innerhalb dieser engen Begrenzung beachtliche künstlerische Ausdruckskraft. Er schrieb ein Orchesterkonzert, eine Kammersinfonie, eine Sonate für Kammerorchester, eine Sonatine für Streichorchester, eine Kleine Suite für Jugendsinfonieorchester, ein Violinkonzert, ein Klavierkonzert, Klavierstücke, Violinstücke, Chöre und Lieder.

Horatio Radulescu (geboren 1942)

LEBEN

Horatio Radulescu wurde am 7.1.1942 in Bukarest geboren. Er war bis 1969 in seiner Geburtsstadt Schüler von Tiberiu Olah und Ştefan Niculescu (geboren 31.7.1927, Moreni); er ergänzte seine Ausbildung bei den Ferienkursen in Darmstadt und verschiedenen Festivals für Neue Musik. Anschließend unterrichtete er am Institut Notre-Dame-des-Champs in Paris. Seit 1973 lehrt er an der Universität in Ottawa.

WERKE

Von den Kompositionen von Horatio Radulescu ist »Einstimmende Algebra« mit einer Spieldauer von 73 Stunden, die auch simultan mit einer zweiten mit beliebiger Dauer von beliebigen Mitwirkenden vorgetragen werden kann, am meisten bekannt geworden. Er schrieb ferner ein Stück für 13 Kontrabässe und 97 Gold- und Silbermünzenspieler und Lauten menschlicher Stimmen, eines für Sopran, einen Komponisten, fünf Blechbläser und sechs Schlagzeuger, eines für sieben Holzbläser, eine alte Orgel und 42 Kinder, »Ewige Sehnsucht« für 24 Solostreicher, ein Stück für Streichquartett und zwei elektronisch präparierte Klaviere, ein Streichquartett, eine Klaviersonate, ein »Sonetto« für Bariton und Cello sowie zahlreiche elektronische, aleatorische und bruitistische Stücke.

Petr Kotík (geboren 1942)

LEBEN

Petr Kotík wurde am 27.1.1942 in Prag geboren. Er war bis 1962 Schüler des Konservatoriums seiner Geburtsstadt, darauf studierte er in Wien bei Karl Schiske und Hanns Jelinek. In Prag gründete er das Ensemble »Musica Viva Pregensis« und das Ensemble für experimentelle Musik »Quax«.

WERKE

Von Petr Kotík sind »Kontrapunkt 2« für sechs Instrumente, »Musik für 3« für Bratsche, Cello und Kontrabaß, »Spontano« für Klavier und zehn Bläser, ein Stück für konventionelle und elektronische Musik für zwei bis sechs Spieler, ein Stück für Tonband und eines für 24 Instrumente bekannt geworden.

Miloš Štědroň (geboren 1942)

LEBEN

Miloš Štědroň wurde am 9.2.1942 in Brünn geboren. Von 1959 bis 1964 studierte er an der Universität und anschließend bis 1971 an der Janáček-Akademie in Brünn. Seit 1964 wirkt er als Lehrer für Musiktheorie und Operngeschichte an der Universität.

WERKE

Neben einer Oper und einem Ballett schrieb Miloš Štědroň unter anderem »Via Crucis« (Kreuzweg) für Flöte, Baßklarinette, Klavier, Cembalo und Schlagzeug, »Dyptichon« für Baßklarinette, Klavier, Streicher und Schlagzeug, »Altslawische Passion« für Madrigalchor, Renaissanceinstrumente und Jazzensemble, eine »Vokalsinfonie« für Sopran, Baßbariton und Orchester, eine Kantate für Chor und zwei Trompeten, ein Sextett für Posaune, Baßklarinette, Klavier, Harfe, Kontrabaß und Schlagzeug, 2 Sinfonien für Orchester, ein Konzert für Kontrabaß und Streicher, eine Meditation für Baßklarinette, zahlreiche elektronische Kompositionen, Musique concrète und Jazzstücke, Schauspiel-, Film- und Fernsehmusik. Er veröffentlichte viele musiktheoretische und musikhistorische Traktate.

John Purser (geboren 1942)

Leben

John W. Purser wurde am 10.2.1942 in Glasgow geboren. Von 1960 bis 1963 studierte er an der Royal Scottish Academy of Music in Glasgow, sodann in London ein Jahr bei Michael Tippett und anschließend bis 1967 bei Hans Gal in Edinburgh. Seither lebt er als freischaffender Komponist in Glasgow.

Werke

Für sein Orchesterwerk »Epitaph« erhielt John Purser 1966 den irischen Staatspreis. Er schrieb ferner unter anderem Orchestervariationen, eine Sinfonietta, ein Bratschenkonzert, eine Intrada für Streichorchester, ein Streichquartett, Klavierwerke, »5 Landschaften« für mittlere Stimme und Klavier oder mit Orchester, ein »Nunc dimittis« und ein »Magnificat« für Chor a cappella, eine Kantate für Tenor, gemischten Chor, Bläser, Klavier und Kontrabaß, Lieder und Bühnenmusik. Er wendete teilweise serielle Fakturen an, zuweilen auch expressionistische Wendung, bleibt aber im Grund Neuklassizist.

Gabriel Brnčić (geboren 1942)

Leben

Gabriel Brnčić wurde am 16.2.1942 in Santiago de Chile geboren. Er studierte in seiner Vaterstadt, sodann in Buenos Aires am Centro Latinoamericano de Altos Estudios Musicales (CLAEM) bei Cristóbal Halffter, Maurice Le Roux (geboren 6.2.1923, Paris), Luigi Nono, Roger Sessions, Iannis Xenakis und Francisco Kröpfl. Seit 1967 ist er Lehrer für elektronische Studien am genannten Institut.

Werke

Von den Werken von Gabriel Brnčić sind anzuführen: eine Ode für Orchester, ein Stück für neun Schlaginstrumente und elektronische Klänge, »Kaleidoskop« für Oboe, Solooboe, Kammerorchester und Schlagzeug, ein Bratschenkonzert, ein Oktett für zwei Trompeten, zwei Hörner, zwei Posaunen und zwei Tuben, »Ritmus« für vier Schlaginstrumente und Vibraphon, ein Stück für Violine, Klarinette und elektronische Klänge, »Quodlibet I« für Flöte, Oboe, Bratsche, Cello und Celesta, »Quodlibet II«, »Quodlibet III« für Kammerorchester, eine Kantate für Chor, Blas-, Streich- und Schlagzeugorchester und elektronische Klänge und Elektronische Musik.

Michael Ranta (geboren 1942)

Leben

Michael Ranta wurde am 17.4.1942 in Duluth, Minn., geboren. Er studierte an der Universität in Urbana, Ill., an der Universität und Musikhochschule in München und an den Universitäten in Tokio und Taipeh. Nach Tätigkeit als Schlagzeuglehrer ist er als Schlagzeuger und freischaffender Komponist in Europa, den USA, Japan und Taiwan tätig.

Werke

Die meisten Kompositionen von Michael Ranta sind für Schlagzeug geschrieben. Er verfaßte: Erste Improvisation, »Algo Rhythmus«, »Heliopolan Egg« und eine weitere Anzahl Werke für Schlagzeugensemble, wie »Aspects I« und »Schlagzeugduo«.

Michel Zbar (geboren 1942)

Leben

Michel Zbar wurde am 24.4.1942 in Clermont-Ferrand, Puy-de-Dôme, geboren. Er war bis 1967 am Conservatoire in Paris Schüler von Olivier Messiaen und Tony Aubin. Danach wurde er Mitglied der »Groupe de Recherches de Musique Concrète« (Forschungsgruppe für Musique concrète) am französischen Rundfunk. Im Jahr 1968 erhielt er den Rompreis.

Werke

Außer seiner preisgekrönten Hamlet-Tragödie schrieb Michel Zbar »Tropismes« für Violine und Orchester, »Incandescencenses« (Glut) für Sopran, Sprecher und Orchester, »Apex II« (Gipfel) für Kammerorchester und eine Anzahl Stücke für Tonbänder.

Martin Dalby (geboren 1942)

LEBEN

Martin Dalby wurde am 25.4.1942 in Aberdeen geboren. Von 1960 bis 1963 studierte er am Royal College of Music in London Komposition bei Herbert Howells und an der Universität in Durham. Er wirkt als Music Assistant bei der BBC London.

WERKE

Von Martin Dalby sind 2 Orchesterwerke, Variationen für Bläseroktett, 3 Streichquartette, ein Klaviertrio, Variationen für Cello und Klavier, eine Orgelsuite, ein Requiem für Mezzosopran, Chor, Oboen und Streicher, Chöre mit Soli und Orchester, mehrere Klavierlieder bekannt geworden. Sein Stil ist konservativ.

Charles Dodge (geboren 1942)

LEBEN

Charles Dodge wurde am 5.6.1942 in Ames, Ia., geboren. Von 1960 bis 1964 studierte er an der University of Iowa und von 1964 bis 1968 an der Columbia University in New York bei Jack Hamilton Beeson, Chou Wen-chung (geboren 29.6.1923, Chefu, China) und Otto Luening, überdies Elektronische Musik bei Vladimir Ussachevsky. Er wirkt an der Columbia University als Instruktor und beim IBM-Forschungszentrum als Experimentator auf dem Gebiet der Computermusik.

WERKE

Von den Werken Charles Dodges sind »Rota« für Orchester, die Kompositionen für Cello und Klavier und für Violine, Oboe, Kontrabaß, Horn und Klavier, ein Stück für drei Posaunen, zwei Klaviere und Schlagzeug und besonders seine Kompositionen für verkehrtes digitales Tonband bekannt geworden.

Volker David Kirchner (geboren 1942)

LEBEN

Volker David Kirchner wurde am 25.6.1942 in Mainz geboren. Er studierte am Konservatorium in Mainz und darauf von 1959 bis 1963 an der Hochschule für Musik in Köln bei Günter Kehr (geboren 16.3.1920, Darmstadt), Tibor Varga (geboren 4.7.1921, Györ, Ungarn) und Günter Raphael. Ab 1953 wirkte er als Solobratschist im Kammerorchester in Köln. Seit 1966 ist er Mitglied des Sinfonieorchesters des Hessischen Rundfunks in Frankfurt am Main.

WERKE

Von Volker David Kirchner sind »Fragmente« für Orchester, »Miniaturen« für Streicher, eine Toccata für Cello und kleines Orchester, Choralvariationen für 14 Streicher, »Epechesis« (Widerhall) für Clarin, Fagott, Trompete, Posaune, Schlagzeug, Klavier, Violine und Kontrabaß, »Spezzati« (Aufspaltungen) für zwei Oboen, Englischhorn, Fagott, zwei Trompeten und zwei Posaunen, »Riten« für Sängerin, Tänzerin, Licht, Schlagzeug, Klavier, Cello und Dirigenten, »Nachtmusik« für Flöte, Clarin, Bratsche, Cello, Kontrabaß, Schlagzeug und Klavier bekannt geworden.

Tomás Marco (geboren 1942)

LEBEN

Tomás Marco wurde am 12.9.1942 in Madrid geboren. Neben seinem Jurastudium bildete er sich in Madrid zum Violinisten und Komponisten aus. Anschließend war er als Kritiker tätig. Im Jahr 1967 war er Mitarbeiter von Karlheinz Stockhausen, gründete ein Studio für Neue Musik, seit 1969 leitet er die Abteilung für Ernste Musik am spanischen Rundfunk.

WERKE

Mit einem Trio für Klavier, Tuba und Schlagzeug und einem Stück für Trompete, Klavier, Cello, elektrische und spanische Gitarren, Vibraphon und Schlagzeug eröffnete Tomás Marco die Reihe seiner Kompositionen, die ausschließlich der Neuen Musik angehören. Er schrieb ferner unter anderem ein Sextett für drei Klarinetten und drei Saxophone, ein Gitarrenstück, ein Klavierstück, ein Stück für

Tomás Marco

Schlagzeug, eines für Trompete, Posaune, Bratsche, Cello und zwei Schlagzeuger, eines für Schauspielerin, vier Schlagzeuger, Klavier, Tenorsaxophon, Tonband und Lichtbilder, eines für zwei Sprecher, Oboe, Flöte, Saxophon, Trompete, Klarinette und zwei Schlagzeuger, »Gesänge eines artesischen Brunnens« für Schauspielerin, Flöte, Horn, Trompete, Posaune, Violine, Cello, Kontrabaß, zwei Schlagzeuger und Baßtuba, »Los Caprichos« für Orchester, ein Stück für Streichquartett, eines für Orgel und Streichorchester, ein Duo für Cello und Klavier, ein Stück für sechs Schlagzeuger, ein Konzert für Violine und Orchester, »Tea-Party« für zwei Soprane, Tenor, Bariton und vier Instrumente, weitere Stücke für Kammerensemble und einzelne Instrumente. Seine Kompositionen überschreiten die konventionellen Grenzen der Musik in die Richtung des Mimischen, Theatralischen und Literarischen um vieles.

Kuldar Sink (geboren 1942)

Leben

Kuldar Sink wurde am 14.9.1942 in Tallinn geboren. Er wurde von 1957 bis 1960 in seiner Geburtsstadt ausgebildet und hierauf am Konservatorium in Leningrad. Er wirkt seitdem als Flötist im Orchester des Estnischen Rundfunks und als Cembalist des Kammerorchesters in Tallinn.

Werke

Von Kuldar Sink sind unter anderem 2 Kammersinfonien, ein Concertino für Flöte und Orchester, mehrere Kompositionen für zwei Klaviere, ein Oktett, ein Stück für Kammerorchester mit variabler Besetzung, eine Kantate, Bühnen- und Filmmusik bekannt geworden. Er ist zu den zeitgenössischen sowjetischen Komponisten zu stellen, die sich um einen Anschluß an die allgemeine Musikentwicklung bemühen.

Eduardo Mata (geboren 1942)

Leben

Eduardo Mata wurde am 15.9.1942 in Mexiko-Stadt geboren. Er studierte am Konservatorium seiner Vaterstadt bei Rodolfo Halffter bis 1960 und anschließend bei Carlos Chávez, weiters bei Erich Leinsdorf (geboren 4.2.1912, Wien), Max Rudolf (geboren 15.6.1902, Frankfurt am Main), Gunther Schuller und Igor Kipnis (geboren 27.9.1930, Berlin) in

Erich Leinsdorf

Tanglewood, Mass. Im Jahr 1964 übernahm er die Leitung des Ballet Clásico von Mexiko, dirigierte Opern und Konzerte im gesamten Land und wurde schließlich Leiter des Universitätsorchesters in Guadalajara und in Mexiko-Stadt. Als Dirigent bereist er die USA und Europa und setzt sich tatkräftig für die Neue Musik ein.

WERKE
Außer einem Ballett für Tonband schrieb Eduardo Mata 3 Sinfonien, Improvisationen für Streichorchester und zwei Klaviere, für Streichquartett und Klavier vierhändig und für Violine und Klavier, »Arien« für Mezzosopran, zwei Flöten, Oboe, Fagott, zwei Bratschen, Cello und Kontrabaß, eine Sonate für Cello und Klavier, eine Sonate und weitere Stücke für Klavier. Bei seinen eigenen Werken schließt sich der Komponist nur teilweise der Neuen Musik an.

Dietmar Polaczek (geboren 1942)

LEBEN
Dietmar Polaczek wurde am 26.10.1942 in Bendsburg (Będzin), Oberschlesien, geboren. Von 1961 bis 1970 studierte er in Graz an der Musikakademie bei Waldemar Bloch und bis 1971 an der Universität Musikwissenschaft. Nach journalistischer Tätigkeit in Graz siedelte er nach München über, wo er als ständiger Mitarbeiter der »Süddeutschen Zeitung« lebt.

WERKE
Neben seinen bekannten Klavierparodien »Variazioni della moderna« schrieb Dietmar Polaczek eine »Vernissage« für Orchester, Metamorphosen und Fuge für Gitarre, ein Bläserquintett, ein Klavierkonzert, »Applaus I und II« für Dirigenten, Sprecher, Chor und zwei Schlagzeuger, »Laternengesänge« mit Klavier, eine Ballade für gemischten Chor, »Lobgesang« für Chor und Instrumente, ein Stück für Soloflöte und eines für Orgel.

Sven-David Sandström (geboren 1942)

LEBEN
Sven-David Sandström wurde am 30.10.1942 in Motala, Schweden, geboren. Nach Studium der Musikwissenschaft und Kunstgeschichte an der Universität bildete er sich von 1968 bis 1972 an der Musikhochschule in Stockholm bei Ingvar Lidholm zum Komponisten aus. Er wirkt an derselben Lehranstalt als Assistent für Komposition.

WERKE
Von Sven-David Sandström sind unter anderem »Bilder« für Schlagzeug und Orchester, »Invention« für 16 Solostimmen, ein Konzert für Klarinette, Posaune, Cello und Schlagzeug, ein Stück für Klarinette, Posaune, Cello und Schlagzeug, 2 Orchesterstücke, ein Stück für Soloposaune, ein Stück für Blechbläser und eines für Kammerensemble, ein Posaunensextett, ein Lamento für drei Chorgruppen und vier Posaunen, ein Gesang für Sopran, Fagott, Violine und Harfe und weitere Vokalwerke, Instrumentalsoli, Orchesterstücke und Konzerte bekannt geworden.

Michel Tabachnik (geboren 1942)

LEBEN
Michel Tabachnik wurde am 10.11.1942 in Genf geboren. Er studierte am Konservatorium in Genf und unter Pierre Boulez, Henri Pousseur und Karlheinz Stockhausen bei den Ferienkursen in Darmstadt. Er wirkte als Assistent von Igor Markewitsch und Pierre Boulez. Seit 1971 ist er in Lissabon Chefdirigent des Gulbenkian-Orchesters und künstlerischer Direktor des Europäischen Ensembles für zeitgenössische Musik. Er ist vielfach als Gastdirigent der großen Orchester Europas tätig.

WERKE
Von den Werken Michel Tabachniks sind unter anderem die Orchesterstücke »Mondes« (Welten), »Movimenti« (Bewegungen), »Eclipses« (Finsternisse) und »Les imaginaires« (Die Vorstellungen), »Pastel I und II« für Kammer-

orchester, eine Invention für 16 Streicher und die elektronischen Stücke »Sillages« (Verzweigungen) und »D'autres Sillages« (Andere Verzweigungen) bekannt geworden.

Tim Souster (geboren 1943)

Leben

Tim (Timothy) Andrew James Souster wurde am 29.1.1943 in Bletchley, Buckinghamshire, geboren. Er war am College in Oxford von 1961 bis 1965 Schüler von Egon Wellesz. Anschließend wirkte er als Produzent für Kammermusik bei der BBC bis 1967 und von 1969 bis 1971 als Composer-in-Residence am King's College in Cambridge. Er war an der Gründung des Ensemble »Intermodulation« zur Aufführung Neuer Musik beteiligt.

Werke

Von Tim Souster sind unter anderem »Parallels« für zwei Schlagzeuger, eine »Triple Music« für drei Orchester, »Lied einer durchschnittlichen Stadt« für kleines Orchester und »natürliche Laute«, »Weltmusik« für Instrumentalensemble und Tonband, »Chinese Whispers« (Chinesisches Geflüster) für Schlagzeug und drei Synthesizer, ein Stück für Sopransaxophon, Zeitverzögerungssystem und Schlagzeug, eines für Bläserquintett, Live electronics und Tonband, Orgelstücke und verschiedene mehrteilige Chöre und Gesänge, von verschiedenen Ensembles, Schlagzeugen, Prepared piano, Tonbändern, elektronischen Klängen begleitet, bekannt geworden.

Costin Miereanu (geboren 1943)

Leben

Costin Miereanu wurde am 27.2.1943 in Bukarest geboren. Er war am Konservatorium in Bukarest Schüler von Alfred Mendelsohn, Dan Constantinescu und Lazăr Octavian Cosma (geboren 15.2.1933, Tresnea-Sălaj) von 1960 bis 1966 und studierte darauf in Paris bei der Groupe de Recherches Musicales de l'ORTF (Gruppe für musikalische Forschungen des Rundfunks) und am Conservatoire bei Pierre Schäffer. Im Jahr 1967 wurde er in Bilthoven von der Gaudeamus-Stiftung mit einem Preis ausgezeichnet.

Werke

Aleatorik und Musique concrète beherrschen das kompositorische Werk von Costin Miereanu. Er schrieb unter anderem »Monostrukturen I« für zwei Orchester und »II« für Streicher, Blechbläser und Tonband, »Das Ende krönt das Werk« für Klavier und sechs Instrumentengruppen, »In der Nacht der Zeiten«, aleatorische Musik für variable Besetzung und Tonband, »Farben der Zeit I« für Streichorchester, »II« für Streichquartett und Tonband, »III« für Doppelstreichquartett und Kontrabaß, »Räume II« für Streichorchester, Klavier und Tonband, ein Stück für Orchester und eines für Orchester mit aleatorischer Struktur, »Letzter Raum«, aleatorische Musik für Chor, sechs Instrumentengruppen und Tonband, »Raum jenseits von gestern«, aleatorische Musik für Kammerorchester, Stücke für Klavier und für Soloinstrumente.

Wilfried Steinbrenner (geboren 1943)

Leben

Wilfried Steinbrenner wurde am 26.3.1943 in Mosbach, Baden, geboren. Er war von 1962 bis 1967 an der Musikhochschule in Freiburg im Breisgau Kompositionsschüler von Wolfgang Fortner. Nach zweijähriger Lektoratstätigkeit lebt er als freischaffender Komponist in Wiesbaden.

Werke

Außer der Mitarbeit an der Ballett-Collage »Carmen«, gemeinsam mit Wolfgang Fortner, schrieb Wilfried Steinbrenner unter anderem 3 Orchesterstücke, »Agonia« für Piccolo, Blechbläser, Schlagzeug und Tonband, »Preludien« für Orchester, »Sieben Lügengeschichten« für fünf Musiker, ein Streichtrio, Bicinium für zwei Flöten, »Kristall« für Sopran und 27 Instrumentalisten, »Imago I« für 64 Streicher und Solovioline, »Imago II« für Sopran, Große Trommel, Baßtuba und Kontrabaß sowie Klavierstücke.

Alejandro Núñez Allauca
(geboren 1943)

Leben

Alejandro Núñez Allauca wurde am 1.4.1943 in Moquegua, Peru, geboren. Er studierte am Konservatorium in Lima und anschließend bei Andrés Sás Orchassal sowie bei Francisco Kröpfl, Gabriel Brnčić und Gerardo Gandini in Buenos Aires. Nach seiner Rückkehr nach Peru lebt er als freischaffender Komponist in Lima.

Werke

Die von Alejandro Núñez Allauca entwickelte »Ornamenttheorie« systematisiert eine harmonische und kontrapunktische Verbindung gleicher oder ungleicher Ornamente und bietet dadurch für die Komposition unendlich viele Kombinationsmöglichkeiten. Er schrieb mit dieser Methode »Variables« für sechs Instrumente und Tonband, ein Orchesterkonzert, eine »Sinfonía ornamental«, ein »Concierto ornamental« für Klavier und Orchester, einen 100. Psalm für vierstimmigen Chor und für achtstimmigen Chor, »Diferenciales I und II« für Klavier, ein »Moto ornamentale e perpetuo« (Ornamentale und ewige Bewegung) für Klavier und »Gravitación humana« (Gravitation des Menschen) für Tonband sowie ein Streichquartett.

Mario Lavista (geboren 1943)

Leben

Mario Lavista wurde am 3.4.1943 in Mexiko-Stadt geboren. Er war am Konservatorium in Mexiko Schüler von Héctor Quintanar und Rodolfo Halffter von 1963 bis 1967, darauf in Paris an der Schola Cantorum von Iannis Xenakis und Henri Pousseur und an der Musikhochschule in Köln von Karlheinz Stockhausen. Im Jahr 1969 erhielt er die stellvertretende Leitung der Kompositionsklasse am Konservatorium in Mexiko, 1970 gründete er mit anderen Musikern die Improvisationsgruppe »Quanta«, von 1971 bis 1972 arbeitete er an einem Studio für Elektronische Musik in Tokio mit.

Werke

Von Mario Lavista sind unter anderem 6 Stücke für Streichorchester, 5 Stücke für Streichquartett, ein Divertimento für Bläserquintett und drei Kurzwellenapparate, ein Streichquartett, Improvisationen für Tonband, »Kronos« für 15 Uhrwerke, Mikrophon, Lautsprecher und Spannungsmesser, ein Continuo für Orchester, ein Monolog für Bariton, Flöte, Vibraphon und Kontrabaß, 2 Gesänge für Cembalo und Mezzosopran, ein Stück für drei gemischte Chöre, ein Stück für Soloflöte und ein »Stück für einen Pianisten und ein Klavier« bekannt geworden.

John Mills-Cockell (geboren 1943)

Leben

John Mills-Cockell wurde am 19.5.1943 in Toronto geboren. An der Universität und am Konservatorium seiner Vaterstadt studierte er Komposition und Elektronische Musik. Im Jahr 1966 schloß er sich der Mixed-Media-Gruppe »Intersystem« an, die eine audiokinetische Kompositions- und Interpretationsmethode entwickelte, in der Musik, Film und bildende Kunst integriert wurden. Er wurde Mitglied mehrerer Bands in Toronto und Vancouver, die dieses Ziel verfolgten, und schrieb dafür Kompositionen.

Werke

Außer zahlreichen Mixed-Media-Stücken verfaßte John Mills-Cockell »Kanonische Variationen« für Prepared piano, Fagott und Stereotonband, ein Bläserquartett, ein Stück für Soloposaune und zwei Stereobandschleifen, elektronische Stücke, Fernseh- und Filmmusik.

Krzysztof Meyer (geboren 1943)

Leben

Krzysztof Meyer wurde am 11.8.1943 in Krakau geboren. Von 1962 bis 1965 studierte er an der Musikhochschule seiner Vaterstadt bei Stanisław Wiechowicz und Krzysztof Penderecki. Er wurde an dieser Lehranstalt 1966 Assistent und 1972 Professor.

WERKE
Bei seinem frühen Schaffen bediente sich Krzysztof Meyer der Dodekaphonik, später traten Klangstrukturen und Aleatorik in den Vordergrund; zuletzt war sein Schaffen an Mathematik, mathematischer Philosophie und Kombinatorik orientiert. Er schrieb eine Oper, 3 Sinfonien, ein Violinkonzert, ein Cellokonzert, ein Konzert für Oboe, Schlagzeug und Streicher, ein Quartett für Klarinette, Posaune, Klavier und Cello, 3 Streichquartette und 4 Klaviersonaten.

Michael Vetter (geboren 1943)

LEBEN
Michael Vetter wurde am 18.9.1943 in Oberstdorf, Allgäu, geboren. Neben seinem Universitätsstudium bildete er sich vorwiegend autodidaktisch zum Blockflötisten und Komponisten aus und widmete sich anschließend der Interpretation vor allem vorklassischer und zeitgenössischer Werke für sein Instrument. Neben seiner kompositorischen Tätigkeit unternahm er intensive spiel- und klangtechnische Untersuchungen auf dem Gebiet der Flötenmusik.

WERKE
Von seinen Kompositionen, die er graphisch notierte, sind bemerkenswert: eine Kammeroper, ein Duo für einen Instrumentalisten und seinen Verstärker, ein Duo für elektrische Blockflöte und elektrische Gitarre, ein Duo für zwei Spieler verschiedener musikalischer Sprachen für Stimmen und elektrische Blockflöte, »Figurationen« für ein beliebiges Instrument, »Rezitative« für einen Blockflötisten und »Sonnenuntergang« für elektrische Gitarre, elektrische Blockflöte, Trompete und Schlagzeug. Er veröffentlichte das dreibändige Schulwerk »Il flauto dolce ed acerbo« (Die süße und herbe Flöte), »Die Blockflöte in der Musik der Gegenwart« und weitere musiktheoretische Traktate.

Udo Zimmermann (geboren 1943)

LEBEN
Udo Zimmermann wurde am 6.10.1943 in Dresden geboren und war dort von 1953 bis 1962 Mitglied des Kreuzchors. Seinen ersten Kompositionsunterricht erhielt er von Rudolf Mauersberger (29.1.1889, Mauersberg, bis 22.2.1971, Dresden). Von 1962 bis 1968 war er an der Dresdner Musikhochschule Schüler von Johannes Paul Thilman; abschließend studierte er zwei Jahre an der Deutschen Akademie der Künste in Ost-Berlin bei Günter Kochan. Seit 1970 wirkt er als Dramaturg an der Staatsoper in Dresden.

WERKE
Außer 3 Opern schrieb Udo Zimmermann Borchert-Orchester-Gesänge, »L'homme« (Der Mensch), Meditationen für Orchester, »Mutazioni« (Veränderungen) für Orchester, »Musik für Streicher«, »Sieh, meine Augen«, Reflexionen für Kammerorchester, »Choreographien« für Kammerorchester, ein Cellokonzert, ein Violinkonzert, ein Paukenkonzert, ein Streichquartett, eine Ode für Alt, Chor und Orchester, eine Kantate für Sopran und Kammerorchester, Sonetten für Alt, Flöte und Streichquartett sowie »Canticum Marianum« für zwölf Celli.

L'homme (Der Mensch), Meditationen für Orchester, 4 Sätze, entstanden 1970
Dem Werk liegt das gleichnamige Gedicht von Eugène Guillevic (geboren 1907) zugrunde. Die Musik stellt gleichsam eine Kontrapunktierung der Worte des Lyrikers dar. Der Komponist schreibt eine besondere Orchesteraufstellung vor: in der Mitte stehen die Streicher ohne Violinen, rechts und links sind Holzbläser und Blechbläser mit jeweils zugeordneter Schlagzeuggruppe postiert. Das Werk beginnt in der Mitte des Gedichts mit zwölffach geteilten Bratschen, die die Grundmelodie der Celli überlagern. Die Bläser bringen harte Einwürfe. Im 2. Satz erklingen breite Crescendoflächen mit aleatorischen Bläsermotiven. Der 3. Satz klingt mit einem mächtigen Decrescendo aus: »Der Mensch schafft die Dinge.« Und der 4. Satz stellt mit mächtigen Akkordfolgen fest: »Du bist es, der weiß und befiehlt«, denn der Mensch beherrscht sein eigenes Dasein und das der Welt.

Robin Holloway

Robin Holloway (geboren 1943)

LEBEN

Robin Holloway wurde am 19.10.1943 in Leamington Spa, Warwickshire, geboren. Er war von 1951 bis 1956 Chorknabe an St. Paul's in London, von 1959 bis 1963 nahm er privaten Unterricht bei Alexander Goehr. Seit 1975 unterrichtet er an der Universität in Cambridge.

WERKE

Neben einer Oper und einem dramatischen Ballett schrieb Robin Holloway unter anderem eine sinfonische Dichtung, 2 Konzerte, »Szenen von Schumann«, »Abend mit Engeln« und eine Serenade für Orchester, eine Romanze für Violine und kleines Orchester, eine »Aria« für Ensemble, »Männer auf dem Marsch«, »Frauen im Krieg« für Singstimmen und Klavier auf Gedichte aus dem Ersten Weltkrieg. Seine Musik enthält viele konservative Elemente.

Mariano Etkin (geboren 1943)

LEBEN

Mariano Etkin wurde am 5.11.1943 in Buenos Aires geboren. Dort studierte er bei David Epstein (geboren 30.10.1930, New York), Guillermo Graetzer und Juan Emilio Martini (geboren 19.7.1913, Buenos Aires), sodann in New York an der Juilliard School of Music bei Luciano Berio und in Basel bei Pierre Boulez; er setzte seine Studien bei Franco Ferrara in Siena und bei Alberto Ginastera, Maurice Le Roux, Roger Sessions, Iannis Xenakis, Earle Brown und Mario Davidovsky fort und nahm schließlich bei Gottfried Michael Koenig (geboren 5.10.1926, Magdeburg) an der Universität in Utrecht Unterricht in Elektronischer Musik. Er wurde für seine Kompositionen vielfach ausgezeichnet.

WERKE

Neben »Elipses« für Streichorchester, für das Mariano Etkin ausgezeichnet wurde, schrieb er 3 Parabeln für Kammerorchester, ein aleatorisches Bläserquintett, »Entropías« für Trompete, zwei Posaunen, zwei Hörner und Tuba, »Estáticamóvil I« für drei Kontrabässe, zwei Posaunen, Cembalo, Harmonium und zwei Schlagzeuger und »II« für Violine, Cello und Kontrabaß, »Spiel Nummer eins« für zwei Posaunen, ein Stück für Bratsche, Kontrabaß, Horn, Posaune, Tuba und zwei Schlagzeuger sowie mehrere Klavierwerke.

Miklós Máros (geboren 1943)

LEBEN

Miklós Máros wurde am 14.11.1943 in Pécs, Ungarn, als Sohn von Rudolf Maros geboren. Er war in Budapest am Konservatorium Schüler von Rezsö Sugár und an der Musikhochschule von Ferenc Szabó. Im Jahr 1967 zog er nach Stockholm, wo er seine Ausbildung bei Ingvar Lidholm und György Ligeti vervollständigte. Seitdem arbeitet er dort am Studio für Elektronische Musik.

WERKE

Neben einer Oper schrieb Miklós Máros ein

Stück für Baritonsaxophon, drei Klaviere, Cembalo, Hammondorgel, zwei Violinen, Bratsche und zwei Celli, »Spiel« für Klarinette, Posaune, Schlagzeug und Cello, ein Stück für Flöte, Harfe, Klavier, Violine und Cello, ein Concertino für Kontrabaß oder Tuba und Blasorchester, »Aspectus« für Flöte, Oboe, Klarinette, Fagott, Horn, Tuba, Violine, Bratsche, Cello und Kontrabaß, ein Duo für Flöte und Klavier, eine Kantate für gemischten Chor, Blockflöte, Oboe, Harfe, Cembalo und Orgel, »Inversionen« für Sopran, Flöte, Klarinette, Trompete, Harfe, Schlagzeug, Violine und Kontrabaß, Gesänge für Sopran und Orchester und für Sopran, Flöte und Kontrabaß, »Diversion« für Sopran, Alt, Altflöte, Gitarre, Bratsche und Schlagzeug, »Anenaika« für Sopran, Klarinette, Posaune, Violine, Bratsche, Cello und Kontrabaß.

Rolf Gehlhaar (geboren 1943)

LEBEN
Rolf Gehlhaar wurde am 30. 12. 1943 in Breslau (Wrocław) geboren. Er studierte von 1961 bis 1965 an der Yale University, New Haven, und anschließend bis 1967 an der Universität in Los Angeles. Sodann wirkte er bis 1970 als Assistent bei Karlheinz Stockhausen. Seitdem arbeitet er in Köln mit Johannes G. Fritsch.

WERKE
Von Rolf Gehlhaar sind eine Anzahl äußerst geistreiche kompositorische Beiträge zur »Raummusik« erhalten. Er schrieb ferner eine Reihe elektronische und aleatorische Stücke, wie »cello solo«, »wandharfe«, »probe nicht«.

York Höller (geboren 1944)

LEBEN
York (Georg) Höller wurde am 11. 1. 1944 in Leverkusen geboren. Er studierte bei Bernd Alois Zimmermann Komposition und bei Alfons Kontarsky (geboren 9. 10. 1932, Iserlohn, Westfalen) Klavierspiel. Im Jahr 1968 wurde er Dozent für Musiktheorie, Dirigieren und Pianistik an der Pädagogischen Hochschule in Leverkusen. Er gehört der von Hans Ulrich Humpert gegründeten »Gruppe 8 Köln« zur Entwicklung von Gemeinschaftskompositionen an. Von 1969 bis 1970 arbeitete er im Elektronischen Studio der Musikhochschule in Köln bei Herbert Eimert. Seit 1976 hat er einen Lehrauftrag für Musiktheorie und musikalische Analyse inne. Seine Werke werden zunehmend am Institut für Medienmusik in Paris und an den Informationszentren der westeuropäischen Avantgarde aufgeführt.

WERKE
Von York Höller sind »Tropic« für Orchester, »Horizont«, »Vierkanalkomposition«, »Tangens« für Cello, elektrische Gitarre, Orgel, Klavier und zwei Synthesizer, »Klanggitter« für Cello, Klavier, Synthesizer und Tonband, »Antiphon« für Streichquartett, »Mythos« für 15 Instrumente und Tonband, »Chroma« für großes Orchester und elektronisch transformierte Orgel, »Arcus« für Kammerorchester und Tonband, »Umbra« für Orchester und Vierkanaltonband, »Surreal« für Orchester und Elektronik, »Diaphonie« für zwei Klaviere, »Epitaph« für Violine und Klavier, eine Sonate für Klavier und eine für Cello bekannt geworden.

Giampaolo Coral (geboren 1944)

LEBEN
Giampaolo Coral wurde am 22. 1. 1944 in Triest geboren. Er wurde in seiner Geburtsstadt und am Konservatorium in Venedig ausgebildet und wirkte anschließend als Chordirigent und Pianist, bis er Kapellmeister am Theater in Triest wurde.

WERKE
Von Giampaolo Coral sind unter anderem ein Requiem und »Dialoghi« für fünf Bläser bekannt geworden.

John Tavener (geboren 1944)

LEBEN
John Tavener wurde am 28. 1. 1944 in London geboren, wo er an der Royal Academy of Music studierte. Er war Schüler von David Lumsdaine und Lennox Berkeley. Neben seiner Komposition ist er als Organist tätig.

WERKE
Außer einer Oper schrieb John Tavener ein Kammerkonzert, »Grandma's Footsteps« (Großmutters Fußstapfen) für fünf Musicboxes und Kammerensemble, ein Klavierkonzert, 3 sakrale Sonette für Bariton und Kammerorchester, dramatische Kantaten »Kain und Abel« für Soli und Kammerorchester, »Der Wal« für Erzähler, Soli, Chor und Orchester, 3 surrealistische Gesänge für Mezzosopran, Klavier, Schlagzeug und Tonband, ein »Keltisches Requiem« für Soli, Kinderchor, gemischten Chor und Orchester, »Coplas« für Soli, Chor und Tonband, »Nomine Jesu« (Im Namen Jesu) für fünf Männersprechstimmen, Mezzosopran, Chor, zwei Altflöten, Orgel und Cembalo und ein weiteres Requiem.

Yoram Paporisz (geboren 1944)

LEBEN
Yoram Paporisz wurde am 13. 2. 1944 in Koslíw, Ukraine, geboren. Er war in Katowice Schüler von Ludomir Różycki und studierte von 1962 bis 1965 an der Musikakademie in Tel Aviv bei Alexander Uria Boscovich. Bei Franco Donatoni in Mailand und bei Wolfgang Fortner in Freiburg im Breisgau ergänzte er seine Ausbildung. Seit 1965 lebt er in Deutschland als Komponist.

WERKE
Außer seinem fünfbändigen Kompendium »Entdeckungen am Klavier«, in dem er verschiedene Kompositionsstile und Techniken für den Pianisten zusammenstellt, schrieb Yoram Paporisz »Arrougances« (Anmaßungen) für Flöte, Violine, Cello und Schlagzeug, ein Streichquartett, »Kleine Duette« für Violine und Klarinette und für Flöte und Bratsche, ein Stück für Soloflöte, eine Kindersuite für Klavier und weitere Klavierwerke sowie ein »Hexameron« für Cembalo.

Leif Segerstam (geboren 1944)

LEBEN
Leif Selim Segerstam wurde am 2. 3. 1944 in Vaasa, Schweden, geboren. Er studierte von 1952 bis 1963 an der Sibelius-Akademie in Helsinki und anschließend bis 1965 an der Juilliard School of Music in New York bei Louis Persinger (11. 2. 1887, Rochester, Ill., bis 31. 12. 1966, New York), Hall Overton und Vincent Persichetti. Von 1965 bis 1968 war er Kapellmeister an der Oper in Helsinki und anschließend an der Oper in Stockholm. Nach kurzer Tätigkeit an der Deutschen Oper in Berlin 1973 wurde er Direktor der Oper in Helsinki. Er dirigierte auch in London, New York, Salzburg und Wien.

WERKE
Neben einem Ballett schrieb Leif Segerstam

Leif Segerstam

unter anderem die Orchesterstücke »Legende« und »Patria«, ein Violinkonzert, 4 Streichquartette, ein Holzbläserquintett, eine Messe, Gesänge mit Instrumentalbegleitung, eine »Jugendkantate« für Unisonochor und Orchester und »Prolonged Moments« (Verlängerte Augenblicke) für drei Sänger, Bläserensemble und Schlagzeug.

Jamary Oliveira (geboren 1944)

LEBEN

Jamary Oliveira wurde am 21.3.1944 in São Salvador da Bahia, Brasilien, geboren. Er studierte in seinem Geburtsort bei Ernst Widmer (geboren 25.4.1927, Aarau, Schweiz) und Edino Krieger (geboren 17.3.1928, Brusque, Santa Catarina, Brasilien) und lebt seitdem als freischaffender Komponist in São Salvador.

WERKE

Von Jamary Oliveira sind 7 Orchesterwerke und zahlreiche weitere Kompositionen für verschiedene Instrumente bekannt geworden. Er schrieb weiters ein Stück für Schlagzeug, 4 Sätze für Jazz, »Conjunto I« (Zusammenstellung) für Stimme, Oboe, Klarinette und Horn, »II« für Schlagzeug, »III« für Smetak-Instrumentarium, ein Klaviertrio, ein Nonett für Bläserquintett und Streichquartett, »Wiederholungen« für Flöte, Klarinette, Trompete, Horn, Cello, Kontrabaß und Klavier, »Suggestionen« für Oboe, Saxhorn, Bandoneon, Tuba, Kontrabaß und Schlagzeug, Klavierstücke, eine Kantate für Chor, Sprecher und Große Trommel, »Conjunto IV« für Chor und Flaschen, »Monologe« für Chor und Schlagzeug sowie 4 Klavierlieder.

Thomas Koppel (geboren 1944)

LEBEN

Thomas Koppel wurde am 27.4.1944 in Örebro, Schweden, geboren. Er studierte von 1963 bis 1967 am Konservatorium in Kopenhagen Klavier; zum Komponisten bildete er sich autodidaktisch aus. Im Jahr 1968 bildete er die Beatgruppe »Savage Rose«, die er leitet.

WERKE

Neben 2 Opern schrieb Thomas Koppel unter anderem 3 Streichquartette, eine Kantate, ein Orchesterkonzert, eine Ouvertüre und Bühnenmusik. Sein übriges schöpferisches Wirken ist vorwiegend improvisatorisch.

Lars-Erik Rosell (geboren 1944)

LEBEN

Lars-Erik Rosell wurde am 9.8.1944 in Nybro, Schweden, geboren. Er studierte an der Musikhochschule in Stockholm unter anderen bei Ingvar Lidholm. Anschließend wurde er an demselben Institut Lehrer für Musiktheorie.

WERKE

Von Lars-Erik Rosell sind unter anderem ein Stück für Cembalo, Hammondorgel und Streicher, eines für Orgel und Tonband und eines für Kammerensemble, außerdem eine Kantate für Alt, Tenor und Kammerensemble bekannt geworden.

Hans Georg Pflüger (geboren 1944)

LEBEN

Hans Georg Pflüger wurde am 26.8.1944 in Schwäbisch Gmünd geboren. Er war von 1965 bis 1971 in Stuttgart Schüler von Henk Badings, in Köln von Wolfgang Fortner, in München von Karl Richter (15.10.1926, Plauen, bis 15.2.1981, München), in Salzburg von Hubert Giesen (13.1.1898, Cornelimünster bei Aachen, bis 11.2.1980, Leonberg) und schließlich noch 1972 in Siena Schüler von Fernando Germani. Im Jahr 1970 wurde er Organist an der Liebfrauenkirche und Dekanatskirchenmusiker in Stuttgart, 1975 gründete er die »Cannstatter Kirchenmusiktage«. Neben seiner kompositorischen Tätigkeit wirkt er als Lehrer für Theorie, Gehörbildung, Improvisation, Orgel und Klavier an der Kirchenmusikschule Rottenburg.

WERKE

Außer einer Oper schrieb Hans Georg Pflüger

ein Sextett für zwei Violinen, zwei Bratschen und zwei Celli, Figurationen für acht Instrumente, 2 Streichquartette, ein Klaviertrio, eine Sonate für zwei Kontrabässe, Klangfiguren für Horn und Orgel, Solosonaten für Kontrabaß, für Cello, für Gitarre, Praeludium und Fuge für Orgelpedal, Soli für Blockflöte und für Querflöte, »Ruhm und Ewigkeit« für Gesang und Orchester, »Legende« für Gesang und neun Streicher, Choralkantaten, zahlreiche Sololieder, Elektronische Musik und Musik für Tonband.

David Lord (geboren 1944)

Leben

David Lord wurde am 3.10.1944 in Oxford geboren. Er war an der Royal Academy of Music in London Schüler von Richard Rodney Bennett (geboren 29.3.1936, Broodstairs, Kent). Seitdem ist er als freischaffender Komponist für Filme, Festivals, Theater, Fernsehen und Rundfunk tätig, gestaltet und leitet Schulmusikprogramme der BBC. Im Jahr 1971 übernahm er die Stelle eines Lecturer in Music beim Studio für künstlerische Bestrebungen in Addlestone, Surrey.

Werke

Neben zahlreichen Kantaten für Kinderstimmen, Anthems, Hymnen für Chor und Orgel und einem Liederzyklus für Mezzosopran und Klavier schrieb David Lord ein Septett für Flöte, Klarinette, Harfe und Streichquartett sowie ein Concertino für Cembalo und Streichorchester.

Robert Wittinger (geboren 1945)

Leben

Robert Wittinger wurde am 10.4.1945 in Knittelfeld, Steiermark, geboren. Er war in Budapest Schüler von Zsolt Durkó. Im Jahr 1963 übersiedelte er nach Deutschland und studierte am Studio für Elektronische Musik in München. Von 1965 bis 1967 nahm er jährlich an den Ferienkursen für Neue Musik in Darmstadt teil. Zum Zweck weiterer Studien hielt er sich in Florenz und in Rom auf. Von 1970 bis 1971 leitete er in Stuttgart die Konzertreihe »Ars nova«. Er lebt als freischaffender Komponist in der Nähe von Stuttgart.

Werke

Die Kompositionen von Robert Wittinger sind an der Wiener Schule Arnold Schönbergs und an Béla Bartók orientiert. Er schrieb eine Ballettmusik, 2 Sinfonien, 2 Sinfonien für Streichorchester, ein Englischhornkonzert, ein Cellokonzert, ein Konzert für Oboe und Harfe und für Streichorchester, weitere Stücke für Orchester und Kammerorchester, ein Bläserquintett, ein Bläserquartett, 3 Streichquartette, ein Trio für Oboe, Celesta und Schlagzeug, ein Stück für sieben Solisten und Orchester, ein Stück für Violine und Schlagzeug, »Symmetrische Strukturen« für Flöte, für Cello, für Posaune, für Violine, für Klarinette, für Oboe, ein Stück für 24 Vokalisten und sieben Instrumentalisten und ein Stück für Solofagott.

Peter Kiesewetter (geboren 1945)

Leben

Peter Kiesewetter wurde am 1.5.1945 in Marktheidenfeld, Unterfranken, geboren. Er studierte von 1957 bis 1968 am Konservatorium in Augsburg Klavier, Orgel und Musiktheorie und in München bei Günter Bialas Komposition. Er wirkt als Dozent für Gehörbildung und Musiktheorie an der Hochschule für Musik in München, wo er auch das Ensemble »Musik unserer Zeit« leitet.

Werke

Außer einem »Symphonischen Roman« für Kammerorchester und Tonband und einem »Spiel für Musiker und Akteure« schrieb Peter Kiesewetter ein Divertissement für Kammerensemble, ein Stück für Oboe und Tonband, eine Cassation für Streichquartett, eine »Wagner-Collage« für Kammerensemble und Tonband, »Szenen« für Flöte, Oboe und Klavier, ein Stück für zwei große Flöten, Piccolo- und Altflöte mit Klavier, »agonia« für Frauenstimmen und zwei Schlagzeuger und »Durch

Nacht zum Licht«, eine deutsche Feierstunde für vier Männerstimmen, Männerchor, Kammerorchester und Tonband.

Patrice Mestral (geboren 1945)

LEBEN
Patrice Mestral wurde am 7. 8. 1945 in Paris geboren. Er war Schüler von Gilbert Amy und studierte an der École Normale de Musique und am Conservatoire in Paris, wo er als freischaffender Komponist und als Pianist lebt.

WERKE
Die serielle Technik beherrscht nahezu alle Kompositionen von Patrice Mestral. Er schrieb unter anderem ein Ballett, »Relations« für 17 Instrumente, 2 Orchesterstücke, ein Stück für Orchester und fünf Solisten, ein Stück für Trompete und elf Instrumente, eines für Koloratursopran und zehn Instrumente, »Lignes I und II« für 15 Instrumente, ein Stück für 32 Stimmen und 16 Instrumente sowie ein Trio für Flöte, Violine und Cembalo.

Alain Louvier (geboren 1945)

LEBEN
Alain Louvier wurde am 13. 9. 1945 in Paris geboren. Er war von 1957 bis 1970 am Conservatoire in Paris Schüler von Henriette Puig-Roget (geboren 9. 1. 1910, Bastia, Korsika), Olivier Messiaen, Tony Aubin, Manuel Rosenthal und Robert Veyron-Lacroix (geboren 13. 12. 1922, Paris); im Jahr 1968 erhielt er den Rompreis. Er wirkt als Leiter der École Normale de Musique in Boulogne-sur-Seine.

WERKE
Von Alain Louvier sind unter anderem »Etudes pour agresseurs (Übungen für Angreifer) I und II« für Klavier, »III« für Cembalo, »IV« für zwei Klaviere, »V« für Cembalo, vier Lautsprecher und elf Streicher, ein Bläserquintett, eine Sonate für zwei Klaviere, ein Violinkonzert, ein Orchesterstück, ein Stück für Ondes Martenot, Klavier und Schlagzeug, »Vier Praeludien« für Klaviersaiten, ein Stück für sechs und eines für zwei bis fünf Schlaginstrumente, eines für drei Blockflöten, eines für Sopran, Sprecher und Orchester und ein Klavierwerk für die linke Hand bekannt geworden.

Thomas Pasatieri (geboren 1945)

LEBEN
Thomas Pasatieri wurde am 20. 10. 1945 in New York geboren. Er studierte in seiner Geburtsstadt an der Juilliard School of Music, an der er anschließend Komposition unterrichtete, bis er in gleicher Eigenschaft an der Manhattan School wirkte.

WERKE
Das kompositorische Schaffen von Thomas Pasatieri ist zum größten Teil der Oper gewidmet, wenn man von seinen mehr als 400 Liedern absieht. Er schrieb ungefähr 10 Opern, außerdem eine balladeske Kantate für Sopran, Bariton und Klavier. Der Stil des Komponisten ist neuklassizistisch, er nützt jedoch alle Klangkombinationen aus, um seinen Bühnenstücken möglichst viel Farbe zu verleihen.

Heinz Winbeck (geboren 1946)

LEBEN
Heinz Winbeck wurde am 11. 2. 1946 in Piflas bei Landshut, Bayern, geboren. Er studierte am Konservatorium in München unter anderen bei Fritz Rieger (28. 6. 1910, Oberaltstadt [Horní Staré Město], Böhmen, bis 30. 9. 1978, Bonn), sodann an der Hochschule für Musik bei Jan Koetsier (geboren 14. 8. 1911, Amsterdam), Harald Genzmer und Günter Bialas. Von 1974 bis 1978 wirkte er als Kapellmeister in Ingolstadt, im Jahr 1980 erhielt er an der Hochschule für Musik in München einen Lehrauftrag.

WERKE
Neben 2 Sinfonien schrieb Heinz Winbeck »Entgegengesang« und »Denk ich an Haydn« für Orchester, »Nocturnes I« für Kammerensemble, »II« für Chorstimmen, Flöten,

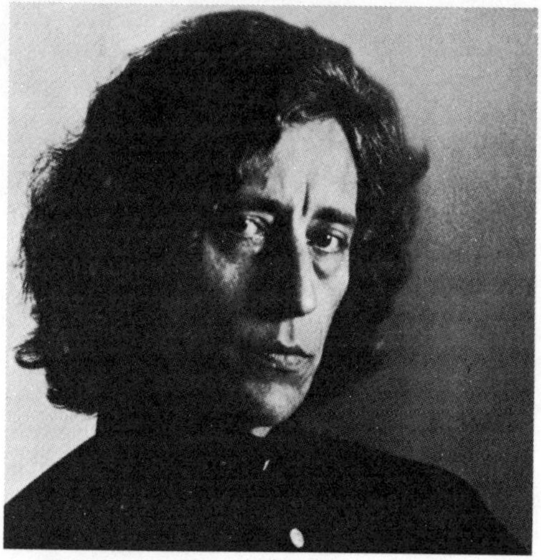

Heinz Winbeck

Gitarren, Bandoneon, Orgel und Schlaginstrumente, »Espaces« (Räume) für Flöte, Klavier und Schlaginstrumente, Fantasien für Cello und Kammerorchester, »In memoriam Paul Celan« für Sopran, Flöte, Klavier und Schlagzeug, ein Bläserquintett, ein Streichquintett, 3 Streichquartette, ein Klavierquartett, ein Duo für Flöte und Xylophon sowie Lieder für tiefe Frauenstimme und 13 Instrumentalisten und für Bariton und Klavier.

Sergio Fernández Barroso
(geboren 1946)

Leben

Sergio Fernández Barroso wurde am 4.3.1946 in Habana geboren. Er war am Konservatorium seiner Geburtsstadt Schüler von César Pérez Sentenat, Leo Brouwer und Edgardo Martín und ab 1966 an der Musikakademie in Prag von Václav Dobiaš und Karel Janeček. Seit 1968 wirkt er als Lehrer für Harmonielehre und Kontrapunktik am Conservatorio Amadeo Roldán in Habana.

Werke

Neben einer Oper für drei Solisten, Männersprechchor, gemischten Sprechchor im Publikum, Orchester, Tonband und Publikum, einem Ballett für Tonband mit instrumentalen konkreten und elektronischen Collagen und einem weiteren für Blasorchester, Schlagzeugorchester, Sprechchor und Tonband schrieb Sergio Fernández Barroso eine Orchesterode, ein Oboenkonzert, ein Streichquartett, eine Violinsonate, eine Klaviersuite, eine Sonate für Prepared piano, ein Konzert für zwei Klaviere, Schlagzeug und Publikum sowie zahlreiche Lieder.

Klaus Ager (geboren 1946)

Leben

Klaus Ager wurde am 10.5.1946 in Salzburg geboren. Er studierte bis 1971 Komposition und Dirigieren am »Mozarteum« und Musikwissenschaft an der Universität Salzburg, danach zwei Jahre am Conservatoire National et Superieur in Paris Komposition bei Olivier Messiaen und Elektronische Musik bei Pierre Schäffer, Computermusik in Stockholm und

Klaus Ager

in den USA. Seit 1973 ist er Lehrer für Musiktheorie und Elektronische Musik an der Hochschule »Mozarteum«. Seit 1981 leitet er die Abteilung Komposition am Konservatorium in Bregenz.

WERKE
Als Komponist wurde Klaus Ager besonders durch Kammermusik und elektronische Werke bekannt sowie durch Ballett- und Chorkompositionen. Unter anderem sind zu erwähnen »...sondern die Sterne sinds« für Tonband, »I remember a bird« für Klarinette, Posaune, Gitarre, Klavier, Schlagzeug und Tonband sowie »Metaboles I« für Klarinette, Violine, Cello und Klavier. Sein besonderes Interesse gilt der Entwicklung neuer Klang- und Kompositionsmöglichkeiten mit Hilfe neuer Techniken (Computer etc.) sowie neuer Instrumente.

Marc Neukrug (geboren 1946)

LEBEN
Marc Neukrug wurde am 24.9.1946 in New York geboren. Er studierte zunächst in Los Angeles Klavier und Musiktheorie und wurde sodann 1964 an der Musikakademie in Detmold Kompositionsschüler von Giselher Klebe; seine pianistische Ausbildung ergänzte er bei Stefan Askenase (geboren 10.7.1896, Lwiw). Er lebt in Rolandseck bei Bonn.

WERKE
Von Marc Neukrug sind eine Fantasie für großes Orchester, ein Klavierkonzert, ein Klarinettenkonzert, 2 Streichquartette und 2 Solosonaten für Cello bekannt geworden. Sein Stil ist neuklassizistisch.

Patrick Harrex (geboren 1946)

LEBEN
Patrick Harrex wurde am 26.9.1946 in London geboren. Er studierte Pädagogik und Musik an der Universität in York, sodann in Paris bei Gilbert Amy und Olivier Messiaen. Seitdem lebt er als freier Komponist und Musiklehrer in London.

WERKE
Von Patrick Harrex sind »Antiphonen« für zwei Bläserquintette, »Colloquium« für Klavier, Klarinette, Violine und Cello, eine Sonate für Frauenstimmen, Flöte und Schlagzeug, Solostücke für Klavier, für Violine, für Orgel, eine Kantate und ein Triptychon für Sopran, Countertenor, Cello und Cembalo auf mittelalterliche französische Texte bekannt geworden.

Giuseppe Sinopoli (geboren 1946)

LEBEN
Giuseppe Sinopoli wurde am 1.12.1946 in Venedig geboren. Er studierte am Konservatorium seiner Vaterstadt. Im Jahr 1972 wurde er an derselben Lehranstalt Dozent für zeitgenössische Musik.

WERKE
Außer mehreren elektronischen Werken, wie »Doutes« (Zweifel) für Prepared piano, Flöte, Bratsche, für drei Verstärkerkanäle und Tonband, »25 Studien auf drei Parametern«, »Musik für analoge Kalkulatoren«, Isorhythmen, schrieb Giuseppe Sinopoli ein Duo für Cembalo und Flöte, »Opus Daleth«, »Opus Ghimel« und »Opus Schir« für Kammerorchester, ein Stück für Streichquintett und Sopran, ein Stück für Cembalo und eine Klaviersonate.

David Porcelijn (geboren 1947)

LEBEN
David Porcelijn wurde am 7.1.1947 in Achtkarspelen, Niederlande, geboren. Er war am Konservatorium in Den Haag Flötenschüler von Frans Vester (geboren 22.5.1922, Den Haag) und Kompositionsschüler von Kees van Baaren; in Genf nahm er Dirigierunterricht bei Michel Tabachnik. Er wirkt neben seiner kompositorischen Tätigkeit als Flötist und Flötenlehrer in Den Haag.

WERKE
Von David Porcelijn sind »Cybernetic Object« für Orchester, eine Ballettmusik für

26 Instrumente, »Combinations« für 26 Soloinstrumente, »Confrontations and Indoctrinations« (Gegenüberstellungen und Unterweisungen) für Jazzquintett, Jazz-Bigband und 19 Instrumente, »1000 Frames« (1000 Rahmen) für ein oder mehrere Blasinstrumente und ein oder mehrere Klaviere, »Interpraetations Nr. 1« für Klavier und »Nr. 4« für Streichquartett, »Continuations« (Fortsetzungen) für elf Blasinstrumente, Requiem für Schlagzeugensemble, ein Stück für zwei Streichquartette, ein Bläserquintett und zwei Vibraphone, »Zen« für Soloflöte, ein Bläserquintett, ein Stück für 52 Streicher bekannt geworden. Er verfaßte auch eine Methode des Flötenspiels.

Martin Redel (geboren 1947)

LEBEN
Martin Christoph Redel wurde am 30.1.1947 in Detmold geboren. Er war an der Musikakademie in seiner Geburtsstadt Schüler von Rudolf Kelterborn, Giselher Klebe und Johannes Driessler. Von 1970 bis 1971 ergänzte er seine Ausbildung an der Musikhochschule bei Isang Yun. Darauf erhielt er eine Dozentur für Theorie und Gehörbildung an der Musikakademie in Detmold.

WERKE
Von Martin Redel sind ein Variationensatz für Orchester, »Strophen« für Orchester, 2 Kammersinfonien, Reliefs für Kammerensemble, »Dispersionen« für Kammerensemble, Musik für Klavier und verschiedene Schlaginstrumente, Quartett für Flöte, Oboe, Klarinette und Fagott, ein Streichquartett, Duo für Viola d'amore und Cembalo, Epilog für Baßbariton, Flöte und Gitarre, Symbolismen für Sopran und Kammerensemble, Metamorphosen für zwei Klaviere und Orgelstücke bekannt geworden.

Salvatore Sciarrino (geboren 1947)

LEBEN
Salvatore Sciarrino wurde am 4.4.1947 in Palermo geboren. Er ist Autodidakt, fing 1959 an zu komponieren und trat 1962 mit seinen Werken an die Öffentlichkeit. Im Jahr 1969 übersiedelte er nach Rom, wo er einen Lehrauftrag am Conservatorio di Musica Santa Cecilia erhielt.

WERKE
Neben einer Kammeroper schrieb Salvatore Sciarrino unter anderem ein Divertimento für zehn Instrumente, 2 Kammersonaten, ein Rondo für Flöte und Kammerorchester, eine Romanze für Viola d'amore und Orchester, Variationen für Cello und Orchester, 2 Streichquartette, ein Streichtrio, ein Duo für zwei Kirchenorgeln, ein Stück für Cembalo, 3 Nokturnen für Solobratsche, Klavierwerke, eine Kantate für Frauenstimmen auf baskischen Text, »Terzette und Serenaden« für zwei Soprane, Baß und Kammerorchester sowie Chöre.

Nicola Le Fanu (geboren 1947)

LEBEN
Nicola Le Fanu wurde am 28.4.1947 in Wick-

Nicola Le Fanu

ham Bishops, Essex, als Tochter von Elizabeth Maconchy geboren. Sie studierte an St. Hilda's College in Oxford und ergänzte ihre Ausbildung privat bei Goffredo Petrassi, Thea Musgrave (geboren 27.5.1928, Edinburgh) und Peter Maxwell Davies (geboren 8.9.1934, Manchester). Sie lebt in England vorwiegend ihrem kompositorischen Schaffen und deren Interpretation.

WERKE

Die Kompositionen sind gemäßigt modern und müssen dem Neuklassizismus zugerechnet werden. Sie schrieb ein Praeludium für Kammerorchester, ein Oboenquartett, ein Quintett für Klarinette und Streicher, einen Quartettsatz für Streicher und ein Selbstgespräch für Oboe solo.

Peter Planyavsky (geboren 1947)

LEBEN

Peter Felix Planyavsky wurde am 9.5.1947 in Wien geboren. Er war dort von 1959 bis 1966 an der Akademie für Musik und darstellende Kunst Orgelschüler von Anton Heiller und Kompositionsschüler von Alfred Uhl; anschließend nahm er bei Hans Gillesberger (geboren 29.11.1909, Ebensee, Oberösterreich) Unterricht in Chorleitung. Im Jahr 1969 wurde er Domorganist am Stephansdom in Wien. Ausgedehnte Konzertreisen führten ihn in die USA, nach Japan, Australien und Deutschland. Neben seinem Dienst an der Domorgel wirkt er als Orgel- und Improvisationslehrer an der Diözesanmusikschule in Wien.

WERKE

Neben zahlreichen Orgelstücken schrieb Peter Planyavsky eine Deutsche Messe für Vorsänger, gemischten Chor, Gemeinde und Orgel, eine »Wiener Messe« für Knabenchor, mehrere Proprien für Singstimmen und Orgel, Psalmenvertonungen und Psalmenlieder für Chor und Orgel, »Zwei Stücke zur Passion« für gemischten Chor und sieben Instrumente, »Gurk, 900 Jahre Diözese in Kärnten« für Orgel, Cembalo und Celesta.

Sergio Vitier García-Marruz
(geboren 1948)

LEBEN

Sergio Vitier García-Marruz wurde am 18.1.1948 in Habana geboren. Er studierte in seiner Vaterstadt am Konservatorium und an der Höheren Schule für Musik; er trat der Gruppe für experimentelle Musik bei und setzte seine Studien bei Leo Brouwer fort. Anschließend wirkt er als Gitarrist im Kubanischen Orchester für Moderne Musik und in anderen ähnlichen Ensembles, als Konzertsolist und als Lehrer an der Schule für Moderne Musik.

WERKE

Von Sergio Vitier García-Marruz sind »Höhen und Horizonte« für Gitarre, Schlagzeug, Prepared piano, Orgel und Tonband, ein Stück für Gitarre, Tenor und Tonband, ein Stück für Tonband, »Divinas palabras« (Heilige Worte) für Orgel, Cembalo, Gitarre, Flöte, Klarinette, Posaune, Xylophon, Schlagzeug und Chor sowie Gitarrenlieder bekannt geworden.

Peter Ruzicka (geboren 1948)

LEBEN

Peter Ruzicka wurde am 3.7.1948 in Düsseldorf geboren. Er studierte am Konservatorium und an der Universität in Hamburg, wo er sich als freischaffender Komponist niederließ.

WERKE

Neben 2 Modellen für musikalisches Theater schrieb Peter Ruzicka unter anderem eine Sinfonie für 25 Solostreicher, 16 Vokalisten und Schlagzeug, ein Stück für vier Orchestergruppen, »Emanazione« für Klavier und Orchester, Konzert für 87 Instrumentalisten, ein Concerto für Beatband und Orchester, Materialien für 26 Instrumentalisten und Cello, »Stress« für acht Schlagzeuggruppen und 2 Nachtstücke für Klavier.

Wolfgang Michael Rihm (geboren 1952)

LEBEN

Wolfgang Michael Rihm wurde am 13.3.1952 in Karlsruhe geboren. Von 1968 bis 1972 studierte er an der Musikhochschule in Karlsruhe und besuchte Kurse bei Humphrey Searle; anschließend war er in Köln Schüler von Karlheinz Stockhausen. Von 1973 bis 1976 studierte er in Freiburg im Breisgau Musikwissenschaft bei Hans Heinrich Eggebrecht und Komposition bei Wolfgang Fortner und Klaus Huber; gleichzeitig unterrichtete er bis 1978 an der Musikhochschule in Karlsruhe Musiktheorie; in den Jahren 1978, 1980 und 1982 wirkte er als Dozent bei den Ferienkursen für Neue Musik in Darmstadt. Seitdem lebt er als freischaffender Komponist in Karlsruhe und in Freiburg.

WERKE

An deutscher Spätromantik wie an Gustav Mahler, Alban Berg und Karl Amadeus Hartmann orientiert, folgt Wolfgang Michael Rihm seinem Bedürfnis nach unmittelbarem, spontanem Ausdruck, der sich bei ihm mit einer komplexen Klangphantasie – zumeist in extremen dramatischen Kontrasten und breitflächiger Struktur gestaltet – verbindet. Es geht ihm dabei um »unverstellbaren Tonfall und eine unverdrängte Emotionalität«. Seine unmittelbar ansprechende Musik ist durch weitgespannte Melodiebogen von hochexpressivem Pathos und massig dissonanten Akkordfolgen, kontrapunktiert von weichen, in der Regel tonalen Abschnitten, gekennzeichnet. Die »Sachverständigen« haben sie deshalb bereits als »Neue Romantik«, »Neue Einfachheit« und »Neue Expressivität« etikettiert und den Komponisten als hervorstechendsten Vertreter der angeblich heraufdämmernden »Gruppe der Jungen« ernannt. Der Komponist jedoch hat diese »Einfachheit«, falls es sie je gab, bald hinter sich gelassen und in seinem Ballett mit »Tutuguri« vulkanische Eruptionen und einem Klangfeld voll gewaltiger Ballungen gezeigt, wie weit er bereits geschritten und den anderen vorausgegangen war. Neben 2 Kammeropern schrieb er 3 Sinfonien, 5 »Abgangsszenen« für Orchester, weiters die Orchesterstücke »Dis-Kontur«, »Sub-Kontur«, »Cuts and Dissolves«, ein Violinkonzert, ein Bratschenkonzert, ein Konzert für zwei Klaviere und Orchester, »Ländler« für 13 Streicher, »Nachtordnung« für 15 Streicher, »Segmente« für 18 Streicher, 5 Streichquartette, 2 Streichtrios, Stücke für Cello solo, 7 Klavierstücke, mehrere Orgelstücke und verschiedene Gesänge mit Orchester und mit Klavier.

Klavierstück Nr. 5 von Wolfgang Michael Rihm, Autograph 1975

Wolfgang Michael Rihm

Kurzlexikon zur Musik des 20. Jahrhunderts

Aerophon, erstes vom russischen Physiker Lew Termen (Leon Theremin) erfundenes elektroakustisches Musikinstrument, das später mit Theremin oder Thereminovox bezeichnet wurde

Aleatorik, Kompositionsverfahren der Neuen Musik, das den unkontrollierten Zufall als Prinzip einsetzt und der Musik anstelle der festgelegten, geschlossenen Form eine offene und bewegliche verleiht, indem es mehr oder minder große Strecken eines Musikstücks der Improvisation innerhalb gewisser Grenzen dem Interpreten überläßt

Asemantisch, bedeutungslos, aus unzusammenhängenden Vokalen, Silben oder Wörtern bestehend

Atonalität, Musik, deren Töne nicht auf ein tonales Zentrum bezogen sind. Ursprünglich abwertende Bezeichnung jeder Musik des 20. Jahrhunderts, in der die Tonalität aufgegeben ist

Avantgarde, jeweilig »modernste« Vertreter einer Kunstgattung, die als »Vorausabteilung« die eingelebten Stilformen hinter sich lassen

Bandoneon, weiterentwickelte Conzertina, besonders im klassischen Tango-Ensemble verwendet

Bariolage, Vertauschung von Klangfarben auf Streichinstrumenten, indem höhere Töne auf tieferen Saiten gespielt werden

Baryton, Streichinstrument in Baritonlage in Form und Größe einer Tenorgambe mit sechs bis sieben Griffsaiten und neun bis 27 diatonisch gestimmten Bordunsaiten; auch um eine Oktave tiefer gestimmte Violine

Basso profondo, bis in die tiefsten Lagen reichender Baß

Berimbau, brasilianischer Musikbogen afrikanischen Ursprungs mit Kürbisflaschenresonator und nur einer Saite

Bicinium, Zwiegesang, im 15. und 16. Jahrhundert als Kontrast zur regulären Mehrstimmigkeit verwendete Zweistimmigkeit, im 20. Jahrhundert durch die Singbewegung neu belebt

Biline, Form des Epos bei Süd- und Ostslawen

Bitonalität, gleichzeitiger übereinander oder nebeneinander geschichteter Ablauf zweier Tonarten

Biwa, japanische Kurzhalslaute mit vier bis fünf Saiten, zumeist mit Plektrum gespielt

Blues, aus der afroamerikanischen Musik hervorgegangene Musikform der nordamerikanischen Neger, an sich unsentimental und anschaulich, von den Weißen aber als schwermütig empfunden; auch Bezeichnung eines in Amerika aufgekommenen langsamen Gesellschaftstanzes

Boogie-Woogie, afroamerikanische Klaviermusik aus dem Süden und Südwesten der USA, die rasch mit stark perkussivem Anschlag, Cluster, Tremoli, Skalengängen und gebrochenen Akkorden vorgetragen wird; typisch dafür sind gleichzeitige Anschläge großer und kleiner Terzen und Septimen

Bruitismus, Verwendung von Geräuschen als essentielles musikalisches Element

Burletta, aus Italien stammende Form der musikalischen Komödie, die aus einer Folge von Liedern mit zumeist bekannten Melodien besteht

Canticum, nicht im Buch der Psalmen enthaltener Gesang des Alten und des Neuen Testaments

Cantiga, Bezeichnung für ein galizisch-portugiesisches Lied des hohen und späten Mittelalters und der Renaissance

Cantio, in der Regel einstimmiges lateinisches, später auch volkssprachliches geistliches Lied, das nicht im strengen Sinn zur Liturgie gehört

Carillon, Glockenspiel, auch Titel von Instrumentalstücken, die Glockenklang oder ein bestimmtes Geläute nachahmen

Carmagnole, französisches Revolutionslied ungeklärter Herkunft, auch Reigentanz

Carol, volkstümliches Weihnachtslied in England; in Rückbesinnung auf nationale Tradition von zeitgenössischen Komponisten neu ins Leben gerufen

Celesta, Stahlplattenklavier

Chaconne, ursprünglich spanischer Tanz, der im 17. und 18. Jahrhundert zur häufigen Kompositionsform wurde

Choro (Chôro), kleines Volksmusikensemble in Brasilien oder vorwiegend aus Tänzen oder Tanzliedern bestehende Musik dafür

Cluster, Tontraube, gleichzeitiges Erklingen mehrerer im Abstand von Sekunden oder Mikrointervallen benachbarter Töne verschiedener Breite und Dichte

Cobla, volkstümliches Instrumentalensemble in Katalonien

Colindă, in Rumänien bei Weihnachtsumzügen von Chören oder solistisch gesungenes Weihnachtslied, entspricht der polnischen Kolęda

Col-legno-Spiel, Streichen oder Schlagen der Saiten von Streichinstrumenten mit der Bogenstange

Computermusik, Musik, bei der an irgendeiner Stufe des Entstehungsprozesses ein Computer beteiligt ist, in letzter Zeit computergesteuerte Musik

Concentus, Bezeichnung für Ensembles, die sich speziell der Pflege alter Musik widmen

Concertino, Bezeichnung kleinerer Kompositionen mit geringer Besetzung; Solistenensemble beim Concerto grosso

Concerto, vokales oder instrumentales Ensemble und dessen Zusammenspiel oder »Wettstreit« verschiedener Stimmen oder Instrumente oder vokaler oder instrumentaler Gruppen. **Concerto da camera,** weltliches Konzert, **Concerto da chiesa,** sakrales Konzert

Concerto grosso (»Großes Konzert«), Musizierform, bei der ein kleines Solistenensemble (Concertino) dem Orchester (Ripieno) gegenübergestellt ist und mit ihm alternierend oder gemeinsam konzertiert

Concerto ricercante, Konzert mit kanonartiger Intonation

Copla, Couplet, seit dem ausgehenden 18. Jahrhundert Strophenlied meist heiteren Inhalts mit witziger Pointe im Refrain

Crotales, kleine Becken von etwa 5 cm Durchmesser, die aufeinander oder leicht vorbeistreichend gegeneinander geschlagen werden

Dezett, kammermusikalische Komposition für zehn Instrumente

Dies irae (Tag des Zornes), Anfangsworte einer Sequenz, die seit dem 14. Jahrhundert einen Teil des Requiems bildet

Dirge, englische Bezeichnung für zumeist vokale Trauermusik

Dodekaphonie, Zwölftonmusik, die von Arnold Schönberg entwickelte Methode der »Komposition mit zwölf nur aufeinander bezogenen Tönen«. Sie setzt eine zwölfstufige Temperatur, also die chromatische Skala als Tonsystem voraus. Jede übergeordnete Beziehung auf einen Grundton wird dabei vermieden. Aufhebung der Dissonanzenauflösung, Verzicht auf Tonalität gehören zu den Voraussetzungen der Methode. Josef Hauer hatte nahezu gleichzeitig die »Zwölftonregel bezüglich der atonalen Melodie« erarbeitet. Jefim Golischew (8.9.1897, Cherson, Ukraine, bis 25.9.1970, Paris) hat neun Jahre vor Arnold Schönberg dodekaphonale Satztechnik angewendet

Doină, der Welt der Hirten entstammendes schwermütiges Tanzlied in Rumänien, das vokal und instrumental aufgeführt wird

Doxologie, Lobpreisung, kurze Hymnen zum liturgischen Gebrauch

Duplum, Überstimme, über der Melodiestimme liegend

Ecloge, Hirtengedicht

Ekmelisch, nicht temperierte Melodiefolge oder Akkordbildung

Elektronische Musik, Bezeichnung von Musik, die nicht für Instrumente oder Stimmen, sondern für Klänge aus Generatoren komponiert und mit Hilfe der elektroakustischen Tonbandtechnik verarbeitet wird

Elektronium, Zungenorgel, deren Schwingungen elektromagnetisch abgenommen werden

Eloge, Lobpreisung, Würdigung

Enchechereia, Eingebung, Invention

Experimentale Musik, Sammelbegriff für die verschiedenen Kompositions-, Interpretations- und Notierungsarten der Avantgarde nach dem Zweiten Weltkrieg wie musique concrète, Elektronische Musik, Computermusik, Experimentelles Musiktheater, Multimediakomposition, musikalische Organisation des Raumes, Visualisierung musikalischer Strukturen durch elektronische Hilfsmittel, musikalisch autonome Organisation sprachlicher Lautstrukturen

Expressionismus, Kunstrichtung der ersten Jahrzehnte des 20. Jahrhunderts, die mit den meisten ästhetischen Konventionen radikal brach und dadurch eine enorme Steigerung des Ausdrucks erreichte

Fado, portugiesische, vermutlich aus Brasilien stammende stark synkopierte Liedform

Fächerfuge, mehrthematische, in ihrer Durchführung über entlegene Tonräume sich immer mehr ausbreitende und polyphon dichte Fuge

Fanfare, Signalmusik von Blechbläsern, bestehend aus Intrada (Einleitung) und Tusch

Fauxbourdon, Kompositionstechnik, bei der der Cantus firmus in der Oberstimme verläuft und von mittleren und tiefen Stimmen in Quarten- oder Sextenparellen begleitet wird

Fermate, Verharren auf einem oder mehreren Tönen über ihren Notenwert hinaus, auch Verlängerung einer Pause

Fibonaccireihe, nach Leonardo de Pisa, genannt Fibonacci, Zahlenreihe, in der jede Zahl die Summe der beiden vorangehenden ist

Flageolett, durch leichte Berührung von Saiten an Schwingungsknotenpunkten gewonnene Töne

Flexaton, Schüttelinstrument der Jazzmusik

Fluxus, stufenweise Eliminierung der schönen

Künste und Ausrichtung auf sozial konstruktive Ziele; seine Veranstaltungen knüpfen mit ihrem provokativen Antikunstcharakter an den Dadaismus an

Folklorismus, angewandte Volkskunst und Integration ihrer Elemente in die Kunstmusik

Forlana, Furlana, friaulischer Volkstanz, ab dem 17. Jahrhundert beliebter Hoftanz, ab dem 18. Jahrhundert in die Kunstmusik aufgenommen

Futurismus, Loslösung von allen Formen der Vergangenheit, Überwindung des temperierten Tonsystems durch Mikrointervalle, Aufnahme des Geräusches als essentielles Kompositionselement

Gagaku, höfische Musik aus dem 9. bis 12. Jahrhundert, die noch heute am japanischen Kaiserhof und einigen shintoistischen Kultstätten gepflegt wird

Galoubet, Einhandflöte, Pfeife oder Schwegel, wurde vom 9. bis zum 19. Jahrhundert von einem Musikanten zugleich mit Kleiner Trommel oder einem anderen Schlaginstrument gespielt

Gamelan, überwiegend aus Ideophonen bestehendes Instrumentalensemble in Indonesien; die melodische Grundformel wird zumeist von Metallophonen, Saiten- oder Holzblasinstrumenten, aber auch von Singstimmen bestritten, der Rhythmus von Trommeln markiert

Girorodondo, mehrmaliges Zurückkommen auf die Ausgangsstruktur in einem Rondo

Gläserspiel, Glasspiel, mit Wasser oder durch Größe und Wandstärke abgestimmte Glasglocken

Glockenspiel, als Turmglockenspiel seit dem späten Mittelalter in Rathaus- und Kirchentürmen, das durch Hämmer oder ähnliche Vorrichtungen zum Erklingen gebracht und fallweise auch von Manualen oder Pedalen gesteuert wird, als Orchesterglockenspiel in der Form von Stabglockenspiel, das mit Hämmerchen angeschlagen wird, als Plattenglockenspiel, das aus in einen Rahmen gehängten Stahlblechplatten oder als Röhrenglockenspiel aus hängenden Metallröhren besteht, die mit Hämmern angeschlagen werden

Glossolalie, Aneinanderreihen asemantischer Wörter, Silben oder Laute

Haikai, Haiku, aus drei Zeilen mit zusammen 17 Silben bestehende japanische Gedichtform

Hajdú, Tanz der Heiducken, in hockender Stellung ausgeführt und von Händeklatschen begleitet

Hammondorgel, elektrophonisches Tasteninstrument

Happening, vorbereitetes, zuweilen in Einzelheiten improvisiertes »Geschehen«, zuweilen sozialkritisch, häufig aber absurd

Hirmos, Modellstrophe der byzantinischen Kirchendichtung und ihrer Musik, die den Troparien zugrunde gelegt wurde

Holzblock, Woodblock, Hartholzblock mit obseitiger Wölbung und schlitzartigen Aushöhlungen, mit Schlegeln angeschlagen

Hot, zusammenfassende Bezeichnung für spezifisch afroamerikanische Ausdrucksmittel im Jazz

Hot music, in der ersten Hälfte des 20. Jahrhunderts synonym für Jazz im Gegensatz zur Schlagermusik

Hula, hawaiianischer Volkstanz

Idée fixe, von Hector Berlioz geprägte Bezeichnung für ein mit einem bestimmten Vorgang oder einer Person verbundenes Thema

Ideomelos, Hinweis am Beginn eines byzantinischen Gesangs, daß die Melodie eigens für den betreffenden Text geschaffen worden ist

IGNM, Internationale Gesellschaft für Neue Musik, 1922 in Salzburg zur Förderung zeitgenössischen Musikschaffens begründet

Impressionismus, Kunstauffassung, die nur den Eindruck der Umwelt zur Kenntnis nimmt und wiedergibt, ohne dazu Stellung zu beziehen

Invitatorium, Gesang des Nachtoffizium auf den Text des 94. Psalms

Isorhythmie, Kompositionsverfahren der Motette des 14. und 15. Jahrhunderts, das einen Melodieabschnitt nicht nur melodisch, sondern auch rhythmisch wiederholt. Isorhythmische Strukturen finden sich auch in Kompositionen des 20. Jahrhunderts

Janitscharenmusik, von den Kapellen der Elitetruppen der türkischen Sultane in der Mitte des 18. Jahrhunderts in Europa übernommene Schlaginstrumente wie Triangel, Becken, Große Trommel

Jazz, dem Aufeinandertreffen afrikanischer und europäischer Kulturen auf amerikanischem Boden entstammende Musikart des 20. Jahrhunderts

Jump, in den dreißiger Jahren des 20. Jahrhunderts synonym für Swing-music

Kabuki, Kabuku, japanisches Bühnenspiel mit Gesang und Tanz aus dem 16. Jahrhundert

Kalevala (Land des Kaleva), von Elias Lönrot (1802–84) aus alten, anonymen heidnischen und christlichen Volksliedern zu einem finnischen Nationalepos zusammengestellt

Kalevipoeg (Lied des Sohns des Kaleva), von

Friedrich Reinhold Kreuzwald (1803–82) aus alten Volkssagen und Märchen zu einem estnischen Nationalepos zusammengestellt

Kantilation, Sprechgesang in der jüdischen Musik im Gegensatz zum abendländischen Rezitativ, im 20. Jahrhundert auch von der katholischen Kirchenmusik übernommen

Kanun, siehe Qanun

Kassation, Cassation, instrumentale Freiluftmusik

Kithara, Saiteninstrument der griechischen Antike, von der Neuen Musik wiedererweckt und mit variablen Stimmungen eingesetzt

Konzertina, vier- oder sechseckige Harmonika, wechseltönig mit Einzeltönen auch für die linke Hand

Koto, japanisches Zupfinstrument mit variabler Saitenanzahl, in der Regel mit Fingerplektren angeschlagen

Kuruzenmusik, Musik der aufständischen ungarischen Bauern im 17. und 18. Jahrhundert

Larghetto, etwas langsam

Largo mesto, breit und traurig

Lauden, laudes, Lobgesänge, Bezeichnung für das Morgengebet der katholischen Kirche im Anschluß an die Matutin, der ersten Hore des Stundengebets

Lingual, natürlich intonierte oder künstlich deformierte Laute, Silben oder asemantische Wortfolgen solistisch oder durch Gruppen vorgetragen

Mambo, afrokubanischer Tanz

Maqam, Modus der arabisch-islamischen Musik, dem bestimmte Emotionen zugeordnet sind; Maqamat – Plural

Maracas, Rumbakugeln, lateinamerikanisches paarweise verwendetes Rasselinstrument

Marimba, afrikanisches Xylophon, in Mittelamerika verbreitet, besteht aus zwei Reihen klaviaturentsprechenden Holzstäben, die mit Schlegeln angeschlagen werden; als Resonatoren dienen Kalebassen oder Bambusröhren. Es wird in der Volksmusik, aber auch in der Neuen Musik und im Jazz verwendet

Marimbaphon, technisch verbessertes Marimba mit erweitertem Tonumfang und unter den Klangstäben angebrachten Metallrohren als Resonatoren

Metallophon, Stabglockenspiel mit Resonanzröhren; beim Orff-Schulwerk diatonisches Glockenspiel

Maxixe, brasilianischer Tanz, Vorläufer der Samba

Mikrointervall, Intervall, das kleiner ist als ein Halbtonschritt der temperierten Skala; das Erklingen sehr nahe aneinander liegender Töne erzeugen Klangflächen

Mimodram, rein mimisch dargestelltes Bühnenstück

Moderne, musikwissenschaftliche Bezeichnung der der Romantik folgenden Stilepochen bis zur (ohne exakte Abtrennung) Neuen Musik

Mobile, Stück mit beweglichen, austauschbaren Themen oder Motiven oder ganzen umstellbaren Sätzen

Multimediakomposition, Werk für jede Art von traditionellen Instrumenten oder für Elektronische Musik, das mit gleichzeitigen akustischen und visuellen Darbietungen, zuweilen mit Publikumsaktionen verbunden, entweder unmittelbar oder mittels irgendwelcher Übertragungsmechanismen zu Gehör gebracht werden kann

Multiple, Stück mit mehreren Durchführungen der Motive oder Themen, die wahlweise verwendet werden können

Musique concrète, Kompositionsverfahren, das konkret oder elektronisch erzeugte Töne, Klänge und Geräusche durch Auswahl und Mischung, Collage und Manipulation über Tonbänder organisiert und reproduziert

Narrator, Erzähler, Sprecher bei Oratorien und bei Kantaten und Sinfonien des 20. Jahrhunderts

Neue Musik, nur unscharf abzugrenzende Musik des 20. Jahrhunderts, die keine älteren Formen und Techniken konserviert. Ob die Bezeichnung zum Epochenbegriff werden wird, ist nicht abzusehen

Neuklassizismus, Neoklassizismus, sehr weit gefaßter Sammelbegriff für Werke völlig verschiedener Art, denen der Versuch, durch Rückgriffe auf formale, satztechnische und rhythmische Elemente mit einer frei tonalen Harmonik und traditionellen Rhythmik zu verbinden, wobei eine objektive Haltung betont und expressive Ausbrüche vermieden werden. Der Begriff Klassik wird als ästhetisches Vorbild für Einfachheit und Natürlichkeit verstanden

Nô-Musik, Musik zu den Nô-Spielen, die, in Japan im 14. Jahrhundert entstanden, eine Synthese aus Tanz, Musik, Theater und Literatur darstellen

Novochord, Bezeichnung verschiedener neu erfundener Saiteninstrumente, die sich nur selten durchsetzten

Novellette, in Anschluß an die literarische gleichnamige Gattung ein Charakterstück heiterer Stimmung in rhapsodischer Rondoform mit kantablen Zwischensätzen

Ondes Martenot, von Maurice Martenot entwickeltes elektronisches Musikinstrument mit variabler Dynamik und vielen Klangfarbenkombinationen

Orff-Instrumentarium, die in Zusammenarbeit mit Karl Mändler, dem Inhaber des Pianohauses M. L. Schramm in München, von Carl Orff zur Verwirklichung seiner musikpädagogischen Ideen und Versuche entwickelten Schlaginstrumente

Organum, mittelalterlicher mehrstimmiger Kirchengesang in Parallelbewegungen (Altes Organum) oder mehrstimmige Vertonung responsioraler gregorianischer Gesänge der Notre-Dame-Zeit (Neues Organum)

Oszillator, Schaltung zur Erzeugung ungedämpfter elektromagnetischer Schwingungen, die durch einen Transistor gesteuert werden

Passacaglia, von der ursprünglichen Form einer strophischen Straßenmusik machte der Begriff im Verlauf eine Anzahl Verwandlungen durch, bis endlich eine Suite verschiedenster Gestaltung daraus wurde

Pathematologie, Affektlehre

Pavane, gravitätischer, zumeist geradetaktiger Hoftanz aus dem 16. Jahrhundert

Pentatonik, fünftöniges Tonsystem, dessen kleinstes Intervall ein Ganztonschritt ist; sie scheint in prähistorischen Zeiten über weite Teile der Erde verbreitet gewesen zu sein

Pointillismus, punktförmiges Nebeneinandersetzen von Tönen verschiedener Klangfarbe, Höhe und Dynamik

Polymetrik, heute gleichbedeutend mit Polyrhythmik

Polyrhythmik, Schichtung verschiedener Rhythmen und Mensuren, die entweder, weil sie komplimentär sind, eine uniforme Bewegung entstehen lassen, oder nebeneinander rezipiert werden müssen

Polytonalität, Gleichzeitigkeit mehrerer verschiedener Tonarten, die übereinander ablaufen; Übergang zur Atonalität

Prepared piano, durch auf oder zwischen die Saiten angebrachte Materialien verfremdetes Klavier, dessen Klänge Geräuschen stark angenähert werden, so daß eine Art Geräuschmusik mit Tonhöhen entsteht

Prooimion, Prooemium, instrumentales Vorspiel, frei praeludierendes Instrumentalstück

Quadruplum, 2. bis 4. Stimme, die in der Musik des Mittelalters zur melodieführenden Stimme trat

Qanun, Kanun, trapezförmige Zither mit in der Regel 72 Saitenchören zu je drei Saiten für einen Ton der islamisch-arabischen Kunstmusik; sie wird mittels Fingerplektren angeschlagen und für jeden Maqam umgestimmt

Quartettino, kleines Quartett mit reduziertem Aufbau

Quattrodramma, italienisches Melodrama mit vier Darstellern

Quodlibet, Quotlibet (was oder wieviel beliebt), gleichzeitiges Erklingen von zwei oder mehreren kontrapunktisch aufeinander abgestimmer Melodien; auch Aneinanderreihung verschiedener Melodien

Rappresentazione sacra, geistliche Darstellung, sakrales, außerliturgisches Schauspiel, fallweise mit Handlung im 15. und 16. Jahrhundert; im 17. Jahrhundert szenische Passionsfeiern – auch azione sacra (heilige Handlung) genannt

Rätselkanon, einstimmig notierter Kanon ohne genaue Anweisung über den Einsatzabstand, den Verlauf und der Anzahl der Folgestimmen, was alles von den Interpreten selbst aus Text oder Anlaß des Stücks erraten werden muß

Runo, Abschnitt der finnischen Kalevala und des estnischen Kalevipoeg

Riff, melodisch einfache, rhythmisch prägnante und harmonisch vieldeutige Tonfolge, die im Jazz als Begleitungs- und Backgroundmusik verwendet wird

Ripieno, im Concerto grosso konzertierendes Orchester im Gegensatz zur Solistengruppe des Concertino

Shakuhachi, japanische Längsflöte aus Bambus

Shô, Sô, japanische Mundorgel

Samba, afrobrasilianischer Rundtanz; im 20. Jahrhundert lateinamerikanischer Paartanz

Sarrusophon, Doppelrohrblattinstrument aus Metall in neun Größen vom Kontrabaß bis zum hohen Sopran, vorwiegend in Militärorchestern verwendet

Schnarrtrommel, Kleine Trommel mit über das Resonanzfell gespannten Darm- oder übersponnenen Metallsaiten

Sequenz, in der liturgischen Monodie des Mittelalters ihre Erweiterung in literarischer und musikalischer Form nördlich der Alpen; später: Versetzung einer musikalischen Gestalt auf eine höhere oder tiefere Tonstufe

Serenade, Freiluftmusik, später als Abendmusik verstanden

Serielle Musik, durch mehrere Serien oder durch eine Zahlenreihe strukturierte Musik

Solfège, Solfeggio, Gesangsübungsstück auf einzelne Vokale oder Silben

Sousaphon, runde Tuba mit nach vorne gerichtete Stürze, nach dem Anreger ihrer Konstruktion John Philip Sousa (1854–1932) benannt

Staccato, getrenntes, abgestoßenes Spielen oder Singen von Tönen

Stretta, eng geführte Fuge oder letzter, stark beschleunigter Teil einer Arie, eines Aktes oder mehrerer Motive mit massierten Instrumenten

Synthesizer, Apparat zur Erzeugung elektronischer Klänge, durch die neue, bisher unbekannte Klangbereiche erschlossen werden

Tacet, Anweisung für längeres Aussetzen einer Instrumental- oder Vokalstimme

Tamtam, aus Ostasien stammender Gong mit unbestimmter Tonhöhe in verschiedenen Größen aus Bronze, der senkrecht in einem Rahmen aufgehängt und mit Schlegeln oder Stöcken angeschlagen oder auch mit Stahlstäben gerieben oder mit Bogen gestrichen wird

Tar, iranische oder kaukasische Langhalslaute, in Nordafrika Schellentrommel

Tárogató, von den Türken im 16. Jahrhundert in Ungarn eingeführtes Rohrblattinstrument, im 19. Jahrhundert als eine Art Holzsaxophon neu entwickelt

Tempelblock, ausgehöhlter Holzblock in Form eines Fischkopfs mit einem Schlitz, der mit Schlegeln angeschlagen wird

Tento, Tiento, dem Ricercar entsprechendes oder frei präludierendes Musikstück des 16. Jahrhunderts in Spanien

Theremin, Thereminovox, siehe Areophon

Terzgitarre, um eine Terz höher gestimmte (kleinere) Gitarre

Threnodie, Klagegesang

Tomtom, Trommel mit zylindrischem Korpus, deren Fell auf eine bestimmte Tonhöhe gespannt ist

Tonalität, geordnetes Bezugssystem von Tönen und Akkorden in der dur-moll-tonalen Musik des 17. bis 19. Jahrhunderts

Tonband, Magnetband, mit magnetisierbarer Auflage beschichtetes Band, das als Tonträger verwendbar ist

Tonfläche, breite Cluster, deren Einzeltöne in minimalen Intervallen nebeneinanderliegen und daher ineinander verschmelzen und verschwimmen, so daß der Eindruck einer homogenen Klangfläche entsteht

Tongenerator, siehe Oszillator

Trautonium, von Friedrich Trautwein (1888 bis 1956) konstruiertes elektronisches Musikinstrument

Troparion, ein kurzes einstrophiges Gebet oder kurzer Hymnus der byzantinischen Kirchenmusik

Tropus, Sammelbegriff für freie Texte und Melodien, die Gregorianische Gesänge einleiten, unterbrechen oder fortführen

Turba, Volksmenge, Jünger, Hohepriester, Juden, Soldaten und dergleichen in der mehrstimmigen Passion

Türkische Zither, siehe Qanun

Tutti, volles Orchester oder voller Chor mit Solisten, im Concerto grosso, Synonym für Ripieno

Ud, arabische Kurzhalslaute

Una-corda-Pedal, Klavierpedal, das Tastatur und Mechanik leicht nach rechts verschiebt, so daß anstelle von drei oder zwei Saiten nur eine angeschlagen wird

Vaudeville, leichtes französisches Singspiel

Verbunkos, Werbelied für das habsburgische Heer im volkstümlichen Instrumentalstil in Ungarn mit punktierten Tönen, vielen Triolen und rasch wechselnden Rhythmen

Versett, kurzes Orgelstück

Vespertina cantio, Abendgebet, vorletzte der Horen im katholischen Officium

Vibraphon, in Nordamerika entwickeltes Metallstabspiel mit klaviaturmäßig angeordneten Metallplatten, mit weichen Schlegeln oder mit der Hand angeschlagen

Villanella, neapolitanische Liedform

Viola d'amore, Viole mit sieben Spielsaiten und sieben Resonanzsaiten

Violotta, große Bratsche

Virginal, rechteckiges, auf einem Gestell liegendes Instrument, dessen quer zur Klaviatur liegender Saitenbezug wie beim Cembalo angerissen wird

Vokalise, auf einem oder mehreren Vokalen gesungenes Vokalstück

Voluntary, beim englischen Gottesdienst auf der Orgel gespielte Komposition oder Improvisation

Wiener Schule, als Erste Wiener Schule vorklassische Meister des 18. Jahrhunderts, die die Wiener Klassik vorbereiteten, als Zweite Wiener Schule Arnold Schönberg und dessen Schüler und stilistische Nachfolger

Register

Dieses Kreuzregister enthält alle wesentlichen Namen, über die der Text informiert. Fremdsprachige Originaltitel von Musikwerken wurden zusätzlich in deutscher Übersetzung ins Register aufgenommen, soweit sie im Text übersetzt aufscheinen. Deutsche wie fremdsprachige bestimmte Artikel am Beginn von Titeln sind weggelassen worden. Fallweise in diesem Band erwähnte Komponisten, die vor 1860 geboren sind, wurden nur mit Geburts- und Sterbejahr versehen. Nähere Informationen darüber können den Bänden »Alte Musik«, »Barock-Musik«, »Musik der Klassik« oder dem der »Musik der Romantik« entnommen werden.
Halbfett gedruckte Seitenangaben bezeichnen Haupthinweise.

A

B

C

D

E

F

G

H

I

J

K

L

M

N

O

P

Q

R

S

T

U

V

W

Bildnachweis

Wir danken den Künstlern, deren Plattenfirmen, Konzert- und Theateragenturen sowie folgenden Institutionen für die Überlassung von Bildmaterial:

Farbtafeln: Ackermanns Kunstverlag, München: II unten, XIII, XIV oben. A.D.A.G.P., Paris & COSMOPRESS, Genf: IX, X, XII oben, XIV unten. Bibliothèque espagnole, Paris: III unten. Erimitage Leningrad: IV unten. Sammlung Facchetti, Paris: XI oben. Film- und Musikproduktion München: V, XV oben. Galerie Welz: I unten. Guggenheim Museum, New York: VIII oben. Kunstmuseum Hannover: XV unten. Hannes Loos, Düsseldorf: XI unten. Musée de Dieppe: II oben. Musée National du Château du Versailles: III oben. Museum of Modern Art: VIII unten. Lawrence Schoenberg, Calif.: VI oben. Städtische Galerie im Lenbachhaus, München: IV oben. Verlag Ariadne, Wien: XVI.

Schwarzweißbilder: James Abresch, New York: 508. Ackermanns Kunstverlag, München: 133. Archives Leduc: 198, 441, 483. Archiv Sikorski: 443, 527 links, 542, 582, 638, 655. Archiv Storico Ricordi, Mailand: 210. Augener, London: 297. Bärenreiter-Archiv: 107, 152, 278. Bela-Bartok-Archiv, New York: 217. Belzeaux-Zodiaque: 452. Bibliothèque Nationale Musique, Paris: 126, 165, 325. British Library, London: 130. Broadcast Music Inc., New York: 213. Clive Barda, London: 313. Collection F. Emmanuel: 34. Collection F. Ouellette: 255. Collection P. Auclert: 71. Peter Cossé, Salzburg: 35, 234. Deutsches Bundespresseamt, Bonn: 619. dpa: 346, 487, 611. Felicitas timpe: 365. Fono Forum: 129, 264, 305, 381, 450. Reinhard Friedrich, Berlin: 52, 158, 230, 430, 558, 626. Gershwin Archives: 383. A. Hutchings, Durham: 192. Kiesel Archiv: 57, 285, 498 oben. E. Křenek, Tujunge (Calif.): 401 unten. Lipnitzki-Viollet: 45, 224, 280, 387 oben, 411, 459, 531. Guilietta Malipiero, Asolo: 227. Max-Reger-Institut, Bonn: 135. NDR, Hamburg: 635. Österreichische Nationalbibliothek, Wien: 21, 36, 38, 43, 51, 53, 68, 105, 110, 119, 120, 175, 176, 237, 241, 253, 314, 374, 387 unten, 404 oben, 498 unten, 527 rechts, 595. Willy Pragher: 475. Roger-Viollet: 298, 321. J. Roy, Saint-Oven: 80. G. Schirmer Inc., New York: 208. Städtische Musikbibliothek, München: 163. Ullstein: 376, 383 unten, 384, 414, 429 oben, 444, 503, 609, 634.